D1688118

DEUTSCHE STANDARDS

Deutsche Standards EDITIONEN
danken den Partnern von
„Lexikon der deutschen Weltmarktführer"

Mit herzlichem Dank für die engagierte und konstruktive Unterstützung an den Beirat:

MICHAEL J. HUVERS
Direktor und Leiter Marketing/Kommunikation der Mittelstandsbank
der Commerzbank AG

MANUELA KASPER-CLARIDGE
Leiterin Wirtschaftsredaktion, Deutsche Welle TV

PROF. ANDREAS KIEFER
Vorsitzender der Geschäftsführung, ADP Employer Services GmbH

DIPL.-WIRTSCH.-ING. ARNDT G. KIRCHHOFF
Geschäftsführender Gesellschafter, Kirchhoff Gruppe

PROF. DR. WOLF-DIETER LUKAS
Ministerialdirektor des Bundesministeriums für Bildung und Forschung

DR. KLAUS MITTELBACH
Vorsitzender der Geschäftsführung, ZVEI – Zentralverband Elektrotechnik-
und Elektronikindustrie e.V.

RENATE PILZ
Geschäftsführende Gesellschafterin, Pilz GmbH & Co. KG

HARTMUT RAUEN
Mitglied der Hauptgeschäftsführung, VDMA – Verband Deutscher Maschinen-
und Anlagenbau e.V.

ROLAND TICHY
Geschäftsführer DvH Ventures und Vorsitzender der Ludwig-Erhard-Stiftung e.V.
und ehemaliger Chefredakteur der WirtschaftsWoche

DR. JUR. CHRISTOPH WALTHER
CEO / Partner, CNC – Communications & Network Consulting AG

MATTHIAS WISSMANN
Präsident, Verband der Automobilindustrie e.V. (VDA)

Herausgeber
DR. FLORIAN LANGENSCHEIDT
PROF. DR. BERND VENOHR

Chefredaktion
OLAF SALIÉ

Redaktionsleitung
STEFFEN HEEMANN

Projektleitender Redakteur
MICHAEL HOI

Redaktion
NICOLA HENKEL, ANNA HÖTTECKE, CLÄRE STAUFFER

Vertriebsleitung
FABIAN WESTKAMP

Business Relations
ISA FALCKENBERG, EIKE HOYER, KRISTINA REINBOTHE

Datenbank Deutsche Weltmarktführer
ANDREAS HERZIG

Gestaltung Innenseiten
MEIRÉ UND MEIRÉ

Umschlaggestaltung
DANIEL BERGS

Bildbearbeitung
HEIKE RÖDDER

Mit Texten von
CORA FINNER, JENS FRANTZEN, ANNA JACOBSEN, STEFANIE KUHNE, PAULA SCHRAMM, ANDRÉ ZWIERS-POLIDORI U. A.

Grußwort BUNDESMINISTER DR. FRANK-WALTER STEINMEIER	9
Vorwort der Verbände VDA, VDMA, ZVEI	10
Vorwort der Herausgeber DR. FLORIAN LANGENSCHEIDT, PROF. DR. BERND VENOHR	12
Das Erfolgsmodell der deutschen Weltmarktführer PROF. DR. BERND VENOHR	14
Übersichtskarte „Deutsche Weltmarktführer"	32
Erfolg als Vorbild PROF. ANDREAS KIEFER	34
Weltmarktführer werden ist nicht schwer… MICHAEL J. HUVERS	38
Neue Märkte – neue Chancen BEH KIAN TEIK	42
Hinweise für die Benutzer	46
Unternehmenseinträge A – Z	**47**
Register nach Postleitzahlen	698
Personenregister	707
Die 500 umsatzstärksten deutschen Weltmarktführer	721
Abkürzungsverzeichnis	745
Bildnachweis	746
Impressum	747

Grußwort

Dr. Frank-Walter Steinmeier,
Bundesminister des Auswärtigen

In welchen Winkel dieser Welt mich das Außenministeramt auch führt, die deutschen Champions sind meist schon vor Ort: Ob als Logistiker weltweit für alle Güter und Entfernungen, ob für Tunnelbau in Saudi-Arabien, Elektromobilität in Korea, Medizintechnik in Angola oder Maschinenbau in Mexiko – es gibt kaum Länder und nur wenige Branchen, in denen nicht deutsche Unternehmen Produktions- und Innovationsstandards setzen. Mit ihrem Anspruch an exzellente Qualität prägen sie weltweit die Marke „Made in Germany".

Der Erfolg deutscher Weltmarktführer speist sich aus mehr als einem ausgeprägten Gespür für Marktchancen und herausragender Innovationskraft. Vernunft, Verantwortung und langfristige Orientierung – das sind die Werte, die das Handeln dieser Unternehmen bestimmen und ihren ausgezeichneten Ruf ausmachen. Anders als viele ihrer globalen Wettbewerber setzen sie nicht auf kurzfristigen Gewinn – sie wollen langfristige, reale Werte schaffen, auch deswegen, weil gerade bei den häufig familien- oder mittelständisch geführten Weltmarktführern das eigene Geld und die Arbeit ganzer Generationen in der Firma stecken.

Dabei haben diese Unternehmen verinnerlicht, dass wirtschaftlicher Erfolg ohne soziale Balance in einer Gesellschaft nicht zu haben ist. Das schafft innere Stärke – für diese Unternehmen selbst und auch für die Gemeinden und Städte, in denen sie verwurzelt sind und für die sie Verantwortung übernehmen. Ohne diese Haltung wären viele Gemeinden ärmer an Kultur, Sport und anderen Einrichtungen, die das Leben in der Region lebenswert machen.

Ich habe unzählige dieser Unternehmen besucht, in Deutschland oder an ihren Standorten im Ausland. In jedem dieser Betriebe spürte ich den Stolz, den Menschen empfinden, wenn sie einer Arbeit nachgehen, deren Wert geschätzt wird. Arbeit und Qualität haben in diesen Unternehmen nicht nur einen Preis, sondern auch einen Wert. Aus dieser Überzeugung erwächst auch der Beitrag, den deutsche Weltmarktführer in die Berufsausbildung junger Menschen einbringen. Die duale Ausbildung ist ein Standortvorteil, um den uns viele Länder beneiden und an deren Aufbau sie selbst arbeiten. Unsere Weltmarktführer sind dabei häufig Vorbild und Partner zugleich.

Deutsche weltmarktführende Unternehmen sind beispielhaft für die Prinzipien, auf denen unsere soziale Marktwirtschaft aufbaut. In vielen Ländern sehe ich bei meinen Reisen als Außenminister, dass oft genau diese Unternehmen die Standards in den Bereichen Ausbildung, Korruptionsbekämpfung, Gesundheits- und Ressourcenschutz und Umgang mit Beschäftigten setzen. Ihr weltweiter Erfolg beweist, dass diese Haltung in einer globalisierten Welt zukunftsfähig ist und den Produkten „Made in Germany" zusätzliche Attraktivität verleiht.

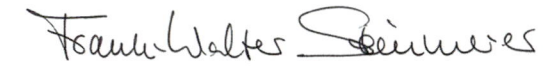

Vorwort der Verbände

(v. l. n. r.) Dr. Klaus Mittelbach, ZVEI (Zentralverband Elektrotechnik- und Elektronikindustrie e.V.), Hartmut Rauen, VDMA (Verband Deutscher Maschinen- und Anlagenbau e.V.), Klaus Bräunig, VDA (Verband der Automobilindustrie e.V.)

Deutschland ist eine Industrienation. Die Industrie bildet das Rückgrat der deutschen Wirtschaft und ist nicht zuletzt durch ihre wachsende Vernetzung mit dem Dienstleistungssektor und der Informationswirtschaft gut aufgestellt.

Die deutsche Industrielandschaft ist von einer Vielfalt der Branchen ebenso geprägt wie von der Bandbreite unternehmerischer Strategien. Jedes industrielle Unternehmen steht vor denselben wirtschaftlichen, sozialen und ökologischen Herausforderungen und findet darauf seine eigenen Antworten. Nicht zuletzt diese Diversität macht die deutsche Industrie zum Garant für Beschäftigung, Wohlstand und Stabilität. Die industriebasierte, stark mittelständische Wirtschaftsstruktur gilt weltweit als Erfolgsmodell und Vorbild.

Wenn Deutschlands industrielle Strukturen die Voraussetzung für diesen Erfolg bilden, so sind es doch die Menschen in den Unternehmen mit ihren Ideen und ihrer Leistung, die diese Strukturen mit Leben füllen. Mit Kreativität und Engagement bringen sie unsere Industrie voran – sie sind die wertvollste aller Ressourcen. Bildung muss daher weiterhin höchste Priorität haben. Damit sich auch die nächsten Generationen fachkundig und kompetent am Ausbau des Industriestandorts Deutschland beteiligen können, brauchen wir jetzt und zukünftig gute Lehr- und Ausbildungsbedingungen.

Das geht nicht ohne eine qualifizierte Hochschullandschaft und Forschungsinstitute der Spitzenklasse. Zugleich bekennen wir uns zum dualen Denken: Deutschlands Industrie braucht Ingenieure, aber sie braucht auch gute Facharbeiter! Dieses Tandem macht die deutsche Industrie stark, und wir müssen es weiter festigen. Die deutsche Industrie bekennt sich zur sozialen Marktwirtschaft und setzt auf fairen Wettbewerb. Freihandel und offene Märkte, aber auch soziale Gerechtigkeit sind Voraussetzungen, ohne die sich Wachstum und Prosperität nicht verwirklichen lassen.

Der Erfolg der deutschen Industrie rührt nicht zuletzt aus einem Verständnis für Kooperation und für die Vorteile von Synergien. Gemeinsame Projekte schlagen Brücken über die Grenzen des eigenen Unternehmens, der eigenen Branche hinweg. Entlang der gesamten Wertschöpfungskette knüpfen und pflegen Unternehmen und Institutionen ihre Beziehungen und schaffen so einen erheblichen Mehrwert. Zum Beispiel die Industrielle Gemeinschaftsforschung (IGF), in der große und kleinere Unternehmen gemeinsam Themenfelder benennen und wissenschaftliche Einrichtungen mit der Erforschung beauftragen. Oder auch die traditionell enge Zusammenarbeit von Herstellern und Zulieferern in der Automobilindustrie, mit der sich die Wege zur Innovation wesentlich verkürzen.

Der Erfolg der deutschen Industrie ist nicht das Ergebnis eines rücksichtslosen ökonomischen Wettbewerbs. Vielmehr haben es sich ihre Akteure zum Prinzip gemacht, auf das gesellschaftliche und ökologische Umfeld Rücksicht zu nehmen und sich dafür einzusetzen. Mit dieser nachhaltigen Philosophie sind die Unternehmer und ihre Unternehmen die entscheidende Antriebskraft des Erfolgsmodells Deutschland.

Mit ihrem Pioniergeist und ihrer Bereitschaft, sich immer wieder neu zu erfinden, neue Märkte zu betreten und sich mit neuen Fragen auseinanderzusetzen, entwickeln und erwirtschaften sie Mehrwert und Wohlstand für Deutschland. Grundlage für das wirtschaftliche Wachstum sind technologischer Fortschritt und Innovation. Mit klar definierten Zielen und strategischer Konsequenz haben sich deutsche Industrieunternehmen die weltweiten Märkte erobert und sich in ihrer Disziplin als Weltmarktführer etabliert. Oft schaffen sie sich ihre Märkte selbst – indem sie ihre Kunden auf der ganzen Welt individuell betreuen und die eigenen Standards so immer wieder an neuen Herausforderungen erproben. Damit gehören sie zur Elite der globalen Industrie und repräsentieren zugleich den Industriestandort Deutschland – als Vorbilder und Botschafter für unser Land.

Die Industrie macht Deutschland zum Exportweltmeister und zum Land der Ideen: 86 Prozent der privatwirtschaftlichen Investitionen in Forschung und Entwicklung werden von verarbeitenden Unternehmen geleistet (Quelle: Stifterverband für die Deutsche Wissenschaft e.V., FuE-facts 1/2014). Forschergeist und Kreativität, gegenseitige Wertschätzung, ein Bewusstsein für Effizienz und den Wert der Ressourcen und nicht zuletzt der Ehrgeiz, auf jede neue Frage die bestmögliche Antwort zu finden – diese Erfolgsfaktoren sind vielleicht auf lange Sicht das wichtigste Exportgut, das die deutschen Weltmarktführer den globalen Märkten bieten können.

DR. KLAUS MITTELBACH
Vorsitzender der Geschäftsführung ZVEI

HARTMUT RAUEN
Mitglied der Hauptgeschäftsführung VDMA

Klaus Bräunig
Geschäftsführer des VDA

Vorwort der Herausgeber

Sehr geehrte Damen und Herren,

als wir im Jahr 2011 erstmals das „Lexikon der deutschen Weltmarktführer" herausgaben, ging es uns wie mit vielen Projekten: Erst als das Buch mit einer eindrucksvollen Buchpremiere aus der Taufe gehoben und auf dem Markt war, wurde vielen Beteiligten klar, dass wir mehr geschaffen hatten als ein weiteres Nachschlagewerk. Wie viele Publikationen der Deutschen Standards wurde das „Lexikon der deutschen Weltmarktführer" eine Visitenkarte für die wirtschaftliche Stärke und Innovationskraft unseres Landes und die herausragende Position deutscher Unternehmen im globalen Wettbewerb. Die Stabilität Deutschlands, die in den vergangenen Jahren der Finanzkrise weltweit mit Staunen zur Kenntnis genommen wurde, ist jenen Unternehmen zu verdanken, die sich durch kluges Unternehmertum, große Innovationskraft und weltweite Marktpräsenz die Bezeichnung „Weltmarktführer" verdient haben. Meist handelt es sich dabei um mittelständische Unternehmen im Familienbesitz, die einer breiten Öffentlichkeit eher unbekannt sind. Oft sind die Unternehmen hoch spezialisierte Technologieführer, die nur Brancheninsidern vertraut sind.

Längst ist die erste Ausgabe vergriffen und wird im Internet zu einem Mehrfachen des ursprünglichen Ladenpreises gehandelt. Das Thema selbst, das die Deutschen Standards erstmals mit einem Themenband im Jahr 2005 aufgegriffen haben, genießt inzwischen ein großes öffentliches Interesse. Viele regionale Wirtschaftsförderungsinitiativen haben die Weltmarktführer in ihrer Region als „Leit-Unternehmen" für ihr Standortmarketing entdeckt. Kongresse werden veranstaltet, Medien veröffentlichen Firmenporträts und Rankings zu diesem Thema.

Im globalen Wettbewerb um Kunden und Mitarbeiter ist das Prädikat „Weltmarktführer" eine Kernbotschaft für viele Unternehmen in der Unternehmenskommunikation: Weltmarktführer, das bedeutet Führung bei Innovationen, Service und Produktqualität; ist sowohl Auszeichnung als auch Verpflichtung, diesem Anspruch gerecht zu werden.

Mit der sehr umfangreich neu bearbeiteten Ausgabe des „Lexikon der deutschen Weltmarktführer" verfolgen wir das Ziel, den rund 1.000 im Lexikon vertretenen Unternehmen – davon über 750 im Porträt – eine „publizistische Heimat" zu geben. Das vorliegende Lexikon ermöglicht einen exklusiven Einblick in die an Breite und Tiefe weltweit einzigartige deutsche Unternehmenslandschaft. Dem interessierten Leser bieten wir neben den Unternehmensporträts zusätzlichen Nutzwert durch einen Überblicksartikel zum Erfolgsmodell dieser Unternehmen, eine Deutschlandkarte mit allen Weltmarktführern und eine Rangliste der 500 größten deutschen Weltmarktführer.

Den beteiligten Unternehmen ist das vorliegende Buch gewidmet; nicht zuletzt mit dem Ziel, die öffentliche Wahrnehmung für ebenjene vorbildlichen Mittelständler zu schärfen, die sich als „die Besten der Besten" in ihrem Marktsegment auf dem Weltmarkt durchgesetzt haben. Dies wollen wir im Rahmen einer medienübergreifenden Strategie auch durch eine umfangreiche Pressekampagne erreichen. Zudem ist geplant, das Lexikon in Teilen digital zu publizieren und zu veröffentlichen sowie gemeinsam mit dem Wirtschaftsmagazin WirtschaftsWoche die Unternehmen des Lexikons in einer umfassenden Datenbank auf der Website des Medienpartners abzubilden. In Buch und Kampagne eingebunden sind darüber hinaus ein Netzwerk prominenter Partner und Förderer, zu denen neben der WirtschaftsWoche der Verband der Automobilindustrie (VDA), der Verband Deutscher Maschinen- und Anlagenbau e. V. (VDMA), der Zentralverband Elektrotechnik- und Elektronikindustrie (ZVEI) sowie die Initiative „Deutschland – Land der Ideen" zählen.

Ein besonderer Dank gilt auch unseren Sponsoren, dem weltweit führenden HR-IT-Cloudservice Technologieunternehmen ADP Employer Services GmbH, der Mittelstandsbank der Commerzbank AG, dem Singapore Economic Development Board, der Adolf Würth GmbH & Co. KG, der ifm electronic gmbh und der Thermik Gerätebau GmbH sowie allen Mitwirkenden, die dieses Werk erst möglich gemacht haben.

DR. FLORIAN LANGENSCHEIDT

PROF. DR. BERND VENOHR

Das Erfolgsmodell der deutschen Weltmarktführer

von Prof. Dr. Bernd Venohr

Die starke Exportleistung

Das Welthandelsvolumen ist in den letzten zwei Jahrzehnten kontinuierlich angewachsen. Der Anteil Deutschlands am globalen Warenhandel blieb dabei seit 2000 weitgehend konstant. Während die Bedeutung Chinas stark stieg, gingen die Anteile anderer etablierter Industrieländer am globalen Warenhandel zurück. Deutschland ist somit das einzige größere Industrieland, das seinen Anteil am Weltmarkt weitgehend behauptete. Die vergleichsweise positive wirtschaftliche Entwicklung Deutschlands wurde zu einem großen Teil getragen durch das starke Wirtschaftswachstum in zahlreichen Schwellenländern (Miotti/Sachwalk 2006). Das Angebotsprofil der deutschen Wirtschaft in den Schwerpunktbranchen Maschinen- und Anlagenbau, Elektrotechnik, Chemie und Automobil passt hervorragend zum Nachfrageprofil der sogenannten BRIC-Länder (Brasilien, Russland, Indien, China) und anderer rasch wachsender Schwellenländer. In vielen dieser Länder entstanden und entstehen immer noch industrielle Kapazitäten in großem Umfang. Weiterhin werden dort hohe Investitionen in Infrastruktureinrichtungen zur Energieversorgung und zum Ausbau der Transportwege getätigt. Vom steigenden Wohlstand und von der stark wachsenden Kaufkraft der Oberschicht in diesen Ländern profitieren wiederum auch viele deutsche Premium-Gebrauchsgüterhersteller.

Allerdings mehren sich die Anzeichen, dass das „Geschäftsmodell Deutschland" (Wittenstein 2012), basierend auf einer exportorientierten und auf hochwertige Industriegüter spezialisierten Industrie, zunehmend an Grenzen stößt. Zum einen flachen die hohen Zuwachsraten in den Schwellenländern ab (Pritchett/Summers 2013). Zum andern entstehen auch lokale Wettbewerber in einigen dieser Länder, vor allem in China, die versuchen, über eine starke Binnenmarktposition und Erfolge auf Drittmärkten deutsche Anbieter anzugreifen (Berthold 2012). Auch werden die nachhaltigen Leistungsbilanzüberschüsse der deutschen Wirtschaft immer wieder als eine der Ursachen für weltweite makroökonomische Ungleichgewichte herangezogen und führen so zum Druck auf politische Entscheidungsträger, stärker die deutsche Binnennachfrage statt den Export zu fördern (vgl. Berthold 2012).

Entwicklung der Anteile am Export *

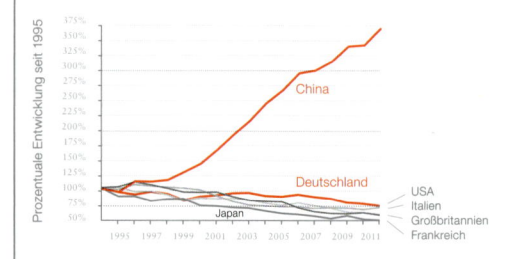

[Diagramm: Prozentuale Entwicklung seit 1995, Länder: China, Deutschland, USA, Italien, Großbritannien, Japan, Frankreich, Zeitraum 1995–2011]

QUELLE: UN-COMTRADE DATABASE UND EIGENE BERECHNUNG (2014 © Prof. Dr. Bernd Venohr)
* Anteil eines Landes am weltweiten Export 1995 = 1

1.620 deutsche Weltmarktführer

Insgesamt gibt es circa 1.620 deutsche Unternehmen, die in ihren jeweiligen Marktsegmenten weltweit führend sind, d. h. gemessen an der Umsatzhöhe zu den ersten drei Unternehmen gehören (vgl. Datenbank Deutsche Weltmarktführer 2014). Die Unternehmen erzielen zusammen einen globalen Jahresumsatz von ca. 2 Billionen Euro und beschäftigen 8.126 Millionen Arbeitnehmer (Basis jeweils letzte verfügbare Unternehmensdaten, i. d. R. 2012 oder 2013). Anspruch auf Vollständigkeit erheben diese Zahlenangaben nicht. Dafür ist der Markt zu sehr in Bewegung und zu intransparent.

Das Kriterium „Weltmarktführerschaft" beinhaltet neben einer führenden Marktposition auch die

Internationalität eines Unternehmens. Hat sich ein Unternehmen bei einem bestehenden internationalen Markt nur national oder nur geringfügig international durchgesetzt, gilt es nicht als Weltmarktführer, auch wenn es das weltgrößte Unternehmen seiner Art ist. Deswegen wird bei der Einstufung auch darauf geachtet, dass ein Unternehmen eine Präsenz in mindestens einem Schlüsselland der sogenannten Triade (Europa; Asien; Nord- und Südamerika) unterhält. Neben diesen quantitativen Kriterien spielen auch qualitative Kriterien, vor allem die Qualitäts- und Technologieführerschaft, für die Aufnahme in die Datenbank eine wichtige Rolle.

Hinter dem Exporterfolg Deutschlands stehen nicht nur Großkonzerne, sondern auch eine große Anzahl mittelständischer Unternehmen. Typischerweise werden in zahlreichen deutschen Statistiken kleine und mittlere Unternehmen mit einem Jahresumsatz bis 50 Millionen und maximal 499 Beschäftigten zum Mittelstand gezählt (vgl. Ifm 2014). Weiterhin wichtig sind qualitative Merkmale wie die Einheit von Eigentum und Leitung (d.h. Familienbesitz), Unabhängigkeit, die lokale Verankerung sowie langfristige, konsensorientierte Beziehungen zu den wichtigsten Stakeholdern wie Mitarbeitern, Kunden, Lieferanten und Banken (vgl. Welter 2013 und Berghoff 2004, S. 120–122, Fear 2012, S. 128–130). Fasst man die an Umsatzgrenzen orientierte Mittelstandsdefinition weiter und zählt auch die Unternehmen des „gehobenen Mittelstands" (Jahresumsatz zwischen 50 Millionen und 1 Milliarde) zu dieser Gruppe, so erwirtschaften diese Unternehmen circa 68 Prozent der deutschen Exportleistung. Circa 1.400 der 1.620 deutschen Weltmarktführer sind Mittelständler.

Das Vorhandensein einer so großen Gruppe exportstarker, mittelgroßer Industrieunternehmen ist nach unseren Einschätzungen weltweit einzigartig, auch wenn fundierte Vergleichszahlen hierzu leider fehlen. Am ehesten vergleichbare Strukturen gibt es in Österreich, der Schweiz und Norditalien. Betriebsgrößenvergleiche auf EU-Ebene zeigen (Arrighetti et al. 2012, S. 9), dass selbst im Bereich des „kleinen Mittelstands" bis 50 Millionen Jahresumsatz das durchschnittliche klein- und mittelständische Unternehmen in der produzierenden Industrie aus Deutschland mit einem Jahresumsatz von 36 Millionen um den Faktor 1,5 bis 4 Mal größer ist als Unternehmen aus anderen großen EU-Ländern (Italien, Spanien, Frankreich, England). Derartige Vergleiche zeigen auch, dass generell mit steigender Betriebsgröße wichtige Erfolgsfaktoren wie Produktivität, Innovationsstärke und Internationalisierungsgrad hoch korrelieren, alles Merkmale, die deutsche Mittelständler auszeichnen.

Die Gründe für diese deutsche Exportstärke bei hochwertigen Industrieprodukten sind nur unzureichend erforscht und liegen sicherlich zum Teil in der industriellen Geschichte und geostrategischen Lage Deutschlands begründet (vgl. dazu z.B. Simon 2012 und Abelshauser 2003). Deutschland war bis Ende des 19. Jahrhunderts kein Nationalstaat, sondern eine Ansammlung von Kleinstaaten. Jeder Unternehmer, der wachsen wollte, musste „internationalisieren". Einen großen Schub erlebte die deutsche Industrie in der ersten Phase der Globalisierung, Ende des 19. Jahrhunderts bis zum Beginn des Ersten Weltkriegs. Unternehmen wie Siemens waren schon damals auf der Basis ihres technologischen und organisatorischen Know-hows „Global Player". Siemens beispielsweise dominierte in dieser Zeitperiode lange Jahre den gesamten Weltmarkt für Telegraphen-Netzwerke (Berghoff 2004, S. 133–136). Geostrategisch hat Deutschland eine Mittellage zwischen Asien und Amerika, was zu kürzeren Reisezeiten und Kommunikationsvorteilen gegenüber den beiden anderen Triade-Regionen führt. Deutschland als größtes

---

Entwicklung der Anteile am Weltexport

Der gehobene Mittelstand als Speerspitze des deutschen Exporterfolges

Jahresumsatz	Anzahl Unternehmen[1]	Anteil am Gesamtexport[2]
Großkonzerne >1.000 Mio. €	501 (0,02%)	31,69 %
Gehobener Mittelstand 250–1.000 Mio. € 100–250 Mio. € 50–100 Mio. €	1.806 (0,06%) 3.483 (0,11%) 5.508 (0,17%)	36,88 %
Klassische KMU < 50 Mio. €	3.239.021 (99,65%)	31,43 %

[1] Umsatzsteuerstatistik 2012
[2] Statistisches Bundesamt, Deutscher Außenhandel 2011
(2014 © Prof. Dr. Bernd Venohr)

Land Europas, gemessen an der Bevölkerungszahl und Wirtschaftskraft, liegt im Zentrum Europas, des größten Wirtschaftsraums der Welt, und grenzt an neun andere europäische Länder an. Die Größe und Stärke des deutschen Binnenmarktes fördert die Entwicklung von leistungsstarken Mittelstandsunternehmen, die aufgrund der geografischen Lage des Landes dann auch vergleichsweise leichter den Sprung über die Landesgrenzen schaffen. Positiv wirkt sich auch das deutsche „Institutionengefüge" aus, das die Entwicklung innovationsstarker und global aktiver mittelständischer Unternehmen unterstützt.

Der Branchenmix

Deutsche Firmen sind tendenziell in zwei Typen von Märkten stark vertreten, im Business-to-Business-Bereich (B2B) und im Premiumsegment. Der B2B-Bereich stellt mit Lieferanten und Dienstleistern für andere Industrieunternehmen den Großteil (ca. 85 Prozent) der Weltmarktführer. Neben ausgeprägten Volumenmärkten (zum Beispiel Standard-Zulieferteile für den Automobilbereich oder PCs), gibt es hier eine Vielzahl von Märkten kleinerer und mittlerer Größe, oft mit einem jährlichen Marktvolumen im zwei- oder unteren dreistelligen Millionenbereich. Ganz typisch ist der Maschinen- und Anlagenbau: Hier sind über 500 der 1.620 Weltmarktführer zu finden. Eng verbunden mit diesem Sektor sind auch zahlreiche Komponentenlieferanten aus den Bereichen Elektroindustrie und Industrieprodukte. Der Maschinenbau selbst wird meist von Spezialisten dominiert, die Fertigungsausrüstungen für eng definierte Zielkunden anbieten. Beispielsweise existiert für Werkzeugmaschinen – im Gegensatz etwa zu Baggern oder Baukränen – kein weitgehend homogener Markt, der komplett von wenigen Unternehmen bedient werden kann. Die Vielfalt der Anwendungen (etwa Fräsen, Drehen, Schleifen, Stanzen, Biegen und dies wiederum für unterschiedliche Materialien wie Metall oder Holz) in einer Reihe von Kundenbranchen, wie Fahrzeugbau oder Möbel- und Holzindustrie, schafft Betätigungsfelder für sehr viele Spezialisten, die in ihrem jeweiligen Segment weltweit bedeutende Marktanteile erreichen. Ein anderer wichtiger Exportsektor ist die Medizintechnik. Auch hier gibt es, neben einigen wenigen größeren Volumenmärkten (z. B. für Herzerkrankungen), eine Vielzahl kleinerer Märkte für Spezialprodukte. In vielen dieser kleinvolumigen Märkte nehmen deutsche Mittelständler mit Umsätzen im zweistelligen oder unteren dreistelligen Millionenbereich weltweit eine Spitzenposition ein, etwa bei Inhalationsgeräten für Atemwegserkrankungen. Aber auch in vielen ungewöhnlichen B2B-Branchen geben deutsche Unternehmen den Ton an, wie zum Beispiel die Firma Poly-clip System bei Clipverschluss-Lösungen für die Lebensmittelindustrie, die Firma Mauer Söhne, die sowohl bei Dehnfugen für Brücken als auch bei Achterbahnen zu den Weltmarktführern gehört, oder auch das Ingenieur- und Architekturunternehmen Tilke, weltweit führend bei Autorenn- und Teststrecken.

Der zweite Absatzschwerpunkt deutscher Unternehmen ist das Premiumsegment großvolumiger Massenmärkte. Nach unseren Schätzungen beträgt zum Beispiel der kombinierte Anteil der deutschen Premiummarken Audi, BMW, Daimler und Porsche am gesamten Weltmarkt für Premiumautos fast 90 Prozent. Starke Marktpositionen kann man auch in den Premiumsegmenten vieler anderer Konsum- und Gebrauchsgütermärkte beobachten, von Haushaltsgeräten (Miele, Bosch-Siemens) über Schreibgeräte (Montblanc, Staedtler) bis hin zu hochwertigen Trinkgläsern für die Spitzengastronomie (Zwiesel Kristallglas). Auch im B2C-Segment gibt es wieder un-

Deutsche Weltmarktführer nach Branchen

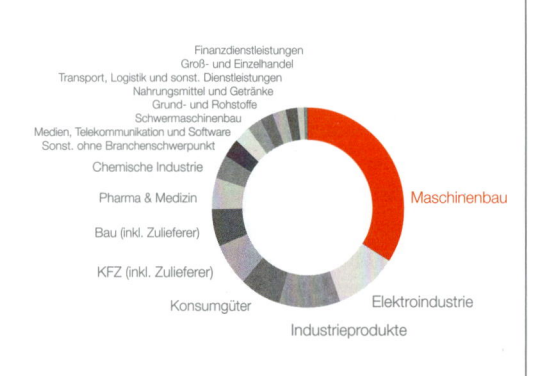

- Finanzdienstleistungen
- Groß- und Einzelhandel
- Transport, Logistik und sonst. Dienstleistungen
- Nahrungsmittel und Getränke
- Grund- und Rohstoffe
- Schwermaschinenbau
- Medien, Telekommunikation und Software
- Sonst. ohne Branchenschwerpunkt
- Chemische Industrie
- Pharma & Medizin
- Bau (inkl. Zulieferer)
- KFZ (inkl. Zulieferer)
- Konsumgüter
- Industrieprodukte
- Elektroindustrie
- Maschinenbau

QUELLE: DATENBANK DEUTSCHE WELTMARKTFÜHRER, (2014© Prof. Dr. Bernd Venohr)

gewöhnliche Weltmarktführer wie zum Beispiel das Unternehmen Vladi Private Islands, weltgrößter Insel-Makler. Wie zu Beginn beschrieben, profitierten diese Unternehmen sehr stark von der Globalisierung und wichtigen globalen Nachfragetrends.

Unternehmensführung „made in Germany"

Die weltmarktführenden Unternehmen zeichnen sich durch ein ganz besonderes Managementmodell aus, das Strategie, Kernprozesse und das Führungs- und Organisationsmodell zu einem schlagkräftigen Ganzen verbindet. Für den Erfolg sind nicht nur herausragende Produkte und Dienstleistungen verantwortlich, sondern auch ein ganz spezifisches Managementmodell. In vielerlei Hinsicht ist dieses Modell ein Gegenentwurf zum US-geprägten Mainstream-Modell der Unternehmensführung. Vor allem bei zwei Grundprinzipien gibt es gravierende Abweichungen (vgl. hierzu Kormann 2005, S. 17–19):

Langfristiges Überleben statt kurzfristige Shareholder-Value-Maximierung

Das US-Modell räumt dem Interesse der Aktionäre (Shareholder) Priorität ein. Das oberste Unternehmensziel ist es, den Wohlstand der Eigentümer (Shareholder Value, gemessen am Marktwert des Eigenkapitals) zu mehren. In der Theorie ist das Konzept des Shareholder Value durchaus auch auf eine langfristige und nachhaltige Entwicklung des Unternehmenswertes ausgerichtet, da in den Marktwert des Eigenkapitals auch alle in der Zukunft liegenden, auf den heutigen Zeitpunkt diskontierten Cashflows einfließen. In Verbindung mit der Börsennotierung zahlreicher US-Unternehmen führt die einseitige Orientierung an diesem Ziel in der Praxis jedoch zu gravierenden Fehlsteuerungen. Setzt man die Maximierung des Shareholder Value mit der fortlaufenden Steigerung der Aktienkurse gleich und kompensiert man gleichzeitig das Management auf der Basis der kurzfristigen Kurssteigerungen, führt das zu einem extrem kurzfristigen Zeithorizont der Unternehmensführung. Dieses Problem hat sich vor allem in den USA in den letzten Jahren noch durch eine starke Verkürzung der Haltedauer von Aktien und den dort dominierenden Hochfrequenzhandel verschärft. Eine weitere Konsequenz dieser auf kurzfristige Aktienkurssteigerungen ausgerichteten Politik ist die Vernachlässigung von Investitionen. Zwischen 2003 und 2012 verwendeten die im S&P 500 Index vertretenen US-Großkonzerne 54 Prozent der erzielten Gewinne für Rückkäufe ihrer eigenen Aktien; 37 Prozent flossen in Dividendenzahlungen an Aktionäre; für Investitionen zur Stärkung des Geschäftes verblieben nur 9 Prozent (Lazonick 2014). Hauptziel der Rückkäufe war, den Gewinn pro Aktie zu steigern; auf dieser Kennzahl basieren viele Anreizprogramme von US-Managern.

Fast 70 Prozent der deutschen Weltmarktführer sind nicht börsennotiert und vollständig in Familienbesitz. Oberstes Ziel der meisten dieser Unternehmen ist die Sicherung des langfristigen Überlebens sowie die Wahrung der Unabhängigkeit („Treuhänder-Perspektive"). Der für börsennotierte Aktiengesellschaften typische Principal-Agent-Konflikt (abweichende Interessen von Eigentümern und Management) entfällt durch die Einheit von Eigentum und Leitung. Selbst wenn die operative Unternehmensführung durch externe Manager erfolgt, führt die dominierende Stellung der Eigentümerfamilie meist dazu, dass die langfristigen Inhaberinteressen dominieren. Um langfristiges Überleben zu sichern, versucht man die Interessen aller für den Unternehmenserfolg wichtigen Gruppen zu berücksichtigen. Die Unternehmenspolitik ist auf die Schaffung nachhaltiger Vertrauensbeziehungen zu allen wesentlichen Stakeholdern des Unternehmens (Eigentümer, Mitarbeiter, Kunden, Lieferanten und Gesellschaft) ausgerichtet. Statt kurzfristiger Gewinnmaximierung stehen die Erzielung angemessener Gewinne und eine nachhaltige Wertsteigerung im Vordergrund.

Trotz dieser strukturellen Unterschiede zwischen Familienunternehmen und börsennotierten Aktiengesellschaften sollte man sich vor einer Schwarz-Weiß-Malerei hüten: Es gibt auch viele Gemeinsamkeiten und Zwänge, die durch den Markt oder die Unternehmensgröße verursacht werden. Bei gleicher Größe, gleichem Markt und gleichem Globalisierungsgrad, nähern sich die langfristigen Renditeziele von Familienunternehmen und börsennotierten Aktiengesellschaften an. Was bleibt, ist jedoch die Unabhängigkeit der nicht börsennotierten Familienunternehmen von kurzfristigen Kapitalmarkterwartungen und die Ausrichtung des Unternehmens an den langfristigen Inhaberinteressen.

Kundenbindung statt Wettbewerbsfokus

Die US-Denkschule der Unternehmensstrategie setzt sehr stark auf das Thema Wettbewerbsorientierung (zum Folgenden vgl. Kormann 2005, S. 20–25): Es gilt, die Wettbewerber zu überrunden, gegebenenfalls auch durch aggressive wettbewerbliche Maßnahmen, um Marktdominanz und überdurchschnittliche Profitabilität zu erzielen. Das Leitbild sind großvolumige Massenmärkte mit einer großen Zahl von letztlich anonymen Kunden, auf denen man entweder Qualitätsführer (durch Produktdifferenzierung) oder Kostenführer sein kann. Die meisten der deutschen Weltmarktführer sind jedoch, wie beschrieben, auf B2B-Märkten tätig. B2B-Märkte weisen eine Reihe von Besonderheiten auf, die eine andere strategische Schwerpunktsetzung erfordern (Kormann 2005, S. 70–95):

- B2B-Produkte bzw. -Dienstleistungen haben hohe Bedeutung für den Kunden, wobei sich der Wert nicht unbedingt am Kaufpreis für die Anlage oder für die Komponente festmacht. Er zeigt sich vor allem in den gegebenenfalls hohen indirekten Kosten durch den Ausfall von Anlagen oder Komponenten. Niedrigpreise, durch Abstriche an der Produktleistung erkauft, sind hier kein schlagendes Verkaufsargument. Beispielsweise weisen Verpackungsmaschinen für hochwertige Pharma- oder Lebensmittelprodukte meist einen sehr hohen Durchsatz an Endprodukten auf. Produktionsunterbrechungen sind sehr teuer und Verpackungsfehler, zum Beispiel in Form von Verunreinigungen, können hohe Schadenersatzansprüche auslösen und das Renommee des Produktherstellers gefährden.

- Die Produkte werden in enger Kooperation mit den Kunden entwickelt, sehr oft nach deren Spezifikationen. Beide Organisationen arbeiten auf mehreren Hierarchieebenen intensiv zusammen.

- Maschinen und Anlagen sind „Erfahrungsgüter", die, anders als Konsum- oder Gebrauchsgüter, nicht einfach ausprobiert und bei Nichtgefallen ohne weiteres ausgetauscht werden können.

- B2B-Märkte sind auf der Anbieter- und Nachfragerseite relativ eng. Jeder Kunde kennt im Prinzip jeden potenziellen Lieferanten und umgekehrt. Sehr oft besteht eine gegenseitige Abhängigkeit.

- Oft sind Wettbewerbsstrukturen auf diesen Märkten, die tendenziell nicht so stark wachsen wie zum Beispiel viele Hightech-Märkte, über viele Jahre stabil. Eine weitere kurzfristige Steigerung des einmal erreichten Marktanteils bringt unter Ertragsgesichtspunkten im Vergleich zu rasch wachsenden Märkten nichts, sondern ist im Gegenteil hochriskant.

Nachhaltiger Erfolg auf B2B-Märkten basiert deshalb sehr stark auf stabilen, durch Vertrauen geprägten Kundenbeziehungen. Der Aufbau und Erhalt langfristiger, nachhaltiger Beziehungen zu Kunden ist neben der Sicherung der wirtschaftlichen Unabhängigkeit der Unternehmen ein wichtiges Unternehmensziel. Robert Bosch hat diese Leitidee wie folgt formuliert: „immer habe ich nach dem Grundsatz gehandelt, lieber Geld verlieren als Vertrauen. Die Unantastbarkeit meiner Versprechungen, der Glaube an den Wert meiner Ware und an mein Wort, standen mir höher als ein vorübergehender Gewinn." Kundenorientierung bedeutet nicht, dass den Unternehmen eine gesunde Wettbewerbsorientierung fehlt. Viele der Weltmarktführer sind in ihren Branchen als äußerst harte Wettbewerber bekannt, die auf dem Weg zur Weltmarktführerschaft viele Konkurrenten hinter sich gelassen haben. Man geht aber den indirekten Weg über herausragende Leistungen für Kunden und vermeidet zum Beispiel aggressive Preiskämpfe.

Strategie: globale Nischendominanz

Die Unternehmen dominieren Marktsegmente weltweit. Dafür entwickeln sie qualitativ hoch-

Management-Modell „Made in Germany"

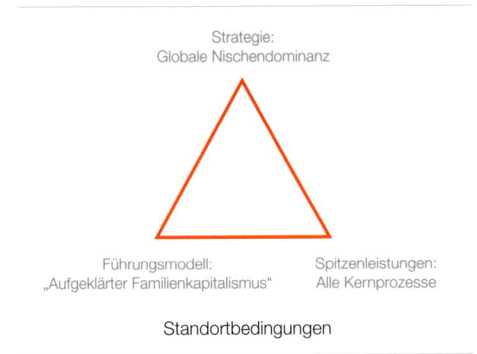

Strategie:
Globale Nischendominanz

Führungsmodell:
„Aufgeklärter Familienkapitalismus"

Spitzenleistungen:
Alle Kernprozesse

Standortbedingungen

(2014 © Prof. Dr. Bernd Venohr)

wertige Produkte und Dienstleistungen, von der Werkzeugmaschine über Küchengeräte bis hin zu Software. Sehr viele Firmen, vor allem natürlich die kleineren Mittelständler in Familienbesitz, verfolgen ausgeprägte Nischenstrategien (vgl. Simon 2007, S. 85–105). Die Unternehmen konzentrieren sich auf eng abgegrenzte Teilmärkte, d. h. bestimmte Kundengruppen, für die maßgeschneiderte Produkte und Dienstleistungen mit herausragenden Produkteigenschaften angeboten werden. Die typischen „deutschen Stärken" wie Leistungsfähigkeit, Zuverlässigkeit, Sicherheit, Qualität, Langlebigkeit und Design führen zu einer hohen Akzeptanz dieser Produkte auf dem Weltmarkt, was sich wiederum in Premiumpreisen niederschlägt. In einer weltweiten Vergleichsuntersuchung im Konsum- und Gebrauchsgüterbereich wurde beispielsweise ermittelt, dass alleine durch die Verwendung der Herkunftsbezeichnung „Made in Germany" bei funktional vergleichbaren Produkten eine Preisprämie von bis zu circa 20 Prozent erzielt werden kann (vgl. Feige et al. 2014).

Aufgrund der Ressourcen eines Familienunternehmens ohne Kapitalmarktzugang meiden diese Firmen typischerweise Märkte, die einen hohen Kapitalbedarf erfordern und/oder in denen sie mit großen, kapitalstarken Publikumsgesellschaften konkurrieren müssen. In vielen Fällen werden kleine (mehrere hundert Millionen weltweites Marktvolumen) oder auch kleinste Marktsegmente bedient, das allerdings weltweit. Die globale Marktbearbeitung macht kleine Märkte groß („Zwei-Säulen-Strategie", Simon 2007, S. 118–130). Das Motto ist „Wir konzentrieren uns auf das, was wir können – und das tun wir weltweit!". Die Marktanteile der Unternehmen liegen im Mittel bei 50 Prozent (bei einer mittleren Abweichung von 20 Prozentpunkten), in manchen Fällen, vor allem in kleinsten Nischenmärkten, sind die Unternehmen sogar „Quasi-Monopolisten".

Diese „Zwei-Säulen-Strategie" basiert auf der Tatsache, dass Kundenbedürfnisse in einem eng definierten Marktsegment über nationale Grenzen hinweg tendenziell ähnlicher sind als Kundenbedürfnisse in verschiedenen benachbarten Marktsegmenten. Die erfolgreichsten Firmen verstehen sich als Spezialisten, die eine hochwertige Problemlösung für eine ganz bestimmte Zielgruppe anbieten. Das gesamte Geschäftsmodell dieser Unternehmen ist auf die Bedürfnisse der Zielgruppe abgestimmt. Sie liefern nicht mehr nur ein Produkt, sondern sehr oft auch komplementäre Dienstleistungen. Dabei agieren sie als „Systemhaus" und „Full-Service-Partner".

Ein typisches Beispiel ist die Firma Rational AG, weltweit führender Anbieter von Systemlösungen für die thermische Speisezubereitung in gewerblichen Großküchen. Nicht bedient wird dagegen der volumenmäßig ungleich größere Markt der privaten Kochgeräte. Die Zielgruppe der professionellen Köche in Groß- und Gewerbeküchen hat weltweit ähnliche Bedürfnisse: in kurzer Zeit eine große Anzahl von oft sehr unterschiedlichen Gerichten in optimaler Qualität zuzubereiten. Für diese Zielgruppe bietet man innovative Geräte an, zum Beispiel ein computergesteuertes Gargerät („Self-Cooking Center"), das eine punktgenaue Garung ermöglicht. Der Koch braucht sich um den Garprozess nicht mehr zu kümmern und hat mehr Zeit für die Auswahl der Zutaten und die Kreation der Gerichte. Die Geräte weisen darüber hinaus weitere Leistungsmerkmale auf, die die Arbeitsprozesse in Großküchen entscheidend verbessern (zum Beispiel platzsparendes Design und einfache Reinigung). Das Unternehmen definiert sich selbst als „Anwalt der Köche" und beschäftigt circa 270 Köche im Außendienst. Man versteht sich als „Systemhaus" für die Lösung „kochologischer Probleme" von Profi-Köchen. Eine interdisziplinär besetzte Forschungs- und Entwicklungsabteilung mit circa 80 Mitarbeitern, u. a. Physiker, Ingenieure, Ernährungswissenschaftler und 30 Küchenmeister, entwickelt fortlaufend neue Produkte und Problemlösungen für diese Zielgruppe.

Nischenstrategien sind allerdings riskant, insbesondere wenn die Produkte auch noch an eine ganz enge Zielgruppe beziehungsweise Abnehmergruppe geliefert werden. Technischer Wandel und sich verändernde Kundenbedürfnisse oder auch nur ein gravierender vorübergehender Nachfrageeinbruch, wie während der Wirtschaftskrise 2008/2009 zu beobachten war, können sehr schnell zu existenzbedrohenden Situationen führen. Viele der großen und älteren Weltmarktführer in Familienbesitz wie Bosch, Voith, Heraeus sind deshalb auch diversifiziert und bearbeiten eine Reihe von Geschäftsfeldern.

Eine weitere Herausforderung ist für die meisten im Premiumsegment angesiedelten deutschen Unternehmen das Aufkommen neuer Wettbewerber aus den Schwellenländern, insbesondere aus China. Bisher konnten viele deutsche Mittelstandsunternehmen, zum Beispiel im Maschinen- und Anlagenbau, mit ihren klassischen Wettbewerbsvorteilen Qualität, überlegene technische Leistung, Anwendungs-Know-how und Service im Premiumsegment eine dominierende Stellung erarbeiten und Preisaufschläge von bis zu 100 Prozent und mehr erzielen. Lokale Wettbewerber, wie etwa in China, fokussierten sich mit deutlich weniger leistungsfähigen und deshalb günstigeren Produkten auf den unteren und mittleren Preisbereich („good enough products", „Gut-genug-Produkte"; vgl. Gadiesh et al. 2007). Weitreichende Produktfeatures oder integrierte Serviceangebote wollen und können sich viele Käufer auf dem chinesischen Markt und auch auf weniger anspruchsvollen Drittmärkten wie zum Beispiel Afrika (noch) nicht leisten. Dieses „Gut-genug"-Segment wächst mittlerweile in vielen Produktkategorien erheblich schneller als der Gesamtmarkt und umfasst meist mehr als 50 Prozent des Marktes.

Zu erwarten ist, dass auch das zukünftige Marktwachstum auf vielen Gebrauchs- und Konsumgütermärkten überwiegend im Niedrig- und Mittelpreissegment stattfinden wird. Für die Produktion dieser Produkte sind oft auch keine hochwertigen Maschinen notwendig. Lokale Wettbewerber dominieren schon jetzt das untere Preissegment und werden versuchen, auch im Mittelpreissegment eine führende Position einzunehmen, um danach auch in das Premiumsegment vorzudringen. Vernachlässigen deutsche Unternehmen das mittlere Marktsegment weiter und geben ihren chinesischen Wettbewerbern Raum, um Qualität und Service zu verbessern, so besteht das Risiko, dass diese Unternehmen zu starken Konkurrenten auf dem Weltmarkt werden.

Für viele deutsche Unternehmen stellt sich deshalb die strategische Frage, wie auf dem Hintergrund der zu erwartenden Marktentwicklung langfristig die globale Marktposition abgesichert werden kann. In vielen Fällen wird das einen Einstieg in den Massenmarkt erfordern.

Eine stärkere Lokalisierung von Entwicklung und Produktion wird wahrscheinlich erforderlich werden, um Volumenmärkte mit 30–50 Prozent niedrigeren Preisen abdecken zu können. Die bisherigen Erfahrungen einiger multinationaler Konzerne wie Volvo AB, Grundfos und Otis zeigen, dass es sehr schwer ist, ohne Vor-Ort-Präsenz derartige Produkte zu entwickeln (vgl. Tsang/Chong 2014). Weitere Herausforderungen sind auch neue Vertriebs- und Servicekonzepte. Die Basis hierfür bildet eine klar differenzierte Kundensegmentierung und eine Zwei-Marken-Strategie. Das Ziel dieser Positionierung ist, sowohl das bestehende hochmargige Premiumgeschäft nicht zu gefährden als auch ein eigenständiges und innovatives Produkt- und Serviceangebot für Volumenmärkte zu entwickeln, um gegen lokale Wettbewerber wettbewerbsfähig zu werden.

Die Firma Trumpf, Weltmarktführer bei Laserschneidmaschinen, erwarb aus diesem Grund im Jahre 2013 die Mehrheit am chinesischen Werkzeugmaschinenhersteller JFY, Marktführer in China bei Werkzeugmaschinen für die Blechbearbeitung, insbesondere Stanz- und Biegemaschinen (vgl. dazu o.V. 2013: TRUMPF kauft chinesischen Maschinenbauer). Laut Unternehmensangaben kostet die beste Stanzmaschine des chinesischen Herstellers zurzeit circa 100.000 Euro, während die günstigste Trumpf-Maschine 250.000 Euro kostet. Die Akquisition ermöglicht Trumpf, in das untere und mittlere Preissegment einzudringen, das in Deutschland weniger als zehn Prozent, in

China aber zwei Drittel des Marktes ausmacht. Beide Marken sollen auch in Zukunft getrennt geführt werden. Ziel dieser Akquisition ist es einerseits, zusätzliche Wachstumspotenziale in China und auf anderen Drittmärkten zu erschließen; auf der anderen Seite sollen dadurch auch lokale chinesische Wettbewerber an einer weiteren Expansion gehindert werden (vgl. dazu o.V. 2014: Werkzeugmaschinen aus und für China).

Technologieführerschaft und Innovationsstärke

Basis des Markterfolges sind in der Regel innovative Produkte hoher Qualität mit Alleinstellungsmerkmalen, die oftmals den Stand der Technik definieren. Hauptverkaufsargument ist der Wert und nicht der Preis. Herausragende Innovationskraft ist deswegen ein wichtiger Erfolgsfaktor. Fast alle Unternehmen sind Technologieführer in ihrer Branche.

Viele Firmen passen allerdings nicht ins traditionelle „Hightech-Raster". Deutsche Firmen sind meist nicht führend bei Basisinnovationen in Sektoren wie Pharma, Informationstechnologie oder Halbleitertechnik, sondern erbringen vielmehr technologische Spitzenleistungen in der Anwendung solcher Innovationen und der akribischen und kundennahen Perfektion von traditionellen Produkten wie zum Beispiel Fertigungsmaschinen und Komponenten, im Hinblick auf Eigenschaften wie Miniaturisierung, Präzision und Umweltverträglichkeit. Indem die Unternehmen ihre Produkte unter diesen Aspekten ständig weiterentwickeln und an steigende Kundenanforderungen anpassen oder auf neue Anwendungen hin verändern, schaffen sie immer wieder neue Marktnischen. Vielen Firmen kommt zugute, dass sie meist schon seit Jahrzehnten in ihrem Marktsegment tätig sind und daher über eine große Erfahrung verfügen. Das angesammelte Produkt- und Verfahrens-Know-how bildet die Basis, um das Leistungsspektrum, etwa durch Integration neuer Technologien, kontinuierlich aufzuwerten und in neue Anwendungsgebiete hinein zu erweitern.

Produktinnovationen entstehen sehr oft nicht aus der wissenschaftlichen Grundlagenforschung, sondern durch das Lösen praktischer Kundenprobleme. Die Top-Unternehmen verbinden eine starke Kundenorientierung mit technologischer Spitzenleistung. Vorbildlich ist das Management der klassischen Spannungsfelder „Markt" und „Technologie" (vgl. Simon 2007, S. 206–210). Einseitig marktorientierte Unternehmen neigen dazu, zu wenig in technische Weiterentwicklungen zu investieren – das Risiko, technische Neuerungen zu verpassen, steigt. Ebenso kann eine zu technologieorientierte Ausrichtung dazu führen, dass die wirklichen Kundenwünsche und -bedürfnisse nicht genügend in die Produktentwicklung integriert werden und „am Markt vorbei" entwickelt wird. Enge Zusammenarbeit mit Kunden heißt aber nicht, nur deren Anforderungen umzusetzen. Technologieführerschaft bedeutet, den Kunden auf der Basis überlegener Anwendungskenntnisse zu führen. Das Leitmotiv vieler Firmen lautet: „Wir machen nicht, was der Kunde will, sondern was der Kunde braucht" und „unsere Ingenieure pflegen engen Kundenkontakt, so dass schlussendlich der Kunde weiß, dass er unsere Lösung braucht".

Ein wichtiges Fundament der Innovationsstärke ist die funktionsübergreifende Zusammenarbeit in Projektteams mit Mitarbeitern aus Forschung, Entwicklung, Fertigung und Vertrieb. Die überschaubaren Strukturen vieler Mittelständler in Verbindung mit dem technischen Hintergrund der Führungskräfte führen dazu, dass in vielen Fällen auch das Topmanagement noch direkt am Innovationsprozess beteiligt ist.

Fortlaufende Innovationen erfordern erhebliche Investitionen. Beispielsweise sind die Aufwendungen für Forschung und Entwicklung von mittelständischen Weltmarktführern, die im Mittel bei 7,2 Prozent vom Umsatz liegen, weit überdurchschnittlich. Der Umsatzanteil der F+E-Aufwendungen für die deutsche Industrie insgesamt liegt bei 3,5 Prozent (Stifterverband 2012, S. 10). Auch im internationalen Vergleich ist der Anteil der F+E-Aufwendungen am Umsatz circa zweimal so hoch wie branchenüblich (vgl. dazu strategy& 2013: „industrials"). Eine ähnliche Spitzenstellung besteht bei vielen anderen Indikatoren für Innovationsstärke, wie zum Beispiel bei der Anzahl der gehaltenen Patente. Auch bei dieser Kennzahl liegen viele Mittelständler an der Spitze ihrer jeweiligen Branche.

Weiterhin profitieren die Unternehmen auch von der langjährigen und engen Zusammenarbeit mit leistungsfähigen Lieferanten und anspruchsvollen Kunden am Standort Deutschland. Nicht zuletzt gewährleisten industrienahe Forschungseinrichtungen wie zum Beispiel die 67 Fraunhofer-Institute in Deutschland und eine stark dezentrale Hochschullandschaft eine enge Anbindung an wissenschaftliche Forschungsergebnisse.

Enge Kundenbindung durch weltweite Präsenz

Neben der Innovationskraft sind die weltweiten Vertriebs- und Servicenetze ein entscheidender Erfolgsfaktor. Weltmarktführerschaft bedeutet natürlich auch weltweite Präsenz. Der durchschnittliche Auslandsanteil am Umsatz liegt bei circa 66 Prozent, die Produkte werden in 72 Ländern vertrieben.

Viele der mittelständischen Weltmarktführer haben in den letzten Jahren stark internationalisiert und sind heute in allen wichtigen Märkten mit eigenen Tochtergesellschaften vertreten („Mittelstand-Multinationals"; Fear 2013). Die Beziehung zum Kunden wird, wenn immer möglich, nicht an Dritte delegiert. Das sichert Top-Service über den gesamten Lebenszyklus eines Produktes und ist eine unerlässliche Quelle für Innovationen. Unternehmen, die „vor Ort" agieren, haben ein besseres Gespür für die marktspezifischen Kundenbedürfnisse und können Produkte und Dienstleistungen an den Anforderungen und Besonderheiten der ausländischen Zielmärkte ausrichten. In vielen Branchen ermöglichen weltweite Servicenetze auch das Angebot komplementärer, produktbegleitender Dienstleistungen zur Festigung der Kundenbindung. Weiterhin können dadurch zusätzliche Umsatzquellen erschlossen und so die Abhängigkeit vom zyklischen Produktgeschäft reduziert werden. Besonderes Gewicht hat das Thema Dienstleistungen in der Investitionsgüterindustrie. Die laufenden Betriebskosten einer Maschine oder Anlage schlagen häufig stärker zu Buche als die ursprünglichen Investitionskosten („Total-Cost-of-Ownership-Betrachtung"). Daraus ergeben sich viele Ansatzpunkte für einen produktbegleitenden Service – beispielsweise im Rahmen eines Teleservice-Konzeptes, das unter anderem die laufende Optimierung der Betriebsparameter, eine vorausschauende Wartung und schnelle Ersatzteilversorgung umfasst. Diese Stärke im Service schafft den Unternehmen auch grundsätzlich eine gute Ausgangsposition für sogenannte Smart Services, das heißt Internet-basierte Dienstleistungen, die über klassische technisch orientierte Servicedienstleistungen auf Kundennachfragen hinausgehen und auch die Analyse von Maschinendaten beinhalten, um Wartungsarbeiten vorherzusagen und den Anlageneinsatz bei den Endkunden zu optimieren (vgl. Acatech 2014).

Anteil Weltmarktführer mit Niederlassungen in den jeweiligen Ländern

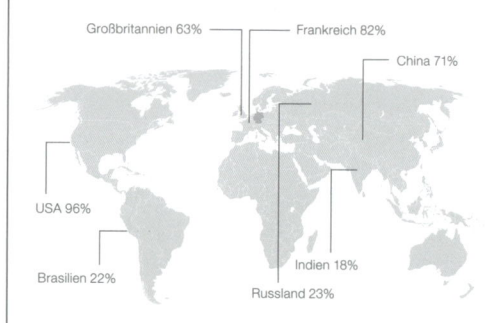

Großbritannien 63%
Frankreich 82%
China 71%
USA 96%
Indien 18%
Brasilien 22%
Russland 23%

QUELLE: EIGENE SCHÄTZUNG; DEUTSCHE BUNDESBANK, Bestandserhebung über Direktinvestitionen 2012, (2014 © Prof. Dr. Bernd Venohr)

Spitzenleistungen in den operativen Kernprozessen

Trotz ihrer starken Marktstellung stehen die meisten Firmen natürlich unter Wettbewerbsdruck und müssen ihre Kostenposition und preisliche Wettbewerbsfähigkeit fortlaufend verbessern. Globalisierung schafft die Möglichkeit, arbeitsintensive Produktionsschritte in Niedrigkostenländer zu verlagern, sei es in eigene Fertigungsstätten oder an Dritte. Viele vor allem größere deutsche Weltmarktführer haben deswegen auch ihre Produktion internationalisiert, um beispielsweise Zulieferteile kostengünstig herzustellen. Daneben spielen auch Absatzmotive eine wichtige Rolle, denn zahlreiche ausländische Märkte wachsen schneller als der deutsche Markt. Darüber hinaus folgen Unternehmen häufig ihren großen Kunden ins Ausland oder die einheimische Politik verlangt den Einsatz von „Local Content".

Fertigung in Deutschland als „strategisches Asset"

Die meisten der Weltmarktführer sehen die eigene Produktion in Deutschland allerdings immer noch als „strategisches Asset" an. Entgegen kurzfristigen Modetrends wie Outsourcing (Fremdvergabe der Produktion) und Offshoring (Verlagerung der Produktion in Niedriglohnländer) wird es als essenziell angesehen, auch noch selbst in Deutschland zu produzieren, da die Entwicklung innovativer Produkte die enge Verbindung zur Produktion benötigt.

Die zunehmende Internationalisierung von Produktionsstätten ist deswegen oft auch verknüpft mit einer bewussten Stärkung des Heimatstandortes. Wettbewerbsrelevante Aktivitäten, mit denen sich Unternehmen differenzieren, werden überwiegend in Deutschland angesiedelt. Dazu gehört neben Funktionen wie Forschung, Entwicklung, Konstruktion, Finanzen, Marketing, Design und Einkauf auch meist noch eine eigene Fertigung. Die weiter oben am Beispiel des Maschinen- und Anlagenbaus beschriebene strategische Herausforderung, zukünftig auch große Volumensegmente vor allem im Mittelpreisbereich zu bedienen, wird sicherlich dazu führen, dass zukünftig verstärkt auch Entwicklungs- und Produktionsaktivitäten in Wachstumsregionen, vor allem Asien, verlegt werden. Mittel- und langfristig kann das in vielen Fällen dazu führen, dass Unternehmen in dieser Region einen zweiten „Heimatstandort" aufbauen werden (vgl. dazu z. B. PWC 2014). Insbesondere für kleinere Mittelständler dürfte der Aufbau eigener Entwicklungs-, Produktions- und Dienstleistungsstandorte allerdings eine große Herausforderung darstellen. Alternativen wie Joint Ventures oder Lizenzvergaben sind wiederum unter den Gesichtspunkten des Know-how-Schutzes und der Sicherung der Produkt- und Servicequalität sehr sorgfältig zu prüfen.

Tendenziell ist die Fertigungstiefe der Weltmarktführer höher als im Industriedurchschnitt und liegt im Mittel bei circa 50 Prozent, wobei allerdings zwischen Firmen je nach Branche und Unternehmensstrategie starke Unterschiede bestehen. Gemeinsamer Nenner bei allen Auslagerungsentscheidungen ist, dass für die Produktqualität kritische Komponenten in jedem Falle selbst gefertigt werden, auch findet die Endmontage in der Regel intern statt. Bei der Fremdvergabe von Teilen profitieren die Unternehmen sehr stark von eingespielten Zulieferer-Netzwerken. Global Sourcing wird zwar betrieben, in vielen Fällen baut man aber aus Qualitäts- und Flexibilitätsgründen noch sehr stark auf wichtige Zulieferer in räumlicher Nähe oder unterstützt diese Unternehmen dabei, gleichfalls Kapazitäten in Niedrigkostenstandorten aufzubauen. So bilden sich in Ländern wie China Industriegebiete mit Hunderten von deutschen Mittelständlern, die fest in die globalen Wertschöpfungsketten ihrer Großkunden eingebunden sind. Beispielsweise haben sich in Taicang, in der Nähe von Shanghai, rund 200 Mittelständler aus Baden-Württemberg angesiedelt und prägen die Stadt (vgl. Mattheis/Eisert 2014), die deshalb auch als „Little Swabia" (Ewing 2014, S. 87) bezeichnet wird.

Eine wettbewerbsfähige Produktion an einem Hochkostenstandort erfordert vorbildliche Abläufe in der Produktion. Die Basis bilden modernste Fertigungstechnologien und im internationalen Vergleich hoch qualifizierte Belegschaften. Beim Einsatz moderner Fertigungstechnologien profitieren die Unternehmen natürlich von der räumlichen Nähe zu leistungsfähigen Maschinenbauern. Sehr oft setzt man aber zusätzlich auch auf Eigenentwicklungen, um die Fertigungsprozesse weiter zu optimieren. Noch entscheidender für den Markterfolg ist die Spitzenstellung der deutschen Industrie bei der Einführung moderner Produktionsmethoden und bei der konsequenten Umsetzung der Prinzipien der „Lean Production" und des „Total Quality Managements". Diese Spitzenstellung zeigen internationale Vergleichsstudien (vgl. Bloom/Van Reenen 2006). Eine deutsche Pilotstudie zum selben Thema ergab, dass alle befragten größeren Industrieunternehmen mit mehr als 1.000 Mitarbeitern Lean-Management-Prinzipien und -Methoden anwenden, wobei es beim Grad der Umsetzung allerdings noch starke Unterschiede gab (Siebold/Widmaier 2013).

Entwickelt und zuerst erfolgreich umgesetzt wurden diese richtungweisenden Methoden von japanischen Unternehmen wie zum Beispiel Toyota. Alle deutschen Spitzenunternehmen haben diese Systeme übernommen, auf die eigenen Bedürfnisse abgestimmt und weiterentwickelt. Standardisierte Arbeitsabläufe, einfache Logistik und modernste Fertigungstechnologien bilden die Basis für reibungslose Abläufe. Das entscheidende Element für die Umsetzung und den nachhaltigen Erfolg dieser Produktionssysteme ist das Prinzip des ständigen Verbesserns der Abläufe durch informierte und engagierte Mitarbeiter, die ihr Detailwissen über Probleme in Verbesserungen aktiv einbringen. Diese Art der Produktionsorganisation stellt hohe Anforderungen an die Qualifikation und Motivation der Mitarbeiter. Das weltweit einzigartige System der dualen Berufsausbildung bildet eine wichtige Voraussetzung für den Aufbau einer hoch qualifizierten und loyalen Stammbelegschaft.

Hochflexible Produktionssysteme ermöglichen den stark spezialisierten Unternehmen eine auftragsbezogene Fertigung („Production on Demand"/„Just-in-time-Produktion"). Hergestellt wird nur, was man sofort benötigt. Das vermeidet Überproduktion und Lagerhaltung. Ein wichtiger Erfolgsbaustein sind auch unternehmensspezifische Arbeitszeitmodelle, die den Unternehmen einen hohen Grad an Flexibilität ermöglichen. In den letzten 10 Jahren haben sich auf breiter Front sogenannte betriebliche Bündnisse für Arbeit durchgesetzt, mit denen Unternehmen, in Einvernehmen mit den örtlichen Betriebsräten, die Regelungen der Branchentarifverträge, zum Beispiel im Hinblick auf Arbeitszeiten, an die unternehmensspezifischen Belange anpassen können.

Die Kostenposition und damit preisliche Wettbewerbsfähigkeit der deutschen Unternehmen konnte durch eine starke Reduktion der Durchlaufzeiten und Bestände bei gleichzeitiger signifikanter Steigerung der Produktivität und Senkung der Fehlerkosten deutlich verbessert werden. Ein weiterer Effekt dieser sehr flexiblen Produktionssysteme ist, dass man die meist modular im Baukastensystem aufgebauten Produkte für besondere Kundenwünsche konfigurieren kann. Das ermöglicht vielen hoch spezialisierten Unternehmen, die Vorteile moderner Serienfertigung mit dem Anspruch einer kundenindividuellen Bedienung zu verknüpfen.

Unter dem Oberbegriff „Industrie 4.0" existieren in Deutschland seit einigen Jahren eine Vielzahl von Initiativen und Projekten, an denen Branchenverbände (BITKOM, VDMA, ZVEI), Unternehmen und Forschungsinstitute beteiligt sind (vgl. z. B. Acatech 2013). Das Ziel ist, sowohl die Produktionsflexibilität der beteiligten deutschen Unternehmen noch weiter deutlich zu verbessern als auch die führende Weltmarktposition deutscher Unternehmen im Bereich der Produktionstechnologie abzusichern. Schwerpunkte sind neben der Schaffung der technischen Basis für eine weltweite Vernetzung von Maschinen, Betriebsmitteln und Logistiksystemen sogenannte Smart Factories und in Echtzeit steuerbare Wertschöpfungsnetzwerke.

Kontinuierliche Verbesserung aller Kernprozesse

Immer mehr Firmen gehen auch dazu über, die in der Produktion gewonnenen Erfahrungen bei der Prozessgestaltung und ständigen Verbesserung in andere Kernprozesse wie Einkauf, Logistik, Vertrieb und Service zu übertragen, um auch hier Spitzenleistungen in Bezug auf Schnelligkeit, Flexibilität und Qualität sicherzustellen (Siebold/Widmaier 2013). Die Unternehmenskultur vieler deutscher Erfolgsfirmen weist so deutliche Parallelen zu weltweiten Spitzenunternehmen wie Toyota auf. Der Prozess der kontinuierlichen Verbesserung (Kaizen) ist ein integraler Bestandteil dieser Unternehmenskultur und bildet die Basis für eine ausgeprägte Lern- und Innovationsorientierung.

Führungsmodell: aufgeklärter Familienkapitalismus

Neben den beiden Faktoren „Strategie" und „Prozesse" bilden die Eigentumsstruktur und das damit verknüpfte Führungsmodell einen weiteren wichtigen Erfolgsbaustein. Fast 70 Prozent der Weltmarktführer sind in Familienbesitz, das heißt, die Kapitalmehrheit sowie gegebenenfalls die Führungsverantwortung liegen in der Hand eines oder mehrerer Familienmitglieder.

Familienbesitz: die starke und schwache Seite der Weltmarktführer

Familienbesitz prägt die Unternehmenspolitik und die Kultur und Werte der Unternehmen. Unternehmenseigner können ihre ganz persönlichen Werteentscheidungen und Überzeugungen in die Unternehmenspolitik einfließen lassen und – anders als börsennotierte Aktiengesellschaften in Streubesitz – ohne Rücksicht auf oft sehr kurzfristige Anlegerinteressen langfristig agieren.

Die Tradition der Unternehmen reicht oft Generationen zurück und der Fortbestand des Unternehmens soll auch für die folgenden Generationen gesichert werden. Aus dieser emotional geprägten Grundhaltung ergibt sich eine nachhaltige, am langfristigen Erhalt des Unternehmens ausgerichtete Unternehmenspolitik.

Diese Langfristorientierung der Unternehmenspolitik zeigt sich auch in deutlich höheren Eigenkapitalquoten und dem Investitionsverhalten (bei Industrieunternehmen mit vergleichbarer Unternehmensgröße). Große deutsche Familienunternehmen weisen nach unseren Schätzungen eine Eigenkapitalquote von 43,5 Prozent gegenüber 37,6 Prozent bei börsennotierten Unternehmen auf. Diese hohen Eigenkapitalquoten sorgen für finanzielle Stabilität. Ein weiterer Beleg für die Langfristorientierung ist das antizyklische Vorgehen bei Investitionen. So wurden in vielen Fällen trotz starker Umsatzeinbrüche die Forschungs- und Entwicklungsaufwendungen im Krisenjahr 2009 nicht wesentlich reduziert (vgl. ergo Unternehmenskommunikation/Roland Berger Strategy Consultants, 2010). Weiterhin liegt die Investitionsquote (Höhe der Sachinvestitionen bezogen auf den Umsatz) bei Familienunternehmen mit 7,3 Prozent wesentlich höher als bei börsennotierten Unternehmen mit 4,3 Prozent.

Anders als bei börsennotierten Konzernen mit anonymen Aktionären steht in Familienunternehmen auch eine Familie im Hintergrund – als Garant für Werte und Kultur. Die Werte der Firmengründer werden in Ehren gehalten und gepflegt. Über 70 Prozent der Weltmarktführer sind außerhalb von Großstädten, oft in ländlichen Regionen, angesiedelt, stark am Standort verwurzelt und fühlen sich ihren Mitarbeitern und auch der Region insgesamt verpflichtet. Familienbesitz hat auch sehr gut dokumentierte Schattenseiten. Viele Familienunternehmen sind an Konflikten, die aus der Sphäre der Familie kommen, gescheitert. Durch die hohe emotionale Bindung der Familie an das Unternehmen tun sich diese Unternehmen auch oft schwer, ökonomisch notwendige, aber sozial harte Entscheidungen zu treffen. Ein weiteres Problemfeld ist die Auswahl der Führungskräfte. Wenn nur Familienmitglieder für Führungspositionen infrage kommen, steht dem Unternehmen ein sehr kleiner Know-how-Pool zur Verfügung – entsprechend geringer ist die Wahrscheinlichkeit, dass man den besten Kandidaten für einen Posten bekommt.

Die umfangreiche Forschung über Familienunternehmen konnte deshalb nicht belegen, dass familiengeführte Unternehmen börsennotierten Aktiengesellschaften in Streubesitz generell überlegen sind (vgl. Wifu 2009 sowie Klein 2010). Allerdings scheint die Performance-Differenz zwischen gut und schlecht bei Familienunternehmen sehr viel größer zu sein als bei Nicht-Familienunternehmen. Dies liegt unter anderem daran, dass Eigner in der Regel zügig entscheiden können, ohne langwierige politische Prozesse durchlaufen zu müssen, die oft nicht die Entscheidungsqualität verbessern, sondern nur der Absicherung der Entscheider dienen. Daher sind auch unkonventionelle Entscheidungen eher in Familienunternehmen zu finden. Sind diese Entscheidungen erfolgreich, werden die Familienunternehmen Weltmarktführer, sind sie es nicht, führt dies häufig zum Verschwinden vom Markt.

Traditionelle Tugenden und hoher Professionalisierungsgrad

Die Top-Performer kombinieren die traditionellen Tugenden des Familienkapitalismus mit einem hohen Professionalisierungsgrad. Erfolgreiche Familienunternehmen haben deshalb im Feld der Corporate Governance eine Reihe von Regeln entwickelt, um der potenziellen Gefährdung des Unternehmens durch die Familie vorzubeugen (vgl. May 2012).

Eine Achillesferse des „klassischen" Familienunternehmens ist die Nachfolge: Die möglicherweise fehlende Managementkompetenz der auf die Gründer folgenden Generationen ist ein hoher Risikofaktor. Ein Merkmal des Professionalisierungsgrades mittelständischer Weltmarktführer ist die Rolle, die externe Manager bei der operativen Führung spielen. Viele erfolgreiche deutsche Mittelständler in Familienbesitz werden ab der zweiten Generation durch familienfremde Manager (mit-)geführt. Das Tagesgeschäft übernehmen externe Manager, die Familie konzentriert sich auf eine aktive Gesellschafterrolle. Unsere Analyse von Weltmarktführern in Familienbesitz ergab, dass 28 Prozent nur durch Familienmitglieder geführt werden; 24 Prozent alleine durch Fremdmanager. Mischmodelle waren mit annähernd 48 Prozent am meisten verbreitet. Eine internationale Vergleichsstudie bestätigt diese Ergebnisse. Mischmodelle bei der Unternehmensführung von Familienunternehmen sind in Deutschland im Vergleich zu den Ländern USA, England und Frankreich überdurchschnittlich häufig anzutreffen (vgl. Bloom/Van Reenen 2006). Unternehmen mit diesem Führungsmodell wiesen im Durchschnitt die besten Ergebnisse bei Kennzahlen wie der Unternehmensproduktivität auf. Eine mögliche Erklärung hierfür ist, dass dieses Führungsmodell die Vorteile von Familienbesitz, wie langfristige Orientierung und Unabhängigkeit von kurzfristigen Kapitalmarkterwartungen, mit dem Einsatz moderner Führungsmethoden verbindet, wobei Letztere verstärkt durch die extern rekrutierten Manager mit Erfahrungen aus anderen, meist größeren Unternehmen eingebracht werden.

Die Führungskultur der Erfolgreichen zeichnet sich weiterhin durch eine gute Mischung aus „klassischen" mittelständischen Tugenden wie große Nähe zu Mitarbeitern und Kunden, hohe Flexibilität sowie durch einen hohen Professionalisierungsgrad der gesamten Führungsprozesse aus. Vor allem größere Familienunternehmen werden heute mit Hilfe entsprechender Controlling- und Risikomanagementsysteme nach unseren Erfahrungen vergleichbar professionell und transparent geführt, wie börsennotierte Aktiengesellschaften.

Der Zusammenhalt der Familie sowie das erfolgreiche Zusammenwirken von Familie und Unternehmen werden vor allem bei größeren und älteren Weltmarktführern in Familienbesitz durch entsprechende Governance-Systeme gewährleistet. Ziel dieser Systeme ist es, die möglichen Spannungsfelder zwischen Unternehmen und Familie und innerhalb der Familie durch einen klaren Wertekodex, Gesellschaftsverträge und Spielregeln für die Entscheidungsfindung innerhalb der Gesellschafter-, Geschäftsführungs- und Aufsichtsgremien zu regeln (vgl. Simon/Wimmer/Groth 2005; Hennerkes 2004; May 2012; Kormann 2011).

Stark ausgeprägt ist auch die Kontinuität in der Führung. Die durchschnittliche Verweildauer der Geschäftsführer liegt nach unseren Erhebungen bei circa 20 Jahren, während die durchschnittliche Amtsdauer von Vorstandsvorsitzenden bei deutschen Aktiengesellschaften bei knapp 7 Jahren liegt (vgl. strategy& 2014). Kontinuität und die interne Entwicklung der Führungskräfte, die die ganz spezifische Unternehmenskultur kennen und vorleben sollen, werden gepflegt. Typischerweise werden Führungskräfte häufig in einem langen Ausbildungsprozess entwickelt. Quereinsteiger sind eher selten.

Vertrauensorganisation als Basis der Innovationsstärke

Die Besten schaffen es, eine „Vertrauensorganisation" aufzubauen, mit hohen Zufriedenheitswerten der Mitarbeiter und dementsprechend niedrigen Fluktuationsraten, die nach unseren Erhebungen bei circa 2,8 Prozent pro Jahr liegen. Die Bindung des Unternehmens an die Mitarbeiter und der Mitarbeiter an das Unternehmen ist sehr eng. Viele mittelständische Weltmarktführer sind der größte Arbeitgeber am Ort, so haben Mitarbeiter wenig Arbeitsplatzalternativen. Umgekehrt haben solche Unternehmen aber auch eine kleinere Personalauswahl als in der Großstadt. Es besteht eine gegenseitige Abhängigkeit, die sich in fachlich stark spezialisierten Bereichen noch verschärft.

Die Personalpolitik insgesamt zeichnet sich durch große Stetigkeit und Langfristigkeit aus. Mitarbeiter werden wertschätzend behandelt, attraktive Anreiz- und Personalentwicklungssysteme und gut ausgestattete Arbeitsplätze sorgen für ein angenehmes Arbeitsumfeld. Eine Beteiligung der Mitarbeiter am Unternehmenserfolg ist bei erfolgreichen Firmen überdurchschnittlich häufig anzutreffen. Umgekehrt ist auch die Loyalität der Mitarbeiter zur Firma groß und damit auch die Bereitschaft, das Beste zu geben und für Kunden viel zu leisten. Die meisten Weltmarktführer investieren viel in Aus- und Weiterbildung. Eine wichtige Rekrutierungsquelle für Fachkräfte- und Führungsnachwuchs sind Kooperationsmodelle mit lokalen Hochschulen, die auf den Bedarf der Unternehmen der Region zugeschnittene Hochschulausbildungsgänge anbieten. Ermöglicht wird die Stetigkeit in der Personalpolitik auch durch flexible Arbeitszeitmodelle, die es erlauben, Personalkapazitäten vorübergehend an Auftragseingangsschwankungen anzupassen.

Niedrige Fluktuationsraten verhindern auch das Abfließen kritischen Know-hows aus den Unternehmen. Stabile Arbeitsbeziehungen führen dazu, dass sich über Jahre und Jahrzehnte hinweg spezielles Produkt- und Verfahrenswissen im Unternehmen bildet. Die innovativen und technisch komplexen Produkte verlangen häufig ein enges Zusammenspiel vieler Funktionen und Unternehmensbereiche. Die für den Erfolg notwendige Innovationsgeschwindigkeit basiert auf gegenseitigem Vertrauen und der Bündelung des speziellen Wissens einzelner Mitarbeiter und Teams aus unterschiedlichen Bereichen sowie der aktiven Weitergabe bestehenden Wissens als auch neuer Ideen. Eine durch Vertrauen geprägte Organisationskultur bildet die Basis für die Innovationsstärke der Unternehmen. Kernelemente dieser Vertrauenskultur sind (vgl. Kalverkamp 2009):

- Führungspersönlichkeiten, die mit ihrem Verhalten eine Vorbildfunktion übernehmen. Die Führungsstile unterscheiden sich natürlich sehr stark. Die Basis bildet häufig große Fachkompetenz durch langjährige Branchen- und Unternehmenserfahrung. Viele Erfolgsunternehmen werden geprägt durch Ingenieure und Naturwissenschaftler. Nach unseren Erhebungen haben circa 45 Prozent der Top-Führungskräfte einen technischen Hintergrund in Ingenieur- und Naturwissenschaften; 23 Prozent einen wirtschaftswissenschaftlichen Hintergrund und 32 Prozent eine sonstige Ausbildung. Bei Dax-Konzernen sieht das anders aus (vgl. Roland Berger 2012, S. 9): Circa 45 Prozent haben einen wirtschaftswissenschaftlichen Background; circa 35 Prozent sind als Ingenieure oder Naturwissenschaftler ausgebildet worden. Das Führungsverhalten wird einerseits geprägt durch die Orientierung an Grundwerten wie Ehrlichkeit, Verlässlichkeit, Respekt und Wertschätzung – Verhaltensweisen, die dafür sorgen, dass die Mitarbeiter im Unternehmen ihre berufliche Heimat finden. Anderseits spielen ehrgeizige Ziele und der Wille, auf dem Weltmarkt eine Führungsposition einzunehmen, eine sehr wichtige Rolle. Top-Führungskräfte handhaben dieses Spannungsfeld und schaffen es, ein persönliches Vertrauensverhältnis zu den Mitarbeitern aufzubauen.

- Ausgeprägte dezentrale Organisationsstrukturen und flache Hierarchien: Teams und einzelne Mitarbeiter vor Ort besitzen weitgehende Entscheidungsfreiheiten. Die Hierarchien sind deutlich flacher als in Großunternehmen, die Kommunikationswege kürzer und direkter. „Politik- und Machtkämpfe" fallen weitgehend weg oder werden schnell erkannt und aktiv besprochen und aufgelöst. Die Strukturen sind insgesamt flexibler als bei Großkonzernen und jeder Mitarbeiter kann sein Arbeitsumfeld stärker selbst mitgestalten.

- Transparenz: Unternehmensstrategie und -ziele sind im Unternehmen breit verankert, es gibt eine offene Kommunikation über Erfolge und Misserfolge („Echtkommunikation"). Eine schnelle und umfassende Information der Mitarbeiter wird stark gefördert.

Deutsche Institutionen als Basis für den langfristigen Erfolg

Eine wichtige Rolle für den Erfolg vieler Unternehmen spielen auch das auf Langfristigkeit und kooperative Zusammenarbeit ausgerichtete deutsche Institutionengefüge sowie die beschriebenen gemeinsamen Wertvorstellungen, vor allem die Langfristigkeit in der Geschäftspolitik. Beides führt zu einer gewachsenen und spezifisch deutschen „Wirtschaftskultur", die insbesondere bei technisch sehr anspruchsvollen Produkten, die spezifisch auf Kundenanforderungen ausgerichtet sind („diversifizierte Qualitätsprodukte"), im weltweiten Vergleich komparative Vorteile aufweist (vgl. zu dieser These Abelshauser 2003).

Institutionen wie das System der Industrie- und Handelskammern sowie die in allen Branchen bestehenden Industrieverbände fördern die vertrauensvolle Zusammenarbeit zwischen Unternehmen und schaffen die Basis für langfristig geprägte Kunden- und Lieferantenbeziehungen. Viele Unternehmen, vor allem in den Bereichen Automobil, Maschinenbau, Medizintechnik, Elektrotechnik und Chemie, profitieren sehr stark von historisch gewachsenen Clustern. So gibt es alleine in der Automobil- und Automobilzulieferindustrie in Deutschland mehrere regionale Cluster in der Nähe der Fertigungsstätten der großen deutschen Leitunternehmen VW AG (mit den Konzernunternehmen Audi AG und Porsche AG), Daimler AG und BMW AG. Wichtige Clusterregionen sind die Regionen Stuttgart; in Bayern München/Ingolstadt/Dingolfing; die Metropolregion Hannover-Braunschweig-Göttingen-Wolfsburg; das Bergische Land, Südwestfalen und in Sachsen die Region Leipzig. In diesen regionalen Clustern ist jeweils nahezu die gesamte Automobil-Wertschöpfungskette vertreten: Zulieferer, die vorgefertigte Komponenten, Systeme und Module produktionssynchron ans Band liefern, sowie Unternehmen mit Bezug zur Autoindustrie wie Ingenieurdienstleister, Logistikunternehmen, Softwarefirmen und natürlich auch Universitäten, Hochschulen und wissenschaftliche Transferinstitute mit einem Automobil-Schwerpunkt.

Einen wichtigen Beitrag zur Vernetzung der Unternehmen mit ihren Endkunden und Zulieferern liefern Messen. Rund zwei Drittel der global führenden Messen der einzelnen Branchen („Leitmessen") finden in Deutschland statt. Vier der zehn größten Messegesellschaften kommen aus Deutschland (Auma e.V. 2014)

Innerhalb der Unternehmen selbst sorgen Institutionen wie Betriebsräte sowie umfassende arbeitsrechtliche Schutzregelungen für eine gewisse Machtbalance zwischen Arbeitgebern und Arbeitnehmern und einen Interessenausgleich, was wiederum auch die Mitarbeiterloyalität fördert. Leitgedanke all dieser betriebsverfassungsrechtlichen Regelungen ist das Gebot der vertrauensvollen Zusammenarbeit. Hinter diesem Grundsatz steht der Gedanke, dass Arbeitgeber und Betriebsrat Konflikte grundsätzlich nicht in einer offenen Auseinandersetzung wie zum Beispiel die Tarifvertragsparteien, sondern in einem ständigen Dialog austragen sollen. Dabei wird nicht verkannt, dass Arbeitgeber und Betriebsrat in der Regel gegensätzliche Interessen haben. Diese Interessengegensätze sollen aber möglichst durch einvernehmliche Lösungen ausgeglichen werden. Der Grundsatz der vertrauensvollen Zusammenarbeit verpflichtet Arbeitgeber und Betriebsrat auch dazu, fair und respektvoll miteinander umzugehen (vgl. Ifb 2014).

Das System der dualen Berufsausbildung, das es weltweit in ähnlicher Form nur noch in der Schweiz, in Österreich und Dänemark gibt, sorgt für hoch qualifizierte, praxisnah ausgebildete und loyale Mitarbeiter.

Eine weitere deutsche Besonderheit ist das dreigliedrige deutsche Banksystem mit öffentlich-rechtlichen Banken (Sparkassen und Landesbanken), Genossenschaftsbanken (Kreditgenossenschaften und genossenschaftliche Zentralbanken) und privaten Kreditinstituten (Kreditbanken), die jeweils als Universalbanken agieren. Insbesondere die dem Gemeinwohl verpflichteten über 400 öffentlich-rechtlichen Sparkassen sowie die über 1.000 Genossenschaftsbanken stellen eine breite und kostengünstige Versorgung mit Bankdienstleistungen in der Fläche vor allem für kleinere und mittlere Mittelstandsunternehmen sicher. Diese regional aktiven Banken stellen vor allem auch „ruhiges Kapital", das heißt Langfristkredite für die Investitionsfinanzierung, zur Verfügung. Beispielsweise weiteten Sparkassen und Genossenschaftsbanken die Höhe ihrer Langfristkredite in den Jahren 2007–2012 aus, während andere Bankgruppen, vor allem die Landesbanken diese deutlich zurückführten (vgl. o.V. 2012, Germany's banking system). Weiterhin profitieren die deutschen Unternehmen vor allem im Export- und Auslandsgeschäft von Spezialisierung einiger Geschäftsbanken mit einem globalen Niederlassungsnetz, wie zum Beispiel der Commerzbank, auf den Mittelstand.

Wichtig für den internationalen Markterfolg der Unternehmen sind auch zahlreiche Institutionen und Programme, die kleine und mittlere Unternehmen dabei unterstützen, auf ihrem jeweiligen Markt eine Position als Technologieführer zu erreichen. Neben spezifischen Förderprogrammen aus öffentlichen Mitteln spielen insbesondere eine stark dezentralisierte und unternehmensnahe Universitäts- und Hochschullandschaft und Transfereinrichtungen wie die Fraunhofer-Institute und die AiF-Forschungsvereinigungen hierfür eine wichtige Rolle.

Die starke internationale Ausrichtung der Unternehmen wird weiterhin unterstützt durch weltweite Netzwerke, vor allem das System der Auslandshandelskammern, die mittlerweile an 130 Standorten in 90 Ländern bestehen (vgl. AHK Organisation und AHK Aufgaben 2014). Die Auslandshandelskammern sind meist als bilaterale Handelskammern organisiert, das heißt freiwillige Zusammenschlüsse von Unternehmen aus Deutschland und dem Partnerland. Weltweit gibt es mehr als 40.000 Mitgliedsunternehmen. Neben ihrer Rolle als offizielle Vertretungen der deutschen Wirtschaft, die zusammen mit den deutschen Auslandsvertretungen (Botschaften und Konsulate) die Interessen der deutschen Wirtschaft gegenüber der Politik und Verwaltung im jeweiligen Gastland vertreten, bieten die AHKs auch entgeltliche Serviceleistungen an. Sie agieren als Dienstleister für deutsche Unternehmen im Gastland und unterstützen durch Auslandsaktivitäten. Gleichzeitig sind sie Dienstleister für einheimische Unternehmen, die sich auch im bilateralen Wirtschaftsverkehr engagieren.

Zusammenfassung

Das Erfolgsmodell der Unternehmen lässt sich wie folgt zusammenfassen: Familienbesitz bildet sehr oft die Basis für eine nachhaltige, am langfristigen Erfolg ausgerichtete Unternehmenspolitik. Die Unternehmensführung, in die sehr oft auch familienexterne Manager eingebunden sind, versteht sich als „Treuhänder" und handelt mit dem Ziel, das Unternehmen in einer guten Verfassung an die nächste Generation weiterzugeben. Die Interessen der wichtigen „Stakeholder" neben den Eignern (das sind in der Regel Familien), das heißt von Kunden, Mitarbeitern, Lieferanten, werden in der Unternehmenspolitik berücksichtigt. So ist sichergestellt, dass sich alle für den langfristigen Unternehmenserfolg wichtigen Gruppen stark für den Erfolg einsetzen.

Der Aufbau und Erhalt langfristiger Kundenbeziehungen ist das oberste Unternehmensziel. Die Unternehmen arbeiten sehr kundenorientiert und zwar nicht im oberflächlichen Sinn, dass genau das entwickelt und produziert wird, was Kunden im Moment wollen und dann deren Anforderungen 1:1 umgesetzt werden. Die Unternehmen verstehen sich demgegenüber als Technologieführer: Es geht nicht darum, zu entwickeln, was der Kunde will, sondern die Maxime lautet, das Produkt zu entwickeln, das der Kunde tatsächlich braucht. Die Unternehmen versuchen, immer einen Schritt voraus zu sein, und entwickeln auf der Basis ihrer Kundennähe und überragenden Anwendungskenntnisse Lösungen für die zukünftigen Bedürfnisse ihrer Kunden. Abgesichert wird diese überragende Kundenorientierung durch dicht geknüpfte Service- und Vertriebsnetze, die eine hohe Verfügbarkeit der oft kritischen Produkte sicherstellen.

Die herausragende Innovationskraft der Unternehmen speist sich aus vielen Quellen. Die Unternehmen investieren mehr als ihre internationalen Wettbewerber in Forschung und Entwicklung. Die funktionsübergreifende Zusammenarbeit in den Unternehmen und die gelebte Kundennähe führen immer wieder zu Lösungen mit hoher Marktakzeptanz. Funktionen und Bereiche arbeiten vertrauensvoll und zum Wohle der Kunden zusammen, statt „ihre" Bereichs- und Funktionsinteressen zu vertreten. So entstehen immer wieder innovative Produkte im Zusammenspiel von Entwicklung, Marketing, Vertrieb und Service. Die Hierarchien sind flach, auch die Unternehmensleiter verbringen sehr viel Zeit mit Kunden. An der Spitze der Unternehmen stehen oft Ingenieure und Naturwissenschaftler mit einem tiefen Verständnis der technischen Lösungsmöglichkeiten und der Kundenprobleme. Aus dieser tiefen Kenntnis heraus entstehen immer wieder Produkte, die weltweit den Stand der Technik definieren. Die enge Zusammenarbeit mit Technologie-Transfereinrichtungen wie den Fraunhofer-Instituten stellt sicher, dass Spitzen-Know-how der Universitäten und Hochschulen in die Unternehmenspraxis einfließt.

Die Fertigung wird als „strategisches Asset" betrachtet und nicht als unwillkommenes Anhängsel. Die hohen Standortkosten zwingen die Unternehmen, durch innovative Maßnahmen ihre Kostenstruktur laufend zu verbessern. Hier gehen die Unternehmen sehr intelligent vor. Statt undifferenziertem Outsourcing wird genau überlegt, welche Teile Kern-Know-how enthalten – diese werden dann intern produziert. Auch wird die Endmontage fast immer selbst durchgeführt. Wichtig ist auch die unternehmensweite Einführung von Lean-Management-Methoden: Hier sind viele deutsche Unternehmen inzwischen die „besseren Japaner", weil es die Firmen schaffen, anders als im stark hierarchisch geprägten Japan, alle Mitarbeiter in Verbesserungsprozesse einzubinden. Weiterhin wichtig sind auch die funktionierenden Zuliefer-Netzwerke zwischen den Unternehmen, die gepflegt werden und auch auf Auslandsstandorte übertragen werden.

Mitarbeiter sind keine kurzfristig disponierbare Ressource, sondern bilden den Unternehmenskern und werden dementsprechend wertschätzend behandelt. Auch hier sind die Unternehmen sehr innovativ in der Entwicklung von richtungsweisenden Arbeitszeit- und Karrieremodellen. So wird sichergestellt, dass wertvolles Wissen im Unternehmen verbleibt. Gleichzeitig wird auch viel in die Ausbildung junger Mitarbeiter investiert. Die duale Berufsausbildung und die dualen Hochschulausbildungsgänge sind weltweit einzigartig und sichern hoch qualifizierten Nachwuchs.

Insgesamt setzen die meisten Unternehmen auf einfache und bewährte Grundprinzipien, statt den neuesten Management-Moden hinterherzulaufen. Diese Grundsätze sind einfach zu verstehen, aber nicht leicht umzusetzen. Die Umsetzung im Tagesgeschäft erfordert enorme Konsequenz und Disziplin.

Der Autor dankt Prof. Jeffrey Fear und Andreas Herzig für die wertvolle Unterstützung bei der Erstellung des Artikels. Vor allem danke ich zahlreichen Weltmarktführeren, die ich in gemeinsamen Beratungsprojekten begleiten durfte, für die vertrauensvolle Zusammenarbeit.

Quellenverzeichnis

Alle im Text verwendeten Daten, soweit nicht anderweitig gekennzeichnet, basieren auf der Datenbank Deutsche Weltmarktführer. Abgerufen wurden die Daten im September und Oktober 2014.

Abelshauser, Werner: Kulturkampf: Der deutsche Weg in die neue Wirtschaft und die amerikanische Herausforderung. Berlin: Kulturverlag Kadmos, 2003.

Acatech Promotorengruppe Kommunikation der Forschungsunion Wirtschaft – Wissenschaft (Hrsg.): Deutschlands Zukunft als Produktionsstandort sichern: Umsetzungsempfehlungen für das Zukunftsprojekt Industrie 4.0. Abschlussbericht des Arbeitskreises Industrie 4.0. München/Frankfurt/Berlin, April 2013.

Acatech (Hrsg.): SMART SERVICE WELT. Berlin, 2014.

AHK Organisation und Aufgaben: www.ahk.de (abgerufen am 25.10.2014).

Arrighetti, A. & Ninni, A.; Breda, E., Cappariello, R.; Clemens, M.; Schumacher, D.: 2012: Competitiveness in manufacturing: Germany vs. Italy – a comparison. Economics Department Working Papers (2012–EP01), Department of Economics, Parma University (Italy).

Auma e.V. Messemarkt Deutschland: http://www.auma.de/de/Messemarkt/MessemarktDeutschland/Seiten/Default.aspx (abgerufen am 05.11.2014).

Berghoff, Hartmut: Moderne Unternehmensgeschichte : Eine themen- und theorieorientierte Einführung. Stuttgart: UTB, 2004.

Berthold, Norbert: Steht das „Geschäftsmodell Deutschland" auf der Kippe?: Euro-Rettungsschirme sind „struktureller Merkantilismus". Blogeintrag 27. März 2012. http://wirtschaftlichefreiheit.de/wordpress/?p=8912BDI (abgerufen am 24.10. 2014).

Bloom, Nick; Van Reenen, John: Measuring and Explaining Management Practices Across Firms and Countries. Working Paper, Centre of Economic Performance, London School of Economics 2006.

Datenbank Deutsche Weltmarktführer; Oktober 2014; alle Zahlenangaben im Text zur Gruppe der deutschen Weltmarktführer, wenn nicht anders vermerkt, basieren auf Auswertungen und Sonderanalysen der Datenbank.

ergo Unternehmenskommunikation; Roland Berger Strategy Consultants: Bewältigung einer Krise: Die Ertrags- und Finanzlage von Familienunternehmen im Vergleich zu börsennotierten Gesellschaften. Köln, 2010.

Ewing, Jack: Germany's Economic Renaissance: Lessons for the United States. New York: Palgrave Macmillan, 2014.

Fear, Jeffrey: Straight outta Oberberg: Transforming mid-sized family firms into global champions 1970–2010. In: Jahrbuch für Wirtschaftsgeschichte/Economic History Yearbook, 53/1 (2012). S. 125–169.

Fear, Jeffrey: Globalization from a 17 mm-Diameter Cylinder Perspective, Mittelstand Multinationals. In: Lubinski, Christina; Fear, Jeffrey; Fernández Pérez, Paloma: Family Multinationals: Entrepreneurship, Governance, and Pathways to Internationalization. New York: Routledge, 2013. S. 73–95.

Feige, Stephan; Fischer, Peter Mathias; Mahrenholz, Peter John; Reinecke, Sven: Marke Deutschland: Image und Mehrwert im internationalen Marketing: Empirische Ergebnisse. St. Gallen: Thexis, 2014.

Gadiesh, Orit; Leung, Philip; Vestring, Till: The Battle for China's Good-Enough Market. In: Harvard Business Review. September 2007. S. 81–89.

Hennerkes, Brun-Hagen: Die Familie und ihr Unternehmen: Strategie, Liquidität, Kontrolle. Frankfurt: Campus-Verlag, 2004.

Ifb (Hrsg): Lexikon für die tägliche Betriebsratsarbeit: Artikel Vertrauensvolle Zusammenarbeit, Seehausen, 2014. https://www.ifb.de/betriebsratsvorsitzende/lexikon/do/lexikondetail/letter/V/shortlink/vertrauensvolle-zusammenarbeit.html (abgerufen am 05.11.2014).

Ifm-Bonn: http://www.ifm-bonn.org/mittelstandsdefinition/definition-kmu-des-ifm-bonn (abgerufen am 24.10.2014).

IKB und Creditreform: Wachstum finanzieren: Eine Analyse der sich wandelnden Finanzierungsmuster im deutschen Mittelstand. Düsseldorf und Neuss, August 2014. S. 8.

IW Köln; Roland Berger; vbw (Hrsg.): Systemkopf Deutschland Plus: Die Zukunft der Wertschöpfung am Standort Deutschland. In: Management Summary, BDI-Drucksache Nr. 405, Köln (2008–01).

Kalverkamp, Klemens: Miteinander ernten: Das Erfolgsgeheimnis des German Management. Weinheim: Viley-VCH Verlag, 2009.

Klein, Sabine: Familienunternehmen: Die starke und schwache Seite der Weltmarktführer. In: Wirtschaftsbild, Ausgabe 1, 2010–01.

Kormann, Hermut: Nachhaltige Kundenbindung: Gegen den Mythos nur wettbewerbsorientierter Strategien. Frankfurt am Main: VDMA-Verlag, 2005.

Kormann, Hermut: Zusammenhalt in der Unternehmerfamilie. Berlin: Springer Verlag, 2011.

Lazonick, William: Profits without Prosperity. Harvard Business September 2014. http://hbr.org/2014/09/profits-without-prosperity/ar/1 (abgerufen am 24.10.2014).

Mattheis, Philipp; Eisert, Rebecca: Provinz Jiangsu: Willkommen im chinesischen Baden-Württemberg!. In: Wirtschaftswoche vom 28.2.2014. http://www.wiwo.de/unternehmen/mittelstand/provinz-jiangsu-willkommen-im-chinesischen-baden-wuerttemberg/v_detail_tab_print/9542218.html (abgerufen am 26.10. 2014).

May, Peter: Erfolgsmodell Familienunternehmen. Hamburg: Murmann Publishers, 2012.

Meffert, Jürgen; Klein, Holger: DNS der Weltmarktführer: Erfolgsformeln aus dem Mittelstand. Heidelberg: Redline Wirtschaft, 2007.

Miotti, Luis; Sachwalk, Frédérique: The "Old Economy" in the New Globalization Phase. Paris: Institute Français des Relations International, 2006.

O.V.: TRUMPF kauft chinesischen Maschinenbauer. Ditzingen: Presseerklärung, 16.10.2013. http://www.trumpf.com/nc/de/presse/pressemitteilungen/pressemitteilung/rec-uid/266296.html (abgerufen am 24.10.2014).

O.V.: Werkzeugmaschinen aus und für China: Interview mit Dr.-Ing. Mathias Kammüller. 05.05.2014. http://www.cnc-arena.com/de/vdw/news/werkzeugmaschinen-aus-und-fuer-china-2786.html.

O.V.: Defending the three pillars: Old-fashioned but in favour. In: Economist, 12.11.2012. http://www.economist.com/news/finance-and-economics/21566013-defending-three-pillars-old-fashioned-favour (abgerufen am 26.10.2012).

Pritchett, Lant; Summers, Lary: Asiaphoria Meet Regression to the Mean. Harvard Kennedy School and Center for Global Development; Harvard University. Boston; 6.11.2013.

PWC (Hrsg.): Weltmeister auch jenseits des Exports. Oktober 2014.

Roland Berger (Hrsg.): Deutschlands versteckter Standortvorteil Akademiker im Chefsessel. ohne Ort (München) Studie 2012.

Siebold, Tobias Niclas; Widmaier, Gerald: Verbreitung der LEAN-Philosophie bei Industrieunternehmen in Deutschland. Studienarbeit Duale Hochschule Baden Württemberg, Stuttgart in Verbindung mit IMIG AG, Leonberg, März 2013.

Simon, Fritz B.; Wimmer, Rudolf; Groth, Torsten: Mehr-Generationen-Familienunternehmen. Heidelberg: Carl-Auer-Systeme Verlag, 2005.

Simon, Hermann: Hidden Champions des 21. Jahrhunderts: Die Erfolgsstrategien unbekannter Weltmarktführer. Frankfurt/New York: Campus Verlag, 2007.

Simon, Hermann: Erfolgsgeheimnisse: Deutschlands Stärke hat 13 Gründe. FAZ vom 14.10.2012 http://www.faz.net/aktuell/wirtschaft/unternehmen/erfolgsgeheimnisse-deutschlands-staerke-hat-13-gruende-11925735.html?printPagedArticle=true#lesermeinungen (abgerufen am 05.10.2014).

Stifterverband Wissenschaftsstatistik GmbH (Hrsg.): FuE-Datenreport 2012 – Analysen und Vergleiche. Essen, 2012.

Strategy&: The Global Innovation 1000: Comparison of R&D Spending by Regions and Industries. 2013. http://www.strategyand.pwc.com/global/home/what-we-think/global-innovation-1000/rd-intensity-vs-spend-2013-v2stage (abgerufen am 24.10.2014).

Strategy&: 19% der CEO-Wechsel im deutschsprachigen Raum erfolgten 2013 ungeplant bzw. unfreiwillig. Pressemitteilung, München 29. 4.2014. http://www.strategyand.pwc.com/de/home/Presse/Pressemitteilungen/pressemitteilung-detail/chief-executive-study-2013-de (abgerufen am 24.10.2014).

Tsang, Raymond; Chong, Kevin: How to win on China's "good enough" battlefield. o.O.: Bain & Company Inc., 2014.

Venohr, Bernd; Meyer, Klaus E.: The German Miracle Keeps Running: How Germany's Hidden Champions Stay Ahead in the Global Economy. Institute of Management Berlin (IMB) Working paper No. 30, Fachhochschule für Wirtschaft Berlin – Berlin School of Economics, 2007.

Welter, Friederike: Der Mittelstand, Deutschlands Geheimwaffe. In: Frankfurter Allgemeine Zeitung, 25.10.2013, Nr. 248, S. 14. http://fazarchiv.faz.net/document/saveSingleDoc/FAZ__FD1201310254066402 (abgerufen am 24.10.2014).

Wifu/Wittener Institut für Familienunternehmen: Die 10 Wittener Thesen zu Familienunternehmen. Witten/Herdecke, 2009.

Wittenstein, Manfred: Geschäftsmodell Deutschland: Warum die Globalisierung gut für uns ist. Hamburg: Murmann Verlag, 2010.

Deutsche Weltmarktführer

von Prof. Dr. Bernd Venohr und Dr. Thilo Lang

Die Karte zeigt die räumliche Verteilung der Weltmarktführer in Deutschland. Basis der Karte ist die „Datenbank Deutsche Weltmarktführer", die Einträge zu 1.622 Unternehmen enthält (Basis jeweils letzte verfügbare Unternehmensdaten, i. d. R. 2012 oder 2013).

In Baden-Württemberg, Bayern und Nordrhein-Westfalen finden sich in absoluten Zahlen die meisten Weltmarktführer; die drei Bundesländer stellen knapp über 70 Prozent aller deutschen Weltmarktführer. Grundsätzlich enthält die Datenbank eher wenig Einträge von Weltmarktführern mit einem Hauptsitz in Ostdeutschland. Hier zeigt sich, dass der Aufbau eines weltmarktführenden Unternehmens in vielen Branchen eine Generationenaufgabe ist. Die Dynamik der letzten Jahre ist dabei für viele Regionen in Ostdeutschland positiv (s. a. Nationalatlas aktuell 11/2011).

Hamburg ist mit 45 Datenbank Einträgen die Stadt mit den meisten Weltmarktführern, dicht gefolgt von München mit 41 Unternehmen. Danach rangieren Berlin (28) und Köln (22) vor Wuppertal (17) und Stuttgart (16). Als erste ostdeutsche Stadt liegt Dresden mit fünf Weltmarktführern gemeinsam mit Städten wie Kiel, Paderborn oder Esslingen auf Rang 35.

Ein großer Teil der deutschen Weltmarktführer ist außerhalb der großen Agglomerationsräume ansässig, häufig sogar in eher peripher gelegenen, ländlich geprägten Regionen. Eine eindeutige Präferenz hinsichtlich bestimmter struktureller Raumtypen ist also nicht auszumachen.

Hinsichtlich der Konzentration von weltweit führenden Unternehmen im Verhältnis zu den Einwohnern gibt es allerdings deutliche Unterschiede: Im bundesweiten Mittel kommen auf 100.000 Einwohner etwa zwei Weltmarktführer. Auf Ebene der Landkreise und kreisfreien Städte variiert die Dichte in einem Spektrum zwischen 0 und 12,2. Von den 21 Landkreisen bzw. kreisfreien Städten mit einer Weltmarktführerdichte von über sechs Unternehmen je 100.000 Einwohner liegen neun in Baden-Württemberg (die Landkreise Main-Tauber-Kreis, Hohenlohekreis, Tuttlingen, Bodensee, Freudenstadt, Lindau (Bodensee), Esslingen, Ravensburg und Reutlingen), sieben in Bayern (die kreisfreien Städte Memmingen, Coburg, Ansbach und Rosenheim sowie die Landkreise München, Wunsiedel und Starnberg), drei in Nordrhein-Westfalen (Landkreis Olpe, Ennepe-Ruhr-Kreis, Stadt Remscheid) und je einer in Hessen (Darmstadt Stadt) und Rheinland-Pfalz (Pirmasens Stadt). Die Orte mit der größten Weltmarktführerdichte liegen damit fast ausnahmslos abseits der klassischen Hochtechnologie und Wissenschaftsstandorte.

QUELLE: DATENBANK DEUTSCHE WELTMARKT-
FÜHRER: WWW.BERNDVENOHR.DE
PROJEKTLEITUNG: ANDREAS HERZIG

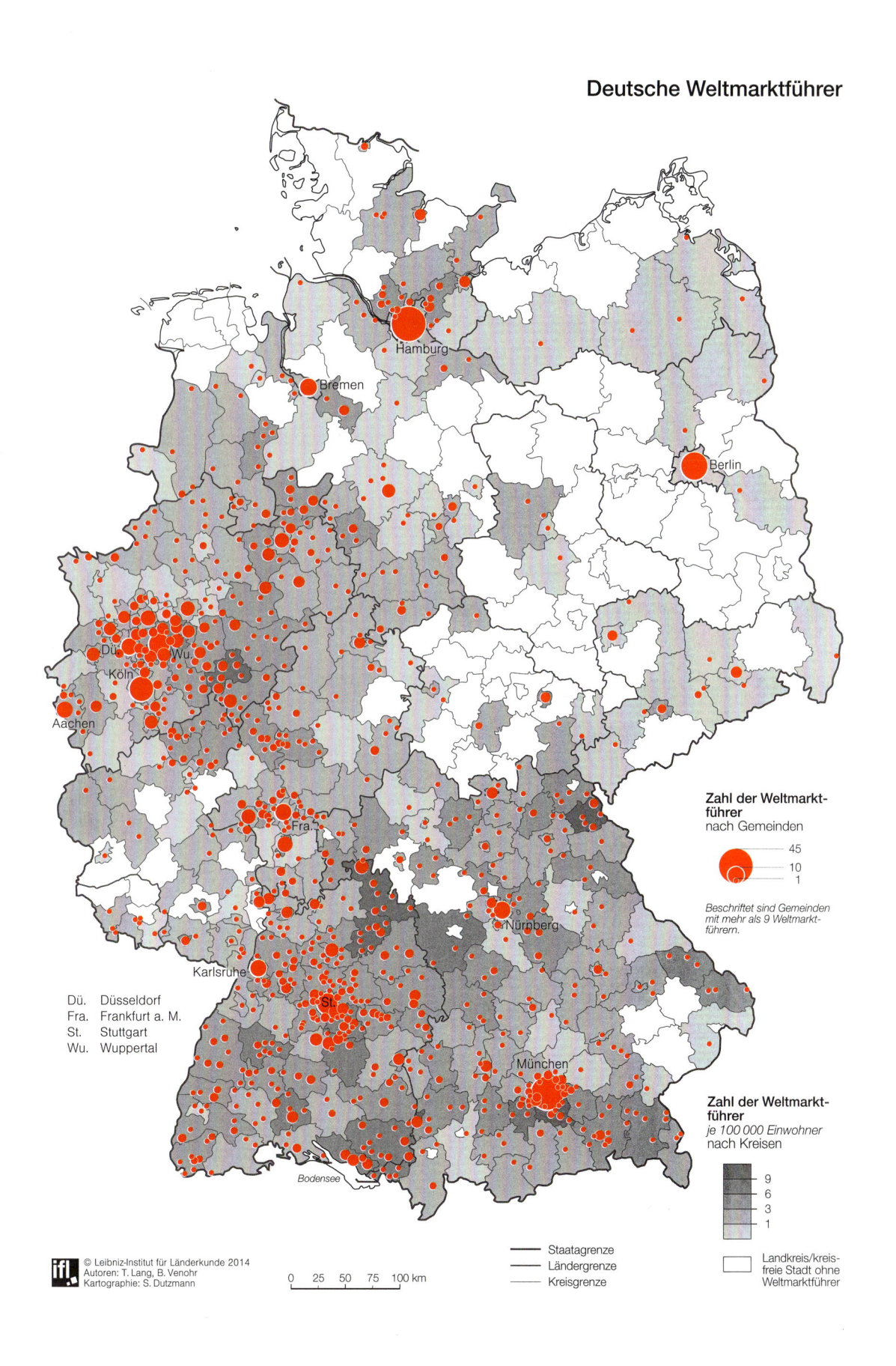

Deutsche Weltmarktführer

Zahl der Weltmarktführer nach Gemeinden

- 45
- 10
- 1

Beschriftet sind Gemeinden mit mehr als 9 Weltmarktführern.

Zahl der Weltmarktführer je 100 000 Einwohner nach Kreisen

- 9
- 6
- 3
- 1

Landkreis/kreisfreie Stadt ohne Weltmarktführer

Dü. Düsseldorf
Fra. Frankfurt a. M.
St. Stuttgart
Wu. Wuppertal

— Staatsgrenze
— Ländergrenze
— Kreisgrenze

© Leibniz-Institut für Länderkunde 2014
Autoren: T. Lang, B. Venohr
Kartographie: S. Dutzmann

0 25 50 75 100 km

Erfolg als Vorbild

Was kann das HR-Management vom Erfolgsmuster der Weltmarktführer lernen?

von Prof. Andreas Kiefer,
Vorsitzender der Geschäftsführung der ADP Employer Services GmbH

Zum Erfolg gehört auch ein Rezept – so denken wir. Allzu oft erkennen wir jedoch: Es gibt keines; das Ergebnis – ob positiv oder negativ – ist nur Zufall oder einmaligen günstigen oder ungünstigen Umständen geschuldet. An den Zufall sollte man aber spätestens dann nicht mehr denken, wenn Unternehmen mit ganz ähnlichen Organisationsstrukturen und Zielsetzungen auffällig ähnliche Erfolgsgeschichten schreiben, wie die mittelständischen Weltmarktführer.

Diese Erfolgsmuster sind durchaus auch Lehrstücke, die uns zwingen, angestammte Klischees zu korrigieren: z.B. das von der Globalisierung. Dieses war lange Zeit von der Idee geprägt, dass der intensivierte Wissens- und Warenaustausch zu einer weltweit immer homogeneren Produktionskultur führen würde, in welcher schließlich die Arbeitskosten den Ausschlag für das Überleben geben. Unter diesen Bedingungen – so wurde befürchtet – müsse der Mittelstand dauerhaft gegenüber den weltweit aufgestellten Konzernen in Bedrängnis kommen. Doch das ist nicht eingetreten. Die Märkte haben die Wertschöpfung auf Unternehmen unterschiedlicher Größe, auf Clusterkonstruktionen, Regionen und Innovationsschwerpunkte verteilt – die dann wieder in flexiblen Konstellationen kooperieren. Eine tragende Säule ist der mittelständische Weltmarktführer. Und der ist – anders als unser Bild – nicht die kleine familiäre Privatunternehmung, die sich in eine von den Großen überlassene Nische geflüchtet hat. Er ist im Gegenteil das Unternehmen, das die Fähigkeit entwickelt hat, sich passgenau in weltweite Produktions- und Distributionsabläufe einzuklinken, das für hohe Innovationsleistung und Qualität steht, das den Großen erst die nötige Flexibilität und Effektivität ermöglicht, die sie brauchen, um nicht in ihrer Größe zu erstarren – und das so als Avantgarde in Sachen arbeitsteiligen globalen Wirtschaftens gelten könnte.

Das Klischee von der Personalabteilung, das sich immer noch um Einstellung und Gehaltsabrechnung dreht, ist ähnlich überholt. Denn der Mitarbeiter wird längst zur knappen Ressource – auch wenn dies derzeit noch nicht jedes Unternehmen in gleicher Weise spürt. Einigen kommen Zufall und Glück zu Hilfe; andere fangen das Problem mit Werkverträgen und Leiharbeitern auf, so dass es noch nicht virulent zu sein scheint. Wieder andere aber kümmern sich bereits: eröffnen eigene Aus- und Weiterbildungs-Akademien, werben für sich als Arbeitgeber in den digitalen Medien, auf Jobmessen, in Rankings, nutzen die sozialen Medien, um die Angebotslage abzutasten und Kandidaten kennenzulernen. Dennoch: Der Mangel wird nach unten diffundieren, von den Hochqualifizierten über die Fachkräfte zu den gering Qualifizierten – so die Voraussage der Bundesanstalt für Arbeit für die nächsten Jahrzehnte. Die Demografie liefert harte Daten: Rückgang der Zahl von Personen im arbeitsfähigen Alter bis 2025 um ca. 3,5 Millionen, die Fachinstitute errechnen zwischen 2 und 5 Millionen fehlende Fachkräfte zwischen 2020 und 2030. Besonders brisant wird dies für das mittelständische Hightech-Unternehmen, das auf hochqualifizierte Arbeitnehmer angewiesen ist, die Fach- mit Generalwissen zu verknüpfen in der Lage sind, die in vielen Fällen bereit sein müssen, in kleinstädtischen oder gar ländlichen Regionen zu arbeiten, und zugleich offen für den globalen Einsatz sind.

Der Arbeitsmarkt dreht sich vom Angebots- zum Nachfragemarkt. Unausweichlich wird damit die Verfügbarkeit geeigneter Arbeitskräfte ausschlaggebend werden für die unternehmerische Planung. Das HR-Management wird damit zu einem der Schlüsselfaktoren und wächst so in eine strategische Position hinein. Begleitet wird diese neue Rolle von einem Spezialisierungsschub innerhalb der HR-Abteilung: Ihre Kernarbeit wird komplexer, kleinteiliger, mühseliger. Zum Beispiel verschiebt sich beim Recruiting der Schwerpunkt vom eigentlichen Suchprozess – der Kandidat präsentiert sich ja bereits in den sozialen Foren, die entsprechenden Algorithmen bieten einen schnellen Zugriff – hin zum Management der Mitarbeiterbindung.

Für die HR-Abteilung birgt dies die rigorose Verpflichtung auf höchste Qualität im Bereich (Personal-)Marktbeobachtung incl. Potenzial- und Knappheitsprognosen, auf Beschaffung incl. Talentsuche und präventive Kontaktprogramme via Social Media, auf die Entwicklung incl. Potenzialanalyse und Aus- und Fortbildung, auf die Bindung an das Unternehmen incl. Zufriedenheitsmessung, Karrierepfade, auf die Bestandserhaltung incl. Gesundheitsprogramme, auf die Bewertung incl. Stammanalyse, auf die Außendarstellung incl. Employer Branding, auf die Lineineinbindung incl. Standortentscheidungen, auf die Verwaltung incl. Datensicherheit.

Noch findet dieser Trend keine Entsprechung im Unternehmensgefüge. Ein Zeichen hierfür: Wir finden mehr Nachrichten darüber, dass die Zugehörigkeit des HR-Chefs zur obersten Führungsebene aufgelöst wird, als dass sie dort eingerichtet wird. Und Studien bestätigen, dass dies keine Einzelfälle sind. Der Selbstfindung zwischen „Administrative expert", „Employee champion", „Change agent" und „Strategic partner" (nach Dave Ulrich) fehlt noch die rechte Orientierung. Selbstbild und Selbstbewusstsein halten nicht Schritt. Was für die mittelständischen Weltmarktführer selbstverständlich ist, bleibt in den HR-Abteilungen eher unterentwickelt. Aus doppelter Richtung, von innen und außen: Die HR-Mitarbeiter lassen sich auch heutzutage noch allzu gern den Schneid abkaufen und so in die Vollzieher-, allenfalls in die Beraterecke drängen. Ihre strategische Relevanz kann so keine Entsprechung in der Hierarchie finden, eine nachhaltig angelegte Bewirtschaftung des Faktors Arbeit findet kaum statt. Und

von außen? Nach einer Umfrage (17. CEO-Befragung von PwC) wünschen sich zwar 95 Prozent der CFOs von der HR mehr strategische Planung und 93 Prozent der CEOs sind sich bewusst, dass sie ihre Strategien zur Anwerbung und Bindung von Talenten ändern müssen. Aber so recht will noch niemand aus den überkommenen Denkmustern aussteigen, Positionen zur Disposition stellen – und sich z.B. ernsthaft die Frage stellen, warum der Finanzchef seine Garantie auf den Vorstandsposten wie selbstverständlich sicher hat, der Personalchef dort aber kaum vorkommt. An der strategischen Bedeutung des Ressorts kann es nicht liegen.

Diese systemisch-defensive Stimmungslage findet praktischen Widerhall: z.B. in der Bereitschaft, sich der Aggression des Unternehmens 4.0 tatsächlich zu stellen. Denn längst checkt doch der leistungsbereite Kandidat Unternehmens- und Arbeitsplatzqualitäten sowie Karrierechancen in den Social Media, bevor er sich bewirbt. Längst muss in den Unternehmen ein ganzer Strauß von Arbeitszeitoptionen vorgehalten und verwaltet werden: Schichtrhythmen und Gleitzeit, Telearbeit und Homeoffice, Teilzeit, Job Sharing, Sabbaticals, Arbeitszeitkonten und vieles mehr. Längst sind neue IT-Lösungen in der Welt, wie z.B. die Cloud, die sich schlicht deshalb durchsetzen wird, weil Programme sowie die für sie notwendigen Prozessoren und Speicherkapazitäten immer teurer werden und weil – auch dies ein Trend – Zugang wichtiger wird als Besitz. Trotzdem trifft sie auf Vorbehalte: Immer noch gibt man gern dem atavistischen Reflex Raum, sich dessen sicherer zu sein, was im eigenen Büro steht. Die Realität ist anders: Sie kennt weitaus häufigere Hackerangriffe auf und häufigeren Datendiebstahl von den stationären Servern. Dabei hat jeder Verständnis dafür, dass der Sicherheitsaspekt gerade für die Abteilung, die persönliche Daten zu verwalten hat, von zentraler Bedeutung ist. Gerade aber der Trend zur Cloud und der damit einhergehende Professionalisierungsschub werden dafür sorgen, dass die Zukunftsinvestitionen vorrangig in die Cloud-Sicherheit fließen. Internet und Datenverarbeitung können gerade in der Abteilung, die die erste Anlaufadresse

Die Demografie liefert harte Daten: Rückgang der Zahl von Personen im arbeitsfähigen Alter bis 2025 um ca. 3,5 Millionen.

für das Zwischenmenschliche sein sollte, entlasten und bereichern – und so Ressourcen für das Wichtige freisetzen, für die persönliche Ansprache.

Generalauftrag an die Kommunikation

Das eint den mittelständischen Weltmarktführer und das moderne HR-Management: Beide werden tendenziell unterschätzt, beide sind nicht gerade in einer Komfortzone ihres jeweiligen Umfeldes eingebettet, beide müssen um ihren Status ringen und beiden fehlt es an Unterstützung – dem einen aus der Politik, dem anderen aus der Unternehmensorganisation. Beide stehen vor der epochalen Aufgabe, ihre strategische Rolle in ihrem jeweiligen Umfeld zu konturieren, sich aus der Kulisse in die (fach-) öffentliche Aufmerksamkeit hineinzuarbeiten und somit das Narrativ von Unternehmens- und Wirtschaftsstrukturen zu verändern – auch wenn die träge Masse aus Größe (der Konzerne) und Tradition (der Unternehmensarchitektur) immer noch unsere Aufmerksamkeit und unser Erkenntnisinteresse – und das der Medien – für das Neue bremst; einer Kampagne mit den Zielen ‚Aufwertung' und ‚Systemrelevanz' sowohl der mittelständischen Weltmarktführer als auch des HR-Managements scheint noch der Impuls und die Geschlossenheit der Akteure zu fehlen.

Die Eroberung dieser strategischen Position verlangt einige – in aller Regel aber recht wenig aufwendige – Schritte,

- ein konsistentes, überzeugendes Selbstbild zu beschreiben (Mission Statement)

- das Profil nach außen zu schärfen (Reputation Management)

- die entsprechende Domäne für sich zu reklamieren (Kompetenzzuteilung)

- die Schnittstellen zum Arbeitsumfeld und klare Grenzen zu definieren (Prozesse, Routinen)

- Ansprüche an Aufmerksamkeit und Offenheit für diesen Prozess zu stellen – und auch Widerstände zu überwinden

Die Statistik ermittelt 16 mittelständische Weltmarktführer pro eine Million Einwohner in Deutschland gegenüber nur einem solchen Unternehmen in Frankreich und zwei in den USA.

- die neue Rolle in Schulungsprozessen nach innen und außen zu vermitteln (Change-Management)

- das eigene Aufgabenheft, die eigene Agenda, Meilensteine zu projektieren

- die durch die Kompetenzverteilung erreichten Assets kontinuierlich sichtbar zu machen

Insgesamt also eine Aufgabe, die zwar Reibungen nicht ausschließt, aber auch den Rückenwind durch Realität und Zeitströme nutzen kann. Die Kernkompetenz des mittelständischen Weltmarktführers und des HR-Managements liegt dabei nicht vorrangig in der Fähigkeit zu Präzision und Pünktlichkeit. Die werden schlicht vorausgesetzt. Ausschlaggebend ist die Bereitschaft, das eigene (Unternehmens-/Abteilungs-)Konzept, die eigenen Prozesse eng mit denen ihres jeweiligen Kunden zu verzahnen, sich in Strategie und Interessen des Kunden hineinversetzen zu können, sie mit eigenem Know-how anzureichern und sie zum integralen Bestandteil des eigenen operativen Vorgehens zu machen.

Management in der intelligenten Organisation

Wir haben uns angewöhnt, die meisten der so geforderten Qualitäten unter dem Schlagwort Flexibilität abzulegen. Hier meint es die Anpassungsfähigkeit aller Organisationsstufen – sowohl der Köpfe, als auch der Abteilungen und der Organisationsstruktur des Unternehmens. Und diese Anpassungsfähigkeit bringt der ein, der mit professioneller Leidenschaft Trends aufnimmt, der das Neue systematisch auf Relevanz abklopft, seine Zeichen realistisch deutet und die Lehren konsequent umsetzt. Diese vitale Basiskompetenz ist – mangels Freiheit zum heimlichen Ausweichmanöver, mangels Spielraum für Trial-and-error-Strategien und mangels Erlaubnis zum (partiellen) Scheitern, die sich die Großen leisten können – das eigentliche Erfolgsmuster der mittelständischen Weltmarktführer.

Die traditionell stark differenzierte deutsche Wirtschaftskultur, das spezifische deutsche Social System of Production, bietet diesem hohen Anspruch an die Organisationsintelligenz einen außerordentlich günstigen Nährboden. Nicht von ungefähr ermittelt die Statistik 16 mittelständische Weltmarktführer pro eine Million Einwohner in Deutschland gegenüber nur einem solchen Unternehmen in Frankreich und zwei in den USA. Diese außerordentliche Struktur – sonst nur noch in Österreich und der Schweiz vorzufinden – muss zwangsweise auch dem Handlungsrahmen der HR-Abteilung eine eigene Handschrift aufdrücken. Mit den älteren Globalisierungsvorstellungen ging die Vorstellung vom idealen, universell einsetzbaren Mitarbeiter einher. Doch nun realisieren wir, dass die nach wie vor differenzierten Produktionskulturen wohl auch einen ähnlich differenzierten Personalbedarf hervorrufen.

Das Selbstverständnis der Personaler wird sich nicht mehr allzu lange vorrangig um die traditionellen Kernaufgaben Personalverwaltung, -beschaffung, -entwicklung drehen dürfen. Ebenso wird der mittelständische Weltmarktführer in absehbarer Zeit aufgerufen sein, mehr noch als bisher seine starke Einzelstellung zu überprüfen. Beide werden in Zukunft ihre Bedeutung mehr noch als bisher aus ihrem strategischen Wert für ihre jeweiligen arbeitsteiligen Netze ableiten. Und hier werden – um im Bild zu bleiben – die Knoten sowohl zahlreicher als auch wichtiger für die Statik, die Fäden zwischen ihnen sowohl feiner als auch fester zugunsten der Stabilität werden müssen. Der sich daraus ergebende Generalauftrag ergeht an die Kommunikation: Sie muss in dieser Dynamik sicherstellen, dass die notwendige Information in der richtigen Qualität am richtigen Ort verfügbar ist. Nur so wird ‚Wertschöpfung durch Arbeitsteilung' immer intelligentere Wege suchen und nur so werden deutsche mittelständische Unternehmen im globalen Geschehen ihren Platz behaupten können.

ADP Employer Services GmbH

*Arbeitgeber weltweit vertrauen auf die Cloud-basierten Lösungen und Dienstleistungen von ADP®, um ihr wichtigstes Kapital zu managen: ihre Mitarbeiter. Von der Personalverwaltung über die Lohn- und Gehaltsabrechnung bis hin zum Talentmanagement und zur Verwaltung von Arbeitgeberleistungen unterstützt ADP seine Kunden mit Erfahrung und Expertise bei der optimalen Entwicklung ihres Personals. ADP ist an der NASDAQ notiert und gehört mit heute mehr als 610.000 Kunden in 100 Ländern zu den Pionieren im Human Capital Management (HCM) und in der Auslagerung von Geschäftsprozessen. ADP unterstützt seit über 65 Jahren den Einsatz intelligenter Technologien, die sinnvolle Analyse von Daten und Services für mehr Produktivität und Effizienz. Mit iHCM bietet ADP das erste ganzheitliche HCM-Konzept für nationale und internationale Unternehmen an. ADP®iHCM ist eine Lösung, die sich an die Gegebenheiten vor Ort anpasst, damit Unternehmen ihre HR-, Payroll- und Talentmanagementprozesse unternehmensweit managen können und gleichzeitig Fachkompetenz und Compliance an den einzelnen Standorten sichergestellt sind.
www.de-adp.com.*

Weltmarktführer werden ist nicht schwer ...

von Michael J. Huvers,
Leiter Marketing / Kommunikation der Mittelstandsbank der Commerzbank AG

Es war nie leichter als heute, Weltmarktführer zu werden – und es war nie schwerer, es auch zu bleiben. Die Globalisierung macht es möglich: Neue Ideen, Trends und Techniken erobern blitzschnell die vernetzte Welt, lassen Konzerne wie aus dem Nichts entstehen. So liegt es gerade einmal zehn Jahre zurück, dass ein gewisser Mark Zuckerberg mit anderen Studenten der Elite-Universität Harvard eine Art digitales Jahrgangsbuch entwickelte: Facebook. Der Rest ist Geschichte und Zuckerberg der jüngste lebende Selfmade-Milliardär der Welt.

Sicher: Dieses Szenario lässt sich nicht in allen Branchen replizieren, einige sind dafür anfälliger als andere. Doch überall wächst die Gefahr, in wenigen Jahren das zu verspielen, was Generationen über Jahrhunderte aufgebaut haben. Etablierte Unternehmen, die sich zu lange auf ihren Lorbeeren ausgeruht haben, geraten in kürzester Zeit in die Defensive, wenn nicht sogar in ernste Schwierigkeiten.

Nichts geht ohne Risiko

Hinzu kommt, dass sich die Weltmärkte zu einem extrem volatilen Terrain entwickelt haben. Das gilt im positiven Sinne, wenn man die Perspektiven mancher asiatischer Volkswirtschaften betrachtet, aber auch in negativer Hinsicht. Die Ukraine-Krise und ihre Auswirkungen auf das Russland-Geschäft sind nur ein Beispiel dafür, wie halbwegs sicher geglaubte Märkte sich aufgrund politischer oder gesellschaftlicher Umstürze ganz schnell verändern.

Das Risiko, das mit Investments im Ausland verbunden ist, kann und darf ein deutsches Unternehmen nicht auf die leichte Schulter nehmen. Aber gar nicht in wachsende Märkte zu investieren, ist keine Alternative, wenn man wettbewerbsfähig bleiben und seine Position behaupten will.

Exzellenz, Beharrlichkeit – und Glück

Eigentlich müssten Zielstrebigkeit und Erfolgsorientierung in der DNA von Weltmarktführern fest verankert sein. Denn die Weltspitze erreicht man nicht nebenbei und im Vorübergehen. Kein Unternehmer wacht morgens auf und beschließt beim ersten Kaffee, heute Weltmarktführer zu werden. Wer so weit kommen will, braucht neben Exzellenz und Beharrlichkeit sicherlich auch eine gute Portion Glück. Oder sollte man es Intuition nennen, warum der eine mit der richtigen Idee zur richtigen Zeit am richtigen Ort ist – und sein Konkurrent eben nicht?

Es schmälert die Leistung und Anerkennung der Champions in keiner Weise, wenn auch dieser eher unberechenbare Faktor in ihrer Erfolgsgeschichte vermerkt wird. Wenn man die Porträts der Weltmarktführer in diesem Band studiert, begegnet man ihm immer wieder, teils in Anekdotenform beschrieben und häufig sinngemäß mit den Worten: „Dann kam ihm eine Idee ..."

Man sollte also annehmen, dass Weltmarktführer alles daransetzen, ihre Innovationskraft und Qualitätsführerschaft weiter auszubauen. Oder macht sie Selbstzufriedenheit nachlässig und damit angreifbar, wenn sie beispielsweise die Herausforderungen der „Industrie 4.0" verschlafen?

Vorsicht versus Vision

Interessante Aufschlüsse zu dieser spannenden Frage liefert eine repräsentative Studie der

Doch überall wächst die Gefahr, in wenigen Jahren das zu verspielen, was Generationen über Jahrhunderte aufgebaut haben.

UnternehmerPerspektiven. Die Mittelstandsbank der Commerzbank startete diese Initiative 2006. Inzwischen hat sie schon 14 Studien vorgelegt: von „Wirtschaft in Bewegung" und „Innovation als Erfolgsfaktor" über „Wachstum durch Internationalisierung" und „Abschied vom Jugendwahn?" bis hin zu „Mittelstand in der Krise – Umsteuern für den Aufschwung?" und „Frauen und Männer an der Spitze: So führt der deutsche Mittelstand". Die UnternehmerPerspektiven greifen aktuelle Themen auf, die den Mittelstand bewegen. Für jede Studie werden rund 4.000 Unternehmer befragt – eine der größten Mittelstandsbefragungen Deutschlands, die eine breite und solide Datenbasis garantiert.

Unter dem Titel „Vorsicht versus Vision: Investitionsstrategien im Mittelstand" analysiert die 14. Studie der UnternehmerPerspektiven das Investitionsverhalten deutscher Unternehmen. Dazu wurden von TNS Infratest im Auftrag der Commerzbank wieder 4.025 Unternehmen und 75 Wirtschaftswissenschaftler zum Investitionsverhalten des Mittelstandes befragt: Wo sehen deutsche Mittelständler den Investitionsbedarf im eigenen Unternehmen? Welche Rolle spielen wirtschaftliche und gesellschaftliche Megatrends bei Investitionsentscheidungen? Und vor allem: Wie unterscheiden sich die Top-Player von den weniger Erfolgreichen?

Viele Unternehmen, so zeigt es die Studie, treibt derzeit die Frage um, ob und wie sie investieren sollen. Wie diese Frage beantwortet wird, hängt auch von der Marktposition des jeweiligen Unternehmens ab. Weltmarktführer investieren auf eine ganz besondere Art und Weise.

Bestandssicherung dominiert

Generell lässt sich aus der Befragung heraus feststellen: Der Mittelstand hat das Ohr immer am Markt. Kundenerwartungen sind dementsprechend mit Abstand der häufigste Auslöser für Investitionen (77 Prozent). Ein weiterer Hauptfaktor ist die Qualitätssicherung. Der überwiegende Teil der Unternehmen hält mit seinen Investitionen primär den eigenen Betrieb wettbewerbsfähig, stellt aber nicht die Ausweitung des Geschäftsmodells in den Fokus.

Das Kapital fließt in betriebliche Sachwerte wie die IT- und Telekommunikationsstruktur, Büro- und Betriebseinrichtung sowie den eigenen Fuhrpark. Die Bestandssicherung hat Vorrang vor internationalem Wachstum. Vorsicht ist wichtiger, Vision hat das Nachsehen. Zudem sind Investitionen ganz offensichtlich durch die bestehenden Kunden und weniger durch die Suche nach neuen Märkten und Produkten motiviert.

Weltmarktführer hingegen haben eine andere Investitionsstrategie. Sie investieren in Maschinen, Produktionsanlagen und Patente. Zudem planen sie Finanzmittel für strategische Kooperationen und Beteiligungen ein.

Erfolgreich und profitabel – auch das zeigt die 14. Studie der UnternehmerPerspektiven – sind Unternehmen, die in hohem Maße in Forschung und Entwicklung investieren, innovativ sind und sich international aufstellen. Im Gegensatz zu weniger erfolgreichen Unternehmen investieren Weltmarktführer verstärkt in ihr eigenes Wachstumspotenzial.

Eine weitere Besonderheit: Etwa 42 Prozent aller Befragten orientieren ihr eigenes Investitionsverhalten an dem ihrer Wettbewerber. International erfolgreiche Unternehmen aber agieren stärker aus eigenem Antrieb heraus. Sie richten ihre Investitionsstrategie auf neue, selbstgesetzte Unternehmensziele aus und überarbeiten kontinuierlich ihre Prozesse sowie Produkte. Dabei legen sie neben Investitionen in das betriebliche Wachstum auch einen besonderen Schwerpunkt auf ihre grenzüberschreitende Expansion: Der Anteil dieser Unternehmen, die in ihr Wachstum im Ausland investieren, ist fast doppelt so hoch wie der Durchschnitt.

Komplette Geschäftsprozesse im Blick

Eine weitere wichtige Rolle spielen für international erfolgreiche Unternehmen die Forschung und Entwicklung neuer Produkte. 90 Prozent dieser Unternehmen nehmen dafür Geld in die Hand – völlig unabhängig davon, in welcher Branche sie tätig sind. Ähnliches

Der Mittelstand hat das Ohr immer am Markt. Kundenerwartungen sind dementsprechend mit Abstand der häufigste Auslöser für Investitionen.

gilt für den Markenaufbau, Vertrieb und Recruiting. Weltmarktführer haben bei ihren Wachstumsanstrengungen also die kompletten Geschäftsprozesse im Blick. Sie sehen die Notwendigkeit, dass Innovationen nicht nur entwickelt, sondern auch vermarktet werden müssen, und stellen sich entsprechend frühzeitig darauf ein.

Aber Weltmarktführer investieren nicht nur, sie kooperieren auch verstärkt. International erfolgreiche Unternehmen planen in hohem Maße Finanzmittel ein, um ihr eigenes Wachstumspotenzial voll auszuschöpfen. Dabei gehen sie auch strategische Kooperationen und Beteiligungen ein – insbesondere bei der Entwicklung neuer Produkte und deren Markteinführung. Neuerungen entstehen bei Weltmarktführern primär im Netzwerk. Kooperationen sind demnach ein wichtiges Standbein für den Mittelstand, um Innovationen zu realisieren.

Megatrends: Chancen für die einen, Risiken für die anderen

Weltmarktführer erkennen sehr viel häufiger ihre Chancen und Wachstumsmöglichkeiten in den Megatrends, gerade wenn es um Digitalisierung, die Industrie 4.0 oder Geschäfte mit den BRIC-Staaten geht. Damit nehmen international erfolgreiche Unternehmen allerdings eine Sonderrolle ein: Der Großteil der befragten Unternehmen hat hier einen anderen Blickwinkel auf die Megatrends. Sie können unter den großen zu erwartenden Veränderungen, die im Begriff Megatrends zusammengefasst werden, keinen klaren oder übergreifenden Treiber für sich erkennen. Lediglich die zunehmende Digitalisierung aller Lebensbereiche verspricht aus ihrer Sicht positive Geschäftspotenziale, so zumindest die Einschätzung von 41 Prozent der Unternehmen. Bei allen weiteren zu erwartenden grundlegenden Veränderungen fällt es den Unternehmen schwer, positive Entwicklungen für das eigene Geschäftsmodell zu erkennen. Anders als Weltmarktführer sehen weniger erfolgreiche Unternehmen in den Megatrends primär einen Kostenfaktor und keine Chance.

Weltmarktführer erkennen sehr viel häufiger ihre Chancen und Wachstumsmöglichkeiten in den Megatrends.

Beständigkeit als wichtiger mittelständischer Wert

Angesichts dieser Ergebnisse mag es verwundern, dass sich unter den Weltmarktführern nicht nur große Konzerne, sondern vor allem mittelständisch strukturierte Unternehmen befinden. Sie haben nicht immer die Möglichkeit, rasch auf der ganzen Welt zu diversifizieren. Stattdessen werden zunächst nach sorgfältiger Planung ein oder zwei Zielländer intensiv bearbeitet. Dieser „Schuss" muss dann aber auch sitzen, und er tut das für gewöhnlich auch.

Vielleicht sind deutsche Unternehmen nicht immer die schnellsten, wenn es darum geht, in neue Investitionsstandorte voranzupreschen. Aber sie ziehen sich auch nicht gleich wieder aus den betreffenden Märkten zurück, wenn sich die makroökonomischen Rahmenbedingungen kurzfristig verändern oder sonstige Verwerfungen auftreten. Diese Beständigkeit, dieses Verharrungsvermögen wird von den ausländischen Partnern sehr geschätzt. „We are here to stay" ist für den deutschen Mittelstand keine leere Phrase, sondern eine wichtige Maxime seiner Auslandsinvestitionen.

Bankpartner sind für den Mittelstand eine wichtige Prüfinstanz

Auch wenn für den mit hoher Liquidität ausgestatteten Mittelstand Fremdkapital bei Investitionsvorhaben derzeit kaum eine Option ist, kommt seinen Banken große Bedeutung bei seinen Finanzierungsentscheidungen zu. Dabei geht es nicht nur um Produkte, sondern insbesondere auch um weiterführende Beratung angesichts des schwer einschätzbaren Umfelds, in dem Unternehmen ihre Investitionsentscheidungen treffen müssen. Alle Unternehmen – egal ob Weltmarktführer oder nicht – sehen in ihrem Bankbetreuer einen wichtigen Berater. Sie fragen um Rat, auch wenn sie keinen Kredit aufnehmen möchten. Für jedes zweite Unternehmen (51 Prozent) sind die Bankpartner eine gern in Anspruch genommene Prüfinstanz für ihre Investitionsvorhaben. Dabei wünschen sich zwei Drittel des Mittelstands Bankpartner, die ihn zu Investitionen motivieren und Impulse setzen. Gleichzeitig fürchten Unternehmer aber, nicht immer unabhängig beraten zu werden.

Hier zeigt sich ein wichtiger Punkt, an dem Banken anzusetzen haben. Einerseits sollte es unser erklärtes Ziel werden, unsere Firmenkunden zu Investitionsvorhaben zu ermutigen. Andererseits müssen wir unsere Unabhängigkeit deutlicher machen und diese stärker nach außen kommunizieren. Banken müssen den Mittelstand aktiv dabei unterstützen, seine abwartende Position zu verlassen. Dabei müssen Weichen richtig gestellt werden, damit der gesamte Mittelstand sein Investitionsvolumen steigert. Wichtig wird es sein, auch weniger international erfolgreichen Unternehmen mit einer ausgewogenen Investitionsstrategie den Weg zu mehr Wachstumsinvestitionen aufzuzeigen. Denn in jedem Unternehmen kann ein Hidden Champion stecken. Oder, wie es Prof. Dr. Michael Hüther, Direktor des Instituts der deutschen Wirtschaft Köln, im Vorwort zur Studie der UnternehmerPerspektiven formulierte: „Es gäbe den Mittelstand in der Globalisierung kaum mehr, besäße er nicht die Fähigkeit, sich regelmäßig neu zu erfinden."

Commerzbank AG

Die Commerzbank ist eine führende, international agierende Geschäftsbank mit Standorten in mehr als 50 Ländern. Kernmärkte der Commerzbank sind Deutschland und Polen. Mit den Geschäftsbereichen Privatkunden, Mittelstandsbank, Corporates & Markets und Central & Eastern Europe bietet sie ihren Privat- und Firmenkunden sowie institutionellen Investoren ein umfassendes Portfolio an Bank- und Kapitalmarktdienstleistungen an. Die Commerzbank finanziert über 30 Prozent des deutschen Außenhandels und ist unangefochtener Marktführer in der Mittelstandsfinanzierung. Mit den Töchtern comdirect und der polnischen mBank verfügt sie über zwei der weltweit innovativsten Online-Banken. Die Commerzbank betreibt mit rund 1.200 Filialen eines der dichtesten Filialnetze der deutschen Privatbanken. Insgesamt betreut sie rund 15 Millionen Privat- sowie 1 Million Geschäfts- und Firmenkunden. Die 1870 gegründete Bank ist an allen wichtigen Börsenplätzen der Welt vertreten.

Neue Märkte – neue Chancen

ASEAN: Wachstumsmotor für den deutschen Mittelstand

von Beh Kian Teik
Internationaler Direktor Europa, Singapore Economic Development Board

Als Herberge wirtschaftlichen Wachstums, innovativer Denkansätze und fortschrittlicher Industrien ist Asien zu einem Zentrum der Weltwirtschaft avanciert. Diese Entwicklung basiert auf unterschiedlichen ökonomischen sowie demografischen Veränderungen. Asiatische Firmen entwickeln eigene Marken und decken die gesamte Wertschöpfungskette ab. Gleichzeitig steigt mit der wachsenden Bevölkerung die Nachfrage nach hochwertigen Produkten. Ein großer Teil des wirtschaftlichen Potenzials Asiens geht vom Wachstum der Mittelschicht aus. Laut der OECD wird die globale Mittelschicht bis 2032 auf 4,9 Milliarden Verbraucher anwachsen. Über die Hälfte der Verbraucher (3,2 Milliarden) wird dann im asiatisch-pazifischen Raum leben und im Jahre 2030 für 80 Prozent der weltweiten Konsumausgaben der Mittelschicht verantwortlich sein.[1]

Als dynamischste Wachstumsregion der Welt ist Asien aus den Geschäftsstrategien global agierender Unternehmen nicht mehr wegzudenken – dazu zählt auch das Rückgrat der deutschen Wirtschaft: der Mittelstand. Lange Zeit lag der Fokus deutscher Familienunternehmen beim Einstieg in die asiatischen Märkte vor allem auf China und Indien. Seit einigen Jahren zeigt sich ein neuer einflussreicher Akteur: der Verband Südostasiatischer Nationen (ASEAN). 1967 von Singapur, Thailand, Indonesien, Malaysia und den Philippinen gegründet, weist die Region eine lange Tradition der Zusammenarbeit in den Bereichen Politik, Sicherheit, Gesellschaft und Wirtschaft auf. Mit einem Anteil von rund 7 Prozent am Welthandel birgt die ASEAN ein großes ökonomisches Potenzial[2] – alleine Deutschland hat 2013 eine Summe von 1.416 Millionen Euro in die Region investiert.[3]

> Mit einem Anteil von rund 7 Prozent am Welthandel birgt die ASEAN ein großes ökonomisches Potenzial.

„Denken Sie, dass sich deutsche Unternehmen in ihrer Strategie ausreichend auf die ASEAN-Region als dynamische Wachstumsregion ausgerichtet haben?"
Ja / **Nein**

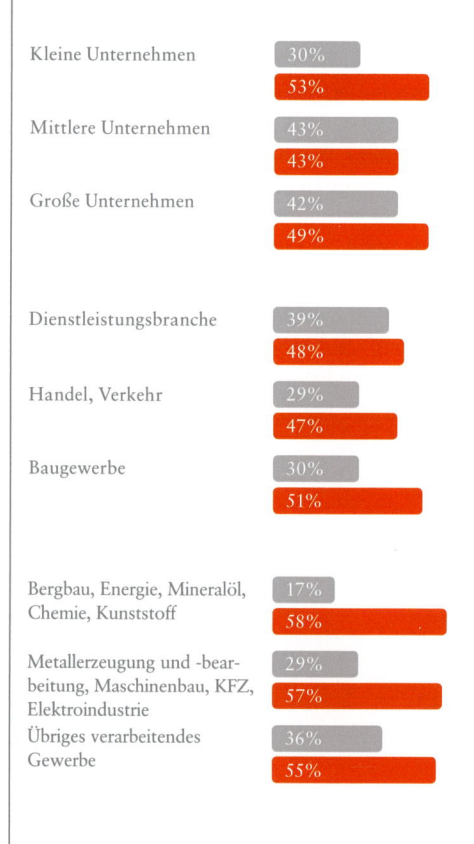

	Ja	Nein
Kleine Unternehmen	30%	53%
Mittlere Unternehmen	43%	43%
Große Unternehmen	42%	49%
Dienstleistungsbranche	39%	48%
Handel, Verkehr	29%	47%
Baugewerbe	30%	51%
Bergbau, Energie, Mineralöl, Chemie, Kunststoff	17%	58%
Metallerzeugung und -bearbeitung, Maschinenbau, KFZ, Elektroindustrie	29%	57%
Übriges verarbeitendes Gewerbe	36%	55%

QUELLE: FORSA, HANDELSBLATT

---

1 OECD: The emerging class in developing countries, 2010
2 Eurostat, ASEAN Statistics, IWF
3 Deutsche Bundesbank, 2013 Prognose

Singapur: im Herzen der ASEAN

Während des 13. ASEAN Gipfeltreffens 2007 haben Staats- und Regierungschefs der ASEAN-Länder mit der Verabschiedung des ASEAN Economic Blueprint ihr Streben nach dem Aufbau einer ASEAN Economic Community 2015 (AEC) bekräftigt.[4] Die AEC hat das Ziel, innerhalb der Region den freien Verkehr von Waren, Dienstleistungen, Fachkräften und Investitionen zu etablieren. Ein entsprechendes Freihandelsabkommen zwischen den Mitgliedsstaaten soll 95 Prozent aller Zollabgaben innerhalb der Region bis 2015 beseitigen. Staaten wie Singapur, Thailand, Malaysia, Indonesien und die Philippinen haben dieses Vorhaben bereits umgesetzt. Durch die Freihandelszone ist es für deutsche Unternehmen kein aussichtsreiches Geschäftsmodell, ausschließlich Waren in die Region zu exportieren. Wettbewerber, die ihre Produkte innerhalb der Freihandelszone produzieren, haben einen Vorteil, da sie keine Einfuhrzölle entrichten müssen.

Viele deutsche Mittelständler nutzen diesen Vorteil bereits und haben sich in der Region angesiedelt. Eine Vielzahl hat sich dabei für Singapur als Standort entschieden. Der Stadtstaat liegt inmitten der etwa 4,4 Millionen Kilometer großen Region.[5] Hier treffen die wirtschaftlichen Kräfte Chinas, Indiens, der ASEAN-Staaten und global agierender Unternehmen aufeinander. Seine strategisch günstige Lage hat den Stadtstaat zu einem wichtigen Logistikzentrum für den Welthandel gemacht.

Bereits rund 1.400 deutsche Firmen haben sich in Singapur niedergelassen, darunter viele mittelständische Unternehmen wie das Familienunternehmen SICK. Für den Entwickler von Sensoren und Applikationslösungen für industrielle Anwendungen zahlt sich die logistische Effizienz Singapurs zweifach aus: Zum einen zählen die in der Logistikindustrie tätigen Unternehmen zu SICKs Kunden. Zum anderen unterstützt Singapur als Logistikzentrum das Unternehmen dabei, seine Kunden bei Lieferungen zufriedenzustellen. Um auf die Anforderungen des asiatischen Markts zu reagieren, legt SICK in Singapur außerdem einen besonderen Schwerpunkt auf Forschungs- und Entwicklungsarbeit. Der Schutz des geistigen Eigentums ist eines der wichtigsten Themen, wenn Forschung und Entwicklung für Asien in Asien stattfindet. Unternehmen profitieren von einem guten, effizienten Gesetzes- und Verwaltungsrahmen für IP-Protection und schätzen die politisch stabile Umgebung ohne Korruption und mit niedriger Kriminalitätsrate. Laut dem Global Competitiveness Report 2013 – 2014 des Weltwirtschaftsforums gilt Singapur als eines der wenigen asiatischen Länder, die einen hohen Schutz geistigen Eigentums gewährleisten. Das ist einer der Gründe, warum auch der führende Hersteller von Filtrationslösungen MANN+HUMMEL seinen asiatischen Hauptsitz 2012 von Shanghai in den Stadtstaat verlegte.

> Rund die Hälfte der deutschen Mittelständler unterschätzt noch das Potenzial der ASEAN-Region und riskiert so, wertvolle Weltmarktanteile zu verlieren.

Anteil der ASEAN am Welthandel

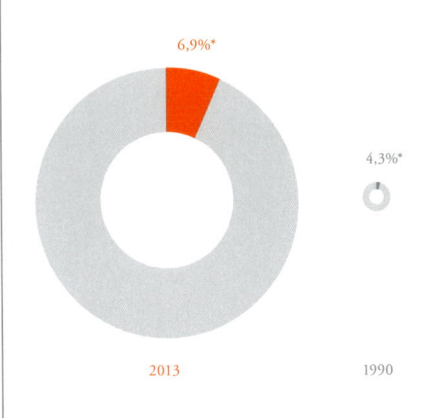

2013: 6,9%*
1990: 4,3%*

956,8 Mrd. € (ASEAN)*
13.779,3 Mrd. € (Welt)**

113,4 Mrd. € (ASEAN)*
2.665,7 Mrd. € (Welt)**

*ASEAN Anteil am Weltexport, **Weltexport gesamt

QUELLE: EUROSTAT, ASEAN STATISTICS, IWF

Das Wachstum bestimmter Industriezweige sowie die Nähe zu Geschäftspartnern und Kunden sind für Mittelständler weitere Gründe, in Singapur aktiv zu sein. Zum Erfolg des Bau-

---

4 Weitere Informationen über die ASEAN Economic Community: http://www.asean.org/communities/asean-economic-community

5 UNCTAD

und Maschinenbau-Unternehmens BAUER trägt eine boomende Bauindustrie bei. Der Stadtstaat besteht aus einer Hauptinsel mit flächenmäßig nur 715 m² und einigen kleineren Inseln. Der Regierung ist daran gelegen, die Existenz der Landnutzung durch langfristiges Planen zu maximieren. Aktive Landplanungsaktivitäten haben einen dynamischen Markt hervorgebracht. Alleine in 2013 wurden Bauaufträge in Höhe von rund 35,8 Millionen Singapur-Dollar vergeben – ein Zuwachs von 16,5 Prozent im Vergleich zum Vorjahr.[6] Es sind viele Großprojekte entstanden, bei denen BAUER mit seinen Maschinen im Einsatz war.

Der Edelmetall- und Technologiekonzern Heraeus hat früh angefangen, dort Produktionsstätten zu etablieren, wo seine Kunden sind. 1983 übernahm Dr. Jürgen Heraeus die Unternehmensleitung. Er trieb die Internationalisierung voran und dehnte die Aktivitäten in den asiatischen Raum aus. Am Hafen von Singapur sind heute Unternehmen aus der Finanz-, Biotech- oder Pharmaindustrie angesiedelt. Ihre Perspektiven werden begünstigt durch das Wachstum in Asien sowie durch die Potenziale, die sich aus der Ansiedlung weltweit operierender Konzerne ergeben – diese sind zum Teil Kunden von Heraeus. Dem Unternehmen ist es wichtig, für regionale Märkte und Kunden vor Ort zu sein und auch dort zu produzieren.

Ein zuverlässiger Partner für den Mittelstand

Über seine günstige Lage und hohe Rechtssicherheit hinaus vertritt Singapur die Werte, die deutsche Familienunternehmen erfolgreich machen: Als Inselstaat mit einer hohen Bevölkerungsdichte hat Singapur bewiesen, langfristig und ökonomisch nachhaltig planen zu können. Diese Eigenschaft hat es mit dem deutschen Mittelstand gemeinsam. Eigentümerfamilien wollen ihre Unternehmen für die nächste Generation gut aufstellen und denken nicht wie Großkonzerne in Quartalsergebnissen, sondern langfristig. Wirtschaftliche Nachhaltigkeit, angetrieben durch langfristiges Denken im Interesse zukünftiger Generationen, ist Teil von Singapurs DNA.

Zu einem an Langfristigkeit orientierten Denken gehört auch die Förderung lokaler Talente. Festo, führender Anbieter von Fabrik- und Prozessautomation, hat sich 1980 für eine Niederlassung und den Ausbau seiner Kompetenzen im Stadtstaat entschieden. Seit seiner Etablierung hat sich der Standort im Hinblick auf seine Kernkompetenzen rasant entwickelt. Mit Festo Didactic wurde das Unternehmen Weltmarktführer im industriellen Bildungswesen. Festo trägt entscheidend zur Förderung talentierter Nachwuchskräfte in Singapur bei. In 2014 hat das Unternehmen mit dem Singapore Economic Development Board und den Mittelständlern Pepperl+Fuchs, Rohde & Schwarz sowie SICK die Initiative POLYgoes-UAS ins Leben gerufen. Sie ermöglicht singapurischen Ingenieurstudenten im Rahmen eines dualen Studiums in Deutschland zu studieren und gleichzeitig in den Partnerunternehmen zu arbeiten. Auch das Programm „Precision Engineering Master Craftsmen" der Nanyang Polytechnic Singapur fördert ta-

Mitgliedstaaten der ASEAN: Verband Südostasiatischer Nationen

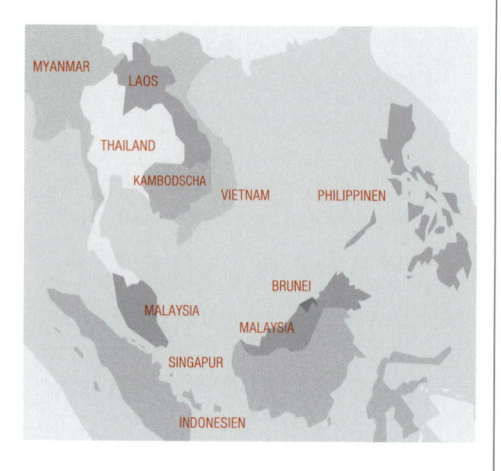

QUELLE: HANDELSBLATT RESEARCH INSTITUTE, SINGAPORE ECONOMIC DEVELOPMENT BOARD: Neue Chancen in Asien. Was mittelständische Unternehmen über die ASEAN wissen sollten.

[6] Building and Construction Authority (2013): Building and Construction Activities.

lentierte Nachwuchskräfte. Es wurde von der Industrie- und Handelskammer Akademie München und Oberbayern zertifiziert und bescheinigt, dass die singapurische Weiterbildung im Bereich Feinwerktechnik den formalen Qualitätsanforderungen des Industriemeisters Metall entspricht.

Für den Erfolg des deutschen Mittelstands in Asien ist ein zuverlässiger Standort entscheidend. Genauso entscheidend ist es, wirtschaftliche Potenziale vor Ort zu nutzen. In Singapur haben viele deutsche Familienunternehmen den Partner gefunden, der es ihnen erlaubt, sich erfolgreich in den unterschiedlichen Regularien und kulturellen Gewohnheiten Asiens zurechtzufinden, um so vom Asien-Wachstum zu profitieren. Ein stabiles politisches Umfeld, qualifizierte Arbeitskräfte und eine gut ausgebaute Infrastruktur machen Singapur zum idealen Ausgangspunkt der Region. Mit seinem strategisch langfristig ausgerichteten Denken ist der Stadtstaat ein zuverlässiger und fortschrittlicher Partner, um globale Geschäftsstrategien erfolgreich umzusetzen.

Singapore Economic Development Board

Das Singapore Economic Development Board (EDB) ist die führende Regierungsbehörde für die Planung und Entwicklung von Strategien, um Singapurs Position als globales Wirtschaftszentrum weiter auszubauen. Das EDB bietet Lösungen, die den Standort Singapur für Investoren und Unternehmen attraktiv machen und einen signifikanten Mehrwert bringen. Seine Mission ist es, ein nachhaltiges und dynamisches Wirtschaftswachstum mit einem florierenden Arbeitsmarkt für Singapur zu schaffen. Unter dem Motto „Host to Home" erweitert das EDB seine Strategien zur Wirtschaftsentwicklung. Mit Hilfe dieser Strategien können Unternehmen nicht nur ihren operativen Gewinn, sondern auch ihren Umsatz steigern und durch gezielte Geschäftsaktivitäten in Singapur ihren Geschäftserfolg sowie die Entwicklung ihrer Innovationen und ihrer Mitarbeiter vorantreiben.

Hinweise für die Benutzer

Abkürzungen
Ein Verzeichnis über die im Lexikon verwendeten Abkürzungen finden Sie am Ende dieses Buchs.

Reihenfolge der Einträge
Die Einträge sind in alphabetischer Reihenfolge angeordnet. Umlaute werden wie die nicht umgelauteten Vokale einsortiert. Ziffern werden vor Buchstaben angeordnet. Sonderzeichen und Wortzwischenräume werden bei der Sortierung nicht berücksichtigt.

Schreibung
Die Schreibung in diesem Lexikon richtet sich im Allgemeinen nach den Regeln der Duden-Rechtschreibung und nach den Empfehlungen der Duden-Redaktion. In Einzelfällen wird davon abgewichen, vor allem, wenn es sich um geschützte Markennamen oder patentierte Technologien handelt.

Verweise
Der Verweispfeil (→) zeigt an, dass unter der dahinterstehenden Firmenbezeichnung ein eigener Eintrag im Lexikon zu finden ist.

Vollständigkeit
Besonders in den Bereichen „Innovationen", „Auszeichnungen" etc. in der Rubrik „Daten & Fakten" wurde bei den aufgeführten Informationen eine Auswahl getroffen. Meist wurden hier die wichtigsten bzw. aktuellsten Fakten berücksichtigt. Eine umfassende Wiedergabe lässt der begrenzte Raum des Lexikoneintrags mitunter nicht zu.

A–Z

A

A

3B Scientific

Hamburg

Gegründet: 1948

Die internationale 3B Scientific Unternehmensgruppe ist auf die Herstellung und Vermarktung didaktischer Materialien für die naturwissenschaftliche und medizinische Ausbildung spezialisiert. Am ältesten Standort in Budapest wird bereits seit 1819 produziert, womit 3B Scientific die längste Erfahrung in der Branche aufweist. Das Mutterunternehmen wurde 1948 durch die „3 Bs" (Paul Binhold, seine Frau Hedwig Binhold und deren Tochter Marion Binhold, heute Kurland) in Hamburg gegründet. 3B Scientific ist heute die weltweit führende Unternehmensgruppe auf dem Anatomiemarkt, der Markenname 3B Scientific® ist auf dem medizinischen sowie dem Ausbildungssektor in über 100 Ländern vertreten. Insgesamt beschäftigt die Gruppe rd. 800 Mitarbeiter, davon ca. 370 in Deutschland.

Kontakt
3B Scientific GmbH
Rudorffweg 8, 21031 Hamburg
www.3bscientific.de

Ableton

Berlin

Gegründet: 1999

Die Ableton AG entwickelt und produziert Musiksoftware und -hardware. Im Segment der Sequenzerprogramme gehört das Unternehmen im Premiumbereich zu einem der führenden Anbietern dank des Live-9-Release- und ersten Hardware-Produkts. Mit der selbst entwickelten Darstellungsweise „Session-Ansicht" gilt Ableton zudem als weltweiter Technologieführer. Die Produkte Ableton Suite, Ableton Push, Ableton Live und Ableton Live Intro werden für Komposition, Aufnahme, Produktion, Remixing und Performance in Studios, Clubs und auf der Bühne eingesetzt. Zum Kundenkreis zählen u. a. bekannte Bands wie Depeche Mode, Coldplay oder Daft Punk. Gerhard Behles und Bernd Roggendorf gründeten das Unternehmen 1999 in Berlin. Mit über 185 Mitarbeitern in Berlin und in Los Angeles erzielte Ableton 2013 einen Umsatz von 32,4 Mio. Euro, was gegenüber 2012 einer Steigerung von 121,3 % entspricht.

Kontakt
Ableton AG
Schönhauser Allee 6-7, 10119 Berlin
www.ableton.com

ABUS

Wetter, Nordrhein-Westfalen

Gegründet: 1924

Das Traditions- und Familienunternehmen ABUS hat sich seit seiner Gründung im Jahr 1924 zu einer weltweit renommierten Marke für Sicherheitstechnik etabliert. Heute steht die in 4. Generation familiengeführte ABUS Unternehmensgruppe für fortschrittliche Produktlösungen in den Bereichen Haussicherheit, Mobile Sicherheit und Objektsicherheit. Bei Vorhang- und Zweiradschlössern ist ABUS Weltmarktführer. Die Marke ABUS umfasst die Unternehmen August Bremicker Söhne KG, ABUS Security-Center GmbH & Co. KG, ABUS Pfaffenhain GmbH und die ABUS Seccor GmbH, die gemeinsam für

Der elektronische Doppelknaufzylinder CodeLoxx LC: Türöffnung mittels Codeeingabe am Zylinder selbst

ABUS

Der Hauptsitz von ABUS in Wetter an der Ruhr

»Wir wollen das Leben ein Stück sicherer machen.«

Unternehmensmission ABUS

August Bremicker gründete 1924 das Unternehmen ABUS in Wetter.

„Security Tech Germany" stehen. Das umfangreiche Produktsortiment reicht vom klassischen Vorhangschloss über Schlösser für Fenster, Türen, Fahrräder und Motorräder bis hin zu Alarmanlagen, Rauchwarnmeldern, Brandschutzprodukten, Schließanlagen, Zutrittskontroll- und Videoüberwachungssystemen und ganzheitlichen Sicherheitslösungen, die u. a. per App komfortabel gesteuert werden können. So begleitet und schützt ABUS durch langlebige und zukunftsorientierte Sicherheitstechnik den Lebensalltag.

Mit einem eigenen Forschungs- und Entwicklungszentrum stellt die ABUS Gruppe den Anspruch bestmöglicher Sicherheit von Mensch und Eigentum sicher und arbeitet stets an neuen Lösungen, die vor Einbruch und Diebstahl schützen und mit intelligenter Technologie fortwährend aktuellen Einbruchmethoden begegnen. ABUS ist zudem aktiver Förderer von Polizei, Versicherungen und Institutionen, um so das Thema Einbruchprävention einer breiten Öffentlichkeit zugänglich zu machen. Neben dem Schutz von Haus und Wohnung gilt ABUS auch als Pionier für die Entwicklung „Mobiler Sicherheit" und bietet hochwertige und innovative Lösungen im Bereich der Zweiradschlösser, Fahrradhelme und Fahrradtaschen.

Einfach erklärt: Funkalarmsystem ULTIVEST

Das ULTIVEST Funkalarmsystem von ABUS folgt der Strategie, die bisher getrennt betrachteten Technologien Zutrittskontrolle, mechatronischer Schutz, IP-basierte Videoverifikation, Alarm und Brandschutz sowie Hausautomation via KNX zu einer ganzheitlichen Sicherheitslösung zu verschmelzen. Bis zu 102 Funkzonen mit großer Meldervielfalt sind realisierbar. Dazu können bis zu sechs IP-Kameras eingebunden werden. Neben der direkten Bedienung über die Zentrale kann die ULTIVEST auch über das Internet und über mobile Applikationen für Smartphones und Tablets ortsunabhängig bedient werden. Dank des ULTIVEST Control Key, eines elektronischen Doppelknaufzylinders, ist sogar eine „ferngesteuerte" Entriegelung der Haustür via App möglich. Die außergewöhnliche Qualität des ULTIVEST Funkalarmsystems bestätigen die Auszeichnungen als „Bestes Produkt des Jahres 2013" bei den Plus X Awards sowie der Gewinn des iF product design award 2014, des GIT Sicherheit Award 2014, der „Special Mention" beim German Design Award 2014 und des Silbernen Protector Award 2014.

ABUS im Internet

ABUS

Meilensteine

1924 August Bremicker gründet in Volmarstein mit vier seiner Söhne das Unternehmen ABUS August Bremicker Söhne.

1958 ABUS führt als erster Hersteller Vorhangschlösser aus Messing ein.

1959 Mit dem Beginn der Produktion von Fahrradschlössern erschließt sich ABUS neue Märkte.

1969 Mit Gründung der ABUS Hong Kong Ltd. tritt das Unternehmen in den asiatischen Markt ein.

1979 Markteinführung der Produktgruppe Fensterzusatzsicherungen

1993 Der Unternehmensbereich „Mobile Sicherheit" wird verselbstständigt.

2001 Die Elektronikspezialisten vom Security-Center – mit den Produktschwerpunkten Alarmsysteme und Videoüberwachung – werden Teil der ABUS Gruppe.

2003 Das Traditionsunternehmen Schließanlagen Pfaffenhain wird in die ABUS Gruppe integriert.

2006 Ein neues Corporate Design sorgt für einen weltweit einheitlichen Markenauftritt.

2010 Die Gruppe wächst weiter – SECCOR high security stößt als weiteres Mitglied zur ABUS Gruppe.

2012 ABUS führt eine neue Generation Vorhangschlösser aus dem innovativen Werkstoff TITALIUM ein.

TITALIUM-Vorhängeschlösser (oben) bieten hohe Sicherheit bei reduziertem Gewicht; das Eycasa Tür & Haus Funk-Videosystem (Mitte) ermöglicht das Kommunizieren, Überwachen und Öffnen mit einem System; das Fahrrad-Faltschloss uGrip Bordo 5700 (unten) wurde mit dem Red Dot Design Award 2014 ausgezeichnet.

Die ABUS Gruppe verfügt in Deutschland über mehrere Produktionsstätten und unterhält in Europa, den USA und China rund 20 Auslandsniederlassungen. Insgesamt beschäftigt die Gruppe weltweit rd. 3.000 Mitarbeiter.

Daten und Fakten

Branche: Sicherheitstechnik
Produkte: Sicherheitslösungen für die Bereiche Sicherheit Zuhause, Sicherheit Unterwegs und Objektsicherheit
Marktposition: Weltmarktführer bei Vorhängeschlössern und Zweiradschlössern
Mitarbeiter: rd. 3.000 weltweit
Standorte: Hauptsitz Wetter, weitere Produktionsstätten in Rehe, Pfaffenhain und Affing; Niederlassungen u. a. in Brasilien, China, Dänemark, Frankreich, Großbritannien, Italien, den Niederlanden, Österreich, Polen, Rumänien, Schweden, der Schweiz, Spanien, Taiwan, Ungarn und den USA
Vertrieb: weltweit an Fachhandel und DIY-Märkte über einen eigenen Außendienst sowie Tochter- und Auslandsgesellschaften
Innovationen: Fahrrad-Bügelschloss (1971), Motorrad-Bremsscheibenschloss „Detecto" mit Alarmfunktion (2006), Fensterkippsicherung „FKS 208" (2008), Funk-Alarmsystem „ULTIVEST" (2012), Fahrrad-Faltschloss „Bordo Ecolution" (2013), Fenster-Stangenschloss mit Alarm „FOS550A" (2014)
Gründer: August Bremicker, 1924, Wetter
Eigentümer: Familie Bremicker

Kontakt

ABUS – August Bremicker Söhne KG
Altenhofer Weg 25, 58300 Wetter
Fon: 02335 634-0, Fax: 02335 634-300
info@abus.de, www.abus.com

Ansprechpartner Presse

Michael Bräuer
Fon: 02335 634-0
info@abus.de

Achenbach Buschhütten

ACD Gruppe

Achstetten, Baden-Württemberg

Gegründet: 1976

Die ACD Gruppe ist weltweit führend in der Entwicklung und Fertigung von mobilen Datenerfassungsgeräten, industrieller Steuerungstechnik und der Maschinendatenerfassung. Insgesamt beschäftigt die Gruppe in den drei Unternehmen ACD Elektronik GmbH, ACD Systemtechnik GmbH und ACD Antriebstechnik GmbH ca. 330 Mitarbeiter an den Standorten Achstetten in Baden-Württemberg und im thüringischen Neustadt (Orla) und erwirtschaftete 2013 einen Umsatz von 56,5 Mio. Euro. Die Inhaber Karl-Heinz Andes, Johann Bolkart und Fritz Guther leiten das im Jahr 1976 von ihnen gegründete Unternehmen. Auf der Grundlage eines ersten, 1978 entwickelten Mikroprozessors entstand drei Jahre später der Prototyp für ein mobiles Datenerfassungsgerät.

Kontakt
ACD Holding GmbH & Co.KG
Engelberg 2, 88480 Achstetten
www.acd-gruppe.de

Achenbach Buschhütten

Kreuztal, Nordrhein-Westfalen

ACHENBACH BUSCHHÜTTEN

Gegründet: 1452

Die Achenbach Buschhütten GmbH & Co. KG ist Weltmarktführer für Feinband- und Folienwalzwerke. Der Anlagenbauer aus Kreuztal fertigt maßgeschneiderte Anlagen, mit denen Metalle wie Aluminium, Kupfer und Zink sowie deren Legierungen zu dünnen Bändern und Folien verarbeitet werden. Die Produkte dieser Walzwerkanlagen und Schneidmaschinen kommen u. a. in der Verpackungsindustrie, im Flugzeug- und Schiffbau, der Automobilindustrie und der Elektronikbranche zum Einsatz. Ein weiteres Geschäftssegment liegt im Bau verfahrenstechnischer Anlagen für das Ölmanagement im Walzbetrieb und für den Umweltschutz. Dienstleistungen wie die Beratung entlang der gesamten Wertschöpfungskette und die Modernisierung bereits bestehender Anlagen ergänzen das Portfolio.

Bei einer Exportquote von ca. 90 % finden die Produkte Absatz in rd. 60 Ländern. Mit 350 Mitarbeitern in Deutschland und einer Ausbildungsquote von 8–10 % erwirtschaftet Achenbach einen Umsatz von durchschnittlich 80 Mio. Euro pro Jahr. Unter dem Leitbild „Technology for Future Concepts" verfolgt das Unternehmen den Anspruch, auch in Zukunft die erreichte Führungsposition hinsichtlich Marktanteil und Technologie zu wahren und auszubauen.

Der Firmenursprung liegt in der Gründung eines Eisenhammers im Jahr 1452 durch die Gebrüder Busch. Im Jahr 1846 kauften wiederum die drei Brüder Achenbach den Eisenhammer und errichteten dort eine moderne Eisengießerei. Im Zuge der Industrialisierung zur Walzengießerei geworden, begann man vier Jahrzehnte später mit der Produktion der ersten Walzwerke. Mit der Spezialisierung zunächst auf die Verwalzung von Nichteisenmetallen und später noch weitergehend auf die Folienwalztechnologie

Achenbach fertigt maßgeschneiderte Anlagen, mit denen Metalle zu dünnen Bändern und Folien verarbeitet werden.

A
CH

»Achenbach hat das technologische Wissen, um die Zukunftsideen seiner Kunden in maßgeschneiderte Anlagentechnik umzusetzen.«

Aus dem Unternehmensleitbild
TECHNOLOGY FOR FUTURE CONCEPTS

Axel E. Barten, Dr. Gabriele Barten und und André E. Barten (v.l.) bilden die Geschäftsleitung der Achenbach Buschhütten GmbH & Co. KG, die ihren Sitz in Kreuztal hat.

ACTech

Meilensteine

1452 Errichtung eines Eisenhammers durch drei Brüder Busch

1846 Abriss des Hammers und Ersatz durch eine Eisengießerei durch drei Brüder Achenbach

1882 Neubau als Walzengießerei

1888 Konstruktion des ersten Walzwerks für Eisenbleche und Aufbau des Walzwerkbaus als zweites Standbein

1911 Bau des ersten Aluminium-Walzwerks

1927 Erfindung des Haspels zur Walzbandauf- und -abwicklung

1934 Konstruktion des ersten Aluminium-Folienwalzwerks

1950 Spezialisierung auf Walzwerke für Nichteisenmetalle; Aufnahme internationaler Exporttätigkeit

1976 Ausbau der weltweiten Geschäftstätigkeit; Entwicklung einer eigenen Walzwerk-Automatisierungs- und Verfahrenstechnik

2006 Portfolioerweiterung um Schneid- und Wickelmaschinen für Aluminiumfolien und Verbundmaterialien

Achenbach im Internet

Daten und Fakten

Branche: Maschinen- und Anlagenbau
Produkte: Walzwerkanlagen, Walzwerk-Automatisierungstechnik, Verfahrenstechnische Anlagen und Folienschneidmaschinen
Marktposition: Weltmarktführer für Feinband- und Folienwalzwerke
Umsatz: durchschnittlich 80 Mio. Euro
Mitarbeiter: 350 in Deutschland (2013)
Ausbildungsquote: 8–10 %
Standorte: Kreuztal-Buschhütten bei Siegen, weltweite Vertretungen, Service-Unternehmen in China
Gründer: Gebrüder Busch, 1452, Buschhütten
Auszeichnungen: „Glocal Enterprise Award" (WestLB, 2008)

Kontakt

Achenbach Buschhütten GmbH & Co. KG
Siegener Str. 152, 57223 Kreuztal
Fon: 02732 799-0, Fax: 02732 799-999
info@achenbach.de, www.achenbach.de

ACTech

Freiberg, Sachsen

Gegründet: 1995

konnte man sich früh auf dem Weltmarkt positionieren und eine starke Marke aufbauen. Die Achenbach Buschhütten GmbH & Co. KG ist mittlerweile in der 7. und 8. Generation nach Engelhard Achenbach eigentümergeführt und befindet sich zu 100 % im Besitz der Familien Barten, Oehler und Rusch.

Die ACTech GmbH ist auf die schnelle Herstellung von Gussteilen für die Erzeugnisentwicklung spezialisiert. Als größter Anbieter mit dem breitesten Leistungsumfang – beginnend bei der Entwicklung neuer Gussteile über die Herstellung von Prototypen bis zur Kleinserienfertigung – ist das Unternehmen auf diesem Gebiet Weltmarktführer. In erster Linie ist ACTech für die Automobilindustrie und ihre Zulieferer tätig. Für die überwiegende Mehrheit der Fahrzeuge weltweit hat der Entwicklungsdienstleister

ACTech

Blick in die Produktion am Standort Freiberg: Abstich der Stahlschmelze

»Vorsprung behalten – Von Anfang an.«

Dr.-Ing. Florian Wendt,
Geschäftsführer
ACTech GmbH

in den letzten Jahren Prototypenteile gefertigt. Daneben kommen die Abnehmer auch aus anderen Industriezweigen, der Wehrtechnik, der Luft- und Raumfahrt und aus dem allgemeinen Maschinenbau. Den Kunden bietet ACTech ein breites Werkstoffspektrum und die Fertigung auch sehr geringer Stückzahlen in äußerst kurzen Lieferzeiten.

Gegenüber normalen Gussverfahren, die sehr langwierig und teuer sind, werden durch die Kombination hoch spezialisierter Rapid-Prototyping-Technologien Zeit- und Kostenersparnisse von bis zu 80 % realisiert.

Die serienvergleichbaren Eigenschaften der Gussteile erlauben den Anwendern aussagekräftige Tests bereits während der Entwicklung. Seit 1995 hat ACTech fast 23.000 unterschiedliche Prototypen mit über 167.000 Gussteilen für fast 1.200 Kunden in 36 Ländern geliefert. 2013 erzielte das Unternehmen einen Umsatz von 28,2 Mio. Euro, rund die Hälfte davon im Ausland. Für 2014 ist ein Umsatz von über 33 Mio. Euro geplant, was die stetig steigende Nachfrage deutlich macht. Neben dem Stammsitz in Freiberg betreibt das Unternehmen weitere

Geschäftsführer der
ACTech GmbH
(v.o.n.u.):
Dr.-Ing. Florian Wendt,
Dipl.-Ing. Ray Wünsche,
Dipl.-Ing. Norbert Demarczyk

Einfach erklärt: Laser-Sintern von Croning®-Formstoff

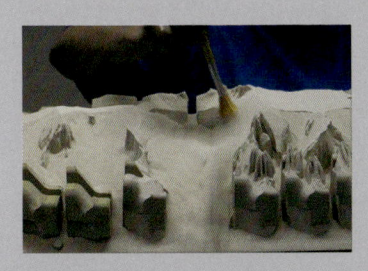

Wie kann man ein Gussteil ohne die zur Herstellung der Form üblicherweise notwendigen Werkzeuge fertigen? Beim Rapid Prototyping – dem schnellen Prototypenbau – helfen sogenannte Schichtbauverfahren weiter, mit deren Hilfe ohne Werkzeuge Sandgussformen erzeugt werden können. Beim Laser-Sintern wird der gießereiübliche Formstoff Croning®-Sand, ein harzumhüllter Quarzsand, schichtweise zu Formsegmenten und Kernen aufgebaut. Grundlage für diesen vollautomatischen Prozess bilden die 3D-CAD-Datensätze der Gussform. Der Bauprozess besteht aus drei Schritten: dem Beschichten der Bauplattform, dem Belichten der obersten Schicht mit Lasern und dem nachfolgenden Absenken der Bauplattform. Bis zur Fertigstellung des Formteils wiederholen sich diese Schritte immer wieder. Abschließend verleihen Aushärteöfen dem Formteil die nötige Robustheit für die Verwendung in der Gießerei. Dieses von ACTech entwickelte Verfahren bildet die Grundlage für die schnelle, modellose Herstellung von Sandgussformen. Sein größter Vorteil: Die Formen stehen – ganz ohne Werkzeug – bereits nach wenigen Tagen zur Verfügung.

ACTech

Hauptsitz und Produktion der ACTech GmbH sind im sächsischen Freiberg angesiedelt.

Marktposition: weltweit größter Anbieter mit dem breitesten Leistungsumfang
Umsatz: 28,2 Mio. Euro (2013)
Mitarbeiter: 380 (2013)
Standorte: Hauptsitz und Produktion in Freiberg/Sachsen; Vertriebsniederlassungen in den USA und Indien, Außendienstbüros in Spanien, Frankreich und der Türkei
Exportquote: 55 %
Patente: 24 erteilte, 8 angemeldete Patente
Zertifizierung: ISO 9001, ISO/TS 16949, ISO 14001
Gründer: Dr. Florian Wendt, 1995, Freiberg

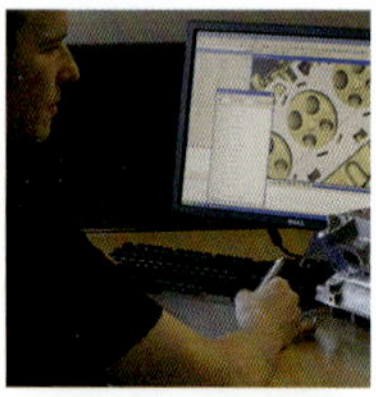

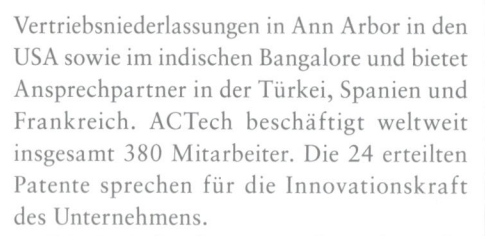

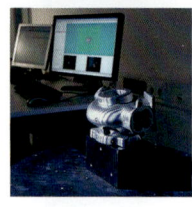

Beispiele aus dem Produktionsprozess von ACTech: von der Rohteilkonstruktion (oben) über den Aluminiumabguss (Mitte) bis zur Qualitätsprüfung durch optische 3D-Messung (unten)

Vertriebsniederlassungen in Ann Arbor in den USA sowie im indischen Bangalore und bietet Ansprechpartner in der Türkei, Spanien und Frankreich. ACTech beschäftigt weltweit insgesamt 380 Mitarbeiter. Die 24 erteilten Patente sprechen für die Innovationskraft des Unternehmens.

Die Basis für das Unternehmen legte die 1994 eingereichte Patentanmeldung zum Laser-Sintern von Croning®-Formstoff. Der Patentinhaber Dr. Florian Wendt gründete ein Jahr später die Firma ACTech, um seine Erfindung zu vermarkten. Schon bald wurde das Portfolio um weitere Rapid-Prototyping-Verfahren sowie um Rapid Tooling erweitert und ein eigenes Gießereitechnikum eingeweiht. 2003 wurde in den USA die erste Auslandsniederlassung gegründet. Für die Zukunft erwartet ACTech weiteres Wachstum, da der allgemeine Trend zur Diversifizierung von Produkten eine Vervielfachung der dafür benötigten Entwicklungen mit sich bringt. Dabei verlangt der steigende Zeitdruck in der Entwicklung immer kürzere Lieferzeiten. Gleichzeitig werden kostengünstige, aber trotzdem aussagekräftige Teile mit Serieneigenschaften benötigt. Mit seinem Portfolio sieht sich ACTech für diese Herausforderungen schon jetzt gut gerüstet.

Daten und Fakten

Branche: Entwicklungsdienstleistungen
Produkte: Entwicklung neuer Gussteile im Kundenauftrag; komplett bearbeitete und einbaufertige Gussteil-Prototypen und -Kleinserien für Entwicklungszwecke

ACTech GmbH im Internet

Schon gewusst?

- 1995 fertigte ACTech erstmalig einen wassergekühlten Zylinderkopf für ein namhaftes deutsches Unternehmen in der Automobilentwicklung. Ausgeliefert wurde er durch den Geschäftsführer Dr. Florian Wendt persönlich. Doch leider hatte der Zylinderkopf kein langes Leben. Der Kunde fand die Tatsache, ein voll funktionsfähiges Gussteil dieser Komplexität schon nach wenigen Tagen in der Hand zu halten, so unglaublich, dass er beschloss, der Sache auf den Grund zu gehen, und es zersägte. Aber auch bei dieser unkonventionellen Bewährungsprobe bewies es serienvergleichbare Eigenschaften.

- Ein kanadisches Unternehmen aus der Luft- und Raumfahrt bestellte 2001 erstmals ein Rapid-Prototyping-Gussteil. Wegen der sehr hohen Anforderungen verlängerte sich die Lieferzeit ACTech-untypisch auf zwei Monate, aber nach der Auslieferung war für den Kunden nichts mehr, wie es vorher war. Er bezeichnete ACTech als „Game Changer", weil das Unternehmen in zwei Monaten ein Produkt liefern konnte, auf das der Kunde zuvor üblicherweise mehrere Jahre warten musste.

Aeroxon

Kontakt
ACTech GmbH
Halsbrücker Str. 51, 09599 Freiberg
Fon: 03731 169-0, Fax: 03731 169-500
prototype@actech.de, www.actech.de

Ansprechpartner Presse
Ray Wünsche und Dr. Florian Wendt
Fon: 03731 169-400
rwu@actech.de, fwe@actech.de

adphos
Bruckmühl, Bayern

Gegründet: 1995
Die adphos Innovative Technologies GmbH ist ein mittelständisches, global operierendes Hightech-Unternehmen der adphos-Gruppe. adphos hat sich seit 1995 auf die Entwicklung und Fertigung von Geräten, Anlagen und Systemlösungen im Bereich thermischer Produktionsprozesse und Trocknungssysteme spezialisiert. Bei der Herstellung von NIR-Trocknungssystemen ist die adphos-Gruppe Weltmarktführer. adphos hält als Technologieführer eine Vielzahl von Patenten im Bereich der NIR-Technologie. Zur adphos-Gruppe gehören u. a. neben der adphos Innovative Technologies GmbH (AIT) auch die adphos Thermal Processing GmbH (ATP) sowie die adphos Digital Printing GmbH (ADP). Die Geschäfte führen die Gesellschafter Dr. Kai K. O. Bär und Andreas Geitner.

Kontakt
adphos Innovative Technologies GmbH
Bruckmühler Str. 27, 83052 Bruckmühl
www.adphos.de

A. + E. Keller
Arnsberg, Nordrhein-Westfalen

Gegründet: 1919
Die A. + E. Keller GmbH + Co. KG mit Hauptsitz im sauerländischen Arnsberg ist spezialisiert auf Kaltumformtechnik und beliefert vor allem die Automobilindustrie mit massengefertigten Metallteilen. Zum Portfolio gehören die fünf Produktgruppen Stahlteile, Massivteile, Aluminiumteile, Rohrabschnitte und ganze Baugruppen. Gegründet wurde das Unternehmen von Anton und Ernst Keller im Jahr 1919, in den 1950er-Jahren begann die Kaltfließpressfertigung. Heute hat die Keller-Gruppe fünf Standorte auf drei Kontinenten. Dazu zählen neben dem Stammsitz auch zwei Tochterunternehmen in den USA und China sowie das Schwesterwerk Ernst Keller Verbindungstechnik in Arnsberg, das noch einen zweiten Standort in der Slowakei besitzt. Insgesamt beschäftigt die Keller-Gruppe ca. 400 Mitarbeiter.

Kontakt
A. + E. Keller GmbH + Co. KG
Niedereimerfeld 10, 59823 Arnsberg
www.aekeller.de

Aeroxon
Waiblingen, Baden-Württemberg

Gegründet: 1911
Die Aeroxon Insect Control GmbH ist der weltweit größte Hersteller von Fliegenfängern, die in 35 Länder rund um den Globus exportiert werden. Mit einem Anteil von 42,1 % bestreitet das Familienunternehmen in Deutschland die Marktführerschaft im klassischen Lebensmitteleinzelhandel (Quelle: Nielsen 2013) und bildet mit 16,5 % die stärkste Herstellermarke auf dem Gesamtmarkt für Insektizide. Der aus Naturprodukten hergestellte Fliegenfänger besteht aus einem beleimten Papierstreifen in Spiralform, dessen aus Harzen, Gummi und Ölen

A
ER

»Der Fliegenfänger ist der Klassiker in unserer modernen Produktpalette.«

Thomas Updike,
Geschäftsführer
Aeroxon

Aeroxon

Mit ihren Mitteln zur umweltfreundlichen Schädlingsbekämpfung rangiert die Aeroxon Insect Control GmbH ganz vorne unter den führenden Herstellern von Insektiziden.

Firmengründer und Erfinder des klassischen Fliegenfängers ist Theodor Kaiser (oben); seit 2002 leitet Thomas Updike das Unternehmen in 4. Generation.

bestehende Leimbeschichtung Fliegen anlockt und bei Berührung fixiert. Das Portfolio umfasst zudem weitere Mittel gegen Insekten, Motten und schädliche Kleintiere, die sowohl in Privathaushalten als auch in gewerblichen Räumen zum Einsatz kommen. Darunter befinden sich u. a. Artikel mit Sexuallockstoffen gegen Motten und Produkte mit Fraßködern gegen Ameisen. Neue Mittel zur Schädlingsbekämpfung werden im eigenen Haus erforscht und entwickelt und regelmäßig durch unabhängige Testinstitute auf ihre Wirksamkeit überprüft.

Im Jahr 1909 entwickelte der schwäbische Konditor und Hustenbonbonproduzent Theodor Kaiser den ersten Fliegenfänger, der noch in Handarbeit hergestellt wurde, und legte damit den Grundstein für das Unternehmen. 1911 ließ er seine Erfindung patentieren und errichtete im gleichen Jahr ein eigenes Produktionsgebäude in Waiblingen, das bis heute Hauptsitz der Firma ist. Ein Jahr später arbeiteten bereits 105 Mitarbeiter im Produktionsgebäude in Waiblingen. Nach dem Tod des Firmengründers übernahm sein Sohn Friedrich Kaiser die Leitung des Betriebs und übergab 1980 die Geschäftsführung an seinen Schwiegersohn John G. Updike. Heute führt Thomas Updike als Geschäftsführer die Tradition des Unternehmens fort, das sich immer noch vollständig in Familienbesitz befindet. Mit 185 Mitarbeitern in Europa erzielte Aeroxon im Jahr 2013 einen Umsatz von 23,5 Mio. Euro. Etwa ein Drittel des Umsatzes stammt aus dem Exportgeschäft. Neben dem deutschen Produktionsstandort unterhält das Unternehmen eine weitere Produktionsstätte im tschechischen Klatovy sowie Vertriebsgesellschaften in Österreich und den USA.

Schon gewusst?

Unter den Nachfahren des Unternehmensgründers Theodor Kaiser kursiert die Anekdote, dass dieser sich sogar während seines Urlaubs unermüdlich mit dem Fliegenfang beschäftigte. So ließ er an der Riviera von Mitarbeitern des Hotels Fliegen überwältigen, welche er in vorher präparierten Streichholzschachteln wieder mit nach Waiblingen nahm, um seine Versuche und die Fliegenzucht auch während der Wintermonate fortsetzen zu können. Dies brachte ihm den Spitznamen „Monsieur L'attrappe mouche" (Herr Fliegenfänger) ein.

Daten und Fakten

Branche: Insektizide
Produkte: Fliegenfänger, diverse weitere Produkte gegen kriechende und fliegende Insekten sowie gegen Motten
Gesamtumsatz: 23,5 Mio. Euro (2013)
Mitarbeiter: 185 in Europa (2013)
Innovationen: auf Basis von Naturprodukten hergestellte Schädlingsbekämpfungsmittel
Vertrieb: eigene Vertriebsgesellschaften in Österreich und in den USA
Auszeichnungen: „ECR (Efficient Consumer Response) Award" in der Kategorie „Roll-out-Fähigkeit und Erfolgsdokumentation von ECR-Aktivitäten in Kooperation mit einem Partner", GS1 Germany (2009)
Gründer: Theodor Kaiser, Waiblingen
Geschäftsführender Gesellschafter: Thomas Updike
Inhaberfamilien: Familie Kaiser, Familie Updike

Kontakt

Aeroxon Insect Control GmbH
Bahnhofstraße 35, 71332 Waiblingen
Fon: 07151 1715-5, Fax: 07151 1715-30
info@aeroxon.de, www.aeroxon.de

Aeroxon Insect Control GmbH im Internet

AKE Knebel

AERZEN

Aerzen, Niedersachsen

Gegründet: 1864

Das Kerngeschäft der Aerzener Maschinenfabrik ist die Entwicklung und Produktion von Drehkolben- und Turbomaschinen. Zum Portfolio zählen Drehkolbengebläse, Drehkolbenverdichter, Schraubenverdichter, Drehkolbengaszähler und Turbogebläse. Die Maschinen finden überall dort Anwendung, wo Gase gefördert, verdichtet oder gemessen werden müssen. AERZEN produziert in Deutschland und Korea, ergänzt durch lokale Montagen in China, den USA, Kanada, Mexiko, Brasilien, der Türkei, Singapur und Indien. Der Hauptsitz des mit Niederlassungen und Tochtergesellschaften weltweit vertretenen Familienunternehmens befindet sich im niedersächsischen Aerzen, wo 1.100 von insgesamt 1.850 Mitarbeitern tätig sind. Gemeinsam erwirtschaften sie einen Jahresumsatz von rd. 300 Mio. Euro. Gegründet wurde die heutige Maschinenfabrik im Jahr 1864 von Adolph Meyer als Maschinengießerei.

Kontakt
Aerzener Maschinenfabrik GmbH
Reherweg 28, 31855 Aerzen
www.aerzener.com

AIXTRON

Herzogenrath, Nordrhein-Westfalen

Gegründet: 1983

Die AIXTRON SE ist einer der weltweit führenden Hersteller von Depositionsanlagen, mit denen u. a. Verbindungshalbleiter für die LED-Herstellung produziert werden. Die zugrunde liegende Systemtechnologie Metal Organic Chemical Vapor Deposition, abgekürzt MOCVD, ist ein Verfahren zur Materialbeschichtung. Knapp 300 Naturwissenschaftler und Ingenieure forschen für AIXTRON in Deutschland, Großbritannien und den USA. Produktions- und F&E-Anlagen werden von Siliziumhalbleitern, organischen Halbleitern und Nanotechnologie angeboten. Zahlreiche Spitzenforscher und Nobelpreisträger arbeiten mit Anlagen von AIXTRON. Gegründet 1983 ist AIXTRON seit 1997 börsennotiert und beschäftigt rd. 800 Mitarbeiter. Der Umsatz lag 2013 bei 182,9 Mio. Euro.

Kontakt
AIXTRON SE
Dornkaulstr. 2, 52134 Herzogenrath
www.aixtron.com

AKE Knebel

Balingen, Baden-Württemberg

Gegründet: 1960

Die AKE Knebel GmbH & Co. KG mit Hauptsitz in Balingen produziert und vertreibt Werkzeuge für die Bearbeitung von Holz, Kunststoff und Metall. Das Sortiment enthält Sägeblätter, Fräser, Bohrer, Messer und Spannsysteme. Unter der Marke Wagner bietet AKE Knebel zudem hartmetallbestückte Qualitätssägeblätter zum Trennen von Stahl und NE-Metallen, Segmentkreissägeblätter mit optimal vergüteten HSS-Segmenten, Vollstahl-Kreissägeblätter und Bandsägeblätter für das industrielle Sägen von Metall. Die blueline-Reihe richtet sich an Handwerker sowie anspruchsvollere Heimwerker. Im Bereich der Kreissägeblätter und Fräswerkzeuge ist das Unternehmen weltweit führend. Eine der Kernkompetenzen ist die Beratung und Konstruktion von kundenindividuellen Werkzeuglösungen. Gemeinsam mit Partnern aus Industrie und Wissenschaft entwickelt die GmbH kontinuierlich

A
LB

Innovationen im Bereich der zerspanenden Werkzeuge. Zu den Abnehmern zählen die Industrie und der Fachhandel. Mit dem 2013 neu auf den Markt gebrachten Bearbeitungswerkzeug „SuperSilent" hat AKE Knebel mehrere Innovationspreise und den Red Dot Design Award gewonnen.

Das inhabergeführte Unternehmen wird von Albert und Alexander Knebel geleitet und beschäftigt weltweit 550 Mitarbeiter, 315 davon in Deutschland. AKE Knebel unterhält 32 Niederlassungen in Europa, hinzu kommen 9 in Nord- und Südamerika, weitere 6 in Asien und 5 in Afrika. Die Exportquote beträgt 50 %. Albert Knebel gründete das Unternehmen 1960, um die besten Kreissägeblätter zu bauen – 60 Jahre später zählt AKE Knebel zu den größten und modernsten Herstellern von Präzisionswerkzeugen.

Kontakt
AKE Knebel GmbH & Co. KG
Hölzlestr. 14+16, 72336 Balingen
Fon: 07433 261-0, Fax: 07433 261-100
info@ake.de, www.ake.de

Alber

Albstadt, Baden-Württemberg

Gegründet: 1986
Die Alber GmbH ist Weltmarktführer bei Mobiltätshilfen für Rollstuhlfahrer. Neben Zusatzantrieben für Rollstühle bietet das Unternehmen auch mobile Treppensteighilfen sowie Schiebe- und Bremshilfen. Daneben entwickelt und produziert Alber seit 2012 unter dem Markennamen Neodrives hochwertige Antriebssysteme für das E-Bike-Segment. Das Unternehmen hält insgesamt über 50 internationale Patente und Gebrauchsmuster. Die Produkte werden in Deutschland von 1.700 Fachhändlern vertrieben. International ist Alber in 45 Ländern auf allen Kontinenten präsent. Das Unternehmen wurde 1986 aus der Haas & Alber Haustechnik in Albstadt gegründet. Ziel war zunächst die Konzeption eines Treppensteigers für den Transport von Personen. Heute beschäftigt die Alber GmbH rd. 230 Mitarbeiter und wird von Ralf Ledda geleitet.

Kontakt
Alber GmbH
Vor dem Weißen Stein 21, 72461 Albstadt
www.alber.de

Albert Turk

Meinerzhagen, Nordrhein-Westfalen

Gegründet: 1857
Die Albert Turk GmbH & Co. KG fertigt Metallprodukte, die überwiegend im Konsumgüterbereich angesiedelt sind. Weltmarktführer ist das Unternehmen bei der Herstellung von Gießerei-Werkzeugen. Diese können aufgrund der handwerklichen Tradition des Betriebs auch als Sonderanfertigungen hergestellt werden. Das Produktportfolio des Familienunternehmens umfasst rd. 1.000 Artikel, dazu gehören Metall-Kehrschaufeln, Herd- und Ofenartikel, Kohleschaufeln, Winterartikel und Sandspielgeräte für Kinder. Turk produziert mit 40 Mitarbeitern in Meinerzhagen, der Exportanteil des Unternehmens liegt bei 25 %. Die Produkte werden über den Einzelhandel, aber auch über das Internet und im Versandhandel vertrieben. Das Unternehmen befindet sich inzwischen in 5. Generation in Familienbesitz, Eigentümer und Geschäftsführer ist Hans Peter Turk.

Kontakt
Albert Turk GmbH & Co. KG
Mühlhofe 8, 58540 Meinerzhagen
www.turk-metall.de

alfi

alfi
Wertheim, Baden-Württemberg

Gegründet: 1914

Die alfi GmbH nimmt nach eigenen Angaben weltweit den ersten Platz für Premium-Isoliergefäße ein, die sowohl von Endverbrauchern genutzt als auch in Hotellerie und Gastronomie eingesetzt werden. Teil des Produktportfolios sind isolierende Kannen, Flaschen, Trinkbecher, Speisegefäße, Getränkespender, Flaschenkühler und Eiseimer. Mit diesem Sortiment können Lebensmittel und Getränke am Tisch oder unterwegs wahlweise heiß oder kalt gehalten werden. Zu den Innovationen aus dem Hause alfi zählen spülmaschinenfeste, z. T. thermisch desinfizierbare Isolierkannen, Isolierkannen für Tee-Direktzubereitung oder Isoliertrinkflaschen mit einem patentierten Trinkverschluss, der dicht und spülmaschinenfest ist und sich einhändig bedienen lässt. Auf die Isolierleistung der Produkte gewährt alfi fünf Jahre Garantie, zehn Jahre lang besteht eine Nachkaufgarantie für Ersatzteile. In Anlehnung an den Konsumwandel werden permanent Isolierprodukte für neue Einsatzbereiche, z. B. für sogenannte To-go-Angebote, entwickelt sowie neue Isoliertechnologien erforscht. alfi erhielt weit über 70 internationale Designpreise, darunter den Designpreis Deutschland oder den PlusX Award.

Am zentralen Firmensitz in Wertheim am Main, wo auch die Produktion angesiedelt ist, beschäftigt alfi rd. 200 Mitarbeiter und erwirtschaftet einen Jahresumsatz von 25 Mio. Euro. Für den bundesweiten Vertrieb und die persönliche Kundenbetreuung sorgen die Außendienstmitarbeiter von alfi. Für das Auslandsgeschäft besteht eine Zusammenarbeit mit Distributeuren in 90 Ländern. Dabei exportiert das Unternehmen ca. 40 % der Produkte. Carl und Sophie Zitzmann gründeten alfi im Jahr 1914 in Fischbach an der Rhön. Nach dem Zweiten Weltkrieg erfolgte die Umsiedlung nach Wertheim am Main. Künftig will sich die

---

Schon gewusst?

- Die alfi-Isolierkanne Juwel trägt den Spitznamen „Kanzlerkanne". alfi-Kannen sind auf der politischen Bühne nämlich immer mit dabei: vom Bundeskabinett bis zum G8-Gipfel.
- Neben hohem Gebrauchsnutzen und bester Qualität stehen alfi-Produkte für eigenständiges, visionäres und langlebiges Design. Design ist für alfi ein wesentlicher Wettbewerbsfaktor. Deshalb arbeitet alfi mit den renommiertesten Designern weltweit zusammen. Im Sortiment befinden sich Designklassiker wie z. B. die Kugelkanne von Ole Palsby. alfi-Produkte werden deshalb allerdings auch immer wieder kopiert. Der Negativpreis Plagiarius wurde bereits mehrfach an alfi-Kopisten „verliehen".

Die Isolierkanne „Juwel" von alfi ist zum Klassiker avanciert.

»Heute wie vor 100 Jahren setzen unsere Produkte Maßstäbe in Ausführung und Design. So schaffen wir Qualität, die bleibt.«

Bernhard Mittelmann, Mitglied der Geschäftsführung der alfi GmbH

In Wertheim am Main hat das Unternehmen seinen Stammsitz, geleitet wird die alfi GmbH von den beiden Geschäftsführern Bernhard Mittelmann und Hubert Sauter.

A
LF

Firma alfi, die durch umweltfreundliche Produktion und recyclingfähige Materialien großen Wert auf Nachhaltigkeit legt, noch deutlicher als Outdoor-Spezialist profilieren.

Daten und Fakten

Branche: Haushaltswaren
Produkte: Isolierkannen, Flaschen, Trinkbecher (Mugs), Speisegefäße, Getränkespender, Flaschenkühler, Eiseimer
Marktposition: weltweit führend bei Premium-Isoliergefäßen (Endverbraucher und Hotellerie/Gastronomie)
Umsatz: 25 Mio. Euro (2013)
Mitarbeiter: ca. 200 (2014)
Ausbildungsquote: 3 %
Standorte: Wertheim am Main
Vertrieb: im Inland bundesweite Außendienstorganisation, beim Export Zusammenarbeit mit Distributeuren in 90 Ländern
Exportanteil: 40 %
Patente: mehr als 100 gewerbliche Schutzrechte

Kontakt
alfi GmbH
Ernst-Abbe-Str. 14, 97877 Wertheim
Fon: 09342 877-0, Fax: 09342 877-160
contact@alfi.de, www.alfi.de

alfi GmbH im Internet

Alfred Kärcher

→Kärcher

Alfred Schladerer

→SCHLADERER

Alfred Kärcher

alki TECHNIK
Ingolstadt, Bayern

Gegründet: 1984

Die alki TECHNIK GmbH entwickelt, produziert und vertreibt unter der Marke alkitronic Schraubwerkzeuge für den professionellen Einsatz in den verschiedensten Bereichen der Industrie. Zur Produktpalette zählen sowohl manuelle, pneumatische, elektrische als auch hydraulische Schraubsysteme. Am Hauptsitz in Ingolstadt befinden sich neben Verwaltungs- und Vertriebsbereich auch die Entwicklungs-, Montage- und Serviceeinheit. alkitronic ist weltweit in über 40 Ländern präsent. Das Unternehmen wurde 1984 von Albert Kipfelsberger unter dem Namen alki-HYDRAULIK gegründet. 1989 wurde die heutige alki TECHNIK GmbH gegründet. Seit 2008 ist mit Alexander Kipfelsberger auch die 2. Generation in der Geschäftsleitung vertreten.

Kontakt
alki TECHNIK GmbH
Unterlettenweg 4, 85051 Ingolstadt
www.alkitronic.com

Allianz
München, Bayern

Gegründet: 1890

Das global agierende Finanzdienstleistungsunternehmen Allianz SE ist in den Bereichen Versicherung, Vermögensverwaltung und Assistance-Dienstleistungen aktiv. Zu den Leistungen im Bereich Versicherungen zählen Schaden- und Unfall- sowie Kranken- und Lebensversicherungen für Privat- und Geschäftskunden. Im Bereich Asset Management werden Vermögenswerte von rd. 1.770 Mrd. Euro verwaltet (2013). In allen Geschäftsfeldern nimmt die Allianz weltweit marktführende Positionen ein. Im Geschäftsjahr setzen die weltweit rd. 148.000 Mitarbeiter 111 Mrd. Euro um, 83

Mio. Kunden in 70 Ländern ließen sich mit Allianz-Produkten versorgen. Die Allianz SE ist als Holding den Tochtergesellschaften, die in den einzelnen Märkten selbstständig agieren, übergeordnet. Das im DAX notierte Unternehmen hat seinen Stammsitz in München.

Kontakt
Allianz SE
Königinstr 28, 80802 München
www.allianz.com

ALPRO MEDICAL

St. Georgen, Baden-Württemberg

Gegründet: 1989

Die ALPRO MEDICAL GMBH widmet sich der Forschung, Entwicklung und Herstellung von hochwertigen und sicheren Produkten im Infektionsschutzbereich. Dazu gehören Hygiene-, Reinigungs- und Desinfektionsprodukte, Geräte für die Zahn- und Allgemeinmedizin und Labore sowie Spezialprodukte für die Betriebswasseraufbereitung und Abwassertechnik. Seit der Gründung vor 25 Jahren entwickelte sich ALPRO zum Weltmarktführer in Produkten zur Beseitigung des Biofilms in zahnärztlichen Behandlungsgeräten und der Betriebswasserentkeimung. Im Jahr 1995 bezog das Schwarzwälder Unternehmen den Neubau am Standort St. Georgen, wo heute über 50 Mitarbeiter beschäftigt sind. Mit über 120 Partnern werden ALPRO-Produkte weltweit unter einigen der renommiertesten Marken der Dentalbranche vertrieben.

Kontakt
ALPRO MEDICAL GmbH
Mooswiesenstr. 9,
78112 St. Georgen im Schwarzwald
www.alpro-medical.de

ALTANA

Wesel, Nordrhein-Westfalen

Gegründet: 1977

ALTANA entwickelt und produziert hochwertige Produkte im Bereich Spezialchemie. Die weltweit tätige Unternehmensgruppe mit Sitz in Wesel am Niederrhein verzeichnet einen internationalen Umsatzanteil von rd. 85 %. Die vier Geschäftsbereiche BYK Additives & Instruments, ECKART Effect Pigments, ELANTAS Electrical Insulation und ACTEGA Coatings & Sealants nehmen in ihren Zielmärkten eine führende Position hinsichtlich Qualität, Produktlösungskompetenz, Innovation und Service ein.

ALTANA bietet innovative, umweltverträgliche Problemlösungen mit den dazu passenden Spezialprodukten für Lackhersteller, Lack- und Kunststoffverarbeiter, Druck- und Kosmetikindustrie sowie die Elektroindustrie an. Das Produktprogramm umfasst Additive, Speziallacke und -klebstoffe, Effektpigmente, Dichtungs- und Vergussmassen, Imprägniermittel sowie Prüf- und Messinstrumente. Die ALTANA Gruppe verfügt über 46 Produktionsstätten und über 50 Service- und Forschungslaborstandorte weltweit. Konzernweit arbeiten über 5.700 Mitarbeiter für die Unternehmensgruppe, die 2013 einen Umsatz von rd. 1,8 Mrd. Euro erzielte. Mit einer im Branchenvergleich hohen Ertragskraft gehört ALTANA zu den innovativsten sowie wachstums- und ertragsstärksten Chemieunternehmen weltweit.

Kontakt
ALTANA AG
Abelstr. 43, 46483 Wesel
Fon: 0281 670-0, Fax: 0281 670-10999
info@altana.com, www.altana.de

A
LW

alwitra

Trier, Rheinland-Pfalz

Gegründet: 1964

alwitra ist als Systemanbieter im Bereich der Dach- und Bauwerksabdichtung aktiv und nimmt in dieser Branche eine führende Position ein, da das Unternehmen ein einzigartiges Komplettsystem für alle Produkte in der wasserführenden Ebene anbietet. Mit EVALON®-Solar hat alwitra die weltweit erste Dachbahn auf den Markt gebracht, die gleichzeitig abdichtet und Strom erzeugt. Seit der Gründung im Jahr 1964 sind auf allen Kontinenten und in allen Klimazonen rd. 160 Mio. m² Dachbahnen von alwitra verlegt worden. Seine Wurzeln hat der Erfolg in dem weltweit ersten, mehrteiligen Dachrandabschlussprofil aus Aluminium, das thermisch bedingte Eigenbewegungen der einzelnen Baustoffe ausgleichen und so Schäden in der Abdichtung vermeiden kann. Heute arbeiten rd. 300 Mitarbeiter an den beiden Standorten Trier und Hermeskeil für das von Inhaber Joachim Gussner geführte Unternehmen.

Kontakt
alwitra GmbH & Co. Klaus Göbel
Am Forst 1, 54296 Trier
www.alwitra.de

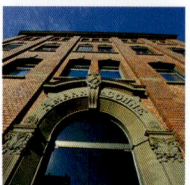

AMANN

Bönnigheim, Baden-Württemberg

AMANN GROUP
intelligent threads.

Gegründet: 1854

AMANN ist einer der weltweit führenden Produzenten für hochwertige Nähfäden und Stickgarne. Vom Universalnähfaden bis hin zu hochtechnischen Spezialprodukten bietet das Unternehmen ein breites Sortiment und umfassendes Wissen für alle Bereiche des Nähens.

Gegründet wurde die AMANN Group 1854 von Alois Amann in Bönnigheim. Heute ist AMANN weltweit in über 100 Ländern mit 21 Tochtergesellschaften und lokalen Distributeuren tätig.

AMANN produziert Nähfäden für höchste Ansprüche und entwickelt Ideen für Nähte, welche die Produkte der Kunden leistungsfähiger, komfortabler, sicherer und schöner machen. AMANN Nähfäden und Stickgarne sind in allen Bereichen des täglichen Lebens zu finden – von Bekleidung, Schuhen und Lederwaren über Heimtextilien bis hin zu technischen Bereichen wie Automobil oder Luftfahrt.

Ganz besonderen Wert wird bei AMANN auf Innovation gelegt. Das eigene Forschungsteam betreut im Jahr durchschnittlich 200 Entwicklungsprojekte, sei es für individuelle Kundenprojekte oder Anforderungen aus dem Markt.

Im Jahr 2013 erzielte AMANN mit weltweit 1.680 Mitarbeitern einen Umsatz von 143 Mio. Euro. Produziert wird in eigenen Werken in Europa, u. a. in Deutschland, sowie in China und Bangladesch. Das Unternehmen legt großen Wert auf die Einhaltung hoher Umwelt- und Sicherheitsstandards, welche in allen Produktionsstandorten gleichermaßen umgesetzt werden.

AMANN ist eines der international führenden Unternehmen für hochwertige Nähfäden und Stickgarne.

Die in Bönningen ansässige Amann & Söhne GmbH & Co. KG wird von Peter Morgalla (COO), Wolfgang Findeis (CFO) und Bodo Th. Bölzle (CEO und Vorsitzender) (v.l.) geleitet.

A.MANNESMANN

Meilensteine

1854 Alois Amann gründet in Bönnigheim eine Nähseidenfabrik.

1955 Einführung der Marke Serafil für synthetische Nähfäden

1980 Einführung des Polyester/Polyester Umspinnzwirn saba^c

2002 Einführung des Spezialitätenprogramms techX PERFORMANCE THREADS für technische Textilien

2006 Eine neue Produktionsstätte in Rumänien wird eröffnet.

2009 Produktionsstart in China

2011 Texprocess Innovation Award für Xtreme-tech

2014 Inbetriebnahme der hochmodernen Produktionsstätte in Bangladesch

Als Global Player und Technologieführer setzt AMANN auf intelligente Produkte, individuelle Lösungen, innovative Konzepte sowie qualifizierte und motivierte Mitarbeiter.

Daten und Fakten

Branche: Textilindustrie
Produkte: Nähfäden und Stickgarne
Marktposition: Technologieführer und einer der weltweit führenden Anbieter hochwertiger Nähfäden und Stickgarne
Umsatz: 143 Mio. Euro (2013)
Mitarbeiter: 1.680
Standorte: Hauptsitz Bönnigheim; Produktionsstätten in Augsburg, Großbritannien, Rumänien, der Tschechischen Republik, China und Bangladesch; Tochtergesellschaften in 21 Ländern weltweit
Vertrieb: in über 100 Ländern weltweit

Innovationen:
Serafil (synthetische Nähfäden, 1955),
saba^c (Polyester/Polyester Umspinnzwirn, 1980),
techX PERFORMANCE THREADS (technisch ausgerichtetes Spezialitätenprogramm, 2002),
sabaFLEX (hochelastische Nähfäden, 2004),
LIFECYCLE THREADS (Produkte aus recyceltem Polyester und Organic Cotton, 2009)
Gründer: Alois Amann, 1854, Bönnigheim

Kontakt
Amann & Söhne GmbH & Co. KG
Hauptstr. 1, 74357 Bönnigheim
Fon: 07143 277-0, Fax: 07143 277-200
service@amann.com, www.amann.com

A
MA

Die AMANN Group im Internet

A.MANNESMANN

Remscheid, Nordrhein-Westfalen

AM Genauigkeit

Gegründet: 1796
Die A.MANNESMANN MASCHINENFABRIK GmbH ist ein konzernunabhängiges Unternehmen, das sich auf die Herstellung geometrisch anspruchsvoller hochpräziser Maschinenbauelemente spezialisiert hat. Das Produktportfolio beinhaltet Kugelgewindetriebe, Bohrspindeln, Maschinenelemente sowie Sonderlösungen. Gefertigt werden die Werkstücke mit bis zu 15 Meter Länge individuell nach Zeichnungen der weltweit tätigen Kunden. Die Maßeinheit für die Fertigungstoleranzen – auch bei großen Abmessungen – ist der Mikrometer. Alle Bearbeitungsgänge werden im eigenen Hause durchgeführt, dazu zählen auch thermische Behandlungen wie das Spannungsarmglühen und Nitrieren in Senkrechtöfen. Als Technologieführer bei Hochleistungskugelgewindetrieben und Bohrspindeleinheiten arbeitet

»Genauigkeit verpflichtet.«

Firmenleitsatz
A.MANNESMANN

A
MO

Bohrspindeln in höchster Qualität gehören zu den Hauptprodukten von A.MANNESMANN.

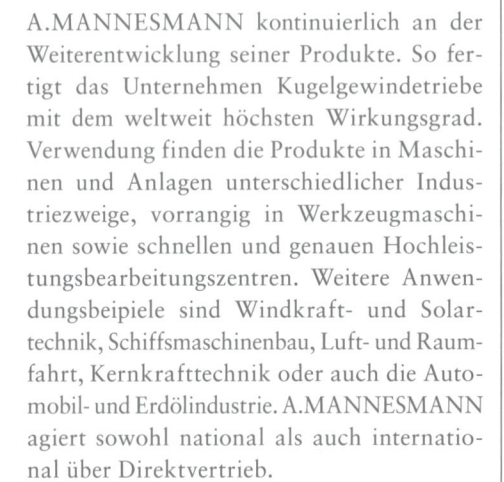

A.MANNESMANN ist Technologieführer bei Hochleistungskugelgewindetrieben und Bohrspindeleinheiten.

Zum Internetauftritt von A.MANNESMANN

A.MANNESMANN kontinuierlich an der Weiterentwicklung seiner Produkte. So fertigt das Unternehmen Kugelgewindetriebe mit dem weltweit höchsten Wirkungsgrad. Verwendung finden die Produkte in Maschinen und Anlagen unterschiedlicher Industriezweige, vorrangig in Werkzeugmaschinen sowie schnellen und genauen Hochleistungsbearbeitungszentren. Weitere Anwendungsbeipiele sind Windkraft- und Solartechnik, Schiffsmaschinenbau, Luft- und Raumfahrt, Kernkrafttechnik oder auch die Automobil- und Erdölindustrie. A.MANNESMANN agiert sowohl national als auch international über Direktvertrieb.

Meilensteine

1796 Gründung des Unternehmens durch Arnold Mannesmann

1885 Ausgliederung der Röhrenproduktion

1939 Übernahme durch Dipl.-Ing. Wilhelm Schenck

1965 Erster Hersteller von Kugelgewindetrieben auf dem europäischen Festland

1992 Entwicklung des Teleskopkugelgewindetriebs

1996 Markteinführung des ersten Hochleistungskugelgewindetriebs

1998 Neue Generation von Präzisionsbohrspindeleinheiten

2004 Eintritt in den chinesischen Markt

Gegründet wurde das Unternehmen im Jahr 1796 durch Arnold Mannesmann. Es bildet damit den Ursprung aller Mannesmann-Industrieaktivitäten. Insbesondere die Herstellung von Feilen und das Schmieden von Stahl standen im 19. Jh. im Mittelpunkt. Zudem erfand Mannesmann das nahtlose Rohrwalzverfahren und legte damit die Basis für die 1885 ausgegliederten Mannesmannröhren-Werke und den späteren Mannesmann-Konzern. 2014 beschäftigte das Familienunternehmen am Stammsitz im nordrhein-westfälischen Remscheid rd. 180 Mitarbeiter.

Daten und Fakten

Branche: Antriebstechnik
Produkte: Kugelgewindetriebe, Bohrspindeln, Maschinenelemente, Sonderlösungen
Kundenbranchen: Maschinen- und Anlagenbau, insbesondere Werkzeugmaschinenbau
Marktposition: Technologieführer bei Hochleistungskugelgewindetrieben und Bohrspindeleinheiten
Mitarbeiter: 180 in Remscheid (2014)
Vertrieb: Direktvertrieb (national und international)
Gründer: Arnold Mannesmann, 1796, Remscheid
Geschäftsführung: Max W. Schenck und Dr. Wilhelm Brunner

Kontakt

A.MANNESMANN MASCHINENFABRIK GmbH
Bliedinghauser Str. 27, 42859 Remscheid
Fon: 02191 989-0, Fax: 02191 989-201
mail@amannesmann.de, www.amannesmann.de

Amoena
Raubling, Bayern

Gegründet: 1975
Amoena Medizin-Orthopädie-Technik GmbH ist weltweiter Marktführer im Bereich Brustprothesen. Zur Produktpalette zählen Brustausgleichsprodukte, Dessous, Bademode, Wellness-Mode und Accessoires. Unternehmens-

gründer Cornelius Rechenberg legte 1975 mit der Erfindung der ersten folienummantelten Silikon-Brustprothese den Grundstein für das heute international agierende Unternehmen. In Deutschland werden Amoena Produkte im Sanitätsfachhandel vertrieben, Textilien auch über ausgewählte Dessousfachgeschäfte und Online-Händler; weltweit können die Produkte in Kliniken und Apotheken, bei medizinischen Fachhändlern, im Dessous-Fachhandel sowie in Warenhausketten und online erworben werden. Seinen Hauptsitz hat Amoena in Raubling, wo alle Brustausgleichsprodukte gefertigt werden. Weltweit hat Amoena 16 Tochtergesellschaften und vertreibt seine Produkte in 60 Ländern. Insgesamt beschäftigt Amoena rd. 700 Mitarbeiter.

Kontakt
Amoena Medizin-Orthopädie-Technik GmbH
Kapellenweg 36, 83064 Raubling
www.amoena.com

Amphenol-Tuchel

Heilbronn, Baden-Württemberg

Gegründet: 1955
Die Amphenol-Tuchel Electronics GmbH ist eine Tochtergesellschaft der US-amerikanischen Amphenol Corporation, des weltweit zweitgrößten Herstellers elektrischer Steckverbinder. Das Heilbronner Unternehmen behauptet eine marktführende Position im Bereich der Rundstecker aus Kunststoff, der Hochstromsteckverbinder, der Airbag- und Hybridstecker sowie der SIM-Kartenleser im Mobilfunk. Die Amphenol-Tuchel Electronics GmbH unterhält Produktionsstandorte in Deutschland, der Tschechischen Republik, Tunesien, Mexiko, Indien und China. Mit weltweit 2.600 Mitarbeitern erwirtschaftete Amphenol-Tuchel im Jahr 2010 rd. 80 % des Umsatzes durch das Exportgeschäft. Das Unternehmen hat seinen Ursprung in der 1955 von Ulrich Tuchel gegründeten Tuchel-Kontakt GmbH.

Kontakt
Amphenol-Tuchel Electronics GmbH
August-Häusser-Str. 10, 74080 Heilbronn
www.amphenol.de

AMSilk

Planegg, Bayern

Gegründet: 2008
Die AMSilk GmbH ist weltweiter Marktführer bei der Entwicklung von Spinnenseidenproteinen und deren Anwendung für technische Applikationen. Die AMSilk-Technologie ermöglicht die kundenspezifische Herstellung funktioneller Hightech-Materialien mit einer neuartigen Kombination unterschiedlicher Materialeigenschaften für neue Anwendungen und Produkte, die bisher nicht realisiert werden konnten. Der Wettbewerbsvorteil basiert auf der biotechnologischen Seidenproteinproduktion, den proprietären Weiterverarbeitungsprozessen und dem umfangreichen Patentportfolio.

Dem Unternehmen ist es bereits möglich, die vielseitigen Eigenschaften der Spinnenseide

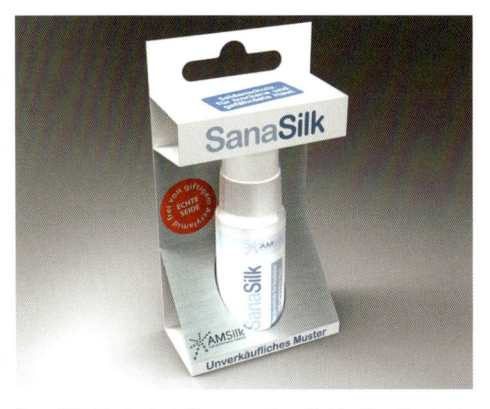

SanaSilk Hautschutzfilm aus reiner Seide: Das Produkt bildet auf der Haut eine effiziente Barriere gegen Bakterien und andere Fremdstoffe.

AMSilk

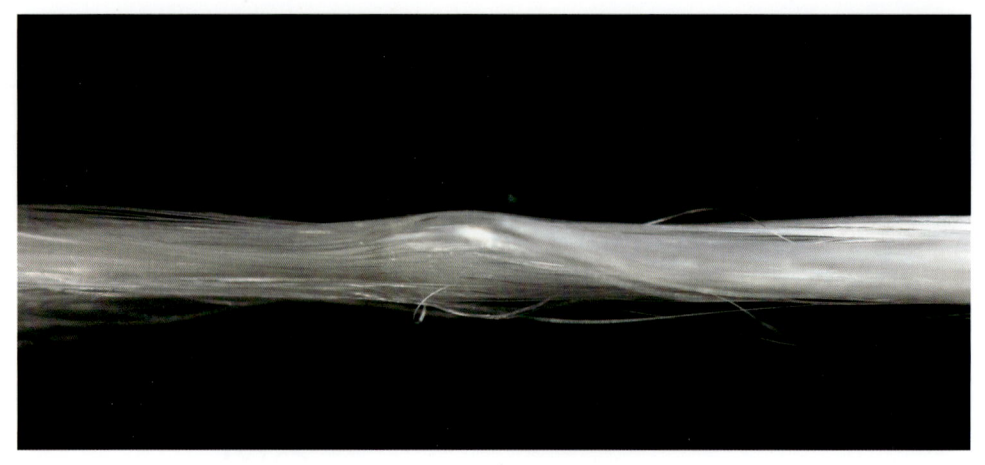

Faserbündel von AMSilk's Spinnenseidenfaser: Das Hochleistungsmaterial befindet sich derzeit in der Skalierungsphase.

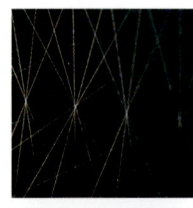

Spinnenseide kann in unterschiedlichste Formen verarbeitet werden. Das Material findet Einsatz bei Fasern über Beschichtungen von Medizinprodukten bis hin zu Gelen für den Kosmetikbereich (unten).

kommerziell zu nutzen. Denn neben dem Einsatzgebiet als Faser eignet sich Spinnenseide für viele weitere Anwendungen. So wurde der Vertrieb für Kosmetik-Rohstoffe gestartet. Ein weiterer Fokus liegt auf der Entwicklung und Vermarktung von Medizinprodukten.

Die Biopolymere werden nachhaltig und ohne Verwendung fossiler Brennstoffe hergestellt. Ziel von AMSilk ist es, sich als führendes Cleantech-Unternehmen in der Produktion und Verarbeitung der Biopolymere aus Spinnenseide zu etablieren. Das Verfahren zur Herstellung von künstlicher Spinnenseide wurde von Prof. Dr. Thomas Scheibel an der Technischen Universität München entwickelt. Im Jahr 2008 gründeten die TU München, Prof. Dr. Thomas Scheibel, Dr. Lin Römer und Axel Leimer die AMSilk GmbH als Spin-off der Universität.

Die Geschäftsführer der AMSilk GmbH sind Jens Klein (CEO) und Dr. Lin Römer (CSO). Prof. Dr. Thomas Scheibel agiert als wissenschaftlicher Berater. Das Forschungslabor ist im Innovations- und Gründerzentrum Biotechnologie (IZB) in Martinsried

AMSilk im Internet

Einfach erklärt: Spinnenseide

Viele natürliche Materialien sind den von Menschen gefertigten Erzeugnissen weitaus überlegen. Ein besonders gutes Beispiel dafür ist die Spinnenseide. Sie zeigt außergewöhnliche Eigenschaften wie hohe Spannbarkeit, Stabilität und Formänderungsvermögen. Bereits in ihrer natürlich auftretenden Form ist sie stärker als Stahl und elastischer als Gummi. Spinnenseide kann mehr als dreimal so viel Energie aufnehmen wie Kevlar oder Nylon, bevor sie reißt. Die Biotechnologie ermöglicht nun erstmals die gezielte Nutzung dieses Materials in industriellen und technischen Kontexten. Die AMSilk GmbH produziert das Material mit Hilfe von gentechnisch veränderten Darmbakterien in großen Bioreaktoren, welche die entsprechenden Seidenproteine produzieren. Da in der Natur über 35.000 Spinnenarten vorkommen und viele davon spezielle Seidenfasern für unterschiedliche Einsatzzwecke produzieren, ergibt sich ein reichhaltiger Fundus für mögliche neue Materialien. Durch das „protein engineering" sollen zukünftig außerdem verschiedene Eigenschaften des Materials miteinander kombiniert werden. Und Spinnenseide kann sogar vollständig biologisch abgebaut werden.

ANSMANN

ANSMANN

Assamstadt, Baden-Württemberg

A
NS

> »Ehrlichkeit und Offenheit sind die Basis der ANSMANN Unternehmenskultur und bilden das Fundament für langfristige Geschäftsbeziehungen zu unseren Kunden und Lieferanten.«
>
> Unternehmensleitsatz

Gegründet: 1991

Im Jahr 1991 von Edgar Ansmann als Ein-Mann-Firma gegründet, hat sich die ANSMANN AG zum Weltmarktführer für Akku- und Ladetechnik entwickelt. An weltweit acht Standorten beschäftigen sich knapp 400 Mitarbeiter in den drei Geschäftsbereichen Konsum, Industrielösungen und E-Bike mit Produkten rund um das Thema „Mobile Energie".

Das umfangreiche Sortiment an Konsumprodukten reicht von Akkus und Batterien in Standard- und Sondergrößen über Ladegeräte und Netzteile für unterschiedlichste Anwendungen bis hin zu Taschenlampen, Handscheinwerfern und Stirnlampen. Darüber hinaus werden Produkte aus dem Hause ANSMANN auch in Geräten anderer Hersteller verbaut, z. B. in Gartengeräten, Medizintechnik oder Antriebssystemen. Dazu werden im Geschäftsbereich Industrielösungen maßgeschneiderte Systemlösungen für eine mobile Stromversorgung entwickelt und produziert, die genau auf die Bedürfnisse der Kunden abgestimmt ist. Mit

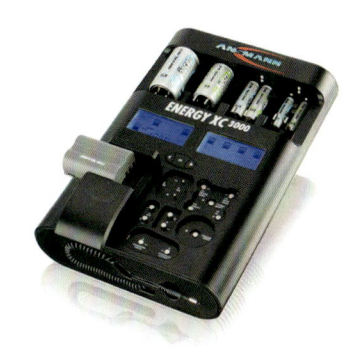

Das Produktportfolio der ANSMANN AG umfasst u. a. hochwertige Ladegeräte und Netzteile.

Schon gewusst?

- Die Gartenkreuzspinne besitzt verschiedene Fäden und zahlreiche Drüsen.
- Die Fäden von Spinnen üben seit je eine große Faszination auf den Menschen aus. In der Popkultur des 20. Jh. äußerte sie sich u. a. in der Figur des Superhelden Spider-Man.

angesiedelt. Im Jahr 2014 wurde die AMSilk GmbH nach DIN EN ISO 9001:2008 zertifiziert und präsentierte auf der in-cosmetics in Hamburg den Rohstoff für Kosmetik. Neben der TU München, der AT Newtec und privaten Investoren sind die MIG Fonds Gesellschafter des Unternehmens.

Daten und Fakten

Branche: Biotechnologie/Neue Materialien
Produkte: Medizintechnik, Kosmetik, Technische Produkte, Technische Fasern
Marktposition: Technologieführer für künstliche Spinnenseide
Mitarbeiter: 24
Patente: Anmeldungen in 18 Patentfamilien
Gründung: 2008, München
Eigentümer: MIG Fonds, TU München, AT Newtec, Privatinvestoren

Kontakt

AMSilk GmbH
Am Klopferspitz 19, 82152 Planegg/Martinsried
Fon: 089 5795393-0, Fax: 089 5795393-30
info@amsilk.com, www.amsilk.com

Ansprechpartner Presse
Anja Mayer
Fon: 089 5795393-0
pr@amsilk.com

ANDREAS STIHL

→STIHL

ANSMANN

A
NS

dem jüngsten Geschäftsbereich E-Bike setzt die ANSMANN AG auf klimafreundliche Mobilität und bietet neben innovativen Antriebssystemen – bestehend aus Motor, Steuereinheit und Akkupack inklusive Ladegerät – auch komplette Elektrofahrräder (Pedelecs) der Marke ANSMANN an.

Die Produktionsstandorte befinden sich in Deutschland und China, wobei neben dem Hauptlager in Assamstadt weitere Lager in Großbritannien und den USA sowie ein eigenes Logistikzentrum bei Hongkong für reibungslose Logistik sorgen. Mit sieben Tochterfirmen und über 50 Word Sales Partnern ist die ANSMANN AG weltweit aufgestellt. Im Inland kümmert sich ein Team von Key Account Managern und Außendienstmitarbeitern um die Kunden. Mit einer eigenen Entwicklungsabteilung sorgt das Unternehmen für die gleichbleibend zuverlässige und hohe Qualität seiner Produkte. Sowohl bei der Produktion als auch beim Wareneingang in Deutschland finden strenge Kontrollen statt. Regelmäßige Testsiege in renommierten Magazinen und Auszeichnungen wie der Würth Future Champion Award 2013 zeugen von der herausragenden Produktqualität und dem guten Gespür für die Trends der Zukunft.

Der Stammsitz des Unternehmens, das 1991 von Edgar Ansmann gegründet wurde, befindet sich in Assamstadt.

ANSMANN im Internet

Meilensteine

1991 Edgar Ansmann legt in seiner privaten Garage den Grundstein für das heute weltweit agierende Unternehmen.

2007 Die ANSMANN GmbH wird in die ANSMANN AG (nicht börsennotiert) umgewandelt. Ausgesprochener Wunsch ist es, den Mitarbeitern die Möglichkeit einer Beteiligung am Stammkapital zu geben.

2008 Auszeichnung mit dem „Großen Preis des Mittelstandes" der Oskar-Patzelt-Stiftung, dem bedeutendsten Mittelstandspreis in Deutschland

2010 Der neu gegründete Geschäftsbereich „E-Bike" erschließt den Fahrradbereich

2011 Edgar Ansmann verabschiedet sich aus dem operativen Geschäft und wechselt in den Aufsichtsrat. Markus Fürst und Georg Schifferdecker bilden den neuen Vorstand.

2013 Auszeichnung mit dem „Würth Future Champion Award"

2014 ANSMANN erhält die GS-Zertifizierung für seine Pedelecs.

Daten und Fakten

Branche: Elektroindustrie
Marktposition: Weltmarktführer für Akku- und Ladetechnik
Umsatz: 48,29 Mio. Euro (2013)
Mitarbeiter: 397 (weltweit, 2013)
Ausbildungsquote: ca. 16 %
Standorte: Deutschland (Produktion), China (Produktion), Großbritannien, Frankreich, Hongkong, Schweden, USA
Vertrieb: im Inland über Key-Account-Manager und Außendienstmitarbeiter, im Ausland über Tochtergesellschaften und sog. Word Sales Partner
Auslandsanteil: ca. 30 % des Umsatzes (2013)
Innovationen: ZeroWatt-Technologie (2009, Pat. pending), zweiteilige Magnetscheibe für Pedelec-Sensor von Elektrofahrrädern (2010, Pat. pending), Duo Sensorik-Steuerung für Pedelecs (2013), Fokussiermechanismus für Stabtaschenlampe (2013, Pat. pending), Erstes Pedelec mit GS-Zertifizierung (2014)
F&E-Ausgaben: 1,5 Mio. Euro/Jahr; 30 Mitarbeiter für F&E

Kontakt
ANSMANN AG
Industriestr. 10, 97959 Assamstadt
Fon: 06294 4202-0, Fax: 06294 4202-4400
info@ansmann.de, www.ansmann.de

ARCA-Regler

ARAG

Düsseldorf, Nordrhein-Westfalen

Gegründet: 1935

Der ARAG Konzern ist das größte Familienunternehmen in der deutschen Versicherungswirtschaft. Die ARAG zählt weltweit zu den drei größten Rechtsschutzanbietern und versteht sich als vielseitiger Qualitätsversicherer. Neben dem Schwerpunkt im Rechtsschutz bietet sie ihren Kunden in Deutschland weitere Produkte und Services aus einer Hand über Tochterunternehmen im Komposit-, Kranken- und Lebensversicherungsgeschäft an. Außerhalb Deutschlands ist der Konzern im Rechtsschutz in 13 weiteren europäischen Ländern und den USA aktiv. Die 3.600 Konzernmitarbeiter erwirtschaften ein Umsatz- und Beitragsvolumen von über 1,5 Mrd. Euro. Der Rechtsanwalt Heinrich Faßbender gründete das Familienunternehmen 1935 in Düsseldorf, wo sich nach wie vor der Sitz der Konzernzentrale befindet. Heute leitet Mehrheitsaktionär Dr. Paul-Otto Faßbender den Konzern als Vorstandsvorsitzender.

Kontakt
ARAG SE
ARAG-Platz 1, 40472 Düsseldorf
www.arag.com

ARCA-Regler

Tönisvorst, Nordrhein-Westfalen

Gegründet: 1918

Die ARCA Regler GmbH ist eines der weltweit führenden Unternehmen in der Stellgerätetechnik. Das Produktportfolio umfasst pneumatisch und elektrisch angetriebene Regelventile sowie die dazugehörenden intelligenten Stellungsregler. Das Einsatzgebiet der Produkte reicht von der Kraftwerkstechnik über Raffinerien, Chemieanlagen, Stahl- und Hüttenwerke bis hin zur Pharmazie- und Lebensmittelproduktion. Neben der Beratung und Planung bietet das Unternehmen eine Reihe von Dienstleistungen wie die Reparatur und Instandhaltung durch ARCA-Monteure, die rund um den Globus im Einsatz sind. Insgesamt steuert das Auslandsgeschäft rund 80 % zum Umsatz bei. Der Vertrieb erfolgt weltweit durch eigene Mitarbeiter, über Vertretungen sowie über Joint Ventures und Niederlassungen in Indien, Korea, China und Mexiko.

Hauptsitz der ARCA ist Tönisvorst am Niederrhein. Zweigwerke befinden sich in Strotzbüsch in der Eifel und in Dresden. Das Portfolio der ARCA wurde durch Firmenübernahmen ergänzt und nach und nach die ARCA Flow Gruppe aufgebaut, bestehend aus der Feluwa Pumpen GmbH in Mürlenbach, der von Rohr Armaturen AG in Muttenz bei Basel, der von Rohr ARCA BV in den Niederlanden, der WEKA AG in Bäretswil bei Zürich, der Artes Valve & Service GmbH in Berlin und der ARCA Regler GmbH. Insgesamt beschäftigt die Gruppe über 500 Mitarbeiter weltweit und erzielte

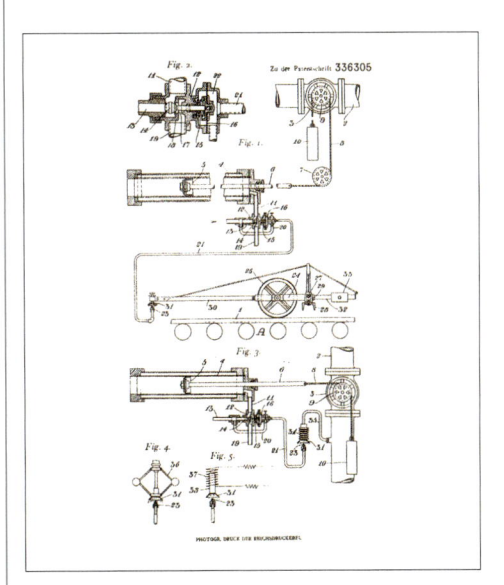

Patentschrift für das Düse-Prallpalettensystem von Ragnar Carlstedt aus dem Jahr 1917

»Wir wollen auf Dauer in der ARCA arbeiten und Geld verdienen, dabei zufrieden mit unserer Arbeit sein und mit unseren Kunden stolz auf unsere gemeinsamen Erfolge sein können.«

Dr.-Ing. Rüdiger Kaspers, Vorsitzender des Beirats ARCA

Das Fertigungs- und Innovationszentrum (FIZ) der ARCA in Tönisvorst (oben); unten im Bild eine Luftaufnahme vom Hauptsitz des Familienunternehmens

ARCA-Regler

A
RC

ARCA produziert pneumatisch und elektrisch angetriebene Regelventile sowie die dazugehörigen Stellungsregler.

Die Unternehmen der ARCA Flow Gruppe produzieren in Deutschland und der Schweiz (oben). ECOTROL®-Regelventil für Industrieprozesse mit integrierter Antriebsintelligenz (Mitte); Dampfumformventil (unten).

2013 einen Umsatz von über 100 Mio. Euro. Mit einem jährlichen Forschungsetat von 5–7 % des Umsatzes arbeitet ARCA kontinuierlich an neuen Entwicklungen und beteiligt sich darüber hinaus an externen Projekten wie etwa im Bereich Gemeinschaftsforschung Industriearmaturen des VDMA. So entstand z. B. 1998 das modulare ECOTROL®-Stellventilsystem für Anwendungen der chemischen Industrie, der Petrochemie und der allgemeinen Verfahrenstechnik. In Kooperation mit Siemens entwickelte man den intelligenten und busfähigen Stellungsregler ARCAPRO®, der über eine Selbstüberwachung und Diagnosehilfen verfügt.

Aufgrund der ständigen Weiterentwicklung der Produkte, belegt durch zahlreiche Patente, wurde ARCA bereits als eines der

Von der analogen in die digitale Welt der Stellungsregler

Eine prozesstechnische Anlage kann man sich als Blackbox mit einem Eingang, einem Ausgang und einem internen Verarbeitungsmechanismus vorstellen. Der Prozess bewirkt den Unterschied zwischen dem, was man hineingibt, und dem, was am Ende herauskommt. Um unterschiedliche Ergebnisse erreichen zu können, werden definierte Teilprozesse innerhalb dieses Verarbeitungsmechanismus durch Regelkreise gesteuert. Diese bestehen immer aus einem Messwertaufnehmer, einer Steuerung und einem Aktor, dem Stellgerät. Eine zentrale Komponente dieses Stellgeräts ist der Stellungsregler, der die Ausgangsgröße des Stellgeräts entsprechend der Vorgabe der Steuerung auch bei wechselnden Störgrößen gewährleistet. Mit der Erfindung des Düsen-Prallplattensystems durch Ragnar Carlstedt wurde das Regeln in der Prozessindustrie erst möglich. ARCA entwickelte und verfeinerte das mechanische System kontinuierlich. So war es auch die ARCA Regler GmbH, die den ersten digital arbeitenden Stellungsregler auf den Markt brachte. Dieser wurde den immer steigenden Anforderungen vorausschauend weiterentwickelt und heute steht mit dem ARCAPRO® ein busfähiger und selbstüberwachender Stellungsregler mit einem Diagnosesystem zur Verfügung. Der ARCAPRO® ist durch seine Lernfähigkeit schnell und einfach zu handhaben, kostengünstig und eine unverzichtbare Komponente an jedem Stellgerät.

ARCA-Regler

innovativsten TOP100 Unternehmen des dt. Mittelstandes und als TOP JOB-Unternehmen ausgezeichnet sowie in die Reihe der Weltmarktführer der deutschen Industrie aufgenommen. Der Name ARCA geht auf RagnAR CArlstedt zurück, der 1918 in Schweden die ARCA Regulator AG gründete. Nach dem Zweiten Weltkrieg etablierten Dr. Ing. Ludwig Kaspers und Adolf Paulsen in Tönisvorst die Firma als ARCA Regler GmbH. Heute wird das Familienunternehmen von den Geschäftsführern Jochen Lindenberg, Markus Dönni und Johannes Fliegen sowie Dr.-Ing. Rüdiger Kaspers als Beiratsvorsitzenden geleitet.

Meilensteine

1917 Ragnar Carlstedt meldet in Schweden das Düse-Prallplatte-System zum Patent an, ein Verfahren, bei dem der Strom von Gasen und Flüssigkeiten durch Ventile geregelt wird.

1918 Gründung der ARCA Regulator AG in Schweden

1922 Gründung der ARCA Regler AG in Berlin

1949 Neugründung in Tönisvorst bei Düsseldorf durch Dr. Ing. Ludwig Kaspers und Adolf Paulsen

1985 Erstes Joint Venture in Indien, ein Joint Venture in Korea folgt zwei Jahre später.

ab 2000 Durch den Erwerb der Feluwa Pumpen GmbH, der Weka AG, der von Rohr Armaturen AG in der Schweiz, der von Rohr ARCA BV in den Niederlanden sowie der ARTES Valve & Service GmbH in Berlin entsteht die ARCA Flow Gruppe.

2006 Bau eines neuen Fertigungs- und Innovationszentrums in Tönisvorst und Gründung einer eigenen Vertriebsniederlassung in China

2008 ARCA erhöht seinen Joint-Venture-Anteil in Indien auf 50 %.

2010 Mit dem neuen DN500-Ventil komplettiert ARCA die Baureihe 6N von DN15-600.

2012 Mit der Neuorganisation von ARCA China mit Vertriebsbüros in Beijing und Shanghai sowie mit einem Quick-Response-Center baut ARCA seine Markpräsenz in China weiter aus.

Daten und Fakten

Branche: Maschinenbau
Produkte: pneumatisch und elektrisch angetriebene Regelventile sowie die dazugehörigen Stellungsregler
Marktposition: eines der führenden Unternehmen in der Stellgerätetechnik, Technologieführer in mehreren Segmenten
Umsatz: über 100 Mio. Euro (2013)
Mitarbeiter: rd. 500 (2013)
Auslandsanteil: 80 %, davon ca. 50 % direkter Export
Patente: über 100
F&E-Quote: 5–7 %
Gründer: Ragnar Carlstedt, 1918, Schweden; Gründung in Deutschland 1922, Berlin
Eigentümer: Familie Kaspers

Kontakt
ARCA Regler GmbH
Kempener Str. 18, 47918 Tönisvorst
Fon: 02156 7709-0, Fax: 02156 7709-50
sale@arca-valve.com, www.arca-valve.com

Ansprechpartner Presse
Claudia Kaspers
Fon: 02156 7709-202
ka@arca-valve.com

ARCA Regler GmbH im Internet

ARDEX

ARDEX

Witten, Nordrhein-Westfalen

Kontakt
ARDEX GmbH
Friedrich-Ebert-Str. 45, 58453 Witten
Fon: 02302 664-0, Fax: 02302 664-375
kundendienst@ardex.de, www.ardex.de

Argand'Or

Bad Homburg, Hessen

Gegründet: 1949

Die ARDEX GmbH gehört zu den Weltmarktführern im Bereich Bauchemie. Sie entwickelt und produziert Spezialbaustoffe zur Untergrundvorbereitung und Verklebung von Natursteinen, Fliesen und sonstigen Belägen sowie Zementböden. Außerdem bietet sie Beratungsleistungen für die Anwendung ihrer Erzeugnisse an. Die Produktpalette umfasst Spachtelmassen für Boden, Wand und Decke, Schnellbaustoffe, Fliesenkleber, Bauklebermörtel und Klebstoffe für Bodenbeläge. Diese werden, je nach Zielgruppe, unter Marken wie Ardex, Henry oder Dunlop global vertrieben. Das in über 50 Ländern vertretene Unternehmen mit 40 operativen Gesellschaften und 29 Werken beschäftigt 2.200 Mitarbeiter und erwirtschaftet einen Gesamtumsatz von 540 Mio. Euro. Das in Witten ansässige Unternehmen wird von Mark Eslamlooy, Vorsitzender der Geschäftsführung, Dr. Rüdiger Oberste-Padtberg und Dr. Ulrich Dahlhoff geleitet.

Die 1949 als Norwag-Werke GmbH Chemische Fabrik gegründete Firma stellte zunächst Metallverarbeitungsöle, Fensterkitt und Wachse her und firmierte 1950 in ARDEX GmbH um. Besondere Entwicklungsleistungen erbrachte sie in Bezug auf die Reduktion von Trockenzeiten bei Estrichen. 2000 übernahm ARDEX die amerikanische W.W. Henry Company und 2002 die britische Norcros-Gruppe, um die Märkte Australiens, Chinas und der USA zu erschließen bzw. auszubauen.

»Wir haben die Argand'Or gegründet, um handgepresstes biologisches Arganöl, eines der kostbarsten Lebensmittel und wertvollsten natürlichen Pflegemittel, in seiner Ursprünglichkeit zu bewahren.«

Die Gründer
Rudolf Bresink und
Mohamed El Karz

Gegründet: 2005

Die Argand'Or GmbH mit Sitz in Bad Homburg vertreibt biologische original handgepresste und kaltgepresste Arganöle aus dem UNESCO Biosphären-Reservat Arganeraie in Südmarokko. Gourmet-Speiseöle und naturreine Kosmetiköle werden in fairer und sozialer Partnerschaft von den Frauenkooperativen der Region hergestellt und in den modernen Abfüllanlagen von der Argand'Or Maroc Group SA (Agadir) abgefüllt. Die traditionelle Herstellung mittels der weltweit einzigartigen Handpressung und die nachhaltige Kooperation mit den Frauenkooperativen begründen die Alleinstellung von Argand'Or und seine Weltmarktführerschaft. Rund 1.300 Frauen produzieren nach europäischen Standards

Original Arganöl wird in der traditionellen Handpressung nur mit Händen und Steinwerkzeugen (ohne Pressmaschine) hergestellt.

Argand'Or

Schon gewusst?

- Der Arganbaum (lat.: argania spinosa) zählt mit 20 Mio. Jahren zu den ältesten Baumarten der Welt. Er ist vom Aussterben bedroht und wächst nur noch im Südwesten von Marokko (Arganeraie). Aus seinen Früchten wird das kostbare Arganöl („Das Gold Marokkos") in mühevoller Handarbeit gewonnen. Die Bäume gehören dem Staat Marokko; die dort lebenden Berber haben Nutzungs- und Bewirtschaftungsrechte.
- Argand'Or Arganöl wird wie vor hunderten Jahren im einzigartigen Handpressverfahren hergestellt. Nach dem Sammeln der Früchte und dem Aufschlagen der darin befindlichen harten Kerne mit Steinkeilen werden die kleinen ölhaltigen Mandeln für das Speiseöl leicht geröstet. Anschließend werden die Mandeln in Steinmühlen gemahlen, bis eine cremige Paste entsteht. Durch ständiges Kneten wird das Arganöl aus dem Mandelteig sorgfältig herausgearbeitet.
- Für die Herstellung von einem Liter Arganöl benötigen die Frauen zwei Tage und die Ernte von fünf bis sechs Bäumen.

natürlicher Anti-Aging-Wirkstoff eingesetzt. Von Dermatologen wird Argan-Hautöl sogar therapiebegleitend bei Neurodermitis, Narbenverheilung und nach Chemotherapien empfohlen. Mit der ersten medizinischen Pilotstudie zur Wirkung von Argan-Hautöl an Patienten ist Argand'Or Pionier. Die Erkenntnisse der Studie führten zur Herstellung einer biologischen und Naturkosmetik-zertifizierten internationalen Argand'Or Arganöl-Pflegelinie. Das nachhaltige Argand'Or Projekt und seine Produkte wurden mehrfach national und international ausgezeichnet.

Daten und Fakten

Branche: Bio-Lebensmittel, zertifizierte Naturkosmetik, Nahrungsergänzung
Produkte: handgepresste und kaltgepresste Arganöle, Amlou-Arganöl Mandelcreme, Arganöl-Pflegeprodukte für Haut und Haare, Arganöl-Kapseln
Standorte: Bad Homburg vor der Höhe (Deutschland) und Agadir (Marokko)
Vertrieb: Deutschland, Europa, Großbritannien, USA, Japan
Auszeichnungen: Produkt des Jahres: Empfehlung Bio-Lebensmittel (BIOFACH, 2005); Hessen-Champions – Weltmarktführer, Nominierung (Hessische Landesregierung, 2006); ORGANIC TOP 17 (Ode, 2006); SUPERIOR TASTE AWARD (International Taste & Quality Institute, 2007); TASTE 07 – Top Innovation (ANUGA ORGANIC, 2007); Großer Preis des Mittelstandes, Finalist (Oskar Patzelt Stiftung, 2009); Global Connect Award, Nominierung (2010); DLG-GOLD Auszeichnung (2012–2014)

Kontakt

Argand'Or GmbH
Ferdinandstr. 9, 61348 Bad Homburg v.d.H.
Fon: 06172 49997-10, Fax: 06172 49997-29
info@argandor.de, www.argandor.de

das kostbare Öl und ernähren mit ihrer Arbeit die Familien. Das regelmäßige Einkommen stärkt die Stellung der Frauen in der Gesellschaft und fördert die Gleichstellung der Geschlechter. Argand'Or bildet die Frauen aus und führte mit Unterstützung der Deutschen Gesellschaft für Internationale Zusammenarbeit (GIZ) ein Qualitätssicherungssystem (HACCP) ein, das den höchsten Qualitätsstandard und eine lückenlose Rückverfolgbarkeit garantiert.

Handgepresstes Arganöl gilt wegen seiner einzigartigen Heil- und Wirkstoffe als das gesündeste und kostbarste Öl. Es wird in der feinen Küche von Sterneköchen geschätzt und von der Kosmetikindustrie als

A
RG

Die Argand'Or Produktpalette umfasst sowohl hochwertige Gourmet-Speiseöle als auch zertifizierte Naturkosmetik.

Argand'Or im Internet

ARKU

Baden-Baden, Baden-Württemberg

ARKU
EXPERTEN DER RICHTTECHNIK

Gegründet: 1928

Die ARKU Maschinenbau GmbH ist mit fast 50 Jahren Erfahrung Markt- und Technologieführer der Richt- und Vorschubtechnik mit der weltweit größten Auswahl an Hochleistungs- und Präzisionsrichtmaschinen. Neben diesen Maschinen umfasst die Produktpalette Längs- und Querteilanlagen, Pressenvorschub- und Bandvorbereitungsanlagen für Profilierer. Mit ihrem Hauptsitz in Baden–Baden und ISO-zertifizierten Töchterunternehmen in Kunshan/China und Cincinnati/USA sowie einem Vertreter- und Servicenetzwerk deckt das Unternehmen Märkte in fast 30 Ländern ab. An den drei Standorten betreibt ARKU zudem eigene Richtzentren, in denen Interessenten Richtversuche mit Teilen aus der eigenen Fertigung durchführen können. Auf Wunsch können Kunden Blechteile und Platten im Lohn richten lassen. ARKU bietet marktübergreifendes Engineering Know-how, von der Automobil-, Bau- und Möbelindustrie bis hin zum Schiffbau, Bahnindustrie, Laser-Job-Shops u.v.a.

Das Familienunternehmen wurde 1928 von Albert Reiss als Blechnerei in Baden-Baden gegründet. In den 1960er-Jahren wurden die ersten Richtmaschinen gebaut. Das Coil erhielt in den 1970er-Jahren Einzug in die Blechverarbeitung und ARKU baute seine ersten Bandanlagen. Seit den 1980er-Jahren liegt der Schwerpunkt der Fertigung zunehmend auf Richt- und Vorschubanlagen für die Coilverarbeitung. Dabei wurden immer größere Anlagen gebaut. In den 1990er-Jahren setzte sich der Trend zu Großanlagen fort und ARKU fertigte zunehmend Komplettanlagen. Mit Produktinnovationen wie der Kurzbauform für den Pressenvorschub CompactFeed®, dem innovativen Antriebskonzept EcoPlan® und der hydraulischen Präzisionsrichtmaschine FlatMaster® für Blechteile erzielte das Unternehmen ein starkes Wachstum.

Kontakt
ARKU Maschinenbau GmbH
Siemensstr. 11, 76532 Baden-Baden
Fon: 07221 5009-0, Fax: 07221 5009-11
info@arku.de, www.arku.de

Asclepion

Jena, Thüringen

Gegründet: 1977

Die Asclepion Laser Technologies GmbH gehört zu den führenden Systemlieferanten für die medizinische Lasertechnologie und ist weltweit führend in der wissenschaftlichen Optikindustrie. Die von Asclepion entwickelten und produzierten Laser finden vornehmlich bei niedergelassenen Ärzten oder Kliniken Anwendung. Wissenschaftlich arbeitet das Unternehmen im optischen Bereich mit Forschern aus Universität und Industrie zusammen. Am Hauptsitz in Jena sind etwa 90 Mitarbeiter beschäftigt. Die Umsatzerlöse lagen 2013 bei rd. 21 Mio. Euro. Die Asclepion Laser Technologies GmbH gehört zu dem italienischen Konzern El.En. S.p.A. in Calenzano in der Provinz Florenz. Geschäftsführer des 1977 gegründeten Unternehmens ist Dr. Danilo Leggieri.

Kontakt
Asclepion Laser Technologies GmbH
Brüsseler Str. 10, 07747 Jena
www.asclepion.com

Asklepios Kliniken

Asklepios Kliniken
Hamburg

Asklepios Kliniken GmbH
Umsatz in Mio. Euro

- 2009: 2006,0
- 2010: 2129,7
- 2011: 2379,4
- 2012: 2811,8
- 2013: 2899,1

A

SK

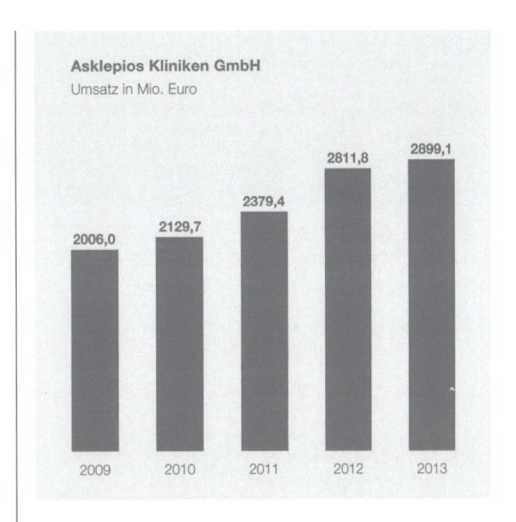

Gegründet: 1984

Die Asklepios Kliniken GmbH ist eine der größten privaten Klinikketten in Europa. Kerngeschäft von Asklepios ist die Übernahme von Kliniken, deren Sanierung und ihr langfristiger Betrieb. Asklepios steht für innovative Gesundheitsleistungen im Akut- und Rehabereich in höchster medizinischer Qualität – in Bezug auf sowohl die Ergebnisse als auch die Prozesse. In über 140 Einrichtungen in 14 Bundesländern behandelt das Unternehmen jährlich über 2 Mio. Patienten. Mehr als 26.600 Betten stehen zur Verfügung. Insgesamt beschäftigt Asklepios rd. 45.000 Mitarbeiter und erzielte 2013 einen Umsatz von 2,9 Mrd. Euro. 85 % des Umsatzes entfallen auf Akutkrankenhäuser aller Versorgungsstufen. Darüber hinaus verfügt Asklepios über Fachkliniken, Psychiatrische und Forensische Einrichtungen, Postakutkliniken (Reha), weitere Gesundheitseinrichtungen (Medizinische Versorgungszentren, Pflegeheime) sowie medizinische Dienstleister (Großlabor, Krankenhausapotheke, Blutspendedienst).

Das Unternehmen legt großen Wert auf ein hohes medizinisches Versorgungsniveau und hat die in Deutschland heute maßgeblichen Krankenhaus-Qualitätssysteme mitentwickelt. Asklepios sieht sich als Impulsgeber für Innovationen und war bereits 2005 Initiator des Programms „Asklepios Future Hospital", in dem gemeinsam mit Partnern neue IT-Produkte und -Verfahren für das Gesundheitswesen entwickelt wurden. Das innovative „Green Hospital Project" beschäftigt sich mit der qualitäts-, prozess- und umweltbewussten Bauplanung von Krankenhäusern. Seit 2008 betreibt Asklepios

»Jeder Mensch kann seine körperliche und seelische Verfassung zu einem wesentlichen Teil selbst bestimmen, wenn er nur früh genug die Weichen richtig stellt.«

Dr. Bernard große Broermann

Dr. Bernard große Broermann ist Gründer und Alleingesellschafter der Klinikgruppe Asklepios.

Die Asklepios Einrichtungen verfügen über mehr als 26.600 Betten. Im Bild die Asklepios Klinik Pasewalk in Mecklenburg-Vorpommern.

Asklepios Kliniken

ASK

Asklepios betreibt deutschlandweit über 150 medizinische Einrichtungen.

Schon gewusst?

Dr. Bernard große Broermann, der Gründer und Alleingesellschafter von Asklepios, engagiert sich besonders für die gesundheitliche Prävention von Kindern und Jugendlichen und hat dazu mehrere Stiftungen ins Leben gerufen. Die Dr. Broermann Stiftung feierte 2013 ihr 25-jähriges Bestehen. Die Asklepios Einrichtungen haben eigene Präventionsangebote für ihre Mitarbeiter und kooperieren bei externen Präventionsangeboten z.B. für Schulen mit der Dr. Broermann Stiftung.

zudem mit der „Asklepios Medical School" in Hamburg eine eigene medizinische Fakultät. Im Jahr 2014 wurde das „Asklepios Programm Patientensicherheit" aufgelegt, um die Sicherheit der Behandlung weiter zu optimieren.

Alleingesellschafter der Asklepios Kliniken GmbH ist der Firmengründer Dr. Bernard große Broermann. Der Wirtschaftsprüfer und Rechtsanwalt begann 1984 mit dem Aufbau der Klinikgruppe in Deutschland, nachdem er in den USA erste Erfahrungen mit der Etablierung einer Krankenhauskette gewonnen hatte. Ein wichtiger Schritt in der neueren Entwicklung des Unternehmens bestand in der nachhaltigen Integration der erworbenen kommunalen Krankenhäuser Hamburgs seit 2005. Heute ist dort mit 7 großen Kliniken Europas größter Klinikcluster entstanden.

Für die Zukunft sieht sich Asklepios gut gerüstet, da die wirtschaftliche Lage vieler Kliniken in Deutschland schwieriger wird und Asklepios mit seinem langjährigen Know-how in der Lage ist, diese defizitären Kliniken auf Grundlage eines erprobten, systematischen Entwicklungsplans nachhaltig zu sanieren.

Daten und Fakten

Branche: Krankenhaus- und Gesundheitswesen
Marktposition: eine der größten privaten Klinikketten Europas
Umsatz: 2,9 Mrd. Euro (2013)
Mitarbeiter: 45.000

Das Green Hospital Program

Das Green Hospital Program wurde 2010 auf Initiative der Asklepios Kliniken ins Leben gerufen und verbindet Ökologie und Ökonomie im Klinikbereich mit der sozialen Verantwortung für Umwelt, Nachhaltigkeit und Ressourceneffizienz. Klimawandel, Energieknappheit, die verschwenderische Nutzung natürlicher Ressourcen sowie die chemische Kontaminierung fast aller Lebensbereiche verlangen ein Umdenken aller Akteure im Gesundheitsmarkt. Die Asklepios Kliniken haben mit dem Green Hospital Program eine der größten Allianzen aus Experten, Medizinern, Wissenschaftlern und Industriepartnern in Deutschland etabliert, um sich diesen Herausforderungen zu stellen. „Gemeinsam für Gesundheit", das Leitbild der Asklepios Gruppe, formuliert auch den Anspruch des Programms: der Mensch, ob als Patient oder als Mitarbeiter in den Kliniken, steht im Mittelpunkt aller Überlegungen und Lösungen. Die vier Schwerpunkte des Green Hospital Program „Green Health & Care", „Green Patient", „Green Building" und „Green Healthcare Information & Technology" spiegeln dieses Verständnis wider. „Green Health & Care" befasst sich mit Fragen der Prävention und den gesunden Umweltbedingungen im Krankenhausumfeld. „Green Patient" steht stellvertretend für gesunde Ernährung und Patientensicherheit. „Green Building" unterstützt Produktinitiativen für das effiziente und umweltverträgliche Bauen und Betreiben von Gesundheitseinrichtungen. „Green Healthcare Information & Technology" legt die Schwerpunkte auf telemedizinische und E-Health-Lösungen.

Asklepios im Internet

August Friedberg

Standorte: deutschlandweit über 140 medizinische Einrichtungen
Innovationen: Programm „Asklepios Future Hospital" (2005), „Green Hospital Program" (2010), Asklepios Medical School (2008), „Asklepios Programm Patientensicherheit" (2014)
Gründer: Dr. Bernard große Broermann, 1984, Hamburg
Eigentümer: Dr. Bernard große Broermann

Kontakt
Asklepios Kliniken GmbH
Rübenkamp 226, 22307 Hamburg
Fon: 040 1818-826636, Fax: 040 1818-826799
zentrale@asklepios.com, www.asklepios.com

Ansprechpartner Presse
Mathias Eberenz
Fon: 040 1818-826636
m.eberenz@asklepios.com

Ansprechpartner Investor Relations
Thomas Pfaadt
Fon: 06174 90-1192
ir@asklepios.com

ATLANTA

Bietigheim-Bissingen, Baden-Württemberg

Gegründet: 1929
Die ATLANTA Antriebssysteme E. Seidenspinner GmbH & Co. KG beansprucht in Bezug auf Produktvielfalt und Qualität die Weltmarktführerschaft im Bereich hochpräziser Zahnstangen und ist ein führender Hersteller von spielarmen Servo-Schneckengetrieben. Weiterhin zählen Hubantriebe, Hochleistungs-Spindelhubgetriebe, Hubzylinder sowie Sonderanfertigungen zum Produktprogramm. Die Bauteile kommen in Präzisionsmaschinen wie etwa hochpräzisen Werkzeugmaschinen, Laserschneideanlagen und Maschinen für die Bearbeitung von Holz, Kunststoff und Aluminium zum Einsatz. ATLANTA produziert in 3 Werken am Standort Bietigheim-Bissingen und unterhält für den Vertrieb 9 Inlands- sowie 24 Auslandsvertretungen in allen Industrieländern der Welt. Am Firmenstandort in Bietigheim-Bissingen arbeiten 280 Mitarbeiter (2014), die 2014 einen Umsatz von 42 Mio. Euro erzielten. Rund 40 % des Gesamtumsatzes wird über den Direktexport erwirtschaftet.

Kontakt
ATLANTA Antriebssysteme E. Seidenspinner GmbH & Co. KG
Carl-Benz-Str. 16, 74321 Bietigheim-Bissingen
www.atlantagmbh.de

August Friedberg

Gelsenkirchen, Nordrhein-Westfalen

Gegründet: 1884
Die August Friedberg GmbH ist Weltmarktführer für Verschraubungen bei Windenergieanlagen und einer der drei weltweit führenden Hersteller von hochwertigen Verbindungen und Befestigungssystemen. Die Turm-, Fundament- und Rotorblattverschraubungen bieten ebenso wie die Verbindungssysteme für Gondel und Nabe von Windkraftanlagen einen hohen Korrosionsschutz. Produkte der August Friedberg GmbH werden auch in der Automobil- und Stahlindustrie, im Hoch-, Stahl- und Brückenbau oder bei Schienenfahrzeugen verwendet. Mit rd. 550 Mitarbeitern, von denen 430 in Deutschland beschäftigt sind, erwirtschaftete das Unternehmen 2012 einen Umsatz von 114 Mio. Euro. Produziert wird in Deutschland in Gelsenkirchen, Finsterwalde, Lichtenfels-Goddelsheim sowie in Monte Mor in Brasilien. Seit 2010 gibt es

A
UM

Vertriebsgesellschaften in Busan/Südkorea sowie in Cleveland/Ohio. Die Exportquote liegt bei rd. 45 %.

Die August Friedberg GmbH ist in 3. und 4. Generation zu 100 % im Besitz der Inhaberfamilie, die auch zentrale Funktionen im Management innehat. Geschäftsführende Gesellschafterin ist seit 1971 Ingrid Brand-Friedberg, Rolf-Dietrich Brand ist Generalbevollmächtigter und Beatrix Brand ist Prokuristin. Gründer des Unternehmens war 1884 der Schmiedemeister August Friedberg, dessen Handwerksbetrieb mit dem boomenden Bergbau im Ruhrgebiet zu einer Schrauben- und Nietenfabrik wuchs.

Kontakt
August Friedberg GmbH
Achternbergstr. 38a, 45884 Gelsenkirchen
Fon: 0209 9132-0, Fax: 0209 9132-178
info@august-friedberg.de
www.august-friedberg.de

AUMUND

Rheinberg, Nordrhein-Westfalen

Gegründet: 1922

Die AUMUND-Gruppe vereint die Unternehmen AUMUND Fördertechnik, SCHADE Lagertechnik, SAMSON Materials Handling und AUMUND Logistic. Die Gruppe bietet effiziente Lösungen für die Förderung und Lagerung von Schüttgütern in der Zementindustrie, Stahl- und Hüttenindustrie, Mining & Minerals sowie Kraftwerken. Eine besondere Stärke sind die technologisch ausgereiften und äußerst zuverlässigen Maschinen für das Handling heißer, abrasiver oder klebriger Materialien bei hohen Förderleistungen, intensiven Dauerbelastungen oder unter extremen Einsatzbedingungen. Die AUMUND Gruppe ist mit 10 Standorten international vertreten und beschäftigt rd. 450 Mitarbeiter. 1922 gegründet, leitet heute Franz-Walter Aumund die weltweit aufgestellte Firmengruppe.

Kontakt
AUMUND Fördertechnik GmbH
Saalhoffer Str. 17, 47495 Rheinberg
www.aumund.com

AUNDE

Mönchengladbach, Nordrhein-Westfalen

Gegründet: 1899

Die AUNDE Group ist mit ihren Marken AUNDE und ISRINGHAUSEN einer der weltweit führenden Premiumhersteller von Automobiltextil-/-leder, Fahrzeugsitzen und technischen Federn für die Automobilindustrie. Als internationale Gruppe verfügt das Unternehmen in 26 Ländern über 90 Produktionsstätten mit 14.000 Mitarbeitern. Langfristiges Denken und verantwortungsvolles Handeln sind die Grundlage des wirtschaftlichen Erfolgs der AUNDE Group.

Kontakt
AUNDE Gruppe
Waldnielerstr. 151, 41068 Mönchengladbach
www.aunde.com

Aurubis

Hamburg

Gegründet: 1866

Die Aurubis AG stellt Produkte aus Kupfer und Kupfer-Legierungen her und recycelt Kupfer. Das Unternehmen ist der größte Kupferproduzent Europas, auf dem Weltmarkt belegt Aurubis den zweiten Platz. Der Schwerpunkt liegt in der Produktion von Kupferkathoden, die aus Kupferkonzentraten, Altkupfer und recyceltem Kupfer hergestellt werden. Die Kathoden verarbeitet Aurubis zu Stranggussformaten, Walzprodukten, Gießwalzdraht sowie zu Spezialdrähten und Profilen aus Kupfer und Kupferlegierungen. Weiterhin zum Portfolio gehört die Herstellung von Schwefelsäure, Eisensilikatgestein und Weichblei in Barren. Aurubis betreibt zudem eine Gold- und Silberscheideanstalt. Der AG steht Peter Willbrandt als Vorstandsvorsitzender vor. Das Unternehmen beschäftigt weltweit etwa 6.500 Mitarbeiter (2013), die im selben Jahr einen Umsatz von rd. 12,3 Mrd. Euro erwirtschafteten.

Kontakt
Aurubis AG
Hovestr. 50, 20539 Hamburg
www.aurubis.com

AZO

Osterburken, Baden-Württemberg

Gegründet: 1949
Die Automatisierung von Produktionsprozessen in den Branchen Nahrung, Pharma, Chemie und Kunststoff ist das Spezialgebiet der AZO GmbH + Co. KG in Osterburken. Das Unternehmen entwickelt und produziert automatische Zuführsysteme für Rohstoffe, Schüttgüter, Kleinmengen und Flüssigkeiten. Im Bereich der automatischen Materialzuführung hat das Unternehmen seine internationale Marktführerschaft etabliert. Das von Rainer und Robert Zimmermann geführte Familienunternehmen beschäftigt 975 Mitarbeiter und setzte im Jahr 2013 165 Mio. Euro um. Insgesamt sieben Schwestergesellschaften in Belgien, Frankreich, Thailand, Großbritannien, Russland, China und in den USA steuern den Vertrieb rund um den Globus. Produziert wird an drei Standorten in Deutschland in Osterburken, Neckarsulm und Neuenburg.

Kontakt
AZO GmbH + Co. KG
Rosenberger Str. 28, 74706 Osterburken
www.azo.de

B

BAADER

Lübeck, Schleswig-Holstein

Gegründet: 1919

DER-Gruppe entwickelt, fertigt und vertreibt Fischbearbeitungsmaschinen, Weichseparatoren, Maschinen zur Geflügelbearbeitung sowie komplette Bearbeitungslösungen. Bei Fischbearbeitungsmaschinen, einem der Hauptstandbeine, bietet BAADER als einziges Unternehmen weltweit nahezu die gesamte Produktpalette an. Ein breit gefächertes Programm an Maschinen und kompletten Produktionslinien sichert BAADER in diesem Bereich die weltweite Marktführerschaft. Die Gruppe beschäftigt insgesamt ca. 1.000 Mitarbeiter und verfügt über Tochterfirmen, Händler, Agenten und Servicestationen an 80 Standorten weltweit. Gegründet wurde die Maschinenbaufirma 1919 von Rudolph M. J. Baader, 1995 übernahm Petra Baader in 3. Generation die Leitung des Familienunternehmens.

Kontakt
Nordischer Maschinenbau Rud. Baader GmbH+Co. KG
Geniner Str. 249, 23560 Lübeck
www.baader.com

Balluff

Neuhausen a. d. F., Baden-Württemberg

Gegründet: 1921

Als führender Anbieter für die industrielle Automation bietet die Balluff GmbH ein komplettes Sortiment an hochwertigen Sensoren, System- und kundenspezifischen Lösungen an. Zum Portfolio gehören elektronische und mechanische Sensoren, rotative und lineare Wegaufnehmer, Identifikationssysteme sowie Anschlusstechnik für die Automation. Im Jahr 2013 verzeichnete das Familienunternehmen, das weltweit 2.750 Mitarbeiter beschäftigt, einen Umsatz von rd. 335 Mio. Euro. Neben dem Firmensitz in Neuhausen auf den Fildern verfügt Balluff weltweit über Produktions- und Entwicklungsstandorte sowie 61 internationale Niederlassungen und Repräsentanzen. Den Grundstein zum globalen Spezialisten für Sensorik und Systemlösungen legte Gebhardt Balluff 1921 mit der Gründung einer mechanischen Reparaturwerkstatt.

Kontakt
Balluff GmbH
Schurwaldstr. 9, 73765 Neuhausen
www.balluff.com

BANSS

Biedenkopf, Hessen

Gegründet: 1868

Das Unternehmen BANSS Schlacht- und Fördertechnik GmbH hat sich auf die Herstellung von industriellen Anlagen und Systemen für die Schlacht- und Fleischverarbeitung spezialisiert. In diesem Segment ist BANSS einer der Weltmarktführer und gehört zu den renommiertesten Systemausstattern für die Fleischindustrie weltweit. Das Unternehmen entwickelt, produziert und vertreibt komplette Anlagensysteme für die Schlachtung und Weiterverarbeitung von Schweinen, Rindern und Schafen, bekannt durch höchste Flexibilität in der Projektplanung und Qualität im täglichen Einsatz.

Das Angebotsportfolio umfasst alle Maschinen und Fördersysteme von den Stallungen bis hin zur Verladung, u.a. Betäubungssysteme, rituelle Schlachtboxen, Entblutesysteme, Enthaarungsmaschinen, Flammöfen, Reinigungs- und Waschanlagen sowie Enthäuter. Pneumatische Förderanlagen, Vakuum-, Absaug- und Transportanlagen

»Wir bieten bestes Equipment für höchste Fleischqualität.«

Michael Sienz, Geschäftsführer BANSS

BANSS

Schon gewusst?

Im Auftrag des arabischen Königshauses setzte BANSS 2012 in der heiligen Pilgerstätte Mekka ein Turnkey-Projekt im Rekordtempo um. Auf einem Areal von 34.000 m² wurde in nur 10 Monaten eine Schlachtanlage samt Stallungen und Peripherie installiert. Die Anlage ist hinsichtlich Qualität und Hygiene die modernste auf der arabischen Halbinsel. Sie umfasst 4 komplette Schlachtlinien inklusive der benötigten Kühl- und Zerlegekapazitäten, wodurch eine Schlachtleistung von ca. 300 Rindern und Kamelen pro Stunde erreicht werden kann. Pünktlich zum islamischen Opferfest Haddsch, zu dem jährlich Millionen von Muslimen nach Mekka pilgern, ging die Anlage im Oktober 2012 in Betrieb.

BANSS ist auf die Herstellung von industriellen Anlagen und Systemen für die Schlacht- und Fleischverarbeitung spezialisiert.

sowie Zuführ- und Transportsysteme für die Zerlegung, Ultraschall- und Hochdruckreinigungsanlagen für Leerhaken, Trolley-Fördersysteme, Kettenförderer sowie komplette Rohrbahntransport- und automatische Kühlraumlagersysteme bietet das Unternehmen ebenfalls an. Die entsprechenden Steuerungs- und Managementsysteme für die Schlachtanlagen können die Kunden ebenfalls bei BANSS beziehen.

Die Firma beschäftigt 2014 etwa 270 Mitarbeiter und betreibt Produktionsstätten am Stammsitz in Biedenkopf sowie in Shanghai/China, zudem gibt es Vertriebs- und F&E-Niederlassungen in den globalen Schlüsselmärkten. 2013 erwirtschaftete der Anlagenbauer einen Umsatz von etwa 35 Mio. Euro, wobei sowohl internationale Fleischkonzerne als auch namhafte Qualitätsbetriebe zum Kundenstamm gehören. Der Auslandsanteil am Jahresumsatz liegt bei rd. 60 %. Das 1868 von Louis Banss im mittelhessischen Biedenkopf gegründete Familienunternehmen wird heute von dem Geschäftsführer Michael Sienz geleitet.

Daten und Fakten

Branche: Technologiezulieferer der Fleischindustrie
Produkte: Komplette Schlachtanlagen, Maschinen und Fördertechnik, Schlachtroboter
Marktposition: rd. 35 % Weltmarktanteil, zweitgrößter Anbieter weltweit, Innovationsführer im Bereich Schlachtrobotik
Umsatz: ca. 35 Mio. Euro (2013)
Mitarbeiter: ca. 270 (2014)
Vertrieb: weltweit; eigene Vertriebsniederlassungen in China, den USA, Russland, Indien und Spanien
Exportquote: 60 %
Innovationen: weltweit erster Schlachtroboter (2003)
Gründer: Louis Banss, 1868, Biedenkopf

Kontakt

BANSS Schlacht- und Fördertechnik GmbH
Industriestr. 4, 35216 Biedenkopf
Fon: 06461 705-0, Fax: 06461 705-115
info@banss.de, www.banss.de

Louis Banss gründete 1868 das Unternehmen, das seinen Sitz bis heute im hessischen Biedenkopf hat.

BANSS im Internet

BARTEC

Bad Mergentheim,
Baden-Württemberg

BARTEC

»Unsere Innovationskraft und langjährige Erfahrung sind die Basis, um die Anforderungen unserer Kunden kompetent zu erfüllen.«

Dr. Ralf Köster

Dr. Ralf Köster ist Vorsitzender der Geschäftsführung der BARTEC Gruppe, die ihren Hauptsitz in Bad Mergentheim hat.

Gegründet: 1975

Die BARTEC Gruppe ist Marktführer im Bereich Explosionsschutz in Europa und rangiert in diesem Marktsegment weltweit unter den ersten drei Unternehmen. Die Produkte finden überall dort Einsatz, wo durch gefährliche Stoffe wie brennbare Flüssigkeiten, Gase und Stäube die Bedingungen für eine Explosion gegeben sind. Sie dienen der Sicherheit von Mensch und Umwelt, indem sie das gemeinsame Auftreten der für eine Explosion notwendigen Komponenten unterbinden.

Zu den Kunden zählen vor allem Unternehmen der Öl- und Gasindustrie sowie Chemie-, Petrochemie- und Pharmaziekonzerne aus den unterschiedlichsten Regionen der Welt. Weitere Anwendungsbereiche bestehen u. a. im Flugzeugbau und im Bergbau. Neben dem Vertrieb der Produkte bietet BARTEC eine Reihe von Dienstleistungen rund um die Errichtung und Inbetriebnahme der Anlagen und

Die Kernkompetenz von BARTEC sind kundenspezifische Lösungen für den Einsatz in explosionsgefährdeten Bereichen.

Meilensteine

1975 Reinhold A. Barlian gründet BARTEC in Bad Mergentheim.

1979 BARTEC errichtet Niederlassungen in Frankreich und den Niederlanden.

1987 Das Unternehmen expandiert nach Asien.

1994 Erster BARTEC-Standort in den USA

2003 Übernahme von Teilen der Benke Instrument & Elektro GmbH in Reinbek/Hamburg und Gründung des neuen Geschäftsbereichs BARTEC BENKE

2006 Mit der Lieferung von Analysensystemen für Russland verbucht BARTEC den bislang größten Auftrag der Firmengeschichte.

2009 Neue Produktionsstätte in Shanghai/China; Übernahme des Kommunikations- und Sicherheitssystemanbieters Vodec Ltd. und Gründung des neuen Geschäftsbereichs BARTEC VODEC

2010 Akquisition von Technor Safe Ex AS

2011 BARTEC BENKE gewinnt zwei Großaufträge und etabliert sich als wichtigster Anbieter in der Prozessanalysentechnik.

2012 BARTEC gründet ein Jointventure in Saudi-Arabien.

2013 Akquisition des norwegischen Unternehmens Pixavi

2014 Akquisition des in Chicago ansässigen Unternehmens ORB

BARTEC

Die Produkte von BARTEC kommen überall dort zum Einsatz, wo durch entzündliche Stoffe die Bedingungen für eine Explosion vorhanden sind.

veranstaltet in der BARTEC Safe.t Academy Seminare zum Thema Explosionsschutz.

Das Portfolio des Unternehmens umfasst die Produktbereiche Analysen- und Messtechnik, Elektrische Begleitheizungen, Automatisierungstechnik, Steuer- und Verbindungstechnik, Kommunikations- und Sicherheitssysteme, Mess- und Datenerfassungssysteme, Elektrotechnik für den Bergbau sowie Schaltanlagen und Motoren. Jedes Jahr fließen 5–10 % des Umsatzes in Forschung und Entwicklung. Zu den neuesten Innovationen zählen u. a. das Ex-Smartphone Impact X sowie das für den explosionsgefährdeten Bereich zugelassene Remote I/O-System ANTARES und der mobile Computer MC 92N0^{ex}. Im Jahr 2012 erhielt BARTEC zum zweiten Mal die Auszeichnung „TOP 100" als einer der innovativsten deutschen Mittelständler. Impact X wurde 2014 mit dem „Award for Design Excellence" ausgezeichnet.

Reinhold A. Barlian gründete das Unternehmen 1975 in Bad Mergentheim. Er begann mit der Entwicklung von Sicherheitsschaltern für Zapfsäulen und konnte seinen Ein-Mann-Betrieb rasch erweitern. Bereits vier Jahre später leitete das junge Unternehmen mit der Errichtung von Niederlassungen in Frankreich und den Niederlanden die weltweite Expansion

BARTEC ist im Bereich Explosionsschutz und industrielle Sicherheitstechnik weltweit führend.

Ausbildung bei BARTEC

BARTEC hat eine langjährige Ausbildungstradition und bietet jungen Menschen vielfältige Möglichkeiten im Unternehmen. Qualifizierte und erfahrene Ausbilder betreuen die Jugendlichen individuell im Rahmen der verschiedenen Ausbildungsberufe im kaufmännischen und technischen Bereich. Neben den praktischen Tätigkeiten im Betrieb und den theoretischen Inhalte der Berufsschule bietet BARTEC den Auszubildenden zahlreiche Möglichkeiten, sich nicht nur fachlich, sondern auch persönlich weiterzuentwickeln. Die Nachwuchskräfte bearbeiten frühzeitig eigene Projekte mit herausfordernden Aufgaben, um das selbstständige Arbeiten zu fördern und Freiraum für Kreativität zu schaffen. Im Rahmen eines Start-up-Workshops werden zudem die Teamfähigkeit und Selbstständigkeit gestärkt. Abiturienten bietet BARTEC die Möglichkeit eines Bachelorstudiums im dualen System mit abwechselnden Theorie- und Praxisphasen in Kooperation mit der Dualen Hochschule Baden-Württemberg am Standort Mosbach.

BARTEC

B
AR

BARTEC
Vertrieb

Vertriebsgesellschaften
Fachvertretungen

Zu den jüngsten Innovationen von BARTEC zählen das Remote I/O-System ANTARES (oben) und das Ex-Smartphone Impact X (unten).

ein. Es folgten Vertriebsgesellschaften in Asien und Amerika sowie ein kontinuierlicher Ausbau der Produktionsstätten. Zu den wichtigsten Aufträgen der Firmengeschichte gehörte 1996 die Lieferung und Installation explosionsgeschützter Wärmetechnik für die Raffinerie Leuna mit einem Gesamtwert von 10 Mio. Euro.

In den letzten Jahren wuchs BARTEC auch durch Akquisitionen. So kam 2010 mit Technor Safe Ex AS der norwegische Marktführer für explosionsgeschützte Geräte und Systeme zur Gruppe. 2013 folgte Pixavi, der weltweit führende Anbieter mobiler Kommunikationstechnologie für den Ex-Bereich. Zuletzt kam 2014 das in Chicago ansässige Unternehmen ORB hinzu, einer der international führenden Hersteller von Prozessanalysentechnik.

Heute unterhält das Unternehmen 11 Produktionsstandorte sowie knapp 40 Vertriebsgesellschaften. Mit weltweit rd. 1.600 Mitarbeitern lag der Umsatz im Geschäftsjahr 2013/14 bei ca. 315 Mio. Euro. Die Exportquote beläuft sich auf 80 %. Die Geschäftsführung der BARTEC Gruppe bilden Dr. Ralf Köster (Vors.), Dr. Anjou Appelt und Heiko Laubheimer. Seit 2012 ist die Private-Equity-Gesellschaft Charterhouse Eigentümerin von BARTEC. In Zukunft strebt das Unternehmen den weiteren Ausbau der Internationalisierung an, mit besonderem Fokus auf das kundenspezifische Lösungsgeschäft.

Einfach erklärt: Explosionsschutz

Explosionen entstehen meist, wenn drei Dinge zusammenkommen: ein brennbarer Stoff, die passende Menge an Sauerstoff und eine Zündquelle. Bei gezielt eingesetzten Explosionen wie z. B. im Verbrennungsmotor oder beim Gasfeuerzeug sind dies: Benzin oder Gas, Luft und ein Zündfunke. Die explosionsfähigen Mischverhältnisse eines brennbaren Stoffs mit Sauerstoff nennt man den Explosionsbereich. Der primäre Explosionsschutz zielt darauf, die Bildung solch eines explosionsfähigen Gemischs auszuschließen. In einigen Arbeitsumgebungen wie in chemischen Fabriken, Raffinerien, Lackierereien oder in Mühlen und Lagern für Mahlprodukte ist die Entstehung eines Explosionsbereichs jedoch unvermeidlich. In einem Raum normaler Höhe kann schon eine Staubschicht von 1 mm, wenn sie aufgewirbelt wird, ein explosionsfähiges Gemisch mit Luftsauerstoff bilden. Hier sind Maßnahmen des sekundären Explosionsschutzes erforderlich. Sie zielen darauf, mit technischen Mitteln jeglichen Kontakt des Gemischs mit Zündquellen wie Reib- und Schlagfunken oder elektrostatischen Aufladungen zu vermeiden.

Basler

Schon gewusst?

Eine lange Zeit zum Standard gehörende Erfindung zum Explosionsschutz an Tankstellen stammt aus der frühen Zeit von BARTEC: ein Mikroschalter, streichholzschachtelgroß, der direkt in der Zapfsäule eingesetzt wird. Sobald man den Zapfhahn aus der Fassung nimmt, hört man den Schalter klicken und der Tankvorgang beginnt. Die druckfeste Kapselung des mechanischen Schalters verhindert, dass Funken nach außen treten und eine Explosion verursachen. 1975 war die Erfindung der druckfesten Kapselung des Schalters mit einem Kunststoffgehäuse des Firmengründers der erste Meilenstein für BARTEC.

Schalt- und Steuerungstechnik von BARTEC für den Einsatz in explosionsgefährdeten Bereichen

Daten und Fakten

Branche: Explosionsschutz, Industrielle Sicherheitstechnik
Produkte: Komponenten und Lösungen der Analysen- und Messtechnik, Automatisierungstechnik, Wärmetechnik, Kommunikations- und Sicherheitssysteme, Steuer- und Verbindungstechnik, Mess- und Datenerfassungssysteme, Elektrotechnik für den Bergbau, Schaltanlagen und Motoren
Umsatz: ca. 315 Mio. Euro (2013/2014)
Mitarbeiter: 1.600 weltweit

Produktionsstandorte: Bad Mergentheim, Gotteszell, Menden, Reinbek/Hamburg; Sainte-Croix (Schweiz); Zagorje (Slowenien); Nottingham (Großbritannien); Shanghai/Changzi (China); Saudasjoen (Norwegen); Chicago (USA)
Vertrieb: knapp 40 Vertriebsgesellschaften weltweit, über 50 Handelsvertreter als Distributionspartner
Innovationen: ANTARES Remote I/O-System (2012), Mobile Computer MC 92N0^{ex} (2013), Ex-Smartphone Impact X (2014), Ex-Tablet-PC Agile X (2014)
Auszeichnungen: Regula Award (2006); Innovationspreis der Deutschen Industrie (2007); AUTOMATION AWARD (2007); expo petrotrans Innovation Award (2008); TOP 3 PROCESS Innovation Award (2009); erfolgreiche Teilnahme am Unternehmensvergleich TOP 100 (2009, 2012); Großer Preis des Mittelstands (2009); Industriepreis „BEST OF 2013" (2013); Design Excellence-Award (2014)
Gründer: Reinhold A. Barlian, 1975, Bad Mergentheim

Kontakt
BARTEC GmbH
Max-Eyth-Str. 16, 97980 Bad Mergentheim
Fon: 07931 597-0, Fax: 07931 597-119
info@bartec.de, www.bartec.de

Ansprechpartner Presse
Daniela Deubel
Fon: 07931 597-324
daniela.deubel@bartec.de

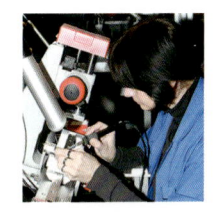

B
AS

BARTEC unterhält weltweit 11 Produktionsstandorte.

BARTEC im Internet

Basler
Ahrensburg, Schleswig-Holstein

Gegründet: 1988
Die Basler AG mit Sitz in Ahrensburg bei Hamburg ist eines der größten Vision Technology-Unternehmen und weltweit der größte Produzent von digitalen Kameras für Industrieanwendungen. Zu den Abnehmern zählen Unternehmen und Hersteller aus der industriellen Massenproduktion, der Medizintechnik und Life Sciences sowie Entwickler und Produzenten intelligenter Verkehrssysteme.

B AU

BAUER Kompressoren

Sieben Tochtergesellschaften und Repräsentanzen sorgen für die internationale Präsenz der Basler AG, die mehr als 80 % ihrer Produkte für den Export produziert. Der weltweite Vertrieb der Kameras erfolgt in die Regionen Amerika, Asien und EMEA. Das 1988 in Lübeck gegründete Unternehmen erwirtschaftete 2013 mit 325 Mitarbeitern einen Umsatz von 65,1 Mio. Euro. Dr. Dietmar Ley steht der AG als Vorstandsvorsitzender vor.

Kontakt
Basler AG
An der Strusbek 60-62, 22926 Ahrensburg
www.baslerweb.com

BAUER Kompressoren

München, Bayern

Gegründet: 1946

Die Firma BAUER Kompressoren, eine Tochter der BAUER Group, ist auf die Herstellung von Kompressorsystemen zur Verdichtung von Atemluft, Luft und Gasen sowie zu deren Aufbereitung, Speicherung und Verteilung spezialisiert. Der Exportanteil der BAUER Kompresssoren beträgt 90 %. Gemessen an den Stückzahlen ist das Unternehmen Weltmarktführer in der Hochdruckindustrie. Das Produktprogramm reicht im Hoch- und Mitteldruckbereich von mobilen und stationären Atemluftkompressoren über Kompressorsysteme zur industriellen Verdichtung von Gasen und Luft bis hin zum Bau von Erdgastankstellen. Bei der Produktion von Erdgastankstellen nimmt BAUER inzwischen die Marktführerschaft in Europa ein und hat sich auf Lösungen für extrem heiße (Abu Dhabi) oder kalte Bedingungen (Sibirien) spezialisiert. Das Unternehmen wurde 1946 von Hans Bauer gegründet und stellte zunächst Niederdruckkompressoren für die Landwirtschaft her. Mit der Entwicklung von Hochdruckkompressoren zur Befüllung von Atemluftflaschen für Taucher und Feuerwehr wurde dann der Grundstein für den weltweiten Erfolg des Unternehmens gelegt. Alleinige Inhaberin ist in 3. Generation Dr. Monika Bayat, geb. Bauer, die mit ihrem Mann Philipp Bayat die BAUER Group leitet. Die Produktion und Montage der BAUER Kompressoren erfolgen zu rd. 60 % in Deutschland. Das Unternehmen ist mit rd. 1.200 Mitarbeitern in 22 Tochtergesellschaften, 15 weiteren eigenen Vertriebsbüros sowie mit 150 Vertriebspartnern und 280 Servicestellen auf allen Kontinenten vertreten.

Kontakt
BAUER COMP Holding GmbH
Sollner Str. 43b, 81479 München
Fon: 089 745010-0, Fax: 089 745010-18
www.bauergroup.de

Baumüller

Nürnberg, Bayern

Gegründet: 1930

Die Baumüller Gruppe ist spezialisiert auf die Entwicklung und Herstellung von intelligenten Antriebs- und Automatisierungssystemen für alle Branchen des Maschinenbaus. Als Pionier in der Antriebstechnik plant und liefert das Unternehmen komplette Antriebskonzepte. Das geht vom Bediensystem über die Maschinensteuerung inklusive Softwarelösung bis hin zum Antrieb. Das Produkt- und Dienstleistungsspektrum umfasst den ganzen Lebenszyklus von Maschinen und

Anlagen: von der Bedienoberfläche über Motion Control-Software nach PLCopen, Softwaremodule und Steuerungen bis hin zu Umrichtern und Elektromotoren.

Anwendung finden Produkte von Baumüller in fast allen Branchen des Maschinenbaus. So ist Baumüller u. a. führend bei Automatisierungs- und Antriebssystemen für die Textil-, Kunststoff-, Verpackungs-, Druck- und metallverarbeitende Industrie sowie die Handlingbranche und bietet Lösungen für die Bereiche mobile Antriebe, Medizintechnik, Wasserkraft, Schiffbau und Windkraft. Das Angebot der Baumüller Gruppe reicht hier von der Planung und Entwicklung über die Fertigung bis hin zum Retrofit. Die Bereiche Service, Installation, Montage und Verlagerung runden das Angebot ab. Insgesamt beschäftigt die Gruppe weltweit an über 40 Standorten rd. 1.650 Mitarbeiter. Die Anfänge des Unternehmens liegen im Jahr 1930, als Heinrich Baumüller seine „Firma zum Handel mit neuen Elektromotoren und Maschinen sowie Reparieren von solchen" gründete. Die Gesellschafter der Familie Baumüller stehen an der Spitze der Firmengruppe und leiten diese.

Kontakt
Baumüller Unternehmensgruppe
Ostendstr. 80-90, 90482 Nürnberg
Fon: 0911 5432-0, Fax: 0911 5432-130
mail@baumueller.de, www.baumueller.de

Bausch+Ströbel

Ilshofen, Baden-Württemberg

Gegründet: 1967
Die Bausch+Ströbel Maschinenfabrik Ilshofen GmbH & Co. KG zählt zu den Weltmarktführern im Verpackungsmaschinenbau für die pharmazeutische Industrie. Das große Portfolio an Einzelmaschinen reicht von Reinigungs- und Füllmaschinen bis hin zu Verschließ-, Etikettier- und Verpackungsmaschinen für pharmazeutische Behältnisse. Ebenso ist das Unternehmen Systemanbieter von komplexen individuellen Großanlagen, die alle Arbeitsschritte vollautomatisch übernehmen. Zu den Kunden zählen namhafte und internationale Pharmaunternehmen. Neben dem Stammsitz in Ilshofen hat Bausch+Ströbel Produktionsstätten in Büchen und in den USA, zudem gehört seit 2013 die schweizerische Wilco AG zu Bausch+Ströbel. Weltweit beschäftigt das Unternehmen, das sich vollständig im Besitz der Familien Bullinger und Ströbel befindet, 1.400 Mitarbeiter. Siegfried Bullinger, Markus Ströbel und Dr. Hagen Gehringer sind für die Geschäftsführung verantwortlich.

Kontakt
Bausch+Ströbel Maschinenfabrik Ilshofen GmbH & Co. KG
Parkstr. 1, 74532 Ilshofen
www.bausch-stroebel.de

Bayer

Leverkusen, Nordrhein-Westfalen

Gegründet: 1863
Die Bayer AG, die auf eine über 150-jährige Firmengeschichte zurückblickt, ist ein weltweit führendes Unternehmen in den Bereichen Gesundheit, Agrarwirtschaft und hochwertige Polymer-Werkstoffe. Der Konzern ist mit rd. 290 konsolidierten Gesellschaften auf allen Kontinenten in 73 Ländern vertreten. Die Bayer AG mit Sitz in Leverkusen fungiert als strategische Management-Holding. Unter ihrer Steuerung führen drei Teilkonzerne eigenverantwortlich ihr operatives Geschäft.

Bayer HealthCare gehört zu den weltweit führenden Unternehmen in der Gesundheitsversorgung mit Arzneimitteln und medizinischen Produkten. Der Teilkonzern erforscht, entwickelt, produziert und vermarktet Produkte für die Gesundheit von Mensch und Tier. Bayer CropScience zählt zu den international führenden, forschungsintensiven Unternehmen der Agrarwirtschaft. Seine Leistungen beinhalten innovative Lösungen auf chemischer und biologischer Basis sowie hochwertiges Saatgut und Kundenservice für die Landwirtschaft. Ein weiterer Schwerpunkt liegt im Bereich der nichtlandwirtschaftlichen Anwendungen. Bayer MaterialScience ist ein führender Hersteller von hochwertigen Polymer-Werkstoffen und Entwickler innovativer Lösungen für Produkte, die in vielen Bereichen des täglichen Lebens Anwendung finden.

Bayer wurde 1863 in Barmen gegründet und hat seinen Hauptsitz seit 1912 in Leverkusen. Bayer beschäftigte Ende 2013 weltweit 113.200 Mitarbeiter. Dem vierköpfigen Konzernvorstand sitzt Marijn Dekkers vor. Bayer fördert an seinen Standorten Kunst und Sport. Am bekanntesten ist der Bundesligist Bayer 04 Leverkusen.

Kontakt

Bayer AG
Kaiser-Wilhelm-Allee 1, 51368 Leverkusen
Fon: 0214 30-1
info@bayer.com, www.bayer.de

B. Braun

Melsungen, Hessen

B|BRAUN
SHARING EXPERTISE

Gegründet: 1839
B. Braun entwickelt, produziert und vertreibt Produkte und Dienstleistungen für die Medizin und zählt zu den weltweit führenden Versorgern für Krankenhaus- und Gesundheitsbedarf. Kliniken, Arztpraxen, Apotheken, Pflege- und Rettungsdienste sowie die häusliche Pflege stehen dabei im Fokus. Das Sortiment umfasst 5.000 Produkte, die zu 95 % in eigener Fertigung hergestellt werden. Dienstleistungs- und Beratungsangebote ergänzen das Portfolio. Als Systemanbieter entwickelt B. Braun in enger Partnerschaft mit den Kunden die jeweils beste Lösung für Patienten.

2013 erwirtschaftete man mit etwa 50.000 Mitarbeitern in über 60 Ländern einen Umsatz von rd. 5,2 Mrd. Euro. Den Vorstand bilden Prof. Dr. Heinz-Walter Große (Vorsitzender), Markus Strotmann, Prof. Dr. Hanns-Peter Knaebel, Dr. Meinrad Lugan, Dr. Annette Beller, Otto Philipp Braun und Caroll H. Neubauer.

B. Braun hat sein Geschäft in vier Sparten organisiert. Hospital Care ist führend bei Produkten der klinischen Versorgung und für die stationäre Behandlung von Patienten. Die Sparte rüstet Krankenhäuser u. a. mit Infusionsgeräten und -zubehör, Infusions- und Injektionslösungen, Venenverweilkanülen, klinischer Ernährung sowie Pumpen mit dazugehörigen Systemen aus. Die Sparte Aesculap versteht sich als Partner der Chirurgie und der interventionellen Kardiologie. Aesculap ist Weltmarktführer für handgehaltene chirurgische Instrumente. Zum Produktangebot zählen aber auch Implantate, chirurgische Nahtmaterialien, Lagerungs- und Motorsysteme, navigationsgestützte Produkte für die Orthopädie sowie spezielle Produkte für die Traumatologie, Neuro- und Wirbelsäulen- sowie die Gefäßchirurgie. Die Sparte Out Patient Market (OPM) konzentriert sich auf die Versorgung von Patienten außerhalb des Krankenhausbetriebs sowie von chronisch Kranken oder Langzeitpatienten. B. Braun Avitum ist einer der weltweit tätigen Komplettanbieter auf dem Gebiet der extrakorporalen Blutbehandlung und versorgt die Betreiber von Dialyseeinrichtungen mit allen erforderlichen Produkten und Dienstleistungen rund um die Blutreinigungsverfahren Dialyse und Apherese.

Kontakt

B. Braun Melsungen AG
Carl-Braun-Str. 1, 34212 Melsungen
Fon: 05661 71-0, Fax: 05661 71-4567
info@bbraun.com, www.bbraun.de

BD|SENSORS

BD|SENSORS
Thierstein, Bayern

BD|SENSORS pressure measurement

Gegründet: 1994/1995

Die BD|SENSORS GmbH mit Hauptsitz im oberfränkischen Thierstein ist einer der Weltmarktführer für Druckmesstechnik. Nach eigenen Angaben ist das Unternehmen eines von wenigen, die gleich vier verschiedene Sensortechnologien der industriellen Druckmesstechnik beherrschen: Siliziumsensoren, Keramik-Dickschichtsensoren, Stahlsensoren und kapazitive Keramiksensoren. Zum Produktspektrum gehören Drucksensoren, Druckmessumformer, Drucktransmitter, Druckschalter, Füllstandstransmitter und Digitalmanometer. Hergestellt und entwickelt werden diese am Hauptsitz in Thierstein sowie bei der Schwesterfirma in Buchlovice in der Tschechischen Republik. Die Kunden stammen aus einer Vielzahl von Branchen, darunter etwa Maschinen- und Anlagenbau, Lebensmittelindustrie, Pharma, Chemie und Petrochemie oder Umwelt- sowie Medizintechnik und viele mehr. Der Exportanteil liegt bei rund 60 %.

Von der Familie Denndörfer sowie Karel Marecek und Libor Simonik als 5-Mann-Unternehmen 1994/1995 gegründet, hat sich BD|SENSORS innerhalb weniger Jahre zu einem der bedeutendsten Anbieter von elektronischen Druckmessgeräten auf dem Weltmarkt entwickelt. Das erste Produktportfolio umfasste drei Druckmessumformer und eine Tauchsonde – heute sind daraus über 100 Standardprodukte sowie vielfältige kundenspezifische Spezialprodukte geworden. Auch die Standorte wurden beständig ausgebaut. So wurde etwa 2004 ein Technologiezentrum in Thierstein errichtet, gefolgt von einem Kompetenzzentrum für die Produktentwicklung in 2008. Als bislang letzter Schritt erfolgte die Fertigstellung des BD|SENSORS PRODUCTION Center mit einer Grundfläche von 1.200 m² im Jahr 2014. Die

Meilensteine

1994 Die BD|SENSORS sro wird in Uherske Hradiste, Tschechische Republik, gegründet.

1995 Die BD|SENSORS GmbH entsteht im bayerischen Thierstein.

2002 Im tschechischen Buchlovice baut das Unternehmen insgesamt 2200 m² Büro- und Produktionsflächen.

2004 Ein repräsentatives Bürogebäude mit Technologiezentrum wird in Thierstein errichtet.

2007 Am Standort Buchlovice wird die mechanische Produktion ausgebaut, auch 200 m² Reinraum zur Konfektionierung von Drucksensoren werden gebaut.

2008 Auch Thierstein wächst: Ein Kompetenzzentrum für die Produktentwicklung sowie der Neubau des BD|FORUM entstehen.

2014 Das BD|SENSORS PRODUCTION Center mit einer Grundfläche von 1.200 m² wird am Standort Thierstein fertiggestellt.

B
DS

»Erfolgreiche mittelständische Unternehmen sind nicht deshalb so erfolgreich, weil sie auf vielen Gebieten tätig sind, sondern weil sie ein Teilgebiet besser beherrschen als andere.«

Rainer Denndörfer, CEO der Unternehmensgruppe BD|SENSORS

Rainer Denndöfer ist CEO der BD|SENSORS Gruppe, unten im Bild der Unternehmenssitz in Thierstein.

Der Differenz-Druckmessumformer XMD wurde speziell für die Prozessindustrie konzipiert und wird vor allem zur Füllstandsmessung sowie Überwachung von Pumpen und Filteranlagen eingesetzt.

B
EC

BD|SENSORS GmbH beschäftigte 2014 insgesamt 85 Mitarbeiter, weltweit waren für die Gruppe rd. 250 Mitarbeiter tätig. Die GmbH erzielte im Geschäftsjahr 2013 einen Umsatz von rd. 15 Mio. Euro. Die Geschäfte der GmbH führt Stefan Denndörfer, sein Vater Rainer Denndörfer steht der Gruppe als CEO vor.

Daten und Fakten

Branche: Mess-, Steuer- und Regelungstechnik, Sensorik
Produkte: Drucksensoren, Druckmessumformer, Drucktransmitter, Druckschalter, Füllstandstransmitter, Digitalmanometer
Marktposition: einer der Weltmarktführer im Bereich der elektronischen Druckmesstechnik
Umsatz: 15 Mio. Euro (2013)
Mitarbeiter: BDS GmbH: 85 Mitarbeiter, Gruppe weltweit: 250 Mitarbeiter (2014)
Standorte: Thierstein; Buchlovice (Tschechische Republik), Moskau (Russland), Shanghai (China)
Vertrieb: weltweit über Außendienst, Vertriebspartner oder Niederlassungen
Exportquote: 60 %
Eigentümer: Familienbesitz der Familie Denndörfer

Kontakt
BD|SENSORS GmbH
BD-Sensors-Str. 1, 95199 Thierstein
Fon: 09235 9811-0, Fax: 09235 9811-11
info@bdsensors.de, www.bdsensors.de

BD|SENSORS im Internet

Becker

Wuppertal, Nordrhein-Westfalen

Gegründet: 1885
Die Gebr. Becker GmbH ist weltweit führend in der Entwicklung und Produktion von Vakuumpumpen, Verdichtern und Luftversorgungssystemen. Das Produktspektrum reicht von trockenlaufenden und ölgeschmierten Drehschieberpumpen und Seitenkanalgebläsen bis hin zu direkt angetriebenen Schraubenverdichtern, elektronisch geregelten Luftversorgungssystemen sowie Zentralanlagen für die Luftversorgung ganzer Fertigungseinheiten. Von den weltweit 750 Mitarbeitern sind 490 in Deutschland beschäftigt. Becker erzielte 2013 einen Umsatz von rd. 130 Mio. Euro, davon entfielen ca. 80 % auf den Export. Weltweit operiert das 1885 gegründete Familienunternehmen mit 15 Tochtergesellschaften und 22 Vertretungen.

Kontakt
Gebr. Becker GmbH
Hölker Feld 29-31, 42279 Wuppertal
www.becker-international.com

BEHRINGER

Kirchardt, Baden-Württemberg

Gegründet: 1919
BEHRINGER ist ein international operierendes Familienunternehmen in 3. Generation, das als Komplettanbieter innovative Sägemaschinen und -anlagen für nahezu jede industrielle und handwerkliche Anforderung entwickelt und baut. In dieser Sparte gilt BEHRINGER als Weltmarktführer. Zum Produktprogramm gehören die unterschiedlichsten Band-, Kreis- und Bügelsägen-Maschinen und ein entsprechender Ersatzteil- und Wartungs-Service. Die Sägen werden u. a. im Stahl- und Maschinenbau, in der Schmiede- und Luftfahrtindustrie, in Schlossereien oder im Werkzeugbau eingesetzt. In einem weiteren Geschäftsfeld übernimmt BEHRINGER die Herstellung von Maschinenkomponenten aus Grau- oder Sphäroguss in der werkseigenen Gießerei. Das heute weltweit rd. 400 Mitarbeiter zählende Unternehmen wurde 1919 gegründet und betreibt Standorte in Deutschland, Frankreich, den USA und England.

Kontakt
Behringer GmbH
Industriestr. 23, 74912 Kirchardt
www.behringer.net

BEKUM

Berlin

Gegründet: 1959

Die BEKUM-Gruppe gehört weltweit zu den führenden Anbietern von Maschinen für die Herstellung von Kunststoff-Hohlkörper-Verpackungen. Mit diesen Extrusions-Blasmaschinen können Verpackungen im Volumenbereich zwischen 3 ml und 3.000 l sowie technische Teile und Automobil-Kraftstofftanks hergestellt werden. Im Jahr 2013 erzielte das Familienunternehmen mit weltweit 370 Mitarbeitern einen Umsatz von 80 Mio. Euro. Weitere Standorte neben dem Hauptsitz in Berlin sind Traismauer/Österreich, São Paulo/Brasilien und Williamston/USA, wo jeweils für den kontinentalen Bedarf produziert wird. Die Gründung von BEKUM ist datiert auf das Jahr 1959. Noch im Gründungsjahr präsentierte Gottfried Mehnert die weltweit erste Ringflächenkalibrierung, die heute den Industriestandard des Blasformverfahrens darstellt. Bis heute hat BEKUM als Technologieführer weltweit über 40 Patente angemeldet.

Kontakt
BEKUM Maschinenfabrik GmbH
Lankwitzer Str. 14/15, 12107 Berlin
www.bekum.de

BE Maschinenmesser

Spreenhagen, Brandenburg

Gegründet: 1993

Die BE Maschinenmesser GmbH & Co. KG hat sich auf die Herstellung von Maschinenmessern, Schneidwerkzeugen und Schneidzubehör für die Lebensmittelverarbeitung spezialisiert und liefert darüber hinaus auch Schneidzubehör für die Verpackung der Produkte der Lebensmittelproduzenten. Im Bereich Kuttermesser für die Fleischindustrie ist das Unternehmen weltweit führend. BE Maschinenmesser wurde 1993 in Remscheid gegründet. Nach Fertigstellung des neuen Produktionsstandorts wurde der Firmensitz nach Spreenhagen in Brandenburg verlegt. Ab 1994 wurde der Export intensiv aufgebaut. Heute exportiert BE Maschinenmesser mehr als 68 % der Gesamtproduktion in 72 Staaten der Welt. Ivo Cozzini und Kerstin Thomsen führen die Geschäfte des Unternehmens.

Kontakt
BE Maschinenmesser GmbH & Co. KG
Am Winkel 4, 15528 Spreenhagen
www.be-maschinenmesser.com

Benary

Hannoversch Münden, Niedersachsen

Gegründet: 1843

Die Ernst Benary Samenzucht GmbH mit Sitz in Hann. Münden ist eines der weltweit führenden Züchtungsunternehmen samenvermehrter Blumen. Der Schwerpunkt liegt auf Beet- und Balkonpflanzen sowie Stauden. In zentralen Produktgruppen wie Eis- und Knollenbegonien, Stiefmütterchen, Pentas, Petunien und Tagetes nimmt das Unternehmen eine international führende Position ein. Insgesamt beliefert Benary den Saatgutgroßhandel sowie Jungpflanzenproduzenten in weltweit ca. 120 Ländern. Jährlich produziert Benary rd. 9 Mrd. Blumensamen, wovon über 90 % exportiert werden. Benary verfügt über drei Züchtungsstandorte in Deutschland, den Niederlanden und in den USA und beschäftigt weltweit ca. 200 Mitarbeiter. Ernst Benary gründete das Unternehmen 1843 in Erfurt, und damit ist Benary das älteste deutsche Familienunternehmen seiner Branche.

Kontakt
Ernst Benary Samenzucht GmbH
Friedrich-Benary-Weg 1, 34346 Hann. Münden
www.benary.de

BERCHTOLD

Tuttlingen, Baden-Württemberg

Gegründet: 1922

Die BERCHTOLD GmbH & Co. KG bietet weltweit die leistungsfähigsten OP-Leuchten. Hochwertige Medizintechnik stand 1922 auch am Beginn der Unternehmensgeschichte, als Theodor Berchtold Chirurgie- und Dentalinstrumente herstellte. Heute umfasst das Portfolio neben Leuchten für Operationsbereiche auch OP-Tische, Deckenstative, OP-Komplettlösungen und Angebote für Telemedizin. Innovative Medizin entstand häufig beleuchtet von BERCHTOLD-Leuchten, so die erste Herz-OP der Welt 1967. Geforscht, entwickelt und produziert wird von 420 Mitarbeitern an Standorten in Deutschland, der Schweiz und den USA. Vertriebsgesellschaften bestehen in Brasilien und je vier europäischen und asiatischen Ländern. Seit 2014 ist BERCHTOLD Teil der Stryker Corporation, einem führenden Medizintechnik-Hersteller, mit Hauptsitz in den USA.

Kontakt
BERCHTOLD GmbH & Co. KG
Ludwigstaler Str. 25, 78532 Tuttlingen
www.berchtold.biz

Berger Gruppe

Wuppertal, Nordrhein-Westfalen

Gegründet: 1928

Die Berger Gruppe mit Hauptsitz in Wuppertal entwickelt und fertigt Maschinen zur Bearbeitung und Veredelung von Metallbändern und Werkstücken. Im Schwerpunkt werden Haushalts- und Maschinenmesser, Schneidwaren, chirurgische Instrumente, Werkzeuge sowie Guss- und Schmiedeteile mechanisch bearbeitet. Als Roboter-Systemhaus werden zudem Automations- und Prozessintegrationsaufgaben gelöst. Die Ursprünge des Unternehmens liegen im Jahr 1928, als Heinz Berger in die väterliche Firma eintrat. In den letzten zehn Jahren kaufte die Firma kontinuierlich komplementäre Firmen, um die Produktpalette zu ergänzen. Die daraus entstandene Berger Gruppe wird von den Schwiegersöhnen Marco Chiesura und Dr. Andreas Groß in 3. Generation geführt.

Kontakt
Berger Gruppe GmbH
Kohlfurther Brücke 69, 42349 Wuppertal
www.bergergruppe.de

BERGHOFF Gruppe

Drolshagen, Nordrhein-Westfalen

Gegründet: 1984

Die BERGHOFF Gruppe gehört mit drei Werken in Südwestfalen und in der Schweiz zu den Weltmarktführern für industrielles Outsourcing rund um die mechanische Fertigung. Das Unternehmen pflegt langfristige und strategische Kooperationen mit anspruchsvollen Industrie-Kunden, die ihre eigene Fertigungstiefe reduzieren und Kompetenzen auslagern möchten. Abgedeckt werden Bedarfe im Bereich der Klein- und Mittelserien bis zu einer Stückzahl von rd. 20.000 Teilen pro Jahr, Abmessungen bis zu 5.000 mm und einem Gewicht bis zu 30 t. Die BERGHOFF Gruppe bietet modernste Fertigungstechnologie mit Maschinen und Bearbeitungszentren für die Fräs- und Drehbearbeitung, begleitet von der Prozessabwicklung (Projekt- und Entwicklungspartner) und den qualitativen Voraussetzungen an die Bearbeitung, die im Tausendstel-mm-Bereich nur durch eine vollklimatisierte Fertigung möglich ist.

Materialbeschaffung und -vorprüfung, Fertigungsstrategie, CAD/CAM-Programmierung, mechanische Bearbeitung, Fertigungsoptimierung, Qualitätsprüfung, Reinigung und die Logistikabwicklung sowie einbaufertige Auslieferung am Einsatzort werden unter Beachtung höchster Qualitätsstandards entwickelt und erbracht. Berghoff-Kunden sind namhafte Unternehmen aus der Luft- und Raumfahrt, der Halbleiterindustrie, der Medizintechnik, des Energie- und Turbinensektors, der Großmotoren-, Pumpen- und Getriebeindustrie sowie des Maschinen- und Anlagenbaus.

Die BERGHOFF Gruppe wird vom Eigentümer Ulrich Berghoff und seinem Sohn Oliver Bludau zu je 50 % geführt.

Kontakt
BERGHOFF Gruppe
Langenheid 1, 57489 Drolshagen
Fon: 02763 21279-0, Fax: 02763 21279-79
info@berghoff.eu, www.berghoff.eu

Berg + Schmidt

Hamburg

Gegründet: 1955

Berg + Schmidt gehört zur Stern-Wywiol Gruppe, ein weltweit erfolgreiches Unternehmen der „Food & Feed Ingredients", das über 55 Jahre Erfahrung in Entwicklung, Produktion sowie globalem Vertrieb von Ölen und Fetten verfügt.

Berg + Schmidt ist in vier Geschäftsfelder strukturiert: Berg + Schmidt Feed versteht sich als kompetenter, internationaler Anbieter und Produzent von pflanzlichen Vitalstoffen für die Tierfutterindustrie. Das Produktprogramm besteht aus Futterfetten, pansenstabilem, lecithiniertem Fettpulver, Flüssigfetten („BergaFat"), konjugierten Omega-6-Linolsäuren sowie Phospholipiden (entölte und flüssige Lecithine, Lecithinpulver), NSP-Enzymen, funktionellen Lipiden, gecoateten Wirkstoffen und Stabilisatoren. Berg + Schmidt Oleo agiert ebenfalls weltweit und deckt den Bereich Fettalkohole, destillierte Fettsäuren, Fettsäureester, fraktionierte Fettsäuren und Rizinusöl-Derivate ab und verfügt über eigene Produktionsstätten in den asiatischen Ursprungsländern von Palm- bzw. Palmkernöl. Berg + Schmidt Kosmetik liefert für die Kosmetikindustrie vorwiegend Fettsäureester aus eigener Produktion. Die Marken BergaBest und BergaCare werden in Haut-, Haar-, Augen- und Lippenpflege eingesetzt. Die Firma liefert neben wirksamen Formulierungshelfern Ingredients wie Shea Butter, Emollients, Viskositätsgeber, Emulsionsstabilisatoren und Tenside. Die Schwesterfirma Sternchemie ist seit mehr als 30 Jahren ein international führender Anbieter von Lecithinen (Lebensmittellipiden). Das Portfolio besteht aus Lecithin-Produkten, MCT-Ölen, Rotem Palmöl und Kokosnussmilch-Pulver. Bei Lecithinen spielt der Rohstoff Sonnenblumenöl, alternativ zu Soja, eine große Rolle und bietet mit Produkten, wie z. B. Lecistar S und Sterninstant, eine wachsende Auswahl.

In Singapur, Malaysia, Thailand, Indien, den USA und Polen hat Berg + Schmidt eigene Niederlassungen und in der Nähe Rotterdams ein modernes Edelstahltanklager mit integriertem Qualitätslabor.

Kontakt
Berg + Schmidt GmbH Co. KG
An der Alster 81, 20099 Hamburg
Fon: 040 284039-0, Fax: 040 284039-44
info@berg-schmidt.de, www.berg-schmidt.de

Berkenhoff

Heuchelheim, Hessen

Gegründet: 1889

Die Berkenhoff GmbH ist mit ihrer Dachmarke bedra zum Synonym für innovative High-Tech-Präzisionsdrähte für die Funkenerosion,

B

ER

Schweiß- und Löttechnik, Elektronikbauteile und Spezialanwendungen geworden. Die Drähte aus Kupfer, Messing, Bronze und Neusilber, blank oder beschichtet, werden ausschließlich in Deutschland produziert. Neben der Zentrale in Heuchelheim und einem weiteren Produktionsstandort ist das weltweit führende Unternehmen für Präzisionsdrähte mit einer eigenen Niederlassung auch in den USA vertreten. Das Unternehmen wurde 1889 von Carl Berkenhoff gegründet und wird heute mit seinen 470 Mitarbeitern von Askan Duhnke geleitet. Berkenhoff verkaufte 2013 knapp 9.000 t Drähte und erzielte damit einen Umsatz von rd. 100 Mio. Euro.

Kontakt
Berkenhoff GmbH
Berkenhoffstr. 14, 35452 Heuchelheim
www.bedra.com

Berliner Seilfabrik

Berlin

BerlinerSeilfabrik
Spielgeräte fürs Leben

Gegründet: 1865

Die Berliner Seilfabrik GmbH & Co. ist der weltweit führende Anbieter von Kletterspielgeräten aus Seilen. Abnehmer sind größtenteils kommunale Planer und Architekturbüros, die Spielplätze weltweit mit Produkten der Berliner Seilfabrik bestücken. Die Kletterspielgeräte werden, wie auch die stahlarmierten Spezialseile, die die Basis der Spielgeräte bilden, am Stammsitz in Berlin hergestellt. Dort beschäftigt die Berliner Seilfabrik 50 Mitarbeiter. Der Vertrieb erfolgt in Deutschland über Handelsvertreter. Für das internationale Geschäft, mit dem das Unternehmen rd. 75 % des Umsatzes erzielt, verfügt es über ein Netz exklusiver Vertriebspartner. Ihren Kunden bietet die Berliner Seilfabrik neben den Kletterspielgeräten, die es in verschiedenen Ausführungen gibt, auch umfangreiche Dienstleistungen wie Wartung, Reparatur, Planung und Beratung. Rund 15 internationale Patente für die Entwicklung von Detaillösungen sichern dem Unternehmen die weltweite Technologieführerschaft. So wurde etwa 2012 mit „Greenville" das erste Seilspielhaus mit zusätzlichen Bambuselementen vorgestellt.

Die Wurzeln der Berliner Seilfabrik liegen in einer der ersten industriellen Seilfertigungsstätten Berlins, die im Jahr 1865 gegründet wurde. Der Einstieg in die Herstellung von Seilspielgeräten erfolgte 1971. Die erste Auslandsniederlassung wurde 2008 in den USA gegründet. Mittlerweile macht das USA-Geschäft 30 % des Gesamtumsatzes aus. Für die Zukunft plant das Unternehmen, vor allem im östlichen Europa seine Marktanteile zu erhöhen.

Kontakt
Berliner Seilfabrik GmbH & Co.
Lengeder Str. 4, 13407 Berlin
Fon: 030 414724-0, Fax: 030 414724-33
bsf@berliner-seilfabrik.com
www.berliner-seilfabrik.com

Berner Group

Künzelsau, Baden-Württemberg

BERNER Group

Gegründet: 1957

Die Berner Group ist ein moderner europäischer Konzern mit Wurzeln in Künzelsau, Baden-Württemberg. Sie umfasst die drei Business Units Berner, Caramba und BTI. Als strategische Holding mit gruppenübergreifenden Funktionen trägt die Berner SE

> »Es ist eine große Ehre und Herausforderung für mich, die Zukunft des Unternehmens mitzugestalten.«
>
> Christian A. W. Berner, Vorstand der Berner Group

Berner Group

Christian A. W. Berner, Sohn des Firmengründers Albert Berner, leitet die Berner Group heute in 2. Generation.

Meilensteine

1957 Am 1. April eröffnet Albert Berner im Alter von 21 Jahren eine Schraubenhandlung in Künzelsau.

1969 Im April wird die erste Auslandsniederlassung Berner Belgien gegründet, es folgen Berner Österreich, Berner Frankreich und Berner Schweiz.

1983 Gründung Berner Holding

1990 Der Umsatz wächst auf eine halbe Milliarde D-Mark an. Das Unternehmen expandiert: Ungarn (1990), Tschechien (1995).

2006 Berner übernimmt die Caramba Chemie Gruppe zu 100 %, 2002 wurden 50 % der Anteile erworben.

2010 Berner geht strategische Partnerschaften in Kuwait, Singapur und Thailand ein und firmiert als Europäische Aktiengesellschaft.

2011 Die Berner Group baut ihre Chemiesparte konsequent aus und tätigt mit der Übernahme der europaweit tätigen Kent Gruppe die größte Akquisition in ihrer Firmengeschichte.

2012 Die Berner Unternehmensgruppe mit den Business Units Berner, Caramba und BTI feiert die erste Umsatzmilliarde in Euro. Generationswechsel: Christian A. W. Berner tritt in den Vorstand ein, Kerstin Berner-Göbel ist Mitglied des Aufsichtsrats.

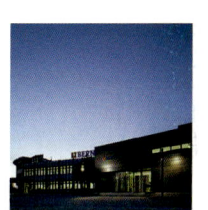

B
ER

Die Unternehmenszentrale der Berner Group in Künzelsau (oben); zu den Kunden von Berner im Kfz-Segment zählen hauptsächlich die Vertrags- und Spezialwerkstätten für Pkw, Lkw, Bau- und Landmaschinen sowie Speditionen.

die Verantwortung für die Weiterentwicklung der Business Units. Berner ist einer der führenden Direktvertreiber im Bau- und Kfz-Bereich. Im Baubereich betreut Berner vor allem Schreinereien, Elektriker sowie Fachbetriebe für Sanitär, Heizung, Klima und Hochbau. Im Kfz-Segment zählen hauptsächlich die Vertrags- und Spezialwerkstätten für Pkw, Lkw, Bau- und Landmaschinen sowie Speditionen zu den Kunden. Die 1972 gegründete BTI Befestigungstechnik entwickelte sich zum etablierten Spezialisten und Profipartner des Baugewerbes mit einem breiten Sortiment an Einzelprodukten und Systemlösungen, das weit über die Befestigungstechnik hinaus alle Bereiche des Handwerks abdeckt. Seit 2006 gehört mit der Caramba Chemie-Gruppe auch einer der führenden Systemanbieter Europas für Chemieprodukte und Dienstleistungen im Bereich Reinigung, Pflege und Wartung zum Konzern.

Insgesamt sorgen rd. 9.000 Mitarbeiterinnen und Mitarbeiter – davon etwa 5.500 im Außendienst – in 60 Gesellschaften und 25 Ländern dafür, dass deren Kunden von einer Partnerschaft profitieren. Aus dem Ein-Mann-Betrieb, den Firmengründer Albert Berner 1957 als Schraubengroßhandlung eröffnet hatte, wurde ein international agierender wachstumsorientierter Konzern mit heute 1.075 Mio. Euro Umsatz (Wirtschaftsjahr 2013/14), wovon ca. 64 % im Ausland erzielt wurden. Europaweit verfügt das Unternehmen über 23 Vertriebsgesellschaften. Dabei ist und bleibt Berner ein reines Familienunternehmen. An der Spitze der Unternehmensgruppe steht nach rund 15 Jahren wieder ein Familienmitglied: Christian A. W. Berner, Sohn des Firmengründers Albert Berner, leitet die Berner Group heute in 2. Generation. Er trat im Oktober 2012 in den Vorstand ein. Kerstin Berner-Göbel ist weiterhin Mitglied des Aufsichtsrats.

Daten und Fakten

Branchen: Kfz- und Bau-Branche, Industrie
Marktposition: europaweit führendes Direktvertriebsunternehmen im Bau-und Kfz-Handwerk sowie in der Industrie
Umsatz: 1,075 Mrd. Euro (Gruppenumsatz, 2013/2014)
Mitarbeiter: rd. 9.000 (weltweit 2013/2014)
Standorte: 26 Vertriebsgesellschaften in Europa, 2 Produktions- und Beschaffungsunternehmen in Asien, 5 strategische Partner
Vertrieb: Direktvertrieb über den Berner Außendienst; weitere: Berner Online-Shop, Telefonverkauf und Verkaufsniederlassungen (Profi Points)
Auslandsanteil: 64 %
Gründer: Albert Berner, 1957, Künzelsau
Inhaber: Familie Berner

Kontakt

Berner SE
Bernerstr. 6, 74653 Künzelsau
Fon: 07940 121-0, Fax: 07940 121-203
info@berner-group.com, www.berner-group.com

Berner Group im Internet

BESSEY

Bietigheim-Bissingen, Baden-Württemberg

Gegründet: 1889

Die BESSEY Tool GmbH & Co. KG zählt mit rd. 1.600 Produkten zu einem der größten Spann- und Schneidwerkzeug-Hersteller der Welt und ist in über 100 Ländern vertreten. Produziert werden Werkzeuge für das starre und flexible Spannen sowie für das runde bis zum geraden Schneiden. Zum Produktportfolio zählen schwere Korpus- und leichte Hebezwingen ebenso wie filigrane Goldschmiede-Scheren oder Hochleistungsscheren mit HSS-Schneiden. Neben dem 50.000 m² großen Hauptsitz in Bietigheim-Bissingen und einem 2 km weiter nördlich liegenden Produktionsstandort verfügt BESSEY über eine Tochtergesellschaft im kanadischen Cambridge. Gegründet wurde das inhabergeführte Unternehmen 1889 von Max Bessey in Stuttgart als Blankstahlzieherei. Heute ist Klaus Fuchs geschäftsführender Gesellschafter.

Kontakt

BESSEY Tool GmbH & Co. KG
Mühlwiesenstr. 40, 74321 Bietigheim-Bissingen
www.bessey.de

BEUMER

Beckum, Nordrhein-Westfalen

Gegründet: 1935

Die BEUMER Group GmbH & Co. KG gehört zu den Weltmarktführern in der Intralogistik. Das Portfolio umfasst Großbandanlagen und Fördertechnik, die u. a. in Berg- oder Zementwerken zum Einsatz kommen. Dazu kommen Hochleistungssortier- und Verteilanlagen für Stückgüter wie Pakete, Gepäck und Kommissionsware. Einer der bisher größten Aufträge der Firmengeschichte ist die Installation der Sortier- und Verteilanlage für Gepäckstücke des Flughafens in Abu Dhabi. Der Intralogistik-Anbieter liefert zudem Anlagen für komplette Verpackungslinien. Diese füllen Schüttgut in Säcke, stapeln diese auf Paletten und verpacken die Paletten in Folie. Zum Einsatz kommen solche Systeme z. B. in der Zement-, Kalk- und Gipsindustrie, im Agrar- und Bergbau sowie in den Bereichen Chemie, Pharmazie, Energie, Getränke, Nahrungs- und Genussmittel.

BEUMER beschäftigt weltweit rd. 3.700 Mitarbeiter in 25 Niederlassungen und erzielt einen Jahresumsatz von etwa 630 Mio. Euro.

BHS-Sonthofen

Dr. Christoph Beumer führt das 100%ige Familienunternehmen in der 3. Generation. Zu den wichtigsten Innovationen des 1935 von Bernhard Beumer gegründeten Unternehmens gehört eine patentierte Tragrolle mit Labyrinthdichtung. 2009 übernahm BEUMER die Crisplant A/S und wurde damit zum Weltmarktführer in der Hochleistungssortiertechnik, die vorwiegend in Flughäfen und Distributionszentren eingesetzt wird. 2011 verstärkte die Gruppe ihre Kompetenzen in der Zementbranche mit dem Kauf der indischen Enexco Teknologies India Ltd.

Um permanent wettbewerbsfähig zu sein, hat BEUMER ein gruppenweites Innovationsmanagement in die Unternehmensstrategie integriert. Für die eigene Weiterentwicklung nutzt BEUMER auch Innovationen anderer Industrien. Die Unternehmensgruppe investiert zudem permanent in Forschung und Entwicklung.

Kontakt
BEUMER Group GmbH & Co. KG
Oelder Str. 40, 59269 Beckum
Fon: 02521 24-0, Fax: 02521 24-280
beumer@beumergroup.com
www.beumergroup.com

Beurer

Ulm, Baden-Württemberg

Gegründet: 1919
Die Beurer GmbH stellt Elektrokleingeräte für den gesundheitlichen Bereich her. Dazu zählen u. a. Heizkissen und -decken, Blutdruck- und Blutzuckermessgeräte, Fieberthermometer, Personen- und Küchenwaagen, Babycare- und Beautyprodukte sowie Massagegeräte und Pulsuhren. Außerdem betreibt Beurer als erster Hersteller medizinischer Produkte mit dem Gesundheitsmanagement-System HealthManager eine Web-Applikation, die vom TÜV-Rheinland gemäß dem Standard „Datenschutz und Datensicherheit" zertifiziert ist. Mit weltweit rd. 500 Mitarbeitern erwirtschaftete Beurer 2013 einen Umsatz von 161,1 Mio. Euro. Der Stammsitz in Ulm und internationale Tochtergesellschaften sorgen für globale Präsenz. Die Produkte werden über ein weltweites Distributionsnetz in 80 Länder exportiert. Marco Bühler ist in 4. Generation Mitglied der Geschäftsführung des Familienunternehmens.

Kontakt
Beurer GmbH
Söflinger Str. 218, 89077 Ulm
www.beurer.com

BHS-Sonthofen

Sonthofen, Bayern

Gegründet: 1607
Die BHS-Sonthofen GmbH ist eine mittelständische Unternehmensgruppe mit weltweit über 300 Mitarbeitern. In den Arbeitsgebieten Misch-, Zerkleinerungs-, Recycling- und Filtrationstechnik ist BHS einer der führenden Anbieter. Zum Produktspektrum zählen u. a. Mischer für die Beton-, Mörtel- oder Zementherstellung, Zerkleinerer für den Einsatz in Steinbrüchen, Kies- oder Zementwerken und das Recycling. Im Bereich Filtrationstechnik bietet BHS für die kuchenbildende Filtration ein breites Programm an Druck- und Vakuumfiltern für den chargenweisen und den kontinuierlichen Betrieb. Abnehmer kommen aus der Bau- und Baustoffindustrie, dem Bergbau, der Chemie-, Pharmazie- und Nahrungsmittelbranche sowie der Umwelt- und Entsorgungstechnik. 1996 übernahm Dr. Christof Kemmann das traditionsreiche Werk vom Freistaat Bayern. Heute wird es von seinem Sohn Dennis Kemmann als geschäftsführendem Gesellschafter geleitet.

Kontakt
BHS-Sonthofen GmbH
An der Eisenschmelze 47, 87527 Sonthofen
www.bhs-sonthofen.de

BHS tabletop

Selb, Bayern

Gegründet: 1814

Die BHS tabletop AG ist mit rd. 40 Mio. verkauften Geschirrteilen pro Jahr der weltweit führende Spezialist für internationale Tischkultur in der Außerhausverpflegung. Die Unternehmensmarken Bauscher, Tafelstern und Schönwald setzen in mehr als 150 Ländern Maßstäbe. Mit ihren Produktionsstandorten in Selb, Schönwald und Weiden entwickelt die BHS Antworten für unterschiedliche gastronomische Anforderungen von Hotels und Restaurants, genauso wie funktionale, formschöne Lösungen für Fluglinien, Kreuzfahrtschiffe, Krankenhäuser und Betriebsrestaurants. Im Jahr 2013 erwirtschafteten die 1.096 Mitarbeiter einen Umsatz von 91,1 Mio. Euro. Vorstandsmitglieder sind Christian Strootmann (CEO), Uwe Kolb (Finanzen) und Rainer Schwarzmeier (Produktion).

Kontakt
BHS tabletop AG
Ludwigsmühle 1, 95100 Selb
www.bhs-tabletop.de

bielomatik

Neuffen, Baden-Württemberg

»In unserem Wahlspruch manifestieren sich sowohl Erfindergeist als auch ökonomischer und ökologischer Anspruch zur Schaffung zuverlässiger Fertigungstechnologie.«

Aus der Erläuterung zum Firmengrundsatz „We look further."

Gegründet: 1946

bielomatik ist ein Global Player für Maschinen zur Papierverarbeitung und zum Kunststoffschweißen. Zudem ist das Unternehmen ein wachsender Anbieter im Bereich Lubrication Technology. Für die Papierkonzerne der Welt ist das Unternehmen ein entscheidender Technologiepartner, wenn es um den exakten Zuschnitt geht. Fast alle Banknoten-Druckereien und die Mehrheit der Schreibwaren-Hersteller ebenso wie führende Hersteller von Smart Labels und Tickets arbeiten heute mit Maschinen aus Neuffen. Mit Anlagen zum Banknoten-Converting ist bielomatik weltweit die Nummer eins; das Unternehmen liefert hier Maschinen zum Großformat-Schneiden und zur Banknoten-Endverarbeitung.

Die Papierverarbeitung war das erste Geschäftsfeld und bildet immer noch einen bedeutenden Schwerpunkt. Schon in den 1950er-Jahren wandte sich das Unternehmen der aufkommenden Kunststoffverarbeitung zu. Auch in diesem Geschäftsbereich lieferten die schwäbischen Ingenieure immer wieder

Meilensteine

1946 Unternehmensgründung durch Hans Biel im schwäbischen Neuffen

1951 Erste vollautomatische Schulheftstraße

1955 Erste Stanz- und Bindemaschine für Spiralblocks

1970 Erste Schneide- und Sortiermaschine für Banknoten

1982 Erste vollautomatische Tank-Schweißanlage für den VW Golf

1999 Neuartiges Minimalmengen-Schmiersystem für die spanabhebende Metallbearbeitung

2008 Innovationspreis der Deutschen Gaswirtschaft für ein Gaskonvektions-Heizelement zum Schweißen von Kunststoffen

2012 Compact-Folio-Sheeter mit patentierter Luftschleier-Technik für berührungslosen Bogentransport

Big Dutchman

Sortierstrecke einer Banknoten-Converting-Maschine

Pionierleistungen. Heute ist bielomatik im Bereich Kunststoffschweißen das einzige Unternehmen weltweit, das alle gängigen Schweißverfahren im Portfolio hat (Heizelement, Infrarot, Gas-Konvektion, Vibration, Laser, Wärmekontakt, Wärmeimpuls, Hochfrequenz und Ultraschall). Diese Vielfalt ermöglicht die verfahrensneutrale Beratung der Kunden. Neben Standardmaschinen umfasst das Lieferprogramm auch komplette Fertigungslinien und Fertigungszellen. Im Anlagenbau für das Schweißen und Bearbeiten von KKBs (Kunststoff-Kraftstoff-Behälter) für Automobile ist bielomatik Weltmarktführer.

Angeregt durch den eigenen Maschinenbau entdeckte bielomatik auch die Schmiertechnologie für sich. Einen Meilenstein bildete die Entwicklung von umweltfreundlichen Minimalmengen-Schmiersystemen für die spanabhebende Metallbearbeitung. Hier ist bielomatik mit der technisch anspruchsvollen 2-Kanal-Technik weltweit führend. Viele Automobilhersteller setzen die Technik des Technologieführers im großen Stil ein.

Seit Ende der 1960er-Jahre ist bielomatik ein Teil der Leuze-Gruppe. Im Jahr 2013 wurde mit 900 Mitarbeitern, von denen rd. 600 am Hauptsitz in Neuffen beschäftigt sind, ein Umsatz von rd. 140 Mio. Euro erzielt.

Daten und Fakten

Produkte:
Papierverarbeitung: Maschinen zur Banknotenverarbeitung, Querschneider für die Formatausrüstung in Papierfabriken, Produktionslinien für die Schreibheft-, Notizblock- und Buchherstellung, Digitaldruckanlagen mit Inline-Verarbeitung (Markenname „bielomatti", ein Joint Venture mit Matti Technology AG, Sulgen/Schweiz), RFID-Transponder-Verarbeitungssysteme
Kunststoffschweißen: Maschinen und komplette Fertigungslinien für das Schweißen und Bearbeiten von Kunststoffen mit allen gängigen Technologien, Werkzeugbau, verfahrenstechnische Beratung
Lubrication Technology: Minimalmengen-Schmiersysteme für die spanabhebende Metallbearbeitung; komplettes Produktprogramm für die zentrale Schmierung von Maschinen und Anlagen; modulare Verteilersysteme, Pumpen und Steuerungen für die Serienfertigung oder spezifische Problemlösungen
Marktposition: Weltmarktführer bei Maschinen zur Banknoten-Verarbeitung, Technologieführer im Kunststoffschweißen, Weltmarktführer bei der 2-Kanal-Technik in der Minimalmengenschmierung
Umsatz: rd. 140 Mio. Euro (2013)
Mitarbeiter: rd. 900 weltweit (2014)
Standorte: Produktionsstandorte am Firmensitz in Neuffen, Neuss, Bologna (Italien), Cluj-Napoca (Rumänien), New Hudson (MI, USA), Dongguan (China)
Vertrieb: Vertriebsbüros in São Paulo (Brasilien), Windsor (CT, USA), Shanghai (China), Osaka (Japan), Singapur sowie ein Netz weltweiter Vertretungen
Exportquote: über 80 %
Gründung: Hans Biel, 1946, Neuffen
Eigentümer: zu 100 % in Familienbesitz

Kontakt

bielomatik Leuze GmbH + Co. KG
Daimlerstr. 6-10, 72639 Neuffen
Fon: 07025 12-0, Fax: 07025 12-200
info@bielomatik.de, www.bielomatik.de

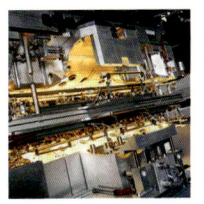

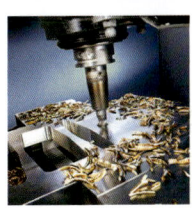

BIG

Kunststoffschweißtechnik von bielomatik kommt vor allem in der Automobilindustrie zum Einsatz (oben im Bild eine Infrarot-Anlage); Minimalmengen-Schmiertechnik von bielomatik bietet Effizienzvorteile in der Metallbearbeitung (unten).

bielomatik im Internet

Big Dutchman

Vechta, Niedersachsen

Gegründet: 1938
Die Big Dutchman AG ist Weltmarktführer bei Fütterungsanlagen und Stalleinrichtungen

BINDER

B
IN

für die Haltung von Schweinen bzw. Geflügel. Das Unternehmen beschäftigt über 2.500 Mitarbeiter, davon rd. 800 im Stammhaus in Vechta-Calveslage. Darüber hinaus gibt es Logistikzentren in Brasilien, den USA, Russland, Südafrika, Malaysia und China. Gründer des Unternehmens waren 1938 die aus Holland in die USA eingewanderten Brüder Richard und Jack DeWitt, die eine automatische Futtertransportapparatur für ihre Geflügelfarmen entwickelten. In den 1980er-Jahren erwarb der 1958 zunächst als Handelsvertreter für Deutschland gestartete Josef Meerpohl per Management-Buy-out das Unternehmen sowie 1999 die Aktienmehrheit des Schwesterunternehmens in den USA. Heute führt Bernd Meerpohl das Familienunternehmen in 2. Generation.

Kontakt
Big Dutchman AG
Auf der Lage 2, 49377 Vechta-Calveslage
www.bigdutchman.de

BINDER

Tuttlingen, Baden-Württemberg

Gegründet: 1983

Die BINDER GmbH ist der weltweit größte Spezialist für Simulationsschränke für wissenschaftliche und industrielle Laboratorien. Der Fokus liegt auf der Simulation von biologischen, chemischen und physikalischen Umweltbedingungen für eine Vielzahl von Branchen. Dazu werden u. a. Klimaschränke für Photostabilitätstests, CO_2-Inkubatoren für die Zellkultivierung, Ultratiefkühlschränke und Vakuumtrockenschränke entwickelt und produziert. Die Familiengesellschaft aus Tuttlingen fertigt heute mehr als 22.000 Geräte pro Jahr. Neben dem Hauptsitz verfügt BINDER über Vertriebsorganisationen in New York, Moskau, Hong Kong und Shanghai. Jährlich stiftet das Unternehmen den BINDER Innovationspreis der Deutschen Gesellschaft für Zellbiologie (DGZ).

Kontakt
BINDER GmbH
Im Mittleren Ösch 5, 78532 Tuttlingen
www.binder-world.com

BIW Isolierstoffe

Ennepetal, Nordrhein-Westfalen

Gegründet: 1971

Die BIW Isolierstoffe GmbH mit Sitz in Ennepetal ist einer der führenden Hersteller im Bereich temperaturflexibler Dichtungselemente und Isolierstoffe. Zum Produktportfolio gehören hochwertige Schläuche, Profile und Dichtungen aus Silicon und Glasseide. Kundenwünsche in Bezug auf Farbe, Härte und mechanische Eigenschaften können durch die eigene Mischungsentwicklung und -aufbereitung in einem breiten Spektrum umgesetzt werden. BIW berät weltweit über 2.500 Kunden und fertigt mehr als 145.000 Produkte. Im Jahr 2013 erwirtschaftete das Familienunternehmen einen Umsatz von 58 Mio. Euro. 380 Mitarbeiter und 21 Auszubildende werden in Ennepetal beschäftigt. Die Geschäftsführung haben Ralf Stoffels und Dr. Markus Wiethoff inne.

Kontakt
BIW Isolierstoffe GmbH
Pregelstr. 5, 58256 Ennepetal
www.biw.de

Bizerba

Balingen, Baden-Württemberg

Gegründet: 1868

Die Bizerba GmbH und Co. KG zählt zu den Weltmarktführern im Bereich der Wäge-, Schneide- und Auszeichnungstechnologie. Die weltweite Nummer eins ist man im Bereich Kennzeichnungssysteme. Bizerba entwickelt und produziert für Unternehmen aus Handel, Handwerk und Industrie Ladenwaagen und Systemkassen, Warenwirtschaftssysteme,

Etikettendrucker und Preisauszeichner sowie Maschinen zur Fleischbearbeitung, Verpackung oder zum Schneiden. Das Portfolio umfasst weiter Logistik- und Versandsysteme, Industriewägetechnik sowie elektronische Auswerteterminals. Hauptsitz der seit fünf Generationen in Familienhand geführten Unternehmensgruppe mit weltweit rd. 3.100 Mitarbeitern ist Balingen in Baden-Württemberg. Weitere Produktionsstätten befinden sich in Deutschland, Österreich, der Schweiz, Italien, Spanien, China sowie in den USA.

Kontakt
Bizerba GmbH und Co. KG
Wilhelm-Kraut-Str. 65, 72336 Balingen
www.bizerba.de

BJB

Arnsberg, Nordrhein-Westfalen

Gegründet: 1867
Die BJB GmbH & Co. KG beliefert Unternehmen der Leuchtenindustrie sowie Hersteller von Hausgeräten mit Beleuchtungslösungen und -komponenten. BJB ist Weltmarktführer für Lampenfassungen und einer der vorrangigen Ansprechpartner, wenn es um LED-Schnittstellen-Lösungen geht. BJB hat rd. 2.000 Produkte für die Schnittstelle von Stromquelle und Leuchte im Angebot, z.B. Schalter oder Klemmen. Außerdem hat das Unternehmen bei Industriekunden bereits über 100 Automatisierungslösungen installiert, die Standardkomponenten von Lampen verdrahten und prüfen. Weltweit sind rd. 840 Menschen für BJB tätig, die Produkte werden in 70 Länder rund um den Globus vertrieben, der Exportanteil liegt bei rd. 80 %. Produziert wird am Stammsitz in Arnsberg sowie in Spanien, den USA und China. Das 1867 gegründete Familienunternehmen wird heute in 6. Generation von Dieter und Philipp Henrici geführt.

BLANCO

Kontakt
BJB GmbH & Co. KG
Werler Str. 1, 59755 Arnsberg
www.bjb.com

BLANCO

Oberderdingen, Baden-Württemberg

Gegründet: 1925
BLANCO mit Sitz in Oberderdingen in Baden-Württemberg zählt zu den weltweit führenden Herstellern hochwertiger Spülen für die private Haushaltsküche. Das Unternehmen, das sich als Vollsortimenter begreift, bietet außerdem hochwertige Küchenarmaturen, praktische Abfallorganisationssysteme sowie sorgfältig abgestimmtes Zubehör an. Kennzeichnend ist dabei das sehr breit gefächerte Produkt-Portfolio. Eine Besonderheit ist, dass BLANCO seine Spülen als einziger Hersteller weltweit in den drei maßgeblichen Materialien Edelstahl, Silgranit und Keramik in eigenen Werken fertigt.

Hochwertigkeit ist dabei oberstes Gebot: So formuliert die BLANCO-Qualitätsphilosophie den Anspruch, in jedem Marktsegment die beste Material- und Verarbeitungsqualität

Achim Schreiber ist Vorsitzender der Geschäftsführung von BLANCO.

Die BLANCO Firmenzentrale in Oberderdingen

BLANCO

BLANCO vertreibt seine Produkte weltweit in ca. 100 Ländern.

Produktion von Edelstahlspülen bei BLANCO

Am Standort Sinsheim entwickelt und produziert BLANCO die Silgranit-Spülen.

Einfach erklärt: Vom Granit zur Spüle

Seit einigen Jahren ist BLANCO bei Granit-Spülen weltweit der führende Anbieter. Das erfolgreiche Material Silgranit PuraDur zeichnet sich durch seine angenehme steinartige Haptik, dauerhafte Widerstandsfähigkeit und herausragende Pflegeleichtigkeit aus. Einzigartig ist die patentierte Hygieneschutzformel, die für eine antibakteriell wirkende Oberfläche sorgt. Ein ausgewogenes Farbspektrum ermöglicht die präzise Abstimmung auf das Küchenumfeld.

Silgranit-Spülen bestehen zu ca. 80 % aus Quarzsanden, dem härtesten Bestandteil von Granit. Doch damit aus Sand eine hochwertige farbige Spüle wird, bedarf es weiterer Bestandteile sowie komplexer Produktionsschritte. Zunächst werden die streng kontrollierten, hochwertigen Zutaten in einer Hightech-Mischanlage zu einer Gießmasse zusammengeführt. Die Gießmasse enthält neben Granit-Sand weitere Komponenten: Ganz wichtig dabei ist das für den Formgebungsprozess benötigte Bindemittel. Dieses Bindemittel, ein spezielles Harz, stellt BLANCO in einem eigens dafür entwickelten Verfahren aus verschiedenen Acrylat-Komponenten her.

Die fertig gemischte Gießmasse wird dann aus Druckbehältern in die Gießform gefüllt und härtet thermisch unterstützt aus. Danach wird der Spülen-Rohling aus der Gießform entnommen und einer eingehenden Qualitätsprüfung unterzogen. In der Endbearbeitung erhält die Spüle dann weitere Ausstattungsmerkmale. Hier werden z. B. Bohrungen, etwa für die Armatur, erzeugt und der maßgenaue Auflagenrand präzise gefräst. Für diese Arbeitsschritte bedarf es hochmoderner, diamantbestückter Werkzeuge, die es mit der extremen Härte von Silgranit aufnehmen können. Sämtliche Prozessschritte werden übrigens von der BLANCO-Forschung und -Entwicklung und der Qualitätssicherung begleitet. Sie überwachen die Qualität der Rohstoffe, perfektionieren Rezeptur und Verfahren und testen das fertige Produkt unter extremen Bedingungen.

Das Besondere der Silgranit-Spülen ist, dass sie komplett durchgefärbt sind. Eine Vielzahl von Patenten unterstreicht die Innovationsstärke des Spülen-Spezialisten. Zum Erfolgsrezept des BLANCO-Kompetenzcenters in Sinsheim, das seit 1985 Verbundwerkstoff-Spülen für die weltweiten Märkte fertigt, gehört gleichermaßen die perfekte Beherrschung der komplexen Produktionsprozesse. Ein zweites Werk in Toronto, Kanada, versorgt die Märkte Amerikas. Beide Werke arbeiten nach identischen Verfahren und Prozessen sowie Qualitätsstandards.

BLANCO

Heinrich Blanc – Unternehmer und Familienmensch

Heinrich Blanc fertigte in seinem 1925 gegründeten Unternehmen von Beginn an unterschiedliche Produkte aus Metall für die Haus- und Landwirtschaft. Mit der Produktion von Herdwasserschiffen hatte der findige Unternehmer eine Marktnische entdeckt. Seine Philosophie: schneller als andere zu sein. Kurze Lieferzeiten und überzeugende Wertarbeit hieß schon damals die Devise.

Heinrich Blanc setzte schon früh auf den Werkstoff Edelstahl: Anfang der 1950er-Jahre produzierte das Werk Sulzfeld erstmals Küchenspülen aus dem zeitlosen Werkstoff. Parallel wurde der Produktbereich für den gewerblichen Bedarf wie der Gastronomie und Gemeinschaftsverpflegung ausgebaut. Auch in Architektur und Verkehr hielt Edelstahl als Gestaltungselement Einzug, was dem vorausschauenden Unternehmer weitere Großaufträge einbrachte.

Bis zu seinem Tod 1960 führte Heinrich Blanc 35 Jahre lang das Unternehmen durch Höhen und Tiefen. Heinrich Blanc, ausgeprägter Familienmensch, war auch für seine soziale Einstellung bekannt. Die Wertschätzung seiner Mitmenschen, ungeachtet ihrer Herkunft und ihrer Stellung, hat seinen Enkel Frank Straub geprägt und inspiriert. Der heutige Vorsitzende des Verwaltungsrats beider BLANCO Gesellschaften pflegt seit jeher einen wertschätzenden, respektvollen Umgang mit Mitarbeitern und Geschäftspartnern. Das positive Menschenbild wird von der gesamten Geschäftsführung vorgelebt und ist wichtiger Bestandteil der BLANCO Kultur.

anbieten zu wollen. Der hohe Anspruch an Qualität erstreckt sich auch auf Logistik, Lieferservice und einen leistungsstarken, flächendeckenden technischen Kundendienst. Die BLANCO Gruppe ist international ausgerichtet mit zahlreichen Tochtergesellschaften und Vertriebspartnern in ca. 100 Ländern weltweit. Neben der Hauptverwaltung in Oberderdingen befinden sich weitere deutsche Standorte in Bruchsal (Logistikzentrum), Sinsheim (Silgranitspülen) und Sulzfeld (Edelstahlspülen) sowie in Toronto (Silgranitspülen) und Istanbul (Keramikspülen).

Die Forschung und Entwicklung von BLANCO arbeitet kontinuierlich an neuen Produkten und Materialien. Dazu zählten in der Vergangenheit richtungsweisende ergonomische Spülenkonzepte wie das „AXenkonzept" und innovative Materialentwicklungen wie der Verbundwerkstoff Silgranit PuraDur, ein außergewöhnlich reinigungsfreundliches und widerstandsfähiges

Firmengründer Heinrich Blanc mit seinem Enkel Frank Straub, der heute Vorsitzender des Verwaltungsrats ist; darunter ein Blick in die Produktion der 1950er-Jahre.

BLANCO Spülen aus Silgranit PuraDur sind besonders pflegeleicht und widerstandsfähig.

BLANCO

B
LA

Eine Symbiose aus modernster Technologie und Handwerkskunst ist die Hightech-Manufaktur der Submarke BLANCO SteelArt.

BLANCO im Internet

Meilensteine

1925 Heinrich Blanc gründet die BLANC & Co und beginnt mit der Serienfabrikation von kupferverzinnten Herdwasserschiffen.

1951 BLANCO fertigt erstmals Spülen und Spültischabdeckungen aus Nirosta. Die Produktpalette wird ausgebaut.

ab 1968 Systematischer Ausbau des Vertriebsnetzes im In- und Ausland

1985 Start der Eigenfertigung von Spülen aus hochwertigem Verbundwerkstoff

1990 Neubau des Werks für Verbundwerkstoff-Spülen in Sinsheim, heute größtes Werk in Kontinental-Europa

1995 In Toronto entsteht ein Werk für Verbundwerkstoff-Spülen.

2005 Gründung der BLANCO SteelArt Manufaktur in Sulzfeld

2007 Die Geschäftsbereiche Catering und Medical Care sowie Industrial Components werden in eine eigenständige Gesellschaft ausgegliedert, die heutige BLANCO Professional.

2008 Herstellung der Keramik-Spülen im eigenen Werk in Istanbul; in Bruchsal wird der Neubau des Logistikzentrums eingeweiht.

2013 Markteinführung von BLANCO Durinox, einer besonders veredelten, extrem widerstandsfähigen Edelstahl-Arbeitsplatte

2014 BLANCO erweitert sein Logistikzentrum.

Minimalistisch: Edelstahlspüle von BLANCO SteelArt

Material mit dem Hauptbestandteil Granit. Eine Reihe von Patenten sichert BLANCO die weltweite Alleinstellung für dieses Material.

Ebenso einen Meilenstein in der Materialentwicklung stellt die neue Oberfläche für Edelstahl-Arbeitsplatten „Blanco Durinox" der exklusiven Submarke BLANCO SteelArt dar. Das im Herbst 2013 erstmals vorgestellte „Durinox" ist mehr als doppelt so hart wie herkömmliche Edelstahl-Küchenarbeitsplatten und hinsichtlich Optik und Haptik ein absolutes Novum.

Design stellt für BLANCO einen strategisch bedeutenden Erfolgsfaktor dar. Zahlreiche Spülen und Armaturen des Unternehmens wurden, oft mehrfach, mit internationalen Preisen ausgezeichnet. Besondere Ansprüche an Ästhetik und Gestaltung erfüllt BLANCO SteelArt. In der 2005 gegründeten SteelArt-Manufaktur entstehen designorientierte, exklusive Edelstahllösungen rund um die Spüle, etwa individuelle Maßanfertigungen wie Wangentische und Arbeitsplatten mit integrierten Becken und Kochfeldern.

Gegründet wurde das Familienunternehmen 1925 von Heinrich Blanc, der zunächst Wasserschiffe für Kohleherde fertigte. 1951 produzierte BLANCO erstmals Spülen aus Edelstahl. Mitte der 1960er-Jahre begann der kontinuierliche Aufbau des Exportgeschäfts. Als Erster in der Branche führte BLANCO 1981 Verbundwerkstoff-Spülen in den Markt ein.

Das Unternehmen in Familienhand verpflichtet sich zur Achtung ethischer Geschäftsprinzipien und ist Mitglied der Organisation Caux Round Table (CRT). Zusammen mit der

Blickle

Rosenfeld, Baden-Württemberg

Gegründet: 1953

Die international agierende Blickle-Gruppe zählt zu den drei weltweit führenden Herstellern von Rädern und Rollen. Das Unternehmen führt über 30.000 Räder- und Rollentypen im Portfolio. Blickle Räder und Rollen kommen z. B. an Maschinen und Transportgeräten aller Art, an Betriebs-, Labor- und Kücheneinrichtungen sowie an Gabelstaplern und in der Intralogistik zum Einsatz. Neben dem umfangreichen Standardprogramm entwickelt Blickle auch kundenspezifische Sonderlösungen für nahezu jeden „rollenden" Einsatz.

Die Blickle Räder+Rollen GmbH u. Co. KG hat ihren Firmensitz im schwäbischen Rosenfeld. Dort arbeiten mehr als 500 der insgesamt über 700 Mitarbeiter des Unternehmens. Neben dem Hauptwerk in Rosenfeld unterhält Blickle 16 Vertriebsgesellschaften in Europa, Nordamerika sowie Asien und exportiert seine Produkte in über 120 Länder weltweit. Besonderen Wert legt das Unternehmen auf die bekannte hohe Qualität seiner Produkte – damit Kunden zufrieden bleiben und wiederkommen. Bereits 1994 wurde Blickle als erster deutscher Räder- und Rollen-Hersteller nach DIN EN ISO 9001 zertifiziert. Der wichtigste „Baustein" im Blickle-Qualitätskonzept ist die eigene Produktion

Die Blickle Räder+Rollen GmbH u. Co. KG hat ihren Sitz in Rosenfeld

---

2007 ausgegründeten Schwestergesellschaft BLANCO Professional (Investitionsgüter für Großküchen, medizinische Einrichtungen, Zulieferer für die Industrie) ist BLANCO Teil der E.G.O. Blanc und Fischer-Gruppe.

Daten und Fakten

Produkte: Spülen, Küchenarmaturen, Abfallsysteme
Marktposition: Weltmarktführer im Segment Granit-Spülen, einer der weltweit führenden Hersteller hochwertiger Spülen; im Segment Küchenarmaturen Marktführer in Deutschland (lt. Heinze Sanitärpanel, 2013)
Umsatz: 293 Mio. Euro (2013)
Mitarbeiter: 1.300 weltweit, davon 980 in Deutschland (2013)
Standorte: Hauptsitz Oberderdingen, weitere Standorte in Bruchsal, Sinsheim, Sulzfeld, Toronto und Istanbul; zahlreiche Tochtergesellschaften im In- und Ausland
Auslandsanteil: 63 % (2013)
Innovationen: u. a. „AXenkonzept" für Spülen (2001), Materialentwicklung Silgranit PuraDur (2008), Edelstahloberfläche für Küchenarbeitsplatten BLANCO Durinox (2013)
Gründer: Heinrich Blanc, 1925, Oberderdingen
Eigentümer: BLANCO gehört wie die Schwestergesellschaft BLANCO Professional zu 69,3 % zur E.G.O Blanc und Fischer-Gruppe
Literatur:
K.-H. Gläser: Heinrich Blanc – Karl Fischer: Gründer zweier Weltfirmen (2008)

Kontakt

BLANCO GmbH + Co KG
Flehinger Str. 59, 75038 Oberderdingen
Fon: 07045 44-81100, Fax: 07045 44-81299
kuechentechnik@blanco.de
www.blanco-germany.com/de

»Für jeden Einsatzzweck das beste Rad, die beste Rolle entwickeln«

Firmenmotto Blickle

Reinhold Blickle ist geschäftsführender Gesellschafter des Unternehmens, das mehr als 30.000 verschiedene Räder und Rollen im Portfolio führt.

b+m surface systems

B

MS

Blickle Räder+Rollen GmbH u. Co. KG im Internet

mit hoher Fertigungstiefe in Deutschland. In Rosenfeld werden auf einer Nutzfläche von über 45.000 m² jährlich mehr als 17 Mio. Räder und Rollen „Made in Germany" produziert – von der kleinsten Apparaterolle mit 20 kg Tragfähigkeit bis hin zum Schwerlastrad mit einer Tragfähigkeit von 50 t. Dank der engen Verbindung von Konstruktion, eigenem Werkzeugbau und Produktion mit direkter CAD-Datenübertragung können Innovationen schnell und kostengünstig umgesetzt werden, wie etwa bei der Entwicklung neuer Materialien, z. B. eines speziellen Polyurethan-Laufbelags Blickle Besthane® mit besonders niedrigem Rollwiderstand.

Daten und Fakten

Branche: Räder und Rollen
Marktposition: weltweit eines der 3 führenden Unternehmen der Branche
Mitarbeiter: weltweit über 700, davon mehr als 500 am Stammsitz in Rosenfeld (2014)
Ausbildungsquote: ca. 10 %
Vertrieb: 16 eigene Vertriebsgesellschaften in Europa, Nordamerika und Asien sowie Exklusivvertretungen in vielen Ländern, insgesamt wird in über 120 Länder der Welt exportiert
Eigentümer: Familie Blickle in 2. Generation
Gründer: Heinrich Blickle, 1953, Rosenfeld

Kontakt

Blickle Räder+Rollen GmbH u. Co. KG
Heinrich-Blickle-Str. 1, 72348 Rosenfeld
Fon: 07428 932-0, Fax: 07428 932-209
info@blickle.com, www.blickle.com

Meilensteine

1953 Gründung des Unternehmens

1961 Firmengründer Heinrich Blickle verstirbt, seine Frau Elisabeth Blickle übernimmt die Geschäftsführung.

1968 Gründung der ersten ausländischen Blickle Vertriebsgesellschaft in der Schweiz

1972 Bau eines neuen Büro- und Fabrikgebäudes im Rosenfelder Industriegebiet

1977 Reinhold Blickle, Sohn des Firmengründers und heutiger Geschäftsführer, tritt in die Firma ein.

1998 Einstieg in die Herstellung von Polyurethan-Rädern

2002 Fertigstellung und Bezug des neuen Verwaltungsgebäudes

2006 Beteiligung an einem Kunststoffspritzgussbetrieb und Gründung der Firma BW-Plast

2010 Bau eines Logistikzentrums mit automatischem Hochregal- und Kleinteilelager

2014 Übernahme des Schweizer Räder- und Rollenherstellers Progressus AG

b+m surface systems

Eiterfeld, Hessen

Gegründet: 1992

Die b+m surface systems GmbH steht seit zwei Jahrzehnten für höchste Oberflächenqualität. Das weltweit agierende Unternehmen plant und baut Lackieranlagen und automatische Applikationssysteme insbesondere für Kunden aus den Bereichen Automotive, Nutzfahrzeuge, Landmaschinen und Maschinenbau. Wichtige Schlüsselkomponenten wie Lackierroboter, Dosiertechnik, Zerstäuber und Farbwechselsysteme werden von b+m selbst entwickelt und hergestellt. Tochtergesellschaften in Polen, Russland und Indien sowie ausgewählte Vertriebs- und Servicepartner im In- und Ausland stellen eine schnelle und kompetente Kundenbetreuung sicher. Das mittelständische Unternehmen wird von Sebastian Merz geführt und beschäftigt rd. 280 Mitarbeiter.

Böllhoff Gruppe

Kontakt
b+m surface systems GmbH
Meininger Weg 10, 36132 Eiterfeld
www.bm-systems.com

Boehringer Ingelheim Pharma

Ingelheim am Rhein, Rheinland-Pfalz

Gegründet: 1885

Der Unternehmensverband Boehringer Ingelheim zählt weltweit zu den 20 führenden Pharmaunternehmen. Mit Hauptsitz in Ingelheim/Deutschland ist Boehringer Ingelheim weltweit mit 142 verbundenen Unternehmen vertreten und beschäftigt insgesamt mehr als 47.400 Mitarbeiter. 2013 erzielte das Unternehmen einen Umsatz von rd. 14,1 Mrd. Euro. Die Schwerpunkte des 1885 gegründeten Unternehmens, das sich bis heute in Familienbesitz befindet, liegen in der Forschung, Entwicklung, Produktion und im Marketing neuer Medikamente mit hohem therapeutischem Nutzen für die Humanmedizin sowie die Tiergesundheit. In Deutschland ist Boehringer Ingelheim an den Standorten Ingelheim, Biberach an der Riß, Dortmund und Hannover vertreten. Das Unternehmen beschäftigt mit 13.905 Mitarbeitern (Durchschnitt 2013, davon 688 Auszubildende) mehr als ein Viertel der weltweiten Belegschaft in Deutschland.

Für Boehringer Ingelheim ist die Übernahme gesellschaftlicher Verantwortung ein wichtiger Bestandteil der Unternehmenskultur. Dazu zählen das weltweite Engagement in sozialen Projekten wie z. B. der Initiative „Making More Health" ebenso wie der sorgsame Umgang mit den eigenen Mitarbeitern. Respekt, Chancengleichheit sowie die Vereinbarkeit von Beruf und Familie bilden dabei die Basis des Miteinanders. Bei allen Aktivitäten des Unternehmens stehen zudem der Schutz und Erhalt der Umwelt im Fokus.

Kontakt
Boehringer Ingelheim Pharma GmbH
Binger Str. 173, 55126 Ingelheim am Rhein
Fon: 06132 77-0, Fax: 06132 77-3000
presse@boehringer-ingelheim.de
www.boehringer-ingelheim.de

Böllhoff Gruppe

Bielefeld, Nordrhein-Westfalen

Gegründet: 1877

Die Böllhoff Gruppe gehört zu den großen Herstellern und Händlern von Verbindungselementen und Montagesystemen weltweit. Das Portfolio umfasst mehr als 100.000 lagergeführte Standard- und Spezialverbindungselemente sowie Montagegeräte. Zu

Wilhelm Böllhoff gründete das Unternehmen 1877 als Eisenwarenhandlung in Herdecke.

»Mut, Fairness und Treue sind die wesentlichen Bestandteile unserer Kultur.«

Dr. Wolfgang W. Böllhoff

Böllhoff Gruppe

B
OL

Luftaufnahme vom Firmengelände der Böllhoff Gruppe am Stammsitz in Bielefeld

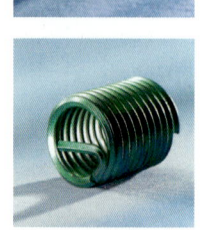

Von der Standardschraube über individuelle Anwendungen bis hin zu Verbindungs- und Montagesystemen für die Serienfertigung: Über 100.000 Artikel führt die Böllhoff Gruppe im Sortiment.

Die Böllhoff Gruppe im Internet

den Kunden von Böllhoff zählen die Automobilindustrie, der Maschinenbau, die Elektroindustrie, die Medizintechnik, die Bahnindustrie sowie die Luft- und Raumfahrtindustrie. Die Ziele der Kunden stehen bei Böllhoff im Fokus des Handelns: Es geht darum, die Kunden in der gesamten Wertschöpfungskette zu unterstützen, ihre Prozesse zu optimieren, die Kosten zu reduzieren und ihre Wettbewerbsposition zu stärken. Das gelingt durch die Verbindung moderner Werkstoffe und Bauweisen, die wirtschaftliche Beschaffung, Bevorratung und Belieferung sowie die Reduktion von Montagezeiten und -kosten.

Die Böllhoff Gruppe besteht aus 41 Gesellschaften an 37 Standorten in 23 Ländern sowie Vertretungen auf 5 Kontinenten. Insgesamt trägt das Auslandsgeschäft rund 50 % zum Gesamtumsatz von ca. 470 Mio. Euro (2013) bei. Die Produktion erfolgt zu ca. 70 % in Deutschland, von den weltweit 2.300 Mitarbeitern sind rund die Hälfte am Hauptsitz in Bielefeld und an den weiteren deutschen Standorten beschäftigt. Als Holding fungiert die Wilhelm Böllhoff GmbH & Co. KG, die vollständig im Besitz der Familien Böllhoff (85 %) und Frieling (15 %) ist.

Gegründet wurde das Unternehmen 1877 von Wilhelm Böllhoff als Eisenwarenhandel

Einfach erklärt: Innovation HELICOIL®

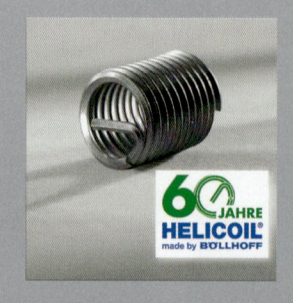

1954 holt Deutschland den Weltmeistertitel, aber es war nicht nur für den Fußball ein bedeutendes Jahr: Vor 60 Jahren startete Böllhoff mit der Produktion von Gewindeeinsätzen und wurde vom Großhändler zum Hersteller. Um vibrationssichere Verschraubungen für Zündkerzen in Aluminium-Flugzeugmotoren zu realisieren, wurden in den USA Drahtgewindeeinsätze für Schraubverbindungen konzipiert und 1938 patentiert. Böllhoff erkannte die Besonderheit dieses Produkts, nahm HELICOIL® für Nordeuropa in Lizenz und startete 1954 mit der Produktion. HELICOIL® wird heute in den Branchen Automotive, Maschinen-/Anlagenbau, Elektro, Blech, Kunststoff sowie Luft- und Raumfahrt millionenfach zur Herstellung hochbelastbarer Verbindungen eingesetzt.

Borgers

Schon gewusst?

„Management von industriellen Familienunternehmen" lautet der Titel einer Festschrift, die Christian G. Böllhoff, Michael W. Böllhoff, Wilhelm A. Böllhoff und Marili Ebert anlässlich des 70. Geburtstags ihres Vaters Wolfgang Böllhoff herausgegeben haben. Inspiriert durch gemeinsame Diskussionen und die Zusammenarbeit mit dem Jubilar beleuchtet das Buch Kernfragen zur Führung von Familienunternehmen, die dem Betriebswirt und Unternehmer Wolfgang Böllhoff immer wichtig waren. Namhafte Autoren wie Dr. h.c. August Oetker und Rudolf Miele gehen in dem über 300 Seiten starken Werk u. a. auf die Besonderheiten von Familienunternehmen ein, erläutern die Einführung innovativer Managementkonzepte und geben zukunfts- und lösungsbezogene Orientierungsmöglichkeiten.

Daten und Fakten

Branche: Verbindungs- und Montagetechnik
Produkte: Schrauben, Gewindeeinsätze, technische Formteile und Schnellverschluss-Systeme
Marktposition: einer der fünf größten Hersteller von Verbindungselementen und Montagesystemen weltweit
Mitarbeiter: 2.300 weltweit (2013)
Umsatz: ca. 470 Mio. Euro (2013)
Ausbildungsquote: 7 %
Standorte: Hauptsitz Bielefeld, 37 Standorte weltweit
Exportquote: 46 % (2013)
Gründer: Wilhelm Böllhoff, 1877, Herdecke
Eigentümer: Familien Böllhoff und Frieling in der 3. und 4. Generation

Kontakt
Böllhoff Gruppe
Archimedesstr. 1-4, 33649 Bielefeld
Fon: 0521 4482-01, Fax: 0521 449364
info@boellhoff.com, www.boellhoff.com

Ansprechpartner Presse
Frank Nientiedt
Fon: 0521 4482-255
fnientiedt@boellhoff.com

Borgers
Bocholt, Nordrhein-Westfalen

Die Brüder Michael W. Böllhoff (l.) und Wilhelm A. Böllhoff stehen seit 2004 in 4. Generation an der Spitze der Böllhoff Gruppe, deren Unternehmenszentrale in Bielefeld angesiedelt ist.

in Herdecke. Seine Söhne verlegten das Unternehmen im Jahr 1923 nach Bielefeld, wo es Josef Böllhoff in 2. Generation zu einem führenden Händler für Verbindungselemente inkl. zahlreicher Filialen in Deutschland ausbaute und 1954 als zweites Standbein die Produktion eigener innovativer Verbindungselemente begann (s. Innovation HELICOIL®).

Im Jahr 2004 übergab Dr. Wolfgang W. Böllhoff, der in 3. Generation seit 1963 an der Spitze des Unternehmens gestanden hatte, die Leitung an seine Söhne Wilhelm und Michael. Einen hohen Stellenwert genießt bei Böllhoff das Bekenntnis zum Standort Deutschland und das vielseitige soziale Engagement: So fördert die Wolfgang und Regina Böllhoff Stiftung die Erziehung und Ausbildung junger Menschen und die Mechthild Böllhoff Stiftung engagiert sich u. a. für die medizinische Versorgung und die Ausbildung im Nahen Osten.

Gegründet: 1866

Das Hauptgeschäftsfeld der Borgers AG ist die Produktion von akustisch wirksamen Textilien für Kraftfahrzeuge. Unter dem Dach der Holding sind außerdem Firmen versammelt, die sich u. a. auf Maschinenbau, Schutzbekleidung sowie technisches Gewebe, Formenbau und textile Bodenbeläge spezialisiert haben. Der Entwicklungs- und Systemlieferant ist Marktführer in Europa für schalldämpfende Motorraum- und Innenraumisolationen, Dachhimmel, Bodenbeläge und Automobilteppiche, Hutablagen und Kofferraumverkleidungen sowie Radlaufschalen etc. in Kraftfahrzeugen. Nahezu alle namhaften Automobilhersteller sind Kunden der Borgers-Gruppe. Für die sog. weiße Industrie fertigt Borgers Dämmmaterialien, die etwa in Waschmaschinen oder Trocknern verwendet werden. Im Bereich Maschinenbau ist die zur Borgers-Gruppe gehörende Olbrich GmbH weltweit unter den Top-3-Herstellern von Maschinen zur Produktion von CV-Bodenbelägen zu finden (CV = Cushioned Vinyls).

Im Jahr 2013 beschäftigte die Borgers AG mit Sitz in Bocholt an 21 Standorten in Europa, China und den USA rd. 5.400 Mitarbeiter und erzielte einen Umsatz von 619 Mio. Euro. Das Familienunternehmen wird in 5. Generation von Vorstand/CEO Werner Borgers geleitet. Die Borgers AG hat eine lange Tradition als Zulieferer: Gründer Johann Borgers stellte bereits 1866 Polsterstoffe für Pferdekutschen her. Das Unternehmen entwickelte u. a. 1995 die textile Radlaufschale, die in Bezug auf Gewicht, Akustik und Recyclingfähigkeit bessere Eigenschaften als zuvor eingesetzte Materialien aufweist.

Kontakt
Borgers AG
Borgersstr. 2-10, 46397 Bocholt
Fon: 02871 345-0, Fax: 02871 345-291
info@borgers-group.com
www.borgers-group.com

BORSIG

Berlin

Gegründet: 1837

BORSIG produziert in unterschiedlichen Geschäftsfeldern des Maschinenbaus marktführende Techniken und Anlagen zur Kühlung von Gasen. So baut BORSIG u. a. Abhitzesysteme, Spaltgaskühlersysteme, Kratzkühler, Verdichter und Anlagen der Membrantechnologie. Zum Kundenstamm gehören Unternehmen aus der Chemieindustrie, Betriebe der Petrochemie, Kraftwerke, Raffinerien, die Öl- und Gasindustrie und Anlagenbauer. Namhafte Konzerne wie Shell oder ExxonMobil arbeiten mit den Anlagen von BORSIG. Das Traditionsunternehmen wurde 1837 gegründet und baute anfangs Lokomotiven. Seit 2008 gehört die BORSIG GmbH, bei der über 600 Mitarbeiter beschäftigt sind, zur weltweit operierenden KNM Group Berhad.

Kontakt
BORSIG GmbH
Egellsstr. 21, 13507 Berlin
www.borsig.de

Bosch Rexroth

Lohr am Main, Bayern

Gegründet: 2001

Bosch Rexroth ist weltweit führend im Bereich der Antriebs- und Steuerungstechnologien. In mehr als 30 Branchen sowie allen Antriebs- und Steuerungstechnologien ist das Unternehmen weltweit aktiv, lokale Fachkräfte sorgen für Kundennähe vor Ort. Das macht Bosch Rexroth zu einem starken und zuverlässigen Partner für Mobile Applications, Machinery Applications and Engineering, Factory Automation sowie Renewable Energies. Als The Drive & Control Company entwickelt, produziert und vertreibt das Unternehmen seine Komponenten und Systemlösungen in über 80 Ländern. Mit dem technologieübergreifenden Produktportfolio sowie einem umfangreichen Service- und Dienstleistungsangebot versteht sich Bosch Rexroth als Partner für den kompletten Maschinenlebenszyklus.

bott

Rund 36.700 Mitarbeiter sind für die Bosch Rexroth AG mit Sitz in Lohr am Main tätig. 2013 erzielte das Unternehmen einen Umsatz von rd. 5,7 Mrd. Euro. Das heutige Unternehmen ist 2001 durch die Fusion der Mannesmann Rexroth AG mit dem Geschäftsbereich Automatisierungstechnik der Robert Bosch GmbH entstanden. Den Vorstandsvorsitz hat Dr. Karl Tragl inne, dem Aufsichtsrat steht Dr. Werner Struth vor. Die Geschichte von Rexroth reicht bis 1795 zurück. Damals erwarb die Familie den sog. Höllenhammer, eine Hammerschmiede. Bei Robert Bosch begann die Firmengeschichte 1886 mit der Eröffnung einer Werkstätte für Feinmechanik und Elektrotechnik.

Kontakt
Bosch Rexroth AG
Maria-Theresien-Str. 23, 97816 Lohr am Main
Fon: 09352 18-0, Fax: 09352 18-40
info@boschrexroth.de, www.boschrexroth.de

bott
Gaildorf, Baden-Württemberg

Gegründet: 1930

Die bott Firmengruppe entwickelt und produziert an drei europäischen Standorten Fahrzeugeinrichtungen, Betriebseinrichtungen und Arbeitsplatzsysteme. Weltweit beliefert bott mit seinen Produkten Kunden in Industrie und Handwerk. Deren effizientes Arbeiten in Fertigung, Service und Montage steht hierbei im Fokus. bott wurde im Jahr 1930 gegründet und beschäftigt heute 670 Mitarbeiter in ganz Europa. 2013 erzielte bott einen Umsatz von 84 Mio. Euro. Zu den Kunden von bott gehören viele namhafte Industrieunternehmen wie Zeiss, Siemens, Airbus, Porsche, Daimler, Volkswagen, Audi, BMW, EnBW, RWE, E.ON, Deutsche Bahn, Bosch, AEG, Miele, Kärcher und Trumpf.

Der Hauptsitz der Unternehmensgruppe befindet sich am Gründungs- und Produktionsstandort in Gaildorf. Darüber hinaus werden Produkte in Werken in Großbritannien und in Ungarn hergestellt. Mit weiteren Vertriebsgesellschaften in Frankreich, Österreich, Dänemark und Italien sowie mit Lizenzpartnern und Importeuren in der ganzen Welt bietet bott ein flächendeckendes Servicenetz und geht individuell auf lokale Bedürfnisse ein – von der Planung bis zur Montage.

Die Produktvielfalt von bott bietet Betriebseinrichtungen wie Werkbänke, Schubladenschränke, Lagerschränke, Montagearbeitsplätze, Montagelinien und Materialbereitstellungssysteme sowie Einrichtungen für Service- und Montagefahrzeuge. Die Einrichtungen organisieren den Stauraum, sichern Ladung im Fahrzeug und stellen Arbeitsmaterial nach ergonomischen Gesichtspunkten

Meilensteine

1930 Gründung durch Wilhelm Bott in Gaildorf als mechanische Werkstätte

1981 Eröffnung einer Produktionsstätte in Großbritannien

1984 Einweihung eines zusätzlichen Werks in Gaildorf, Gründung der Tochtergesellschaft in Italien

1996 Eröffnung eines neuen Werks in Ungarn

2000 Zusätzliches Produktions- und Logistikzentrum in Unterrot bei Gaildorf

2011 Einweihung des neuen Vertriebs- und Kundencenters in Ashby/Großbritannien

2013 Gründung der Tochtergesellschaften in Österreich und Dänemark

»bott. Effizient arbeiten.«

Slogan

bott avero Arbeitsplatzsystem (oben), bott cubio Betriebseinrichtung (unten)

Die bott Gruppe im Internet

Böttcher

B
OT

Mit der Fahrzeugeinrichtung bott vario werden Werkzeuge und Arbeitsmaterialien platzsparend, übersichtlich und sicher transportiert.

Kontakt
Bott GmbH & Co. KG
Bahnstr. 17, 74405 Gaildorf
Fon: 07971 251-0, Fax: 07971 251-285
info@bott.de, www.bott-group.com

Böttcher
Köln, Nordrhein-Westfalen

»Bewahre das Gute aus der Tradition und schaffe das Neue aus der eigenen Stärke.«

Leitsatz Böttcher

bereit. bott leistet mit seinen Produkten einen wertvollen Beitrag, um Effizienz im Betrieb zu steigern. Das Unternehmen versteht sich nicht allein als Produktionsbetrieb, sondern als Dienstleister, der den Kunden von der Beratung und virtuellen Planung bis zur maßgefertigten Einrichtung einen umfassenden Service bietet.

Daten und Fakten

Branche: metallverarbeitende Industrie
Produkte: Einrichtungen für Service- und Montagefahrzeuge, Werkbänke, Schubladenschränke, Lagerschränke, Montagearbeitsplätze, Montagelinien, manuelle Transportlinien, Materialbereitstellungssysteme
Marktposition: Nummer zwei in Europa bezüglich Umsatz und Unternehmensgröße
Umsatz: 84 Mio. Euro (2013)
Mitarbeiter: 670 (2013)
Standorte: Produktionsstandorte in Deutschland, Großbritannien und Ungarn; Vertriebsgesellschaften in Frankreich, Österreich, Dänemark und Italien
Vertrieb: eigene Vertriebsgesellschaften und Niederlassungen, Gebietsleiter, Service- und Handelspartner, Importeure
Auslandsanteil: 60 %
Innovationen: Betriebseinrichtung cubio (2008), Fahrzeugeinrichtung bott vario (2010), Arbeitsplatzsystem avero (2013)
Gründer: Wilhelm Bott, 1930, Gaildorf

Gegründet: 1725

Die Felix Böttcher GmbH & Co. KG produziert Walzenbeschichtungen, Rollen und Handläufe für die internationalen Märkte der Druckindustrie, der technischen Industrie und der Bürokommunikation. Mit einem Marktanteil von ca. 40 % ist Böttcher weltweit führend bei der Beschichtung rotationssymmetrischer Körper (Walzen, Sleeves) in industriellen Anwendungen. In Europa, Nordamerika und Asien nehmen die regionalen Böttcher-Organisationen ebenfalls Spitzenpositionen ein. In der Druckbranche ist das Unternehmen globaler Technologieführer: Rund 60 % aller weltweit gebauten Druckmaschinen werden mit Walzenbeschichtungen von Böttcher erstausgerüstet. Einen ähnlichen Anteil hat das Unternehmen in der europäischen Metall-, Kunststoff- und Holzindustrie.

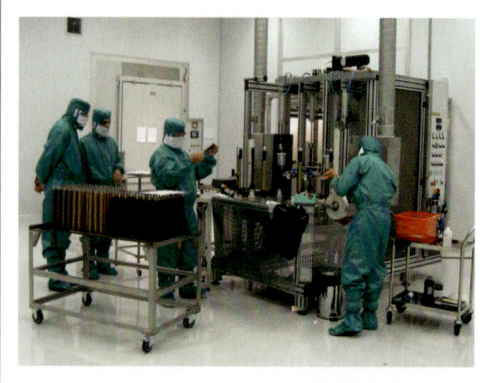

Böttcher beschäftigt weltweit 1.750 Mitarbeiter.

Böttcher

Meilensteine

1725 Gründung eines Gerbereibetriebs in Köln durch Jacobus Loosen

1878 Gründung einer Fabrik für Walzenbeschichtungsmasse in Leipzig durch Felix Böttcher

1892 Übernahme des Leipziger Unternehmens durch Ernst Herrmann

1910 Fusion der Unternehmen Loosen und Böttcher

1948 Beginn des Wiederaufbaus der Kölner Werke

1974 In Mailand wird die erste Produktionsstätte im Ausland errichtet.

1987 In den USA entsteht die erste Fertigungsstätte außerhalb Europas.

1991 Rückerwerb des Leipziger Stammwerks

1996 Mit der Gründung von Böttcher Singapur erfolgt der erste Schritt nach Asien.

2001 Bau der ersten Produktionsstätte in Asien in Thailand

2004 Errichtung einer Produktionsstätte in China

2013/2014 Errichtung von Produktionsstätten in Indien und Brasilien

Böttcher betreut rund um den Globus mehr als 80.000 Kunden. Dazu zählen alle namhaften Hersteller von Druckmaschinen wie Heidelberg, KBA und MAN Roland, aber auch Unternehmen anderer Branchen wie ThyssenKrupp oder Tetra Pak. Führende Hersteller von digitalen Druckmaschinen und Kopiergeräten wie Hewlett-Packard oder Xerox gehören ebenfalls zum Kundenkreis.

Den Grundstein für Böttcher legten zwei Firmen unabhängig voneinander: Die 1725 in Köln von Jacobus Loosen gegründete Gerberei und der rd. 150 Jahre später entstandene Leipziger Betrieb von Felix Böttcher für die Produktion von Gelatinewalzen. 1910 fusionierten die beiden mittelständischen Unternehmen zur „Buchdruckwalzenfabrik mit pneumatischem Betrieb GmbH". 1952 wurden erstmals elastomere Walzenbezüge statt der herkömmlichen Gelatinemasse eingesetzt.

Heute verfügt Böttcher über 39 Gesellschaften, Produktionsstätten und Beteiligungen auf allen Kontinenten. So wurde in den letzten 20 Jahren Druckern und Anwendern aus anderen Industriezweigen der direkte Zugang zu Böttcher-Produkten und -Dienstleistungen ermöglicht. Die traditionell wichtigsten Märkte sind Deutschland und Nordamerika, gefolgt von Westeuropa. Die „neuen" Märkte Osteuropa, Südamerika und Asien machen bereits mehr als ein Drittel des Gesamtumsatzes aus. Das Unternehmen beschäftigt weltweit etwa 1.750 Mitarbeiter, davon 700 in Deutschland. 2013 erzielte Böttcher einen Umsatz von rd. 220 Mio. Euro, dazu steuerte das Auslandsgeschäft 70 % bei. Das Familienunternehmen ist seit der Gründung inhabergeführt und wird heute von Franz-Georg Heggemann geleitet.

Daten und Fakten

Branche: Druck, Verpackung, Industrie
Produkte: elastomere Beschichtungen für Walzen und Sleeves, Druckchemikalien für Offset- und Flexodruck, Handläufe für Rolltreppen
Marktposition: Weltmarktführer für die Beschichtung rotationssymmetrischer Körper (Marktanteil 40 %), weltweiter Technologieführer in der Druckbranche
Umsatz: 220 Mio. Euro (weltweit, 2013)
Mitarbeiter: 1.750 weltweit (2013)
Standorte: 39 Gesellschaften, Produktionsstätten und Beteiligungen auf allen Kontinenten
Vertrieb: Direktvertrieb zu ca. 90 %, in manchen Ländern ergänzt durch grafische Fachhändler und andere Distributionspartner
Auslandsanteil: 70 % (2013)

Historische Aufnahme aus der Produktion und die heutige Böttcher-Zentrale in Köln

Böttcher im Internet

B
OW

Innovationen: elastomerbeschichtete Walzen mit maßgeschneiderten Coatings (2009); harte, teilweise metallische Beschichtungen für Walzen und Sleeves (2010)

Literatur:
Felix Böttcher GmbH (Hg.): Böttcher 1725–2000. Geschichte eines Familienunternehmens (2000)

Kontakt
Felix Böttcher GmbH & Co. KG
Stolberger Str. 351-353, 50933 Köln
Fon: 0221 4907-1, Fax: 0221 4907-420
www.boettcher-systems.com

BÖWE SYSTEC

Augsburg, Bayern

Gegründet: 1945

BÖWE SYSTEC mit Hauptsitz in Augsburg ist europaweiter Marktführer für Hochleistungs-Kuvertieranlagen, Kartenlogistik und -versand, Lesetechnologien, Postsortierung sowie innovative Software. Weltweit gehört das Unternehmen zu den führenden Anbietern von Druck- und Postverarbeitungszentren, die u. a. von Telekommunikationsunternehmen, Energieversorgern, Banken und Versicherungen oder Postdienstleistern eingesetzt werden. Dank strategischer Allianzen mit Partnern aus den Bereichen Datenmanagement, Print, Druckvor- und -nachverarbeitung sowie Brieflogistik ist BÖWE SYSTEC ein global agierender Komplettanbieter für den Mailroom.

Gegründet wurde das Unternehmen im Jahr 1945 von Max Böhler und Ferdinand Weber, die zunächst Reinigungsmaschinen, später dann Schneidemaschinen für Papier entwickelten und herstellten. Heute gehören zum Unternehmen 18 Tochtergesellschaften in Europa, den USA und Japan sowie lokale Generalvertretungen für über 50 weitere Länder. Insgesamt beschäftigte BÖWE SYSTEC Ende 2013 rd. 1.100 Mitarbeiter, die für einen Umsatz von 124 Mio. Euro sorgten. Derzeit hält das Unternehmen 59 Patentfamilien mit 160 Patenten. Das Produktportfolio wurde in 2013 um die Marke topSenso erweitert, seitdem bietet BÖWE SYSTEC auch Hochleistungs-Lesetechnologie für schnelle industrielle Anwendungen, etwa in den Branchen Pharma, Food, Print oder Automotive. Seit 2010 gehört die BÖWE SYSTEC GmbH zur Possehl-Gruppe, einziger Gesellschafter der L. Possehl & Co. mbH ist die gemeinnützige Possehl-Stiftung in der Hansestadt Lübeck.

Kontakt
BÖWE SYSTEC GmbH
Werner-von-Siemens-Str. 1, 86159 Augsburg
Fon: 0821 5702-0, Fax: 0821 5702-234
info@boewe-systec.com
www.boewe-systec.com

BPW

Wiehl, Nordrhein-Westfalen

Gegründet: 1898

Die BPW Bergische Achsen Kommanditgesellschaft wurde 1898 gegründet und hat sich in über 115 Jahren zu einem global agierenden Systemanbieter mit einem breiten Produkt- und Dienstleistungsportfolio für die Nutzfahrzeugindustrie entwickelt. Bis heute ist die BPW ein Familienunternehmen, zu dem mittlerweile 50 internationale Gesellschaften mit mehr als 5.500 Mitarbeitern gehören – darunter die produzierenden Tochtergesellschaften Transport-Teknik A/S (Beleuchtungssysteme), HBN-Teknik A/S (Kunststofftechnologie), F. Hesterberg & Söhne GmbH & Co. KG (Aufbautentechnik) und idem telematics GmbH (Truck- und Trailer-Telematik).

Mit Michael Pfeiffer, Uwe Frielingsdorf, Achim Kotz und Markus Schell stehen vier persönlich haftende geschäftsführende Gesellschafter an der Spitze der BPW Gruppe, die sich als Mobilitätspartner der Speditionen und Fuhrparkbetreiber versteht. Im Mittelpunkt steht die Entwicklung effizienter und zukunftsorientierter Lösungen für sichere und transparente Verlade- und Transportprozesse. Das große Netzwerk der Unternehmensgruppe mit weltweit mehr als 3.200 Servicepartnern gewährleistet für international operierende Flotten im Bedarfsfall schnelle Hilfe und beste Ersatzteilverfügbarkeit.

Ihrem Stammsitz im Oberbergischen Kreis ist BPW seit jeher verbunden. An drei Standorten in Wiehl, Brüchermühle und Hunsheim beschäftigt das Unternehmen ca. 1.600 Mitarbeitende, über 120 Auszubildende beginnen hier ihren Berufsweg in 17 verschiedenen Ausbildungsberufen.

Kontakt
BPW Bergische Achsen Kommanditgesellschaft
Ohlerhammer, 51674 Wiehl
Fon: 02262 78-0, Fax: 02262 78-1516
info@bpw.de, www.bpw.de

Brabender

Duisburg, Nordrhein-Westfalen

Gegründet: 1923

Die Brabender® GmbH & Co. KG mit Sitz in Duisburg ist Spezialist für Geräte und Ausrüstungen zur Materialprüfung. Im Bereich der Nahrungsmittel-Messtechnik ist das Familienunternehmen Weltmarktführer. Geräte zur Probenvorbereitung, Getreide-Annahme, Qualitätskontrolle und Extrusion sind im Portfolio. Für die Qualitätskontrolle von Mehl und Teig ist die Anwendung von Brabender®-Geräten in internationalen Standards vorgesehen. Zur Prüfung von Kunststoffen bietet Brabender® u. a. Rheometer an, die an die Messkneter und -extruder angeschlossen werden. Diese untersuchen die Verarbeitbarkeit von Polymeren und simulieren Produktionsprozesse im Labormaßstab. Die Brabender®-Gruppe beschäftigt heute rd. 400 Mitarbeiter und ist in 116 Ländern weltweit vertreten.

Kontakt
Brabender® GmbH & Co. KG
Kulturstr. 51–55, 47055 Duisburg
www.brabender.com

BRAIN

Zwingenberg, Hessen

B·R·A·I·N

Gegründet: 1993

Die BRAIN AG ist ein auf die Nutzung biologischen Wissens spezialisiertes Technologieunternehmen, das in Europa auf dem noch jungen Feld der weißen, industriellen Biotechnologie eine führende Position einnimmt. Dr. Holger Zinke, der als Vorsitzender gemeinsam mit Dr. Jürgen Eck den Vorstand der BRAIN AG bildet, war 1993 einer der Gründer des Unternehmens.

Auf Basis eines umfangreichen Bioarchivs entwickelt BRAIN Mikroorganismen, genetische Metagenom-Bibliotheken sowie neue Produktionsorganismen, Enzyme, Biokatalysatoren und bioaktive Naturstoffe für die Chemie-, Lebensmittel-, Konsumgüter- und Kosmetikindustrie. Bisher wurden mehr als 90 Industriekooperationen mit renommierten Unternehmen wie BASF, Clariant, Evonik, Henkel, RWE und vielen mehr abgeschlossen. Das Geschäftsmodell basiert auf den drei Säulen „Produktions-Mikroorganismen & Designer-Stämme", „Bioaktive Naturstoffe" sowie „Enzyme & Biokatalysatoren". Das

»Das Zeitalter der Biologisierung von Schlüsselindustrien ist angebrochen und zeigt die wachsende Bedeutung der Bioökonomie für unsere Wirtschaft.«

Dr. Holger Zinke, Vorstandsvorsitzender BRAIN AG

Dr. Holger Zinke und Dr. Jürgen Eck (v. l.) leiten das Unternehmen BRAIN, das seinen Sitz im hessischen Zwingenberg hat.

BRAIN

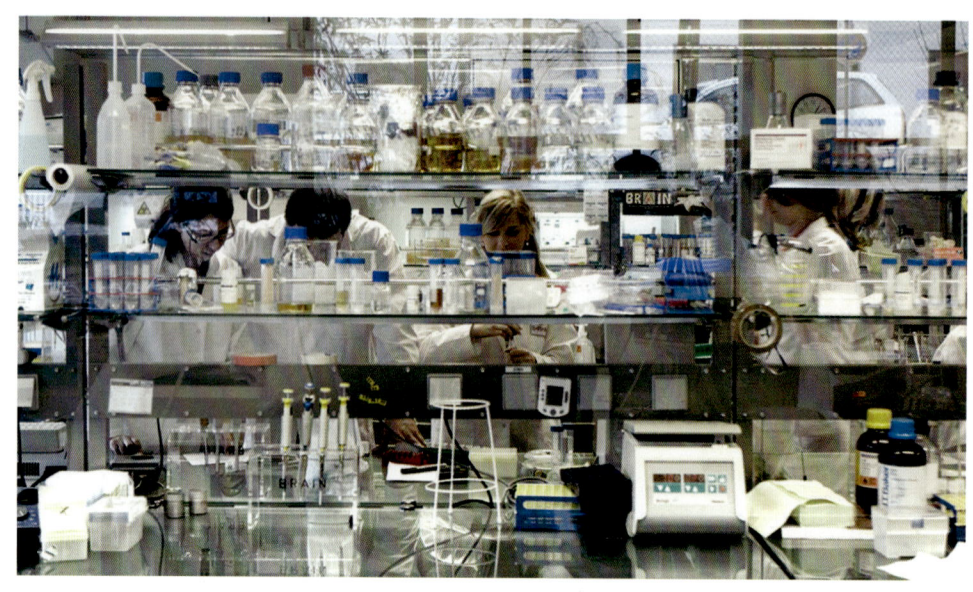

Blick in ein Molekularbiologie-Labor der BRAIN AG. Die Wissenschaftler bringen Zellen im Reagenzglas die Fähigkeit bei, bioaktive Stoffe in großen Mengen wirtschaftlich herzustellen.

Screening mithilfe von Robotern (oben), Arbeit mit genetischen Metagenom-Bibliotheken (Mitte), fermentative Herstellung von bioaktiven Naturstoffen (unten)

Fundament bildet dabei das proprietäre Bio-Archiv, in dem hunderte Millionen von Genen und Stoffwechselwegen von mikrobiellen Isolaten sowie unkultivierbaren Mikroorganismen in Form von durchmusterbaren Genbanken abgelegt sind. Allen technischen Lösungen liegt dabei die Idee zugrunde, die in der Natur vorkommende, aber bislang unerschlossene mikrobielle Kreativität und Vielfalt für industrielle Anwendungen nutzbar zu machen.

Forschung in strategischen Allianzen

In den beiden strategischen Allianzen NatLifE 2020 und ZeroCarbFP forscht BRAIN an Zukunftsthemen. Die Forschungsprogramme werden zum Teil vom Bundesministerium für Bildung und Forschung (BMBF) cofinanziert.

Die Innovationsallianz ZeroCarbFP besteht unter der Federführung der Emscher Genossenschaft Lippe Verband aus 21 Unternehmen und akademischen Forschungseinrichtungen. Sie suchen gemeinsam Möglichkeiten zur Herstellung werthaltiger Produkte aus kohlenstoffreichen Abfallströmen – wie z. B. Rauchgas aus Kraftwerken oder Industrieabwässern – mithilfe von Mikroorganismen. BRAIN bringt hier das technologische Fachwissen mit ein. Für die biotechnologische Herstellung hochwertiger Produkte wollen sich die Industriepartner auf Biokunststoffe, Flugzeugenteisungsmittel, Erzlaugungstechnologien (Green Mining) und Zusätze für die Herstellung von Hightech-Ölen und -Fetten konzentrieren.

Die Allianz NatLifE 2020 wird von der BRAIN AG koordiniert. Die 22 Partner der Allianz haben es sich zum Ziel gesetzt, eine neue Generation natürlicher, bioaktiver Wirkstoffe und Systeme für die Lebensmittel- und Kosmetikindustrie zu entwickeln. Dazu zählen z. B. sensorische Zellen, wie etwa Geschmacks- und Sensorikzellen. Die Forscher bei BRAIN haben diese Zellen so umfunktioniert, dass sie sich im Labor unendlich vermehren und sich damit als Testsystem eignen, um etwa Sensorik- oder Geschmacksmodulatoren in vitro zu identifizieren. Ziel sind u. a. gesündere Formulierungen für die Nahrungsmittelindustrie durch Reduktion von Zucker, Salz und Fett bei gleichbleibendem Geschmack.

BRAIN

Schon gewusst?

2008 wurde Dr. Holger Zinke stell BRAIN mit dem Deutschen Umweltpreis ausgezeichnet, da er als einer der Ersten die zunehmende Bedeutung der Bioökonomie erkannte. Der BRAIN-Vorstand ist Mitglied des von der Bundesregierung berufenen Bioökonomierats und seit 2013 im Bioeconomy Panel der EU-Kommission aktiv.

Das Unternehmen hat seinen Sitz seit 1996 in einem denkmalgeschützten Bauhaus-Gebäude in Zwingenberg. 2010 wurden die Büro-, Forschungs-, Entwicklungs- und Produktionskapazitäten auf eine Fläche von mehr als 3.500 m² mehr als verdoppelt. BRAIN beschäftigt am Standort Zwingenberg 116 Mitarbeiter, davon zu je einem Drittel promovierte Naturwissenschaftler, Ingenieure sowie Laboranten und Techniker. Zur BRAIN-Gruppe mit mittlerweile 6 Unternehmensbeteiligungen gehören insgesamt 190 Mitarbeiter.

Diese Beteiligungen reflektieren die Erweiterung des BRAIN-Geschäftsmodells vom reinen Technologie-Entwickler hin zu einem voll integrierten Industrieunternehmen mit produzierenden Satelliten und jeweils eigenem etablierten Marktzugang mit dem Ziel, das wirtschaftliche Potenzial des industriellen Wandels zu nutzen. Die weiße Biotechnologie ist innerhalb der sich etablierenden Bioökonomie mit Umsätzen von ca. 100 Mrd. Euro im Jahr 2013 schon heute ein bedeutender Wirtschaftszweig und besonders in technologiestarken, aber rohstoffarmen Nationen für die Zukunft wichtig. 2013 wurde BRAIN aufgrund der langjährigen außerordentlichen Leistungen bei der Biologisierung von Industrien und der Etablierung der Bioökonomie durch ein einzigartiges komplexes Netzwerk von industriellen Partnern entlang der Wertschöpfungsketten mit dem European BIOTECHNICA Award ausgezeichnet.

Neuartige Enzyme und umfangreiche Biokatalysator-Banken werden durch BRAIN in Genbibliotheken aus nichtkultivierten Mikroorganismen identifiziert.

Daten und Fakten

Branche: Biotechnologie
Produkte: Mikroorganismen, genetische Metagenom-Bibliotheken, Produktionsmikroorganismen, Designer-Mikroorganismen, Enzyme, Biokatalysatoren, bioaktive Wirkstoffe für Nahrungsmittel & Kosmetik- und Medizinprodukte, Green Mining
Marktposition: eines der führenden Unternehmen der weißen, industriellen Biotechnologie in Europa
Mitarbeiter: 116 (2014)
Gründer: vierköpfiges Gründerteam, darunter Dr. Holger Zinke, 1993, Darmstadt
Auszeichnungen: „Hessischer Innovationspreis" (1997); „365+1 Orte im Land der Ideen" (Deutschland – Land der Ideen e. V., 2008); „Deutscher Umweltpreis" (2008); „Hidden Champion" (2013); „European Biotechnica Award" (2013)

Kontakt
BRAIN AG
Darmstädter Str. 34-36, 64673 Zwingenberg
Fon: 06251 9331-0, Fax: 06251 9331-11
public@brain-biotech.de, www.brain-biotech.de

Ansprechpartner Presse & Investor Relations
Dr. Martin Langer
Fon: 06251 9331-16
ml@brain-biotech.de

BRAIN im Internet

BRAND

Wertheim, Baden-Württemberg

Gegründet: 1949

Die BRAND GMBH + CO KG entwickelt und fertigt mit rd. 450 Mitarbeitern Laborprodukte in Wertheim sowie im Rhein-Main-Gebiet und zählt zu den Marktführern bei Volumenmess- und Dosiergeräten sowie anspruchsvollen Kunststoffprodukten für das Labor. Die Produktpalette reicht von klassischen Volumenmessgeräten aus Glas und Kunststoff über Liquid-Handling-Geräte wie Dispenser, Büretten, Mikroliterpipetten und Handdispenser mit zugehörigem Verbrauchsmaterial bis hin zu hochwertigen Kunststoffprodukten für Life-Science-Anwendungen. Das gesamte Fachwissen ist auch für kundenindividuelle Anlagen wie vollautomatische Dosieranlagen und Teilefertigung aus Kunststoff im Spritzguss bzw. der Extrusionsblastechnik verfügbar. BRAND Produkte setzen weltweite Standards in anspruchsvollen Laboratorien der Industrie, Forschung und Lehre in den Bereichen Chemie, Medizin, Pharmazie und Life Sciences.

Mit eigenen Niederlassungen, Vertriebsbüros und Repräsentanzen innerhalb Europas, Lateinamerikas, Asiens, Nordamerikas und Kooperationen mit Vertriebspartnern in über 120 Ländern bietet BRAND den Anwendern umfassenden Service vor Ort. Hierzu zählen auch Dienstleistungen wie ausführliche Applikationshinweise, Informationen zur Prüfmittelüberwachung sowie Wartungs- und Kalibrierservice. Das Familienunternehmen befindet sich im Besitz von Dr. Christoph Schöler und Helmut Schöler. Dr. Christoph Schöler führt zusammen mit Hans-Walter Kern, Peter Mahler und Peter Schütte die Geschäfte.

Kontakt

BRAND GMBH + CO KG
Otto-Schott-Str. 25, 97877 Wertheim
Fon: 09342 808-0, Fax: 09342 808-98000
info@brand.de, www.brand.de

Brasseler

→Gebr. Brasseler

Breithaupt & Sohn

Kassel, Hessen

Gegründet: 1762

Der Name Breithaupt steht seit über 250 Jahren für hochwertige Präzisionsmessinstrumente aus Kassel. Das Produktangebot der F. W. Breithaupt & Sohn GmbH & Co. KG umfasst u. a. Kompasse, Nivelliere, Theodolite und andere feinmechanisch-optische und elektronische Instrumente für Winkel- und Richtungsmessungen. Die Instrumente werden in mehr als 140 Ländern verkauft. Über das Serienprogramm hinaus stellt F. W. Breithaupt & Sohn ab Losgröße 1 kundenorientierte Sonderinstrumente her. Gründer des Unternehmens war 1762 Johann Christian Breithaupt, der mit der Fertigung astronomischer, medizinischer und mechanischer Geräte begann. 2006 trat mit Dr. Hans-Friedrich Breithaupt die 8. Generation in die Geschäftsführung ein. Damit setzt sich die Tradition fort, dass stets ein oder mehrere Söhne der Familie das Unternehmen fortführen.

Kontakt

F. W. Breithaupt & Sohn GmbH & Co. KG
Adolfstr. 13, 34121 Kassel
www.breithaupt.de

Brenntag

Mülheim an der Ruhr, Nordrhein-Westfalen

![BRENNTAG]

Gegründet: 1874

Brenntag ist weltweit führend in der Distribution von Industrie- und Spezialchemikalien. Rund 10.000 Produkte werden an weltweit 170.000 Kunden geliefert. Diese benötigen Chemikalien für unterschiedliche Anwendungen in Bereichen wie Beschichtungen, Nahrungsmittel, Öl und Gas, Pharma, Körperpflege sowie Trinkwasseraufbereitung. Zum Service gehören Mischungen und Formulierungen, Neuverpackung, Bestandsverwaltung und Abwicklung der Gebinderückgabe sowie technischer Service und Just-in-time-Lieferung. Außerdem können die Kunden Beratung und Umsetzung von spezifischen Anwendungstechniken erhalten. An 480 Standorten in 70 Ländern sind über 13.000 Mitarbeiter für Brenntag tätig, die 2013 einen Umsatz von 9,8 Mrd. Euro erzielten. Damit liegt laut BostonConsulting der Marktanteil am weltweiten Chemikalienumsatz bei 5,9 %. Bezogen auf den Umsatz ist Brenntag in Europa und Mittelamerika Marktführer sowie in Nordamerika unter den Top 3.

Philipp Mühsam gründete 1874 in Berlin einen Eiergroßhandel. Sein Unternehmen stieg 1912 in den Chemiegroßhandel ein. Seit 1938 firmierte man unter Brennstoff-, Chemikalien- und Transport AG, seit 1944 ist Brenntag in Mülheim an der Ruhr ansässig. In den 1950er-Jahren gingen die Erweiterung der Produktlinie um anorganische und organische Chemikalien, Lösungsmittel, Kunststoffe, Harze und Spezialchemikalien und die Ausweitung der Lagerkapazitäten Hand in Hand. Die Internationalisierung begann 1966. 2008 erfolgte der Markteintritt in Asien, 2011 in China. Seit dem Börsengang 2010 gehört Brenntag dem MDAX an. Neben der geografischen gibt es eine qualitative Wachstumstrategie: Es sollen Kundenbranchen und Geschäftsbereiche übernommen werden, die von den Chemieproduzenten ausgegliedert werden.

Kontakt
Brenntag AG
Stinnes-Platz 1, 45472 Mülheim an der Ruhr
Fon: 0208 7828-0, Fax: 0208 7828-698
infobrag@brenntag.com, www.brenntag.com

BRITA

Taunusstein, Hessen

![BRITA]

Gegründet: 1966

BRITA ist die einzige globale Marke im Bereich der Trinkwasseroptimierung und in vielen Ländern ein Synonym für Wasserfilter. Das Taunussteiner Unternehmen hat sich seit seinen Anfängen als Erfinder des Tisch-Wasserfilters und Einmannbetrieb vor fast 50 Jahren längst zu einer international erfolgreich agierenden Unternehmensgruppe entwickelt, unverändert in Familienbesitz.

BRITA Tisch-Wasserfilter gibt es in den unterschiedlichsten Ausführungen.

»Wir werden die Art und Weise, wie Menschen Wasser trinken, nachhaltig verändern.«

Vision aus der Unternehmensstrategie

BRITA

Markus Hankammer leitet das Familienunternehmen BRITA, dessen Sitz im hessischen Taunusstein liegt, in 2. Generation.

Brita GmbH im Internet

Meilensteine

1966 Gründung von BRITA in Deutschland durch Heinz Hankammer

1970 Erster Tisch-Wasserfilter für den Haushalt

1980 Der erste Professional-Wasserfilter für den gewerblichen Bereich kommt auf den Markt. Beginn des internationalen Vertriebs

1992 BRITA erhält das Prädikat „Frauenfreundlicher Betrieb". Einführung des ersten Recyclingprogramms für Filterkartuschen

1998 BRITA wird in Südafrika der Standard für Tisch-Wasserfilter.

2001 Einführung des weltweit ersten Wasserkochers mit integriertem Wasserfilter in Großbritannien

2004 Start der neuen Geschäftsidee „BRITA Integrated Solutions"

2010 BRITA feiert die offizielle Eröffnung seines neuen Firmenhauptsitzes auf dem BRITA Campus in Taunusstein und steigt in das neue Marktsegment „leitungsgebundene Wasserspender" ein.

2012 BRITA veröffentlicht Nachhaltigkeitsbericht 2012 mit Product Carbon Footprint für einen BRITA Tisch-Wasserfilter.

2013 Einführung 4-Wege-Küchenarmatur BRITA Neo 4 für gefiltertes, gekühltes und auch gesprudeltes Wasser

Herzstück der Unternehmensstrategie ist Verantwortung – für die Gesellschaft und die Umwelt, für die Mitarbeiter und die Qualität der Produkte. Als „Hidden Champion" hat BRITA eine Marktnische entdeckt, den Markt dafür geschaffen und diesen weltweit beständig ausgebaut. Heute entwickelt, produziert und vertreibt das Unternehmen ein breites Sortiment von Trinkwasserfiltern für den Haushalt und für unterwegs, effiziente Filterlösungen für Großgeräte der Hotellerie, Gastronomie oder die Vendingindustrie sowie leitungsgebundene Wasserspender für Büros, Krankenhäuser und Schulen. Durch 17 Tochtergesellschaften, Distributoren, Partnerunternehmen und Beteiligungen sind BRITA-Wasserfilter in über 60 Ländern auf allen fünf Kontinenten das Produkt der Wahl, wenn es um die Optimierung und Individualisierung von Trinkwasser geht. Entsprechend liegt ein besonderer Schwerpunkt auf Forschung und Entwicklung: 5 % des Umsatzes fließen alljährlich in diesen Bereich. Die jahrzehntelange Expertise ist eine solide Basis für Innovationen. Das belegen u. a. über 160 im In- und Ausland angemeldete Patente. Kontinuierliche interne und externe Tests gewährleisten die nachhaltig hohe Qualität. Und auch das mehrfach ausgezeichnete BRITA-Produktdesign trägt zum Renommee bei.

Engagement für Umwelt und Gesellschaft ist fester Bestandteil der Unternehmenskultur. Bereits 1992 führte BRITA das Kartuschen-Recycling für erschöpfte Kartuschen ein; ab 2010 stellte BRITA an drei Standorten mit Verwaltung und Produktion auf 100 % TÜV-zertifizierten Ökostrom aus Wasserkraft um. Seit fast 30 Jahren unterstützt das Unternehmen den Fußballverein SV Wehen Wiesbaden und fördert international vielfältige soziale Initiativen.

Daten und Fakten

Branche: Chemie
Produkte: Trinkwasserfilter
Marktposition: mit der einzigen globalen Marke in diesem Segment einer der führenden Anbieter weltweit
Umsatz: 332,5 Mio. Euro (2013)
Mitarbeiter: 1.182 weltweit, davon 647 in Deutschland (2013)

Brose

Standorte: Deutschland, Australien, China, Frankreich, Großbritannien, Italien, Japan, Kanada, Korea, Polen, Russland, Schweiz, Spanien/Portugal, Taiwan, USA
Vertrieb: durch eigene Tochtergesellschaften, Vertreiber, Partnerunternehmen und Beteiligungen in rd. 60 Ländern auf allen fünf Kontinenten
Patente: über 160 internationale Patente
Gründer: Heinz Hankammer, 1966, Taunusstein

Kontakt
Brita GmbH
Heinrich-Hertz-Str. 4, 65232 Taunusstein
Fon: 06128 746-0, Fax: 06128 746-355
info@brita.net, www.brita.net

Broetje-Automation

Wiefelstede, Niedersachsen

Gegründet: 1919
Die Broetje-Automation GmbH ist der weltweit führende Experte für Produktionsprozesse der Luft- und Raumfahrtindustrie. Das Leistungsportfolio umfasst das gesamte Know-how für alle in der Luftfahrtindustrie relevanten Prozesse, von der Ideenfindung über die Konzeptanalyse, Planung und Simulation bis zur Umsetzung. Mit mehr als 640 Mitarbeitern an Standorten in Deutschland, den USA, Frankreich, Großbritannien, Russland, Japan und China plant und realisiert das Unternehmen hoch effiziente Lösungen für die Flugzeugmontage. 1979 ist Broetje-Automation aus dem Rasteder Unternehmen August Brötje für Maschinenbau und Heiztechnik hervorgegangen. 2013 hatte Broetje einen Umsatz von rd. 100 Mio. Euro. Die Geschäftsführung haben Bernd Schröder und Ingo Körner inne.

Kontakt
Broetje-Automation GmbH
Stahlstr. 1-5, 26215 Wiefelstede
www.broetje-automation.de

Brose

Coburg, Bayern

Gegründet: 1908
Die Brose Gruppe ist einer der weltweit führenden Anbieter mechatronischer Systeme und Elektromotoren für Karosserie und Innenraum von Kraftfahrzeugen. Die Wurzeln des Unternehmens reichen bis 1908 zurück, als der Kaufmann Max Brose in Berlin ein Handelsgeschäft für Automobilausrüstung gründete. Heute ist jedes dritte weltweit produzierte Auto mit mindestens einem Brose Erzeugnis ausgestattet. Das Unternehmen beliefert international rd. 80 Automobilmarken sowie über 30 Zulieferer. Brose ist Weltmarktführer bei Fensterhebern, Türsystemen, Schlossmodulen, Motoren für Elektrische Bremssysteme (EBS), Getriebeaktuatoren, Heiz- und Klimagebläsen sowie Kühlerlüftermodulen. Bei elektrischen Sitzverstellungen ist der Mechatronik-Spezialist führend in Europa. An 57 Standorten in 23 Ländern sind mehr als 22.000 Mitarbeiter für die Gruppe tätig. Aktuell liegt das Geschäftsvolumen bei 5 Mrd. Euro. Damit ist Brose in seiner Branche das fünftgrößte Unternehmen der Welt in Familienbesitz. Seine führende Marktposition verdankt der Zulieferer nicht zuletzt seiner Innovationskraft: Rund 8 % des Umsatzes fließen jährlich in die Entwicklung von Produkten und Fertigungsmethoden. Themenschwerpunkte sind Leichtbau, Effizienz, Funktionalität, Sicherheit und Komfort. Für die Zukunft plant Brose, seine Entwicklungs- und Produktionskompetenz weiter auszubauen und die weltweiten Aktivitäten insbesondere in Nordamerika und Asien zu verstärken.

Brückner Group

Kontakt

Brose Fahrzeugteile GmbH & Co.
Kommanditgesellschaft, Coburg
Ketschendorfer Str. 38-50, 96450 Coburg
Fon: 09561 21-0, Fax: 09561 21-1429
info@brose.com, www.brose.com

Brückner Group

Siegsdorf, Bayern

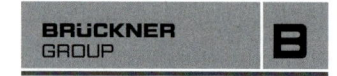

Gegründet: 1960

Die Brückner Group GmbH mit Hauptsitz in Siegsdorf ist eine mittelständische Unternehmensgruppe in Familienbesitz. Als einer der weltweit führenden Partner der Kunststoff- und Verpackungsindustrie entwickeln, projektieren, konstruieren und erstellen die einzelnen Mitglieder der Brückner Gruppe Sondermaschinen und komplette Produktionsanlagen. Unter dem Dach der Management-Holding und Führungsgesellschaft Brückner Group GmbH agieren die Gruppenmitglieder als Markt- und Technologieführer in ihren jeweiligen Märkten: Brückner Maschinenbau liefert Produktionsanlagen für die Herstellung von Folien für hochwertiges Verpackungsmaterial und technische Anwendungsbereiche. Im Bereich Folien-Strecktechnologie ist das Unternehmen weltweit klar die Nummer eins; Brückner Servtec hilft Folienherstellern, das volle Potenzial ihrer Produktionsanlagen auszuschöpfen; Kiefel ist ein weltweit tätiger Hersteller von Serien- und Sondermaschinen für die Verarbeitung von Kunststoff und PackSys Global ist ein führender Anbieter von Spezialmaschinen für die internationale Verpackungsindustrie.

Die Anfänge der Gruppe reichen ins Jahr 1960 zurück, als Gernot Brückner die ersten Maschinen zur Herstellung von Kunststoff-Folien auf den Markt brachte. Bis heute wurde nicht nur die Folien-Strecktechnologie weiterentwickelt, aus dem Einzelunternehmen wurde vielmehr eine Firmengruppe, die von der langfristigen, strategischen Orientierung eines Familienunternehmens geprägt ist. Von Beginn an standen globales Denken und Handeln bei Brückner im Vordergrund, enge Beziehungen zu den heutigen Schlüsselmärkten wurden bereits vor Jahrzehnten weltweit geknüpft. Die Brückner Group beschäftigt rd. 1.800 Mitarbeiter an 21 Standorten auf 4 Kontinenten.

Kontakt

Brückner Group GmbH
Königsberger Str. 5-7, 83313 Siegsdorf
Fon: 08662 63-0, Fax: 08662 63-9101
management@brueckner.com
www.brueckner.com

BSH Bosch und Siemens Hausgeräte

München, Bayern

Gegründet: 1967

Ob Kühlschrank, Geschirrspüler, Staubsauger oder Kaffeemaschine – als einer der weltweit führenden Hausgerätehersteller ist die BSH Bosch und Siemens Hausgeräte GmbH mit ihren Produkten ein fester Bestandteil im Leben vieler Menschen. Was 1967 als Gemeinschaftsunternehmen der Robert Bosch GmbH (Stuttgart) und der Siemens AG (München) begann, hat sich innerhalb von fast fünf Jahrzehnten zu einer außergewöhnlichen Erfolgsgeschichte entwickelt. Heute ist die BSH die Nummer drei der Welt und produziert in 41 Fabriken in 13 Ländern in Europa, USA, Lateinamerika und Asien das gesamte Spek-

»Die Konsumentenperspektive bestimmt unsere gesamte Unternehmensstrategie.«

Dr. Karsten Ottenberg,
Vorsitzender der
Geschäftsführung

BSH Bosch und Siemens Hausgeräte

B
SH

Mit ihren innovativen Hausgeräten möchte die BSH das Leben der Konsumenten erleichtern.

trum moderner Hausgeräte. Ausschlaggebend für den Erfolg der BSH ist das Vertrauen, das die Kunden in das Unternehmen und seine Marken setzen. Dieses gründet nicht zuletzt auf preisgekrönten Produkten, die sich durch Langlebigkeit, Bedienfreundlichkeit, Energieeffizienz und durchdachtes Design auszeichnen, sowie auf einem weltweiten Kundendienstnetzwerk mit rd. 7.000 kompetenten und verlässlichen Mitarbeitern.

Ein weiterer Grund für die positive Bilanz der BSH, die sich 2013 auch in einem Umsatz von 10,5 Mrd. Euro widergespiegelt hat, ist das Verständnis für die Bedürfnisse der Konsumenten. Koch- und Waschgewohnheiten sind kulturell geprägt. Dieser Herausforderung begegnet die BSH mit einer stärkeren Fokussierung auf regionale Entwicklungszentren und einer offenen Innovationskultur zwischen den Entwicklern auf der ganzen Welt.

Die Unternehmenszentrale der BSH hat ihren Sitz in München. Seit Juli 2013 ist Dr. Karsten Ottenberg Vorsitzender der Geschäftsführung.

Einfach erklärt: Die Home-Connect-App

90 % der Haushalte verfügen über Hausgeräte unterschiedlicher Marken, die die Menschen einfach und flexibel bedienen wollen. Mit der kostenlosen und TÜV-IT-geprüften Home-Connect-App ist genau das möglich. Die Verbraucher können via Smartphone oder Tablet-PC und mittels WLAN und einer Internetverbindung ganz einfach Geräte verschiedener Marken und Hersteller steuern – auch von unterwegs. Auf der IFA 2014 wurden die ersten vernetzten Hausgeräte der Marken Bosch und Siemens präsentiert. Home Connect basiert auf einem umfassenden Sicherheitskonzept und ist als offene Plattform konzipiert, die sich mit einem zunehmenden Serviceangebot stetig weiterentwickelt. So wird es künftig auch möglich sein, vom Supermarkt aus einen Blick in den Kühlschrank zu werfen – dank integrierter Kamera, die Bilder vom Kühlschrankinneren auf das Smartphone sendet. Die Einkaufsliste samt passender Rezeptideen gibt es obendrauf.

BSH Bosch und Siemens Hausgeräte

B
SH

In Traunreut (Bayern) produziert BSH Herde und Kochfelder (oben), das Werk im brandenburgischen Nauen stellt Waschmaschinen her (Mitte) und das BSH-Werk in Dillingen (Bayern) ist Europas größte Geschirrspülerfabrik.

BSH Bosch und Siemens Hausgeräte GmbH im Internet

Meilensteine

1967 Gründung der BSH Bosch und Siemens Hausgeräte GmbH als Gemeinschaftsunternehmen der Robert Bosch GmbH und der Siemens AG

1967 3 Fabriken in Deutschland, 7 Gesellschaften, 14.000 Mitarbeiter, Umsatz 0,5 Mrd. Euro

1982 Übernahme der Marke Neff

1990 13 Fabriken in Deutschland, Griechenland und Spanien, 41 Gesellschaften, 23.000 Mitarbeiter, Umsatz 3,3 Mrd. Euro

1996 BSH-Produkte werden in China hergestellt und verkauft.

2004 Beitritt zum Global Compact der Vereinten Nationen

2008 Energieeffizientester Trockner der Welt durch Wärmepumpentechnologie

2010 i-DOS, automatische millilitergenaue Waschmitteldosierung, reduziert den Wasserverbrauch.

2011 Eröffnung Technologiezentrum Wäschepflege Berlin

2013 Eröffnung einer Fabrik für Slimline-Waschmaschinen in St. Petersburg

Für alle gilt dabei das Ziel: das Leben des Konsumenten mit technischen Innovationen zu erleichtern. Die Vernetzung von Hausgeräten spielt hier eine entscheidende Rolle. Mittels Smartphone oder Tablet-PC können Nutzer ihre Hausgeräte bequem von unterwegs steuern oder schon bald Einkaufslisten auf Basis der im Kühlschrank noch vorrätigen Lebensmittel erstellen.

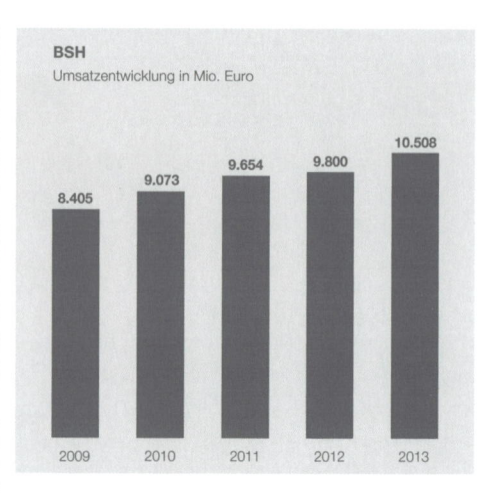

BSH
Umsatzentwicklung in Mio. Euro

2009	2010	2011	2012	2013
8.405	9.073	9.654	9.800	10.508

Ihre Umsatzzahlen veröffentlicht die BSH im jährlich erscheinenden Geschäftsbericht.

Hinter den innovativen Produkten und Technologien stehen die Mitarbeiter der BSH. Deshalb fördert der Hausgerätehersteller seine Mitarbeiter mit umfassenden Weiterbildungsmaßnahmen und internationalen Karrieremöglichkeiten, aber auch mit sozialen Leistungen und einem professionellen Gesundheitsmanagement. Das macht die BSH zu einem international attraktiven Arbeitgeber, der 2014 bereits zum zweiten Mal in Folge vom unabhängigen Top Employers Institute als „Top Employer Europe" ausgezeichnet wurde. Als weltweit agierendes Unternehmen bekennt sich die BSH auch zu ihrer gesellschaftlichen Verantwortung und richtet ihr Handeln an den Prinzipien aus, die von den Vereinten Nationen zu den Themen Menschenrechte, Arbeitsbeziehungen und Umweltschutz formuliert wurden. Maßstäbe setzt die BSH beispielsweise in Sachen Energieeffizienz: In einem sogenannten Supereffizienz-Portfolio fasst die BSH als erster Hausgerätehersteller die sparsamsten am Markt verfügbaren Geräte zusammen und leistet damit einen maßgeblichen Beitrag zur Ressourcenschonung.

Daten und Fakten

Branche: Weiße Ware / Hausgeräte
Produkte: u. a. Geschirrspüler, Kühlschränke, Elektroherde, Waschmaschinen, Küchenmaschinen, Staubsauger

burgbad

Marken: Hauptmarken: Bosch und Siemens; Spezialmarken: Gaggenau, Neff, Thermador, Constructa, Viva, Ufesa, Junker und Zelmer. Regionalmarken Balay (Spanien), Pitsos (Griechenland), Profilo (Türkei) und Coldex (Peru).
Marktposition: weltweit Nummer 3 unter den Hausgeräteherstellern
Innovationen: energieeffizientester Geschirrspüler der Welt mit Zeolith®-Trocknungssystem (2008), energieeffizientester Trockner der Welt durch Wärmepumpentechnologie (2008), i-DOS dosiert vollautomatisch Flüssigwaschmittel bei Waschmaschinen (2010)
Gesamtumsatz: 10,5 Mrd. Euro (weltweit, 2013)
Mitarbeiter: ca. 50.000 weltweit (2013)
Geschäftsführung: Dr. Karsten Ottenberg (Vorsitzender der Geschäftsführung), Matthias Ginthum (Markenmanagement, Vertrieb und Logistik), Johannes Närger (Finanzen und Arbeitsdirektor)

Kontakt
BSH Bosch und Siemens Hausgeräte GmbH
Carl-Wery-Str. 34, 81739 München
Fon: 089 4590-01, Fax: 089 4590-2128
info@bshg.com, www.bsh-group.de

Kontakt Unternehmenskommunikation
Fon: 089 4590-2809
corporate.communications@bshg.com

Bühler Alzenau

Alzenau, Bayern

Gegründet: 1850
Die Bühler Alzenau GmbH, vormals Leybold Optics, gehört zum Schweizer Technologiekonzern Bühler AG. Das Traditionsunternehmen fertigt als weltweiter Marktführer der Dünnschicht-Technologie Vakuum-Beschichtungsanlagen u. a. für Architekturglas, Displays und Roll-to-Roll-Anwendungen. Des Weiteren stellt Bühler Beschichtungssysteme für die Präzisions- und Brillenoptik sowie die Automobil-, Verpackungs- und Elektronikindustrie her. Der Fokus liegt dabei auf Sputtern, Verdampfen, PECVD und Plasmaunterstützten und thermischen Prozessen. Die Bühler Alzenau GmbH beschäftigt 200 Mitarbeiter und sitzt im bayerischen Alzenau. Die Bühler Gruppe, mit Hauptsitz in Uzwil, ist international in 140 Ländern mit über 10.000 Mitarbeitern tätig.

Kontakt
Bühler Alzenau GmbH Business Unit Leybold Optics
Siemensstr. 88, 63755 Alzenau
www.buhlergroup.com

burgbad

Schmallenberg, Nordrhein-Westfalen

Gegründet: 1945
Die burgbad AG ist ein marktführender deutscher Hersteller von Möbeln und Einrichtungskonzepten für das Bad. Das Produktportfolio umfasst hochwertige Sanitärprodukte, Waschtische, Badewannen, Badmöbel und Spiegelschränke. Das Unternehmen bietet vielseitige Lösungen zur Verwirklichung von individuellen, stilsicheren Bädern in hoher ästhetischer und technischer Qualität. Seit 2010 ist das international agierende Unternehmen mit Produktionsstandorten in Greding, Lauterbach-Allmenrod, Bad Fredeburg und im französischen Nogent le Roi 100%ige Tochter des türkischen Industriekonzerns ECZACIBASI.

Das von Dieter Ruddies 1945 gegründete Unternehmen beschäftigt insgesamt rd. 700 Mitarbeiter. Der Vorstand wird durch Jörg Loew vertreten, Dr. Erdal Karamercan ist Aufsichtsratvorsitzender.

Kontakt
burgbad AG
Kirchplatz 10, 57392 Schmallenberg
www.burgbad.com

Burgmaier

Allmendingen, Baden-Württemberg

Gegründet: 1931

Burgmaier ist einer der international führenden Hersteller von einbaufertigen, hochpräzisen Dreh- und Frästeilen aus Stahl, Aluminium, Legierungen und Schmiederohlingen. Die global ansässigen Kunden des Familienunternehmens sind Automobilhersteller und deren Zulieferer sowie die Hydraulik- und Elektrobranche. Burgmaier verfügt neben dem Hauptsitz in Allmendingen über weitere Standorte in Laupheim sowie in Frankreich und der Slowakischen Republik. 700 Mitarbeiter sind in der Entwicklung, Konstruktion, Fertigung, Montage und Qualitätssicherung beschäftigt. Die Unternehmensgeschichte reicht bis in das Jahr 1931 zurück, als Hugo Burgmaier die „Elektrotechnische Fabrik und Fassondreherei" gründete. Heute führt Karl-Hugo Schick, der Enkel des Gründers, das Unternehmen gemeinsam mit Johann Bernhard und Andreas Guter.

Kontakt
BURGMAIER Technologies GmbH + Co KG
Hauptstr. 100-106, 89604 Allmendingen
www.burgmaier.com

Bürkert

Ingelfingen, Baden-Württemberg

Gegründet: 1946

Bürkert Fluid Control Systems mit Sitz in Ingelfingen deckt als weltweit einziger Anbieter den gesamten Prozess rund um das Arbeiten mit fluiden Medien ab. Das Portfolio enthält mehr als 30.000 Produkte und Systeme zum Messen, Steuern und Regeln von Gasen und Flüssigkeiten. Das Angebot reicht von einzelnen Ventilen, Sensoren und Reglern bis hin zu kompletten Automatisierungslösungen und Fluidsystemen auf Basis abgestimmter Schnittstellen.

Die Produkte und Lösungen kommen überall dort zum Einsatz, wo in Leitungen und Rohren domestizierte Flüssigkeiten und Gase im Spiel sind: von Zapfsäulen und Brauereianlagen über Beatmungsgeräte und

Meilensteine

1946 Christian Bürkert beginnt auf dem Bühlhof in Ingelfingen mit der Herstellung von Brutapparaten.

1948 Das erste Bürkert-Firmengebäude wird gebaut.

1953/54 Die ersten Stabtemperaturregler und Magnetventile entstehen.

1965 Bürkert gründet die ersten Niederlassungen im Ausland.

1980 Gründung der ersten Bürkert-Gesellschaften in Übersee

1993 Einführung prozessorientierter Organisationsstrukturen in Deutschland

2003 Die Prozessorganisation wird weltweit umgesetzt.

2007 Das Systemhaus als „Brutkasten für neue Lösungen" wird eröffnet.

2010 Bürkert wird mit dem Zertifikat zum „audit berufundfamilie" ausgezeichnet.

2014 Nominierung für den „Hermes Award" mit der Durchflussmess-Innovation FLOWave

Bürkert

Lösungen von Bürkert kommen u. a. bei der Getränkeabfüllung zum Einsatz.

Zahnarztstühle bis hin zu Wasserversorgungs- und Autowaschanlagen. Da Lösungen, die für eine bestimmte Branche entstanden sind, oft auch für andere Bereiche Gültigkeit haben, gliedert Bürkert sein Angebot nicht nach Branchen, sondern nach der Art der physikalischen Anwendung in die Segmente Water, Gas, Hygienic und Micro.

Unter dem Dach der Christian Bürkert GmbH & Co. KG beschäftigt das Unternehmen insgesamt mehr als 2.500 Mitarbeiter, davon rd. 1.400 in Deutschland. Der Gesamtumsatz lag 2013 bei 411 Mio. Euro, hierzu steuerte das Auslandsgeschäft rd. 80 % bei. Produktionsstätten sind am Hauptsitz Ingelfingen sowie in Criesbach, Öhringen, Gerabronn und Triembach/Frankreich angesiedelt. In fünf Systemhäusern auf drei Kontinenten arbeiten Techniker und Wissenschaftler mit Erfahrungen aus verschiedenen Prozessen eng

»Wenn wir bei unseren Projekten Erfahrung, Nähe und Mut richtig kombinieren, entsteht der Bürkert-Flow.«

Heribert Rohrbeck

Heribert Rohrbeck ist Geschäftsführer der Bürkert-Gruppe, die ihren Sitz in Ingelfingen hat.

Einfach erklärt: Mass Flow Controller

Die physikalische Gesetzmäßigkeit ist bekannt: Wärme fließt immer nur in Richtung geringerer Temperatur. Besitzt also ein Körper eine höhere Temperatur als seine Umgebung, gibt er seine Wärmeenergie an eine vorbeiströmende Masse ab. Die thermische/kalorimetrische Messmethodik macht sich dieses Prinzip der Wärmeleitung und des Wärmetransports in Gasen zunutze: Die thermischen Durchflusssensoren zur Bestimmung des Massenstroms von Gasen bestehen im Kern aus einem Heizelement sowie Temperaturfühlern. Das Heizelement erwärmt das durchströmende Gas, die Temperaturfühler messen die abgeführte Wärmemenge. Diese ist ein Maß für den vorliegenden Massenstrom des Gases. Der Massenstrom wiederum definiert – im Wortsinn – die Masse, also das Gewicht des strömenden Mediums. Ideal eignet sich der Einsatz von solchen Mass Flow Metern und Mass Flow Controllern für Anwendungsbereiche, in denen hohe Präzision und Reproduzierbarkeit gefordert wird – wie beispielsweise in der Brenner-, Beschichtungs- oder Brennstoffzellentechnik.

BÜRKLE

B UR

In seinen Systemhäusern erarbeitet Bürkert im Dialog mit den Kunden individuelle Lösungen.

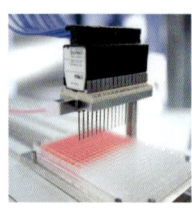

zusammen. Die kurzen Wege ermöglichen eine schnelle Reaktion auf Kundenanfragen und ganzheitliche Ausarbeitungen der Lösungen. Von den technischen Konzepten über die Kalkulation der Kosten bis zu Zerspanung, Montage von Prototypen, Erprobung und Dokumentation erfolgen alle Schritte an einem Ort. Im Fokus der Forschungsaktivitäten stehen bei Bürkert die Bereiche alternative Aktorik und Sensorik sowie die Simulation von Regelkreisen. Auch die insgesamt 258 Patente stehen für die Innovationskraft des Unternehmens.

Bürkert unterhält Vertriebsniederlassungen in 36 Ländern mit 800 eigenen Außendienstmitarbeitern, ergänzt wird der weltweite Vertrieb durch Verkaufsrepräsentanten und Händler.

Gegründet wurde das Unternehmen 1946 von Christian Bürkert. Er produzierte zunächst Temperaturregler für Brutapparate und Küchenherde. Meilensteine für die gesamte Ventiltechnik setzte Bürkert 1954 mit der Entwicklung der ersten kunststoffummantelten Magnetspule und 1988 mit dem ersten universell einsetzbaren modularen Ventilsystem. An der Spitze der Unternehmensgruppe, die sich nach wie vor zu 100 % im Besitz der Familie Bürkert befindet, steht seit 2005 der Geschäftsführer Heribert Rohrbeck.

Die Produkte und Lösungen von Bürkert kommen überall dort zum Einsatz, wo in Leitungen und Rohren domestizierte Flüssigkeiten und Gase im Spiel sind.

Bürkert Fluid Control Systems im Internet

Daten und Fakten

Branchen: Industrielle Mess-, Steuer- und Regeltechnik; Fluidtechnik
Produkte: Produkte und Systeme zum Messen, Steuern, Regeln von Gasen und Flüssigkeiten
Marktposition: einziger Anbieter weltweit, der den gesamten Prozess rund um das Arbeiten mit fluiden Medien abdeckt
Umsatz: 411 Mio. Euro (2013)
Mitarbeiter: über 2.500 (weltweit, 2014)
Standorte: Produktion in Ingelfingen, Criesbach, Öhringen, Gerabronn, Triembach/Frankreich; 36 Vertriebsniederlassungen weltweit; 5 Systemhäuser in Criesbach, Dresden, Dortmund, Charlotte/USA und Suzhou/China
Exportquote: 80 %
Innovationen: weltweit erste kunststoffummantelte Magnetspule (1954), erstes universell einsetzbares modulares Ventilsystem (1988), Hochgeschwindigkeits-MFC (1996), ELEMENT: voll integrierte Prozessventilbaureihe (2008), Online-Analyse-System für die Überwachung der Trinkwasseraufbereitung, neuartige Technologie zur Durchflussmessung auf Basis von SAW-Technologie (2014)
F&E-Quote: 8,8 %
Gründer: Christian Bürkert, 1946, Ingelfingen

Kontakt

Bürkert Fluid Control Systems
Christian-Bürkert-Str. 13-17, 74653 Ingelfingen
Fon: 07940 10-0, Fax: 07940 10-91204
info@burkert.com, www.burkert.com

Ansprechpartner Presse

Peter Feneberg
Fon: 07940 10-96919
peter.feneberg@burkert.com

BÜRKLE

Freudenstadt, Baden-Württemberg

Gegründet: 1920
Die Robert Bürkle GmbH produziert Pressen- und Beschichtungsanlagen für unterschiedlichste industrielle Anwendungen und gehört zu den weltweit führenden Unternehmen in der Maschinenbautechnik. BÜRKLE-Maschinen finden z. B. in der holzverarbeitenden Industrie ihre Anwendung, ebenso in der Glas-, Elektronik-, Bau-, Leiterplatten- und Plastikkartenindustrie. Robert Bürkle agiert auch als Systemanbieter für die Photovoltaik-

und Automobilzulieferbranche. Zur Produktpalette des Unternehmens gehören u. a. Furnier- und Folienkaschieranlagen, Lackier- und Druckanlagen, Kartenstanzen, Streifenschneideanlagen, Thermoforminganlagen oder Multilayerpressen. Das mittelständische Unternehmen hat u. a. Niederlassungen in den USA, Brasilien, Asien und der Slowakischen Republik. Bürkle beschäftigt international rd. 630 Mitarbeiter.

Kontakt
Robert Bürkle GmbH
Stuttgarter Str. 123, 72250 Freudenstadt
www.buerkle-gmbh.de

Busch & Müller

Meinerzhagen, Nordrhein-Westfalen

Gegründet: 1925
Die Busch & Müller KG bietet ein umfangreiches Produktprogramm für die Zweiradindustrie und ist Weltmarktführer im Bereich der Fahrradbeleuchtung. Zur Produktpalette gehören u. a. Rückstrahler, Schlussleuchten, Fahrradscheinwerfer, Dynamos, Rückblickspiegel, Seitenstützräder für Kinderfahrräder sowie Kettenschützer. Die Firma beliefert alle Fahrradfabriken und den Fahrradhandel in Europa. Zu den wichtigsten Abnehmern in der Motorradbranche zählen BMW, KTM, Sachs Motorräder, Peugeot, MBK, Honda, SIMSON, MUZ und Triumph. Die Firma ist seit der Gründung durch August Busch und Willy Müller im Jahr 1925 in Familienhand. Heute führen Dr. Rainer Müller und sein Sohn Guido Müller den Betrieb mit ca. 160 Mitarbeitern.

Kontakt
Busch & Müller KG
Auf dem Bamber 1, 58540 Meinerzhagen
www.bumm.de

Büttenpapierfabrik Gmund

Gmund am Tegernsee, Bayern

Gegründet: 1829
Die Büttenpapierfabrik Gmund GmbH & Co. KG produziert Feinstpapier in einer Vielzahl von Farben, Prägungen und Oberflächenveredelungen und ist Marktführer für hochwertige Feinstpapiere. Das Unternehmen führt ein Sortiment mit über 100.000 verschiedenen Produktvarianten, die bedruckt oder unbedruckt in vielen Bereichen, wie z. B. Verpackungen, Faltschachteln, Grußkarten oder Tragetaschen, eingesetzt werden. Der Vertrieb läuft im Franchise-System über ca. 150 Exklusivgroßhändler. Ebenso betreibt die Papierfabrik einen eigenen Online-Shop. Gmund wurde 1829 von Johann Nepomuk Haas gegründet. Heute steht das Unternehmen unter der Leitung von Florian Kohler und beschäftigt ca. 120 Mitarbeiter. Die Exportquote des Unternehmens, das in über 70 Ländern seine Produkte vertreibt, liegt bei 75 %. Zu den Kunden zählen Weleda, Hugo Boss, Louis Vuitton, BMW sowie die Regierung von Abu Dhabi.

Kontakt
Büttenpapierfabrik Gmund GmbH & Co. KG
Mangfallstraße 5, 83703 Gmund am Tegernsee
www.gmund.com

C

capricorn

capricorn
Düsseldorf, Nordrhein-Westfalen

CAP

Schon gewusst?

Als das neue Formel-1-Team Lotus innerhalb von 5 Monaten ein Auto bauen musste, um an der kommenden Saison teilnehmen zu können, erhielt capricorn im September 2009 den Auftrag zur Erstellung des Monocoques und aller weiteren Composite-Tragstrukturen. Trotz des sehr engen Zeitfensters meisterte man die Herausforderung und lieferte die wichtigen Komponenten rechtzeitig, so dass der Wagen in Rekordzeit fertiggestellt werden konnte.

Robertino Wild leitet die capricorn Gruppe; unten im Bild ein Entwurf der capricorn Manufaktur in Düsseldorf

Gegründet: 1985

Die capricorn Gruppe ist weltweiter Technologie- und Qualitätsführer in der Entwicklung, Berechnung und Herstellung des Kurbeltriebs für Hochleistungsverbrennungsmotoren. Das Unternehmen ist langjähriger Lieferant der Formel 1 und die Kunden konnten mit Komponenten von capricorn bereits 24 Weltmeisterschaftstitel erzielen. Hinzu kommen zahlreiche weitere Titel in diversen Disziplinen des Motorsports. Seit 2014 ist die capricorn Gruppe zudem Eigentümerin des Nürburgrings.

Das Produktprogramm umfasst Kolben, Kurbelwellen, Zylinderlaufbuchsen, Pleuel und Gussteile sowie Faserkunststoffverbundwerkstoffe. Die Komponenten kommen sowohl im Rennsport als auch in der Serienfertigung von Fahrzeugen sowie im Prototypenbau zum Einsatz. Unter den Abnehmern befinden sich europäische Automobilhersteller, Rennsport-Teams und Hersteller von Seriensportwagen. Ein neues Betätigungsfeld ist die Entwicklung von Bauteilen für die Luftfahrtindustrie.

Das Unternehmen begleitet seine Kunden entlang der gesamten Wertschöpfungskette, von der Beratung über die Entwicklung bis zur Herstellung der individuell angepassten Bauteile. In der Nähe des Nürburgrings betreibt capricorn ein eigenes Testcenter. Technologische Schwerpunkte bilden das Downsizing, die Konstruktion von leichtgewichtigen Bauteilen und die Reibleistungsoptimierung. Das Unternehmen entwickelte zahlreiche Innovationen wie einen Diesel-Schmiedekolben mit integrierter Kühlgalerie, eingeschmiedete Ringträger und geschmie-

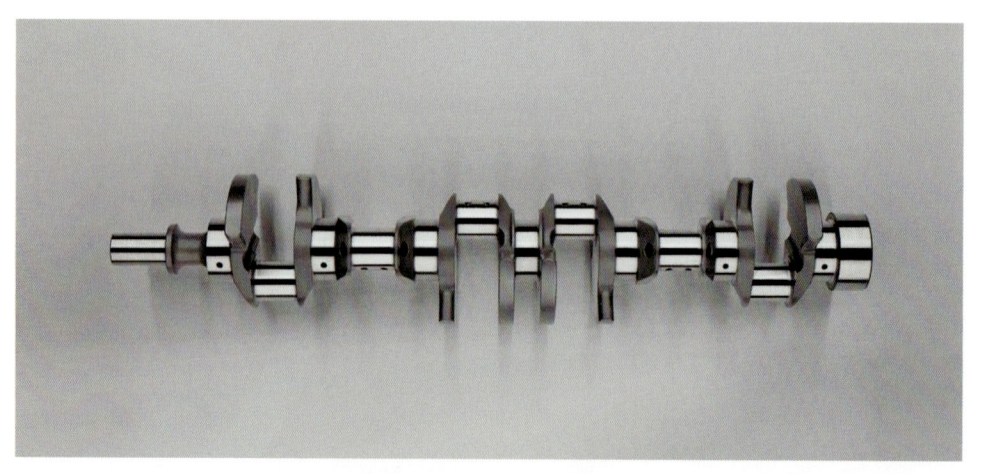

capricorn ist weltweiter Technologie- und Qualitätsführer in der Entwicklung, Berechnung und Herstellung des Kurbeltriebs für Hochleistungsverbrennungsmotoren. Im Bild eine Kurbelwelle.

capricorn

C
AP

Einfach erklärt: Formel-1-Monocoque

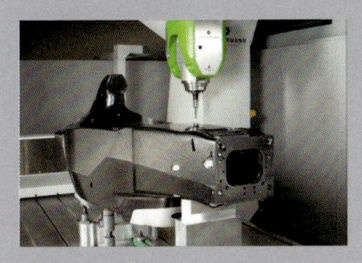

Unter der Bezeichnung Monocoque versteht man die einschalige Bauweise eines Fahrzeug-Chassis und gleichzeitig die in dieser Bauweise realisierte Komponente. Bei einem Formel-1-Wagen ist das Monocoque das spitz zulaufende Gehäuse, in dem der Fahrer Platz nimmt. Es bildet dabei die tragende Struktur des Fahrzeugs und dient einerseits als Brücke, die alle anderen Komponenten wie den Motor und das Lenksystem miteinander verbindet. Andererseits sorgt es für den Schutz des Fahrers und ist deswegen auch als „survival cell" bekannt. Obwohl die Bezeichnung Monocoque die Fertigung aus einem Stück suggeriert, besteht es in der Praxis aus mehreren miteinander verbundenen Komponenten. Seit den 1980er-Jahren, als die aus dem Flugzeugbau stammende Bauweise auch im Motorsport angewandt wurde, hat sich die Konstruktionsweise erheblich verändert. Baute man früher das Auto von innen nach außen, begann man nun damit, es von außen nach innen zu entwerfen, um ein möglichst gutes aerodynamisches Verhalten zu realisieren. Entsprechend hoch sind die Anforderungen an das Material und die präzise Fertigung.

dete Bi-Metall-Verbindungen. In Zusammenarbeit mit der Universität von Loughborough erforscht man Leistungsverluste im Zusammenspiel von Bohrung, Kolben und Kolbenringen.

Robertino Wild gründete das Unternehmen 1985 in Düsseldorf. Alle Geschäftsbereiche entwickelten sich aus den anfänglich angebotenen Serviceleistungen im automobilen Rennsport heraus. Im Jahr 2000 begann die Entwicklungstätigkeit zur Komponentenherstellung. 2002 etablierte man mit der Gründung der Baugesellschaft capricorn DEVELOPMENT, deren innovative Gebäude mehrfach ausgezeichnet wurden, einen weiteren Geschäftszweig. Ab 2005 forcierte die Gruppe die internationale Ausrichtung. Mit der Eröffnung des capricorn COMPOSITE Werks am Nürburgring im Jahr 2007 verstärkte sich das branchenübergreifende Engagement im Bereich individuell entwickelter Komponenten. 2012 wurde das bestehende COMPOSITE Werk um das Werk COMPOSITE II erweitert und damit die Kapazitäten verdoppelt.

Im Jahr 2014 beschäftigt capricorn unter der Leitung von Robertino Wild rd. 150 Mitarbeiter in Deutschland, 75 in Frankreich, 85 in Großbritannien und 30 in Italien. Hinzu kommen ca. 400 weitere Mitarbeiter

2014 übernahm die capricorn Gruppe den traditionsreichen Nürburgring.

in der capricorn NÜRBURGRING GmbH. Für die Zukunft plant das Unternehmen den Umzug in die neue capricorn Manufaktur in Düsseldorf. Das Gebäude wurde vom Büro Henn Architekten entworfen, das auch für die Autostadt in Wolfsburg und die Gläserne Manufaktur Dresden verantwortlich war.

Daten und Fakten

Branche: Automotive, Aviation, Baugewerbe
Produkte: Kolben, Kurbelwellen, Zylinderlaufbuchsen, Pleuel, Gussteile, Faserkunststoffverbundwerkstoffe

capricorn stellt u. a. Kolben und Zylinderlaufbuchsen (oben) sowie Pleuel (unten) her.

Carl Stahl

Marktposition: weltweiter Technologie- und Qualitätsführer
Mitarbeiter: ca. 350, davon 150 in Deutschland (2014); weitere ca. 400 Mitarbeiter in der capricorn NÜRBURGRING GmbH
Ausbildungsquote: 8 %
Standorte: Hauptsitz in Düsseldorf; weitere Niederlassungen in Mönchengladbach und Meuspath am Nürbugring; Auslandsniederlassungen in Frankreich, Italien, Großbritannien und den USA
Vertrieb: über die eigenen Standorte
Exportquote: 70 %
Gründer: Robertino Wild, 1985, Düsseldorf
Eigentümer: Robertino Wild

Die capricorn Gruppe im Internet

Kontakt
capricorn AUTOMOTIVE GmbH
Speditionstr. 23, 40221 Düsseldorf
Fon: 0211 301548-0, Fax: 0211 301548-15
mail@capricorngroup.de
www.capricorngroup.de

Ansprechpartner Presse
Giorgio Wild
Fon: 0211 301548-0
g.wild@capricorngroup.de

Carl Stahl

Süßen, Baden-Württemberg

Gegründet: 1880

Die international tätige Unternehmensgruppe Carl Stahl zählt mit 60 Standorten rund um den Globus zu den Weltmarktführern der Seil- und Hebetechnik. 2013 haben die rd. 1.500 Mitarbeiter des Unternehmens einen Umsatz von 274 Mio. Euro erwirtschaftet. Traditionell liegt die Kernkompetenz von Carl Stahl im Bereich der Seil- und Hebetechnik. Innovativ ergänzt wird das umfassende Portfolio der Unternehmensgruppe durch Seil- und Netzlösungen für die Architektur, technische Seile sowie persönliche Schutzausrüstung gegen Absturz. Die Carl Stahl-Gruppe trennt zwischen operativen und strategischen Bereichen und hat sechs Konzernbereiche festgelegt: Hebetechnik, Architektur, Feinseile/Technocables, persönliche Schutzausrüstung gegen Absturz, Akademie sowie die Diversifikationen.

Eine Vielzahl exklusiver Service- und Dienstleistungen werden für Kunden und für Mitarbeiter angeboten, wie z. B. den qualitätsgesicherten Prüfserviceprozess oder Aus- und Weiterbildungsangebote in der hauseigenen Carl Stahl Akademie, die 2008 gegründet wurde. Das Unternehmen wurde mehrfach ausgezeichnet und das Managementsystem ist nach Standard DIN EN ISO 9001 zertifiziert.

Senior-Chef Willy Schwenger trat 1966 in die Geschäftsführung ein und baute die 1880 gegründete Hanfseilerei binnen einer Generation zum weltweit agierenden Unternehmen aus. Das Unternehmen Carl Stahl ist bis heute in Familienbesitz und die Geschäftsführer in der 5. Generation sind Sohn Wolfgang Schwenger, Schwiegersohn Andreas Urbez sowie Wolfgang Funk.

Kontakt
Carl Stahl GmbH
Tobelstr. 2, 73079 Süßen
Fon: 07162 4007-3000, Fax: 07162 4007-8810
carlstahl@carlstahl.com, www.carlstahl.de

C.D. Wälzholz

Hagen, Nordrhein-Westfalen

Kontakt
C.D. Wälzholz KG
Feldmühlenstr. 55, 58093 Hagen
Fon: 02331 964-0, Fax: 02331 964-2100
cdw@cdw.de, www.cdw.de

Gegründet: 1929

Das Unternehmen C.D. Wälzholz ist Technologieführer im Bereich kaltgewalzter und wärmebehandelter Bandstähle und -profile. Auf Basis der sieben Produktgruppen Bandstahl, Bandstahl vergütet, Elektroband, Kaltband, Bonderband, Schmalband und Profile enthält das Portfolio über 29.000 Produktvarianten. Zudem ist das Unternehmen mit einer Jahresproduktion von über 30.000 km Ski- und Snowboardkanten in diesem Bereich Weltmarktführer; der Marktanteil in den USA beträgt über 90 %, in Europa sind es rd. 65 %. Zwei wichtige Segmente sind vergütete Bandstähle und hochfeste Werkstoffe, bei denen Wälzholz global führend ist und zahlreiche Sonderwerkstoffe produziert. Die Entwicklung neuer Produkte erfolgt endanwendungsbezogen und ist für die Kunden maßgeschneidert. So ist auf der Grundlage von ca. 150 chemischen Zusammensetzungen eine Vielzahl von unterschiedlichen Verarbeitungsvarianten möglich.

Die Gruppe mit Hauptsitz in Hagen wird von Dr.-Ing. Hans-Toni Junius, Dr.-Ing. Heino Buddenberg und Dr. Matthias Gierse geleitet. C.D. Wälzholz beschäftigt über 1.900 Mitarbeiter und ist damit eines der größten Kaltwalzwerke weltweit. Niederlassungen befinden sich in Österreich, Frankreich, den USA, Brasilien und China, die Exportquote liegt bei über 50 %. Das 1829 von Caspar D. Wälzholz gegründete Unternehmen produzierte ursprünglich Fein- und Flachdrähte. Zahlreiche Käufe und Übernahmen ab Mitte der 1990er-Jahre, auch auf internationaler Ebene, legten das Fundament für die heutige Größe des Unternehmens.

centrotherm photovoltaics

Blaubeuren, Baden-Württemberg

Gegründet: 2005

Die im Jahr 2005 gegründete centrotherm photovoltaics AG bietet als führender, global agierender Technologiekonzern Produktionslösungen für die Photovoltaik-, Halbleiter- und Mikroelektronikindustrie an. Das Unternehmen entwickelt, produziert und vertreibt Produktionsanlagen und Prozesstechnik zur Herstellung von Silizium, Solarzellen und Halbleitern und ist darüber hinaus für die Kunden auch mit verschiedenen Dienstleistungen aktiv. Für die centrotherm photovoltaics AG arbeiten weltweit rd. 800 Mitarbeiter. Der Umsatz lag im Berichtszeitraum Juni bis Dezember 2013 bei 119,4 Mio. Euro. Standorte in Deutschland sind neben dem Firmensitz in Blaubeuren noch Burghausen und Ottendorf-Okrilla. Service- und Vertriebsgesellschaften werden in Europa, Asien und den USA unterhalten. Den Vorstand bilden Hans Autenrieth, Peter Augustin und Florian von Gropper.

Kontakt
centrotherm photovoltaics AG
Johannes-Schmid-Str. 8, 89143 Blaubeuren
www.centrotherm.de

CeramTec

Plochingen, Baden-Württemberg

Gegründet: 1903

Die CeramTec GmbH ist als Weltmarktführer im Bereich der Technischen Hochleistungskeramik positioniert. Ihre auf keramischen Werkstoffen basierenden Produkte

CETTO

C ET

kommen u. a. im Automobilbau, in der Medizintechnik, der Elektronikindustrie, der Umwelt- und Energietechnik und dem Maschinen- und Gerätebau zur Anwendung. Darunter befinden sich u. a. Implantatkomponenten für Hüftgelenksprothesen, Dicht- und Regelscheiben für Sanitärarmaturen und Schneidplatten zur Metallzerspanung, Bauteile zur Umformung, piezokeramische Sensorikkomponenten, Isolationsbauteile und keramische Leiterplatten und Kühlkörper. Mit einer Tradition von mehr als 100 Jahren und 3.600 Mitarbeitern weltweit erzielt CeramTec einen jährlichen Umsatz von rd. 440 Mio. Euro. Auslandsniederlassungen befinden sich in Amerika, Asien und Europa.

Kontakt
CeramTec GmbH
CeramTec-Platz 1-9, 73207 Plochingen
www.ceramtec.com

CETTO

Ratingen, Nordrhein-Westfalen

Gegründet: 1922

Die CETTO AG ist ein mittelständisches Familienunternehmen und ist europaweit und international auf dem Gebiet des Maschinenbaus und der Messtechnik tätig. Das Unternehmen produziert und installiert unterschiedliche Anlagen zum Aufspüren von konterminiertem Material in der Recycling- und Stahlindustrie und ist in diesem Bereich Weltmarktführer. Weitere Bereiche sind die mechanische Fertigung, Neuanfertigung und Instandsetzung von Maschinenteilen, die Rekonditionierung von Wälzlagern sowie diverse Produkte der Stahl- und Schmiedeindustrie. Barbara Rübbelke-Dehnhardt übernahm die Leitung des Unternehmens, nachdem ihr Mann Dr. Stefan Dehnhardt 2012 verstarb. Das Unternehmen beschäftigt rd. 50 Mitarbeiter und erwirtschaftete 2013 einen Umsatz von ca. 6 Mio. Euro.

Kontakt
CETTO AG
Dechenstr. 9-15, 40878 Ratingen
www.cetto.de

Chemetall

Frankfurt a. M., Hessen

Chemetall
expect more

Gegründet: 1982

Chemetall ist eines der führenden globalen Unternehmen der Oberflächentechnik mit Hauptsitz in Frankfurt am Main. Der Schwerpunkt der Unternehmensaktivitäten liegt auf Verfahren zur Oberflächenbehandlung von Metallen, Kunststoffen und Glas. Die leistungsstarken Technologien reinigen, schützen vor Korrosion, dichten ab, verbessern die Lackhaftung, werden in der zerstörungsfreien Werkstoffprüfung eingesetzt und erleichtern das Verformen und Bearbeiten von Metallen und anderen Werkstoffen. Global etablierte Technologien, wie beispielsweise Ardrox®, Oxsilan® und Gardobond®, finden Anwendung in vielen Branchen, von der Automobil- und Haushaltsgeräte- bis hin zur Luftfahrtindustrie.

Blick in ein Entwicklungslabor der Chemetall

Chemetall

Meilensteine

1889 Metallgesellschaft (mg) gründet die „Technische Abteilung", die Wurzel der heutigen Chemetall

1982 Rechtliche Unabhängigkeit der Chemetall GmbH

1990 Chemetall erwirbt Oakite (USA), einen Spezialisten für Industriereiniger

1995 Lizenzabkommen mit Nippon Paint (Japan)

2000 Akquisition Brent International PLC (UK)

2001 Akquisition des Aerospace-Geschäfts von Dinol (Schweden)

2004 Erwerb der Chemetall-Gruppe durch Rockwood Holdings (USA)

2008 Akquisition von GE Betz (USA), der NDT Produktlinie von Ely Chemical Company (UK), Nalco Finishing Technologies (USA, Asien)

2012 Chemetall konzentriert sich auf die Oberflächentechnik; die anderen Bereiche werden ausgegliedert und unter Rockwood Lithium fortgeführt.

2013 Akquisition von André Coatings (Deutschland) und allen Anteilen des indischen JV-Partners

2014 Akquisition der Trennmittel-Produkte von SaberPack (USA) und Integration des Glasgeschäfts der Aachener Chemische Werke GmbH (Deutschland)

und profitieren damit von umfangreichen Prüf- und Entwicklungsaufträgen aus einer Hand. Von ersten Laborversuchen bis hin zum laufenden Betrieb kann der Oberflächentechnikspezialist seine Kunden effizient begleiten. Als Wirtschaftsunternehmen der chemischen Industrie stehen Umwelt-, Arbeits- und Gesundheitsschutz sowie Anlagensicherheit an oberster Stelle. Dies wird belegt durch zahlreiche Zertifizierungen, wie z. B. DIN EN ISO 9001 (allgemein), ISO TS 16949 (Automobil), EN ISO 9100 (Luftfahrt) und auch ISO 14001 (Umwelt).

Konsequent setzt das Unternehmen daher Umweltschutz- sowie Arbeitssicherheitsrichtlinien um und verbessert kontinuierlich die Sicherheit seiner weltweiten Produktionsstätten. Gesellschaft und Umwelt gegenüber verhält sich Chemetall verantwortungsbewusst und räumt ihnen die gleiche Bedeutung ein wie seinen wirtschaftlichen Zielen.

Die Wurzeln des Unternehmens reichen bis in das Jahr 1889 zurück. Die neuere Firmengeschichte beginnt 1982 mit der Gründung der eigentlichen Chemetall GmbH, die seit 2004 Teil der Rockwood Holdings Inc. ist. Mit der konsequenten Ausrichtung seiner weltweiten Aktivitäten auf die Entwicklung und Umsetzung von maßgeschneiderten Technologie- und Systemlösungen in der Oberflächentechnik hat sich Chemetall zu einem der wichtigsten globalen Unternehmen in diesem Bereich entwickelt.

Daten und Fakten

Branchen: Oberflächentechnik
Produkte: Technologien für die chemische Behandlung von Metall-, Kunststoff- und Glasoberflächen
Marktposition: eines der führenden globalen Unternehmen der Oberflächentechnik
Niederlassungen: weltweit mehr als 40 Niederlassungen und 22 Produktionsstätten
Innovationen: Gardobond® X4661 (SAM) für die chromfreie Vorbehandlung von Aluminiumrädern, Gardomer®-Schmierstoffe für die Umformtechnik, Naftoseal® Dichtmassen mit geringer Dichte für die Flugzeugindustrie, Oxsilan® umweltgerechte Konversionsbeschichtung

Neben modernsten Technologien verfügt Chemetall über eine exzellente Laborausstattung. Kunden weltweit schätzen und nutzen diese technischen Serviceleistungen

Produktionswerk der Chemetall in Langelsheim im Harz (oben), Blick in das firmeneigene Technikum (unten)

Chemetall GmbH im Internet

C
HI

CHIRON

Vertrieb: eigenes Vertriebs- und Servicenetz, darüber hinaus Distributionspartner
Gesamtumsatz: 592 Mio. Euro (2013)
Mitarbeiter: 2.100 weltweit (2013)

Kontakt
Chemetall GmbH
Trakehner Str. 3, 60487 Frankfurt a. M.
Fon: 069 7165-0, Fax: 069 7165-3018
communications@chemetall.com
www.chemetall.com

CHIRON

Tuttlingen, Baden-Württemberg

Gegründet: 1921

Mit seinen CNC-gesteuerten Fertigungszentren und den darauf basierenden Turnkey-Lösungen zählt CHIRON zu den weltweit führenden Unternehmen der Branche. Die Fertigungszentren arbeiten nach dem Vertikal- und neuerdings auch Horizontal-Fahrständer-Prinzip und gehören zu den schnellsten der Welt. Die CHIRON-WERKE beschäftigen weltweit rd. 1.800 Mitarbeiter. Die Gruppe verfügt über Tochtergesellschaften in Deutschland, Frankreich, Italien, der Türkei, den USA, China, Indien und Polen. Hinzu kommen über 70 Vertretungen weltweit. Gegründet wurde das Unternehmen 1921 als Hersteller von chirurgischen Instrumenten. Seit den 1950er-Jahren konzentriert sich CHIRON auf die Herstellung von Fertigungszentren. 1982 stellte das Unternehmen mit der FZ 16 das schnellste Fertigungszentrum der Welt vor.

Kontakt
CHIRON-WERKE GmbH & Co. KG
Kreuzstr. 75, 78532 Tuttlingen
www.chiron.de

C.KREUL

→KREUL

CLAAS

Harsewinkel, Nordrhein-Westfalen

CLAAS

Gegründet: 1913

Die CLAAS KGaA mbH ist einer der weltweit führenden Hersteller von Landtechnik und ist europäischer Marktführer bei Mähdreschern. Die Weltmarktführerschaft besitzt CLAAS mit seiner zweiten großen Produktgruppe, den selbstfahrenden Feldhäckslern. Auf Spitzenplätzen in weltweiter Agrartechnik liegt CLAAS auch mit Traktoren sowie mit landwirtschaftlichen Pressen und Grünland-Erntemaschinen. Zur Produktpalette gehört ebenfalls moderne landwirtschaftliche Informationstechnologie. Im Januar 2014 hat CLAAS die mehrheitliche Übernahme des chinesischen Landtechnikproduzenten Shandong Jinyee Machinery Manufacture Co. Ltd erfolgreich abgeschlossen. Das chinesische Unternehmen produziert verschiedene Erntemaschinen, hauptsächlich für die Mais- und Weizenernte.

Das 1913 von August Claas gegründete Familienunternehmen hat seinen Hauptsitz im westfälischen Harsewinkel und verfügt über elf Produktionen weltweit. Das Unternehmen beschäftigt rd. 11.000 Mitarbeiter. 2013 lag der Umsatzerlös bei 3,8 Mrd. Euro, davon wurden über 75 % in internationalen Märkten erzielt. Die Konzernleitung haben Dr. Theo W. Freye, Dr.-Ing. Hermann Garbers, Lothar Kriszun, Hans Lampert, Jan-Hendrik Mohr und Dr. Henry Puhl inne. Aufsichtsratsvorsitzende ist Cathrina Claas-Mühlhäuser. Im Gesellschafterausschuss führt Helmut Claas den Vorsitz.

CLOOS

Haiger, Hessen

Kontakt
CLAAS KGaA mbH
Münsterstr. 33, 33428 Harsewinkel
Fon: 05247 12-0
infoclaas@claas.com, www.claas-gruppe.com

Gegründet: 1919

Die Carl Cloos Schweißtechnik GmbH gehört zu den weltweit führenden Unternehmen der Schweißtechnik. Als Technologieführer realisiert CLOOS Fertigungslösungen in der Schweiß- und Robotertechnik für Branchen wie Baumaschinen, Kraftwerkstechnik, Automobil- und Agrarindustrie. Aus der Kernkompetenz von CLOOS, dem Lichtbogenschweißen, haben sich die drei Geschäftsbereiche Robots & Welding Products, Automation und Customer Service entwickelt. Mit QINEO, Schweißgeräten für manuelle und automatisierte Anwendungen, sowie QIROX, einem System für automatisiertes Schweißen und Schneiden, reicht das Produktspektrum über den gesamten Bereich der Lichtbogen-Schweißtechnik. CLOOS gehört zu den Pionieren des Tandem-Schweißverfahrens und ist bis heute Marktführer in diesem Segment. Das Produktportfolio umfasst darüber hinaus intelligente Lösungen aus den Bereichen Software, Sensorik und Sicherheitstechnik.

Ing. Carl Cloos gründete das Unternehmen im Jahr 1919. Heute leiten die Geschäftsführer Markus Grob (CEO) und Gerald Mies das Familienunternehmen mit mehr als 750 Mitarbeitern weltweit, davon rd. 500 am Stammsitz im hessischen Haiger. Weltweit ist CLOOS in mehr als 40 Ländern mit Vertriebs- und Servicestellen vertreten. Darunter befinden sich zwölf Tochtergesellschaften, teils auch mit eigener Produktion.

Kontakt
Carl Cloos Schweißtechnik GmbH
Industriestr. 22-36, 35708 Haiger
Fon: 02773 85-0, Fax: 02773 85-275
info@cloos.de, www.cloos.de

COLUMBUS

Krauchenwies, Baden-Württemberg

Gegründet: 1909

Der COLUMBUS Verlag ist die älteste noch produzierende Globusmanufaktur der Welt und zugleich weltweit führend in diesem Bereich. Die Kartenbilder werden von rd. 60 Mitarbeitern in Handarbeit auf mundgeblasene Kristallglaskugeln aufkaschiert. Jährlich werden mehr als 100.000 Globen in 100 verschiedenen Ausführungen produziert. Damit ist COLUMBUS die führende Marke für Globen im Fachhandel und zugleich Innovationsträger der Branche. Neben Globen fertigt das Unternehmen auch Wandkarten und kreiert individuelle Sonderanfertigungen für Museen, Ausstellungen, Firmen oder Privatpersonen. Paul Oestergaard gründete das Familienunternehmen im Jahr 1909 in Berlin. Heute wird die Columbus Verlag Paul Oestergaard GmbH in 4. Generation von Torsten Oestergaard geleitet.

Kontakt
Columbus Verlag Paul Oestergaard GmbH
Am Bahnhof 2-6, 72505 Krauchenwies
www.columbus-verlag.de

Continental

Hannover, Niedersachsen

Gegründet: 1871

Continental gehört mit einem Umsatz von rd. 33,3 Mrd. Euro im Jahr 2013 weltweit zu den führenden Automobilzulieferern und ist Spezialist für Kautschuk und Kunststofftechnologien. Derzeit beschäftigt das Unternehmen rd. 182.000 Mitarbeiter in 49 Ländern. Die Continental AG hat ihren Hauptsitz in Hannover und wird von Dr. Elmar Degenhart geführt.

Seit der Gründung im Jahr 1871 blickt Continental auf eine erfolgreiche Vergangenheit zurück und bewegt seit nunmehr über 140 Jahren Menschen, Daten und Güter. Der Konzern arbeitet daran, unfall- und verletzungsfreies Autofahren, ressourcen- und umweltschonende Mobilität sowie intelligenten und vernetzten Straßenverkehr Wirklichkeit werden zu lassen. Auf den Straßen der Welt bringen Continental Produkte in drei von vier Fahrzeugen Autofahrer sicher und verbrauchsarm ans Ziel. Das Produktportfolio umfasst Bremssysteme, Systeme und Komponenten für Antriebe und Fahrwerke, Instrumentierungen, Infotainment-Lösungen, Fahrzeugelektronik, Reifen und technische Kautschukprodukte. Continental ist darüber hinaus ein kompetenter Partner in der vernetzten, automobilen Kommunikation.

Unter der Leitidee „The Future in Motion" gestaltet Continental die Megatrends der Automobilbranche – Sicherheit, Umwelt, Information und erschwingliche Fahrzeuge – entscheidend mit.

Kontakt

Continental Aktiengesellschaft
Vahrenwalder Str. 9, 30165 Hannover
Fon: 0511 938-01, Fax: 0511 938-81770
mailservice@conti.de
www.continental-corporation.com

Courage + Khazaka

Köln, Nordrhein-Westfalen

Gegründet: 1986

Die Courage + Khazaka electronic GmbH hat sich auf Geräte für die Hautanalyse in Dermatologie, Kosmetik, Forschung und anderen Anwendungen spezialisiert und ist in diesem Segment weltweit marktführend. Das Portfolio umfasst zahlreiche Geräte zur Messung unterschiedlicher Eigenschaften der menschlichen Haut. Die Messgeräte werden für die wissenschaftliche Anwendung entwickelt, kommen aber auch im Marketingbereich zum Einsatz. Als Primus der Branche hält Courage + Khazaka derzeit zehn Patente. Das Unternehmen befindet sich im Besitz von Gabriel Khazaka, wird auch von ihm geleitet und beschäftigt 45 Mitarbeiter. Produziert wird ausschließlich am Firmensitz in Köln, 75 % der Produktion werden weltweit exportiert.

Kontakt

Courage + Khazaka electronic GmbH
Mathias-Brüggen-Str. 91, 50829 Köln
www.courage-khazaka.de

cph Deutschland

Essen, Nordrhein-Westfalen

Gegründet: 1975

cph Deutschland Chemie Produktions- und Handelsgesellschaft mbH ist ein privat geführtes Chemieunternehmen, das sich auf die Herstellung und den Vertrieb von Industrieklebstoffen und Enzymen spezialisiert hat. Die Kernkompetenz liegt in der Entwicklung, Produktion und Vermarktung von umweltfreundlichen Etikettierklebstoffen für die Lebensmittelindustrie sowie weiteren Industrieklebstoffen für die Verpackungsindustrie, Papier verarbeitende Industrie sowie die Zigarettenindustrie. In diesem Bereich gehört cph zu den Weltmarktführern. cph Deutschland ist Teil der international tätigen cph group, die mit ca. 270 Mitarbeitern und Produktionsstätten im In- und Ausland weltweit einen Umsatz in Höhe von über 110 Mio. Euro erwirtschaftet. Mit den sog. „country desks" ist cph in mehr als 70 Ländern vertreten, fast 90 % der Industrieklebstoffe aus deutscher Produktion werden exportiert.

Kontakt
cph Deutschland Chemie Produktions- und Handelsgesellschaft mbH
Heinz-Bäcker-Str. 33, 45356 Essen
www.cph-group.com

CRONIMET

Karlsruhe, Baden-Württemberg

Gegründet: 1980

CRONIMET ist ein weltweit agierender Spezialist für Edelstahlschrott, Ferrolegierungen und Primärmetalle. Mit hochentwickelten Recycling- und Produktionsverfahren gewinnt das Unternehmen aus metallischen Wertstoffen Produkte von höchster Qualität, die in vielfältigen Bereichen Anwendung finden. International ist CRONIMET mit 56 Niederlassungen, Beteiligungen und Repräsentanzen auf 4 Kontinenten vertreten. Über 5.400 Mitarbeiter machen das Unternehmen im Bereich Edelstahlrohstoffe und Recycling weltweit führend. Gegründet wurde CRONIMET im Jahr 1980 von Günter Pilarsky. Ab 1995 trieb er die Internationalisierung voran und setzte mit dem Einstieg in den Primärrohstoffbereich und der Gründung der CRONIMET Mining AG 2005 einen weiteren Meilenstein.

Kontakt
CRONIMET Ferroleg. GmbH
Südbeckenstr. 22, 76189 Karlsruhe
www.cronimet.de

D

DACHSER

DACHSER
Kempten, Bayern

DACHSER Intelligent Logistics

»Die Zukunft des Weltunternehmens DACHSER liegt in der Organisation komplexer internationaler Logistikdienstleistungen und gründet auf der Kundennähe der lokalen Unternehmer in den Niederlassungen.«

Bernhard Simon, Chief Executive Officer (CEO) bei DACHSER

Gründer Thomas Dachser (oben), Bernhard Simon, CEO (Sprecher der Geschäftsführung) und Enkel des Unternehmensgründers (unten).

Gegründet: 1930

Als international tätiger Transport- und Logistikdienstleister gehört DACHSER GmbH & Co. KG zu den Weltmarktführern im Segment Systemlogistik. Das Geschäftsfeld DACHSER European Logistics hat im Stückgutgeschäft in Europa die Führungsposition inne. Das Geschäftsfeld DACHSER Air & Sea Logistics für weltweite Luft- und Seefracht belegt in Deutschland einen Platz unter den Top Ten. Mit dem Geschäftsfeld DACHSER Food Logistics ist DACHSER einer von zwei führenden deutschen Anbietern in der Lebensmittellogistik (Quellen: TOP 100 der Logistik, SJ Consulting). Geschäftsfeldübergreifende Dienstleistungen wie die Kontraktlogistik und Beratung sowie branchenspezifische Lösungen für die chemische Industrie und die DIY-Branche komplettieren das Angebot. Das Rückgrat des Familienunternehmens bildet ein eng geflochtenes Netz von 471 eigenen Betriebsstätten weltweit, das jährlich 69,6 Mio. Sendungen verarbeitet. Das Kundenportfolio reicht von weltweit tätigen Konzernen bis zu kleineren mittelständischen Firmen aller Branchen, darunter namhafte Kunden mit weltweit bekannten Marken. Im Jahr 2013 erwirtschaftete DACHSER mit ca. 24.900 Mitarbeitern einen Umsatz von 4,99 Mrd. Euro, davon rund 50 % im Ausland.

Eine Vorreiterrolle bestreitet DACHSER seit den 1990er-Jahren im Bereich der Informationslogistik. Das Unternehmen verfügt über eine heute weltweit einzigartige IT-Systemwelt, die Transport- und Warehouse-Management-Systeme vernetzt und dadurch Schnittstellenprobleme verhindert. Die selbst entwickelten IT-Anwendungen und die Ein-

Meilensteine

1930 Thomas Dachser gründet das Unternehmen in Kempten.

1951 DACHSER eröffnet als erster Spediteur ein Luftfrachtbüro am Münchner Flughafen.

1971 DACHSER entwickelt die normierte Wechselbrücke: eine effiziente Vernetzung zwischen Kunden und Logistikdienstleistern sowie Straßen- und Schienenverkehr.

1980 Start der Entwicklung eigener IT-Anwendungen

1982 Spezialisierung auf den Transport von temperaturempfindlichen Lebensmitteln

1993 Einführung NVE-Barcode, der die Branche revolutioniert

1999 Integration des französischen Logistikdienstleisters Graveleau

2007 Gründung von Joint Ventures in Indien und Russland

2010 Einführung der Transportmanagement-Software Othello zur Sicherstellung des reibungslosen Transportablaufs in der globalen Luft- und Seefracht

2011 Eigene Landesgesellschaften in Singapur und Bangladesch

2012 Eröffnung eigener Landesgesellschaften in Malaysia und Vietnam; Joint Venture mit Papp Italia; Kauf des spanischen Logistikdienstleisters Azkar

2013 Erweiterung der Geschäftsaktivitäten im Raum Asia Pacific

DACHSER

DACHSER GmbH & Co. KG gehört zu den Weltmarktführern in der Systemlogistik.

bindung moderner Kommunikationstechnologien stellen das Fundament für die Steuerung und Kontrolle des Warenflusses dar. So meldet z. B. das von DACHSER entwickelte proaktive System „ActiveReport" eigenständig und umgehend alle Unregelmäßigkeiten im Sendungsverlauf. Für den Kunden entsteht durch die transparente und lückenlose Überwachung aller Logistikprozesse ein entscheidender Wettbewerbsvorteil. Die Basis für dieses „Tracking & Tracing" bildet der NVE-Barcode zur Identifikation von Packstücken. Dieser Barcode, der 1993 von DACHSER eingeführt wurde, hat sich in der Logistikbranche als offenes, eindeutiges Identifikationssystem etabliert und wird heute weltweit genutzt.

Gegründet wurde das Unternehmen 1930 in Kempten von Thomas Dachser. Im Laufe des 20. Jh. entwickelte sich die Firma von der führenden Allgäuer Spedition zu einem weltweit agierenden Logistikdienstleister. Heute vertritt Bernhard Simon, ein Enkel des Gründers, in seiner Funktion als CEO

DACHSER transportiert jedes Jahr 69,6 Mio. Sendungen (oben); Barcodes machen Packstücke eindeutig identifizierbar (Mitte); mit seinen Mitarbeitern ist das Familienunternehmen eng verbunden (unten).

Einfach erklärt: Informationslogistik

Für die Logistikbranche bietet der Einsatz von IT-Lösungen ein enormes Potenzial. So wie ein engmaschiges Standortnetz für den Warentransport unerlässlich ist, benötigt man ein dichtes Informationsnetz, um den Überblick über alle ablaufenden Vorgänge zu behalten und den Transport effizient koordinieren zu können. DACHSER erkannte dies früh und begann bereits in den 1980er-Jahren mit der Entwicklung eigener den Ansprüchen der Logistik und des Unternehmens entsprechenden IT-Anwendungen. Mit dem Electronic Data Interchange (EDI) Center betreibt DACHSER seit 1985 eine Kommunikationsplattform, die alle relevanten Informationen aktueller Geschäftsprozesse bündelt. Das 1990 entwickelte Programm Domino integriert die gesamte Auftragsabwicklung und Transportsteuerung zu einem vernetzten System. Mithilfe mobiler Computer, sog. Pen-Keys, können Nahverkehrsfahrzeuge die Abhol- und Zustelldaten sowie den elektronischen Ablieferbeleg sofort über GPRS an Domino übertragen. Die 1992 eingeführte Lagermanagementsoftware Mikado stellt u. a. dem EDI-Center sämtliche Geschäftsvorfälle zur Konvertierung und Übermittlung der Auftrags-, Bewegungs- und Bestandsdaten zur Verfügung. Seit 1993 setzt DACHSER den standardisierten NVE-Barcode ein, der Packstücken einen weltweit einzigartigen Nummerncode zuweist und sie dadurch eindeutig identifizierbar macht. Mit der Einführung dieses Barcodes wurde DACHSER zum Impulsgeber für die gesamte Branche, die das offene System heute weltweit einsetzt.

DACHSER
Umsatzentwicklung in Mrd. Euro

- 2009: 3,6
- 2010: 3,8
- 2011: 4,3
- 2012: 4,41
- 2013: 4,99

DACHSER GmbH & Co. KG im Internet

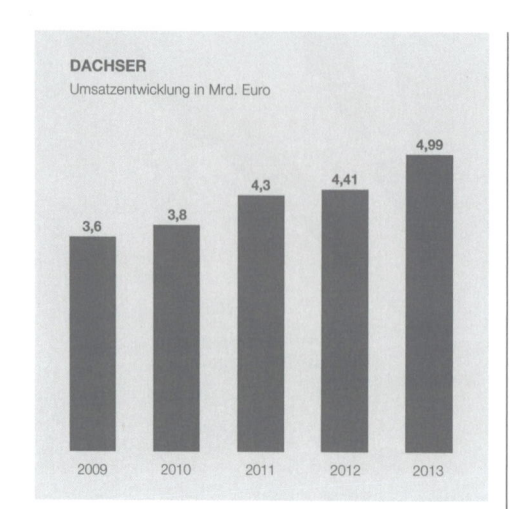

auch die Interessen der Inhaberfamilien. Um die globale Präsenz weiter auszubauen, hat DACHSER für alle Geschäftsfelder klare Wachstumsstrategien definiert. In den Ausbau der Infrastruktur will das Unternehmen 2014 bis 2018 insgesamt die Summe von rd. 1 Mrd. Euro investieren. Einen hohen Stellenwert hat das Thema Nachhaltigkeit. DACHSER beteiligt sich an dem Projekt RENEWBILITY des Bundesministeriums für Umweltschutz und Reaktortechnik und finanziert einen Stiftungslehrstuhl für „Sustainable Logistics & Supply Chain Management" an der European Business School (EBS) in Wiesbaden.

Daten und Fakten

Branche: Logistik
Marktposition: weltweit Platz 8 in der Logistikbranche (lt. SJ Consulting); technologischer Vorreiter und Impulsgeber der Logistikbranche
Umsatz: 4,99 Mrd. Euro (2013)
Mitarbeiter: ca. 24.900 weltweit, davon 13.092 in Deutschland, 6.132 im restlichen Europa und 1.560 in Übersee (2013)
Standorte: Hauptsitz Kempten; 471 Standorte in Europa, Amerika, Asien und Afrika
Auslandsanteil: ca. 50 %
Innovationen: Definition „Garantieverkehr" als erstes Logistik-Produkt (1967), Entwicklung der Wechselbrücke (1971), DACHSER EDI-Center (1985), Transportmanagement-Software Domino (1990), Lagermanagement-Software Mikado (1992), NVE-Barcode (1993), System „Active Report" (2000), Softwarelösung Othello (2010)
Gründer: Thomas Dachser, 1930, Kempten
Eigentümer: Familien Rohde-Dachser und Simon in der 3. Generation
Literatur: P. Erker: Das Logistikunternehmen Dachser. Die treibende Kraft der Familie als Erfolgsfaktor im globalen Wettbewerb (2007)

Kontakt

DACHSER GmbH & Co. KG
Memminger Str. 140, 87439 Kempten
Fon: 0831 5916-0, Fax: 0831 5916-7777
info@dachser.com, www.dachser.com

Ansprechpartner Presse

Dr. Andreas Froschmayer
Fon: 0831 5916-1401
andreas.froschmayer@dachser.com

Daimler

Stuttgart, Baden-Württemberg

Gegründet: 1926

Die Daimler AG ist eines der erfolgreichsten Automobilunternehmen der Welt. Im Jahr 1886 entwickelten Gottlieb Daimler und Carl Benz zeitgleich die ersten Automobile. Das Benz Velo war 1894 das weltweit erste Serienautomobil, ihm folgten ein motorbetriebener Omnibus und ein Lkw. 1926 fusionierten die beiden Vorgängerunternehmen Daimler Motorengesellschaft und Benz & Cie, Rheinische Gasmotorenfabrik zur Daimler-Benz AG. Die heutige Daimler AG gliedert sich in fünf Geschäftsfelder für Pkw, Lkw, Busse, Vans und Finanzdienstleistungen. Das Unternehmen beschäftigte 2013 weltweit 275.000 Mitarbeiter und setzte über 2,3 Mio. Fahrzeuge ab. Der Umsatz erreichte rd. 118 Mrd. Euro, das EBIT 10,8 Mrd. Euro.

Kontakt

Daimler AG
Mercedesstr. 137, 70327 Stuttgart
www.daimler.com

Dallmeier

Dallmeier
Regensburg, Bayern

Gegründet: 1984

Die Dallmeier electronic GmbH & Co.KG gehört zu den weltweit führenden Anbietern von netzwerkbasierten Videoüberwachungssystemen. Das Portfolio umfasst Kameras, Aufzeichnungssysteme, intelligente Videoanalyse und Managementsoftware. Neben den einzelnen Produkten bietet das Unternehmen auch individuell zusammengestellte, speziell aufeinander abgestimmte Komplettsysteme. Der Anwendungsbereich reicht von kleinen Anlagen bis zu internationalen Großprojekten, von der Tankstelle und dem Einzelhandel bis hin zum Flughafen und der Stadtüberwachung. Produkte und Lösungen von Dallmeier sind etwa im Venetian Macau Casino, im Fürstentum Monaco, an den Pyramiden von Gizeh und in der Allianz Arena in München im Einsatz. Der weltweite Vertrieb erfolgt über eigene Vertretungen sowie über Systempartner. Entwickelt und hergestellt werden die Produkte ausschließlich am Hauptsitz in Regensburg. Dort bietet das Unternehmen den Kunden ein in der Branche einzigartiges Test- und Demonstrationszentrum, in dem Anlagen detailgetreu aufgebaut und unter Realbedingungen getestet werden können.

Dallmeier wurde 1984 vom Fernsehtechnikermeister Dieter Dallmeier und seiner Frau Christina gegründet. Heute beschäftigt das inhabergeführte Unternehmen weltweit 265 Mitarbeiter, davon 230 in Deutschland. Dabei gibt Dallmeier dem Markt mit außergewöhnlichen Innovationen immer wieder entscheidende Impulse: So stammt z. B. der weltweit erste Digital Video Recorder (DVR), der vor etwa 20 Jahren das Zeitalter digitaler Aufzeichnung in der gesamten Videosicherheitsbranche einläutete, aus dem Hause Dallmeier. Schon früh begann man

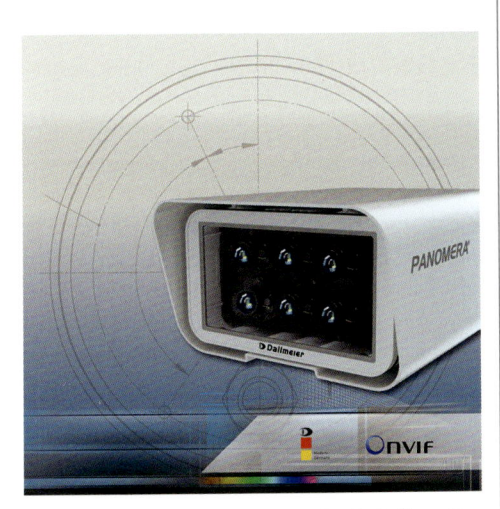

Die Panomera® Multifocal-Sensortechnologie für großflächige Videoüberwachung

Meilensteine

1984 Dieter Dallmeier gründet das Unternehmen.

1992 Dallmeier stellt den weltweit ersten Videosensor mit digitalem Bildspeicher vor.

1997 Mit der Entwicklung einer ersten digitalen Spieltischlösung für das Crown Casino in Australien gelingt der Durchbruch.

1997 Das Unternehmen entwirft den ersten für UVV-Kassen zertifizierten Recorder für Banken.

2002 Der erste VdS-zertifizierte HD-Recorder mit SEDOR®-Technologie kommt auf den Markt.

2009 Für das Projekt City of Dreams in Macau entwickelt Dallmeier die erste und weltweit größte 100%ig IP-basierte Videoüberwachungslösung.

2011 Entwicklung der Multifocal-Sensortechnologie Panomera®

»Quality made by Dallmeier, made in Germany.«

Firmenleitsatz

Dieter Dallmeier gründete das Unternehmen, das seinen Sitz in Regensburg hat.

DANGO & DIENENTHAL

mit der Erforschung von Bildauswertungsalgorithmen und der Vernetzung, um effiziente Bildspeicherverfahren und intelligente Analysesysteme zu ermöglichen. Das selbstlernende Detektionssystem SEDOR® identifiziert automatisch verschiedene Situationen in komplexen Bildszenen. Das patentierte Multifocal-Sensorsystem Panomera®, eine einzigartige und neue Kameratechnologie, ist ebenfalls eine Eigenentwicklung von Dallmeier und eröffnet der Videosicherheitsbranche komplett neuartige Möglichkeiten.

Daten und Fakten

Branche: Videosicherheitstechnik
Produkte: Panomera®-Kamera und Systemlösungen, Videoanalyse, Managementsoftware
Marktposition: einer der Weltmarktführer
Mitarbeiter: 265, davon 230 in Deutschland (2013)
Ausbildungsquote: 11,1 %
Standorte: Hauptsitz und Produktion in Regensburg, Niederlassungen in Frankreich, Italien, Großbritannien, Spanien, Ungarn, Dänemark, der Schweiz, Südafrika, Russland, den USA, Brasilien, den Vereinigten Arabischen Emiraten, China (Macau und Hong Kong), Singapur, Korea, Australien/Neuseeland
Exportquote: 70 %
Innovationen: weltweit erster Videosensor mit digitalem Bildspeicher (1992), selbstlernendes System SEDOR® (2002), Multifocal-Sensortechnologie Panomera® (2011)
Gründer: Dieter Dallmeier, 1984, Regensburg
Eigentümer: Dieter Dallmeier

Kontakt

Dallmeier electronic GmbH & Co.KG
Cranachweg 1, 93051 Regensburg
Fon: 0941 8700-0, Fax: 0941 8700-180
info@dallmeier.com, www.dallmeier.com

Dallmeier electronic GmbH & Co.KG im Internet

DANGO & DIENENTHAL

Siegen, Nordrhein-Westfalen

Gegründet: 1865

Die DANGO & DIENENTHAL Maschinenbau GmbH ist ein Hersteller von Spezialmaschinen für die metallurgische Industrie. Auf dem Gebiet der Schmiede- und Handhabungstechnologie ist DANGO & DIENENTHAL Weltmarktführer. Die Produktpalette umfasst insbesondere Spezialausrüstungen für Freiform- und Gesenkschmieden sowie für Ringwalzanlagen, Abschlacktechnologie für Stahlwerke, Technologie für Reduktionsöfen und Filtertechnologie. 1865 wurde das Unternehmen von August Dango und Louis Dienenthal gegründet. DANGO & DIENENTHAL ist neben dem Stammwerk in Deuschland mit Niederlassungen in Südafrika, den USA, Indien und Japan vertreten. In dem Werk in Siegen werden derzeit 180 Mitarbeiter beschäftigt. Rainer Dango und Arno Dienenthal leiten das Familienunternehmen in 5. Generation.

Kontakt

DANGO & DIENENTHAL Maschinenbau GmbH
Hagener Str. 103, 57072 Siegen
www.dango-dienenthal.de

Danieli Fröhling

Meinerzhagen, Nordrhein-Westfalen

Gegründet: 1947

Die Josef Fröhling GmbH & Co. KG hat die technologische Marktführerschaft bei der Herstellung von Anlagen für die Stahl- und NE-Metallindustrie. Das Unternehmen ist bekannt für moderne Kaltwalzwerke, Längs- und Querteilanlagen, doppelseitige Fräsmaschinen sowie entsprechende Nebenausrüstungen für die Kaltwalzindustrie. Das 1947 von Josef Fröhling in Olpe gegründete Unternehmen gehört seit 1999 zur italienischen Danieli-Gruppe, einem der weltweit führenden Anbieter von Walzwerks- und

DANNEMANN

Hüttentechnik. Das Unternehmen beschäftigt 200 Mitarbeiter und beliefert Abnehmer weltweit. Neben dem Hauptsitz in Meinerzhagen hat Danieli Fröhling einen weiteren Standort in Poole/Dorset, Großbritannien. Dieser dient als Beratungszentrum für den Bereich Aluminiumwalzwerke.

Kontakt

Josef Fröhling GmbH & Co. KG
Scherl 12, 58540 Meinerzhagen
www.danieli-froehling.de

DANNEMANN

Lübbecke, Nordrhein-Westfalen

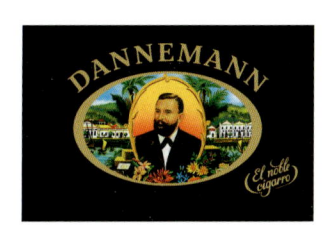

Gegründet: 1872

Die DANNEMANN EL NOBLE CIGARRO GMBH ist ein führender Hersteller und Anbieter von Cigarillos und Cigarren. In Österreich, Deutschland und der Schweiz ist DANNEMANN Marktführer im Segment der Cigarren- und Cigarillo-Tabakwaren. Zudem steht das Unternehmen an zweiter Stelle in Italien und Spanien und behauptet weltweit den dritten Platz im Ranking. Mit den MOODS Premium-Cigarillos hält DANNEMANN auf dem deutschen Cigarillo-Markt einen Marktanteil von fast 60 %. Das Portfolio ist breit gefächert und reicht von klassisch bis innovativ modern. Neben Klassikern aus der MOODS Familie und dem Premium Longfiller DANNEMANN Artist Line erweitern neue, innovative Filter-Cigarillo-Produkte wie Mini MOODS und MOODS Silver das Angebot und decken damit die gesamte Palette genussorientierter Konsumenten ab.

Das Qualitätsmanagement von DANNEMANN reagiert mit seinem Service zeitnah auf Wünsche und Beanstandungen seiner Kunden. Als besonderen Service bietet das Unternehmen zentrale und mobile Tabak-Fachseminare an, in denen von der Aussaat der Tabakpflanzen bis zum Genuss des fertigen Produktes ein breites Wissensspektrum vermittelt wird. Seit Anfang 2009 zählt mit der DANNEMANN-LOUNGE auch ein Event-Service zu den exklusiven Angeboten des Unternehmens. Hier bieten Cigarren-

In der DANNEMANN-LOUNGE bieten Cigarren-Sommeliers und -Hostessen sowie Cigarren-Rollerinnen einen fachkundigen Einblick in die Welt des Tabaks.

Schon gewusst?

- In São Félix im brasilianischen Bundesstaat Bahia steht das Gebäude der ersten Cigarrenmanufaktur des Unternehmensgründers Geraldo Dannemann. Heute befindet sich dort das CENTRO CULTURAL DANNEMANN. Im einen Teil des Kultur- und Manufakturzentrums werden in reiner Handarbeit Cigarren produziert. Die traditionelle Manufaktur dieser exklusiven Longfiller, für die eigens Rollerinnen ausgebildet werden, kann während der Arbeitszeiten besichtigt werden.
- Ein weiterer Teil des weitläufigen Kolonialgebäudes aus dem 19. Jh. steht für sozial-kulturelle Veranstaltungen zur Verfügung. Mit diesen Aktivitäten trägt das Unternehmen auch dazu bei, das Bildungs- und Kulturniveau der Region zu bereichern.

»Smiling consumers, loyal to our brands, in every continent.«

DANNEMANN Unternehmensmission

DANNEMANN ist ein führender Hersteller und Anbieter von Cigarillos und Cigarren; mit den MOODS Premium-Cigarillos hält das Unternehmen auf dem deutschen Cigarillo-Markt einen Marktanteil von fast 60 %.

DANNEMANN

D AN

Nachhaltigkeit als Prinzip: Das Projekt „Adopt a tree"

Mit dem Projekt „Adopt a tree" setzt DANNEMANN seit 2001 verstärkt auf Nachhaltigkeit. Das generationsübergreifende Wiederaufforstungsprojekt zum Schutz des Regenwaldes dient dem Schutz der Umwelt und soll zugleich Signalwirkung auf Menschen und Unternehmen der Region ausüben. Ziel des Projektes ist die Wiederherstellung der Mata Atlantica, einer Regenwaldregion an der brasilianischen Küste südlich des Äquators. Dieses Gebiet ist eines der artenreichsten, aber auch der am meisten gefährdeten in Brasilien. Lediglich 5 % der ursprünglichen Fläche sind nach jahrhundertelanger Ausbeutung durch den Menschen mit der ursprünglichen Vegetation bedeckt. In der Region Mata Fina, Bahia, dem Gebiet, wo sich die Tabakplantagen von DANNEMANN befinden, will das Unternehmen die Natur mit „Adopt a tree" nachhaltig unterstützen. Im Rahmen einer Baumpatenschaft kann hier jeder zur Wiederaufforstung der Region beitragen. Gepflanzt werden die Setzlinge der Baumarten, die in der Küstenregion von Bahia beheimatet sind, von DANNEMANN Mitarbeitern. Die Baumpaten erhalten regelmäßig Nachricht von ihren „Schößlingen" und bleiben dadurch langfristig in das Projekt eingebunden. Bis Ende Mai 2014 wurden bereits über 120.000 Bäume gepflanzt und mehr als 56.000 Bäume adoptiert.

Sommeliers und -Hostessen sowie brasilianische Cigarren-Rollerinnen einen fachkundigen Einblick in die Welt des Tabaks und des Tabak-Goutierens.

Mit insgesamt 2.500 Mitarbeitern weltweit, davon rd. 1.000 Beschäftigte in Europa, produziert das Unternehmen an verschiedenen internationalen Standorten. DANNEMANN hat eigene Tabakplantagen in Brasilien. Die Tabakernte wird außerdem in Indonesien, Honduras, Gran Canaria, Deutschland und der Schweiz weiterverarbeitet. Der Standort

Mit dem Slogan „From Seed to Smoke" verbindet DANNEMANN eine konsequente Linie, die die traditionsreichen und innovativen Produkte des Unternehmens nachhaltig vermarktet.

DANNEMANN online

Die erste Cigarrenmanufaktur des Gründers von DANNEMANN, Geraldo Dannemann, im brasilianischen São Félix, Bahia, beherbergt heute das CENTRO CULTURAL DANNEMANN.

DBW Advanced Fiber Technologies

des Unternehmens in Deutschland befindet sich in Lübbecke. DANNEMANN verfügt noch über weitere Niederlassungen: Das CENTRO DANNEMANN in São Félix (Bahia), Brasilien, dem Standort der ursprünglichen DANNEMANN-Manufaktur, sowie in Brissago im schweizerischen Tessin.

Geraldo Dannemann wanderte 1872 nach Bahia in Brasilien aus und gründete in dem Städtchen São Félix eine kleine Tabakmanufaktur. Damit legte er den Grundstein für das internationale Unternehmen. Mit dem Slogan „From Seed to Smoke" verbindet DANNEMANN eine konsequente Linie, die die traditionsreichen und innovativen Produkte des Unternehmens nachhaltig vermarktet und mit einer weltweit erfolgreichen Marktführerschaft belegt.

Daten und Fakten

Branche: Tabakindustrie
Produkte: Cigarren und Cigarillos
Mitarbeiter: 2.500 weltweit
Gründer: Geraldo Dannemann, 1872, São Félix
Eigentümer: Burger Söhne Gruppe Schweiz

Kontakt

DANNEMANN EL NOBLE CIGARRO GMBH
Rahdener Str. 147, 32312 Lübbecke
Fon: 05741 326-0
info@dannemann.com, www.dannemann.com

DBW Advanced Fiber Technologies

Bovenden, Niedersachsen

Gegründet: 1980

DBW Advanced Fiber Technologies ist Spezialist für hochqualitative Faser- und Metallprodukte. Zum Portfolio zählen Mineralfasern, textile Glasfasern und Edelstahlfasern, die anwendungsspezifisch für die akustische Absorption und die thermische Isolation konfektioniert werden. Die DBW Gruppe ist der weltweit einzige Anbieter von Isolationsprodukten, der das gesamte Spektrum von der Herstellung der Faser bis zum fertigen Bauteil abdeckt.

Die hochtemperatur- und korrosionsbeständigen Produkte kommen zu ca. 90 % in der Automobilindustrie, insbesondere in der Abgastechnik sowie im Motor- und Innenraum, zum Einsatz. Die glasfaserverstärkten Kunststoffe von DBW finden aber zunehmend auch Verwendung im Eisenbahn- und Schiffbau, in der Bauindustrie und beim Bau von Haushaltsgeräten. Das Unternehmen ist Marktführer in Europa, den USA und Asien;

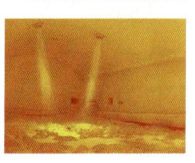

Glasschmelzwanne in Neuhaus (oben), Sauerstoffflamme über Glasschmelze (unten)

Die DBW Advanced Fiber Technologies GmbH hat ihren Sitz in Bovenden bei Göttingen.

DBW Advanced Fiber Technologies

D
BW

DBW Advanced Fiber Technologies bietet komplette Isolationssysteme aus einer Hand.

Auszug aus dem DBW Portfolio: biosil®, powertex® LE, powerpreg® (von oben); unten im Bild ein Komplettmodul mit Isolation

DBW Advanced Fiber Technologies im Internet

weltweit hält es bei thermisch und akustisch wirksamen Faserkomponenten für Abgassysteme die Spitzenposition.

Die DBW Gruppe hat ihren Firmensitz im niedersächsischen Bovenden. Weitere Produktionsstätten befinden sich in Neuhaus und Ueckermünde sowie in Spanien, Polen, Ungarn, Russland, den USA und China. Insgesamt beschäftigt das Unternehmen 695 Mitarbeiter, die 2013 einen Umsatz von 64 Mio. Euro erwirtschafteten. Seit 2008 gehört die DBW Gruppe der Süd-Kapitalbeteiligungs-Gesellschaft mbH aus Stuttgart, einer Tochtergesellschaft der LBBW. Geschäftsführer ist Christian Brauer.

Die DBW Advanced Fiber Technologies GmbH wurde 1980 in Bovenden als Deutsche Basaltsteinwolle GmbH (DBW) gegründet. Gegen Ende der 1980er-Jahre leitete das Unternehmen mit der Gründung der DBW Iberica in Bilbao (1988) und der Gründung der DBW Polska in Cigacice (1991) die internationale Expansion ein. Die Position auf den internationalen Märkten wurde 2006 mit der Gründung der DBW Fiber Corporation in Summerville SC, USA, erweitert sowie im Jahr 2008 mit der Gründung von DBW Russland und DBW Shanghai.

Aufgrund der zunehmend strengeren Emissionsvorgaben für Verbrennungsmotoren weltweit erwartet das Unternehmen zusätzliche Marktchancen und will seine Marktpositionen in Europa und den USA verteidigen und die Positionen auf dem asiatischen Markt und in den BRIC-Staaten weiter ausbauen.

Einfach erklärt: Umweltfreundliche und effiziente Fasern

Glas-, Mineral- und Metallfasern leisten in vielen konstruktiven Bereichen einen Beitrag zu mehr Umweltfreundlichkeit und Energieeffizienz. Sie werden z. B. zu Wolle oder Matten verarbeitet und absorbieren so in Abgasanlagen Hitze, Schall und Vibrationen. Als textile Fasern im Verbund mit Kunststoffen kommen sie als Leichtbauteile insbesondere im Fahrzeugbau zum Einsatz und sorgen für die Einsparung von Kraftstoff. DBW Advanced Fiber Technologies setzt darüber hinaus schon bei der Produktion auf einen verantwortungsvollen Umgang mit Ressourcen und Umwelt. So stellt das Unternehmen unter dem Markennamen biosil® eine Mineralwolle her, die besonders wärme- und akustikisolierend wirkt und recyclebar und biolöslich ist. Die textilen Glasfasern powertex® und powerfil® werden ohne den Einsatz von Bor, Chlor, Fluor oder Ammoniak produziert. Daraus resultiert eine geringere Belastung für Luft und Wasser während des Herstellungsprozesses.

DEHN

Meilensteine

1980 Die DBW Deutsche Basaltsteinwolle wird in Bovenden gegründet.

1988 Mit der DBW Iberica entsteht in Bilbao die erste Auslandsniederlassung.

1991 Im polnischen Cigacice wird die DBW Polska gegründet.

1998 Ein erstes Zweigwerk entsteht im spanischen Vall d Uxo.

2001/2002 Gründung der DBW Fiber Neuhaus GmbH; ein Jahr später beginnt dort die Produktion von ECR-Endlosglasfasern.

2004 Aufnahme von Vertriebsaktivitäten in China

2005 DBW Iberica konzentriert alle Aktivitäten am Standort Vall d Uxo im Raum Valencia.

2006 Gründung der DBW Fiber Corporation in Summerville in South Carolina/USA

2008 Die DBW Gruppe geht in den Besitz der Süd-Kapitalbeteiligungs-Gesellschaft mbH über; Gründung der Tochtergesellschaften DBW Shanghai sowie DBW Russland.

2011 Im russischen Kaliningrad wird der neue Standort DBW Kaliningrad gegründet.

Daten und Fakten

Branche: Zulieferer der Automobilindustrie sowie anderer Industriezweige
Produkte: Mineralfasern, textile Glasfasern, Edelstahlfasern und deren anwendungsspezifische Konfektionierung für die akustische Absorption und die thermische Isolation
Marktposition: Weltmarktführer bei thermisch und akustisch wirksamen Faserkomponenten für Abgassysteme; Marktführer in Europa, den USA und Asien
Umsatz: ca. 70 Mio. Euro (2014)
Mitarbeiter: ca. 700 weltweit (2014)
Ausbildungsquote: 9,5 % im kaufmännischen Bereich
Standorte: Firmensitz in Bovenden, weitere Produktionsstätten in Neuhaus, Ueckermünde, La Vall d'Uxo/Spanien, Cigacice/Polen, Tapolca/Ungarn, Kaliningrad/Russland, Summerville/USA und Shanghai/China
Vertrieb: eigener Außendienst
Eigentümer: Süd-Kapitalbeteiligungs-Gesellschaft mbH (Tochtergesellschaft der Landesbank Baden-Württemberg)

Kontakt

DBW Advanced Fiber Technologies GmbH
Rodetal 40, 37120 Bovenden
Fon: 05594 801-0, Fax: 05594 801-26
info@dbw.de, www.dbw.de

Ansprechpartner Presse

Thomas Esser
Fon: 05594 801-35
thomas.esser@dbw.de

DEHN

Neumarkt, Bayern

Gegründet: 1910

DEHN + SÖHNE GmbH + Co. KG ist ein marktführendes, international tätiges Familienunternehmen der Elektrotechnik mit weltweit rd. 1.600 Mitarbeitern, davon über 1.300 Mitarbeiter in Deutschland. Das Unternehmen bietet innovative Produkte, Lösungen und umfangreichen Service im Bereich Blitz- und Überspannungsschutz für Gebäude, Anlagen und Systeme sowie im Bereich Arbeitsschutz. Das von Hans Dehn im Jahr 1910 gegründete Unternehmen wird heute in 4. Generation in Familienbesitz geleitet. Die Geschäftsführung obliegt Dr. Philipp Dehn, Dr. Peter Zahlmann sowie Helmut Pusch. DEHN ist neben den 18 Vertriebsstützpunkten

D

EL

Delivery Hero

in Deutschland, mit seinen Tochtergesellschaften und Büros in Europa, Afrika, Amerika, Asien und Australien in über 70 Ländern weltweit aktiv. 2012 setze das Unternehmen rd. 200 Mio. Euro um.

Kontakt
DEHN + SÖHNE GmbH + Co. KG.
Hans-Dehn-Str. 1, 92318 Neumarkt
www.dehn.de

Delivery Hero

Berlin

Gegründet: 2011

Die Delivery Hero Holding GmbH ist Weltmarktführer im Bereich Online-Essensbestellungen und unterhält ein globales Netzwerk an Bestell-Plattformen, an das mehr als 75.000 Partner-Restaurants angeschlossen sind. Delivery Hero beschäftigt mehr als 1.000 Mitarbeiter in 23 Ländern, davon 440 in seiner Berliner Zentrale. Monatlich werden 10 Mio. Mahlzeiten von allen Kontinenten über die Websites geordert. Beim Tech5-Wettbewerb von The Next Web wurde Delivery Hero 2014 zur Nr. 3 unter Deutschlands am schnellsten wachsenden Start-up-Unternehmen. Es wurden bisher 635 Mio. USD bei Delivery Hero u. a. von Insight Venture Partners, Kite Ventures, Team Europe, ru-Net, Tengelmann Ventures, Point Nine Capital, Phenomen Venture und Vostok Nafta investiert. Niklas Östberg ist CEO von Delivery Hero.

Kontakt
Delivery Hero Holding GmbH
Mohrenstr. 60, 10117 Berlin
www.deliveryhero.com

DELO

Windach, Bayern

Gegründet: 1961

Die DELO Industrie Klebstoffe GmbH & Co. KGaA mit Sitz in Windach bei München ist einer der führenden Hersteller von Industrieklebstoffen. Das eigentümergeführte Unternehmen bietet maßgeschneiderte Spezialklebstoffe und Gerätesysteme für Anwendungen in verschiedenen Branchen von der Elektronik und Mikrooptik bis zur Chipkarten- und Automobilindustrie sowie in der Kunststoffverarbeitung. Die Wurzeln des Unternehmens reichen bis in das Jahr 1961 zurück. 1997 wurde DELO im Rahmen eines Management-Buy-outs von Dr. Wolf-Dietrich Herold und Dipl.-Ing. Sabine Herold übernommen, die bis heute die Geschäfte leiten. Aktuell beschäftigt DELO rd. 400 Mitarbeiter, die im Jahr 2013 einen Umsatz von 51,7 Mio. Euro erwirtschafteten.

Kontakt
DELO Industrie Klebstoffe GmbH & Co KGaA
DELO-Allee 1, 86949 Windach
www.delo.de

Dematic

Offenbach, Hessen

Gegründet: 1900

Die Dematic GmbH ist ein weltweit führender Anbieter für Logistikautomation und liefert als Hersteller und Systemintegrator die gesamte Leistungspalette von einzelnen Produkten und Systemen bis hin zu schlüsselfertigen Komplettlösungen. Dematic erwirtschaftet einen Jahresumsatz von rd. 1 Mrd. Euro, beschäftigt mehr als 4.000 Mitarbeiter an über 50 internationalen Standorten und hat weltweit mehr als 5.000 Anlagen im Bereich Distributions- und Industrielogistik errichtet. Seit ihrer Gründung 1900 hat Dematic die Intralogistik durch wegweisende Erfindungen geprägt. Das Portfolio beinhaltet u. a. Dematic

Multishuttle Lösungen, Regalbediengeräte und Fördertechnik für Behälter und Paletten, Kommissionier- und Sortiersysteme, Warehouse Management Software und SAP EWM Lösungen sowie Modernisierungen und Erweiterungen bestehender Anlagen.

Kontakt
Dematic GmbH
Carl-Legien-Str. 15, 63073 Offenbach
www.dematic.com/deutschland

DENIOS

Bad Oeynhausen,
Nordrhein-Westfalen

Gegründet: 1986
Die DENIOS AG ist weltweit das marktführende Unternehmen für Lagerung von Gefahrstoffen, betrieblichen Umweltschutz und Arbeitssicherheit. Neben 10.000 verschiedenen Einzelprodukten fertigt das Unternehmen auch individuelle schlüsselfertige Gefahrstofflager. Produziert wird an sechs Standorten in Europa und den USA. Zusätzlich ist DENIOS in zwölf weiteren Ländern mit eigenen Tochtergesellschaften vertreten. Um eine verlässliche und schnelle Lieferung zu garantieren, unterhält die Unternehmensgruppe ein eigenes Logistikzentrum. DENIOS wurde im Jahr 1986 gegründet und beschäftigt heute mehr als 600 Mitarbeiter. Den Vorstand bilden Helmut Dennig (Vorsitzender), Benedikt Boucke und Stefan Albrink.

Kontakt
DENIOS AG
Dehmer Str. 58-66, 32549 Bad Oeynhausen
www.denios.de

Dennert Poraver

Schlüsselfeld, Bayern

Gegründet: 1983
Die Dennert Poraver GmbH ist marktführender Hersteller von Blähglasgranulat – einem ökologischen Leichtfüllstoff aus Recyclingglas. Neben den Anwendungen in der Baustoffindustrie wird Poraver® für Akustikplatten, Leichtbauplatten oder als Dämmmaterial eingesetzt. Die Weiterentwicklung des Anwendungsspektrums in der Kunststoff- und Automobilindustrie wird kontinuierlich forciert. Das Unternehmen zählt zu den Pionieren im Bereich innovativer Leichtfüllstoffe und hat als Erstes ein Verfahren für die industrielle Herstellung von Blähglasgranulat aus Recyclingglas entwickelt. Seitdem stellt das 1983 gegründete Unternehmen an seinen Produktionsstandorten in Deutschland und Kanada für Kunden und Vertriebspartner auf der ganzen Welt den Leichtzuschlagstoff Poraver® her.

Kontakt
Dennert Poraver GmbH
Mozartweg 1, 96132 Schlüsselfeld
www.poraver.de

DENTAURUM

Ispringen, Baden-Württemberg

Gegründet: 1886
Dentaurum entwickelt, produziert und vertreibt Produkte „made in Germany" zur Herstellung hochwertigen Zahnersatzes und für ästhetische und bioverträgliche kieferorthopädische Therapien. Das inhabergeführte

DENTAURUM

DEN

»Wir möchten ein wirtschaftlich starkes Unternehmen in einer intakten Umwelt für unsere Kinder und für künftige Generationen hinterlassen.«

Mark Stephen Pace,
Geschäftsführer
Dentaurum

Mark Stephen Pace (oben) ist heute einer der Geschäftsführer der Dentaurum-Gruppe, die 1886 von Arnold Biber (unten) gegründet wurde.

Familienunternehmen mit Hauptsitz in Ispringen, das auf allen Ebenen großen Wert auf die Qualitätssicherung legt, hat sich mit einer umfangreichen Produktpalette auch international einen Namen gemacht. Die Produkte der Dentaurum-Gruppe, die weltweit 650 Mitarbeiter beschäftigt, sind in über 130 Ländern erhältlich. Im Bereich der skelettalen Verankerung ist das Unternehmen in den wichtigsten Weltmärkten in führender Position. Das umfangreiche Produktprogramm der Dentaurum-Gruppe „von der Wurzel bis zur Krone" ist in der Dentalbranche einzigartig.

Das mittelständische Unternehmen zeichnet sich durch die Vielfalt der parallel eingesetzten Technologien und auch die Tiefe des Einsatzes in den unterschiedlichen Bereichen und Produktionsprozessen aus. All diese Prozesse und Bereiche sind eng miteinander verknüpft und werden computergestützt gesteuert. Dentaurum verfügt über einen eigenen Werkzeugbau und eine hohe Kompetenz in unterschiedlichsten Technologien wie Stanzen und Pressen, Drehen und Fräsen, Laser, Spritzguss, Strangguss, chemische Fertigung und Gerätebau (Elektromechanik und Elektronik). Durch die intelligente Vernetzung und den kreativen und erfahrungsbasierten Einsatz dieser modernen Technologien gelingt die Realisierung zahlreicher Innovationen. Diese außergewöhnliche Fertigungstiefe sichert Dentaurum die Wettbewerbsfähigkeit durch Risikostreuung, macht Synergieeffekte bei der Produktpalette

Mit Mark Stephen Pace, Petra Pace und Axel Winkelstroeter steht die 4. Generation an der Spitze der inhabergeführten Dentaurum-Gruppe.

nutzbar und erlaubt eine sehr hohe Wertschöpfung im eigenen Betrieb.

In der Forschung und Entwicklung bestehen langjährige Kooperationen mit Universitäten und Kliniken. Mögliche Zukunftsszenarien des Dentalbereichs werden durch regelmäßige Marktanalysen und im Dialog mit Kunden erarbeitet.

Neben dem hochwertigen Produktprogramm bietet die Dentaurum-Gruppe auch umfangreiche Serviceleistungen. Hierzu zählt z. B. eine telefonische Anwendungsberatung für alle Produktbereiche, Medizinprodukteberater vor Ort sowie ein umfassendes Online-Angebot. Intelligent vernetzte Einheiten und innovative Logistiksysteme wie z. B. ein vollautomatisches Kleinteilelager ermöglichen in Deutschland in der Regel eine Lieferung innerhalb von 24 Stunden, in

Die Dentaurum GmbH & Co. KG hat ihren Sitz in Ispringen bei Pforzheim.

DENTAURUM

Der Arnold-Biber-Preis

Zur Förderung der wissenschaftlichen Arbeit auf dem Gebiet der Kieferorthopädie verleiht die Deutsche Gesellschaft für Kieferorthopädie auf ihren Jahrestagungen den Arnold-Biber-Preis. Stifter dieses Preises ist das Dentalunternehmen Dentaurum. Der Arnold-Biber-Preis wird für eine bisher noch nicht veröffentlichte wissenschaftliche Arbeit aus dem Gebiet der Kieferorthopädie vergeben. Die preisgekrönten Arbeiten werden im Fachmagazin „Journal of Orofacial Orthopedics / Fortschritte der Kieferorthopädie" veröffentlicht. Der mit 5.000 Euro dotierte Preis wird jährlich ausgeschrieben. Die Geschichte des Arnold-Biber-Preises ist schon über 100 Jahre alt, er gehört in Deutschland zu den ältesten Förderpreisen der zahnmedizinischen Forschung. Arnold Biber war Ende des 19. Jh. einer der Pioniere der Zahntechnik. 1886 gründete er in Pforzheim ein zahntechnisches Laboratorium, aus dem die Firma Dentaurum hervorging.

Meilensteine

1886 Der Schweizer Dentist Arnold Biber gründet in Pforzheim ein zahntechnisches Laboratorium.

1908 Dr. Fritz Winkelstroeter erwirbt das Unternehmen und erweitert die Fertigung um Praxiseinrichtungen, Zahnarztstühle, Bohrmaschinen und Instrumentenschränke.

1935 Markteinführung von edelmetallfreien Dentallegierungen unter dem Namen remanit® (heute remanium®).

1996 Das Centrum Dentale Communikation wird in Ispringen eröffnet.

1997 Inbetriebnahme der weltweit modernsten Einbettmassen-Produktionsanlage

2004 Ein neues Logistik- und Verwaltungsgebäude wird in Betrieb genommen.

2010 Die 4. Generation übernimmt die Unternehmensleitung.

Europa innerhalb von 48 Stunden. Zudem trägt das Unternehmen mit einem eigenen Kurs-, Veranstaltungs- und Kommunikationszentrum (CDC) sowie der Publikation von Schulungsmaterial und Kompendien zur Wissensbildung rund um die Themen der Zahnmedizin und Zahntechnik bei.

Daten und Fakten

Branche: Dentalindustrie
Produkte: über 10.000 Dentalprodukte für die Bereiche Kieferorthopädie, Zahntechnik, Dentalkeramik und Implantologie
Mitarbeiter: 650 weltweit, in Deutschland ca. 500
Standorte: Hauptsitz in Ispringen bei Pforzheim; 10 Tochtergesellschaften in Australien, den Benelux-Staaten, China, Frankreich, Italien, Kanada, der Schweiz, Spanien und den USA
Vertrieb: weltweit in über 130 Ländern
Gründer: Arnold Biber, 1886, Pforzheim
Auszeichnungen: „Deutschlands kundenorientierteste Dienstleister" (2009, 2010), „Glanzlicht der Wirtschaft 2011", „Medienpreis der Pforzheimer Zeitung 2011", „LEA-Mittelstandspreis Baden-Württemberg 2013" für soziales Engagement

Dentaurum führt über 10.000 Dentalprodukte im Portfolio.

Die Dentaurum-Gruppe im Internet

DERMALOG

Kontakt
Dentaurum GmbH & Co. KG
Turnstr. 31, 75228 Ispringen
Fon: 07231 803-0, Fax: 07231 803-342
info@dentaurum.de, www.dentaurum.de

Ansprechpartner Presse
Maria Guerra Cubero
Fon: 07231 803-104
maria.guerra-cubero@dentaurum.de

DERMALOG

Hamburg

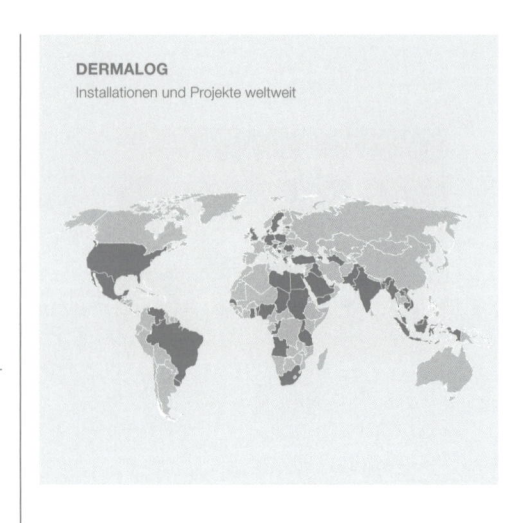

DERMALOG
Installationen und Projekte weltweit

»Wir sind stolz, im Bereich der Biometrie ein Hidden Champion der deutschen Industrie zu sein und arbeiten daran, noch mehr internationale Kunden für biometrische Produkte zu gewinnen.«

Günther Mull,
Geschäftsführer
DERMALOG

Gegründet: 1995

Die DERMALOG Identification Systems GmbH ist der größte deutsche Biometrie-Hersteller und weltweit eines der führenden Unternehmen der Branche. DERMALOG bietet komplette biometrische Lösungen und Komponenten für Behörden, Banken und große Organisationen. Die Produktpalette reicht von automatischen Fingerabdruck-Identifikations-Systemen (AFIS) für den Verwaltungsbereich über modernste Grenzkontrollsysteme bis hin zu biometrisch gesicherten Dokumenten und Fingerabdruck-Bezahlsystemen bzw. FingerBanking.

Technologien von DERMALOG werden in über 130 großen Regierungs-Installationen in mehr als 65 Ländern genutzt. Neben Asien, Afrika und Europa zählen Lateinamerika und der Mittlere Osten zu den Hauptabsatzmärkten. Der Vertrieb wird von der Hamburger Zentrale über strategische Allianzen mit Vertretern, System-Integratoren, lokalen Software-Firmen oder Generalunternehmern gesteuert. Darüber hinaus gibt es eine Niederlassung in Kuala Lumpur/Malaysia, die den asiatischen Markt bedient. Mit rd. 150 Mitarbeitern erwirtschaftete DERMALOG

Günther Mull ist geschäftsführender Gesellschafter von DERMALOG, das seinen Sitz in Hamburg hat.

Einfach erklärt: Automatische Fingerabdruckidentifikation

Der Fingerabdruck ist ein unveränderbares Merkmal der menschlichen Individualität. Die Idee, Menschen anhand ihrer Fingerabdrücke zu identifizieren, ist über 100 Jahre alt. Das Fingerabdruckverfahren (Daktyloskopie) wurde zunächst überwiegend in der Kriminalistik eingesetzt. Heute übernehmen automatische Fingerabdruckidentifikationssysteme die Erkennung. DERMALOG setzt dabei neue Maßstäbe bei der Matching-Geschwindigkeit: Innerhalb von einer Sekunde führt das „Next Generation AFIS" 129 Mio. Abgleiche eines gescannten Fingerabdrucks mit gespeicherten Daten durch und identifiziert die richtige Person in großen Datenbanken. Vor Betrug bei der Identifizierung schützt darüber hinaus die weltweit sicherste Lebenderkennung während des Scans. Hierdurch werden gefälschte Finger sicher abgewiesen. Als Innovationsführer der Branche legt DERMALOG Wert darauf, sich nicht nur auf Software und Hardware zu konzentrieren, sondern auch Humanbiologie und Morphologie in die technische Forschungs- und Entwicklungsarbeit mit einfließen zu lassen.

DERMALOG

2014 einen Umsatz von 31 Mio. Euro, der nahezu volllständig im Auslandgeschäft erwirtschaftet wurde.

Günther Mull gründete die Firma 1995 in Hamburg. Noch an der Universität legte er den Grundstein für eine plattformunabhängige Software, die Fingerabdrücke erfasst, codiert und vergleicht. Den Durchbruch in Deutschland erzielte DERMALOG im Jahr 2007, als die Einwohnermeldeämter den Fingerabdruck-Scanner von DERMALOG einführten. Günther Mull ist bis heute Geschäftsführer und hält gemeinsam mit seiner Ehefrau 77,6 % der Anteile.

Mittlerweile ist das Unternehmen, dessen Namen sich aus den griechischen Wörtern DERMA (Haut) und LOG (Logik) zusammensetzt, weltweiter Innovationsführer im Bereich der Biometrie. Jährlich investiert DERMALOG rd. 10 Mio. Euro in die Forschung. Zuletzt kam mit dem DERMALOG LF1 der kleinste optische Fingerabdruckscanner auf den Markt. Derzeit arbeitet das Unternehmen daran, die Aufnahme von Fingerabdrücken bereits bei Kleinkindern zu ermöglichen, so dass künftig eine Identifikation von der Geburt an über das ganze Leben hinweg per Fingerabdruck möglich sein wird.

Für die Entwicklung wegweisender technologischer Lösungen bei der biometrischen Identifikation wurde DERMALOG bereits mehrfach ausgezeichnet – zuletzt mit dem weltweit renommierten IAIR Global Award

Meilensteine

1995 Günther Mull gründet das Unternehmen in Hamburg und eine Niederlassung in Malaysia.

1998 Erstes Großprojekt für die Einwohnermeldeämter in Rio de Janeiro

1999 Großprojekt für die Einwohnermeldeämter in Brunei

2001 Erste nationale Grenzkontrollsystem-Installation in Brunei

2004 Erstes ePassport-System in Brunei

2007 Die deutschen Einwohnermeldeämter führen Fingerabdruck-Scanner von DERMALOG ein.

2010 Gewinn des eID Projekts in Kambodscha und des kambodschanischen ePassport-Projekts

2011 Gewinn des AFIS-Projekts für die HSBC Bank in Brasilien

2013 DERMALOG erhält den Auftrag für 24 AFIS-Systeme für alle Banken in Nigeria.

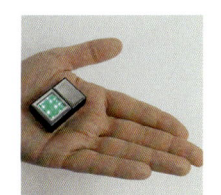

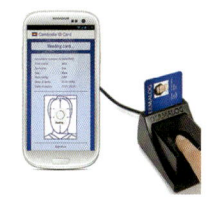

DERMALOG bietet komplette biometrische Lösungen und Komponenten für Behörden, Banken und große Organisationen.

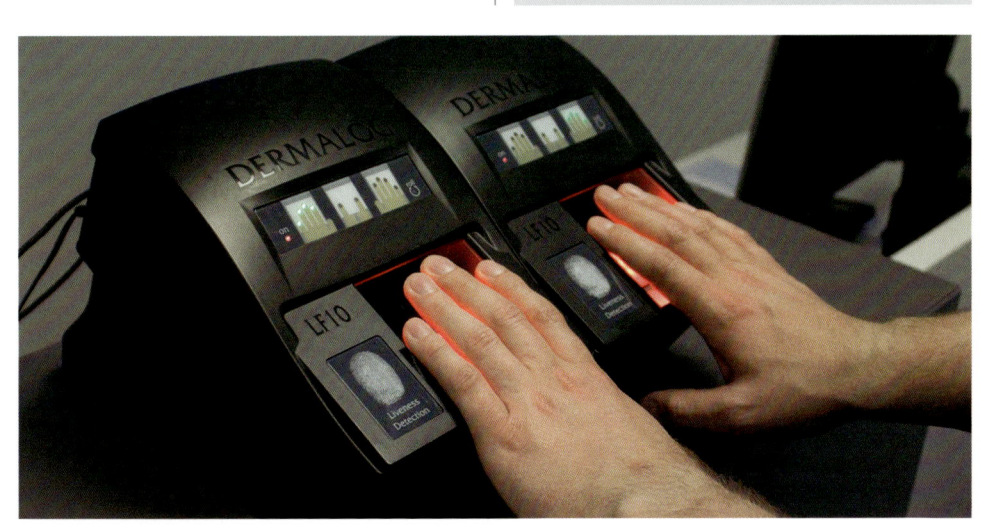

Der DERMALOG LF10 ist der erste Fingerscanner für gerollte Fingerabdrücke und Tenprints mit integrierter Fälschungs- und Lebenderkennung.

DESCH

D
ES

in der Kategorie „Innovation and Leadership – regional", sowie dem Innovationspreis-IT in der Kategorie E-Payment. DERMALOG ist zudem zweifacher Preisträger bei „Deutschland – Land der Ideen" und wurde für seine Exporterfolge mit dem 1. Platz beim Deutschen Außenwirtschaftspreis 2013 honoriert.

Daten und Fakten

Branche: Informationstechnologie
Produkte: Automatische Fingerabdruck-Identifikations-Systeme (AFIS), Automatische biometrische Identifikations-Systeme (ABIS), Fingerabdruck-Scanner, biometrischer System-Integrator
Marktposition: größter Biometrie-Hersteller Deutschlands, weltweit unter den Top 5 der Branche, weltweiter Innovationsführer
Umsatz: 31 Mio. Euro (2014)
Mitarbeiter: 150 weltweit; davon 130 in Hamburg, 15 in Kuala Lumpur/Malaysia und 5 in Phnom Penh/Kambodscha
Standorte: Hamburg, Kuala Lumpur/Malaysia, Phnom Penh/Kambodscha
Exportquote: 98 %
Patente: ca. 20
Gründer: Günther Mull, 1995, Hamburg
Eigentümer: Familie Günther Mull hält 77,6 % der Anteile, die restlichen Anteile werden von der Bundesdruckerei GmbH gehalten

DERMALOG im Internet

Kontakt

DERMALOG Identification Systems GmbH
Mittelweg 120, 20148 Hamburg
Fon: 040 413227-0, Fax: 040 413227-89
info@dermalog.com, www.dermalog.com

Ansprechpartner Presse
Oliver von Treuenfels
oliver.vontreuenfels@dermalog.com

Ansprechpartner Investor Relations
Günther Mull
mull@dermalog.com

DESCH

Arnsberg, Nordrhein Westfalen

Gegründet: 1906
Die DESCH Antriebstechnik GmbH & Co. KG ist Weltmarktführer bei speziellen Antriebssystemen und bietet Produkte entlang des gesamten Antriebsstrangs an. Mit dem Geschäftsbereich Power Transmission ist man führender Hersteller und Importeur von riemengetriebenen Antriebselementen in Europa und weltweit führend auf dem Gebiet der Kupplungstechnologie. Der Geschäftsbereich Drive Technology produziert und vertreibt Planeten- und Sondergetriebe, etwa für Zentrifugen, Parabolantennen oder Prüfstände, und ist globaler Marktführer im Bereich kompletter Pressenantriebe für Werkzeugmaschinen, Stanzen, Pressen und Walzanlagen. Das DESCH Service Center schließlich bietet Ingenieurleistungen im Bereich Support und Montage. Seit 2009 wird das Familienunternehmen in 4. Generation von Hendrik Desch geleitet.

Kontakt

DESCH Antriebstechnik GmbH & Co. KG
Kleinbahnstr. 21, 59759 Arnsberg
www.desch.de

Deutsche Bahn

Berlin

Gegründet: 1994
Die Deutsche Bahn AG zählt zu den weltweit größten Mobilitäts- und Logistikunternehmen. Der Konzern beschäftigt weltweit mehr als 300.000 Mitarbeiter in 130 Ländern. Kerngeschäft ist der Eisenbahnverkehr in Deutschland, wo das Unternehmen Marktführer im Personen- wie im Güterverkehr ist. Die Logistiksparte ist auf Straßen und Schienen Europas sowie weltweit im Luft- und Seefrachtgeschäft aktiv. Der Umsatz lag 2013 bei 39,1 Mrd. Euro. Die Geschichte der Deutschen Bahn AG begann mit der ersten

D
EU

deutschen Eisenbahnverbindung 1835. Seit 1886 waren die meisten deutschen Eisenbahnstrecken verstaatlicht, aber erst 1920 wurden sie in der Deutschen Reichsbahn zusammengeführt. Aus der Nachkriegsbehörde Deutsche Bundesbahn wurde 1994 dann die Deutsche Bahn AG.

Kontakt
Deutsche Bahn AG
Potsdamer Platz 2, 10785 Berlin
www.deutschebahn.com

Deutsche Börse

Frankfurt/Main, Hessen

Gegründet: 1585

Die Gruppe Deutsche Börse agiert weltweit im Bereich Finanzdienstleistungen. Im Rahmen ihres integrierten Geschäftsmodells organisiert sie den Wertpapierhandel, das Clearing und den Nachhandel. Darüber hinaus bietet sie Marktdaten und IT-Services an. Im Geschäftsfeld Eurex betreibt die Deutsche Börse eine der umsatzstärksten Terminbörsen der Welt. Am Kassamarkt hält sie mit dem elektronischen Handelssystem Xetra® eine führende Stellung in Europa und gehört als Träger der Frankfurter Wertpapierbörse zu den weltweit führenden Unternehmen ihres Segments. Die Deutsche Börse beschäftigt ca. 4.000 Mitarbeiter in 16 Ländern. Ihr Umsatz betrug im Geschäftsjahr 2013 rd. 2,2 Mrd. Euro. Zur Gruppe Deutsche Börse gehören die Deutsche Börse AG mit ihren Tochter-, Gemeinschafts- und assoziierten Unternehmen. Vorstandsvorsitzender ist Dr. Reto Francioni. Für die seit 1585 bestehende Börse waren die Gründung von Eurex und die Einführung von Xetra maßgeblich für ihren heutigen Erfolg.

Kontakt
Deutsche Börse AG
60485 Frankfurt/Main
www.deutsche-boerse.com

Deutsche Lufthansa

Köln, Nordrhein-Westfalen

Gegründet: 1926

Die Deutsche Lufthansa AG ist eines der weltweit führenden Luftfahrtunternehmen und erreicht in Europa die höchsten Umsatz- und Passagierzahlen der Branche. Weltweiter Marktführer ist sie in den Bereichen Technik und Catering. Das Kerngeschäft der Lufthansa bilden die Passagierbeförderung und die Luftfracht. Außer der Lufthansa gehören auch die Fluggesellschaften SWISS, Austrian Airlines und der Low-Cost-Carrier Germanwings zu 100 % zur Gruppe. Die Lufthansa Group hat etwa 500 Tochtergesellschaften und Beteiligungen, setzte 2013 rd. 30 Mrd. Euro um und beschäftigt insgesamt ca. 117.000 Mitarbeiter. 1926 entstand das Unternehmen als Zusammenschluss zweier Vorgängergesellschaften und erhielt den Namen Deutsche Luft Hansa A.G.

Kontakt
Deutsche Lufthansa Aktiengesellschaft
Von-Gablenz-Str. 2-6, 50679 Köln
ww.lufthansagroup.com

Deutsche Post DHL

Bonn, Nordrhein-Westfalen

Gegründet: 1490/1995

Die Deutsche Post AG gilt als der weltweit führende Logistik-Konzern. Unter der Marke Deutsche Post werden klassische Postdienstleistungen als deutscher Marktführer erbracht. Die Logistik-Sparte DHL ist weltweit aufgestellt mit Paket-, Express- und Logistikangeboten. Der Konzern beschäftigt 480.000 Mitarbeiter und setzte 2013 rd. 55 Mrd. Euro um. Die Geschichte des Unternehmens geht zurück auf die Begründung des modernen Postwesens durch Franz von Taxis 1490. Im 19. Jh. als Reichsbehörde organisiert, wurde die Deutsche Reichspost 1924 zu einem staatlichen Unternehmen. Die Deutsche

DEUTZ

Bundespost als Rechtsnachfolgerin wurde 1995 in drei Teilbereiche Post, Bank und Telekommunikation gesplittet und die Deutsche Post AG als eigenständiges, börsennotiertes Unternehmen gegründet.

Kontakt
Deutsche Post AG
Charles-de-Gaulle-Str. 20, 53113 Bonn
www.dpdhl.com

DEUTZ

Köln, Nordrhein-Westfalen

Gegründet: 1864
Die DEUTZ AG ist der älteste Motorenhersteller der Welt und gilt als der global führende unabhängige Anbieter von Motoren im Premiumsegment. Das 1864 gegründete Unternehmen produziert seit 1867 Motoren in Serie. DEUTZ Dieselmotoren werden im Leistungsspektrum zwischen 25 und 560 kW angeboten und z. B. in Fahrzeugen, Schiffen und Landmaschinen eingesetzt. DEUTZ produziert an sechs Standorten in Deutschland, Spanien und den USA sowie in Joint-Venture-Unternehmen in Argentinien und China. In 130 Ländern besteht ein Vertriebs- und Servicenetz. 3.992 Mitarbeiter erwirtschafteten 2013 einen Umsatz von 1,453 Mrd. Euro bei einem Auslandsanteil von 82,1 %. Die Aktien befinden sich zu über 60 % in Streubesitz, größter Anteilseigner ist mit 25 % die AB Volvo Group.

Kontakt
DEUTZ AG
Ottostr. 1, 51149 Köln
www.deutz.de

Dextro Energy

Krefeld, Nordrhein-Westfalen

Gegründet: 1927
Die Dextro Energy GmbH & Co. KG ist der weltweit führende Hersteller von Dextroseprodukten. Auch innerhalb von Deutschland ist Dextro Energy mit einem Marktanteil von über 50 % die Nummer eins (Quelle: AC Nielsen). Vom Produktionsstandort und Hauptsitz Krefeld aus werden die Produkte über Distributeure in 22 Länder exportiert. Die Markengeschichte begann 1927 mit der Einführung des Traubenzuckerpulvers Dextrose Purum, das seit 1929 unter dem Namen Dextropur bekannt ist. 1935 wurde unter der Marke Dextro Energen ein Komprimat in Würfelform eingeführt, das über die Jahrzehnte zum Klassiker wurde und 2002 im Zuge einer stärkeren Internationalisierung in Dextro Energy umbenannt wurde. Heute gibt es Dextro Energy auch in Form von Stangen, Minis und Riegeln. Seit 2010 ergänzt das Sporternährungssortiment Dextro Energy Sports Nutrition das Portfolio. Es ist speziell auf die Bedürfnisse von Ausdauersportlern abgestimmt. Medial weltweit vertreten war Dextro Energy nicht zuletzt als Haupt- und Titelsponsor der internationalen Triathlon-WM-Serie.

Die Dextro Energy GmbH & Co. KG operiert als selbstständige Tochter unter dem Dach der Zertus GmbH, die die Traditionsmarke im Jahr 2005 von Unilever übernommen hatte. Insgesamt beschäftigt das von Andreas Romankiewicz, Stefan Harms (stv.) und Dr. Henric Hahne (stv.) geleitete Unternehmen 135 Mitarbeiter.

Dieffenbacher

Kontakt
Dextro Energy GmbH & Co. KG
Hafenstr. 77, 47809 Krefeld
Fon: 02151 5227-0, Fax: 02151 5227-382
info@dextro-energy.com
www.dextro-energy.com

Dieffenbacher

Eppingen, Baden-Württemberg

DIEFFENBACHER

Schon gewusst?

Die Innovationen von Dieffenbacher finden sich heute in vielen Produkten des täglichen Bedarfs wie Autos oder Möbeln: Um Ressourcen zu schonen, setzt man in der industriellen Produktion immer mehr auf Leichtbau. Dieffenbacher hat hier gemeinsam mit seinen Kunden effiziente Verfahren entwickelt; z. B. zur Herstellung von um 30 % leichteren Spanplatten für den Möbelbau oder die serienreife Herstellung von glas- oder karbonfaserverstärkten Kunststoffbauteilen wie Kofferraumdeckel oder Motorhauben.

Gegründet: 1873

Dieffenbacher GmbH Maschinen und Anlagenbau ist eine internationale Firmengruppe, die sich auf Anlagen zur Herstellung von Holzwerkstoffplatten und Industriepellets sowie Pressen und Produktionsanlagen zur Fertigung von faserverstärkten Kunststoffbauteilen spezialisiert hat. Holzwerkstoffplatten sind Span-, MDF-, OSB- oder Holzfaserdämmplatten, die hauptsächlich in der Möbel- und Bauindustrie zum Einsatz kommen. Kraftwerksbetreiber nutzen Industriepellets, um den fossilen Brennstoff Steinkohle teilweise oder komplett zu ersetzen. Kunststoffbauteile, die mit Karbon oder anderen Fasern verstärkt sind, werden vor allem beim automobilen Leichtbau, aber auch in der Luftfahrt- oder in der Elektroindustrie eingesetzt. Das Unternehmen mit Hauptsitz in Eppingen zählt zu den international führenden Herstellern kompletter Holzwerkstoffanlagen und ist weltweiter Technologieführer für das Pressen von faserverstärkten Kunststoffbauteilen.

Dieffenbacher produziert in Eppingen und Ötigheim (Deutschland), Brünn (Tschechien), Windsor (Kanada), Alpharetta (USA) sowie Shanghai (China) und erzielte 2013 einen Umsatz von 430 Mio. Euro bei einer Exportquote von 80 %. Insgesamt beschäftigt das Unternehmen 1.775 Mitarbeiter, 846 davon in Deutschland (2013). 80 % der Beschäftigten verfügen über eine technische Ausbildung.

Die Firma Dieffenbacher befindet sich zu 100 % im Besitz der Familie Dieffenbacher mit Wolf-Gerd Dieffenbacher als geschäftsführendem Gesellschafter in 4. Generation. Das Unternehmen wurde 1873 von Jakob Dieffenbacher als regionale Schmiede und Schlosserei gegründet. Erste Serienprodukte waren Kassenschränke und Herde. Gegen Ende des 19. Jh. baute die Firma dann hydraulische Obst- und Ölpressen. Seine Söhne Wilhelm und Friedrich Dieffenbacher erweiterten die Produktpalette in Richtung Industrieerzeugnisse. Die Enkel des Gründers fassten in den 1960er-Jahren mit Spanplatten-, Sperrholz- und Furnierpressen im Exportmarkt Fuß. 1990 brachte Dieffenbacher die

Gesamtanlage zur Herstellung von Holzwerkstoffplatten

»Wenn Kunden zu Freunden werden, dann wissen sie, sie sind bei Dieffenbacher.«

Zitat aus einem Werbefilm von Dieffenbacher

D
IL

erste kontinuierliche Presse heraus und entwickelte sich zum internationalen Gesamtanlagenbauer. Das Unternehmen verfügt über ein eigenes Technikum für Holzplatten- und Umformtechnik und arbeitet eng mit Forschungseinrichtungen wie dem Fraunhofer-Institut für Chemische Technologie ICT zusammen.

Daten und Fakten

Branche: Holzwerkstoffindustrie und Kunststoffverarbeitung
Produkte: Anlagen zur Herstellung von Holzwerkstoffplatten und Pellets, Pressen und Produktionsanlagen zur Herstellung von faserverstärkten Kunststoffbauteilen
Marktposition: ein führendes Unternehmen im Bereich kompletter Holzwerkstoffanlagen; weltweiter Technologieführer für das Pressen von faserverstärkten Kunststoffbauteilen
Umsatz: 430 Mio. Euro (2013)
Mitarbeiter: insgesamt 1.775, davon 846 in Deutschland (2013)
Vertrieb: weltweit 17 Vertriebs- und Servicestandorte, davon sind 6 auch Produktionsstandorte
Exportquote: ca. 80 % (2013)
Auszeichnungen: AVK Innovationspreis für das LFT-D Direktverfahren zur Herstellung von glasfaserverstärkten Kunststoffbauteilen, AVK – Industrievereinigung Kunststoffe e.V.(2011); AVK Innovationspreis für das D-SMC Direktverfahren zur Herstellung von Kunststoffbauteilen aus SMC (2011); AVK Innovationspreis für das PreForm Center zur serienreifen Herstellung von Karbonfaserbauteilen (2013)
Gründer: Jakob Dieffenbacher, 1873, Eppingen
Eigentümer: zu 100 % in Besitz der Familie Dieffenbacher

Wolf-Gerd Dieffenbacher ist geschäftsführender Gesellschafter des Familienunternehmens, das Produktionsanlagen zur Herstellung von Span-, MDF-, OSB- und LVL-Platten liefert.

Dieffenbacher GmbH Maschinen- und Anlagenbau im Internet

Kontakt
Dieffenbacher GmbH
Maschinen- und Anlagenbau
Heilbronner Str. 20, 75031 Eppingen
Fon: 07262 65-0, Fax: 07262 65-420
dse@dieffenbacher.de, www.dieffenbacher.de

DILO

DILO
Babenhausen, Bayern

Gegründet: 1951
Die DILO Armaturen und Anlagen GmbH ist in ihren beiden Kernkompetenzfeldern Hochdruck-Rohrverbindungen und SF6-Gashandling weltweit führend. SF6-Gashandling ist der wichtigste Umsatzträger für das Unternehmen. Die Dienstleistung von DILO reicht von der Beratung über das Produkt bis zum Service. Das von DILO entwickelte Prinzip dichtungsloser Rohrverbindungen aus Metall ist das bevorzugte System in Branchen, bei denen besonders hoher Druck und hohe Temperaturen sowie aggressive Medien vorherrschen. Die Geschäftsführung des 1951 gegründeten Unternehmens haben Christian Scheller und Peter Sieber inne. Die DILO Armaturen und Anlagen GmbH beschäftigt ca. 300 Mitarbeiter und verfügt über ein dichtes Vertriebsnetz mit rd. 50 Vertretungen weltweit.

Kontakt
DILO Armaturen und Anlagen GmbH
Frundsbergstr. 36, 87727 Babenhausen
www.dilo-gmbh.com

DiloGroup
Eberbach, Baden-Württemberg

Gegründet: 1902
Die DiloGroup gilt als Technologie- und Marktführer für Nadelvliesstoffanlagen. Das 1902 von Oskar Dilo gegründete Unternehmen wurde seit Mitte der 1990er-Jahre zur Gruppe ausgebaut und hat dabei seine

DMG MORI SEIKI

Kompetenz für Maschinen und Anlagen zur Herstellung nichtgewebter Vliesstoffe aus Stapelfasern vertieft. Dazu zählen Öffnungs- und Mischungskomponenten, mechanische und aerodynamische Vliesbildung sowie Vlieslegerbau und Vernadelungsmaschinen. Neben dem Stammsitz Eberbach produziert Dilo in Bergisch Gladbach und Bremen. International ist das Unternehmen in rd. 60 Ländern vertreten und verfügt über eigene Niederlassungen in den USA, China, Russland und der Türkei.

Meilensteine der Entwicklung sind die Maschinen und Verfahren DI-LOOP und DI-LOUR mit neuer Strukturierungs- und Musterungstechnologie. Die Hyperpunch-Technik zur elliptischen Vernadelung wurde 2001 mit dem IDEA Achievement Award des internationalen Fachverbands der Nonwoven Industry INDA ausgezeichnet. Sie erreicht bei einer Hubfrequenz von 3.000 Hüben/min. eine Produktionsgeschwindigkeit von 150 m/min. Das Unternehmen treibt zudem die energieeffiziente und faserverbrauchsschonende Vernadelungstechnik voran. Ein weiterer Forschungsschwerpunkt ist die Dilo „Isomation" zur Homogenisierung und Determinierung von Vliesstoffeigenschaften.

Die DiloGroup erzielt ca. 90 % ihres Umsatzes von 85 Mio. Euro im Ausland. Die Ausbildungsquote überschreitet kontinuierlich 15 %. Das Familienunternehmen wird in 3. Generation von Johann Philipp Dilo geleitet.

Kontakt
DiloGroup
Im Hohenend 11, 69412 Eberbach
Fon: 06271 940-0, Fax: 06271 71142
info@dilo.de, www.dilo.de

DMG MORI SEIKI
Bielefeld, Nordrhein-Westfalen

DMG MORI SEIKI
AKTIENGESELLSCHAFT

Gegründet: 1870

DMG MORI SEIKI ist ein weltweit führender Hersteller von spanenden Werkzeugmaschinen und bietet innovative Dienstleistungen für den gesamten Lebenszyklus der Maschinen an: mit einem breiten Angebot, das auch Software- und Energielösungen umfasst.

Die Werkzeugmaschinen kommen zur Herstellung und Bearbeitung von Werkstücken in industriellen Branchen zum Einsatz. Dazu gehören z. B. der Werkzeug- und Formenbau, die Automobil-, Luft- und Raumfahrtindustrie sowie die Medizin- und Dentaltechnik. Insgesamt 145 nationale und internationale Vertriebs- und Servicestandorte stehen unter der weltweiten Marke DMG MORI in direktem Kontakt zu den Kunden. Für die Produktion hat der Konzern zwölf Werke in Deutschland, Schweiz, Italien, Polen, Russland und China, die je nach Geschäftsfeld im Segment „Werkzeugmaschinen" in Drehen, Fräsen, Advanced Technologies (LASERTEC / ULTRASONIC), ECOLINE-Verbund, Electronics und Automation organisiert sind. Das Segment „Industrielle Dienstleistungen"

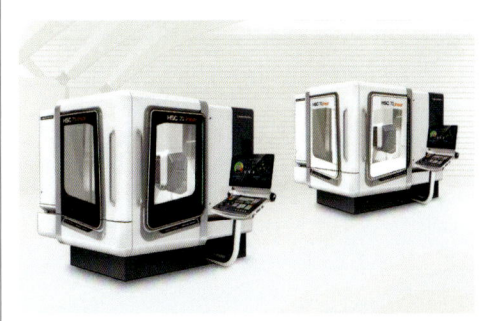

EMO 2013 in Hannover: DMG MORI präsentiert erstmals das neue Corporate Design sowie CELOS, die einzigartige gemeinsame Entwicklung, die den Prozess von der Idee bis zum Produkt vereinfacht und beschleunigt.

D
MG

»Wir werden unsere globale Marktpräsenz intensivieren und unseren Technologievorsprung weiter ausbauen.«

Dr. Rüdiger Kapitza, Vorstandsvorsitzender der DMG MORI SEIKI AKTIENGESELLSCHAFT

Dr. Rüdiger Kapitza ist Vorstandsvorsitzender der DMG MORI SEIKI AKTIENGESELLSCHAFT.

DMG MORI SEIKI

D
MG

DMG MORI SEIKI
im Internet

Meilensteine

1870 Friedrich Gildemeister gründet die Werkzeugmaschinenfabrik GILDEMEISTER & Comp. in Bielefeld.

1992 Dr. Rüdiger Kapitza wird Vorstand für Vertrieb und Marketing. Ein Jahr später gründet er den Vorläufer der heutigen DMG Vertriebs und Service GmbH, seit 1996 ist er Vorstandsvorsitzender der GILDEMEISTER Aktiengesellschaft (heute DMG MORI SEIKI AKTIENGESELLSCHAFT).

2003 GILDEMEISTER eröffnet in Shanghai seinen ersten Produktionsstandort außerhalb Europas.

2007 Aufgrund der gestiegenen Marktkapitalisierung und des erhöhten Börsenumsatzes steigt GILDEMEISTER in den MDAX auf.

2009 Start der Kooperation mit dem japanischen Werkzeugmaschinenhersteller Mori Seiki.

2010 Mit der Großbatterie „CellCube" betritt GILDEMEISTER den Zukunftsmarkt für Energiespeichertechnik.

2011 Erster gemeinsamer Auftritt von DMG / MORI SEIKI auf der EMO in Hannover

2013 Am 1. Oktober 2013 gleichen beide Unternehmen ihre Namen an. Aus der GILDEMEISTER Aktiengesellschaft wird die DMG MORI SEIKI AKTIENGESELLSCHAFT und aus der Mori Seiki Co., Ltd. die DMG MORI SEIKI COMPANY LIMITED – weltweit treten sie unter dem gemeinsamen Brand DMG MORI auf.

umfasst die Bereiche Services und Energy Solutions. Der Geschäftsbereich Services bündelt die Vermarktungsaktivitäten und die Life-Cycle Service rund um die Maschinen von DMG MORI. Darüber hinaus befasst sich das Geschäftsfeld Energy Solutions mit Produkten und Lösungen zur Optimierung des Energiemanagements industrieller und gewerblicher Kunden. Dazu gehören die Bereiche Cellstrom, Energy Efficiency, Service und Components.

Im Jahr 2009 startete die Kooperation mit dem japanischen Werkzeugmaschinenhersteller Mori Seiki in den Bereichen Produktion, Einkauf, Entwicklung sowie Vertrieb und Service in ausgewählten Märkten. Ein wichtiger Meilenstein der deutsch-japanischen Partnerschaft war das Jahr 2013. Am 1. Oktober 2013 glichen beide Unternehmen ihre Namen an. Aus der GILDEMEISTER Aktiengesellschaft wurde die DMG MORI SEIKI AKTIENGESELLSCHAFT und aus der Mori Seiki Co., Ltd. wurde die DMG MORI SEIKI COMPANY LIMITED – weltweit treten sie unter dem gemeinsamen Brand DMG MORI auf.

Daten und Fakten

Branche: Werkzeugmaschinenbau
Geschäftsfelder: Drehen, Fräsen, Advanced Technologies (Ultrasonic / Lasertec), die ECOLINE-Produktlinie sowie die Produkte der Electronics und Automation und Software- und Energielösungen
Marktposition: einer der weltweit führenden Hersteller spanender Werkzeugmaschinen
Umsatz Werkzeugmaschinen:
2.054,2 Mio. Euro (2013)
Eigenkapital: 1.164,4 Mio. Euro (2013)
Mitarbeiter: 6.722, davon 225 Auszubildende (weltweit, 2013)
Gründer: Friedrich Gildemeister, 1870, Bielefeld

Kontakt

DMG MORI SEIKI AKTIENGESELLSCHAFT
Gildemeisterstr. 60, 33689 Bielefeld
Fon: 05205 74-3001, Fax: 05205 74-3081
pr@dmgmoriseiki.com, www.dmgmoriseiki.com

Dockweiler

Neustadt-Glewe, Mecklenburg-Vorpommern

Gegründet: 1955

Die 1955 als Eisenwarenhandel in Hamburg gegründete Dockweiler AG zählt heute zu den führenden Anbietern von hochreinen Edelstahlrohrsystemen für die Bereiche Pharma, Halbleiter und Biotechnologie. Dockweiler ist Engineering Partner vieler bekannter Unternehmen und erstellt zudem maßgeschneiderte Installationslösungen. Das Unternehmen verfügt über eine sehr hohe Kompetenz in der Oberflächenveredelung von Rohrleitungssystemen. Die Dockweiler AG unterhält über 170 Mitarbeiter am Hauptsitz in Neustadt-Glewe und beschäftigt weitere Angestellte in den Tochtergesellschaften in Europa und Asien sowie in den mehr als 30 Vertretungen weltweit. Der Vorstand des Unternehmens besteht aus Christian Behrens und Thomas Wünsche.

Kontakt
Dockweiler AG
An der Autobahn 10/20, 19306 Neustadt-Glewe
www.dockweiler.com

Döhler

Darmstadt, Hessen

Gegründet: 1838

Als Gewürzmühle vor über 175 Jahren in Erfurt gegründet, agiert die Döhler GmbH heute als einer der weltweit führenden Hersteller und Anbieter von natürlichen Ingredients, Ingredient-Systemen und integrierten Lösungen für die Lebensmittel- und Getränkeindustrie. Döhler beschäftigt rd. 3.500 Mitarbeiter, ist in über 130 Ländern aktiv und verfügt weltweit über 23 Produktionsstandorte, 48 Vertriebsbüros und Applikationsstandorte. Das Produktportfolio reicht von Flavours, Colours, Health Ingredients, Sweetening Solutions, Cereal Ingredients, Dairy Ingredients, Speciality Ingredients, Fruit & Vegetable Ingredients bis hin zu Ingredient Systems.

Kontakt
Döhler GmbH
Riedstr. 7-9, 64295 Darmstadt
www.doehler.com

Dokumental

Ludwigshafen, Rheinland-Pfalz

Gegründet: 1992

Die Dokumental GmbH & Co. KG Schreibfarben ist der größte unabhängige Schreibfarbenhersteller der Welt. Das Portfolio umfasst Schreibfarben, Markierungstinten, Faserschreibertinten und Textmarkertinten. Zu den Kunden gehören alle großen Hersteller von Schreibgeräten. Die Ursprünge des Unternehmens reichen in das Jahr 1949 zurück, als in Mittenwald mit der Entwicklung von Tinte begonnen wurde. 1952 wurde dort die „Mittenwald Chemie" gegründet. Im Jahr 1992 verschmolz diese mit der 1964 gegründeten Firma IKF in Ludwigshafen zu dem neuen Unternehmen Dokumental, das damit zum Weltmarktführer wurde. Heute beschäftigt Dokumental rd. 100 Mitarbeiter und vertreibt seine Produkte weltweit. Neben den Produktionsstätten in Ludwigshafen und Mittenwald entwickelt und produziert die Schwesterfirma Shanghai Dokumental Ink zusätzlich Produkte speziell für den chinesischen Markt.

Kontakt
Dokumental GmbH & Co. KG Schreibfarben
Woellnerstr. 26, 67065 Ludwigshafen
www.dokumental.de

Dolezych

Dortmund, Nordrhein-Westfalen

Dolezych – einfach sicher

»Wir wollen die Erwartungen unserer Kunden übertreffen.«

Udo Dolezych

Schon gewusst?

- Bei der Berliner Reichstagsverhüllung durch das Künstlerpaar Christo und Jeanne-Claude 1995 sicherten Dolezych-Zurrgurte mit einer Gesamtlänge von rund 25 Kilometern die mehr als 100.000 m² umfassenden Stoffbahnen.
- Energie wie Gas und Öl wird über große Entfernungen durch riesige Pipelines transportiert. Spezielle Hebebandmatten von Dolezych sorgen dafür, dass Pipelines in der ganzen Welt präzise verlegt werden können.
- Im Rahmen der Kulturhauptstadt Europas RUHR.2010 sponserte Dolezych die Auflass- und Halteseile für 310 knallgelbe Heliumballons, die bei der Aktion „SchachtZeichen" überall im Ruhrgebiet aufstiegen und alte Schachtanlagen und Zechengelände markierten.

Gegründet: 1935

Das Dortmunder Unternehmen Westdeutscher Drahtseilverkauf Dolezych GmbH & Co. KG ist der weltweit führende Hersteller von Ladungssicherungstechnik. Zudem produziert Dolezych Seil-, Hebe- und Anschlagtechnik zum sicheren Heben und Transportieren in fünf Ländern auf drei Kontinenten. Die Produkte sind überall dort im Einsatz, wo Güter gehoben, transportiert und gesichert werden müssen – sei es im Betrieb, auf der Baustelle oder auf Transportwegen. Zu den Kunden von Dolezych zählen z. B. die Montanindustrie, Stahlkonzerne, Automobilhersteller und die Luftfahrtindustrie. Der weltweite Vertrieb erfolgt über eigene Niederlassungen und Handelspartner.

Seine 80-jährige Erfahrung bringt das Familienunternehmen durch führende Mitarbeit in nationale und internationale Normungsgremien ein und ist so aktiv an der Entwicklung bestehender und zukünftiger Standards beteiligt, die sich auch frühzeitig in der Produktentwicklung niederschlagen.

Um das Wissen zur Hebe- und Ladungssicherungstechnik zu vermitteln, hat Dolezych seit mehr als 25 Jahren Fachseminare und Schulungen im Programm. Im Mittelpunkt der aktuellen Forschungsaktivitäten stehen neue Materialien zum Sichern und Heben besonders schwerer Güter, optimierte Benutzerfreundlichkeit und Sicherheit sowie individuell zugeschnittene Branchenlösungen. So entwickelte Dolezych z. B. Lösungen für den gesamten Produktionszyklus der Windkraftindustrie. Durch innovativen Materialeinsatz wird das Aufstellen schwerer Bauteile in großer Höhe einfacher, wirtschaftlicher und sicherer. Das Unternehmen ist im Besitz von mehr als 100 Schutzrechten.

Franz Dolezych gründete die „Westdeutsche Drahtseilverkaufsgesellschaft & Co." 1935 in Dortmund. Zu den ersten Produkten gehörten Anschlagseile und -ketten, die in der Montanindustrie im Ruhrgebiet ihre Abnehmer fanden. Seit 1990 führt Udo Dolezych als alleiniger geschäftsführender Gesellschafter das Unternehmen in 2. Generation. Unter der Leitung von Udo Dolezych ent-

Der Weltmarktführer für Ladungssicherungstechnik wird von Inhaber Udo Dolezych (oben) geleitet; sein Sohn Tim Dolezych trat 2011 in das Unternehmen ein.

DoKEP-Ladungssicherungsnetze sichern unterschiedlichste Ladegüter in allen gängigen Fahrzeugtypen.

Dolezych

Auch als eine 600 t schwere U-Boot-Sektion 2005 auf die Landungsbrücke gehoben wurde, kamen die Rundschlingen dazu von Dolezych.

Dolezych hat seinen Stammsitz in Dortmund.

standen Niederlassungen in der ganzen Welt: 1992 in Polen, 2001 in der Schweiz, 2003 in China, 2007 in der Ukraine sowie 2008 in Chile. Seit 2011 unterstützt Sohn Tim Dolezych die Unternehmensführung. In dieser Zeit entstanden weitere Niederlassungen 2012 in Russland sowie 2013 in der Türkei und in den USA. Heute beschäftigt Dolezych weltweit 600 Mitarbeiter.

Durch die global wachsende Nachfrage nach Logistiklösungen sieht sich das Unternehmen auch für die Zukunft gut aufgestellt. Das breit gefächerte Portfolio des Komplettanbieters umfasst mehr als 20.000 Artikel, die auch per Online-Shop und bundesweitem 24-Stunden-Lieferservice erhältlich sind: Ladungssicherungsmittel wie Zurrgurte, Zurrketten und Ladungssicherungsnetze, Anschlagmittel wie Hebebänder, Rundschlingen, Anschlagseile und -ketten, Hebezeuge wie Traversen, Klemmen und Greifer sowie Spezialseile, persönliche Schutzausrüstung und Artikel für den Arbeitsschutz. Der über 500 Seiten starke Produktkatalog wird in sechs Sprachen aufgelegt. Ein umfangreiches Dienstleistungspaket ergänzt das Angebot um Beratung, Prüfung, Wartung und Reparatur.

Die Produkte von Dolezych sind überall dort im Einsatz, wo Güter gehoben, transportiert und gesichert werden müssen.

Einfach erklärt: Ladungssicherung

Zum Schutz aller Verkehrsteilnehmer schreibt die Straßenverkehrsordnung (StVO) vor, dass Ladungen so verstaut und gesichert werden müssen, dass sie unter „normalen" Fahr- und Straßenverhältnissen weder ganz noch teilweise verrutschen, herabfallen oder Ursache für das Umkippen eines Fahrzeuges sein können. Selbst bei einer Vollbremsung oder einem plötzlichen Ausweichmanöver darf die Ladung nicht in Bewegung kommen. Dazu muss der Fahrzeugführer die Ladung fachgerecht verstauen und sichern und dabei die anerkannten Regeln der Technik befolgen. Dies sind in Deutschland vor allem die DIN EN 12195 sowie die VDI-Richtlinie 2700 ff. „Ladungssicherung auf Straßenfahrzeugen". Anhand dieser Richtlinien und ihrer umfangreichen Berechnungsformeln kann exakt bestimmt werden, wie die Ladung gegen die während der Fahrt auftretenden physikalischen Kräfte gesichert werden muss. Damit die richtige Ladungssicherung jedoch wegen der z. T. relativ komplizierten zu berechnenden Formeln nicht zu einem Glücksspiel für Fahrer und Verlader wird, hat Dolezych die „Dolezych-Einfach-Methoden" entwickelt. Damit kann der Anwender anhand von Tabellen und ganz ohne Berechnung die korrekte Ladungssicherung leicht ermitteln.

Dometic Group

Daten und Fakten

Branche: Seil-, Hebe-, Anschlag- und Ladungssicherungstechnik
Produkte: Ladungssicherungsmittel, Anschlagmittel, Hebezeuge, Seile, persönliche Schutzausrüstung und Arbeitsschutz
Marktposition: Weltmarktführer in der Ladungssicherungstechnik
Mitarbeiter: 600 (2014)
Standorte: Hauptsitz Dortmund; Niederlassungen in Polen, der Schweiz, China, der Ukraine, Chile, Russland, der Türkei und den USA
Vertrieb: weltweit über Handelspartner
Innovationen: Dolezych-Einfach-Methoden zur einfachen Ermittlung der Ladungssicherung, DoKEP-Ladungssicherungsnetze, DoClick-Anschlaghaken
Patente: über 100 Schutzrechte
Gründer: Franz Dolezych, 1935, Dortmund
Eigentümer: Udo Dolezych

Schon gewusst?

Egal ob in Shanghai, Singapur, New York, Berlin, auf hoher See im Atlantik oder am Campingplatz: Die einen nutzen ihn als Minibar im Hotel oder Kreuzfahrtschiff, die anderen als Kühlschrank in ihrem Reisemobil oder Caravan. Die lautlosen Wohltäter aus Siegen sind nahezu überall rund um den Globus im Einsatz. Allein im Siegener Werk wurden bisher mehr als 10 Mio. Kühlschränke produziert. Würden alle Kühlschränke aneinandergereiht, so reichte die Strecke von Siegen nach Lissabon und weiter bis nach Stockholm, einmal quer durch Europa.

Kontakt

Dolezych GmbH & Co. KG
Hartmannstr. 8, 44147 Dortmund
Fon: 0231 8285-0, Fax: 0231 827782
info@dolezych.de, www.dolezych.de

Ansprechpartner Presse
Alexander Krosta
Fon: 0231 8285-0
krosta@dolezych.de

Dolezych im Internet

Dometic Group

Krautheim, Baden-Württemberg
Siegen, Nordrhein-Westfalen

Die Dometic Group ist ein weltweit führender Hersteller innovativer Komfortprodukte für den Wohnwagen-, Reisemobil-, Lkw- und Bootsmarkt. Besonders in der Caravanbranche gehört die Dometic Group zu den größten und bedeutendsten Zulieferern. So ist in jedem Reisemobil oder Caravan mindestens ein Dometic Produkt an Bord.

Die Produkte der Dometic Group werden in nahezu 100 Ländern der Welt vertrieben und überwiegend in eigenen Produktionsstätten hergestellt. Zwei wichtige Produktionsstätten mit internationaler Bedeutung für die Nischenmärkte befinden sich in Deutschland.

In Siegen befindet sich auf 38.000 m² mit rd. 440 Mitarbeitern die weltweit größte und modernste Fabrik für lautlose Kühlschränke. So werden an diesem Standort Absorber-Kühlschränke für die europäische Freizeitfahrzeugindustrie und für die weltweite Hotellerie gefertigt. Die Kühlschränke

Am Standort Krautheim fertigt Dometic hochwertige und wetterfeste Fenstersysteme.

Dometic Group

Dometic ist der weltweit größte Hersteller von lautlosen Absorber-Kühlschränken.

arbeiten nach dem Absorptionsverfahren; das heißt, sie funktionieren ohne mechanische Teile, sind daher 100 % lautlos und können mit Strom oder Gas betrieben werden. Bereits seit 2007 erreichen Dometic Kühlschränke bei der Leserwahl „die besten Marken" der Caravan-Fachzeitschrift „promobil" regelmäßig den ersten Platz. Aufgrund der hohen Kundenzufriedenheit setzen daher fast alle Caravan- und Reisemobilhersteller auf die Qualitätsprodukte aus Siegen.

Der Standort Krautheim ist auf hochwertige und wetterfeste Fenstersysteme spezialisiert. Dort werden Rahmenfenster, Dachhauben, Türen und Rollosysteme für Reisemobile und Caravans entwickelt und produziert. Auch in diesem Segment ist Dometic mit einem Marktanteil von über 70 % weltweiter Marktführer. Ausgehend vom Standort in Krautheim werden rund um den Globus Händler und alle Freizeitfahrzeughersteller beliefert. Mit etwa 400 Mitarbeitern zählt der Standort zu den größten Arbeitgebern im Raum Krautheim und ist ebenso eines der wichtigsten Standbeine der internationalen Dometic Group.

Am Dometic Standort Siegen sind 440 Mitarbeiter in der weltweit größten und modernsten Fabrik für lautlose Kühlschränke beschäftigt.

Einfach erklärt: Absorber-Kühlschränke

Ein Kompressor-Kühlschrank, wie er in jeder Küche steht, hat eine Pumpe und einen Elektromotor – und arbeitet entsprechend geräuschvoll. Von Absorber-Kühlschränken hört man dagegen nichts, sie arbeiten völlig lautlos. Das Herzstück der lautlosen Kühlung ist das Absorber-Aggregat. Die Temperatur wird dabei durch einen physikalischen Prozess reguliert, statt mithilfe von Kühlmotoren oder Kompressoren. Im Absorberaggregat gibt es keine mechanischen Teile, keine Schwingungen und keinen Lärm. Darüber hinaus kann das Absorberaggregat mit drei Energiequellen betrieben werden – mit 230 Volt, 12 Volt und Gas. Absorber-Kühlgeräte werden daher überall dort eingesetzt, wo keine elektrische Stromversorgung vorhanden ist oder wo in unmittelbarer Nähe zum Kühlschrank geschlafen wird, z. B. im Hotel oder im Reisemobil. Die Erfindung der lautlosen Kühlung stammt von zwei schwedischen Studenten aus dem Jahre 1922. Bis heute hat sich an der bewährten Kühltechnik nichts Wesentliches verändert. Im Bereich Forschung & Entwicklung wurde die Energieeffizienz durch intelligente Steuerung maßgeblich verbessert. Darüber hinaus spielt heute das Design und die intelligente Innenraumaufteilung eine wichtige Rolle bei den Kühlschränken.

Dometic im Internet

DORMA

D OR

Die Dometic Group ist auf jedem Kontinent mit eigenen Produktions- und Vertriebsstätten vertreten. Weltweit beschäftigt die Gruppe mehr als 7.200 Mitarbeiter, davon etwa 1.200 in Deutschland. Neben den Fabriken in Siegen und Krautheim gibt es in Deutschland weitere Standorte in Emsdetten und Dillenburg.

Daten und Fakten

Branche: Caravan- und Reisemobilbranche
Produkte: Standort Siegen: Absorber-Kühlschränke für Reisemobile & Caravans; Minibars für die Hotellerie
Standort Krautheim: Türen, Fenster, Dachfenster, Rollos für Caravans und Reisemobile
Marktposition: weltweiter Marktführer
Umsatz: Dometic Krautheim und Dometic Siegen: 150 Mio. Euro; Dometic Deutschland: 330 Mio. Euro
Mitarbeiter: Dometic Krautheim: 400; Dometic Siegen: 440; Dometic Deutschland: 1.200; Dometic Group: 7.200
Innovationen: Standort Siegen: herausnehmbares Frosterfach im Kühlschrank, stufenlos positionierbare Türetageren
Standort Krautheim: Heki-Dachfenster, PU Rahmenfenster mit integrierter Fliegenschutz- u. Verdunklungslösung, C7 Fenstergeneration mit extrem flachem automotivem Design, stufenlose Fensteraussteller, Reisemobil- und Wohnwagentüren mit integrierten Fenstern

400 Mitarbeiter fertigen in Krautheim für Dometic Rahmenfenster, Dachhauben, Türen und Rollosysteme für Reisemobile und Caravans.

Kontakt
Dometic Group
In der Steinwiese 16, 57074 Siegen
Fon: 0271 692-0, Fax: 0271 692-300
info@dometic.de, www.dometicgroup.com

DORMA

Ennepetal, Nordrhein-Westfalen

Gegründet: 1908
Die DORMA Holding GmbH & Co. KGaA hat sich unter der Ägide der Gesellschafterfamilie Mankel zu einem global führenden Entwickler und Produzenten von Zugangslösungen entwickelt. Zu den Kunden von DORMA zählen die unterschiedlichsten Zielgruppen wie Architekten, Bauherren oder Verarbeiter. Zugangslösungen von DORMA finden sich im Burj Khalifa in Dubai, im Bundeskanzleramt in Berlin, dem Sitz der Vereinten Nationen in New York oder auch im Maracanã-Stadion in Rio de Janeiro. Insgesamt ist DORMA für weltweit mehr als 150 Mio. Zugangslösungen verantwortlich. Heute ist das in Ennepetal beheimatete Familienunternehmen eine globale Firmengruppe mit eigenen Gesellschaften in mehr als 50 Ländern und rd. 7.500 Mitarbeitern, die im Geschäftsjahr 2013/14 einen Umsatz von rd. 1,06 Mrd. Euro erwirtschafteten – davon ca. 80 % im Ausland.

Kontakt
DORMA Holding GmbH & Co. KGaA
Dorma Platz 1, 58256 Ennepetal
www.dorma.com

Dornbracht

Iserlohn, Nordrhein-Westfalen

Gegründet: 1950
Die Aloys F. Dornbracht GmbH & Co. KG ist Weltmarktführer im Segment der Premium-Armaturen und -Accessoires für Bad und Küche. Die Produkte wurden vielfach mit internationalen Designpreisen ausgezeichnet. Mit einem weltweiten Vertrieb über Niederlassungen und Partner erreicht Dornbracht eine Exportquote von 58 %. Produziert wird ausschließlich in Deutschland. Die Dornbracht Gruppe beschäftigt weltweit 1.050 Mitarbeiter und erzielte 2012 einen Umsatz von über 160 Mio. Euro. Das Unternehmen befindet sich zu 100 % im Besitz der Familie Dornbracht. Aloys F. Dornbracht gründete die Firma 1950 gemeinsam mit seinem Sohn Helmut in Iserlohn. Ihre erste bahnbrechende Erfindung war der erste ausziehbare Auslauf, der 1952 patentiert wurde.

Kontakt
Aloys F. Dornbracht GmbH & Co. KG
Köbbingser Mühle 6, 58640 Iserlohn
www.dornbracht.com

DORST Technologies

Kochel am See, Bayern

Gegründet: 1948

Die DORST Technologies GmbH & Co. KG gehört zu den führenden internationalen Anbietern von Maschinen und Anlagen für die Herstellung keramischer und pulvermetallurgischer Produkte. Mit seinen Innovationen ist das Unternehmen Impulsgeber für die industrielle Entwicklung und Nutzung vieler Herstellungsverfahren. In einem eigenen Technologiezentrum mit angegliedertem Werkzeug- und Formenbau wird verfahrenstechnisches Know-how stetig weiterentwickelt. DORST Technologies beschäftigt rd. 400 Mitarbeiter im In- und Ausland. Die Firmenzentrale und das Technologiezentrum befinden sich in Kochel am See, ein Zweigwerk wird in Bad Kötzting betrieben. Bedeutendste außereuropäische Standorte sind DORST America Inc. in Bethlehem-Allentown/Pennsylvania und Dorst Technologies Shanghai Co., Ltd. Der Export in über 70 Länder weltweit steuert rd. 80 % zum Unternehmensumsatz bei.

Kontakt
DORST Technologies GmbH & Co. KG
Mittenwalder Str. 61, 82431 Kochel am See
www.dorst.de

DREISTERN

Schopfheim, Baden-Württemberg

Gegründet: 1949

Die DREISTERN GmbH & Co. KG ist ein Maschinenbauunternehmen, das sich zu einem der weltweiten Technologieführer in Sachen Profilieranlagen entwickelt hat. Das Unternehmen produziert auf die individuellen Anforderungen seiner Kunden zugeschnittene Maschinen. Anwendungen finden die auf DREISTERN-Profiliermaschinen hergestellten Produkte in vielen Bereichen des täglichen Lebens. In modernen Kraftfahrzeugen z. B. sorgen sie für die Sicherheit der Insassen. Das 1949 gegründete Familienunternehmen wird von Dipl.-Ing. Thomas Krückels geführt. DREISTERN hat seinen Hauptstandort in Schopfheim, einen Vertriebs- und Servicestützpunkt in Solingen, eine Tochterfirma in den USA und einen Servicestützpunkt in Hongkong. Mit seinen 240 Mitarbeitern erwirtschaftet das Unternehmen einen jährlichen Umsatz von rd. 30 Mio. Euro.

Kontakt
DREISTERN GmbH & Co. KG
Hohe-Flum-Straße 69, 79650 Schopfheim
www.dreistern.com

Dr. Hönle – UV-Technology

Gräfelfing, Bayern

Gegründet: 1976

Die Dr. Hönle AG zählt zu den weltweit führenden Anbietern industrieller UV- und IR-Technologien. Sie entwickelt, produziert und vertreibt UV-Geräte, UV-Anlagen, UV-Strahler, Klebstoffe und Vergussmassen, die u. a. in der Druckindustrie, zur Veredelung und Beschichtung, in der Photovoltaik und Sonnensimulation, zur Härtung von Klebstoffen und Vergussmassen, zur Oberflächenentkeimung, zur Messung von Strahlungsintensitäten oder zur Fluoreszenzprüfung eingesetzt werden. Das 1976 gegründete Unternehmen ist seit 2001 börsennotiert. Zur Gruppe zählen sieben deutsche und neun internationale Tochtergesellschaften in Europa, den USA und China. Der Umsatz lag im Geschäftsjahr 2012/13 bei über 72 Mio. Euro. Es werden rd. 480 Mitarbeiter beschäftigt.

D
RH

Dr. Rolf Hein

Kontakt
Dr. Hönle AG
Lochhamer Schlag 1, 82166 Gräfelfing
www.hoenle.de

Dr. Rolf Hein

Tübingen, Baden-Württemberg

»PUSTEFIX Seifenblasen sind Spielzeug, aber keine Spielerei: Als Seifenblasenspezialist fasziniert uns die komplette Welt der Seifenblasen.«

Frank W. Hein,
Geschäftsführer
Dr. Rolf Hein GmbH

Meilensteine

1948 Der Chemiker Dr. Rolf Hein gründet die Firma in Tübingen.

1960 Umstellung auf Kunststoffzubehör

1993 Die eigens gegründete Vertriebsfirma SUCCESS bietet erstmals Seifenblasen-Spiele als individuelle Werbeartikel an.

1998 Eröffnung des PUSTEFIX Fanshops im Internet

2011 Zum 1. Januar wird die Stadlbauer-Gruppe neue Eigentümerin der Dr. Rolf Hein GmbH.

Gegründet: 1948

Die Dr. Rolf Hein GmbH mit Sitz in Tübingen fertigt unter der Marke PUSTEFIX Seifenblasen-Spiele und ist in diesem Bereich weltweiter Nischen-, Qualitäts- und Innovationsführer. Die Produkte werden über den Handel und Importeure nicht nur in Europa, sondern auch in Asien, Nordamerika und Südafrika vertrieben. Insgesamt entfallen rund 50 % des Umsatzes auf den Export. Produziert wird mit 30 Mitarbeitern ausschließlich am Standort Tübingen.

Der Chemiker Dr. Rolf Hein gründete die Firma 1948. Er hatte die Idee, ein gebrauchsfertiges Seifenblasen-Spiel mit Behälter, Flüssigkeit und Pustevorrichtung auf den Markt zu bringen. 1960 gelang dem Unternehmen mit der Umstellung auf Kunststoffzubehör ein wichtiger Schritt. Gerold Peter Hein, der 1973 die Firma von seinem Vater übernahm, forcierte den Export der PUSTEFIX Spiele, um Absatzeinbußen aufgrund des Geburtenrückgangs in Deutschland zu kompensieren. Ein weiterer Meilenstein war 1993 die Markteinführung von Seifenblasen-Spielen als individuelle Werbeträger. Dieser Geschäftsbereich trägt heute rd. 15 % zum Umsatz bei. Seit 1998 leitet Frank Wolfgang Hein das Unternehmen in 3. Generation. Er zeichnet verantwortlich für den Aufbau des PUSTEFIX Fanshops im Internet, die Einführung des Veranstaltungszubehörs BUBBLeVENTS und die Ausweitung des Produktsortiments. Seit dem 1. Januar 2011 ist die Salzburger Stadlbauer-Gruppe neue Eigentümerin der Dr. Rolf Hein GmbH.

PUSTEFIX wird ausschließlich am Standort Tübingen produziert (oben). Nachgefragt werden die Seifenblasen-Spiele auf der ganzen Welt (unten).

Dr. Rolf Hein GmbH
- PUSTEFIX im Internet

PUSTEFIX Seifenblasenspiele gibt es bereits seit 1948.

Daten und Fakten

Branche: Spielwarenindustrie
Produkte: Seifenblasen-Spiele
Marktposition: weltweiter Nischen-, Qualitäts- und Innovationsführer
Mitarbeiter: 30 (2014)
Vertrieb: über den Handel und Importeure

Exportquote: 50 %
Gründer: Dr. Rolf Hein, 1948, Tübingen
Eigentümer: Stadlbauer Marketing und Vertrieb GmbH

Kontakt
Dr. Rolf Hein GmbH - PUSTEFIX
Bahnhofstr. 29, 72072 Tübingen
Fon: 07071 7910-05, Fax: 07071 7910-07
seifenblasen@pustefix.de, www.pustefix.de

DST

Neuenrade, Nordrhein-Westfalen

Gegründet: 1994
DST Dauermagnet-SystemTechnik GmbH hat sich in den letzten 20 Jahren auf die Entwicklung und Herstellung von Dauermagnetkupplungen spezialisiert. Rührwerksantriebe und innovative Spalttöpfe vervollständigen das Angebot des Unternehmens. Insbesondere der neue patentierte BOROHARDCAN®, der hinsichtlich der Energieeinsparung einmalige Ergebnisse erzielt, gehört zu einer der Entwicklungen, die DST auf den Markt gebracht hat. Eigene Vertriebsniederlassungen in den USA, China, Indien, Italien, Großbritannien und Frankreich sowie weitere Vertriebs- und Servicepartner in allen wichtigen Industrieländern gewährleisten ein weltweites Kontaktnetz. Das seit 1998 zur Echterhage Holding GmbH & Co. KG gehörende Unternehmen wird durch die Geschäftsführer Heinrich Wittschier und Jürgen Echterhage geleitet.

Kontakt
DST Dauermagnet-SystemTechnik GmbH
Hönnestr. 45, 58809 Neuenrade
www.dst-magnetic-couplings.com

DURAN

Wertheim, Baden-Württemberg

Gegründet: 1884
Die DURAN Group GmbH ist Weltmarktführer bei Produktion und Vertrieb von Laborglas aus Borosilikatglas, das unter dem Markennamen Duran® weltweit bekannt ist. Das Glas bietet außergewöhnlich hohe chemische Resistenz und minimale Wärmeausdehnungseigenschaften, was es gegenüber Temperaturwechsel beim Erhitzen und Abkühlen robust macht. Duran bietet im Pharma- und Laborbereich z. B. Flaschen und Glasfilter an. Im Haushaltsbereich fertigt das Unternehmen u. a. Glaskannen für Kaffeemaschinen oder Schalen und Schüsseln. Über 5.000 Produkte sind im Sortiment und werden international vertrieben. Die DURAN Group, geleitet von Armin Reiche, Michael Merz und Manfred Weindl, beschäftigt rd. 620 Mitarbeiter an drei Standorten in Deutschland und einem weiteren in Kroatien.

Kontakt
DURAN Group GmbH
Otto-Schott-Str. 21, 97877 Wertheim
www.duran-group.com

Duravit

Hornberg, Baden-Württemberg

Gegründet: 1817
Die Duravit AG entwirft, produziert und vertreibt hochwertige Badezimmer- und Sanitäreinrichtungen. Im Bereich der Design-Produkte aus Keramik und Acryl gehört das Unternehmen innerhalb der Sanitärbranche

D
UR

zu den führenden auf dem Weltmarkt. Das Produktportfolio umfasst neben Sanitärkeramik auch Badmöbel, Dusch- und Badewannen, Whirl- und Wellnesssysteme sowie Dusch-WCs, Saunen, Küchenspülen und Accessoires. Bei der Gestaltung der Produkte kooperiert Duravit mit einem engen Netzwerk aus renommierten Designern wie Philippe Starck, EOOS, Phoenix Design, sieger design oder Matteo Thun. Der gemeinsame Fokus liegt auf der Verbindung von sinnvollem Design, intelligent eingesetzter Technik und höchsten Qualitätsansprüchen. Zu den Kunden gehören Planer, Architekten und Handwerker sowie Endkunden. Gebäude wie die BMW-Welt in München, die Konzerthalle in Reykjavik oder der Burj Kalifa in Dubai sind mit Produkten von Duravit ausgestattet.

Insgesamt operiert die Unternehmensgruppe mit 35 Beteiligungsgesellschaften und ist in über 120 Ländern präsent. Die Produktion erfolgt sowohl in Deutschland als auch an mehreren internationalen Standorten: Ägypten, China, Frankreich, Indien, Tunesien und in der Türkei. Weltweit beschäftigt das Unternehmen rund 5.700 Mitarbeiter. Duravit wurde im Jahr 1817 von Georg Friedrich Horn als Steingutgeschirrfabrik in Hornberg im Schwarzwald gegründet. Dort befindet sich auch heute noch der Firmenhauptsitz.

Kontakt
DURAVIT Aktiengesellschaft
Werderstr. 36, 78132 Hornberg
Fon: 07833 70-0, Fax: 07833 70-289
info@duravit.de, www.duravit.de

DÜRR DENTAL

DÜRR DENTAL

Bietigheim-Bissingen,
Baden-Württemberg

Gegründet: 1941

Die DÜRR DENTAL AG bietet Produkte und Services rund um die zahnärztliche Medizintechnik. Bei Druckluft- und Absaugsystemen sowie digitalen Röntgen-Speicherfoliensystemen für Zahnarztpraxen und Kliniken ist das Unternehmen Weltmarktführer. Die Dürr Dental Gruppe ist mit 1.000 Mitarbeitern in rd. 40 Ländern präsent und erzielte im Jahr 2013 einen Umsatz von 211 Mio. Euro. Am Hauptsitz in Bietigheim-Bissingen sind etwa 400 Mitarbeiter in den Bereichen Produktion, Forschung und Entwicklung, Einkauf sowie Vertrieb und Marketing beschäftigt. Um einen maximalen Qualitätsstandard zu gewährleisten, produziert Dürr Dental nahezu ausschließlich in Deutschland.

Viele Standards in modernen Praxen gehen auf Entwicklungen des Unternehmens zurück. Dazu gehören z. B. die ölfreie, dentale Druckluft oder die hygienische Spraynebelabsaugung. In den Bereichen Equipment, Diagnostische Systeme und Hygiene bietet der Innovationsführer zahlreiche Systemlösungen.

Die Brüder Karl und Wilhelm Dürr gründeten das Unternehmen 1941 in Stuttgart-Feuerbach als feinmechanische Werkstatt. 1946 erfolgte der Einstieg in die dentale Medizintechnik. Heute befindet sich das Unternehmen in 3. Generation mehrheitlich in Familienbesitz. Martin Dürrstein ist als Vertreter der Inhaberfamilie Dürrstein Vorstandsvorsitzender der DÜRR DENTAL AG.

DÜRR DENTAL

Kontakt
DÜRR DENTAL AG
Höpfigheimer Str. 17, 74321 Bietigheim-Bissingen
Fon: 07142 705-0, Fax: 07142 705-500
info@duerr.de, www.duerrdental.com

E

Eberspächer

Esslingen, Baden-Württemberg

Gegründet: 1865

Die Eberspächer Gruppe zählt weltweit zu den führenden Systementwicklern und -lieferanten für Abgastechnik, Fahrzeugheizungen und Bus-Klimasysteme. Auch bei Klimasystemen für Sonderfahrzeuge und in der Fahrzeugelektronik ist Eberspächer kompetenter Partner der Automobilindustrie. Kunden sind nahezu alle europäischen, nordamerikanischen und immer mehr asiatische Pkw- und Nutzfahrzeughersteller sowie Werkstätten und Großhändler rund um den Globus. Insgesamt ist Eberspächer mit rd. 65 Standorten in mehr als 25 Ländern vertreten. Von dem Jahresumsatz in Höhe von 2.916,4 Mio. Euro (2013), den weltweit rd. 7.900 Mitarbeiter erwirtschafteten, entfielen 60 % auf das Auslandsgeschäft. Das Unternehmen wurde 1865 von Jakob Eberspächer gegründet und befindet sich heute im Besitz von zehn Familiengesellschaftern.

Kontakt

Eberspächer Climate Control Systems GmbH & Co. KG
Eberspächerstr. 24, 73730 Esslingen
www.eberspaecher.com

Eckart

Schlüchtern, Hessen

Gegründet: 1969

Die Eckart GmbH mit Sitz in Schlüchtern entwickelt, produziert und vertreibt hydraulische Schwenkmotoren/Drehantriebe, Hub-Schwenk-Kombinationen, Linearzylinder und Sondergeräte. Das Unternehmen ist einer der drei größten Anbieter für Schwenkmotoren nach dem Steilgewindeprinzip und sieht sich in diesem Bereich als weltweiter Technologieführer. Schwenkmotoren können auf engstem Raum große Massen wiederholgenau bewegen und kommen dort zum Einsatz, wo begrenzte Drehbewegungen mit hohen Drehmomenten benötigt werden. Die Schwenkmotoren werden z. B. im Untertagebau, in Baumaschinen oder bei Arbeitsbühnen eingesetzt, aber auch in Werkzeugmaschinen, in der Lebensmittelindustrie und vielen weiteren Branchen. Die Kunden erhalten neben Beratung, Planung und Betreuung auch Anwendungsoptimierungen rund um die Produkte.

In Deutschland unterhält Eckart einen eigenen Außendienst. Hinzu kommen Vertriebspartner in fast allen europäischen Ländern sowie in den wichtigsten Industrienationen weltweit. 55 % des Umsatzes erzielt das Unternehmen über den Export. 120 Mitarbeiter sind für die Firma tätig, darunter bis zu 10 % Auszubildende.

Das inhabergeführte Unternehmen befindet sich in 2. und 3. Generation in Familienbesitz. Als Rudolf Eckart die Firma 1969 gemeinsam mit seinen Söhnen gründete, lag der Schwerpunkt auf Drehteilen, die für Firmen aus der Umgebung gefertigt wurden. Anfang der 1970er-Jahre beschäftigte sich das Unternehmen erstmals mit Schwenkmotoren. Im Jahr 2012 erhielt Eckart die Auszeichnung „TOP 100" als eines der innovativsten mittelständischen Unternehmen in Deutschland.

Kontakt

Eckart GmbH
Am Knöschen 2, 36381 Schlüchtern
Fon: 06661 9628-0, Fax: 06661 9628-50
info@eckart-gmbh.de, www.eckart-gmbh.de

ecom instruments

Eckert & Ziegler
Berlin

Gegründet: 1992

Die Eckert & Ziegler Strahlen- und Medizintechnik AG zählt zu den Weltmarktführern bei isotopentechnischen Komponenten für Medizin, Industrie und Wissenschaft. Bei industriellen Anwendungen für Kalibrier- und Messquellen hält das Unternehmen in Teilbereichen Marktanteile von bis zu 100 %. Weltweit kommen rd. ein Drittel der radioaktiven Komponenten für die industrielle Messtechnik und für Strahlenquellen in der nuklearmedizinischen Bildgebung von Eckert & Ziegler. Das Unternehmen beschäftigt rd. 700 Mitarbeiter und setzte im Jahr 2013 ca. 117 Mio. Euro um. Die Exportquote erreichte 80 %. CEO Andreas Eckert hatte das Unternehmen 1992 als Ausgründung aus dem Isotopeninstitut der ehemaligen Akademie der Wissenschaften der DDR gemeinsam mit Jürgen Ziegler ins Leben gerufen.

Kontakt
Eckert & Ziegler Strahlen- und Medizintechnik AG
Robert-Rössle-Str. 10, 13125 Berlin
www.ezag.de

---

ecom instruments
Assamstadt, Baden-Württemberg

Gegründet: 1986

Die ecom instruments GmbH ist ein weltweit führender Hersteller von mobilen Industriegeräten für den Einsatz im explosionsgeschützten Bereich. In den vier Kernbereichen Mobile Computing, Kommunikation, Mess- und Kalibriertechnik sowie Portable Handlampen entwickelt und vertreibt das Unternehmen explosionsgeschützte mobile Geräte wie PDAs, Tablets, Laptops, Mobiltelefone, Funkgeräte, Messgeräte und Taschenlampen. Alle Produkte sind so ausgelegt, dass sie ein professionelles Arbeiten in schwieriger Umgebung ermöglichen. Sie besitzen alle nötigen Zulassungen und Zertifikate für den Einsatz in explosionsgefährdeten Anwendungsbereichen, von der europäischen ATEX- bis hin zur amerikanischen FM-Zulassung. Zu den Kunden von ecom zählen weltweit Industriebetriebe aus der Chemie und Petrochemie,

Meilensteine

1986 Gründung der Ecom Rolf Nied GmbH in Assamstadt

1994 Markteinführung des weltweit ersten eigensicheren (explosionsgeschützten) GSM Mobiltelefons

1997–2007 Gründung von Niederlassungen in Europa, den USA, den Vereinigten Arabischen Emiraten sowie im asiatisch-pazifischen Raum

1999 Einführung der weltweit ersten eigensicheren auf Windows CE basierenden PDAs

2002 Einführung der weltweit ersten eigensicheren LED-Lampe für Zone 0

2007/2008 Gründung von Service-Centern in Houston, Texas und Singapur

2010 Aufnahme in das „Lexikon der deutschen Weltmarktführer", Deutsche Standards

2013 Einführung des weltweit ersten eigensicheren mobilen Computers/PDAs mit WWAN-Funktion

2014 Ausgezeichnet als „WÜRTH Future Champion"

»Mit unserem Knowhow eröffnen wir unseren Kunden durch die Nutzbarmachung führender Technologien für den Einsatz in explosionsgefährdeten Bereichen immer neue Möglichkeiten, ihre Produktivität und Effizienz zu steigern.«

Rolf Nied,
Inhaber ecom

Rolf Nied ist Geschäftsführer und Inhaber der ecom instruments GmbH, die ihren Sitz in Assamstadt, Baden-Württemberg, hat.

EDUARD KRONENBERG

der Erdöl- und Erdgasförderung oder den Branchen Pharmazie, Bergbau, Energie und Umwelt. Für sie erarbeitet ecom auch kundenspezifische Lösungen. Bei der Herstellung der explosionsgeschützten Geräte arbeitet ecom eng mit renommierten Firmen wie Airbus, Fluke, Getac und Honeywell zusammen.

Gegründet wurde das Unternehmen 1986 als Ecom Rolf Nied GmbH im baden-württembergischen Assamstadt. Nach ersten Entwicklungen von Steuerungen für Elektronik und Explosionsschutz folgten ab 1990 die ersten selbst entworfenen explosionsgeschützten Kalibratoren. In den anschließenden Jahren wurde die strategische Ausrichtung auf den Explosionsschutz gelegt und die Produktpalette erweitert. Nachdem ecom 1997 die Anerkennung von Qualitätssicherung und Produktion nach den ATEX-Richtlinien der Europäischen Gemeinschaft erhalten hatte, wurde durch die Errichtung von Vertriebsniederlassungen zunehmend der europäische Markt erschlossen. Es folgten Zulassungen für Nordamerika, Japan, Brasilien, China und Australien. Heute beschäftigt ecom weltweit 250 Mitarbeiter an Produktionsstätten in Assamstadt, den Servicecentern in Houston, Texas und Singapur sowie weiteren Standorten in 12 Ländern.

ecom instruments GmbH im Internet

Die Produkte von ecom besitzen alle nötigen Zulassungen und Zertifikate für den Einsatz in explosionsgefährdeten Anwendungsbereichen.

Daten und Fakten

Branche: Explosionsschutz/Elektrotechnik
Produkte: mobile Geräte für den Ex-Bereich aus den Sparten: Mobile Computing, Kommunikation, Mess- und Kalibriertechnik, portable Handlampen
Marktposition: weltweit führender Anbieter von tragbaren explosionsgeschützten Geräten
Mitarbeiter: ca. 250 (weltweit, 2014)
Standorte: Produktionsstandorte am Firmensitz in Assamstadt; Service-Center in Houston, Texas und Singapur
Vertrieb: weltweit 12 Niederlassungen und mehr als 50 Handelsvertretungen
Gründer: Rolf Nied, 1986, Assamstadt
Eigentümer: Rolf Nied

Kontakt

ecom instruments GmbH
Industriestr. 2, 97959 Assamstadt
Fon: 06294 4224-0, Fax: 06294 4224-100
sales@ecom-ex.com, www.ecom-ex.com

EDUARD KRONENBERG

Haan, Nordrhein-Westfalen

Gegründet: 1867

Die EDUARD KRONENBERG GmbH gehört bei der Produktion von Stahlverbindern und der Entwicklung von Systemlösungen für die Isolierglasindustrie zu den Innovations- und Weltmarktführern. Der Hersteller von Stanz- und Kunststoffteilen beliefert den Bereich Isolierglas, die Automobilzulieferindustrie sowie die Elektro- und Befestigungsindustrie mit seinen Komponenten. KRONENBERG ist in allen Unternehmensbereichen nach ISO TS 16949 zertifiziert. Der im Jahr 2013 komplett neu errichtete Firmesitz befindet sich in Haan, hier sind auch die rd. 70 Mitarbeiter des Unternehmens tätig. Das Unternehmen befindet sich in Familienbesitz, die Geschäfte führen Ralf M. und Frank Kronenberg. Gegründet wurde die Firma 1867 von Karl Eduard Kronenberg. Erster Geschäftszweck war die Herstellung von Taschenmesserfedern aus Stahl.

EFAFLEX

Bruckberg, Bayern

Kontakt
EDUARD KRONENBERG GmbH
Kronenberg Allee 1, 42781 Haan
www.kronenberg-eduard.de

Gegründet: 1974

Als einziger Hersteller weltweit, der sich ausschließlich auf die Herstellung von Schnelllauftoren spezialisiert hat, belegt die EFAFLEX Tor- und Sicherheitssysteme GmbH & Co. KG in diesem Marktsegment die Spitzenposition. Das Unternehmen produziert Schnelllauftore in Spiral-, Roll- und Faltausführung, mit denen es in puncto Geschwindigkeit, Sicherheit und Wärmedämmung die Technologieführerschaft behauptet. Die Tore von EFAFLEX kommen überall dort zum Einsatz, wo logistische Abläufe einen sicheren und zuverlässigen Tormechanismus erfordern. Sie gewährleisten eine hohe Wärme-, Kälte- und Schalldämmung und werden auch zur Maschinenabsicherung und als Laserschutz eingesetzt. Der Kundenstamm umfasst diverse namhafte Unternehmen verschiedenster Branchen wie Airbus, Aldi und Siemens. Zu den wichtigsten Systemen gehören die Spiraltortechnologie, das Torlichtgitter in der Zarge und die horizontale Lasererfassung von stehenden und bewegten Objekten. Das 2002 entwickelte EFA-STR ist bis heute das weltweit am schnellsten vertikal operierende Tor seiner Art.

Die Ingenieure Gustav Meier, Manfred Seysen und Gabrijel Rejc gründeten EFAFLEX im Jahr 1974, weil sie sahen, dass viele der damals eingesetzten Tore diverse funktionale Defizite aufwiesen. 1995 legte EFAFLEX mit dem Schnelllauf-Spiraltor die Grundlage für eine neue Generation industrieller Tore. Heute beschäftigt das Unternehmen über 800 Mitarbeiter weltweit, davon ca. 400 in Deutschland. Die Produktionsstandorte befinden sich in Deutschland und der Tschechischen Republik, Niederlassungen gibt es in Österreich, der Schweiz, Polen, Großbritannien, der Tschechischen Republik, Belgien, Russland und Slowenien.

Kontakt
EFAFLEX Tor- und Sicherheitssysteme
GmbH & Co. KG
Fliederstr. 14, 84079 Bruckberg
Fon: 08765 82-0, Fax: 08765 82-200
info@efaflex.com, www.efaflex.com

Eickhoff

Bochum, Nordrhein-Westfalen

Gegründet: 1864

Die Eickhoff-Gruppe betätigt sich im Maschinen- und Anlagenbau. Sie beschäftigt insgesamt 1.800 Mitarbeiter und verzeichnet eine Ausbildungsquote von 9 %. Der Gesamtumsatz belief sich im Jahr 2013 auf rd. 390 Mio. Euro. Zu der Unternehmensgruppe gehören die fünf produzierenden Tochtergesellschaften Eickhoff Bergbautechnik GmbH, Eickhoff Antriebstechnik GmbH, Eickhoff Gießerei GmbH, Eickhoff Maschinenfabrik GmbH und Schalker Eisenhütte Maschinenfabrik GmbH. Sie werden von der Gebr. Eickhoff Maschinenfabrik und Eisengießerei GmbH mit Sitz in Bochum, die als operative Holding fungiert, unterstützt. Die Eickhoff-Gruppe erzielt über die Produktionstechnologien der einzelnen Geschäftsbereiche hinweg besondere Synergien: So kann etwa über die Maschinenfabrik ein Technologietransfer bei

Eisenmann

mechanischen Komponenten und Bearbeitungen erfolgen. Oder die Gießerei stellt allen Unternehmen der Gruppe Experten für Metallurgiefragen zur Verfügung.

Die weltweit ansässigen Kunden profitieren von einer übergreifenden Service-Infrastruktur, die z. B. Montage und Inbetriebnahme, Instandsetzung, aber auch Training und Schulung einschließt. Daneben bestehen Servicegesellschaften in den USA, Südafrika, Polen, Russland, Weißrussland und China. Eickhoff strebt in den Zielmärkten die Technologieführerschaft an und hat diese nach eigenen Angaben in verschiedenen Nischen erreicht, so z. B. in der untertägigen Gewinnungstechnik und bei geräuscharmen Getrieben.

Kontakt

Gebr. Eickhoff Maschinenfabrik u.
Eisengießerei GmbH
Am Eickhoffpark 1, 44789 Bochum
Fon: 0234 975-0, Fax: 0234 975-2358
kontakt@eickhoff-bochum.de
www.eickhoff-bochum.de

Eisenmann
Böblingen, Baden-Württemberg

EISENMANN

Gegründet: 1951

Eisenmann zählt zu den international führenden Anbietern von Anlagen und Dienstleistungen in den Bereichen Oberflächen- und Lackiertechnik, Materialfluss-Automation, Thermoprozess- sowie Umwelttechnik. Das süddeutsche Familienunternehmen berät Kunden rund um den Globus und baut hochflexible, energieeffiziente und ressourcenschonende Anlagen nach individuellen Anforderungen für Fertigung, Montage und Logistik. Marktführend ist Eisenmann in der Fertigung kompletter Kunststoff-Lackierstraßen sowie Anlagen zur Munitionsentsorgung.

Zu den Kunden zählen alle bedeutenden Automobilhersteller und deren Zulieferer sowie bei den Anlagen zur Munitionsentsorgung auch die deutsche Bundesregierung. Das Unternehmen setzt auf effiziente Auftragsabwicklung, räumt aber zugleich der indi-

---

Meilensteine

1951 Eugen Eisenmann gründet sein eigenes Ingenieurbüro und beginnt mit der Fabrikation von Holztrocknungsanlagen.

1960 Mit dem Bau eines Kreisförderers für den Lackierbereich schafft Eisenmann die Grundlage für den Unternehmensbereich Fördertechnik.

1962 Die erste Abwasserbehandlungsanlage ist die Geburtsstunde des Unternehmensbereichs Umwelttechnik.

1966 Die erste Pulverbeschichtungsanlage wird in Betrieb genommen.

1976 Am Firmensitz in Böblingen entsteht die erste kathodische Tauchlackieranlage Deutschlands.

1995 Eisenmann schließt mit SEAT in Spanien den ersten Betreibervertrag für eine selbst gelieferte Lackieranlage ab.

2002 Als Schulungszentrum für Mitarbeiter und Kunden wird das Eisenmann Bildungszentrum eingeweiht.

2003 Biogasanlagen werden ins Portfolio aufgenommen.

2013 LogiMover wird der Öffentlichkeit vorgestellt.

»Unsere Firmenhistorie ist geprägt von der Handlungsmaxime, jedem Kunden die individuell beste Systemlösung anzubieten und zukunftsweisende Ideen nicht nur zu entwickeln, sondern auch erfolgreich in marktreife Technologien oder Produkte umzusetzen.«

Dr. Matthias von Krauland, CEO der Eisenmann SE

Eisenmann

Mit hocheffizienter Oberflächentechnik, umwelttechnischen Lösungen, Thermoprozesstechnik und Materialfluss-Automation hat sich Eisenmann einen Namen gemacht und sich die Marktführerschaft in der Fertigung kompletter Kunststoff-Lackierstraßen und Anlagen zur Munitionsentsorgung gesichert.

viduellen Erfüllung der Kundenwünsche oberste Priorität ein. Dazu bietet es ein umfangreiches Spektrum an After-Sales-Dienstleistungen bis hin zu Full-Service- und Betreiberverträgen an. Eisenmann ist in Europa, Amerika und den BRIC-Staaten mit 3.800 Mitarbeitern vertreten. 2013 erzielte das Unternehmen bei einer Gesamtleistung von 774 Mio. Euro einen Umsatz von 903 Mio. Euro.

Das Familienunternehmen wurde 1951 durch Eugen Eisenmann gegründet und befindet sich heute in 2. Generation vollständig im Besitz von Peter Eisenmann. Gründer Eugen Eisenmann begann zunächst mit der Fertigung von Holztrockenanlagen und nahm bald auch Lackieranlagen ins Programm auf. Infolge komplexer werdender Fertigungsabläufe kamen ab den 1960er-Jahren Förderanlagen und Anlagen zur Abwasserbehandlung hinzu. Immer wieder setzten Anlagen aus dem Hause Eisenmann neue Maßstäbe in der Fertigungstechnik. Jüngste bahnbrechende Innovation ist der LogiMover. Dieses fahrerlose Transportsystem ist besonders kompakt, flexibel und kostengünstig. Für den LogiMover erhielt das Unternehmen bereits eine der begehrtesten Auszeichnungen der Intralogistik-Branche.

Firmengründer Eugen Eisenmann und die Hauptverwaltung der Eisenmann SE in Böblingen

Einfach erklärt: LogiMover

Hinter dem Namen LogiMover verbirgt sich ein Doppelkufensystem, wie es in der Intralogistik eingesetzt wird. Es kann vielfältige Aufgaben bewältigen wie beispielsweise die Materialzu- und -abfuhr bei Maschinen, die Be- und Entstückung von Lagerbereichen oder auch anspruchsvolle Kommissionieraufgaben. LogiMover besteht aus zwei unverbundenen parallel operierenden Kufen, die selbstständig unter Paletten fahren, diese anheben und über ein optisches Spurführungssystem bis an ihr definiertes Ziel befördern. Die Antriebs- und Energieversorgungseinheiten sind komplett in den Kufen untergebracht. Somit benötigt der kompakte, flexible und kostengünstige LogiMover keinerlei An- und Aufbauten. Eine aufwendige Halleninfrastruktur erübrigt sich, die Inbetriebnahme ist einfach und in Eigenregie umsetzbar. Kostengünstige Layoutänderungen sowie die skalierbare Systemleistung mit geringem Wartungsaufwand machen LogiMover zu einem effizienten und hochflexiblen Transportmittel, das auf ideale Weise mit anderen Lagerlogistiksystemen verknüpft werden kann.

Eissmann

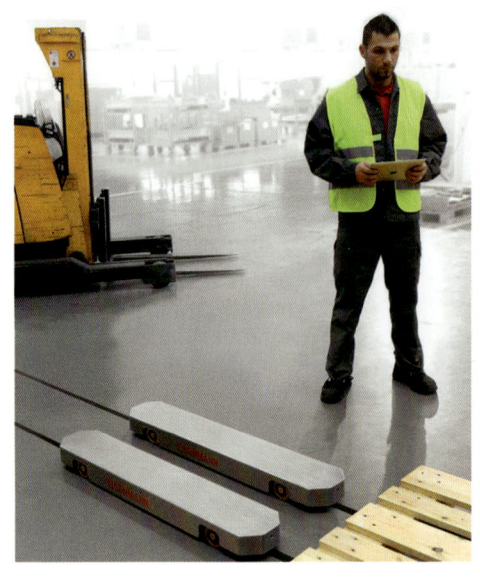

Zu den jüngsten Innovationen von Eisenmann zählt der LogiMover, ein Doppelkufensystem, das für vielfältige intralogistische Aufgaben eingesetzt werden kann.

Das Eisenmann Bildungszentrum (oben), das Transportsystem E-Shuttle für die Vorbehandlung in der Automobilproduktion (Mitte) und eine von Eisenmann realisierte Kunststofflackieranlage für Fahrzeugteile

Eisenmann im Internet

In Zukunft will die Eisenmann SE ihre Technologieführerschaft in den Bereichen Oberflächentechnik, Wärmebehandlung, Umwelttechnik und Intralogistik weiter ausbauen. Der nachhaltige Aufbau von Entwicklungs- und Produktionskapazitäten in Wachstums- und Zukunftsmärkten sowie die Weiterentwicklung innovativer Technologien wie beispielsweise zur Karbonfaserherstellung liegen im Fokus der strategischen Ausrichtung.

Daten und Fakten

Branchen: Anlagenbau, Investitionsgüterindustrie
Produkte: Anlagen in den Bereichen Oberflächen- und Lackiertechnik, Materialfluss-Automation, Thermoprozess- und Umwelttechnik
Umsatz: 903 Mio. Euro (2013) bei einer Gesamtleistung von 774 Mio. Euro
Mitarbeiter: 3.800
Vertrieb: Direktvertrieb über Projekt- und Vertriebsingenieure, international über Niederlassungen und Vertretungen
Auslandsquote: ca. 90 % der Konzernumsatzerlöse werden im Ausland realisiert
Gründer: Eugen Eisenmann, 1951, Böblingen
Eigentümer: zu 100 % im Besitz von Peter Eisenmann

Auszeichnungen: u. a. Supplier Award Volkswagen Südafrika (2012); IKU-Preis (Deutscher Umwelttechnikpreis, 2013); Best Supplier Award YFPO (Yangfeng Plastic Omnium, 2013); Auszeichnung des LogiMovers als Bestes Produkt der Branchenmesse LogiMAT (2014)

Kontakt

Eisenmann SE
Tübinger Str. 81, 71032 Böblingen
Fon: 07031 78-0, Fax: 07031 78-1000
info@eisenmann.com, www.eisenmann.com

Eissmann

Bad Urach, Baden-Württemberg

Gegründet: 1964
Die Eissmann Automotive Deutschland GmbH steht weltweit an der Spitze der Innenausstatter von Kraftfahrzeugen. Sie entwickelt und fertigt Verkleidungssysteme und -module, Bedienmodule sowie Carbon-Komponenten. Als Erstausstattungspartner beliefert Eissmann Automotive zahlreiche Hersteller in Europa, den USA und Asien. Produziert wird an vier deutschen Standorten sowie in der Slowakischen Republik, der Tschechischen Republik, Ungarn, den USA, Mexiko und China. Die Tochtergesellschaft Eissmann Individual GmbH betreut Kaschier-, Polster- und Belederungsprojekte für Yachten, Flugzeuge, Wohnräume und Fahrzeuge wie Wohnmobile. Helmut Eißmann gründete das Unternehmen 1964 gemeinsam mit seinen Söhnen Jürgen und Volkhard. Das Familienunternehmen setzte im Jahr 2014 rd. 325 Mio. Euro um.

Kontakt

Eissmann Automotive Deutschland GmbH
Münsinger Str. 150, 72574 Bad Urach
www.eissmann.com

EJOT

Bad Berleburg, Nordrhein-Westfalen

Gegründet: 1922

Die EJOT Holding GmbH & Co. KG mit Sitz in Bad Berleburg ist ein Unternehmen der Zuliefererindustrie. Das Portfolio umfasst Verbindungselemente, Schrauben und Dübel sowie technische Kunststoffteile. Der Marktführer im Bereich der Kleinschrauben beschäftigt ca. 2.500 Mitarbeiter, davon knapp 1.600 in Deutschland, und erzielte 2013 einen Umsatz von 339 Mio. Euro. In Europa stellen zahlreiche eigene Vertriebsgesellschaften und -büros sowie Vertriebspartner die schnelle Verfügbarkeit der Produkte und den direkten Kundenkontakt sicher. Dazu ist EJOT mit Produktionsstätten und Vertriebsbüros in Nordamerika und Asien präsent. Das 1922 von Adolf Böhl in Bad Berleburg gegründete Unternehmen leitet in 2. Generation Christian F. Kocherscheidt gemeinsam mit Wolfgang Bach und Winfried Schwarz. Die Anteile des Unternehmens befinden sich zu 100 % in Familienhand.

Kontakt
EJOT Holding GmbH & Co. KG
Im Herrengarten 1, 57334 Bad Berleburg
www.ejot.de

EKATO

Schopfheim, Baden-Württemberg

EKATO GROUP

Gegründet: 1933

Die EKATO GROUP hat sich in mehr als 80 Jahren an ihrem südbadischen Standort Schopfheim zum Weltmarktführer in der Rühr- und Mischtechnik entwickelt. Gegründet wurde das Unternehmen bereits 1933 in Düsseldorf: Erich Karl Todtenhaupt, auf dessen Initialen der Markenname zurückgeht, brachte mit seiner Apparatebaufirma Produkte wie den LaborMix, Fassrührer, Einfachrührer und Homogenisierer auf den Markt.

EKATO bietet heute optimierte Rührtechnik für alle prozessorientierten Branchen wie Chemie, Kunststoffe, Pharmazie, Biotechnologie, Farben und Lacke, Rauchgasentschwefelung, Hydrometallurgie, Kosmetik und Nahrungsmittel. Das Familienunternehmen entwickelt und produziert Großrührwerke für anspruchsvolle Mischprozesse, modulare Industrierührwerke sowie Anlagen zum Mischen, Homogenisieren und Trocknen

---

Meilensteine

1950 EKATO entwickelt eigene Rührwerksdichtungen für die Schweizer Großchemie.

1964 Markteinführung des Rührwerkstyps EKATO HWL (Hohlwellenlagerung) und des EKATO MIG

1974 In Frankreich eröffnet die erste ausländische Tochergesellschaft.

1990 EKATO ist europäischer Marktführer in der Rühr- und Mischtechnik.

2001 Für die Rauchgasentschwefelung kommt das Rührorgan EKATO WINGJET auf den Markt.

2004 EKATO ist Weltmarktführer in der Rühr- und Mischtechnik.

2006 Das bisher größte Rührwerk der Welt wird von EKATO für eine PTA-Anwendung geliefert.

2011 EKATO engagiert sich in Brasilien und baut eine neue Hauptverwaltung mit Forschungs- und Entwicklungszentrum in Schopfheim.

»Der EKATO Anspruch gestern und heute: Unsere Leistung übertrifft stets die Erwartungen unserer Kunden.«

Dr. Erich Kurt Todtenhaupt, Inhaber und CEO der EKATO GROUP

Das Produktionsgebäude in Schopfheim, Baden-Württemberg (oben); Dr. Erich Kurt Todtenhaupt, Inhaber und CEO der EKATO GROUP (unten)

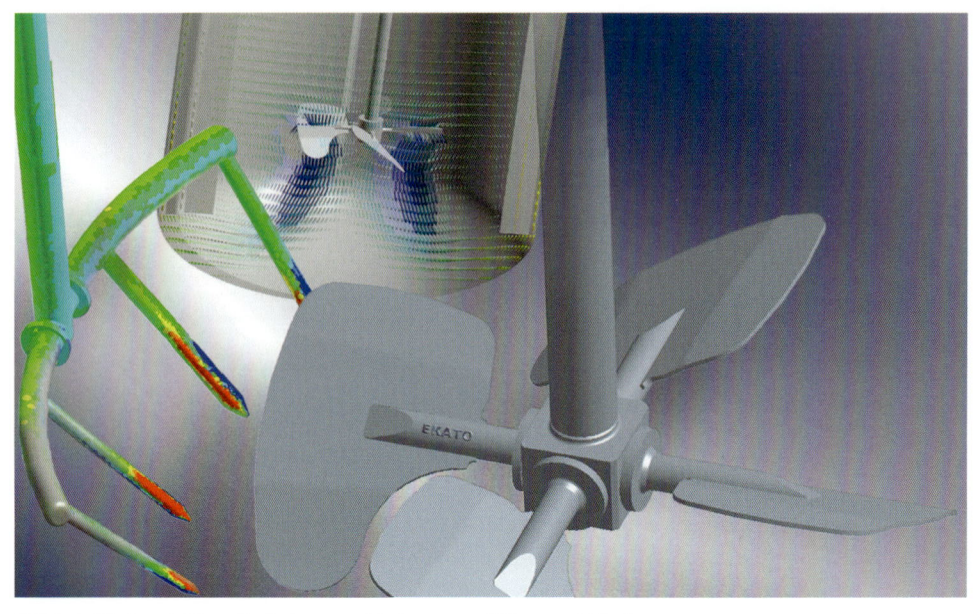

EKATO

E
KA

EKATO ist Weltmarktführer für Systeme und Anlagen zum Rühren und Mischen.

fester und halbfester Produkte. Ebenfalls zum Portfolio zählen hochwertige Gleitringdichtungen und Versorgungssysteme. Für die Innovationskraft des Maschinenbauers sprechen mehr als 50 Patente und 31 Markenzeichen. Über 500 Geheimhaltungsabkommen stehen für kundenorientierte technologische Lösungen. An seinen Forschungs- und Entwicklungszentren am Stammsitz und in den USA investiert EKATO jährlich 7 % des Umsatzes in Neu- und Weiterentwicklungen.

Zum umfangreichen Serviceangebot zählen Montage und Inbetriebnahme von EKATO-Rührwerken und ein computergestütztes Ersatzteil- und Wartungsmanagement – auf Wunsch umgesetzt durch eigene Techniker. Darüber hinaus wird auch der Umbau von Rührwerken durchgeführt, um

Montage von Anlagen für die Kosmetik- und Pharmaindustrie (oben); die bisher größte Anlage zur Zahnpastaherstellung weltweit mit einem Produktionsvolumen von 10.000 l (Mitte, unten)

EKATO. THE BOOK

EKATO. THE BOOK. Was mit so bescheidenem Titel daherkommt, ist ein umfangreiches Nachschlagewerk für Fachleute rund um die Rührtechnik. Bereits in dritter Auflage werden auf gut 350 Seiten die verfahrenstechnischen, mechanischen und konstruktiven Grundlagen beschrieben. Das Buch erscheint in Deutsch und Englisch und ist mit informativen Diagrammen und Schaubildern ausgestattet. Der technische Wissensstand wird in praxisgerechter Form dargestellt. Zahlreiche industrielle Anwendungen werden einbezogen, wodurch die Einzelthemen miteinander in einen Zusammenhang gebracht werden. In sieben Kapiteln beantwortet das Buch zentrale Fragen. Es beginnt mit den Anforderungen der Kunden, erläutert die wissenschaftlichen Grundlagen und zeigt, aufgrund welcher Erfahrung Rührsysteme ausgelegt werden. Das Know-how um die Bauteile des Rührwerks wird dargestellt und es wird erläutert, wie modernes Engineering aus dem Rührwerk eine Anlage macht. Schließlich werden Fragen zur Verfügbarkeit durch Service und Instandhaltung erörtert und maßgeschneiderte Lösungen anhand ausgeführter Anlagen präsentiert.

ELABO

Kontakt

EKATO Rühr- und Mischtechnik GmbH
Hohe-Flum-Str. 37, 79650 Schopfheim
Fon: 07622 29-0, Fax: 07622 29-213
info@ekato.com, www.ekato.de

Ansprechpartner Presse

Florence Huchet
Fon: 07622 29-355
florence.huchet@ekato.com

sie mechanisch und verfahrenstechnisch zu optimieren, Energie einzusparen und so höhere Prozesseffizienz zu erzielen.

Die Internationalisierung des Geschäfts begann bereits unmittelbar nach dem Zweiten Weltkrieg, als EKATO für schweizerische Chemieunternehmen eigene Rührwerksdichtungen entwickelte. 1974 nahm in Frankreich die erste Auslandsgesellschaft ihre Geschäfte auf. Inzwischen ist das Unternehmen mit Tochtergesellschaften in Australien, Brasilien, Chile, China, Großbritannien, Indien, Japan, den Niederlanden, Russland, Singapur, Südafrika und den USA sowie einem Netz von Handelspartnern weltweit präsent. Entsprechend liegt die Exportquote bei über 85 %. EKATO ist regelmäßig auf internationalen Messen wie Achema und Achemasia vertreten.

Die Unternehmensgruppe beschäftigt 650 Mitarbeiter bei einem Jahresumsatz von rd. 160 Mio. Euro. Das Familienunternehmen wird von Dr.-Ing. Erich Kurt Todtenhaupt als CEO und zwei weiteren Familienmitgliedern geführt. Es ist als Holding mit Tochtergesellschaften für die drei Geschäftssparten aufgebaut.

Daten und Fakten

Branche: Rühr- und Mischtechnik
Marktposition: weltweiter Marktführer
Umsatz: rd. 160 Mio. Euro
Mitarbeiter: 650
Exportquote: über 85 %
Patente: über 50
Gründer: Erich Karl Todtenhaupt, 1933, Düsseldorf
Eigentümer: Gründerfamilie Todtenhaupt

ELABO

Crailsheim, Baden-Württemberg

Gegründet: 1972

Die ELABO GmbH ist weltweit Markt- und Technologieführer bei der Ausstattung von Elektronik-Fachräumen und bei der Entwicklung von Prüfsystemen. Die Produktpalette reicht vom Mobiliar über Stromversorgungen und von Mess- und Prüfgeräten bis hin zu vollautomatisierten Prüfsystemen für Sicherheits- und Funktionsprüfungen von elektrischen und elektrotechnischen Geräten. Für Sicherheits-, Funktions- und Qualitätsprüfungen gibt es manuelle, teilautomatisierte und vollautomatisierte Lösungen. ELABO verfügt über Niederlassungen und Partner in nahezu allen Ländern Europas. Auch im Nahen und Fernen Osten, in Nordafrika und Nordamerika ist das Unternehmen aktiv. Die 1972 von Heinrich Decker und Egon Lauton gegründete ELABO GmbH ist heute eine 100%ige Tochtergesellschaft der Euromicron AG, einem führenden Anbieter von Netzwerkinfrastrukturlösungen.

Kontakt

ELABO GmbH
Ein Unternehmen der euromicron Gruppe
Roßfelder Str. 56, 74564 Crailsheim
www.elabo.de

Die EKATO GROUP im Internet

EMKA Beschlagteile

Velbert, Nordrhein-Westfalen

Gegründet: 1932

Die EMKA Beschlagteile GmbH & Co. KG ist die international führende Unternehmensgruppe für Beschlagteile. Wichtige Produktgruppen sind Verschlüsse, Scharniere, Dichtungen und Zubehör für den industriellen Schrank- und Gehäusebau. Zu den Abnehmerbranchen zählen Maschinenbau, Telekommunikation, Elektrotechnik, Automotive, Nutzfahrzeugbau, Kälte-/Klimasektor, Bauindustrie und Schienenfahrzeugbau. EMKA leistet Entwicklung, Werkzeugbau, Produktion, Veredelung und Montage sowie Kundenservice und bietet 18.000 Komponenten an, rd. 80 % aller Systembausteine kommen aus EMKA-Gewerken. Der Umsatz beträgt rd. 230 Mio. Euro, der von 1.400 Beschäftigten weltweit erwirtschaftet wurde. Neben dem Stammsitz in Velbert unterhält EMKA 25 Niederlassungen sowie 19 Agenturen, die für internationale Präsenz sorgen. Das 1932 von Emil Krachten gegründete Unternehmen gehört den Familien Krachten und Runge.

Kontakt
Emka Beschlagteile GmbH & Co. KG
Langenberg Str. 32, 42551 Velbert
www.emka.com

EnviTec Biogas

Lohne, Niedersachsen

Gegründet: 2002

Die EnviTec Biogas AG gilt bei Technologien zur effizienten Biogaserzeugung als weltweiter Marktführer. Gemessen an der installierten Leistung ist EnviTec auch in Europa marktführend. Das Unternehmen deckt die gesamte Wertschöpfungskette für die Herstellung von Biogas ab: Dazu gehören die Planung und der schlüsselfertige Bau von Biogasanlagen und Biogasaufbereitungsanlagen ebenso wie deren Inbetriebnahme und weitere Dienstleistungen. Daneben betreibt EnviTec auch eigene Biogasanlagen. Seit 2011 ist EnviTec zudem in der Vermarktung von Biomethan und Grünstrom aktiv. Die EnviTec Biogas AG beschäftigt 350 Mitarbeiter und ist weltweit in über 20 Ländern präsent. Im Jahr 2013 erzielte sie einen Umsatz von 148,8 Mio. Euro. Seit 2007 ist das 2002 gegründete Unternehmen an der Frankfurter Wertpapierbörse notiert.

Kontakt
EnviTec Biogas AG
Industriering 10a, 49393 Lohne
www.envitec-biogas.de

E.ON

Düsseldorf, Nordrhein-Westfalen

Gegründet: 2000

Das private Energieunternehmen E.ON SE ging im Jahr 2000 aus der Fusion der beiden traditionsreichen Industrieunternehmen VEBA und VIAG hervor. E.ON versorgt rd. 35 Mio. Kunden mit Strom aus regenerativer und konventioneller Stromerzeugung sowie mit Erdgas. Mit Produktionsstandorten in neun europäischen Ländern sowie in Russland und den USA setzt das Unternehmen auf einen ausgewogenen Energiemix und kann darauf verweisen, der weltweit in geografischer Hinsicht am breitesten aufgestellte Stromerzeuger zu sein. E.ON unterhält zudem eigene Energieversorgungsnetze. Im Geschäftsjahr 2013 sorgten die weltweit über 62.000 Mitarbeiter für einen Umsatz von rd. 122,5 Mrd. Euro. Dr. Johannes Teyssen ist seit dem Jahr 2010 Vorstandvorsitzender des im DAX börsennotierten Unternehmens.

Kontakt
E.ON SE
E.ON-Platz 1, 40479 Düsseldorf
www.eon.com

EOS

EOS
Krailling, Bayern

Gegründet: 1989

Die EOS GmbH Electro Optical Systems ist Technologie- und Marktführer für konstruktionsgetriebene, integrierte E-Manufacturing-Lösungen im Bereich der additiven Fertigung, einem industriellen 3D-Druck-Verfahren. Auf Basis des Laser-Sinterns ermöglicht diese Technologie die schnelle, flexible und kostengünstige Produktion von Prototypen, Funktions- und Serienbauteilen auf Basis von 3D-CAD-Daten. Die Energie eines Lasers verfestigt dabei pulverförmige Kunststoff- und Metallwerkstoffe Schicht für Schicht. Mithilfe der Technologie wird die Produktentwicklung beschleunigt, eine höhere Produktindividualisierung ermöglicht, die Produktion flexibilisiert, und es können so insgesamt Kosten reduziert werden. Durch die technischen Freiheitsgrade lassen sich völlig neuartige Konstruktionen realisieren und anschließend herstellen, so etwa Leichtbau, binonisches Design und funktionale Integration. Im Gegensatz zu konventionellen Fertigungsverfahren bestimmt bei der EOS Technologie die Konstruktion das Herstellverfahren (sog. Design Driven Manufacturing) und nicht umgekehrt. Derzeit sind mehr als 1.500 EOS Systeme weltweit installiert. Das Unternehmen bietet ein modular aufgebautes Lösungsportfolio, bestehend aus Systemen, Software, Werkstoffen und deren Weiterentwicklung und Services (Wartung, Schulungen, Anwendungs-Beratung und -Unterstützung).

Das additive Fertigungsverfahren findet derzeit in folgenden Bereichen Anwendung: Luft- und Raumfahrt, Medizintechnik, Automobilindustrie, Werkzeugbau und Konsumgüterindustrie. Die Potenziale der Technologie im Industriebereich sind noch längst nicht ausgeschöpft. Ist das Unternehmen zunächst vor allem im Prototypenbau groß

Meilensteine

1989 Firmengründung durch Dr. Hans J. Langer in Planegg

1991 Erster europäischer Hersteller von Stereolithographie-Systemen

1994 Einstieg in das Laser-Sintern Zug um Zug

1997 Veräußerung Stereolithographie und Fokussierung auf die potenzialstarke Laser-Sinter-Technologie

2000 Einführung EOSINT P 700, weltweit erstes Doppelkopf-System für das Kunststoff-Laser-Sintern

2005 Weltweite Präsenz, EOS ist weltweit anerkannter Technologie- und Marktführer im Bereich Laser-Sintern

2013 Einführung Metallsystem EOS M 400 markiert Einstieg in die Serienfertigung

2014 25-jähriges Firmenjubiläum und Bezug eines zusätzlichen Neubaus am Standort Krailling

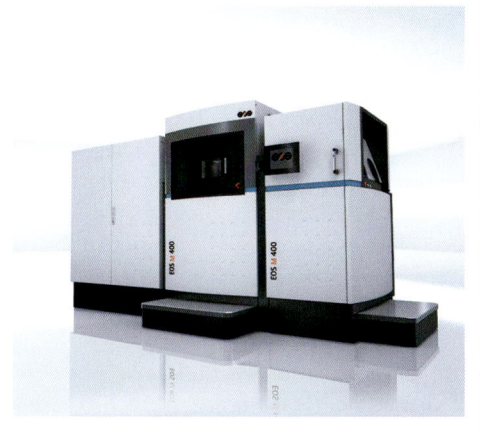

EOS M 400 Metallsystem für die Additive Fertigung per Direktem Metall-Laser-Sintern (DMLS)

»Unser additives Schichtbauverfahren läutet einen Paradigmenwechsel in Konstruktion und Fertigung ein.«

Dr. Hans J. Langer, Unternehmensgründer und CEO der EOS GmbH

Der Ölabscheider, Werkstoff EOS Aluminium wurde auf der EOS M 400 hergestellt, Dr. Hans J. Langer ist Unternehmensgründer und CEO der EOS GmbH.

ERBE

geworden, so finden sich heute zunehmend Anwendungen für die EOS Technologie im Bereich der Serienfertigung. EOS ist in den letzten Jahren mit vielen Innovationspreisen ausgezeichnet worden, u. a. für die EOSINT P 700, das weltweit erste Doppelkopf-System für das Kunststoff-Laser-Sintern. EOS wurde 1989 von Dr. Hans J. Langer gegründet, der dem inhabergeführten Mittelständler auch heute noch als CEO vorsteht. 2013 erwirtschaftete das Unternehmen einen Umsatz von 130 Mio. Euro, aktuell hat es am Hauptsitz sowie an den Standorten in Europa, den USA und Asien rd. 520 Mitarbeiter.

Daten und Fakten

Branche: Maschinenbau, Sondermaschinenbau
Produkte: modular aufgebautes Lösungsportfolio bestehend aus Systemen, Software, Werkstoffen und deren Weiterentwicklung für die Additive Fertigung, Services (Wartung, Schulungen, Anwendungs-Beratung und -Unterstützung)
Marktposition: Technologie- und Marktführer im Bereich der Additiven Fertigung auf Basis der Laser-Sinter-Technologie
Auszeichnungen: u. a. Innovationspreise „Top 100" (compamedia GmbH, 2005, 2006, 2008) „Bayern Best" (Wirtschaftsministerium Bayern, 2005, 2006, 2008), „Great Place to Work" (GPTW Deutschland GmbH, 2008), „Top 100 – Ranking des Mittelstands 2012" (compamedia GmbH, 2012)
Gesamtumsatz: 130 Mio. Euro (weltweit, 2013)
Mitarbeiter: 520 weltweit (2013)
Geschäftsleitung: Dr. Hans Langer (CEO) und weitere
Gründer: Dr. Hans J. Langer, 1989, Planegg

EOS GmbH Electro Optical Systems im Internet

Kontakt

EOS GmbH Electro Optical Systems
Robert-Stirling-Ring 1, 82152 Krailling/München
Fon: 089 89336-0, Fax: 089 89336-285
info@eos.info, www.eos.info

ERBE

Tübingen, Baden-Württemberg

Gegründet: 1851

Die in der Medizintechnik aktive ERBE Elektromedizin GmbH stellt Instrumente und Geräte für die offene und minimal-invasive Chirurgie her. Das Portfolio umfasst OP-Systeme für die Elektrochirurgie, Gefäßversiegelung, Argonplasma-Koagulation, Kryochirurgie und Wasserstrahl-Chirurgie. Die Geräte und indikationsspezifischen Instrumente werden auf die Bedürfnisse der Chirurgen abgestimmt. Das in 5. Generation von Christian O. Erbe und Reiner Thede geführte Familienunternehmen beschäftigt über 850 Mitarbeiter, davon 550 in Deutschland. Das weltweite Vertriebs- und Servicenetz besteht aus Tochterunternehmen und Exportvertretungen in über 110 Ländern.

Kontakt

ERBE Elektromedizin GmbH
Waldhörnlestr. 17, 72072 Tübingen
www.erbe-med.com

ERDINGER Weißbräu

Erding, Bayern

Gegründet: 1886

Die Privatbrauerei ERDINGER Weißbräu Werner Brombach GmbH steht mit einem jährlichen Ausstoß von 1,76 Mio. Hektolitern an der Spitze des nationalen und internationalen Weißbiermarkts. Das Unternehmen wurde 1886 gegründet und befindet sich seit 1935 im Besitz der Familie Brombach. Seit 1975 führt Werner Brombach die Privatbrauerei. Als reiner Sortenspezialist bietet sie neun verschiedene Weißbierspezialitäten an, alle gebraut nach dem bayerischen Reinheitsgebot. Rund 15 % des Absatzes entfallen auf den Export in über 90 Länder weltweit. Dabei verzichtet die Brauerei auf Lizenzverträge, gebraut wird ausschließlich am Stammsitz in Erding mit 480 Mitarbeitern. Die strategische Ausdehnung der Exportaktivitäten ist für ERDINGER ein wichtiger Baustein, um auch in Zukunft die Weltmarktführerschaft auf dem Weißbiersektor zu halten.

Kontakt
Privatbrauerei ERDINGER Weißbräu
Werner Brombach GmbH
Lange Zeile 1+3, 85435 Erding
www.erdinger.de

Erhardt+Leimer

Stadtbergen, Bayern

Gegründet: 1919

Die Erhardt+Leimer GmbH ist Teil der Unternehmensgruppe Erhardt+Leimer und zählt weltweit zu den führenden Anbietern von Kontroll-, Regel- und Inspektionssystemen für die Textil-, Papier-, Wellpappen-, Folien-, Reifen-, Gummi-, Vliesstoff- und Druckindustrie. Im Mittelpunkt der Produktion stehen individuelle Lösungen für die Bereiche Druckbildbeobachtung, Bahnausbreitung und -führung, Bahnlaufregelung, Bahnkraftregelung und -messung sowie Inspektions-, Mess- und Schneidtechnik. Das Unternehmen ist mit 16 Töchtern rund um den Globus vertreten und beschäftigt über 1.400 Mitarbeiter. Es wurde 1919 von Manfred Erhardt gegründet und wird von Hannelore Leimer und Dr. Michael Proeller geleitet.

Kontakt
Erhardt+Leimer GmbH
Albert-Leimer-Platz 1, 86391 Stadtbergen
www.erhardt-leimer.com

Ersa

Wertheim, Baden-Württemberg

Gegründet: 1921

Die Ersa GmbH mit Sitz in Wertheim ist Teil des →Kurtz Ersa-Konzerns, der mit seinen drei Business-Segmenten „Electronics Production Equipment", „Moulding Machines" und „Metal Components" in vielen Bereichen Markt- und Technologieführer ist. Ersa ist der größte Hersteller von Lötsystemen in Europa und kompetenter Systemlieferant mit umfassendem Prozesswissen. Ziel der Ersa Ingenieure ist es stets, Produkte, Produktionsprozesse und Komplettlösungen den sich permanent ändernden Anforderungen in der Verbindungstechnik anzupassen und auf ein neues Qualitätslevel zu heben.

Im Bereich Lötmaschinen bietet Ersa Lotpastendrucker, Reflowöfen sowie Wellen- und Selektivlötanlagen an. Beim Handlöten reicht die Produktpalette vom Lötkolben bis zum vollautomatischen Reparatur-Arbeitsplatz zum Ein- und Auslöten von Bauteilen. Als besonderen Service gibt es Demo- und Schulungszentren in den USA, in China und in Deutschland – am Stammsitz in Wertheim ist die Ersa Produktpalette auf über 400 m² zu besichtigen: Handlötgeräte, Rework- und Inspektionssysteme, Wellen-, Selektiv- und Reflowlötmaschinen sowie Schablonendrucker

Hybrid-Rework-System (oben) und Schablonendrucker VERSAPRINT mit AOI (unten) von Ersa

Mit seinen Selektivlötsystemen ist Ersa weltweiter Markt- und Technologieführer.

Ersa

ERS

Ersa ist Teil des Kurtz Ersa-Konzerns.

Ersa im Internet

mit integrierter 100%-AOI. Unter Anleitung der Ersa Ingenieure und Prozess-Spezialisten können Kunden und Interessenten dort ihre speziellen Anwendungen testen. Zudem bietet Ersa mit einem umfassenden Schulungsprogramm die Möglichkeit zur Personalqualifizierung.

Durch die langjährige Zusammenarbeit mit führenden Herstellern der Elektronikproduktion verfügt Ersa über ein großes Wissen um die Anforderungen dieser dynamischen Industrie. Höchste Prozessqualität und stetige Verbesserung der Produktivität bei sparsamem Ressourcenverbrauch und niedrigen Wartungskosten sind Herausforderungen, denen sich Ersa als langjähriges VDMA-Mitglied und Unterstützer der Nachhaltigkeitsinitiative „Blue Competence" stellt. Ersa zeichnet sich insbesondere durch die hohe Kompetenz für den Gesamtprozess der Elektronikfertigung aus, die auf die breite Produktpalette und umfassende Grundlagenforschung zurückgeht.

Mit Niederlassungen und Produktionsstandorten in Asien, Europa und Nordamerika sowie einem weltweiten Sales-und-Service-Netzwerk ist das Unternehmen international aufgestellt. Geschäftsführender Gesellschafter der Ersa GmbH ist Dipl.-Ing. Rainer Kurtz, der auch Vorsitzender des VDMA-Fachverbands „Electronics, Micro and Nano Technologies" ist.

Meilensteine

1921 Ernst Sachs gründet sein Unternehmen in Berlin.

1949 Ersa beschickt die erste Export-Messe in Hannover – der Siegeszug des ERSA 30 beginnt.

1973 Ersa ist Mitbegründer der Weltleitmesse Productronica in München.

1987 Ersa präsentiert die erste mikroprozessorgeregelte Lötstation.

1997 Erweiterung der Produktpalette um Reworksysteme (mit patentierter Blendensteuerung)

1998 Ersa bringt VERSAFLOW Inline-Selektivlötsysteme auf den Markt.

1999 Das Inspektionssystem ERSASCOPE erhält ebenso wie die Qualitätssicherungssoftware ImageDoc zahlreiche Innovationspreise.

2007 Erweiterung der Produktpalette um Lotpastendrucker mit integrierter 100%-AOI

2010 Ersa wird zertifizierte Schulungsstätte und bietet seither umfangreiche Personalqualifizierungs-Maßnahmen an.

2012 ECOCELL Multiwellen-Selektivlötsysteme

Schon gewusst?

Im Jahr 1921 entwickelte und patentierte Firmengründer Ernst Sachs den weltweit ersten serienmäßig hergestellten und elektrisch betriebenen Lötkolben. In der Folge etablierte Ersa verschiedene Produktgruppen erfolgreich im Markt, unter anderem Inline-Selektivlötmaschinen oder visuelle Inspektionssysteme, die weltweit mit Innovationspreisen ausgezeichnet wurden.

Daten und Fakten

Branche: Elektrotechnik/Elektronikindustrie
Produkte: Maschinen und Anlagen für Siebdruck, Löten, Rework und Inspektion in der Elektronikfertigung, Lötgeräte
Marktposition: Weltmarkt- und Technologieführer bei Selektivlötsystemen und optischen Inspektionssystemen, insgesamt weltweit umfassendste Produktpalette für „Weichlöten"

Eurotramp

Standorte: Wertheim, Hongkong, Shanghai/China, Korea, Plymouth/USA, Talant/Frankreich, Mexiko, Moskau/Russland
Gründer: Ernst Sachs, 1921, Berlin
Auszeichnungen: u. a. iF Design Award für Ersa Lötstationen (1995), ERSASCOPE Inspektionssysteme – Dr.-Rudolf-Eberle-Innovationspreis (1999), „EP&P Grand Award" in Anaheim (USA) für Inspektionssysteme (2000), „SMT Vision Award" für Inspektionssysteme (2000), „SMT Vision Award" in San Diego (CA/USA) für Ersa IR 550 Reworksystem (2002), VERSAPRINT Schablonendrucker – „Best New Product" Vision Award (2008), Global SMT Award: VERSAFLOW Inline-Selektivlötmaschine (2008), ECOCELL Selektivlötsystem (2013), NPI Award – HOTFLOW 4/26, Reflowlötmaschine (2014)

Kontakt
Ersa GmbH
Leonhard-Karl-Str. 24, 97877 Wertheim
Fon: 09342 800-0, Fax: 09342 800-100
info@ersa.de, www.ersa.de

Erwin Halder

Achstetten, Baden-Württemberg

Gegründet: 1938
Die Erwin Halder KG ist ein führender Hersteller von Präzisionsprodukten für Industrie und Handel. Das Portfolio umfasst rd. 7.000 Normalien, wie Maschinen- und Vorrichtungsteile, Spannelemente, Bedienteile und Maschinenelemente. Daneben gehören auch modulare Lösungen zur Werkstückspannung, Schonhämmer und Forstwerkzeuge sowie Luftfahrtprodukte zum Angebotsspektrum. Seit 2013 ist die Erwin Halder KG nach EASA Part 21G für eine luftfahrtkonforme Fertigung zertifiziert. Firmengründer Erwin Halder legte mit dem patentierten Simplex-Schonhammer den Grundstein für das international agierende Unternehmen mit rd. 200 Mitarbeitern weltweit, Kunden in über 50 Ländern und Niederlassungen in Frankreich, Slowenien, Südkorea, Japan und den USA. Heute leitet Stefan Halder das Unternehmen in 3. Generation.

Kontakt
Erwin Halder KG
Erwin-Halder-Str. 5-9, 88480 Achstetten-Bronnen
www.halder.de

E-T-A

Altdorf, Bayern

Gegründet: 1948
Mit einem geschätzten Marktanteil von 50 % ist die E-T-A Elektrotechnische Apparate GmbH Weltmarktführer im Bereich der Geräteschutzschalter. Das Portfolio umfasst neben den Schutzschaltern auch Stromverteiler und komplette Absicherungslösungen zum Schutz von Menschen und Maschinen vor Überlaststrom und Kurzschlüssen. Ein über 60 Länder abdeckendes Vertriebs- und Betreuungsnetz bedient industrielle Abnehmer weltweit. Die Kunden stammen größtenteils aus den Branchen Automation, Automotive, Telekommunikation, Luftfahrt und Schifffahrt. Harald A. Poensgen und Jakob Ellenberger gründeten das Unternehmen 1948 in Altdorf. Heute beschäftigt E-T-A weltweit 1.400 Mitarbeiter, der Auslandsanteil am Umsatz lag im Jahr 2013 bei 69 %.

Kontakt
E-T-A Elektrotechnische Apparate GmbH
Industriestr. 2-8, 90518 Altdorf
www.e-t-a.de

Eurotramp

Weilheim a. d. Teck, Baden-Württemberg

Gegründet: 1960
Mit einem geschätzten Marktanteil von 90 % ist die Eurotramp Trampoline Kurt Hack GmbH der weltweit führende Hersteller von Wettkampftrampolinen. Das schwäbische Familienunternehmen beliefert nahezu alle Welt- und Kontinentalmeisterschaften. Neben Großgeräten für den Wettkampf und

E
vo

»Unsere Mitarbeiter sollen neben ihrem Gehalt auch Anerkennung und Zufriedenheit mit nach Hause nehmen.«

Matthias Weigele

Matthias und Frank Weigele (v.l.) sind geschäftsführende Gesellschafter der EWS Weigele GmbH & Co. KG.

produktbegleitenden Artikeln umfasst das Portfolio von Eurotramp auch Minitramps, Trampolinbahnen oder Spielplatz-Trampoline. Die Produkte kommen, neben Training und Wettkampf, in therapeutischen Anwendungen, der Rehabilitation und im Breitensport zum Einsatz. Eurotramp produziert ausschließlich am Stammsitz Weilheim an der Teck. Von dort werden rd. 75 % der Trampoline exportiert. Kurt Hack gründete das Unternehmen 1960 in Göppingen, heute ist Dennis Hack, ein Enkel des Gründers, geschäftsführender Gesellschafter.

Kontakt
Eurotramp Trampoline Kurt Hack GmbH
Zeller Str. 17/1, 73235 Weilheim an der Teck
www.eurotramp.com

Evonik Industries
Essen, Nordrhein-Westfalen

Gegründet: 2006

Die Evonik Industries AG mit Sitz in Essen gehört mit einem Umsatz von 12,71 Mrd. Euro im Geschäftsjahr 2013 und rd. 33.000 Mitarbeitern zu den weltweit größten und führenden Unternehmen der Spezialchemie. Der Konzern umfasst sechs Geschäftsbereiche: Industrial Chemicals, Inorganic Materials, Consumer Specialities, Health & Nutrition, Coatings & Additives sowie Performance Polymers. Rund 80 % des Umsatzes erwirtschaftet das Unternehmen aus führenden Marktpositionen. Evonik Industries konzentriert sich auf wachstumsstarke Megatrends wie Gesundheit, Ernährung, Ressourceneffizienz und Globalisierung. Dr. Klaus Engel leitet als Vorstandsvorsitzender das börsennotierte Unternehmen aus Essen, Aufsichtsratsvorsitzender ist Dr. Werner Müller.

Kontakt
Evonik Industries AG
Rellinghauser Str. 1-11, 45128 Essen
www.corporate.evonik.de

EWS
Uhingen, Baden-Württemberg

Gegründet: 1960

Die EWS Weigele GmbH & Co. KG entwickelt und produziert statische und angetriebene Werkzeughalter für alle CNC-Drehmaschinen und Dreh-Fräszentren. Bei Werkzeugsystemen für Dreh-Fräszentren sowie Multi-Tasking-Maschinen ist das Unternehmen Weltmarktführer. Zu den Kunden zählen Maschinen- und Drehmaschinenhersteller wie DMG Mori Seiki, aber auch Handelshäuser und Endkunden wie Daimler, Siemens, Bosch und Boeing. Sie profitieren von persönlicher Beratung und Kundenbetreuung vor Ort sowie von einem Online-Katalog mit 3D-Daten für die Prozesssimulation.

EWS ist im baden-württembergischen Uhingen angesiedelt und beschäftigt dort ca. 180 Mitarbeiter, die 2013 einen Umsatz von 25 Mio. Euro erwirtschafteten, ca. 40 % davon über den Export. Weitere Produktionsstätten befinden sich in den USA, Korea und China. Insgesamt erwirtschaftete das Unternehmen 2013 mit rd. 380 Mitarbeitern einen globalen Umsatz von ca. 45 Mio. Euro.

EWS hat mehr als 20.000 statische Werkzeuge und rd. 9.000 angetriebene Werkzeuge im Programm.

EWS

EWS ist Weltmarktführer bei Werkzeugsystemen für Dreh-Fräszentren und Multi-Tasking-Maschinen.

Der Vertrieb erfolgt über Tochtergesellschaften und ein enges Netz an Vertretern weltweit.

EWS ist ein inhabergeführtes Familienunternehmen. Die Firmenanteile liegen je zur Hälfte bei den Brüdern Frank und Matthias Weigele, die das Unternehmen in 3. Generation leiten. Ihr Großvater Ernst Weigele gründete EWS (Ernst Weigele & Söhne) 1960 zusammen mit seinen Söhnen Gerhard und Karl, um Laborapparaturen und Bauteile für hydraulische Komponenten zu produzieren. 1991 übernahm Gerhard Weigele das Unternehmen; vier Jahre später traten seine beiden Söhne, die heutigen Eigentümer, als Teilhaber und Geschäftsführer in die Firma ein. Mit der Gründung der Tochtergesellschaft EWS Korea leiteten sie 1999 die internationale Expansion ein.

Eine bedeutende Innovation gelang EWS im Jahr 2006 mit dem Schnellwechselsystem EWS Varia, das mit dem Innovationspreis des Landes Baden-Württemberg ausgezeichnet wurde. EWS investiert 4 % des Umsatzes in die Forschung & Entwicklung und kooperiert in diesem Rahmen mit verschiedenen Technikerschulen und Hochschulen. Derzeit arbeitet man u. a. mit der Universität Stuttgart an der Entwicklung schwingungsgedämpfter Bohrstangen.

Zum Selbstverständnis von EWS gehört es, Verantwortung gegenüber den eigenen Mitarbeitern ebenso wie gegenüber den

Das erste Firmengebäude von EWS in Köngen (oben); die heutige Zentrale in Uhingen (unten)

Einfach erklärt: Das Schnellwechselsystem EWS Varia

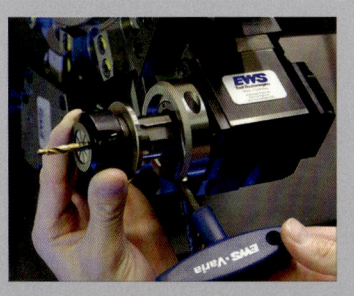

Werkzeugsysteme für Dreh-Fräszentren bilden das Bindeglied zwischen Werkzeugmaschine und Bearbeitungswerkzeugen wie z. B. Bohrern, Fräsern oder Drehwerkzeugen. Seit 2006 führt EWS das Schnellwechselsystem EWS Varia im Programm, mit dem CNC-Drehmaschinen oder Dreh-Fräszentren flexibel gerüstet werden können. Mit EWS Varia dauert ein Wechsel des Werkzeugs nur 20 Sekunden. In der Verarbeitung kleiner Produktserien können so Rüstzeiten reduziert und die Produktivität signifikant erhöht werden. Auch in der Serienfertigung bringt EWS Varia deutliche Zeiteinsparungen: Schwesterwerkzeuge liegen voreingestellt an der Maschine, die durch den schnellen Werkzeugwechsel weniger lange still steht. EWS Varia bietet für jede Operation die optimale Werkzeugspannung. Die Einsätze können ohne Spindelgegenhaltung mit einer Hand gewechselt werden, und die Verletzungsgefahr bei der Bedienung ist auf nahezu null reduziert.

Expotechnik

E
XP

EWS im Internet

Meilensteine

1960 Firmengründung in Köngen durch die Brüder Ernst, Gerhard und Karl Weigele

1970 Kauf der ersten von GILDEMEISTER gefertigten NC Drehmaschine; Beginn der Werkzeughalterfertigung

1991 Frank und Matthias Weigele treten in das Familienunternehmen ein.

1994 Konstruktion und Entwicklung angetriebener Werkzeuge

1999 EWS gründet die Tochtergesellschaft EWS Korea.

2006 EWS erhält den Innovationspreis des Landes Baden-Württemberg für das Schnellwechselsystem EWS Varia.

2008 EWS übernimmt Command Toolingsystems in den USA.

2011 Gründung der Tochtergesellschaften EWS China und EWS Russland

2012 Das neue Technologie- und Innovationscenter wird in Betrieb genommen.

Marktposition: Weltmarktführer bei Werkzeugsystemen für Dreh-Fräszentren und Multi-Tasking-Maschinen
Umsatz: ca. 45 Mio. Euro (2013)
Mitarbeiter: weltweit ca. 380, davon ca. 180 in Deutschland (2013)
Ausbildungsquote: 10 %
Standorte: Prduktionsstätten in Uhingen/Deutschland, Zhangjiangang/China, Minnesota/USA und Changwon/Südkorea
Patente: 6
Gründer: Ernst, Gerhard und Karl Weigele, 1960, Köngen
Eigentümer: Frank und Matthias Weigele

Kontakt

EWS Weigele GmbH & Co. KG
Maybachstr. 1, 73066 Uhingen
Fon: 07161 93040-100, Fax: 07161 93040-30
info@ews-tools.de, www.ews-tools.de

Ansprechpartner Presse

Matthias Weigele
Fon: 07161 93040-200
matthias.weigele@ews-tools.de

Expotechnik

Taunusstein, Hessen

EXPOTECHNIK

Kunden, der Gesellschaft und der Umwelt zu übernehmen. So ist Matthias Weigele zusammen mit weiteren EWS-Mitarbeitern Gründungsmitglied des Heart for Children Deutschland e.V., der in Uganda ein Internat für bedürftige Kinder einrichtet und begleitet.

Daten und Fakten

Branche: Maschinenbau
Produkte: statische und angetriebene Werkzeughalter für alle CNC-Drehmaschinen und Dreh-Fräszentren

Gegründet: 1968
Die Expotechnik Group ist ein führender internationaler Full-Service-Anbieter für die Konzeption und Umsetzung von Markenerlebnisräumen in den Bereichen Exhibitions, Events und Environments – dazu gehören Messen und Veranstaltungen, Lounges, Showrooms, Büroräume sowie Ausstellungsflächen. Als Full-Service-Anbieter beschäftigt die Expotechnik Group Experten in Strategie, Design, Architektur und Realisie-

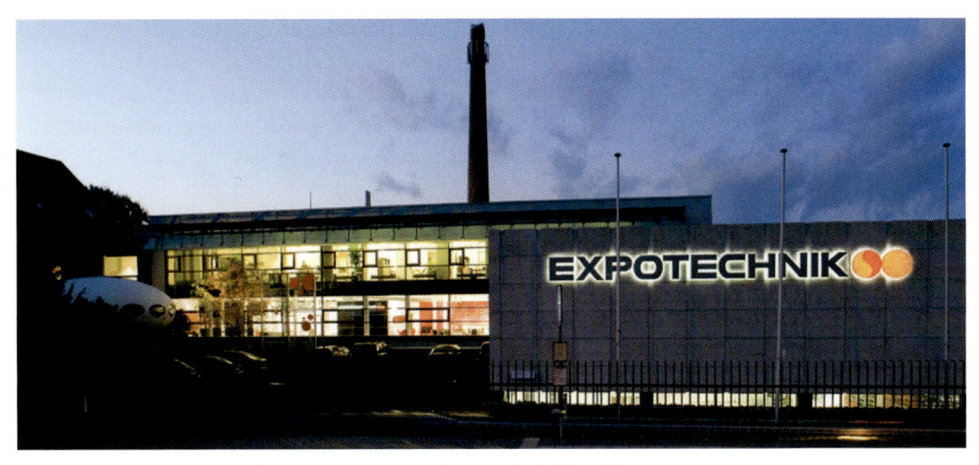

Expotechnik

Die Zentrale der Expotechnik Group im hessischen Taunusstein bei Frankfurt

E
XP

rung für global einsetzbare Lösungen. Jährlich werden weltweit 1.500 Projekte mit skalierbaren Größen zwischen 12 und 12.000 m² realisiert. Zu den Kunden gehören internationale Konzerne ebenso wie führende Mittelständler unterschiedlichster Branchen. Dabei ist Expotechnik global aufgestellt und verfügt neben dem Hauptsitz in Taunusstein nahe Frankfurt über insgesamt 10 weitere Standorte, die in Frankfurt, Stuttgart, Atlanta, Detroit, Las Vegas, Melbourne, Mexico City, Shanghai, Singapur und Tokio ansässig sind.

Gegründet wurde das Unternehmen im Jahr 1968 vom Designer Heinz H. Soschinski, der seinerzeit die ersten Systemlösungen für

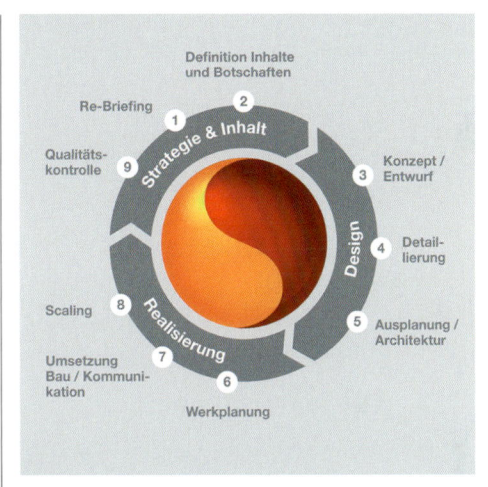

Die Wertschöpfungskette von Expotechnik

»Unser Gespür für die perfekte Markeninszenierung im Raum, unsere globale Präsenz sowie unsere strategische Beratungskompetenz machen uns zum verlässlichen Partner für unsere Kunden.«

Alexander D. Soschinski, Group President Expotechnik

Einfach erklärt: Modularer und global einsetzbarer Messestand

Moderne Messekonzepte müssen modular und international verwendbar sein, nicht nur in Bezug auf ihre Funktionalität, sondern auch in ästhetischer Hinsicht. Expotechnik realisierte für die Leoni AG, einen Hersteller von Drähten, optischen Fasern und Kabelsystemen, einen Gesamtauftritt, der skalierbar und weltweit verständlich ist. Die dafür entwickelte Leitidee „Unsichtbares sichtbar machen" half dabei, die Marke in den Raum zu übertragen. Das Auffächern von Kabelsträngen, das Schaffen von Verbindungen und der Einblick durch Querschnitte in Kabel lieferten die grafische Grundidee, die von der Fernkennung des Messestandes bis zur Produktpräsentation konsequent verwendet wurde. Die vielfarbig bunten Produkte wurden mit einem schwarzweißen Form- und Grafikkonzept kontrastiert. Dieser Gegensatz ließ einen spannenden Auftritt entstehen, der auch ohne viele Worte funktioniert und bedarfsgerecht vergrößert oder verkleinert werden kann.

Die Expotechnik Group bietet Strategien, Designs, Architekturen und schließlich die Realisierung von Markenerlebnisräumen.

Expotechnik

E
XP

Die Lambda Multimedia-Informationsstele ist eine Entwicklung von Expotechnik.

Expotechnik Group im Internet

Meilensteine

1968 Heinz H. Soschinski gründet die Firma Messedesign Soschinski in Kemnat bei Stuttgart. Das erste Architekturmodul System 1000 entsteht.

1976 Umfirmierung: Das Unternehmen wird zum Full-Service-Anbieter Expotechnik Heinz Soschinski GmbH. Das System 2000 wird entwickelt.

1988–2003 Weltweite Expansion: Expotechnik eröffnet Standorte in Atlanta, Singapur, Tokio, Melbourne und Shanghai.

2004 Die 2. Generation wächst heran: Alexander D. Soschinski wird General Manager in Shanghai.

2005 Patrick O. Soschinski tritt im Bereich Business Development am Expotechnik Headquarter in das Unternehmen ein.

2006 Der Standort Mexico City wird eröffnet.

2008–2010 Mit der Gründung der Expotechnik Holding GmbH & Co. KG übernehmen die Söhne die Expotechnik Group. Eröffnung des Logistikstandorts in Orlen, Taunusstein; Eröffnung des Standorts Las Vegas

2012-2013 Ein neues, innovatives Logistikzentrum mit 8.000 m² Fläche wird in Langgöns bei Gießen eröffnet sowie der Standort Detroit.

2014 Eröffnung des Büros in Frankfurt mit einem Expertenteam zum Ausbau der Individualbaukompetenzen, ein weiterer Standort in Stuttgart kommt hinzu.

Messeauftritte entwickelte. Das sogenannte System 1000 entstand als erstes Produkt: ein Architekturmodul in Holz mit verchromten Stützen. Es ermöglichte eine Wiederverwendung und einfache Skalierbarkeit. Der erste Messestand wurde auf der CeBIT im Jahr 1970 verwirklicht und besaß neben einem futuristischen Design auch Ufos (Futuro Häuser) als zentrale Elemente. Aus diesen Anfängen entstand ein schnell expandierendes Unternehmen, das ab 1988 seine ersten Auslandsstandorte gründete. In den Jahren 2004 und 2005 stiegen die beiden Söhne des Firmengründers Alexander D. Soschinski und Patrick O. Soschinski ins Unternehmen ein und läuteten ab 2008 den Generationenwechsel ein. Mit Gründung der Expotechnik Holding GmbH & Co. KG übernahm die 2. Generation das Steuer des Unternehmens, das heute weltweit rd. 500 Mitarbeiter beschäftigt.

Daten und Fakten

Branche: Messe- und Ausstellungsbranche
Produkte: nationale und internationale Messeauftritte, Veranstaltungen sowie Inszenierung von Marken- und Erlebniswelten
Marktposition: ein international führender Full-Service-Anbieter für die Konzeption und Umsetzung von Markenerlebnisräumen
Standorte: Hauptsitz in Taunusstein; außerdem Frankfurt, Stuttgart, Atlanta, Detroit, Las Vegas, Melbourne, Mexico City, Shanghai, Singapur, Tokio
Vertrieb: über Standorte in Europa, den USA und Asien
Mitarbeiter: 500 weltweit
Innovationen: u. a. Überbausystem Scandium (2009) und Titanium (2010), Counter- und Präsentationsserie Epsilon (2009), Lambda Multimedia-Informationsstele (2010), Lounge-Serie Prisma (2011), Xenon Wandsystem (2012)
Auszeichnungen: u. a. „iF product design award" (iF International Forum Design GmbH, 2012, 2010, 2009, 2008, 2006, 1999, 1998, 1994), „red dot design award" (Design Zentrum NRW, 2012, 2010, 2008, 2006, 2000), „German Design Award", Special Mention (Rat für Formgebung, 2014)
Gründer: Heinz H. Soschinski

Expotechnik

Kontakt
Expotechnik Group
Aarstr. 176, 65232 Taunusstein
Fon: 06128 269-0, Fax: 06128 269-21000
germany@expotechnik.com
www.expotechnik.com

Ansprechpartner Presse
Astrid Wolff
Fon: 06128 269-28001
astrid.wolff@expotechnik.com

E
XP

F

Faber-Castell

Faber-Castell
Stein, Bayern

FABER-CASTELL since 1761

»Mir war es von Anfang an nur darum zu tun, mich auf den ersten Platz emporzuschwingen, indem ich das Beste mache, was überhaupt auf der Welt gemacht wird.«

Lothar von Faber (1817–1896)

Anton-Wolfgang Graf von Faber-Castell leitet das Unternehmen in der 8. Generation.

Faber-Castell Colour GRIP Farbstifte aus FSC®-zertifiziertem Holz

Gegründet: 1761

Die Faber-Castell AG gilt als der größte und älteste Hersteller von holzgefassten Stiften weltweit. Das Portfolio des international agierenden Unternehmens umfasst mehr als 2.000 Produkte zum Schreiben, Zeichnen und kreativen Gestalten. Das Unternehmen ist in über 120 Ländern vertreten und beschäftigt ca 7.500 Mitarbeiter, davon knapp 1.100 in Deutschland. Faber-Castell verfügt über eigene Produktionsstätten in 9 Ländern und Vertriebsgesellschaften in 23 Ländern weltweit.

Alle Anteile der seit jeher inhabergeführten, nicht börsennotierten AG liegen in den Händen der Familie Graf von Faber-Castell. Als Vorstandsvorsitzender leitet Anton-Wolfgang Graf von Faber-Castell das Unternehmen in der 8. Generation. Mit seinem Bruder Andreas Graf von Faber-Castell, der die Geschäftsführung für die Region Asien/Pazifik innehat, ist ein weiteres Familienmitglied in leitender Position tätig. Gegründet wurde das Unternehmen 1761 von dem Schreiner Kaspar Faber, der in Stein bei Nürnberg mit der Herstellung von Bleistiften begann. Eine zentrale Rolle in der Firmenhistorie spielte Lothar von Faber, Vertreter der 4. Generation, der 1849 mit dem Aufbau des Auslandsgeschäfts in wichtigen Metropolen der Welt begann und damit den Grundstein für die internationale Größe des Unternehmens legte. Die von ihm festgelegten Längen und Härtegrade für Bleistifte sind noch heute Standard. Die eheliche Verbindung der ältesten Faber-Tochter in 6. Generation mit Alexander zu Castell-Rüdenhausen begründete das neue Adelsgeschlecht Faber-Castell.

Einen Grundpfeiler der Unternehmenskultur bildet bei Faber-Castell seit jeher die Übernahme sozialer und ökologischer Verantwortung. Sie zeigt sich u. a. durch das

Meilensteine

1761 Der Schreiner Kaspar Faber stellt die ersten Bleistifte her und verkauft diese auf dem Nürnberger Markt.

1839 Lothar von Faber, Sohn von Georg Leonhard Faber, übernimmt in 4. Generation die Führung und beginnt 10 Jahre später mit dem Aufbau des Auslandsgeschäfts (New York, London, Paris, Wien und St. Petersburg).

1878 Sein einziger Sohn Wilhelm von Faber, der zur Nachfolge bestimmt ist, erhält die Prokura. Er stirbt jedoch früh.

1898 Durch die Heirat der ältesten Tochter Wilhelms mit dem Grafen Alexander zu Castell-Rüdenhausen entsteht der neue Familienname Faber-Castell. Die Witwe Lothars beauftragt den angeheirateten Grafen Alexander von Faber-Castell mit der Unternehmensführung.

1928 In der 7. Generation baut Roland Graf von Faber-Castell das Unternehmen weiter aus. Er kauft zudem ab den 1950er-Jahren enteignete Beteiligungen in den USA und Brasilien zurück.

1978 Sein Sohn Anton Wolfgang Graf von Faber-Castell übernimmt die Unternehmensführung und setzt die Internationalisierung fort.

ab 1993 Strategische Neuausrichtung des Markenbilds und Restrukturierung des Sortiments in fünf Kompetenzfelder

FAHNEN HEROLD

Der Stammsitz von Faber-Castell im bayerischen Stein

langjährige Engagement im Bereich der nachhaltigen Forstwirtschaft und die Unterstützung benachteiligter Kinder durch die Graf von Faber-Castell Kinderfonds-Stiftung. Mit der im Jahr 2000 unterzeichneten Faber-Castell Sozialcharta verpflichtet sich das Unternehmen freiwillig, in allen Niederlassungen weltweit die von der ILO empfohlenen Beschäftigungs- und Arbeitsbedingungen zu gewährleisten. 2011 feierte das Unternehmen sein 250-jähriges Firmenjubiläum.

Daten und Fakten

Inhaberfamilie: Familie Graf von Faber-Castell in 8. Generation
Gründer: Kaspar Faber, 1761, Stein
Unternehmensanteile der Familie: 100 %
Familieneinfluss: inhabergeführt durch Anton-Wolfgang Graf von Faber-Castell
Kontrollgremien: Aufsichtsrat, Wirtschaftsausschuss
Mitarbeiter: ca. 7.500 (2013)
Ausbildungsplätze: 32 (in Deutschland)
Literatur:
A.-W. Graf von Faber-Castell: Faber-Castell since 1761, Die illustrierte Geschichte einer Bleistiftdynastie (2013)
A. Scheib: Eine Zierde in ihrem Haus. Die Geschichte der Ottilie von Faber-Castell (1998)

Kontakt
Faber-Castell AG
Nürnberger Str. 2, 90546 Stein
Fon: 0911 9965-0, Fax: 0911 9965-5856
info@faber-castell.de, www.faber-castell.com

Fagus-GreCon

Alfeld, Niedersachsen

Gegründet: 1911

Die Fagus-GreCon Greten GmbH & Co. KG ist ein weltweit operierendes Unternehmen. Im Unternehmensbereich GreCon ist die Firma in den Bereichen Funkenlöschung und Messtechnik international führend. GreCon bietet z. B. Funkenerkennungs- und Löschanlagen zur Vermeidung von Bränden und Explosionen wie auch Röntgenscanner oder Inline-Systeme für die Holzwerkstoffindustrie an, mit denen Produktionsabläufe überwacht und optimiert werden können. Weiter werden im Unternehmensbereich Fagus maßgeschneiderte Schuhleisten designed und produziert. Ihre Verwendung finden diese in der industriellen Schuhfertigung. Im Unternehmensbereich GreCon-Dimter (Joint Venture mit Weinig AG) werden international führende Keilzinkenanlagen gebaut. Das weltbekannte Firmengebäude „Fagus-Werk" wurde 1911 gegründet. Das von Walter Gropius entworfene Bauwerk ist seit 2011 Teil des UNESCO-Weltkulturerbes.

Kontakt
Fagus-GreCon Greten GmbH & Co. KG
Hannoversche Str. 58, 31061 Alfeld
www.fagus-grecon.com

FAHNEN HEROLD

Wuppertal, Nordrhein-Westfalen

www.fahnenherold.de

Gegründet: 1947

Die FAHNEN HEROLD Wilhelm Frauenhoff GmbH & Co. KG gehört zu den leistungsfähigsten Unternehmen in der textilen

Faber-Castell im Internet

F

FAS

Medienproduktion. Das Wuppertaler Familienunternehmen ist Systemanbieter für Werbung sowohl im Innen- als auch im Außenbereich. Mit 150 Mitarbeitern, davon 120 in der Produktion, werden jährlich gut 5,5 Mio. m² Textilien zu Fahnen, Bannern oder Displaylösungen verarbeitet. FAHNEN HEROLD bietet von der Grafik über Druck und Konfektion bis hin zu komplexen Logistikdienstleistungen alles aus einer Hand. Das in 3. Generation von Ina und Kai Frauenhoff geführte Unternehmen setzt seine Schwerpunkte sowohl auf große Kapazitäten im Siebdruck als auch auf mehrere Digitaldruckverfahren. Bis zu 6.000 m² Stoff werden so pro Stunde mit bis zu 1.000 dpi bedruckt. Großserien werden anschließend maschinell, kleinere Auflagen in Handarbeit weiterverarbeitet und individuell konfektioniert. Dabei geht das 1947 gegründete Unternehmen stets mit der Zeit: Durch enge und langjährige Zusammenarbeit mit deutschen Stoffproduzenten werden Innovationen kreiert, mit den Kunden Branchenlösungen für den Point of Sale entwickelt und auch über die Website ist jederzeit ein unkomplizierter Bestellvorgang möglich.

Kontakt
FAHNEN HEROLD
Wilhelm Frauenhoff GmbH & Co. KG
In der Fleute 81-89, 42389 Wuppertal
Fon: 0202 60870-0, Fax: 0202 600010
info@fahnenherold.de, www.fahnenherold.de

Fassmer

Berne, Niedersachsen

Gegründet: 1850
Die Fr. Fassmer GmbH & Co. KG ist ein international agierendes Unternehmen mit den fünf Produktbereichen Schiffbau, Rettungsbootsbau, Anlagenbau, Windkraft und Faserverbundtechnik. Bei der Konstruktion und Produktion von Rettungsbooten gehört Fassmer zu den weltweit führenden Anbietern. Die Produktpalette reicht von der Fertigung verschiedenster Schiffsmodelle über Systeme wie Davitanlagen und Fundamentierungen bis hin zu Boarding-Systemen für Offshoreanlagen oder Helikopterplattformen und Notfallkabinen. Fassmer verfügt weltweit über vier Produktionsstätten in Deutschland, Polen und China sowie diverse Servicestandorte und beschäftigt weltweit ca. 900 Mitarbeiter. Der Jahresumsatz von Fr. Fassmer beträgt rd. 90 Mio. Euro. Das 1850 von Johannes Faßmer gegründete Familienunternehmen wird heute in 5. Generation von Holger und Harald Faßmer geführt.

Kontakt
Fr. Fassmer GmbH & Co. KG
Industriestr. 2, 27804 Berne
www.fassmer.de

Faubel & Co.

Melsungen, Hessen

Gegründet: 1855
Die Faubel & Co. Nachf. GmbH ist ein Familienunternehmen mit über 150-jähriger Tradition, das sich zum weltweit führenden Spezialisten für Produktkennzeichnung entwickelt hat. Faubel Pharma Services hält zahlreiche Patente für Etikettenlösungen auf unterschiedlichen Gebindeformen. Im Geschäftsbereich werden für die pharmazeutische und chemische Industrie Verbraucherinformation mit allen Beschriftungen und Pflichttexten in unterschiedlichen Sprachen gedruckt. Creative Solutions kombiniert Information mit vielseitigen Marketingtools für zahlreiche Branchen. Faubel produziert rd. 350 Mio. Etiketten jährlich. Es bestehen sieben Vertriebsbüros in Europa, den USA und Asien. 2013 wurden 20,8 Mio. Euro erwirtschaftet. Das Unternehmen hat 160 Mitarbeiter.

Kontakt
Faubel & Co. Nachf. GmbH
Schwarzenberger Weg 45, 34212 Melsungen
www.faubel.de

FAULHABER

Schönaich, Baden-Württemberg

Kontakt
Dr. Fritz Faulhaber GmbH & Co. KG
Daimlerstr. 23/25, 71101 Schönaich
Fon: 07031 638-0, Fax: 07031 638-100
info@faulhaber.de, www.faulhaber.com

Fecken-Kirfel

Aachen, Nordrhein-Westfalen

Gegründet: 1947

Die Dr. Fritz Faulhaber GmbH & Co. KG mit Sitz im baden-württembergischen Schönaich ist ein führender Hightech-Anbieter im Bereich der Miniatur- und Mikroantriebstechnik. Das Unternehmen bietet das weltweit größte Portfolio von innovativen Klein- und Kleinstantriebssystemen aus einer Hand. Dazu gehören DC-Motoren mit 200 mNm Dauerdrehmoment und filigrane Mikroantriebe mit 1,9 mm Außendurchmesser, kombinierbar mit abgestimmten Präzisionsgetrieben, Encodern, Linear-Komponenten und Steuerungen. Zu den Einsatzgebieten der Antriebe zählen im Wesentlichen Produktionsautomation und Robotik, Luft- und Raumfahrt, optische Systeme sowie die Medizin und die Labortechnik.

Das Unternehmen wurde 1947 von Dr. Fritz Faulhaber gegründet, die wichtigste Innovation dieser Zeit war die eisenlose Rotorspule mit freitragender Schrägwicklung. Diese 1965 patentierte Erfindung legte den Grundstein für eine neue Antriebstechnologie. Weitere Meilensteine umfassten etwa Propellerantriebe für Modellflugzeuge oder miniaturisierte Motoren für Taschendiktiergeräte. Heute ist aus dem Unternehmen eine internationale Firmengruppe geworden, die unter dem Slogan „We create motion" aktiv ist. Neben Deutschland führt FAULHABER weitere Entwicklungs- und Produktionsstandorte in der Schweiz, den USA, Schweden, Rumänien und Ungarn. Vertriebspartner und -niederlassungen gibt es darüber hinaus in über 30 Ländern weltweit. Der Antriebsspezialist FAULHABER beschäftigt über 1.600 Mitarbeiter, davon 600 am Standort Schönaich.

Gegründet: 1870

Die Fecken-Kirfel GmbH & Co. KG ist technologie- und qualitätsführend in der Herstellung von Schneidemaschinen für Hart- und Weichschaum, Gummi, Kautschuk, Neopren und Kork. Außerdem produziert das Unternehmen Sonderausfertigungen für spezielle Materialien wie Vlies oder Wabenmaterial. Dazu gehören Maschinen zum horizontalen und vertikalen Schneiden, Besäumen, Karussellspalten, vollautomatische Schneidstraßen sowie Sägen für Hartschaum und Maschinen zum Schälen und Spalten von Kork. Zielbranchen sind u.a. Automobilzulieferer, Verpackungshersteller, die Polstermöbel- und Matratzenproduktion, der bautechnische Bereich und der Medizinsektor. In rd. 35 Ländern weltweit sorgen unabhängige Vertretungen für den Vertrieb sowie Kundendienst vor Ort. Die 1870 gegründete Firma ist seit 1919 im Besitz der Familie Schiffler und beschäftigt am Firmensitz Aachen rd. 200 Mitarbeiter.

Kontakt
Fecken-Kirfel GmbH & Co. KG
Prager Ring 1-15, 52070 Aachen
www.fecken-kirfel.de

Festool

Festool
Wendlingen, Baden-Württemberg

FESTOOL

Barbara Austel ist Gesellschafterin in 3. Familiengeneration; ROTEX ist Weltmarktführer bei handgeführten Getriebe-Exzenterschleifern.

Festool im Internet

Gegründet: 1925

Die Festool GmbH entwickelt und vertreibt hochwertige Elektro- und Druckluftwerkzeuge für professionelle Anwender und ist mit Exzenterschleifern, Tauchsägen und Oberfräsen für professionelle Anwender weltweiter Marktführer. Festool bietet seinen Kunden mit seinem spezifischen Portfolio komplette Systeme, die sich durch Robustheit, Zuverlässigkeit und eine sehr lange Lebensdauer auszeichnen. Vertrieben werden die Produkte ausschließlich über den Fachhandel. Unter den Kunden finden sich neben dem Schreiner-, Maler-, Zimmerei- und Bauhandwerk auch Autolackierbetriebe sowie Premiumkunden aus der Automobilbranche und andere anspruchsvolle Industriekunden wie Wohnmobil- oder Yachthersteller. Die Werkzeuge wurden mit zahlreichen Produkt- und Designpreisen prämiert. Über 300 Patente stehen für die Innovationsstärke des Unternehmens. Die umweltorientierte Festool GmbH bietet eine zehnjährige Ersatzteilgarantie, entwickelte mit EC-TEC ein energiesparendes Antriebskonzept und setzt an seinen Standorten auf Photovoltaik. Eine erfolgreiche aktuelle Innovation ist das 2014 eingeführte mobile Kantenanleimsystem CONTURO, einzigartig ist auch das Holzverbindungssystem DOMINO.

Bereits die Gründung des Unternehmens unter dem Namen Fezer & Stoll 1925 war mit einer technischen Innovation verbunden, der ersten transportablen Kettensäge. Heute setzt Festool mit weltweit 2.600 Mitarbeitern über 400 Mio. Euro um. Forschungsstandort ist die Unternehmenszentrale in Wendlingen. Es besteht eine enge Kooperation mit Handwerkern, um maßgeschneiderte Werkzeuge zu entwickeln. Produziert wird in zwei deutschen und einem tschechischen Werk. Den internationalen Fachhandel erreicht Festool über 22 Landesgesellschaften und 61 Importpartner. Die Exportquote beträgt heute

Das System-Sortiment der Festool Fräsen

Meilensteine

1925 Gottlieb Stoll gründet das Unternehmen und bringt die erste transportable Kettensäge auf den Markt.

1933 Die Marke Festo wird eingeführt.

1951 Festo wird zur Marke des Fachhandels.

1982 Der Getriebe-Exzenterschleifer ROTEX fasst weltweit erstmals drei Funkionen in einem Gerät zusammen.

1993 Erste Auszeichnung für innovatives Produktdesign; das System-Highlight SYSTAINER revolutioniert das Transport- und Ordnungssystem im Handwerk.

2000 Wegen der gesellschaftsrechtlichen Ausgliederung aus dem Festo-Konzern wird der Markenname auf Festool geändert.

2000–2014 Neben zahlreichen Produktinnovationen erweitert Festool auch die ROTEX-Familie mit einzigartigen Modellen.

Fette Compacting

76 %. Die Geschäftsleitung obliegt Dr. Christian Rolfs (Vorsitzender), Dr. Thorsten Hartmann und Christian Oltzscher.

Daten und Fakten

Branche: Elektroindustrie
Produkte: Handgeführte Elektro- und Druckluftwerkzeuge, Zubehör und Verbrauchsmaterial
Marktposition: Weltmarktführer in drei Produktgruppen
Umsatz: 400 Mio. Euro (2013)
Mitarbeiter: 2.600
Standorte: Zentrale und F&E in Wendlingen; Produktion in Neidlingen, Illertissen und Ceska Lipa/Tschechische Republik
Exportquote: 76 %
Gründer: Gottlieb Stoll

Kontakt

Festool GmbH
Wertstr. 20, 73240 Wendlingen
Fon: 07024 804-0, Fax: 07024 804-20599
info@tts-festool.com, www.festool.com

Fette Compacting

Schwarzenbek, Schleswig-Holstein

Der Firmensitz und Hauptproduktionsstandort von Fette Compacting liegt im schleswig-holsteinischen Schwarzenbek.

kontrollen, Presskammerbeschichtungsanlagen oder Anlagen zur Entstaubung und Entgratung von Tabletten. Die Pressen werden in der Lebensmittelindustrie, etwa zur Produktion von Kaugummi, ebenso eingesetzt wie für pharmazeutische und chemische Produkte; auch Metallpulverpressen führt Fette Compacting im Angebot.

Der Firmensitz und Hauptproduktionsstandort liegt im schleswig-holsteinischen Schwarzenbek, eine weitere Produktionsstätte befindet sich im chinesischen Nanjing. Der Vertrieb erfolgt über fünf Kompetenzzentren

Olaf J. Müller ist Sprecher der Geschäftsführung der Fette Compacting GmbH.

Gegründet: 1908

Fette Compacting ist ein Unternehmen der LMT Group, das sich auf die Produktion von Tablettenpressen spezialisiert hat. Mit mehr als 5.000 installierten Maschinen weltweit behauptet die Firma die globale Technologieführerschaft in diesem Marktsegment. Zu den Produkten zählen neben Tablettenpressen für verschiedene Einsatzfelder auch Zusatzausstattung wie Inprozess-

Schon gewusst?

Fette Compacting ist Mitglied von Excellence United, einem strategischen Zusammenschluss von fünf führenden deutschen Spezialmaschinenbauern und Anlagenherstellern in Familienbesitz. Unter dem Dach der Allianz bündeln die Unternehmen Bausch+Ströbel, Fette Compacting, Glatt, Harro Höfliger und Uhlmann ihre Kompetenzen und bieten ihren Kunden technologisch führende Lösungen für die gesamte Wertschöpfungskette der Medizinprodukte- und Pharmaproduktion. Ein Netzwerk mit mehr als 600 Servicemitarbeitern weltweit unterstützt darüber hinaus Kunden in allen Märkten mit einem umfassenden Dienstleistungsangebot.

Fette Compacting

F
ET

Mit der FE-Serie entwickelte Fette Compacting eine neue Generation von Tablettenpressen, die sich durch Effizienz und ein platzsparendes Design auszeichnen.

in Deutschland, den USA, Brasilien, Indien und China sowie über Tochtergesellschaften in Frankreich, Spanien, Mexiko und Südostasien. Darüber hinaus sorgen 40 internationale Vertretungen für den weltweiten Vertrieb. Insgesamt arbeiteten im Jahr 2013 619 Mitarbeiter für das Unternehmen, 438 davon in Schwarzenbek.

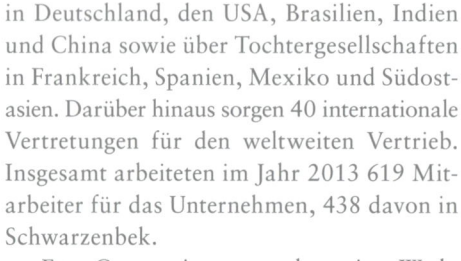

Fette Compacting entstand aus einer Werkstatt, die der Werkzeugmacher Wilhelm Fette 1908 mit zwölf Mitarbeitern in Hamburg-Altona gründete, um Werkzeuge und Werkzeugmaschinen herzustellen. 1948 päsentierte das Unternehmen die erste selbst entwickelte Tablettenpresse Hanseat Perfecta. 1971 ging Fette an die Saarberg Gruppe über, 1988 übernahm die Leitz Gruppe das Unternehmen. Fünf Jahre später entstand daraus die Leitz Metalworking Technology, kurz LMT Group. 2001 bündelte die LMT Group die Produktion von Maschinen für die Tablettenherstellung unter dem Namen Fette Compacting. Heute führen Olaf J. Müller (Sprecher) und Joachim Peter die Geschäfte der Fette Compacting GmbH.

Fette Compacting hält 140 Patente auf Kerntechnologien und Verfahren der Tablettenherstellung sowie Rundläuferpressen. Seit 2011 entwickelt das Unternehmen mit der FE-Serie eine neue Generation von Tablettenpressen, die sich nicht nur durch hohe Effizienz, sondern auch durch ein ökonomi-

Weltweit sind mehr als 5.000 Tablettenpressen von Fette Compacting installiert.

Fette Compacting im Internet

Einfach erklärt: Tablettierpresse FE75

Die Produktion großer Chargen stellt besondere Anforderungen an die Tablettiertechnik. So hängt der Ausstoß von Rundläuferpressen u. a. von der Anzahl der Stempelstationen und der Drehzahl des Rotors ab. Bisher galt für Tablettenpressen daher: Je höher die geforderte Ausbringungsmenge ist, umso größer muss die Maschine sein. Mit dem Durchmesser des Rotors sowie der Drehzahl steigen jedoch auch die Fliehkräfte, die auf die zu pressenden Materialien einwirken. Und wegen der hohen Kosten für Reinräume bevorzugen Anwender zudem möglichst kompakte Anlagen. Mit der FE75, dem dritten Modell der neu entwickelten FE Serie, präsentiert Fette Compacting eine Anlage, die maximale Produktivität mit geringem Platzbedarf verbindet. Sie ist speziell auf die Großserienproduktion zugeschnitten und mit einer Grundfläche von nur 2 m² die einzige Doppelrundläuferpresse ihrer Größenklasse, mit der Anwender Ein- und Zweischichttabletten produzieren sowie Pulver direkt verpressen können.

sches und platzsparendes Design auszeichnen, für das sie bereits mehrfach prämiert wurden.

In den kommenden Jahren will die LMT Group am Standort Schwarzenbek insgesamt 10 Mio. Euro investieren. Fette Compacting erhält dort ein neues Kunden- und Entwicklungszentrum. So können künftig u. a. mehr Maschinen parallel und unter Produktionsbedingungen getestet werden.

Daten und Fakten

Branche: Maschinenbau
Produkte: Tablettenpressen
Marktposition: weltweiter Technologieführer im Bereich Tablettenpressen
Mitarbeiter: weltweit 619, davon 438 in Deutschland (2013)
Standorte: Produktionsstätten in Schwarzenbek und Nanjing/China; Kompetenzzentren in Schwarzenbek/Deutschland, Rockaway/New Jersey, USA, Campinas/Brasilien, Goa/Indien und Nanjing/China; Tochtergesellschaften in Noisy Le Grand/Frankreich, Madrid/Spanien, Mexico City/Mexiko, Singapur
Vertrieb: über die Kompetenzzentren und Tochtergesellschaften sowie 40 internationale Vertretungen
Innovationen: erste computergesteuerte Tablettenpresse (1982), Tablettenpresse FE55 (2011), Tablettenpresse FE35 (2012), Tablettenpresse FE75 (2014)
Patente: 140
Gründer: Wilhelm Fette, 1908, Hamburg-Altona
Auszeichnungen: Reddot design award 2012 und 2013 für die Tablettenpressen FE35 und FE55; IF product design award 2013 und German Design Award 2014 für die Tablettenpresse FE35

Kontakt

Fette Compacting GmbH
Grabauer Str. 24, 21493 Schwarzenbek
Fon: 04151 12-0, Fax: 04151 12-3797
tablet@fette-compacting.com
www.fette-compacting.com

Ansprechpartner Presse
Kathleen Ehrke
Fon: 04151 12-567
kehrke@lmt-group.com

FEV

Aachen, Nordrhein-Westfalen

Gegründet: 1978
Die 1978 in Aachen gegründete FEV GmbH entwickelte sich unter der Leitung von Prof. Dr.-Ing. Stefan Pischinger zu einem der weltweit führenden, unabhängigen Entwicklungsunternehmen auf dem Gebiet der Motoren- und Antriebsentwicklung. Das inhabergeführte Unternehmen beschäftigt über 2.900 Mitarbeiter weltweit.

Als Entwicklungspartner der Automobilindustrie beschäftigt sich FEV mit allen innovativen Technologien rund um Motor, Getriebe und Antriebsstrang – angefangen bei der Optimierung von Verbrauch, Emissionen und Fahrleistung konventioneller Antriebe über Hybrid-, Elektro-, Infotainment-, Telematik- und Brennstoffzellentechnologie bis hin zu alternativen Kraftstoffen. Somit leistet FEV wesentliche Beiträge zur Minderung der verkehrsbedingten CO_2-Emissionen. Zum Leistungsspektrum gehört auch ein vollständiges Angebot eigenentwickelter Mess- und Prüfsysteme für die Antriebsstrangentwicklung und Produktion.

FEV führt enge Beziehungen zu den Kunden der weltweiten Automobil- und Zulieferindustrie sowie zu Herstellern von Motoren für offroad und stationäre Anwendungen. Von der Unternehmenszentrale in Aachen steuert FEV die weltweit operierende Gruppe mit Engineering Centern in den USA, Brasilien, China, Indien und Polen sowie zahlreichen lokalen Repräsentanzen.

FIBRO

Kontakt
FEV GmbH
Neuenhofstr. 181, 52078 Aachen
Fon: 0241 5689-0, Fax: 0241 5689-119
marketing@fev.com, www.fev.com

FIBRO

Haßmersheim und Weinsberg, Baden-Württemberg

»Innovation + Zuverlässigkeit = Erfolg«

FIBRO Firmenleitbild

Gegründet: 1958

Die FIBRO GmbH ist der führende europäische Hersteller von Werkzeugbaunormalien und Zerspanungsrundtischen. Die Normalien, die im baden-württembergischen Haßmersheim produziert werden, kommen vorwiegend als standardisierte Bauelemente im Werkzeug-, Formen- und Maschinenbau zum Einsatz. Die Palette dieser genormten Produkte umfasst z. B. wartungsarme Gleitelemente, Präzisionsteile wie Schneidstempel, Schraubendruckfedern, Gasdruckfedern, Säulengestelle oder Werkzeugschieber. Etwa 45.000 von diesen Artikeln hält das Unternehmen stets auf Lager und versendet diese weltweit für den Einsatz just-in-time.

Rundtische produziert FIBRO am Standort Weinsberg. Das Unternehmen bietet in diesem Segment das umfangreichste Programm aus einer Hand.

FIBRO im Internet

Meilensteine

1958 Firmengründung in Weinsberg; Herstellung von Präzisionsrundteilen

1962 Aufbau Werk Haßmersheim; Entwicklung des planverzahnten Rundtischs FIBROTAKT

1973 Gründung der ersten Auslandsniederlassung in Frankreich

1974 FIBRO wird Teil der LÄPPLE-Firmengruppe.

1982 Gründung FIBRO Inc. in den USA

1983 Einführung der Gasdruckfeder im Werkzeugbau

1990 Markteinführung der Planetenrundtische

1998 Gründung FIBRO Asia in Singapur

2008 Start des Normalien-Webshops; Gründung FIBRO India in Pune

2012 Gründung von Tochtergesellschaften in Korea und Shanghai

2013 Eröffnung des neuen Werks FIBRO INDIA

Mit seinen Produkten im Geschäftsbereich Rundtische ist es FIBRO gelungen, weltweit einen Begriff zu prägen. FIBRO bietet in diesem Segment das umfangreichste Programm aus einer Hand. Entstanden im Jahre 1960 aus einem pneumatischen Rundtisch, hat sich daraus bis heute ein Programm mit mehr als 150 verschiedenen Rundtisch-Typen entwickelt. Die Rundtische, die man in Weinsberg bei Heilbronn produziert, werden als Schwenk- oder Positionierachsen sowie als Werkstückträger in Werkzeugmaschinen, aber auch in der Automatisierungstechnik eingesetzt.

fischerwerke

FIBRO wurde 1958 in Weinsberg gegründet, seit 1974 gehört das Unternehmen zum Läpple-Konzern. Heute beschäftigt FIBRO rd. 700 Mitarbeiter und verfügt über Niederlassungen in Frankreich, der Schweiz, den USA, Kanada, Indien, Singapur, Korea und China. Mehr als 70 Vertretungen und Servicestützpunkte weltweit sorgen für die internationale Distribution und Kundenbetreuung.

Daten und Fakten

Branche: Werkzeug- und Formenbau, Werkzeugmaschinenbau, Automatisierungstechnik
Produkte: Normalien, Rundtische
Marktposition: Marktführer in Europa für Werkzeugbaunormalien und Zerspanungstische
Umsatz: 135 Mio. Euro (FIBRO-Gruppe, 2012)
Mitarbeiter: 700 weltweit (2013)
Standorte: Produktionsstandorte in Weinsberg, Haßmersheim und Indien; Tochtergesellschaften und Niederlassungen in den USA, Kanada, Frankreich, der Schweiz, Singapur, Polen und Korea
Vertrieb: eigene Außendienst-Mitarbeiter in Deutschland und Europa; 70 Vertriebs- und Servicepartner weltweit
Exportquote: 45 %
Eigentümer: Läpple AG, Heilbronn
Auszeichnungen: „EuroBLECH Award" in der Kategorie Werkzeugbau (2010); „Best Professionell Supplier Award" in der Kategorie Lieferant für Komponenten und Zeichnungsteile (PricewaterhouseCoopers, 2011)

Kontakt

FIBRO GmbH
Weidachstr. 41-43, 74189 Weinsberg
Fon: 07134 73-0, Fax: 07134 73-137
info@fibro.de, www.fibro.com

FIMA

Obersontheim, Baden-Württemberg

Gegründet: 1946

Die FIMA Maschinenbau GmbH entwickelt und produziert an ihrem Hauptsitz Obersontheim kundenspezifische Systeme für die Strömungstechnik. Die Produktpalette umfasst auf den Anwendungsfall zugeschnittene Radialverdichter und -ventilatoren zur Förderung und Verdichtung von Prozessgasen oder Luft. Zum Weltmarktführer avancierte FIMA bei explosionsgeschützten Radialventilatoren für die explosionsgefährdete Zone 0. Zudem ist das Unternehmen einer der weltweit führenden Hersteller von Radialverdichtern für kleine Fördermengen, etwa im Bereich Polypropylen. Abnehmer dafür rekrutieren sich in der Chemischen Industrie, dem Anlagenbau und Raffinerien. In China, Brasilien und Indien ist FIMA mit Niederlassungen vertreten, internationale Distributionspartner sichern den weltweiten Vertrieb. Zurzeit beschäftigt FIMA rd. 200 Mitarbeiter und erzielte 2013 einen Jahresumsatz von 38 Mio. Euro.

Kontakt

FIMA Maschinenbau GmbH
Oberfischacher Str. 58, 74423 Obersontheim
www.fima.de

fischerwerke

Waldachtal, Baden-Württemberg

Gegründet: 1948

Die Unternehmensgruppe fischer besteht aus den Geschäftsbereichen fischer Befestigungssysteme (Befestigungslösungen für den gesamten Bausektor), fischer automotive systems (hochwertige kinematische Innenraumkomponenten aus Kunststoff), fischertechnik und fischerTIP (Konstruktionsbaukästen für den Spielwaren- und Lernmittelmarkt) sowie aus fischer Consulting. fischer ist als Global

In Haßmersheim produziert FIBRO Normalien. Etwa 45.000 dieser genormten Artikel hält das Unternehmen auf Lager.

Flender

Player eines der weltweit führenden Unternehmen der Befestigungsbranche. Die Unternehmensgruppe ist international ausgerichtet und umfasst 43 Landesgesellschaften. Produktionsstandorte sind in Argentinien, Brasilien, China, Deutschland, Italien, der Tschechischen Republik und den USA. 2013 erwirtschafteten weltweit 4.150 Mitarbeiter einen Umsatz von 633 Mio. Euro. Das Familienunternehmen wird von Prof. Klaus Fischer, Inhaber und Vorsitzender der Geschäftsführung, geführt.

Kontakt
fischerwerke GmbH & Co. KG
Weinhalde 14–18, 72178 Waldachtal
www.fischer.de

Flender

→Rudolf Flender

flexi – Bogdahn

Bargteheide, Schleswig-Holstein

Gegründet: 1973
Die flexi – Bogdahn International GmbH & Co. KG ist der Erfinder der flexi Roll-Leinen, die bei Hundebesitzern weltweit hohe Akzeptanz gefunden haben. flexi Leinen verfügen über einen Aufrollmechanismus, der Hunden und anderen Kleintieren große, angeleinte Bewegungsfreiheit gibt. Die Idee Roll-Leine hatte Manfred Bogdahn 1973. Er konstruierte aus dem Startermechanismus einer Motorsäge eine Aufrollvorrichtung und erntete mit der ersten flexiblen Leine so viel Aufmerksamkeit, dass er für deren Vermarktung ein eigenes Unternehmen gründete. Seither entwickelt das Unternehmen die Qualität der Leine ständig weiter. Die flexi – Bogdahn Unternehmensgruppe beschäftigt mehr als 300 Mitarbeiter. Als Weltmarktführer liefert flexi seine Roll-Leinen in mehr als 90 Länder. Der Exportanteil beträgt ca. 90 %. Die Wertschöpfung des Familienunternehmens liegt ausschließlich in Deutschland.

Kontakt
flexi – Bogdahn International GmbH & Co. KG
Carl-Benz-Weg 13, 22941 Bargteheide
www.flexi.de

Flottweg

Vilsbiburg, Bayern

Gegründet: 1932
Die Flottweg SE mit Sitz im niederbayerischen Vilsbiburg ist ein weltweit führender Technologielieferant von Industriezentrifugen, Bandpressen und Systemen für die mechanische Fest-Flüssig-Trennung. Diese Maschinen stellen viele Produkte des täglichen Lebens her. Dazu gehören z. B. Säfte, Bier und Wein, Stärke genauso wie Produkte der Chemischen Industrie oder der Mineralölindustrie.

Das Jahr 1932 gilt als offizielles Gründungsjahr von Flottweg. Damals erwarb Dr. Georg Bruckmayer die Rechte an dem geschützten Namen Flottweg und gründete die Flottweg-Motoren-Werke. Innovationen wie der Flottweg Schnelldekanter, das effiziente Antriebssystem Simp-Drive® und die verstellbare Schälscheibe prägten die Unternehmensgeschichte.

Heute arbeiten 750 Mitarbeiter für das Unternehmen, das 2013 einen Umsatz von 145 Mio. Euro erzielte und großen Wert auf die Hochwertigkeit, Langlebigkeit und Leistungsfähigkeit seiner Produkte legt. Trotz der starken internationalen Ausrichtung, mit einem Exportanteil von 85 %, entwickelt und fertigt Flottweg weiterhin ausschließlich am Standort Deutschland. Um den Anforderungen eines globalisierten Markts gerecht zu werden, unterhält das Unternehmen ein weltweites Netz aus Vertriebs- und Servicezentren. Eigene Niederlassungen gibt es in den USA, China, Russland, Italien, Polen,

Frankreich, Australien und Mexiko. Zudem bestehen Vertretungen in nahezu allen Ländern der Welt. Vorstandssprecher der Flottweg SE ist Fritz Colesan, dem Aufsichtsrat steht Peter Bruckmayer vor.

Kontakt
Flottweg SE
Industriestr. 6-8, 84137 Vilsbiburg
Fon: 08741 301-0, Fax: 08741 301-300
mail@flottweg.com, www.flottweg.com

FOGTEC

Köln, Nordrhein-Westfalen

Gegründet: 1997

Die FOGTEC Brandschutz GmbH & Co. KG ist ein weltweit führender Anbieter von Hochdruckwassernebelanlagen zur Brandbekämpfung und weltweit die Nummer eins beim Schutz von Schienenfahrzeugen und Tunneln. Die Branderkennungs- und -bekämpfungssysteme kommen aber auch in Gebäuden, Industrieanlagen und auf See zum Einsatz. FOGTEC-Systeme arbeiten mit reinem Wasser und sind umweltfreundlich sowie oftmals effektiver als konventionelle Löschanlagen. In einem Netz von wissenschaftlichen Instituten und Experten ist FOGTEC Teil von Forschungskooperationen auf fast allen Kontinenten. FOGTEC wurde 1997 gegründet, 2013 erwirtschafteten die rd. 110 Mitarbeiter einen Umsatz von 24 Mio. Euro. Der Exportanteil betrug 75 %. Zum Hauptsitz in Köln kommen weitere Büros in Paris, Wien, Mumbai, Shanghai, Riad, São Paulo sowie ein Netzwerk aus 60 Kooperationspartnern weltweit.

Kontakt
FOGTEC Brandschutz GmbH & Co. KG
Schanzenstr. 19a, 51063 Köln
www.fogtec.com

FONG'S EUROPE

Schwäbisch Hall, Baden-Württemberg

Gegründet: 1919

Die FONG'S EUROPE GMBH ist der weltgrößte Anbieter von Färbemaschinen. Zur Produktpalette gehören Stück- und Garnfärbeanlagen, Baumfärbeapparate, Chemikalien- und Farbstoff-Dosiersysteme sowie Steuerungen und Leitstandsysteme. Mit der Übernahme von GOLLER zählen auch Kontinue-Anlagen mit offen-breiter Warenführung für Web- und Maschenwaren zum Produktportfolio. Im Bereich der Jetfärbemaschinen hat FONG'S EUROPE GMBH mit dem THEN AIRFLOW ein weltweit eingesetztes Erfolgsmodell entwickelt, das sich u. a. durch einen deutlich niedrigeren Wasserverbrauch und somit größere Wirtschaftlichkeit auszeichnet. Derzeit sorgt es für Einsparungen von 50 % beim Wasser, aber auch von 40 % der Energie und 25 % der Bearbeitungszeit (verglichen mit konventionellen Färbesystemen). Kunden des Unternehmens stammen aus allen Bereichen der Textilherstellung und nutzen die Anlagen zur Nassveredlung von textilen Faden- und Flächengebilden. Produktionsstätten befinden sich in Schwäbisch Hall sowie den chinesischen Städten Shenzhen und Zhongshan.

THEN-AIRFLOW® SYNERGY G2

»Unsere Kunden erwarten von unseren Produkten und unserem Service höchste Qualität, Zuverlässigkeit und Sicherheit. Das geben wir ihnen auch.«

Thomas Archner,
Geschäftsführer
FONG'S EUROPE

F
OR

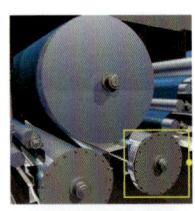

GOLLER SINTENSA
mit Rotor für optimierte Waschmechanik

FONG'S EUROPE GMBH im Internet

Meilensteine

1919 Rudolf Then gründet das Unternehmen THEN in Chemnitz.

1948 In Schwarzenbach wird das Unternehmen GOLLER gegründet.

1955 Umzug: THEN verlagert seinen Standort nach Schwäbisch Hall.

1963 Fong Sou Lam beginnt mit der Herstellung von Textilmaschinen.

1985 Die THEN-Airflow-Technologie wird patentiert.

2004 Fong's Industries übernimmt alle Gesellschaftsanteile von THEN.

2006 Fong's Industries übernimmt auch bei GOLLER die Mehrheit.

2010 Aus der THEN Maschinen GmbH wird die FONG'S EUROPE GMBH, in die GOLLER integriert wird.

Vertrieben werden die Maschinen weltweit über Ländervertretungen in allen wichtigen Ländern. Die Exportquote liegt bei 96 %.

Seine Wurzeln hat das Unternehmen in dem im Jahr 1919 von Rudolf Then in Chemnitz gegründeten Maschinenhersteller THEN, der im selben Jahr schon eine erste Färbemaschine vorstellte. 1955 zog das Unternehmen nach Westdeutschland und ließ sich in Schwäbisch Hall nieder. Im Jahr 1985 ließ THEN sich die AIRFLOW-Technologie patentieren, die bis heute weiterentwickelt wird. Jährlich investiert das Unternehmen rd. 8 % seines Umsatzes in die Forschung und Entwicklung. Seit 2004 hat das Hongkonger Unternehmen FONG'S INDUSTRIES COMPANY LIMITED die Aktienmehrheit von THEN, seit 2010 firmiert das Unternehmen als FONG'S EUROPE GMBH. Insgesamt beschäftigt es derzeit 117 Mitarbeiter, rd. 20 % davon sind Ingenieure.

Gemeinsam sorgten sie im Jahr 2013 für einen Umsatz von 29,6 Mio. Euro. Geschäftsführer sind Tinghong Shi, Xin Ji, Qianyi Du und Thomas Archner.

Daten und Fakten

Branche: Textilmaschinen
Produkte: Maschinen und Infrastruktur zum Bleichen, Färben, Merzerisieren und Veredeln von Stoffen und Garnen
Kundenbranchen: Hersteller von Textilien
Marktposition: Technologieführer im Bereich AIRFLOW®-Technologie, größter Anbieter von Färbemaschinen weltweit
Umsatz: 29,6 Mio. Euro (2013)
Mitarbeiter: 117 (2014)
Vertrieb: weltweite Vertretungen
Exportquote: 96 %
Eigentümer: 100%ige Tochter der FONG'S INDUSTRIES COMPANY LIMITED, HONG KONG
Unternehmensführung: Geschäftsführer: Tinghong Shi, Xin Ji, Qianyi Du, Thomas Archner

Kontakt

FONG'S EUROPE GMBH
Milchgrundstr. 32, 74523 Schwäbisch Hall
Fon: 0791 403-0, Fax: 0791 403-166
info@fongs.eu, www.fongs.eu

Formel D

Troisdorf, Nordrhein-Westfalen

Gegründet: 1993

Die Formel D Group ist ein weltweit führender Dienstleister der Automobil- und Zulieferindustrie. Das Unternehmen entwickelt marktführende Konzepte und Lösungen für komplexe

Formel D

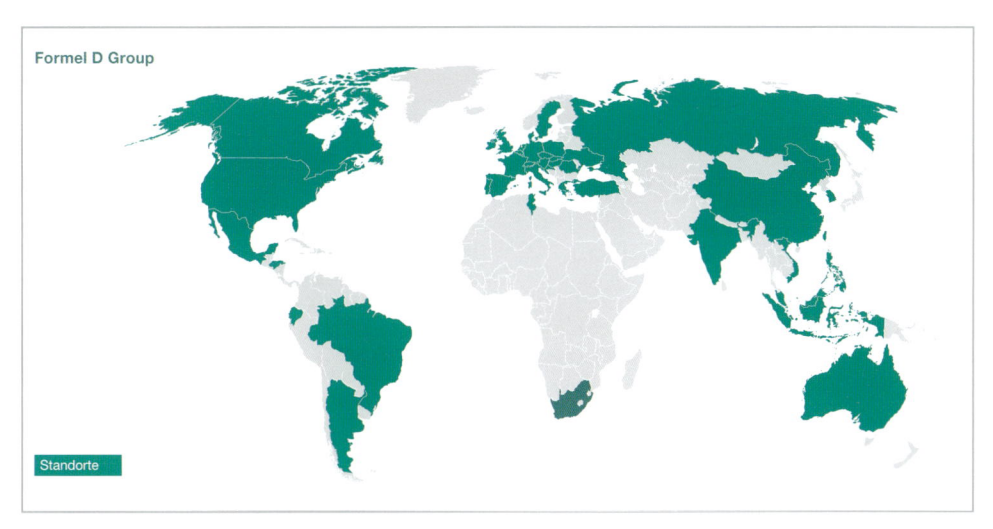

Die Formel D Group ist mit 88 Niederlassungen in 21 Ländern weltweit präsent.

FOR

»Formel D ist der unabhängige, globale Anbieter von Qualitäts-, Produktions- und Aftersales-Dienstleistungen für die Automobilindustrie.«

Aufgaben entlang der automobilen Wertschöpfungskette – von der Entwicklung über die Produktion bis hin zum Aftersales.

Die von Formel D angebotenen Qualitäts- und Produktionsdienstleistungen stellen sicher, dass die Qualität von Produkten und Prozessen in der gesamten Lieferkette der Automobilindustrie optimiert wird. Durch das als Marke eingetragene Quality Confirmation Center (QCC) bietet Formel D als weltweiter Technologieführer eine innovative Komplettlösung, welche die Verbesserung der Qualitätsstandards sowie die Einhaltung von Qualitätsanforderungen garantiert und somit reibungslose Produktionsprozesse sicherstellt. Leistungen rund um die Themen Anlauf- und Lieferantenmanagement sowie die Übernahme von Auftragsfertigungen runden das Dienstleistungsspektrum im Bereich der Produktion ab.

Mit seinen Aftersales-Dienstleistungen unterstützt Formel D die Kunden sowohl bei Fragestellungen zu Gebrauchsfähigkeit, Wartbarkeit, Dokumentation und Verpackung zum Teil bereits während der Produktentwicklung als auch im Gewährleistungs- und Händlermanagement innerhalb der Servicephase des Produktes.

Entlang der gesamten automobilen Wertschöpfungskette bietet Formel D auch fahrzeugbezogene Dienstleistungen an. Auf- und Umbauten sowie das Testen von Sonder- und

Einfach erklärt: Quality Confirmation Center (QCC)

Das Quality Confirmation Center (QCC) von Formel D garantiert bei der Automobilproduktion die Verbesserung der Qualitätsstandards, die Einhaltung der Qualitätsanforderungen in Bezug auf Termine, Kosten und Personal sowie die Reduzierung von Nacharbeiten und Schnittstellen. Das QCC gewährleistet, dass nur einwandfreie Teile am Band angeliefert werden, wodurch das Risiko des Bandstillstands vermieden wird. Ein präzises Reportingsystem unterstützt den Workflow. Ebenso wird durch eine kontinuierliche Weiterentwicklung der Zulieferer im Prozessmanagement und die stetige Prozessoptimierung eine Verbesserung in der Anlieferqualität erreicht. Integrierte Sonderprüfungen wie z. B. ein mobiler Reinraum, ein Akustikraum oder ein Elektronikprüfraum komplettieren das Portfolio des QCC. Das Konzept sorgt an vielen Standorten weltweit durch Garantie von 100 % fehlerfreien Teilen für einen reibungslosen Produktionsprozess.

Der Hauptsitz der Formel D Group in Troisdorf (oben); die Geschäftsführer Claus Niedworok, Dr. Holger Jené und Dr. Jürgen Laakmann (unten, v.l.)

Formel D

FOR

Versuchsfahrzeugen in der Entwicklungsphase, Nacharbeiten während der Produktion sowie Montagetätigkeiten an fertig produzierten Serienfahrzeugen im Rahmen von Um- und Nachrüstungen, aber auch das Aufbereiten von Gebrauchtfahrzeugen befinden sich im Dienstleistungsportfolio.

Das Unternehmen beschäftigt mehr als 4.000 Mitarbeiter aus 45 Nationen. Der Umsatz lag 2013 bei 154 Mio. Euro, davon wurden 40 % im Auslandsgeschäft erzielt. Formel D ist mit insgesamt 88 Niederlassungen in 21 Ländern weltweit präsent, allen voran in den Wachstumsmärkten USA, Brasilien, Russland, Indien und China. Geleitet wird das Unternehmen, das seit 2013 mehrheitlich zur Deutschen Beteiligungs AG gehört, von Dr. Holger Jené, Dr. Jürgen Laakmann und Claus Niedworok.

Weltweit bietet Formel D Kunden aus der Automobil- und Zulieferindustrie sowie weiteren technisch orientierten Branchen ein umfassendes Servicenetzwerk. Lösungsorientierte Beratungsleistungen in den Feldern Prozess-, Qualitäts- und Projektmanagement sowie die Durchführung von spezifischen Schulungen und Trainings sichern eine kontinuierliche Verbesserung der Prozesse und Qualitätsstandards bei den Kunden sowie deren Geschäftspartnern.

Mit dem Quality Confirmation Center (QCC) ist Formel D weltweit führend.

Die Formel D Group entwickelt weltweit Konzepte und Lösungen für komplexe Aufgaben entlang der automobilen Wertschöpfungskette.

Meilensteine

1993 Formel D wird gegründet.

1994 Erste ausländische Niederlassung in England

1996 Gründung einer Tochtergesellschaft in Brasilien

2004 Gründung der Formel D USA Inc.

2005 Gründung der Shanghai Formel D Technology and Engineering Co., Ltd

2008 Gründung der Formel D Russland OOO

2009 Gründung einer Tochtergesellschaft in Indien

2014 Gründung einer Tochtergesellschaft in der Türkei

Daten und Fakten

Branche: Automobil- und Zulieferindustrie
Produkte: Qualitäts-, Produktions- und Aftersales-Dienstleistungen entlang der automobilen Wertschöpfungskette
Marktposition: weltweiter Technologieführer mit QCC® (Quality Confirmation Center)
Umsatz: 154 Mio. Euro (2013)
Mitarbeiter: mehr als 4.000 (2014)
Standorte: 88 Standorte in 21 Ländern (Europa, Asien, Afrika, Amerika)
Innovationen: Quality Confirmation Center (QCC), Refining Manufacturing Center (RMC), Warranty Solution Center (WSC)
Gründer: Viola Metzner und Hans-Josef Orth, 1993, Troisdorf
Auszeichnungen: „Gründerpreis Region Bonn-Rhein-Sieg" (1997); „Gründerpreis Deutschland" (Verlag Norman Rentrop, 1997); Finalist beim „Entrepreneur des Jahres" (2000, 2001, 2003, 2010); „Europe's 500" Honorary Listing (1998, 1999, 2001, 2003, 2004, 2006, 2013)

Kontakt
Formel D Group
Hunsrückstr. 1, 53842 Troisdorf
Fon: 02241 996-0, Fax: 02241 996-100
info@formeld.com, www.formeld.com

Formel D im Internet

Ansprechpartner Presse
Katharina Breuer
Fon: 02241 996-222
katharina.breuer@formeld.com

FRÄNKISCHE
Königsberg, Bayern

Gegründet: 1906

Die FRÄNKISCHE ROHRWERKE Gebr. Kirchner GmbH & Co. KG ist führend in der Entwicklung, Herstellung und Vermarktung von Rohren, Schächten und Systemkomponenten aus Kunststoff und Metall. Zum Einsatz kommen diese im Hoch- und Tiefbau, in der Industrie sowie im Automotive-Bereich. Das Unternehmen verfügt über 5 Standorte in Deutschland sowie 17 weitere weltweit. Insgesamt sind bei FRÄNKISCHE rd. 2.500 Mitarbeiter beschäftigt, etwa 1.400 davon in Deutschland. Im Geschäftsjahr 2013/2014 erwirtschafteten sie einen Umsatz von rd. 385 Mio. Euro. Das 1906 gegründete Familienunternehmen, das heute in 3. Generation von Otto Kirchner geleitet wird, sorgte immer wieder für wegweisende Innovationen im Bereich der Wellrohrproduktion.

Kontakt
FRÄNKISCHE ROHRWERKE Gebr. Kirchner GmbH & Co. KG
Hellinger Str. 1, 97486 Königsberg
www.fraenkische.com

Fresenius
Bad Homburg, Hessen

Gegründet: 1912

Fresenius ist ein weltweit tätiger Gesundheitskonzern mit Produkten und Dienstleistungen für die Dialyse, das Krankenhaus und die ambulante medizinische Versorgung von Patienten. Der Unternehmensbereich Fresenius Medical Care ist der weltweit führende Anbieter von Produkten und Dienstleistungen für Patienten mit chronischem Nierenversagen. Die drei weiteren Unternehmensbereiche, die alle weltweit eigenverantwortlich wirtschaften und handeln, sind Fresenius Kabi, Fresenius Helios und Fresenius Vamed. Im Jahr 2013 erzielte Fresenius mit weltweit über 178.000 Mitarbeitern einen Umsatz von 20,3 Mrd. Euro. Den Grundstein für den heutigen Konzern legte der Apotheker Dr. Eduard Fresenius im Jahr 1912, als er das Laboratorium seiner Frankfurter Hirsch-Apotheke zu einem kleinen Produktionsbetrieb erweiterte und das Pharmazieunternehmen Dr. E. Fresenius gründete.

Kontakt
Fresenius SE & Co. KGaA
Else-Kröner-Str. 1, 61352 Bad Homburg
www.fresenius.de

Freudenberg Gruppe
Weinheim, Baden-Württemberg

Gegründet: 1849

Freudenberg ist eine weltweit tätige Unternehmensgruppe in Familienbesitz. Der Technologiekonzern mit zwölf Geschäftsgruppen zählt in einer Vielzahl von Branchen zu den Marktführern. Zu den wichtigsten Produkten und Technologien gehören Dichtungs- und Schwingungstechnik, Filtration, Vliesstoffe, Haushaltsreinigungsgeräte, Medizintechnik, Öl und Gas und chemische Spezialitäten, Lösungen für verschiedenste Märkte von Mobilität über Bau- und Maschinenindustrie bis hin zu Pharma, Hygiene und IT-Dienstleistungen. Insgesamt sind im Konzern rd. 39.900 Mitarbeiter beschäftigt, die 2013 einen Gesamtumsatz von 6,623 Mrd. Euro erwirtschafteten. Vertreten ist Freudenberg weltweit in rd. 60 Ländern. Die Gesellschafteranteile liegen bei Nachkommen des Firmengründers Carl Johann Freudenberg.

Friedberg

Kontakt
Freudenberg Gruppe
Höhnerweg 2-4, 69469 Weinheim
www.freudenberg.de

Friedberg

→August Friedberg

FRIMO

Lotte, Nordrhein-Westfalen

Gegründet: 1962

Die FRIMO Unternehmensgruppe ist ein weltweit führender Technologiespezialist für maßgeschneiderte Fertigungslösungen zur Produktion hochwertiger Kunststoffkomponenten. Zu den Kunden zählen nahezu alle Automobilhersteller und deren Systemlieferanten sowie eine Vielzahl von Unternehmen anderer kunststoffverarbeitender Industrien. Für das Management von Großprojekten als Generalunternehmer verfügt FRIMO international über zahlreiche Referenzen.

Das Technologieangebot reicht von den unterschiedlichsten Verfahren zur PUR-Verarbeitung über das Flexible Schneiden, Stanzen, Pressen und Formen sowie Thermoformen, Kaschieren und Umbugen bis hin zum Kleben und Fügen. FRIMO bietet hierfür maßgeschneiderte Werkzeuge, Maschinen und Anlagen als Einzel- oder Komplettlösung aus einer Hand und begleitet seine Kunden entlang der kompletten Prozesskette vom Engineering, Projektmanagement und Prototyping über die Herstellung der Werkzeuge, Maschinen und Anlagen bis hin zu umfangreichen Servicedienstleistungen. Für herausragende Leistungen wurde das Unternehmen seit 1995 bereits 18 Mal mit den renommierten SPE Awards ausgezeichnet.

Die Geschichte von FRIMO reicht bis ins Jahr 1962 zurück. Heute gehören insgesamt 15 Standorte mit 1.200 Mitarbeitern in Europa, Amerika und Asien zum weltweiten Unternehmensnetzwerk, das zudem durch Vertretungen ergänzt wird. Hans-Günter Bayer (CEO) und Rainer Wittkorn (CFO) führen die Geschäfte.

Kontakt
FRIMO Group GmbH
Hansaring 1, 49504 Lotte
Fon: 05404 886-0, Fax: 05404 886-333
info@frimo.com, www.frimo.com

Fr. Lürssen

→Lürssen

FSG

Flensburg, Schleswig-Holstein

Gegründet: 1872

Die Flensburger Schiffbau-Gesellschaft mbH & Co. KG (FSG) hat seit der Gründung im Jahr 1872 mehr als 760 Schiffe verkauft, konstruiert und gebaut. Seit 14 Jahren ist sie Weltmarktführer im RoRo-Schiffbau. Diese Position wurde zuletzt durch den Auftrag zum Bau der weltweit ersten LNG-betriebenen RoRo-Fähre für die australische Reederei SeaRoad untermauert. Das Unternehmen beansprucht für sich eine ungewöhnlich hohe Forschungs- und Entwicklungskompetenz. Die Anzahl der bei der FSG tätigen Ingenieure wurde in den vergangenen fünf Jahren nahezu verdoppelt: Von den heute rd. 750 Mitarbeitern sind ca. 160 in den Bereichen Entwicklung, Konstruktion und Planung tätig. 2011 gründete die FSG ihre Schwesterfirma Flensburg Ship Design (FSD) in Hamburg.

FUCHS PETROLUB

Kontakt
Flensburger Schiffbau-Gesellschaft
mbH & Co. KG
Batteriestr. 52, 24939 Flensburg
www.fsg-ship.de

FUCHS PETROLUB

Mannheim, Baden-Württemberg

Gegründet: 1931

Die FUCHS PETROLUB SE entwickelt, produziert und vertreibt Schmierstoffe und verwandte Spezialitäten für alle Lebensbereiche und Industrien. Der 1931 gegründete Konzern steht mit 1,8 Mrd. Euro Umsatz auf der Weltrangliste der unabhängigen Schmierstoffanbieter auf Platz 1. FUCHS besitzt einen über dem Branchendurchschnitt liegenden Spezialisierungsgrad und ist Technologieführer bei anspruchsvollen Nischenanwendungen. Der Konzern beschäftigt weltweit nahezu 4.000 Mitarbeiter in 50 operativ tätigen Gesellschaften. Mit seinem rd. 10.000 Produkte umfassenden Sortiment von Schmierstoffen kann FUCHS den gesamten Schmierstoffbedarf seiner Kunden, die aus den unterschiedlichsten Branchen kommen, abdecken und so Lieferung und Betreuung aus einer Hand anbieten.

Kontakt
FUCHS PETROLUB SE
Friesenheimer Str. 17, 68169 Mannheim
www.fuchs-oil.de

G

Gauselmann

Espelkamp, Nordrhein-Westfalen

Gegründet: 1957

Die Gauselmann AG ist eine familiengeführte, international agierende Unternehmensgruppe der Unterhaltungs- und Freizeitwirtschaft. Neben der Entwicklung von Spielen sowie der Produktion und dem Vertrieb von Unterhaltungsspielgeräten und Geldmanagement-Systemen unterhält Gauselmann die Spielstättenkette CASINO MERKUR-SPIELOTHEK. Darüber hinaus ist der Konzern in den Bereichen Sportwette, Online-Gaming und Spielbank aktiv. Im Jahr 2013 erwirtschaftete die Gauselmann Gruppe mit weltweit rd. 8.300 Mitarbeitern ein Geschäftsvolumen von rd. 1,8 Mrd. Euro. Der Entwicklungs- und Fertigungsschwerpunkt liegt am Standort im nordrheinwestfälischen Lübbecke – dabei gilt die adp Gauselmann GmbH als tragende Säule. Paul Gauselmann gründete das Unternehmen im Jahr 1957 und ist heute geschäftsführender Gesellschafter.

Kontakt
Gauselmann AG
Merkur-Allee 1-15, 32339 Espelkamp
www.gauselmann.de

G&D

→Guntermann & Drunck

GEA Brewery Systems

Kitzingen, Bayern

Gegründet: 1874

Die GEA Brewery Systems GmbH ist ein führender Anbieter von Brauereitechnologie. Durch die Zusammenführung des heißen und des kalten Prozessbereichs unter einem Dach stellt GEA Brewery Systems ein weltweit einzigartiges Kompetenzzentrum für zukunftsfähige Brauereianlagen dar. Das Leistungsspektrum reicht vom Engineering über Lieferung, Montage, Inbetriebnahme und Automation bis hin zum Service von Anlagen und Komponenten. Die Kernkompetenz liegt in der Prozessoptimierung und Modernisierung. Bei Bedarf realisiert GEA auch komplette Neuanlagen „auf der grünen Wiese". Der Ursprung der GEA Brewery Systems GmbH, die heute Teil der →GEA Group ist, liegt in dem 1874 gegründeten Unternehmen Huppmann.

Kontakt
GEA Brewery Systems GmbH
Heinrich-Huppmann-Str. 1, 97318 Kitzingen
www.gea.com

GEA Group

Düsseldorf, Nordrhein-Westfalen

Gegründet: 1881

Die GEA Group Aktiengesellschaft ist einer der größten Systemanbieter für die nahrungsmittelverarbeitende Industrie sowie für ein breites Spektrum von Prozessindustrien. Sie konzentriert sich als international tätiger Technologiekonzern auf Prozesstechnik und Komponenten für anspruchsvolle Produktionsprozesse in unterschiedlichen Endmärkten. Die Einheiten der GEA sind auf ihre jeweiligen Kerntechnologien spezialisiert. Dabei fördert die GEA ihre ausgeprägte Innovationskultur und erneuert so immer wieder ihren Technologievorsprung. Der nachhaltige Erfolg des Konzerns beruht auf verschiedenen weltweiten Megatrends wie das kontinuierliche Wachstum der Weltbevölkerung, eine zunehmende Mittelschicht, eine wachsende Nachfrage nach hochwertigen Nahrungsmitteln, Getränken und pharmazeutischen Produkten sowie der steigenden Nachfrage nach effizienten und ressourcenschonenden Produktionsverfahren.

Der Konzern mit Hauptsitz in Düsseldorf beschäftigt weltweit rd. 18.000 Mitarbeiter und setzte 2013 etwa 4,3 Mrd. Euro um. Dabei generiert der Konzern mehr als 70 % seines Umsatzes aus der langfristig wachsenden Nahrungsmittelindustrie. Die GEA zählt in ihren Geschäftsfeldern weltweit zu den Markt- und Technologieführern und ist im deutschen MDAX notiert. Jürg Oleas führt den Vorstand der AG, Dr. Jürgen Heraeus leitet den Aufsichtsrat.

Kontakt

GEA Group Aktiengesellschaft
Peter-Müller-Str. 12, 40468 Düsseldorf
Fon: 0211 9136-0
pr@gea.com, www.gea.com

Gebr. Brasseler

Lemgo, Nordrhein-Westfalen

Gegründet: 1923

Die Gebr. Brasseler GmbH & Co. KG ist ein Hersteller von Instrumenten und Systemen für die Zahn- und Humanmedizin. Im Segment rotierender Dentalinstrumente bietet das Unternehmen das weltweit größte Herstellerlieferprogramm an. Zu den Kunden gehören Zahnärzte und Zahntechniker in über 100 Ländern der Welt. Das Portfolio umfasst darüber hinaus Instrumente und Sägeblätter für die orthopädische, HNO- und Neurochirurgie sowie Werkzeuge für die Schmuckindustrie. In vielen der angebotenen Produktbereichen belegt das Unternehmen eine führende Position hinsichtlich innovativer Neuentwicklungen. Die Entwicklung und Herstellung der Qualitätsprodukte, die unter der Marke Komet vertrieben werden, ist fest mit dem Standort Deutschland und dem Hauptsitz in Lemgo verbunden.

Tochterunternehmen für den Vertrieb unterhält die Firma in den USA, Frankreich, Italien, Österreich und China, in weiteren Ländern kooperiert das Unternehmen mit Distributionspartnern. Gebr. Brasseler liegt bis heute in den Händen der Gründerfamilie. Gesellschafterinnen sind Claire Niehus, geb. Brasseler, und ihre Töchter. Als Geschäftsführer fungieren Klaus Rübesamen und Reinhard Hölscher. Peter Brasseler und seine Brüder gründeten 1923 in Düsseldorf die Zahnbohrerfabrik Gebr. Brasseler. 1943 erfolgte der Umzug nach Lemgo. Über die Jahre hinweg entwickelte das Unternehmen viele innovative Einzelprodukte und Behandlungssysteme; ein Know-how, das bis heute durch zahlreiche Patente widergespiegelt wird.

Kontakt

Gebr. Brasseler GmbH & Co. KG
Trophagener Weg 25, 32657 Lemgo
Fon: 05261 701-0, Fax: 05261 701-289
info@brasseler.de, www.brasseler.de

GEDORE

Remscheid, Nordrhein-Westfalen

Gegründet: 1919

Die GEDORE Gruppe bildet nach eigenen Angaben den weltweit größten Verbund von Werkzeugspezialisten. GEDORE beliefert Kunden in Industrie, Handwerk und im

G

EG

Automotivebereich und ist als einer der führenden Anbieter für Handwerkzeuge und Werkstatteinrichtungen weltweit etabliert. Das Unternehmen bietet ein breites und qualitativ hochwertiges Produktsortiment mit rd. 13.000 Artikeln. Zu den Produktkategorien zählen Werkstatteinrichtungen, Schraubenschlüssel, Betätigungswerkzeuge, Drehmomentschlüssel, Kraftschraubereinsätze, Schraubendreher, Zangen, Abzieher, Kfz- und Spezial-Werkzeuge sowie Rohr- und Forstwerkzeuge.

Die Firmen- und Markenbezeichnung GEDORE setzt sich als Akronym aus „Gebrüder Dowidat Remscheid" zusammen und nimmt damit sowohl Bezug auf die Gründer als auch auf den Firmensitz: Im Jahr 1919 gründeten Otto, Karl und Willi Dowidat am Erdelen in Remscheid ein Unternehmen zur Herstellung von verstellbaren Schraubenschlüsseln, Locheisen und anderen Handwerkzeugen. Daraus wurde im Lauf der Jahrzehnte ein global agierender Konzern, der durch Zukäufe und Gründungen ein Produktions- und Vertriebsnetz über alle Kontinente hinweg gespannt hat. Zwölf Produktionsfirmen, davon sieben in Deutschland, stellen gemäß den hohen GEDORE-Qualitätsstandards die Werkzeuge in Premiumqualität für Profis her. Für GEDORE arbeiten weltweit 2.400 Mitarbeiter, die Hauptproduktionsstätte ist nach wie vor in Remscheid. Heute wird die GEDORE Gruppe in 3. Generation von der alleinigen Inhaberin Karen Dowidat geführt.

Kontakt

GEDORE Tool Center GmbH & Co. KG
Remscheider Str. 149, 42899 Remscheid
Fon: 02191 596-900, Fax: 02191 596-999
gtc@gedore.com, www.gedore.com

GeGa

Hofheim am Taunus, Hessen

Gegründet: 1965

Die GeGa Lotz GmbH ist Teil der Alpine Metal Tech Gruppe und ein global agierender Maschinenbauer, der sich auf maßgeschneiderte Lösungen im Sondermaschinenbau und der Autogentechnik für das Brennschneiden und Flämmen in der Stahlindustrie spezialisiert hat. Hier gehört GeGa zu den Innovations- und Weltmarktführern. Zum Produktspektrum zählen u. a. Quer- und Längsteilbrennschneidmaschinen sowie Flämmanlagen und -manipulatoren. Das zentrale Engineering- und Fertigungszentrum der GeGa ist in Hofheim am Taunus angesiedelt. Für den Vertrieb und den Service der Produktpalette sorgen zusätzlich die weltweiten Niederlassungen und Partnerbüros der Alpine Metal Tech Gruppe.

Kontakt

GeGa Lotz GmbH
Robert-Bosch-Str. 3, 65719 Hofheim
www.alpinemetaltech.com

Gehring

Ostfildern, Baden-Württemberg

Gegründet: 1926

Die Gehring Technologies GmbH ist weltweit führend auf dem Gebiet der Hontechnologie. Das Unternehmen stellt spanende Werkzeugmaschinen her, die vor allem für die Feinbearbeitung von Zylinderbohrungen genutzt werden. Verschiedenste Verfahren und Technologien des Honens – wie Formhonen, Positionshonen und Nanohonen – dienen der Reibungs- und Abgasreduzierung. Diese finden Anwendung im Motoren- und Getriebebau, bei Einspritzsystemen sowie bei Hydraulik- und Pneumatiksystemen. Gehring entwickelt und produziert die entsprechenden Honmaschinen, Werkzeuge und Schneidmittel. Zu den Kunden gehören schwerpunktmäßig die Automobilindustrie und Zulieferer, des Weiteren Hydraulik- und Pneumatikhersteller sowie die Luft- und Raumfahrttechnik und der Schiffbau.

Gegründet wurde das Unternehmen von C.-W. Gehring im Jahr 1926 in Naumburg an der Saale, ursprünglich als Instandsetzungsbetrieb für Motoren. Heute beschäftigt Gehring in Ostfildern ca. 400 und in Naumburg rd. 200 Mitarbeiter sowie weitere 60 in Farmington Hills, USA und 50 in Shanghai, China. Gemeinsam mit den Mitarbeitern in kleineren Vertriebs- und Serviceniederlassungen in Brasilien, Frankreich und Indien erwirtschafteten sie im Jahr 2011 einen Umsatz von rd. 90 Mio. Euro. Für die Forschung und Entwicklung kooperiert das Unternehmen mit dem Institut für Werkzeugmaschinen und Fertigungstechnik der TU Braunschweig (IWF) sowie der Hochschule Esslingen.

Kontakt
Gehring Technologies GmbH
Gehringstr. 28, 73760 Ostfildern
Fon: 0711 3405-0, Fax: 0711 3405-295
info@gehring.de, www.gehring.de

GEKA

Bechhofen, Bayern

Gegründet: 1925
Die GEKA GmbH ist ein weltweit führendes Unternehmen in der Entwicklung und Herstellung von Kosmetikbürsten, Applikatoren und kompletten Verpackungssystemen. Das Unternehmen hat in puncto Forschungserfahrung und Produktvielfalt eine Spitzenposition inne. Das Angebot umfasst die Herstellung kompletter Verpackungs- und Applikationssysteme für eine wachsende Reihe von Kosmetikprodukten, zu denen Mascara, Eyeliner, Nagellack, Lipgloss und Lidschatten zählen. Zu den Abnehmern gehören international führende Kosmetikhäuser wie P&G, L'Oréal, Estée Lauder, Avon oder Chanel.

1925 im fränkischen Bechhofen von Georg Karl sen. gegründet, konzentrierte sich GEKA zunächst auf die Herstellung von Pinseln aller Art. In den 1960er-Jahren stellte das Unternehmen erste Artikel für die Kosmetikindustrie her und richtete sich Schritt für Schritt auf hochwertige Kleinbürsten und Verpackungen, z. B. für Mascara und Lipgloss, aus. Heute ist GEKA dank internationaler Fertigungs- und Vertriebsniederlassungen in Europa und Amerika weltweit präsent. Am zentralen Fertigungsstandort in Bechhofen-Waizendorf sowie in der Fertigungsstätte in Elgin, USA beschäftigt das Unternehmen insgesamt fast 700 Mitarbeiter. 80 % des Jahresumsatzes von 2013 steuerte das Auslandsgeschäft bei. Gesellschaftliches Engagement zeigt das Unternehmen für Institutionen, Vereine und Stiftungen in der Region. Außerdem unterstützt GEKA internationale Projekte mit Spenden.

Kontakt
GEKA GmbH
Waizendorf 3, 91572 Bechhofen
Fon: 09822 87-01, Fax: 09822 87-119
info@geka-world.com, www.geka-world.com

GEMÜ

Ingelfingen, Baden-Württemberg

GEMÜ®

»Seit 50 Jahren steht das Familienunternehmen GEMÜ für Kundenorientierung, Innovation und Qualität.«

Gert Müller, geschäftsführender Gesellschafter GEMÜ

Gert Müller ist geschäftsführender Gesellschafter in 2. Generation; das weltweit erste regelbare Single-Use Membranventil GEMÜ SUMONDO®.

GEMÜ im Internet

Gegründet: 1964

GEMÜ ist ein weltweit führender Hersteller von Ventil-, Mess- und Regelsystemen. Das global ausgerichtete, inhabergeführte Familienunternehmen hat sich über 50 Jahre hinweg durch innovative Produkte und kundenspezifische Lösungen rund um die Steuerung von Prozessmedien etabliert. Bei sterilen Anwendungen für Pharmazie und Biotechnologie ist GEMÜ Weltmarktführer. Die GEMÜ Unternehmensgruppe beschäftigt heute in Deutschland 800 Mitarbeiterinnen und Mitarbeiter, weltweit sind es 1.400. Gefertigt wird an sechs Produktionsstandorten in Deutschland, der Schweiz, in China, Brasilien, Frankreich und in den USA. Der weltweite Vertrieb wird von Deutschland aus mit 24 Tochtergesellschaften koordiniert. Über ein dichtes Händlernetz in 53 Ländern ist die Unternehmensgruppe auf allen Kontinenten aktiv.

Ein hochmodernes Produktions- und Logistikzentrum bündelt die weltweiten Warenströme und gewährleistet eine schnelle und effiziente Direktbelieferung aller europäischen Kunden. Die Produktion ist flexibel ausgerichtet und darauf ausgelegt, sowohl Einzelstücke als auch Großaufträge zu realisieren. Ein breit angelegtes Baukastensystem und abgestimmte Automatisierungskomponenten ermöglichen es, vordefinierte Standardprodukte und kundenspezifische Lösungen in mehr als 400.000 Produktvarianten zu kombinieren. Durch die Produktvielfalt ist GEMÜ für viele Branchen der richtige Partner: von sterilen Anwendungen in der

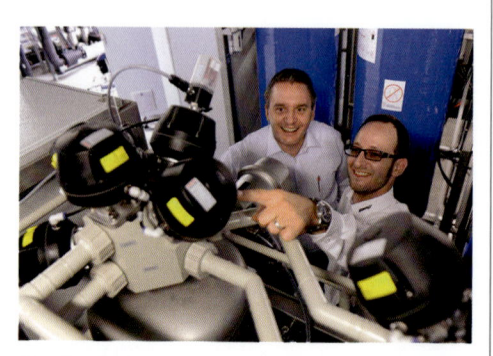

GEMÜ ist Technologieführer im Bereich komplexer Mehrwege-Ventilblöcke aus Kunststoff.

Meilensteine

1964 Gründung von GEMÜ durch Fritz Müller in Ingelfingen. In der elterlichen Garage wurden die ersten von ihm erfundenen Prozessventile aus Kunststoff gefertigt.

1968 Bezug des ersten eigenen Produktionsgebäudes in Ingelfingen-Criesbach

1970er-Jahre Ausweitung des Produktportfolios auf den Werkstoff Metall sowie weitere Ventilprinzipien wie Sitzventile und Vorsteuerventile

1981 Gründung von fünf Vertriebs- und Produktionsgesellschaften in Europa und Brasilien. Darunter auch GEMÜ Schweiz, das heutige Kunststoff-Kompetenzzentrum der Firmengruppe.

1990 Ausweitung des Sortiments auf Produkte für den Mikroelektronik- und Halbleitermarkt

2009 Eröffnung des Entwicklungs- und Innovationszentrums GEMÜ Dome

2012/13 Investition in zukunftsweisende Standorte: Reinraumwerk in Emmen/Schweiz und Produktions- und Logistikzentrum Europa in Kupferzell

2014 50 Jahre GEMÜ

Biotechnologie bis hin zu Großprojekten in der Wasseraufbereitung. Ständig sind die Spezialisten des Unternehmens gemeinsam mit den Kunden auf der Suche nach der optimalen Lösung für aktuelle und zukünftige Anforderungen.

Der Erfolg von GEMÜ basiert ganz wesentlich auf dem Pionier- und Unternehmergeist von Firmengründer Fritz Müller. Ausgangspunkt für die Gründung von GEMÜ war seine Erfindung des weltweit ersten Prozessventils aus Kunststoff im Jahr 1964. Heute wird GEMÜ in 2. Generation von Gert Müller und Stephan Müller geleitet.

Daten und Fakten

Branche: Maschinenbau
Produkte: Ventil-, Mess- und Regelsysteme
Mitarbeiter: 1.400 weltweit, davon 800 in Deutschland
Ausbildungsquote: 10 %
Standorte: 6 Produktionsstandorte, 24 Vertriebsgesellschaften weltweit
Vertrieb: Direktvertrieb und ausgewählte Handelspartner
Exportquote: 67 %
Innovationen: Das weltweit erste regelbare Single-Use Membranventil GEMÜ SUMONDO®: Ventilkörper und Antrieb sind durch eine zum Patent angemeldete Technologie miteinander verbunden. Nach der Anwendung wird der Ventilkörper vom Antrieb getrennt und entsorgt (2011).
Gründer: Fritz Müller, 1964, Ingelfingen

Kontakt

GEMÜ Gebr. Müller Apparatebau
GmbH & Co. KG
Fritz-Müller-Str. 6-8, 74653 Ingelfingen
Fon: 07940 123-0, Fax: 07940 123-192
info@gemue.de, www.gemu-group.com

geobra Brandstätter

geobra Brandstätter

Zirndorf, Bayern

Gegründet: 1876

Die geobra Brandstätter GmbH & Co. KG ist vor allem als Hersteller des weltweit vertriebenen Spielsystems Playmobil bekannt. Daneben produziert das Unternehmen mit Sitz im fränkischen Zirndorf unter der Marke Lechuza Pflanzgefäße aus Kunststoff. Insgesamt beschäftigte die Brandstätter-Gruppe im Jahr 2013 rd. 4.100 Mitarbeiter, davon etwa 2.300 in Deutschland. Zum Gruppenumsatz in Höhe von 612 Mio. Euro steuerte die Marke Playmobil 552 Mio. Euro bei. Die Produktionsstätte in Dietenhofen zählt zu den größten und modernsten Anlagen ihrer Art in Europa und wickelt 65 % des Fertigungsvolumens ab. Vier weitere Produktionsbetriebe sind in Malta, Spanien und der Tschechischen Republik sowie im bayerischen Selb angesiedelt. Playmobil wird in insgesamt rd. 100 Ländern weltweit vertrieben. In zwölf Ländern gibt es eigene Playmobil-Vertriebsgesellschaften.

Die Anfänge des Unternehmens gehen in das Jahr 1876 zurück, als Andreas Brandstätter einen Betrieb zur Herstellung von Schatullenbeschlägen gründete. 1908 übernahm sein Sohn Georg Brandstätter die Firma. Er prägte den Namen geobra, ein Akronym aus seinem Vor- und Nachnamen. Heutiger Alleininhaber ist Horst Brandstätter, der Urenkel des Gründers. Er bildet zusammen mit Steffen Höpfner und Andrea Schauer die Geschäftsführung. Bereits seit den 1920er-Jahren produzierte das Unternehmen Spielwaren und feierte 1958 mit dem Hula-Hoop-Reifen einen großen Erfolg. Anfang der 1970er-Jahre erkannte Horst Brandstätter das Potenzial einer neuen Spielidee seines Entwicklers Hans Beck und brachte 1974

G

ER

das erste Playmobil-Spielzeug auf den Markt. 2000 erweiterte geobra Brandstätter sein Portfolio um die Pflanzgefäße-Marke Lechuza.

Kontakt
geobra Brandstätter GmbH & Co. KG
Brandstätterstr. 2–10, 90513 Zirndorf
Fon: 0911 9666-0, Fax: 0911 9666-1120
service@playmobil.de, www.playmobil.de

Gerresheimer

Düsseldorf, Nordrhein-Westfalen

Gegründet: 1864

Die börsennotierte Gerresheimer AG zählt zu den weltweit führenden Anbietern von Verpackungs- und Systemlösungen aus Glas und Kunststoff. Die Kunden kommen vor allem aus der Pharma-, Healthcare- und Kosmetik-Industrie. Das Angebot reicht von Arzneimittelfläschchen bis hin zu komplexen Drug-Delivery-Systemen wie Spritzensystemen und Insulin-Pens. Die Ursprünge des Unternehmens liegen in einer 1864 von Ferdinand Heye in Gerresheim bei Düsseldorf gegründeten Glasfabrik. Heute zählt die Gerresheimer AG in fast jedem ihrer Geschäftsfelder zu den globalen Marktführern. Der Konzern mit Sitz in Düsseldorf produziert an 40 Standorten in Europa, Nord- und Südamerika sowie Asien und beschäftigt weltweit rd. 11.000 Mitarbeiter. Der Umsatz belief sich 2013 auf ca. 1,3 Mrd. Euro, mehr als drei Viertel davon wurden im Ausland erzielt.

Kontakt
Gerresheimer AG
Klaus-Bungert-Str. 4, 40468 Düsseldorf
www.gerresheimer.de

Geuder

Heidelberg, Baden-Württemberg

Gegründet: 1951

Die Geuder AG zählt weltweit zu den führenden Herstellern augenchirurgischer Instrumente und Gerätesysteme. Ärzte und Krankenhäuser in über 90 Ländern weltweit greifen bei chirurgischen Eingriffen auf eine Auswahl von mehr als 3.000 verschiedenen Geuder-Produkten zurück. Das Unternehmen produziert ausschließlich am Stammsitz in Heidelberg und setzt dabei auf hochwertige Materialien, Präzisionsfertigung unter dem Mikroskop und handwerkliche Tradition. Gegründet wurde das Unternehmen 1951, als sich Hans Geuder sen. in Heidelberg mit einem Handwerksbetrieb selbstständig machte. Heute beschäftigt die Geuder AG rd. 220 Mitarbeiter. Geleitet wird das Familienunternehmen in 2. Generation von Volker Geuder, sein Bruder Hans Geuder hat den Aufsichtsratsvorsitz inne.

Kontakt
Geuder AG
Hertzstr. 4, 69126 Heidelberg
www.geuder.de

GEZE

Leonberg, Baden-Württemberg

Gegründet: 1863

Die GEZE GmbH mit Sitz in Leonberg entwickelt und fertigt Produkte und Systeme für die Tür-, Fenster- und Sicherheitstechnik. Innovative Lösungen in Premiumqualität haben das Familienunternehmen zu einem

GEZE

Die neu entwickelte Fensterantriebsgeneration mit intelligenten Antrieben für den automatischen Rauch- und Wärmeabzug im Brandfall und zur täglichen Lüftung

der weltweite Marktführer in der Türschließertechnik, der Türautomatik und der Fenstertechnik gemacht. Türschließer für jede Tür, automatische Türsysteme für fast unbegrenzte architektonische Gestaltungsmöglichkeiten und Fensterantriebssysteme als Designlösungen von GEZE gehören zu den weltweit bekanntesten und am meisten gekauften. Der Bereich Sicherheitstechnik wächst kontinuierlich. Mit seiner Systemkompetenz realisiert GEZE Lösungen, die unterschiedliche Funktions- und Sicherheitsanforderungen in einem abgestimmten System verbinden und Fenster und Türen koordiniert öffnen und schließen. Mit zahlreichen Zusatzleistungen verfolgt GEZE eine ganzheitliche Richtung und unterstützt alle bei der Entstehung eines Gebäudes Beteiligten – Architekten, Tür- und Fensterhersteller und das Handwerk. Der GEZE Service bietet individuelle Wartungspakete und technologiebasierte Serviceleistungen.

Gefertigt werden GEZE Produkte an den deutschen Standorten Leonberg und Boxberg-Schweigern, im serbischen Zrenjanin, im spanischen Barcelona und in Tianjin in China. Mit 31 Tochtergesellschaften, davon 27 im Ausland, ist GEZE mit einem flächendeckenden Vertriebs- und Servicenetz in mehr als 130 Ländern vertreten. Intensive Forschungs- und Entwicklungsarbeit und systematisches Innovationsmanagement werden im Technologiezentrum in Leonberg und an den Standorten in Spanien und China betrieben. Bei der Entwicklung neuer Produkte

G
EZ

»Wir verbinden Innovationsstärke mit traditionellen Werten.«

Brigitte Vöster-Alber, Geschäftsführende Gesellschafterin GEZE GmbH

Der Stammsitz befindet sich in Leonberg, Brigitte Vöster-Alber leitet das Familienunternehmen seit 1968.

Intelligente Systemlösungen von GEZE sorgen für Sicherheit und Komfort in unterschiedlichsten Gebäuden weltweit – und überzeugen zudem mit ihrem geradlinigen Design.

GEZE

G
EZ

Tür- und Fensterautomation – Hightech mit Design

Die kontinuierlich erweiterte Antriebsserie „Slim" für Dreh- und Schiebetüren ist ein Meilenstein des GEZE Produktdesigns. Bis heute ist die kompakte Bauweise des Antriebs, der sich mit einer Höhe von nur 7 cm schmal und dezent in jede Gebäudearchitektur einfügt, eines der herausragenden Features, die GEZE im gesamten Türautomatikmarkt auszeichnen. Seit 2012 erobert eine neu entwickelte Fensterantriebsgeneration mit intelligenten Antrieben für den automatischen Rauch- und Wärmeabzug im Brandfall und zur täglichen Lüftung den Markt. Der Slimchain, der Powerchain und der ECchain – nur drei Antriebe in unterschiedlichen Leistungsklassen – ermöglichen die vielfältigsten Einsatzmöglichkeiten. Mit automatisierten und vernetzten Lösungen und Gebäudesystemen, mit welchen Türen und Fenster über das Internet überwacht und bedient werden können, bestimmt GEZE die Zukunft der Gebäudetechnik mit. Dank Internet und Mobilfunk bietet GEZE auch innovative Serviceleistungen, die über das klassische Angebot an Inbetriebnahme- und Serviceleistungen hinausgehen.

Systemlösungen von GEZE erfüllen multiple Sicherheitsanforderungen, z. B. Zutrittskontrolle und das sichere Öffnen im Flucht- oder Gefahrenfall (oben). GEZE Lösungen finden sich auf der ganzen Welt, z. B. in Shopping Malls in Singapur (unten).

GEZE GmbH im Internet

haben innovative, zukunftsweisende Technologien sowie Trends in der Architektur und der Gebäudetechnik größten Stellenwert. Ein Beleg der Innovationskraft sind zahlreiche Patente und renommierte Auszeichnungen wie der „Top 100 Innovator" oder die höchsten „Plus X"-Awards.

Die Ursprünge von GEZE gehen auf die 1863 gegründete Dreherei Vöster & Co. zurück. Zu den größten Erfolgen in der Unternehmensgeschichte zählen sogenannte Baubeschläge für Türen und Fenster, Skibindungen, Oberlichtöffner, Türschließer und automatisierte Türen. Seit 1968 wird das Unternehmen von Brigitte Vöster-Alber geführt. Für die Zukunft strebt GEZE weiteres natürliches Wachstum und Internationalisierung mit Systemlösungen für Türen und Fenster an, die Barrierefreiheit, Funktionsvielfalt, Vernetzbarkeit und die Bedienung über das Internet verbinden.

Schon gewusst?

- Von 1898 bis 1985 stellte GEZE die legendären Skibindungen her. Bei den Olympischen Spielen 1936 fuhren Christel Cranz und Franz Pfnür mit der Kandahar-Bindung zum Goldsieg. Weltweit erste Wahl wurden GEZE Skibindungen als Heidi Biebl 1960 in Squaw Valley mit der Olymp-Bindung ebenfalls die Goldmedaille gewann.
- Der Name GEZE leitet sich vom früheren Firmennamen Gretsch & Co. ab, wie das Unternehmen ab 1901 hieß. Das entsprechende Signum „G.C." auf den Versandkisten wurde landläufig „ge-ze" ausgesprochen. Zunächst Markenname für Produkte, wie z. B. Skibindungen, wurde GEZE 1980 zum Firmennamen.

Daten und Fakten

Branchen: Bau-, Baubeschlags- und Sicherheitstechnikbranche, metallverarbeitende Industrie
Produkte: Tür-, Fenster- und Sicherheitstechnik, Systemlösungen für Gebäudetechnik
Marktposition: einer der weltweit führenden Anbieter von automatischen Antrieben mit nur 7 cm Bauhöhe, führende Marktpositionen weltweit bei Zuluftsystemen für den natürlichen Rauch- und Wärmeabzug und bei Öffnungs-

GfG

und Verriegelungssystemen für den natürlichen Rauch- und Wärmeabzug mit mechanischen Verriegelungen

Umsatz: ca. 355 Mio. Euro (2013/14 (Stand August 2014))
Mitarbeiter: 2.600 (weltweit, 2013/2014)
Standorte: Leonberg (Headquarter), weltweit, 31 Tochtergesellschaften auf 4 Kontinenten
Exportquote: ca. 60 %
Patente: fast 950 Patente und Patentanmeldungen in Deutschland und weltweit
Gründer: Georg-Friedrich Vöster, 1863, Göppingen
Eigentümer: Familie Vöster-Alber

Kontakt
GEZE GmbH
Reinhold-Vöster-Str. 21-29, 71229 Leonberg
Fon: 07152 203-0, Fax: 07152 203-313
info.de@geze.com, www.geze.com

GfG

Dortmund, Nordrhein-Westfalen

Gegründet: 1959

Die Ende der 1950er-Jahre gegründete Gesellschaft für Gerätebau (GfG) entwickelt, fertigt und vertreibt tragbare und stationäre Gasmessgeräte und Gaswarnsysteme. Das inhabergeführte, mittelständische Unternehmen mit Sitz in Dortmund zählt weltweit zu den führenden Herstellern und Anbietern seiner Branche. Die Produkte sind mit innovativen Sensoren ausgestattet, erkennen eine Vielzahl von Gefahrstoffen auch in kleinsten Konzentrationen und schützen so Menschenleben, Industrieanlagen und die Umwelt.

Die GfG-Geräte, die in der Gründerzeit der Firma zunächst im Steinkohlebergbau erfolgreich zum Einsatz kamen, werden von spezialisierten Vertriebsingenieuren bzw. erfahrenen Servicetechnikern betreut und finden heute Zugang im Maschinenbau sowie in der Automobil-, Stahl- und Lebensmittelindustrie. Darüber hinaus greifen Feuerwehren, Universitäten, Forschungsinstitute, Krankenhäuser, Deponien, Kanalbauer und Klärwerke auf die hochwertigen Produkte der GfG zurück. Auch Bundeskanzlerin Angela Merkel und ihr Mitarbeiterstab im Berliner Bundeskanzleramt vertrauen den Gaswarn-Einrichtungen der GfG, die ihren Kunden stets ein komplettes Dienstleistungspaket für Projektierung, Wartung und Service der eingesetzten Geräte bietet.

Das Traditionsunternehmen unterhält Produktionsstätten in Deutschland, Südafrika,

Meilensteine

1959 Eva Hübner ruft die Vorläufergesellschaft der GfG ins Leben.

1961 Ehemann und Oberbergrat Rolf H. Hübner tritt der GfG bei.

1964 Das legendäre Gaswarngerät Evameter G70 und G70P erhält die Zulassung für den Bergbau.

1983 Hans-Jörg Hübner wird Geschäftsführer der GfG und dehnt die Unternehmensaktivitäten auf viele Bereiche der Industrie aus.

1984 Die GfG vergrößert sich in wenigen Jahren auf 100 Mitarbeiter.

1991 In der Schweiz wird mit Peter Stürchler eine Vertriebs- und Produktionsgesellschaft gegründet.

1997 In den USA übernimmt die GfG die Firma Dynamation Ltd.

2007 Weiterentwicklung des tragbaren Mehrgas-Messgerätes Microtector II; die GfG erhält einen Großauftrag der Deutschen Telekom.

»Wir wollen die Arbeitswelt mit unseren Gaswarngeräten auch für kommende Generationen noch sicherer machen.«

Hans-Jörg Hübner

Dipl.-Kfm. Hans-Jörg Hübner lenkt die Geschicke der GfG seit mehr als 30 Jahren als Geschäftsführer.

G
IE

Die vielfach prämierten Mehrgasmessgeräte der GfG: der Polytector III G999 (links) und der Microtector III G888

der Schweiz und den USA sowie Vertriebsgesellschaften in England, Frankreich, Österreich, Polen, Schweden und Singapur. Dazu kommen Distributionspartner in vielen Ländern. Die nachhaltig auf Innovationen ausgelegte Unternehmenspolitik verfolgt der Geschäftsführer und Diplom-Kaufmann Hans-Jörg Hübner seit Jahrzehnten. Das Unternehmen beschäftigt in Deutschland rd. 150, weltweit etwa 250 Mitarbeiter.

Daten und Fakten

Branche: Gaswarn- und Gasmesstechnik
Produkte: tragbare Gasmessgeräte und stationäre Gaswarnsysteme
Marktposition: eines der weltweit führenden Unternehmen in der Gaswarnbranche
Mitarbeiter: 250 weltweit
Standorte: Dortmund, London, Wien, Warschau, Binz/Schweiz, Singapur, Krugersdorp/Südafrika und Ann Arbor/USA
Exportquote: ca. 70 %
Innovationen: patentierte 4-Strahl-4-Wellenlängen-Infrarot-Technologie zur Messung von Kohlenwasserstoffen
F&E-Quote: 14 %
Gründer: Eva Hübner, 1959 (Vorläufergesellschaft)

GfG im Internet

Kontakt
GfG Gesellschaft für Gerätebau mbH
Klönnestr. 99, 44143 Dortmund
Fon: 0231 56400-0
info@gfg-mbh.com, www.gasmessung.de

Gienanth

Gienanth
Eisenberg, Rheinland-Pfalz

Gegründet: 1735
Die Gienanth GmbH hat sich als Eisengießerei auf die Herstellung von Produkten für die internationale Automobilindustrie spezialisiert. Das Unternehmen mit einer Produktkapazität von rd. 100.000 t jährlich gehört als Gießer von Motorblöcken in Handformguss für mittlere bis große Diesel- und Gasmotoren zu den Weltmarktführern. Eine ebenfalls führende Position besetzt Gienanth bei Kupplungsprodukten sowie beim Vermiculargrafitguss. Das Unternehmen, dessen Kunden im Bergbau, im Schiffbau, in der Öl- und Gasindustrie sowie in der Automobilindustrie zu finden sind, fertigt mit 900 Mitarbeitern ausschließlich in Deutschland und zwar in seinen Werken in Eisenberg und mit seiner Tochtergesellschaft Fronberg Guss GmbH in Schwandorf. Jährlich erwirtschaftet die weltweit präsente Gießerei einen Umsatz von ca. 150 Mio. Euro bei einer Exportquote von rd. 65 %.

Kontakt
Gienanth GmbH
Ramsener Str. 1, 67304 Eisenberg
www.gienanth.com

Giesecke & Devrient
München, Bayern

Gegründet: 1852
Der Technologiekonzern Giesecke & Devrient entwickelt, produziert und vertreibt Produkte und Lösungen rund ums Bezahlen, die sichere Kommunikation und das Management von Identitäten. G&D gehört in diesen Märkten zu den weltweit führenden Unternehmen. Zu den Kunden des Konzerns zählen vor allem Zentralbanken und Geschäftsbanken, Mobilfunkanbieter, Unternehmen sowie Regierungen und Behörden. G&D hat konzernweit rd. 11.660 Beschäftigte und

erzielte 2013 einen Jahresumsatz von rd. 1,75 Mrd. Euro. Weltweit gibt es 58 Tochtergesellschaften und Joint Ventures in 32 Ländern. Als Vorsitzender der Geschäftsführung lenkt Dr. Walter Schlebusch den Konzern.

Kontakt
Giesecke & Devrient GmbH
Prinzregentenstr. 159, 81677 München
www.gi-de.com

Gigaset

München, Bayern

Gegründet: 1990

Die Gigaset AG entwickelt, produziert und vertreibt Produkte im Bereich der Kommunikationstechnologie. Zum Portfolio zählen Telefone für Privatkunden sowie komplette Business-Telefonielösungen für kleine und mittelständische Unternehmen. Außerdem werden unter dem Namen „Gigaset elements" Cloud-basierte Produkte entwickelt, mittels derer Konzepte zum intelligenten Wohnen umgesetzt werden können, wie z. B. die Kontrolle des Zuhauses von unterwegs per App. Im Bereich DECT-Telefone ist Gigaset europäischer Marktführer. Produziert wird ausschließlich in Deutschland, Vertriebs- und Servicegesellschaften in rd. 70 Ländern sichern die internationale Präsenz. Für die im Prime Standard der Deutschen Börse notierte AG sind etwa 1.400 Mitarbeiter tätig.

Kontakt
Gigaset AG
Hofmannstr. 61, 81379 München
www.gigaset.com

GKD – Gebr. Kufferath

GKD – Gebr. Kufferath

Düren, Nordrhein-Westfalen

Gegründet: 1925

Die GKD – Gebr. Kufferath AG ist Weltmarktführer für komplexe Lösungen auf Basis von Spezialgeweben für Industrie und Architektur. Die kontinuierliche Entwicklung von Produkten und Lösungen auf der Grundlage von hoch leistungsfähigen, anwendungsspezifischen Gewebekonstruktionen sichert der Metallweberei die Technologieführerschaft. Die Geschäfte des Unternehmens gliedern sich unter dem Dach der GKD – WORLD WIDE WEAVE in vier eigenständige Geschäftsbereiche: SOLIDWEAVE (Industriegewebe), WEAVE IN MOTION

Schon gewusst?

• GKD webt Drähte in Viertelstärke eines Haares und schneidet Gewebestreifen aus diesem Feinstdraht, die auf ganzer Länge aus exakt 111 Drähten/mm bestehen.
• GKD verwebt jeden Tag so viel Schussdraht, wie ein Jumbo-Jet zur Erdumrundung an Kilometern zurücklegt – mehr als 40.000 km.
• Das erfolgreichste Architekturgewebe von GKD ist exakt das gleiche Gewebe, das bereits in den 1970er-Jahren für die Produktion von Kartoffelklößen erfunden wurde.
• GKD-Gewebe hat ausgleichende Filterwirkung für den Luftstrom im Windkanal. Die gleiche Funktion begründet den Erfolg als Parkhausverkleidung, wo das Gewebe u. a. die Zugigkeit verhindert.

G
KD

»Vier Erfolgsfaktoren sind unser Motor: interdisziplinäres Denken in nachhaltigen Problemlösungen, absolute Qualitätsorientierung, Technologieführerschaft und Nähe zum Kunden.«

Unternehmensgrundsatz GKD

Der GKD-Vorstand: Ingo und Dr. Stephan Kufferath-Kassner (v.l.), Qualitätssicherung mittels Videomikroskopie

GKD – Gebr. Kufferath

Mit modernster Webstuhl-Technologie behauptet die GKD – Gebr. Kufferath AG die Weltmarktführerschaft für komplexe Lösungen auf Basis von Spezialgeweben für Industrie und Architektur.

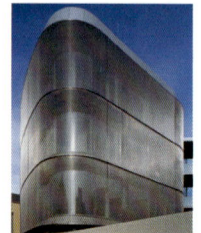

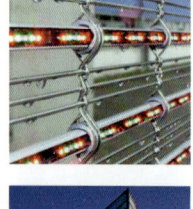

Geschäftsbereich CREATIVEWEAVE – Architekturgewebe von GKD (v.o.): Alpenland Wohnbaugenossenschaft, St. Pölten/Österreich; medialisiertes Gewebesystem MEDIAMESH®; Indemann, die mit ILLUMESH® verkleidete, begehbare Stahlskulptur

(Transport bzw. Prozessbandgewebe), CREATIVEWEAVE (Architekturgewebe) und COMPACTFILTRATION (kompakte Filteranlagen). Mit 635 Mitarbeitern (2013) erwirtschaftet das Unternehmen einen Jahresumsatz von 69,8 Mio. Euro (2013). Neben dem Stammsitz im nordrhein-westfälischen Düren unterhält GKD sechs weitere Produktionsstätten in den USA, in Großbritannien, Chile, Indien, Südafrika und China, Niederlassungen in Frankreich, Spanien, Dubai und Katar sowie weltweite Vertretungen.

Das Branchenspektrum reicht von Unternehmen der Automobil-, Luft- und Raumfahrtindustrie, der Medizin- und Umwelttechnik sowie der Chemie-, Pharma-, Nahrungsmittel- und Textilindustrie über die holz- und papierverarbeitende Industrie bis hin zur Architektur. Josef Kufferath gründete das Unternehmen im Jahr 1925

Einfach erklärt: MEDIAMESH®

MEDIAMESH® ist ein patentiertes Edelstahlgewebe, das über eingearbeitete leuchtstarke LED-Profile verfügt. Mit seiner Hilfe können Fassaden bei Tag und Nacht in mediale Abspielflächen verwandelt werden. Die Darstellungsmöglichkeiten reichen von Text und hochauflösenden Bildern bis hin zur Wiedergabe von Videos oder Live-Übertragungen. Neben der Schaffung von Werbeflächen lässt sich das System als bespielbares Leitsystem einsetzen. Ein entscheidender Vorteil gegenüber herkömmlichen Werbetafeln liegt dabei in der architektonischen und ästhetischen Integrationsfähigkeit. Die Transparenz des Gewebes garantiert den ungehinderten Ausblick aus dem Gebäude. Zudem fungiert das projektspezifisch in frei wählbaren Bildformaten konzipierte System als vollwertiger Sicht- und Sonnenschutz. Abgesehen von der Witterungsbeständigkeit sowie der Wartungsfreiheit besticht MEDIAMESH® zudem durch lange Lebensdauer und einen geringen Stromverbrauch.

GKD – Gebr. Kufferath

Meilensteine

1925 Josef Kufferath gründet das Unternehmen und stellt die ersten Industriegewebe her.

1967 Karl Kufferath-Kassner übernimmt die Geschäftsführung.

1968 Die ersten Polyester- und Nockenbandgewebe für Transport- und Prozessbänder werden präsentiert. Daraus entsteht der heutige Geschäftsbereich WEAVE IN MOTION.

1983 Die Brüder Ingo und Dr. Stephan Kufferath treten in das Unternehmen ein.

1984 Die Dürener Metalltuch wird übernommen. Die Brüder treten in die Geschäftsführung ein.

1992 Der Geschäftsbereich CREATIVEWEAVE für Architekturgewebe startet.

2007 Mit der Einführung des MAXFLOW Kompaktfiltersystems startet der Geschäftsbereich COMPACTFILTRATION.

2013 Die neuesten Produktentwicklungen, die Brüstungssysteme SAFEMESH und Rollgittersysteme, kommen auf den Markt.

und begann mit der Herstellung von Gewebe zur Filtration von Kohleschlämmen. In den 1960er-Jahren entwickelte GKD Gewebe aus Drähten in der Dicke einer Viertelhaaresstärke, Nockengewebebänder aus Edelstahl, Gewebe aus synthetischen Werkstoffen sowie Mischgewebe aus Edelstahl und Kunststoffen. 1967 übernahm der Sohn des Gründers, Karl Kufferath-Kassner, die Geschäftsführung. Die Entwicklung von Prozessbandtechnologie aus gewebten Drähten und Seilen führte ein Jahr später zur Aufnahme des Geschäftsfelds Transport- und Prozessbänder. Im Jahr 1982 wurde GKD-USA gegründet. 1983 traten die Brüder Dr. Stephan Kufferath-Kassner und Dipl.-Ing. Ingo Kufferath-Kassner in das Unternehmen ein und forcierten die Internationalisierung. Im darauffolgenden Jahr übernahmen sie die Geschäftsführung. 1992 folgte Architektur- und Designgewebe als drittes Standbein im Unternehmensportfolio.

Seit den Anfängen des Unternehmens lanciert GKD bis heute immer wieder wichtige Innovationen. Dazu zählen etwa das elektrische Spannung ableitende Prozessband Conducto®, transparente, gewebte Medienfassaden-Systeme (MEDIAMESH®) oder eine Simulationssoftware zur Entwicklung von volumetrischem Metallgewebe, z. B. für AGR-Filter im Automobil. Für die Zukunft plant das Unternehmen weiterhin ein ausgeprägtes technologisches und qualitatives Wachstum. Die systematische Erschließung zukunftsorientierter Marktnischen und die gezielte Schaffung von Kompetenzzentren dort, wo die relevanten Märkte sind, soll die weltweite Technologie- und Marktführerschaft auch zukünftig sichern.

Daten und Fakten

Branchen: technische Weberei, Filtrationstechnologie und Anlagenengineering
Produkte: technische Gewebe aus Metall und anderen Werkstoffen für Industrie und Architektur
Umsatz: 69,8 Mio. Euro (2013)
Mitarbeiter: 635 weltweit, davon 380 in Deutschland (2013)
Ausbildungsquote: 6 % (2013)
Standorte: Stammsitz in Düren, sechs weitere Produktionsstätten in den USA, in Großbritannien, Chile, Indien, Südafrika und China; Niederlassungen in Frankreich, Spanien, Dubai und Katar sowie weltweite Vertretungen
Innovationen: u. a. MAXFLOW®-Filtersystem (2006), farbige Gewebe (2008), WeaveGeo® Simulationssoftware zur Entwicklung von Gewebestrukturen und zur Optimierung von Filtrationsprozessen (2009)
Gründer: Josef Kufferath, 1925, Düren

GKD – Gebr. Kufferath AG im Internet

GMC-I Messtechnik

G

MC

Auszeichnungen: u. a. „red dot design award" (Design-Zentrum NRW, 2008), „iF product design award" (International Forum Design, 2009), „Designpreis der Bundesrepublik Deutschland" (German Design Council, 2009), „iF product design award" (International Forum Design, 2009), „Merit award" (SEGD, 2010)

Kontakt
GKD – Gebr. Kufferath AG
Metallweberstr. 46, 52353 Düren
Fon: 02421 803-0
info@gkd.de, www.gkd.de

Ansprechpartner Presse
Ursula Herrling-Tusch, impetus.PR
Fon: 0241 18925-10
herrling-tusch@impetus-pr.de

Kontakt
GMC-I Messtechnik GmbH
Südwestpark 15, 90449 Nürnberg
www.gossenmetrawatt.com

GMC-I Messtechnik

Nürnberg, Bayern

Gegründet: 1906
Die GMC-I Messtechnik GmbH ist eine Gesellschaft der GMC-Instruments Gruppe. Als mittelständisches Elektrotechnikunternehmen ist die GMC-I Messtechnik Weltmarktführer bei der Entwicklung und Produktion von Mess- und Prüfgeräten der Marke Gossen Metrawatt. Die GMC-I Messtechnik entwickelt Hightech-Geräte für die Qualitätsanalyse elektrischer Energienetze. Das Unternehmen konzipiert u. a. Messsysteme für die Medizintechnik, elektrische Prüftechnik, tragbare Messtechniksysteme sowie Messtechnik für den industriellen Bereich. Die GMC-Instruments Gruppe beschäftigt weltweit insgesamt 573 Mitarbeiter. Der Jahresumsatz lag 2013 bei über 84,8 Mio. Euro. Die GMC-I Messtechnik hat ihren Stammsitz in Nürnberg. Die Messgeräte der Marke Gossen Metrawatt sind in über 40 Ländern weltweit erhältlich.

Gneuß Kunststofftechnik

Bad Oeynhausen,
Nordrhein-Westfalen

gneuß

Gegründet: 1983
Der Maschinenbauer Gneuß Kunststofftechnik GmbH bietet innovative Lösungen für die Kunststoffverarbeitung. Auf dem Spezialmarkt für prozesskonstante Filter für Kunststoffschmelzen gehört Gneuß mit seinen patentierten Rotary-Filtriersystemen zu den Weltmarktführern und ist auch technologisch einer der führenden Anbieter. Weltweit hält man ca. 60 Patente. Im Geschäftszweig Processing Technology liegt der Fokus auf kompletten Extrusionsprozessen. Eingesetzt werden die Gneuß-Extruder etwa bei der Herstellung von Folien und Fasern, beim Bottle-to-Bottle Recycling und beim Direktrecycling von Folien und Faserabfällen. Zudem entwickelt und produziert der Maschinenbauer Geräte, die Schmelzedruck, Schmelzetemperatur oder Schmelzeviskosität erfassen. Etwa 180 Mitarbeiter sind für Gneuß weltweit tätig. Produziert wird am Standort in Deutschland. Zudem hat Gneuß in den USA ein Tochterunternehmen, die Gneuss Inc., und betreibt Vertriebs- und Technikzentren in Brasilien, China und Japan. Das Unternehmen unterhält ein Netz aus 38 Partnern und Vertriebsgesellschaften, verteilt auf alle Kontinente. 70 % der Erlöse gehen bei Gneuß auf den Export zurück.

Das Unternehmen befindet sich in Familienbesitz. Christel und Detlef Gneuß gründeten die GmbH 1983. Mittlerweile haben

GOEBEL Schneid- und Wickelsysteme

die Söhne Daniel und Dr. Stephan Gneuß die Leitung übernommen: Dr. Stephan Gneuß leitet das operative Geschäft in Bad Oeynhausen, sein Bruder Daniel Gneuß führt mit seiner Frau Dr. Monika Gneuß das Tochterunternehmen Gneuss, Inc. in den USA.

Kontakt

Gneuß Kunststofftechnik GmbH
Mönichhusen 42, 32549 Bad Oeynhausen
Fon: 05731 5307-0, Fax: 05731 5307-77
gneuss@gneuss.com, www.gneuss.com

GOEBEL Schneid- und Wickelsysteme

Darmstadt, Hessen

Gegründet: 1851

Die GOEBEL Schneid- und Wickelsysteme GmbH blickt auf eine lange Erfolgsgeschichte zurück: Seit Unternehmensgründung werden Rollenschneidmaschinen für die Verarbeitung von Papieren, Kunststofffolien und flexiblen Verpackungsmaterialien im hessischen Darmstadt hergestellt. Forschung und Entwicklung, Konstruktion und Endmontage sind im Unternehmen sehr eng miteinander verzahnt, um individuelle Kundenwünsche mit höchstem Anspruch an Produktivität, Qualität und Präzision umzusetzen. Die kundenspezifisch ausgestatteten Anlagen erlauben einen vielseitigen Einsatz in den unterschiedlichsten Industriezweigen.

GOEBEL-Maschinen überzeugen durch sehr hohe Verarbeitungsqualität, nicht zuletzt dank ihres innovativen Schneidkonzeptes mit perfekter Rollentrennung – sogar für Schmalschnitte. Das Kernstück der Maschinen ist so angeordnet, dass selbst empfindlichste Materialien, wie z. B. dünnste Folien für die Herstellung von Kondensatoren, absolut präzise verarbeitet werden können. Hohen Stellenwert haben die Maschinen von GOEBEL seit jeher auch in der Papierindustrie. Die heute in der Herstellung von oberflächenempfindlichen und technischen Papieren eingesetzten Maschinen gewährleisten eine optimale Rollenqualität.

Die jüngste Innovation, die MONOSLIT GIANT, wartet mit einer weltweit einmaligen Arbeitsbreite von 12.000 mm und einer

---

Meilensteine

1851 Gründung von GOEBEL

1883 Mit dem ersten Rollenschneider präsentiert GOEBEL eine neue Technologie.

1893 Anmeldung zum Patent: das GOEBEL Schneidsystem

1938 Die Rollenschneidmaschine GOEBEL RAPID D mit seither 2.500 verkauften Maschinen wird am Markt eingeführt.

1986 Entwicklung der ersten GOEBEL MONOSLIT für Filmverarbeitung

2011 Konstruktion der GOEBEL MONOSLIT GIANT: die größte und breiteste Rollenschneidmaschine weltweit mit einer Arbeitsbreite bis zu 12.000 mm

2012 Gründung der Vertriebs- und Serviceniederlassung Beijing GOEBEL Slitting Technologies Co., Ltd., Peking (China)

2013 GOEBEL wird 100%ige Tochtergesellschaft der italienischen Maschinenbaugruppe IMS Deltamatic S.p.a.

»Inspiring the Future«

Firmenmotto

Blick auf den Eingang zum GOEBEL Produktionsgebäude in Darmstadt

Goldhofer

G OL

Die weltweit breiteste Rollenschneidmaschine: GOEBEL MONOSLIT GIANT

Geschwindigkeit von 1.500 m/min auf. Diese Maschinenserie schneidet und wickelt bahnförmige Verpackungs- und PET-Folien sowie optische Folien und setzt weltweit Maßstäbe.

Bei GOEBEL forschen Ingenieure im eigenen Entwicklungszentrum nach neuen technischen Möglichkeiten und effizienten Energiekonzepten, um die Nachhaltigkeit im Herstellungs- und Verarbeitungsprozess zu optimieren. Alle GOEBEL-Maschinen sind mit neuester Antriebstechnik und Kommunikationstechnologie ausgerüstet und bieten eine hervorragende ergonomische Bedienung.

Das 1851 gegründete Unternehmen mit Sitz in Darmstadt, das über ein weltweites Netzwerk von Vertriebspartnern etwa 85 % seiner Produkte exportiert, wird heute durch Roberta Ghilardi geleitet.

Daten und Fakten

Branche: Maschinen- und Anlagenbau
Produkte: Rollenschneid- und Wickelmaschinen für eine breite Anwendung in der Papier- und Folienindustrie
Marktposition: Technologieführer für Rollenschneid- und Wickelmaschinen
Umsatz: 25 Mio. Euro (2013)
Mitarbeiter: 100

Vertriebsgesellschaft: Beijing GOEBEL Slitting Technologies Co., Ltd., Peking (China)
Anlagen: 9.000 gebaute Anlagen, derzeit über 5.000 Maschinen weltweit in Betrieb
Exportquote: 85 %
F&E: eigenes Entwicklungszentrum am Standort Darmstadt
Geschäftsführung: Roberta Ghilardi

Kontakt

GOEBEL Schneid- und Wickelsysteme GmbH
Goebelstr. 21, 64293 Darmstadt
Fon: 06151 888-1, Fax: 06151 888-560
www.goebel-darmstadt.com

Goldhofer

Memmingen, Bayern

Gegründet: 1705

Die Goldhofer Aktiengesellschaft ist ein global führender Spezialist für Schwertransport-Lösungen und kombinierte Transporte zwischen den Verkehrsträgern Straße, Schiene, See und Luft. Der Nutzlastbereich der Fahrzeuge liegt zwischen 25 und 10.000 t. Goldhofer fertigt Anhänger, Sattel- und Modulfahrzeuge sowie Airport-Technologie. Flugzeugschlepper und Flugzeug-Bergesysteme von Goldhofer sind weltweit im Einsatz. Am Unternehmenssitz in Memmingen

GOEBEL Schneid- und Wickelsysteme GmbH im Internet

werden 650 Mitarbeiter beschäftigt. Das Unternehmen geht zurück auf eine Schmiede, die seit 1705 in Memmingen nachweisbar ist. Alois Goldhofer begann 1946 in 8. Generation mit der Herstellung von luftbereiften landwirtschaftlichen Anhängern.

Kontakt

Goldhofer Aktiengesellschaft
Donaustr. 95, 87700 Memmingen
www.goldhofer.de

Goldschmidt Thermit Group

Leipzig, Sachsen

Gegründet: 1847

Die Goldschmidt Thermit Group mit ihren mehr als 20 Einzelunternehmen auf allen Kontinenten ist auf Bau, Reparatur, Instandhaltung und Modernisierung von Gleisanlagen spezialisiert. Angeboten werden Produkte und Dienstleistungen für die Bereiche Schienenverbindungen, Gleisservice, Messtechnik, Geräte und Maschinen sowie Ausrüstung. Das Unternehmen ist im Bereich der Schienenverbindungen weltweiter Marktführer und zudem in mehreren europäischen Ländern Marktführer bei der Schieneninstandhaltung.

Das Patent für den aluminothermischen Prozess – die Grundlage des Thermit®-Verfahrens für lückenlos verschweißte Gleise – markierte 1895 den Beginn des modernen Schienenverkehrs. Erfinder des Verfahrens war Prof. Hans Goldschmidt, dessen Vater bereits 1847 eine chemische Fabrik in Berlin gegründet hatte. 1899 wurde im Auftrag der Essener Straßenbahnen die erste Schienenschweißung mit Thermit® ausgeführt. 1904 entstand in den USA die erste Auslandstochter und bei der ungarischen Staatsbahn in Budapest wurden zum ersten Mal Eisenbahngleise verschweißt. 1928 legte die Deutsche Reichsbahn dann das Thermit®-Verfahren als Standardverfahren zum Schweißen im Gleis fest; eine Entscheidung, der man sich nach 1945 weltweit anschloss. In den folgenden Jahren baute das Unternehmen durch Firmengründungen und Akquisitionen eine internationale Gruppe auf. Für die Zukunft plant die Goldschmidt Thermit Group weiteres Wachstum durch Akquisitionen und die Erweiterung des Leistungsspektrums.

Kontakt

Goldschmidt Thermit GmbH
Hugo-Licht-Str. 3, 04109 Leipzig
Fon: 0341 355918-0, Fax: 0341 355918-99
info@goldschmidt-thermit.com
www.goldschmidt-thermit.com

GÖPEL electronic

Jena, Thüringen

Gegründet: 1991

Die GÖPEL electronic GmbH, 1991 als Spin-off des Kombinats Carl Zeiss Jena gegründet, ist ein Elektrotechnikunternehmen. Der Schwerpunkt liegt auf der Entwicklung von optischen und elektrischen Mess- und Prüftechniksystemen, die für den Test elektronischer Bauteile und Flachbaugruppen konzipiert sind. Das Unternehmen zählt insbesondere bei der Boundary-Scan-Prüftechnik zur innovativen Weltspitze. Hier werden bereits bei der Konstruktion von elektronischen Baumodulen Informationskanäle am Rande der Elektronikstrukturen („at boundary") angelegt, über die sich unzählige Funktionen testen und Fehlschaltungen beheben lassen. Zu den Kunden von GÖPEL zählen Elektronikkonzerne wie Siemens oder Sony. Die Jenaer Firma beschäftigt 208 Mitarbeiter, die im Jahr 2013 einen Umsatz von 25 Mio. Euro erwirtschafteten.

Gräbener

Ein Netz aus über 300 Distributoren sorgt für die weltweite Verfügbarkeit der GÖPEL-Produkte.

Kontakt
GÖPEL electronic GmbH
Göschwitzer Str. 58/60, 07745 Jena
www.goepel.com

Gräbener

Netphen, Nordrhein-Westfalen

Gegründet: 1921

Die Maschinenbau-Holding Theodor Gräbener GmbH & Co. KG (Graebener Group) agiert mit sieben Tochtergesellschaften weltweit. Führende Weltmarktpositionen hat sich die Tochtergesellschaft Gräbener Maschinentechnik GmbH & Co. KG gleich mehrfach aufgebaut: In der Rohr- und Windturmfertigung ist sie mit Rohrformpressen und Biegemaschinen sowie den Nahtfräsmaschinen für das Engspaltschweißverfahren marktführend. Im Schiffbau ermöglichen die automatischen Fertigungsanlagen Schiffsdecksektionen bis 750 m² Fläche. Im Hydroforming hat Gräbener die mit 13.000 t Schließkraft weltweit stärkste Presse gebaut und verfügt über die europaweit größte Hydroforming-Prototypingkapazität mit Pressen bis 10.000 t Schließkraft. Die Tochtergesellschaft H. Kleinknecht besitzt eine starke Position im Bereich der End-of-Line-Prüfstände für Doppelkupplungsgetriebe sowie Hybrid- und Elektroantriebe für Fahrzeuge. Die Graebener Group produziert außerdem Maschinen für Röhrenwerke und für Stabstahlhersteller, Hydraulikanlagen für Pressen- und Maschinenbau, für Chemieanlagen sowie für den Schiff- und Automobilbau.

Die Graebener Group beschäftigt rd. 330 Mitarbeiter an 7 Produktionsstandorten in Deutschland und den USA. Der Umsatz lag 2013 bei rd. 80 Mio. Euro. Das Unternehmen, gegründet 1921 als Fabrik für die Produktion von schweren Eisen- und Blechkonstruktionen, ist nach wie vor inhabergeführt. Die Geschäfte leiten Dr. Theodor Gräbener, Dieter Kapp und Rainer Saßmann.

Kontakt
Theodor Gräbener GmbH & Co. KG
Am Heller 1, 57250 Netphen-Werthenbach
Fon: 0 27 37 9 89-1 20, Fax: 0 27 37 9 89-1 10
graeb@graebener-group.com
www.graebener-group.com

GREBE

Weilburg, Hessen

Gegründet: 1930

Die GREBE Holding GmbH ist die Führungsholding der international agierenden GREBE Gruppe. Diese Firmengruppe ist ein Verbund aus mittelständischen Lackherstellern, die industrielle Lackbeschichtungen entwickeln und herstellen. Das Unternehmen zeichnet sich durch eine hohe Innovationskraft im Bereich Forschung und Entwicklung aus und ist mit seinen Spezialbeschichtungen Nischenanbieter. Die GREBE Gruppe gehört im Segment der Beschichtungen für die Druck- und Druckveredelungsindustrie zu den drei Weltmarktführern. Auch in technologischer Hinsicht nimmt GREBE eine marktführende Stellung ein. Das Produktangebot der Gruppe umfasst neben dem Portfolio für die grafische Industrie auch Antihaft- und keramische Beschichtungen für Haushaltswaren und hochtemperaturbeständige Beschichtungen für Hersteller von Öfen. Zu den Materialien, für die Beschichtungslösungen entwickelt werden, gehören Metall, Papier, Kunststoff, Glas und Holz. Zu den Abnehmern zählen auch Firmen der Schienenfahrzeugindustrie und ihre Zulieferer sowie Hersteller aus dem Bereich der Unterhaltungselektronik. Firmensitz ist das hessische Weilburg/Lahn. Für die GREBE Holding sind weltweit rd. 1.100 Mitarbeiter in 10 Produktionsstätten in Deutschland, Italien, Frankreich, Polen, China, Indonesien, Indien und Brasilien tätig. Über Vertriebsniederlassungen, Schwesterunternehmen und Joint Ventures in verschiedensten Ländern vertreibt GREBE seine Produkte weltweit.

Geschäftsführer Frank Gläser leitet das Familienunternehmen. Die Geschichte der GmbH begann 1930. Damals erwarb Jakob Grebe die im Jahr 1900 gegründete Weilburger Lackfabrik.

Kontakt
GREBE Holding GmbH
Ahäuser Weg 12-22, 35781 Weilburg/Lahn
Fon: 06471 315-0, Fax: 06471 315-167
info@grebe.com, www.grebe.com

Gretsch-Unitas

Ditzingen, Baden-Württemberg

Gegründet: 1907
Die Unternehmensgruppe Gretsch-Unitas besteht aus über 50 Produktions- und Vertriebsgesellschaften in 35 Ländern. Unter den international führenden Marken GU (Baubeschläge), Automatiktüren BKS (Schlösser, Schließsysteme) und FERCO (Baubeschläge) werden etwa 30.000 Artikel aus den Bereichen Fenster und Türtechnik, automatische Eingangssysteme sowie Gebäudemanagementsysteme, die sich miteinander kombinieren lassen, gefertigt und vertrieben. Mit etwa 3.700 Mitarbeitern erwirtschaftete die Unternehmensgruppe 2013 einen Umsatz von 500 Mio. Euro. Geschäftsführer des Familienunternehmens sind die Brüder Julius und Michael von Resch in 3. Generation.

Kontakt
Gretsch-Unitas GmbH Baubeschläge
Johann-Maus-Str. 3, 71254 Ditzingen
www.g-u.com

Grimme

Damme, Niedersachsen

Gegründet: 1861
Das 1861 gegründete Familienunternehmen Grimme aus dem nordwestdeutschen Damme ist Hersteller für Kartoffel-, Rüben- und Gemüsetechnik und in über 120 Ländern aktiv. In den USA, England, Irland, Frankreich, Polen, Russland, der Türkei, den Niederlanden, Belgien, Dänemark und China unterstützen unternehmenseigene Vertriebs- und Servicegesellschaften den Fachhandel sowie Anwender vor Ort. Weltweit beschäftigt die Grimme Gruppe über 2.000 Mitarbeiter, davon 1.600 am Stammsitz in Damme. Mit 14 Ausbildungsberufen und über 120 Auszubildenden zählt das Unternehmen zu den größten Ausbildungsbetrieben im Landkreis Vechta. In den USA wird in Blackfoot/Idaho mit 260 Mitarbeitern spezielle nordamerikanische Kartoffeltechnik produziert.

Kontakt
Grimme Landmaschinenfabrik GmbH & Co. KG
Hunteburger Str. 32, 49401 Damme
www.grimme.de

GROB-WERKE

Mindelheim, Bayern

Gegründet: 1926

Die GROB-WERKE GmbH & Co. KG entwickelt, produziert und vertreibt Universal-Bearbeitungszentren, Transfersysteme, flexible Systeme, Systemlösungen, Sonderwerkzeugmaschinen sowie Montage- und Automatisierungsanlagen. Zu den Kunden zählen die wichtigsten Automobilkonzerne und deren Zulieferer weltweit sowie verschiedenste Branchen der Metallbearbeitung, Medizintechnik, Werkzeug- und Formenbau, Luft- und Raumfahrt, Automotive oder Maschinenbau. Mit ca. 4.500 Mitarbeitern erzielte die GROB-Gruppe 2013 rd. 950 Mio. Euro. Ernst Grob gründete das Unternehmen 1926 in München. 1952 übernahm der Sohn, Dr. Burkhart Grob, die Geschäftsleitung. Er trägt noch heute als Vorsitzender des Aufsichtsrats Verantwortung für das Unternehmen. Als Generalbevollmächtigter ist Christian Grob tätig.

Kontakt
GROB-WERKE GmbH & Co. KG
Industriestr. 4, 87719 Mindelheim
www.grobgroup.com

Grohmann Engineering

Prüm, Rheinland-Pfalz

Gegründet: 1983

Grohmann Engineering ist ein international ausgerichtetes Unternehmen des Maschinen- und Anlagenbaus. Der Schwerpunkt liegt auf der Entwicklung und Herstellung komplexer automatisierter Fertigungs- und Montagesysteme, insbesondere für Kunden aus der Automobil-, Elektro- und Halbleiterindustrie. Aber auch Unternehmen aus den Bereichen Biotechnologie, Medizintechnik oder der pharmazeutischen Industrie zählen zu den Geschäftspartnern. Das Leistungsspektrum reicht von der konzeptionellen Planung über die Elektronik- und Softwareentwicklung bis hin zur Komplettmontage sowie dem Test und der Verifikation der Systeme. Aftersales-Services wie Anlagenwartung, Versorgung mit Gebrauchs- und Ersatzteilen oder Produktionsbegleitung werden durch ein weltweites Netz von Service- und Support-Centern u. a. in Brasilien, China, Großbritannien, Malaysia und den USA erbracht. Die Produktion erfolgt am Stammsitz in Prüm sowie bei der Tochtergesellschaft SYMAX Systemtechnik Sondermaschinenbau GmbH in Neutraubling bei Regensburg.

Mit insgesamt ca. 800 Mitarbeitern erwirtschaftete Grohmann im Jahr 2013 einen Umsatz von rd. 94 Mio. Euro, davon entfielen etwa 55 % auf Kunden aus dem Ausland. Das Familienunternehmen wird von Klaus Grohmann als geschäftsführendem Gesellschafter und Karl Reiker geführt. Während der Firmengründer Klaus Grohmann mit 74,9 % am Unternehmen beteiligt ist, hält die Deutsche Beteiligungs AG die verbleibenden 25,1% der Anteile.

Kontakt
Grohmann Engineering GmbH
Rudolf-Diesel-Str. 14, 54595 Prüm
Fon: 06551 68-0, Fax: 06551 68-250
mailservice@grohmann.com
www.grohmann.com

groninger

groninger
Crailsheim, Baden-Württemberg

Gegründet: 1980

Die groninger & co. gmbh ist ein weltweit führender Anbieter von Abfüllmaschinen für die pharmazeutische und kosmetische Industrie. Auf der Basis von 150 Grundtypen werden Sondermaschinen konzipiert, hergestellt und betreut.

Am Gründungsstandort Crailsheim befinden sich Firmenzentrale, Forschung & Entwicklung, Produktion von Maschinen für die Pharmaindustrie sowie Vertrieb & Service. Im 2001 errichteten Werk Schnelldorf werden Maschinen hergestellt, mit denen Parfüm, Nagellacke, Cremes und Haarpflegeprodukte für die Kosmetikbranche abgefüllt werden. 185 Mitarbeiter sind dort tätig. Für die 1997 in den USA gegründete Tochtergesellschaft entstand 2011 in Charlotte/North Carolina ein Vertriebs- und Servicegebäude, wo derzeit rd. 35 Mitarbeiter beschäftigt sind. Das Unternehmen erzielte 2013 einen Umsatz von 115 Mio. Euro.

Das Familienunternehmen wurde 1980 von Horst Groninger und seiner Frau Eva Groninger gegründet. Heute ist Horst Groninger neben seinen geschäftsführenden Söhnen Jens und Volker Groninger Gesellschafter des Unternehmens. groninger setzt in allen Bereichen auf Qualität „made in Germany", so dass sich sowohl die F&E-Aktivitäten als auch die Produktion auf die Region konzentrieren, was auch für Zulieferer gilt. Eine hohe Ausbildungsquote von über 10 % gehört zum Unternehmenskonzept, um zukunftsfähig zu bleiben. Neben sechs Ausbildungsberufen im technischen und kaufmännischen Bereich besteht die Möglichkeit eines begleitenden Studiums an der Dualen Hochschule Baden-Württemberg. Die Auszubildenden werden auch frühzeitig in Englisch geschult, um im Kundenservice weltweit aktiv zu werden. Die Besten eines Ausbildungsjahrgangs absolvieren ein Praktikum in der amerikanischen Niederlassung.

groninger ist ein weltweit führender Anbieter von Abfüllmaschinen für die pharmazeutische und kosmetische Industrie.

Schon gewusst?

Lange Zeit wurden Medikamente zur Injektion überwiegend in Glasampullen abgefüllt. Horst Groninger erkannte frühzeitig den Trend zur vorsterilisierten Einwegspritze und entwickelte die technologische Lösung, die bis heute Grundstein seiner erfolgreichen unternehmerischen Tätigkeit ist. Vorsterilisierte und schon befüllte Einwegspritzen setzen sich aufgrund des vereinfachten und sicheren Handlings in den 1980er-Jahren immer mehr durch. Innovationen wie z. B. die dichtungslose Rotationskolbenpumpe und die nun schon über Jahrzehnte bewährte Qualität der Maschinen und Anlagen sichern groninger die technologische Spitzenposition in der Pharma- und Kosmetikindustrie.

Die Firmengründer Eva und Horst Groninger (oben); geschäftsführende Söhne Jens und Volker Groninger (unten v.l.)

Groz-Beckert

G

RO

groninger im Internet

Daten und Fakten

Branche: Sondermaschinenbau
Produkte: Abfüllmaschinen für die pharmazeutische und kosmetische Industrie
Umsatz: 115 Mio Euro (2013)
Mitarbeiter: 980
Ausbildungsquote: über 10 %
Standorte: Crailsheim, Schnelldorf, Charlotte/USA
Exportquote: 80 %
Gründer: Horst und Eva Groninger, 1980

Kontakt

groninger & co. gmbh
Hofäckerstr. 9, 74564 Crailsheim
Fon: 07951 495-0
office@groninger.de, www.groninger.de

Groz-Beckert

Albstadt, Baden-Württemberg

Gegründet: 1852
Der Konzern Groz-Beckert ist weltweit der führende Anbieter von industriellen Maschinennadeln, Präzisionsteilen und Feinwerkzeugen sowie Systemen für die Herstellung und Fügung textiler Flächen in den Bereichen Stricken und Wirken, Weben, Filzen, Tuften und Nähen. Hergestellt werden die Produkte an den Standorten Deutschland, Tschechische Republik, Portugal, USA, Indien, Vietnam und China. Mit Vertretungen, Produktions- und Vertriebstochtergesellschaften ist Groz-Beckert weltweit in mehr als 150 Ländern aktiv und beschäftigt knapp 8.000 Mitarbeiter. Gemeinsam generieren sie einen Jahresumsatz von rd. 568 Mio. Euro. Den Vorsitz des Familienunternehmens hat Dr. Thomas Lindner inne.

Kontakt

Groz-Beckert KG
Parkweg 2, 72458 Albstadt
www.groz-beckert.com

Grueber

Hagen, Nordrhein-Westfalen

Gegründet: 1828
Die Federnwerke J.P. Grueber GmbH & Co. KG produziert in Hagen mit 170 Mitarbeitern Stahlfedern und Biegeteile. Das Unternehmen ist weltweit einer der bedeutendsten Hersteller von Federn für die Bahnindustrie. So liefert Grueber u.a. die Federn für die ICE-Flotte der Deutschen Bahn. Die Produkte kommen darüber hinaus u. a. im Landmaschinenbau und bei der Schwingungsisolierung zum Einsatz. Das Unternehmen wurde 1828 von Johann Peter Grueber als Schmiedebetrieb gegründet, Anfang des 20. Jh. wurden die ersten Federn produziert. Heute erzielt das inhabergeführte Familienunternehmen einen Jahresumsatz von über 30 Mio. Euro, davon 40 % über den Export. Die Geschäfte führen Dipl.-Ing. Matthias Nettmann und Dipl.-Ing. Titus Waterstradt.

Kontakt

Federnwerke J.P. Grueber GmbH & Co. KG
Buschmühlenstr. 28, 58093 Hagen
ww.grueber.de

Gühring

Albstadt, Baden-Württemberg

Gegründet: 1898
Die Gühring KG ist einer der weltweit führenden Anbieter von rotierenden Werkzeugen für die Metallzerspanung. Über 60 Produktions- und Servicezentren, 44 eigene Ländergesellschaften sowie 25 Vertriebspartner in aller Welt stellen die Betreuung der Kunden vor Ort sicher. Das Unternehmen beschäftigt weltweit rd. 6.000 Mitarbeiter, davon ca. 250 Auszubildende in Deutschland. Die große Leistungsfähigkeit und Innovationskraft des Unternehmens resultiert aus der systematischen Ausrichtung auf den kompletten Prozess von der Entwicklung bis zur Fertigung von Werkzeugen.

Dazu gehören neben den eigenen F&E-Zentren auch die unternehmenseigenen Bereiche für die Entwicklung und Produktion von Hartmetallen, Beschichtungen und Anlagen bzw. Maschinen. Dr. Jörg Gühring hat den Voritz der Geschäftsleitung inne.

Kontakt
Gühring KG
Herderstr. 50-54, 72458 Albstadt
www.guehring.de

Guntermann & Drunck

Wilnsdorf, Nordrhein-Westfalen

Gegründet: 1985
Die Guntermann & Drunck GmbH (G&D) ist ein führender deutscher Hersteller digitaler und analoger High-End-KVM-Produkte für Kontrollräume aus der Flugsicherung, dem Broadcast, der Industrieprozesskontrolle sowie für maritime Anwendungen. Im Bereich Air Traffic Control ist das Unternehmen Weltmarktführer. Mit einem breiten Produktspektrum bietet G&D seinen Anwendern das wohl größte verfügbare KVM-Produktportfolio, das miteinander kompatibel und untereinander kombinierbar ist. Das Unternehmen wurde 1985 von Udo Guntermann und Martin Drunck gegründet. Sie begannen mit der Entwicklung von Hardware zur Unterstützung von Softwareschulungen. In den 1990er-Jahren entwickelten sie die ersten KVM-Switches, mit denen mehrere Rechner über einen Arbeitsplatz bedient werden konnten.

Kontakt
Guntermann & Drunck GmbH
Dortmunder Str. 4a, 57234 Wilnsdorf
www.gdsys.de

Gustav Hensel

Lennestadt, Nordrhein-Westfalen

Gegründet: 1931
Die Gustav Hensel GmbH & Co. KG zählt in der Elektroinstallations- und Verteilungstechnik weltweit zu den Marktführern. Hensel entwickelt, produziert und vertreibt Kabelabzweigkästen, Kleinverteiler und kombinierbare Verteilersysteme aus Kunststoff und Stahlblech bis 5000 A. Die Produkte realisieren anspruchsvolle Installationsaufgaben in gewerblichen und industriell genutzten Gebäuden, in der Außenanwendung, der Photovoltaik-Installation und Elektro-Mobilität sowie in Energiemanagementsystemen. Das Unternehmen beschäftigt rd. 850 Mitarbeiter und ist weltweit über Vertriebsniederlassungen in 65 Ländern vertreten. Das Unternehmen wurde 1931 von Gustav Hensel und Ernst Bisterfeld gegründet und befindet sich nach wie vor in Familienbesitz.

Kontakt
Gustav Hensel GmbH & Co. KG
Gustav-Hensel-Str. 6, 57368 Lennestadt
www.hensel-electric.de

Gütermann

Gutach, Baden-Württemberg

Gegründet: 1864
Als weltweit agierender Akteur der Textilbranche zählt die Gütermann GmbH zu den international führenden Herstellern von Nähfäden. In vielen Ländern Europas hat das Unternehmen mit Hauptsitz in Gutach

Gütermann

G
UT

»Unsere Dachmarke Gütermann verpflichtet uns zu Qualität und Innovation.«

Unternehmensleitsatz

Die Gütermann GmbH mit Sitz in Gutach i. Br. zählt weltweit zu den führenden Herstellern von Nähfäden.

Der Schweizer Peter Zwicky leitet das Unternehmen, das Max Gütermann 1864 in Wien gegründet hatte.

im Breisgau in diesem Segment die Marktführerschaft inne. Zum Sortiment gehören Nähfäden in verschiedenen Stärken, Farben und Aufmachungen sowie Perlen, Pailletten und zahlreiches Nähzubehör. Seit März 2013 runden die beiden neuen Stoffkollektionen Gütermann „ring a roses" und „Véro's World by Gütermann" das Produktprogramm ab. Seit 2000 zählt auch das unter eigener Firmierung agierende Unternehmen Zwicky & Co. GmbH mit Sitz in Pirmasens zur Gütermann-Gruppe. Zwicky vertreibt vor allem vollsynthetische Zwirne für die Automobilindustrie.

Die Abnehmer stammen überwiegend aus dem Fachhandel, dem Großhandel sowie der nähenden Industrie. Darüber hinaus gehören Filialisten und Warenhauskonzerne

Einfach erklärt: Micro Core Technology®

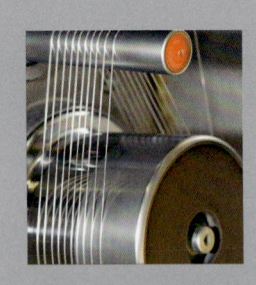

Die Micro Core Technology® (MCT) ist ein von Gütermann im Jahr 2008 entwickeltes Verfahren zur Fadenherstellung. Die neue Methode gilt als wegweisend für die Textilbranche. Technisch gesehen handelt es sich dabei um das erste Umspinnverfahren auf Basis von Microfilament-Polyester, d. h. speziellen synthetischen Fasern. Sie bilden eine Ummantelung, die dank des exakt definierten Rohmaterials und der daraus resultierenden Reproduzierbarkeit viele herausragende Eigenschaften aufweist. So bleibt z. B. der Durchmesser stets gleichmäßig. Die Filamente ziehen sich ohne Unterbrechung durch den Faden und erzeugen dabei einen textilen Oberflächencharakter aus Schlingen, der nicht nur höheren mechanischen Belastungen standhält, sondern auch über einen seidenähnlichen Glanz verfügt. Während bei herkömmlichen Umspinnzwirnen Faserenden aus dem Fadenverbund herausragen, bleibt dies beim MCT-Verfahren aus. Das ermöglicht eine störungsfreie Produktion, da Maschinen und Nähgut von Stauben und abstehenden Fasern frei bleiben. Der Wartungsaufwand verringert sich so erheblich, zumal dank der Vernähbarkeit mit konstanter Spannung weniger Einstellungswechsel der Maschine notwendig sind.

Gütermann

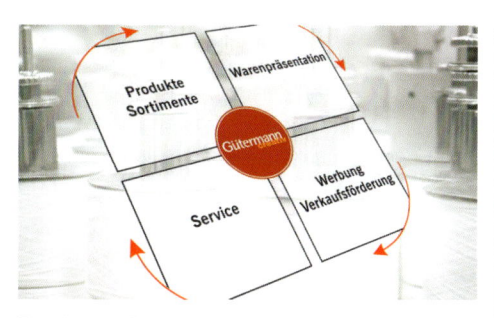

Forschung & Entwicklung in engem Zusammenhang mit den Bedürfnissen der Kunden untermauern Gütermanns historisch verankerten Anspruch, eine technologische Vorreiterrolle zu spielen.

zu den Kunden. Der Vertrieb erfolgt über sowohl ein indirektes als auch ein direktes Vertriebsnetz mit weltweit ausgewählten Logistikpartnern.

Im Mittelpunkt der Forschungsaktivitäten steht die kontinuierliche Weiterentwicklung von Nähfäden. Zahlreiche Innovationen wie das neu entwickelte Fadenherstellungsverfahren Micro Core Technology belegen den historisch verankerten Anspruch, eine technologische Vorreiterrolle zu spielen. So nahm das Unternehmen bereits 1971 die damals modernste computergesteuerte Färberei Europas in Betrieb.

Die Unternehmensgeschichte geht bis in das Jahr 1864 zurück, als Max Gütermann die Firma in Wien gründete, von wo aus der Betrieb drei Jahre später aufgrund von Produktionsvorteilen nach Deutschland umsiedelte. Bereits in den 1920er- und 1930er-Jahren setzte die internationale Expansion ein.

Heute ist Gütermann in über 80 Ländern der Welt vertreten. Tochtergesellschaften unterhält der Konzern in Deutschland, der Schweiz, Italien, Spanien, der Türkei, den USA, Mexiko, Indien, China und Australien. Produktionsstandorte befinden sich in Deutschland, Spanien, Mexiko und Indien. Über die Hälfte der Produkte wird dabei in Deutschland produziert. Der Exportanteil liegt bei 80 %. Von den weltweit 1.000 Mitarbeitern sind 390 in Deutschland beschäftigt. Am Stammsitz Gutach kommen 27 Auszubildende hinzu.

150 Jahre lag Gütermann zu beinahe 100 % im Besitz der Familie und wurde lange von Familienmitgliedern geführt. 2014 erfolgte der Zusammenschluss mit American & Efird (kurz A&E), dem größten US-amerikanischen Nähfadenhersteller und zweitgrößten Anbieter weltweit. Da sich beide Unternehmen geografisch und in ihren Produkten ergänzen, sieht sich Gütermann für die

Meilensteine

1864 Max Gütermann gründet das Unternehmen in Wien.

1867 Der Firmensitz wird nach Gutach in Deutschland verlegt.

1920/30er-Jahre Beginn der Expansion und Internationalisierung

1935 Der Gütermann Schnellverkaufskasten (SVK) wird patentiert.

1950 Polyester hält Einzug in die Produktion als Ergänzung zur Nähseide.

1971 Inbetriebnahme der modernsten computergesteuerten Färberei Europas

1995 DIN-EN-ISO-9002-Zertifizierung für Gütermann als erstem deutschen Nähfadenproduzenten; weitere Zertifizierungen folgen

2000 Das Unternehmen Zwicky stößt zu Gütermann; die Aktivitäten im Automobilsektor werden intensiviert.

2005 Gütermann baut seine Position im Maschinenstickbereich aus.

2008 Eröffnung eines Produktionsstandorts in Indien; Vorstellung der Micro Core Technology

2010 Innovative Multifunktionsmöbel für die Produktpräsentation werden eingeführt.

2014 Zusammenschluss mit A&E

GUT

2010 führte Gütermann innovative Multifunktionsmöbel für die Produktpräsentation ein; darunter im Bild die Gütermann-Spulen Allesnäher (Mitte) und Mara (unten).

Gütermann im Internet

Gutting PFALZNUDEL

G
UT

Zukunft gerüstet. Auch nach dem Zusammenschluss soll weitergeführt werden, was Max Gütermann und die Generationen nach ihm aufgebaut haben.

Daten und Fakten

Branche: Textilindustrie
Mitarbeiter: 1.000 (weltweit, 2014)
Standorte: Hauptsitz in Gutach i. Br.; Niederlassungen in über 80 Ländern der Welt
Exportquote: 80 %
Innovationen: Fadeninnovationen (Micro Core Technology), SVK, Fadenspulen, EAN-Verkleinerung
Gründer: Max Gütermann, 1864, Wien
Eigentümer: A&E, USA
Auszeichnungen: „Unternehmen des Jahres 2007" (Marktplatz: ARBEIT SÜDBADEN, 2007)

Kontakt

Gütermann GmbH
Landstr. 1, 79261 Gutach i. Br.
Fon: 07681 21-0, Fax: 07681 21-449
mail@guetermann.com, www.guetermann.com

Mit einem Portfolio von mehr als 200 Standardformen (Sonderanfertigungen nicht mitgerechnet) behauptet Gutting Pfalznudel die Weltmarktführerschaft in der Entwicklung, Herstellung und Individualisierung von Logo-, Motiv- und Werbenudeln.

Gutting PFALZNUDEL

Großfischlingen, Rheinland-Pfalz

Gerlinde Thelen (re.) leitet das Unternehmen zusammen mit ihrer Tochter Corinna Schreieck (li.). Die Traubennudel war die erste Neuentwicklung von Gutting PFALZNUDEL.

Gegründet: 1986

Gutting PFALZNUDEL hat sich als Weltmarktführer in der Entwicklung, Herstellung und Individualisierung von Logo-, Motiv- und Werbenudeln ein eigenes Geschäftsfeld geschaffen. Das Unternehmen verfügt über ein Portfolio mit mehr als 200 verschiedenen Nudelformen alleine im Standardprogramm, darunter Blumen, Ampelmännchen, Golfspieler, Gabelstapler, der Eiffelturm sowie als Sonderanfertigungen (ca. 500) verschiedene Firmenlogos. Hinzu kommen in sich mehrfarbige Nudeln sowie Pasta in besonderen Geschmacksrichtungen wie Schokolade, Kürbis oder Kastanie.

Dabei achten die Hersteller auf die besondere Qualität der Inhaltsstoffe, eine schonende Verarbeitung und den Verzicht auf Farb- und Konservierungsstoffe. Die Produkte erhalten seit 18 Jahren regelmäßig das CMA-Gütezeichen. Das Sortiment findet nicht nur Verwendung als Geschenk für hobbybegeisterte Endverbraucher, sondern auch als auffallendes Werbemittel für Firmen – in allen Packungsgrößen und mit individuellem Etikett. Zu den Kunden zählen u.a. Bauknecht, Tupperware, Doppelherz, Oracle und Aida. Die technologischen Schwerpunkte von Gutting PFALZNUDEL liegen in der Formkreation und darin, Flexibilität und Know-how in den Bereichen Verfahrenstechnik, Verpackung und Veredelung kontinuierlich auszubauen.

Gutting PFALZNUDEL wird von Gerlinde Thelen und ihrer Tochter Corinna Schreieck geleitet, beschäftigt 20 Mitarbeiter und erzielt jährlich einen Umsatz von rd. 3 Mio. Euro. Die Firma entstand aus einem Geflügelhof, der als Nebenprodukt Eiernudeln herstellte. Gerlinde Thelen verlegte das Geschäft zunächst auf Nudeln ohne Ei in hervorragender Qualität und erwarb moderne

Gutting PFALZNUDEL

Schon gewusst?

- Nach zwei Jahren Entwicklungszeit präsentierte Heinz Thelen die Traubennudel auf der Anuga. Von einigen wurde er belächelt, die Italiener waren schockiert, dass ein Deutscher in der Nudelbranche mehr kann als sie. Heute werden neue Formen bereits binnen vier Wochen ausgeliefert.
- Heinz Thelen ärgerte sich darüber, dass ihm eine Makkaroni von der Gabel rollte und seine Krawatte beschmutzte. Daraufhin entwickelte er die Quatrollini – eine eckige Makkaroni.

Teigwarenmaschinen. Zu den ersten Neuentwicklungen gehörte dann die patentierte Nudel in Traubenform. Viele weitere folgten. Zugleich erschloss sich das Unternehmen neue Vertriebswege und den Werbeartikelmarkt. Zuletzt wurde Gutting PFALZNUDEL 2012 mit dem „Querdenker-Award" ausgezeichnet, 2013 erhielt die Pasta Bestwerte von den Testern des Gault-Millau.

Daten und Fakten

Branche: Nahrungsmittel
Produkte: Logonudeln, Designernudeln, Werbenudeln und Nudeln in außergewöhnlichen Farben und Geschmacksrichtungen wie Trüffel, Schokolade oder Limone
Marktposition: Weltmarktführer im Bereich Logo-, Motiv- und Werbenudeln
Umsatz: 3 Mio. Euro
Mitarbeiter: 20
Vertrieb: Großhandel, Exporteure, Werbeartikelhändler und Händler für spezielle Bereiche, Feinkost, Gastronomie, Geschenk- und Merchandisinghandel
Exportquote: 40 %
Auszeichnungen: „Promotional Gift Award", Goldmedaille für Logonudeln (WA Verlag GmbH, 2003); Best Practice Unternehmen (Landesregierung Rheinland-Pfalz, seit 2004); „Mutmacher der Nation", Landessieger (Das Örtliche, ISB, Impulse, 2005); „CMA-Gütezeichen Gold" (CMA, 1986-2009); „Querdenker-Award" (2012); „Bestwerte Gault-Millau" (2013)

Kontakt

Gutting PFALZNUDEL GmbH
Hauptstr. 43-45, 67483 Großfischlingen
Fon: 06323 5719, Fax: 06323 4352
info@pfalznudel.de, www.pfalznudel.de

G
UT

Gutting PFALZNUDEL im Internet

H

Häfele

Häfele
Nagold, Baden-Württemberg

HÄFELE

Schon gewusst?

Im Jahr 1971 erschien zum ersten Mal „Der Große Häfele", das größte Nachschlagewerk der Beschlagbranche. Rund 25.000 Möbelbeschläge waren enthalten, bald wurden auch englische, französische und spanische Varianten veröffentlicht. Der Katalog verhalf dem Unternehmen zum weltweiten Durchbruch und zur Bekanntheit als Marke.

Gegründet: 1923

Die Häfele GmbH & Co KG ist als eines der international führenden Unternehmen auf Fertigung und Vertrieb von Möbel- und Baubeschlägen sowie von elektronischen Schließsystemen spezialisiert. Das Unternehmen unterhält eigene Entwicklungsabteilungen und lässt zusätzlich bei Spezialisten in der ganzen Welt neuartige Beschlagkonstruktionen entwickeln. Zu den Kunden zählen Firmen aus der Möbelindustrie, dem Möbelhandwerk, Architekten, Anbieter im Bereich Innenausbau und Planer sowie Händler mit einem Schwerpunkt im Bereich Beschläge.

Im Jahr 2013 erzielte die Häfele Gruppe mit 6.600 Mitarbeitern einen Umsatz von 1,072 Mrd. Euro. Das Unternehmen verfügt über 6 Produktionsstandorte, am Hauptsitz Nagold befindet sich außerdem das Zentrallager, das über 50.000 Artikel vorrätig hält. Täglich werden hier durchschnittlich 135 t Ware versandt. Die weltweit 160.000 Kunden in mehr als 150 Ländern werden von 37 Tochtergesellschaften und 11 Verkaufsbüros betreut. Die Exportquote beläuft sich auf 76 %.

Das Unternehmen wurde 1923 von Adolf Häfele im schwäbischen Nagold als Eisenwarengeschäft gegründet. Bereits in den 1930er-Jahren verkaufte er Beschläge auch nach Frankreich und gab einen ersten Katalog heraus. Nach dem Tod Adolf Häfeles übernahm sein Neffe Walther Thierer 1949 die Führung des Unternehmens. Häfele entwickelte u. a. den Möbelverbinder Minifix, der die Entwicklung des Marktes für Mitnahmemöbel beschleunigte. Seit 2004 leitet Sibylle Thierer das Familienunternehmen in 3. Generation. Unter ihrer Führung entstand u. a. die „Functionality World", die an mehreren Standorten potenziellen Kunden die Produkte von Häfele vorstellt. Zudem sind heute sämtliche Produkte online bestellbar.

Häfele hat seinen Sitz in Nagold und wird in 3. Generation von Sibylle Thierer geleitet.

Häfele im Internet

„Der Große Häfele", das größte Nachschlagewerk der Beschlagbranche, erschien 1971 zum ersten Mal.

Daten und Fakten

Branche: Zulieferer der Bau- und Möbelindustrie
Produkte: Möbelbeschläge, Baubeschläge, elektronische Schließsysteme
Marktposition: eines der weltweit führenden Unternehmen
Umsatz: 1,072 Mrd. Euro (2013)
Mitarbeiter: 6.600, davon 1.600 in Deutschland (2013)
Standorte: 6 Produktionsstandorte, 37 Tochterunternehmen weltweit
Vertrieb: weltweit in 150 Ländern
Exportquote: 76 % (2013)
Gründer: Adolf Häfele, 1923, Nagold

Hager Group

Kontakt

Häfele GmbH & Co KG
Adolf-Häfele-Str. 1, 72202 Nagold
Fon: 07452 95-0, Fax: 07452 95-200
info@haefele.de, www.hafele.com

Hager Group

Blieskastel, Saarland

Gegründet: 1955

Die Hager Group ist ein führender Anbieter von Lösungen und Dienstleistungen für elektrotechnische Installationen in Wohn-, Industrie- und Gewerbeimmobilien. Weltmarktführer ist das Unternehmen im Bereich der Elektro-Installationslösungen im Hochbau. Die Marke Hager steht für das Kerngeschäft des Unternehmens mit einem Leistungsspektrum, das von der Energieverteilung über die Leitungsführung bis hin zur intelligenten Gebäudesteuerung und Sicherheitstechnik reicht.

Außerdem gehören zur Hager Group fünf weitere Marken. Sie bündelt damit alle Kompetenzen, die zur Entwicklung innovativer Produkte, Systeme und Dienstleistungen rund um intelligente Gebäude erforderlich sind. Unter dem Markennamen Berker bietet die Gruppe ihr vielfältiges Schalterdesign kombiniert mit intelligenter Gebäudetechnik an. Die Marken Daitem und Diagral stehen für Alarm- und Sicherheitstechnik, während Sicherungen und sicherungsbehaftete Stromverteilungskomponenten mit dem Namen Efen verbunden sind. Das Portfolio von Elcom umfasst moderne Kommunikationssysteme und individuelle Eingangsgestaltungen.

Ausgezeichnetes Hager-Design der Elektro-Ladestation witty

Meilensteine

1955 Hermann und Dr. Oswald Hager gründen gemeinsam mit ihrem Vater Peter Hager die Hager oHG, elektrotechnische Fabrik.

1959 Gründung der Hager Electro S.A. in Obernai (Frankreich); erste Weichenstellung für eine europäische Vermarktung

1980er-Jahre Systematische Erweiterung des Angebots. In den wichtigen europäischen Märkten werden Vertriebsgesellschaften gegründet.

seit 1993 Gründung weiterer Niederlassungen und Joint Ventures außerhalb von Europa

1996 Übernahme des deutschen Markenherstellers Tehalit

2007 Umfirmierung in eine Europäische Gesellschaft SE

2008 Daniel Hager übernimmt den Vorstandsvorsitz.

2010–2013 Übernahme der Unternehmen Berker, Elcom, locate solution, Teles SA, Prodis, A.V.I. Sécurité und eines Geschäftsbereichs von Artys

2013 Grundsteinlegung des neuen Forums am Standort Obernai

»Als Familienunternehmen ist uns nachhaltige Entwicklung in die Wiege gelegt.«

Daniel Hager

Daniel Hager ist Vorstandsvorsitzender der Hager SE; unten im Bild das neue Forschungs- und Anwendungszentrum am Standort Blieskastel.

HA-Gruppe

H AG

Gemeinsam mit den Kunden aus Industrie und Elektrohandwerk arbeitet die Hager Group an Zukunftsthemen wie Elektromobilität oder Ambient Assisted Living: Dabei geht es um intelligente Gebäudetechnologien, die den Alltag älterer oder pflegebedürftiger Menschen erleichtern. Das vernetzte, energieeffiziente Haus, das bei einem Mehr an Komfort künftig immer weniger Energie verbrauchen wird, ist ein weiterer Entwicklungsschwerpunkt.

Die Hager Group wurde 1955 von Hermann und Dr. Oswald Hager gemeinsam mit deren Vater Peter gegründet und ist bis heute ein unabhängiges, inhabergeführtes Familienunternehmen. Seit 2008 steht Daniel Hager, der Sohn Dr. Oswald Hagers, dem Unternehmen als Vorstandsvorsitzender vor. 11.400 Mitarbeiter erwirtschafteten 2013 einen Umsatz von rd. 1,6 Mrd. Euro. Komponenten und Lösungen werden an 22 Standorten rund um den Globus produziert und von Kunden in über 80 Ländern der Erde genutzt.

Daten und Fakten

Branche: Elektrotechnik
Marktposition: Weltmarktführer im Bereich der Elektro-Installationslösungen im Hochbau
Umsatz: 1,6 Mrd. Euro (2013)
Mitarbeiter: über 11.400 (weltweit, 2013)
Standorte: Hauptsitz Blieskastel, 22 Produktionsstandorte weltweit
Gründer: Peter Hager, Hermann Hager, Dr. Oswald Hager, 1955, Saarbrücken-Ensheim
Eigentümer: Familie Hager in 3. Generation

Die Hager Group im Internet

Kontakt

Hager SE
Zum Gunterstal, 66440 Blieskastel
Fon: 06842 945-0, Fax: 06842 945-2409
info@hager.com, www.hagergroup.com

HA-Gruppe

Düsseldorf, Nordrhein-Westfalen

Gegründet: 1905

Die Hüttenes-Albertus Chemische Werke GmbH ist weltweit führend mit Chemikalien für die Gießerei-Industrie. Das Portfolio umfasst alle gießereichemischen Produkte für Kern- und Formherstellungsverfahren. Die Tochtergesellschaft Eurokern hat sich auf Kerne und Kernpakete bis 400 kg spezialisiert. Die Gruppe ist in mehr als 30 Ländern präsent und hat in Deutschland 5 Produktionsstandorte. 2014 wurde in China ein dritter Produktionsbetrieb eröffnet. Die HA-Gruppe beschäftigt rd. 2.000 Mitarbeiter. Die beiden namensgebenden Unternehmen wurden 1905 und 1909 gegründet und 1970 mit Sitz in Düsseldorf zusammengeführt. Die Geschäfte der HA-Gruppe führen CEO Dr.-Ing. Carsten Kuhlgatz und Klaus Pampel, der für die Finanzen verantwortlich zeichnet.

Kontakt

Hüttenes-Albertus Chemische Werke GmbH
Wiesenstr. 23/64, 40549 Düsseldorf
www.huettenes-albertus.com

Hahnemühle

Dassel, Niedersachsen

Gegründet: 1584

Die Hahnemühle FineArt GmbH, gegründet 1584, ist die älteste Künstlerpapierfabrik Deutschlands. Sie produziert und vertreibt Künstlerpapiere für traditionelle Maltechniken ebenso wie für moderne Drucktechniken.

Im Bereich beschichteter Papiere für den Tintenstrahldruck ist Hahnemühle Weltmarktführer. Ein weiteres Geschäftsfeld ist die Fertigung von Filterpapieren für Industrie und Forschung. Zu ihren Kunden zählt Hahnemühle u. a. Künstler, Buchbinder, Fotografen und Industrieunternehmen. Im Jahr 2013 erwirtschaftete das Unternehmen mit weltweit 180 Mitarbeitern einen Netto-Umsatzerlös von fast 29 Mio. Euro. Der Firmensitz befindet sich im niedersächsischen Dassel. Die GmbH hat Tochtergesellschaften in Großbritannien, Frankreich, den USA und China, die Exportquote liegt bei etwa 61 %.

Bis zum Ende des 19. Jh. war die Papiermühle als Hersteller von handgeschöpften Papieren tätig. In den 1970er-Jahren entwickelte Hahnemühle das erste säurefreie und damit alterungsbeständige Papier, das maschinell gefertigt werden konnte und Anforderungen von Galerien und Museen gemäß ISO 9706 entspricht. Die Hahnemühle FineArt GmbH gilt darüber hinaus als Erfinder der Fine Art Inkjet Papiere. Dabei handelt es sich um Künstlerpapiere mit einer speziellen Beschichtung, die optimale Ergebnisse im Tintenstrahldruck ermöglicht. Die Geschäfte des Familienunternehmens führt heute Friedrich Nebel.

Kontakt
Hahnemühle FineArt GmbH
Hahnestr. 5, 37586 Dassel
Fon: 05561 791-237, Fax: 05561 791-351
tfa@hahnemuehle.com, www.hahnemuehle.de

Halder

→Erwin Halder

Handtmann

Biberach, Baden-Württemberg

Gegründet: 1873
Die Firmengruppe Handtmann wird seit vier Generationen von der Unternehmerfamilie Handtmann getragen und hat ihren Ursprung in der 1873 von Christoph Albert Handtmann gegründeten Messinggießerei. Heute wird in sechs Geschäftsbereichen agiert: Das Handtmann Metallgusswerk, die größte deutsche Kundengießerei in Familienbesitz, beliefert die Automobilindustrie mit Aluminium- und Magnesiumguss, Handtmann Systemtechnik sorgt für Komponenten und Module. Handtmann Maschinenfabrik ist weltweit führender Hersteller von Vakuumfüllern und Portioniersystemen für pastenartige Massen. Der Bereich A-Punkt Automation fertigt CNC-gesteuerte Bearbeitungszentren für den Flugzeugbau. Die Handtmann Armaturenfabrik produziert Ventile und Prozessanlagen für die Getränkeindustrie und Handtmann Elteka ist weltweit führender Hersteller von technischen Kunststoffen. Etwa 3.000 Beschäftigte erwirtschafteten im Jahr 2013 einen Gesamtumsatz von ca. 580 Mio. Euro. Handtmann ist in über 100 Ländern global präsent.

Kontakt
Albert Handtmann Holding GmbH & Co. KG
Arthur-Handtmann-Str. 23, 88400 Biberach
www.handtmann.de

Hänel

Bad Friedrichshall,
Baden-Württemberg

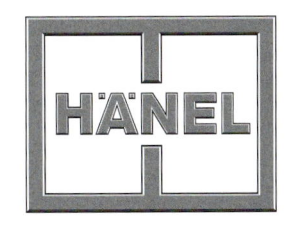

Gegründet: 1953
Die Firma Hänel Büro- und Lagersysteme ist einer der weltweit führenden Hersteller von Lagerliften nach dem Umlauf- und Vertikal-Förderprinzip. Das Portfolio umfasst Umlaufregale nach dem Paternosterprinzip, Lagerlifte mit Vertikaltechnologie sowie

Hänel

H
AN

»Nichts halb zu tun, ist edler Geister Art.«

Leitgedanke von Gerhard Hänel (nach Christoph Martin Wieland)

Hänel Lean-Lifte® und ein Hänel Multi-Space® in einem Lager

Gründer Gerhard Hänel mit seiner Ehefrau Lieselotte (oben); heute leiten Joachim Hänel (Mitte) und Michael Hänel (unten) das Familienunternehmen in 2. Generation.

Softwarelösungen rund um die Lagerverwaltung. Die Systeme kommen u. a. in Fertigungs-, Versand- und Pufferlagern zum Einsatz, um dort die automatisierte Lagerung und Bereitstellung von Ersatzteilen, Werkzeugen oder Akten zu gewährleisten. Zu den Abnehmern gehören sowohl kleine und mittlere Unternehmen als auch Großbetriebe, die aus den verschiedensten Branchen kommen. Zu den Kunden zählen u. a. ABB, Caterpillar, NASA, Siemens, UBS, Unilever und VW.

Ein entscheidender Vorteil der Vertikallift-Technologie von Hänel gegenüber klassischen automatischen Kleinteile-Lagern be-

Berühmte Erfinder: Gerhard Hänel

Die Erfolgsgeschichte der Firma Hänel Büro- und Lagersysteme ist eng mit der Person Gerhard Hänel verknüpft. Schon in den 1930er-Jahren hatte der gelernte Schlosser und studierte Ingenieur im sächsischen Lauter reichlich Erfahrung im Bau von Stahlmöbeln gesammelt. Der unternehmerische Neuanfang im Westen begann 1953 in Bad Friedrichshall in einem Holzverschlag, in dem Gerhard Hänel Roll- und Friseurschränke herstellte. Mit der Produktion der Hänel Rotomat® Bürolifte etablierte er bereits vier Jahre nach der Gründung den wachsenden Betrieb als ersten europäischen Hersteller von serienmäßig produzierten Registraturliften nach dem Paternosterprinzip. Die stetige Weiterentwicklung der ursprünglich im Personenaufzugsbau verwendeten Bauweise führte u. a. zur Konstruktion eines Schwerlast-Paternosters (Rotomat® Lagerlift), der für den industriellen Einsatz geeignet war. Selbst nachdem Gerhard Hänel im Alter von 65 Jahren die Firmenleitung an seine beiden Söhnen übertragen hatte, blieb sein Erfinderdrang ungehemmt. So war er mit 85 Jahren noch maßgeblich an der Entwicklung und Produktion des Hänel Lean-Lifts® mit Vertikallift-Technologie beteiligt. Die hochstabile Hänel Rasterwand ist bis heute kennzeichnend für die Hänel Lean-Lifte® und den 2005 in einer Weltpremiere vorgestellten 3-Achs-Lagerlift Hänel Multi-Space®.

Hänel

Einfach erklärt: Paternostersystem und Vertikaltechnik

Jeder Hänel Rotomat® ist nach dem bewährten Paternostersystem (Umlauf-Förderprinzip) konstruiert. Die Ware kommt also zur Bedienperson und nicht umgekehrt. Der Konstruktions-Aufbau besteht aus einem selbsttragenden Stahlblechgehäuse, vergleichbar mit der Zellentechnik im Flugzeugbau. Durch die kompakte Bauweise kann auf engstem Raum, bei Ausnutzung der vorhandenen Raumhöhe, bis zu 60 % mehr an Lagerkapazität geschaffen werden. Dabei gleicht kein Hänel Rotomat® dem anderen, weil jede Aufgabe eine exakt definierte Lösung erfordert.

Der Hänel Lean-Lift® mit Multi-Space® Vertikaltechnik ist Lagerrationalisierung und Lagergut-Schutz in einem: Im Zentrum des „Schranks" arbeitet ein rechnergesteuerter Positionierlift – der sogenannte „Extraktor". Davor und dahinter sind die Lagerregale angeordnet. Dort wird das Lagergut stationär in Containern gelagert. Die Lagerorte werden automatisch über die elektronische Steuerung mit dem Extraktor angefahren. Er lagert oder entnimmt den angeforderten Container. Die Bedienung erfolgt bequem in ergonomisch richtiger Höhe im Entnahmebereich. Durch die Höhensensorik, die Hänel Rasterwand und die Raumspar-Container-Technik nutzt der Hänel Lean-Lift® das vorhandene Lagervolumen äußerst effizient.

steht in der durch die Höhenoptimierung bis zu 60 % größeren Lagerkapazität. Die Ingenieure arbeiten bei Hänel darüber hinaus an der Verkürzung der Zugriffszeiten und der Senkung des Energiebedarfs. Unter dem Begriff EcoConcept entwickelte Hänel u. a. mit dem EcoDrive® eine effiziente Form der Energierückgewinnung beim Hänel Lean-Lift®. Mit dem zukunftsweisenden Hänel EcoLoad® muss für das Anfahren der Lagerlifte nur sehr wenig Energie aufgewendet werden. Beim Hänel EcoMode® werden alle Systeme, die auch im Ruhezustand Energie verbrauchen, von der Steuerung in vier EcoMode®-Stufen heruntergefahren. Somit reduziert sich die Energieaufnahme der Hänel Lagerlifte bei Nichtgebrauch auf ein Minimum.

Hänel beschäftigt an drei Produktionsstätten in Deutschland und der Schweiz und an drei weiteren Niederlassungen in Frankreich, den Niederlanden und den USA insgesamt ca. 500 Mitarbeiter. Der Umsatz im Jahr 2012 betrug ca. 100 Mio. Euro bei einem

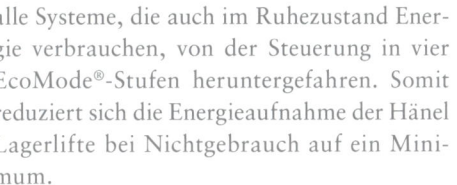

Nach der Firmengründung 1953 in Bad Friedrichshall (oben) wurde 1972 Hänel Werk 3 in der Schweiz gebaut (Mitte) und 2001 das neue Demo-Center in Bad Friedrichshall eröffnet (unten).

Hänel Büro- und Lagersysteme im Internet

12 Hänel Rotomat® Lagerlifte stehen für eine schnelle und verwechslungsfreie Kommissionierung von Kleinteilen bereit.

Hänel

H
AN

Bereits seit 1957 produziert Hänel als erster Hersteller in Europa serienmäßig Registraturlifte nach dem Paternoster-Prinzip. Heute kommen die Umlaufregale und Lagerlifte sowohl in der Industrie (Mitte) als auch im Büro (unten) zum Einsatz.

Meilensteine

1953 Gerhard Hänel gründet das Unternehmen in Bad Friedrichshall.

1957 Der Hänel Rotomat® Bürolift ist der erste in Europa serienmäßig produzierte Registraturlift nach dem Paternoster-Prinzip.

1968 Inbetriebnahme von Hänel Werk 2 im bayerischen Wiesentheid.

1970er-Jahre Einführung der Umlaufregale Rotomat® Industrielift

1970 In Altstätten/Schweiz nimmt Hänel Werk 3 die Produktion auf.

1973 Hänel entwickelt die ersten Aluminium-Lifte weltweit.

1978 Hänel entwickelt Schwerlastlifte mit über 10 t Lagerkapazität.

1980 Ausbau der Rotomat® Lagerlifte; Gründung weiterer Niederlassungen in den USA und Frankreich

1994 Hänel setzt mit der Erfindung der Hänel Rasterwand und dem Hänel Lean-Lift® Maßstäbe in der Vertikallift-Technologie.

2004 Hänel bietet als erster Hersteller in Deutschland Vertikallifte mit digitaler Kamera-Technologie.

2005 3-Achs-Lagerlift Multi-Space®

2008 Hänel Lean-Lift® in EcoDrive®-Ausführung mit Energierückgewinnung zur CO_2-Reduzierung

2011 Hänel EcoConcept und Hänel Rotomat® in Highspeed-Version

2014 Hänel Lean-Lift® in Überbreite

Funktionsweise der Hänel Vertikaltechnik

Exportanteil von 60 %. Generalvertretungen in über 60 Ländern sind für den weltweiten Vertrieb zuständig und stellen gleichzeitig in ihrem Land den geschulten und autorisierten Service.

Das Fundament des Unternehmens legte Gerhard Hänel im Jahr 1953 mit der Gründung seiner Firma Hänel Stahlmöbel in Bad Friedrichshall. Nachdem er zunächst Büromöbel und Rollladenschränke konstruiert hatte, begann er 1957 als erster Hersteller in Europa mit der serienmäßigen Produktion

Schon gewusst?

Die Mitarbeiter der Hänel Zahnradfabrik staunten sehr, als Gerhard Hänel bei der Ermittlung des Platzbedarfs für eine neue Maschine als Ersatz für einen Zollstock plötzlich sein Taschentuch zückte und die benötigte Fläche ermittelte. Mit den Worten: „Die passt!" war das Thema für ihn erledigt. Hier zeigte er, dass er selbst mit unkonventionellen Mitteln höchste Präzision erzielte – sein Maß stimmte auf den Zentimeter.

Hansgrohe

Das Hauptwerk der Hänel GmbH & Co. KG in Bad Friedrichshall

von Registraturliften nach dem Paternoster-Prinzip: dem Hänel Rotomat® Bürolift. Anfang der 1970er-Jahre folgte die Einführung der Hänel Rotomat® Lagerlifte. 1994 setzte Hänel durch die Erfindung der Hänel Rasterwand Maßstäbe in der Vertikallift-Technologie. Eine Reihe weiterer Erfindungen im Bereich der Liftsysteme förderte das Wachstum des Familienunternehmens, das sich heute mit den Geschäftsführern Joachim und Michael Hänel in den Händen der 2. Generation befindet.

Daten und Fakten

Branche: Intralogistik, Büro-Organisation
Produkte: automatisierte Lagersysteme
Marktposition: einer der führenden Hersteller von Lagerliften nach dem Umlauf- und Vertikal-Förderprinzip weltweit
Umsatz: ca. 100 Mio. Euro (2012)
Mitarbeiter: ca. 500 (2012)
Standorte: Produktionsstätten am Hauptsitz in Bad Friedrichshall, in Wiesentheid und Altstätten/Schweiz; Auslandsniederlassungen in Créteil Cedex/Frankreich, DA Alblasserdam/Niederlande und Pittsburgh/USA
Vertrieb: durch Generalvertretungen in über 60 Ländern weltweit
Exportquote: 60 %
Innovationen: Hänel Rasterwand (1994), patentierter 3-Achs-Lagerlift Multi-Space® (2005), Energierückgewinnung EcoDrive® (2008), Hänel EcoConcept und Hänel Rotomat® in High-Speed-Ausführung (2011), Hänel Lean-Lift® in extrabreiter Ausführung (2014)
Gründer: Gerhard Hänel, 1953, Bad Friedrichshall

Kontakt

Hänel Büro- und Lagersysteme
Kocherwaldstr. 25, 74177 Bad Friedrichshall
Fon: 07136 277-0, Fax: 07136 277-33
info@haenel.de, www.haenel.de

Ansprechpartner Presse
Andreas Krause
Fon: 07136 277-147
andreas.krause@haenel.de

Ansprechpartner Investor Relations
Reiner Raddatz
reiner.raddatz@haenel.de

Hansgrohe

Schiltach, Baden-Württemberg

Gegründet: 1901

Die Hansgrohe SE entwickelt, produziert und vertreibt sanitärtechnische Produkte wie Armaturen, Brausen, Thermostate, Abläufe und Badzubehör. Die Premiummarke Hansgrohe steht für innovative Produkte für Bad und Küche, die Designmarke Axor bietet Designer-Kollektionen für das Bad. Hansgrohe ist einer der führenden Anbieter von Armaturen und Brausen und einer der wenigen Global Player der Sanitärbranche. Während die Exportquote bei rd. 80 % liegt, beträgt der Auslandsanteil der Produktion 20 %. Weltweit beschäftigt die Hansgrohe Gruppe mehr als 3.500 Mitarbeiter und erwirtschaftete 2013 einen Umsatz von mehr als 841 Mio. Euro. Das Unternehmen mit 6 Produktionsstätten in Deutschland und 4 weiteren im Ausland vertreibt seine Produkte über Repräsentanzen in 44 Ländern.

Kontakt

Hansgrohe SE
Auestr. 5-9, 77761 Schiltach
www.hansgrohe.com

Sowohl der Hänel Lean-Lift® (oben) als auch der Hänel Multi-Space® (unten) arbeiten nach dem Vertikallift-Prinzip. Die Basis bildet die hochstabile Hänel Rasterwand.

Hans Hundegger

Hawangen, Bayern

Gegründet: 1978

Die Hans Hundegger Maschinenbau AG fertigt Maschinen für die holzverarbeitende Industrie und ist Weltmarktführer im Segment vollautomatisierter Holzabbundmaschinen. Hier hat das Unternehmen einen Marktanteil von über 90 % und liefert jährlich rd. 280 Maschinen aus. Die GmbH beschäftigt rd. 300 Mitarbeiter. Die Umsätze von Hans Hundegger liegen bei etwa 75 Mio. Euro. Hundegger produziert ausschließlich am Firmensitz im Allgäu und unterhält im Ausland 23 Vertriebs- und Servicevertretungen. Geliefert wird in 42 Länder; die Exportquote beträgt ca. 78 %. Firmeneigentümer Hans Hundegger ist zugleich Geschäftsführer des Unternehmens. Ebenfalls zur Firmenleitung gehören Otto Nothelfer, Hans Schillmeier und Walter Fahrenschon.

Kontakt
Hans Hundegger Maschinenbau AG
Kemptener Str. 1, 87749 Hawangen
www.hundegger.de

HARIBO

Bonn, Nordrhein-Westfalen

Gegründet: 1920

Die HARIBO GmbH & Co. KG ist ein weltweit führender Süßwarenhersteller mit Schwerpunkten bei Fruchtgummi und Lakritz-Produkten. Das Unternehmen beschäftigt 6.000 Mitarbeiter, davon die Hälfte in Deutschland. HARIBO produziert an 5 Standorten in Deutschland und 10 weiteren in Europa, weltweit gibt es 26 eigene Vertriebsniederlassungen. Das bekannteste Produkt Goldbären wurde 1960 eingeführt. Heute werden davon täglich 100 Mio. Stück hergestellt. Die seit 1991 bestehende Werbepartnerschaft mit Thomas Gottschalk ist die längste der Welt. HARIBO wurde 1920 von dem gelernten Bonbonkocher Hans Riegel in Bonn gegründet. Das Familienunternehmen wird in 3. Generation von Hans Guido Riegel gemeinsam mit Michael Phiesel geführt.

Kontakt
HARIBO GmbH & Co. KG
Hans-Riegel-Str. 1, 53129 Bonn
www.haribo.com

Harro Höfliger

Allmersbach im Tal, Baden-Württemberg

Gegründet: 1975

Die Harro Höfliger Verpackungsmaschinen GmbH hat sich vom Ein-Mann-Unternehmen zum technologischen Weltmarktführer für Sondermaschinen entwickelt, vor allem wenn es um die Produktionstechnik für die Herstellung von Inhalationssystemen und die Herstellung von transdermalen Pflastern und Wundverbänden geht. Harro Höfliger bietet herausragende Technologien und Projektkompetenz sowie schlüsselfertige Systemlösungen. Das Portfolio deckt Bereiche wie Inhalation, Pharma Solid/Liquid, Assembly Automation, Wound Care/ TTS/Oral Film und Diagnostics ab. Der Hauptfokus liegt auf der pharmazeutischen und medizin-technischen Industrie. Höfliger hält 70 Patente bzw. Schutzrechte und investiert 10 % des Umsatzes in Forschung & Entwicklung. Zu seinen Innovationen zählen u. a. Dosier- und Kontrollsysteme zur Kleinstmengenabfüllung ebenso wie individuelle Prozesstechnik zur Herstellung von Lithium-Ionen-Akkus. Zu den Kunden gehören Branchengrößen wie Boehringer Ingelheim, Johnson&Johnson,

HARTING

Henkel, GlaxoSmithKline oder Pfizer. Höfliger setzte 2013 rd. 163 Mio. Euro um, die zu über 75 % im Ausland erzielt wurden. Am Unternehmenssitz sind 850 Mitarbeiter tätig. Zusätzlich sind rd. 130 Mitarbeiter an anderen deutschen Produktionsstandorten und in Niederlassungen in den USA und Großbritannien beschäftigt.

Unternehmensgründer Harro Höfliger hat 43 % der Geschäftsanteile in eine Stiftung eingebracht. Sein Sohn Markus hält als CFO 39 %. Weitere 18 % liegen in den Händen der weiteren Geschäftsführer.

Kontakt

Harro Höfliger Verpackungsmaschinen GmbH
Helmholtzstr. 4, 71573 Allmersbach im Tal
Fon: 07191 501-0, Fax: 07191 501-5244
info@hoefliger.de, www.hoefliger.com

HARTING

Espelkamp, Nordrhein-Westfalen

HARTING
Pushing Performance

Gegründet: 1945

Die HARTING Technologiegruppe zählt zu den weltweit führenden Unternehmen im Bereich der elektrischen und elektronischen Verbindungstechnologie. Die Steckverbinder von HARTING werden in der Industrie millionenfach eingesetzt. Die Geschäftseinheiten des Unternehmens bieten ein breites Spektrum an maßgeschneiderten Lösungen für Anwendungen im industriellen Umfeld. Das Produktportfolio umfasst ferner Geräteanschlusstechnik, Netzwerkkomponenten und konfektionierte Systemkabel. Zusammengefasst im HARTING Dreiklang – Installation Technology, Device Connectivity und Automation IT – haben alle Lösungen immer den klaren Nutzen in der Anwendung im Fokus. HARTING Produkte verbinden und vernetzen Geräte, Maschinen und Anlagen mit Daten, Signal und Power. So werden Lösungen für die Märkte Automatisierungstechnik,

Meilensteine

1945 Wilhelm und Marie Harting gründen in Minden die Firma „Wilhelm Harting Mechanische Werkstätten".

1950 Umzug in das benachbarte Espelkamp

1957 Der Han® Steckverbinder wird als Warenzeichen angemeldet.

1978 Die erste europäische Tochtergesellschaft wird in Frankreich gegründet.

1983 Die Flachkabelsteckverbinder-Produktion im Schweizer Uhrenzentrum Biel wird aufgebaut.

1992 HARTING bringt einen elektrischen Zigarettenträger für den Lebensmittel-Einzelhandel auf den Markt.

2005 Ausweitung der Aktivitäten nach Indien

2006 Hermes Award für den passiven UHF RFID Transponder HARfid LT 86 (HT)

2007 Einweihung einer Produktionsstätte in Zhuhai/China

2008 Einweihung des neuen Ausbildungszentrums

2010 Einweihung des Innovationszentrums in Rahden/Westfalen

2014 Einweihung des HARTING Qualitäts- und Technologiecenters (HQT)

»Mit unseren Qualitätsprodukten verfolgen wir ein klares Ziel: die Verbesserung der Wertschöpfung und die Steigerung der Zufriedenheit unserer Kunden.«

Dietmar Harting

HARTING

H AR

HARTING erweitert das Steckverbinder-Sortiment kontinuierlich. Der Han-Yellock® gehört zu den bekanntesten HARTING Steckverbindern.

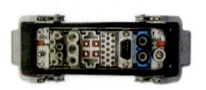

Einer der ersten Han® Stecker aus den 1950er-Jahren (oben); der Steckverbinder Han-Modular® wurde 1995 eingeführt (Mitte); auch die Deutsche Bahn zählt zu den Kunden von HARTING (unten).

Energie, Verkehrstechnik, Rundfunk-, Bühnen- und Veranstaltungstechnik, Maschinenbau, Medizintechnik und Embedded Computing Systems geschaffen. Außerdem bietet HARTING Lösungen für die Automobilindustrie und für die Bereiche Gehäusetechnologie und Shop-Systeme.

Im Geschäftsjahr 2012/2013 erzielte die Gruppe mit weltweit rd. 3.800 Mitarbeitern, davon ca. 2.100 in Deutschland, einen Umsatz von 484 Mio. Euro. Dazu steuerte das Auslandsgeschäft 64 % bei. HARTING verfügt über Produktionsgesellschaften in Deutschland, Großbritannien, der Schweiz,

Einfach erklärt: Industrie-Steckverbinder

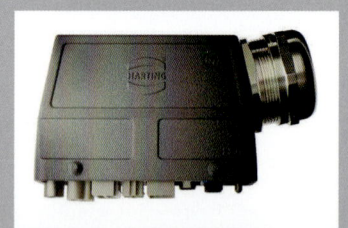

Industrie-Steckverbinder werden überall dort eingesetzt, wo unter härtesten Anforderungen sichere, lösbare elektrische Verbindungen gefordert werden. Ihr Einsatzbereich reicht von geschützten elektrischen Anlagen, wie z. B. in Schaltschränken, bis hin zu Außenanwendungen in rauer Industrieumgebung. Den Bedarf an solchen Steckverbindern hatte Wilhelm Harting schon kurz nach dem Zweiten Weltkrieg erkannt. Steckverbinder waren während des Krieges von amerikanischen und dt. Firmen entwickelt worden und fanden vor allem in der Militärtechnik Verwendung. Als Fertigungsleiter in der Luftfahrtindustrie hatte Wilhelm Harting die Vorzüge der Steckverbinder kennengelernt und ihre Entwicklungschancen erkannt. Harting modifizierte die vorhandenen Steckverbinder, um einen besonders leistungsfähigen Typus für vielfältige Zwecke anbieten zu können. Dazu wurde die Zahl der Anschlussstifte erhöht, die bisherige Kontakttechnik auf Steckkontakt und Buchse umgestellt, die Anschlusstechniken auf Schraub- und Crimptechniken erweitert. Und die Spannungslasten von 220/30 V AC orientierten sich an den Vorschriften in Deutschland. Nach erfolgreichen Tests feierte der Han®-Steckverbinder – Han® steht für HARTING Norm – überzeugend Premiere und wurde bald auf der ganzen Welt zum Industriestandard. Seitdem wird das Sortiment ständig aktualisiert, erweitert und für zusätzliche Anforderungen ausgerüstet.

den USA, den Niederlanden, Rumänien, Indien, Frankreich und China. Den Vertrieb übernehmen weltweit 37 Tochtergesellschaften und Vertretungen, die von Distributionspartnern unterstützt werden. An acht Standorten in Europa, den USA und Asien betreibt HARTING sowohl Grundlagenentwicklung als auch die Weiterentwicklung kundenspezifischer Lösungen.

Seine führende Marktposition sichert sich HARTING durch die kontinuierliche Entwicklung von Innovationen, die auf die permanente Steigerung des Kundennutzens abzielen. Internationale Trends wie Miniaturisierung, neue Fertigungsverfahren und Materialien werden dabei aktiv verfolgt und in Produkte für die globalen Märkte umgesetzt.

Seit seiner Gründung 1945 befindet sich das Unternehmen im Besitz der Familie Harting. In Zusammenarbeit mit familienfremden Managern führen die Inhaber Dietmar und Margit Harting das Unternehmen gemeinsam mit ihren Kindern Philip und Maresa. Die Gründer Wilhelm und Marie Harting leisteten Pionierarbeit im Nachkriegsdeutschland, indem sie zunächst Dinge des täglichen Bedarfs wie Lampen, Kochplatten und Bügeleisen herstellten. Später gelang es dem Unternehmen, mit dem 1957 als Warenzeichen angemeldeten Han® Steckverbinder den weltweiten Standard für Industriestecker zu setzen. Mit der Gründung einer Tochtergesellschaft in Frankreich im Jahr 1978 begann die bis heute konsequent vorangetriebene Internationalisierung.

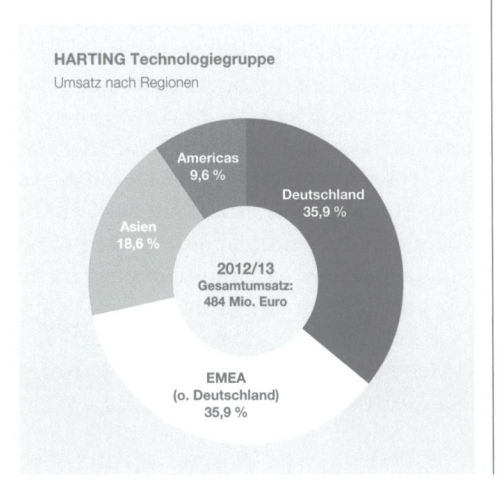

Daten und Fakten

Branche: Elektrotechnik
Produkte: Steckverbinder, Geräteanschlusstechnik, Netzwerkkomponenten und konfektionierte Systemkabel
Marktposition: Weltmarktführer bei Steckverbindern
Umsatz: 484 Mio. Euro (Geschäftsjahr 2012/2013)
Mitarbeiter: 3.800 weltweit, davon 2.100 in Deutschland (Geschäftsjahr 2012/2013)
Standorte: Produktionsstätten in Deutschland, Großbritannien, der Schweiz, den USA, den Niederlanden, Rumänien, Frankreich, Indien und China
Vertrieb: 37 Tochtergesellschaften und Vertretungen weltweit (2012/13)
Auslandsanteil: 64 %
Gründer: Wilhelm und Marie Harting, 1945, Minden
Eigentümer: Familie Harting
Auszeichnungen: Nominierung für Hermes Award für Fast Track Switching Technologie (Hannover Messe, 2009), Ludwig-Erhard-Preis (ILEP, 2009), Wirtschaftspreis Professionelle für Frauenförderung (2010), Klimaschutzunternehmen (2011), MX Award (2012)

Kontakt

HARTING Technologiegruppe
Marienwerderstr. 3, 32339 Espelkamp
Fon: 05772 47-0, Fax: 05772 47-400
info@harting.com, www.harting.com

Ansprechpartner Presse

Michael Klose
Fon: 05772 47-1744
michael.klose@harting.com

Das Unternehmen hat seinen Sitz in Espelkamp und ist seit Gründung im Besitz der Familie Harting.

HARTING im Internet

HARTING Technologiegruppe
Umsatz nach Regionen

- Americas 9,6 %
- Asien 18,6 %
- Deutschland 35,9 %
- EMEA (o. Deutschland) 35,9 %

2012/13 Gesamtumsatz: 484 Mio. Euro

HARTMANN GRUPPE

Heidenheim, Baden-Württemberg

Gegründet: 1818

Die HARTMANN GRUPPE ist ein international tätiges Unternehmen, das Medizin- und Pflegeprodukte produziert und vertreibt. Unter der Dachmarke HARTMANN bietet die HARTMANN GRUPPE ein breites Spektrum anwendergerechter Produkte, Serviceleistungen und Systemlösungen in den Bereichen Wundbehandlung, Inkontinenzhygiene und Infektionsschutz für Profis in Medizin und Pflege an. Weltweit ist die Unternehmensgruppe, deren Herz die PAUL HARTMANN AG in Heidenheim ist, mit eigenen Gesellschaften marktnah aufgestellt. Der Schwerpunkt liegt auf den europäischen Märkten, wo die HARTMANN GRUPPE einer der führenden Anbieter ist. Im Jahre 2013 erzielte die Gruppe Umsatzerlöse in Höhe von 1.794 Mio. Euro und beschäftigte unter dem Vorstandsvorsitzenden Andreas Joehle rd. 10.300 Mitarbeiter.

Kontakt
PAUL HARTMANN AG
Paul-Hartmann-Str. 12, 89522 Heidenheim
www.hartmann.info

Hatz

Ruhstorf a. d. Rott, Bayern

Gegründet: 1880

Die Motorenfabrik Hatz GmbH & Co. KG entwickelt und produziert Ein- bis Vierzylinder-Dieselmotoren bis 56 kW, Stromerzeuger, Pumpen und Spezialaggregate auf Basis der Dieselmotoren, kundenspezifische Dieselmotoren-Systeme sowie Komponenten für die Automobil-, Motorrad- und Nutzfahrzeugindustrie. Hatz ist weltweit für die Robustheit und Langlebigkeit seiner Motoren bekannt und erwirtschaftet jährlich Umsätze von über 150 Mio. Euro. Das weltweite Vertriebs- und Servicenetzwerk umfasst 12 Tochtergesellschaften, 94 Vertretungen und über 500 Servicezentren in über 100 Ländern. Das Unternehmen wurde 1880 von Mathias Hatz als Werkstatt für Landmaschinen gegründet und ist seitdem in Familienbesitz; heute wird es durch die Geschäftsführer Christian Hatz und Wolfram Hatz geführt.

Kontakt
Motorenfabrik Hatz GmbH & Co. KG
Ernst-Hatz-Str. 16, 94099 Ruhstorf a. d. Rott
www.hatz-diesel.com

Hauhinco

Sprockhövel, Nordrhein-Westfalen

Gegründet: 1908

Die Hauhinco Maschinenfabrik G. Hausherr, Jochums GmbH & Co. KG – kurz Hauhinco – gehört zu den weltweit führenden Wasserhydraulik-Systemherstellern für Bergbau- und Industrieanwendungen. Das Unternehmen konzipiert für beide Anwendungsbereiche kundenspezifische Komplettlösungen. Im Bergbau reicht das Spektrum von Hochdruck- und Bedüsungssystemen bis hin zu Wasseraufbereitungsanlagen. Die Hochdruck-Systeme für die Strebhydraulik beinhalten sog. EHP-3K- oder EHP-5K-Pumpen mit Elektromotoren, Emulsionstanks sowie Hochdruck- und Rücklauffiltern. Hinzu kommen Kontrollmodule, hydraulische Akkumulatoren und explosionsgeschützte Messinstrumente. Bedüsungssysteme kommen bei der Versorgung von Walzenlader- und Hobelgassenbedüsungen sowie Kühlsystemen von Antriebsmotoren zum Einsatz.

Im Bereich der Industrie liefert Hauhinco wasserhydraulische Systeme für die NE-

Metall-, die Leichtmetall- und die Automobilindustrie. Das Portfolio umfasst das komplette Spektrum an Bauteilen wie Hochdruckpumpen, Ventile, Steuerblöcke, Regeltechnik und modulare Systeme. Eine Kernkompetenz ist die Entwicklung von Pressensteuerungen und Antrieben für neue und bestehende wasserhydraulische Pressen aller Art.

Hauhinco unterhält Vertretungen in allen wichtigen Bergbau- und Industrieregionen der Welt. In den USA befindet sich zudem die Hauhinco LP, seit 1981 ein 100%iges Tochterunternehmen. Mit 110 Mitarbeitern erwirtschaftete Hauhinco im Jahr 2012 einen Umsatz von 22 Mio. Euro. Davon entfielen 70 % auf den Export. Die 1908 durch Gustav und Rudolf Hausherr gegründete Firma wurde im Jahr 1988 vollständig zum Wasserhydraulik-Systemhaus ausgerichtet. Heute führt Holger Hoffmann die Geschäfte.

Kontakt
Hauhinco Maschinenfabrik G. Hausherr, Jochums GmbH & Co. KG
Beisenbruchstr. 10, 45549 Sprockhövel
Fon: 02324 705-0, Fax: 02324 705-222
info@hauhinco.de, www.hauhinco.de

HAUTAU

Helpsen, Niedersachsen

Gegründet: 1910
Die HAUTAU GmbH ist ein führendes Unternehmen in der Beschlagindustrie und ist international tätig. Das Produktportfolio umfasst Beschläge für Fenster und Gebäudeautomation für Lüftung sowie Rauch- und Wärmeabzugsanlagen. HAUTAU hält ca. 400 Patente und Gebrauchsmuster. Das Unternehmen beschäftigt 300 Mitarbeiter und erwirtschaftet einen Umsatz von rd. 46 Mio. Euro, 65 % davon in 62 Exportländern. Der Vertrieb läuft über den Fachhandel, Systemhäuser und OEM-Partner. Das Unternehmen ist in 3. Generation in Familienbesitz und wird von Geschäftsführer Klaus-D. Vehling geleitet. Unterstützt wird die Geschäftsführung durch einen Beirat, dessen Vorsitzende Petra Hautau ist.

Kontakt
HAUTAU GmbH
Wilhelm-Hautau-Str. 2, 31691 Helpsen
www.hautau.de

hawo

Obrigheim, Baden-Württemberg

Gegründet: 1975
Die hawo GmbH produziert und vertreibt Verpackungs-, Kennzeichnungs- und Dokumentationssysteme für den Healthcare-Sektor. Das Portfolio umfasst Geräte und Zubehör für die Instrumentenverpackung sowie Systeme zur Verpackungskennzeichnung und deren Dokumentation in der Patientenakte.

Die Produkte kommen in Krankenhäusern, Arzt- und Zahnarztpraxen sowie in der medizinischen Industrie zum Einsatz. Instrumente und Medizinprodukte müssen steril verpackt sein, damit sie bis zur Bereitstellung bei der Behandlung oder Operation steril bleiben. hawo ist Mitglied im nationalen Arbeitsausschuss des DIN und deutscher Experte bei den internationalen Normenausschüssen der CEN (Comité Européen de Normalisation) sowie der ISO (International Standardization Organization) und hat sich auf diese Weise als Weltmarktführer etabliert. Geschäftsführer Christian Wolf ist darüber hinaus Boardmember der Sterile Barrier Association (SBA), des Hauptverbands für medizinische Verpackungssysteme. Firmengründer Hans Wolf war Gründungsmitglied des Arbeitsausschusses „Sterilgutversorgung"

»Im Zentrum unseres Handelns steht immer die Sicherheit des Patienten.«

Hans Wolf

Firmengründer Helga und Hans Wolf, Markenberaterin Sandra Wolf und der Geschäftsführer der hawo GmbH Christian Wolf (v.l.); unten im Bild der Firmensitz in Mosbach

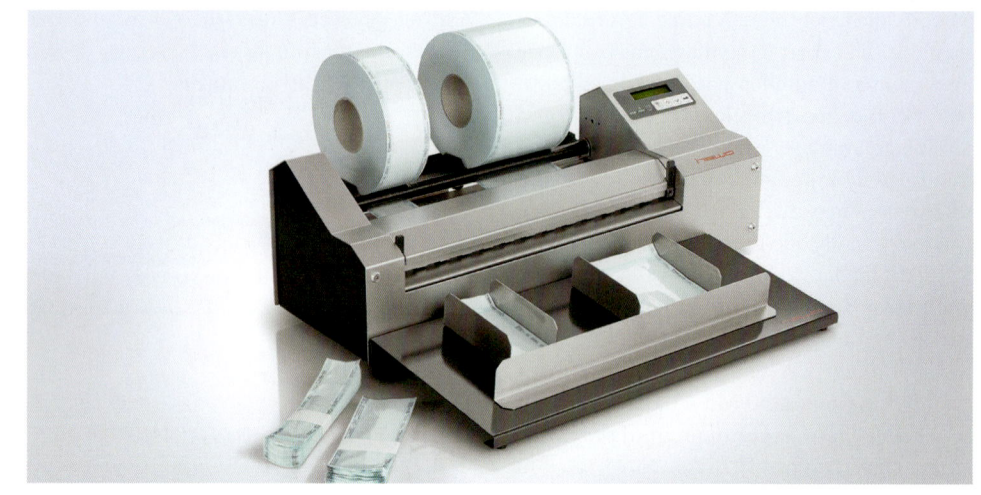

hawo

H
AW

Die hawo GmbH produziert und vertreibt Verpackungssysteme für den Healthcare-Sektor und legt dabei auch großen Wert auf das Design der Produkte.

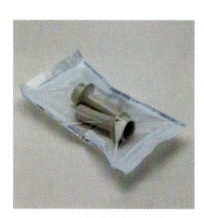

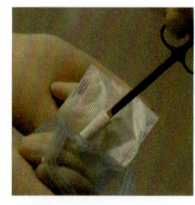

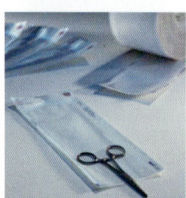

Vor der Sterilisation werden die medizinischen Instrumente in Folie verpackt und versiegelt. Die Verpackung besteht aus einem speziellen Folien-/Papier-Verbundmaterial, durch das Dampf eintreten kann – die Instrumente werden sterilisiert. Die Sterilität des Instrumentes bleibt bis zum aseptischen Anreichen bei der Behandlung oder Operation erhalten. Die hawo GmbH entwickelt und produziert Systeme zum Verschließen dieser Verpackungen.

des Deutschen Instituts für Normung (DIN) im Jahr 1985.

Zusammen mit seiner Tochter Sandra Wolf gründete Hans Wolf 2002 die Branding- und Strategieagentur WOLF mit Büros in Berlin und Darmstadt. Sandra Wolf ist im Beirat der hawo und betreut sämtliche Strategieentwicklungen.

Hans Wolf legte den Grundstein für die hawo GmbH gemeinsam mit seiner Frau Helga 1975 in Obrigheim zuerst mit der Entwicklung und Produktion von industriellen Verpackungssystemen. Aus diesen Ideen entwickelte sich dann schnell das erste Gerät für den Verschluss spezieller Instrumentenverpackungen, die es bis dahin im Markt noch gar nicht gab. Das von ihm entwickelte Produkt begründete den Erfolg der jungen Firma und die Grundtechnik gilt nach wie vor als Standard für diese Materialien. Auch die in der Anfangszeit entwickelten Folienschweißgeräte für Kunststofffolien kommen heute noch zum Einsatz.

Das Unternehmen liegt zu 100 % im Besitz der Familie Wolf und beschäftigt in Deutschland ca. 70 Mitarbeiter an 2 Stand-

Einfach erklärt: Verpackungsprozess medizinischer Instrumente

Wiederverwendbare Instrumente, wie sie z. B. beim Zahnarzt oder im Krankenhaus verwendet werden, unterliegen einem Aufbereitungskreislauf, der nach jedem Gebrauch der Produkte erneut zum Tragen kommt. Nach der Verwendung während einer Behandlung oder einer Operation werden die Instrumente zunächst gereinigt und desinfiziert, danach verpackt und dann erst sterilisiert. Wenn man die Instrumente erst nach der Entnahme aus dem Sterilisator verpackte, wäre eine Sterilität bis zur nächsten Anwendung nicht gewährleistet, da es nach der Entnahme und noch vor der Verpackung zu einer erneuten Kontamination kommen könnte. Verpackt wird meistens in einem Verpackungsmittel aus einem speziellen porösen Material, das einerseits das Eintreten des Sterilisationsmediums (z. B. Dampf) in die Verpackung erlaubt, andererseits aber Mikroorganismen davon abhält, in die Verpackung zu gelangen. Die Verpackung trägt so als integraler Bestandteil des Aufbereitungsprozesses maßgeblich zur Erhaltung der Sterilität der Instrumente bei und hilft somit, nosokomiale, also postoperative Infektionen zu verhindern.

hawo

Meilensteine

1975 Hans und Helga Wolf gründen das Unternehmen in Obrigheim am Neckar.

1981 Nachdem 1977 die erste Produktionshalle errichtet wurde, folgt nun eine Erweiterung des Firmengeländes.

1992 In Mosbach/Baden entsteht ein zweites Werk.

2000 In 2. Generation tritt Christian Wolf in das Familienunternehmen ein.

2002 Sandra Wolf gründet gemeinsam mit ihrem Vater Hans Wolf die Branding-Agentur WOLF.

2007 Das Chicago Athenaeum Museum for Architecture and Design verleiht hawo den Good Design Award 2007.

2009 hawo wird vom Design Center Stuttgart mit dem Designpreis Focus Open Silber 2009 ausgezeichnet.

2010 hawo gewinnt den red dot design award.

2014 hawo erhält zum vierten Mal die Auszeichnung „TOP 100 Innovator" und belegt in diesem Jahr Platz zwei im Wettbewerb.

2014 erhielt hawo zum vierten Mal in Folge die Auszeichnung „TOP 100 Innovator" und belegte den zweiten Platz im Wettbewerb. Firmengründer Hans Wolf (l.) und sein Sohn Christian Wolf (r.) nahmen die Auszeichnung von Ranga Yogeshwar entgegen.

orten. Rund 75 % der Produktion wird exportiert, hawo ist in über 50 Ländern als Wort- und Bildmarke geschützt. Der Vertrieb wird weltweit über autorisierte Vertriebs- und Servicepartner abgewickelt.

Einen Beitrag zur gesellschaftlichen Verantwortung leistet das Unternehmen durch die weltweite Aufklärung über die Wichtigkeit von Instrumentenverpackungen, mit denen postoperative Infektionen verringert werden. So engagiert sich hawo speziell in den Entwicklungsländern, wo das Unternehmen den Bau und die Entwicklung von Kinderkrankenhäusern in Kambodscha und Peru mithilfe von Spenden und Schulungen vorantreibt. Aus diesem Grund wurde hawo bereits das siebte Mal in Folge vom Caritasverband mit dem Titel „Sozial engagiert" ausgezeichnet.

Daten und Fakten

Branchen: Krankenhäuser, Ärzte und Zahnärzte, medizinische Industrie
Produkte: Kennzeichnungs- und Dokumentationssysteme für den Healthcare-Sektor
Mitarbeiter: 70
Vertrieb: über autorisierte Vertriebs- und Servicepartner weltweit
Gründer: Hans und Helga Wolf, 1975, Obrigheim
Eigentümer: Familie Wolf

Kontakt

hawo GmbH
Obere Au 2-4, 74847 Obrigheim
Fon: 06261 9770-0, Fax: 06261 9770-69
info@hawo.com, www.hawo.com

hawo im Internet

HBPO

Lippstadt, Nordrhein-Westfalen

Gegründet: 2004

Die HBPO GmbH hat sich als einziges Unternehmen weltweit auf Design, Entwicklung, Montage und Logistik komplexer Frontend-Module für Automobile spezialisiert. Zu den Kunden gehören u. a. die Volkswagen Gruppe, BMW und Mercedes, aber auch außereuropäische Hersteller wie Chrysler, Hyundai oder Kia. Die Gruppe verfügt über 30 Standorte in 14 Ländern in Europa, Asien sowie Nord- und Südamerika. Im Jahr 2013 fertigte HBPO insgesamt mehr als 4,4 Mio. Frontend-Module. HBPO entstand 2004 als Joint Venture der drei Automobilzulieferer Hella, Mahle (ehemals Behr) und Plastic Omnium und ging aus der seit 1999 bestehenden Hella-Behr Fahrzeugsysteme GmbH hervor. Das erste Frontend-Modul in der Geschichte der späteren HBPO GmbH entstand bereits im Jahr 1992 bei der Hella KG Hueck & Co.

Kontakt
HBPO GmbH
Rixbecker Str. 111, 59552 Lippstadt
www.hbpogroup.com

HB Technologies

Tübingen, Baden-Württemberg

Gegründet: 1992

Die HB Technologies AG ist eines der größten Software-Unternehmen im Bereich Life Science und Engineering in Baden-Württemberg. Das Unternehmen verfügt über Expertise in der Beratung und Entwicklung technischer Software-Lösungen und besitzt ausreichend Erfahrung durch die erfolgreiche Umsetzung von über 450 Projekten. Das Unternehmen ist Software-Experte für automatisierte Fertigungsprozesse in der Industrie und in Forschungslaboren sowie für Laborgeräte im Allgemeinen. Darüber hinaus ist die HB Technologies AG ein kompetenter Partner für Fragen zu Entwicklung, Programmierung und Testen von Software und elektronischen Bauteilen. Mitbegründer Dr. Steffen Hüttner teilt sich mit Dr. h.c. Peter Beck die Geschäftsleitung. Am Firmensitz in Tübingen sind rd. 30 Mitarbeiter für die Firma tätig.

Kontakt
HB Technologies AG
Paul-Ehrlich-Str. 5, 72076 Tübingen
www.h-net.com

Heidelberger Druckmaschinen

Heidelberg, Baden-Württemberg

Gegründet: 1850

Die Heidelberger Druckmaschinen AG ist ein wichtiger Anbieter und Partner für die globale Druckindustrie und bietet Produkte und Dienstleistungen für den Werbe- und Verpackungsdruck an. Das Unternehmen mit Entwicklungs- und Produktionsstandorten in acht Ländern betreut seine Kunden mit Vertriebs- und Serviceniederlassungen weltweit. Variantenreiche Hightech-Druckmaschinen, Vorstufengeräte und Weiterverarbeitungssysteme produziert die Heidelberger Druckmaschinen AG vorwiegend in Deutschland. Vorkonfigurierte Editionsmodelle für alle gängigen Formatklassen werden in Qingpu bei Shanghai/China gefertigt. Das Unternehmen erwirtschaftete im Berichtsjahr 2013/2014 einen Konzernumsatz von rund 2,43 Mrd. Euro und beschäftigt weltweit rd. 12.500 Mitarbeiter.

Kontakt
Heidelberger Druckmaschinen AG
Kurfürsten-Anlage 52–60, 69115 Heidelberg
www.heidelberg.com

Heitkamp & Thumann Group

Heitkamp & Thumann Group

Düsseldorf, Nordrhein-Westfalen

HEITKAMP & THUMANN GROUP

Die Unternehmen der Heitkamp & Thumann Group verfügen weltweit über Produktionsstätten. Das Bild zeigt das Werk in Hustopece in der Tschechischen Republik.

Gegründet: 1978

Die Heitkamp & Thumann Group umfasst mehr als 20 mittelständische Unternehmen weltweit. Diese bilden die drei Geschäftsbereiche H&T Battery Components, Presspart und H&T Automotive Components sowie die Corporate Enterprises. Präzisionsgeformte Komponenten sowie selbst entwickelte Maschinen- und Fertigungssysteme zählen zu den Stärken der Gruppe.

Hohe Flexibilität auf den Märkten und innerhalb der Unternehmensgruppe wird durch eine dezentrale Struktur sichergestellt. Der Innovationsgedanke steht seit jeher im Zentrum der Unternehmensphilosophie. Gleichzeitig arbeiten alle Unternehmen an der Erfüllung der gruppenweiten Mission: der weltweit führende Partner für die Belieferung von erstklassigen präzisionsgeformten Komponenten aus Metall und Kunststoff zu sein.

Der Geschäftsbereich H&T Battery Components ist der weltweit größte Hersteller von Batteriekomponenten für den Gerätebatteriemarkt. Es werden tiefgezogene zylindrische Batteriebecher und -deckel in den USA, Deutschland, China und Singapur produziert. Aufgrund der wachsenden Nachfrage nach Lithium-Ionen und anderen sekundären Batterietechnologien adressiert H&T Battery Components dieses Potenzial durch ein Joint Venture, das mit dem amerikanischen Partner Trans-Matic gegründet wurde.

Der Geschäftsbereich Presspart ist auf die Herstellung hochpräziser Metall- und Kunststoffkomponenten für die Pharmaindustrie und andere Marktsegmente spezialisiert.

»Wichtiger Bestandteil unserer Wachstumsstrategie ist, die von unseren engagierten Mitarbeiterinnen und Mitarbeitern gelebte Unternehmenskultur der ständigen Verbesserung und operativen Exzellenz weiter zu festigen.«

Jürgen R. Thumann, Vorsitzender des Beirats

Der Sitz der Heitkamp & Thumann Group an der Königsallee in Düsseldorf

Effiziente Wertschöpfung durch Lean Management

Bereits vor 50 Jahren wurden die Grundprinzipien und Methoden von Lean Management entwickelt. Lean Management vermeidet überflüssige Tätigkeiten und konzentriert sich auf wertschöpfende Aktivitäten, um diese optimal aufeinander abzustimmen. Im Mittelpunkt des fortwährenden Verbesserungsprozesses steht der Mitarbeiter. Seine Aufgabe ist es, Prozesse kritisch und systematisch zu hinterfragen. Dabei hilft ihm die Wertstromanalyse, die er in Workshops mit seinen Kollegen erarbeitet hat. Das Group Executive Committee der Heitkamp & Thumann Group gab Anfang 2013 den Startschuss für eine gruppenweite Initiative zur Stärkung des vorhandenen Lean-Management-Systems. Ein interdisziplinäres Projektteam bewertete im Rahmen von gemeinsamen Workshops die vorhandenen Wertschöpfungsprozesse sowie den Wissens- und Anwendungsstand von Lean Management an den verschiedenen Standorten der Gruppe. Darauf basierend wurde ein kontinuierlicher Verbesserungsprozess angestoßen, mittels dessen sich die Unternehmensgruppe der Vision operativer Perfektion weiter nähern will.

Heitkamp & Thumann Group

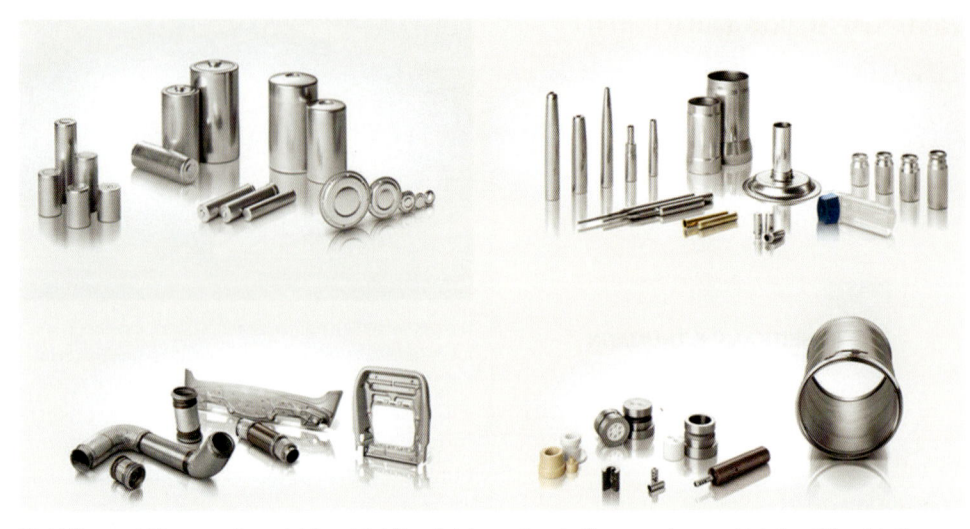

Die Heitkamp & Thumann Group ist Spezialist für präzisionsgeformte Komponenten aus Metall und Kunststoff.

H&T Battery Components ist, Weltmarktführer bei Batteriekomponenten (oben); Presspart ist die Nummer eins im Bereich Aerosoldosen (Mitte); unten im Bild ein Entkopplungselement für Nutzfahrzeuge.

Die Heitkamp & Thumann Group im Internet

Das Produktportfolio umfasst tiefgezogene Aerosoldosen aus Aluminium und Edelstahl sowie im Spritzguss gefertigte Präzisionskomponenten aus Kunststoff. Die Baugruppen und Fertigteile sind überwiegend für Inhalatoren und für andere Applikationen zur Medikamentenverabreichung, insbesondere zur Behandlung von Atemwegserkrankungen, konzipiert. Im Industriesegment liefert Presspart kundenindividuelle Tiefziehteile aus Stahl, Edelstahl, Aluminium, Inconel und Messing an Kunden in der ganzen Welt.

Der Geschäftsbereich H&T Automotive Components unterteilt sich in zwei Produktgruppen: Die Westfalia Metal Components Group ist Spezialist für Umformtechnik. Ihre Pressentechnologien formen Präzisionsbauteile aus hochfestem Stahl vornehmlich für Sitzteile und Karosseriekomponenten im Automobilbereich. Die Westfalia Metal Hose Group ist Hersteller von Metallschläuchen, die u. a. zu komplexen Komponenten für Abgasanlagen in der Nutzfahrzeugindustrie verbaut werden. Der patentierte gasdichte Metallschlauch GTH (Gastight Hose) ist eine der Neuentwicklungen. Heute ist bereits jeder dritte Lkw weltweit mit flexiblen Entkopplungselementen der Gruppe ausgestattet.

Der H&T ProduktionsTechnologie GmbH ist es gelungen, eine neuartige Produktionspresse zu entwickeln, die sowohl höhere Präzision als auch Anpassbarkeit der Stößelbewegung an den Umformprozess garantiert.

Die 1978 gegründete Heitkamp & Thumann Group befindet sich in Familienbesitz und erzielte 2013 mit weltweit 2.000 Mitarbeitern einen Umsatz von ca. 360 Mio. Euro. Christian Diemer, Peter Jennissen, Peter Schmelzer, Harald Langerbeins, Jens Mogdans und Bill Shannon bilden das Group Executive Committee. Jürgen R. Thumann ist Vorsitzender, Prof. Dr. Dr. Engelbert Heitkamp stellvertretender Vorsitzender des Beirats.

Meilensteine

1978 Mit der Übernahme der Gemi Metallwarenfabrik beginnt die Firmengeschichte.

1979/80 Beteiligung in den USA an Truelove & Maclean sowie Bouffard Metal Goods

1992–2001 Erwerb zahlreicher Unternehmen und Aufbau von Produktionsstandorten in Singapur, China, der Tschechischen Republik und den USA

ab 2002 Erwerb weiterer Unternehmen, Aufbau neuer Produktionsstandorte in Dubai, Pune und Sao Paulo sowie einer Vertriebsniederlassung in Shanghai

HELLER

Daten und Fakten

Branche: Metall- und Kunststoffverarbeitung
Produkte: Zulieferprodukte für die Pharma-, Konsumgüter- und Automobilindustrie
Marktposition: weltweit größter Hersteller von Batteriekomponenten für den Gerätebatteriemarkt (H&T Battery Components); weltweit größter Hersteller von Aerosoldosen für die Pharmaindustrie (Presspart)
Umsatz: ca. 360 Mio. Euro (2013)
Mitarbeiter: 2.000 weltweit
Standorte: Düsseldorf, Marsberg, Crimmitschau, Hilchenbach (Deutschland); Waterbury, Bristol (CT USA), Holland (Joint Venture HTTM, MI USA); Sao Paulo (Brasilien); Pune (Indien); Dongguan, Shanghai (China); Hongkong; Singapur; Dubai (VAE); Hustopece (Tschechische Republik); Tarragona (Spanien); Blackburn, Stanley (United Kingdom)
Gründung: 1978
Eigentümer: Familien Heitkamp, Thumann, Marschner und Rösler

Kontakt

Heitkamp & Thumann Group
Königsallee 4, 40212 Düsseldorf
Fon: 0211 7954-0, Fax: 0211 7954-305
info@ht-group.com, www.ht-group.com

Ansprechpartner Presse
Nils Hubert
Fon: 0211 7954-206
nils.hubert@ht-group.com

HELLA

Lippstadt, Nordrhein-Westfalen

Gegründet: 1899

HELLA ist ein unabhängiges Familienunternehmen mit rd. 30.700 Beschäftigten an über 100 Standorten in mehr als 35 Ländern. Der Konzern entwickelt und fertigt im Geschäftssegment Automotive Komponenten und Systeme der Lichttechnik und Elektronik. Im Segment Aftermarket verfügt HELLA über eine der größten Handelsorganisationen für Kfz-Teile, -Zubehör, Diagnose und Serviceleistungen in Europa. Im Special Applications-Segment entwickelt HELLA außerdem Produkte für Spezialfahrzeuge und gänzlich unabhängige Anwendungen wie Straßen- oder Industriebeleuchtung. In Joint-Venture-Unternehmen entstehen zudem komplette Fahrzeugmodule, Klimasysteme und Bordnetze. Mit über 5.800 Beschäftigten in Forschung & Entwicklung zählt HELLA zu den Innovationstreibern. Darüber hinaus gehört der Konzern mit einem Umsatz von rd. 5,3 Mrd. Euro im Geschäftsjahr 2013/2014 zu den Top 50 der weltweiten Automobilzulieferer sowie zu den 100 größten deutschen Industrieunternehmen. Weltmarktführer ist HELLA z. B. bei Fahrpedalen.

Kontakt

HELLA KGaA Hueck & Co.
Rixbecker Str. 75, 59552 Lippstadt
www.hella.com

HELLER

Nürtingen, Baden-Württemberg

Gegründet: 1894

Die Gebr. Heller Maschinenfabrik GmbH ist ein weltweit führender Hersteller von Werkzeugmaschinen und Fertigungssystemen für die spanende Bearbeitung. Schwerpunkte des Portfolios bilden 4- und 5-achsige Bearbeitungszentren, Fräs-Dreh-Zentren, flexible Fertigungssysteme und Maschinen für die Kurbel- und Nockenwellenbearbeitung. Ergänzt wird dies durch ein modulares Dienstleistungsangebot. Produziert wird in Deutschland, Großbritannien, den USA, Brasilien und China. Zu den Abnehmern gehören die Automobilindustrie und ihre Zulieferer, der allgemeine Maschinenbau sowie viele weitere Branchen. Das Unternehmen, das weltweit über 2.400 Mitarbeiter beschäftigt, wurde 1894 von den Brüdern Ernst und Hermann Heller gegründet und befindet sich über die Heller GmbH mehrheitlich in Familienbesitz.

HELM

Kontakt
Gebr. Heller Maschinenfabrik GmbH
Gebrüder-Heller-Str. 15, 72622 Nürtingen
www.heller.biz

HELM

Hamburg

Gegründet: 1900

Die HELM AG ist weltweit führend im Vertrieb von Chemikalien und damit verbundenen Dienstleistungen. Sie lagert und verteilt Chemikalien, Pflanzenschutzmittel, Düngemittel, Lebensmittelzusatzstoffe sowie pharmazeutische Wirkstoffe, Arzneimittel und Medizinprodukte. Mit 90 Niederlassungen und Beteiligungen ist HELM in rd. 30 Ländern aktiv. Der Umsatz lag 2013 bei 9,666 Mrd. Euro. Davon wurden 61 % in Europa, 25 % in Amerika und 14 % in Asien erzielt. Weltweit werden ca. 1.430 Mitarbeiter beschäftigt. Das Unternehmen wurde 1900 in Hamburg gegründet und gehört seit 1950 der Familie Schnabel. In 2. Generation leitet Dieter Schnabel den Aufsichtsrat, während sein Sohn Stephan im Vorstand den Bereich Crop Science verantwortet. Vorsitzender des Vorstands ist Hans-Christian Sievers.

Kontakt
HELM AG
Nordkanalstr. 28, 20097 Hamburg
www.helmag.com

helsa Fashion Shaping

Gefrees, Bayern

Gegründet: 1947

helsa Fashion Shaping entwickelt, produziert und vertreibt Komponenten und Systemlösungen zur Formgebung und Formerhaltung von Oberbekleidung. Die im bayerischen Gefrees ansässige Firma ist weltweit die Nummer eins bei Schulterpolstern und Ärmelfischen und das einzige global agierende Unternehmen seiner Branche. Eigenentwickelte Fertigungsverfahren und Maschinen machen helsa Fashion Shaping zum weltweiten Technologieführer. Technischer Service sowie Informationen zu aktuellen Trends im Bereich Schulterformen und Silhouetten ergänzen das Produktangebot, das von der Bekleidungsindustrie ebenso wie vom Schneiderhandwerk in Anspruch genommen wird.

Das Unternehmen verfügt über Produktionsstandorte in Polen, Ungarn, Spanien, der Türkei, Mexiko, Kambodscha, China und

»Unsichtbar, aber unverzichtbar«

Leitspruch von Helmut Sandler mit Bezug auf die helsa-Produkte

helsa Fashion Shaping ist Teil der helsa Group International, die ihren Sitz in Gefrees hat und in 2. Generation von Monika Sandler geleitet wird.

Bei der Umsetzung individueller Designideen steht helsa Fashion Shaping seinen Kunden zu jedem Zeitpunkt der Produktentwicklung zur Seite.

helsa Fashion Shaping

Ärmelfische werden entlang der Ärmelnaht im Schulterbereich eingenäht, um so einen gefälligeren Fall des Ärmels zu erreichen.

Indien. Der Vertrieb erfolgt weltweit über Niederlassungen und ein lückenloses Netz an Vertretungen. Insgesamt erzielte helsa Fashion Shaping 2013 mit ca. 900 Mitarbeiter einen Umsatz von rd. 30 Mio. Euro. Die Leitung von helsa Fashion Shaping obliegt den beiden Geschäftsführern Stephan Frerk und Gerd Homski.

helsa Fashion Shaping ist Teil der helsa Group International, zu der auch der Geschäftsbereich helsa Functional Coating gehört. Dieser bietet u. a. medizinische Hilfsmittel, Innenraumluftfilter, funktionale Schuheinlagen und Membrane an. Geschäftsführende Gesellschafterin der helsa Group International ist Monika Sandler, die Tochter des Firmengründers Helmut Sandler.

Meilensteine

1947 Helmut Sandler gründet in Schwarzenbach/Saale eine Firma für die Herstellung von Schulterpolstern.

1952 Umzug nach Gefrees im Landkreis Bayreuth

1965 In Österreich entsteht das erste Auslandswerk.

1976 helsa beginnt mit der Produktion technischer Textilien.

1982 helsa bringt die ersten elastomerbeschichteten Gewebe auf den Markt.

1989 Monika Sandler, die Tochter des Firmengründers, übernimmt die Firmenleitung.

2009 Monika Sandler initiiert eine neue Wachstumsstrategie und etabliert die helsa Group International mit den Geschäftsbereichen helsa Fashion Shaping (Bekleidungszubehör) und helsa Functional Coating (Filtermedien und Membranen).

Schulterpolster-Verpackung aus den 1950er-Jahren und eine aktuelle Werbeanzeige

Berühmte Erfinder: Helmut Sandler

Der Erfolg der helsa Group International ist dem sicheren Blick des Firmengründers Helmut Sandler zu verdanken. Nach Ende des Zweiten Weltkriegs arbeitete er in der Wattefabrik seines Großvaters in Schwarzenbach/Saale, die damals Stoffabfälle von Schneidereien aufkaufte und zu Watte verarbeitete. 1947 sah er bei einem Gang durch die Werkshalle in den Abfällen ein mühsam geschneidertes Formpolster zum Ausfüllen der Schulter, wie es Schneider selbst anfertigten, und beschloss, solche Artikel in gewünschter Form und Qualität für Schneidereien zukünftig industriell zu produzieren. Er baute eine Baracke auf dem Firmengelände, stellte darin die Nähmaschine seiner Großmutter auf und beschäftigte zunächst drei Frauen. Seine Geschäftsidee ging auf: Heute produziert helsa jährlich aus 2.000 t Fasern ca. 130 Mio. Schulterpolster an 8 Fertigungsstätten weltweit.

Hengst

H

EN

helsa Fashion Shaping im Internet

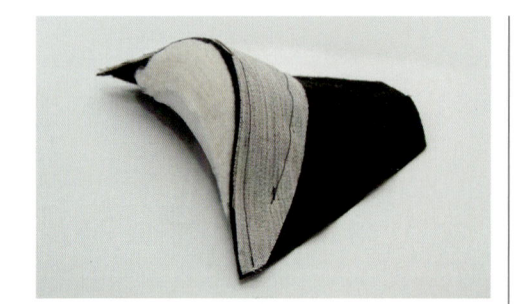

helsa Fashion Shaping ist der weltweit führende Anbieter von Schulterpolstern.

Dieser gründete helsa 1947 im oberfränkischen Schwarzenbach/Saale, um Schulterpolster für Schneidereien herzustellen. Er entwickelte eigene Fertigungsverfahren, erprobte Rohstoffe und schuf sich selbst den Markt für seine Produkte. Bereits zehn Jahre nach der Gründung beschäftigte helsa – ein Akronym aus dem Vor- und Nachnamen des Gründers – rd. 90 Näherinnen. 1965 begann die internationale Expansion mit der Gründung des ersten Auslandswerks in Österreich. Ab den 1970er-Jahren erweiterte helsa sein Angebot kontinuierlich, u. a. um technische Textilien, Luftfilter für die Automobilindustrie und Gaszählermembranen. Nachdem Monika Sandler 1989 die Firmenleitung übernommen hatte, trieb sie die Internationalisierung weiter voran und gab dem Unternehmen 2009 seine heutige Struktur.

helsa Fashion Shaping sieht sich für die Zukunft gut gerüstet. Mit eigenen Technologien und Entwicklungskonzepten will man in der Branche weiterhin Standards in Bezug auf die Qualität und den Preis der Produkte setzen.

Daten und Fakten

Branche: Textil- und Bekleidungsindustrie
Produkte: Formgebungskomponenten für Bekleidung (vor allem Schulterpolster, Ärmelfische, Einlagestoffe, Reversseide, Galonband, Sicherungsbänder, Füllvliesstoffe und Unterkragenfilz)
Marktposition: Weltmarktführer bei der Entwicklung und Produktion von Schulterpolstern und Ärmelfischen; einziges global agierendes Unternehmen der Branche
Umsatz: ca. 30 Mio. Euro (2013)
Mitarbeiter: ca. 900 (2013)
Standorte: Firmensitz in Gefrees; Produktionsstätten in Polen, Ungarn, der Türkei, Spanien, Mexiko, Kambodscha, China und Indien
Vertrieb: über Niederlassungen in Deutschland, Ungarn, Polen, Spanien, der Türkei, China, Indien, Mexiko und den USA sowie über ein weltweites Netz an Vertretungen
Gründer: Helmut Sandler, 1947, Schwarzenbach/Saale
Eigentümer: Monika Sandler

Kontakt

helsa Fashion Shaping – helsaform GmbH
Bayreuther Str. 9-11, 95482 Gefrees
Fon: 09254 80-750, Fax: 09254 80-742
helsaform@de.helsa.com, www.helsa.com

Ansprechpartner Presse

Elke Hühnel
Fon: 09254 80-458
elke.huehnel@de.helsa.com

Hengst

Münster, Nordrhein-Westfalen

Gegründet: 1958

Die Hengst SE & Co. KG ist ein führender Anbieter von Filterlösungen für die Automobilbranche und industrielle Anwendungen. Hengst ist an zehn Standorten in Deutschland, den USA, Brasilien, Indien, China und Singapur aktiv. Es werden 3.000 Mitarbeiter beschäftigt, die 2013 einen Umsatz von rd. 400 Mio. Euro erwirtschafteten. Hengst Automotive entwickelt und produziert als Erstausrüster Filtrations- und Fluidmanagementlösungen für zahlreiche Automobilhersteller. Hengst Filter betreut den Ersatzteilmarkt. Filtration für die Industrie- und Umwelttechnik steht im Fokus des dritten Geschäftsbereichs mit Kunden im Agrar- oder Marine-Sektor ebenso wie bei Herstellern von Reinigungsgeräten und Elektrowerkzeugen. Walter Hengst gründete das Unternehmen 1958. Sein Enkel Jens Röttgering führt es in der 3. Generation weiter.

Kontakt
Hengst SE & Co. KG
Nienkamp 55-85, 48147 Münster
www.hengst.com

Henkel

Düsseldorf, Nordrhein-Westfalen

Gegründet: 1876

Die Henkel AG & Co. KGaA ist weltweit mit führenden Marken und Technologien in den drei Geschäftsfeldern Laundry & Home Care (Wasch-/Reinigungsmittel), Beauty Care (Schönheitspflege) und Adhesive Technologies (Klebstoff-Technologien) tätig. Das Unternehmen nimmt mit bekannten Marken wie Persil, Pril oder Schwarzkopf global führende Marktpositionen im Konsumentengeschäft ein. Darüber hinaus ist Henkel der unbestrittene Weltmarktführer bei Klebstoffen, Dichtstoffen und Funktionsbeschichtungen für Konsumenten, Handwerker und industrielle Anwendungen. Der Bereich Adhesive Technologies, durch den 50 % des Konzernumsatzes erwirtschaftet werden, umfasst führende Marken wie Loctite, Teroson und Technomelt.

Das Unternehmen mit Hauptsitz in Düsseldorf ist mit seinen Marken weltweit vertreten. Im Jahr 2013 erwirtschaftete Henkel einen Umsatz von über 16 Mrd. Euro. Von den weltweit rd. 47.000 Mitarbeitern sind über 80 % außerhalb Deutschlands tätig. Das Unternehmen ist auf 5 Kontinenten in 125 Ländern mit Standorten vertreten.

Fritz Henkel gründete im Jahre 1876 die Firma Henkel & Cie. in Aachen und stellte als erstes Produkt ein Pulver-Waschmittel auf der Basis von Wasserglas her. Bis heute halten die Mitglieder der Familie Henkel die Mehrheit der Stammaktien. Die operative Führung der Geschäfte obliegt dem Vorstand der Henkel Management AG, deren Vorsitzender Kasper Rorsted seit 2008 im Amt ist.

Kontakt
Henkel AG & Co. KGaA
Henkelstr. 67, 40589 Düsseldorf
Fon: 0211 797-0, Fax: 0211 798-4008
www.henkel.de

Henry Lambertz

Aachen, Nordrhein-Westfalen

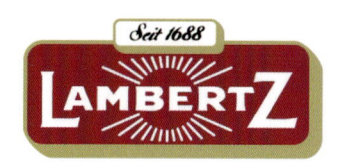

Gegründet: 1688

Die Aachener Printen- und Schokoladenfabrik Henry Lambertz GmbH & Co. KG mit Stammsitz in Aachen ist einer der führenden Anbieter auf dem Gebiet feiner Backwaren. 2013 feierte das Unternehmen sein 325-jähriges Firmenjubiläum und blickte dabei auf eine außerordentliche Erfolgsgeschichte zurück. Das Sortiment umfasst Herbst- und Weihnachtsgebäck wie Printen, Dominosteine und Lebkuchen. In diesem Segment ist Henry Lambertz Weltmarktführer. Dazu kommen Ganzjahresartikel wie Gebäckmischungen, Kleinkuchen und Pralinen sowie Vitalgebäck. Neben der Henry Lambertz GmbH gehören auch die Firmen Wilhelm Kinkartz GmbH & Co. KG, die Weiss-Lebkuchenfabrik Neu-Ulm GmbH und Haeberlein-Metzger zur Lambertz-Gruppe. Bekannte Marken sind entsprechend Weiss, Haeberlein-Metzger, Kinkartz und Lambertz. Mit der Mehrheitsbeteiligung an der sächsischen Traditionsmarke Dr. Quendt GmbH & Co.KG in Dresden ist Lambertz seit 2014 bei allen drei großen Herkunftsbezeichnungen im Backwarenbereich – Aachener Printen,

»Es muss sich alles ändern, damit es bleibt, wie es ist.«

Prof. Hermann Bühlbecker, Alleingesellschafter der Unternehmensgruppe Lambertz, Honorarkonsul der Republik Côte d'Ivoire

Henry Lambertz

Unternehmerisches Engagement

Die Firma Lambertz engagiert sich in zahlreichen Initiativen, die die dringendsten globalen Probleme fokussieren. So ist Prof. Hermann Bühlbecker Mitglied der Clinton Global Initiative (CGI), die vom ehemaligen US-Präsidenten Bill Clinton ins Leben gerufen wurde. Die Initiative führt Staatsoberhäupter und Wirtschaftsführer aus der ganzen Welt zusammen. Durch großes Engagement und umfangreiche Aktivitäten wird versucht, Lösungen für die dringendsten Probleme der Weltgesellschaft herbeizuführen. Im Mittelpunkt stehen vor allem globale Herausforderungen wie Klimawandel, Armutsbekämpfung, Energiepolitik, Bildung und globale Gesundheit. 2014 wurde Prof. Bühlbecker in New York mit dem Award für zehnjährige Unterstützung und Ideengeberschaft für die Ziele der CGI geehrt. Ein zweiter, mit dem Thema globale Gesundheit zusammenhängender Schwerpunkt im sozialen Engagement des Unternehmens liegt auf der Bekämpfung der Immunschwächekrankheit Aids. Bühlbecker unterstützt als Mitglied die amfAR (American Foundation for Aids Research) und die Elton John Aids Foundation. Eine dritte Säule im Bereich der gesellschaftlichen Verantwortung bezieht sich auf das Thema Sport. Lambertz fördert z. B. das größte Reitturnier der Welt, den CHIO Aachen, und ist Mitveranstalter der großen Media Night zur Turniereröffnung. In der ersten Bundesliga spielt ein dem Unternehmen zugehöriges Tennisteam: Das Tennis Team Lambertz Kurhaus Aachen wurde in diesem Jahr Deutscher Vizemeister der ersten Tennisbundesliga. Die Mannschaft, in der sich auch fast alle deutschen Daviscup-Spieler befinden, gewann den Titel fünfmal innerhalb der letzten sieben Jahre. Daneben fördert Lambertz weitere Sportvereine und unterstützt die Deutsche Sporthilfe.

Henry Lambertz gründete das Unternehmen im Jahr 1688; das historische Stammhaus in Aachen (Mitte); eines der ersten Auslieferungsfahrzeuge (unten).

Die Lambertz-Gruppe ist Weltmarktführer für Herbst- und Weihnachtsgebäck.

Henry Lambertz

Die Best Selection von Lambertz in der Jubiläumsdose zum 325-jährigen Bestehen

Nürnberger Lebkuchen und Dresdner Stollen – mit den jeweils führenden Marken im deutschen Lebensmittelhandel vertreten.

Die rd. 3.500 Mitarbeiter der Lambertz-Gruppe verteilen sich auf 7 Werke, von denen sich 6 in Deutschland befinden. Neben Aachen ist die Lambertz-Gruppe mit Unternehmenssitzen in Würselen, Erkelenz, Ladbergen (Münster), Nürnberg und Ulm vertreten. Im Jahr 1998 wurde das Werk Lambertz Polonia im polnischen Kattowitz gegründet. Die hier produzierten Waren sind ausschließlich für den polnischen bzw. osteuropäischen Markt bestimmt. Lambertz USA, gegründet 2007, ist bei den großen Handelsketten wie Wal Mart, Sam's Club und Walgreens vertreten. Das Unternehmen mit einem Jahresumsatz von rd. 584 Mio. Euro (Geschäftsjahr 2013/14) exportiert in weltweit 60 Länder und weist eine Auslandsquote von 25 % aus. Eine Besonderheit ist, dass sich mit Lambertz ein Markenartikler ohne Einsatz klassischer Werbemaßnahmen am Markt etablieren konnte. Als Marketing-Tools werden stattdessen medienwirksame Events wie z. B. die jährliche Lambertz Monday Night zur ISM oder die Produktion des limitierten Lambertz Fine Art Kalenders genutzt.

Der Gründer Henry Lambertz beantragte bereits im Jahr 1688 die Konzession für ein erstes Backhaus am Aachener Markt. Dieses nannte er „Haus zur Sonne". Prof. Hermann Bühlbecker übernahm das Unternehmen im Jahr 1978 in 9. Generation, als es einen Jahresumsatz von lediglich 16 Mio. DM erwirtschaftete. Er erweiterte das Herbst- und Weihnachtssortiment und ergänzte die Produktpalette um Ganzjahresartikel. Mit Beginn seiner Tätigkeit im Unternehmen veränderte sich das Sortiment umfassender als in den 300 Jahren zuvor. Zu den unternehmerischen Zielen des Familienunternehmens gehören der stetige Ausbau des Geschäfts auf dem US-Markt sowie die weitere Expansion in Osteuropa und Asien. Mit jährlich 44 Azubis zählt Lambertz zu den wichtigsten Ausbildungsbetrieben der Region Aachen.

Meilensteine

1688 Henry Lambertz gründet das Backhaus „Haus zur Sonne" in Aachen.

1820 Erste Kräuterprinte auf Zucker- und Sirupbasis

1870 Einführung der Schokoladenprinte

1963 Kompletter Neubau der Firmenanlage, nachdem im Zweiten Weltkrieg etwa 75 % der Produktionsstätten zerstört worden waren

1994 Übernahme der Lebkuchenfabrik Weiss, Neu-Ulm, und der Firma Wolff, Nürnberg

1998 Gründung der Lambertz Polonia in Kattowitz

1999 Zukäufe der Traditionsfirmen Kinkartz und Haeberlein & Metzger in Würselen und Nürnberg

2000 Aufstieg zum Weltmarktführer für Herbst- und Weihnachtsgebäck

2007 Gründung Lambertz USA

2014 Mehrheitsbeteiligung an sächsischer Traditionsmarke Dr. Quendt GmbH & Co.KG

H
EN

Lambertz, unter Führung von Prof. Hermann Bühlbecker, erzielt heute über 50 % des Umsatzes mit Artikeln, die 1997 noch nicht im Sortiment waren.

Hensel

H
EN

Daten und Fakten

Branche: Süßwaren
Produkte: Herbst- und Weihnachtsgebäck, Gebäckmischungen, Kleinkuchen, Pralinen, Vitalgebäck
Marktposition: Weltmarktführer für Herbst- und Weihnachtsgebäck
Umsatz: 584 Mio. Euro (Geschäftsjahr 2013/14)
Mitarbeiter: rd. 3.500 (2013)
Ausbildungsplätze p. a.: 44
Innovationen: Erfindung der Kräuterprinte als erstes Gebäck mit Schokoladenüberzug, Saftprinte, Vitalgebäck
Eigentümer: Prof. Hermann Bühlbecker zu 100 % in der direkten Nachfolge der Familie Lambertz, 9. Generation
Wichtigste Auszeichnungen: Bundesverdienstkreuz am Bande für Prof. Hermann Bühlbecker (2004); „Deutsche Superbrand 2012", internationales Markensiegel; „Weltmarktführer für Herbst-und Weihnachtsgebäck", Wirtschaftsministerium NRW (2012); „Marke des Jahrhunderts" (2012); Bundesehrenpreis in Gold des Bundesministeriums für Ernährung, Landwirtschaft und Verbraucherschutz (2013)
Literatur:
Karl F. Kittelberger: Das Aachener Printenbuch (1991)
Prof. Hermann Bühlbecker (Hrsg.): Genuss Ansichten (2013)

Aachener Printen- und Schokoladenfabrik Henry Lambertz GmbH & Co. KG im Internet

Kontakt

Aachener Printen- und Schokoladenfabrik
Henry Lambertz GmbH & Co. KG
Borchersstr. 18, 52072 Aachen
Fon: 0241 8905-0, Fax: 0241 8905-270
info@lambertz.de, www.lambertz.de

Ansprechpartner Presse

Elena Kleiber (A & C Media Community)
Fon: 030 3010-6921
info@mediacommunity-berlin.de

Hensel

→Gustav Hensel

Heraeus

Hanau, Hessen

Heraeus

Gegründet: 1851

Edelmetalle wie Platin und Gold, Sondermetalle wie Niob und Tantal, Sensoren, Biomaterialien und Medizinprodukte sowie Quarzglas und Speziallichtquellen – in diesen Bereichen hat Heraeus seit 1851 mit innovativen Entwicklungen und anspruchsvoller Werkstofftechnik Maßstäbe gesetzt. Industrie- und Medizinprodukte des weltweit tätigen Familienunternehmens sind im Alltag überall präsent, z. B. Katalysatoren und Temperatursensoren für Motoren, Quarzglas für Telekommunikation und Mikrochip-Herstellung, leitfähige Polymere für Touchscreens, Hochleistungs-Ultraviolett-Strahler für die Wasserentkeimung, Infrarot-Strahler für die Industrie oder Temperatursensoren für die Stahlbranche.

2013 erwirtschaftete Heraeus mit rd. 12.500 Mitarbeitern in mehr als 110 Gesellschaften weltweit einen Produktumsatz von 3,6 Mrd. Euro und einen Edelmetallhandelsumsatz von 13,5 Mrd. Euro. In der Wachs-

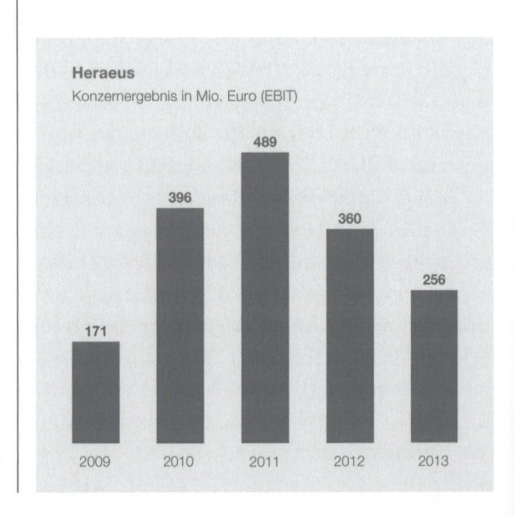

Heraeus
Konzernergebnis in Mio. Euro (EBIT)

Jahr	EBIT
2009	171
2010	396
2011	489
2012	360
2013	256

Heraeus

tumsregion Asien ist der Edelmetall- und Technologiekonzern seit vielen Jahren mit eigenen Produktions- und Vertriebsgesellschaften vertreten.

Die Kompetenzfelder erstrecken sich über die Geschäftsbereiche Edelmetalle (Heraeus Precious Metals), Materialien und Technologien (Heraeus Materials Technology), Sensoren (Heraeus Electro-Nite), Biomaterialien und Medizinprodukte (Heraeus Medical) sowie Quarzglas (Heraeus Quarzglas) und Speziallichtquellen (Heraeus Noblelight) – in diesen Bereichen zählt Heraeus zu den Markt- und Technologieführern. Heraeus ist weltweit an über 110 Standorten vertreten und verfügt über zahlreiche Entwicklungs- und Anwendungszentren.

Die Geschichte des Familienunternehmens reicht zurück in das Jahr 1851, als Wilhelm Carl Heraeus in Hanau die Apotheke seines Vaters übernahm. Dort gelang es ihm 1856, erstmals Platin mit Hilfe einer Knallgasflamme in Kilogramm-Mengen zu schmelzen und damit den Grundstein für die industrielle Nutzung des Edelmetalls zu legen. 1889 übernahmen seine Söhne Heinrich und Dr. Wilhelm Heraeus die „Erste Deutsche Platinschmelze W. C. Heraeus". In den folgenden Jahren entwickelte der Physiker und Chemiker Dr. Richard Küch zahlreiche Produkte und Verfahren, die sich bis heute in den Kernbereichen des Heraeus Konzerns widerspiegeln: Küch etablierte eine Methode, hochreines und blasenfreies Quarzglas

Firmengründer Wilhelm Carl Heraeus (oben), die ehemalige Einhorn Apotheke in Hanau (Mitte), das Familienwappen (unten)

Berühmte Erfinder: Dr. Richard Küch

Blasenfreies Quarzglas, Temperaturfühler und Höhensonne: Die Erfindungen des Physikers und Chemikers Dr. Richard Küch prägen unser Leben und machten das Familienunternehmen Heraeus zu einem Technologiekonzern von internationalem Rang. Richard Küch wurde 1860 im hessischen Bad Soden-Salmünster geboren. Er studierte Naturwissenschaften in Marburg und Leipzig und promovierte 1884 in Mineralogie. Danach arbeitete er als Assistent am Naturkundemuseum in Berlin. Seine industrielle Karriere begann 1890: In dieser Zeit übernahmen die beiden Gründersöhne Dr. Wilhelm und Heinrich Heraeus die Leitung der damaligen „Ersten Deutschen Platinschmelze W. C. Heraeus" von ihrem Vater und nahmen den ehemaligen Schulfreund in die Firma auf. Küch machte Forschung und Entwicklung zum festen Bestandteil der Firmenphilosophie und meldete schon 1891 das erste Patent der Heraeus Firmengeschichte an. Wegweisend war sein Verfahren, durch Schmelzen von Bergkristall in einer Knallgasflamme blasenarmes Quarzglas höchster Reinheit zu erzeugen, das zahlreiche weitere Innovationen nach sich zog. 1904 entwickelte er eine Quecksilberdampf-Quarzglaslampe, die der medizinischen Lichttherapie neue Impulse gab. Die daraus entwickelte Produktlinie Höhensonne® Original Hanau wurde ab den 1930er-Jahren in Deutschland zum Marktführer. Auch die moderne Hochtemperaturmesstechnik verdanken wir Richard Küch. Er meldete 1906 ein elektrisches Widerstandsthermometer aus Platindraht und Quarzglas zum Patent an – Ausgangspunkt für eine ganze Reihe innovativer Sensoren und Temperaturfühler. Daneben entwickelte Heraeus unter Küchs Regie Platinelektroden für die Chloralkali-Elektrolyse zur Produktion von Chlor, Platindrähte und -netze für die Ammoniakoxidation zur Herstellung von Düngemitteln sowie Spinndüsen aus Platinlegierungen zur Herstellung künstlicher Textilfasern. Chemielaboratorien nutzten lange Zeit fast ausschließlich Trocken- und Brutschränke sowie elektrische Thermoöfen von Heraeus. Von 1909 bis zu seinem Tod im Jahre 1915 wirkte Richard Küch als Mitglied der Geschäftsleitung und Gesellschafter des Unternehmens. Heute erinnert auf dem Werksgelände von Heraeus in Hanau das Richard-Küch-Forum an das Erfindergenie.

Heraeus

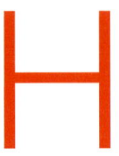

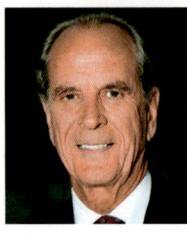

H
ER

Jan Rinnert (oben) ist Vorsitzender der Geschäftsführung der Heraeus Holding; Dr. Jürgen Heraeus (unten) ist Vorsitzender des Aufsichtsrats.

Leitfähige Polymere von Heraeus sind als Dispersion blaue Flüssigkeiten und werden als elektrische Funktionsschichten in Kondensatoren oder für Touchscreens genutzt.

Innovationskultur und Clusterstrategie

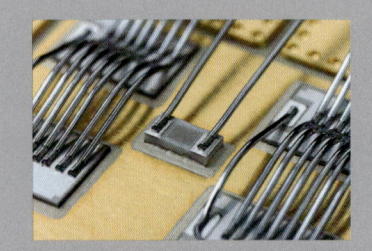

Innovationen sind seit über 160 Jahren die Grundlage des Erfolgs von Heraeus. Mit kundenorientierten Produkten und Lösungen trägt das Unternehmen wesentlich zur langfristigen Wertschaffung und Wettbewerbsfähigkeit seiner Kunden bei. Verkürzte Innovationszeiten und immer kürzere Produktlebenszyklen machen es notwendig, dass Unternehmen immer schneller neue Produkte entwickeln müssen. Auf die steigenden Anforderungen der Märkte stellt sich Heraeus mit einer noch stärkeren Internationalisierung von Forschung und Entwicklung sowie mit der Bildung internationaler Cluster ein. Mit diesen offenen Entwicklungsplattformen werden konzernübergreifend, global vernetzt und auf Zukunftsmärkte und Technologien fokussiert Innovationen für den Endkunden geschaffen. Erneuerbare Energien, Display & Consumer Electronics, Additive Manufacturing, Life Science und Sensorik sind Zukunftsfelder, in denen Heraeus mit attraktiven Produkten und Materialinnovationen neue Märkte erobern will. Diese Cluster sollen weltweite Entwicklungen, Trends und neue Potenziale für Heraeus identifizieren und die Innovationspipeline füllen – mit Produkten, die dem Endkunden einen entscheidenden Mehrwert liefern. Diese Know-how-Integration durch konzernübergreifende Clusterentwicklung versteht das Unternehmen als Ergänzung zur klassischen Ausrichtung der Geschäftsbereiche mit größtmöglicher Nähe zu den relevanten Weltmärkten. Ein weiteres wichtiges Element in der Innovationskultur bei Heraeus ist der intern verliehene Innovationspreis. Mit dem Preis will Heraeus seine für die breite Öffentlichkeit oftmals verborgenen Innovationen sichtbar machen und gleichzeitig die Leistungen und Talente der Entwickler anerkennend würdigen. Über 230 Produktinnovationen wurden seit 2003 eingereicht, insgesamt 38 Produkte und Prozesse prämiert.

Heraeus

Heraeus hat sich von der Einhorn-Apotheke in Hanau zu einem weltweit agierenden Industriekonzern entwickelt.

herzustellen, außerdem erfand er u. a. die künstliche Höhensonne und Thermoelemente mit Messdrähten aus Platin. Ab 1925 trat die 3. Generation der Familie in das Unternehmen ein. Unter der Führung von Dr. Wilhelm Heinrich Heraeus und Dr. Reinhard Heraeus wurden in den 1950er-Jahren die ersten ausländischen Tochtergesellschaften gegründet. 1970 wurde mit dem Physiker Dr. Helmut Gruber erstmals ein familienfremder Geschäftsführer bestellt, 1983 übernahm dann mit Dr. Jürgen Heraeus die 4. Generation der Familie Heraeus die Unternehmensleitung.

Dr. Jürgen Heraeus bestimmte eine tief greifende Reorganisation und schuf so die Voraussetzungen für den Wandel des Unternehmens zu einem global agierenden Konzern.

Nach der Gründung der Heraeus Holding GmbH im Jahre 1985 folgte 1990 eine umfassende Dezentralisierung, bei der die Kernbereiche von Heraeus in fünf eigenständige am Markt operierende Führungsgesellschaften strukturiert wurden. Im Januar 2000 wechselte Dr. Jürgen Heraeus als Vorsitzender in den Aufsichtsrat der Heraeus Holding, die Unternehmensleitung wurde an ein familienfremdes Management übergeben. 2006 verabschiedete die Gesellschafterversammlung die „Heraeus Family Governance" und bekräftigte darin das Bekenntnis, dass auch in Zukunft die Gesellschafter stets zu 100 % an der Heraeus Holding beteiligt sein müssen.

Das Unternehmen nimmt seine gesellschaftliche Verantwortung insbesondere in

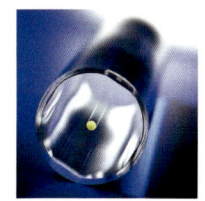

Dr. Andreas Langner von Heraeus Quarzglas mit einer Vorform für Hochleistungsfaserlaser

Die Heraeus Unternehmenszentrale in Hanau

Heraeus

H
ER

Heraeus im Internet

den Bereichen Fürsorge, Gesundheitsförderung, Arbeitssicherheit, Innovation und lebenslanges Lernen sowie gesellschaftliches Engagement wahr. Hierzu gibt es zahlreiche Projekte und Programme, in denen sich das Unternehmen gegenüber seinen Mitarbeitern und der Gesellschaft verantwortlich zeigt. Gemeinnütziges Engagement hat bei Heraeus eine lange Tradition. Gesellschafter des Unternehmens gründeten seit 1963 insgesamt vier Stiftungen, in denen sich auch heute Familienmitglieder aktiv für gesellschaftliche Themen insbesondere in den Bereichen Bildung und Soziales einsetzen. Dr. Jürgen Heraeus steht seit Frühjahr 2007 der deutschen UNICEF, dem Kinderhilfswerk der Vereinten Nationen, als Vorsitzender vor.

Schon gewusst?

Hochleistungsfaserlaser sind aus der Materialbearbeitung und industriellen Fertigungstechnik nicht mehr wegzudenken und werden z. B. in der Automobilindustrie zum Schneiden, Schweißen oder Bohren von mehreren Millimeter dicken Metallblechen eingesetzt. Weltweit wird intensiv daran geforscht, die eingesetzten Lasersysteme zu verbessern und die Leistungsfähigkeit der Laser zu steigern. Heraeus gelang 2013 ein Durchbruch in der Entwicklung eines innovativen Kernmaterials für Laserfasern. Mit einem neuartigen Verfahren können erstmals Multikilowatt-Faserlaser gebaut werden, die aus nur einer einzigen Glasfaser mehr als 5 KW Laserleistung erzeugen – dies ist aktuell ein Weltrekord. Bisher waren solche Hochleistungsfaserlaser-Systeme nur durch eine sehr aufwendige, teure und störanfällige Kopplung mehrerer Einzelfasern möglich. Erst mit dem neuen Verfahren sind neuartige komplexe Faserdesigns mit großem laseraktivem Kernvolumen überhaupt realisierbar. Weltweit gibt es derzeit kein vergleichbares Material.

Meilensteine

1851 Wilhelm Carl Heraeus übernimmt die Leitung der elterlichen Apotheke in Hanau.

1856 W. C. Heraeus gelingt es, Platin in der Knallgasflamme zu schmelzen; Gründung der ersten deutschen Platinschmelze.

1899 Gewinnung von blasenfreiem Quarzglas durch den Chefentwickler Dr. Richard Küch.

1904 Gemeinsam mit der AEG gründet Heraeus die Quarzlampengesellschaft mbH.

1925 Die 3. Generation mit Wilhelm H. und Reinhard Heraeus tritt in das Unternehmen ein.

1979 Auslandsumsatz übersteigt erstmals Inlandsumsatz.

1985 Neue Organisationsstruktur durch die Gründung einer Holding

1990 Gründung von fünf operativen Führungsgesellschaften

2010 160-jähriges Firmenjubiläum

2013 Mit Jan Rinnert übernimmt die 5. Generation die Geschäftsführung des Familienunternehmens.

Daten und Fakten

Branche: Edelmetall- und Technologieproduktion und Edelmetallhandel
Produktumsatz: 3,6 Mrd. Euro (2013)
Edelmetall-Handelsumsatz: 13,5 Mrd. Euro (2013)
Mitarbeiter: 12.454 (2013)
Standorte: über 110 Standorte, über 25 Entwicklungs- und Anwendungszentren
Patente: rd. 5.200
Gründer: Wilhelm Carl Heraeus, 1851, Hanau

Herkules

Auszeichnungen: „Familienunternehmer des Jahres 2007" an Dr. Jürgen Heraeus (2007); „Familienfreundlichstes Unternehmen", Bundeswettbewerb „Erfolgsfaktor Familie" (2008); „Ausgewählter Ort 2010" im Wettbewerb „365 Orte im Land der Ideen" (2010)

Literatur:
R. Schrank: Heraeus – Ein Familienunternehmen schreibt Industriegeschichte (2001)

Kontakt
Heraeus Holding GmbH
Heraeusstr. 12-14, 63450 Hanau
Fon: 06181 35-0
pr@heraeus.com, www.heraeus.com

Ansprechpartner Presse
Bettina Lichtenberg
Fon: 06181 35-5890
bettina.lichtenberg@heraeus.com

Herkules
Siegen, Nordrhein-Westfalen

HERKULES

Gegründet: 1911

Die Maschinenfabrik Herkules ist Weltmarktführer für Walzenbearbeitungsmaschinen und Roll-Shop-Equipment. Herkules ist das Ursprungsunternehmen der weltweit agierenden, inhabergeführten HerkulesGroup, die zusätzlich die eigenständigen Unternehmen Herkules USA, Herkules Meuselwitz, WaldrichSiegen, UnionChemnitz, RSGetriebe, HCC/KPM und SBA Mechatronics umfasst. Als weltweite Technologieführer entwickeln und produzieren die Unternehmen der HerkulesGroup Schleifmaschinen, Texturiermaschinen, Roll-Shop-Automation, Horizontaldrehmaschinen, Vertikaldrehmaschinen, Portalfräsmaschinen, Horizontal-Bohr- und -Fräsmaschinen, Antriebslösungen, Maschinensteuerungen und -messgeräte.

Die Produkte kommen bei der Walzen- und Werkstückbearbeitung sowie bei der Bearbeitung von schweren Schiffdieselmotoren und Kurbelwellen zum Einsatz. Für die Kunden in aller Welt erarbeiten die Unternehmen der HerkulesGroup individuelle Konzepte und bieten weltweit ein umfassendes

Meilensteine

1911 Gründung der Maschinenfabrik Herkules durch Franz Thoma

1951 Einführung von Portalfräsmaschinen in Europa durch WaldrichSiegen

1975 Inbetriebnahme der weltweit größten Walzendrehmaschine durch Herkules

1987 Gründung der Herkules Controls Corp. (HCC); Inbetriebnahme der ersten Walzenschleifmaschine mit „On the fly"-Korrekturmöglichkeiten.

1992 Übernahme der Maschinenfabrik Meuselwitz

2001 Entwicklung der Monolith™-Technologie durch Herkules

2004 Die Firma WaldrichSiegen wird übernommen.

2005 Gründung von GMT in China

2010 Ausbau des Produktions- und Servicestandorts in Indien

2011 Übernahme von UnionChemnitz

2012 Integration von RSGetriebe

2014 Übernahme von SBA Mechatronics

»Weltweit sind die Unternehmen der HerkulesGroup die führenden Spezialisten für Großwerkzeugmaschinen.«

Christoph Thoma, geschäftsführender Gesellschafter

Christoph Thoma leitet das Familienunternehmen, das seinen Sitz in Siegen hat.

H
ER

Die patentierte Monolith™-Technologie für Walzenschleifmaschinen wurde 2001 von der Maschinenfabrik Herkules entwickelt.

Servicenetz. Die Unternehmensgruppe beschäftigt rd. 1.600 Mitarbeiter, davon 1.200 in Deutschland. Weitere Produktionsstätten befinden sich in den USA, China, Indien und Österreich. Das Auslandsgeschäft steuert etwa 90 % zum Gesamtumsatz bei, der Verkauf erfolgt über eigene Tochtergesellschaften und ein Netzwerk von ausgewählten Handelsvertretern.

Herkules wurde im Jahr 1911 von Franz Thoma in Siegen als Hersteller von Walzenschleif- und Bohrmaschinen gegründet. Die technische Entwicklung und wirtschaftliche Erweiterung erfolgte kontinuierlich. Insbesondere in den letzten beiden Jahrzehnten wurden durch die Zukäufe weiterer Unternehmen die technologische Kompetenz gebündelt, das Produktportfolio strategisch vervollständigt und die Marktanteile gestärkt. Es erfolgten u. a. die Übernahmen der Unternehmen Herkules Meuselwitz (1992), WaldrichSiegen (2004), UnionChemnitz (2011), RSGetriebe (2012) und SBA Mechatronics (2014). Technologische Herausforderungen ergeben sich für die vom geschäftsführenden Gesellschafter Christoph Thoma geleiteten Familienunternehmen aus stetig steigenden Anforderungen an Genauigkeit, Leistung und Zuverlässigkeit der immer größer werdenden Maschinen.

Maschinenfabrik Herkules GmbH & Co. KG im Internet

Daten und Fakten

Branche: Schwermaschinenbau
Produkte: Schleifmaschinen, Texturiermaschinen, Roll-Shop-Automation, Drehmaschinen, Fräsmaschinen, Horizontal-Bohr- und -Fräsmaschinen, Maschinensteuerungen und -messgeräte, Getriebe
Marktposition: weltweiter Technologieführer bei Walzenbearbeitungsmaschinen, Roll-Shop-Equipment, Großdrehmaschinen und Portalfräsmaschinen
Mitarbeiter: 1.600 weltweit (2014)
Auszubildende: 120
Standorte: Produktion in Deutschland, Österreich, den USA, China und Indien; weitere Niederlassungen in Russland, Tschechien, Brasilien, Japan, Singapur und Bahrain
Vertrieb: weltweit durch eigene Niederlassungen und ein Vertreternetzwerk
Exportquote: 90 %
Gründer: Franz Thoma, 1911, Siegen

Kontakt
Maschinenfabrik Herkules GmbH & Co. KG
Eisenhüttenstr. 21, 57074 Siegen
Fon: 0271 6906-0, Fax: 0271 6906-222
info@herkules-group.com
www.herkules-group.com

Herpa Miniaturmodelle

Dietenhofen, Bayern

Gegründet: 1949
Die Herpa Miniaturmodelle GmbH ist ein führender Anbieter auf dem internationalen Markt der Modellautos und -flugzeuge. Im Bereich der Modellflugzeuge im Standard-Maßstab 1:500 ist Herpa Weltmarktführer. Außerdem publiziert Herpa zwei Sammlermagazine, die sechsmal im Jahr über die Neuheiten auf dem Markt informieren. Im fränkischen Dietenhofen beschäftigt das Unternehmen etwa 200 Mitarbeiter. Weitere 50 Beschäftigte verzeichnet das Herpa-Werk in Ungarn. Das Unternehmen erwirtschaftet einen Umsatz von rd. 14,36 Mio. Euro. Der Vertrieb erfolgt über den Modellfachhandel bzw. ein internat. Händlernetz. Die Geschäfte des Unternehmens führen Walter Wehr und Werner Kuhn. Das Familienunternehmen gehört der VBG KG. Herpa wurde 1949 von Wilhelm Hergenröther gegründet.

Kontakt
Herpa Miniaturmodelle GmbH
Leonrodstr. 46-47, 90599 Dietenhofen
www.herpa.de

Herrenknecht

Schwanau, Baden-Württemberg

Gegründet: 1977

Die Herrenknecht AG ist Technologie- und Marktführer im Bereich der maschinellen Tunnelvortriebstechnik. Als einziges Unternehmen weltweit liefert Herrenknecht modernste Tunnelbohrmaschinen für alle Baugründe und in allen Durchmessern – von 0,10 bis 19 m. Die Produktpalette umfasst maßgeschneiderte Maschinen für Verkehrstunnel sowie Ver- und Entsorgungstunnel, Zusatzequipment- und Servicepakete. Herrenknecht stellt außerdem Bohranlagen für Vertikal- und Schrägschächte sowie Tiefbohranlagen her. Der Konzern besteht aus der operativ tätigen Herrenknecht AG als Muttergesellschaft und 82 Tochter- und geschäftsnahen Beteiligungsgesellschaften im In- und Ausland. Der Konzern erwirtschaftete 2013 einen Umsatz von über einer Mrd. Euro und beschäftigt rd. 5.000 Mitarbeiter. Dr.-Ing. E. h. Martin Herrenknecht ist Gründer, Namensgeber und Vorstandsvorsitzender der Herrenknecht AG.

Kontakt
Herrenknecht AG
Schlehenweg 2, 77963 Schwanau
www.herrenknecht.com

HF GROUP

Hamburg

Gegründet: 1855

Die Harburg-Freudenberger Maschinenbau GmbH fertigt Spezialmaschinen zur industriellen Herstellung von Gummimisch-, Kautschuk- und Speiseölprodukten. Zu ihren Kunden zählen die gummiverarbeitende, die Reifen- sowie die Ölmühlen- und Nahrungsmittelindustrie. Das Produktspektrum reicht von Gummimischanlagen, Extrudern, Reifenbaumaschinen und -heizpressen über Speiseölveredelungssysteme bis hin zu Schneckenpressen für die Entwässerung von Kautschuk. Im Bereich der Reifenproduktionsanlagen ist Harburg-Freudenberger globaler Marktführer.

Im Jahr 2013 erzielten die insgesamt 2.000 Mitarbeiter einen Umsatz von rd. 435 Mio. Euro. Das weltweit exportierende Unternehmen unterhält neben den Produktionsstätten am Hauptsitz in Hamburg-Harburg und in Freudenberg Standorte in Italien, Kroatien, Großbritannien, Spanien, der Slowakischen Republik sowie in den USA. Es hat Vertretungen auf der ganzen Welt und wird von Jens Beutelspacher, Prof. Dr. Andreas Limper, Mark Meulbroek und Günter Simon geleitet. Eigentümerin ist die L. Possehl & Co. mbH.

1855 begann German Julius Koeber mit dem Bau einer Eisenhütte in Harburg, die sich zur größten Eisengießerei Norddeutschlands entwickelte. Mit der Übernahme von „Werner und Pfleiderer" aus Freudenberg avancierte sie zum einzigen Anbieter weltweit mit dem gesamten Maschinenprogramm für die Reifenproduktion. Als sie 2005 von L. Possehl erworben wurde, fand die Umfirmierung in Harburg-Freudenberger Maschinenbau GmbH statt. Seit 2010 ist sie

Hirschvogel

mit der Farrel Corporation und der Pomini Rubber & Plastics Srl zur HF MIXING GROUP zusammengefasst.

Kontakt
Harburg-Freudenberger Maschinenbau GmbH
Seevestr. 1, 21079 Hamburg
Fon: 040 77179-0, Fax: 040 77179-325
info@hf-group.com, www.hf-group.com

Hirschvogel

Denklingen, Bayern

Gegründet: 1938

Die Hirschvogel Automotive Group zählt zu den erfolgreichsten Herstellern von massiv umgeformten Bauteilen aus Stahl und Aluminium. Mehr als 4.000 Mitarbeiter stellen weltweit Umformteile und Komponenten für die Automobilindustrie und deren Systemlieferanten her. Der konsolidierte Umsatz 2013 der Gruppe lag bei 810 Mio. Euro bei einem Ausstoß von 288.800 t Umformteilen. Die Hirschvogel Holding GmbH ist die Muttergesellschaft der acht Automobilzulieferunternehmen der Hirschvogel Automotive Group. Das Stammwerk, die Hirschvogel Umformtechnik GmbH in Denklingen, fertigt mit rd. 1.900 Mitarbeitern jährlich etwa 205.000 t Schmiede- und Fließpressteile aus Stahl. Das in 2. Generation geführte Unternehmen wurde 1938 als Hammerwerk Hirschvogel OHG von Willy Hirschvogel zusammen mit seinen Brüdern Anton und Hans Hirschvogel gegründet.

Kontakt
Hirschvogel Holding GmbH
Dr.-Manfred-Hirschvogel-Str. 6, 86920 Denklingen
www.hirschvogel.com

HOCHTIEF

Essen, Nordrhein-Westfalen

Gegründet: 1873

Die HOCHTIEF Aktiengesellschaft zählt zu den internationalsten Baukonzernen der Welt. Das Unternehmen realisiert weltweit anspruchsvolle Infrastrukturprojekte. Der Konzern ist in den Bereichen Verkehrsinfrastruktur, Energieinfrastruktur und soziale/urbane Infrastruktur sowie im Minengeschäft tätig. Mit knapp 81.000 Mitarbeitern und Umsatzerlösen von mehr als 25 Mrd. Euro im Geschäftsjahr 2013 ist HOCHTIEF auf allen wichtigen Märkten der Welt präsent: In Australien ist der Konzern mit der Tochtergesellschaft Leighton Marktführer. In den USA – dem größten Baumarkt der Welt – ist HOCHTIEF über die Tochter Turner die Nummer eins im gewerblichen Hochbau und zählt mit Flatiron zu den wichtigsten Anbietern im Verkehrswegebau. Geführt wird der Konzern von Marcelino Fernández Verdes (CEO) sowie den Vorstandsmitgliedern Peter Sassenfeld, Nikolaus Graf von Matuschka und José Ignacio Legorburo. Das Unternehmen ist wegen seines Engagements um Nachhaltigkeit seit 2006 in den Dow Jones Sustainability Indizes vertreten und legt sehr viel Wert auf Compliance. Die strengen Standards sind sowohl im „Code of Conduct" als auch im „Code of Conduct für Nachunternehmer" festgelegt. HOCHTIEF wurde 1873 von den Brüdern Philipp und Balthasar Helfmann gegründet und hat u. a. an Großprojekten wie der Öresund-Brücke oder dem Gotthard-Basistunnel entscheidend mitgewirkt.

Hönes

Kontakt

HOCHTIEF Aktiengesellschaft
Opernplatz 2, 45128 Essen
Fon: 0201 824-0, Fax: 0201 824-2777
info@hochtief.de, www.hochtief.de

HOLTEC

Hellenthal, Nordrhein-Westfalen

Gegründet: 1970

Die HOLTEC GmbH & Co. KG plant und produziert Anlagen für die holzbearbeitende Industrie. Das Unternehmen ist im Bereich Paketkappsägen weltweit die Nummer eins und gehört zu den Top-Anbietern u. a. für Komplettanlagen zur Rundholzmanipulation. HOLTEC beschäftigt an den beiden Standorten in Hellenthal/Eifel (Zentrale) und im sächsischen Jänkendorf insgesamt 140 Mitarbeiter und verfügt über Vertriebsniederlassungen in Frankreich und den USA sowie über ein weltweites Netz von Vertretungen. Ute Klement leitet das Unternehmen in 2. Generation gemeinsam mit Alexander Gebele. Peter Klement, der Vater von Ute Klement, hatte die HOLTEC GmbH & Co. 1970 zusammen mit weiteren Gesellschaftern gegründet.

Kontakt

HOLTEC GmbH & Co. KG
Dommersbach 52, 53940 Hellenthal
www.holtec.de

Hönes

Titisee-Neustadt, Baden-Württemberg

Gegründet: 1950

Die Hönes Uhren GmbH mit Sitz in Titisee-Neustadt entwirft und produziert original Schwarzwälder Kuckucksuhren. Ansässig in einer für die Uhrmacherei bekannten Region, in der bereits seit 1750 Schwarzwalduhren hergestellt werden, legt Hönes als Weltmarktführer besonderen Wert auf Handarbeit und eine hochwertige Ausführung der Uhren. Präzise, mechanische Uhrwerke werden verwendet und sämtliche Holzschnitzereien sowie Uhrengehäuse werden von Hand hergestellt. Alle wichtigen Bestandteile der Uhren werden im Schwarzwald gefertigt, viele Zulieferer arbeiten exklusiv nur für Hönes.

Gegründet wurde das Unternehmen 1950 von Uhrmachermeister Daniel Hönes. 1984 übernahm Wolfgang Trenkle die Firma. Er erweiterte die Ausrichtung der Firma auf

Die Hönes Uhren GmbH ist der weltweit führende Hersteller für traditionelle Kuckucksuhren und Schwarzwalduhren.

H ON

»Traditionen bewahren, Innovationen entwickeln, Qualität erzeugen. Diese Balance zu halten ist die Grundlage unseres Handelns.«

Wolfgang Trenkle

Wolfgang Trenkle ist geschäftsführender Gesellschafter der Hönes Uhren GmbH, die ihren Sitz in Titisee-Neustadt hat.

Hönle

H
ON

Die Hönes Uhren GmbH im Internet

den Weltmarkt, u. a. durch die Teilnahme auf internationalen Messen z. B. in Großbritannien und den USA. Das Portfolio umfasst mittlerweile fast 400 verschiedene Modelle, von der traditionellen Kuckucksuhr bis zur Kuckucksstanduhr, von 20 bis 215 cm Höhe. Wolfgang Trenkle entwirft und realisiert alle neuen Uhren selbst. Verschiedene Neuheiten wurden durch Gebrauchsmuster geschützt.

Neben dem Kuckucksruf, der auch heute noch mechanisch von zwei kleinen Blasebälgen erzeugt wird, bieten viele Modelle auch bewegliche Motive und tanzende Figuren. Holzhacker, Biertrinker, küssende Liebespaare oder Schwarzwaldmädels bewegen sich jede Stunde zum Ruf des Kuckucks oder zur Musik. Auch Uhren mit Quarzwerken sind im Programm. Die Produkte werden unter dem Slogan „Handmade in Germany" weltweit vermarktet: Die Kunden kommen neben den Ländern der EU auch aus den USA, Kanada, Australien, Brasilien, Russland, Japan, China, Indien und weiteren asiatischen Ländern. Weltweit gibt es 19 Service-Stationen. Der Katalog von Hönes ist mittlerweile achtsprachig angelegt. Rund 20 festangestellte Mitarbeiter und etwa 35 Heimarbeiter fertigen die Uhren in der Tradition des Schwarzwälder Uhrmacherhandwerks.

Daten und Fakten

Produkte: Kuckucksuhren, Schwarzwalduhren
Marktposition: Weltmarktführer für original Kuckucksuhren
Mitarbeiter: 20, dazu ca. 35 Heimarbeiter
Standorte: 19 Service-Stationen weltweit
Vertrieb: weltweit
Gründer: Daniel Hönes, 1950, Titisee-Neustadt
Eigentümer: Wolfgang Trenkle
Auszeichnungen: mehrfach ausgezeichnet bei den Wahlen zur „Schwarzwalduhr des Jahres"

Kontakt

Hönes Uhren GmbH
Bahnhofstr. 12, 79822 Titisee-Neustadt
Fon: 07651 93657-0, Fax: 07651 93657-22
info@hoenes-uhren.de, www.hoenes-uhren.de

Meilensteine

1950 Gründung durch Uhrmachermeister Daniel Hönes

1970 Umzug in die heutigen Betriebsräume

1984 Übernahme durch Wolfgang Trenkle

1987 Erstmalige Teilnahme an der Weltmesse für Uhren und Schmuck in Basel

1992 Umwandlung in eine GmbH

2004 Erstmalige Teilnahme an einer Messe in USA

2013 Erweiterung der Betriebsräume; Eintragung der Marke Hönes in Deutschland und Europa

2014 Eintragung der Marke Hönes in den USA, China, Russland und weiteren Ländern

Hönle

→Dr. Hönle – UV-Technologie

HÖRAUF

Donzdorf, Baden-Württemberg

Gegründet: 1938

Die Michael Hörauf GmbH und Co. KG ist führend in der Herstellung von innovativen Spezialmaschinen für die grafische und die verpackende Industrie. Zum Portfolio zählen Maschinen und Anlagen für Getränke- und Verpackungsbecher aus Papier, für Buchdecken und Ordnerherstellung sowie Systeme für Getränke- und Lebensmittelverpackungen. Jüngste Neuentwicklungen sind

Hornschuch Group

ein Maschinenkonzept, das speziell für die Produktion von Hardcover-Buchdecken zur Fotobuchherstellung ausgelegt ist, sowie im Papierbecherbereich die BMP 300 mit einer Produktionskapazität von 300 Bechern/min. Die Produktion der Maschinen und Anlagen erfolgt am heutigen Stammsitz in Donzdorf, exportiert wird weltweit. 240 Mitarbeiter sind für das von Michael Hörauf im Jahr 1938 in Düsseldorf gegründete Unternehmen tätig.

Kontakt
Michael Hörauf GmbH und Co. KG
Mozartstr. 39-41, 73072 Donzdorf
www.hoerauf.com

Hörmann

Kirchseeon, Bayern

Gegründet: 1955
Die Hörmann Holding GmbH & Co. KG ist in den beiden Geschäftsfeldern Industrie und Kommunikation aktiv. Im Bereich Industrie produziert Hörmann Komponenten für die Fahrzeugindustrie und den Anlagenbau, im Bereich Kommunikation werden Produkte für die Funktechnik entwickelt sowie Warn- und Meldesysteme hergestellt. Flankiert wird das Produktportfolio von Ingenieurdienstleistungen wie der Entwicklung und Implementierung kundenspezifischer Komponenten und Anlagen. Das im Jahr 1955 von Dipl.-Ing. Hans Hörmann gegründete Familienunternehmen ist heute mit 25 unter dem Dach der Hörmann Holding vereinten Tochtergesellschaften in 13 Ländern weltweit präsent. Die etwa 3.500 für Hörmann tätigen Mitarbeiter sorgen für einen Umsatz von rd. 590 Mio. Euro.

Kontakt
Hörmann Holding GmbH & Co. KG
Hauptstr. 45-47, 85614 Kirchseeon
www.hoermann-gruppe.de

Hornschuch Group

Weißbach, Baden-Württemberg

Gegründet: 1898
Die Hornschuch Group ist Weltmarktführer für Oberflächen aus Folien und Kunstleder. Unter der Marke d-c-fix® bietet das Unternehmen dem Endverbraucher trendstarke Design- und Funktionsfolien sowie Tischbeläge. Die Marke skai® steht für Folien, Schaumfolien und beschichtete Trägermaterialien, die in der Automobil-, Möbel-, Marine- und Bauindustrie eingesetzt werden.

Hornschuch Produkte kommen z. B. in den Innenräumen von Mercedes-Benz S-Klasse und BMW i3, in der VIP-Lounge der Allianz-Arena und auf Kreuzfahrtschiffen zum Einsatz, sie bringen Farbe auf Fenster, Haustüren und Garagentore. Gefertigt werden die Folien auf Kalandern, das Kunstleder auf Streichmaschinen. Zur Veredelung wird das Material bedruckt, geprägt und kaschiert.

Weltweit arbeiten 1.700 Menschen für die Hornschuch Group, in Deutschland sind es 1.230. Die Produktion erfolgt an drei deutschen Standorten sowie im US-amerikanischen Winchester. 2012 betrug der Gruppenumsatz 345,1 Mio. Euro, 76,2 % des Umsatzes wurden im Export erzielt. Hornschuch

Die Konrad Hornschuch AG in Weißbach: Hier sind der Stammsitz und die Zentrale der Hornschuch Group.

»Wir wollen unseren Status als Weltmarktführer für Folien und Kunstleder weiter ausbauen und streben mittelfristig für die Hornschuch Group ein Umsatzvolumen von 500 Mio. Euro an.«

Dr. Hans-Hinrich Kruse, Vorstandsvorsitzender und CEO der Konrad Hornschuch AG

Hornschuch Group

H
OR

d-c-fix®

skai®

Die beiden Marken d-c-fix® und skai® der Hornschuch Group versprechen Qualität und Kompetenz für Endverbraucher und Industrie.

Die Hornschuch Group im Internet

Meilensteine

1898 Gründung der Textilgesellschaft Weißbach GmbH

1920 Konrad Hornschuch wird Gesellschafter und gründet die Konrad Hornschuch Familien AG.

1958 Mit Anmeldung der Marken d-c-fix® für Selbstklebefolien und skai® für Kunstleder beginnt Hornschuch mit Produktmarketing.

1980 Neuartige Folien revolutionieren die Oberflächengestaltung; skai® wird im Duden als Synonym für Kunstleder geführt.

2009 Erwerb der Mehrheit an kek-Kaschierungen, Herbolzheim

2010 Erwerb des Folienherstellers O'Sullivan Films, Virginia (USA)

2012 Erwerb der era Beschichtung GmbH & Co. KG, Stolzenau, und Umfirmierung in Hornschuch Stolzenau GmbH

2014 Gründung einer Handels- und Vertriebsgesellschaft in Shanghai (China)

vertreibt die Produkte weltweit über den eigenen Außendienst, Distributionspartner und Handelsvertreter. In China, Frankreich, England, Italien, Russland und der Tschechischen Republik gibt es Vertriebsgesellschaften.

Der heutige Global Player Hornschuch geht auf die 1898 gegründete Textilgesellschaft Weißbach GmbH zurück. Dort wurden Textilien gesponnen oder gewoben, später kam die Kunststoffbeschichtung hinzu. Zu den Innovationen zählen skai® cool colors Venezia, ein Synthetik-Material für Outdoormöbel, das die Aufheizung in praller Sonne vermindert und den Komfort deutlich erhöht. Weitere Neuheiten 2014 sind die d-c-fix® Velvet Edition, eine haptisch erfahrbare Folie, sowie d-c-fix® Static Premium, eine Glasfolie, die Sichtschutz mit Dekoration verbindet und statisch haftet. Viele international renommierte Designpreise wie red dot und iF Award stehen für die Designkompetenz der Gruppe. Die Hornschuch Group, die in den letzten Jahren durch nationale und internationale Akquisitionen entstand, ist mehrheitlich im Besitz der Equistone Partner GmbH.

Daten und Fakten

Branche: kunststoffverarbeitende Industrie
Marktposition: Weltmarktführer für Oberflächen aus Folien und Kunstleder
Umsatz: 345,1 Mio. Euro (Konzernumsatz 2013)
Mitarbeiter: 1.700 weltweit
Ausbildungsquote: über 8 % (2013)
Standorte: Produktion in Weißbach, Stolzenau, Herbolzheim (alle Deutschland), Winchester (USA); Vertriebsgesellschaften in London, Mailand, Moskau, Paris, Prag und Shanghai
Vertrieb: in ca. 80 Länder auf allen Kontinenten
Exportquote: 76,2 % (2013)
Innovationen: skai® cool colors Venezia (Polstermaterial), skai® Alux (Außenfolie), skai® Vertura Softskin (Automobilinnenraum), skai® Sanremo Eiche (Möbelfolie), d-c-fix® Velvet Edition (haptische Selbstklebefolie)
F&E-Quote: ca. 3 % (2013)
Auszeichnungen: Interior Innovation Award Winner 2014 für skai® Sanremo Eiche; iF Communication Award 2014 für Brand + Product Experience 2013; red dot award: communication design 2014 für Hornschuch Design Collection; German Design Award 2015 für d-c-fix® Velvet Edition

Kontakt

Konrad Hornschuch AG
Salinenstr. 1, 74679 Weißbach
Fon: 07947 81-522, Fax: 07947 81-300
info@hornschuch.de
www.hornschuchgroup.com

HOYER

HOYER
Hamburg

HOYER
WHEN IT MATTERS

HOYER
Umsatz in Mio. Euro

2009	2010	2011	2012	2013
852	990	1.035	1.034	1.087

Gegründet: 1946

Das internationale Logistikunternehmen HOYER gehört zu den Weltmarktführern rund um den Transport von Flüssiggütern auf Straße, Schiene und See. Der Full-Service-Anbieter ist im Bereich der Bulk-Logistik auf die Branchen Chemie, Lebensmittel, Gas und Mineralöl spezialisiert. Seit der Gründung im Jahr 1946 hat sich HOYER von einem Einzelunternehmen zu einer unabhängigen Firmengruppe mit Milliardenumsatz entwickelt. Dabei setzt die internationale Fachspedition seit jeher auf den Zusammenhalt und die Unternehmenskultur eines traditionellen Familienunternehmens.

Insgesamt ist HOYER mit mehr als 5.000 Mitarbeitern in über 80 Ländern vertreten. In den letzten Jahren setzte das Unternehmen noch stärker auf globales Wachstum: Mit Kooperationen und Übernahmen wurde die Präsenz beispielsweise in Russland, der Türkei und der Golfregion deutlich ausgebaut. HOYER verfügt derzeit über rd. 33.000 Tankcontainer, 2.900 Tankauflieger, 22.700 Intermediate Bulk Container, 2.200 Zugmaschinen sowie zahlreiche Logistikanlagen mit Depots, Reinigungen und Werkstätten.

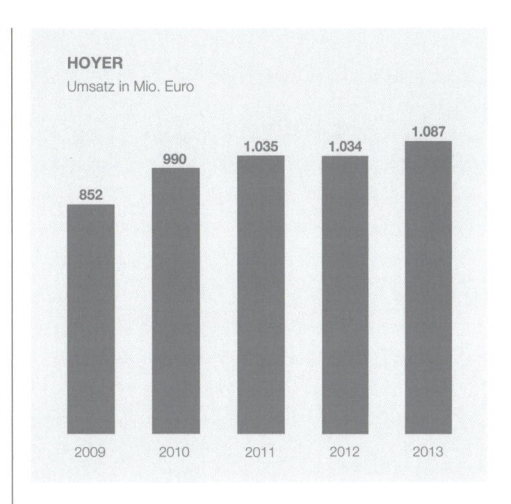

Im Zuge der Internationalisierung konnte HOYER den Anteil intermodaler Verkehre weiter steigern. Die Kombination verschiedener Verkehrsträger in der Transportkette ermöglicht eine noch effizientere Güterbeförderung. Dies ist vorteilhaft für den Kunden und beeinflusst auch die CO_2-Bilanz positiv. Intermodalität ist somit ein entscheidender Baustein auf dem Weg zu mehr

»Die Basis unseres Geschäftserfolgs ist der Zusammenhalt eines traditionellen Familienunternehmens.«

Thomas Hoyer

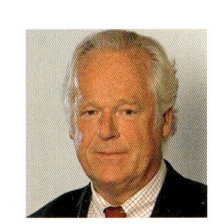

Thomas Hoyer ist Gesellschafter und Vorsitzender des Beirats.

HOYER gehört zu den Weltmarktführern rund um den Transport von Flüssiggütern.

HOYER

Einfach erklärt: Intermodale Verkehre

Nach der Definition der Europäischen Kommission bedeutet Intermodalität im Verkehrssystem, „dass mindestens zwei verschiedene Verkehrsträger integriert in einer Transportkette von Haus zu Haus genutzt werden können." HOYER ist einer der Vorreiter intermodaler Verkehre und kombiniert für die weltweiten Transporte die Verkehrsträger Straße, Schiene und See. Dadurch ergeben sich zahlreiche Vorteile für Kunden, Infrastruktur und Umwelt: Die Verknüpfung von Straße und Schiene entlastet beispielsweise das Straßen- und Autobahnnetz. Der Transport wird sicherer, verlässlicher und damit planbarer. So werden Kosten reduziert und die Wettbewerbsfähigkeit gesteigert. Darüber hinaus ist der intermodale Verkehr ein umwelt- und ressourcenschonender Transportmodus. Insgesamt werden durch HOYER jährlich über 150.000 Transporteinheiten im intermodalen Verkehr bewegt.

HOYER ist einer der Vorreiter intermodaler Verkehre.

HOYER im Internet

Meilensteine

1946 Walter Hoyer gründet unter dem Firmennamen seines Vaters die Einzelgesellschaft Bruno Hoyer Internationale Fachspedition.

1960 In Rotterdam eröffnet das Unternehmen die erste Auslandsniederlassung.

1972 Mit dem Kauf der ersten sieben Tankcontainer legt HOYER den Grundstein für eine schnell wachsende Flotte.

1980 Die erste Niederlassung in Übersee wird in New York eröffnet.

1991 Thomas Hoyer übernimmt in 2. Generation die Leitung des Unternehmens. Sein Vater wird Vorsitzender des Beirats.

2006 Ortwin Nast wird erster familienfremder Geschäftsführer der HOYER-Gruppe. Thomas Hoyer übernimmt den Vorsitz des Beirats.

2011 HOYER erzielt erstmals 1 Mrd. Euro Umsatz.

2013 Die Tankcontainerflotte wird auf über 33.000 Einheiten erhöht.

Nachhaltigkeit. Verantwortliches Handeln in den Bereichen Sicherheit, Gesundheit, Umwelt und Qualität ist für das Familienunternehmen zentrales Element für langfristigen Erfolg.

Der Firmengründer Walter Hoyer übergab die Geschäftsführung im Jahr 1991 an seinen Sohn Thomas Hoyer, der diese Position bis 2006 innehatte und anschließend den Vorsitz des Beirats übernahm. Der Beirat, in dem die Nichtfamilienmitglieder über eine Mehrheit verfügen, steht der Geschäftsführung als unabhängiges Gremium beratend zur Seite. Seit 2006 wird HOYER erstmals durch ein familienfremdes Management geleitet, das von den Gesellschaftern ausgewählt wurde. Bei der Ausübung ihrer Tätigkeiten orientieren sich CEO Ortwin Nast und CFO Gerd Peters am Wertesystem der Familie sowie an der langfristig ausgerichteten und konsequent verfolgten Unternehmensstrategie. Ziel ist es, den bestmöglichen Kundennutzen zu schaffen und die starke Marktposition der HOYER-Gruppe weiter auszubauen.

Daten und Fakten

Branche: Logistik
Marktposition: einer der Weltmarktführer rund um den Transport von Flüssiggütern
Umsatz: 1.087 Mio. Euro (2013)
Mitarbeiter: 5.067 (2013)
Standorte: über 80 weltweit
Gründer: Walter Hoyer, 1946, Hamburg
Eigentümer: 16 Familienmitglieder in 2. und 3. Generation

HRS

HRS
Köln, Nordrhein-Westfalen

Gegründet: 1972

HRS betreibt ein weltweites Hotelportal für Geschäfts- und Privatreisende auf Basis einer Datenbank von über 250.000 Hotels aller Kategorien in 190 Ländern. Der kostenlose Reservierungsservice bietet Online-Hotelbuchungen und hat durchschnittlich 12 Mio. Besuche pro Monat. Hotelbeschreibungen, 3,9 Mio. HD-Fotos und rd. 30.000 Videos unterstützen den Gast bei der Suche nach dem passenden Hotel. Das Angebot von HRS ist in 32 Sprachen verfügbar. Rund 5 Mio. Hotelbewertungen mit Gästekommentaren bieten eine zusätzliche Orientierungshilfe.

Zur Unternehmensgruppe gehören neben HRS auch die Portale hotel.de, Tiscover, Surprice Hotels und HolidayInsider. Die HRS GROUP unterhält Niederlassungen in 15 Ländern, weltweit arbeiten etwa 1.300 Mitarbeiter innerhalb der Gruppe.

Robert Ragge gründete HRS 1972 als Reisebüro zur Vermittlung von Zimmern während Messezeiten. Seit 1977 firmiert das eigentümergeführte Unternehmen mit Sitz in Köln unter dem Namen HRS – HOTEL RESERVATION SERVICE Robert Ragge GmbH. Als Pionier startete HRS bereits 1995 mit der ersten Hoteldatenbank im Internet und machte die Online-Hotelbuchung populär. Schon früh expandierte HRS international. Im Jahr 2002 eröffnete das Unternehmen seine erste Repräsentanz außerhalb Deutschlands in Shanghai (China). Im Jahr 2004 stieg mit Sohn Tobias Ragge die 2. Generation ins Unternehmen ein. 2008 übernahm er die Geschäftsführung von HRS und treibt seitdem die Internationalisierung und den Ausbau des Firmenkundengeschäfts sukzessive voran. Auch im Bereich der mobilen

»Wir stellen die Wünsche unserer Kunden konsequent in den Mittelpunkt unserer Dienstleistung. Somit steht HRS seit über 40 Jahren für Qualität, beste Preise und Top-Service.«

Tobias Ragge, Geschäftsführer

Robert Ragge (links) gründete das Unternehmen, das heute von seinem Sohn Tobias Ragge (rechts) als Geschäftsführer geleitet wird; oben im Bild ein Screenshot des Hotelportals.

Kontakt
HOYER GmbH
Wendenstr. 414-424, 20537 Hamburg
Fon: 040 21044-0, Fax: 040 21044-246
hoyer@hoyer-group.com, www.hoyer-group.com

Kontakt Presse
presse@hoyer-group.com

H&R
Salzbergen, Niedersachsen

Gegründet: 1919

Die H&R AG ist ein weltweit führender Produzent von rd. 800 Spezialchemikalien wie Weiß-, Grund- und Prozessölen, Weichmachern und Parafinen. In den Raffinerien entstehen Rohstoffe für Pharmazie und Kosmetik, für den Apothekenbedarf, die Bauindustrie, Öle für die Reifen-, Kautschuk-, Kunststoff-, Lack- und Farbenindustrie, Kabelfüllmassen für Telekommunikations- und Energiekabel sowie Motoren- und Getriebeöle, Industrieschmierstoffe und Fette. Hinzu kommt ein Geschäftsbereich für Präzisions-Kunststoffteile, der die Automobil- und Medizintechnik beliefert. 1919 in Hamburg gegründet beschäftigt die Gruppe heute 1.400 Mitarbeiter an Standorten in Europa, den USA, Südafrika, Asien und Australien. Der Umsatz lag 2013 bei rd. 1,2 Mrd. Euro.

Kontakt
H&R AG
Neuenkirchener Str. 8, 48499 Salzbergen
www.hur.com

HRS

H
RS

Das Hotelportal HRS im Internet

Buchungen setzt das Unternehmen mit innovativen Lösungen Maßstäbe in der Branche.

Inzwischen hat sich der deutsche Marktführer zu einem weltweit renommierten Anbieter insbesondere für Privat- und Geschäftsreisen entwickelt. Als globaler Hotel Solutions Provider entwickelt HRS für Unternehmen ganzheitliche Lösungen und bietet spezielle Services rund um die Hotelbuchung an – vom globalen Hoteleinkauf über die Abwicklung der Buchungen und Bezahlung bis hin zur Übermittlung relevanter Daten zur Analyse der Übernachtungskosten. Rund 40.000 Unternehmen weltweit buchen ihre Hotelzimmer für Geschäftsreisen, Tagungen und Gruppenreisen regelmäßig über HRS.

Meilensteine

1972 Robert Ragge gründet ein Reisebüro zur Vermittlung von Messezimmern.

1977 Das Unternehmen firmiert unter dem Namen HRS Robert Ragge GmbH in Köln.

1995 Als Pionier startet HRS die erste Hoteldatenbank im Internet.

2002 Die erste Auslandsrepräsentanz in Shanghai wird eröffnet.

2008 Mit Tobias Ragge übernimmt die 2. Generation die Geschäftsführung. Das Alpenportal Tiscover wird von HRS übernommen.

2009 HRS ist das erste Hotelportal im App Store.

2011 HRS übernimmt hotel.de und die HRS Group entsteht.

2013 HRS realisiert als vierte Buchungsplattform das Blind-Booking-Portal SURPRICE Hotels.

2014 HRS übernimmt die Buchungsplattform HolidayInsider.

Die aufmerksamkeitsstarke Kampagne von HRS richtet sich an Business-Kunden.

Daten und Fakten

Branche: Tourismus
Produkte: Vermittlung von Hotelübernachtungen
Marktposition: Marktführer in Deutschland und globaler Hotel Solutions Provider mit einzigartigen Lösungen für Unternehmen
Mitarbeiter: rd. 1.300 weltweit (HRS Group)
Standorte: Niederlassungen in 15 Ländern, u. a. in Berlin, London, Paris, Rom, Barcelona, Prag, Budapest, Istanbul, Warschau, Wien, Moskau, Peking, Singapur, Tokio, São Paulo
Gründer: Robert Ragge, 1972, Köln
Eigentümer: Familie Ragge
Auszeichnungen: Servicesieger unter den Hotelportalen 2013 (Deutsches Institut für Service-Qualität); Deutschlands kundenorientiertester Dienstleister 2014 (Universität St. Gallen); Busines Traveller Award 2014

Huber Kältemaschinenbau

Kontakt
HRS Hotel Reservation Service
Robert Ragge GmbH
Blaubach 32, 50676 Köln
Fon: 0221 2077-600, Fax: 0221 2077-666
office@hrs.de, www.hrs.de

Huber Kältemaschinenbau

Offenburg, Baden-Württemberg

Huber Kältemaschinenbau
Mitarbeiter

Jahr	Mitarbeiter
2009	197
2010	206
2011	233
2012	242
2013	239
2014	247

H
UB

»Innovationen lassen sich nicht erzwingen. Wir vermeiden deshalb starre Vorgaben und fördern ganz bewusst eine Eigendynamik im Innovationsprozess. Nur so ist es möglich, unsere Innovationsstärke auf einem dauerhaft hohen Niveau zu stabilisieren.«

Daniel Huber

huber
hochgenau temperieren

Gegründet: 1968

Die Peter Huber Kältemaschinenbau GmbH produziert dynamische Temperiersysteme von hoher Genauigkeit, Umwälzkühler sowie klassische Wärme- und Kältethermostate. Mit ihrer Modellvielfalt ist die Firma im Bereich hochgenauer Temperierlösungen international führend und gilt als weltweiter Technologieführer für Temperierlösungen, die extreme Temperaturen von -125 °C bis +425 °C bei einer Regelgenauigkeit von 1/100 °C realisieren. Huber-Systeme arbeiten mit einem Flüssigkeitskreislauf aus Wasser, Glykol oder Synthetiköl, der die gewünschte Temperatur schnell und nahezu verlustfrei auf die Anwendung des Kunden überträgt. So gewährleisten sie die exakte und effiziente Temperierung von wissenschaftlichen Versuchsaufbauten, Forschungsanlagen oder industriellen Produktionsprozessen. Der technologische Vorsprung von Huber manifestiert sich insbesondere in der Entwicklung maßgefertigter Sondergeräte, die in enger Zusammenarbeit mit den Kunden entstehen.

Die Peter Huber Kältemaschinenbau GmbH hat ihren Sitz in Offenburg.

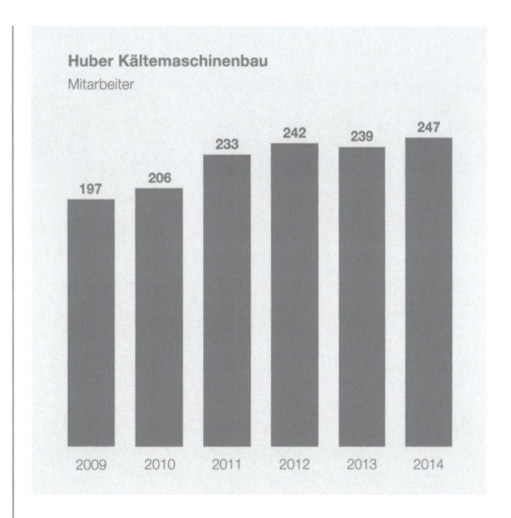

Schon gewusst?

„It takes two to tango!" – so lautet der Slogan von Huber. Tango ist einerseits die Modellbezeichnung für ein hochdynamisches Temperiersystem, das 1989 die Temperiertechnik nachhaltig veränderte. Sein Alleinstellungsmerkmal: Es verschmolz intelligente Regelungstechnik und leistungsfähige Kältetechnik – „it takes two to tango!". Andererseits steht der Slogan bei Huber für die Beziehung von Anwender und Hersteller. Hier sind die Erfahrungen von beiden Seiten notwendig, um ein optimales Ergebnis zu erzielen. Deshalb pflegt das Unternehmen mit seinen Kunden einen intensiven Erfahrungs- und Ideenaustausch. Eigens dafür wurde vor 20 Jahren der „Tango Club" gegründet, der den Rahmen für regelmäßige Anwendertreffen stellt. So werden Kunden schon frühzeitig in die Produktentwicklung einbezogen.

Daniel und Joachim Huber (oben, v.l.) leiten das Unternehmen, das 1968 von ihrem Vater Peter Huber gegründet wurde.

Huber Kältemaschinenbau

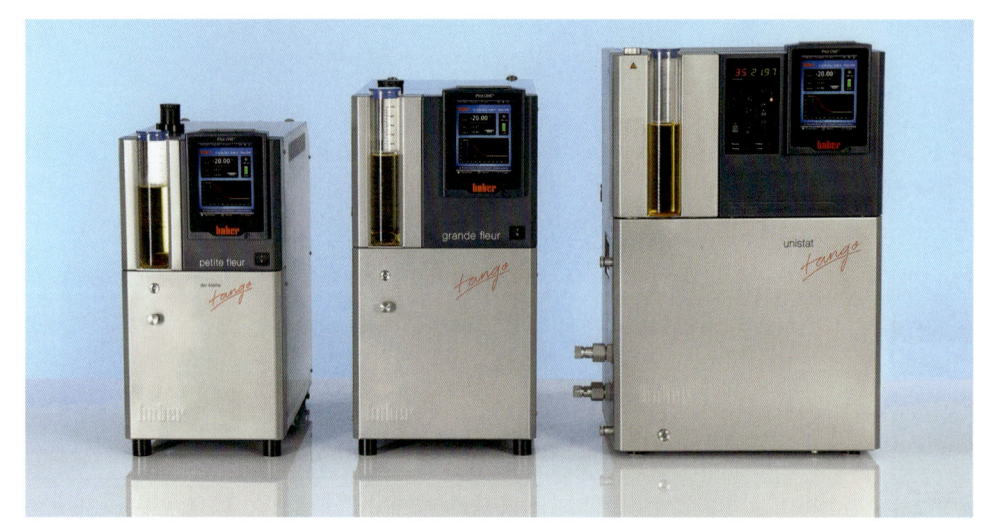

Die dynamischen Temperiersysteme von Huber leiteten vor über 20 Jahren eine Revolution in der Flüssigkeitstemperierung ein. Heute stehen über 60 Modelle und 200 Varianten zur Auswahl.

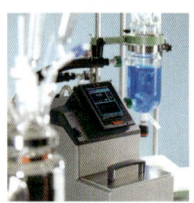

Die kompakten Umwälzkühler der Minichiller Reihe (oben) kommen im Labor zum Einsatz; Huber Ministate (unten) sind die kleinsten Kältethermostate der Welt.

Die Temperiersysteme von Huber werden z. B. für Materialprüfungen eingesetzt, bei Stresstests und Temperatursimulationen an organischen, mechanischen und elektronischen Komponenten. Automobilhersteller wie Audi, BMW, Mercedes und Volkswagen nutzen sie zum Testen von Motoren und Getrieben. Aber auch Lebensmittel, Kosmetikprodukte und Baustoffe werden temperaturabhängigen Prüfungen oder der Simulation von Alterungsprozessen unterzogen. Zudem dienen die Systeme zur Temperierung von Forschungs- und Produktionsreaktoren; hier gehören namhafte Chemie- und Pharmakonzerne wie BASF, Bayer, Roche und Pfizer zum Kundenkreis. Darüber hinaus kommen die Temperiergeräte z. B. bei der Kalibrierung von Sensoren, zur Werkzeugtemperierung oder zur Kühlung von Messgeräten, Medizingeräten, Analysegeräten und technischen Anlagen zum Einsatz.

Der Sitz der Peter Huber Kältemaschinenbau GmbH liegt in Offenburg. 247 Mitarbeiter sind dort in der Produktion sowie in Forschung und Entwicklung tätig. 2013 erzielte Huber einen Umsatz von über 30 Mio. Euro, ca. 60 % davon über das Auslandsgeschäft. Das Unternehmen befindet sich in 2. Generation im Besitz der Familie Huber. Die Geschäftsführung haben Daniel und Joachim Huber inne.

Einfach erklärt: Temperiertechnik für extreme Bedingungen

Bevor die Satelliten des europäischen Navigationssystems Galileo in den Weltraum starten dürfen, werden ihre Bauteile mit Stresstests und Simulationen gründlich geprüft. Auf dem Prüfstand steht auch, ob die Komponenten bei Temperaturschwankungen und extremen Temperaturen, die auf der Erde nicht auftreten, funktionsfähig bleiben. Mithilfe von Temperiertechnik aus Offenburg können die extremen Bedingungen im Weltall bereits im Forschungslabor simuliert werden. Die Heiz- und Kühlsysteme von Huber erreichen Temperaturen von -125 °C bis +425 °C und eine Regelgenauigkeit von 1/100 °C. In Abhängigkeit vom Temperaturbereich dienen Wasser, Glykol oder Synthetiköl als Transfermedium, das die gewünschte Temperatur schnell und nahezu verlustfrei auf die eigentliche Anwendung überträgt. Die Umweltverträglichkeit der eigenen Produkte ist ein weiterer wichtiger Aspekt für das Unternehmen. Als Erster in der Branche verzichtete Huber bereits 1994 freiwillig auf die ozonschädigenden Chemikalien FCKW und H-FCKW.

Huber Kältemaschinenbau

Berühmte Erfinder: Peter Huber

Als Peter Huber 1968 die Peter Huber Kältetechnik GmbH gründete, war seine Firma einer der ersten Meisterbetriebe im Handwerk der Kälteanlagenbauer. Peter Huber suchte nach Alternativen zur damals weit verbreiteten Leitungswasserkühlung von Laborgeräten und Forschungsapparaturen. Zunächst entwickelte er kleine, kompakte Umwälzthermostate und -kühler sowie die bis heute weltweit einzigartigen Plug & Play-Regler für Laborthermostate, die elektronisch immer wieder mit neuster Technologie aufgerüstet werden. Gleichzeitig gewann er Chemiker, Laboranten, Testingenieure und Wissenschaftler für seine Produkte, die Forschungsarbeit leichter machten und manche Projekte überhaupt erst ermöglichten. 1986 erhielt Peter Huber für die Entwicklung des Rotostat Rotationsverdampfers den Dr.-Rudolf-Eberle-Preis, den Innovationspreis des Landes Baden-Württemberg. Viele weitere Auszeichnungen folgten. Nicht zuletzt prägte er das Unternehmen auch, indem er 1994 den „Tango Club" ins Leben rief, in dem sich 40 Anwender zum aktiven Meinungsaustausch zusammenschlossen.

Peter Huber gründete das Unternehmen 1968 und setzte bereits 1976 mit den Ministaten, einer Modellreihe mit den weltweit kleinsten Kältethermostaten, sowie einem Reglerkonzept mit Plug & Play-Technik und elektronischer Upgradefunktion neue technologische Standards. Mit der 1989 eingeführten Unistat-Technologie leitete Huber eine Revolution in der Flüssigkeitstemperierung ein. Die dynamischen Temperiersysteme sind bis heute technologisch führend. Zu den jüngsten Neuentwicklungen zählt die 2010 eingeführte Unistat-Hybrid-Technologie mit äußerst schnellem Reaktionsvermögen und hoher Energieeffizienz und der Multitouch-Regler „Pilot ONE" mit Smartphone-ähnlichem Bedienkonzept (2012).

Huber arbeitet zusammen mit der Hochschule Offenburg an der Entwicklung einer „agentenbasierten Temperaturregelung" und kooperiert zudem mit der Bundesfachschule für Kälte-Klima-Technik in Maintal und der TWK Karlsruhe. Das Unternehmen will auch in Zukunft neue Branchen und Einsatzgebiete für seine Temperiersysteme erschließen, um von der Lage einzelner Märkte und Branchen unabhängig zu bleiben. Dazu plant man die Erweiterung des Standorts Offenburg sowie den Ausbau der Tochtergesellschaft in den USA.

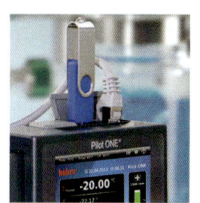

Die Plug & Play-Technik ermöglicht den einfachen Austausch und die Modernisierung der Regler. Die neue Reglergeneration Pilot ONE (unten) wurde 2012 eingeführt.

Unistate kommen zum Einsatz, wenn es um die schnelle und hochgenaue Temperierung von extern angeschlossenen Anwendungen geht. Sie zeichnen sich durch extrem schnelle Temperaturänderungen und weite Temperaturbereiche aus.

Huber Kältemaschinenbau

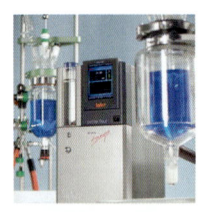

H
UB

Die kleinen Unistate Petite Fleur und Grande Fleur eignen sich besonders für die hochgenaue Temperierung von Forschungsreaktoren.

Huber im Internet

Meilensteine

1968 Peter Huber gründet das Unternehmen in Offenburg.

1976 Das Unternehmen präsentiert Ministat, das kleinste Kältethermostat der Welt, und bringt zudem austauschbare Digital-Regler für alle Laborthermostate auf den Markt.

1986 Innovationspreis des Landes Baden-Württemberg für die Entwicklung des Rotostat

1989 Mit Unistat Tango kommt ein völlig neues, hochdynamisches Temperiersystem auf den Markt.

1994 In der Schweiz wird von Anwendern der „Tango Club" zum aktiven Meinungsaustausch gegründet. Im gleichen Jahr wird mit Compatible Control ein dialogfähiger Regler mit Mikroprozessor, Programmgeber und Kaskadenregler vorgestellt.

2001 Die Einführung von neuen Schnittstellen erlaubt eine drahtlose Kommunikation.

2005 Tango Nuevo, die Weiterentwicklung des Unistat Tango, setzt neue Maßstäbe mit „TAC"-Regelung (True Adaptive Control).

2010 Unistat Hybrid ermöglicht leistungsstärkere Lösungen zur Temperierung von großen Reaktoren.

2012 Mit Pilot ONE bringt Huber eine neue Reglergeneration auf den Markt.

2014 Huber erhält die „ECOfit"-Zertifizierung des Landes Baden-Württemberg für vorbildlichen Umwelt- und Klimaschutz.

Daten und Fakten

Branche: Maschinenbau, Temperiersysteme
Produkte: dynamische Temperiersysteme, Umwälzkühler, Wärme- und Kältethermostate sowie kundenspezifische Sondergeräte für Temperieraufgaben von -125 °C bis +425 °C für Produktion und Forschung
Marktposition: weltweit marktführend bei maßgefertigten Sondergeräten und mit den dynamischen Temperiersystemen der Marke Unistat
Umsatz: über 30 Mio. Euro (2013)
Mitarbeiter: 247 (2014)
Ausbildungsquote: 12–18 %
Standorte: Firmensitz und Produktion in Offenburg
Vertrieb: in Deutschland über Außendienstmitarbeiter; über Tochtergesellschaften in Indien, den USA und der Schweiz; über rechtlich selbstständige Partner in über 54 Ländern
Exportquote: 60 %
Innovationen: Ministat, kleinster Kältethermostat der Welt (1976), digitale Plug & Play-Regler für Laborthermostate (1976), Temperiersystem Unistat Tango (1989), Unistat HT für Temperaturen bis +400 °C (2000), Unistat Hybrid zur Anbindung alternativer Energiequellen (2010), Pilot ONE Touchscreenregler (2012)
F&E-Aufwendungen: 1,06 Mio. Euro (2013)
Gründer: Peter Huber, 1968, Offenburg
Eigentümer: Familie Huber
Auszeichnungen: Top 100 „Innovator des Jahres" (compamedia, 2009–2012); „ECOfit"-Zertifizierung des Landes Baden-Württemberg (2014)

Kontakt

Peter Huber Kältemaschinenbau GmbH
Werner-von-Siemens-Str. 1, 77656 Offenburg
Fon: 0781 9603-0, Fax: 0781 57211
info@huber-online.com, www.huber-online.com

Ansprechpartner Presse

Michael Sauer
Fon: 0781 9603-0
msa@huber-online.com

Humpert

HUBER Technology
Berching, Bayern

Gegründet: 1834

Die HUBER SE ist ein weltweit agierendes Unternehmen im Bereich Wasseraufbereitung, Abwasserreinigung und Schlammbehandlung. Über 600 Mitarbeiter im Stammhaus in Berching entwickeln und fertigen Produkte, projektieren und erstellen Systemlösungen für Kommunen und die Industrie. Mit mehr als 33.000 installierten Anlagen zählt HUBER zu den international bedeutendsten Unternehmen seiner Branche. In rd. 60 Ländern unterstützt HUBER in enger Zusammenarbeit mit eigenen Tochterfirmen und Büros sowie Vertriebspartnern seine Kunden mit innovativen Techniken und umfassendem Know-how. Das Unternehmen blickt auf eine über 175-Jährige Geschichte zurück. Seit Johann Huber im Jahr 1872 in einen bestehenden Kupferschmiedbetrieb einheiratete, wird die Firma von der Familie Huber geführt.

Kontakt
HUBER SE
Industriepark Erasbach A1, 92334 Berching
www.huber.de

Humpert
Wickede, Nordrhein-Westfalen

Gegründet: 1918

Die Wilhelm Humpert GmbH & Co. KG ist weltweiter Innovations- und Qualitätsführer bei Fahrrad-Lenksystemen. Neben Lenkern, Sattelstützen und weiteren Fahrradkomponenten bietet Humpert auch Rohrbearbeitung und Oberflächenveredelung für die Industrie.

Die Wurzeln des mittelständischen Unternehmens reichen bis in das Jahr 1918 zurück. Durch Wilhelm Humpert in Wickede an der Ruhr gegründet, erreichte es als Teilelieferant schon bald eine herausragende Rolle in der Fahrradindustrie. Bis heute generiert Humpert auf diese Art und Weise ca. 60 % des Umsatzes und ist mittlerweile der einzige Großserienhersteller für Fahrradlenker in Europa. Zu den Kunden gehören bedeutende nationale Fahrradhersteller wie Kettler, Hercules und Puky sowie internationale Produzenten wie beispielsweise Gazelle, Batavus oder KTM.

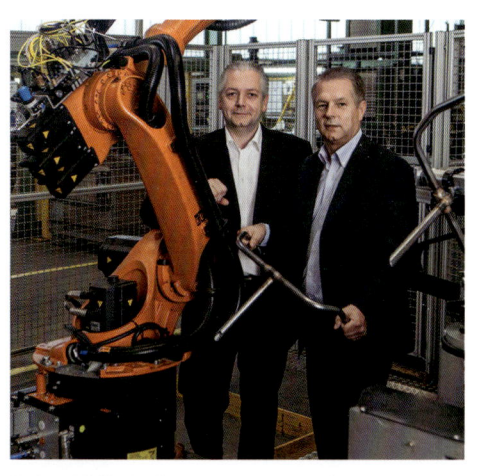

Ralf und Wilhelm Humpert führen in 4. Generation die Geschäfte der Wilhelm Humpert GmbH & Co. KG.

H
UM

»In der Weltwirtschaftskrise war es unsere Hauptaufgabe, neue Produkte für einen noch nicht vorhandenen Markt zu entwickeln.«

Wilhelm Humpert

ergotec

Unter der Marke ergotec bietet Humpert ergonomisch optimierte Fahrradkomponenten.

Humpert

H UM

Einfach erklärt: Lenkerbügel „made in Germany"

Ein klassischer Lenkerbügel entsteht, indem ein Rohr mit einem Außendurchmesser von 22 mm (aus Stahl, Edelstahl oder Aluminium) auf eine definierte Länge gesägt, vermessen, entgratet und gewaschen wird. Anschließend wird das Rohr im Zentrum auf 25,4 mm aufgebaucht, gerändelt und mit einer Produktkennzeichnung versehen. Im dritten Arbeitsschritt werden die bearbeiteten Rohrkomponenten von Biegemaschinen mit integriertem Roboter-Handling in die gewünschte Form gebogen. Diese drei Arbeitsschritte (sägen, aufbauchen und biegen) geschehen vollautomatisch, also ohne dass das Rohr bzw. der Lenkerbügel von einer Menschenhand berührt wird. Als Nächstes wird dann die Oberfläche – z. B. aus Doppel-Nickel-Chrom als Korrosionsschutz – in Verbindung mit hochwertigem Glanz aufgebracht. Dabei werden die Produkte per Hand auf die Gestelle gesteckt und anschließend in einer hochmodernen Galvanikanlage automatisch veredelt.

Gründer Wilhelm Humpert I (oben) startete seine Firma im Ortskern von Wickede (Mitte); darunter Wilhelm Humpert III (rechts) und Wolfgang Humpert mit einem Mitarbeiter an einer Lenkerbiegemaschine.

In den letzten 10 Jahren wurden ca. 25 Mio. Fahrradlenker aus Stahl, Edelstahl und Aluminium am Standort Wickede/Ruhr produziert. Darüber hinaus vertreibt Humpert verschiedenste Komponenten rund um das Fahrrad, die zum größten Teil im eigenen Entwicklungszentrum in Fellbach bei Stuttgart konzipiert und über das eigenständige Unternehmen Humpert Asia mit Sitz in Taipei/Taiwan von Partnern in Fernost produziert werden. Dabei wird großer Wert darauf gelegt, dass ausschließlich eigene Werkzeuge zum Einsatz kommen. Dies soll die Qualität und Exklusivität sicherstellen.

Bei allen Fahrradkomponenten legt Humpert großen Wert auf Ergonomie und Sicherheit. Unter der Marke ergotec werden Lenksysteme und ergonomisch geformte Griffe, aber auch Fahrradsättel in Kombination mit anpassbaren Sattelstützen sowie speziell ergonomisch geformte Pedale vertrieben. Neben der Belieferung der europäischen Fahrradhersteller liegt ein weiterer Fokus auf dem Nachrüstmarkt (After-Sales).

In den 1980er-Jahren baute Humpert die Oberflächentechnik zum zweiten Standbein aus. Mit einer hochmodernen und umweltgerechten Doppelnickel-Chrom-Galvanik-

Das Humpert-Stammwerk in Wickede

Humpert

Schon gewusst?

- Im Jahr 2013 wurden nach Angaben des Zweirad-Industrie-Verbands (ZIV) in Deutschland ca. 3,8 Mio. Fahrräder verkauft. Die Produktion in Deutschland betrug im gleichen Jahr 2,16 Mio. Fahrräder. Bei einer Importanzahl von 2,87 Mio. Stück und einem Export von 1,28 Mio. Stück ergibt sich eine Inlandsanlieferung von 3,75 Mio. Fahrrädern. Der gesamte Fahrradbestand in Deutschland betrug im Jahr 2013 geschätzte 71 Mio. Fahrräder.
- Besonders interessant ist die Marktentwicklung der E-Bikes. So wurden im Jahr 2009 nur 150.000 E-Bikes in Deutschland abgesetzt, im Jahr 2013 waren es bereits 410.000. Das entspricht einem Marktanteil von 11 %.
- Bis heute wurden bei Humpert in Wickede eigenen Hochrechnungen zufolge rd. 100 Mio. Fahrradlenker gefertigt bzw. verkauft.

Ein modulares Shopsystem hilft Händlern, die verstellbaren ergotec Produkte anschaulich zu präsentieren.

Anlage öffnete man das Angebot für weitere Branchen, wie etwa die Automotive-, Ladenbau- und Leuchtenindustrie. 2005 übernahm Humpert ein zweites Galvanikunternehmen in Iserlohn und baute es zu einem Spezialisten für die Verchromung von Komponenten für die Automobilindustrie aus. Täglich werden im Iserlohner Werk ca. 30.000 Kopfstützbügel und -stangen für die Automobilindustrie verchromt.

Mit insgesamt 130 Mitarbeitern erwirtschaftete Humpert im Jahr 2013 einen Gruppenumsatz von 23 Mio. Euro, davon wurde gut ein Drittel im Ausland erzielt. Die Ausbildungsquote liegt bei rd. 5 %. Geleitet wird das Familienunternehmen heute in 4. Generation von den Brüdern Wilhelm und Ralf Humpert.

Im Laufe der Firmengeschichte gelangen Humpert immer wieder wegweisende Innovationen. Dazu zählen etwa die Entwicklung von winkelverstellbaren Lenksystemen

Humpert vertreibt ein umfangreiches Portfolio an Fahrradkomponenten und Zubehör.

RichtigRadfahren.de: Ergonomieberatung online

Auf dem Fahrrad ist der gesamte Körper im Einsatz – nicht nur bei sportlichem Anspruch, sondern bei jeder Fahrt. Daher ist es wichtig, dass das Fahrrad ergonomisch zum Fahrer passt. Sonst besteht die Gefahr von Rücken- oder Nackenschmerzen, eingeschlafenen Händen und tauben Fingern. Um möglichst vielen Menschen ein bequemes, gesundes und schmerzfreies Radfahren zu ermöglichen, hat die Firma Humpert in Zusammenarbeit mit dem Radexperten Dr. Achim Schmidt von der Deutschen Sporthochschule Köln die Internetplattform RichtigRadfahren.de geschaffen. Dort gibt es Informationen und Tipps rund um das Thema Ergonomie beim Radfahren. Es wird u. a. erklärt, wie man die Sattel- und Lenkerhöhe richtig einstellt, welche Sitzposition besonders rückenschonend ist und wie jeder für sich den geeigneten Lenker und die passenden Griffe findet.

Humpert

H
UM

Bei Fahrrad-Lenksystemen ist Humpert weltweiter Innovations- und Qualitätsführer.

Humpert im Internet

Meilensteine

1918 Wilhelm Humpert gründet das Unternehmen.

1937 Wilhelm Humpert II übernimmt die Geschäftsführung; Fokussierung auf Fahrradlenker.

1972 Die Brüder Wilhelm und Wolfgang Humpert übernehmen die Geschäftsführung.

1984 Neubau einer der bis dahin größten Doppel-Nickel-Chrom-Galvanikanlagen in Deutschland

1992 Verdopplung der Unternehmensgröße durch Neu- und Umbauten am Standort Wickede

1998 Umfangreiche Umstrukturierung und Reorganisation des Produktbereichs Fahrradteile mit Übernahme der Geschäftsführung durch Wilhelm Humpert IV

2001 Eröffnung des Entwicklungs- und Forschungswerks in Fellbach

2002 Gründung der Trading Company Humpert Asia International in Taipei/Taiwan

2005 Übernahme eines zweiten Galvanikbetriebs in Iserlohn

2009 Präsentation der neuen Marke ergotec für den Nachrüstmarkt

2010 Eröffnung des Testcenters für Fahrradlenker & Sattelstützen

2011 Gründung der Humpert Galvanotechnik; Ralf Humpert wird 2. Geschäftsführer.

2013 Die IHK Südwestfalen nimmt Humpert in den Kreis der „Weltmarktführer und Bestleistungen der Industrie aus Südwestfalen" auf.

ergotec Scanner während einer Vermessung

einschließlich ergonomisch geformten Griffen sowie von verstellbaren Sattelstützen. Der sog. ergotec Scanner (ein Vermessungssystem zur Ermittlung der optimalen Radgeometrie und Sitzposition) sowie die Online-Ergonomieberatung für den Einsatz geeigneter Fahrradkomponenten in Zusammenarbeit mit der Deutschen Sporthochschule Köln waren Meilensteine in der Unternehmensentwicklung.

Das Innovations- und Qualitätsdenken ist bei Humpert seit jeher der Motor für Produktentwicklung und Produktion, wobei stets versucht wird, Kundenwünschen und Marktanforderungen gerecht zu werden. So reagierte das Unternehmen etwa auf die zunehmende Bedeutung der E-Bikes und entwickelte ein auf die veränderten Anforde-

Mit der Marke ergotec bietet Humpert ergonomisch optimierte Produkte wie die ergo Lenkerbügel in den Größen XS–XXL

rungen zugeschnittenes Lenksystem. Dabei ersetzt mikrolegierter Stahl das Aluminium im Lenkerbügel und sorgt so für die notwendige erhöhte Festigkeit. Aber auch die übrigen ergotec Produkte wurden mit einem Safety Level System klassifiziert, so dass der Handel und die Konsumenten jederzeit erkennen können, für welchen Radtyp und Zweck das entsprechende Produkt geeignet ist. Für den Zweiradfachhandel wurde ein modulares Shopsystem entwickelt, welches den Händlern hilft, die verstellbaren ergotec Produkte anschaulich zu präsentieren.

Auch für die Zukunft sieht sich die Wilhelm Humpert GmbH & Co. KG gut gerüstet. Zu den kurzfristigen Zielen gehört u. a. der weltweite Ausbau der Marke ergotec und der Aufbau eines Produktionswerks für Fahrradkomponenten in Asien.

Daten und Fakten

Branche: metallverarbeitende Industrie, Oberflächentechnik, Zweiradbranche
Produkte: Rohrkomponenten, Lohnverchromung, Fahrrad-Lenksysteme und -Sattelstützen
Marktposition: weltweiter Innovations- und Qualitätsführer bei Fahrrad-Lenksystemen; größter Serienhersteller in Europa
Umsatz: ca. 23 Mio. Euro (2013)
Mitarbeiter: insgesamt 132; davon 95 in Wickede, 30 in Iserlohn, 2 in Fellbach, 5 in Taipei (2013)
Ausbildungsquote: ca. 5 %
Standorte: Wickede/Ruhr, Iserlohn, Fellbach, Taipei/Taiwan
Exportquote: 40 %
Innovationen: Entwicklung von winkelverstellbaren Lenksystemen, höhenverstellbaren Lenkervorbauten, ergonomischen Lenkergriffen, verstellbaren Sattelstützen, ergonomischen Pedalen etc.
Patente: ca. 20 Patente, Gebrauchs- und Geschmacksmuster
F&E-Quote: ca. 2 %
Gründer: Wilhelm Humpert, 1918, Wickede
Eigentümer: in 4. Generation im Besitz der Familien Humpert
Auszeichnungen: u. a. Innobike Award (2004), Eurobike Award (iF 2010, 2013)

Kontakt
Wilhelm Humpert GmbH & Co. KG
Erlenstr. 25, 58739 Wickede/Ruhr
Fon: 02377 9183-0, Fax: 02377 9183-90
info@humpert.com, www.humpert.com

Ansprechpartner Presse
Maja Grothe
Fon: 02377 9183-3652
maja.grothe@humpert.com

Hundegger

→Hans Hundegger

Hüttenes-Albertus

→HA-Gruppe

HYDAC

Sulzbach, Saarland

Gegründet: 1963
Die HYDAC INTERNATIONAL GmbH ist ein weltweit führender Anbieter von Fluidtechnik für Hydraulik, Elektronik und Engineering. Die Fluidtechnik erlaubt die Übertragung von Energie durch Gase oder Flüssigkeiten. HYDAC betreibt ein weltweit einzigartiges Zentrum für Forschung und Entwicklung, wo z. B. Filterleistungstests und Fluidanalysen vorgenommen werden. HYDAC entwickelt auch schlüsselfertige hydraulische Steuer- und Antriebssysteme. Die Komponenten und Systeme werden in zahlreichen Branchen in der Industrie- und Mobilhydraulik eingesetzt. Dazu zählen Getriebe von Windenergieanlagen ebenso wie die Arbeitshydraulik von Baggern. Das 1963 gegründete Unternehmen beschäftigt 7.500 Mitarbeiter und betreibt 50 eigene Niederlassungen weltweit.

HYDRO

Kontakt
HYDAC INTERNATIONAL GmbH
Industriestraße, 66280 Sulzbach/Saar
www.hydac.com

HYDRO

Biberach/Baden, Baden-Württemberg

Gegründet: 1965

HYDRO entwickelt und produziert Geräte für den Bau, die Wartung und die Reparatur von Zivil- und Militärflugzeugen. In diesem Segment ist das Unternehmen Weltmarktführer. Das Produktspektrum umfasst über 35.000 Produkte. Dabei bietet HYDRO nicht nur für die überwiegende Anzahl von Flugzeugtypen Standardprodukte an, sondern entwickelt auch kundenspezifische Lösungen. Als strategischer Partner von Rolls-Royce ist HYDRO für die Entwicklung und Produktion aller Triebwerk-Tools verantwortlich. Ein umfangreiches Service- und Beratungsangebot ergänzt das Leistungsportfolio. Die HYDRO Gruppe beschäftigt mehr als 600 Mitarbeiter und erzielt über 85 % des Umsatzes über den Export.

Kontakt
HYDRO Systems KG
Ahlfeldstr. 10, 77781 Biberach/Baden
www.hydro.aero

Hymmen

Bielefeld, Nordrhein-Westfalen

Gegründet: 1892

Die Hymmen Industrieanlagen GmbH beschäftigt sich in erster Linie mit industrieller Produktionstechnik für die Großserienproduktion von plattenförmigen Materialien und der Oberflächenveredelung von Plattenware oder Bahnware. In diesem Segment ist Hymmen einer der weltweit führenden Anbieter und bietet sowohl Einzelmaschinen als auch kombinierte Anlagen. Zu den Kundenbranchen zählen u. a. die Möbelindustrie, die Fußbodenindustrie und die Baustoffindustrie. Am Stammsitz in Bielefeld betreibt Hymmen ein Technikum und ein Labor, in dem sämtliche Produktionsverfahren mit Originalmaterialien der Kunden getestet und optimiert werden können. Das 1892 von Theodor Hymmen gegründete Unternehmen wird heute von Dr. René Pankoke geleitet und beschäftigt mehr als 300 Mitarbeiter.

Kontakt
Hymmen Industrieanlagen GmbH
Theodor-Hymmen-Str. 3, 33613 Bielefeld
www.hymmen.com

IBC SOLAR

Bad Staffelstein, Bayern

Gegründet: 1982

IBC SOLAR ist ein weltweit führender Spezialist für Photovoltaikanlagen, der Komplettlösungen zur Stromgewinnung aus Sonnenlicht bietet. Das Unternehmen deckt das komplette Spektrum von der Planung bis zur schlüsselfertigen Übergabe von Solarkraftwerken ab. Der Umfang dieser Anlagen reicht von Photovoltaikkraftwerken und Solarparks, die Strom ins Netz einspeisen, über Systeme für netzunabhängige Stromversorgung bis hin zu Eigenverbrauchsanlagen für Gewerbetreibende. Neben Modulen, Halterungen, Wechselrichtern etc. zählt die eigene Produktentwicklung von der Montagetechnik bis zu Programmen zur Berechnung der Wirtschaftlichkeit sowie Monitoring per PC und Aftersales-Service zum Angebotsspektrum. IBC SOLAR beschäftigt 300 Mitarbeiter, 200 davon in Deutschland, und vertreibt seine Produkte über ein Netzwerk von 600 Fachpartnern in Deutschland und in über 30 Ländern weltweit.

Kontakt
IBC SOLAR AG
Am Hochgericht 10, 96231 Bad Staffelstein
www.ibc-solar.de

IDEAL-Werk

Lippstadt, Nordrhein-Westfalen

Gegründet: 1923

Die IDEAL-Werk C. + E. Jungeblodt GmbH + Co. KG ist spezialisiert auf Widerstandsschweißmaschinen. Zum Portfolio zählen Stumpf- und Abbrennstumpfschweißmaschinen für Bandsägen, Draht, Kabel, Rohre und Profil. Hinzu kommen Drahtgitterschweißmaschinen, Fertigungsstraßen für unterschiedliche Anwendungen, Sonderlösungen sowie Bandverbindungsmaschinen im Widerstands-, Lichtbogen- und Laserschweißverfahren. Das Unternehmen beschäftigt in Lippstadt 240 Mitarbeiter. Eine Vertriebs- und Service-Tochter in den USA arbeitet seit 1995 mit neun Mitarbeitern für Kunden in Nordamerika und Mexiko.

Der Ursprung der Firma lag 1923 in einem Patent: Ein Hartlöt-Apparat ermöglichte es, Bandsägeblätter durch Widerstandserwärmung zu verbinden. 1948 entwickelte man die erste eigene Stumpfschweißmaschine. Der Markenname Ideal, der schon vor dem Zweiten Weltkrieg europaweit eingeführt war, wurde 1970 auch zum Firmennamen. IDEAL-Werk legt großen Wert auf hoch qualifizierte und kompetent beratende Mitarbeiter und die stete Weiterentwicklung seines Firmen-Portfolios. So gelang es dem Lippstädter Unternehmen, die Weltmarktführerschaft für Bandsägenschweißmaschinen zu übernehmen. IDEAL ist durch externe Vertriebspartner in über 46 Ländern auf dem Weltmarkt vertreten. Heute wird das mittelständische Familienunternehmen in 3. Generation geführt. Das Firmenleitbild sieht vor, dass auch zukünftig das persönliche Engagement der Familie im Führungsteam die Verbindung zwischen Mitarbeitern und Eigentümern sichert.

Kontakt
IDEAL-Werk C. + E. Jungeblodt GmbH + Co. KG
Bunsenstr. 1, 59557 Lippstadt
Fon: 02941 206-0, Fax: 02941 206-169
info@ideal-werk.com, www.ideal-werk.com

ifm-Unternehmensgruppe

ifm-Unternehmensgruppe

Essen, Nordrhein-Westfalen

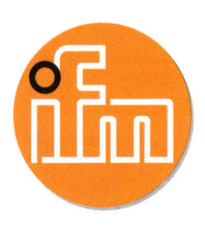

Die Produkte von ifm sind einfach zu bedienen und in Betrieb zu nehmen.

Gegründet: 1969

Die ifm-Unternehmensgruppe entwickelt, produziert und vertreibt weltweit Sensoren, Steuerungen und Systeme für die industrielle Automatisierung. Vier Jahrzehnte nach Gründung im Jahr 1969 zählt die in 2. Generation familiengeführte ifm-Unternehmensgruppe mit über 5.000 Beschäftigten in 70 Ländern und einem Umsatz von mehr als 630 Mio. Euro (2013) zu den weltweiten Branchenführern.

Das außergewöhnlich große Produktportfolio berücksichtigt nicht nur alle relevanten Standardlösungen, sondern auch die speziellen Anforderungen einzelner Branchen. Neben Positions- und Prozesssensoren zählen Sensoren für Motion Control und Sicherheitstechnik zum Programm. Außerdem bietet ifm Produkte für die industrielle Bildverarbeitung und industrielle Kommunikation sowie Identifikationssysteme, Systeme zur Zustandsüberwachung von Maschinen und Systeme für mobile Arbeitsmaschinen an. Überall dort, wo automatisiert wird, kommen die Produkte und Systeme von ifm zum Einsatz und spielen eine zentrale Rolle in Hinblick auf Effizienz, Ressourcenschonung, Qualitätsverbesserung und Informationsdurchgängigkeit.

Durch die Unternehmenszentrale in Essen sowie die Entwicklung und Produktion am Bodensee ist ifm eng mit dem Standort Deutschland verbunden. Rund 88 % des Portfolios werden hier entwickelt und hergestellt. Weitere Produktionsstätten in großen Absatzmärkten wie Asien oder den USA ermöglichen eine schnelle Reaktion auf regionale Marktbedürfnisse. Um stets die hohen ifm-Qualitätsstandards sicherzustellen, werden die Beschäftigten der internationalen Werke ebenfalls in Deutschland geschult.

Ein überdurchschnittlich großes Vertriebs- und Serviceteam von rund 1.300 Beschäftigten steht Kunden weltweit zur Seite. Mit Vertriebsniederlassungen und Handelspartnern in über 70 Ländern weltweit ist ifm in fast allen Industrieländern vertreten, um vor Ort technische Beratung zu leisten.

Schon gewusst?

- Den Anlass zur Gründung von ifm gab im Jahr 1969 eine gemeinsame Erfindung von Robert Buck und Gerd Marhofer ebenso wie ein gemeinsames Ziel: „.... wir wollten es einfach besser machen". Ihre patentierte Schaltungsanordnung ermöglichte die Konstruktion neuartiger induktiver Sensoren. Gleich das erste Produkt namens „efector", sog. induktive Näherungsschalter, wurde ein durchschlagender Erfolg für die junge „Ingenieurgemeinschaft für Messtechnik" (kurz: ifm).
- ifm-Sensoren finden sich heute in Rolltreppen, Fahrstühlen, Industrierobotern, Windkraftanlagen oder auch in Kränen und Pkws. Aus Prinzip aber nicht in Erzeugnissen aus der Waffenindustrie. Damit verzichtet ifm zwar auf einen lukrativen Markt, wird aber dem eigenen moralischen Anspruch gerecht.

»Unser zentrales Kapital sind unsere Mitarbeiter und deren nicht versiegende Lust auf Fortschritt.«

Martin Buck und Michael Marhofer, Vorsitzende des Vorstands

Martin Buck und Michael Marhofer (v.l.) vertreten die 2. Generation in der ifm-Unternehmensgruppe; unten im Bild die Firmenzentrale in Essen.

Die ifm electronic gmbh im Internet

IGEL Technology

IGEL Technology

Bremen

Gegründet: 1989

Als Anbieter von innovativen Thin und Zero Clients (TC) bekleidet die IGEL Technology GmbH eine führende Position auf dem Weltmarkt. In Bezug auf den Umsatz rangiert das Unternehmen, das sowohl Hardware herstellt als auch Software-Thin-Clients entwickelt, auf Platz drei und zählt in puncto verkaufter Stückzahl über alle Betriebssysteme zu den fünf größten TC-Herstellern weltweit. Das Angebot umfasst ein breites Sortiment von Hardware- und Softwarelösungen rund um die Clients, welche in netzbasierten IT-Szenarien wie Server based Computing, Desktop-Virtualisierung und Cloud Computing als energiesparende und fernverwaltbare Zugangsgeräte eingesetzt werden. Zu den Innovationen zählt eine Thin-Client-Software, die einen herkömmlichen PC oder ein Notebook in einen TC verwandelt.

Ein weitreichendes Netzwerk mit rd. 1.000 autorisierten IGEL Partnern in über

Gleichzeitig arbeiten mehr als 600 Beschäftigte aus Forschung und Entwicklung in enger Partnerschaft mit dem Kunden sowie mit Forschungseinrichtungen und Universitäten fortlaufend an Lösungen für die Anforderungen der Zukunft. Jährlich werden rd. 7 % des Umsatzes im F&E-Bereich investiert. Über 600 Patente und im Jahr 2013 insgesamt 70 Patentanmeldungen sind das Resultat dieses Engagements.

Daten und Fakten

Branche: Herstellung von Mess-, Kontroll-, Navigations- und ähnlichen Instrumenten und Vorrichtungen
Umsatz: 630 Mio. Euro (2013)
Mitarbeiter: mehr als 5.000 weltweit, davon rd. 3.800 in Deutschland
Vertrieb: ifm ist in über 70 Ländern mit rd. 1.300 Vertriebsbeschäftigten vertreten; über 95 % der Produkte werden durch eigene Niederlassungen an über 115.000 kaufende Kunden weltweit verkauft.
Standorte: Rund 88 % der Produkte werden an 5 Standorten in der Bodenseeregion gefertigt; dort befindet sich auch der Großteil des Forschungs- und Entwicklungsbereichs; weitere Entwicklungs- und Fertigungsstandorte in Pennsylvania/USA, Singapur und Opole/Polen
Gründer: Robert Buck und Gerd Marhofer, 1969, Tettnang/Essen

Kontakt

ifm electronic gmbh
Friedrichstr. 1, 45128 Essen
Fon: 0201 2422-0, Fax: 0201 2422-1200
info@ifm.com, www.ifm.com

»Als langjähriger deutscher Thin-Client-Marktführer sowie als Nummer drei der Welt liefern wir unseren Kunden effiziente und vollständig fernadministrierbare Arbeitsplatz-IT-Lösungen, die nachhaltig überzeugen.«

Heiko Gloge, Managing Director & Partner, IGEL Technology GmbH

Die in Bremen ansässige IGEL Technology GmbH wird von Nicolas Helms, Heiko Gloge, Andreas Schönduve und Dirk Dördelmann (v.l.) geleitet.

IGEL Technology zählt zu den weltweit führenden Anbietern von Thin Clients.

Schon gewusst?

Thin Clients bieten Unternehmen, die ihre CO_2-Emissionen reduzieren, Energiekosten sparen und gleichzeitig Elektroschrott vermeiden wollen, eine hervorragende Alternative zu PCs. Das Fraunhofer-Institut UMSICHT in Oberhausen hat ermittelt, dass Thin Clients selbst inklusive der Serverleistung und der Serverkühlung im Vergleich zu einem aktuellen PC bis zu 77 % Energie und CO_2-Emissionen einsparen. Zusätzlich hinterlassen Thin Clients am Ende ihres Lebenszyklus 70–80 % weniger Elektroschrott.

50 Ländern vertreibt die Produkte, die teilweise branchenspezifische Features aufweisen. Der Kundenstamm reicht von Forschungsinstituten über Banken und Finanzdienstleister bis hin zu Krankenhäusern. Im Mittelpunkt der Forschungsaktivitäten steht die Softwareentwicklung für Linux TCs und Javabasierte TC-Management-Software.

Nach der Gründung im Jahr 1989 begann IGEL mit der Entwicklung und dem Vertrieb der ersten Multivideo-Grafikkarte für Unix/Linux-Umgebungen. Die Produktion der ersten Linux-basierten TCs begann in den Jahren 1997/98. Im Jahr 2001 entwickelte das Unternehmen eine TC Card, die bei einem herkömmlichen PC die Festplatte ersetzt und ihn als TC einsatzbereit macht. Es folgten eine TC-Management-Software 2003 und auf MS Windows basierende TCs 2006. Mit über 250 Mitarbeitern in 12 Ländern erwirtschaftete das Unternehmen im Jahr 2014 einen Umsatz von über 70 Mio. Euro. Der Anteil des Auslandsgeschäfts liegt bei über 50 %.

Daten und Fakten

Branche: Informationstechnologie
Produkte: Thin und Zero Clients (Hardware und Software)
Marktposition: weltweit Nr. 3 in Bezug auf den Umsatz und Nr. 5 nach Stückzahl; in Europa die Nr. 3 nach Umsatz und Stückzahl; in Deutschland die Nr. 1 nach Umsatz und Stückzahl (Quelle: Data Corporation IDC, 2013)
Umsatz: über 70 Mio. Euro (2014)
Mitarbeiter: 250 (2014)
Standorte: Hauptsitz Bremen; Entwicklung in Augsburg, Technik- und Partner-Support in Bremen sowie in Australien, Belgien, China, Frankreich, den Niederlanden, Österreich, Schweden, der Schweiz, Singapur, Großbritannien und den USA
Vertrieb: durch ca. 1.000 autorisierte Partner in über 50 Ländern
Exportquote: über 50 %

Kontakt

IGEL Technology GmbH
Hanna-Kunath-Str. 31, 28199 Bremen
Fon: 0421 52094-0, Fax: 0421 52094-1499
info@igel.com, www.igel.com

igus

Köln, Nordrhein-Westfalen

Gegründet: 1964

1964 wurde in einer Doppelgarage in Köln die igus® GmbH von Ingenieur Günter Blase und seiner Ehefrau Margret gegründet. Begonnen hatte das Paar mit anspruchsvollen Präzisionsbauteilen im Kundenauftrag. Nur eine Spritzgussmaschine stand dazu anfangs zur Verfügung. Heute zählt das Kunststofftechnik-Unternehmen 2.400 Mitarbeiter an 35 Standorten rund um den Globus. Hinzu kommen Händler in 55 weiteren Ländern. Am Headquarter in Köln arbeiten 1.400 Mitarbeiter auf rd. 57.000 m² Büro-, Hallen- und Lagerfläche. Als Polymerforscher und

IGEL Technology im Internet

igus

GU

Rund 57.000 m² umfasst die Büro-, Hallen- und Lagerfläche am Stammsitz in Köln.

»Erhöhen Sie die Lebensdauer Ihrer Maschinen mit Kunststoffen von igus®«

Firmenclaim

Das 1.750 m² große Testlabor von igus® ist das größte seiner Branche (oben); die Universal-Energiekette „E4.1" ist vollstegig, halbstegig oder als Rohr lieferbar (unten).

Meilensteine

1964 Gründung der igus® GmbH in einer Doppelgarage in Köln

1979/80 Erster Energieketten- und erster Polymergleitlager-Katalog

1985 Gründung igus® USA, Beginn der internationalen Expansion

1989 Entwicklung eines eigenen Kabelprogramms

1994 Aufbau der weltweit größten Energieketten-Konfektionierung

2008 Entwicklung und Herstellung auch von wartungsfreien Polymerkugellagern

2009 Erweiterung der igus®-Fabrik in Köln (Porz-Lind) um 60 %

2010 Energieketten-Lebensdauerberechnung im Internet

2013 Fertigstellung des letzten Fabrikanbaus auf insgesamt rd. 57.000 m² Büro- Hallen und Lagerfläche

weltweiter Zulieferer u. a. des Maschinen- und Anlagenbaus und der Automation ist das Familienunternehmen um CEO Frank Blase in zwei Produktbereiche unterteilt.

Im ersten Produktbereich ist igus® der größte Hersteller von Energiekettensystemen aus Kunststoff mit Spezialleitungen, Steckern und allem Zubehör. Solche Kunststoff-Energieketten sind wie die Nabelschnur der Automation. Sie besorgen die Zuführung von Energien, Daten, Signalen und Medien und sind ständig dynamisch in Bewegung. Mit einem Baukasten aus über 90.000 Produkten ab Lager ist das Unternehmen weltmarktführend. Unter dem Motto „Energieführen leicht gemacht" kann igus® nahezu alle Aufgaben in der Energieführung lösen, von Drehbewegungen um 3.000° auf engstem Raum bis zur Kranversorgung über 800 m Verfahrweg. Auch gingen von den Kölnern entscheidende Marktinitiativen aus: igus® hat als erstes Unternehmen Spezialkabel und Energieketten aus einer Hand angeboten und später einbaufertige Systeme (in der Fabrik befindet sich die weltgrößte Energieketten-Konfektionierung). Dafür wurde ein Lean-Production-Konzept entwickelt, startend ab Stückzahl 1.

Auch im zweiten Produktbereich, der schmierfreien Polymerlagertechnik, hat igus® mit über 12.000 Produkten das weltweit größte Programm. Das reicht von Gleit- und Kugel- über Linear- und Gelenklager bis zu

igus

Einfach erklärt: Tribokunststoffe machen Schmierung unnötig

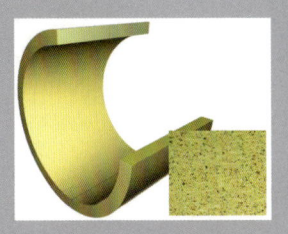

Metallische Lager müssen gefettet oder geölt werden. Die Hälfte der in Deutschland verwendeten Maschinengleitmittel versickert später in Böden und Gewässern oder verdunstet in die Atmosphäre. Das entspricht der Füllung von 8.000 Tanklastern, so die RWTH Aachen. Neben ökologischen Schäden schlägt das auch wirtschaftlich gewaltig zu Buche: Allein in den USA etwa beziffern sich die Ausfallkosten durch Mangelschmierung auf jährlich 240 Mrd. Dollar, so das MIT in Boston. Seit 1984 entwickelt und fertigt igus® als Alternative iglidur®-Polymergleitlager. Das sind schmier-, wartungs- und rostfreie Maschinenelemente, die weniger kosten und länger halten. Die reibungs- und verschleißtechnisch optimierten Polymere („Tribokunststoffe") der Lager setzen sich zusammen aus Basispolymeren, Fasern und Füllstoffen sowie Festschmierstoffen als mikroskopisch kleine Partikel. Die hohe Lebensdauer der Lager ist anwendungsspezifisch präzise berechenbar. Dazu bietet igus® im Internet registrierungsfreie Berechnungsprogramme an für Gleitlager, Kugellager, Gelenklager, Linearlager und Halbzeuge, sowie über 500 Praxisbeispiele. Durch gewaltige Investitionen in F&E ist igus® heute die zuverlässigste Quelle weltweit zu Tribokunststoffen.

Halbzeugen, alle aus tribologisch optimierten Hochleistungskunststoffen. Dabei sind die Kölner Pionier der Kunststoff-Gleitlager. Seit 1984 werden Jahr für Jahr neue Werkstoffe auf der Grundlage von compoundiertem Material entwickelt. Die daraus gefertigten Maschinenelemente ersetzen heute millionenfach zu ölende oder zu fettende metallische Buchsen. igus® beliefert über 200.000 Kunden weltweit, entwickelt jährlich über 100 Produktneuheiten und -erweiterungen und führt über 15.000 Tests pro Jahr durch. Auch gibt es auf www.igus.de rd. 25 Werkzeuge zum E-Engineering, so etwa die weltweit einzige Lebensdauerberechnung für Energieketten.

Daten und Fakten

Branchen: u. a. Kunststofftechnik, Zulieferindustrie für Maschinen- und Anlagenbau, Automation
Produkte: Energieketten, Leitungen, komplett konfektionierte Energieführungssysteme, Gleit-, Gelenk-, Linear-, Kugellager, Halbzeuge, Mehrachsgelenke für Roboter
Umsatz: 427 Mio. Euro (2013)
Mitarbeiter: 2.400 (2013, weltweit)
Hauptsitz: Köln
Vertrieb: 1 Hauptstandort, 34 weltweite Niederlassungen und 55 lokale Händler in weiteren Ländern
Innovationen: jährlich über 100 Produktneuheiten und -erweiterungen, über 2.000 Artikel
Patente: hunderte nationale und internationale Patente (seit 1984)
Auszeichnungen: „iF product design award" (seit 1987 für insges. 31 Produkte); „iF design gold award", Kategorie Crossmedia, für igus® Corporate Design Buch (Industrie Forum Design e.V., 2005); „Top-Ausbildungsbetrieb" (Arbeitsagentur 2006, IHK Köln, GKV, 2009)

igus
Tests pro Jahr (Energieketten, Leitungen, Gleitlager)

Jahr	Tests
2000	2.100
2004	6.250
2006	8.100
2008	10.150
2009	11.000
2013	15.100

Über 15.000 Tests hat igus® im firmeneigenen Technikum im Jahr 2013 durchgeführt.

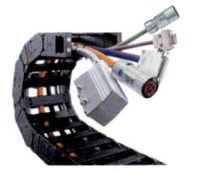

Neben komplett konfektionierten Energieführungssystemen (oben) ist igus® heute auch weltweit führend auf dem Gebiet der schmierfreien Lagertechnik (unten).

ILLIG

Gründer: Günter und Margret Blase, 1964, Köln

Geschäftsführender Gesellschafter: Frank Blase

Kontakt
igus® GmbH
Spicher Str. 1a, 51147 Köln
Fon: 02203 9649-0, Fax: 02203 9649-222
www.igus.de

Ansprechpartner Presse
Oliver Cyrus
Fon: 02203 9649-459
ocyrus@igus.de

igus® GmbH im Internet

ILLIG

Heilbronn, Baden-Württemberg

Gegründet: 1946

Die ILLIG Maschinenbau GmbH & Co. KG entwickelt und baut Maschinen und Werkzeuge für die kunststoffverarbeitende Industrie. Das Unternehmen zählt in diesem Bereich zu den globalen Markt- und Technologieführern und investiert gegenüber dem Branchendurchschnitt überdurchschnittlich in Forschung, Entwicklung und Konstruktion neuer Produkte. Zudem verfügt das Unternehmen über das weltweit umfangreichste Lieferprogramm. Dieses beinhaltet im Bereich Thermoformen u. a. Plattenform-Maschinen oder Rollenautomaten. Im Segment Verpackungstechnik bietet ILLIG Skin- und Blisterpackmaschinen sowie Form-, Füll- und Schließanlagen. Vervollständigt wird das Angebot durch ein umfangreiches Werkzeug-Spektrum, das speziell auf ILLIG-Anlagen abgestimmt ist und im eigenen Formen- und Werkzeugbau konstruiert und gefertigt wird. Die Maschinen werden in den verschiedensten Branchen eingesetzt, etwa in der Automobil-, Lebensmittel- und Getränkeindustrie. Beispielsweise erlauben es die FSL-Maschinen von ILLIG, (Frucht-)Quark- und

Meilensteine

1946 Adolf Illig gründet eine Reparaturwerkstätte in Heilbronn.

1956 Erste Vakuumformmaschine

1960 Weltweit erster von der Rolle arbeitender Vakuumformautomat zur Verarbeitung vorbedruckter Folie für die Deckelherstellung

1968 Erste Verpackungsanlage, in der das Formen, Füllen und Verschließen integriert ist; Entwicklung der ersten Kolbendosiermaschine für pastöse Füllgüter

1984 Die RDM 50K ist die erste größere Thermoformmaschine mit Kipptechnik. Sie setzt den neuen Standard für Hygienebedingungen in der Packmittelfertigung.

1989 Erstes Rechnerprogramm zur automatischen Grundeinstellung von Vakuumformmaschinen

1994 Vollaseptische Form-, Füll- und Schließmaschinen mit einer Tageskapazität von 700.000 Joghurtbechern

2001 ILLIG schafft es in die Top Ten der amtlichen Patentstatistik in Baden-Württemberg.

2008 Mit dem BF 70 wird der weltweit erste serienreife Bottleformer dieser Art präsentiert.

2014 ILLIG ist einziger Hersteller von IML-Dekorationstechniksystemen in Thermoformmaschinen.

ILLIG

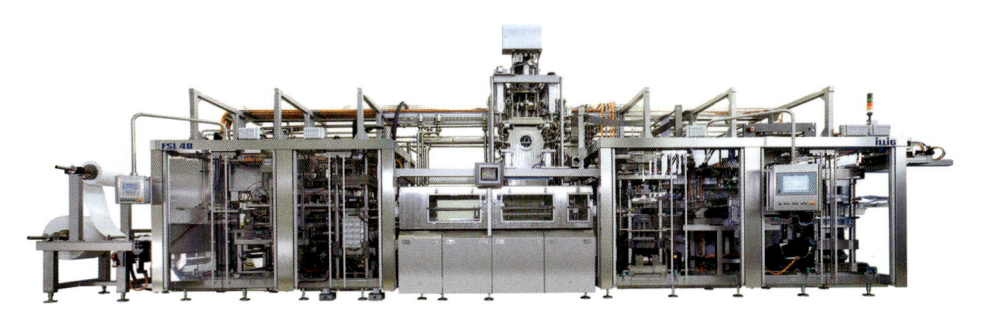

Die neue FSL 48 von ILLIG ist insbesondere auf die Anforderungen der Lebensmittelindustrie ausgerichtet. Mit einer integrierten IML-Station werden die Verkaufsverpackungen direkt beim Thermoformen dekoriert.

Joghurtbecher in einer Anlage zu formen, zu dekorieren, zu befüllen und zu verschließen, so dass das Produkt direkt für das Verkaufsregal bereit ist.

Die Maschinen zur Herstellung von präzisen Formteilen aus Kunststoff werden in Serie produziert, aber auch Anfertigungen nach speziellen Kundenwünschen sind möglich: Aus Basismaschinen entstehen durch Module unterschiedliche Ausbaustufen bis zur kundenspezifischen Hochleistungsmaschine für den Mehrschichtbetrieb. Das Leistungsspektrum reicht von der Beratung bei der Planung über die Inbetriebnahme bis zur Anpassung bereits eingesetzter Anlagen.

Die Firma ILLIG mit Hauptsitz in Heilbronn beschäftigt weltweit rd. 750 Mitarbeiter. Während das Unternehmen ausschließlich in Deutschland produziert, kommen die Kunden zu einem großen Teil von außerhalb Europas. Niederlassungen in Frankreich, Großbritannien und den USA sowie Servicestützpunkte in Lateinamerika, Fernost und Japan bilden zusammen mit Handelsvertretungen in über 80 Ländern ein engmaschiges Netzwerk für die umfassende Kundenbetreuung.

Das inhabergeführte Unternehmen hat seine Wurzeln in einer Heilbronner Garage. Dort gründete Adolf Illig im Jahr 1946 eine Reparaturwerkstätte, deren erstes Produkt eine vom Gründer konstruierte Säulenbohrmaschine war. Der Bau der ersten ILLIG-Vakuumformmaschine Typ UA 100 markierte 1956 einen technologischen Meilenstein für die weitere Ausrichtung des Unternehmens. In den folgenden Jahrzehnten zeichnete sich ILLIG immer wieder durch wegweisende

»Doch was nützen all die Werkstätten, die Büros, die Maschinen – ohne die Menschen, die allem erst einen Sinn geben.«

Adolf Illig

Firmengründer Adolf Illig; unten im Bild das ILLIG-Werksgelände in Heilbronn

Einfach erklärt: Thermoformen

Wir halten sie täglich in den Händen: Verpackungen, die mithilfe des Thermoformens hergestellt wurden. Bis man jedoch z. B. einen Rasierer aus seiner Verpackung entnehmen oder eine Praline probieren kann, kommt ein komplexes Verfahren zum Einsatz. Unter Thermoformen versteht man das Umformen von thermoplastischen Kunststoffplatten oder Kunststofffolien von der Rolle (Halbzeug) bei erhöhter Temperatur. Im Thermoformverfahren wird das Halbzeug auf seine Umformtemperatur in den elastoplastischen Bereich erwärmt. Durch ein Thermoformwerkzeug (z. B. Trinkbecherform) entsteht die Formgebung mittels Vakuum oder Druckluft. Durch das schnelle Abkühlen unter Formzwang wird dabei das Formteil formstabil. Das Produkt wird entformt. Meistens schließen sich noch Nachbehandlungen an, wie Beschneiden, Schweißen, Kleben, Heißsiegeln, Lackieren, Metallisieren oder Beflocken. Plattenform-Maschinen und Rollenautomaten von ILLIG unterstützen weltweit das Verpacken vieler verschiedener Produkte – die sich dem Verbraucher dann in ihrer gestanzten, geformten, vielleicht auch vakuumverpackten Hülle präsentieren.

IMA Klessmann

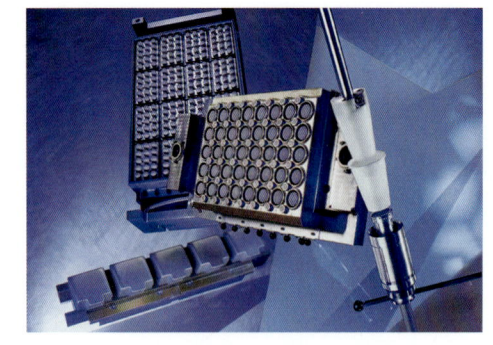

I MA

ILLIG gilt als weltweit führender Systemlieferant von Maschinen und Werkzeugen für das Thermoformen und Lösungen für die Verpackungstechnik.

Entwicklungen aus. Zuletzt wurden 2014 die weltweit ersten Thermoformer mit kompaktem Dekorationstechniksystem (IML) ausgeliefert.

Daten und Fakten

Branche: Maschinenbau
Produkte: Maschinen und Werkzeuge für die Thermoformung und Verpackungstechnik
Marktposition: Weltmarktführer
Mitarbeiter: ca. 750 (2014)
Standorte: Hauptsitz Heilbronn; eigene Niederlassungen in Frankreich, Großbritannien und den USA; Servicestützpunkte in Lateinamerika, Fernost und Japan
Vertrieb: über die Niederlassungen und über Vertretungen in mehr als 80 Ländern
Innovationen: weltweit erster von der Rolle arbeitender Vakuumformautomat zur Verarbeitung vorbedruckter Folie für die Deckelherstellung (1960); Entwicklung der ersten Kolbendosiermaschine für pastöse Füllgüter (1968); RDM 50K als die erste größere Thermoformmaschine mit Kipptechnik (1984); In-Mold-Labeling-Produktionsanlage zum Aufbringen von PP-Labeln auf PP-Margarinebecher (1993); BF 70, weltweit erster serienreifer Hinterschnittformer für Behälter (2008); erste Form-, Füll- und Schließmaschine mit IML-Dekorationstechnik (2014)
Gründer: Adolf Illig, 1946, Heilbronn
Eigentümer: Familien Illig und Schäuble
Literatur:
P. Schwarzmann: Thermoformen in der Praxis (2. Auflage, 2008)

Mit den Maschinen von ILLIG können die verschiedensten Produkte verpackt werden.

ILLIG im Internet

Kontakt
ILLIG Maschinenbau GmbH & Co. KG
Robert-Bosch-Str. 10, 74081 Heilbronn
Fon: 07131 505-0, Fax: 07131 505-303
info@illig.de, www.illig.de

Ansprechpartner Presse
Wolfgang Konrad
Fon: 07131 505-0
wolfgang.konrad@illig.de

IMA Klessmann

Lübbecke, Nordrhein-Westfalen

Gegründet: 1951

Die IMA Klessmann GmbH entwickelt, produziert und vertreibt weltweit Maschinen und Systeme für die Bearbeitung von Holzwerkstoffen, u. a. Kantenanleimmaschinen, CNC-Bearbeitungszentren, Bohrmaschinen und Transport- und Handling-Systeme. Das Unternehmen gilt als einer der Technologieführer bei der Planung, Entwicklung und Umsetzung komplexer Fertigungsstraßen im High-End-Bereich. Zu den Kunden der IMA gehören Hersteller von Küchen-, Büro- und Zerlegmöbeln sowie von Türen- und Bauelementen. Die Firma wurde 1951 gegründet, hat neben dem Hauptsitz in Lübbecke Service- und Vertriebsgesellschaften in Europa, Russland, den USA, Kanada, Singapur sowie in China und beschäftigt rd. 860 Mitarbeiter. Die Geschäfte führen Rüdiger Schliekmann und Andreas Rinke.

Kontakt
IMA Klessmann GmbH
Industriestr. 3, 32312 Lübbecke
www.ima.de

IMO

Gremsdorf, Bayern

Gegründet: 1988

Die IMO GmbH & Co. KG gehört zu den führenden Herstellern von Großwälzlagern und einbaufertigen Getriebesystembaugruppen. Die Kugel- und Rollendrehverbindungen werden im Durchmesserbereich von 100 bis 6.000 mm entwickelt und produziert. Schwere Drehverbindungen mit Durchmessern über 5.000 mm können z. B. ein Gewicht von 20 t haben. Eingesetzt werden Drehverbindungen u. a. in Baumaschinen, Kränen, in der Medizin- und Verkehrstechnik, im Berg- und Tagebau oder im Schiffbau. In Windkraftanlagen sind IMO Drehverbindungen als Blatt-, Turm- oder Hauptlager verbaut. Die ritzel- oder schneckengetriebenen Schwenktriebe bestehen aus einer Kugel- oder Rollendrehverbindung, einem Antriebsstrang und einem vollkommen umschließenden, abgedichteten Gehäuse. Als einbaufertige Systembaugruppe ersetzen sie zahlreiche Einzelteile.

Kontakt
IMO GmbH & Co. KG
Imostr. 1, 91350 Gremsdorf
www.imo.de

IMS Gear

Donaueschingen, Baden-Württemberg

Gegründet: 1863

IMS Gear ist einer der weltweit führenden Anbieter in der Zahnrad- und Getriebetechnik, der mit seinen technischen Lösungen für Komponenten, Baugruppen und Getrieben regelmäßig Standards setzt – und das vorrangig in der Automotive-Branche. Entwicklungs-, Werkstoff-, Prozess- und Fertigungskompetenz zeichnen das Unternehmen ebenso aus wie seine internationale Ausrichtung. IMS Gear produziert kundennah an seinen Standorten in Deutschland, den USA, Mexiko und China. Das Unternehmen beschäftigt weltweit rd. 2.500 Mitarbeiter. IMS Gear steht für ausgeprägte Kundenorientierung, hohe Problemlösungskompetenz, eine offene Kultur und flache Hierarchien. Die Firmengeschichte reicht bis in das Jahr 1863 zurück, als IMS Gear als feinwerktechnischer Zulieferer für die Uhrenindustrie startete.

Kontakt
IMS Gear GmbH
Heinrich-Hertz-Str. 16, 78166 Donaueschingen
www.imsgear.com

INDEX-Werke

Esslingen, Baden-Württemberg

Gegründet: 1914

Die INDEX-Werke GmbH & Co. KG, Hahn & Tessky zählt zu den weltweit größten Herstellern von CNC-Drehmaschinen und ist Technologieführer im Werkzeugmaschinenbau. Wichtige Kunden finden sich z. B. in den Bereichen Automotive, Maschinenbau sowie Elektro und Elektronik. Die Modulbauweise wurde 1992 etabliert, 2002 führte INDEX multifunktionale Produktionszentren ein. Die Gruppe hat drei deutsche Produktionsstandorte sowie eigene Service-Unternehmen in Frankreich, Schweden, Brasilien, China und den USA. Mehr als 10 % der Beschäftigten arbeiten in Forschung & Entwicklung. Hermann Hahn begann 1914 mit der Herstellung von Revolverdrehautomaten. Heute gehören 85 % der Anteile einer Familienstiftung. Seit der Übernahme der Firma Traub 1997 verfolgt man eine Zweimarkenstrategie.

Kontakt
INDEX-Werke GmbH & Co. KG
Hahn & Tessky
Plochinger Str. 92, 73730 Esslingen
www.index-werke.de

INDUSTRONIC

Wertheim am Main,
Baden-Württemberg

Gegründet: 1964

Die INDUSTRONIC Industrie-Electronic GmbH & Co. KG produziert und vertreibt Kommunikationsanlagen für den industriellen Einsatz und ist in diesem Segment einer der Weltmarktführer. Das Hightech-Unternehmen entwickelt und konzipiert individuelle Kommunikationssysteme bestehend aus Sprechstellen, Funkgeräten, Lautsprechern, Kommunikationszentralen und Add-on-Systemen für jeden Industriebereich. Ausgelegt sind die maßgeschneiderten Komplettlösungen sowohl für den Bürobetrieb als auch für extreme Arbeitsbedingungen, etwa hinsichtlich Explosionsschutz, Lautstärke, Schmutz, Hitze, Kälte, Wind oder Meerwassereinwirkung. Die Kunden des Unternehmens stammen vor allem aus der chemischen Industrie, der Stahlindustrie, der Energieindustrie (Öl, Gas, Kohle, Kraftwerke) sowie aus der Transportbranche.

INDUSTRONIC mit Firmensitz in Wertheim beschäftigt 180 Mitarbeiter am Hauptsitz und in drei Servicebüros in Deutschland sowie an zwei Niederlassungen in Nordamerika und China. Der Jahresumsatz 2012 lag bei rd. 22 Mio. Euro. Ein weltweiter Verbund von über 50 zertifizierten Partnern, Vertretern und Tochterunternehmen garantiert die globale Präsenz des Unternehmens und seiner Angebotspalette. Der Anteil des im Ausland erwirtschafteten Umsatzes beträgt rd. 70 %. Das Familienunternehmen wird geleitet von Inhaber Wolfgang Stallmeyer. Hervorgegangen ist das heutige Unternehmen aus einem 1964 gegründeten Betrieb, der damals noch Kommunikationssysteme in Relais-Technik produzierte. Die internationale Ausrichtung wurde maßgeblich mit dem Aufbau eines globalen Vertriebsnetzes in den 1990er-Jahren und der Gründung der Tochterunternehmen in Peking (2002) und in den USA (2007) vorangetrieben.

Kontakt

INDUSTRONIC
Industrie-Electronic GmbH & Co. KG
Carl-Jacob-Kolb-Weg 1, 97877 Wertheim
Fon: 09342 871-0, Fax: 09342 871-565
info@industronic.de, www.industronic.com

Infineon

Neubiberg, Bayern

Gegründet: 1999

Die Infineon Technologies AG ist ein weltweit führender Hersteller und Lieferant von Halbleiter- und Systemlösungen zur Verbesserung von Energieeffizienz, Mobilität und Sicherheit. Infineon ist Weltmarktführer bei Leistungshalbleitern. Typische Anwendungen sind Stromversorgungen von Servern, Notebooks und Smartphones sowie elektronische Antriebssteuerungen für Züge, Pumpen und Kompressoren. In der Automobilelektronik ist Infineon weltweit die Nummer zwei und in Europa die Nummer eins. Zum Beispiel bei Mikrocontrollern für Motor- und Getriebesteuerung und bei Sensoren für elektrische Servolenkung, Seitenairbags und Reifendrucküberwachung ist das Unternehmen Weltmarktführer. Bei Chips für Karten- und Sicherheitslösungen, wie sie im elektronischen Personalausweis oder Reisepass genutzt werden, steht Infineon auf Platz zwei der Weltrangliste. Mit rd. 26.700 Mitarbeitern erzielte Infineon im Geschäftsjahr 2013 einen weltweiten Umsatz von 3,84 Mrd. Euro. Vorstandsvorsitzender ist Dr. Reinhard Ploss.

Kontakt

Infineon Technologies AG
Am Campeon 1-2, 85579 Neubiberg
www.infineon.com

Instrument Systems

Ingenieurbüro Stengel

München, Bayern

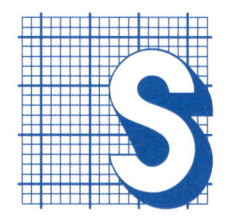

Gegründet: 1964

Als führendes Unternehmen weltweit bietet das Ingenieurbüro Stengel Planungsleistungen für Achterbahnen und andere Freizeittechnologien. Das Ingenieurbüro plante bislang weltweit mehr als 600 Achterbahnen, mehr als 500 Karusselle und über 30 Riesenräder. Zu seinen Kunden zählen Achterbahnhersteller, Freizeitparks und Schausteller aus der ganzen Welt, darunter auch die großen US-amerikanischen Freizeitparks wie Disney, Universal Studios, Six Flags und Cedar Fair. In Asien spielt unter den Abnehmern neben Japan die Volksrepublik China eine zunehmend wichtige Rolle.

Firmengründer Werner Stengel war 1964 an der Entwicklung der ersten Stahlachterbahn Deutschlands auf dem Oktoberfest in München beteiligt und gründete im Jahr darauf sein eigenes Unternehmen. Zu den technischen Innovationen zählte 1974 der erste fahrbare Looping; mit der Entwicklung der Herzlinie (1976) und der Raumkurve (1984) setzte Stengel im Hinblick auf Sicherheit und Nutzerfreundlichkeit zukunftsweisende Standards. Die nach Entwürfen von Stengel gebauten Achterbahnen stellen immer wieder neue Höhen- und Geschwindigkeitsrekorde auf. So war Stengel am Bau der höchsten Achterbahn der Welt, der „Kingda Ka" in New Jersey/USA, beteiligt und plante mit der Colossos im Heide-Park Soltau auch die größte Holzachterbahn Europas. Darüber hinaus gehören der „Smiler" mit 14 Überkopffahrten sowie mobile Achterbahnen wie der Olympialooping mit fünf Überkopffahrten zum Portfolio. Des Weiteren ist das Unternehmen aktiv in Normenausschüssen tätig. Seit 2001 wird das Ingenieurbüro von den langjährigen Mitarbeitern Harald Wanner und Andreas Wild geführt. Gründer Werner Stengel steht dem Unternehmen weiterhin als Berater zur Verfügung.

Kontakt

Ing.-Büro Stengel GmbH
Nesselwanger Str. 24, 81476 München
Fon: 089 745517-0, Fax: 089 745517-44
info@rcstengel.com, www.rcstengel.com

Instrument Systems

München, Bayern

Gegründet: 1986

Die Instrument Systems GmbH gehört zu den weltweit führenden Anbietern im Bereich der Lichtmesstechnik. Die Produkte und Systeme dienen dazu, die optischen Parameter von Licht und Strahlungsquellen zu bestimmen. Alle namhaften Unternehmen in der Automobil- und Luftfahrtindustrie vertrauen bei der Qualifizierung von Beleuchtungskomponenten und Displays im Fahrzeuginnenraum bzw. Cockpit auf die Messsysteme von Instrument Systems. Zu den Kunden zählen außerdem LED-Hersteller, Forschungsinstitute und Vertreter der Lichttechnikbranche aus allen Teilen der Welt. Weltweiter Technologieführer ist Instrument Systems im Bereich der optischen LED-Messtechnik. Hier setzt das Münchner Unternehmen seit Jahren Standards für die stetig wachsende LED-Industrie. Richard Distl gründete das Unternehmen 1986 in München. Seit 2012 ist die Instrument Systems GmbH eine Tochterfirma von Konica Minolta.

Kontakt

Instrument Systems GmbH
Neumarkter Str. 83, 81673 München
www.instrumentsystems.de

NS

INTERSPORT

INTERSPORT

Heilbronn, Baden-Württemberg

Gegründet: 1956

Die INTERSPORT Deutschland eG ist die erfolgreichste mittelständische Verbundgruppe im weltweiten Sportfachhandel. Alleine in Deutschland sind darin rd. 1.000 Mitglieder zusammengeschlossen, die ca. 1.500 Fachgeschäfte betreiben und 2013 mit mehr als 22.000 Mitarbeitern einen Umsatz von 2,79 Mrd. Euro erzielten. Seit 2013 gibt es auch einen INTERSPORT-Online-shop. Der Verbund wurde im Jahr 1956 von 15 Sportfachhändlern gegründet. Die INTERSPORT Deutschland eG ist Gründungsmitglied der IIC-INTERSPORT International Corp. und gilt als Motor dieser Kooperation. In der IIC sind inkl. „The Athlete's Foot" rd. 5.800 Fachgeschäfte in über 60 Ländern organisiert, die für einen Gesamtumsatz von ca. 10,6 Mrd. Euro stehen. Zuletzt expandierte INTERSPORT nach China, Weißrussland und Australien.

Kontakt
INTERSPORT Deutschland eG
Wannenäcker Str. 50, 74078 Heilbronn
www.intersport.de

IQfy

Meinerzhagen, Nordrhein-Westfalen

Gegründet: 2005

Die IQfy GmbH bietet individuelle Lösungen auf dem Gebiet der funkbasierten Gebäudeautomation. Als einziger Anbieter ist IQfy Weltmarktführer im wachsenden Pflegesektor. Die Speziallösungen zur Belegungserkennung in Stühlen, Kissen und Matratzen sind bislang einzigartig. Die IQmat z. B. ist eine Matratze mit integriertem Sensor, der kabellos und wartungsfrei überwacht, ob jemand auf ihr liegt oder nicht. Ähnliches gibt es mit dem IQpad in Form eines keilförmigen Sitzkissens. Diese Produkte verbessern die häusliche und stationäre Pflege von z. B. demenzkranken Patienten, da sie individuelle Steuerungsmöglichkeiten bieten, die bisher so nicht möglich waren. Zu den Kunden gehören neben Pflegeheimen und Krankenhäusern auch große Automobilhersteller, die Deutsche Bahn und internationale Hotelketten sowie Privatpersonen. Sie können auf speziell entwickelte Lösungen für alle Einsatzgebiete zugreifen. Z. B. können Licht, Heizung, Klima, Lüftung und Computer automatisch nach Anwesenheit und durch Funk gesteuert werden. Die Technologie von IQfy führt somit

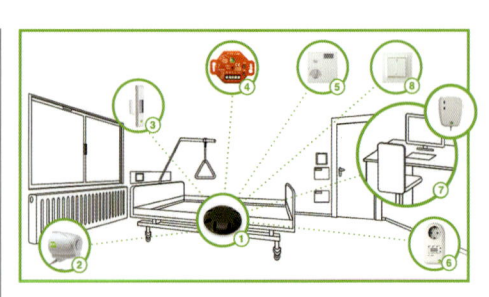

Funkbasierte Gebäudeautomationen von IQfy werden häufig in Krankenhäusern und Pflegeheimen eingesetzt, um die Unfallgefahr zu mindern.

»Wir machen Technik, die einfach funktioniert.«
Firmenmotto IQfy

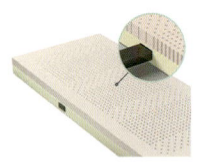

Die Drucksensormatratze IQmat ermöglicht u. a. eine bessere Überwachung von demenzerkrankten Patienten.

IQfy im Internet

Schon gewusst?

Speziell für Pflegeheime hat IQfy mit der Firma Lück, dem Marktführer für Matratzen im Pflegesegment, eine Sensormatratze entwickelt. Der Sensor reagiert auf den Patienten und kann Rufsignale auslösen oder die Raumbeleuchtung steuern. Das erhöht Sicherheit und Komfort des Patienten und entlastet das Pflegepersonal. Das Unfallrisiko in Pflegeheimen kann so nachweislich um bis zu 80 % gesenkt werden. Zusätzlich wird durch den Sensoreinsatz auch Energie gespart.

auch zu höherer Energieeffizienz. Für den Vertrieb unterhält IQfy einen eigenen Außendienst und arbeitet mit Vertriebspartnern in Spanien, der Türkei, den Niederlanden, Dubai, Österreich und Australien zusammen. Gegründet wurde das Unternehmen 2005 von Dipl.-Ing. Klaus Kleine, der die Funkstuhltechnik erfand. IQfy kooperiert mit dem Fraunhofer-Institut und anderen namhaften Unternehmen. Die Innovationen brachten IQfy mehrere Auszeichnungen ein. Im Jahr 2012 zählte IQfy u. a. zu den 100 innovativsten Unternehmen. Geschäftsführender Gesellschafter des Unternehmens ist Andreas Thometzek.

Daten und Fakten

Produkte: IQmat, Funkstuhl, IQpad, EnOcean, Konzeption und Planung
Marktposition: Weltmarktführer bei funkbasierter Gebäudeautomation
Vertrieb: eigener Außendienst, Vertriebspartner in Spanien, der Türkei, den Niederlanden, Dubai, Österreich und Australien
Gründer: Klaus Kleine, 2005
Eigentümer: Andreas Thometzek
Auszeichnungen: „Blauer Engel", „Germany at its Best", „Klima-Hotels" (2011); „BMWI", „100 innovativste Unternehmen" (2012)

Kontakt
IQfy GmbH
Am Stadion 2, 58540 Meinerzhagen
Fon: 02354 9449969, Fax: 02354 9449959
info@iqfy.de, www.iqfy.de

IREKS

Kulmbach, Bayern

Gegründet: 1856
Die IREKS GmbH ist ein weltweit führender Lieferant von Backzutaten für Bäckereien und Konditoreien in 90 Ländern. Das Portfolio umfasst sowohl Malzextrakte und getrocknete Natursauerteige als auch Backzutaten für Brot, Brötchen, Klein- und Feingebäck.

Eine weitere Sparte sind Braumalze für Brauereien. Die Gruppe bietet zusätzlich Aromen, Eisgrundstoffe und Dekore des Herstellers Dreidoppel an. Ein weiteres Standbein ist der Agrarhandel. IREKS beschäftigt 2.500 Mitarbeiter. Eigene Niederlassungen bestehen breit gestreut in ganz Europa. Darüber hinaus ist IREKS in der Türkei, China und Brasilien selbst vertreten. Johann Peter Ruckdeschel gründete 1856 eine Mälzerei und Brauerei. In der nächsten Generation kamen dann Backzutaten hinzu.

Kontakt
IREKS GmbH
Lichtenfelser Str. 20, 95326 Kulmbach
www.ireks.de

ista

Essen, Nordrhein-Westfalen

Gegründet: 1902
ista ist weltweit führend als Energiedienstleister für die verbrauchsgerechte Erfassung und Abrechnung von Energie, Wasser und Hausnebenkosten. Darüber hinaus bietet das Unternehmen, das in 24 Ländern präsent ist, Lösungen für ein effizientes und individuelles Energiekosten- bzw. Energiedatenmanagement.

ista misst auf Basis modernster Funkmesstechnik, wie sich der Verbrauch von Energie und Wasser innerhalb von Mehrfamilienhäusern oder gewerblichen Immobilien verteilt. Mieter erhalten ihre individuellen Einzelabrechnungen, Vermieter zeitgleich die Abrechnung über den Gesamtverbrauch des Gebäudes. So entsteht volle Transparenz über den tatsächlichen individuellen Verbrauch. Als Grundlage dafür nutzt ista ein Portfolio von Hardwarekomponenten zur

ista

ST

Energiedatenerfassung und -verarbeitung. Dazu gehören funkbasierte Heizkostenverteiler, Wasserzähler, Wärmezähler sowie entsprechende Montagesysteme. Zukunftsweisend ist das sog. ista Energiedatenmanagement. Dabei werden sämtliche Verbrauchsdaten mit Hilfe intelligenter Funktechnik in einem Online-Portal oder per App visualisiert und dem Nutzer monatlich zur Verfügung gestellt. So kann jeder aktiv seinen eigenen Verbrauch steuern und bei geringen Investitionskosten signifikant zusätzlich Energie einsparen. Abgerundet wird das Portfolio von ergänzenden Dienstleistungen wie dem Energie-Contracting, das ista gemeinsam mit Partnern betreibt. Im Bereich Mietersicherheit bietet das Unternehmen Produkte und Dienstleistungen wie den ista Rauchwarnmelder oder die ista Trinkwasseranalyse.

ista blickt auf eine über 100-jährige Geschichte zurück und betreut heute weltweit etwa 48 Mio. Messgeräte in über 12 Mio. Wohnungen. Die Geschäfte der ista International GmbH führen Walter Schmidt (CEO), Christian Leu und Jochen Schein.

Über das ista Webportal kann das gesamte Betriebskostenmanagement online abgewickelt werden.

»Nur wer seinen individuellen Energieverbrauch kennt, kann auch Energie sparen.«

Walter Schmidt

Walter Schmidt ist CEO der ista International GmbH, die ihren Sitz in Essen hat.

ista International GmbH im Internet

Meilensteine

1902 Gründung der Firma Clorius in Dänemark durch Odin und Aksel Clorius

1924 Clorius erhält ein erstes Patent auf Heizkostenverteiler.

1957 ista wird durch Johannes Schultz und Karl Völker in Mannheim gegründet.

1994 Zusammenschluss von ista und Clorius

1999 Zusammenschluss von Raab Karcher und Veba Immobilien zur Viterra AG, neuer Name: Viterra Energy Services

2003 CVC Capital Partners erwirbt Viterra Energy Services.

2005 Viterra Energy Services firmiert um in ista.

2006 Durch die Übernahme des französischen Marktführers Comptage Immobilier Services wird ista Marktführer in Europa und weltweit.

2007 Charterhouse Capital Partners erwirbt die Mehrheit an ista. CVC bleibt Minderheitseigner.

2013 CVC erwirbt die Mehrheit an ista.

Daten und Fakten

Branche: Energiedienstleistung
Produkte: Geräte und Dienstleistungen rund um die Erfassung, Visualisierung und Abrechnung von Verbrauchsdaten
Marktposition: ista ist weltweit führend im Bereich Energieeffizienz
Umsatz: 743,9 Mio. Euro (2013)
Mitarbeiter: 4.779 weltweit (2013)
Vertrieb: eigene Vertriebs- und Serviceorganisation in 24 Ländern weltweit
Innovationen: funkbasierte Erfassungslösungen für die Wohnungswirtschaft
Eigentümer: CVC und das ista Management
Auszeichnungen: „M2M Best Practice Award" für das Funksystem symphonic sensor net (2008); „Top Job"-Award (2011–2014); „Deutschlands kundenorientierteste Dienstleister" (2012)

IST METZ

Nürtingen, Baden-Württemberg

Kontakt
ista International GmbH
Grugaplatz 2, 45131 Essen
Fon: 0201 459-3333, Fax: 0201 459-3630
info@ista.com, www.ista.com

Gegründet: 1977

Die IST METZ GmbH ist ein weltweit führender Anbieter von UV-Anlagen zur umweltfreundlichen Aushärtung von lösemittelarmen oder -freien Farben, Lacken, Silikonen und Klebern. Die Anlagen kommen in Druckmaschinen, aber auch bei zahlreichen weiteren industriellen Beschichtungsanwendungen, z. B. in der Automobil- oder der Kosmetikindustrie, zum Einsatz. Das 1977 gegründete Unternehmen wurde 1982 von Gerhard und Renate Metz übernommen. Heute ist das Familienunternehmen weltweit präsent. Mit über 500 Mitarbeitern in 15 Unternehmen wird eine kundennahe Betreuung vor Ort garantiert. Niederlassungen in Frankreich, England, den USA, Italien, Spanien, den Niederlanden, Schweden, China, Thailand und Japan werden ergänzt durch ein weltweites Händler- und Partnernetz.

Kontakt
IST METZ GmbH
Lauterstr. 14-18, 72622 Nürtingen
www.ist-uv.de

ITH Schraubtechnik

Meschede, Nordrhein-Westfalen

Gegründet: 1979

Die ITH GmbH & Co. KG ist weltweit führender Systemlieferant für Vorspanntechnik und Drehmomentwerkzeuge zum Anziehen und Lösen von industriellen Schraubenverbindungen ab M 16 aufwärts. Zum Produktportfolio der ITH Schraubtechnik gehören u. a. Schraubenspannzylinder, hydraulische Drehmomentschrauber sowie elektrische, pneumatische und akkubetriebene Drehschrauber. Die Schraubwerkzeuge von ITH kommen im Maschinenbau, in energieerzeugenden Industrien und im Anlagenbau zum Einsatz. Das Unternehmen unterhält ein weltweites Vertriebsnetz inkl. Tochtergesellschaften in den USA, China, Japan, Malaysia, Indien und Europa. ITH wurde 1979 durch Hans Hohmann am heutigen Stammsitz in Meschede gegründet. Heute leiten Frank und Jörg Hohmann das Familienunternehmen in 2. Generation.

Kontakt
ITH GmbH & Co. KG
Auf'm Brinke 18, 59872 Meschede
www.ith.de

J

J.D. Neuhaus

J.D. Neuhaus

Witten, Nordrhein-Westfalen

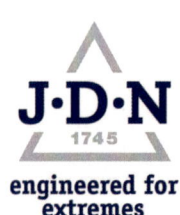

J·D·N 1745
engineered for extremes

»Wir stellen heute Hebezeuge her, die für die härtesten Einsatzbedingungen der Welt prädestiniert sind.«

Wilfried Neuhaus-Galladé, geschäftsführender Gesellschafter

Es wird ausschließlich am Stammsitz in Witten produziert, das Dokument zeigt den Eintrag von J.D. Neuhaus aus dem Jahr 1745 in die „Meister Rolle der Sprockhövelschen Fabricke".

Gegründet: 1745

Am Standort Witten produziert die J.D. Neuhaus GmbH & Co. KG mit 150 Mitarbeitern pneumatisch und hydraulisch betriebene Hebezeuge und Krananlagen. Dank dieser weltweit einzigartigen Spezialisierung bildet J.D. Neuhaus nicht nur den Qualitätsmaßstab auf diesem Gebiet, sondern ist mit Kunden in über 90 Ländern auch Weltmarktführer. Die Produkte zeichnen sich insbesondere dadurch aus, dass sie explosionsgeschützt selbst unter extremen Einsatzbedingungen Lasten von bis zu 115 t dauerhaft und zuverlässig bewegen. So zum Beispiel in der Öl- und Gasförderung bei arktischen Temperaturen bis -45 °C, unter Wasser bei Schiffsreparaturen, im Bergbau, in der chemischen Industrie oder im Schweranlagenbau. Insgesamt beliefert J.D. Neuhaus rd. 70 Branchen. Produziert wird ausschließlich am Standort Witten. Die breite Produktpalette runden Dienstleistungen wie Montage, Inspektion, Wartung und die Generalüberholung der Anlagen sowie Schulungen für die Kunden ab. Für den Vertrieb bilden die Niederlassungen in Frankreich, Großbritannien, Singapur, den USA und China in Zusammenarbeit mit internationalen Partnern ein engmaschiges, weltumspannendes Netz. Der Exportanteil liegt bei über 80 %.

In der Entwicklung und Herstellung legt man größten Wert auf umweltverträgliche und ressourcenschonende Produktion. Zu den Zielvorgaben zählen die Minimierung von Energieverbrauch, Emissionen, Abwasser, Abfallaufkommen sowie die Anwen-

Die softwaregestützte Produktion ist umweltschonend und energieeffizient.

Meilensteine

1745 Johann Diederich Conrad Neuhaus gründet das Unternehmen in Heven bei Witten.

1952 J.D. Neuhaus setzt erstmals Druckluft-Motoren bei handbetriebenen Hebezeugen ein.

1986 In 7. Generation tritt Wilfried Neuhaus-Galladé in das Unternehmen ein und beginnt mit dem Aufbau einer weltweiten Vertriebsorganisation.

1989–2002 Gründung von Tochtergesellschaften in den USA, Frankreich, Großbritannien und Singapur

2005 Marktspezifische Anpassung der Produktpalette, Ausbau des weltweiten Service- und Vertriebsnetzes

2009 Gründung einer Niederlassung in China

2011 Auslieferung der bisher größten Krananlage für eine Bohrplattform

2012 Start der „JDN Community" Online-Plattform

2014 Relaunch der Hebezeuge und Hubwerke mit Tragfähigkeiten von 75 t und 100 t

J.D. Neuhaus

J DN

Die Krananlagen von J.D. Neuhaus kommen u. a. in der Offshoreindustrie zum Einsatz.

dung umweltverträglicher Fertigungsverfahren und Materialien. Die Maxime, nachhaltig zu produzieren, spiegelt sich auch in den Produkten selbst wider, die sich durch Langlebigkeit auszeichnen und größtenteils recyclebar sind. Zudem hat J.D. Neuhaus den Umweltschutz auch fest in die Mitarbeiterschulungen integriert. Seit 2009 ist das Unternehmen vom TÜV Rheinland für sein umfassendes Umweltmanagement-System nach ISO 14001 zertifiziert. Das Qualitätsmanagementsystem führt durch sämtliche Prozesse, von der Planung und Konstruktion über die Fertigung bis zum Kundendienst, und ist durch den TÜV Rheinland gemäß ISO 9001 zertifiziert.

Die Gründung des Unternehmens geht auf das Jahr 1745 zurück, und es ist bis heute, in 7. Generation, in Familienbesitz. Im Hebezeug-Museum am Standort Witten zeigt sich diese Geschichte als lebendiger Teil der Unternehmenskultur. J.D. Neuhaus ist Mitglied von „Les Hénokiens", einer Vereinigung von Firmen, die seit mindestens 200 Jahren bestehen, seit ihrer Gründung in Familienbesitz sind und noch von Nachkommen des Gründers geleitet werden.

Der erste Drucklufthebezug der Welt mit einer Tragfähigkeit von 100 t (oben), Handling von Tragflächenteilen mit zwei JDN-Druckluft-Hebezügen mini 500 (unten)

Das Hebezeug-Museum

Am Stammsitz in Witten betreibt J.D. Neuhaus ein einzigartiges Museum, das die Geschichte der Hebezeuge und des Unternehmens dokumentiert. Das Hebezeug-Museum zeigt anhand von Modellen und Originalen die Entwicklung der Hebezeuge von der Steinzeit bis in die Gegenwart. In einer originalgetreu nachgebauten Windenschmiede wird den Besuchern die Arbeit der Schmiede in der Zeit der Firmengründung anschaulich gemacht. In einer rekonstruierten Windenfabrik aus dem Jahr 1900 werden zwölf hist. Maschinen für die Holz- und Metallbearbeitung ausgestellt. Auf dem Freigelände des Museums steht neben Treträdern und alten Holzschaftwinden ein Nachbau des Kaufhauskrans der Hansestadt Lüneburg, der zum Be- und Entladen von Schiffen diente und 1336 zum ersten Mal erwähnt wurde. Wie die meisten anderen Ausstellungsobjekte, darunter auch Leihgaben branchenverwandter Unternehmen, ist auch der Kaufhauskran voll funktionsfähig.

Daten und Fakten

Branche: Maschinenbau
Produkte: pneumatische und hydraulische Hebezeuge und Krananlagen für Lasten bis 115 t
Marktposition: Weltmarktführer bei pneumatischen und hydraulischen Hebezeugen und Krananlagen
Mitarbeiter: 200 (weltweit, 2014)
Standorte: Hauptsitz mit Produktion in Witten; Niederlassungen in Frankreich, Großbritannien, den USA, China und Singapur
Innovationen: Relaunch der Hebezeuge und Hubwerke mit Tragfähigkeiten von 75 t und 100 t (2014)
Gründer: Johann Diederich Conrad Neuhaus, 1745, Heven

J.D. Neuhaus GmbH & Co. KG im Internet

Kontakt

J.D. Neuhaus GmbH & Co. KG
Windenstr. 2-4, 58455 Witten
Fon: 02302 208-0, Fax: 02302 208-286
info@jdngroup.com, www.jdngroup.com

Ansprechpartner Marketing

Manfred Müller
Fon: 02302 208-219
manfred.mueller@jdn.de

JF Hillebrand

Mainz, Rheinland-Pfalz

Gegründet: 1844

Die JF Hillebrand Group AG ist der weltweit führende Spezialist für Wein- und Spirituosenlogistik. Die Aktivitäten gliedern sich in die Bereiche Transport Management, Logistic Solutions und Specialist Services. Wein wird sowohl als Bulk-Ware in Containern und speziellen Kühlcontainern als auch in Flaschen transportiert. Das Unternehmen bietet u. a. Luftfracht, Lagerung und Versicherungsdienstleistungen. Der Unternehmensgründer Johann Friedrich Hillebrand hatte sich 1844 in Mainz als Frachtenkommissionnär selbstständig gemacht. Seit 1860 besteht die Spezialisierung auf Wein, seit den 1980er-Jahren ist das Unternehmen der führende Exporteur französischer Weine. Das Familienunternehmen wird von CEO Christophe Bernard geleitet.

Kontakt

JF Hillebrand Group AG
Carl-Zeiss-Str. 6, 55129 Mainz
www.jfhillebrand.com

JK-International

Windhagen, Rheinland-Pfalz

Gegründet: 1927

Die JK-International GmbH ist mit ihrer Marke Ergoline seit 1987 zum weltweit führenden Hersteller von Solarien avanciert. Die JK-International GmbH vertreibt außerdem die Solarien-Marken Sonnenengel und Soltron sowie die Beauty-Marke Beauty Angel. In Deutschland ist das Unternehmen mit 70 % Marktführer, der wichtigste Exportmarkt sind die USA. Darüber hinaus werden 50 Länder bedient. Es bestehen drei Produktionsbetriebe in Deutschland. Verschiedene Tochtergesellschaften bieten eine große Palette von Dienstleistungen an. Dazu zählen ein bankenunabhängiges Leasing für Betreiber von Sonennstudios, die Versorgung mit Ver- und Gebrauchsprodukten für Studios, technischer Kundendienst sowie Training und Support sowohl national wie international. Die Geschäfte führt Jens-Uwe Reimers.

Kontakt

JK-International GmbH
Köhlershohner Str, 53578 Windhagen
www.ergoline.de

Johannes Klais Orgelbau

Bonn, Nordrhein-Westfalen

Gegründet: 1882

Die Johannes Klais Orgelbau GmbH & Co. KG rangiert unter den weltweit führenden Orgelbauern. Zahlreiche Kirchen und Konzertsäle, zu denen die Dome zu Köln, Trier, Münster und Würzburg ebenso zählen wie die Hamburger Elbphilharmonie oder das National Grand Theater in Peking, sind mit den in Bonn hergestellten Pfeifenorgeln ausgestattet. Mit 65 Mitarbeitern plant, entwickelt und fertigt das Unternehmen individuelle Orgeln, die speziell auf den Raum abgestimmt werden, in dem sie stehen sollen. Darüber hinaus bietet Klais auch Pflege, Restaurierung, Stimmung und Reinigung der Instrumente an. Seit 1995 leitet in 4. Generation Philipp C. A. Klais das Familienunternehmen. Der jährliche Umsatz betrug im Durchschnitt der letzten Jahre 6 Mio. Euro.

Kontakt
Johannes Klais Orgelbau GmbH & Co. KG
Kölnstr. 148, 53111 Bonn
www.klais.de

JORDAHL

Berlin

Gegründet: 1907

Die JORDAHL GmbH ist ein weltweit führender Anbieter von Befestigungs- und Bewehrungstechnik. Ein Portfolio von 18.000 Produkten, zumeist mit europäischer Zulassung (ETA), für die Bereiche Befestigungs-, Bewehrungs-, Verbindungs- und Montagetechnik sowie Fassadenbefestigung wird im Tunnel-, Hoch-, Tief- und Stadionbau sowie bei Infrastrukturprojekten eingesetzt. Im 2006 eröffneten Fertigungsbetrieb Trebbin bei Berlin werden jährlich zwischen 1.500 und 2.000 km Profil- und bis zu 1.000 km Bewehrungsstahl verarbeitet. Das Unternehmen wurde 1907 von zwei skandinavischen Ingenieuren in Berlin gegründet. Seit 2012 firmiert es als JORDAHL GmbH, dem Namen des norwegischen Kompagnons Anders Jordahl.

Kontakt
JORDAHL GmbH
Nobelstr. 51, 12057 Berlin
www.jordahl-group.com

Josef Wiegand

→WIEGAND Freizeiteinrichtungen

JOST

Iserlohn, Nordrhein-Westfalen

Gegründet: 1923

Die JOST GmbH ist hochspezialisiert auf die Entwicklung, Produktion und Vermarktung von Mikronährstoffdüngern und ist Weltmarktführer bei der Herstellung von Mikronährstoff-Bodendünger auf Metalllegierungsbasis. Die Hauptproduktlinien sind Agro-Bakterien, chelatisierte Blattdünger und Düngemittel zur Bodenapplikation. Letztere haben eine Langzeitwirkung und gewährleisten eine besonders nachhaltige und ökologisch verträgliche Ernährung der Pflanzen. Zahlreiche Industriekunden verwenden von JOST abgestimmte Wirkstoffkonzentrate zur Veredelung ihrer Produkte. Produziert wird ausschließlich in Deutschland, die Exporte reichen bis nach Amerika und Asien. Geschäftsführer des unabhängigen Familienunternehmens sind Dr. Rainer Buchholz und Johannes Engels.

Kontakt
JOST GmbH
Giesestr. 4, 58636 Iserlohn
www.jost-group.com

JÖST

Dülmen, Nordrhein-Westfalen

Gegründet: 1919

Die JÖST GmbH + Co. KG ist ein international führendes Unternehmen aus dem Bereich Sondermaschinenbau. Der Schwerpunkt liegt auf der Schwingungstechnik. Das Unternehmen entwickelt und fertigt Schwingmaschinen sowie Vibrationsantriebe und bietet verfahrenstechnische Systemlösungen zur Aufbereitung von Schüttgütern aller Art. Die JÖST-Gruppe unterhält mit ihren Töchtern, neben ihrem Hauptsitz in Dülmen, Produktionsstandorte auf allen Kontinenten. Rund 70 % des Umsatzes werden im Ausland erzielt. Seit 2006 ergänzt die DIETERLE GmbH & Co. KG mit Produkten der Hebe- und Kipptechnik das Portfolio. Das Unternehmen wurde 1919 im westfälischen Münster gegründet. Geschäftsführende Gesellschafter sind Dr. Hans Moormann und Dr. Christian Fuchs.

Kontakt
JÖST GmbH + Co. KG
Gewerbestr. 28-32, 48249 Dülmen
www.joest.com

JUMO

Fulda, Hessen

Gegründet: 1948

Mit Temperaturfühlern für Wärmemengenzähler ist die JUMO GmbH & Co. KG führend im Weltmarkt. Sie stellt Produkte aus dem Bereich der Mess-, Regel- und Automatisierungstechnik her. Neben der Temperaturmessung umfasst das Portfolio die Messgrößen Druck, Flüssigkeitsanalyse, Durchfluss, Füllstand, Feuchte und CO_2. Der Service reicht von der kundenspezifischen Produktentwicklung über akkreditierte Kalibrierung bis zum umfangreichen Seminarprogramm. Aufgrund der hohen Fertigungstiefe produziert JUMO bei Temperaturfühlern mehrere Tausend Kundenvarianten, sodass 70 % des Umsatzes mit individuellen Kundenlösungen erzielt werden. JUMO investiert 5,5 % in Forschung & Entwicklung und gehört durch seine Innovationen zu den Trendsettern beim Einsatz von Mikroelektronik in der Branche sowie zu den Vorreitern bei drahtloser Messtechnik. Daraus resultieren 29 deutsche Patente. Die Kunden kommen aus Branchen wie Maschinen- und Anlagenbau, Lebensmittel und Getränke, Wasser und Abwasser, Heizung und Klima, erneuerbare Energien, Öl und Gas, Chemie, Pharma- und Biotechnik oder Bahntechnik. Wachstumschancen bieten die zunehmende Internationalisierung, die Vernetzung in der Produktion und der Markt für erneuerbare Energien.

JUMO wird von Bernhard und Michael Juchheim als geschäftsführenden Gesellschaftern geleitet, Sohn und Enkel des Firmengründers Moritz Juchheim. 2013 setzte das Unternehmen 218 Mio. Euro um. Es beschäftigt am Stammsitz Fulda 1.300 Mitarbeiter und weitere 900 in 24 Tochtergesellschaften weltweit. Der Exportanteil erreicht 55 %.

Kontakt
JUMO GmbH & Co. KG
Moritz-Juchheim-Str. 1, 36039 Fulda
Fon: 0661 6003-0, Fax: 0661 6003-500
mail@jumo.net, www.jumo.net

Jungheinrich

Hamburg

Gegründet: 1953

Die Jungheinrich AG gehört zu den weltweit führenden Herstellern der Flurförderzeug-,

Lager- und Materialflusstechnik und zu einem wichtigen Lösungsanbieter der Intralogistik. Die angebotenen Produkte und Dienstleistungen zielen sämtlich auf einen effizienten Ablauf des innerbetrieblichen logistischen Warenflusses. Das Portfolio reicht von Hubwagen und Gabelstaplern über Regalsysteme bis hin zu logistischen Gesamtlösungen sowie Dienstleistungen und Beratung. Mit einem weltweiten Direktvertriebs- und Servicenetz ist Jungheinrich in rd. 100 Ländern vertreten. Dr. Friedrich Jungheinrich gründete das Unternehmen 1953 in Hamburg. Heute ist Hans-Georg Frey Vorstandsvorsitzender.

Kontakt

Jungheinrich AG
Am Stadtrand 35, 22047 Hamburg
www.jungheinrich.de

JW Holding

Stuttgart, Baden-Württemberg

Gegründet: 1976

Die JW Holding GmbH ist eine international aufgestellte Unternehmensgruppe, die seit über 35 Jahren auf Licht- und Sonnenanwendungen spezialisiert ist. Ihre Geschäftsfelder reichen von der Beleuchtung (Licht) über die physiologische Anwendung von UV-Strahlen (Besonnung) und den medizinischen Einsatz (Fototherapie) bis hin zur energetischen Nutzung von Sonnenstrahlen (Solarthermie). Die Gruppe beschäftigt 500 Mitarbeiter weltweit und beliefert Kunden in fast 100 Ländern. Der Jahresumsatz beläuft sich auf rd. 95 Mio. Euro. Tochterunternehmen und Beteiligungen sind u. a. in Deutschland, Großbritannien und den USA angesiedelt. Das Familienunternehmen wird von Jörg Wolff gemeinsam mit Klemens Wressnig geführt.

Kontakt

JW Holding GmbH
Kölner Str. 8, 70376 Stuttgart
www.jw-holding.de

K

KAEFER Isoliertechnik

Bremen

Gegründet: 1918

Die KAEFER Isoliertechnik GmbH & Co. KG ist ein weltweit führender Anbieter von multidisziplinären Dienstleistungen und Lösungen. Das Unternehmen ist spezialisiert auf Isolierung, Zugangstechnik, Korrosionsschutz, passiven Brandschutz und Innenausbau, z. B. bei Schiffen, Offshore- oder Industrieanlagen ebenso wie im Baubereich – sowohl bei Neubauten als auch bei Instandhaltungen. So ist KAEFER für die gesamten Isolierarbeiten einer der größten Gasaufbereitungsanlage der Golfregion verantwortlich, sorgt für die effiziente Isolierung von Kraftwerken und Müllverbrennungsanlagen und unterstützt beim Ausbau von Kreuzfahrtschiffen und Luxusyachten. Darüber hinaus war KAEFER für den Bau und die Ausstattung der indischen Antarktis-Station „Bharati" verantwortlich und ebenfalls an der deutschen Antarktis-Station Neumayer III beteiligt.

Carl Kaefer gründet das Unternehmen als Zulieferbetrieb für Isoliermaterialien sowie Isolierarbeiten für den Schiffbau 1918 in Bremen. Heute ist KAEFER ein international führendes Unternehmen, aktiv an mehr als 2.000 Standorten und Baustellen. Insgesamt sind heutzutage mehr als 20.000 Mitarbeiter in über 50 Ländern für KAEFER im Einsatz. Gemeinsam erwirtschaften sie rd. 1,4 Mrd. Umsatz Euro jährlich. Seit 1960 wurden 227 Patente und Gebrauchsmuster angemeldet. Für die Forschung und Entwicklung kooperiert das Familienunternehmen u. a. mit der Jacobs University Bremen und der Fraunhofer-Gesellschaft. Geführt wird die KAEFER Isoliertechnik GmbH & Co. KG von Peter Hoedemaker, Vorsitzender der Geschäftsführung.

Kontakt

KAEFER Isoliertechnik GmbH & Co. KG
Marktstr. 2, 28195 Bremen
Fon: 0421 3055-0, Fax: 0421 182-51
info@kaefer.com, www.kaefer.com

Kalle

Wiesbaden, Hessen

Gegründet: 1995

Die Kalle GmbH ist einer der weltweit führenden Produzenten von industriell hergestellten Wursthüllen und Schwammtüchern. Der Ursprung des 1995 gegründeten Unternehmens geht auf Dr. Wilhelm Kalle zurück, der 1863 die Chemische Fabrik Kalle & Co. gründete und mit der Produktion von Farben begann. Kalle schloss sich 1925 der IG Farbenindustrie Aktiengesellschaft an und war ab 1953 Teil der Hoechst AG. Weltweit hat Kalle rd. 1.600 Mitarbeiter, von denen ca. 1.000 an den deutschen Standorten tätig sind. Im Ausland unterhält Kalle eigene Vertriebsorganisationen, teilweise mit angeschlossenen Produktions- und Konfektionierbetrieben. Das Unternehmen ist u. a. in den USA, Chile, Dänemark, den Niederlanden, Österreich, Polen, der Tschechischen Republik und Ungarn mit Tochtergesellschaften vertreten. Der Umsatz betrug im Geschäftsjahr 2013 ca. 250 Mio. Euro.

Kontakt

Kalle GmbH
Rheingaustr. 190-196, 65203 Wiebaden
www.kalle.de

KAMAG

KAMAG
Ulm, Baden-Württemberg

KAMAG

Gegründet: 1969

Die KAMAG Transporttechnik GmbH & Co. KG ist neben der →SCHEUERLE Fahrzeugfabrik GmbH ein Tochterunternehmen der TII Group – Transporter Industry International. Die TII Group ist weltweit führend in der Entwicklung und Herstellung von Schwerlastfahrzeugen der Spitzenklasse und gehört zur Firmengruppe des Multi-Unternehmers Senator E.h. Otto Rettenmaier.

KAMAG entwickelt und produziert Transporter und Schwerlastfahrzeuge für Speditionen, Stahl- und Hüttenwerke, Schiffswerften, Logistikterminals, für die Offshore-, Luft- und Raumfahrtindustrie sowie für den Transport extrem schwerer und großer Güter. Diese kommen innerbetrieblich sowie auf öffentlichen Straßen zum Einsatz. Mit ca. 230 Mitarbeitern konstruiert und fertigt KAMAG etwa 220 Spezialfahrzeuge und 150 PPUs (TII Group), die je nach Anwendungsbereich und Kundenwunsch individuelle Anpassungen erfahren.

Franz Xaver Kögel und Karl Weinmann gründeten den Betrieb 1969 in Karlsdorf. Ihre Idee war es, die Durchführung von Schwertransporten von der Schiene auf die Straße zu verlagern. Ein Jahr später erfolgte der Umzug ins Donautal nach Ulm, dem heutigen Unternehmenssitz. Zu den ersten Produkten gehörten Spezialfahrzeuge für Schiffswerften und Stahlwerke. Große internationale Erfolge, vor allem in Asien, erzielte

Meilensteine

1969 Franz Xaver Kögel und Karl Weinmann gründen KAMAG in Karlsdorf.

1975 KAMAG stellt die erste kuppelbare Schiffsektionstransporter-Kombination vor.

1979 KAMAG erhält von der NASA den ersten Auftrag für Spezialfahrzeuge.

1981 Lieferung des ersten hydrostatisch angetriebenen Schlackentransporters nach Russland

1983 Entwicklung des ersten knickgelenkten, hydromechanisch angetriebenen Schlackentransporters

1999 KAMAG erhält einen Auftrag von Boeing Aerospace Industry für den Bau von Fahrzeugen zum Transport von Raketenmotoren.

2000 Bau des größten Schlackentransporters der Welt mit einer Nutzlast von 120 t

2004 Senator E.h. Otto Rettenmaier kauft die KAMAG Transporttechnik.

2007 Gründung der TII Sales, der gemeinsamen Vertriebsorganisation von SCHEUERLE, NICOLAS und KAMAG

2013/2014 Markteinführung neuer U-Frame-Schlackentransporter und 3-Achs-Wiesel

Die Fahrzeuge von KAMAG sind auf den Transport extrem schwerer und großer Güter spezialisiert.

»Spezialfahrzeuge von KAMAG stehen weltweit seit über 40 Jahren für Spitzentechnologie und besondere Produktqualität.«

Andreas Kohler, Geschäftsführer der KAMAG Transporttechnik GmbH & Co. KG

Schlackentransporter (oben) transportieren bis zu 1.300 °C heiße Schlacke; auf einer Modultransporterkombination „K24" wird die ausgemusterte Raumfähre Endeavour durch Los Angeles transportiert (unten).

KAMAT

K
AM

das wachsende Unternehmen mit den ab 1975 angebotenen koppelbaren Werfttransportern. Ab 1979 lieferte KAMAG die bereits seit 1971 entwickelten Hubwagen u. a. auch an die amerikanische Raumfahrtbehörde NASA. Einen Höhepunkt der Unternehmensgeschichte markierte auch die Lieferung des womöglich größten Schlackentransporters mit Hubhebelaufnahme der Welt mit 120 t Nutzlast nach Peru im Jahr 2000.

Daten und Fakten

Branche: Fahrzeugbau
Produkte: Schwerlasttransporter
Mitarbeiter: 230
Innovationen: Hydrostatisch angetriebener Hubwagen (1971), erste kuppelbare Schiffsektionstransportkombination (1975), hydrostatisch angetriebener Schlackentransporter (1981), Entwicklung des ersten knickgelenkten, hydromechanisch angetriebenen Schlackentransporters (1983), selbstangetriebene und elektronisch gelenkte Flugzeugbergesysteme (1989), Einführung des Plattformwagens „K25" (2010), Entwicklung der neuen Generation der Baureihe „K24", selbstfahrende Modultransporter-Kombination (2012), Markteinführung neuer U-Frame-Schlackentransporter und 3-Achs-Wiesel (2013/2014)
Gründer: Franz Xaver Kögel und Karl Weinmann, 1969, Karlsdorf
Eigentümer: Senator E.h. Otto Rettenmaier
Geschäftsführer: Dr. Axel Müller und Andreas Kohler

KAMAG im Internet

Kontakt

KAMAG Transporttechnik GmbH & Co. KG
Liststr. 3, 89079 Ulm
Fon: 0731 4098-102, Fax: 0731 4098-109
info@kamag.com, www.kamag.com

KAMAT

Witten, Nordrhein-Westfalen

Gegründet: 1974

Die KAMAT Pumpen GmbH & Co. KG produziert Hochdruck-Pumpen und -Systeme. Auf dem Sektor Bergbauhydraulik gehört KAMAT zu den Weltmarktführern. Zum Produktportfolio zählen Hochdruck-Plungerpumpen mit Betriebsdrücken von bis zu 3.500 bar und Dauerleistungen von bis zu 800 kW. Pumpenzubehör und eigene Steuer- und Regelventile runden das Produktangebot ab. Hinzu kommen komplette Pumpenanlagen inkl. Automatisierungstechnik. Die Systeme von KAMAT kommen z. B. in der Hochdruck-Reinigungstechnik, im Bergbau, in der Metallindustrie und in der Prozesstechnik zum Einsatz. Die Einsatzmöglichkeiten umfassen u. a. Reinigung, Oberflächenabtrag, Wasserhydraulik sowie das Verpumpen von Chemikalien. Die Geschäftsführer von KAMAT sind Dipl.-Ing. Jan Sprakel und Dr.-Ing. Andreas Wahl.

Kontakt

KAMAT Pumpen GmbH & Co. KG
Salinger Feld 10, 58454 Witten
www.kamat.de

KAMPF

Wiehl, Nordrhein-Westfalen

Gegründet: 1920

Kampf Schneid- und Wickeltechnik GmbH & Co. KG ist als einer der wichtigsten Technologieführer seit vielen Jahrzehnten der größte Hersteller von Rollenschneid- und

KAMPF

Für Kunststofffolien bis 11 m Breite und hohe Produktionsgeschwindigkeiten bis 1.500 m/min: die Universal-Serie, hier Universal BOPP

»KAMPF – Die Nr. 1 der Schneid- und Wickeltechnik – weltweit!«

Firmenleitsatz

Wickelmaschinen für bahnförmige Materialien. Das Unternehmen mit Hauptsitz in Wiehl bei Köln beschäftigt fast 600 Mitarbeiter. Das Produktprogramm bietet Schneid- und Wickelmaschinen sowie Schmalschnitt- und Spezialmaschinen zur Herstellung und Verarbeitung von bahnförmigen Kunststofffolien, Verbundmaterialien, Laminaten, Aluminium- und Kupferfolien sowie Nonwovens, Labelstock und veredeltem Papier. Der Exportanteil beträgt ca. 90 %. Rollenschneidmaschinen und Wickler bis 11 m Materialbreite für Kunststofffolien, Schneidmaschinen für Verpackungsfolien sowie Doppler- und Separiermaschinen für Aluminiumfolien bilden die Schwerpunkte des umfangreichen Portfolios. Das Unternehmen hat Tochtergesellschaften in den USA, China und Indien sowie internationale Service- und Vertriebsniederlassungen.

Innovation: Schmalschneid- und Wickelmaschinen für Dünnstfolien und zukunftsweisende Materialien

Zu den innovativen Entwicklungen der jüngeren Vergangenheit gehören die Schneidmaschinen der Microslit-Serie für schmale Schnittbreiten. Die Microslit CAP schneidet und wickelt metallisierte Dünnstfolie für die Kondensator-Herstellung. Die Microslit CON verarbeitet u. a. Separator-Folien für Lithium-Ionen-Batterien. Diese neuen Materialien dienen der Realisierung neuer, moderner Energiekonzepte. Sie entwickeln sich in rasantem Tempo weiter und stellen höchste Ansprüche an den Schneid- und Wickelprozess. Schmale Schnitte ab 4 mm Breite und Materialdicken ab 0,9 µm werden unter Einhaltung enger Toleranzen bei Geschwindigkeiten bis 700 m/min auf der Microslit CAP produziert. Neben der üblichen geraden Schnittkante erzeugt die innovative „Wave-Cut"-Schneideinheit wellenförmige Schneidkonturen mit wählbaren Amplituden und kontinuierlicher Formgenauigkeit. Im hauseigenen Technologiezentrum testet KAMPF neue Materialien in zahlreichen Versuchsreihen und reichert das gewonnene Know-how durch ein umfassendes Netzwerk mit Fachinstituten und Folienherstellern stetig an. Die fundierten Kenntnisse über die Eigenschaften zukunftsweisender Materialien bilden die Basis der maßgeschneiderten Maschinenkonzepte.

KAMPF, geleitet von Geschäftsführer Dipl.-Kfm. Lutz Busch, ist führend in der Schneid- und Wickeltechnik. Der Unternehmenssitz befindet sich in Wiehl.

KAMPF

K
AM

Das durch den Namensgeber Erwin Kampf gegründete und heute durch den Geschäftsführer Lutz Busch geleitete Unternehmen ist seit 1988 eine 100%ige Tochtergesellschaft der Jagenberg AG. Als strategische Managementholding mit Sitz in Krefeld führt die Jagenberg AG verschiedene Tochtergesellschaften und Beteiligungen im In- und Ausland in den Bereichen Maschinenbau und technische Textilien mit mehr als 1.300 Mitarbeitern. KAMPF ist ein Traditionsunternehmen mit fast 100 Jahren Erfahrung im Maschinen- und Anlagenbau. Bei der kontinuierlichen Weiterentwicklung der Maschinen und Technologien wird ein intensiver Dialog mit Kunden, Forschungsinstituten, Universitäten und innovationstreibenden Partnern gepflegt. Die so entstehende Applikationsexpertise sowie die praxisorientierten Lösungen werden von den KAMPF-Kunden geschätzt. Ob Schneid- und Wickelmaschinen für flexible Verpackungen oder für technische, zukunftsorientierte Anwendungen: KAMPF-Maschinen sind für beste Qualität und höchste Produktivität international anerkannt. Neben der individuellen Lösungsfindung für neuartige Applikationen stehen weitere Zukunftsfelder wie Ressourceneffizienz und der Datentransfer innerhalb des Produktionsprozesses im Fokus der Produktstrategie.

Die Kompetenz und Begeisterung der Belegschaft stellen den wichtigsten Erfolgsfaktor des Spezialmaschinenbauers dar. Daher setzt das Unternehmen auf eine nachhaltige Personalentwicklung und Nachwuchsförderung. KAMPF engagiert sich bei Förderungs- und Frühbildungsmaßnahmen durch Lernpartnerschaften mit mehreren Schulen, um Kinder und Jugendliche für die sogenannten MINT-Berufe zu begeistern und ihnen Einblicke in die Arbeitswelt des Maschinenbaus zu geben.

Einblick in das moderne Technologiezentrum am Hauptsitz Wiehl

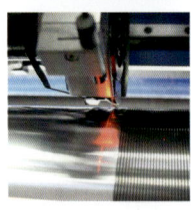

Dünnste Kondensatorfolien – schmale Schnitte (oben); die Maschinen der Sepamat-Serie werden im Aluminiumfolien-Herstellungsprozess eingesetzt, hier die Schneideinheit im Bild (unten).

Kampf Schneid- und Wickeltechnik GmbH & Co. KG im Internet

Meilensteine

1920 Gründung der Firma Kampf durch Erwin Kampf in Wiehl; Herstellung von Rollenschneid- und Wickelmaschinen für die papierverarbeitende Industrie

1969 Auslieferung der weltweit ersten Stationsmaschine für Folien bis 5 m Materialbreite

1981 Gründung der Kampf Machinery Cooperation, heutiger Sitz in Windsor/CT, USA

1988 Übernahme durch die Jagenberg AG

1994 Gründung Kampf Hongkong

2004 Gründung der Kampf Machinery Shanghai in China

2009 Gründung der Kampf Machinery India in Baroda, Indien

2010 Etablierung des Innovationsprozesses als Grundlage zur strategischen Weiterentwicklung der KAMPF-Produkte

2013 Verdopplung der Montagefläche am Hauptsitz Wiehl-Mühlen

2014 Übernahme der LSF Maschinen- und Anlagenbau GmbH & Co. KG in Laußig (Leipzig)

Daten und Fakten

Branche: Kunststoff- und Gummimaschinen
Produkte: Schneid- und Wickelmaschinen für Kunststoff-, Aluminiumfolien und Verbundmaterialien

KAPP NILES

Marktposition: einer der wichtigsten Technologieführer der Schneid- und Wickeltechnik
Umsatz: 124 Mio. Euro (2013)
Mitarbeiter: rd. 600 weltweit (2014)
Standorte: Deutschland (4), China (2), USA (2), Indien (1)
Exportquote: ca. 90 %
Gründer: Erwin Kampf, 1920, Wiehl, Mühlen
Eigentümer: 100%ige Tochter der Jagenberg AG

Kontakt
Kampf Schneid- und Wickeltechnik
GmbH & Co. KG
Mühlener Str. 36-42, 51674 Wiehl
Fon: 02262 81-0, Fax: 02262 81-205
info@kampf.de, www.kampf.de

Ansprechpartner Presse
Gudrun Mattig
Fon: 02262 81-472
gudrun.mattig@kampf.de

Kannegiesser

Vlotho, Nordrhein-Westfalen

Gegründet: 1948
Die Herbert Kannegiesser GmbH ist ein international tätiges Unternehmen, das Maschinen für industrielle Großwäschereien herstellt. Das Unternehmen produziert nahezu sämtliche Aggregate der industriellen Wäschereitechnik, von Waschschleudermaschinen und leistungsstarken Waschstraßen über Großteil-Mangelstraßen mit Eingabe und Faltmaschinen bis hin zu Tunnelfinishern mit automatischer Verteil- und Sortiertechnik für die Formteilbearbeitung. Das Unternehmen wurde 1948 durch Herbert Kannegiesser gegründet und in den letzten 50 Jahren von seinem Sohn Martin Kannegiesser, dem ehemaligen Präsidenten des Arbeitgeberverbands Gesamtmetall, zum Weltmarktführer weiterentwickelt. Rund 200 Mio. Euro setzte das Unternehmen 2013 um, ca. 1.300 Mitarbeiter arbeiten an den 5 deutschen Standorten und einem Betriebsteil in England.

Kontakt
Herbert Kannegiesser GmbH
Kannegiesserring 8, 32602 Vlotho
www.kannegiesser.com

KAPP NILES

Coburg, Bayern

Gegründet: 1953
Die KAPP Werkzeugmaschinen GmbH mit Sitz in Coburg bietet Technologien und Systeme zur Feinbearbeitung von Verzahnungen und Profilen und ist der weltweit führende Hersteller von Rotorenschleifmaschinen. Neben Werkzeugmaschinen zur Hartfeinbearbeitung von Verzahnungen und Profilen umfasst das Portfolio auch CBN- und Diamantwerkzeuge sowie Abrichtwerkzeuge. Bernhard Kapp gründete das Unternehmen 1953. 1997 übernahm die Firma KAPP die NILES Werkzeugmaschinen GmbH. Die Schleifmaschinen und Werkzeuge unter der Marke KAPP finden in der Automobil-, Luftfahrt- und Bauindustrie Anwendung. Produkte der Marke NILES werden in den Segmenten Energie und Windkraft, Bahntechnik, allgemeine Antriebstechnik sowie bei der Gewinnung von Bodenschätzen eingesetzt. Das Unternehmen, das von Martin Kapp und Helmut Nüssle geleitet wird, agiert weltweit an sechs Standorten mit rd. 850 Mitarbeitern.

Kontakt
KAPP Werkzeugmaschinen GmbH
Callenberger Str. 52, 96450 Coburg
www.kapp-niles.com

Kärcher

K
AR

Kärcher
Winnenden, Baden-Württemberg

KÄRCHER®
makes a difference

»Wir investieren überdurchschnittlich in Forschung und Entwicklung, in moderne Produktionsverfahren und in die Aus- und Weiterbildung unserer Mitarbeiter.«

Hartmut Jenner,
Vorsitzender der Geschäftsführung,
Alfred Kärcher GmbH & Co. KG

Alfred und Irene Kärcher legten den Grundstein für den Erfolg des Familienunternehmens, das sich seit den 1970er-Jahren auf den Bereich Hochdruckreiniger konzentriert.

Gegründet: 1935

Die Alfred Kärcher GmbH & Co. KG entwickelt, produziert und vertreibt Reinigungsgeräte und -systeme für private und gewerbliche Kunden. Das Portfolio umfasst neben Hochdruckreinigern u. a. Kehr- und Scheuersaugmaschinen, Sauger, Dampfreiniger sowie Wasserspender und -aufbereitungsanlagen. Weltweit ist Kärcher der größte Hersteller von Reinigungsgeräten. Bei einer Auslandsquote von 85 % erwirtschaftete das Familienunternehmen im Jahr 2013 einen Umsatz von mehr als 2 Mrd. Euro und beschäftigte über 10.600 Mitarbeiter. Davon arbeiteten mehr als 4.200 in Deutschland, darunter über 170 Auszubildende. Die Inhaberfamilie Kärcher hält das Unternehmen in 2. Generation und ist auch im Verwaltungsrat vertreten. Vorsitzender der Geschäftsführung ist seit dem Jahr 2001 Hartmut Jenner.

Alfred Kärcher gründete den Betrieb 1935 in Stuttgart-Bad Cannstatt und konzentrierte sich zunächst auf die Herstellung von Heizgeräten. Die Entwicklung und Patentierung des ersten Heißwasser-Hochdruckreinigers im Jahr 1950 markiert einen Meilenstein der Firmengeschichte. Nach dem Tod Alfred Kärchers im Jahr 1959 führte seine Frau Irene dessen Arbeit fort. Ab 1974 konzentrierte sich das Unternehmen ganz auf die Hochdruckreinigung und später auf Reinigungstechnik insgesamt. Kärcher brachte zahlreiche wegweisende Innovationen hervor, wie den ersten Hochdruckreiniger für Privatanwender im Jahr 1984 oder den Fenstersauger im Jahr 2008, die beide einen bisher nicht existierenden Markt eröffneten. Seit vielen Jahren führt Kärcher restauratorische Reinigungsprojekte an Kunstwerken und denkmalge-

Meilensteine

1935 Alfred Kärcher gründet das Unternehmen in Stuttgart-Bad-Cannstatt.

1950 Entwicklung und Patentierung des ersten Heißwasser-Hochdruckreinigers

1959 Nach dem Tod von Alfred Kärcher führt seine Witwe Irene Kärcher das Unternehmen weiter.

1974 Konzentration auf den Bereich Hochdruckreinigung

1984 Einstieg in den Consumer-Markt

2001 Strategieausrichtung auf Märkte, Zielgruppen und Innovationen

2008 Kärcher bringt den weltweit ersten Fenstersauger auf den Markt.

2013 Kärcher stellt die Farbe der Professional-Geräte von Gelb auf Anthrazit um, um u. a. die Orientierung bei der Geräteauswahl zu erleichtern.

2014 Einweihung des neuen Kärcher-Areals in Winnenden mit Bürogebäude, Auditorium und Besucher- und Kundenzentrum

Die Produktlinie für professionelle Anwender präsentiert sich seit 2013 in Anthrazit.

Kathrein

Kathrein
Rosenheim, Bayern

KATHREIN

K
AT

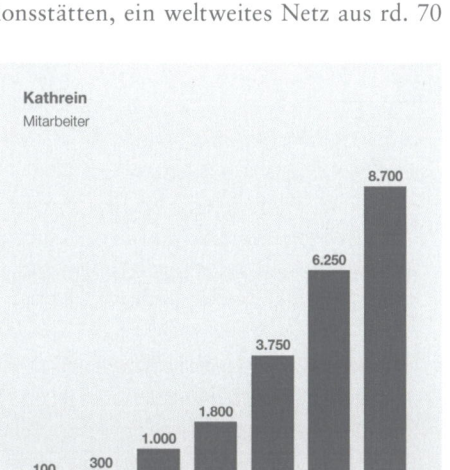

»Die vernetzte Welt aktiv mitgestalten«

Kathrein Unternehmensmission

schützten Bauwerken durch. Unter den mittlerweile über 100 gereinigten Objekten finden sich auch der Mount Rushmore in den USA und das Brandenburger Tor in Berlin.

Nachhaltigkeit spielt bei Kärcher von jeher eine wichtige Rolle. Das Unternehmen engagiert sich u. a. in Kooperationen mit dem Global Nature Fund beim Bau von Grünfilteranlagen in Südamerika und mit den SOS-Kinderdörfern weltweit, die regelmäßig mit Gerätespenden unterstützt werden. Außerdem werden an den Standorten umweltfreundliche Energien genutzt wie Solarstrom, Geothermie oder Wärme aus dem CO_2-neutralen Verfeuern von Holzhackschnitzeln. Nicht zuletzt werden auch bei der Produktentwicklung Umweltaspekte intensiv miteinbezogen.

Daten und Fakten

Branche: Maschinenbau
Produkte: Reinigungsgeräte
Marktposition: größter Hersteller von Reinigungsmaschinen weltweit
Umsatz: über 2 Mrd. Euro (2013)
Mitarbeiter: über 10.600 (2013)
Ausbildungsplätze: über 250 (weltweit, 2013)
Gründer: Alfred Kärcher, 1935, Stuttgart-Bad Cannstatt
Eigentümer: Familie Kärcher
Auszeichnungen: „Red Dot Design Award 2012" für den Fenstersauger WV 75; „ARBEIT PLUS 2013" für sozial nachhaltige Unternehmenspolitik, Arbeitsplatzsiegel der Evangelischen Kirche in Deutschland (2013); Umweltpreis des Landes Baden-Württemberg für Trockensauger T12/1 eco!efficiency (2013); „iF DESIGN AWARD 2013" für die Hochdruckreiniger Compact Range K 3.200 – K 5.200; Purus Award 2013 für die Scheuersaugmaschine BR 35/12 C; Deutscher CSR-Preis 2014: „Kulturelles Engagement als Ausdruck der gesellschaftlichen Verantwortung von Unternehmen", Deutsches CSR-Forum

Kontakt
Alfred Kärcher GmbH & Co. KG
Alfred-Kärcher-Str. 28-40, 71364 Winnenden
Fon: 07195 14-0, Fax: 07195 2212
info@kaercher.de, www.kaercher.de

Gegründet: 1919

Die Kathrein-Gruppe mit Hauptsitz in Rosenheim ist ein international führender Spezialist für hochwertige Kommunikationstechnik. Das umfangreiche Spektrum an Lösungen und Produkten reicht von verschiedensten Systemen für Mobilfunk, Signalverarbeitung und Datenübertragung in Gebäuden über Glasfaser- und Kabelnetze und Satelliten-Empfangstechnik bis zu Radio- und Fernsehübertragung sowie Datenempfang in Automobilen. Bei Mobilfunkantennen und Automotive-Systemen ist Kathrein weltweiter Marktführer.

Die Kunden sind Mobilfunkanbieter und Netzausstatter (z. B. T-Mobile, Vodafone, Orange, Ericsson), Rundfunkanstalten (z. B. ARD, ZDF, ORF, RAI), Kabelnetzbetreiber (z. B. Kabel Deutschland), Automobilhersteller (z. B. Daimler, BMW, Audi, Volvo) sowie Elektro-Fach- und -Großhändler.

Kathrein verfügt über rd. 20 Produktionsstätten, ein weltweites Netz aus rd. 70

Kathrein
Mitarbeiter

Jahr	Mitarbeiter
1938	100
1954	300
1969	1.000
1985	1.800
2000	3.750
2010	6.250
2014*	8.700

* Stand: Oktober 2014

Alfred Kärcher GmbH & Co. KG im Internet

Kathrein

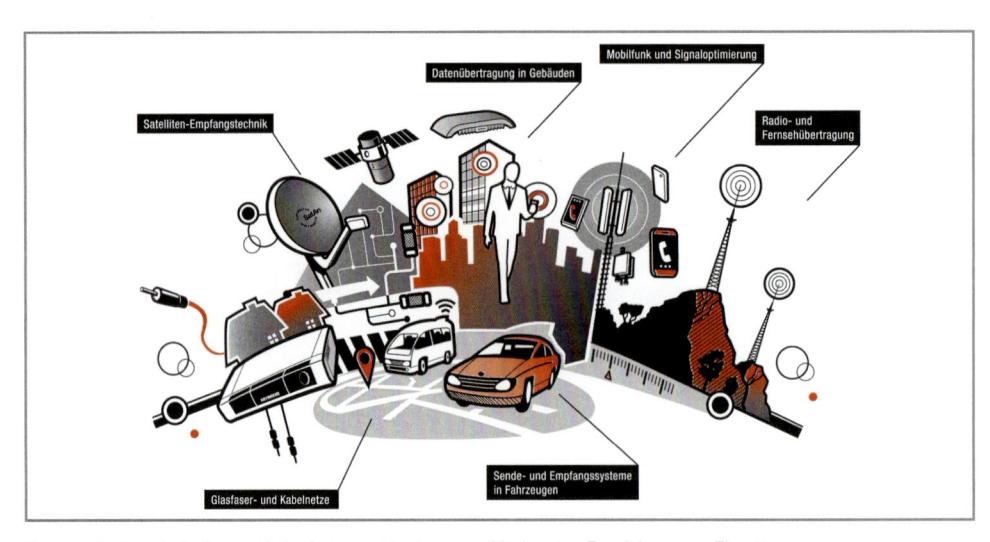

K
AT

Kommunikationstechnik von Kathrein kommt in den verschiedensten Bereichen zum Einsatz.

Kathrein Werk 1 in Rosenheim (oben) und das Werk 4 im benachbarten Thansau (unten)

Niederlassungen und Partnern sorgt für den Vertrieb. Im Jahr 2013 machte der Export rd. 72 % des Umsatzes aus, der sich auf rd. 780 Mio. Euro belief. Weltweit beschäftigt Kathrein etwa 8.700 Mitarbeiter, davon ca. 7.500 in Europa und rd. 3.900 in Deutschland (Stand: Oktober 2014).

Seine Wurzeln hat das Unternehmen im Jahr 1919. Der Ingenieur Anton Kathrein hatte einen Weg gesucht, Schäden durch Blitzeinschläge in elektrischen Stromnetzen zu verhindern, und dafür einen Überspannungs-Ableiter für Niederspannungsfreileitungen erfunden. Hierfür gründete er eine Ein-Mann-Firma in Rosenheim. Der Betrieb wuchs schnell und begleitete eine Vielzahl technologischer Sprünge in der Kommunikationsbranche. Die massenhafte Verbreitung der Medien Hörfunk (in den 1920er-Jahren) und Fernsehen (in den 1950er-Jahren) unterstützte Kathrein ebenso wie die Einführung von Satelliten-Fernsehen (1980er-Jahre) sowie des digitalen Mobilfunks (1990er-Jahre). Auch die erste Satelliten-Empfangsantenne für

Einfach erklärt: Gebäude-Mobilfunkversorgung mit K-BOW

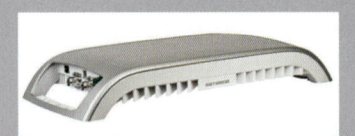

Mehr als 80 % des mobilen Datenverkehrs fallen heute in Gebäuden an. Neben Büros, Geschäften, Hotels und Privathaushalten geht es auch um öffentliche Orte wie etwa Flughäfen und Bahnhöfe. Um dort den künftigen Bedarf zu decken, sind effizientere Datenkommunikationslösungen mit höherer Kapazität erforderlich. Der neue Netzstandard LTE ermöglicht zwar hohe Datenraten und wird an Funkmasten weltweit ausgebaut, doch im Innenbereich gibt es immer stärkere Einschränkungen. Die bislang verwendeten verteilten Antennensysteme sind statisch und bieten keine Flexibilität, um die Kapazitäten des Netzes zügig und ohne große Kosten veränderten Anforderungen anzupassen. Hier ermöglicht das 2014 von Kathrein vorgestellte System K-BOW eine hohe Datenübertragungsqualität. Es kann dynamisch Kapazitäten in Gebäudebereichen bereitstellen, in denen sie tatsächlich gebraucht werden. Mobilfunkanbieter können dadurch ihre Netze flexibel anpassen und schnell auf Änderungen im Nutzerverhalten reagieren. Neben der hohen Flexibilität ist erhebliche Kostenersparnis ein weiterer Vorteil: Die Installations- und Wartungskosten sind gering, zudem können die Energiekosten des gesamten Systems im Vergleich zu bisher verfügbaren Lösungen um bis zu 50 % sinken.

Kathrein

Meilensteine

1919 Der Ingenieur Anton Kathrein erfindet einen Überspannungs-Ableiter für Niederspannungsfreileitungen und gründet eine Firma.

1923 Start des Hörfunks in Deutschland mit Antennen und Zubehör von Kathrein

1952 Start des Fernsehens in Deutschland mit Antennen von Kathrein

1969 Zum 50-jährigen Jubiläum hat das Unternehmen ca. 1.000 Mitarbeiter.

1972 Firmengründer Ing. Anton Kathrein stirbt. Sein Sohn Prof. Dr. Anton Kathrein übernimmt die Geschäftsleitung.

1989 Das Satellitenfernsehen startet in Deutschland mit Empfangstechnik von Kathrein.

1992 Kathrein-Technik ermöglicht den Start des digitalen Mobilfunks.

2012 Nach dem Tod von Prof. Dr. Anton Kathrein übernimmt sein Sohn Anton Kathrein die Geschäftsleitung.

Tod des Gründers 1972 hatte sein Sohn Prof. Dr. Anton Kathrein die Geschäfte bis 2012 weitergeführt. Seither ist wiederum dessen Sohn, der ebenfalls Anton Kathrein heißt, als CEO für die Geschäfte verantwortlich. Er führt die Grundwerte von Kathrein als unabhängiges, verantwortungsvolles, verlässliches und partnerschaftliches Familienunternehmen in die Zukunft.

Daten und Fakten

Branche: Kommunikationstechnik
Produkte: Produkte und Systeme für Mobilfunk, Signalverarbeitung und Datenübertragung in Gebäuden, über Glasfaser- und Kabelnetze und Satelliten-Empfangstechnik bis zu Radio- und Fernsehübertragung sowie Sende- und Empfangssysteme in Fahrzeugen
Marktposition: Weltmarktführer bei Mobilfunkantennen und Automotive-Systemen
Umsatz: ca. 780 Mio. Euro (2013)
Mitarbeiter: ca. 8.700 weltweit (Stand: Oktober 2014)
Produktionsstätten: rd. 20 Produktionsstätten in Rosenheim, Amerang, Grassau, Nördlingen, Wetzlar, Mühlau und Kaufbeuren (alle Deutschland) sowie in Italien, Ungarn, der Tschechischen Republik, Rumänien, Brasilien, China, Österreich, Frankreich und Mexiko
Vertrieb: weltweites Netz aus 70 Niederlassungen und Partnern
Exportquote: 72 % (2013)
Gründer: Anton Kathrein, 1919, Rosenheim
Auszeichnungen: u. a. „Ericsson Supplier of the Year Award" (2012), „Daimler Supplier Award" (2012), „Vodafone Supplier Award" (2010 und 2013)

Kontakt
KATHREIN-Werke KG
Anton-Kathrein-Str. 1-3, 83022 Rosenheim
Fon: 08031 184-0, Fax: 08031 184-306
www.kathrein.com

Ansprechpartner Presse
Anton Maier
Fon: 08031 184-299
anton.maier@kathrein.de

Wohnmobile im Jahr 1989 kam von Kathrein. In jüngster Vergangenheit konzentrieren sich die Innovationen vor allem im Bereich mobile Kommunikation.

Für die Forschung und Entwicklung, die hauptsächlich am Stammsitz in Rosenheim ausgebaut wird, investiert der Technologieführer jährlich rd. 7,5 % seines Umsatzes. Zukunftsthemen sind z. B. 5G-Mobilfunk, Smart City oder Car-to-X-Kommunikation. Insgesamt hält Kathrein aktuell mehr als 1.000 Gebrauchsmuster, Patente und Patentanmeldungen.

Bis heute ist das Unternehmen zu 100 % im Besitz der Familie Kathrein. Nach dem

Firmengründer Ing. Anton Kathrein (oben) und sein Sohn Prof. Dr. Anton Kathrein (Mitte); heute führen Frank Ullmann, Dr. Michael Weber, Anton Kathrein und Norbert Schindler (unten, v.l.) die Geschäfte.

Kathrein im Internet

KATZ

KATZ
Weisenbach, Baden-Württemberg

THE **KATZ** GROUP
Member of the Koehler Paper Group

Meilensteine

1716 Johann Georg Katz errichtet im badischen Weisenbach ein Sägewerk.

1913 Beginn der wirtschaftlichen Verwertung der Holzabfälle

1930 Entwicklung der ersten automatischen Bierdeckeldruckmaschine

1969 Erfindung der Bierdeckeldruck- und -stanzmaschine, die das kombinierte Drucken und Ausstanzen der Bierdeckel erlaubt.

1975 KATZ stellt vom Buchdruck auf Offsetdruck um.

2001 Durch die Übernahme der Niederlassungen in Quarmby/Großbritannien und Waterlomat/Belgien entsteht eine internationale Unternehmensgruppe.

2007 Integration von zwei US-amerikanischen Bierdeckelproduzenten in The KATZ Group

2009 Die Papierfabrik August Koehler SE übernimmt The KATZ Group.

»Eigentlich können wir nur eines – ein Material auf Holzschliffbasis. Das können wir aber richtig: beste Qualität, so nachhaltig wie es nur geht, und mit einer Wertschöpfung made in Germany!«

Daniel Bitton,
Geschäftsführer
The KATZ Group

Gegründet: 1716

Die Unternehmensgeschichte von The KATZ Group geht bereits auf das Jahr 1716 zurück, als Johann Georg Katz im badischen Weisenbach ein Sägewerk errichtete. 1903 begann man die Holzabfälle aus dem Sägewerk wirtschaftlich zu verwerten und führte die Produktlinie „Faserguss-Untersetzer" ein. Damit war der Bierdeckel geboren. Heute liefert The KATZ Group jährlich mehr als 3 Mrd. Bierdeckel auf 5 Kontinente in 45 Länder und ist mit einem Marktanteil von ca. 65 % der weltweit führende Hersteller in diesem Segment. Dabei sind Bierdeckel von KATZ mehr als nur funktionale Gegenstände; sie erhalten durch kreative Lösungen und Veredelungen einen Zusatznutzen und transportieren z. B. Markenbotschaften.

Bierdeckel bestehen aus Holzschliffpappe und KATZ ist eines der wenigen Unternehmen weltweit, die in der Lage sind, diesen Rohstoff herzustellen. Die Kompetenz im Umgang mit dem vielseitigen Material nutzt KATZ nicht nur für Bierdeckel: Der Bereich „Creative Ideas" umfasst etwa Spiele, Türhänger, Kalender, 3D-Puzzle, Postkarten oder Fußballideen. Aber auch in der industriellen Anwendung als Buchbinder-, Dämm- oder Spezialmaterial hat sich The KATZ Group einen Namen gemacht. Und für den Einsatz als Werbeträger am POS gibt es die KATZ DISPLAY BOARDS. Diese kaschierten Hängeschilder sind in verschiedenen Ausführungen erhältlich und zeichnen sich durch ihr hervorragendes Druckbild und die gute Planlage ebenso aus wie durch ihre Nachhaltigkeit als Naturprodukt.

Die KATZ Group produziert mit ca. 260 Mitarbeitern jährlich etwa 23.000 t Holzschliffpappe „made in Germany". Seit 2009 ist das Unternehmen, das von Daniel Bitton und Kai Furler geleitet wird, eine Tochter der 1807 gegründeten →Koehler Paper Group.

Seit fast 300 Jahren ist KATZ im badischen Weisenbach ansässig.

The KATZ Group ist Spezialist für Produkte auf Holzschliffbasis und Weltmarktführer für Bierdeckel.

KEIMFARBEN

Daten und Fakten

Branche: Papierindustrie
Produkte: Produkte auf Holzschliffbasis
Marktposition: Weltmarktführer für Bierdeckel mit einem Marktanteil von ca. 65 %
Mitarbeiter: ca. 260
Standorte: Hauptsitz und Hauptverwaltung in Weisenbach; 2 weitere Produktionswerke für Bierdeckel in den USA; jeweils 1 Verkaufsbüro in Großbritannien und Singapur
Vertrieb: Bierdeckel von The KATZ Group werden in 45 Ländern auf 5 Kontinenten vertrieben
Gründer: Johann Georg Katz, 1716, Weisenbach
Eigentümer: Papierfabrik August Koehler SE

Kontakt

KATZ GmbH & Co. KG
Hauptstr. 2, 76599 Weisenbach
Fon: 07224 647-0, Fax: 07224 647-10165
office@thekatzgroup.com
www.thekatzgroup.com

Kautex Maschinenbau

Bonn, Nordrhein-Westfalen

Gegründet: 1935

Die Kautex Maschinenbau Unternehmensgruppe ist weltweit tätig und führend in der Blasformtechnologie. Kautex-Maschinen kommen vor allem zur Herstellung von Automobilteilen und Verpackungen zum Einsatz. Darüber hinaus werden spezielle Lösungen zur wirtschaftlichen Herstellung innovativer Kunststoffteile für andere Anwendungsbereiche entwickelt. Kautex hat im Jahr 1949 die erste Maschine zur Herstellung von Kunststoff-Flaschen gebaut und gilt seither als Erfinder der Extrusions-Blasformmaschine. Seit den 1970er-Jahren werden Kautex-Maschinen auch zur Serienproduktion von Kraftstofftanks eingesetzt.

Das Bonner Technikum bietet Versuchseinrichtungen, die in dieser Vielfalt branchenweit einmalig sind. Entwicklungsschwerpunkte setzt Kautex bei Produktivität und Prozessbeherrschung, Energieeffizienz sowie Flexibilität der gesamten Ausrüstung des Blasformens. Zu den Dienstleistungen des Unternehmens gehören das Rapid Prototyping zur Reduzierung der time-to-market, das Line Engineering für die optimale Gestaltung kompletter Produktionsanlagen, die Ausbildung von Kundenmitarbeitern sowie die Fernwartung durch die Kautex-Spezialisten. Kunden beauftragen das Unternehmen zudem mit maßgeschneiderten Modernisierungen älterer Maschinen. Neben den Produktionsstandorten in Bonn und in Shunde, China unterhält Kautex Vertriebs- und Service-Stützpunkte in allen industrialisierten Ländern. Geschäftsführer und Mitinhaber des Unternehmens, das rd. 500 Mitarbeiter weltweit beschäftigt und im Jahr 2012 einen Umsatz von 107 Mio. Euro erzielte, sind Dr. Olaf Weiland und Andreas Lichtenauer.

Kontakt

Kautex Maschinenbau GmbH
Kautexstr. 54, 53229 Bonn
Fon: 0228 489-0, Fax: 0228 489-414
info@kautex-group.com, www.kautex-group.com

KBA

→Koenig & Bauer

KEIMFARBEN

Diedorf, Bayern

Gegründet: 1878

Die KEIMFARBEN GmbH ist der weltweit führende Hersteller von Silikatfarben. Darüber hinaus ist das Unternehmen in den Produktbereichen Wärmedämm-Verbundsysteme und Betoninstandsetzung tätig. Der Grundstein für das Unternehmen wurde gelegt, als

The KATZ Group im Internet

KEMPER

K
EM

Adolf Wilhelm Keim 1878 ein Patent auf die Entwicklung der zweikomponentigen Mineralfarbe erhielt. Das Prinzip der besonders langlebigen Farbe, die heute unter dem Namen KEIM Purkristalat angeboten wird, ist seither gleich geblieben. Das Unternehmen produziert in zwei Werken, am Stammsitz Diedorf und in der Niederlassung in Alteno. Mit 450 Mitarbeitern erwirtschaftet KEIMFARBEN einen jährlichen Umsatz von ca. 70 Mio. Euro. Auch am Weißen Haus in Washington oder beim Bau der Formel-1-Rennstrecke in Abu Dhabi wurden Farben von KEIM verwendet. Für den internationalen Vertrieb sorgen neben zahlreichen Handelspartnern elf eigene Tochtergesellschaften.

Kontakt
KEIMFARBEN GmbH
Keimstr. 16, 86420 Diedorf
www.keimfarben.de

KEMPER

Vreden, Nordrhein-Westfalen

Gegründet: 1977

Die KEMPER Gruppe ist ein international agierendes Familienunternehmen mit Sitz im westfälischen Vreden. Zu den Produktgruppen zählen Absaug- und Filtertechnik, Arbeitsschutz sowie Lager- und Automatisierungstechnik. Im Bereich Schweißrauchabsaugung ist KEMPER Technologieführer. Die KEMPER GmbH wurde 1977 von Gerd Kemper gegründet und beschäftigt heute rd. 300 Mitarbeiter. Neben dem Hauptsitz in Vreden unterhält KEMPER Produktionsstandorte in Waltrop sowie in Shanghai, China und Prag, Tschechische Republik. Über acht Niederlassungen und zahlreiche feste Handelspartner ist das Unternehmen weltweit vertreten. Im Jahr 2011 wurde der Geschäftsbereich Automation durch die Gründung der KEMPER STORATEC GmbH ausgebaut.

Kontakt
KEMPER GmbH
Von-Siemens-Str. 20, 48691 Vreden
www.kemper.eu

KEMPER SYSTEM

Vellmar, Hessen

Gegründet: 1957

Die KEMPER SYSTEM GmbH & Co. KG mit Sitz im hessischen Vellmar ist ein Unternehmen im Bereich Bauchemie. Als Erfinder und Pionier der vliesarmierten Flüssigkunststoffabdichtung ist KEMPER SYSTEM in diesem Bereich Weltmarktführer. Kunden aus der Bauwirtschaft und Abdichtungsbranche sowie Architekten und Planer nutzen vornehmlich die Produkte der Marken KEMPEROL® und COELAN, u. a. für die Abdichtung und Beschichtung von Flachdächern, Balkonen und Terrassen, Parkdecks, Brücken, aber auch Innenräumen. Produktionsstätten befinden sich in Vellmar und

»KEMPEROL® ist international ein Synonym für qualitativ beste Flüssigabdichtungen und -beschichtungen.«

Andreas H. Wiggenhagen, Geschäftsführer KEMPER SYSTEM GmbH & Co. KG

Verarbeitung Flüssigkunststoff (oben), ein Solarflachdach in Bamberg wird mit Flüssigkunststoff von KEMPER SYSTEM abgedichtet (unten).

Schon gewusst?

KEMPEROL® V210 heißt so, weil es der 210. Versuch war, der zum erfolgreichen Durchbruch führte. Mit dem Erhalt des Patents im Jahr 1969 war die Basis für eine neue Abdichtungstechnologie gelegt und die erste Flüssigabdichtung der Welt wurde auf den Markt gebracht. Neben Bahnenware und Kunststofffolien kamen dank KEMPEROL® die Flüssigkunststoffe hinzu, die – der Name sagt es – in flüssiger Form verarbeitet werden.

Kessler + Co

Beeindruckende Referenz: Das Flachdach der Messehalle 4 in Dortmund, abgedichtet mit KEMPEROL®

Coesfeld sowie in Buffalo (USA) und im italienischen Pozzo d'Adda. Für den Vertrieb sorgen Tochterunternehmen in Europa, den USA, Kanada, Indien und China, für diverse weitere Länder verfügt KEMPER SYSTEM über ein Netz aus geschulten Vertriebspartnern. Insgesamt sind bei KEMPER SYSTEM rd. 250 Mitarbeiter beschäftigt.

Gegründet wurde das Unternehmen von Dr. Heinz Kemper im Jahr 1957 unter dem Namen „Kunststoff- und Lackfabrikation Kassel". In den 1960er-Jahren beginnt KEMPER SYSTEM mit der Produktion von PVC-Pasten und Polyesterauskleidungen. 1964 werden erstmals glasfaserverstärkte Polyesterharze als Flachdachbeschichtung ausgeführt. Fünf Jahre später lässt KEMPER SYSTEM mit KEMPEROL® V210 die erste Flüssigabdichtung patentieren. Über die Jahrzehnte wird das Produktspektrum erweitert, ein wichtiger Meilenstein ist die Markteinführung von KEMPEROL® 2K-PUR, der ersten lösemittelfreien und geruchsneutralen Abdichtung, die nachwachsende Rohstoffe mit einbezieht. Um die führende Position von KEMPER SYSTEM in diesem Bereich zu festigen, ist heute jeder 11. Mitarbeiter im Bereich Forschung und Entwicklung beschäftigt. Lösemittelfreie Produkte, der Einsatz nachwachsender Rohstoffe in der Produktion oder ein schonender Umgang mit Ressourcen zählen zu den elementaren Grundlagen der Firmenphilosophie.

Daten und Fakten

Branche: Bauchemie
Produkte: Flüssigabdichtungen (vliesarmiert), Flüssigbeschichtungen
Marktposition: Weltmarktführer und Pionier bei vliesarmierten Flüssigabdichtungen
Mitarbeiter: rd. 250 (2013)
Standorte: Vellmar und Coesfeld; Buffalo (USA), Pozzo d'Adda (Italien)
Vertrieb: über Tochterunternehmen in Europa, den USA, Kanada, Indien, China sowie ein weltweites Partnernetzwerk
Innovationen: weltweit erste Flüssigabdichtung KEMPEROL® V210 (1969)
Gründer: Dr. Heinz Kemper, 1957, Vellmar
Eigentümer: IBG Industrie-Beteiligungs-Gesellschaft mbH & Co. KG, Köln

Kontakt
KEMPER SYSTEM GmbH & Co. KG
Holländische Str. 32-36, 34246 Vellmar
Fon: 0561 8295-0, Fax: 0561 8295-10
post@kemper-system.com, www.kemperol.com

KEMPER SYSTEM im Internet

Kessler + Co

Abtsgmünd, Baden-Württemberg

Gegründet: 1950

Kessler + Co ist ein führender Hersteller von Antriebskomponenten für schwere Mobilfahrzeuge. Das Unternehmen entwickelt, fertigt und vertreibt Planetenachsen, Radantriebe und Getriebe für eine Vielzahl an unterschiedlichen Anwendungen, darunter z. B. Baumaschinen, Mobilkrane, Umschlaggeräte und Untertagefahrzeuge. Auf einer Produktionsfläche von 80.000 qm werden jährlich ca. 45.000 Achsen und Getriebe hergestellt, die weltweit in verschiedenen Märkten vertrieben werden. Kessler + Co beschäftigt aktuell rd. 650 Mitarbeiter, die einen jährlichen Umsatz von etwa 300 Mio. Euro erwirtschaften. Kessler + Co wurde 1950 gegründet und agiert heute als eigenständiges Familienunternehmen unter der Leitung der Familie Grimminger in der 2. und 3. Generation.

KettenWulf

Kontakt
Kessler & Co. GmbH & Co. KG
Hüttlinger Str. 18-20, 73453 Abtsgmünd
www.kessler-achsen.de

KettenWulf

Eslohe-Kückelheim,
Nordrhein-Westfalen

»Ohne uns bewegt sich nichts«

Firmengrundsatz KettenWulf

Der Hauptsitz von KettenWulf in Eslohe-Kückelheim; Antriebswelleneinheit für die Fahrtreppenindustrie, London Underground

Gegründet: 1925

Die KettenWulf Betriebs GmbH mit Hauptsitz im sauerländischen Eslohe ist spezialisiert auf die Entwicklung und Herstellung von Förderketten, Antriebsketten, Kettenrädern und Spezialkomponenten. Im Bereich Förderketten zählt das Unternehmen in den Branchen Fahrtreppen-, Automobil- und Schüttgutindustrie zu den Markt- und Technologieführern. Zum Einsatz kommen die Ketten auch in einer Vielzahl von weiteren Branchen, u. a. in der Lebensmittel-, Dämmstoff-, Holz-, Papier- oder Stahlindustrie, aber auch in den Bereichen Stahlwasserbau, Wasseraufbereitung sowie in vielfältigen Anwendungen des Maschinen- und Anlagenbaus. Hergestellt in Eslohe, dem österreichischen Ferlach sowie seit 2002 auch in Hangzhou in China, werden die Produkte international vertrieben. Insgesamt verfügt KettenWulf über zehn Standorte auf der ganzen Welt.

Gegründet wurde das Unternehmen im Jahr 1925 von den Brüdern Josef und Johannes Wulf als Manufaktur zur Herstellung von Gelenkketten. Über die Jahre wuchs das Leistungsspektrum um eine eigene Kettenradfertigung sowie Ketten für die Fahrtreppenindustrie, in der KettenWulf heute sogar Weltmarktführer ist. Zu den renommiertesten Projekten zählen unter anderem die London Underground oder der Hartsfield-Jackson International Airport in Atlanta, USA. Am Hauptsitz Eslohe befindet sich auch die For-

KettenWulf-Kratzerkette mit aufgeschweißten Befestigungsplatten und außenliegenden schmierlosen Laufrollen.

Meilensteine

1925 Die Brüder Josef und Johannes Wulf gründen die Gelenkketten-Manufaktur Wulf.

1950er-Jahre Das Unternehmen spezialisiert sich auf die Produktion von Buchsenförderketten.

1960er-Jahre KettenWulf beginnt mit der eigenen Kettenradfertigung. Ein zweites Werk in Kückelheim entsteht.

1970er-Jahre Das Produktspektrum wird um Ketten für die Fahrtreppenindustrie ergänzt.

1980er-Jahre Die erste Niederlassung in Belgien markiert den Beginn der Internationalisierung.

2002 Expansion nach China: Das Joint Venture Hangzhou Wulf Chain Co., Ltd. in Hangzhou wird gegründet.

2004 Eine weitere Niederlassung entsteht in den USA.

2012 KettenWulf feiert 10 Jahre Niederlassung in China und meldet einen Ausbildungsrekord: 67 Azubis im Unternehmen.

schungs- und Entwicklungsabteilung, die u. a. an Innovationen für die Bereiche schmierlose und wartungsarme Kettentechnik oder Geräuschdämpfung arbeitet. Heute beschäftigt KettenWulf weltweit über 1.200 Mitarbeiter, jeweils 500 davon sind an den Standorten in Deutschland und China tätig. Seit vier Generationen ist das Unternehmen im Besitz der Familie Wulf, die Geschäfte führen derzeit Günter, Julia, Tobias und Ansgar Wulf.

Daten und Fakten

Branche: Fördertechnik, Antriebstechnik
Produkte: Förderketten, Antriebsketten, Kettenräder, Spezialkomponenten
Marktposition: Marktführer für Förderketten in Europa, Technologieführer für Förderketten v. a. in den Branchen Fahrtreppen-, Automobil-, Schüttgutindustrie
Mitarbeiter: über 1.200 weltweit
Standorte: Produktion in Eslohe; Ferlach (Österreich), Hangzhou (China)
Vertrieb: Standorte in Deutschland, Österreich, Belgien, China, den USA, Frankreich, Polen, Japan, Indien und der Türkei
Gründung: 1925, Josef und Johannes Wulf, Eslohe-Kückelheim
Eigentümer: Familienunternehmen in 4. Generation im Besitz der Familie Wulf
Unternehmensführung: inhabergeführt durch Günter, Julia, Tobias und Ansgar Wulf

Kontakt

KettenWulf Betriebs GmbH
Zum Hohenstein 15, 59889 Eslohe-Kückelheim
Fon: 02973 801-0, Fax: 02973 801-2296
service@kettenwulf.com, www.kettenwulf.com

Kiekert

Heiligenhaus, Nordrhein-Westfalen

Gegründet: 1857

Die Kiekert AG ist der weltweite Technologieführer bei Schließsystemen für die internationale Automobilindustrie. Mit 5.000 Mitarbeitern in neun Ländern und sechs Entwicklungs-, sechs Produktions- sowie zwei Vertriebszentren entwickelt, produziert und vertreibt Kiekert rund um die Uhr maßgeschneiderte Kundenlösungen. Zum Kundenportfolio zählen heute fast alle namhaften Automobilhersteller und Einzelmarken. Als Innovationstreiber mit mehr als 1.200 Patenten ist Kiekert zum führenden Entwicklungspartner der globalen Fahrzeughersteller geworden. Produkte von Kiekert sind heute in über 50 Automobilmarken weltweit zu finden. Mit einem Marktanteil von 35 % in Europa und 25 % im NAFTA-Raum ist Kiekert die Nummer eins in diesen Regionen. Zudem ist Kiekert führend bei internationalen OEMs in China mit einem Marktanteil von 12 %.

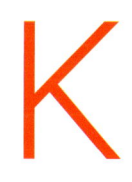

Kontakt

Kiekert AG
Hoeseler Platz 2, 42579 Heiligenhaus
www.kiekert.com

KIESELSTEIN

Chemnitz, Sachsen

Gegründet: 2004

Die KIESELSTEIN International GmbH ist einer der bedeutendsten Hersteller von modernen Drahtziehanlagen und Drahtziehschälmaschinen sowie Drahtverarbeitern. Zum Kundenstamm gehören mehr als 600 Kunden in 50 Ländern. Aufgrund ihrer umfangreichen Forschungsinitiativen gehört die KIESELSTEIN International GmbH zu den Weltmarktführern auf dem Gebiet der Ziehschälanlagen u. a. für die Herstellung von Ventilfederdraht, der in der Automobilindustrie verwendet wird. Der Ursprung von KIESELSTEIN geht auf bekannte Hersteller wie Herborn & Breitenbach und Drahtziehmaschinenwerk Grüna zurück. 2004 wurde die KIESELSTEIN International GmbH gegründet. Jens Kieselstein ist Geschäftsführer des Unternehmens, das mit ca. 25 Mitarbeitern 2013 einen Umsatz von rd. 1,1 Mio. Euro erwirtschaftete.

KettenWulf Betriebs GmbH im Internet

K 10

Kontakt
KIESELSTEIN International GmbH
Erzbergerstr. 3, 09116 Chemnitz
www.kieselstein.com

KION Group

Wiesbaden, Hessen

Gegründet: 2006

Die KION Group ist mit ihren Produkten im Segment Gabelstapler, Lagertechnikgeräte und Flurförderzeuge Marktführer in Europa. Weltweit nimmt das Unternehmen mit Sitz in Wiesbaden die zweite Marktposition ein. Die Gruppe vereint die Marken Linde, STILL, OM STILL, Fenwick, Baoli sowie Voltas und zeigt mit mehr als 1.200 Vertriebs- und Servicestandorten weltweit eine starke internationale Präsenz im Bereich Material Handling. Die Geschichte des Unternehmens reicht zurück in das Jahr 1904, als die Güldner Motoren-Gesellschaft gegründet wurde, aus der die heutige KION Marke Linde Material Handling GmbH hervorging. Mit rd. 22.000 Beschäftigten erzielte die KION Group im Jahr 2013 einen Umsatz von ca. 4,5 Mrd. Euro. Die Aktien der KION Group, die von Gordon Riske (Vorsitzender des Vorstands) geleitet wird, werden seit 2013 im Prime Standard an der Frankfurter Wertpapierbörse gehandelt.

Kontakt
KION Group
Abraham-Lincoln-Str. 21, 65189 Wiesbaden
www.kiongroup.com

KIRCHHOFF Gruppe

Iserlohn, Nordrhein-Westfalen

»Das verbindende Element in unserer Firmengeschichte sind Produkte für Mobilität für Menschen. Wir haben immer danach gesucht, was Menschen gebrauchen können.«

Dr.-Ing. J. F. Kirchhoff

Dr. Jochen F. Kirchhoff und seine drei Söhne sind Gesellschafter der KIRCHHOFF Gruppe; Abfallsammelfahrzeug mit FAUN Aufbau-Sammelbehälter und ZOELLER Lifter von KIRCHHOFF Ecotec (unten).

Gegründet: 1785

Die KIRCHHOFF Gruppe ist ein international tätiges Unternehmen, das in vier Geschäftsfeldern erfolgreich ist: KIRCHHOFF Automotive, KIRCHHOFF Ecotec, KIRCHHOFF Mobility und WITTE Werkzeuge. Besonders die umsatz- und mitarbeiterstarken Bereiche Automotive und Ecotec sind führend in ihrer Branche. Zum Unternehmensbereich Ecotec gehört mit FAUN der weltweite Marktführer für langlebige Abfallsammelfahrzeuge und Kehrmaschinen. Führende Entsorger und Metropolen wie Paris, London, Mailand und Berlin setzen auf Umwelttechnik von FAUN. Mit 30 Produktionswerken in 11 Ländern gehört KIRCHHOFF Automotive zu den weltweit führenden Herstellern von Rohkarosserie-Strukturkomponenten wie z. B. A- und B-Säulen. Auch bei Karosserieanbauteilen wie Stoßfänger und Instrumententafelträger zählt das Unternehmen zu den bedeutendsten Zulieferern der weltweiten Automobilindustrie. WITTE Werkzeuge bietet als Hersteller von Schraubwerkzeugen im

Im Geschäftsbereich Automotive entwickelt und fertigt KIRCHHOFF komplexe Metall- und Hybridstrukturen für Rohkarosserie und Fahrwerk für die internationale Automobilindustrie.

KIRCHHOFF Gruppe

Meilensteine

1785 Stephan Witte gründet das Unternehmen als Nadelfabrik.

1894 Friedrich Kirchhoff übernimmt die Unternehmensführung.

1894 Erweiterung der Produktion um ein Presswerk

1950 Die Herstellung von Nadeln wird durch die Produktion von Handwerkzeugen abgelöst.

1984 Mit dem Erwerb der Firma M. Kutsch in Attendorn beginnt die Expansion von KIRCHHOFF Automotive.

1994 Übernahme der Entsorgungs- und Umweltfahrzeug-Sparte von Faun

2006 Erwerb der Firma „Die Reha Gruppe", eines Spezialisten in der Anpassung von Fahrzeugen an die Bedürfnisse von Personen mit Mobilitätseinschränkungen

2011 Übernahme der Mehrheitsanteile des nordamerikanischen Automobilzulieferers Van-Rob durch KIRCHHOFF Automotive

---

Unternehmen der KIRCHHOFF Gruppe einen Umsatz von 1,6 Mrd. Euro.

Die Unternehmensgruppe befindet sich bereits in 4. Generation vollständig im Besitz der Familie Kirchhoff. Gesellschafter sind Dr. Jochen F. Kirchhoff und seine Söhne Arndt G. Kirchhoff, Dr. Johannes F. Kirchhoff und J. Wolfgang Kirchhoff.

Gegründet wurde das Unternehmen 1785 von Stephan Witte im Sauerland. Er entwickelte es mit den dort verfügbaren natürlichen Ressourcen wie Eisenerz, Kohle, Wasser und Holz zu einem Weltmarktführer in der Produktion von Nähnadeln. 1894 übernahm Friedrich Kirchhoff die Führung des Unternehmens. Die Mitglieder der Familie Kirchhoff engagieren sich schon seit rd. 100 Jahren in verschiedenen Stiftungen. Die 2007 gegründete Dr. Kirchhoff Stiftung legt den Förderungsschwerpunkt auf die Regionen Iserlohn und Attendorn. Die KIRCHHOFF Gruppe kooperiert daneben mit Schulen, Fachhochschulen und Universitäten und übernimmt das Sponsoring für Initiativen der Bildungsförderung.

Daten und Fakten

Umsatz: 1,6 Mrd. Euro (2013)
Mitarbeiter: 11.000 (2013)
Ausbildungsquote: 7 %
Standorte: Hauptsitz Iserlohn; 47 Werke in 16 Ländern
Gründer: Stephan Witte, 1785, Iserlohn
Eigentümer: Familie Kirchhoff in 4. Generation
Auszeichnungen: „Daimler Supplier Award" (2009); „Top-Arbeitgeber Ingenieure", CRF (2010); „GM Supplier of the Year" (2004–2010); „Ford Q1 Award" (2010); „VW Group Award" (2012); „Excellence in Production" (2013); „General Motors Supplier Quality Excellence Award" (2014)

Premiumsegment seinen Kunden exzellente Produktqualität und spezielle Vertriebs- und Markenkonzepte. KIRCHHOFF Mobility ist einer der führenden Anbieter von individuellen Automobilumrüstungen für Menschen mit Handicap.

Insgesamt produziert die in Iserlohn ansässige KIRCHHOFF Gruppe in 47 Werken in 16 Ländern. Von den weltweit 11.000 Mitarbeitern sind rd. 3.000 in Deutschland beschäftigt. Hinzu kommen 8.000 Beschäftigte an verschiedenen Standorten in Europa, den NAFTA-Staaten und China. Die Ausbildungsquote beläuft sich auf ca. 7 % in Deutschland. Im Jahr 2013 erzielten die

Kontakt

KIRCHHOFF Gruppe
Stefanstr. 2, 58638 Iserlohn
Fon: 02371 820-260, Fax: 02371 820-264
info@kirchhoff-gruppe.de
www.kirchhoff-gruppe.de

KIRCHHOFF im Internet

KLAFS

Schwäbisch Hall, Baden-Württemberg

Kontakt
KLAFS GmbH & Co. KG
Erich-Klafs-Str. 1-3, 74523 Schwäbisch Hall
Fon: 0791 501-0, Fax: 0791 501-248
info@klafs.de, www.klafs.de

Gegründet: 1928

Die KLAFS Gruppe ist Weltmarktführer im Bereich Sauna, Wellness und Spa. Zum Produktportfolio zählen Saunen in Massiv- und Elementbauweise, Dampfbäder, Infrarotkabinen, Pools, gewerbliche und private Wellnessanlagen sowie Zubehör. Hotels und Resorts, Gesundheitszentren und Thermalbäder gehören ebenso zum Kundenkreis wie private Bauherren. KLAFS ist das einzige Unternehmen in der Branche, das eigene Entwicklungs- und Produktionsstätten für das komplette Spektrum der Spa-Ausstattung betreibt. Mit zahlreichen Patenten, etwa für die Sauna-Zusatzausstattung SANARIUM mit SaunaPUR® für fünf unterschiedliche Badeformen, unterstreicht KLAFS seine Innovationskraft. Das Unternehmen wurde 1928 von Erich Klafs in Stettin gegründet und 1945 am heutigen Stammsitz Schwäbisch Hall neu aufgebaut. Anfangs lag der Schwerpunkt auf medizinischen Bäderanlagen, später kamen zunächst private Saunen hinzu.

Heute beschäftigt das Unternehmen rd. 790 Mitarbeiter, davon arbeiten gut zwei Drittel in Deutschland. KLAFS verfügt über zahlreiche Ausstellungszentren und Vertriebsbüros in Deutschland sowie Tochtergesellschaften in Österreich, Polen und der Schweiz. Hinzu kommen Partner in den meisten europäischen und vielen weiteren Ländern der Welt. Im Jahr 2013 erzielte die KLAFS Gruppe unter der Leitung von Stefan Schöllhammer einen Umsatz von rd. 100 Mio. Euro, der Exportanteil betrug knapp 50 %.

Klais

→Johannes Klais Orgelbau

Klaus Multiparking

Aitrach, Baden-Württemberg

Gegründet: 1907

Die Klaus Multiparking GmbH ist einer der Weltmarktführer bei der Herstellung von Autoparksystemen. Das Angebotsspektrum reicht von Parkassistenten, Parkern und Halbautomaten über Vollautomaten wie Regal-, Tower- und Flächensysteme bis hin zu verschiebbaren Paletten und Drehscheiben. Die 143 Mitarbeiter des Unternehmens erwirtschafteten im Geschäftsjahr 2012/2013 einen Rohertrag von ca. 18,5 Mio. Euro. Firmensitz von Klaus Multiparking ist Aitrach, darüber hinaus ist man weltweit in über 80 Ländern vertreten, u. a. durch ein Joint Venture in Indien. 1907 wurde das Familienunternehmen als Wagnerei Klaus gegründet und war zunächst im Karosseriebau tätig. Günther Seiderer, Helmut Knittel und Wolfgang Schuckel führen heute die Klaus Multiparking GmbH.

Kontakt
Klaus Multiparking GmbH
Hermann-Krum-Str. 2, 88319 Aitrach
www.multiparking.com

Kleffmann Group

Lüdinghausen, Nordrhein-Westfalen

Gegründet: 1990

Die Kleffmann Group ist mit einem Marktanteil von ca. 33 % das weltweit führende Agrarmarktforschungsinstitut. Auf Basis jährlich durchgeführter Panelstudien und individueller Ad-hoc-Projekte bietet das Full-Service-Institut seine Dienstleistungen z.B. in den Bereichen Pflanzenschutz, Saatgut und Tiergesundheit. Die Kleffmann Group ist in mehr als 60 Ländern tätig und verfügt über 20 internationale Niederlassungen. Die wichtigsten Märkte sind Südamerika, Deutschland sowie Zentral- und Osteuropa. Insgesamt beschäftigt Kleffmann 400 Mitarbeiter, davon 45 in Deutschland. Rund 80 % seines Umsatzes erwirtschaftet das Marktforschungsinstitut im Ausland. Gegründet wurde es 1990 von Burkhard Kleffmann.

Kontakt

Kleffmann Group
Mühlenstr. 1, 59348 Lüdinghausen
www.kleffmann.com

KLEPPER

Rosenheim, Bayern

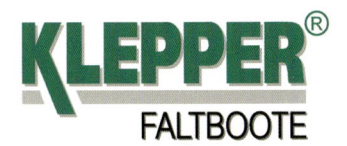

Gegründet: 1907

Die KLEPPER Faltbootwerft AG produziert und vertreibt Faltboote sowie entsprechendes Zubehör. Die leichten Boote, die besonders bei Freizeit- und Extremsportlern sowie auf Expeditionen Verwendung finden, können einfach in Taschen verstaut und in kürzester Zeit aufgebaut werden. 2007 präsentierte das Unternehmen nach dem Motto „Tradition – Innovation – Fortschritt" ein Faltboot mit Carbongerüst. 2012 wurde die Designstudie des multifunktionalen KLEPPER Backyak dem Publikum vorgestellt und mit dem Querdenker Award ausgezeichnet. 2013 wurde dieses innovative Sportgerät zur Serienreife weiter entwickelt. KLEPPER Backyak ist ein in zwei Rucksäcken zerlegbares Boot, die Rucksäcke sind leicht zu tragen und werden selbst zu einem Teil des Kajaks. KLEPPER ist in seinem Segment weltweit führend. Rund 60 % der jährlich ca. 500 produzierten Faltboote gehen in den Export.

Ursula Isbruch ist Vorstandsvorsitzende des Unternehmens, ihr Ehemann Dr. Henning Isbruch Vorsitzender des Aufsichtsrats. Die Firmengründung datiert auf das Jahr 1907. Damals erwarb Gründer Johann Klepper vom Erfinder des modernen Faltboots, Alfred Heurich, die Lizenz für die Alleinproduktion des Bootstyps Delphin. 1929 ging die Unternehmensleitung an den Sohn des Gründers, Hans Klepper, über. 1980 startete Hermann Siegesmund Walther die Produktion in Lizenz neu, nachdem sie zuvor ein Jahr geruht hatte. Nach dem Tode Walthers übernahm das Ehepaar Isbruch in den 1990er-Jahren die Firma und wandelte sie 2000 in die KLEPPER Faltbootwerft AG um.

Kontakt

KLEPPER Faltbootwerft AG
Klepperstr. 18e, 83026 Rosenheim
Fon: 08031 2167-0, Fax: 08031 2167-77
faltboote@klepper.de, www.klepper.de

Klingelnberg

Hückeswagen, Nordrhein-Westfalen

Gegründet: 1863

Die Klingelnberg Gruppe zählt zu den weltweit führenden Unternehmen in der Verzahnungsindustrie. Sie entwickelt, fertigt und vertreibt Maschinen zur Herstellung von spiralverzahnten Kegelrädern, Präzisionsmesszentren für rotationssymmetrische Objekte aller Art sowie hochpräzise Getriebekomponenten im Kundenauftrag. Mit der Übernahme des Kerngeschäftes der Höfler Maschinenbau GmbH im Jahr 2012 erweiterte Klingelnberg sein Produktportfolio um die Zahnradbearbeitungsmaschinen für Stirnräder und stärkte damit seine Position als ganzheitlicher Systemanbieter. Die Unternehmensgruppe betreibt Fertigungs- und Entwicklungsstandorte in Zürich, Hückeswagen, Ettlingen sowie im ungarischen Györ. Dazu kommen Vertriebs- und Serviceniederlassungen sowie zahlreiche Handelsvertretungen weltweit. Insgesamt beschäftigt das Unternehmen ca. 1.300 Mitarbeiter. Neben dem Automobil-, Nutzfahrzeug-, Traktoren-, Schiff- und Flugzeugbau kommen die Maschinen auch in Elektrowerkzeugen und in einer Vielzahl kundenspezifischer industrieller Anwendungen zum Einsatz. Als Dachgesellschaft der Klingelnberg Gruppe fungiert die Klingelnberg AG mit Sitz in Zürich. Die Geschäftsführung der Klingelnberg GmbH besteht aus dem Vorsitzenden Tomas Kirschenfauth und Dr. Hartmuth Müller. Jan Klingelnberg ist Aufsichtsratsvorsitzender.

Kontakt
KLINGELNBERG GmbH
Peterstr. 45, 42499 Hückeswagen
Fon: 02192 81-0, Fax: 02192 81-200
info@klingelnberg.com, www.klingelnberg.com

Klöckner & Co

Duisburg, Nordrhein-Westfalen

Gegründet: 1906

Die Klöckner & Co SE ist der größte produzentenunabhängige Stahl- und Metalldistributor in Europa und den USA und auch eines der führenden Stahl-Service-Center-Unternehmen. Klöckner hat 220 Standorte in 15 Ländern und beschäftigt rd. 9.700 Mitarbeiter. Der Umsatz des seit 2006 börsennotierten Unternehmens lag 2013 bei 6,4 Mrd. Euro mit einem Absatz von 6,4 Mio t. Zwei Drittel des Umsatzes werden mit Kunden aus der Bauindustrie bzw. dem Maschinen- und Anlagenbau erzielt, 11 % trägt der Automobilbau bei. Wichtigster Einzelmarkt sind die USA, gefolgt von Deutschland. Das Unternehmen wurde 1906 von Peter Klöckner in Duisburg gegründet und entwickelte sich erst zu einem Mischkonzern. Seit 1997 konzentriert sich Klöckner auf den Stahl- und Metallhandel.

Kontakt
Klöckner & Co SE
Am Silberpalais 1, 47057 Duisburg
www.kloeckner.com

Knecht

Bergatreute, Baden-Württemberg

Gegründet: 1957

Die Knecht Maschinenbau GmbH stellt Sondermaschinen für die Lebensmittelproduktion, insbesondere für die Fleischverarbeitung, her. Das Unternehmen ist Weltmarkt- und Technologieführer in der Nische der Kuttermessersysteme sowie bei automatischen Schleifmaschinen für Kuttermesser.

KNF Neuberger

Das Familienunternehmen mit rd. 50 Mitarbeitern wird in 2. Generation von Manfred und Markus Knecht geführt. Firmengründer Fritz Knecht konzentrierte sich ab 1957 zunächst auf die Instandsetzung und Reparatur von Fleischereimaschinen. Ab 1976 produzierte das Unternehmen eigene Maschinen. 1993 stellte die Knecht Maschinenbau GmbH die erste automatische Schleifmaschine für Kuttermesser vor, deren weltweiter Erfolg die Grundlage für die heutige Weltmarktführerschaft legte.

Kontakt
Knecht Maschinenbau GmbH
Witschwender Str. 26, 88368 Bergatreute
www.knecht.eu

KNF Neuberger

Freiburg, Baden-Württemberg

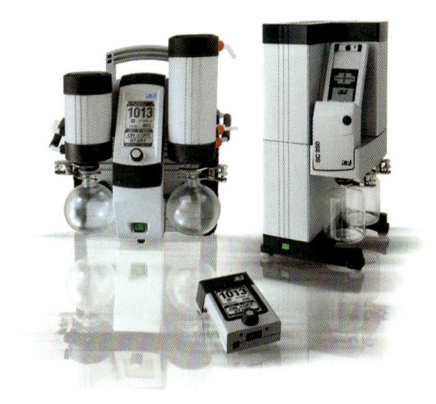

KNF ist Spezialist für hochwertige Membranpumpen und Systeme zur Bewegung von neutralen und aggressiven Gasen und Flüssigkeiten.

Gegründet: 1946

Die KNF Neuberger GmbH hat sich seit dem Einstieg der Familie Becker in gut 50 Jahren zum weltweiten Technologieführer für Membranpumpen entwickelt. Die Produkte kommen in unterschiedlichen Branchen wie der Medizintechnik, der Umwelt- und Analysentechnik, der chemischen ebenso wie der Lebensmittelindustrie zum Einsatz. Membranpumpen werden auch für vielfältige Anwendungen in Laboren und in der Prozesstechnik benötigt. Das Unternehmen hat 650 Mitarbeiter in 16 eigenen Niederlassungen weltweit und produziert in Deutschland, Frankreich, der Schweiz und den USA. Der Umsatz von rd. 165 Mio. Euro wird zu 75 % im Ausland erzielt.

Das Firmenkürzel KNF geht auf den Unternehmensgründer Kurt Neuberger und den Firmensitz Freiburg zurück. Ab 1946 wurden zunächst Verbrennungsmotoren repariert und Gewindeschneidemaschinen produziert. Erich Becker nahm bei seinem Firmeneintritt 1962 Membranpumpen ins Portfolio auf und wurde vier Jahre später Eigentümer des Unternehmens. Seit der Entwicklung der ersten korrosionsbeständigen Membranpumpe 1964 haben viele Erfindungen von KNF die Pumpentechnologie

Meilensteine

1946 Kurt Neuberger gründet sein Unternehmen in Freiburg.

1962 Mit dem Eintritt Erich Beckers beginnt die Entwicklung von Membranpumpen.

1966 Erich Becker übernimmt KNF.

1968 Beginn der Internationalisierung durch Gründung der ersten von bis heute insgesamt 15 Auslandsniederlassungen

2000 Generationswechsel: Martin Becker übernimmt die Geschäftsführung.

2012 Martin Becker leitet nun die Holding, während sein Bruder Paul Becker KNF Deutschland führt.

»VORAUS: Vertrauen, Offenheit, Respekt, Anerkennung, Unterstützung, Strategie«

Kernpunkte des Firmenleitbilds

Erich Becker trat 1962 in das Unternehmen ein, das seinen Sitz in Freiburg hat, und entwickelte es zum Technologieführer für Membranpumpen.

geprägt und insbesondere die Sicherheit von prozess- und umwelttechnischen Anwendungen erhöht. Weitere Meilensteine waren temperaturbeständige Gasförderpumpen, ein Mikropumpensystem zur Emissionskontrolle, chemiefeste Laborpumpen sowie explosionsgeschützte Pumpen.

Erich Beckers Söhne sind heute für das Unternehmen verantwortlich. Martin Becker steht der Familienholding mit ihren 16 Tochtergesellschaften vor, nachdem er 2012 das Deutschlandgeschäft in die Hände seines Bruders Paul Becker gelegt hat. Es existieren eine Familien-Charta für die Unternehmensführung und ein von allen Führungskräften 2004 entwickeltes Unternehmensleitbild. Neben Sponsoring von lokalen Kultur- und Sportveranstaltungen engagiert sich KNF für die Förderung des MINT-Nachwuchses.

Daten und Fakten

Branche: Pumpentechnologie
Produkte: Membranpumpen
Marktposition: weltweiter Technologieführer
Umsatz: 165 Mio. Euro (2013)
Mitarbeiter: 650 (2012)
Exportquote: 75 %
Gründer: Kurt Neuberger, 1946, Freiburg
Inhaberfamilie: Familie Becker in 2. Generation
Unternehmensanteile der Familie: 100 %

Kontakt

KNF Neuberger GmbH
Alter Weg 3, 79112 Freiburg
Fon: 07664 5909-0, Fax: 07664 2124
info@knf.de, www.knf.de

KNIPEX

Wuppertal, Nordrhein-Westfalen

Gegründet: 1882

Die KNIPEX-Werk C. Gustav Putsch KG entwickelt und produziert Zangen und verwandte Werkzeuge und ist auf ihrem Gebiet Weltmarktführer. Von gängigen Zangentypen wie Seitenschneidern und Wasserpumpenzangen bis zu Spezialzangen für die Elektrotechnik und Elektronik fertigt das Unternehmen ein breites Programm für den professionellen Anwender in Handwerk und Industrie. Über eigene Niederlassungen und Vertriebspartner werden die Werkzeuge unter der Marke KNIPEX in über 100 Ländern vertrieben. Der Exportanteil liegt bei 60 %. 950 Mitarbeiter beschäftigt KNIPEX in Wuppertal, hinzu kommen 450 Beschäftigte in Tochterunternehmen. Mit Ralf Putsch leitet seit 1996 die 4. Familiengeneration das Unternehmen, das 1882 von Carl Gustav Putsch in Cronenberg als Schmiede gegründet wurde.

Kontakt

KNIPEX-Werk
C. Gustav Putsch KG
Oberkamper Str. 13, 42349 Wuppertal
www.knipex.de

KOBOLD

Hofheim am Taunus, Hessen

Gegründet: 1980

Die KOBOLD Messring GmbH zählt zu den international führenden Unternehmen in der Mess-und Regeltechnik. Das inhabergeführte Unternehmen entwickelt, produziert und vertreibt Instrumente zur Überwachung, Messung und Regelung der physikalischen Größen Durchfluss, Druck, Niveau und Temperatur. Die Geräte werden in nahezu allen Industriebereichen eingesetzt. Durch die Vielfalt der zur Verfügung stehenden Messmethoden und die rasche Anpassung an den technischen Fortschritt kann den hohen anwendungsspezifischen Anforderungen in den verschiedenen Industriezweigen entsprochen werden. Klaus J. Kobold gründete das Unternehmen im Jahr 1980, produziert wird heute in Deutschland, Spanien, Ungarn, China und den USA, eigenständige Gesellschaften in Ländern rund um den Globus sichern die internationale Präsenz.

KNF Neuberger im Internet

Koehler Paper Group

Kontakt
KOBOLD Messring GmbH
Nordring 22-24, 65719 Hofheim am Taunus
www.kobold.com

Koehler Paper Group

Oberkirch, Baden-Württemberg

Die Produkte der Koehler Paper Group werden auf acht Papiermaschinen an vier Standorten in Deutschland hergestellt.

Gegründet: 1807

Die Papierfabrik August Koehler kann auf eine über 200-jährige Firmengeschichte zurückblicken und zählt heute zu den wenigen unabhängigen deutschen Unternehmen in der Papierindustrie. Am Stammsitz in Oberkirch und den Werken in Kehl, Greiz und Weisenbach werden jährlich rd. 500.000 t Spezialpapiere und Pappen mit modernster Technik für den weltweiten Markt produziert. Mit dem Markenprodukt reacto® Selbstdurchschreibepapier war Koehler in den 1970er-Jahren der internationale Durchbruch gelungen.

Heute ist die Papierfabrik der führende Hersteller von Selbstdurchschreibepapieren in Europa. Mit Koehler Thermopapieren und Bierglasuntersetzern von KATZ ist die Unternehmensgruppe Weltmarktführer. Der Name Koehler FineTech Paper steht für hochwertige Feinpapiere wie die Klassiker Elfenbeinkarton oder Marmorkarton. Darüber hinaus bietet Koehler Produktentwicklungen wie Posterpapiere, Dünndruckpapiere oder spezielle Digitaldruckpapiere wie Koehler Icewhite IQ®. Euler ColorTech Paper rundet die Produktpalette ab. Die intensivfarbenen Papiere und Kartons aus 100 % Sekundärfaserstoffen finden ihren Einsatz vorwiegend in der Büroorganisation sowie dem Schul- und Bastelbedarf. Spezialpapiere wie nassfeste Papiere und schwer entflammbare Papier ergänzen das Sortiment. Komplettiert wird das Produktportfolio durch Dekorpapiere zur Beschichtung von Möbeloberflächen, Laminatfußböden und anderen Holzwerkstoffen.

Darüber hinaus verfügt Koehler über eine langjährige Erfahrung auf dem Gebiet der Mikroverkapselung. Diese ursprünglich nur für die eigenen selbstdurchschreibenden Papiere verwendete Technologie bietet Koehler heute auch Unternehmen aus anderen Branchen an.

Insgesamt erwirtschafteten die rd. 1.800 Mitarbeiter 2013 einen Jahresumsatz von knapp 700 Mio. Euro. Dabei lag der Exportanteil bei über 70 %. Koehler ist in mehr als 100 Ländern rund um den Globus präsent.

Schon gewusst?

Neben dem Kerngeschäft Papier legt Koehler auch verstärkt den Fokus auf den Bereich der erneuerbaren Energien. Die Koehler Renewable Energy GmbH wurde 2012 als Tochtergesellschaft der Koehler-Gruppe gegründet und möchte nachhaltig an der Energiewende in Deutschland mitwirken. Ziel ist es, gemeinsam mit Geschäftspartnern in Kraft-Wärmekopplungsanlagen zu investieren, um so das bei Koehler seit Jahrzehnten vorhandene Know-how zu nutzen. Darüber hinaus werden Investitionen in Onshore-Windenergie und Wasserkraft getätigt. Auch neue Energietechnologien sind im Fokus.

»Zufriedene Kunden und engagierte Mitarbeiter sind die wichtigsten Voraussetzungen für unseren langfristigen Erfolg als selbstständiges Familienunternehmen.«

Grundsatz der Koehler Paper Group

Die Koehler Paper Group ist u. a. führend in der Produktion von Thermopapieren, Bierdeckeln und Spielkartenkarton.

Koehler Paper Group

K
OE

Der Hauptsitz der Koehler Paper Group befindet sich in Oberkirch, Baden-Württemberg.

Eulerpapiere (oben) und Dekorpapiere (unten) gehören ebenfalls zum Portfolio von Koehler.

Koehler im Internet

Neben zahlreichen Vertretungen gibt es eigene Verkaufsbüros in Wien, Paris, London, Leeds, Mailand, New York, Shanghai und Singapur. Gemeinsam mit den Kunden entwickelt Koehler immer wieder neue Produkte, die auf die individuellen technischen oder ästhetischen Anforderungen zugeschnitten sind.

Den Grundstein für das Unternehmen legte der Karlsruher Kaufmann Otto Koehler bereits im Jahr 1807, als er in Oberkirch eine Papiermühle erwarb. Die ersten von Hand geschöpften Produkte waren Schreib-, Konzept-, Druck- und Fließpapier. 1865 wurde die erste Papiermaschine in Betrieb genommen, drei Jahre später übernahm August Koehler, dessen Namen das Unternehmen heute trägt, den Betrieb von seinem Vater und baute diesen zu einer der größten Papierfabriken Badens aus. Im 20. Jh. wuchs Koehler auch durch die Übernahme anderer Unternehmen. Seit 2009 ist die →Katz-Gruppe, der Weltmarktführer in der Produktion von Bierglasuntersetzern, Teil der Koehler Paper Group.

Heute ist das Unternehmen in der 8. Generation familiengeführt und wird von dem Vorstandsvorsitzenden Kai Furler (CEO), Frank Lendowski (CFO) und Werner Ruckenbrod (COO) geleitet. Mit jährlich rd. 80 Auszubildenden und Studenten ist Koehler einer der größten Ausbilder der Region.

Daten und Fakten

Branche: Papierproduktion
Produkte: reacto® Selbstdurchschreibepapier, Thermopapiere, Feinpapiere und technische Spezialpapiere, farbige und technische Spezialpapiere aus 100 % Sekundärfaserstoffen, Dekor-

Einfach erklärt: Farbreaktionspapiere

Mit reacto® bietet Koehler ein hochwertiges Formularpapier, das mittels Mikrokapselbeschichtung eine Durchschrift erzeugt. Diese entsteht durch den Schreibdruck, bei dem die Mikrokapseln auf der Blattunterseite zerplatzen. Der freigesetzte Farbbildner löst eine Farbreaktion auf einem beschichteten Durchschriftsblatt aus. Daher nennt man diese Papiere Farbreaktionspapiere oder Selbstdurchschreibepapiere.

Bei einem Thermopapier wird die Schrift oder das Bild durch die direkte Übertragung der Wärme auf das Papier erzeugt. Dies geschieht über den Thermokopf des Druckers, der aus vielen kleinen Heizelementen besteht. Diese Heizelemente werden elektronisch angesteuert und erzeugen die thermische Energie, welche die Farbreaktion auf dem funktionalen Thermostrich auslöst. Aus einer Vielzahl von Einzelpunkten entstehen dann Schriften, Barcodes oder Grafiken.

papiere, Holzschliffpappe, Mikroverkapselung

Marktposition: Weltmarktführer bei Thermopapieren und Bierglasuntersetzern; europäischer Marktführer bei Selbstdurchschreibepapieren

Umsatz: 692 Mio. Euro (2013)

Mitarbeiter: ca. 1.800 am Hauptsitz in Oberkirch und in den Werken Kehl, Greiz und Weisenbach

Vertrieb: über Vertretungen und eigene Verkaufsbüros in mehr als 100 Länder

Exportquote: 70,6 % (2013)

Gründer: Otto Koehler, 1807, Oberkirch

Literatur:
E. Krämer: 200 Jahre Koehler (2007)

Kontakt
Papierfabrik August Koehler SE
Hauptstr. 2, 77704 Oberkirch
Fon: 07802 81-0, Fax: 07802 81-4330
info@koehlerpaper.com, www.koehlerpaper.com

Koenig & Bauer

Würzburg, Bayern

Gegründet: 1817

Die Unternehmensgruppe Koenig & Bauer (KBA) ist Weltmarktführer im Bereich Bogenoffset-Großformat sowie im Verpackungs-, Zeitungs-, Banknoten- und Blechdruck. Im Geschäftsjahr 2013 erwirtschaftete der Konzern mit knapp 6.000 Mitarbeitern einen Umsatz von rd. 1,1 Mrd. Euro. Produziert wird in sechs Werken in Deutschland: in Würzburg, Radebeul, Frankenthal, Stuttgart, Bad Oeynhausen und Veitshöchheim bei Würzburg. Weitere Produktionsstätten unterhält Koenig & Bauer in Österreich, Italien und der Tschechischen Republik. Ein weltweites Netz von Vertriebs- und Servicegesellschaften sorgt für die internationale Präsenz des Unternehmens und seiner Produkte. Die Anfänge des heutigen Unternehmens reichen zurück bis in das Jahr 1814. Damals druckte eine von Friedrich Koenig und Andreas Bauer gebaute Zylinderdruckmaschine mit Dampfmaschinenkraft die Londoner Zeitung „The Times".

Kontakt
Koenig & Bauer AG
Friedrich-Koenig-Str. 4, 97080 Würzburg
www.kba.com

KOLBUS

Rahden, Nordrhein-Westfalen

Gegründet: 1775

Die KOLBUS GmbH & Co. KG produziert und vermarktet Maschinen und Anlagen für die industrielle Herstellung von Büchern und klebegebundenen Broschüren. Mit über 30 Maschinentypen umfasst das Sortiment sämtliche Anwendungsbereiche zur Herstellung gebundener Produkte ab dem gefalzten Bogen und digital produzierter Drucksachen. Das erstreckt sich vom Zusammentragen, Klebebinden, Trennen und Dreischneiden über die Buchdeckenproduktion und -veredelung sowie Buchblock- und Buchendfertigung, das Anlegen, Stapeln und Transportieren der Produkte. Die Wurzeln des Rahdener Familienunternehmens reichen bis ins Jahr 1775 zurück, als Christian Henrich Kolbus eine Dorfschmiede errichtete. Seit 1900 stellt KOLBUS Buchbindereimaschinen am Stammsitz in Ostwestfalen her. Seit 2003 ist Kai Büntemeyer geschäftsführender Gesellschafter, das Unternehmen beschäftigt weltweit rd. 1.200 Mitarbeiter.

Kontakt
KOLBUS GmbH & Co. KG
Osnabrücker Str. 77, 32369 Rahden
www.kolbus.de

Komar Products

Kolbermoor, Bayern

Gegründet: 1967

Die Komar Products KG mit Sitz im bayerischen Kolbermoor ist Weltmarktführer für Fototapeten. Das Unternehmen produziert und vertreibt Foto- und Vliestapeten,

K
ON

Gallery-XXL-Poster sowie überdimensionierte Deko-Sticker, die sich mehrfach verwenden lassen. Zu den Motiven der Wandgestaltungs-Produkte zählen u. a. Lizenzbilder von Marvel oder Disney sowie Naturaufnahmen von National Geographic und Designs von Melli Mello. Komar Products wurde 1967 gegründet. Heute werden rd. 70 % des Umsatzes im Export erzielt. Die Produkte der Komar-Kollektion werden in 100 Ländern weltweit vertrieben. Sabine Komar-Häusler steht dem Familienunternehmen als geschäftsführende Gesellschafterin vor.

Kontakt
Komar Products KG
Carl-Jordan-Str. 13, 83059 Kolbermoor
www.komar.de

KONTRA

Rüthen, Nordrhein-Westfalen

Gegründet: 1986

Die KONTRA Anlagentechnik GmbH steht für die individuelle Entwicklung und Fertigung praxisgerechter Transportanlagen, Handhabungssysteme und Sägenanlagen für plattenförmige Werkstoffe und gehört dabei zu den Weltmarktführern. Die KONTRA-Diagonalsäge eröffnete dem Unternehmen den Weg zu immer weiteren Produkten in der Plattenindustrie. So werden Kontra-Sägensysteme mittlerweile auch zum vollautomatisierten Schneiden von Zement- und Steinplatten sowie für Dämmstoffe eingesetzt. Heute deckt KONTRA die gesamte Produktpalette vom Pressenauslauf bis zu verpackten Stapeln ab. Mit dem Einsatz von intelligenten Steuerungen werden vollautomatische Fertigungen realisiert. Das Unternehmen hat ca. 80 Mitarbeiter und erwirtschaftet unter der Leitung von Frank Otto und Jörg Wagner jährlich rd. 11 Mio. Euro hauptsächlich über den Export.

KONTRA

Kontakt
KONTRA Anlagentechnik GmbH
Hankerfeld 20, 59602 Rüthen
www.kontra-handling.de

KONVEKTA

Schwalmstadt, Hessen

Gegründet: 1957

Die KONVEKTA AG ist ein international führender Anbieter von Thermosystemen für Nutzfahrzeuge. In den vier Bereichen Busse, Schienenfahrzeuge, Arbeitsmaschienen und Lebensmittel wird ein breites Portfolio an Klimaanlagen und Transportkühlsystemen entwickelt und in Deutschland, der Türkei, China, Argentien und Indien produziert. Das Familienunternehmen wurde 1957 gegründet und stellte 1966 die erste Fahrzeugklimaanlage vor. Zu den weiteren Innovationen zählen u. a. die erste kompakte Dachklimaanlage für Busse im Jahr 1971 oder die weltweit erste Kühlanlage mit CO_2 als Kühlmittel. Der Firmengründer Carl H. Schmitt und sein Entwicklungschef Prof. Dr. Jürgen Köhler erhielten 2007 für ihren Einsatz zur Entwicklung einer umweltfreundlichen Klimaanlage den Deutschen Umweltpreis.

Kontakt
KONVEKTA AG
Am Nordbahnhof 5, 34613 Schwalmstadt
www.konvekta.de

Körber

Hamburg

Gegründet: 1946

Die Körber AG ist die Holdinggesellschaft eines internationalen Technologiekonzerns mit mehr als 11.000 Mitarbeitern. Der Konzern vereint technologisch führende mittelständische Unternehmen mit rd. 100 Produktions-, Service- und Vertriebsgesellschaften rund um den Globus. Das Unternehmen ist in den

Geschäftsfeldern Automation, Intralogistik, Werkzeugmaschinen, Pharma Systeme, Tissue und Tabak tätig. Ein weiteres Geschäftsfeld, „Associated and others", vereint Start-ups, Beteiligungen und Unternehmen, die nicht direkt einem der sechs Geschäftsfelder zugeordnet werden können. Der Körber-Konzern, der einen Umsatz von über 2 Mrd. Euro erzielt, ist nicht börsennotiert; alleiniger Aktionär ist die Körber-Stiftung, Vorsitzender des Vorstands ist Richard Bauer.

Kontakt
Körber AG
Nagelsweg 33-35, 20097 Hamburg
www.koerber.de

KOSTAL

→Leopold Kostal

Koziol

Erbach, Hessen

Gegründet: 1927
Die Koziol „ideas for friends GmbH ist führender Hersteller von Designprodukten aus Kunststoff. Zur Produktpalette funktionaler Gegenstände für den Gebrauch im Haushalt zählen u. a. Etageren, Salatschalen oder Kochwerkzeuge für die Küche, für den Wohnbereich finden sich z. B. farbenfrohe Pendelleuchten oder Wanduhren im Angebot. Viele der Produkte wurden bereits mit internationalen Designpreisen ausgezeichnet. Darüber hinaus bietet das Unternehmen Werbemittel und Sonderanfertigungen für die Industrie. Koziol beschäftigt rd. 190 Mitarbeiter. Die Exportquote liegt bei ca. 60 %, Koziol exportiert in über 50 Länder weltweit. Das Familienunternehmen wurde 1927 von Bernhard Koziol als Elfenbeinwerkstatt gegründet. Heute führen Stephan und Daniel Koziol sowie Thorsten Muntermann die Geschäfte.

Kontakt
Koziol »ideas for friends GmbH
Werner-von-Siemens-Str. 90, 64711 Erbach
www.koziol.de

KRAH

Drolshagen, Nordrhein-Westfalen

Gegründet: 1970
„Freude am Widerstand" – das ist das Motto der KRAH-Unternehmensgruppe. Das inhabergeführte Familienunternehmen mit Hauptsitz in Drolshagen produziert elektronische Bauelemente, insbesondere Drahtwiderstände. Ebenfalls zum Produktspektrum gehören Widerstandssteller, elektromechanische Baugruppen und Kabelaufrollsysteme. Im Produktbereich Drahtwiderstände für automobile Anwendungen ist KRAH Weltmarktführer. Im Automobil werden die Widerstände zur Drehzahlsteuerung der Gebläse im Bereich Motorkühlung, Klimatisierung und Innenraumheizung eingesetzt. Ein weiteres Anwendungsfeld liegt im Bereich der Funkentstörung von Zündsystemen. KRAH ist in diesem Bereich Lieferant und Entwicklungspartner für alle namhaften Automobilhersteller und deren Zulieferer. Zusätzlich beliefert KRAH mit seinen Produkten auch zahlreiche Industriekunden aus Branchen wie Maschinenbau, Bahntechnik, Antriebstechnik, Aufzugstechnik und den Bereich der regenerativen Energien. In den vergangenen Jahrzehnten hat KRAH durch die Entwicklung einer großen Anzahl von Widerstandstypen für viele Anwendungsgebiete Pionierarbeit geleistet. Seit einigen Jahren liegt ein technologischer Schwerpunkt in der Entwicklung und Produktion von flüssigkeitsgekühlten Widerständen für automobile und industrielle Anwendungen sowie von Widerständen

»Freude am Widerstand«

Unternehmensmotto der KRAH-Gruppe

Produktbeispiele der KRAH-Gruppe, Weltmarktführer für Leistungswiderstände

KRAH

Meilensteine

1970 Theodor Hermann und Rainer Fiala gründen die M. KRAH Elektrotechnische Fabrik GmbH & Co. KG.

1979 KRAH beginnt mit der Fertigung von Widerständen für die Automobilindustrie.

1983 Übernahme der RWI Bauelemente GmbH & Co. KG in Siegburg. Die WIDAP AG wird im schweizerischen Schmitten gegründet.

1991 In Dömitz an der Elbe entsteht die WITEC Widerstandstechnik GmbH & Co. KG.

1992 Mit der Gründung der Firma RESISTEC im slowenischen Ljubljana expandiert KRAH nach Osteuropa.

1999 Übernahme der Holzschuh GmbH & Co. KG; Gründung der Shanghai KRAH Electronics Co. Ltd. in China; Gründung der KRAH-ICE Brasil Ltda. & Cia in Brasilien

2006 Gründung der ATHOS Elektrosysteme GmbH zur Produktion und zum Vertrieb von Kabelaufräumsystemen

2013 Gründung der KRAH Woory India Pvt. Ltd. in Chennai, Indien

2014 Gründung der KWK Resistors India Pvt. Ltd. in Bangalore, Indien

KRAH produziert Leistungswiderstände, insbesondere Drahtwiderstände.

und elektronischen Baugruppen für die Elektromobilität.

Nach der Gründung der „M. KRAH Elektrotechnische Fabrik GmbH & Co. KG" in Drolshagen im Jahr 1970 stellte KRAH zunächst Drahtwiderstände für den Maschinenbau und die Hausgeräte- und Konsumgüterindustrie her. Ende der 1970er-Jahre begann man auch die Automobilindustrie mit Widerständen zu beliefern. In den folgenden Jahrzehnten wurde durch konsequente Entwicklung der Produkte und Prozesse die Qualitäts- und Kostenführerschaft erreicht.

Durch Akquisitionen und Neugründungen von Produktions- und Entwicklungsstandorten im In- und Ausland kann die KRAH-Gruppe als global aufgestellter Weltmarktführer mit mittlerweile rund 1.800 Mitarbeitern seine Kunden in Europa, Asien, Nord- und Südamerika in weltweit gleicher Qualität mit KRAH-Produkten bedienen.

Die Gründer Theodor Hermann und Rainer Fiala leiten nach wie vor, inzwischen allerdings gemeinsam mit der zweiten Generation, die Unternehmensgruppe.

Daten und Fakten

Branche: Automobilzulieferindustrie
Produkte: Leistungswiderstände, insbesondere Drahtwiderstände, Plattenwiderstände, Widerstandssteller, u. a.
Marktposition: Weltmarktführer in der Produktgruppe Drahtwiderstände für automobile Anwendungen
Umsatz: 130 Mio. Euro (2013)
Mitarbeiter: ca 1.800
(weltweit, Stand Januar 2014)
Ausbildungsquote: 5 % in Deutschland
Standorte: Drolshagen, Dömitz, Knittlingen, Schmitten/Schweiz, Krsko/Slowenien, Vicenza/Italien, Zamberk/Tschechien, Corlu/Türkei, Timbo/Brasilien, Shanghai/China, Taicang/China, Chennai/Indien, Bangalore/Indien
Exportquote: 70 %
F&E-Quote: 6 %

Die KRAH-Gruppe im Internet

Kontakt

KRAH Elektronische Bauelemente GmbH
Märkische Str. 4, 57489 Drolshagen
Fon: 02761 701-0, Fax: 02761 701-177
info@krah-gruppe.de, www.krah-gruppe.de

Krantz

Bonn, Nordrhein-Westfalen

Gegründet: 1833

Krantz ist das älteste geologische Warenhaus weltweit und nach eigenen Angaben Marktführer in diesem Segment. Das Unternehmen wurde 1833 von Adam August Krantz in Freiberg/Sachsen gegründet und ist seit 1850 in Bonn ansässig. Es produziert und vertreibt mineralogische, paläontologische und geologische Sammlungen sowie Nachbildungen von Hominiden und seltenen Fossilien, die zu Lehrzwecken eingesetzt werden. Außerdem bietet es ein umfangreiches Zubehörsortiment, das von Geologenwerkzeugen über Bearbeitungsmaschinen bis zu Geigerzählern reicht. Krantz beliefert Kunden in der ganzen Welt. Am Firmensitz in Bonn befindet sich ein Ladenverkauf, auf der Krantz-Homepage gibt es einen Online-Shop. An der Spitze des inhabergeführten Familienunternehmens steht Ursula Müller-Krantz, die das Geschäft mit zweien ihrer vier Kinder in 4. und 5. Krantz-Generation leitet.

Kontakt

Dr. F. Krantz
Rheinisches Mineralien-Kontor GmbH Co. KG
Fraunhoferstr. 7, 53121 Bonn
www.krantz-online.de

Kranunion

Leipzig, Sachsen

Gegründet: 1997

Die Kranunion GmbH ist der weltweit agierende Verbund der drei Kranhersteller Kirow, Ardelt und Kocks, die sich auf das Heben und Transportieren schwerer Lasten in den Bereichen Eisenbahn, Hafen, Werft und Stahlwerk spezialisiert haben. Die Unternehmen gelten als Technologieführer für Doppellenkerkrane, Goliathkrane, Schlackentransporter und Eisenbahnkrane. Das in Leipzig beheimatete Unternehmen Kirow ist Spezialist für hoch bewegliche Spezialkrane und vielseitige Transportfahrzeuge. Kirow ist außerdem Weltmarktführer für Eisenbahnkrane und Schlackentransporter. Die Eberswalder Kranbauer von Ardelt sind Weltmarktführer für Doppellenkerkrane und Hersteller von Balancekranen. Kocks, das von Bremen und Oberhausen aus agiert, konzentriert sich auf den Bereich der Kran-Hochleistung und gilt weltweit als Premiummarke für Containerbrücken, Werft- und Hafenkrane. Die Produkte der Kranunion-Marken werden zudem in den Büros in Brasilien, England, Frankreich, Russland, Vietnam und den USA betreut.

Kirow, Ardelt und Kocks stehen seit vielen Jahrzehnten für innovative Entwicklungen und große deutsche Ingenieurskunst. Kirow wurde bereits 1887 als „Unruh und Liebig" in Leipzig gegründet. Seit 1953 trägt das Unternehmen den Namen Kirow. Ardelt wurde 1902 von Robert Ardelt in Eberswalde gegründet und überzeugt seitdem immer wieder mit Neuentwicklungen und Patenten. Die Geschichte der Firma Kocks begann 1872 mit der Gründung einer Installationswerkstatt durch den Klempnermeister Carl Francke in Bremen. Die Kranunion ist heute ein inhabergeführtes Unternehmen mit Sitz in Leipzig.

KraussMaffei Group

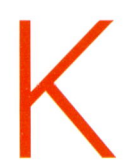

Kontakt

Kranunion GmbH
Spinnereistr. 13, 04179 Leipzig
Fon: 0341 4953-0, Fax: 0341 4773247
info@kranunion.de, www.kranunion.de

KraussMaffei Group

München, Bayern

Gegründet: 1838

Die KraussMaffei Group ist gemessen am Umsatz Weltmarktführer in der Herstellung von kunststoff- und gummiverarbeitenden Maschinen und Anlagen. Das Unternehmen bietet mit der Spritzgieß-, Extrusions- und Reaktionstechnik als einziger Wettbewerber in diesem Bereich drei wesentliche Maschinentechnologien an. Die Gruppe vertreibt ihre Produkte und Serviceleistungen unter den Marken KraussMaffei, KraussMaffei Berstorff und Netstal. Die Marke KraussMaffei deckt das Spektrum der Spritzgieß- und Reaktionstechnik sowie der Automation ab. Die Extrusionstechnik vertritt KraussMaffei Berstoff. Die Spritzgießtechnik der Marke Netstal steht für hoch präzise, schnell laufende Spritzgießmaschinen zur Kunststoffverarbeitung. Die KraussMaffei Gruppe bietet als Technologie- und Prozesspartner der Industrie sowohl spezialisierte als auch integrierte Komplettlösungen an.

Die Gesellschaft mit Hauptsitz in München hat einen internationalen Produktionsverbund sowie mehr als 60 Vertriebs- und Serviceniederlassungen weltweit. CEO ist Jan Siebert.

Die Firmengeschichte beginnt 1838 in München. Nach dem Zweiten Weltkrieg entwickelte sich der Kunststoff- und Gummimaschinenbau als eigenständiger Geschäftszweig im Mischkonzern. Seit der Konzernaufsplittung im Jahre 2001 steht die Marke KraussMaffei ausschließlich für Kunststofftechnik.

Kontakt

KraussMaffei Group GmbH
Krauss-Maffei-Str. 2, 80997 München
Fon: 089 8899-0, Fax: 089 8899-2206
info@kraussmaffei.com
www.kraussmaffeigroup.com

KREUL

Hallendorf, Bayern

Gegründet: 1838

KREUL ist der Experte im Markt der flüssigen Farben für Kinder, Künstler und Kreative. Die nach den Leitlinien Qualität, Ökologie und Emotion hergestellten Flüssigfarben und Medien werden weltweit in über 60 Ländern vertrieben. Zahlreiche Künstler – bis hin zu Gerhard Richter, dem bekanntesten deutschen zeitgenössischen Maler – setzen die Farben ein.

Das Sortiment ist in drei Profile unterteilt: Kinder, Künstler und Kreative. Das Angebot für Kinder ist darauf abgestimmt, Kreativität als natürliche Begabung zu entwickeln und zu fördern. Mit seinen Farben und impulsgebenden Ideen begleitet und unterstützt das Unternehmen kleine Künstler von 2 bis 10 Jahren in ihren verschiedenen Entwicklungsstufen und geht auf ihre individuellen Bedürfnisse ein. Im Bereich Künstler liegt der Fokus auf der Produktmarke SOLO GOYA, deren zuverlässige Qualität „Made in Germany" bei den Konsumenten einen hohen Stellenwert hat. Mit seinem Farb- und Ideenreichtum im Bereich Kreative ermöglicht KREUL den Kunden, ihre Individualität

»Wir wollen mit unserer Farbe Menschen glücklich machen.«

Dr. Florian Hawranek,
Geschäftsführer
C.KREUL GmbH & Co. KG

Krantz

Bonn, Nordrhein-Westfalen

Gegründet: 1833

Krantz ist das älteste geologische Warenhaus weltweit und nach eigenen Angaben Marktführer in diesem Segment. Das Unternehmen wurde 1833 von Adam August Krantz in Freiberg/Sachsen gegründet und ist seit 1850 in Bonn ansässig. Es produziert und vertreibt mineralogische, paläontologische und geologische Sammlungen sowie Nachbildungen von Hominiden und seltenen Fossilien, die zu Lehrzwecken eingesetzt werden. Außerdem bietet es ein umfangreiches Zubehörsortiment, das von Geologenwerkzeugen über Bearbeitungsmaschinen bis zu Geigerzählern reicht. Krantz beliefert Kunden in der ganzen Welt. Am Firmensitz in Bonn befindet sich ein Ladenverkauf, auf der Krantz-Homepage gibt es einen Online-Shop. An der Spitze des inhabergeführten Familienunternehmens steht Ursula Müller-Krantz, die das Geschäft mit zweien ihrer vier Kinder in 4. und 5. Krantz-Generation leitet.

Kontakt
Dr. F. Krantz
Rheinisches Mineralien-Kontor GmbH Co. KG
Fraunhoferstr. 7, 53121 Bonn
www.krantz-online.de

Kontakt
KRAH Elektronische Bauelemente GmbH
Märkische Str. 4, 57489 Drolshagen
Fon: 02761 701-0, Fax: 02761 701-177
info@krah-gruppe.de, www.krah-gruppe.de

Kranunion

Leipzig, Sachsen

Gegründet: 1997

Die Kranunion GmbH ist der weltweit agierende Verbund der drei Kranhersteller Kirow, Ardelt und Kocks, die sich auf das Heben und Transportieren schwerer Lasten in den Bereichen Eisenbahn, Hafen, Werft und Stahlwerk spezialisiert haben. Die Unternehmen gelten als Technologieführer für Doppellenkerkrane, Goliathkrane, Schlackentransporter und Eisenbahnkrane. Das in Leipzig beheimatete Unternehmen Kirow ist Spezialist für hoch bewegliche Spezialkrane und vielseitige Transportfahrzeuge. Kirow ist außerdem Weltmarktführer für Eisenbahnkrane und Schlackentransporter. Die Eberswalder Kranbauer von Ardelt sind Weltmarktführer für Doppellenkerkrane und Hersteller von Balancekranen. Kocks, das von Bremen und Oberhausen aus agiert, konzentriert sich auf den Bereich der Kran-Hochleistung und gilt weltweit als Premiummarke für Containerbrücken, Werft- und Hafenkrane. Die Produkte der Kranunion-Marken werden zudem in den Büros in Brasilien, England, Frankreich, Russland, Vietnam und den USA betreut.

Kirow, Ardelt und Kocks stehen seit vielen Jahrzehnten für innovative Entwicklungen und große deutsche Ingenieurskunst. Kirow wurde bereits 1887 als „Unruh und Liebig" in Leipzig gegründet. Seit 1953 trägt das Unternehmen den Namen Kirow. Ardelt wurde 1902 von Robert Ardelt in Eberswalde gegründet und überzeugt seitdem immer wieder mit Neuentwicklungen und Patenten. Die Geschichte der Firma Kocks begann 1872 mit der Gründung einer Installationswerkstatt durch den Klempnermeister Carl Francke in Bremen. Die Kranunion ist heute ein inhabergeführtes Unternehmen mit Sitz in Leipzig.

KraussMaffei Group

Kontakt

Kranunion GmbH
Spinnereistr. 13, 04179 Leipzig
Fon: 0341 4953-0, Fax: 0341 4773247
info@kranunion.de, www.kranunion.de

KraussMaffei Group

München, Bayern

»Wir wollen mit unserer Farbe Menschen glücklich machen.«

Dr. Florian Hawranek,
Geschäftsführer
C.KREUL GmbH & Co. KG

Gegründet: 1838

Die KraussMaffei Group ist gemessen am Umsatz Weltmarktführer in der Herstellung von kunststoff- und gummiverarbeitenden Maschinen und Anlagen. Das Unternehmen bietet mit der Spritzgieß-, Extrusions- und Reaktionstechnik als einziger Wettbewerber in diesem Bereich drei wesentliche Maschinentechnologien an. Die Gruppe vertreibt ihre Produkte und Serviceleistungen unter den Marken KraussMaffei, KraussMaffei Berstorff und Netstal. Die Marke KraussMaffei deckt das Spektrum der Spritzgieß- und Reaktionstechnik sowie der Automation ab. Die Extrusionstechnik vertritt KraussMaffei Berstoff. Die Spritzgießtechnik der Marke Netstal steht für hoch präzise, schnell laufende Spritzgießmaschinen zur Kunststoffverarbeitung. Die KraussMaffei Gruppe bietet als Technologie- und Prozesspartner der Industrie sowohl spezialisierte als auch integrierte Komplettlösungen an.

Die Gesellschaft mit Hauptsitz in München hat einen internationalen Produktionsverbund sowie mehr als 60 Vertriebs- und Serviceniederlassungen weltweit. CEO ist Jan Siebert.

Die Firmengeschichte beginnt 1838 in München. Nach dem Zweiten Weltkrieg entwickelte sich der Kunststoff- und Gummimaschinenbau als eigenständiger Geschäftszweig im Mischkonzern. Seit der Konzernaufsplittung im Jahre 2001 steht die Marke KraussMaffei ausschließlich für Kunststofftechnik.

Kontakt

KraussMaffei Group GmbH
Krauss-Maffei-Str. 2, 80997 München
Fon: 089 8899-0, Fax: 089 8899-2206
info@kraussmaffei.com
www.kraussmaffeigroup.com

KREUL

Hallendorf, Bayern

Gegründet: 1838

KREUL ist der Experte im Markt der flüssigen Farben für Kinder, Künstler und Kreative. Die nach den Leitlinien Qualität, Ökologie und Emotion hergestellten Flüssigfarben und Medien werden weltweit in über 60 Ländern vertrieben. Zahlreiche Künstler – bis hin zu Gerhard Richter, dem bekanntesten deutschen zeitgenössischen Maler – setzen die Farben ein.

Das Sortiment ist in drei Profile unterteilt: Kinder, Künstler und Kreative. Das Angebot für Kinder ist darauf abgestimmt, Kreativität als natürliche Begabung zu entwickeln und zu fördern. Mit seinen Farben und impulsgebenden Ideen begleitet und unterstützt das Unternehmen kleine Künstler von 2 bis 10 Jahren in ihren verschiedenen Entwicklungsstufen und geht auf ihre individuellen Bedürfnisse ein. Im Bereich Künstler liegt der Fokus auf der Produktmarke SOLO GOYA, deren zuverlässige Qualität „Made in Germany" bei den Konsumenten einen hohen Stellenwert hat. Mit seinem Farb- und Ideenreichtum im Bereich Kreative ermöglicht KREUL den Kunden, ihre Individualität

KREUL

Meilensteine

1838 Das Multitalent Carl Johann Dietrich Kreul (1803–1867), der bekannte Künstler und Erfinder, gründet das Unternehmen in Nürnberg.

1842 Carl Kreul siedelt das Unternehmen nach Forchheim um.

1922 Die Forchheimer Drogistenfamilie Schmidt erwirbt die Fabrikation.

1959 Der Chemiker Dr. Julius Schmidt übernimmt das Unternehmen und entwickelt es erfolgreich weiter. Der Künstlerfarbenspezialist KREUL entwickelt sich zu einer festen Größe im weltweiten Markt für Kreativfarben.

1983 Gertraud Hawranek, Tochter von Dr. Julius Schmidt, tritt in die Geschäftsleitung ein und stößt die Modernisierung der strategischen Ausrichtung, des Produktprogramms und der damit verbundenen Vertriebspolitik an.

1996 KREUL bezieht das neue Firmengelände in Hallerndorf.

2005 Dr. Florian Hawranek, Gertraud Hawraneks Sohn, tritt in das Unternehmen ein.

2013 Zum 175-jährigen Firmenjubiläum wird das Unternehmen von Dr. Florian Hawranek geleitet. Er treibt die Fokussierung auf die flüssigen Farben und Medien für Kinder, Künstler und Kreative voran.

Der Farbsplash steht als Symbol für die vielfältige Produktpalette der Künstlerfarbenfabrik KREUL.

Kreul in Nürnberg gegründet. Mit der von ihm entwickelten Farbreibemaschine war es erstmals möglich, feinste Künstlerfarben maschinell herzustellen. Aus dieser Tradition heraus entstand die noch heute gültige Produktphilosophie. Nach wie vor befindet sich das 130 Mitarbeiter starke Unternehmen KREUL in Hallerndorf bei Forchheim im Familienbesitz. Geschäftsführer Dr. Florian Hawranek sieht sich der Tradition als erste deutsche Künstlerfarbenfabrik verpflichtet und setzt weiter auf den Produktionsstandort Deutschland. Das Kerngeschäft des Unternehmens bleibt die Herstellung von qualitativ hochwertigen Farben für Kinder, Künstler und Kreative. Als Impulsgeber setzt das Unternehmen verstärkt auf innovative Produkte und Anwendungen.

Daten und Fakten

Branche: Kreativbranche
Produkte: Flüssigfarben
Marktposition: Impulsgeber und Experte im Markt der flüssigen Farben für Kinder, Künstler und Kreative
Mitarbeiter: 130
Standorte: Hallerndorf
Vertrieb: in über 60 Ländern weltweit
Gründer: Carl Kreul, 1838, Nürnberg

auszuleben. Es bietet ein Produktprogramm, das die Kombination von vielseitigen Farbgestaltungen und Kreativtechniken ermöglicht. „Handmade" steht als Erlebnis und Ergebnis im Vordergrund.

1838 wurde das Unternehmen von dem Künstler und Erfinder Carl Johann Dietrich

K
RE

Dr. Florian Hawranek leitet das Familienunternehmen KREUL, das sich auf Farben für Kunst, Hobby und Dekoration spezialisiert hat, als Vorsitzender der Geschäftsführung.

KREUL im Internet

KRIWAN

Kontakt
C.KREUL GmbH & Co. KG
Carl-Kreul-Str. 2, 91352 Hallendorf
Fon: 09545 925-0, Fax: 09545 925-511
info@c-kreul.de, www.c-kreul.de

KRIWAN

Forchtenberg, Baden-Württemberg

Schon gewusst?

Die Friedrich-Kriwan-Stiftung fördert im Zuge einer Bildungsinitiative Kinder in schwierigen sozialen Umständen, um ihnen einen Schulabschluss und eine qualifizierte Berufsausbildung zu ermöglichen.

Gegründet: 1968

Die KRIWAN Industrie-Elektronik GmbH ist Weltmarktführer bei Maschinenschutzrelais in der Kältekompressorelektronik mit dazugehöriger Sensorik und bei Temperatursensoren für Wicklungsschutz in Elektromotoren. Zusätzlich besetzt das Unternehmen Spitzenpositionen in der Wind- und Strömungssensorik.

Das Portfolio umfasst Sensoren, Schaltgeräte, Steuerungselektronik und Software sowie die kundenspezifische Entwicklung von Systemlösungen. Die angebotenen Produkte dienen der Überwachung und Steuerung von Maschinen und Anlagen, wie sie z. B. in Supermärkten verwendet werden. Die Lösungen schützen elektrisch angetriebene Maschinen vor Schäden, die sie z. B. durch zu hohe Motortemperatur, fehlende Schmierung, Spannungsschwankungen oder falsches Betriebsverhalten verursacht werden, und liefern zuverlässige Daten zur Diagnose der Ursachen. Die Komponenten der Wind- und Strömungssensorik kommen u. a. bei Seilbahnen, Kranen, Windkraftanlagen und in der pharmazeutischen Produktion zur Anwendung.

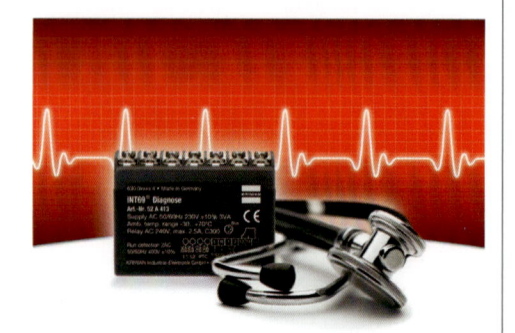

Generell steht die Kontrolle kritischer und sicherheitsrelevanter Zustände, die höchste Prozesssicherheit erfordern, im Mittelpunkt. Zu den Kunden zählen Produzenten von Kompressoren und Kälteanlagen, Pumpen und Transformatoren sowie Hersteller von anderen elektrisch angetriebenen Maschinen und Anlagen. Die Zukunftsaussichten bewertet das Unternehmen aufgrund des Engagements in diversifizierten Märken mit Produkten auf höchstem Niveau als hervorragend. Jedes Jahr fließen 15 % des Umsatzes in die Forschung und Entwicklung neuer Lösungen.

Friedrich Kriwan gründete das nach ihm benannte Unternehmen im Jahr 1968 und begann mit der Herstellung von Motorschutzrelais für den Kälte-Klima-Bereich. Bis heute befindet sich die Firma vollständig in seinem Besitz. Im Jahr 1997 entstand als erste Tochtergesellschaft ein unternehmenseigenes Testzentrum. Ab 1999 folgte die Gründung mehrerer Auslandsniederlassungen. KRIWAN unterhält heute Gesellschaften in Österreich, Frankreich, den USA, China und Italien. Der Exportanteil liegt bei 80 %. Aus Überzeugung und Prinzip produziert und entwickelt KRIWAN ausschließlich am Standort Deutschland.

Firmengründer Friedrich Kriwan (oben); Dr. Christian Ellwein, Geschäftsführer von KRIWAN (unten)

KRIWAN Industrie-Elektronik GmbH im Internet

KRIWAN ist Weltmarktführer im Bereich der Kältekompressorsensorik und -überwachung und belegt Spitzenpositionen in weiteren Nischen der Schutz-, Steuerungs- und Gebäudetechnik.

KROHNE Messtechnik

Daten und Fakten

Branchen: Elektronik und Sensorik, Steuerungstechnik, Gebäudetechnik
Produkte: Sensoren, Schaltgeräte, Steuerungsgeräte mit dazugehöriger Elektronik und Software, Entwicklung von Systemlösungen
Mitarbeiter: 200 (2013)
Exportquote: 80 % (2013)
Innovationen: INT275–INT278 Optische Niveauüberwachung von Flüssigkeiten (2007), INT280 Ölniveauregulierung in rotierenden Maschinen (2008), INT69 Motorschutzrelais mit Diagnosefunktion (2010), INT69 Diagnose Motorschutzrelais mit Internetkommunikation (2013), ICEfight Windsensoren für den Einsatz in härtesten Umgebungen (2014)
F&E-Quote: 15 % (jährlich)
Gründer: Friedrich Kriwan, 1968, Forchtenberg
Eigentümer: Friedrich Kriwan

Kontakt

KRIWAN Industrie-Elektronik GmbH
Allmand 11, 74670 Forchtenberg
Fon: 07947 822-0, Fax: 07947 7122
info@kriwan.de, www.kriwan.de

KROENERT

Hamburg

Gegründet: 1903

Die KROENERT GmbH & Co KG entwickelt, konstruiert und fertigt Beschichtungs-, Druck- und Kaschieranlagen für bahnförmige Materialien wie Papiere, Polymerfilme, Metallfolien und Textilien und vertreibt diese weltweit. Neben kompletten Anlagen mit Ab- und Aufrollungen, Auftragswerken, Trocknern, Kaschier-, Kühl- und Relaxierstationen liefert KROENERT diese Komponenten auch als Einzelaggregate. Das Angebot ist in drei Bereiche aufgeteilt: Flexible Verpackungen (z. B. Trockenkaschierung, Nasskaschierung, Wachs- und Hotmelt-Beschichtung), technische Produkte (z. B. Selbstklebetiketten, Klebebänder oder Sicherheitsfolien) und Clean Technologies (z. B. Solarzellen, gedruckte Elektronik und Brennstoffzellen). KROENERT steht für individuelle und innovative Lösungen sowie weltweiten schnellen Kundendienst. Die Geschäfte leiten Jürgen Schaffert und Dr. Tarik Vardag.

Kontakt

KROENERT GmbH & Co KG
Schützenstr. 105, 22761 Hamburg
www.kroenert.de

KROHNE Messtechnik

Duisburg, Nordrhein-Westfalen

Gegründet: 1921

KROHNE ist ein weltweit führender Hersteller von Lösungen für die industrielle Prozessinstrumentierung. Das Portfolio deckt Bereiche von Durchfluss- und Füllstandsmessung über Temperatur- und Druckmessung bis zu Analyseaufgaben ab. Zum Einsatz kommen die Systeme in Branchen wie Öl und Gas, Wasser- und Abwasserwirtschaft, Chemie, Pharma, Lebensmittel und Getränke sowie Bergbau und Schifffahrt. Das Unternehmen KROHNE beschäftigt weltweit mehr als 3.000 Mitarbeiter, die gemeinsam für einen Umsatz von 448 Mio. Euro (inkl. Joint Ventures) im Jahr 2012 sorgten. Seine Wurzeln hat es im Jahr 1921, als Ludwig Krohne mit der Fertigung von Schwebekörper-Durchflussmessern begann. Die erste Fertigungsstätte entstand 1935. Heute ist das Unternehmen zu 100 % im Besitz der Familie Rademacher-Dubbick.

Kontakt

KROHNE Messtechnik GmbH
Ludwig-Krohne-Str. 5, 47058 Duisburg
www.krohne.com

Kromberg & Schubert

Renningen, Baden-Württemberg

Gegründet: 1902

Die Kromberg & Schubert GmbH & Co. KG Kabel-Automobiltechnik ist einer der weltweit führenden Hersteller von Kabelsätzen für die Automobilindustrie. Kromberg & Schubert ist in vier Geschäftsfeldern tätig: Komplexe Bordnetze, Kabeltechnologie, Kunststofftechnik und Mechatronik. Das Unternehmen erwirtschaftete im Jahr 2013 Umsatzerlöse von rd. 1,1 Mrd. Euro. Insgesamt beschäftigt der Konzern rd. 26.000 Mitarbeiter. Neben Niederlassungen in Deutschland verfügt Kromberg & Schubert über Produktionsstandorte in Osteuropa, Lateinamerika, Afrika und Asien. Das Familienunternehmen wurde 1902 von Paul Kromberg und Ernst Schubert gegründet und wird heute von Dr. Zeljko Matijevic (Vorsitzender), Hans-Otto Kromberg, Carsten Meyer und Martin Passern geführt.

Kontakt
Kromberg & Schubert GmbH & Co. KG
Kabel-Automobiltechnik
Raitestr. 8, 71272 Renningen
www.kromberg-schubert.com

KRONEN

Kehl am Rhein, Baden-Württemberg

Gegründet: 1978

Die KRONEN GmbH gehört zu den weltweit führenden Lieferanten für die Catering-, Convenience-, Feinkost- und Lebensmittelindustrie. Das Unternehmen entwickelt und produziert Maschinen zum Vorbereiten, Schneiden, Waschen, Trocknen, Schälen und Verpacken. Zu den Kunden des Unternehmens gehören u. a. Großküchen von Universitäten oder Firmen, Hersteller von Nahrungsmittelkonserven und auch die Catering-Betriebe nahezu aller Fluglinien in Europa und in Übersee. Das Handelsunternehmen beschäftigt 80 Mitarbeiter und ist als global operierender Systemlieferant in über 85 Ländern der Erde vertreten. 2013 erzielte das Unternehmen seinen bisherigen Umsatzrekord von 12,6 Mio. Euro. Die Geschäftsführung haben Rudolf Hans Zillgith und Stephan Zillgith inne.

Kontakt
KRONEN GmbH
Römerstraße 2a, 77694 Kehl am Rhein
www.kronen.eu

Krones

Neutraubling, Bayern

Gegründet: 1951

Der Krones Konzern mit Hauptsitz in Neutraubling plant, entwickelt und fertigt Maschinen und komplette Anlagen für die Bereiche Prozess-, Abfüll- und Verpackungstechnik. Intralogistik, Informationstechnologie und Fabrikplanung sowie die eigene Ventilproduktion ergänzen das Portfolio. Täglich werden Millionen von Flaschen, Dosen und Formbehältern mit Anlagen von Krones verarbeitet – vor allem in Brauereien, der Soft-Drink-Branche sowie bei Wein-, Sekt- und Spirituosenherstellern, aber auch in der Nahrungs- und Genussmittelindustrie sowie der chemischen, pharmazeutischen und kosmetischen Industrie. Mit Systemen für die Abfüll- und Verpackungsindustrie in der Nahrungsmittel- und Getränkeherstellung ist Krones weltweit führend.

Krones hat sich seit seiner Gründung 1951 zum „Rund-um-Partner" für seine Kunden entwickelt. Maschinenbau, Anlagen-Know-how, Verfahrenstechnik, Mikrobiologie und Informationstechnik wurden dabei miteinander verbunden und optimiert. Heute ist Krones das Synonym für Systemtechnik. Der Erfolg beruht auf Spezialwissen im Maschinenbau und in den Abnehmerbranchen, technischem Vorsprung durch kontinuierlich hohe Aufwendungen in Forschung und Entwicklung, der Fertigung mit modernsten Anlagen und nach hohen Qualitätsnormen sowie einem weltweiten Service rund um die Uhr sowie hoch qualifizierten Mitarbeitern. Mehr als 3.150 eingetragene Patente und Gebrauchsmuster belegen das Innovationspotenzial.

Weltweit beschäftigt Krones 12.285 Mitarbeiter. Rund 90 % der produzierten Maschinen gehen ins Ausland. Der Konzernumsatz im Jahr 2013 betrug 2,816 Mrd. Euro. Zum Konzern gehören neben der im M-DAX notierten Krones AG die Tochter Kosme (Maschinen für den niedrigen Leistungsbereich) sowie rd. 80 Vertriebs- und Serviceniederlassungen.

Kontakt
Krones AG
Böhmerwaldstr. 5, 93073 Neutraubling
Fon: 09401 70-0, Fax: 09401 70-2488
info@krones.com, www.krones.com

KRÜGER

Bergisch Gladbach,
Nordrhein-Westfalen

Gegründet: 1971
KRÜGER ist europaweiter Marktführer bei Instantprodukten wie z. B. löslichen Kaffee-, Kakao- oder Teespezialitäten. Außerdem gehört das Unternehmen zu den weltweit drei größten Herstellern von industriellen Süßungsmitteln. Dabei beschränkt sich die KRÜGER Gruppe nicht nur auf Lohnherstellung, sondern ist auch in der Produktion von Halbfabrikaten und Endverbraucherprodukten tätig. Mit zahlreichen Tochtergesellschaften und über 4.800 Mitarbeitern erzielt die KRÜGER Gruppe einen Jahresumsatz von rd. 2 Mrd. Euro. Die Geschichte des Unternehmens begann 1971, als Willibert Krüger mit der Produktion von Instant-Tee startete. Später folgten verschiedene Übernahmen, darunter 1998 der Erwerb der Ludwig Schokolade GmbH und Co. KG mit Marken wie Edle Tropfen in Nuss, Schogetten und Fritt.

Kontakt
Krüger GmbH & Co. KG
Senefelderstr. 44, 51469 Bergisch Gladbach
www.krueger.de

KRÜSS

Hamburg

Gegründet: 1796
Die KRÜSS GmbH ist Spezialist im Bereich Grenzflächenchemie und Weltmarktführer für Instrumente zur Messung der Ober- und Grenzflächenspannung. Das Unternehmen bietet nicht nur hochpräzise Produkte, sondern auch wissenschaftliche Beratung. Am Hauptsitz in Hamburg sind rd. 100 Mitarbeiter beschäftigt. Darüber hinaus hat KRÜSS Niederlassungen in den USA, Großbritannien und Frankreich. Hinzu kommt ein dichtes und exklusives Vertriebsnetz, das weltweit die Kunden in den Forschungs- und Entwicklungslaboren sowie in der Qualitätskontrolle vieler Industriebereiche bedient. Das Familienunternehmen hat seinen Ursprung in einem 1796 von Edmund Gabory eröffneten Geschäft für optische Geräte und wird heute von Cornelius und Florian Weser geführt.

Kontakt
KRÜSS GmbH
Borsteler Chaussee 85, 22453 Hamburg
www.kruss.de

KSPG

Neckarsulm, Baden-Württemberg

Kontakt
KSPG AG
Karl-Schmidt-Straße, 74172 Neckarsulm
Fon: 07132 33-0, Fax: 07132 33-2796
info@kspg.com, www.kspg.com

Küberit

Lüdenscheid, Nordrhein-Westfalen

Gegründet: 1909/1910

Die KSPG Gruppe mit ihren 3 Stammmarken Kolbenschmidt, Pierburg und Motorservice ist entsprechend ihrer strategischen Ausrichtung unterteilt in die Divisionen Hardparts, Mechatronics und Motorservice. Mit einem Umsatz von rd. 2,4 Mrd. Euro zählt KSPG zu den 100 größten Automobilzulieferern weltweit. Das Unternehmen verfügt über mehr als 30 Standorte in Europa, Nord- und Südamerika sowie in Japan, Indien und China und beschäftigt über 11.500 Mitarbeiter. Als Führungsgesellschaft des Rheinmetall Unternehmensbereichs Automotive ist der seit über 100 Jahren auf den internationalen Automobilmärkten präsente Tier1-Hersteller und Ersatzteillieferant spezialisiert auf Pkw- und Nkw-Kolben sowie Großkolben, Zylinderkurbelgehäuse, Zylinderköpfe und Gleitlager. Ferner gehören Range Extender für Elektrofahrzeuge und Komponenten zur Schadstoffreduzierung zusammen mit Magnetventilen, Aktuatoren, Ventiltriebsystemen sowie Öl-, Wasser- und Vakuumpumpen zum Produktportfolio. Niedrige Schadstoffemission, günstiger Kraftstoffverbrauch, Leistungssteigerung, Zuverlässigkeit, Qualität und Sicherheit sind die maßgeblichen Antriebsfaktoren für die Innovationen von KSPG. Die Produktentwicklung erfolgt in enger Kooperation mit renommierten Automobilherstellern.

Die Wurzeln der Gruppe liegen in dem 1909 von Bernhard Pierburg in Berlin gegründeten Stahlhandelsunternehmen sowie in dem von Karl Schmidt in Heilbronn aufgebauten Schmelzwerk für Leichtmetall und Leichtmetalllegierungen.

Gegründet: 1863

Die Küberit Profile Systems GmbH & Co. KG entwickelt und produziert als Marktführer Profile aus Aluminum, Edelstahl und Messing für textile und elastische Bodenbeläge sowie Parkett- und Laminat-Profilsysteme aus Aluminium. Das breite Sortiment von Standard-Profilen und Spezialprodukten macht Küberit-Profile besonders für professionelle Bodenleger zur ersten Wahl. Das 1863 in Altena gegründete Unternehmen hat seinen Firmensitz in Lüdenscheid sowie ein Zweitwerk in Drolshagen und ist weltweit in ca. 60 Ländern aktiv. Es werden rd. 150 Mitarbeiter beschäftigt. Das Unternehmen hält mehr als 110 Patent- und Schutzrechte und zählt durch die 2014 erhaltene Auszeichnung „Top-Innovator" zu den 100 innovativsten Unternehmen des deutschen Mittelstands.

Kontakt
Küberit Profile Systems GmbH & Co. KG
Römerweg 9, 58513 Lüdenscheid
www.kueberit.com

Kuchenmeister

Kuchenmeister
Soest, Nordrhein-Westfalen

Kuchenmeister GmbH — Umsatz in Mio. Euro

2009	2010	2011	2012	2013
220	230	240	245	250

Gegründet: 1884

Die Kuchenmeister GmbH gehört zu den führenden Backwarenspezialisten Deutschlands. Weltweiter Marktführer ist das Unternehmen in den Segmenten Baumkuchen und Stollen. Insgesamt umfasst das vielfältige Kuchenmeister-Sortiment 45 Artikelgruppen und rd. 500 Produkte. Das Spektrum umfasst neben Baumkuchen und Stollen u. a. zahlreiche Kuchen und Torten, Croissants und Milchbrötchen sowie ein speziell auf Kinder zugeschnittenes Sortiment.

Mit seinen Produkten beliefert Kuchenmeister den Lebensmittelhandel in 80 Ländern der Welt. Insgesamt steuert der Export 35 % zum Unternehmensumsatz bei, der 2013 bei 250 Mio. Euro lag. Neben dem Hauptsitz in Soest unterhält Kuchenmeister weitere Produktionsstätten in Mettingen und Duingen und beschäftigt rd. 1.000 Mitarbeiter.

Mit effizienter und automatisierter Produktionstechnik erzielt Kuchenmeister ein Backergebnis, das dem Handwerk sehr nahe kommt. Entscheidend dafür ist das über Jahrzehnte gewachsene Know-how und eine leistungsfähige Forschungs- und Entwicklungsabteilung. Seinen Maschinenpark verbessert das Unternehmen kontinuierlich durch eigene Konstruktionen. Zahlreiche Maschinen sind patentiert und wurden nach eigenen Vorgaben gebaut. Mittlerweile nutzen auch andere Firmen das Know-how von Kuchenmeister. Aus dieser Innovationsfreude ist auch die erste vollautomatische Baumkuchenanlage der Welt entstanden, die 1992 zum Patent angemeldet wurde. Damit war Kuchenmeister der erste Anbieter von Baumkuchen in Discountmärkten und SB-Warenhäusern.

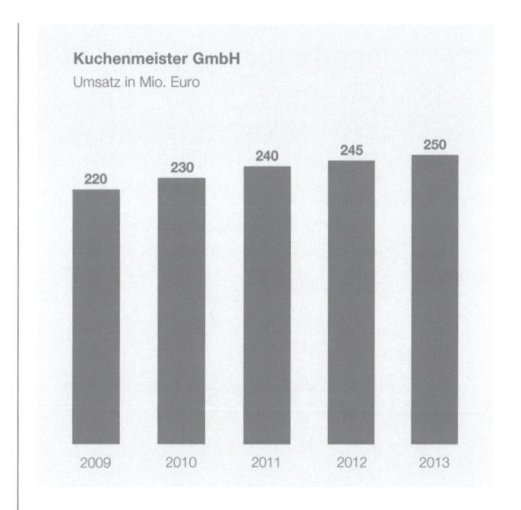

Im Bereich Stollen bietet Kuchenmeister ca. 15 unterschiedliche Sorten in verschiedenen Gewichtsgrößen. Zu den beliebtesten

»Unsere Kompetenz zeigt sich deutlich durch die immer wiederkehrende Innovationsoffensive. Das Ergebnis sind moderne und anspruchsvolle Back- und Konditoreispezialitäten.«

Hans-Günter Trockels

Julius Trockels (oben) gründete Kuchenmeister 1884; Günter Trockels und seine Söhne Hans-Günter, Thomas und Uwe repräsentieren die 3. und 4. Generation der Inhaberfamilie (unten, v. l.).

Kuchenmeister ist weltweiter Marktführer im Segment Baumkuchen.

Kuchenmeister

Schon gewusst?

2014 errichtete Kuchenmeister ein neues Logistikzentrum mit einer Fläche von 10.000 m², da die vorhandenen Lagerkapazitäten nicht mehr ausreichten. Das neue Logistikzentrum steht nicht „auf der grünen Wiese", sondern wurde auf einer Industriebrache gebaut. Beim Bau spielten ökologische Kriterien eine wichtige Rolle. So wird etwa das Regenwasser von den Dächern aufgefangen und in die Teiche eines zum Gelände gehörenden Naturschutzgebiets geleitet. Ein eigenes Blockheizkraftwerk erzeugt Strom und Wärme und sorgt im Sommer auch für die Kühlung der Halle.

1884 mit einem kleinen Handwerksbetrieb. Sein Sohn Wilhelm erweiterte ab 1929 das Sortiment um Konditoreiwaren, Günter Trockels baute in 3. Generation die im Krieg zerstörte Bäckerei wieder auf. In einem umkämpften Markt legte Günter Trockels stets Wert darauf, an der hohen Qualität der Zutaten für seine Produkte festzuhalten. In den vergangenen Jahrzehnten trugen auch mehrere Übernahmen zum Unternehmenswachstum bei. Zuletzt eröffnete Kuchenmeister 2014 am Standort Soest ein neues Logistikzentrum.

Daten und Fakten

Branche: Lebensmittelindustrie
Produkte: Back- und Konditoreispezialitäten
Marktposition: Weltmarktführer bei Baumkuchen und Stollen; einer der führenden Backwarenspezialisten in Deutschland
Umsatz: 250 Mio. Euro (2013)
Mitarbeiter: ca. 1.000 (2013)
Vertrieb: weltweit in 80 Länder durch Handelsvertreter, Vertriebsbüros und Distributeure
Exportquote: 35 %
Innovationen: Desodorierungs- und Wärmerückgewinnungsanlage (2011), Methode zur automatischen Baumkuchen-Produktion (2011), Herstellungsverfahren für lang haltbare Backwaren mit modifizierter Backatmosphäre (2013),

Sorten gehören Christ-, Edelmarzipan-, Butter- und Buttermandel-Stollen. Seit 2003 gehört auch der Cranberry-Stollen zum Sortiment. Hinzu kommt Stollenkonfekt in mehreren Sorten.

Geleitet wird das Familienunternehmen in 4. Generation von Hans-Günter Trockels, der 1995 die operative Geschäftsführung übernommen hat, und seinen Brüdern Thomas und Uwe Trockels. Den Grundstein für das Unternehmen legte Julius Trockels

Kuchenmeister bietet ca. 15 unterschiedliche Sorten Stollen in verschiedenen Gewichtsgrößen.

Kuchenmeister im Internet

Einfach erklärt: Baumkuchen

Entscheidend für einen hochwertigen Baumkuchen ist die saubere und gut erkennbare Schichtung sowie die gleichmäßige Feuchte. Der Kuchen sollte eine sehr feine und lockere Konsistenz haben, geschmacklich fein aromatisch und mit bester Schokolade überzogen sein. Die beliebtesten Sorten dieses Gebäcks sind die mit Vollmilch- oder Zartbitterschokolade überzogenen Kuchen. Traditionell war Baumkuchen ein Weihnachtsgebäck, weil er für den Verbraucher sehr teuer war. Die industrielle Herstellung von Kuchenmeister hat den Baumkuchen bezahlbar gemacht, sodass er heute ganzjährig genossen wird. Die Herstellung ist jedoch nach wie vor sehr aufwendig: Der Teig wird dabei auf eine 1 m lange Metallwalze aufgetragen und sorgsam vor der offenen Gasflamme gebacken. Bei der vorletzten der 15 Schichten werden mit einer Art Kamm die Konturen der „Ringe" eingearbeitet. Wenn der Baumkuchenrohling abgekühlt ist, wird er von der Walze genommen und in Stücke zu je 300 g portioniert.

KUENZEL

Münchberg, Bayern

Gegründet: 1860

Die KUENZEL awt GmbH entwickelt und produziert Webblätter für textile, technische und medizinische Gewebe. Als einziger Anbieter ist KUENZEL in der Lage, alle Webblätter für sämtliche Anwendungsbereiche herzustellen. Das Portfolio enthält neben Webblättern und Kämmen für alle Arten von Webmaschinen auch Zubehör wie Litzen und Lamellen, Fadenführungselemente sowie Walzenbeläge. Weltweit die Nummer eins ist das Unternehmen im Bereich Webblätter für technische Gewebe. KUENZEL liefert hier die Webblätter für Maschinen, auf denen etwa Airbags, Sicherheitsgurte, Schutzbekleidung, Papiersiebe sowie schuss- und feuerfeste Stoffe hergestellt werden. Mit Webblättern von KUENZEL entstanden z. B. die Segeltücher der Gorch Fock und das Dach des Olympiastadions in Montreal.

Produziert wird mit 17 Mitarbeitern ausschließlich am Stammsitz Münchberg. Als zertifizierter Ausbildungsbetrieb für Industriemechaniker und Industriekaufleute sichert sich KUENZEL das Know-how auch für die Zukunft, die Ausbildungsquote liegt bei 11,5 %. Der Export steuert 83 % zum Gesamtumsatz bei. Den weltweiten Vertrieb

Prozesssteuerung zur kontinuierlichen Herstellung von Schäumen (2014), Multivariables Backverfahren (2014)
Gründer: Julius Trockels, 1884, Soest
Eigentümer: Familie Trockels

Kontakt
Kuchenmeister GmbH
Coesterweg 31, 59494 Soest
Fon: 02921 7808-0, Fax: 02921 74369
info@kuchenmeister.de, www.kuchenmeister.de

Ansprechpartner Presse
Susanne Lucka
Fon: 02403 5571926
s.lucka@lucka-langen.de

Meilensteine

1860 Karl-Theodor Wagner gründet das Unternehmen.

1962 Das erste geklebte Webblatt kommt auf den Markt.

1972 Das erste Luftwebblatt wird präsentiert.

1995 Das erste reparable Klebesystem wird vorgestellt.

2006 Start der eigenen Rohmaterialfertigung

2007 Entwicklung des weltweit ersten reparablen Klebesystems Duocomp

2008 Übernahme durch die Familie Künzel

2009 KUENZEL wird IHK-zertifizierter Ausbildungsbetrieb.

2010 Garantie auf abriebfreie Webblätter

»Durch unsere Technologiekompetenz bei der Fertigung von Präzisionsbauteilen sichern wir höchste Produktqualität.«

Ludwig Künzel

Die KUENZEL awt GmbH hat ihren Sitz im oberfränkischen Münchberg.

KUENZEL beschäftigt ein Team von 17 hochqualifizierten Mitarbeitern.

KUENZEL

K
UE

KUENZEL ist der weltweit führende Anbieter von Webblättern für technische Gewebe.

übernehmen 54 Ingenieurbüros bzw. textiltechnische Vertretungen auf allen Kontinenten, hinzu kommen 32 Länderbetreuer. Dabei legt KUENZEL großen Wert auf den kundennahen Service und ein umfangreiches Dienstleistungsangebot. So bietet man den weltweit mehr als 1.200 Kunden u. a. Mitarbeiterschulungen vor Ort, Betreuung in Landessprache, Planung und technische Beratung sowie einen Reinigungs-, Instandhaltungs- und Reparaturservice an.

In Forschung und Entwicklung investiert KUENZEL jährlich über 16 % des Umsatzes. Bei der Entwicklung neuer Webblätter für technische Textilien, dem wichtigsten Standbein der Firma, arbeitet man nicht nur eng mit den Kunden zusammen, sondern kooperiert im Bereich Material- und Oberflächentechnik auch mit Technischen Universitäten, Textilfachhochschulen und anderen Forschungseinrichtungen.

Gegründet wurde das Unternehmen ursprünglich im Jahr 1860 von Karl-Theodor Wagner, in seiner heutigen Form ging es 2008 aus den Firmen WBK und Wagner hervor. Der ehemalige Betriebsleiter Ludwig Kuenzel erwarb gemeinsam mit seinem Sohn Marc-Alexander den Webblatt-Hersteller und gründete ihn unter dem Namen KUENZEL awt GmbH neu. „awt" steht dabei für „advanced weaving technologies" und betont die internationale Ausrichtung.

Mit Webblättern von KUENZEL werden u. a. technische Gewebe hergestellt.

KUENZEL im Internet

Einfach erklärt: Webblätter

Ein Webblatt ist eine Aneinanderreihung von Metallstäben mit exakt gleichem Abstand zueinander, getrennt durch eine Lücke zur Fadenführung. Die Mitarbeiter von KUENZEL können für die Herstellung auf 750 Sorten Stahl zugreifen, die im Lager vorrätig sind. Bei der Produktion der Webblätter ist höchste Präzision erforderlich: Die feinsten Webblätter haben 16 Zähne – pro Millimeter. Der Abstand der Stäbe zueinander muss dabei stets exakt gleich sein, damit keine Unregelmäßigkeiten im Gewebe entstehen. Die größten Webblätter von KUENZEL sind übrigens bis zu 15 m lang – ein solches Produkt kostet dann, je nach Dichte der Zähne, bis zu 20.000 Euro.

Daten und Fakten

Branche: Technische Textilien und Filtration
Produkte: Präzisionswebblätter und Kämme für alle Arten von Webmaschinen und alle Einzugssysteme, Komplementärprodukte, Handelswaren

Kurtz

Marktposition: Weltmarktführer bei der Herstellung von Webblättern für textile, technische und medizinische Gewebe
Mitarbeiter: 17 in Münchberg, weltweit über 250 in den Handelsvertretungen
Vertrieb: weltweit über 54 Ingenieurbüros und textiltechnische Vertretungen sowie 32 Länderbetreuer
Exportquote: 83 %
Innovationen: reparable Webblätter (2008), Webblattstahl in verschiedenen Kantenformen (2009), Spezialreinigungspaste für Feinstblätter (2009), Gleitschleiftechnologie (2010), Positionierungssystem für Rietstäbe (2011), Polieranlage für Webblattstahl (2012), Kunstharzverguss Webblatt (2013), halbautomatisches Fadeneinzugssystem (2014)
F&E-Quote: 16 %
Gründer: Ludwig und Marc-Alexander Künzel, 2008, Münchberg
Eigentümer: Familie Ludwig Künzel

Kontakt
KUENZEL awt GmbH
Kirchenlamitzer Str. 97, 95213 Münchberg
Fon: 09251 3081, Fax: 09251 3893
info@kuenzel-awt.com, www.kuenzel-awt.com

Ansprechpartner Presse
Ludwig Künzel
Fon: 09251 3081
info@kuenzel-awt.com

Kurtz
Kreuzwertheim, Bayern

Gegründet: 1779
Die Kurtz GmbH mit Hauptsitz in Kreuzwertheim ist Teil des →Kurtz Ersa-Konzerns, der mit seinen drei Business-Segmenten „Electronics Production Equipment", „Moulding Machines" und „Metal Components" in vielen Bereichen Markt- und Technologieführer ist.

Im Geschäftsfeld „Moulding Machines" vertreibt das Unternehmen Gießereimaschinen, Entgratpressen und Schaumstoffmaschinen und bietet den Kunden die jeweils beste Lösung für ihren Herstellungsprozess. Ob eine einzelne Maschine oder die komplette Fabrik als Turn-Key-Lösung – für eine Vielzahl an Anwendungen hält die Kurtz GmbH die optimale Lösung bereit und konnte sich dadurch in vielen Bereichen eine marktführende Position erarbeiten. Weltmarktführer ist Kurtz etwa bei Schaumstoffmaschinen zur Verarbeitung von EPS, EPP und E-TPU, Technologieführer ist Kurtz bei Niederdruckgießmaschinen. Auf einer mehrere Niederdruckgießmaschinen umfassenden Linie aus dem Hause Kurtz gießt z. B. ein bayerischer Premium-Automobilhersteller Motoren für seine Fahrzeuge. Über beste Referenzen in der Automobilindustrie und auf internationaler Ebene verfügen auch die hydraulischen Entgratpressen, die 2009 das Portfolio erweiterten.

Für Kurtz ist die permanente weltweite Betreuung seiner Maschinen ein wichtiges Anliegen. Dazu gehören schnelle und kompetente Beratung und Unterstützung weltweit. Dabei stellt sich das Unternehmen auch den speziellen Anforderungen vor Ort, die in rasant wachsenden Märkten wie in Asien existieren. Seit 2006 produziert die Kurtz GmbH deshalb auch Maschinen in ihrer Fabrik in China.

„Metal Components" ist die Traditionssparte des Unternehmens. Dort ist Kurtz aktiv

Niederdruck-Kokillengießmaschinen von Kurtz als Einzelmaschine oder Turn-Key-Solution

K
UR

Bei Formteilautomaten und Niederdruck-Kokillengießmaschinen ist Kurtz führend.

kurtz ersa

Kurtz ist Teil des Kurtz Ersa-Konzerns.

Kurtz im Internet

Kurtz Ersa-Konzern

Kreuzwertheim, Bayern

Gegründet: 1779

Kurtz Ersa ist ein inhabergeführter Hightech- und Zuliefer-Konzern mit über 235-jähriger Tradition, der in den drei Business-Segmenten „Electronics Production Equipment", „Metal Components" und „Moulding Machines" aktiv ist.

Als Systemlieferant mit 16 Unternehmen, 9 Produktionsstätten und 9 Auslandsniederlassungen setzt Kurtz Ersa unter den zwei Marken →Kurtz und →Ersa immer wieder neue Maßstäbe, um die Produktivität seiner Kunden weiter zu verbessern. Das Unternehmen ist Technologieführer bei Niederdruckgießmaschinen, Spezialist für anspruchsvolle Guss- und Blechkonstruktionen, Weltmarktführer bei Schaumstoffmaschinen und mit der Ersa GmbH Europas größter Hersteller von Lötsystemen.

Auf den zunehmend dynamischen Wandel globaler Rahmenbedingungen antwortet Kurtz Ersa mit hoher Veränderungsbereitschaft und dem permanenten Streben nach dem Optimum an Qualität, Effizienz und Service. Durch seine Vielfalt an Produkten,

K

UR

»Unser Technologievorsprung optimiert die Herstellungsprozesse unserer Kunden.«

Vision Kurtz Ersa

als Zulieferer für einbaufertige Teile, Baugruppen sowie komplette Systeme und liefert Komponenten aus Eisen- oder Aluminiumguss sowie Feinblech jeweils in der optimalen Werkstoffspezifikation. Das Leistungsspektrum beginnt bereits bei der Teilekonstruktion und erstreckt sich von der Beratung hinsichtlich Auslegung, Geometrie und Werkstoffauswahl bis hin zu qualifizierten Schulungen für verschiedene Gussarten und das umformgerechte Konstruieren.

Die Kurtz GmbH bietet ihren Kunden exzellente Qualität, Termintreue, Flexibilität und preisliche Leistungsfähigkeit und verbessert dabei kontinuierlich die Herstellungsprozesse. Ein Meilenstein 2014 war der Produktionsstart in der Smart Foundry am Standort Hasloch, wo die Kurtz GmbH einen zweistelligen Millionenbetrag investierte und jetzt eine der modernsten Handformgießereien der Welt betreibt.

Daten und Fakten

Produkte: Niederdruck-Kokillengießmaschinen und Entgratpressen zum Stanzentgraten, Schaumstoffmaschinen zur Verarbeitung von Partikelschaumstoffen wie EPS, EPP oder E-TPU, Zulieferer von Eisenguss, Aluminiumguss und Feinblechtechnologie
Marktposition: Weltmarktführer u. a. bei Schaumstoffmaschinen zur Verarbeitung von EPS, EPP und E-TPU; Technologieführer bei Niederdruckgießmaschinen
Gründung: 1779 als einfache Hammerschmiede in Hasloch

Kontakt

Kurtz GmbH
Frankenstr. 2, 97892 Kreuzwertheim
Fon: 09342 807-0, Fax: 09342 807-404
info@kurtz.de, www.kurtzersa.de

Die Konzernzentrale von Kurtz Ersa befindet sich im bayerischen Kreuzwertheim.

KURZ

> ### Schon gewusst?
>
> Die Hammerschmiede in Hasloch im Spessart ist der Ursprung und die erste Produktionsanlage des Kurtz Ersa-Konzerns. Heute wird sie als voll funktionsfähiges Industriedenkmal betrieben. Im Kurtz Ersa historic center mit Hammermuseum, Hammerschmiede und Herrenhaus erleben Technik-Fans, Kunden und Geschäftspartner, wie aus der einfachen Schmiede ein weltweit tätiger Konzern wurde. Auch heute werden auf dem Eisenhammer wie früher vor allem Klöppel für Kirchenglocken gefertigt – mit einer für eine Freiformschmiede beeindruckenden Präzision von +/- 2 mm. In unmittelbarer Nachbarschaft werden in einer der modernsten Handformgießereien der Welt hochwertige Komponenten für das 21. Jahrhundert hergestellt.

Produktionstechniken und Geschäftsfeldern verfügt Kurtz Ersa über ein großes Technologiepotenzial mit zahlreichen Chancen für Synergieeffekte. Strategisches Ziel ist dabei stets, eine maßgebliche Position im Markt zu erlangen und technologisch führend zu sein.

Einen wichtigen Beitrag dazu leisten auch die jüngsten Investitionen in zweistelliger Millionenhöhe in modernste Montagehallen, Beschichtungsanlagen und in die Smart Foundry, eine der weltweit modernsten Handformgießereien. Strategisch wird die Gruppe von der Kurtz Holding GmbH & Co. Beteiligungs KG am Standort Kreuzwertheim unter der Leitung von Rainer Kurtz (CEO), Uwe Rothaug (CTO) und Thomas Mühleck (CFO) geführt. Die operative Verantwortung liegt in den einzelnen Bereichen.

Zum Kurtz Ersa-Konzern gehören unter dem Dach der Kurtz Holding GmbH & Co. Beteiligungs KG die →Kurtz GmbH, die →Ersa GmbH, die MBW Metallbearbeitung Wertheim GmbH und die Kurtz Aluguss GmbH & Co. KG. Insgesamt ist die Unternehmensgruppe in 135 Ländern präsent. Weltweit beschäftigt Kurtz Ersa 1.100 Mitarbeiter, davon 950 um den Standort Wertheim/Kreuzwertheim/Hasloch. Der Umsatz in 2014 liegt bei 200 Mio. Euro, davon entfallen ca. 60 % auf den Export.

Daten und Fakten

Branche: Hightech- und Zuliefer-Konzern für Branchen wie Antriebstechnik, Automotive-Industrie, Bauindustrie, Bau- und Baustoffmaschinen, Druckmaschinen, Elektronikindustrie, Energietechnik, Fahrzeug- und Motorenbau, Maschinenbau, Medizintechnik, Sportindustrie, Schienenfahrzeugbau, Telekommunikation, Vakuumtechnik, Verpackungsindustrie, Windkraftanlagenbau
Produkte: Maschinen, Anlagen, Komponenten und Services in den Business-Segmenten Electronics Production Equipment, Metal Components und Moulding Machines
Marktposition: Technologie- bzw. Weltmarktführer in vielen Bereichen
Umsatz: rd. 200 Mio. Euro (2014)
Mitarbeiter: 1.100 weltweit
Ausbildungsquote: über 10 %
Standorte: Hauptsitz Kreuzwertheim; 16 Unternehmen, 9 Produktionsstätten und 9 Auslandsniederlassungen in Europa, Asien und Amerika
Vertrieb: weltweite Präsenz in 135 Ländern
Gründung: 1779, Hasloch im Spessart

Kontakt

Kurtz Holding GmbH & Co. Beteiligungs KG
Industriegebiet Wiebelbach
97892 Kreuzwertheim
Fon: 09342 807-0, Fax: 09342 807-404
info@kurtzersa.de, www.kurtz-ersa.de

KURZ

→LEONHARD KURZ

Zum Kurtz Ersa-Konzern gehören weltweit 16 Unternehmen.

Der Kurtz Ersa-Konzern im Internet

KW automotive

KW automotive

Fichtenberg, Baden-Württemberg

Gegründet: 1995

Die KW automotive GmbH ist Marktführer individueller Fahrwerkslösungen für die Straße und im Rennsport für sportliche Autofahrer und auch für weltweit erfolgreiche Rennsportteams. Durch Einbindung neuer Technologien und Anwendungen, wie z. B. der Dämpferabstimmung per Smartphone bei den adaptiven KW DDC ECU Gewindefahrwerken, zeigt der Fahrwerkhersteller immer wieder seine Innovationskraft. Mit einem außergewöhnlich großem Fahrwerk-Portfolio, modernster Fertigungstechnik, Entwicklungs- und Testzentrum ist das Unternehmen KW automotive seit über 15 Jahren mit rd. 200 Mitarbeitern an 5 internationalen Standorten auf dem Markt. Vertretungsberechtigte Geschäftsführer des mittelständischen Industrieunternehmens sind Klaus und Jürgen Wohlfarth.

Kontakt
KW automotive GmbH
Aspachweg 14, 74427 Fichtenberg
www.kwsuspensions.de

KWS SAAT

Einbeck, Niedersachsen

Gegründet: 1856

Die KWS SAAT AG ist ein international agierender Anbieter in den Bereichen Pflanzenzüchtung und Saatgutproduktion. Das Unternehmen ist Weltmarktführer beim Zuckerrüben- und Maissaatgut. Zudem ist die KWS weltweit die Nummer 4 in der Saatzucht und Europas Nummer eins für Getreidesaatgut. KWS beschäftigt knapp 4.800 Mitarbeiter in über 70 Ländern, davon 1.676 in Deutschland. Der Jahresumsatz liegt bei über 1 Mrd. Euro. Die Aktien der KWS SAAT AG befinden sich zu 56,1 % im Besitz der Familien Büchting, Arend Oetker und Giesecke. Aufsichtsratvorsitzender ist Dr. Dr. h.c. Andreas J. Büchting, der die 6. Generation der Gründerfamilien repräsentiert.

Kontakt
KWS SAAT AG
Grimsehlstr. 31, 37555 Einbeck
www.kws.com

L

Laempe & Mössner

Barleben, Sachsen-Anhalt

Gegründet: 1980

Die Unternehmensgruppe Laempe & Mössner ist Weltmarktführer für Kernmachereitechnologien in der Gießereiindustrie. Als Komplettlösungsentwickler bietet das Traditionsunternehmen ein umfassendes Portfolio mit Kernschießautomaten, Begasungsgeräten, Sandmischern, Sandaufbereitungsanlagen und Kernnachbehandlungslösungen sowie Vernetzung und intelligenter Steuerung für die gesamte Kernmacherei. Laempe & Mössner realisiert Automatisierungslösungen nach Kundenwunsch bis hin zur schlüsselfertigen Kernmacherei. Die Gruppe verfügt über eigene Vertriebsniederlassungen sowie ein Netzwerk von rd. 25 Vertriebspartnern und Vertretungen weltweit. Insgesamt sind ca. 300 Mitarbeiter für das Unternehmen tätig, das 1980 von Hans-Joachim Laempe gegründet wurde.

Kontakt
Laempe & Mössner GmbH
Hintern Hecken 3, 39179 Barleben
www.laempe.com

Lahme

Kierspe, Nordrhein-Westfalen

Gegründet: 1963

Die Lahme GmbH & Co. KG fertigt Kunststoffspritzgussartikel und ist in diesem Bereich Weltmarktführer im Zubehörmarkt für die Flüssiggasindustrie. Lahme beliefert mit Verschlussmuttern, Glasflaschenkappen und Tankhauben u. a. Tank- und Flaschenhersteller, Abfüllbetriebe sowie Flüssiggasvertreiber. Des Weiteren beinhaltet die Produktpalette hauptsächlich technische Artikel für die Automobilzuliefererindustrie. Auf ca. 7000 m² fertigt Lahme mit über 50 Spritzgussmaschinen von 150–13.000 kN Schließkraft in 3 Schichten. Den größten Teil der notwendigen Werkzeuge stellt das Unternehmen im eigenen Werkzeugbau selbst her. Karl-Heinz Lahme gründete 1963 den Familienbetrieb, der heute in 2. Generation von Karsten Lahme geleitet wird und rd. 120 Mitarbeiter beschäftigt.

Kontakt
Lahme GmbH & Co. KG
Waldheimstr. 14, 58566 Kierspe
www.lahme-praezision.de

Lambertz

→Henry Lambertz

LANXESS

Köln, Nordrhein-Westfalen

Gegründet: 2005

Der Spezialchemiekonzern LANXESS AG zählt zu den führenden Unternehmen seiner Branche. Der Fokus der Aktivitäten von LANXESS liegt auf der Entwicklung, der Herstellung und dem Vertrieb von Hightech-Kunststoffen, Hochleistungs-Kautschuken und Spezialchemikalien. Der Konzern ist in drei Segmente gegliedert: Performance Polymers, Advanced Intermediates und Performance Chemicals. Die weltweit 16.900 Mitarbeiter erwirtschafteten im Jahr 2013 einen Umsatz von 8,3 Mrd. Euro. Produziert wird an 52 Standorten weltweit, die Konzernzentrale von LANXESS befindet sich in Köln.

Kontakt
LANXESS AG
Kennedyplatz 1, 50569 Köln
www.lanxess.de

LÄPPLE

Lapmaster Wolters

Rendsburg, Schleswig-Holstein

Gegründet: 1804

Als Weltmarktführer von Technologien und Innovationen in der Präzisions-Oberflächenfeinstbearbeitung liefert Lapmaster Wolters Maschinen zum Läppen, Feinschleifen, Polieren, Honen und Entgraten. Mit den Maschinen können Metall, Glas, Keramik, Kunststoff, Halbleiter- und weitere Materialien im Mikrometerbereich bearbeitet werden. Sie werden dort eingesetzt, wo Werkstücke in großen Stückzahlen bei gleichzeitig sehr hohen Qualitätsanforderungen produziert werden. Lapmaster Wolters bietet neben Stand-Alone-Maschinen auch Fertigungslösungen, Serviceleistungen, Prozessexpertise sowie Verbrauchsmaterialien und Ersatzteilen an. Im Juni 2014 wurde die Peter Wolters GmbH von der US-amerikanischen Lapmaster Group Holdings LLC übernommen. Seither firmiert das Unternehmen als Lapmaster Wolters GmbH.

Kontakt
Lapmaster Wolters GmbH
Büsumer Str. 96, 24768 Rendsburg
www.lapmaster-wolters.de

Lapp

Stuttgart, Baden-Württemberg

Gegründet: 1959

Die Lapp Gruppe ist einer der weltweit führenden Anbieter von integrierten Lösungen und Markenprodukten für Kabel- und Verbindungstechnik. Zum Produktportfolio gehören u. a. hochflexible Leitungen, Industriesteckverbinder, kundenindividuelle Konfektionslösungen, Automatisierungstechnik sowie technisches Zubehör. Die wichtigsten Absatzmärkte der Unternehmensgruppe sind der Maschinen- und Anlagenbau, die Lebensmittelindustrie sowie der Energiesektor. Im Jahr 1959 wurde das Familienunternehmen gegründet. Heute beschäftigt Lapp weltweit rd. 3.200 Mitarbeiter, verfügt über 18 Fertigungsstandorte sowie mehr als 40 Vertriebsgesellschaften und kooperiert mit rd. 100 Auslandsvertretungen. Im Geschäftsjahr 2012/2013 erwirtschaftete die Unternehmensgruppe einen Umsatz von 830 Mio. Euro.

Kontakt
U.I. Lapp GmbH
Schulze-Delitzsch-Str. 25, 70565 Stuttgart
www.lappkabel.de

LÄPPLE

Heilbronn, Baden-Württemberg

Gegründet: 1919

Die LÄPPLE AG ist ein weltweit agierender Anbieter von Pressteilen, Rohbaukomponenten, Normalien und Rundtischen sowie Automationslösungen. Die Kernkompetenz liegt in der Verformung von Feinblechen aller Werkstoffarten. Alle Unternehmensbereiche von LÄPPLE gehören in ihren Kernmärkten zu den führenden Anbietern. Hauptabnehmer sind Firmen der Automobilindustrie. Das Unternehmen beschäftigt ca. 2.000 Mitarbeiter und erwirtschaftet einen Jahresumsatz von etwa 400 Mio. Euro. Die zum LÄPPLE Konzern gehörenden Unternehmen sind weltweit vertreten und haben eigene Niederlassungen in Europa, Asien und Amerika. Die 1919 gegründete Läpple AG ist nicht börsennotiert und befindet sich in Familienbesitz. Dem Vorstand gehören Dr. Peter Spahn und Siegbert Hummel an.

Kontakt
LÄPPLE AG
August-Läpple-Str. 1, 74076 Heilbronn
www.laepple.de

LASER COMPONENTS

LASER COMPONENTS
Olching, Bayern

Gegründet: 1982

Die LASER COMPONENTS GmbH ist auf die Entwicklung, Produktion und den Vertrieb von individuellen lasertechnischen und optoelektronischen Komponenten spezialisiert. Das Vertriebsangebot beinhaltet die unterschiedlichsten Emitter, Detektoren und optischen Komponenten sowie Messtechnik und Produkte aus dem Bereich der Faseroptik. Produktionsstätten sind an Standorten in Deutschland, den USA sowie in Kanada lokalisiert. Mehr als 35.000 Produkte, darunter viele kundenspezifische Entwicklungen, zählen heute zum Portfolio des 1982 gegründeten Familienunternehmens. Eigene Erzeugnisse machen etwa die Hälfte des Gesamtumsatzes von rd. 55 Mio. USD aus, für den weltweit insgesamt 170 Mitarbeiter sorgen.

Kontakt
LASER COMPONENTS GmbH
Werner-von-Siemens-Str. 15, 82140 Olching
www.lasercomponents.com

LED LENSER
Solingen, Nordrhein-Westfalen

Gegründet: 1993

Mit der Marke LED LENSER® ist die Zweibrüder Optoelectronics GmbH & Co. KG in 20 Jahren von einer Garagengründung zu einem der weltmarktführenden Hersteller von LED-Taschenlampen geworden. In rd. einem Dutzend Produktserien mit zahllosen Ausstattungen werden Taschen- und Stirnlampen sowie passendes Zubehör entwickelt, produziert und vertrieben, die von der Anwendung im Haushalt bis zum Profieinsatz genutzt werden. Verschiedene Modelle sind zur Grundausstattung von Polizeibehörden geworden. LED LENSER® Produkte werden außer in Deutschland in über 80 Ländern auf allen Kontinenten vertrieben. Das Unternehmen beschäftigt rd. 1.000 Mitarbeiter an 2 Standorten und hat seinen Sitz in Solingen.

Die Zwillingsbrüder Harald und Rainer Opolka haben sich 1993 selbstständig gemacht. Ihre erste selbst entwickelte LED-Metalltaschenlampe, die handliche LED LENSER® V8, wurde zum Designklassiker unter den LED-Schlüsselringlampen und über 10 Mio. Mal verkauft. Heute hält das Unternehmen insgesamt rd. 100 Gebrauchs- und

»Die meisten Erfindungen liegen noch vor uns ...«
Harald und Rainer Opolka
LED LENSER

Gründer Harald und Rainer Opolka (v.l.); am Firmensitz in Solingen (unten) entwickeln deutsche Ingenieure die LED LENSER®-Lampen.

Zum Internetauftritt von LED LENSER

Meilensteine

1993 Die Brüder Opolka gründen ein Handelskontor für Stahlwaren.

2000 Die selbst entwickelte LED-Taschenlampe LED LENSER® V8 kommt auf den Markt und verkauft sich international millionenfach.

2002 Markteinführung der LED LENSER® V2 Triplex, deren Design internationale Auszeichnungen erhielt

2006 Produktion der ersten aufladbaren LED-Taschenlampe LED LENSER® David 19 Rechargeable

2008 Die fokussierbare LED LENSER® P7 gehört zur Grundausstattung bei Polizeidienststellen und Behörden.

2011 Die Smart Light Technology ermöglicht bis zu acht Lichtfunktionen und elektronische Stromregelung der Lampen.

2013/2014 Weiter- bzw. Neuentwicklung einer Stirnlampenserie mit trendiger Neon-Farbgebung

Leifeld

Leifeld

Ahlen, Nordrhein-Westfalen

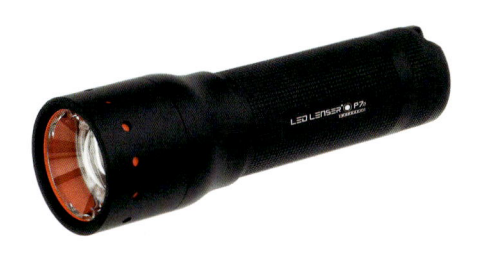

Die fokussierbare LED LENSER® P7.2

Geschmacksmuster und Patente. Zu den Innovationen gehört das Advanced Focus System (AFS). Das AFS erlaubt den stufenlosen Übergang von homogenem, kreisrundem Nahlicht zu scharf gebündeltem Fernlicht. Damit hat sich LED LENSER® als Ausrüster professioneller Anwender im taktischen Bereich, von Rettungskräften, Industrie und Handwerk sowie im Outdoorbereich eine marktführende Stellung gesichert. Weitere Innovationen betreffen mikrogesteuerte Beleuchtungsprogramme für unterschiedliche Situationen und ein effizientes Aufladesystem. Zur Unternehmensphilsophie gehört die Verbindung von Innovation, Qualität, Umweltfreundlichkeit und preisgekröntem Design. Im Rahmen des sozialen Engagements werden Gewinne in Bildungsprojekte und Werkswohnungen investiert.

Daten und Fakten

Branche: Optoelektronik, Licht
Produkte: LED-Taschenlampen und LED-Stirnlampen
Marktposition: einer der Weltmarktführer
Mitarbeiter: 1.000 weltweit
Innovationen: Advanced Focus System (AFS), Smart Light Technology, Floating Charge System
Patente: ca. 100
Gründer: Harald und Rainer Opolka

Kontakt

Zweibrüder Optoelectronics GmbH & Co. KG
Kronenstr. 5-7, 42699 Solingen
Fon: 0212 5948-0, Fax: 0212 5948-200
info@zweibrueder.com, www.ledlenser.com

Gegründet: 1891

Die Leifeld Metal Spinning AG ist als Maschinen- und Anlagenbauer auf dem Gebiet der spanlosen Metallumformung weltweit tätig. Leifeld gehört zu den Weltmarktführern bei der Entwicklung und Produktion von Maschinen der Drück- und Drückwalztechnik. Metalle wie Stahl, Aluminium und Titan, aber auch Sonderstähle wie Inconel oder Hastelloy X werden in beliebige Hohlkörper umgeformt. Zu den zukunftsweisenden Entwicklungen gehören Maschinen, die Molybdäntiegel für die Aufzucht von LED/LCD-Kristalle fertigen oder auch die Weiterentwicklung gewichtsoptimierter Räder. 90 weltweite Patente umfasst das Portfolio. Zudem baut Leifeld Werkzeugmaschinen und Anlagen, die mit der Technik des Einziehens oder Profilierens arbeiten, und bietet seinen Kunden einen umfangreichen Service an. Leifeld-Maschinen kommen in sehr unterschiedlichen Bereichen zum Einsatz, z. B. bei Herstellern von Autofelgen, Bremskolben oder Tankbehältern für erdgasbetriebene Autos sowie bei der Fertigung von Musikinstrumenten, Haushaltswaren oder Hochdruckgasflaschen. Selbst in der Raumfahrt werden z. B. von der NASA Leifeld-Maschinen eingesetzt.

Der Maschinenbauer mit Sitz in Westfalen beschäftigt rd. 170 Mitarbeiter, produziert wird ausschließlich in Deutschland. Der Umsatz lag 2013 bei ca. 34 Mio. Euro. Davon wurden etwa 80 % im Ausland erwirtschaftet. Auf allen wichtigen Märkten ist Leifeld durch Vertriebsniederlassungen oder Partner vertreten. Die Geschichte Leifelds geht bis ins Jahr 1891 zurück. 2007 wurde das Traditionsunternehmen durch die Gruppe

Georg Kofler AG übernommen. Geschäftsführer ist Oliver Reimann.

Kontakt
Leifeld Metal Spinning AG
Feldstr. 2-20, 59229 Ahlen
Fon: 02382 96607-0, Fax: 02382 96607-212
info@leifeldms.de, www.leifeldms.de

LEIPA

Schwedt, Brandenburg

Gegründet: 1847

Die LEIPA Gruppe ist weltweit führend auf dem Gebiet der Altpapierbearbeitung und dessen Verwendung, insbesondere für gestrichene grafische Papiere. Die Grundlage der Geschäftsfelder Papier und Verpackungen sind nachhaltige und umweltschonende Produktionsprozesse. Zur Firmengruppe gehören ein international tätiger Logistikdienstleister und ein Wertstoffspezialist. Produktionsstandorte sind Schwedt, Schrobenhausen und Bukarest. Eigene Vertriebsgesellschaften sind in England, Frankreich, Polen und Österreich tätig. 2013 erwirtschaftete die Firmengruppe mit 1.500 Mitarbeitern einen Umsatz von 760 Mio. Euro. Die Unternehmensgeschichte begann 1847 mit dem Erwerb einer kleinen Papiermühle im bayerischen Schrobenhausen durch Michael Leinfelder. Heute wird das Familienunternehmen in 6. Generation geführt.

Kontakt
LEIPA Georg Leinfelder GmbH
Kuhheide 34, 16303 Schwedt
www.leipa.de

Leitz

Oberkochen, Baden-Württemberg

Gegründet: 1876

Die Leitz-Gruppe ist der weltweit führende produzierende Dienstleister bei maschinengetriebenen Werkzeugen für die Bearbeitung von Vollholz, Holzwerkstoffen, Kunststoffen und NE-Metallen. Das Unternehmen entwickelt und produziert ein Vollsortiment für alle Branchen der Holz- und Kunststoffbearbeitung und rüstet damit sowohl Industrieunternehmen als auch Handwerksbetriebe aus. Leitz begleitet seine Kunden überdies mit einem umfangreichen Paket an Dienstleistungen, u. a. mit Beratung, Projekt- und Prozessengineering für einen wirtschaftlich effizienten Anlagenbetrieb, Schulungen und Aftersales-Service. Alle Dienstleistungen sind im „Complete Care"-Paket vernetzt, bei dem Leitz das komplette Tool Management des Kunden übernimmt. Das Ziel aller Aktivitäten von Leitz: intelligente Bearbeitungsprozesse – technologisch visionär, ökonomisch nachhaltig, ökologisch verträglich.

Die Produkte von Leitz kommen in über 150 Ländern regelmäßig zum Einsatz. So international der Kundenkreis, so international das Unternehmen: Leitz beschäftigt weltweit 3.000 Mitarbeiter und ist auf allen Kontinenten präsent – mit 6 Produktionsstätten, Vertriebsgesellschaften in 36 Ländern und einem Netz von rd. 140 unternehmenseigenen Servicestandorten mit Schnellfertigungen. Albert Leitz gründete das Unternehmen 1876 als Württembergische Holzbohrerfabrik, 1906 erfolgte die Spezialisierung auf die Herstellung von Maschinenwerkzeugen. In diesem Bereich entwickelte Leitz zahlreiche Innovationen, darunter das erste Programm beschichteter Hartmetall-Werkzeuge für die Holzbearbeitung und das mehrfach ausgezeichnete RipTec-Fräsverfahren für die Massivholzbearbeitung.

Kontakt
Leitz GmbH & Co. KG
Leitzstr. 2, 73447 Oberkochen
Fon: 07364 950-0, Fax: 07364 950-662
leitz@leitz.org, www.leitz.org

LEMKEN

Alpen, Nordrhein-Westfalen

Gegründet: 1780

Die LEMKEN GmbH & Co. KG gehört zu den führenden europäischen Herstellern von landwirtschaftlichen Geräten für die Bodenbearbeitung, Aussaat und den Pflanzenschutz und bietet ein breites Portfolio an Landmaschinentechnik. Pro Jahr stellt das Unternehmen mehr als 17.000 Geräte her, die weltweit über den Landmaschinenfachhandel vertrieben werden. Die Exportquote liegt bei 70 %. Geliefert wird in mehr als 50 Länder, in 23 Ländern gibt es eigene Tochterunternehmen. 2013 erwirtschaftete das Unternehmen mit rd. 1.100 Mitarbeitern einen Umsatz von 363 Mio. Euro. Dem Familienunternehmen stehen Viktor Lemken und Nicola Lemken in der 6. und 7. Generation vor. Die operative Verantwortung obliegt dem Geschäftsführer Anthony van der Ley.

Kontakt
LEMKEN GmbH & Co. KG
Weseler Str. 5, 46519 Alpen
www.lemken.com

LENSER Filtration

Senden, Bayern

Gegründet: 1969

Die LENSER Filtration GmbH entwickelt und fertigt Filterelemente für vielfältige industrielle Anwendungen. In der Herstellung von Filterelementen aus thermoplastischen Kunststoffen ist das Unternehmen Marktführer. Zum Produktportfolio zählen Membran- und Kammer-Filterelemente, Mixpacks, Filterplatten und Rahmen, Sonder-Filterelemente sowie Zubehör. Am Stammsitz in Senden unterhält LENSER die größte Heizelement-Schweißanlage der Welt. Filterelemente von LENSER kommen nicht nur in zahlreichen Produktionsprozessen zum Einsatz, sondern spielen auch in der Rohstoffgewinnung sowie der chemischen Industrie eine wichtige Rolle. LENSER unterhält neben dem Werk in Senden einen Produktionsstandort in Rumänien sowie weitere Vertriebsbüros in den USA, China und Malaysia. Weltweit sind rd. 225 Mitarbeiter für das Unternehmen tätig.

Kontakt
LENSER Filtration GmbH
Breslauer Str. 8, 89250 Senden
www.lenser.de

Lenze

Aerzen, Niedersachsen

Gegründet: 1947

Die Lenze SE bietet ihren Kunden, als Spezialist für Motion Centric Automation, Produkte, Antriebslösungen, komplette Automatisierungssysteme sowie Engineering-Dienstleistungen und -Tools aus einer Hand. Als einer der wenigen Anbieter im Markt begleitet Lenze seine Kunden in allen Phasen des Entwicklungsprozesses der Maschine – von der Idee bis zum Aftersales, von der Steuerung bis zur Antriebswelle. Als jüngstes Geschäftsfeld bietet Lenze innovative Lösungen für die Elektromobilität. Lenze verfügt über 52 Gesellschaften weltweit und ist mit Vertrieb und Service in 60 Ländern vertreten. Produktions- und Logistikstandorte befinden sich neben Deutschland auch in den USA, China, Österreich, Frankreich, der Schweiz, Italien und Polen. Im Jahr 2014 beschäftigte die Lenze-Gruppe knapp 3.400 Mitarbeiter, die einen Umsatz von 609,9 Mio. Euro erwirtschafteten.

LEONHARD KURZ

Kontakt
Lenze SE
Hans-Lenze-Str. 1, 31855 Aerzen
www.lenze.com

LEONHARD KURZ

Fürth, Bayern

Gegründet: 1892

Die LEONHARD KURZ Stiftung & Co. KG ist ein weltweit führendes Unternehmen der Heißpräge- und Beschichtungstechnologie. Mit 4.500 Mitarbeitern in elf Werken in Europa, Asien und den USA, 23 internationalen Niederlassungen sowie einem weltweiten Netz an Vertretungen und Verkaufsbüros fertigt und vertreibt das Unternehmen eine umfassende Produktpalette zur Oberflächenveredelung, Dekoration, Kennzeichnung und Fälschungssicherheit, abgerundet durch ein umfangreiches Programm an Prägemaschinen und -werkzeugen. Das Unternehmen wird in 4. Generation von Walter und Peter Kurz geführt.

Kontakt
LEONHARD KURZ Stiftung & Co. KG
Schwabacher Str. 482, 90763 Fürth
www.kurz.de

Leopold Kostal

Lüdenscheid, Nordrhein-Westfalen

Gegründet: 1912

Die Entwicklung und Herstellung komplexer elektronischer und elektromechanischer bzw. mechatronischer Produkte ist das Kerngeschäft der Leopold Kostal GmbH & Co. KG. Zusammen mit den Tochterunternehmen bildet sie die KOSTAL Gruppe, die sich in die vier Unternehmensbereiche Automobil Elektrik, Industrie Elektrik, Kontakt Systeme und Prüftechnik gliedert. In der Produktion mechatronischer Lenkstockschalter ist KOSTAL mit einem Marktanteil von mehr als 30 % europäischer Marktführer. Zu den Kunden zählen bedeutende Industrieunternehmen, hier insbesondere alle weltweit führenden Automobilhersteller und deren Zulieferer. Die Gruppe beschäftigt 15.083 Mitarbeiter an 38 Standorten in 17 Ländern weltweit (2013). Das heute international agierende, unabhängige Familienunternehmen wurde 1912 von Leopold Kostal gegründet.

Kontakt
Leopold Kostal GmbH & Co. KG
An der Bellmerei 10, 58513 Lüdenscheid
www.kostal.com

LEUCHTTURM

Geesthacht, Schleswig-Holstein

Gegründet: 1917

Die LEUCHTTURM Albenverlag GmbH & CO. KG ist der weltweit führende Anbieter im Bereich Sammelsysteme für Briefmarken und Münzen. Das Unternehmen stellt u. a. Einsteck- und Vordruckalben für Briefmarkensammler, den Briefmarkenkatalog DNK sowie Vordruckblätter, Schutztaschen und Kunststoffhüllen für verschiedenste Länder her. Ebenso gehört ein umfangreiches Sortiment an Münzenzubehör wie Münzalben, Münzboxen, Münzkoffer und Lupen zum Angebot. Darüber hinaus bietet das Unternehmen unter der Marke LEUCHTTURM1917 ein ständig wachsendes Sortiment von Notizbüchern, Kalendern und Archivierungssystemen an, die im Büro- und Schreibwarenhandel vertrieben werden. Am Firmensitz in Geesthacht bei Hamburg sind etwa 250 Mitarbeiter beschäftigt. Paul Koch legte 1917 mit der Gründung der Firma Koch & Bein den Grundstein für den heutigen LEUCHTTURM Albenverlag, der derzeit von Kurt, Axel und Max Stürken sowie Philip Döbler geführt wird.

Kontakt
LEUCHTTURM Albenverlag GmbH & CO. KG
Am Spakenberg 45, 21502 Geesthacht
www.leuchtturm.com

LEUCO

Horb, Baden-Württemberg

Gegründet: 1954

Die Ledermann GmbH & Co. KG produziert Präzisionswerkzeuge für die Holzbearbeitung. Die Produktpalette umfasst u. a. Bohrer, Fräser, Profil- und Wendeplatten, Sägeblätter, Spannsysteme und Zerspaner. Einsetzbar sind die Werkzeuge in den Bereichen Holz- und Verbundwerkstoffe sowie in der Massivholzbearbeitung. Die Produkte werden unter dem Markennamen LEUCO vertrieben. LEUCO ist weltweit einer der führenden Anbieter von hartmetall- und diamantbestückten Maschinenwerkzeugen für die Holz- und Kunststoffbearbeitung. Die Ledermann GmbH & Co. KG betreut innerhalb der Unternehmensgruppe auch die Marke Stehle. Willi Ledermann und Josef Störzer gründeten im Jahr 1954 die Firma Ledermann & Co. (LEUCO). Vorsitzender der Geschäftsführung der Ledermann GmbH & Co. KG ist Frank Diez, Daniel Schrenk ist Geschäftsführer für Vertrieb & Marketing. Die Unternehmensgruppe mit Sitz in Horb a. N. verfügt über 19 Tochterunternehmen in 17 Ländern. Die Mitarbeiterzahl liegt bei rd. 1.100 weltweit.

Kontakt
Ledermann GmbH & Co. KG
Willi-Ledermann-Str. 1, 72160 Horb am Neckar
www.leuco.com

LEWA

Leonberg, Baden-Württemberg

Gegründet: 1952

Die LEWA GmbH ist der weltweit führende Anbieter von präzisen Dosierpumpen, Prozessmembranpumpen sowie kundenspezifischen Dosieranlagen für die Verfahrenstechnik. Gegründet wurde das Unternehmen im Jahr 1952 durch Herbert Ott und Rudolf Schestag unter dem Namen LEWA, kurz für Leonberger Wasseraufbereitung. Sechs Jahrzehnte später zählt die LEWA zu den Kompetenzführern in der Fluid-Dosierung, u. a. dank umfangreicher Erfahrung in der Membrantechnologie. Rund 1.000 Mitarbeiter weltweit planen und fertigen effiziente und individuelle Systemlösungen für nahezu alle Dosieranforderungen, Förder-, Misch- oder Odorieraufgaben. LEWA verfügt über 16 Tochtergesellschaften und eine Vielzahl autorisierter Vertretungen weltweit. 2009 wurde das Unternehmen von der japanischen NIKKISO Co. Ltd. übernommen.

Kontakt
LEWA GmbH
Ulmer Str. 10, 71229 Leonberg
www.lewa.de

Liebherr

Biberach an der Riß, Baden-Württemberg

Gegründet: 1949

Die Firmengruppe Liebherr gehört zu den größten Baumaschinenherstellern der Welt und ist zudem auf vielen anderen Gebieten als Anbieter technisch anspruchsvoller, nutzenorientierter Produkte und Dienstleistungen anerkannt. Die Unternehmensgruppe besteht aus über 130 Gesellschaften auf allen Kontinenten und umfasst elf Produktsparten: Erdbewegung, Mining, Fahrzeugkrane, Turmdrehkrane, Betontechnik, Maritime Krane, Aerospace und Verkehrstechnik, Werkzeugmaschinen und Automationssysteme, Hausgeräte, Komponenten und Hotels. Der Umsatz lag 2013 bei rd. 9 Mrd. Euro. Mehr als 39.000 Angestellte werden beschäftigt. Hans Liebherr gründete das Familienunternehmen 1949. Dachgesellschaft ist heute die Liebherr-International AG in Bulle/Schweiz, deren Gesellschafter auch weiterhin ausschließlich Mitglieder der Familie Liebherr sind.

Liebisch

Kontakt
Liebherr-International Deutschland GmbH
Hans-Liebherr-Str. 45,
88400 Biberach an der Riß
www.liebherr.com

Liebisch

Bielefeld, Nordrhein-Westfalen

»Qualität ist, wenn der Kunde zurückkommt und nicht das Produkt.«

Qualitätsgrundsatz bei Liebisch

Meilensteine

1963 Gründung des Unternehmens als Fachhandel für den Laborbereich in Brackwede von den Brüdern Hans-Dieter und Siegfried Liebisch

1973 Inbetriebnahme der neuen Produktionsstätte in Bielefeld

1997 Nachdem ein Großbrand die Anlage 1996 bis auf die Grundmauern zerstört hatte, erfolgt der Wiederaufbau und Einzug in die neuen Räumlichkeiten am selben Standort.

1998 Kornelia Liebisch tritt in 2. Generation in das Unternehmen ein.

2006 Das Werk Bielefeld wird um eine eigene GFK- und Kunststoffverarbeitung erweitert.

2013 Umzug und Inbetriebnahme einer neuen Produktionsstätte für GFK- und Kunststoffverarbeitung in Steinhagen/Westfalen

Gegründet: 1963

Die Gebr. Liebisch GmbH & Co. KG mit Hauptsitz in Bielefeld ist ein auf Labortechnik spezialisierter Anbieter. Zu den Hauptprodukten zählen zum einen Korrosionsprüfgeräte, zum anderen Metallblockthermostate. Der Bereich Laborfachhandel rundet das Angebot als drittes Geschäftsfeld ab. Die von Liebisch entwickelten und produzierten Korrosionsprüfgeräte können atmosphärische Einflüsse und Umwelteinwirkungen auf Werkstoffe und Produkte im Zeitraffer simulieren. Zu den herstellbaren Zuständen zählen Salznebel, Kondenswasser, Schadgas, Belüftung und Trocknung sowie Feucht-, Kühlungs- und Frostklimate bis -20 °C. Die Geräte sind als Tisch-, Schrank- oder Truhenkonstruktionen mit Volumina von 300 bis 2.500 l erhältlich.

Die Gehäuse bestehen vollständig aus glasfaserverstärktem Kunststoff (GFK) und sind damit hoch robust und chemie- und temperaturbeständig. Die Metallblockthermostate von Liebisch werden in rd. 150 verschiedenen Standardmodellen und Varianten angeboten, mit denen Laborproben flüssigkeitslos temperiert, gekühlt oder begast werden können. Zum Einsatz kommen die Produkte von Liebisch bei namhaften Großkonzernen ebenso wie bei lokalen Mittelständlern über alle Branchen hinweg, vom Automobilkonzern über Pharmaunternehmen, von der elektronischen Industrie bis hin zur Kriminalistik.

Seine Wurzeln hat das Unternehmen im Jahr 1963, als Hans-Dieter Liebisch und sein Bruder Siegfried Liebisch in Brackwede einen Fachhandel für den Laborbereich gründeten. Der Kapazitätsbedarf wuchs und eine neue

Firmengründer Hans-Dieter Liebisch; Tochter und heutige Inhaberin Kornelia Liebisch; Firmensitz in Bielefeld (v.o.n.u.).

Korrosionsprüfgeräte von Liebisch können atmosphärische Einflüsse und Umwelteinwirkungen auf Werkstoffe und Produkte im Zeitraffer simulieren.

Liebisch

Laborbedarf, Korrosionsprüfgeräte und Metallblockthermostate sind die drei Geschäftsbereiche der Gebr. Liebisch GmbH & Co. KG.

Produktionsstätte wurde 1973 in Bielefeld-Quelle in Betrieb genommen. Im Jahr 1993 verstarb Siegfried Liebisch, sein Bruder erwarb die Gesellschaftsanteile von den Erben. Im Jahr 1996 vernichtete ein Brand die Anlage vollständig, unter schwersten Bedingungen gelang der Wiederaufbau, tatkräftig unterstützt von Hans-Dieter Liebischs Tochter Kornelia. Auf Bitten ihrer Eltern erklärte sich Kornelia Liebisch daraufhin bereit, die Nachfolge im Familienbetrieb zu übernehmen. Im Jahr 2006 wurde dann das Leistungsspektrum um ein eigenes Werk für die GFK- und Kunststoffverarbeitung in Bielefeld-Windelsbleiche ergänzt, welches 2013 in eine neue Produktionsstätte in Steinhagen/Westfalen umgezogen ist. So kann Liebisch für seine Kunden in Industrie, Medizin und Forschung konstant höchste Qualitätsstandards aus eigener Produktion bieten. Die Produkte werden über ein weltweites Netz von exklusiven Partnern vertrieben, der Exportanteil liegt bei rd. 58 %. Inhaberin Kornelia Liebisch führt das Unternehmen in 2. Generation ganz im Sinne ihres Firmenmottos „Im Zeichen der Zukunft".

Schon gewusst?

Liebisch leistet Detektivarbeit in Sachen Korrosion: Kunden des Uhrenherstellers Rolex aus dem arabischen Raum hatten sich beschwert, dass ihre Uhren rosteten. Eine Delegation von Rolex und den entsprechenden Kunden suchte Liebisch in Bielefeld auf, um das Problem zu analysieren. Die Liebisch-Chemiker identifizierten als Auslöser den Handschweiß der Träger, der eine andere Zusammensetzung hatte als der von Mitteleuropäern. Daraufhin entwickelte Liebisch eine Flüssigkeit, die diesem Schweiß entsprach und damit ein ausführliches Testen der Produkte in Liebisch-Korrosionsprüfgeräten ermöglichte. So konnte der Kunde Rolex das Material seiner Uhren präzise an die örtlichen Bedingungen anpassen.

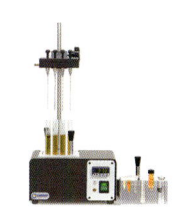

Daten und Fakten

Branche: Labortechnik
Produkte: Korrosionsprüfgeräte, Metallblockthermostate, Fachhandel für Laborbedarf und -einrichtungen
Marktposition: Hidden Champion
Standorte: Bielefeld, Steinhagen (Westfalen)
Vertrieb: weltweit über exklusive Vertretungen
Exportquote: rd. 58 %

Metallblockthermostat (oben) und Korrosionsprüfgeräte (Mitte und unten) von Liebisch Labortechnik

Gebr. Liebisch GmbH & Co. KG im Internet

LINHARDT

L
IN

Gründer: Hans-Dieter und Siegfried Liebisch, 1963, Brackwede
Eigentümer: 100 % in Familienbesitz von Hans-Dieter und Kornelia Liebisch

Kontakt
Gebr. Liebisch GmbH & Co. KG
Eisenstr. 34, 33649 Bielefeld
Fon: 0521 94647-0, Fax: 0521 94647-90
mail@liebisch.com, www.liebisch.com

LINHARDT

Viechtach, Bayern

Gegründet: 1943
Die LINHARDT GmbH & Co. KG ist Weltmarktführer im Bereich fließgepresster Zigarrenhülsen (Tubos) aus Aluminium. LINHARDT beliefert damit Zigarrenhersteller weltweit, u. a. direkt nach Kuba und in die Dominikanische Republik. Viele der Hülsen verfügen über ein aufwändiges Dekor und sind begehrte Sammlerobjekte. Das weitere Angebot, das LINHARDT zu einem der führenden Verpackungsherstellern in Europa macht, umfasst Aluminium-, Kunststoff- und Laminattuben, Aerosol- und Schraubdeckeldosen sowie Marker. In erster Linie für die pharmazeutische, kosmetische und Lebensmittelindustrie produzieren rd. 1.200 LINHARDT-Mitarbeiter täglich über 3 Mio. Verpackungen. Der Umsatz lag 2013 bei 130 Mio. Euro. Das Familienunternehmen wird von Dr. Monika Kopra-Schäfer geführt.

Kontakt
LINHARDT GmbH & Co. KG
Dr.-Winterling-Str. 40, 94234 Viechtach
www.linhardt.de

LOESCHE

Düsseldorf, Nordrhein-Westfalen

Gegründet: 1906
Die LOESCHE GmbH entwickelt und produziert Mahl- und Trocknungstechnologien für die Zement-, Eisen- und Stahl-, Energie-, Erz- und Mineralienindustrie und ist Marktführer im Bereich der Konstruktion, Herstellung und Wartung von Wälzmühlen. Der weltweite Vertrieb des exportorientierten, innovationsfreudigen Unternehmens erfolgt über Tochtergesellschaften auf allen Kontinenten sowie Vertretungen in mehr als 20 Ländern. LOESCHE beschäftigt rd. 900 Mitarbeiter weltweit, davon mehr als 300 am Firmensitz in Düsseldorf. Gegründet wurde das heute von Dr. Thomas Loesche und Dr. Joachim Kirchmann geleitete Familienunternehmen im Jahr 1906 durch den Ingenieur Curt von Grueber in Berlin. Wenige Jahre später stieß Ernst Curt Loesche zum Unternehmen und entwickelte 1927 die „Loesche-Mühle" – ein Meilenstein in der Wälzmühlentechnologie.

Kontakt
LOESCHE GmbH
Hansaallee 243, 40549 Düsseldorf
www.loesche.com

Losberger

Bad Rappenau, Baden-Württemberg

LOSBERGER

Gegründet: 1919
Die Losberger GmbH ist einer der weltweit führenden Hersteller, Vermieter und Verkäufer von temporären, mobilen Raumlösungen.

Die Produktpalette reicht vom einfachen Partyzelt und Zelt-Ensemble für Großveranstaltungen über sog. semipermanente Hallen und Zelte für Lager, Verkauf und Produktion bis hin zu aufblasbaren Zeltkonstruktionen für Notfallrettung, Zivil- und Katastrophenschutz sowie militärische Einsätze. Dabei bieten Losberger-Zelte mit ihrem speziellen Baukastensystem eine besondere Vielfalt an Größen, Formen und Ausstattungsvarianten.

Die Wurzeln des Unternehmens liegen im Jahr 1919. Damals gründete Friedrich Losberger sen. in Heilbronn einen Betrieb für Jutesäcke und Zelte. Heute zählt Losberger zur Spitze in seiner Branche. Der Aufstieg zum weltweit tätigen Unternehmen begann 1992, als Losberger die Exportaktivitäten systematisch ausbaute. Seitdem verfügt der Zelt- und Hallenspezialist mit Stammsitz in Bad Rappenau über Kunden und Vertriebsstrukturen nicht nur in Europa, sondern auch in Asien, Nord- und Südamerika und Australien. Eigene Standorte unterhält Losberger zudem in Italien, Großbritannien, den USA, Ungarn, Brasilien, Luxemburg, Frankreich und in China. Die Losberger Gruppe beschäftigt insgesamt über 750 Mitarbeiter und erzielte im Jahr 2013 einen Umsatz von ca. 153 Mio. Euro.

Kontakt

Losberger GmbH
Gottlieb-Daimler-Ring 14, 74906 Bad Rappenau
Fon: 0 70 66 9 80-0, Fax: 0 70 66 9 80-2 32
losberger@losberger.com, www.losberger.com

LPKF

Garbsen, Niedersachsen

Gegründet: 1976

Die LPKF Laser & Electronics AG entwickelt und produziert seit 1976 Maschinen zur Materialbearbeitung. In einigen Bereichen der Mikromaterialbearbeitung mit dem Laser gehört das Unternehmen zu den Weltmarktführern. Im Zentrum der Maschinen steht fast immer ein Laserstrahl, der als Werkzeug zur Bearbeitung von Oberflächen eingesetzt wird. Die Lasersysteme kommen z. B. in der Elektronikindustrie, der Kunststofftechnik, der Photovoltaik sowie der Automobilindustrie zum Einsatz. Die börsennotierte Aktiengesellschaft ist im TecDAX notiert und beschäftigt weltweit rd. 780 Mitarbeiter. Der LPKF-Konzern erwirtschaftete im Geschäftsjahr 2013 einen Umsatz von 129,7 Mio. Euro. Rund 87 % der Produkte wurden an ausländische Kunden geliefert.

Kontakt

LPKF Laser & Electronics AG
Osteriede 7, 30827 Garbsen
www.lpkf.de

LSG Sky Chefs

Neu-Isenburg, Hessen

Gegründet: 1942

Die LSG Sky Chefs-Gruppe ist mit einem Marktanteil von knapp 30 % Weltmarktführer beim Airline Catering und der Organisation aller Prozesse rund um den Bordservice. So produzierte die Gruppe im Jahr 2013 etwa 532 Mio. Mahlzeiten für den Bordservice von über 300 Fluggesellschaften weltweit. Die LSG Sky Chefs-Gruppe umfasst über 150 Unternehmen und besteht aus mehr als 200 Betrieben in über 50 Ländern weltweit mit mehr als 32.000 Mitarbeitern. Der Umsatz lag 2013 bei rd. 2,5 Mrd. Euro. Die Gruppe operiert unter dem Dach der LSG Lufthansa Service Holding AG, einer 100%igen Tochtergesellschaft der Deutschen Lufthansa AG. Die Geschichte der LSG Sky Chefs-Gruppe reicht in das Jahr 1942 zurück, als American Airlines das Catering-Unternehmen Sky Chefs gründete. 1966 wurde in Deutschland die LSG Lufthansa Service GmbH gegründet. In den 1990er-Jahren begann die Zusammenarbeit beider Firmen.

Kontakt

LSG Lufthansa Service Holding AG
Dornhofstr. 38, 63263 Neu-Isenburg
www.lsgskychefs.com

LTi

Lahnau, Hessen

Gegründet: 1971

Als Spezialist in der Entwicklung, der Produktion und dem Vertrieb von Komponenten und Systemen in den Bereichen EMS, Energy, Motion sowie Sensors bietet die LTi-Unternehmensgruppe innovative Lösungen für unterschiedliche Technologiefelder und Kundenindustrien an. Im Bereich Motion-Technology realisiert LTi vollständige Antriebs- und Automatisierungslösungen für eine Vielfalt unterschiedlicher Anwendungen. Über dieses breite Anwendungsspektrum hinaus verfolgt LTi eine gezielte Fokussierung für Branchen des Maschinenbaus wie z.B. CNC-Werkzeugmaschinen, High-Speed-Pumpen und -verdichter sowie Anwendungen in der Holz- und Verpackungsindustrie. Seit 2013 gehört die LTi-Unternehmensgruppe mit ihren weltweit 900 Mitarbeitern zum Körber-Konzern.

Kontakt
LTi GmbH
Gewerbestr. 5-9, 35633 Lahnau
www.lt-i.com

LTS

Andernach, Rheinland-Pfalz

Gegründet: 1984

Die LTS LOHMANN Therapie-System AG entwickelt und produziert Transdermale Therapeutische Systeme (TTS) wie Wirkstoffpflaster zum Kleben auf die Haut oder dünne Folien, die über den Gaumen oder die Zunge oral verabreicht werden. In diesem Segment ist das Unternehmen Marktführer. Ergänzend zu den Pflastern und oralen Darreichungsformen forscht LTS an der Entwicklung innovativer Mikronadeln, die Wirkstoffe zuverlässig und nahezu schmerzfrei injizieren können. Zur Produktpalette zählen z. B. Pflaster zur Nikotinentwöhnung, Schmerzbehandlung oder hormonellen Unterstützung während der Wechseljahre. Im Jahr 2013 waren 1.195 Mitarbeiter für LTS tätig, die für einen Umsatz von 301 Mio. Euro verantwortlich zeichneten. Das internationale aktive Unternehmen hält über 300 Patentfamilien und verweist für das Jahr 2012 auf mehr als 850 produzierte Systeme.

Kontakt
LTS LOHMANN Therapie-Systeme AG
Lohmannstr. 2, 56626 Andernach
www.ltslohmann.de

Lufthansa

→Deutsche Lufthansa

Lürssen

Bremen-Vegesack

Gegründet: 1875

Die Fr. Lürssen Werft GmbH & Co.KG ist ein familiengeführtes Schiffbauunternehmen, das sich vornehmlich auf die Entwicklung und den Bau von großen Motoryachten sowie die Fertigung und Instandsetzung von Marine- und Spezialschiffen spezialisiert hat. Im Bereich Luxusyachten ist das Unternehmen nach eigenen Angaben Marktführer. Mit Produktionsstandorten in Lemwerder, Bremen-Aumund, Rendsburg, Wilhelmshaven, Hamburg und Wolgast verfügt die Bremer Traditionswerft über jeweils hochspezialisierte Werftanlagen, in denen Schiffe mit Längen von 60 bis über 200 m gebaut oder instandgesetzt werden können. Insgesamt waren im Jahr 2014 rd. 1.800 Mitarbeiter für das Unternehmen tätig. Gegründet wurde das Unternehmen im Jahr 1875, als Friedrich Lürßen in Aumund eine Bootswerkstatt eröffnete.

Kontakt
Fr. Lürssen Werft GmbH & Co.KG
Zum Alten Speicher 11, 28759 Bremen-Vegesack
www.luerssen.de

M

M

AC

Mackevision

Stuttgart, Baden-Württemberg

Gegründet: 1994

Die Mackevision Medien Design GmbH zählt zu den weltweiten Marktführern im Bereich 3D-Visualisierung, Animation, Visual Effects und Postproduktion für Agenturen, Filmproduktionen und Industriekunden. Die Wurzeln des 1994 gegründeten Unternehmens lagen in der klassischen Werbefilmproduktion für die Automobilbranche; heute ist Mackevision einer der beiden weltweit führenden Anbieter auf dem Gebiet der datenbasierten Visualisierung. Dabei handelt es sich um Bilder, die auf Basis von Konstruktionsdaten am Computer und nicht durch klassische Fotografien erzeugt werden. Neben dem Hauptsitz in Stuttgart gibt es weitere Standorte in München, Detroit, Los Angeles, Hamburg, London und Shanghai. Der Jahresumsatz lag 2013 bei 25 Mio. Euro. Die Geschäftsführung haben Armin Pohl, Joachim Lincke und Karin Suttheimer inne.

Kontakt
Mackevision Medien Design GmbH
Forststr. 7, 70174 Stuttgart
www.mackevision.de

Mahr

Göttingen, Niedersachsen

Gegründet: 1861

Die Mahr-Gruppe ist eine weltweit operierende, mittelständische Unternehmensgruppe. Neben hochwertigen Messgeräten zum Prüfen der Werkstückgeometrie sind auch hochpräzise Zahnradpumpen (Spinnpumpen) und hochgenaue Kugelführungen als universelles Bauelement für mechanische Konstruktionen wesentliche Bestandteile des Produktprogramms. Hauptkunden sind die Automobilindustrie, der Maschinenbau, feinwerktechnische Betriebe und – für Zahnradpumpen – die Hersteller von Synthesefasern sowie allgemein die kunststoffverarbeitende Industrie. Als Applikationsspezialist im Bereich der Fertigungsmesstechnik ist Mahr Ansprechpartner für alle qualitätsrelevanten Fragen.

Das Unternehmen zeichnet sich durch große Innovationsstärke aus, was z. B. an der Beteiligung an einem Konsortium deutlich wird, das optische Sensoren für taktile Messgeräte entwickelte, durch die sich erstmals mit einer speziellen Sensorvariante Formmessungen in kleinen Bohrungen durchführen lassen. Die Hauptstandorte der Mahr-Gruppe sind in Deutschland (Göttingen, Esslingen, Jena), der Tschechischen Republik, den USA und China. Weltweit beschäftigt Mahr etwa 1.700 Mitarbeiter. Im Jahr 1861 wurde das Stammhaus Carl Mahr in Esslingen gegründet, was den Ursprung für die weitere Entwicklung bildete. Mit Gründung der Feinprüf Corp. in Charlotte/USA, ging ein wesentlicher Schritt in Richtung Internationalisierung, die in den folgenden Jahrzehnten kontinuierlich weiterbetrieben wurde.

Kontakt
Mahr GmbH
Carl-Mahr-Str. 1, 37073 Göttingen
Fon: 0551 7073-0
info@mahr.de, www.mahr.de

MAN

München, Bayern

Gegründet: 1758

Die MAN SE ist eine weltweit führende Unternehmensgruppe in den Bereichen Maschinen-, Motoren- und Nutzfahrzeugbau. MAN entwickelt und baut u. a. Lkw, Busse, Dieselmotoren, Turbomaschinen sowie Kraftwerke. Die MAN SE gliedert sich in die vier international operierenden Konzernbereiche MAN Truck & Bus, MAN Diesel & Turbo, MAN Latin America und Renk. 2013 erwirtschaftete MAN weltweit mit 53.500 Mitarbeitern rd. 16 Mrd. Euro. Die Mehrheit der Stammaktien am börsenorientierten Konzern hält die Volkswagen AG.

Die Wurzeln des Unternehmens reichen bis ins 18. Jh. zurück, 1908 wurde dann aus der Maschinenfabrik August-Nürnberg AG namentlich die M.A.N. Den Vorstand führen Dr. Georg Pachta-Reyhofen, Ulf Berkenhagen und Jochen Schumm.

Kontakt
MAN SE
Ungererstr. 69, 80805 München
www.man.eu

MANN+HUMMEL

Ludwigsburg, Baden-Württemberg

Gegründet: 1941

Die MANN+HUMMEL GMBH mit Hauptsitz in Ludwigsburg ist ein weltweit tätiges Unternehmen der Automobilzulieferbranche. Vor allem Filter- und Ansaugsysteme und weitere filterspezifische Komponenten werden für die Erstausrüstung von Fahrzeugen, aber auch für den Ersatzteilmarkt entwickelt und gefertigt. Einen dritten und einen vierten Geschäftsbereich hat sich MANN+HUMMEL mit der Industriefiltration und der Wasserfiltration erschlossen. Laut der Studie Nr. 3152 „World Filters" von Freedonia (2014) ist das Unternehmen Weltmarktführer in der Filtration.

Seine Wurzeln reichen zurück bis in das Jahr 1941, als Adolf Mann und Dr. Erich Hummel die FILTERWERK MANN+HUMMEL GMBH in Ludwigsburg gründeten.

Heute verfügt das Unternehmen über mehr als 50 Standorte auf der ganzen Welt, an 40 davon wird produziert. Neuzugänge sind Werke im chinesischen Liuzhou (2012) und Bengbu (2013) sowie in der thailändischen Region Rayong (2013). Seit Jahren ist MANN+HUMMEL einer der 50 aktivsten Patentanmelder beim Deutschen Patent- und Markenamt, insgesamt hält das Unternehmen 1.200 Patente.

Die MANN+HUMMEL Holding mit ihren 34 Tochtergesellschaften ist weiterhin

Meilensteine

1941 Adolf Mann und Dr. Erich Hummel gründen die FILTERWERK MANN+HUMMEL GMBH.

1958 Die Produktion von Wechselfiltern für Öl (Haupt- und Nebenstrom) startet.

1950er- bis 60er-Jahre Beginn der Internationalisierung: Mit Brasilien, Argentinien und Spanien entstehen die ersten Niederlassungen und Tochterunternehmen.

1969 Das Unternehmen erhält erste Serienaufträge für Pkw-Luftfilter aus Kunststoff.

1981–1984 Erste Motorsaugrohre und Ölfiltergehäuse aus Kunststoff entstehen.

1992 Der Geschäftsbereich Industriefilter wird gegründet.

2005 Gründung von Tochtergesellschaften in Russland, der Türkei, Indien und Ungarn.

2012–2014 Die jüngsten Standorte in Liuzhou und Bengbu (China) und im Raum Rayong (Thailand) werden eröffnet.

> »Arbeiten ohne spürbaren Gehalt an Verantwortung und Arbeitgeber ohne Bemühung um Verantwortungsdelegation und ohne Anerkennung geleisteter, wenn auch noch so bescheidener Verantwortung sind inhuman und menschenunwürdig.«
>
> Adolf Mann,
> Firmengründer
> MANN+HUMMEL

manroland web systems

M
AN

Die Geschäftsführung von MANN+HUMMEL:
Frank B. Jehle, Alfred Weber (CEO), Manfred Wolf (v.l.)

zu 100 % im Besitz der Familien Mann und Hummel. Die Interessen der Familienstämme werden durch Bevollmächtigte vertreten. Die Geschäftsführung liegt bei Alfred Weber als Vorsitzendem sowie Frank B. Jehle und Manfred Wolf. Den Aufsichtsratsvorsitz hat Thomas Fischer, Enkel von Unternehmensgründer Adolf Mann, mit Dr. Gerhard Turner vertritt ein weiterer Bevollmächtigter die Interessen der Anteilseigner. Die über 15.200 Mitarbeiter (Ende 2013) erwirtschafteten gemeinsam einen Umsatz von 2,68 Mrd. Euro. Davon wurden rd. 60 % im Ausland erzielt. Die Ausbildungsquote im Unternehmen differiert nach Standorten, im Durchschnitt lag sie im Jahr 2013 bei 4 %.

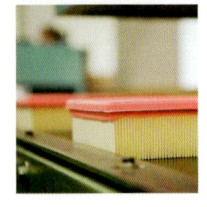

MANN+HUMMEL ist Weltmeister in der Filtration und entwickelt und fertigt Filter- und Ansaugsysteme.

Daten und Fakten

Branche: Automobilzulieferindustrie
Produkte: Filter- und Ansaugsysteme, Industrie- und Wasserfiltration
Umsatz: 2,68 Mrd. Euro (2013)
Mitarbeiter: über 15.200 (2013)
Ausbildungsquote: 4 % (2013)
Exportquote: 60 %
Gründer: Adolf Mann und Dr. Erich Hummel, 1941 Ludwigsburg

MANN+HUMMEL im Internet

Kontakt
MANN+HUMMEL GMBH
Hindenburgstr. 45, 71638 Ludwigsburg
Fon: 07141 98-0, Fax: 07141 98-4545
info@mann-hummel.com
www.mann-hummel.com

manroland web systems
Augsburg, Bayern

Gegründet: 1844

Die manroland web systems GmbH entwickelt, fertigt und vertreibt Rollenoffsetdruckmaschinen für den Illustrations- und Zeitungsdruck sowie Weiterverarbeitungssysteme für den Digitaldruck. Zusätzlich werden Ausbauten und Modernisierungen bestehender Anlagen durchgeführt. Komplettierend berät manroland web systems rund um Investitions- und Gebäudeplanung, Organisation, Management und Prozessoptimierung.

Das Unternehmen wurde 1844 von Carl August Reichenbach und Carl Buz gegründet und stellte 1873 auf der Weltausstellung in Wien die erste in Deutschland produzierte „Maschine zum Drucken von endlosem Papier" vor. manroland web systems steht den Kunden weltweit mit einem starken Netzwerk in der Druck- und Medienindustrie zur Seite.

Kontakt
manroland web systems GmbH
Alois-Senefelder-Allee 1, 86153 Augsburg
www.manroland-web.com

Maquet
Rastatt, Baden-Württemberg

Gegründet: 1838

Seit 175 Jahren ist Maquet ein weltweit führender Anbieter für medizinische Systeme. Das Unternehmen bietet innovative Therapielösungen und Infrastrukturprodukte für die Bereiche Operationssaal, Hybrid-OP, Intensivstation und Patiententransport. Im intensiven Dialog mit Kunden, Medizintechnikplanern und Architekten entwickelt Maquet intelligente und zukunftssichere Raumkonzepte, die den Anforderungen moderner Krankenhäuser auf besondere Weise genügen. Mit Hauptsitz in Rastatt, Deutschland, ist Maquet die größte Tochtergesellschaft der börsennotierten schwedischen Getinge Group. 2013 erwirtschaftete Maquet 1,54 Mrd. Euro Umsatz. Maquet beschäftigt weltweit 6.550 Mitarbeiter und unterhält 40 internationale Vertriebs- und Serviceorganisationen sowie ein Netzwerk von über 300 Vertriebspartnern.

Kontakt
Maquet Holding B.V. & Co. KG
Kehler Str. 31, 76437 Rastatt
www.maquet.de

Marabu

Tamm, Baden-Württemberg

Gegründet: 1859

Die Marabu GmbH & Co. KG ist einer der weltweit führenden Hersteller von Sieb-, Digital- und Tampondruckfarben mit Hauptsitz in der Technologie-Region Stuttgart. Darüber hinaus gibt es den traditionellen Geschäftsbereich Kreativfarben für Hobby, Schule und Kunst. Seit 1859 entwickelt das Unternehmen Farbserien, die immer wieder Meilensteine sowohl bei industriellen als auch bei grafischen Anwendungen setzen. Gemeinsam mit 15 Tochtergesellschaften auf der ganzen Welt und ausgewählten Vertriebspartnern bietet Marabu hochwertige Farbsysteme und kundenspezifische Dienstleistungen in über 80 Ländern. Erstklassiger technischer Service, praxisorientierte Kundenschulungen und ein besonderes Umweltbewusstsein sind zentrale Elemente der Marabu Firmenphilosophie. Darüber hinaus etablierte Marabu nachhaltiges Handeln als bedeutende Unternehmensleitlinie und hat dies durch zahlreiche Aktivitäten in die Tat umgesetzt.

Marabu beschäftigt weltweit ca. 500 Mitarbeiter. Der Umsatz zielt auf die Marke von 100 Mio. Euro, die Exportquote liegt bei über 80 %. Zwei Gesellschafterfamilien halten das Kapital zu gleichen Teilen. Albert Martz gründete im Jahr 1859 mit der Eröffnung eines Fachhandelsgeschäfts für Architekten- und Künstlerbedarf den Vorläufer des Unternehmens in Stuttgart. Die selbst hergestellten Produkte erhielten 1909 Markenschutz und werden seit Ende des Ersten Weltkriegs in Tamm bei Ludwigsburg hergestellt. 1952 begann die Produktion von Siebdruckfarben, 1968 folgten Tampondruckfarben, ab 2000 die Digitaldruckfarben.

Kontakt
Marabu GmbH & Co. KG
Asperger Str. 4, 71732 Tamm
Fon: 07141 691-0, Fax: 07141 691-147
info@marabu.com, www.marabu.com

Marbach-Gruppe

Heilbronn, Baden-Württemberg

Gegründet: 1923

Die Marbach-Gruppe ist global der führende Zulieferer für die Verpackungsindustrie. Als Systemanbieter verfügt Marbach über ein umfangreiches Produktportfolio, das weltweit einzigartig ist: Neben Stanzformen zur Herstellung von Verpackungen aus Karton produziert Marbach Thermoform- und Spritzgusswerkzeuge für Kunststoffverpackungen. Mit diesen Werkzeugen werden Verpackungen aus Karton – beispielsweise für Medikamente, Parfüm, Lebensmittel oder Zigaretten – sowie Verpackungen aus Kunststoff, wie Becher, Deckel und Menuschalen für Joghurt, Eis und Fertiggerichte, hergestellt. Weltweit namhafte Unternehmen wie Henkel, Kraft, Müller Milch, Nestlé, Tetra Pak und Unilever

»Ein Stanzformenproduzent muss äußerst flexibel und kundennah agieren. Für uns ist es eine besondere Herausforderung, dies weltweit mit Erfolg zu tun.«

Peter Marbach, geschäftsführender Gesellschafter

Marbach-Gruppe

M
AR

In der Produktion von Stanzformen für die Verpackungsindustrie ist Marbach Weltmarktführer.

gehören zu den Abnehmern der mit Marbach-Werkzeugen hergestellten Verpackungen. Darüber hinaus beliefert Marbach die Stanzformenindustrie – also seine Wettbewerber – mit hochpräzisen Laseranlagen, Fräsmaschinen, Wasserstrahlschneidanlagen, Linienbearbeitungsmaschinen sowie Materialien.

Die Marbach-Gruppe bildet ein internationales Netzwerk aus Niederlassungen, Verkaufsbüros, Joint Ventures und Partnerunternehmen. Weltweit über 1.200 Mitarbeiter sorgen dafür, dass verkaufsfördernde und funktionell perfekte Verpackungen auf allen Kontinenten am Point of Sale zur Verfügung stehen. In Deutschland beschäftigt die Marbach-Gruppe über 800 Mitarbeiter an 5 Standorten. Weitere 400 Mitarbeiter sind außerhalb Deutschlands rund um den Globus für Marbach tätig. Es gibt Produktionsstätten in der Schweiz, der Tschechischen Republik, Rumänien, der Slowakischen Republik, Malaysia und den USA. Darüber hinaus unterhält das Unternehmen ein Vertriebsbüro in China sowie Joint Ventures in Ägypten und Großbritannien. Das Franchisenetz umfasst Unternehmen aus Russland, Saudi-Arabien sowie Kolumbien. Weitere Partner und Vertreter weltweit sorgen für eine lückenlose lokale Präsenz des Weltmarktführers.

Geschäftsführender Gesellschafter in 3. Generation ist Peter Marbach. Gemeinsam mit seinem Führungsstab Stefanie Greiner, Bernd Klenk und Hans Masche leitet er die Geschicke des Unternehmens und führt die Strategie der Globalisierung fort.

Die Zentrale der Marbach-Gruppe befindet sich in Heilbronn; Peter Marbach steht dem Unternehmen als geschäftsführender Gesellschafter vor.

Die Marbach-Gruppe im Internet

Meilensteine

1923 Gründung des Unternehmens durch Karl H. Marbach in Heilbronn

1926 Start der Produktion von Bandstahlschnitten (Stanzformen)

1955 Eintritt von Karl G. Marbach in die Geschäftsführung

1972 Installation der ersten Laseranlage für die Stanzformenfertigung außerhalb Nordamerikas

1988 Eintritt von Peter Marbach in die Geschäftsführung

2009 Philosophie marbagreen: Verkaufsstart der ersten „grünen" Trägerplatte am Markt

2012 Fertigungsstart Marbach USA

2014 Fertigungsstart Marbach Malaysia

Daten und Fakten

Branche: Verpackungsindustrie
Produkte: Stanzformen, Thermoformwerkzeuge, Spritzgusswerkzeuge, Maschinen und Materialien für die Stanzformenherstellung
Marktposition: Weltmarktführer für Stanzformen
Mitarbeiter: 1.200 (weltweit, 2014)
Standorte: 17 und zahlreiche Partner und Vertretungen weltweit
Innovationen: u. a. mpower (1996), marba-braille (2004), greenplate (2009), MR-easy (2013), mlas-smart (2014)
Gründer: Karl H. Marbach, 1923, Heilbronn

Kontakt

Karl Marbach GmbH & Co. KG
August-Häußer-Str. 6, 74080 Heilbronn
Fon: 07131 918-0, Fax: 07131 918-213
info@marbach.com, www.marbach.com

Martin Bauer

marco

Dachau, Bayern

Gegründet: 1982

Die marco Systemanalyse und Entwicklung GmbH ist ein Anbieter hochleistungsfähiger Dosierventile basierend auf Piezotechnologie. Die Produktpalette umfasst schnelle Ventilmodule mit elektronischer Ansteuerung zur Lösung anspruchsvoller Dosieraufgaben für Kleinstmengen von Flüssigkeiten. Mit der Gründung von marco Korea 2014 hat marco dort ein Centre of Excellence im Bereich der Dosiertechnik errichtet, um komplette Dosiersysteme am Markt anbieten zu können. Der von marco entwickelte Piezo-Torqueblock®-Antrieb erlaubt eine hohe Schaltgeschwindigkeit für präzise Dosieraufgaben, die sehr unterschiedliche industrielle Fertigungsanwendungen abdecken.

Darüber hinaus ist marco Hersteller elektrohydraulischer Steuerungsanlagen für den untertägigen Steinkohlebergbau. Für die Visualisierung von Prozessen hat marco ein spezifisches Prozessleitsystem entwickelt, welches das Analysieren und Optimieren von Abläufen erlaubt und damit die Produktivität der Bergwerke unterstützt.

Mit seinen Automatisierungslösungen entwickelt marco mit einem eigenen Team Softwarepakete für die komplexe, durchgängige Automatisierung von Produktionsanlagen für die Industrie. Die Softwaresysteme können von kleinsten Embedded-Systemen bis hin zu komplexen Leitwartenrechnern eingesetzt werden.

marco wurde 1982 gegründet und hat heute rund 330 Mitarbeiter weltweit. Die Produktion findet ausschließlich in Deutschland an vier verschiedenen Standorten statt. Mit eigenen Serviceniederlassungen in China, Russland, der Ukraine und Korea sowie mit Partnern in Australien, Polen und den USA bietet das Unternehmen seinen weltweiten Kunden Betreuung vor Ort.

Kontakt

marco Systemanalyse und Entwicklung GmbH
Hans-Böckler-Str. 2, 85221 Dachau
Fon: 08131 5161-0, Fax: 08131 5161-66
sales@marco.de, www.marco.de

Martin Bauer

Vestenbergsgreuth, Bayern

Gegründet: 1930

the nature network® steht für Produkte und Dienstleistungen rund um die Pflanze – vom Rohstoff und dessen Veredelung zu hochwertigen Grundstoffen bis hin zu Labor-, Beratungs- und Vertriebsdienstleistungen. Es ist das Dach für die drei Geschäftsbereiche Martin Bauer Group, PhytoLab und Europlant Group.

Der Stammsitz des Familienunternehmens ist Vestenbergsgreuth, wo Kräuter-, Früchte- und Arzneitees, pflanzliche Rohstoffe sowie

Der Hauptsitz der Firmengruppe ist im fränkischen Vestenbergsgreuth.

Martin Bauer

M
AR

Extrakte für die Tee- und die Getränkeindustrie hergestellt werden; phytopharmazeutische Extrakte werden in Andernach bei Koblenz produziert. Neben weiteren Niederlassungen in Alveslohe und Kleinostheim betreibt die in mehreren Kernbereichen weltweit führende Firmengruppe Produktionsstandorte sowie Labor- und Servicegesellschaften in 12 Ländern rund um den Globus.

Die Unternehmensgruppe erwirtschaftete 2013 mit rd. 3.000 Mitarbeitern einen Umsatz von 470 Mio. Euro, davon wurden mehr als zwei Drittel mit dem bzw. im Ausland erzielt. Die Ausbildungsquote lag bei etwa 6 %, die Eigenkapitalquote bei fast 50 %.

Der Landwirt Martin Bauer gründete 1930 ein Kräuterverarbeitungswerk und legte damit den Grundstein für die Erfolgsgeschichte des Familienunternehmens. Mit dem Eintritt seines Schwiegersohns Hans Wedel 1952 begann die entscheidende Entwicklung des Unternehmens, das 1980 ins Extraktgeschäft einstieg und sich 1989 nach Mittel- und Osteuropa ausweitete. „In neuen Märkten für diese Märkte zu produzieren" war die Devise.

Heute wird die Firmengruppe in 3. Generation von den geschäftsführenden Gesellschaftern Adolf und Martin Wedel sowie von den Geschäftsführern Albert Ferstl und Peter Köhr geleitet. Das Familienunternehmen, das sich als Muttergesellschaft des weltweit agierenden Netzwerks „the nature network®" versteht, legt großen Wert auf Leistungsfähigkeit, Qualität und Kundenservice sowie auf nachhaltig erwirtschaftete Rohwaren. Die Unternehmerfamilie lebt ihre ganzheitliche unternehmerische Verantwortung und initiiert viele soziale und kulturelle Projekte insbesondere im regionalen Umfeld der Unternehmensstandorte und der Anbaugebiete.

Meilensteine

1930 Landwirt Martin Bauer gründet ein Kräuterverarbeitungswerk

1952 Unter der Führung von Hans Wedel entwickelt sich die Firma Martin Bauer zum Marktführer im Bereich Kräuter- und Früchtetee.

1980–1989 Einstieg und Ausbau des Bereichs Extrakte für die Tee-, Getränke- und phytopharmazeutische Industrie

1989 Markteintritt in Mittel- und Osteuropa

1993 Die Martin Bauer Labors werden zum selbstständigen Geschäftsbereich PhytoLab.

1997 Europlant Group fasst die gewachsenen Aktivitäten in Mittel- und Osteuropa zusammen.

2002 Neupositionierung der Firmengruppe als the nature network®

2009 Zusammenfassung aller B2B-Aktivitäten unter dem Dach der Martin Bauer Group mit den Business Units Martin Bauer, Plantextrakt und Finzelberg

Martin Bauer ist Marktführer im Bereich Kräuter-, Früchte- und Arzneitees.

the nature network® im Internet

Daten und Fakten

Produkte: Kräuter-, Früchte- und Arzneitees, pflanzliche Rohstoffe und Extrakte für die Tee-, Getränke- und phytopharmazeutische Industrie.
Umsatz: 470 Mio. Euro (2013)
Mitarbeiter: 3.100
Ausbildungsquote: 6 %
Exportquote: 66 %
Gründer: Martin Bauer, 1930, Vestenbergsgreuth
Eigentümer: Adolf und Martin Wedel

Kontakt

MB-Holding GmbH & Co. KG
Dutendorfer Str. 5-7, 91487 Vestenbergsgreuth
Fon: 09163 88-0, Fax: 09163 88-312
welcome@the-nature-network.de
www.the-nature-network.de

Marquard & Bahls

Hamburg

Gegründet: 1947

Marquard & Bahls ist ein führendes unabhängiges Unternehmen in den Bereichen Energieversorgung, -handel und -logistik. Das Unternehmen beschäftigt in 40 Ländern rd. 9.000 Mitarbeiter. 2013 wurde ein Ertrag vor Steuern von 174,9 Mio. Euro erwirtschaftet. Der Mineralölhandel wird über die Tochtergesellschaft Mabanaft abgewickelt. Die Tochtergesellschaft Oiltanking betreibt u. a. Tankläger für Mineralöle, Chemikalien und Gase, während Skytanking Dienstleistungen im Bereich Flugzeugbetankung anbietet. Die Tochtergesellschaft Mabagas betreibt Biogasanlagen sowie Bioerdgas-Tankstellen. Marquard & Bahls ist eine nicht börsennotierte Aktiengesellschaft und bis heute vollständig im Besitz der Familie Weisser.

Kontakt
Marquard & Bahls AG
Admiralitätstr. 55, 20459 Hamburg
www.marquard-bahls.com

Marquardt

Rietheim-Weilheim, Baden-Württemberg

Gegründet: 1925

Die Marquardt-Gruppe zählt zu den führenden Produzenten elektromechanischer und elektronischer Schalter und Systeme. Hauptabnehmerbranche ist die Automobilindustrie, aber auch Haushaltsgeräte sowie verschiedene industrielle Anwendungen arbeiten mit Systemen und Schaltern von Marquardt. In der Entwicklung und Produktion von Elektrowerkzeugschaltern besetzt das Unternehmen, das seit seiner Gründung im Jahr 1925 konzernunabhängig als eigenständiges Familienunternehmen agiert, eine weltmarktführende Position. Der Stammsitz in Rietheim ist zugleich Heimat des Forschungs- und Entwicklungszentrums sowie mit 80.000 m² Fläche der größte der weltweit insgesamt 13 Standorte der Gruppe. Im Jahr 2013 sorgten die über 7.000 Mitarbeiter für einen Umsatz von 720 Mio. Euro.

Kontakt
Marquardt GmbH
Schloss-Str. 16, 78604 Rietheim-Weilheim
www.marquardt.de

Maschinenfabrik ALFING Kessler

Aalen, Baden-Württemberg

Gegründet: 1911

Die Maschinenfabrik ALFING Kessler GmbH steht für höchste Kompetenz in Kurbelwellen. In über 100 Jahren wurden mehr als 9 Mio. Kurbelwellen produziert. Auf einer Produktionsfläche von 90.000 m² werden einbaufertige Kurbelwellensysteme bis zu 8 m Länge hergestellt. Das mittelständische Unternehmen mit rd. 1.250 Mitarbeitern ist global ausgerichtet und hat sich auf den Weltmärkten eine herausragende Position erarbeitet. Bei Großkurbelwellen von 1,5 bis 8 m Länge ist ALFING einer der weltgrößten unabhängigen Anbieter. Der Bereich Automotive fertigt Kurbelwellen für Premium- und Rennmotoren mit Drehzahlen bis 20.000 U/min. Der Geschäftsbereich Härtemaschinen produziert seit über 60 Jahren Härteanlagen, die weltweit vertrieben und auch in der eigenen Kurbelwellenfertigung eingesetzt werden.

Kontakt
Maschinenfabrik ALFING Kessler GmbH
Auguste-Kessler-Str. 20, 73413 Aalen
www.alfing.de

Maschinenfabrik Möllers

Beckum, Nordrhein-Westfalen

Gegründet: 1952

Die Möllers Maschinenfabrik GmbH ist ein führender Hersteller im internationalen Absack-, Palettier- und Verpackungsanlagenbau. Das Unternehmen gehört zur Möllers Group und entwickelt und fertigt mit rd. 600 Mitarbeitern Maschinen und Anlagen für das komplette Leistungsspektrum von der Materialabfüllung über die Palettierung und Verpackung bis zur Verladung. Mit Produktionsbetrieben in Deutschland und den USA, Tochtergesellschaften in Russland und Singapur sowie weltweiten Repräsentanten und Vertretungen ist die Möllers Group international aufgestellt und in vielen ihrer Produktsparten führend. Als Geschäftsführer fungieren Volker Kugel und Frank Kegelmann.

Kontakt
Maschinenfabrik Möllers GmbH
Sudhoferweg 93-97, 59269 Beckum
www.moellersgroup.com

Mast-Jägermeister

Wolfenbüttel, Niedersachsen

Gegründet: 1878

Die Mast-Jägermeister SE produziert und vertreibt unter der Marke Jägermeister den weltweit absatzstärksten deutschen Kräuterlikör. Im maßgeblichen Ranking int. Premium-Spirituosen des US-Fachmagazins „Impact International" rangiert Jägermeister im Spitzensegment auf Platz 7, zusammen mit Marken wie Smirnoff, Bacardi oder Absolut. Produziert und abgefüllt werden die Kräuterspirituosen an zwei Standorten in Wolfenbüttel sowie im sächsischen Kamenz, von wo aus in weltweit über 100 Länder exportiert wird. Mit der Geschäftsführung des Familienunternehmens sind Paolo Dell'Antonio, Denis Schrey und Michael Volke betraut. Gegründet wurde Mast-Jägermeister 1878 von Wilhelm Mast als Essig- und Weinfabrik. Sein Sohn Curt Mast entwickelte 1934 das berühmte Jägermeister-Geheimrezept.

Kontakt
Mast-Jägermeister SE
Jägermeisterstr. 7-15, 38296 Wolfenbüttel
www.jaegermeister.de

Maurer Söhne

München, Bayern

Gegründet: 1876

Maurer Söhne gehört zu den weltweit führenden Herstellern von Bauwerkschutzsystemen. Das Familienunternehmen mit Hauptsitz in München ist Weltmarktführer in der Herstellung von bewegten Bauprodukten. Maurer Söhne entwickelt und produziert Lösungen rund um die Kompensation von Kräften und Bewegungen in Bauwerken, die z. B. durch Witterungseinflüsse oder wechselnde Belastungen auftreten.

Neben Fahrbahnübergängen, Bauwerkslagern, Erdbebenvorrichtungen und Schwingungsdämpfern entwickelt und fertigt das Unternehmen professionelle Achterbahnen und Riesenräder. Dienstleistungen wie die

Im Geschäftsfeld „Amusement Rides" konzipierte Maurer Söhne u. a. eine Berechnungsmethodik für komplexe Bahndynamik.

»Es treibt uns an, weltweit für unsere Kunden Lösungen für technisch anspruchsvolle Aufgaben und Projekte zu entwickeln und Produkte zu fertigen, die höchsten Sicherheitsstandards und Qualitätsansprüchen entsprechen.«

Dr Holger Krasmann, Vorsitzender der Geschäftsführung der Maurer Söhne GmbH & Co. KG

Maurer Söhne

M AU

Maurer Söhne beherrscht global führend das Zusammenspiel von Kräften und Bewegung in Bauwerken und ist weltweit an Entwicklung und Bau komplexer Großprojekte beteiligt, so etwa am Bau der Golden-Horn-Brücke im russischen Wladiwostok.

individuelle bauwerkspezifische Beratung, die Schulung von Fremdpersonal beim Einbau der Produkte oder die laufende Überwachung ergänzen das Angebot. Zu den Abnehmern zählen Arbeitsgemeinschaften für Bauprojekte, Baubehörden, aber auch Freizeitparks aus allen Teilen der Welt.

Die kontinuierliche Produktforschung garantiert die Anpassung neuer Produkte an aktuelle Rahmenbedingungen. So entwickelte Maurer Söhne z. B. eine Lösung für möglichst geräuscharme Fahrbahnübergange sowie dauerhafte Brückenlager, die die Lebensdauer des gestützten Bauwerks erreichen. Im Geschäftsfeld Amusement Rides konzipierte man für die angebotenen Achterbahnen u. a. Verfahren zur Energieeinsparung durch Bremsenergie-Rückgewinnung und eine Berechnungsmethodik für komplexe Bahndynamik. Durch die Herstellung nachhaltiger und energieeffizienter Produkte sieht sich das Unternehmen gut für die Zukunft gewappnet, etwa auch, um höheren Gebäudeanforderungen durch veränderte Klimabedingungen und Ressourcenknappheit Rechnung zu tragen.

Die Anfänge von Maurer Söhne reichen zurück in das Jahr 1876. Der Metalldrucker Friedrich Maurer gründete eine Werkstatt für Metallwaren und Ornamente, die in kurzer Zeit zu einer Blitzableiter-Fabrik heranwuchs.

Das Angebot von Maurer Söhne GmbH & Co. KG gliedert sich in die drei Geschäftsbereiche Bauwerkschutzsysteme, Amusement Rides sowie Konstruktiver Stahlbau. Das Unternehmen war u. a. an der Schwingungsbedämpfung des SOCAR Tower in Aserbaidschan beteiligt (unten).

Einfach erklärt: Erdbebenschutz der Moschee Djamaâ El Djazir

Das Architektenbüro KSP Jürgen Engel Architekten und Krebs & Kiefer International planen das 800-Millionen-Euro-Projekt in der Bucht von Algier. Die drittgrößte Moschee der Welt wird durch ein Minarett mit der imposanten Höhe von ca. 265 Metern sowie einem Gebetssaal für ca. 40.000 Menschen ein Magnet in der islamischen Welt werden. Da das Gebäude in einer Erdbebenzone entsteht, war der Schutz des Bauwerks mit seinen Besuchern bereits in der Planungsphase eine Grundvoraussetzung. Mit einer beeindruckenden Zahl von 250 Gleitpendellagern und 80 Hydraulikdämpfern wird im Erdbebenfall die zerstörungsfreie Bewegung des Gebäudes sichergestellt. Für kleine und häufig auftretende Erdbeben wurde eine weiche horizontale Isolierung gewählt (Schutz des Inhalts) und für starke Erdbeben eine maximale Dämpfung (effektive Limitierung der Bewegungen und Gebäudeschutz).

Maxxtec

M
AX

Zu den Produkten von Maurer Söhne zählen u. a. Schwingungsdämpfer (oben), Fahrbahnübergänge (Mitte) und Achterbahnen (unten).

Maurer Söhne im Internet

Meilensteine

1876 Friedrich Maurer gründet in München das nach ihm benannte Unternehmen.

1931 Johannes Beutler übernimmt zur Zeit der Weltwirtschaftskrise die Firma.

1964/65 Maurer Söhne erweitert sein Portfolio um Stahlschornsteine und Fahrbahnübergange.

1973 Bauwerkslager ergänzen das Portfolio.

1993 Die Übernahme des Stahlbau-Bereichs der BHS AG markiert den Einstieg in das Geschäft mit Vergnügungsbahnen.

1996 Die Erdbebensicherung tritt als neuer Geschäftsbereich hinzu.

2004 Nachdem 1999 Werke in der Türkei und in China gegründet wurden, folgen nun weitere Niederlassungen in Russland, Frankreich und Indien.

1931 übernahm Johannes Beutler das Unternehmen, das sich seitdem im Besitz der Familie Beutler befindet. Nachdem ab Mitte der 1960er-Jahre Stahlschornsteine und Fahrbahnübergänge das Angebot erweiterten, folgte 1973 mit dem Erwerb der Kreutz KG Bauwerkslager das Geschäftssegment Brückenlager. Im Jahr 1999 entstanden in Torbali/Türkei und Jiangsu/China zwei weitere Produktionsstandorte zur Versorgung des internationalen Marktes.

Heute unterhält Maurer Söhne neben Niederlassungen in Großbritannien, Frankreich und Russland ein globales Netz von 23 eigenen Tochtergesellschaften. Der Umsatz im Jahr 2012 betrug 150 Mio. Euro bei einem Exportanteil von über 60 %.

Daten und Fakten

Branchen: Bauwerkschutz, Amusement Rides, Stahlbau
Produkte: Fahrbahnübergänge, Bauwerkslager, Dämpfer für Bauwerke, Achterbahnen, Riesenräder, Stahlbrücken, Stahlschornsteine etc.
Umsatz: 150 Mio. Euro (2012)
Mitarbeiter: 1.040, davon 490 in Deutschland (2012)
Patente: über 50
Gründer: Friedrich Maurer, 1876, München
Eigentümer: Familie Beutler (100 %)

Kontakt
Maurer Söhne GmbH & Co. KG
Frankfurter Ring 193, 80807 München
Fon: 089 32394-0, Fax: 089 32394-234
info@maurer-soehne.de, www.maurer-soehne.de

Ansprechpartner Presse
Judith Klein
Fon: 089 32394-0
klein@maurer-soehne.de

Maxxtec
Sinsheim, Baden-Württemberg

Die Maxxtec GmbH ist ein führender Entwickler und Hersteller von Anlagen und Systemen zur Energieerzeugung und -übertragung unter Nutzung aller verfügbarer Energie- und Wärmeträgermedien und Brennstoffe. Als einer der Pioniere für die Wärme- und Stromerzeugung aus lokalen Energieträgern hat das Unternehmen den Markt für die Energieversorgung mit dezentralen ORC-Kraftwerken in Europa geprägt und ist heute in der Lage, das komplette Spektrum an Wärmeträgermedien mit allen verfügbaren Brennstoffen zu kombinieren. Produkte zur Verbesserung der Betriebssicherheit bestehender und neuer Anlagen sowie ein Seminarprogamm für die Kunden runden das Angebot ab. Die Maxxtec GmbH ist seit März 2013 Mitglied der NRGgroup und betreut weltweit Kunden in mehr als 45 Ländern.

Kontakt
Maxxtec GmbH
Breite Str. 1, 74889 Sinsheim
www.maxxtec.com

Mayer & Cie.

Albstadt, Baden-Württemberg

Gegründet: 1905
Die Mayer & Cie. GmbH & Co. KG gilt als einer der weltweit führenden Hersteller von Rundstrickmaschinen für die Textilindustrie. Neben der Herstellung von mechanischen Rundstrickmaschinen für Single-Jersey-, Interlock- und Feinripptextilien beinhaltet das Produktprogramm insbesondere auch Maschinen mit elektronischer Nadelauswahl für Jacquard-, Transfer- und Ringelstoffe. Außerdem bietet das Unternehmen maschinenspezifische Zubehörteile an, darunter u. a. Fadeneinlaufmessgeräte, Anlagen für die optoelektronische Überwachung und Software. 1905 gegründet, produziert das Familienunternehmen heute unter der Geschäftsführung von Rainer Mayer, seinem Sohn Benjamin Mayer und seinem Neffen Marcus Mayer am Stammsitz in Albstadt und ist Teil der Mayer Unternehmensgruppe mit verschiedenen Tochtergesellschaften in Europa, Asien und Südamerika.

Kontakt
Mayer & Cie. GmbH & Co. KG
Emil-Mayer-Str. 10, 72461 Albstadt
www.mayerandcie.de

mayr

Mauerstetten, Bayern

Gegründet: 1897
Die Chr. Mayr GmbH + Co. KG ist ein international agierender Entwickler und Hersteller von Antriebstechnik. Das Produktportfolio setzt sich aus Sicherheitskupplungen, Sicherheitsbremsen, spielfreien Wellenkupplungen und Permanentmagnetmotoren zusammen. Das Unternehmen hält bei Sicherheitskupplungen zahlreiche richtungsweisende Patente und ist seit vielen Jahren weltweit Marktführer auf dem Gebiet und bietet auch das breiteste Produktprogramm. mayr verfügt über 8 Außenbüros in Deutschland, 8 Niederlassungen in Europa, Asien und den USA sowie rd. 30 weitere Vertriebspartner weltweit. mayr beschäftigt rd. 900 Mitarbeiter. Das heute durch Dipl.-Ing. Fritz Mayr in 3. Generation inhabergeführte Familienunternehmen wurde 1897 durch Christian Mayr in Kaufbeuren gegründet.

Kontakt
Chr. Mayr GmbH + Co. KG
Eichenstr. 1, 87665 Mauerstetten
www.mayr.com

MB-Holding

→Martin Bauer

MC-Bauchemie

Bottrop, Nordrhein-Westfalen

Gegründet: 1961
Die MC-Bauchemie Müller GmbH & Co. KG gehört weltweit zu den führenden Bauchemieunternehmen und gilt als Technologieführer im Bereich der Injektionstechnologien. MC-Bauchemie entwickelt und produziert Spezialbaustoffe und Produktsysteme für den Neubau und die werterhaltende Instandsetzung von Bauwerken. Dazu gehören Beton- und Mörtelzusatzmittel, Baustellenprodukte und Estrich-Systeme sowie Schutz- und Instandsetzungssysteme für die Bereiche Betoninstandsetzung, Oberflächenschutz, Bodenbeschichtung und Injektionstechnologie. Die Unternehmensleitung liegt bei Claus-M. Müller, Hilde Müller sowie Dr. Ekkehard zur Mühlen. MC-Bauchemie hat 20 Produktionsstandorte in Europa, Asien und Südamerika. Rund 350 Mio. Euro wurden 2013 mit mehr als 2.000 Mitarbeitern weltweit erwirtschaftet.

MEC Holding

MEC Holding

Bad Soden, Hessen

Kontakt
MC-Bauchemie Müller GmbH & Co. KG
Am Kruppwald 1-8, 46238 Bottrop
www.mc-bauchemie.de

Gegründet: 2000

Die MEC Holding GmbH ist die Dachgesellschaft für drei operative Konzernbereiche mit herausragender Stellung: Die Castolin Eutectic Gruppe produziert und vertreibt Produkte und Dienstleistungen rund um das Schweißen, Löten und thermische Beschichten. Messer Cutting Systems produziert Maschinen zum Schneiden von Stahl mittels Autogen-, Plasma- und Lasertechnik. BIT Analytical Instruments entwickelt und produziert Geräte der In-vitro-Diagnostik, das sind medizinische Geräte zur Analyse von Blut- oder Gewebeproben. Die MEC Holding GmbH erwirtschaftete 2013 einen weltweiten Umsatz von über 500 Mio. Euro und beschäftigte mehr als 2.800 Mitarbeiter. Das Unternehmen wird durch die Geschäftsführer Siegfried Schabel und Dr. Werner Schmitz vertreten.

Kontakt
MEC Holding GmbH
Messer-Platz 1, 65812 Bad Soden
www.mec-holding.de

»Der Unterschied zwischen Stil und Design ist Kultur.«

Dr. Christian Kurtzke, CEO Maison MEISSEN COUTURE

Die „Gekreuzten Schwerter", unverwechselbares Markenzeichen von MEISSEN®, machten das Unternehmen zu einem der ersten Markenartikelhersteller überhaupt.

MEISSEN COUTURE

Meißen, Sachsen

Gegründet: 1710

Seit der Gründung durch König August den Starken im Jahr 1710 in Dresden hat sich das Maison MEISSEN COUTURE in über 300 Jahren von Europas erster Porzellanmanufaktur zu einer internationalen Luxus- und Lifestylemarke weiterentwickelt, die mit ihrer feinen Joaillerie-Kollektion, den exklusiven, zeitlos eleganten Couture- & Accessoires-Kollektionen sowie den kunstvollen Home- & Art-Kollektionen alle Bereiche des Lebens bereichert. MEISSEN COUTURE steht heute für „diskreten europäischen Luxus". Die Kreationen verkörpern besondere Schönheit und Sinnlichkeit weit jenseits rein funktionaler Designs und werden so zum Ausdruck eines besonderen Lebensgefühls und kulturellen Bewusstseins.

MEISSENS Selbstverständnis ist es, für stilvolle, royale Eleganz, einen kompromisslosen, legendären Qualitätsanspruch sowie für nachweislich hohe Werthaltigkeit zu stehen. Die Produkte der Manufaktur werden weltweit von Sammlern nachgefragt. So sind die kunstvollen Kreationen des Hauses heute

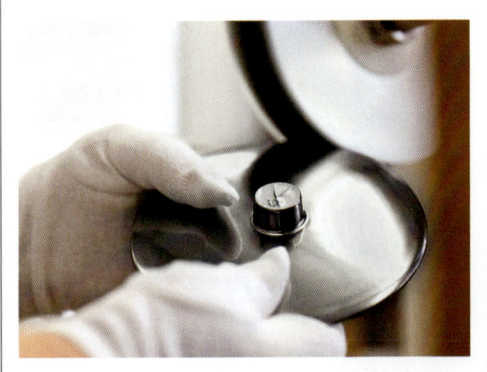

Die kostbaren Stücke von MEISSEN® werden von den Manufakturisten nach wie vor in reiner Handarbeit gefertigt.

MEISSEN COUTURE

Die neuen Cocktail- und Abendkleider von MEISSEN COUTURE® überraschen durch den gekonnten Mix von traditionellen Elementen, herausragender Handwerklichkeit und zeitlos klassischen, frischen Designs.

MEISSEN artCAMPUS®

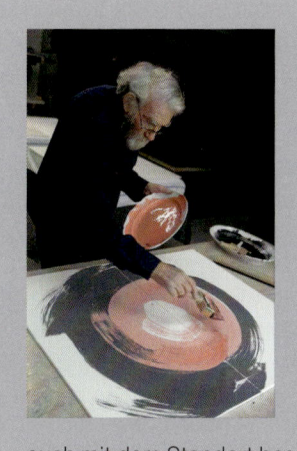

Seit 2010 geht von der Manufaktur MEISSEN® ein neuer Impuls für mehr Internationalität und Kreativitätsaustausch aus. Der MEISSEN® artCAMPUS fördert die Zusammenarbeit mit bildenden Künstlern aus den Bereichen Malerei, Bildhauerei und Architektur. Dadurch will Europas traditionsreichste Manufaktur neue Kreativität entfachen und ihre führende Position im Bereich der bildenden Kunst in Porzellan international weiter ausbauen. Schon in den 1920er-Jahren hatte der damalige Generaldirektor Max Adolf Pfeiffer die Manufaktur durch eine verstärkte Zusammenarbeit mit externen Künstlern zu künstlerischer Höchstleistung gebracht. Heute besteht das Anliegen darin, dass sich die Künstler mit dem besonderen Material, aber auch mit dem Standort beschäftigen, um das regionale Moment in der Porzellankunst von MEISSEN® zu erfassen. Dazu stellt die Manufaktur den gastierenden Künstlern die Ateliers, Arbeitsmittel und die Mitarbeit von fachkundigen Kunsthandwerkern der Manufaktur zur Verfügung, die die Künstler bei der Umsetzung ihrer Ideen unterstützen. Die Dauer des Aufenthalts kann je nach individueller Vereinbarung zwischen wenigen Tagen bis zu einem Jahr betragen. Ruhe und landschaftliche Schönheit gepaart mit dem künstlerischen Leistungsvermögen der Manufakturisten bieten den Gästen ein inspirierendes Ambiente für ihre Arbeit. MEISSEN artCAMPUS® arbeitet einerseits mit bereits etablierten, namhaften Künstlern wie den deutschen Prof. Karl O. Goetz und Otto Piene, andererseits aber auch mit jungen Künstlern, deren Werke international schon für Aufmerksamkeit sorgten. Beispielsweise gastierten die iranischen Maler Rokni und Ramin Haerizadeh auf dem MEISSEN artCAMPUS®, um in der Manufaktur neue Werke auf Meissener Porzellan zu gestalten. Ebenfalls geplant ist außerdem eine enge Kooperation mit führenden internationalen Kunsthochschulen.

MEISSEN® stellte im Jubiläumsjahr 2010 sieben neue Joaillerie-Kollektionen mit individuell von Hand gefertigten Schmuckstücken vor (oben). Darunter: Abend- und Cocktailkleider, inspiriert durch Dekore aus dem 300-jährigen Archiv der Manufaktur.

MEISSEN COUTURE

Dem Hauptgebäude am Standort des Maison MEISSEN COUTURE im sächsischen Meißen sind auch eine Schauwerkstatt und ein Museum angeschlossen.

Meisterwerke der Jubiläumskollektion und der Exklusiv-Kollektion werden nur in streng limitierten Auflagen bzw. nur als Unikate gefertigt und entsprechend zertifiziert.

in allen bedeutenden Museen der Welt vertreten und erzielen regelmäßig Höchstpreise bei internationalen Auktionen. Seit Jahrhunderten werden sie von Generation zu Generation weitergereicht und wertgeschätzt – als wertvolles Erbe der Vergangenheit und zugleich als Investition in die Zukunft.

Vor allem steht MEISSEN COUTURE für das Einzigartige, da jedes Stück individuell in Handarbeit mit Liebe zum Detail für den anspruchsvollen Kunden und Kenner gefertigt wird. Inspiriert von spannenden Entdeckungsreisen durch das legendäre, vier Jahrhunderte umfassende Unternehmensarchiv, wird jede

Berühmte Erfinder: Johann Friedrich Böttger

Im Jahr 1708 wurde zum ersten Mal außerhalb von China Porzellan hergestellt. Diese bahnbrechende Tatsache ging auf den sächsischen Kurfürsten und Liebhaber der Künste August den Starken zurück. Er beauftragte Johann Friedrich Böttger, Ehrenfried Walther von Tschirnhaus und Gottfried Papst von Ohain mit der Entschlüsselung der Rezeptur für das sog. „weiße Gold". Nach umfangreichen Forschungen gelang es den Entwicklern tatsächlich, unter Führung von Böttger erstmals in Europa Porzellan herzustellen – das Meissner Porzellan war geboren. August der Starke erkannte gleich, dass diese Erfindung einen unschätzbaren Wert hatte. Obwohl Böttger und seine Kollegen ihre Experimente in einem Labor in Dresden durchgeführt hatten, entschloss er sich, die Fabrikation an einen abgelegenen Ort zu verlegen. Die Meißner Albrechtsburg erschien ihm dafür aus Geheimhaltungsgründen genau der richtige Platz zu sein. Kurz darauf wurden bereits die ersten Markenzeichen verwendet, um sich vor Nachahmern und Imitationen zu schützen. Im Jahr 1722 führte man neben der blauen Unterglasurfarbe die gekreuzten Sächsischen Kur-Schwerter als unverwechselbares Markenerkennungszeichen ein, das bis heute kaum verändert wurde.

MEISSEN COUTURE

Kreation von heute gleichsam zu einer modernen Interpretation bedeutender europäischer Kunst- und Kulturgeschichte.

Der MEISSEN COUTURE Luxusgruppe steht seit Ende 2008 Dr. Christian Kurtzke als Vorsitzender der Geschäftsführung vor. Als Strategie- und Kreativchef treibt er die

Meilensteine

1710 Öffentliche Bekanntgabe der Gründung der Porzellan-Manufaktur MEISSEN® als Königlich-Polnische und Kurfürstlich-Sächsische Porzellan-Manufaktur am 23. Januar

nach 1722 Verwendung der Marke „Gekreuzte Schwerter"

1739 Das berühmte Zwiebelmuster wird dauerhaft ins Sortiment aufgenommen.

1865 Bezug der heutigen Gebäude im Meißner Triebischtal

1916 Eröffnung des Porzellanmuseums mit der großen Schauhalle

1991 Das Unternehmen wird zur Staatliche Porzellan-Manufaktur Meissen GmbH mit dem Freistaat Sachsen als Gesellschafter.

2000 Die weltweit erste Orgel mit einem klingenden Register Orgelpfeifen aus Meissener Porzellan® wird eingeweiht.

2005 Der Erweiterungsbau des Porzellan-Museums wird eröffnet.

2010 MEISSEN® feiert das 300-jährige Unternehmensjubiläum.

2014 Unter der neuen Dachmarke MEISSEN COUTURE positioniert sich die Manufaktur als ganzheitliche Luxus- und Lifestylemarke und forciert die internationale Expansion.

Schon gewusst?

- Seit 2009 bietet die Manufaktur im Bereich MEISSEN® Architektur auch hochwertige Wand- und Bodengestaltungen an. Dazu zählen Fliesen oder Elemente in besonderen Formaten, in fugenloser Verlegung und mit hoher Materialdichte – lieferbar in bislang 40 Farbnuancen und auch an Außenwänden einsetzbar. Als erste Referenzen wurden die Flagshipstores der Luxusuhrenmarke Lange & Söhne ausgestattet. Was jedoch nicht jeder weiß – das neue Geschäftsgebiet knüpft zugleich an eine alte Tradition an.
- Schon in den ersten Jahren des 20. Jh. wirkte MEISSEN® an einer gestalterischen und architektonischen Meisterleistung mit: Der mittlerweile weltberühmt gewordene „Fürstenzug" spannt als Freiluft-Fries auf mehreren hundert Metern ein Band zwischen der Dresdner Semperoper und der Frauenkirche. An der Außenwand am Langen Gang des Stallhofs ist die Ahnengalerie des wettinischen Herrscherhauses angebracht – und zwar auf dem Bildträger Porzellan.
- Der Dresdner Historienmaler Wilhelm Walter gestaltete das Fries mit Wettinern aus sieben Jahrhunderten. Zunächst war das Werk als Sgraffito („Kratzputz") geplant, doch diese Technik konnte den vielfältigen Wettereinflüssen nicht standhalten und erlaubte zudem lediglich die Schwarz-Weiß-Darstellung. Hier konnte die Meissener Porzellan-Manufaktur ihr Wissen und ihre hohe Kunstfertigkeit einbringen. Zwischen 1904 und 1907 entstand der „Fürstenzug" aus etwa 25.000 fugenlos aneinandergesetzten Porzellankacheln. Damals wie heute ein imposantes Kunstwerk – und ein früher Vorläufer von MEISSEN® Architektur.

Das architektonisch anmutende Tafel-Service MEISSEN® COSMOPOLITAN ist schon jetzt ein moderner Klassiker – veredelt mit zahlreichen handgemalten Dekoren.

MEISSEN COUTURE

M
EI

Die Produkte im Bereich Interieur zeichnen sich durch eine einzigartige Ästhetik und exzellente Qualität aus.

internationale Entwicklung der Unternehmensgruppe voran. Die Manufaktur MEISSEN mit Sitz in Sachsen, Deutschland, ist wesentlicher Teil der Gruppe. Sie gilt als Kompetenzzentrum für die Produktion hochwertiger Porzellanobjekte sowie für kunstvolle Handmalerei in höchster Perfektion – auf edlen Materialien wie Seide, Leder und Porzellan.

Ein weiterer wesentlicher Teil der Gruppe ist MEISSEN Italia in Mailand, von wo aus die Entwicklung der Produktbereiche Couture, Joaillerie und Home verantwortet werden. Hier wurde die internationale Vertriebszentrale des Hauses etabliert sowie die MEISSEN COUTURE VILLA – das europäische Flagshiphaus der Gruppe im Herzen Mailands, in der berühmten Via Montenapoleone, wo zweimal im Jahr während der Fashion Week auch die neuesten Couture-Kreationen des Hauses vorgestellt werden.

Die Luxusgruppe ist in über 30 Ländern der Welt vertreten, die durch die Landesgesellschaften MEISSEN Italia, MEISSEN UK, vom regionalen Hauptquartier MEISSEN ASIA-PACIFIC in Asien, in Hongkong sowie im Mittleren Osten im Rahmen einer strategischen Partnerschaft durch MEISSEN Middle East vom Libanon aus betreut werden. Die Gruppe beschäftigt weltweit heute etwa 650 Mitarbeiter und ist seit 1918 im Besitz des Freistaates Sachsen. Sie zählt zu den TOP 10 der deutschen Luxusmarken und wird aufgrund ihrer einzigartigen Geschichte und der heute noch gepflegten kunsthandwerklichen Traditionen als bedeutendes Kulturgut Deutschlands angesehen.

Daten und Fakten

Branche: Luxusgüter (limitierte Kunstwerke, Architektur & Interieur, Schmuck & Accessoires, Cocktail- & Abendkleider)
Marktposition: weltweit führende Manufaktur
Umsatz: ca. 40 Mio. Euro (2013)
Mitarbeiter: 640 (2013)
Standorte: Meißen, Mailand
Vertrieb: eigene Boutiquen, Distributionspartner
Exportquote: ca. 50 %

MEISSEN COUTURE
im Internet

Mit dem MEISSEN COUTURE Home Deco-Programm bringt die Manufaktur eine neue Qualität in die Welt hochwertiger Wohn-Accessoires.

Innovationen: MEISSEN® COUTURE, MEISSEN® Joaillerie, MEISSEN® COSMOPOLITAN, MEISSEN COUTURE® Home Deco, MEISSEN® Architektur, MEISSEN® art CAMPUS
Gründer: Kurfürst von Sachsen und König von Polen „August der Starke", 1710, Meißen
Literatur:
H. Sonntag: Meissener Porzellan – Bibliographie der deutschsprachigen Literatur (1994)
Ders.: Die Botschaft des Drachens (1999)
Ders.: Meissen in Meißen (2000)

Kontakt
Staatliche Porzellan-Manufaktur Meissen GmbH
Talstr. 9, 01662 Meißen
Fon: 03521 468-600, Fax: 03521 468-776
info@meissen.com, www.meissen.com

Ansprechpartner Presse
Dr. Christian Kurtzke
Fon: 03521 468-600
info@meissen.com

MeisterWerke Schulte

Rüthen, Nordrhein-Westfalen

Gegründet: 1930

Mit ihren beiden Marken MEISTER und Schulte Räume beliefert die MeisterWerke Schulte GmbH den Holz- und Baustoffhandel mit hochwertigen Qualitätsprodukten für Boden, Wand und Decke. Zur Marke MEISTER, die sich direkt an den Holzfachhandel richtet, gehört ein komplettes Angebot mit umfangreichem Zubehör von Leiste bis Licht. Die Böden, Paneele und Zubehöre von Schulte Räume werden an den Bodenbelagsfachhandel geliefert. Rund 40 % der ausschließlich in Deutschland gefertigten Produkte sind für den Export in mehr als 40 Länder weltweit bestimmt. Das im Jahr 1930 von Josef Schulte im sauerländischen Meiste als Tischlerei gegründete Familienunternehmen beschäftigt heute rd. 640 Mitarbeiter, davon 35 Auszubildende, und wird von Johannes und Guido Schulte inhabergeführt.

Kontakt
MeisterWerke Schulte GmbH
Johannes-Schulte-Allee 5, 59602 Rüthen
www.meisterwerke.com

Melos

Melle, Niedersachsen

Gegründet: 1930

Die Melos GmbH gilt als einer der international führenden Produzenten von farbigen Kunststoff- und EPDM-Gummigranulaten. Gummi stand bereits am Anfang der Unternehmensentwicklung, die 1930 mit dem Recycling von Altreifen begann. Heute ist Melos Marktführer im Bereich Granules und setzt mit über 150 Mitarbeitern rd. 58 Mio. Euro jährlich um. Die farbigen Granulate werden für Laufbahnen wie z. B. im Berliner Olympiastadion, als Fallschutzböden für Kinderspielplätze, als Einstreugranulat auf Kunstrasenplätzen oder für rutschfeste Fußböden in Schwimmbädern genutzt. Ein weiterer Geschäftsbereich sind Verbundstoffe für Kabel. Cable Compounds werden in unterschiedlichen Branchen von grüner Energie, über Offshore-Nutzungen bis hin zur Automobilindustrie genutzt.

Kontakt
Melos GmbH
Bismarckstr. 4-10, 49324 Melle
www.melos-gmbh.com

Memmert

Schwabach, Bayern

Gegründet: 1933

Die Memmert GmbH + Co. KG ist einer der führenden Anbieter von Temperiergeräten weltweit. Mit mehr als 240 Mitarbeitern entwickelt und produziert das Unternehmen an zwei Standorten in Süddeutschland Temperierschränke sowie Wasser- und Ölbäder für verschiedenste Anwendungen. Die Produkte

M
ER

kommen u. a. in der biologischen, chemischen und lebensmitteltechnischen Forschung, bei der industriellen Werkstoff- und Bauteileprüfung, in der Human- und Veterinärmedizin sowie bei Qualitätsprüfungen in anspruchsvollen Fertigungsprozessen zum Einsatz. Das Unternehmen wurde 1933 von Willi Memmert gegründet und setzte mit seinen Innovationen immer wieder Maßstäbe in der Temperiertechnik. Seit 2007 führt Christiane Riefler-Karpa das Familienunternehmen in 3. Generation.

Kontakt
Memmert GmbH + Co. KG
Äußere Rittersbacher Str. 38,
91126 Schwabach
www.memmert.com

Merck
Darmstadt, Hessen

Gegründet: 1668
Die Merck KGaA ist ein Pharma- und Chemieunternehmen. Merck Serono ist die größte Sparte von Merck. Sie vertreibt innovative Biopharmazeutika für Therapiegebiete mit hohen Spezialisierungsgraden wie bspw. Onkologie, Fruchtbarkeit, Endokrinologie oder Biosimilars. In der Sparte Consumer Health werden hochwertige Produkte für die Selbstmedikation angeboten. Mit der Sparte Performance Materials ist Merck Anbieter von High-Tech-Chemikalien und besetzt marktführende Positionen mit den Produkten Flüssigkristalle für LCD-Displays, funktionelle Füllstoffe sowie Effektpigmente. Die Sparte Merck Millipore schließlich bietet Lösungen, die dazu beitragen, die Life-Science-Forschung einfacher, effizienter und wirtschaftlicher zu machen: Mit mehr als 60.000 Produkten ist Merck Millipore einer der 3 führenden Lieferanten von Arbeitsinstrumenten für die Life-Science-Industrie. Mit seinen 4 Sparten erwirtschaftete Merck im Jahr 2013 Gesamterlöse von rd. 11,1 Mrd. Euro. Rund 38.000 Mitarbeiter arbeiten für Merck in 66 Ländern.

Die Gründerfamilie Merck ist in der 12. Generation an dem Unternehmen beteiligt, und zwar mit rd. 70 % über die persönlich haftende Gesellschafterin E. Merck KG. Dr. Karl-Ludwig Kley ist Vorsitzender der Geschäftsleitung der Merck KGaA. Weitere Führungsmitglieder sind Markus Kuhnert (CFO), Dr. Bernd Reckmann (CEO Chemicals), Stefan Oschmann (CEO Pharmaceuticals) sowie Kai Beckmann. Dem Aufsichtsrat steht Wolfgang Büchele als Vorsitzender vor. Die Anfänge von Merck reichen zurück in das Jahr 1668, als Friedrich Jacob Merck in Darmstadt die Engel-Apotheke erwarb. Heinrich Emanuel Merck übernahm 1816 die Apotheke und legte den Grundstein für das heutige Unternehmen, indem er 1827 mit der Produktion von Alkaloiden begann.

Kontakt
Merck KGaA
Frankfurter Str. 250, 64293 Darmstadt
Fon: 06151 72-0, Fax: 06151 72-2000
service@merck.de, www.merck.de

MESSRING
Krailling, Bayern

Gegründet: 1968
Die MESSRING Systembau GmbH projektiert und realisiert als weltweit führendes, mittelständisches Unternehmen komplette Fahrzeugcrashtest-, Prüf- und Messanlagen sowie LED-Lichtsysteme. Neben kundenspezifisch zugeschnittenen Systemen vertreibt das Unternehmen eine breite Palette an Komponenten einschließlich Hard- und Software für automatisierte Tests oder spezielle Datenerfassung. Darüber hinaus bietet MESSRING ein umfangreiches Paket an

Serviceleistungen wie Projektstudien, Beratung, Instandhaltung und Sensor-Kalibrierung an. Bereits mehr als 100 große Crashtest-Anlagen realisierte MESSRING für Automobilhersteller, Automobilzulieferer, staatliche Auftraggeber und Versicherungen. Namhafte Unternehmen wie Audi, BMW, Daimler, GM, Toyota, Volkswagen und Fiat sowie das deutsche, chinesische oder kanadische Verkehrsministerium und der ADAC gehören zum Kundenkreis von MESSRING.

Kontakt
MESSRING Systembau MSG GmbH
Robert-Stirling-Ring 1, 82152 Krailling
www.messring.de

Mestemacher

Gütersloh, Nordrhein-Westfalen

Gegründet: 1871

Als ein Unternehmen der Lebensmittelbranche hat sich die Mestemacher GmbH auf Brot- und Backwaren spezialisiert. Die Firma vereint fünf Tochterfirmen unter ihrem Dach, vier davon in Deutschland sowie eine in Polen. Zu ihrem Angebot zählen Vollkornbrote, Pumpernickel-Brot und internationale Brotspezialitäten. Mestemacher hat sich insbesondere mit Biobroten und Vollkornbroten mit ungeöffnet langer Genussfrische durch Pasteurisation einen Namen gemacht; bei Letzteren beansprucht das Unternehmen die weltweite Marktführerschaft. Die Brot- und Backwaren von Mestemacher stammen aus Produktionsstätten in Gütersloh, Lippstadt, Aerzen und Bielefeld sowie im polnischen Poznan und sind im deutschen Lebensmitteleinzelhandel und in über 87 weiteren Ländern käuflich zu erwerben. Etwa 24 % des jährlichen Umsatzes werden über den Export erwirtschaftet. Insgesamt arbeiteten im Jahr 2013 523 Mitarbeiter für Mestemacher, die einen Umsatz von ca. 130 Mio. Euro erwirtschafteten.

Mestemacher liegt heute im Besitz von vier Gesellschaftern: Albert Detmers und Fritz Detmers, die als geschäftsführende Gesellschafter fungieren, Albert Detmers Ehefrau Prof. Dr. Ulrike Detmers, die zugleich Mitglied der zentralen Unternehmensleitung ist, sowie Fritz Detmers Ehefrau Helma Detmers. Die geschäftsführenden Gesellschafter werden durch ein Fremdmanagement unterstützt.

Die Historie der Firma Mestemacher verbindet die Geschicke zweier westfälischer Bäckereifamilien: 1871 richtete Johann Heinrich Mestemacher für seinen Sohn Wilhelm in Gütersloh eine Bäckerei ein. 1910 eröffnete Wilhelm Mestemacher dort eine Spezialbäckerei für Pumpernickel. In Bielefeld gründete der Bäckermeister Fritz Detmers im Jahr 1904 die Dorfbäckerei Detmers. Heute sind unter der Marke Mestemacher traditionelle Backwaren wie Schwarzbrot und Pumpernickel ebenso erhältlich wie Biobrote und Ethnic-Food-Spezialitäten wie Naan-, Pita- und Pizzabrote.

Der Klassiker: Pumpernickel von Mestemacher

»Pumpernickel und Männeremanzipation lassen sich unter einen Hut bringen.«

Prof. Dr. Ulrike Detmers, Gesellschafterin und Mitglied der zentralen Unternehmensleitung der Mestemacher-Gruppe

Prof. Dr. Ulrike Detmers mit den geschäftsführenden Gesellschaftern der Mestemacher-Gruppe, Albert Detmers (Mitte) und Fritz Detmers

metrica INTERIOR

Meilensteine

1871 Schuhmachermeister Johann Heinrich Mestemacher richtet in Gütersloh für seinen 20-jährigen Sohn und Bäckermeister Wilhelm eine Bäckerei ein.

1904 Bäckermeister Fritz Detmers eröffnet in Bielefeld-Jöllenbeck die Dorfbäckerei Detmers.

1910 Wilhelm Mestemacher gründet nach mehr als 35 Jahren als Stadtbäcker eine Spezialbäckerei für Pumpernickel.

1927 Fritz Detmers beginnt, geschnittenen Pumpernickel und Vollkornbrot in Stanniol-Folie zu verpacken und ins Lipperland zu exportieren.

Mitte der 1980er-Jahre Albert und Fritz Detmers verkaufen die regional bekannte Brotmarke Detmers und den zugehörigen Brotfrischdienst an die Großbäckerei Wendeln.

1985 Die beiden Familien Detmers erwerben die Mestemacher GmbH.

1994 Mit der Brotdosenedition „Panem et Artes" stellt sich die Marke Mestemacher in den Dienst von Künstlern.

2013 Mestemacher ist in über 80 Ländern der Erde präsent und hat sich zum Weltmarktführer von verpackten Brotspezialitäten mit (ungeöffnet) langer Haltbarkeit entwickelt.

Mestemacher GmbH im Internet

Daten und Fakten

Branche: Lebensmittel
Produkte: Vollkornbrote, Pumpernickel-Brot, internationale Brotspezialitäten, Frischkuchen, Tiefkühlkuchen, Müsli und Cerealien
Marktposition: Weltmarktführer für ungeöffnet besonders lange haltbare Vollkornbrote
Umsatz: 130 Mio. Euro (2013)
Mitarbeiter: 523 (2013)
Eigenkapitalquote: über 60 %
Standorte: Produktionsstätten in Gütersloh, Lippstadt, Aerzen, Bielefeld sowie in Poznan (Polen)
Gründer: Wilhelm Mestemacher, 1871, Gütersloh
Eigentümer: Familien Detmers
Auszeichnungen: u. a. Gold- und Silbermedaillen für unterschiedliche Mestemacher-Produkte, DLG (Landesehrenpreis für Lebensmittel) jährl. seit 2008; Landesehrenpreis für Lebensmittel NRW (2008/2009 und 2010/2011), Bundesehrenpreis 2013; u. a. für Prof. Dr. Ulrike Detmers: „German Women Entrepreneurs Award" 2007, Bundesverdienstkreuz (2008), Bürgerinnenpreis „Liberta" 2008

Kontakt

Mestemacher GmbH
Am Anger 16, 33332 Gütersloh
Fon: 05241 8709-0, Fax: 05241 8709-89
info@mestemacher.de, www.mestemacher.de

metrica INTERIOR

Senden, Nordrhein-Westfalen

Gegründet: 1681
Die metrica® INTERIOR Objekteinrichtungen GmbH & Co. KG ist Spezialist für Luxus-Inneneinrichtungen von Megayachten und Residenzen. Als Weltmarktführer in den Bereichen Yachten und Refit & Repair hat metrica® INTERIOR bis heute über 120 Luxusyachten im obersten Premiumsegment ausgestattet. Das Unternehmen beschäftigt an 2 Produktionsstandorten in Deutschland rd. 200 Mitarbeiter. Den sehr vermögenden

MEWA

Kunden aus aller Welt bietet metrica® INTERIOR dabei Lösungen, die traditionelle Handwerkskunst mit modernen Fertigungsmethoden verbinden. In der Abteilung Residenzen agiert das Unternehmen als Generalunternehmer für alle handwerklichen Arbeiten. Die Geschichte der Firma reicht bis in das Jahr 1681 zurück, als Johann Dietrich Rincklake in der Nähe von Münster eine Tischlerei eröffnete.

Kontakt
metrica® INTERIOR Objekteinrichtungen GmbH & Co. KG
Bahnhofstr. 73, 48308 Senden
www.metrica.de

meurer

Fürstenau, Niedersachsen

Gegründet: 1969
Die meurer Verpackungssysteme GmbH entwickelt Verpackungsmaschinen für die Endverpackung. Von je her wurden Innovationen bei meurer großgeschrieben. So unterhält meurer ein eigenes Entwicklungsteam. Heute beschäftigt meurer rd. 600 Mitarbeiter bei einem Umsatz von 75 Mio. Euro. Das Produktportfolio von meurer umfasst Verpackungsmaschinen in den Bereichen Karton- und Folienverpackung, Palettierung, Speichersysteme und Fördertechnik. Im Zuge der Nachfolgeregelung hat die alleinige geschäftsführende Gesellschafterin Christel Meurer sich im Jahr 2013 entschlossen, das Unternehmen an die US-amerikanische ITW Group zu verkaufen.

Kontakt
meurer Verpackungssysteme GmbH
Von-Tambach-Str. 3-5, 49584 Fürstenau
www.meurer-group.com

MEWA

Wiesbaden, Hessen

Gegründet: 1908
Die MEWA Textil-Service AG & Co. Management OHG ist einer der führenden Textildienstleister in Europa. Der Service umfasst das Bereitstellen, Bringen, Holen und Pflegen der Textilien sowie das Instandhalten und Ersetzen bei Verschleiß. Die Mehrweg-Textilsysteme richten sich an Industrie, Handel, Handwerk, Gewerbe, Gastronomie und öffentliche Institutionen. Insgesamt versorgt MEWA derzeit rd. 170.000 Unternehmen in 19 europäischen Ländern mit Berufs- und Schutzkleidung, Mehrwegputztüchern, Ölauffangmatten, Teilereinigern und Artikeln für den Arbeitsschutz unter der Marke „World Wide Work by MEWA".

Weltweit die Nummer eins ist MEWA im Segment des Textil-Managements für Mehrweg-Putztücher, die in Industrie und Handwerk benötigt werden. Die Putztücher werden in Kfz-Werkstätten, Druckereien und der metallverarbeitenden Industrie zur Reinigung von Maschinen und Anlagen eingesetzt.

MEWA Textil-Service AG & Co. Management OHG
Umsatz in Mio. Euro

2000	2005	2010	2013
281	340	448	555

»Wir dekorieren uns nicht mit Werten, wir leben sie. Sie sind unsere Orientierung für unser Handeln. Sie verleihen uns die Kraft, voranzukommen und zu wachsen. Sie motivieren uns, Ideen in die Tat umzusetzen. Sie lassen unsere Leistung glänzen.«

Gabriele Gebauer und Rolf Beisse

Hermann Gebauer gründete MEWA 1908. Seine Enkelin Gabriele Gebauer und ihr Ehemann Rolf Beisse gehören heute zum Aufsichtsrat des Unternehmens.

MEWA

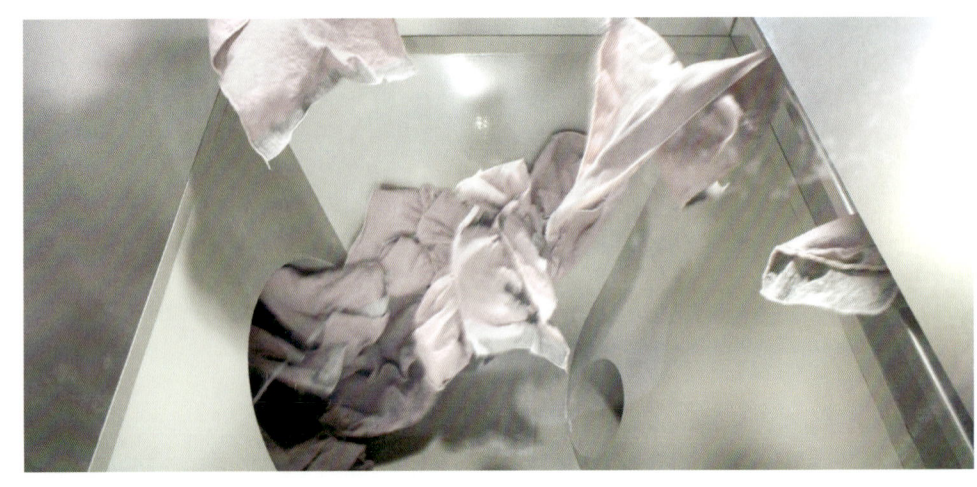

Als Full-Service-Anbieter ist MEWA im Segment der textilen Putztücher für Industrie und Handwerk weltweit die Nummer eins.

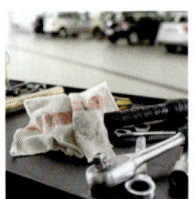

Putztücher von MEWA sind etwa in der metallverarbeitenden Industrie (oben) und in Kfz-Werkstätten (Mitte) im Einsatz. Auch der biologische Teilereiniger BioCircle ist im MEWA Dienstleistungssystem erhältlich (unten).

Nachhaltigkeit: Umweltmanagement bei MEWA

Eine der wichtigsten Aufgaben sieht MEWA in der ständigen Weiterentwicklung der Umwelttechnik. Bereits 1997 erhielt MEWA das internat. geltende Umweltzertifikat nach ISO 14001 und verpflichtete sich damit, nicht nur die gesetzlichen Vorschriften einzuhalten, sondern auch seine Umweltziele quantifizierbar zu benennen und umzusetzen. Das gilt für die Produktion, für Produkte und Dienstleistungen. Die Beispiele für den sorgsamen Umgang mit Materialien, Rohstoffen und Ressourcen sind vielfältig.

Mehrwegprinzip
Die textilen Putztücher können je nach Anwendung bis zu 50 Mal gewaschen und wiederverwendet werden. Daher stellt der Einsatz des MEWA Mehrwegprinzips eine Möglichkeit dar, erhebliche Mengen natürlicher Ressourcen einzusparen.

Ressourcenschonung
Ressourcenschonung ist ein integraler Bestandteil des MEWA Umweltmanagementsystems. Deshalb wurde ein spezielles Wiederverwertungssystem für Spül- und Waschwasser entwickelt: die Kaskadentechnik. Hier wird noch verwertbares Waschwasser aus der Hauptwäsche und dem Spülvorgang gefiltert, aufbereitet und in einem Kreislauf mehrstufig im Waschprozess wiederverwendet. So reduziert die Kreislaufführung den Wasserverbrauch gegenüber den herkömmlichen Verfahren um bis zu 50 %. Die minimierte Abwassermenge entlastet die kommunalen Kläranlagen und letztlich die Gewässer.

Thermische Verwertung
Bei MEWA wird aus Schmutz Energie gemacht, denn die ausgewaschenen Stoffe – vorwiegend Altöle aus Putztüchern – werden thermisch verwertet und im Betriebsablauf als Energiequelle genutzt. Dadurch können bis zu 80 % des Energiebedarfs für Trockner- und Waschstraßen bei der Bearbeitung von Putztüchern gedeckt werden. Durch diese Maßnahmen konnten 2013 fast 7 Mio. l Recyclingöl aus den Waschprozessen gewonnen und anstatt fossiler Primärenergie eingesetzt werden.

Abwasseraufbereitung
Durch eine chemisch-physikalische Vorbehandlung des Abwassers können Schmutz- und Schadstoffe weitestgehend vom Wasser abgetrennt werden. Bakterien zersetzen in der biologischen Reinigungsstufe die restliche Schmutzfracht. So erreicht MEWA in der Abwasseraufbereitung einen Reinigungsgrad von 99,8 %.

MEWA

945 Mio. Tücher werden pro Jahr in den Betrieben der MEWA Gruppe gewaschen. Die Putztücher produziert MEWA in einer eigenen Weberei in Immenhausen nahe Kassel, wo in jeder Sekunde fünf neue Tücher entstehen. Im Bereich der Berufs- und Schutzkleidung zählt MEWA zu den Innovationsführern der Branche. Fast 1 Mio. Menschen tragen Kleidung von MEWA, die auf die Anforderungen der verschiedenen Branchen zugeschnitten ist.

Das Unternehmen beschäftigt fast 4.700 Mitarbeiter an 42 Standorten in Deutschland, Österreich, Italien, Belgien, Frankreich, Spanien, der Schweiz, der Tschechischen Republik, der Slowakischen Republik, Polen, den Niederlanden und Ungarn. 2013 erzielte MEWA einen Gesamtumsatz von 555 Mio. Euro. Seine Kunden betreut MEWA von den Standorten aus mit Textilien. Unter der Marke „World Wide Work by MEWA" können Artikel für Arbeitsschutz und technischen Bedarf per Katalog oder Internet bestellt werden.

Hermann Gebauer gründete das Unternehmen 1908 in Ostritz-Altstadt als „Mechanische Weberei Altstadt GmbH" – der Name MEWA ist ein Akronym des ursprünglichen Firmennamens. Hermann Gebauer hatte den Bedarf an der Produktion und Wäsche von Putztüchern erkannt, der zu Beginn des 20. Jh. bei zunehmendem Maschineneinsatz in Gewerbe und Industrie entstand. Schon vor dem Zweiten Weltkrieg unterhielt MEWA 14 Standorte und betreute mit 1.200 Mitarbeitern 18.000 Gewerbebetriebe, darunter namhafte Kunden wie Siemens, Bayer und AEG. 1965 wurde der Verwaltungssitz an den heutigen Standort Wiesbaden verlegt, drei Jahre später erweiterte MEWA sein Angebot um einen Service für Berufsbekleidung. In den 1970er-Jahren führte die steigende

Schon gewusst?

• 945 Mio. Tücher werden mittlerweile jährlich in den Betrieben der MEWA Gruppe gewaschen.
• In der MEWA eigenen Weberei am Standort Immenhausen entstehen fünf neue Putztücher pro Sekunde, insgesamt über 100 Mio. pro Jahr. Die dabei anfallenden Baumwollflusen werden von hochmodernen Geräten automatisch aufgesaugt und gesammelt. Sie werden nicht entsorgt, sondern zu Dämmmaterial verarbeitet, das z. B. in der Automobilindustrie eingesetzt wird. Pro Jahr kommen so ca. 72 t Flusen für die Wiederverwendung zusammen.

Die Putztücher werden in der eigenen Weberei hergestellt (oben), eigens entwickelte Container garantieren gefahrlose Lagerung und sicheren Transport (Mitte, unten).

Mehrwegputztücher von MEWA befreien Maschinen und Anlagen von Farben, Fetten und Ölen.

MEWA

Berufs- und Schutz-
kleidung von MEWA in
der Sortieranlage
(oben), beim Trans-
port per Rohrpost
(Mitte) und im Falt-
automat (unten)

Meilensteine

1908 Hermann Gebauer gründet die Mechanische Weberei Altstadt GmbH (MEWA) in Ostritz-Altstadt bei Görlitz.

1945 Wiederaufbau in Nürnberg

1965 Verlegung des Firmensitzes nach Wiesbaden

1968 MEWA realisiert eine neue Idee aus den USA: Berufskleidung im Servicepaket.

1974 Gründung der ersten Auslandsniederlassung in Belgien

1980 MEWA setzt erstmals Wärmetauscher und Blockheizkraftwerke ein.

1989 MEWA richtet eine eigene Abteilung Produktentwicklung ein.

1995 Das MEWA Technikum nimmt seinen Betrieb auf.

1998 Aufbau eines europaweiten Handels mit Artikeln für den Arbeitsschutz und technischen Bedarf

2002 Das internationale Prüfverfahren ISO 15797 für industriell waschbare Berufskleidung – durch MEWA angeregt – wird verabschiedet.

2007 MEWA eröffnet in Frankreich die modernste Putztuchwaschgesellschaft Europas.

2013 Der biologische Teilereiniger BioCircle kommt in der Dienstleistung auf den Markt.

2014 Einführung der neuen Marke für Arbeitsschutzartikel „World Wide Work by MEWA"

Der Hauptsitz von MEWA in Wiesbaden

Nachfrage zu einer zunehmend industriellen Bearbeitung der Textilien. Zudem begann die internationale Expansion des Unternehmens: 1974 wurde in Belgien die erste Auslandsniederlassung gegründet, wenig später erwarb MEWA Unternehmen in Österreich und Frankreich.

1980 übernahm Gabriele Gebauer, die Enkelin des Gründers, gemeinsam mit ihrem Ehemann Rolf Beisse die Firmenleitung. Sie erweiterten das Angebot um Schutzkleidung, Handtuchrollen, Artikel für den Arbeitsschutz sowie Fuß- und Ölauffangmatten und gaben das Ziel aus, MEWA zum internationalen Qualitätsführer zu machen. Als erster Textildienstleister erhielt MEWA 1992 die Zertifizierung nach der internationalen Qualitätssicherungsnorm ISO 9001. Schon seit Beginn der 1980er-Jahre ist auch das strategische Umweltmanagement untrennbar mit den Grundlagen der Unternehmensführung verbunden. So wurde MEWA 1997 als Erster seiner Branche mit dem Umweltzertifikat nach ISO 14001 ausgezeichnet. 2013 investierte MEWA 40,2 Mio. Euro in betriebliche Innovationen einschließlich der Umwelttechnik.

Daten und Fakten

Branche: Textil-Management
Produkte: Berufskleidung, Putztücher, Ölauffang- und Fußmatten, Handtuchrollen, ökologische Teilereiniger, Artikel für Arbeitsschutz und technischen Bedarf unter der Marke „World Wide Work by MEWA"
Marktposition: Weltmarktführer im Bereich textile Putztücher für Industrie und Handwerk im Full Service, einer der führenden Textildienstleister in Europa
Umsatz: 555 Mio. Euro (2013)

MEWA

Berühmte Erfinder: Hermann Gebauer

Als Hermann Gebauer 1908 in Ostritz-Altstadt in Sachsen die „Mechanische Weberei Altstadt GmbH" gründete, bot er eine völlig neue Dienstleistung an: Er produzierte mit 20 Mitarbeitern Putztücher für die Reinigung von Maschinen und Anlagen. Der Slogan des jungen Unternehmens lautete: „Textilien weben, waschen und bei Verschleiß ersetzen" – ein Konzept, das im Grundsatz bis heute gültig ist. Die Idee kam Hermann Gebauer als Antwort auf die teure, aber damals gängige Praxis, Maschinen mit Putzlumpen oder Putzwolle zu reinigen und diese danach im Heizkessel zu verbrennen. Die Nachfrage nach den neuen Produkten war gegeben. Öle und Fette machten den Arbeitern in den Fabriken das Leben schwer. Daher stieg im Zuge der zunehmenden Industrialisierung der Bedarf an Reinigungsmaterial kontinuierlich an. Die Idee war so erfolgreich, dass Hermann Gebauer noch im Gründungsjahr seinen ersten Großkunden akquirierte: die Königlich Sächsische Staatseisenbahn, das größte Unternehmen in Sachsen. In den 1920er-Jahren zählten auch die Reichsbahn, Siemens, AEG, Bayer, Henschel und die Leuna-Werke zu den namhaften Kunden. Nachdem die Putztücher anfänglich noch von kooperierenden Wäschereien gesäubert wurden, eröffnete Hermann Gebauer in den 1920er- und 1930er-Jahren eigene Wäschereibetriebe. MEWA expandierte und gründete bis zum Zweiten Weltkrieg 14 Betriebe in Deutschland und Österreich. 1.200 Mitarbeiter kümmerten sich um 18.000 Industrie- und Gewerbebetriebe. 1945 baute Hermann Gebauer von Nürnberg aus die zerstörten Niederlassungen in Nürnberg, München, Neu-Isenburg, Mönchengladbach, Stuttgart und Hamburg wieder auf. Neben alten Stammkunden wie den Volkswagenwerken und der Reichsbahn, die jetzt Bundesbahn hieß, gewann MEWA auch neue Kunden wie Zeitungsverlage. Hermann Gebauer leitete das Unternehmen bis er am Neujahrstag 1953 im Alter von 75 Jahren verstarb.

Mitarbeiter: 4.700 (2013)
Standorte: Hauptsitz Wiesbaden; 42 Standorte in Deutschland, Österreich, Italien, Belgien, Frankreich, Spanien, der Schweiz, der Tschechischen Republik, der Slowakischen Republik, Polen, den Niederlanden und Ungarn
Vertrieb: über die Standorte in 19 europäische Länder
Gründer: Hermann Gebauer, 1908, Ostritz-Altstadt
Auszeichnungen: „European Good Practice Award 2007" für die Entwicklung ergonomischer Näharbeitsplätze (Europäische Arbeitsschutzagentur, 2008); „Top 3" des Deutschen Nachhaltigkeitspreises 2013 in der Kategorie „Deutschlands nachhaltigste Produkte/Dienstleistungen"; „HR Excellence Award" für das beste Arbeitgebervideo (2013); „Red Dot Award" für hohe Designqualität (2012 und 2014)

Kontakt
MEWA Textil-Service AG & Co. Management OHG
John-F.-Kennedy-Str. 4, 65189 Wiesbaden
Fon: 0611 7601-0, Fax: 0611 7601-361
info@mewa.de, www.mewa.de

MEWA im Internet

Miele

Miele
Gütersloh, Nordrhein-Westfalen

»Immer besser«

Markenversprechen von Miele seit 1899

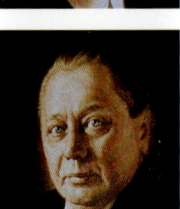

Die Gründer Carl Miele und Reinhard Zinkann und die aktuellen Geschäftsführer aus den Inhaberfamilien: Dr. Markus Miele und Dr. Reinhard Zinkann (von oben)

Gegründet: 1899

Miele gilt als weltweit führender Hersteller von Premium-Elektrogeräten für die Küche sowie für die Wäsche- und Bodenpflege und ist vielfach Marktführer im oberen Preissegment. Die Produktpalette für Privathaushalte begann mit Waschmaschinen, Staubsaugern, Geschirrspülern, Bügelmaschinen und Trocknern. Heute bietet der Gütersloher Familienkonzern darüber hinaus ein umfassendes Sortiment an Kücheneinbaugeräten, von Herden und Backöfen über Dampfgarer, Dunstabzugshauben und Kühl- und Gefriergeräte bis hin zu Kaffeevollautomaten und Weinlagerschränken. Mit seinem Geschäftsbereich „Miele Professional" zählt Miele auch zu den führenden Anbietern von Wäschereimaschinen, Gewerbegeschirrspülern sowie Reinigungs- und Desinfektionsautomaten für Kliniken, Arztpraxen und Labore.

Seit Carl Miele sen. und Reinhard Zinkann das Unternehmen 1899 gründeten, folgt Miele seinem Markenversprechen „Immer besser", was zweierlei bedeutet: „Immer besser" zu sein als der Wettbewerb und „Immer besser" zu werden, als man bereits war. Damit einher geht die Fokussierung auf hochwertige Haus- und Gewerbe-

Schon gewusst?

- Miele-Geräte wie die Waschmaschinen oder Geschirrspüler sind auf 20 Jahre Lebensdauer getestet. Dafür führt Miele aufwendige Dauertests durch. Hier muss z. B. eine Miele-Waschmaschine 10.000 Betriebsstunden am Stück absolvieren. Beim Geschirrspüler sind es 12.500 Stunden und beim Wäschetrockner 7.500 Stunden. Erst wenn dieser Testmarathon ohne Komplikationen absolviert ist, kann ein neues Miele-Modell in Serie gehen. Hinzu kommen weitere Prüfungen wie z. B. der Tür-Belastungs-Test oder die Simulation sonstiger bei Hausgeräten typischer mechanischer Beanspruchungen.
- Von 1912 bis 1914 stellte Miele auch Autos her. Eines der 125 Fahrzeuge steht heute im Miele-Museum in Gütersloh. Bis 1960 war Miele außerdem ein bedeutender Produzent von Fahrrädern und Mopeds.

Miele und Nachhaltigkeit

Seit Gründung des Unternehmens spielt die Nachhaltigkeit bei Miele eine zentrale Rolle, beginnend etwa mit dem Bau besonders langlebiger Geräte und einer ausgeprägten Mitarbeiterorientierung. Bereits 1909 wurde eine Betriebskrankenkasse errichtet. Die kürzlich überarbeitete und weiterentwickelte Nachhaltigkeitsstrategie erstreckt sich auf die Handlungsfelder Produkte, Lieferkette, Prozesse, Mitarbeiter und Gesellschaft. So hat Miele den Stromverbrauch seiner Waschmaschinen seit 2000 um 40 % reduziert; bei den Trocknern sind es sogar 56 %. Und die Recyclingquote der Miele-Geräte erreicht, je nach Produkt, bis zu 90 %. Maßstäbe setzt das Unternehmen schon heute mit seiner Berichterstattung zu diesem Thema. So setzten die beiden renommierten Bewertungsinstitute IÖW und future e.V. in ihrem gemeinsamen Ranking den Miele-Nachhaltigkeitsbericht 2011 auf Platz sieben – hinter sechs Dax-Konzernen und als bestplatziertes Unternehmen seiner Branche.

Miele

Die Unternehmenszentrale von Miele in Gütersloh

geräte und ebenso die Konzentration auf die einzige Marke Miele.

Seinen Anspruch auf die Technologie- und Innovationsführerschaft der Branche untermauert das Unternehmen auf vielfältige Weise. So präsentierte Miele 1997 den ersten Dampfgarer als Einbaugerät, ein Jahr später folgte der weltweit erste Einbau-Kaffeevollautomat. Die patentierte Besteckschublade im Geschirrspüler (1987) wie auch die ebenfalls patentierte Schontrommel (2002) für Waschmaschine und Trockner setzen mit ihren jeweiligen Weiterentwicklungen bis heute Maßstäbe. Entsprechendes gilt für die hochauflösenden TFT-Displays („M Touch"), mit denen sich die Einbaugeräte intuitiv wie ein Smartphone bedienen lassen. In der Wäschepflege kombiniert Miele wie kein anderer Hersteller maximale Energieeffizienz mit kurzen Programmlaufzeiten, hoher Beladung sowie hochwirksamer Waschmitteldosierautomatik. Beim Trendthema des vernetzten Hauses („Smart Home") verfügt das Unternehmen mit 400 vernetzungsfähigen Geräten mit deutlichem Abstand über das größte Portfolio und die vielfältigsten Anwendungen der Branche.

Aktuell stellt Miele bei den Waschmaschinen (Frontlader und Toplader), Wärmepumpentrocknern, Waschtrocknern, Geschirrspülern, Bodenstaubsaugern, Backöfen sowie Kühl- und Gefriergeräten amtierende Testsieger bei der Stiftung Warentest. 2013 wählten Deutschlands Konsumenten

Miele-Einbaugeräte der Generation 6000 im Farbton Obsidianschwarz

Miele

M
IE

Die Weiterbildung bis hin zum berufsbegleitenden Master-Abschluss („Master@Miele") hat hohe Priorität.

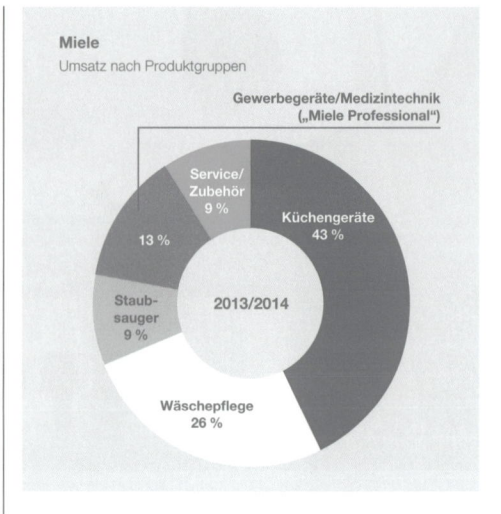

Miele Staubsauger aus dem Jahr 1932, Holzbottich-Waschmaschine von 1903, Europas erster elektrischer Geschirrspüler aus dem Jahr 1929 (von oben)

im Rahmen einer über zehn Jahre erhobenen Studie der Gesellschaft für Konsumforschung (GfK) Miele über alle Branchen hinweg zur besten Produktmarke aller Zeiten („best brand ever"). Überall dort, wo exklusive Neubauprojekte typischerweise mit komplett ausgestatteter Küche vermarktet werden, vermittelt Miele mehr Wertigkeit, Prestige und Status als jede andere Marke

Im Geschäftsjahr 2013/14 erwirtschaftete die Miele Gruppe 3,22 Mrd. Euro Umsatz, von dem knapp 70 % außerhalb Deutschlands erzielt wurde. Das Familienunternehmen unterhält eigene Vertriebsgesellschaften in 47 Ländern und ist in weiteren 50 Ländern über Importeure vertreten. Dennoch befinden sich 9 der 13 Produktionswerke im Heimatland Deutschland und je ein weiteres in Österreich, der Tschechischen Republik, Rumänien und China. Weltweit arbeiten mehr als 17.500 Menschen für Miele, von denen etwa 10.500 in Deutschland tätig sind. Drei von vier der außerhalb Deutschlands Beschäftigten arbeiten im Service- und Vertriebsbereich. Einschließlich der dualen Studenten bildet das Unternehmen in rd. 35 Berufen aktuell etwa 500 junge Menschen aus.

Nach wie vor steht Miele zu 100 % im Eigentum der beiden Gründerfamilien Miele und Zinkann. Die gleichberechtigte fünf-

Gesellschaftliche Verantwortung

Das gesellschaftlich-soziale Engagement des Unternehmens Miele ist traditionell eng an den Standort Gütersloh gebunden, an dem heute etwa 5.000 Menschen arbeiten und mit ihren Familien leben – gut die Hälfte der Beschäftigten in Deutschland. Ergänzend werden auch Menschen und Projekte im Umfeld der übrigen Standorte unterstützt. Vor allem Kinder und Jugendliche, ihre Bildungs- und Lebenschancen, werden mit meist längerfristigen Projekten unterstützt. Der zweite Aktionsbereich erstreckt sich auf Kunst und Kultur für alle Altersgruppen. Darüber hinaus finanziert Miele ingenieurwissenschaftliche Stipendien. Das gesellschaftliche Engagement verteilt sich auf das Unternehmen Miele sowie die Miele-Stiftung. Letztere verfolgt als ausdrücklichen Stiftungszweck die Förderung des Gemeinwohls der Stadt Gütersloh oft in Verbindung mit Kindern und Kultur. So unterstützt die Stiftung etwa den Gütersloher Knabenchor (siehe Foto) und die Westfälische Kammerphilharmonie sowie – seit 1976 – die Gütersloher Ferienspiele.

Miele

Meilensteine

1899 Carl Miele sen. und Reinhard Zinkann starten in Herzebrock die Produktion von Milchzentrifugen und Buttermaschinen.

1901 Europas erste seriengefertigte Waschmaschine kommt auf den Markt.

1907 Umzug nach Gütersloh

1929 Der erste elektrische Geschirrspüler kommt auf den Markt.

1956 Erster Miele-Waschvollautomat; zwei Jahre später folgt der erste Miele-Trockner für den Haushalt, dann der erste Geschirrspülvollautomat.

1978 Die ersten Mikrocomputer halten als Steuerkomponenten Einzug in Waschmaschinen, Trockner und Geschirrspüler von Miele.

ab 1980 Die erste Vertriebstochter außerhalb Europas wird in Australien gegründet, gefolgt von Südafrika, den USA und Kanada.

1998 Miele bringt den weltweit ersten Einbau-Kaffeevollautomaten auf den Markt.

2002 Die wabenförmige Schontrommel revolutioniert den Markt.

2010 Miele präsentiert die ersten Smart-Grid-fähigen Hausgeräte.

2013 Deutschlands Konsumenten wählen Miele zur besten Produktmarke aller Zeiten („best brand ever").

köpfige Geschäftsführung setzt sich zusammen aus den beiden Gründerurenkeln Dr. Markus Miele und Dr. Reinhard Zinkann als Vertreter der Inhaberfamilien sowie – als familienunabhängige Geschäftsführer mit Ressortzuständigkeit – Olaf Bartsch (Finanzen/Hauptverwaltung), Dr. Axel Kniehl (Marketing/Vertrieb) und Dr. Eduard Sailer (Technik).

Daten und Fakten

Branche: Elektroindustrie
Umsatz: 3,22 Mrd. Euro (Geschäftsjahr 2013/2014)
Mitarbeiter: weltweit 17.660, davon 10.411 in Deutschland (30.6.2014)
Ausbildungsplätze: 458 in Deutschland
Werke: Gütersloh (Hauptsitz), Bielefeld, Oelde, Bünde, Lehrte, Euskirchen, Warendorf, Arnsberg, Bürmoos/Österreich, Dongguan/China, Uničov/Tschechische Republik, Brașov/Rumänien
Internationaler Vertrieb: Service- und Vertriebsgesellschaften in 47 Ländern; Importeure in weiteren 50 Ländern
Exportquote: 69,5 %
Gründer: Carl Miele sen. und Reinhard Zinkann, 1899, Herzebrock
Eigentümer: Familien Miele und Zinkann
Auszeichnungen: „best brand ever" (GfK-gestütztes Markenranking, 2013); „most trusted brand" (Reader's Digest, 2014); „Kundenmonitor Deutschland" (Bester Kundendienst der Branche); „iF product design award" (2013); „Red Dot Design Award" (2014); zahlreiche Testsiege (u. a. Stiftung Warentest)

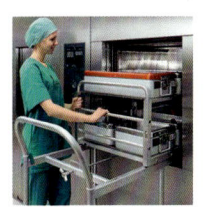

Kontakt

Miele & Cie. KG
Carl-Miele-Str. 29, 33332 Gütersloh
Fon: 05241 89-0, Fax: 05241 89-2090
info@miele.de, www.miele.de

Ansprechpartner Presse

Carsten Prudent
Fon: 05241 89-1951
presse@miele.de

Ein Ausschnitt aus dem aktuellen Produktprogramm: Bodenstaubsauger S8, Groß-Sterilisator, Wäschetrockner T1 bzw. Waschmaschine W1 „ChromeEdition" (von oben)

Miele im Internet

Minitüb

Tiefenbach, Bayern

Gegründet: 1970

Die Minitüb GmbH ist ein Biotechnologieunternehmen, das auf Fortpflanzungstechnologien für die Tierzucht spezialisiert ist. Minitüb hat sich von einer kleinen Patentschmiede und als Anbieter von qualitativ hochwertigen Produkten für die künstliche Besamung zum weltweiten Marktführer für Technologien der assistierten Reproduktion entwickelt, dessen Bandbreite von Produkten und Dienstleistungen von der künstlichen Besamung bis hin zur In-vitro-Befruchtung reicht. Minitüb beschäftigt heute mit aktuell 9 Niederlassungen in Europa, Südamerika und Australien über 300 Mitarbeiter weltweit, mehr als 120 davon in Tiefenbach. Die Geschäftsleitung des familiengeführten Unternehmens setzt sich zusammen aus Dr. Christian Simmet, Christa Simmet, Florian Simmet und Rudolf Simmet.

Kontakt
Minitüb GmbH
Hauptstr. 41, 84184 Tiefenbach
www.minitube.de

Mink Bürsten

Göppingen, Baden-Württemberg

Gegründet: 1845

Die August Mink KG hat sich auf Bürstentechnologien spezialisiert und ist in diesem Segment Weltmarktführer als Zulieferer für Maschinen- und Anlagenbauer aus den unterschiedlichsten Industrie-Branchen. Die Auswahl der technischen Bürsten von Mink umfasst über 120.000 Standardbürsten, das Unternehmen bietet aber auch Sonderanfertigungen für alle Bereiche an und stellt jährlich über 6 Mio. Bürsten her. Darüber hinaus bietet die August Mink KG auch Zubehör und Werkzeug für die Bürsten an. Die mehr als 15.000 internationalen aktiven Kunden des Unternehmens stammen aus den unterschiedlichsten Bereichen der Industrie. Etwa 350 Beschäftigte arbeiten am Firmensitz in Göppingen, der Jahresumsatz lag 2014 bei rd. 40 Mio. Euro. Geschäftsführender Gesellschafter und Hauptanteilseigner des 1845 in Stuttgart von August Mink gegründeten Unternehmens ist in 6. Generation Peter Zimmermann.

Kontakt
August Mink KG
Wilhelm-Zwick-Str. 13, 73035 Göppingen
www.mink-buersten.com

MK Metallfolien

Hagen, Nordrhein-Westfalen

Gegründet: 1999

Die MK Metallfolien GmbH ist ein unabhängiges Unternehmen für qualitativ hochwertige Folien und Superfolien. Zum Produktportfolio zählt die Fertigung von Folien und Superfolien aus Edelstahl und Sonderwerkstoffen bis zu einer Dicke von 0,015 mm. Durch unterschiedliche Walzwerkstoffe und Beschichtungen können für unterschiedliche Einsatzfelder entsprechende Oberflächenveredelungen, wie z. B. geringe Rautiefen und Oberflächenstrukturen, angeboten werden. Das im Jahr 1999 in Hagen gegründete Unternehmen beschäftigt rd. 75 Mitarbeiter. Produziert wird an den beiden Standorten in Hagen und Schwerte, ein Kaltwalzwerk in den USA wurde 2009 ins Leben gerufen und 2013 erweitert. Für die Kundenbetreuung am asiatischen Markt sorgt ein Service-Center im chinesischen Wujiang.

Kontakt
MK Metallfolien GmbH
Volmarsteiner Str. 1-9, 58089 Hagen
www.mk-metallfolien.de

MOBOTIX

Langmeil, Rheinland-Pfalz

Gegründet: 1999

Die MOBOTIX AG hat sich seit ihrer Gründung 1999 zu einem der Weltmarktführer für Megapixel-Kameras entwickelt. Das Softwareunternehmen mit eigener Hardwareentwicklung bietet damit digitale und netzwerkbasierte Video-Sicherheitssysteme im Bereich IP-Videotechnik und Zutrittskontrolle. Software und Support erhalten die Kunden kostenlos.

Im Hotel-, Bildungs- und Logistikbereich dienen die Videosysteme von MOBOTIX der Sicherheit. Auch Einzelhändler schützen sich mit den Systemen vor Diebstahl. Weitere Kundengruppen sind Militär- und Regierungseinrichtungen oder das Finanz- und Gesundheitswesen. MOBOTIX-Systeme kommen bei Fraport, Lufthansa Cargo oder der Deutschen Bahn zum Einsatz und sichern u. a. auch die Vatikanische Apostolische Bibliothek.

1999 entwickelte MOBOTIX die erste wetterfeste Webcam mit digitalen Bildsensoren und integriertem PC. Seit damals setzt man auf ein dezentrales Speicherkonzept, bietet Kameramodelle mit hochauflösender Megapixel-Technologie und seit 2008 Kameras mit 360°-Blick. 2014 wurden Wärmebildkameras mit neuen Thermalsensor-Modulen eingeführt. Das Unternehmen beschäftigt ca. 400 Mitarbeiter und setzte 2012/13 rd. 86,4 Mio. Euro um. MOBOTIX ist Träger zahlreicher Innovations- und Designpreise und wurde bereits dreimal in Folge zum wachstumsstärksten deutschen Mittelständler gekürt. Den Aufsichtsrat des seit 2007 börsennotierten Unternehmens leitet der Gründer Dr. Ralf Hinkel. Vorstandsvorsitzender ist Klaus Gesmann, Technikvorstand Dr. Oliver Gabel.

Kontakt
MOBOTIX AG
Kaiserstraße, 67722 Langmeil
Fon: 06302 9816-0, Fax: 06302 9816-190
info@mobotix.com, www.mobotix.com

Möllers

→Maschinenfabrik Möllers

Montblanc

Hamburg

Gegründet: 1906

Unter der Marke Montblanc werden Schreibgeräte, Uhren, Lederutensilien, Schmuck, Brillen sowie Düfte im Premium-Segment hergestellt und vertrieben. Berühmtestes Produkt ist der im Jahr 1924 entwickelte Füllfederhalter „Meisterstück", der heute in nahezu unverändert hochwertiger Form – mit 18-Karat-Goldfeder und Platinintarsien – hergestellt wird. Die Montblanc Produkte sind in mehr als 70 Ländern der Welt erhältlich und werden über autorisierte Fachhändler, Juweliere sowie 360 Montblanc-Boutiquen vertrieben. Am Stammsitz in Hamburg sind rd. 1.000 der insgesamt 3.300 Mitarbeiter beschäftigt (2012). Die Ursprünge des Unternehmens gehen auf den deutschen Ingenieur August Eberstein zurück, der im Jahr 1906 in Berlin mit der Produktion von Füllfederhaltern begann.

Kontakt
Montblanc Deutschland GmbH
Hellgrundweg 100, 22525 Hamburg
www.montblanc.com

MOSCA

Waldbrunn, Baden-Württemberg

Kontakt

Mosca GmbH
Gerd-Mosca-Str. 1, 69429 Waldbrunn
Fon: 06274 932-0, Fax: 06274 932400-118
info@mosca.com, www.mosca.com

Gegründet: 1966

Die Mosca GmbH ist ein unabhängiges, innovatives Familienunternehmen und gilt weltweit als Technologieführer im Bereich der Umreifungstechnik und Systemanbieter in Sachen Transportgutsicherung. MOSCA Umreifungsmaschinen sichern und schützen Paletten, Pakete und Kartonagen aller Art. Das Produktportfolio reicht vom kompakten, klassischen Automaten mit leichter Handhabung bis hin zur vollautomatischen Umreifungsanlage mit integrierter Fördertechnik, die sich problemlos in jede Produktionslinie integrieren lässt. Je nach Bedarf werden die Produkte einfach, mehrfach, vertikal, horizontal, parallel oder kreuzweise umreift. Dabei kommt vorwiegend das eigens entwickelte und patentierte Ultraschall-Schweißverfahren SoniXs zum Einsatz, das gegenüber der herkömmlichen Heizkeil-Schweißtechnik viele kostengünstige und umweltfreundliche Vorteile hat. Auf ökologische Aspekte achtet die Mosca GmbH vor allem auch bei der Produktion der qualitativ hochwertigen Umreifungsbänder aus PP und PET, die in einer der modernsten Anlagen Europas im Odenwälder Muckental hergestellt werden. So werden die PET-Umreifungsbänder zu 100% aus Recyclingmaterial („bottle flakes") produziert.

Aus dem 1966 gegründeten Zwei-Mann-Betrieb im Odenwald hat sich ein von Simone und Timo Mosca inhabergeführtes internationales Unternehmen mit weltweit rd. 800 Mitarbeitern entwickelt. Das unabhängige Familienunternehmen hat seinen Produktionssitz in Waldbrunn und ein auf 65 Länder ausgedehntes Vertriebs- und Servicenetz.

Mubea

Attendorn, Nordrhein-Westfalen

Gegründet: 1916

Die Muhr und Bender KG, die unter dem Namen Mubea Unternehmensgruppe auftritt, ist ein international tätiger Automobilzulieferer mit Schwerpunkt im Leichtbau für hoch beanspruchbare Federkomponenten. Mubea ist Marktführer in vielen Segmenten der Federindustrie. Mit neuen Leichtbautechnologien sowie neuen Werkstoffen und Verarbeitungsmethoden schafft Mubea innovative Lösungen für die Konstruktion leichterer Fahrzeuge. In den 28 Produktions-, Vertriebs- und Entwicklungsstandorten auf 4 Kontinenten erwirtschaftete das Unternehmen 2013 einen Umsatz von 1,47 Mrd. Euro. Das von Thomas Muhr inhabergeführte Familienunternehmen beschäftigt weltweit über 10.000 Mitarbeiter.

Kontakt

Muhr und Bender KG
Schlachtwiese 4, 57439 Attendorn
www.mubea.com

Mühlenchemie

Mühlenchemie
Ahrensburg, Schleswig-Holstein

M UH

Im MehlWelten Museum werden mehr als 3.100 Mehlsäcke aus 133 Ländern gezeigt.

»Ein Unternehmen ist nur dann erfolgreich, wenn es Persönlichkeit hat und Kunden sowie Mitarbeiter durch Leidenschaft begeistert.«

Volkmar Wywiol

Gegründet: 1923

Die Mühlenchemie GmbH & Co. KG ist Weltmarktführer im Segment der Mehlbehandlung und Mehlanreicherung in der Müllerei. Das Unternehmen versorgt die Mühlenindustrie weltweit mit Mehlverbesserungsmitteln und Vitaminpremixen, da Mehle starken Schwankungen in der Backqualität unterliegen – je nach Witterungseinflüssen, Bodenbeschaffenheit und Erntebedingungen.

Der Bereich Mehlverbesserungsmittel umfasst z. B. Enzyme, Ascorbinsäure, Mehlreifungsmittel und Säureregulatoren. Im Bereich Mehlanreicherungsmittel beinhaltet die Produktpalette Vitamine und Mineralstoff-Premixe. Ein weiterer Bereich sind Backzutaten für Fertigmehle wie z. B. Emulgatoren, Sojamehle und Vitalkleber. Hinzu kommen Service- und Dienstleistungen, zu denen die Mehlanalytik, Backversuche, Schulungen und Laborausrüstung gehören. Die Mühlenchemie bedient über 2000 Mühlen in mehr als 110 Ländern mit ihren Produkten. Das Herzstück des Unternehmens ist das Ahrensburger Technologiezentrum mit seinem modernen Backtechnikum und Rheologielabor sowie einem Pasta- und Enzymlabor. Hier werden Hunderte von Mehlqualitäten aus aller Welt analytisch untersucht und in der Versuchsbäckerei erprobt. Ziel ist es, der Mühlenindustrie zur Standardisierung der Mehlqualitäten maßgeschneiderte Produktlösungen anzubieten, um daraus optimale Gebäcke und Teigwaren zu wirtschaftlichen Preisen herstellen zu können. Ein zweiter zentraler Bereich ist die Mehlanreicherung mit Vitaminen und Mineralstoffen. Um der Unterversorgung der Bevölkerung mit Mikronährstoffen – vor allem in Schwellenländern – entgegenzuwirken, haben die Regierungen vieler Länder Richtlinien zur Anreicherung von essenziellen Nährstoffen im Mehl festgelegt. Auch auf diesem Gebiet ist die Mühlenchemie in der Müllerei Weltmarktführer.

Die weltweite Führungsposition wird durch eigene Filialen in Singapur, China, Indien, Mexiko, Russland, Brasilien und der Türkei unterstützt. Das Unternehmen arbeitet

Die Mühlenchemie ist Teil der Hamburger Stern-Wywiol Gruppe, die von Volkmar und Torsten Wywiol (CEO) (oben, v.l.) geleitet wird; unten im Bild das Backlabor des Ahrensburger Technologiezentrums.

Das Technologiezentrum in Ahrensburg ist nicht nur das Herzstück der Mühlenchemie, sondern stellt auch allen Spezialfirmen der Stern-Wywiol Gruppe sein Anwendungs-Know-how zur Verfügung.

Mühlenchemie

M UH

international mit vielen Forschungseinrichtungen und im Bereich Vitamin- und Nährstoffanreicherung auch mit NGOs und der Weltgesundheitsorganisation WHO eng zusammen.

Die Wurzeln der Mühlenchemie reichen zurück in das Jahr 1923, als Carl Grünig als Erster Mehlverbesserungsmittel für die Müllerei entwickelte. Das Unternehmen wuchs schnell und entwickelte sich in den 1930er-Jahren mit Getreidechemikern, Backtechnologen und einem eigenen Backlabor zum führenden Anbieter in der europäischen Müllerei. 1990 wurde die Mühlenchemie im Zuge einer Nachfolgeregelung von Volkmar Wywiol erworben, in das Familienunternehmen Stern-Wywiol Gruppe integriert und international ausgerichtet. In Wittenburg (Mecklenburg-Vorpommern) wurde 1999 ein modernes Werk für Backzutaten und andere Lebensmittelzusatzstoffe mit einer Kapazität von 40.000 t errichtet, das europaweit eine Spitzenposition einnimmt.

Die Stern-Wywiol Gruppe zählt zu den erfolgreichen international operierenden Unternehmen im Bereich „Food & Feed Ingredients". Für das Jahr 2014 erwartet die in Hamburg ansässige Gruppe, die weltweit rd. 850 Mitarbeiter beschäftigt, einen Umsatz von über 400 Mio. Euro.

> **Schon gewusst?**
>
> Die enge Verbundenheit mit der Müllerei zeigt das Unternehmen durch die Errichtung des MehlWelten Museum in Wittenburg, eines einzigartigen Mehlsackmuseums, das international hohe Anerkennung erfahren hat. Mehr als 3.100 Mehlsäcke aus 133 Ländern werden hier gezeigt. Die zahlreichen Mythen, Märchen und Legenden, die sich um die Müllerei seit Jahrtausenden ranken, finden sich in den Motiven der Mehlsäcke wieder. Das Museum wird als Wissensforum „Mehl ist Leben" kontinuierlich erweitert.

Seit 1999 werden Mühlenchemie-Produkte vom Schwesterunternehmen SternMaid in Wittenburg hergestellt (oben). Dort gründete die Mühlenchemie 2008 auch das erste Mehlsackmuseum der Welt (Mitte, unten).

Die Mühlenchemie im Internet

Einfach erklärt: Mehlverbesserungsmittel

Saat, Klima, Bodenbeschaffenheit und Erntebedingungen beeinflussen Jahr für Jahr die Getreidequalitäten. Das führt zu erheblichen Qualitätsschwankungen von Weizenmehl. Die Hersteller von Brot, Brötchen, Keksen und Teigwaren benötigen jedoch eine standardisierte Mehlqualität zur rationellen Gebäckherstellung von erstklassigen Backwaren. Die Mehlverbesserung ist das Kerngebiet der Mühlenchemie, von der klassischen Mehlbehandlung bis hin zu Fertigmehlen und „Composite Flours". Obwohl viele Mühlen die Mehle nach analytischen Qualitätsdaten beurteilen, sagen diese zu wenig über die Verarbeitungseigenschaften aus. Die Gebäckqualität wird von den Eigenschaften der aus den Mehlen hergestellten Teige – rheologisches Verhalten, Knettoleranz, Oberflächenfeuchte und Gärstabilität – bestimmt. Erst die Teigprüfung und der Backversuch verschaffen der Mühlenchemie die entscheidenden Informationen zur Beurteilung der Qualität eines Mehles. Ein Kerngebiet der Mühlenchemie ist die Enzymtechnologie. Die anwendungstechnische Erforschung der Backeigenschaften von Enzymen im Zusammenspiel mit Emulgatoren, Oxidationsmitteln und anderen Inhaltsstoffen ist eine wichtige Grundlage für Lösungen, die der Müllerei einen echten Mehrwert bieten. Mit den bekannten Marken ALPHAMALT, POWERZYM, STERNZYM, PASTAZYM, ELCOVIT und TIGERZYM hat die Mühlenchemie wegweisende Lösungen in der Enzymtechnologie für Brot und andere Back- und Teigwaren gefunden.

Daten und Fakten

Branche: Zusatzstoffe für Lebensmittel
Produkte: Mehlverbesserungsmittel wie Enzyme, Ascorbinsäure; Mehlreifungsmittel, Säureregulatoren; Mehlanreicherungsmittel wie Vitamine und Mineralstoff-Premixe; Backzutaten wie Emulgatoren, Lecithine, Sojamehle und Vitalkleber
Marktposition: Weltmarktführer in der Müllerei für Mehlbehandlungsmittel und Vitamin- und Mineralstoffpremixe
Standorte: Hauptsitz und Technologiezentrum in Ahrensburg bei Hamburg; Auslandsfilialen (z. T. mit Anwendungstechnikum und Produktionseinheiten) in China, Indien, Mexiko, Russland, der Türkei, Singapur und den USA
Export: in mehr als 110 Länder
Innovationen: Entwicklung des ersten Enzympräparats unter der Marke ALPHAMALT (1952), Einführung von Acorbinsäure als Mehlreifungsmittel unter der Marke GLUTIN (1960), seit 1990 kontinuierliche Weiterentwicklungen auf dem Gebiet der Enzyme zur Verbesserung der Mehleigenschaften
Eigentümer: Stern-Wywiol Gruppe, Hamburg (1990)
Literatur:
L. Popper u. a.: Future of Flour. A Compendium of Flour Improvement (2006)
V. Wywiol: Lecithin – der unvergleichliche Wirkstoff (1986)
ders.: Kreativität führt. Creativity wins. (2005)
ders.: flour art museum – eine weltumspannende Galerie der Mehlsäcke (2011)

Kontakt

Mühlenchemie GmbH & Co. KG
Kurt-Fischer-Str. 55, 22926 Ahrensburg
Fon: 04102 202-001, Fax: 04102 202-010
info@muehlenchemie.de
www.muehlenchemie.de

Ansprechpartner Presse

Nicole Schulze
Fon: 040 284039-75
nschulze@muehlenchemie.de

MULTIVAC

Wolfertschwenden, Bayern

Gegründet: 1961

Die Domäne der MULTIVAC Sepp Haggenmüller GmbH & Co. KG ist seit mehr als 50 Jahren die Produktion von Verpackungsmaschinen. MULTIVAC ist Weltmarktführer im Bereich der Tiefziehverpackungsmaschinen und hält hier auch die Technologieführerschaft. Zum Portfolio gehören darüber hinaus auch Trayseaeler und Vakuum-Kammermaschinen. Neben Verpackungsmaschinen bietet das Unternehmen aber auch Kennzeichnungs- und Etikettiersysteme, Systeme zur Qualitätsinspektion, Handhabungssysteme sowie schlüsselfertige automatisierte Verpackungslösungen. Außerdem handelt die MULTIVAC Gruppe mit Verbrauchsmaterialien wie Folien und Beuteln sowie mit Maschinen von Drittherstellern, um ein komplettes Produktportfolio anbieten zu können. Die MULTIVAC Unternehmensgruppe verfügt über 4 Produktionsstätten in Deutschland und Österreich sowie etwa 70 Tochtergesellschaften weltweit. Das Unternehmen beschäftigt rd. 4.200 Mitarbeiter weltweit. Der Vertrieb erfolgt in 140 Länder, die Exportquote liegt bei über 80 %. Zum Kundenkreis von MULTIVAC zählen vor allem Lebensmittelhersteller, aber auch Firmen aus der Medizingüterindustrie und Hersteller von Non-Food und Industrieprodukten. MULTIVAC wurde 1961 von Sepp Haggenmüller in Böhen gegründet. Die Unternehmensgruppe befindet sich bis heute in Familienbesitz. Sie wird durch ein externes Management geleitet, dem Hans-Joachim Boekstegers (CEO), Christian Traumann (CFO) und Guido Spix (CTO) angehören.

Munich Re

M UN

Kontakt

MULTIVAC Sepp Haggenmüller
GmbH & Co. KG
Bahnhofstr. 4, 87787 Wolfertschwenden
Fon: 08334 601-0, Fax: 08334 601-199
info@multivac.de, www.multivac.com

Munich Re

München, Bayern

Gegründet: 1880

Die Versicherungsgesellschaft Munich Re ist einer der weltweit führenden Rückversicherer. Die Aktiengesellschaft identifiziert und übernimmt weltweit Risiken unterschiedlichster Komplexität, abgestimmt auf die jeweilige Kundenbranche. Munich Health und die ERGO Versicherungsgruppe gehören ebenfalls zum Konzern und bündeln die Aktivitäten im Bereich Erstversicherung. Die rd. 46.000 Mitarbeiter weltweit sorgten im Jahr 2013 für einen Gewinn von 3,3 Mrd. Euro, die Beitragseinnahmen beliefen sich auf 51,5 Mrd. Euro. Munich Re ist auf allen Kontinenten der Erde aktiv. Die weltweiten Kapitalanlagen der Gruppe sind im Bereich Asset Management zusammengefasst und werden von der MEAG verwaltet, die auch private und institutionelle Kunden betreut. Dr. jur. Nikolaus von Bomhard steht der Gruppe als Vorstandsvorsitzender vor.

Kontakt

Münchener Rückversicherungs-Gesellschaft
Königinstr. 107, 80802 München
www.munichre.com

Müssel

Marktredwitz, Bayern

Gegründet: 1932

Die Müssel Maschinenbau GmbH ist auf die Entwicklung, Konstruktion, Produktion und Inbetriebnahme kompletter Förderanlagen und Sondermaschinen spezialisiert. Zum Leistungsspektrum gehört des Weiteren die Herstellung einzelner Bauteile, auch nach Kundenzeichnung, sowie die Fertigung der einzelnen Förderkomponenten, z. B. die „Rollende Messerkante" zur schonenden Übergabe des Förderguts. Weltweit die Nummer eins ist das in Marktredwitz ansässige Unternehmen u. a. als Hersteller von Montagegeräten und Werkstattmaschinen für Transportbänder und Antriebsriemen. Zu den Abnehmern zählen Konfektionierungswerkstätten aus aller Welt. Flankiert wird die Produktpalette von Services wie Beratung, Implementierung vor Ort sowie Reparatur- und Wartungsarbeiten.

Christian Müssel gründete das Unternehmen im Jahr 1932 und konzentrierte sich zunächst auf die Wartung von Dampfmaschinen. Heute agiert das mittlerweile in 3. Generation inhabergeführte Unternehmen weltweit und bietet seinen Kunden Fördertechnik, Sondermaschinenbau, Komponenten für die Fördertechnik und Belting Tools (Technologien zur Bandbearbeitung). Am Marktredwitzer Firmenstandort im Fichtelgebirge sind 60 Mitarbeiter beschäftigt, davon 11 Auszubildende – ein klares Bekenntnis zum deutschen Standort, das sich auch in dem Firmenclaim „Wir sind Qualität aus dem Fichtelgebirge!" wiederfindet. Der jährliche Umsatz liegt bei rd. 3,5 Mio. Euro. Der Großteil des Absatzes (49 %) geht in Drittländer, 28 % verbleiben in Europa und 21 % sind es in Deutschland.

M+W Group

Kontakt
Müssel Maschinenbau GmbH
Reichelsweiherstr. 8, 95615 Marktredwitz
Fon: 09231 9980-0, Fax: 09231 9980-80
kontakt@muessel.com, www.muessel.com

MVTec

München, Bayern

Gegründet: 1996

Die MVTec Software GmbH gilt als der international führende Hersteller von Software für die industrielle Bildbearbeitung. Maschinelles Sehen spielt in verschiedenen Branchen eine Rolle, z. B. in der Halbleiterindustrie, bei der Oberflächenuntersuchung von Geweben und anderen Materialien, der Qualitätskontrolle, der Medizintechnik oder der Sicherheitstechnik. Das Serviceportfolio umfasst Beratung, Prototyp-Entwicklung und integrierte Applikationslösungen. Als Ausgründung der Universität München und des Bayerischen Forschungszentrums für wissensbasierte Systeme ist MVTec 1996 entstanden und arbeitet bis heute mit vielen wissenschaftlichen Einrichtungen eng zusammen. Geschäftsführende Gesellschafter sind Dr. Wolfgang Eckstein und Dr. Olaf Munkelt.

Kontakt
MVTec Software GmbH
Neherstr. 1, 81675 München
www.mvtec.com

M+W Group

Stuttgart, Baden-Württemberg

Gegründet: 1912

Die M+W Group mit Sitz in Stuttgart zählt zu den weltweit führenden Unternehmen im Hightech-Anlagenbau. Im Jahr 2013 erwirtschaftete die Gruppe mit rd. 8.500 Mitarbeitern in mehr als 30 Ländern einen Auftragseingang von 3,03 Mrd. Euro sowie einen Umsatz von 2,56 Mrd. Euro. Von der Konzeptentwicklung und dem Design bis zur schlüsselfertigen Lösung realisiert der Anlagenbauer rund um den Globus Projekte jeder Größe.

Das Unternehmen wurde im Jahr 1912 gegründet und ist heute in verschiedenen Segmenten (etwa bei Halbleiter- und Photovoltaikprojekten) globaler Marktführer. Neben der Halbleiter- und Photovoltaikindustrie ist die M+W Group u. a. in den Branchen Chemie, Life Science, Energie, Elektronik, Informationstechnik sowie bei Infrastrukturprojekten tätig. Zu den innovativsten Projekten zählen Forschungsvorhaben etwa im Bereich der Nanotechnologie, für die künftige Halbleiterfertigung auf 450-Millimeter-Wafern oder für die weltweit größte Versuchsanlage zur Nutzung der Fusionsenergie (ITER) in Frankreich.

Beitrag der M+W Group zur Hightech-Forschung: Referenzprojekt zur Neutronenquellenforschung.

»Wir stehen für eine langfristige, wertorientierte Partnerschaft mit unseren Kunden.«

Aus den Unternehmensgrundsätzen der M+W Group

Die M+W Group hat ihren Sitz in Stuttgart.

M+W Group

M
WG

Schon gewusst?

- Als Marktführer für den Bau von 300-Millimeter-Wafer-Fabriken hat die M+W Group bis heute insgesamt über 4 Mio. m² Produktionsfläche für die Elektronikindustrie geplant und gebaut.
- Im Bereich Photovoltaik erstellte die M+W Group bisher weltweit Fabrikkapazitäten von über 11 GWp für ihre Kunden.
- Insgesamt hat die M+W Group mehr als 300 schlüsselfertige Projekte weltweit realisiert.

Für die hohe Qualität bei der Realisierung ihrer Projekte sowie die hohe Kundenzufriedenheit sprechen die Verleihungen von Preisen an die M+W Group genauso wie die hohe Wiederbeauftragungsquote mit langjährigen Kunden. Das Unternehmen erhielt u. a. den „Deutschen Rechenzentrumspreis 2014" in der Kategorie „Visionäre Rechenzentrumsarchitektur" und wurde 2013 bereits zum dritten Mal mit dem internationalen „Solar Industry Award" ausgezeichnet. Darüber hinaus werden immer wieder große Projekte für einzelne Kunden mit dem „Facility of the Year Award" bedacht oder als besonders energieeffizient zertifiziert. Dem Engagement für Klimaschutz und Energieeffizienz entsprechend ist die M+W Group auch Mitgründer der „Stiftung 2 Grad – Initiative für Klimaschutz", die sich das Ziel gesetzt hat, die durchschnittliche globale Erderwärmung auf zwei Grad zu beschränken.

Die M+W Group im Internet

Daten und Fakten

Branche: Anlagenbau
Produkte: Planung und Bau von Hightech-Anlagen und -Fabriken
Umsatz: 2,56 Mrd. Euro (2013)
Mitarbeiter: weltweit ca. 8.500, davon in Europa ca. 3.200, in den USA ca. 2.400, in Asien ca. 2.900
Vertrieb: Niederlassungen und Tochtergesellschaften in mehr als 30 Ländern weltweit
Innovationen: modulare Fabrikkonzepte für Lithium-Ionen-Batterie-Großserienproduktion, Konzeptionierung der ersten Forschungszentren für die neue 450mm-Halbleitertechnologie in den USA und Europa
Eigentümer: Stumpf Gruppe, Wien
Auszeichnungen: zahlreiche „Fab of the Year"-Auszeichnungen für Kundenprojekte v. a. im Halbleiter- und Life-Science-Sektor; Auszeichnungen für Sicherheit am Arbeitsplatz in mehreren Ländern; Zertifizierung zahlreicher Kundenprojekte als besonders ernergieeffizient und umweltschonend nach internationalen Standards (LEED, BREAM)
Mitgliedschaften: Mitglied in div. Branchenverbänden, z. B. SEMI, SILICON SAXONY, DECHEMA, EPIA, ISPE

Kontakt

M+W Group GmbH
Lotterbergstr. 30, 70499 Stuttgart
Fon: 07 11 88 04-0, Fax: 07 11 7 88 04-13 09
info@mwgroup.net, www.mwgroup.net

N

Nanogate

Nanogate

Quierschied, Saarland

Nanogate AG
Umsatz in Mio. Euro

- 2009: 10,7
- 2010: 15,4
- 2011: 33,2
- 2012: 38,0
- 2013: 53,0

»Multifunktionale Hochleistungsoberflächen werden eine Schlüsselrolle in der Welt von morgen übernehmen und in nahezu allen Anwendungsbereichen Produkte nachhaltig prägen.«

Ralf Zastrau, Vorstandsvorsitzender Nanogate AG

Ralf Zastrau ist CEO der Nanogate AG, die ihren Sitz in Göttelborn hat.

Gegründet: 1999

Die Nanogate AG zählt zu den Vorreitern der Nanotechnologie in Europa. Als Spin-off des Leibniz-Instituts für Neue Materialien (INM) in Saarbrücken gegründet, hat sich das Unternehmen seit dem operativen Start 1999 als ein international führendes, integriertes Systemhaus für Hochleistungsoberflächen etabliert. Von Beginn an verfolgte Nanogate das Ziel, wissenschaftliche Visionen und die Vorteile neuer Materialien in kommerziell erfolgreiche Produkte umzusetzen und sich bei Kunden als strategischer Innovationspartner für die Anwendung, Nutzung und Vermarktung neuer Werkstoffe zu positionieren. Mehrere hundert Lösungen wurden bisher erfolgreich im Markt umgesetzt.

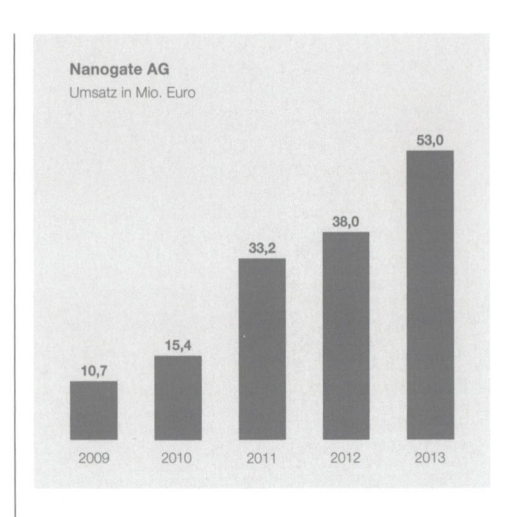

Als Systemhaus bietet Nanogate die gesamte Wertschöpfungskette vom Rohstoffeinkauf über die Synthese und Formulierung von Materialsystemen bis hin zur Veredelung und Produktion der Oberfläche in der Großserie. Produkte mit Technologie von Nanogate finden bereits in fast allen Lebensbereichen Verwendung. Kunststoff, Keramik, Beton, Metall, funktionelle Textilien oder Glas können mit neuen oder zusätzlichen Eigenschaften ausgestattet werden. Dadurch erhalten z. B. Metalle einen Schutz vor Korrosion oder Anschmutzung. Mit der Marke Nglaze® ist das Unternehmen weltweit führend in der

Nglaze®: Kunststoff mit glasähnlichen Eigenschaften

Unter der Dachmarke Nglaze® bietet Nanogate ein integriertes Portfolio zur Konzeption, Produktion und Veredelung von Kunststoffkomponenten mit glasähnlichen Eigenschaften in höchster optischer Qualität (Glazing) an. Die Kunststoffprodukte, die Nanogate teilweise selbst herstellt, werden mit einer transparenten, multifunktionalen Veredelung versehen und sind dadurch vielseitig einsetzbar und eröffnen neue Designoptionen. Transparente und farbige, optisch brillante Kunststoffe können bei vielen Anwendungen Glas und Metall ersetzen und ermöglichen neue Produkte. Dazu zählen z. B. auch neue Designelemente etwa in hochglänzender, schwarzer Klavierlackoptik. Vorteile sind neben dem erheblich größeren Spielraum beim Design auch deutliche Gewichtseinsparungen um bis zu 50 % und daraus resultierend im Automobilbereich ein geringerer CO_2-Ausstoß sowie eine verbesserte Sicherheit. Marktbeobachter prognostizieren, dass im Jahr 2020 ein signifikanter Anteil von Autoscheiben und anderen Komponenten aus Kunststoffen produziert werden kann. Mit seiner Nglaze® Systemkompetenz stellt Nanogate ein umfassendes Engineering-Know-how, führende Technologien sowie Serienproduktionsverfahren für die Herstellung und Veredelung von Hightech-Kunststoffkomponenten zur Verfügung. Diese integrierte Form der Systemkompetenz ist in dieser umfassenden Ausprägung bisher einzigartig.

Nanogate

Nglaze® Kunststoffkomponente für optisch perfekte Produkte

Meilensteine

1999 Operativer Start von Nanogate als Spin-off des Leibnitz-Instituts für neue Materialien in Saarbrücken

2006 Umfirmierung zur Nanogate AG und Börsengang

2007 Start des Strategieprogramms NEXT

2010 Mehrheitsbeteiligung an der GfO Gesellschaft für Oberflächentechnik mbH

2011 Erwerb der niederländischen Eurogard B.V.

2012 Beteiligung an der Plastic Design GmbH

2013 Aufbau eines integrierten Kompetenzzentrums für Entwicklung, Produktion und Veredelung für Kunststoffe mit glasähnlichen Eigenschaften (Glazing)

2014 Start des strategischen Wachstumsprogramms PhaseV; Erwerb des Oberflächenspezialisten Vogler GmbH

Produktion und Veredelung von Kunststoffen mit glasartigen Eigenschaften in höchster optischer Qualität (Glazing).

Jährlich investiert Nanogate rd. 10 % des Umsatzes in die Forschung und Entwicklung und arbeitet dabei mit zahlreichen Forschungseinrichtungen und Hochschulen zusammen. Strategische Kooperationen mit vielen internationalen Konzernen unterstreichen die Innovationskraft der Unternehmensgruppe.

Im Jahr 2013 erwirtschaftete der Nanogate Konzern mit seinen Tochtergesellschaften einen Umsatz von 53 Mio. Euro, etwa die Hälfte davon entfiel auf das Auslandsgeschäft. Das Unternehmen beschäftigt rd. 500 Mitarbeiter und liefert seine Produkte weltweit in 30 Länder. Zu den Kunden zählen u. a. Airbus, Audi, BSH Bosch und Siemens Hausgeräte, Daimler, Junkers und Volkswagen.

Geleitet wird die Nanogate AG, die seit 2006 im Entry Standard der Deutschen Börse notiert ist, von Mitgründer Ralf Zastrau (CEO) sowie Michael Jung (COO) und Daniel Seibert (CFO). Für gesellschaftliches Engagement, Innovationsstärke sowie hohe Wachstumsraten wurde Nanogate im Jahr 2011 mit dem Sustained Excellence Award des Deloitte Technology Fast 50 Award ausgezeichnet.

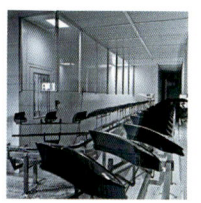

Komponente einer Syntheseanlage zur Materialherstellung (oben); Oberflächenveredelung eines Nglaze® Bauteils (Mitte); Veredelung von Kunststoffkomponenten in Serie (unten)

Nanogate im Internet

Nederman

N
ED

Daten und Fakten

Branche: Nanotechnologie
Produkte: Hochleistungsoberflächen mit Fokus auf Kunststoffe und Metalle, aber auch Lösungen für Glas, Keramik, Beton und Textilien
Marktposition: Nanogate ist mit seiner Marke Nglaze® führend im Bereich von Glazing-Komponenten und -Oberflächen
Umsatz: 53 Mio. Euro (2013)
Mitarbeiter: ca. 500
Vertrieb: in 30 Länder
Auslandsanteil: ca. 50 %
Patente: mehr als 85
F&E-Quote: 10 %
Eigentümer: börsennotierte Aktiengesellschaft

Kontakt

Nanogate AG
Zum Schacht 3, 66287 Göttelborn
Fon: 06825 9591-0, Fax: 06825 9591-852
info@nanogate.com, www.nanogate.com

Ansprechpartner Presse

Liane Stieler-Joachim
Fon: 06825 9591-220
liane.stieler-joachim@nanogate.com

Kontakt Investor Relations

Cortent Kommunikation AG
Fon: 069 5770300-0
nanogate@cortent.de

»Lösungen für eine öko-effiziente Produktion«

Nederman Unternehmensclaim

Nederman ist im Bereich der industriellen Luftfiltration weltweit führend.

Die Anlagen von Nederman kommen in den verschiedensten Branchen zum Einsatz.

Nederman

Köngen, Baden-Württemberg

Gegründet: 1944

Die Nederman Gruppe ist einer der weltweit führenden Anbieter von Produkten und Lösungen im Bereich der industriellen Luftfiltration. Das Unternehmen bietet Komplettlösungen, die von ersten Vorstudien über Planung und Anlagenauslegung bis zur Montage und Inbetriebnahme reichen und auch einen Ersatzteilmarkt mit einschließen. Schulungen zur Nutzung der Anlagen sowie die Instandhaltung inkl. einer 24h-Hotline und Kundenbetreuung vor Ort ergänzen das Service-Portfolio. Die Anlagen kommen in Gießereien, Schmelzereien, in der metallverarbeitenden Industrie und Zerspanungstechnik ebenso zum Einsatz wie in der Produktion von Verbundstoffen. Aber auch die Pharma- und Lebensmittelindustrie, die Abfallwirtschaft, Produzenten von Bioenergie, Krematorien, Werkstätten oder Feuer- und Rettungswachen nutzen die Technologie von Nedermann.

Die Unternehmensgruppe hat ihren Hauptsitz in Schweden und betreibt weltweit Produktionsstätten und Montagewerke. Die weltweite Präsenz wird darüber hinaus von Vertriebs- und Serviceunternehmen in 31 Ländern sowie Vertretern und Vertriebspartnern in über 30 Ländern gewährleistet. 2013 erzielte die Nederman Gruppe mit über 1.900 Mitarbeitern einen Umsatz von 310 Mio. Euro.

In Deutschland betreibt Nederman einen flächendeckenden Außendienst und beschäftigt ca. 220 Mitarbeiter. Nederman Sales & Service Deutschland verfügt über Standorte in Köngen (Produktvertrieb), Friesenheim (Engineering) und Herzebrock-Clarholz (Lager). Geschäftsführer ist Dr. Ralf Klöpfer.

Nemetschek

Die Ursprünge der Unternehmensgruppe gehen auf Philip Nederman zurück, der 1944 im schwedischen Helsinborg eine Firma zur Produktion von Schlauch- und Kabelaufrollern sowie Komponenten für die Schweißrauchabsaugung gründete. Zu den wichtigsten Meilensteinen der jüngeren Geschichte zählen die Akquisitionen der Firmen Dantherm Filtration im Jahr 2010 und EFT im Jahr 2012, wodurch Nederman zu einem weltweit führenden Unternehmen im Sektor der industriellen Luftfiltrierung wurde.

Meilensteine

1944 Philip Nederman gründet das Unternehmen im schwedischen Helsingborg.

2002 Akquisition des Unternehmens Norclean

2009 Akquisition des Unternehmens Arboga

2010 Akquisition des Unternehmens Dantherm Filtration

2012 Akquisition des Unternehmens Environment Filtration Technology (EFT)

Daten und Fakten

Branche: Umwelttechnik
Produkte: Komplettlösungen für die Luftfiltration inkl. Vorstudien, Planung, Anlagenauslegung, Montage, Inbetriebnahme, Schulung und Instandhaltung
Marktposition: einer der weltweiten Marktführer in der industriellen Luftfiltrierung und im Ressourcenmanagement
Umsatz: 310 Mio. Euro (Gruppe, 2013)
Mitarbeiter: 1.924 weltweit, davon 218 in Deutschland (2013)
Standorte: Produktionsstätten in Deutschland, Dänemark, Frankreich, Polen, Großbritannien, Schweden, China, Thailand und den USA; Montagewerke in Schweden, Australien, Brasilien, Kanada, China und den USA
Vertrieb: eigener Außendienst in Deutschland; Verkaufsgesellschaften in 31 Ländern; Vertriebspartner in über 30 Ländern
Gründer: Philip Nederman, 1944, Helsingborg/Schweden
Eigentümer: börsennotierte Aktiengesellschaft

Kontakt

Nederman GmbH
Nürtinger Str. 50, 73257 Köngen
Fon: 07024 86899-0, Fax: 07024 86899-29
info@nederman.de, www.nederman.de

Nemetschek

München, Bayern

Gegründet: 1963
Die Nemetschek AG ist ein weltweit führender Softwarehersteller für die AEC-Industrie (Architecture, Engineering, Construction). Das Familienunternehmen ist in vier Geschäftsfelder gegliedert: Planen, Bauen, Nutzen sowie Multimedia für die realitätsgetreue Visualisierung und Animation von Bauvorhaben. Mit weltweit mehr als 40 Standorten bedient die Nemetschek Gruppe heute mit ihren 11 Marken über 1,2 Mio. Nutzer in 142 Ländern. 1963 von Prof. Georg Nemetschek gegründet, setzt das Unternehmen seit jeher auf innovative Konzepte, wie z. B. Open Building Information Modeling (Open BIM) für den AEC-Markt von morgen. Das seit 1999 börsengelistete und im TecDAX notierte Unternehmen erzielte 2013 einen Umsatz von 185,9 Mio. Euro.

Kontakt

Nemetschek AG
Konrad-Zuse-Platz 1, 81829 München
www.nemetschek.com

Nederman im Internet

NETZSCH

NETZSCH

Selb, Bayern

Gegründet: 1873

Die NETZSCH-Gruppe ist ein weltweit tätiges Familienunternehmen und gliedert sich in drei Geschäftsbereiche, die alle selbstständig in ihren Märkten agieren. Der Bereich „Analysieren & Prüfen" entwickelt und produziert Geräte und Anlagen zur thermischen Analyse von Rohstoffen und Produkten. Der Geschäftsbereich „Mahlen & Dispergieren" bietet Lösungen zur Nass- und Trockenvermahlung im Mikrometer- und Nanobereich in der mechanischen Verfahrenstechnik an. „Pumpen & Systeme" sorgt dafür, dass verschiedenste Rohstoffe und Erzeugnisse schonend gefördert werden. Weltweit arbeiten für die NETZSCH-Gruppe ca. 3.100 Mitarbeiter in 30 Ländern. Das Unternehmen erwirtschaftet einen Umsatz von über 450 Mio. Euro. Mit Dietmar Bolkart und Dr. Hanns-Peter Ohl leiten erstmals zwei externe Führungskräfte die NETZSCH-Gruppe.

Kontakt

Erich Netzsch GmbH & Co. Holding KG
Gebrüder-Netzsch-Str. 19, 95100 Selb
www.netzsch.com

Neubauer

Welver, Nordrhein-Westfalen

Gegründet: 1987

Die Neubauer Automation OHG im westfälischen Welver verkauft weltweit die meisten automatischen Spargelsortiermaschinen und ist Technologieführer mit ihrer 2012 eingeführten und patentierten Wasserstrahlschneidetechnologie.

Hermann Neubauer gründete 1987 ein Ingenieurbüro für Messen, Regeln und Automatisieren und bot rechnergestützte Sondermaschinen für die Nuklear-, Automobil- und Glasindustrie an. 1998 entstand der Prototyp einer automatischen Spargelsortiermaschine mit Beratung der Landwirtschaftskammer NRW und des Spargelbauern Bernhard Lastering. 1999 konnten die ersten beiden Maschinen auf einer Fachmesse verkauft werden. Sie erhielten den Namen Espaso®, was für elektronische Spargelsortiermaschine steht. Nach dem anschließenden Bau einer ersten Großserie fokussierte sich das Unternehmen auf das neue Produkt und baute entsprechende Produktionsanlagen auf. Seitdem wurde das Portfolio um neue Funktionen wie Wiegen, Bündeln und Schneiden erweitert. 10 % des Umsatzes werden jährlich in Forschung & Entwicklung investiert und vier Patente gehalten. Spargelsortiermaschinen der Marke Espaso® werden außer in Deutschland in weiteren wichtigen Spargelanbauländern West- und Südeuropas sowie in Peru, Chile und Kanada eingesetzt. Der Exportanteil beträgt rd. 40 %. Neubauer setzt auf ein eigenes Vertriebsteam, das in den Sprachen der wichtigsten Zielländer kompetent ist, und auf einen Kooperationspartner

---

»Wir glauben an unsere Ideen, und das gibt uns die Kraft, sie auch Wirklichkeit werden zu lassen.«

Firmenmotto
Neubauer Automation

Christoph Neubauer und sein Vater Hermann Neubauer verkaufen weltweit die meisten automatischen Spargelsortiermaschinen.

Neubauer im Internet

Schon gewusst?

Gesellschaftliche Veränderungen setzen unternehmerische Fantasie frei. Eine TV-Sendung brachte Hermann Neubauer 1998 auf die Idee, sein Know-how in der Automation auf Spargel anzuwenden. Weil Saisonarbeiter aufgrund neuer gesetzlicher Bestimmungen fehlten, entwickelte er seine erste automatische Spargelsortiermaschine. Daraus ist eine ganze Produktfamilie entstanden, die heute bis zu 45.000 Stangen in der Stunde sortieren, wiegen und in Spargelbunden von 100 bis 1.000 g bündeln kann.

Neumann Kaffee Gruppe

Die Neubauer Automation OHG ist Technologieführer bei der Wasserstrahlschneidetechnologie für Spargel.

für Vertrieb und Service in den Niederlanden. Kunden sind Spargelbauern, Kooperativen, Genossenschaften und Konzerne. Sie werden vor Ort beraten und können dort täglich auf einen Rund-um-Service zugreifen.

Seit 2008 firmiert das Unternehmen als Neubauer Automation OHG und wird von Hermann Neubauer und seinem Sohn Christoph als persönlich haftende Gesellschafter geleitet.

Daten und Fakten

Branche: Sondermaschinenbau
Produkte: Automatische Spargelsortiermaschinen, Verwiege- und Bündelmaschinen
Marktposition: meistverkaufte Maschinen weltweit und Technologieführer in der Wasserstrahlschneidetechnologie
Mitarbeiter: 30
Exportquote: 40 %
Patente: 4 zum Ernten von Spargel und zum Schneiden der geernteten Spargelstangen
F&E-Quote: 10 %
Auszeichnungen: Innovationspreis „expoSE Karlsruhe" (2012)

Kontakt

Neubauer Automation OHG
Am Bierbäumchen 12, 59514 Welver
Fon: 02384 92022-0, Fax: 02384 92022-99
info@neubauer-automation.de
www.neubauer-automation.de

Neuhaus Neotec

Hoykenkamp, Niedersachsen

Gegründet: 1931
Die Neuhaus Neotec Maschinen- und Anlagenbau GmbH, zur Kahl-Gruppe gehörend, ist ein international führender Hersteller von Maschinen und Anlagen für die Kaffeeindustrie und weltweit die Nummer zwei bei Maschinen mit großen Leistungen. Das Angebot reicht von kleinen Kaffeeröstern bis hin zu schlüsselfertigen Werken für die Verarbeitung von Kaffee und anderen Nahrungsmitteln wie Nüssen und Kakaobohnen. Zu den Kunden zählen sowohl große Konzerne als auch kleine Spezialitätenröster. Ein weiterer Geschäftsbereich ist die Partikel-Technologie, bestehend aus Wirbelschicht-Anlagen und Walzenmühlen für die pharmazeutische, chemische und die Nahrungsmittelindustrie. Neuhaus Neotec beschäftigt an 3 Standorten in Deutschland insgesamt 120 Mitarbeiter.

Kontakt

Neuhaus Neotec
Maschinen- und Anlagenbau GmbH
Fockestr. 67, 27777 Hoykenkamp/Ganderkesee
www.neuhaus-neotec.de

Neumann Kaffee Gruppe

Hamburg

Gegründet: 1934
Die Neumann Kaffee Gruppe (NKG) ist der weltweit führende Rohkaffeedienstleister. Mit 46 Unternehmen in 28 Ländern ist die NKG in allen wichtigen Kaffeeproduktions- und Konsummärkten vertreten und bietet

eine Vielzahl von hochwertigen Dienstleistungen und Produkten im Rahmen der Kaffee-Wertschöpfungskette an. Weltweit arbeiten über 2.000 Mitarbeiter in den Sektoren Anbau und Farmmanagement, Qualitätsaufbereitung und Klassifizierung, Export und Import, Spezialitäten, Instantkaffee, Logistik, Risikomanagement und Finanzierung, um die unterschiedlichsten Kundenansprüche zu erfüllen.

Als Holding und Management-Serviceeinheit für die NKG leitet und koordiniert die Neumann Gruppe GmbH mit Sitz in Hamburg alle Aktivitäten der NKG und gibt die strategischen Impulse für die Entwicklung. Mitglieder der Geschäftsführung sind David M. Neumann, Pablo García C., Peter Sielmann und Jörn Severloh. Vorsitzender des Aufsichtsrats ist Michael R. Neumann. Die Umsatzerlöse bewegen sich in einer Größenordnung von ca. 2,4 Mrd. USD (2013).

Als Familienunternehmen in 3. Generation vereint die NKG die diversen Interessen von Millionen von Kaffeeproduzenten und Tausenden von Röstern und Instant-Produzenten weltweit. Die NKG ist „First Mover" der Entwicklung von Nachhaltigkeit; zahlreiche Projekte wurden bereits mit unterschiedlichen Stakeholdern weltweit realisiert.

Kontakt

Neumann Gruppe GmbH
Coffee Plaza, Am Sandtorpark 4,
20457 Hamburg
Fon: 040 36123-0, Fax: 040 36123-400
corp.communications@nghh.de, www.nkg.net

NEUMO

Knittlingen, Baden-Württemberg

Gegründet: 1947

Die NEUMO Armaturenfabrik-Apparatebau-Metallgießerei GmbH + Co. KG wurde 1947 von Henry J. Ehrenberg in Knittlingen gegründet und entwickelt und fertigt Edelstahlarmaturen sowie Behälter und Rohre aus Edelstahl. Das Unternehmen ist Teil der NEUMO-Ehrenberg-Gruppe, die mit zahlreichen Standorten in Europa, Asien und Amerika vertreten ist, und weltweit mehr als 1.700 Mitarbeiter beschäftigt. Drei Produktionsunternehmen in Deutschland und je eines in der Schweiz, in Israel und den USA fertigen mit über 800 Mitarbeitern Rohrzubehör, Ventile, Armaturen, Apparate und Rohrleitungssysteme aus Edelstahl. Diese kommen in unterschiedlichen Bereichen zum Einsatz, so z. B. der Lebensmittel-, der Solar- und Kraftwerkstechnik, der Pharmazie und Chemie. Die Geschäfte führen Wolf und Harry Ehrenberg.

Kontakt

NEUMO Armaturenfabrik-Apparatebau-Metallgießerei GmbH + Co. KG
Henry-Ehrenberg-Platz 1, 75438 Knittlingen
www.neumo.de

Niederegger

Lübeck, Schleswig-Holstein

Gegründet: 1806

Die J.G. Niederegger GmbH & Co. KG ist ein traditionsreicher Marzipanhersteller, dessen Erzeugnisse weltweit auf Nachfrage stoßen. Mit einem täglichen Produktionsausstoß von bis zu 32 t der auf Mandeln basierenden Köstlichkeit beliefert das seit über 200 Jahren bestehende Familienunternehmen Delikatessenläden sowie Warenhäuser in mehr als 40 Ländern. Ungeachtet der großen Menge wird die Marzipan-Rohmasse dabei nach traditionellem Rezept in Kesseln über offener Flamme hergestellt. Anschließend werden aus der Rohmasse ohne Zugabe weiteren Zuckers über 300 unterschiedliche Marzipanprodukte gefertigt. Die Produktpalette reicht von Marzipan-Schwarzbrot bis hin zu Confiserie-Pralinen. Der Vertrieb geschieht auf nationaler Ebene direkt über den Außendienst an Warenhäuser und den Lebensmitteleinzelhandel. Für den internationalen Markt handelt das Unternehmen über Importeure mit Exklusivrechten vor Ort in den einzelnen Ländern.

Johann Georg Niederegger gründete das Unternehmen 1806 in Lübeck, dem heutigen Stammsitz und ausschließlichen Produktionsstandort. Schon früh erlangten die Produkte der Konditorei internationale Beachtung. So belieferte Niederegger Mitte des 19. Jh. bereits den russischen Zarenhof mit Marzipan, welches heute wie damals nach derselben Rezeptur hergestellt wird. Heute präsentiert sich das Familienunternehmen als moderner mittelständischer Betrieb. Die mittlerweile 500 Mitarbeiter und 200 Saisonkräfte erhalten Schulungen im umweltgerechten Verhalten und die Mandelschalen werden in Biogasanlagen als Biomasse genutzt. Holger Strait und seine Frau Angelika Strait-Binder leiten das Familienunternehmen in 7. Generation. Ihre beiden Töchter werden den traditionsreichen Marzipanhersteller in 8. Generation gemeinsam weiterführen.

Kontakt

J.G. Niederegger GmbH & Co. KG
Zeißstr. 1-7, 23560 Lübeck
Fon: 0451 5301-0, Fax: 0451 5301-111
info@niederegger.de, www.niederegger.de

NILES-SIMMONS-HEGENSCHEIDT

Chemnitz, Sachsen

Gegründet: 1992

Die NILES-SIMMONS-HEGENSCHEIDT GmbH ist Weltmarktführer bei der Herstellung von Werkzeugmaschinen zur Bearbeitung von Eisenbahn- und Metroradsätzen, -rädern und -achsen sowie deren Instandhaltung. Lt. Metalworking Insiders' Report nehmen die Chemnitzer unter den 200 größten Werkzeugmaschinenherstellern aktuell den 35. Rang ein. In der Fertigung fokussiert sich NILES-SIMMONS-HEGENSCHEIDT auf CNC-Drehmaschinen, aber auch CNC-Dreh-Fräs-Bohr-Bearbeitungszentren, Sondermaschinen, Vertikal-Drehbearbeitungssysteme sowie die Planung und Realisierung kompletter Fertigungslinien für die Automobil- und Eisenbahnindustrie. Darüber hinaus engagiert sich das Unternehmen in der Planung und Realisierung von Werkstätten zur Reparatur und Herstellung von Radsätzen für die Eisenbahn- und Metroindustrie.

Zum Kundenkreis zählt die Luft- und Raumfahrt ebenso wie der Automobil- und

NILES-SIMMONS-HEGENSCHEIDT ist Weltmarktführer in der Herstellung von Werkzeugmaschinen zur Bearbeitung von Eisenbahn- und Metroradsätzen, -rädern und -achsen sowie deren Instandhaltung.

NILES-SIMMONS-HEGENSCHEIDT

Meilensteine

1833 Gründung der Fa. NILES Tool Works in Cincinnati, Ohio, USA

1898 Gründung der Deutschen NILES Werke AG in Berlin

1930 Übernahme des Drehmaschinenherstellers Escher in Chemnitz

1950 Überführung der Deutschen NILES WERKE AG (Berlin) in sog. Volkseigentum 7. Oktober, Überführung NILES Chemnitz als Großdrehmaschinenbau 8. Mai

1964 Übernahme der US-amerikanischen Produktgruppe NILES durch die SIMMONS Machine Tool Corp.

1989 Übernahme Großdrehmaschinenbau 8. Mai, Umbenennung in NILES Drehmaschinen GmbH unter Treuhandverwaltung

1992 Übernahme der NILES Drehmaschinen GmbH durch die NILES-SIMMONS Industrieanlagen GmbH

2001 Akquisition der Hegenscheidt-MFD und Integration in die NILES-SIMMONS-HEGENSCHEIDT GmbH

2009 Verleihung „Großer Preis des Mittelstandes" durch die Oskar-Patzelt-Stiftung

In Chemnitz hat das Unternehmen seinen Sitz, produziert werden u. a. Werkzeugmaschinen zur Bearbeitung von Eisenbahnradsätzen.

NILES-SIMMONS-HEGENSCHEIDT GmbH im Internet

Maschinenbau-, die Eisenbahn- und Metroindustrie oder der Werkzeug- und Formenbau. Darunter befinden sich so namhafte Unternehmen wie u. a. GM, Daimler, VW, BMW, MTU, die Deutsche Bahn und ThyssenKrupp. Eine besondere Referenz stellt die Konstruktion von Werkzeugmaschinen zur Herstellung von Komponenten für die Boeing Dreamliner und den Airbus A320 dar. Das Unternehmen hält ca. 114 Patente und hat wichtige Innovationen vorzuweisen: 2004 wurde eine flexible Fertigungslinie zur Kurbelwellenfertigung realisiert und 2010 die Neuentwicklung und Markteinführung der Baugröße N20 mit Energieeinsparungen von bis zu 25 %.

Die Wurzeln von NILES reichen bis 1833 zurück, die NILES-SIMMONS Industrieanlagen GmbH wurde 1992 von Prof. Dr.-Ing. Hans J. Naumann gegründet, der mit John O. Naumann die Unternehmensgruppe leitet.

NILES-SIMMONS-HEGENSCHEIDT beschäftigte 2013 1.300 Mitarbeiter inkl. 80 Auszubildende, der Umsatz lag 2013 bei 310 Mio. Euro. Produktionsstandorte sind neben Chemnitz Erkelenz und Glauchau in Deutschland, Albany und Detroit in den USA sowie Nanchang, Jiangxi Province in China. Präsent ist man mit Auslandsniederlassungen darüber hinaus in Indien, Mexiko, Australien, Brasilien, Südafrika und Russland.

Daten und Fakten

Branche: Werkzeugmaschinenbau
Produkte: Werkzeugmaschinen für 5 Industriezweige
Marktposition: Weltmarktführer bei der Herstellung von Werkzeugmaschinen zur Bearbeitung von Eisenbahn- und Metroradsätzen, Rädern und Achsen
Innovationen: Flexible Fertigungslinie zur Kurbelwellenfertigung (2004), Markteinführung von Drehzentren mit Energieeinsparungen (2010)
Vertrieb: durch eigene Niederlassungen
Gesamtumsatz: 310 Mio. Euro (weltweit, 2013)
Mitarbeiter: 1.300 (weltweit, 2013)
Geschäftsführende Gesellschafter:
Prof. Dr.-Ing. Hans J. Naumann,
MBA John O. Naumann

Kontakt

NILES-SIMMONS-HEGENSCHEIDT GmbH
Zwickauer Str. 355, 09117 Chemnitz
Fon: 0371 802-0, Fax: 0371 802-578
info@niles-simmons.de, www.niles-simmons.de

nora systems

Weinheim, Baden-Württemberg

Gegründet: 1949

Die nora systems GmbH hat sich auf die Produktion von elastischen Bodenbelägen aus Kautschuk und Schuhkomponenten spezialisiert. In der Entwicklung und Vermarktung von Kautschuk-Bodenbelägen ist das Unternehmen Weltmarktführer. Die Fußbodenbeläge, vertrieben unter der Marke „nora", finden sich in Schulen, Kindergärten, Supermärkten oder Krankenhäusern ebenso wie in Flughäfen, öffentlichen Gebäuden und in Bussen, Bahnen oder auf Schiffen. Im Bereich Schuhe liefert das Unternehmen Material für Absätze und Laufsohlen sowie Aufbau- und Innenschuhmaterial für Schuster, Schuhhersteller und Orthopädietechniker. Weltweit arbeiten für die nora systems GmbH mit Sitz in Weinheim ca. 1.100 Mitarbeiter. Der Jahresumsatz lag 2013 bei 206,5 Mio. Euro. Niederlassungen gibt es u. a. in zahlreichen europäischen Ländern, den USA, China und den Vereinigten Arabischen Emiraten. Darüber hinaus unterhält man für den Export Partnerschaften in mehr als 70 Ländern weltweit.

Die nora systems GmbH gehört der Capiton AG, Berlin, der britischen Intermediate Capital Group (ICG) und der Management Beteiligungs GmbH. Die Geschäfte führen Andreas Müller und Christa Hoffmann. Den Aufsichtsratsvorsitz hat Manuel W. Hertweck inne. Die Firmengeschichte begann in den 1930er-Jahren in Weinheim. Damals startete die Firma Freudenberg mit der Fertigung von Schuhsohlen aus Kautschuk. Der für die Sohlen verantwortliche Dr. Walter Nürnberger führte die Bezeichnung „Nora" ein, die von der lateinischen Fassung seines Nachnamens abgeleitet ist. Den Markennamen übernahm das Unternehmen dann für den 1949 begründeten Geschäftsbereich Kautschukfußböden.

Kontakt
nora systems GmbH
Höhnerweg 2-4, 69469 Weinheim
Fon: 06201 805666, Fax: 06201 883019
info@nora.com, www.nora.com

Novaled

Dresden, Sachsen

Gegründet: 2001

Die Novaled GmbH ist weltweit führend im Bereich von OLED-Materialien und -Technologien und spezialisiert auf hocheffiziente OLED-Strukturen mit langer Lebensdauer. Novaled bietet OLED-Produktherstellern eine Kombination von Technologien, Materialien und Spezialwissen und ist gegenwärtig weltweit das einzige Unternehmen in der OLED-Industrie, das Dotierungsmaterialien und Technologien für die Massenproduktion von Displays lizenziert und verkauft. Das Unternehmen verfügt über mehr als 500 bewilligte und angemeldete Patente. Novaled wurde 2001 gegründet und ist seit 2003 am Markt aktiv, wurde aus der TU Dresden (IAPP) und der FhG (IPMS) Dresden ausgegründet, hat neben dem Hauptsitz in Dresden auch Außenstellen in Asien und verfügt mittlerweile über 140 Mitarbeiter weltweit.

Kontakt
Novaled GmbH
Tatzberg 49, 01307 Dresden
www.novaled.com

Novem Car Interior Design

Vorbach, Bayern

Gegründet: 1947

Die Novem Car Interior Design GmbH ist ein global agierender Entwickler und Hersteller von Zierteilen und Funktionselementen im Fahrzeuginnenraum. Das Unternehmen ist im Bereich der Verarbeitung von Aluminium, Drahtgewebe, Karbon, Piano-Lack, technischer Furniere und Kunststoffe tätig und ist im Zierteilemarkt bei Edelholzteilen weltweit die Nummer eins. Zu den Kunden zählen nahezu alle Premium-Automobilhersteller. Das Unternehmen beschäftigt weltweit ca. 4.5000 Mitarbeiter. Neben den deutschen Standorten befinden sich weitere Novem-Werke in Italien, der Tschechischen Republik, Slowenien, den USA, Honduras, Mexiko und in China. Geleitet wird das Unternehmen von Günter Brenner und Dr. Johannes Burtscher.

Kontakt

Novem Car Interior Design GmbH
Industriestr. 45, 95519 Vorbach
www.novem.de

Nuclear Blast

Donzdorf, Baden-Württemberg

Gegründet: 1987

Das inhabergeführte Plattenlabel Nuclear Blast wird von Firmengründer und Eigentümer Markus Staiger geleitet, der in der Geschäftsführung von Martina Stumpp unterstützt wird. Mit 90 Mitarbeitern am Hauptstandort im baden-württembergischen Donzdorf, einem Büro in Großbritannien mit 5 Mitarbeitern, weiteren 10 in den USA, einem Leiter des Südamerika-Büros in Brasilien und rd. 140 Bands unter Vertrag, hat Nuclear Blast den Status des Weltmarktführers im Independent Heavy-Metal-Bereich inne. Mittels Direktversand über Internet und Katalog vertreibt Nuclear Blast Produkte wie CDs, DVDs und Merchandise-Artikel. Zum Klientel gehören u. a. große Plattenfirmen wie die Warner Music Group.

Kontakt

Nuclear Blast Tonträger Produktions- und Vertriebs GmbH
Öschstr. 40, 73072 Donzdorf
www.nuclearblast.de

O

OBO BETTERMANN

OBO BETTERMANN

Menden, Nordrhein-Westfalen

Gegründet: 1911

Die OBO BETTERMANN GmbH und Co. KG entwickelt und produziert Lösungen und Systeme für die elektrotechnische Infrastruktur. Zum Produktportfolio zählen Systeme für Verbindung und Befestigung, Leitungsführung, Brandschutz, Überspannungs- und Blitzschutz sowie Kabeltrag- und Unterflursysteme. Dank konsequenter Akquisitionen ist das im Jahr 1911 von Franz Bettermann gegründete Unternehmen heute Marktführer im Bereich der Unterflur-Systeme und zählt weltweit zu den führenden Anbietern von Systemen im Cable Management. Etwa 40.000 Artikel führt OBO im Programm, rd. 3.000 Mitarbeiter sorgen für einen jährlichen Umsatz von mehr als 500 Mio. Euro. Mit Niederlassungen und Vertretungen in über 60 Ländern zeigt das Unternehmen weltweite Präsenz.

Kontakt
OBO BETTERMANN GmbH und Co. KG
Hüingser Ring 52, 58710 Menden
www.obo.de

OHL Gutermuth

Altenstadt, Hessen

»Andere verkaufen Ihnen einfach ein Produkt – wir bieten eine Lösung.«

Gegründet: 1867

Die OHL Gutermuth Industrial Valves GmbH ist ein international führender Hersteller von Industriearmaturen. Seit dem Zusammenschluss der beiden Unternehmen OHL (gegründet 1867 in Limburg) und Gutermuth (gegründet 1923 in Frankfurt) im Jahr 1992 hat sich OHL Gutermuth aus Altenstadt weltweit einen guten Ruf bei Spezialventilen erworben und bietet maßgeschneiderte Lösungen für das Absperren, Drosseln und Regeln von Medien unter Extrembedingungen. Die Angebotspalette umfasst Klappen und Ventile mit einer Nennweite von bis zu DN 4000,

Meilensteine

1867 OHL, das ältere der beiden Mutterunternehmen, wird in Limburg gegründet.

1923 Gründung des zweiten Mutterunternehmens, Gutermuth, in Frankfurt.

1992 Die beiden Firmen verknüpfen ihr Know-how und ihre Branchenerfahrung aus mehr als 100 Jahren und schließen sich zu dem Unternehmen OHL Gutermuth Industrial Valves GmbH in Altenstadt zusammen.

2000 Diplom-Ingenieur Wolfgang Röhrig wird Geschäftsführer der OHL Gutermuth Industrial Valves GmbH. Inzwischen ist Wolfgang Röhrig zu 100 % geschäftsführender Gesellschafter des Unternehmens.

2012 Als offiziell lizenzierter Partner von Gazprom eröffnet OHL Gutermuth ein Büro in Moskau.

2013 Errichtung einer neuen Fabrikationshalle mit einer Kapazität von 30 Tonnen. Die neue Halle hat eine Fläche von 600 m² und eine Höhe von 13 Metern.

2014 Die Produktionskapazität wird durch den Kauf von neuen Dreh-Fräszentren erweitert. Ein neuer Prüfstand für Armaturen mit Anschweißenden wird in Betrieb genommen – mit einer Kapazität bis zu 48" 2.500#

OHL Gutermuth

In den zurückliegenden 40 Jahren hat das Unternehmen Spezialventile für mehr als 150 Gasreinigungsanlagen (darunter die größten der Welt) in Europa, Russland, Kasachstan, Turkmenistan, Indien, China, im Nahen Osten sowie in Nord- und Südamerika geliefert.

die für Drücke von 200 bar und mehr sowie Temperaturen von -196 °C bis +1300 °C geeignet sind. Ob es um Anwendungen im Hoch- oder Tieftemperaturbereich geht, den Einsatz bei Vakuum, Niederdruck oder Hoch- Hochdruck, die Min- und Max-Durchflussregelung, extrem kleine und große Ventile oder auch abrasive und korrosive Medien – OHL Gutermuth hält immer die passende Lösung bereit.

Beispielsweise fertigt OHL Gutermuth absolut lecksichere Hochdruck-Absperr- und -Regelklappen, die eine genaue Regelung des Medienflusses ermöglichen und mit Metall- oder elastischem Ventilsitz lieferbar sind. Feuersichere Absperr- und Regelklappen sind für Nenndrücke von bis zu ANSI CL 2500 und bis zu einer Nennweite von 2800 mm erhältlich. Die absolut lecksichere Absperr- und Regelklappe ist für den Einsatz mit abrasiven Medien und bei extremen Temperaturen ausgelegt.

Die Produkte von OHL Gutermuth kommen in den verschiedensten Industriezweigen zum Einsatz. Dazu zählen im Wesentlichen die chemische und petrochemische Industrie, die Umwelt- und Solartechnik, Zuckerfabriken, Rauchgasreinigungsanlagen, Raffineriegas-Entschwefelungsanlagen, die Kältetechnik und der Schiffsbau. Außerdem liefert das Unternehmen Absperrventile für Kraftwerke und Verbrennungsanlagen. Weitere

Innovation: Erfolgsstrategien für höchste Ansprüche

Ein gutes Beispiel für die Vielseitigkeit und Kompetenz des Unternehmens ist die Lieferung spezieller 3-Wege-Ventile für die Motorenprüfstände eines Formel-1-Rennstalls. Die Spezifikationen schrieben Ventile vor, die mit einer Stellzeit von weniger als 0,1 s/90 ° reglergesteuert schalten mussten. Nur durch die Verwendung von speziellen Hydraulikkomponenten und eine optimierte Ventilbauart war es möglich, diese Zeit zu unterbieten. 1970 entwickelte das Unternehmen die Ventile für eine Pilotanlage, die zur Untersuchung eines neuen Verfahrens zur Entschwefelung von Erdgas gebaut worden war; aus diesen erfolgreichen Anfängen sind die weltberühmten CAM-, CCM- und CDM-Ventile hervorgegangen. Seitdem wurde diese bewährte Ventilkonstruktion bereits in mehr als 150 Referenzanlagen weltweit verwendet. Seit 2006 lieferte OHL Gutermuth zudem die Haupt-, Absperr- und Regelarmaturen für das Wärmeträgeröl der größten Solarkraftwerke der Welt.

Olsberg Gruppe

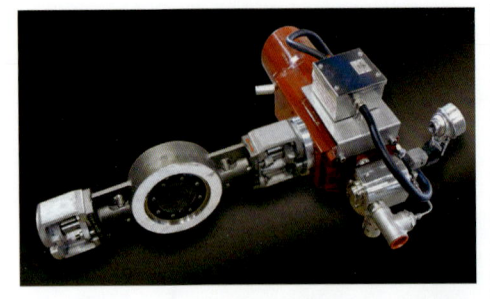

OHL Gutermuth stellt Armaturen mit einer Stellzeit von 0,1 sek her.

Wolfgang Röhrig, Geschäftsführer; Firmensitz und Fertigungswerk von OHL Gutermuth in Altenstadt

OHL Gutermuth im Internet

Gründung: OHL: 1867, Limburg
Gutermuth: 1923, Frankfurt
Eigentümer: Dipl.-Ing. Wolfgang Röhrig (Eigentümer und Geschäftsführer)

Kontakt

OHL Gutermuth Industrial Valves GmbH
Helmershäuser Str. 9+12, D-63674 Altenstadt
Fon: 06047 8006-0, Fax: 06047 8006-29
og@ohl-gutermuth.de, www.ohl-gutermuth.de

Anwendungsbereiche, in denen Absperr- und Regelklappen von OHL Gutermuth eingesetzt werden, sind Nachverbrennungsanlagen, die Hüttentechnik, der Industrieofenbau, die Ziegel- und Baustoffindustrie, Lüftungs- und klimatechnische Anlagen, Kokereien und die Ablufttechnik.

Das Produktportfolio des Unternehmens umfasst u. a. auch die Modelle CAM, CBM, CCM und CDM, die international als qualitativ hochwertigste Reaktor-Schaltventile für Erdgasentschwefelung und Gasreinigung spezifiziert und anerkannt sind. Neben diversen anderen Nutzungsmöglichkeiten sind diese Absperrventile speziell für den Einsatz in Claus-Anlagen konzipiert und die bewährte Konstruktion von OHL Gutermuth wird bereits seit 1970 in mehr als 150 Referenzanlagen weltweit verwendet. Viele der vor über 30 Jahren eingebauten OHL Gutermuth-Ventile sind noch heute in Betrieb. Geschäftsführer ist Dipl.-Ing. Wolfgang Röhrig, der 1999 zu dem Unternehmen stieß.

Daten und Fakten

Branche: Herstellung von Industriearmaturen
Produkte: KKX Safeflex, KK doppel-exzentrische Absperr- und Regelklappen, GG/EE/DKK/DAK Regelklappen mit zentrisch gelagerter Klappenscheibe, ELL/ELS Regelklappen mit zentrisch gelagerter Klappenscheibe, CAM/CBM/CCM/CDM Absperrventile, CHM Mischventile.
Standorte: Produktionswerk in Altenstadt, nordöstlich von Frankfurt/Main
Vertrieb: Büros weltweit, unter anderem in Beijing und Moskau

Olsberg Gruppe

Olsberg, Nordrhein-Westfalen

Gegründet: 1577

Die Olsberg Gruppe ist Hersteller für Industrieprodukte aus Eisenguss und Feinblech wie auch Spezialist für die Wärmeerzeugung aus erneuerbaren Energien auf der Basis von Scheitholz und Pellets. Mit seinen vor fast zehn Jahren entwickelten raumluftunabhängigen Kaminöfen ist das Unternehmen Weltmarktführer. Der Vertrieb erfolgt in über 30 Länder in Europa, Nord- und Südamerika sowie Asien. Das inhabergeführte Familienunternehmen beschäftigt 480 Mitarbeiter an mehreren Standorten in Deutschland, Ungarn und Japan. Eine erste urkundliche Erwähnung fand die „Olsberger Hütte" im Jahr 1577. Im 19. Jh. spezialisierte man sich auf die Ofenherstellung. Seither wird das Leistungsspektrum stetig um neue Nischen erweitert.

Kontakt

Olsberg Hermann Everken GmbH
Hüttenstr. 38, 59939 Olsberg
www.olsberg.com

ONI

Lindlar, Nordrhein-Westfalen

Gegründet: 1983

Die ONI-Wärmetrafo GmbH hat sich im internationalen Industrieanlagenbau mit der Planung und dem Bau von energiesparenden und umweltentlastenden Systemlösungen einen Namen gemacht. Das Unternehmen entwickelt Anlagen für die Kühl- und Kältetechnik, für die Wärmerückgewinnung aus Kühlwasser, Abluft oder Abgas, aber auch Klima-, Lüftungs- und Reinraumtechnik, Druckluftsysteme, Temperiertechnik sowie Systemtechnik zur Optimierung von Spritzgießmaschinen.

Darüber hinaus berät ONI die unterschiedlichsten Industriebranchen in Sachen Energieoptimierung, bei der Entwicklung von Energiesparkonzepten, der Optimierung von Spritzgießprozessen und bei der Planung ganzheitlicher Energiekonzepte. Auch die Vermittlung von Netzwerkpartnern zählt zu den Dienstleistungen, ebenso wie die energieoptimierte Betriebsführung von Energieanlagen und die Überwachung von Kundenanlagen weltweit. Zu den Kunden zählen u. a. Kunststoff- und Metallverarbeiter, die Automobilindustrie, die Chemie- und Lebensmittelbranche sowie die Medizintechnik.

Mit seinem breit gefächerten Produkt- und Leistungsspektrum, das sogar die Entwicklung der Energiemanagementsoftware für alle Anlagensysteme umfasst, ist ONI weltweit einzigartig. Rund 55 % seines Umsatzes von 56,3 Mio. Euro (2013) erwirtschaftete das Unternehmen auf den internationalen Märkten. Produktionsstandorte befinden sich am Firmensitz in Lindlar, wo 325 Mitarbeiter tätig sind, sowie in Großröhrsdorf mit 25 Mitarbeitern.

Meilensteine

1983 Wolfgang Oehm gründet die ONI-Wärmetrafo GmbH in einer Großgarage in Lindlar.

1987 In Lindlar-Frielingsdorf werden neue Räumlichkeiten mit ca. 500 m² Nutzfläche angemietet.

1998 Eine ca. 40.000 m² große Gewerbefläche mit ca. 10.000 m² Nutzfläche für Produktion und Verwaltung wird erworben. ONI nutzt davon 3.000 m².

2004 Erweiterung der Produktions- und Verwaltungsfläche auf ca. 10.000 m²

2007 ONI übernimmt die Mehrheitsanteile an der Rhytemper GmbH, einem Spezialisten für dynamische Werkzeugtemperiersysteme.

2008 Die neue Tochtergesellschaft firmiert unter dem Namen ONI Temperiertechnik Rhytemper GmbH und bezieht neu erworbene Räumlichkeiten in Großröhrsdorf/Sachsen.

2013 Einweihung einer neuen Produktionshalle mit Verwaltungstrakt mit einer Nutzfläche von ca. 4.000 m². Die gesamte Nutzfläche wächst damit auf ca. 14.000 m² am Standort Lindlar.

2014 Erwerb weiterer angrenzender Grundflächen; die Grundstücksfläche wächst auf insgesamt 67.000 m² am Standort Lindlar.

Die ONI-Wärmetrafo GmbH liegt im Besitz des Firmengründers Wolfgang Oehm, der sie als geschäftsführender Gesellschafter zusammen mit zwei weiteren Geschäftsführern leitet. Wolfgang Oehm gründete seine Firma

»Für mich sind ältere Mitarbeiter Edelstähle und kein altes Eisen.«

Wolfgang Oehm, geschäftsführender Gesellschafter ONI-Wärmetrafo GmbH

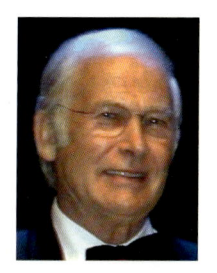

Firmengründer Wolfgang Oehm und sein erstes Wärmerückgewinnungsgerät

ONI

Einfach erklärt: Energieoptimierung mit EtaControl

Mit Spritzgießmaschinen können sowohl technische Teile (z. B. für die Automobilindustrie) wie auch Verpackungsartikel (z. B. Joghurtbecher) hergestellt werden. Für die Produktion von Verpackungsartikeln wird permanent die volle Maschinenleistung benötigt, da kurze Zykluszeiten (z. B. 5 Sekunden) gefahren werden. Bei technischen Teilen sind die Zykluszeiten länger (z. B. 50 Sekunden) und es wird nur in einem kurzen Zeitfenster die volle Leistung gefordert. In der übrigen Zeit werden geringere Leistungen bzw. nahezu keine Leistung benötigt. Ältere Spritzgießmaschinen können die Leistung jedoch nicht optimal an den tatsächlichen Leistungsbedarf anpassen. Um die Leistung der Spritzgießmaschine bestmöglich an den tatsächlichen Bedarf anpassen zu können, entwickelte ONI die Systemtechnik EtaControl®. Mit dieser Technik werden im Praxisbetrieb Stromeinsparungen zwischen 25 und 50 % bei Amortisationszeiten zwischen 1 bis 1,4 Jahren realisiert.

Die Entwicklung der Systemtechnik EtaControl® wurde nur möglich durch das umfassende Know-how des Firmengründers Wolfgang Oehm. Dieser hatte Anfang der 1980er-Jahre das weltweit erste Wärmerückgewinnungssystem für Kunststoffmaschinen entwickelt. Um diese Technik selbst zu vermarkten, gründete er 1983 eine eigene Firma und gab dafür eine gesicherte Stellung als Produktionsleiter auf. In einer Zeit niedriger Energiekosten war dies ein großes Wagnis, doch der Unternehmer schaffte den Durchbruch und wurde so zum Pionier im Bereich der Energieoptimierung in der Kunststoffbranche.

Wolfgang Oehm im Gespräch mit Bundeskanzlerin Angela Merkel (oben), mit NRW-Ministerpräsidentin Hannelore Kraft und BVMW-Landesgeschäftsführer Herbert Schulte (Mitte) und bei der Preisverleihung „Premier" Großer Preis des Mittelstandes 2014 (unten)

1983, nachdem er das weltweit erste Wärmerückgewinnungssystem für Kunststoffmaschinen entwickelt hatte, um diese Technik nun selbst zu vermarkten. Seine besondere Dienstleistung, die dem Unternehmen von Beginn an eine Alleinstellung verlieh, bestand darin, Prozessabläufe in der Kunststoffverarbeitung zu analysieren, Schwachpunkte zu erkennen und Lösungen anzubieten, die zu massiven Kosteneinsparungen führten.

Den Durchbruch schaffte der Unternehmer mit der erfolgreichen Installation von Wärmerückgewinnungssystemen bei Dynamit Nobel Kunststoff, die ihm weltweit den Ruf als Energie- und Kostensparspezialist eintrug. Bis heute ist ONI mit seinen ganzheitlichen Konzepten zur Energie- und Prozessoptimierung sowie EtaControl® Systemen zur Energieoptimierung an Kunststoffmaschinen und Rhytemper® Temperiersystemen für

ONI im Internet

Energieoptimierte Kühlanlagentechnik mit Wärmerückgewinnung in einem großen Medizintechnikunternehmen

Optigrün

Der Firmensitz der ONI-Wärmetrafo GmbH in Lindlar

Werkzeuge Technologieführer in der Kunststoffbranche.

Für die Zukunft erwartet ONI eine stetig wachsende Nachfrage nach energiesparenden Systemlösungen auch in anderen Branchen wie der Metallverarbeitung. Das Unternehmen plant, das Produkt- und Leistungsportfolio konsequent weiter auszubauen, den weltweiten Vertrieb voranzutreiben und so zugleich die deutschen Produktionsstandorte zu sichern.

Daten und Fakten

Produkte: energiesparende und prozessoptimierende Systemlösungen für Industriebetriebe
Marktposition: weltweite Alleinstellung durch breitgefächertes Know-how und Leistungsspektrum
Umsatz: 56,3 Mio. Euro (2013)
Mitarbeiter: 350 (2014)
Ausbildungsquote: 10,5 %
Standorte: Lindlar und Großröhrsdorf, Deutschland
Vertrieb: weltweit über eigene Vertriebsabteilungen und über Partner
Gründer: Wolfgang Oehm, 1983, Lindlar
Eigentümer: Wolfgang Oehm
Auszeichnungen: Finalist beim „Entrepreneur des Jahres" (2005, 2008, 2009, 2012); „Goldmedaille für innovative Energiespartechnik" zur Plastpol/Kielce (1998, 2001, 2009, 2012); „Ehrenpreis der Handwerkskammer zu Köln" für herausragende Ausbildungsleistungen (2011); Preisträger beim „Großen Preis des Mittelstandes" der Oskar Patzelt Stiftung (2008, 2012, 2014); „Initiativpreis NRW" der WGZ-Bank für die Schaffung vieler Arbeitsplätze (2012)

Kontakt
ONI-Wärmetrafo GmbH
Niederhabbach 17, 51789 Lindlar
Fon: 02266 4748-0, Fax: 02266 3927
info@oni.de, www.oni.de

Optigrün

Krauchenwies, Baden-Württemberg

Gegründet: 2000

Die Optigrün International AG ist in vielen Märkten in Europa und den USA eines der führenden Unternehmen für die Begrünung aller Arten von Dächern und bietet Dienstleistungen und Materialien auf der Grundlage von neuen Systemlösungen an. Sie berät Bauherren vom Eigenheimbesitzer bis zum Großunternehmen, Planer und Ausführungsbetriebe und vertreibt alle gängigen Materialien zur Dachbegrünung. Zu den selbst entwickelten und patentierten Produkten gehören eine Mäanderplatte zur Reduzierung des Abflussbeiwerts und ein Absturzsicherungssystem. Der Optigrün-Verbund umfasst zurzeit etwa 120 Partnerbetriebe in Deutschland, Belgien, England, Italien, den Niederlanden, Österreich, Polen, der Schweiz, der Tschechischen Republik, Türkei und den USA, die jährlich 2 Mio. m^2 Dachflächen begrünen. Geführt wird die AG von Uwe Harzmann und vier Prokuristen.

Kontakt
Optigrün International AG
Am Birkenstock 15-19, 72505 Krauchenwies
www.optigruen.de

Optima

Schwäbisch Hall,
Baden-Württemberg

OPTIMA

Die Verpackungsmaschinen von Optima sind in vielen Bereichen weltweit führend.

»Die Optima ist für mich mehr als nur eine Stätte zur Vermehrung des Umsatzes.«

Hans Bühler, Geschäftsführer

Optima wurde 1922 von Otto Bühler gegründet. Produziert wird auch heute größtenteils in Deutschland.

Gegründet: 1922

Die OPTIMA packaging group GmbH mit Stammsitz in Schwäbisch Hall konzipiert und realisiert mit ihren Tochterunternehmen Einzelmaschinen bis hin zu komplexen Turnkey-Komplettanlagen für Pharma-, Consumer-, Nonwovens- und Life-Science-Produkte. Ob Sonderlösungen oder modular aufgebaute Maschinen und Linien – alle Funktionen entsprechen grundsätzlich den branchen- und kundenspezifischen Bedürfnissen. In vielen Bereichen gelten die Technologien von Optima als weltweit führend: beispielsweise für das Befüllen und Verpacken von Kaffeekapseln, für sterile pharmazeutische Liquida in Verbindung mit deren Gefriertrocknung oder für das Verpacken von Papierhygieneprodukten. Die Kompetenzen reichen bis in den Herstellbereich hinein, wenn auf einer Linie moderne Wundauflagen produziert und verpackt werden können. Die Optima Tochtergesellschaften legen Wert auf eine persönliche, partnerschaftliche und flexible Zusammenarbeit mit den Kunden. Optima als Muttergesellschaft bietet dafür die Infrastruktur und Ressourcen, die in globalisierten Wirtschaftsbeziehungen erforderlich sind.

Optima zählt zu den sog. „Hidden Champions". Um das Fachwissen und die berufliche Qualifikation kontinuierlich auf dem neuesten Stand zu halten, haben alle Mitarbeiter Zugang zu einem breiten Angebot an Weiterbildungsmaßnahmen. Traditionell nimmt die berufliche Ausbildung von Nachwuchskräften einen hohen Stellenwert ein. Jedes Jahr befinden sich über 130 junge Menschen in Ausbildung bei Optima.

Geführt wird das Familienunternehmen heute in 3. Generation von Hans Bühler, dem Urenkel von Firmengründer Otto Bühler. Dieser fertigte in seiner Firma ab 1922 zunächst Abfüllwaagen für Lebensmittel. 1950 wurde das Programm um Verpackungsmaschinen erweitert, 20 Jahre später wurden die ersten Verpackungsmaschinen für Hygieneartikel entwickelt.

Schon gewusst?

In den 1970er-Jahren wurde die Brotverpackungsmaschine LBV zweckentfremdet: Der wachsende Windelmarkt und die Nachfrage nach Folienverpackungen ließ einen findigen Ingenieur auf die Idee kommen, Windeln und Toastbrotscheiben technisch zu vergleichen. Damit begann die Erfolgsgeschichte der automatisierten Windelverpackung.

Optima im Internet

Daten und Fakten

Branche: Sondermaschinenbau
Produkte: Abfüll- und Verpackungsanlagen für Pharma, Kosmetik, Lebensmittel und chemische sowie Papierhygieneprodukte; Produktionsanlagen für medizinisch-pharmazeutische Produkte
Marktposition: Technologieführer bei Maschinen für die Verpackung von Windeln und Damenhygieneprodukten in Folienbeuteln, bei Portionspackungen wie Pads oder Kapseln für Kaffee

und Tee. In diesen Segmenten liegt der Weltmarktanteil je nach Produkt und Region bei 60 bis 80 %.

Gesamtumsatz: über 300 Mio. Euro (2013)
Mitarbeiter: 1.800 (weltweit, 2013)
Niederlassungen: Italien, Frankreich, Großbritannien, USA, Brasilien, Mexiko, Japan, Südkorea, China, Indien und Malaysia
Auslandsanteil: über 85 %
Gründer: Otto Bühler, 1922, Schwäbisch Hall
Eigentümer: Familie Bühler

Kontakt
OPTIMA packaging group GmbH
Steinbeisweg 20, 74523 Schwäbisch Hall
Fon: 0791 506-0, Fax: 0791 506-9000
info@optima-ger.com, www.optima-group.de

Optimas Maschinenfabrik

Saterland-Ramsloh, Niedersachsen

Gegründet: 1979
Die Optimas Maschinenfabrik H. Kleinemas GmbH ist seit der Entwicklung der ersten selbstfahrenden Pflasterverlegemaschine weltweiter Technologieführer in diesem Bereich des Maschinenbaus. Die Produktpalette deckt alle Arbeiten bei der Pflasterung von Verkehrsflächen ab; die Pflasterverlegemaschine selbst ermöglicht das Verlegen von Betonsteinen. Neben Großunternehmen wie Strabag/BMTI oder Matthäi beliefert Optimas auch viele Mittelständler. Die Vorteile der mechanisierten Verlegetechnik kommen besonders bei Großprojekten im In- und Ausland zur Geltung. Das Unternehmen beschäftigt 70 Mitarbeiter und erzielt einen Jahresumsatz von rd. 8 Mio. Euro. Das seit 1979 bestehende Familienunternehmen wird von Friedrich Kleinemas, dem Sohn des Firmengründers, geleitet.

Kontakt
Optimas Maschinenfabrik H. Kleinemas GmbH
Industriestr. 12, 26683 Saterland-Ramsloh
www.optimas.de

ORAFOL

Oranienburg, Brandenburg

Gegründet: 1808
Die ORAFOL Europe GmbH entwickelt und produziert Folien für verschiedene Anwendungsfelder. Im Geschäftsbereich Graphic Products werden gegossene und gewalzte selbstklebende Folien hergestellt. Die Produktion reflektierender Materialien für den Einsatz im Verkehr, an Baustellen oder für Sicherheitskleidung sind im Bereich Reflective Solutions gebündelt. Klebelösungen für die Industrie entwickelt der Bereich Adhesive Tape Systems und Energy Solutions beliefert die Solar- und Beleuchtungsindustrie, den Geräte- und Instrumentenbau sowie die Displayindustrie mit Optik-Komponenten. Für ORAFOL sind insgesamt 1.750 Mitarbeiter tätig, Produktionsstandorte unterhält die Gruppe in Europa, Amerika, Afrika, Asien und Australien. Das Vertriebs- und Servicenetz erstreckt sich über 100 Länder weltweit.

Kontakt
ORAFOL Europe GmbH
Orafolstr. 2, 16515 Oranienburg
www.orafol.de

Ortlinghaus

Wermelskirchen, Nordrhein-Westfalen

Gegründet: 1898
Die Ortlinghaus-Werke GmbH hält eine führende Position im Bereich schaltbarer Reibungskupplungen und -bremsen sowie Lamellen für eine Vielzahl von Anwendungen

O
RT

»Fortschritt verändert.«

Ortlinghaus Firmenmotto

Ortlinghaus

O
RT

Die Ortlinghaus Gruppe hat ihren Stammsitz in Wermelskirchen und wird von Peter Ortlinghaus und Hartmut Brzoska (v.l.) geleitet.

Ortlinghaus im Internet

der Antriebstechnik. Die Produkte kommen überall dort zum Einsatz, wo es auf die kontrollierte Übertragung und Schaltbarkeit von Drehmomenten und Antriebsleistungen ankommt. Darunter fallen die Branchen Pressentechnik, Marine, Baumaschinen, Mining, Energie, Gabelstapler und Förderbänder. Unter den Abnehmern befinden sich industrielle Unternehmen dieser Branchen aus allen Teilen der Welt.

Das Portfolio umfasst mechanische, elektromagnetische, hydraulische und pneumatische Kupplungs- und Bremssysteme, Sicherheitssteuerungen, Dreheinführungen, Kompaktantriebe für den Pressenbau sowie individuell konstruierte Komplettsysteme für spezielle Anwendungen. Ortlinghaus greift dabei auf langjährige Erfahrungen im Gebiet der Reibtechnologien zurück, die sich insbesondere in der Lamellenkonstruktion niederschlagen. Die hoch spezialisierten Maschinenelemente sind die entscheidenden Funktionsträger jeder Reibungskupplung und -bremse. Darüber hinaus liegt der Entwicklungsschwerpunkt auf mechatronischen Lösungen sowie auf der Regelungstechnik, Zustandsüberwachung und Ferndiagnose.

Otto Ortlinghaus gründete das Unternehmen 1898 in Remscheid. Nachdem er zunächst Maschinenmesser und Werkzeuge produzierte, begann er ab 1925 mit der Herstellung von Lamellen. 1932 folgte die Fertigung der ersten Serienkupplungen. Im Laufe des 20. Jh. baute das Familienunternehmen seine Position stetig aus und entwickelte sich zu einem Spezialanbieter der Antriebstechnik. Im Jahr 2013 beschäftigte Ortlinghaus weltweit 550 Mitarbeiter, 400 davon am Hauptsitz in Wermelskirchen, und erwirtschaftete einen Umsatz von 80 Mio. Euro. Der Exportanteil beläuft sich auf 51 %. In Frankreich, Großbritannien, der Schweiz, Russland, China und Indien unterhält das Unternehmen jeweils eine Auslandsniederlassung.

Meilensteine

1898 Otto Ortlinghaus gründet das Unternehmen in Remscheid.

1925 Nachdem zunächst Maschinenmesser und Werkzeuge hergestellt wurden, beginnt Ortlinghaus mit der Produktion von Lamellen.

1932 Ortlinghaus fertigt die ersten Serienkupplungen.

1955 In Wermelskirchen entsteht ein neues Werk, das heute den Hauptsitz des Familienunternehmens bildet.

1973 Ortlinghaus erwirbt die August Häussermann GmbH in Gams.

2006 Erweiterung der Produktpalette um mechatronische Systeme

2014 Einbaufertige Systeme für die Marinetechnik werden eingeführt.

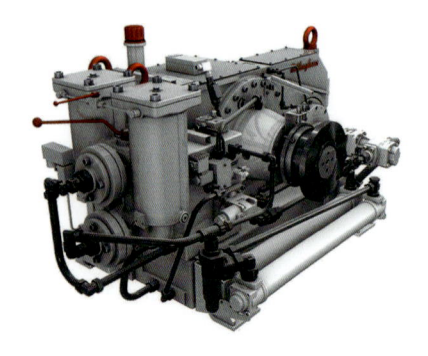

Mit schaltbaren Reibungskupplungen und -bremsen sowie Lamellen für eine Vielzahl von Anwendungen in der Antriebstechnik sicherte sich die Ortlinghaus-Werke GmbH eine führende Position auf dem Weltmarkt.

Daten und Fakten

Branche: Antriebstechnik
Produkte: Kupplungen, Bremsen, Kombinationen, Servobremsen, Lamellen, Sicherheitssteuerungen, Dreheinführungen, komplette Systeme für spezielle Anwendungen, Zubehör, Kompaktantriebe, mechatronische Systeme
Umsatz: 80 Mio. Euro (2013)

Mitarbeiter: 550
Standorte: Produktionsstandorte in Wermelskirchen, Gams und Shanghai; weitere Auslandsniederlassungen in Großbritannien, Frankreich, der Schweiz, Russland, Indien und China
Exportquote: 51 %
Gründer: Otto Ortlinghaus, 1898, Remscheid
Eigentümer: Familie Ortlinghaus

Kontakt
Ortlinghaus-Werke GmbH
Kenkhauser Str. 125, 42929 Wermelskirchen
Fon: 02196 85-0, Fax: 02196 85-5444
info@ortlinghaus.com, www.ortlinghaus.com

Ortovox

Taufkirchen, Bayern

Gegründet: 1980
Die Ortovox Sportartikel GmbH ist ein international agierender Anbieter von Bergsportausrüstung. Als Pionier im Sicherheitsbereich werden bei Ortovox innovative und hochfunktionale Lawinennotfallprodukte, Wollbekleidungsteile und Rucksäcke entwickelt, die dem Nutzer bestmöglichen Schutz, einfache Bedienbarkeit und maximalen Komfort beim (Ski-)Bergsteigen bieten. Ortovox gilt auch als Begründer von Woll-Funktionsbekleidung für den Bergsport. Das Unternehmen verfügt über Produktionsstätten in Europa und Asien und ist weltweit vertreten. Gerald Kampel und Jürgen Wegner entwickelten 1980 das erste Doppelfrequenzgerät Ortovox F2 für die Suche nach Lawinenverschütteten und brachten damit dem jungen Unternehmen in kurzer Zeit die weltweite Marktführerschaft.

Kontakt
Ortovox Sportartikel GmbH
Rotwandweg 5, 82024 Taufkirchen
www.ortovox.com

Oschatz

Essen, Nordrhein-Westfalen

Gegründet: 1849
Die Oschatz GmbH ist ein global operierendes Unternehmen im Anlagenbau, in der Energierückgewinnung und in der Kraftwerkstechnik. Mit 1.400 Mitarbeitern sowie zahlreichen Tochterunternehmen und Vertretungen auf der ganzen Welt ist die in Essen ansässige Oschatz Gruppe führend in den Produktbereichen Eisen- und Stahlmetallurgie, Nichteisenmetallurgie sowie Chemie- und Kraftwerkstechnik. Das 1849 in Meerane gegründete Unternehmen wurde seit 1994 durch den geschäftsführenden Gesellschafter Dr. Hans-Jürgen Schrag geleitet. Dessen Vater hatte die Firma 1948 in Mannheim neu gegründet. Im April 2014 fand ein Geschäftsführerwechsel statt: Dr. Jan-Christopher Schrag, ältester Sohn der Familie, übernahm die Leitung des Unternehmens gemeinsam mit Dipl.-Ing. Andreas Albrecht.

Kontakt
Oschatz GmbH
Westendhof 10-12, 45143 Essen
www.oschatz.com

OSSBERGER

Weißenburg, Bayern

Gegründet: 1873
Die OSSBERGER GmbH + Co ist Weltmarktführer bei Kleinwasserkraftanlagen mit Leistungen von derzeit 15 kW bis 3,5 MW. Zum Produktportfolio gehören außerdem Wasserturbinenregler, automatische Rechenreinigungsmaschinen, chemiefreie Reinigungsanlagen zur Teilereinigung sowie der Bereich Plastics Technology mit Maschinen zur Kunststoffverarbeitung. Die OSSBERGER Wasserkraftanlagen kommen in der Industrie und in der Wasserwirtschaft, aber auch in Kommunen und Krankenhäusern zum Einsatz. Mittlerweile kann OSSBERGER auf

Ottobock

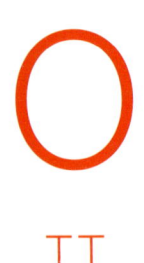

O
TT

weltweit über 10.000 installierte Anlagen und Vertretungen in 46 Ländern verweisen. Das Familienunternehmen wurde 1873 von Michael Ossberger gegründet und wird heute in der 4. Generation von Dr. Karl-Friedrich Ossberger geleitet. Mit 130 Mitarbeitern erwirtschaftet OSSBERGER einen Jahresumsatz von rd. 25 Mio. Euro.

Kontakt
OSSBERGER GmbH + Co
Otto-Rieder-Str. 7, 91781 Weißenburg
www.ossberger.de

Ottobock
Duderstadt, Niedersachsen

ottobock.

Neueste Computer-, Sensor- und Regeltechnik machen das Genium zum bahnbrechenden Fortschritt in der Beinprothetik.

»Fortschritt und Tradition erleben wir nicht als Widerspruch, sondern als gewachsene Einheit. Aus der Vergangenheit haben wir gelernt, dass auch in unserer zukünftigen Forschung und Entwicklung gelten muss: Der Mensch steht im Mittelpunkt.«

Ottobock Firmenphilosophie

Otto Bock HealthCare GmbH im Internet

Gegründet: 1919

Das Medizintechnikunternehmen Otto Bock HealthCare GmbH trägt mit seinen innovativen Produkten dazu bei, dass Menschen mit Handicap ihre Mobilität erhalten oder wiedererlangen. Das Produktportfolio umfasst neben modernen Arm- und Beinprothesen auch Orthesen (funktionssichernde, entlastende und unterstützende Hilfsmittel), elektrisch und manuell angetriebene Rollstühle sowie Neuroimplantate. Das weltweit erste komplett mikroprozessorgesteuerte Beinprothesensystem C-Leg erlaubt eine optimale Annäherung an das natürliche Gangbild, sodass die Mobilitätseinschränkung im Alltag kaum noch auffällt. Weltweit nutzen bereits heute mehr als 25.000 Menschen diese Prothese. Weitere herausragende Innovationen der Otto Bock HealthCare sind der DynamicArm als hochfunktionale myoelektrisch gesteuerte Armprothese und das Neuroimplantat ActiGait, eine einzigartige Therapieoption für Schlaganfallpatienten mit Fußheberschwäche. Als weiteren Meilenstein der Produktentwicklung stellte Ottobock 2011 das Genium Bionic Prosthetic System vor. Es bildet das natürliche, physiologische Gangbild fast identisch nach.

Das Familienunternehmen wurde 1919 in Berlin von dem Orthopädiemechaniker Otto Bock gegründet. Mit seiner Idee, Prothesenpassteile in Serienproduktion zu fertigen und diese direkt an die Orthopädiemechaniker vor Ort zu liefern, legte er den Grundstein für die Orthopädische Industrie. Heute ist die Otto Bock HealthCare weltweit mit

Schon gewusst?

Seit 1988 engagiert sich Ottobock bei den Paralympischen Sommer- und Winterspielen. Was vor mehr als 25 Jahren mit 4 Technikern und einem Pavillon noch klein begann, stellte sich 2012 in London als logistisches Großprojekt dar: Ottobock entsandte ein international besetztes Team von 80 Orthopädietechnikern nach London und sorgte mit seinem Reparaturservice dafür, dass die 4.200 Sportlerinnen und Sportler aus aller Welt bei den Wettkämpfen Höchstleistungen zeigen konnten. Ein Großteil der Werkstattausrüstung ging bereits drei Monate vor den Paralympics auf die Reise nach Großbritannien.

50 Vertriebs- und Servicestandorten vertreten und exportiert ihre Produkte in 140 Länder. Der Jahresumsatz betrug 2013 rd. 722 Mio. Euro und es wurden über 6.000 Mitarbeiter beschäftigt, davon 1.127 in Duderstadt. Seit 1990 leitet Prof. Hans Georg Näder, der Enkel des Firmengründers, das Unternehmen als geschäftsführender Gesellschafter.

Daten und Fakten

Branche: Medizintechnik
Produkte: Arm- und Beinprothesen, Orthesen, elektrisch und manuell angetriebene Rollstühle, Neuroimplantate
Marktposition: Weltmarktführer im Bereich Prothetik
Umsatz: 722 Mio. Euro (2013)
Mitarbeiter: über 6.000 weltweit, davon 1.127 in Duderstadt (2013)
Ausbildungsquote: 6,7 %
Standorte: Firmensitz in Duderstadt, Vertriebs- und Servicestandorte in 50 Ländern
Innovationen: Beinprothesensystem Genium (2011), Michelangelo Hand (2011), Orthesensystem C-Brace (2012), Sportprothesensystem 3S80 (2012), Voyager Evo (2013)
Gründer: Otto Bock, 1919, Berlin
Eigentümer: Familie Näder in 3. Generation
Auszeichnungen: „Niedersächsischer Staatspreis" (2005); „BestPersAward" 1. Platz, Institut für Managementkompetenz der Universität des Saarlandes (2010); „Hidden Champion", n-tv (2012); „Econ Award", Econ Verlag (2013)

Kontakt

Otto Bock HealthCare GmbH
Max-Näder-Str. 15, 37115 Duderstadt
Fon: 05527 848-0, Fax: 05527 848-3360
presse@ottobock.de, www.ottobock-gruppe.de

OTTO JUNKER

Simmerath, Nordrhein-Westfalen

Gegründet: 1924

Die OTTO JUNKER GmbH ist globaler Technologie- und Systempartner für die Thermoprozesse vor allem der Aluminium-, Kupfer-, Halbzeug- und Gießereiindustrie sowie europäischer Spezialanbieter für Edelstahl-Gussprodukte. Das Unternehmen hat eine weltweit führende Position als Hersteller komplexer Industrieofenanlagen. Rund um den Globus sind mehrere tausend Industrieöfen des Unternehmens in Betrieb. Sie kommen überall dort zum Einsatz, wo passgenaue Bauteile wie Schmiede- oder Gussstücke sowie hochwertige Halbzeuge wie Platten, Folien, oder Rohre aus den verschiedensten Metallen gefragt sind. 1924 gründete Dr.-Ing. E. h. Otto Junker in Lammersdorf das Unternehmen. Seit seinem Tod fungiert die 1970 von ihm eingerichtete Stiftung als alleinige Eigentümerin der OTTO JUNKER GmbH. Mit einem jährlichen Umsatz von rd. 120 Mio. Euro beschäftigt das Unternehmen derzeit 470 Mitarbeiter.

Kontakt

OTTO JUNKER GmbH
Jägerhausstr. 22, 52152 Simmerath
www.otto-junker.de

OXEA

Oberhausen, Nordrhein-Westfalen

Gegründet: 2007

Die OXEA GmbH ist Weltmarktführer im Bereich Oxo-Chemikalien. Eine mehrere Schritte umfassende Wertschöpfungskette, die auf dem Prozess der Oxosynthese basiert, erschließt das breit gefächerte Anwendungsfeld von OXEA. Mit einer Produktpalette von ca. 60 Produkten beliefert OXEA weltweit über 1.000 Kunden, von mittelständischen Firmen bis hin zu Großkonzernen. Bei einigen Produkten, wie den Carbonsäuren,

Ottobock hat seinen Hauptsitz in Duderstadt und wird in 3. Generation von dem geschäftsführenden Gesellschafter Prof. Hans Georg Näder geleitet.

OXEA

ist OXEA uneingeschränkter Weltmarktführer. OXEA beschäftigt rd. 1.450 Mitarbeiter am Stammsitz in Oberhausen, in Niederlassungen rund um die Welt sowie an den Produktionsstandorten Marl, Amsterdam/Niederlande, Bay City und Bishop/USA sowie seit Mitte 2014 auch in Nanjing/China. Die Oxea GmbH, die seit Dezember 2013 der Oman Oil Company gehört, erzielt einen jährlichen Umsatz von rd. 1,5 Mrd. Euro.

Kontakt
OXEA GmbH
Otto-Roelen-Str. 3, 46147 Oberhausen
www.oxea-chemicals.com

PQ

Pennekamp

Ennepetal, Nordrhein-Westfalen

Gegründet: 1945

Die Ernst Pennekamp GmbH & Co OHG ist auf die Herstellung von Kühlöfen und Heißendtransportanlagen für die Glasindustrie spezialisiert und beliefert als einer der Weltmarktführer alle namhaften Glashersteller von Hohlglasfabrikanten über Ornament- und Solarglashersteller bis hin zu Produzenten von Float- und Displayglas mit entsprechenden Produktionsanlagen auf höchstem technologischem Niveau. Das 1945 von Ernst Pennekamp gegründete Unternehmen liefert als Komplettanbieter neben thermischen Anlagen auch Maschinen aus weiteren Produktbereichen. Die Firma beschäftigt rd. 100 Mitarbeiter und ist mittlerweile der bedeutendste Hersteller von Öfen und automatischen Heißendtransportanlagen zum Einsatz in den unterschiedlichsten Glasindustrien.

Kontakt

Ernst Pennekamp GmbH & Co OHG
Königsfelder Str. 38-42, 58256 Ennepetal
www.pennekamp.de

Pepperl+Fuchs

Mannheim, Baden-Württemberg

Gegründet: 1945

Die Pepperl+Fuchs GmbH mit Stammsitz in Mannheim zählt zu den weltweit führenden Unternehmen für industrielle Sensorik sowie für Komponenten und Technologien in explosionsgefährdeten Bereichen. Die Erfolgsgeschichte begann im Jahre 1945, als der Mannheimer Bankkaufmann Ludwig Fuchs und der Rundfunkmechaniker Walter Pepperl eine Radioreparatur-Werkstatt gründeten. Aus dieser Keimzelle entwickelte sich durch wegweisende Innovation und ständiges Wachstum die heutige Pepperl+Fuchs GmbH mit 5.600 Mitarbeitern weltweit und einem Umsatz von 500 Mio. Euro. Damals wie heute ist es das Ziel, die individuellen Anforderungen der Kernbranchen mit Engineering auf höchstem Niveau ideal zu erfüllen. Die Anwendungen der Kunden mit immer neuen Produkten und Technologien so einfach, effizient und sicher wie möglich zu machen, ist Zentrum des Handelns.

Meilensteine

1945 Gründung in Mannheim durch Ludwig Fuchs und Walter Pepperl

1973 Erste europäische Verkaufsniederlassung in England

1979 Erste außereuropäische Tochtergesellschaft mit eigener Fertigung in Singapur

1983 Gründung der Zentrale für die USA in Twinsburg, Ohio

1991 Gründung der Geschäftsbereiche Fabrik- und Prozessautomation

1993 Zertifizierung nach ISO 9001

1996 Kauf der Firma Hohner in Tuttlingen: Produktpalette wird durch Drehgeber erweitert.

2010 Pepperl+Fuchs erwirbt das Geschäft mit Näherungsschaltern von Siemens.

2012 Inbetriebnahme des neuen Logistikzentrums für Europa am Stammsitz Mannheim

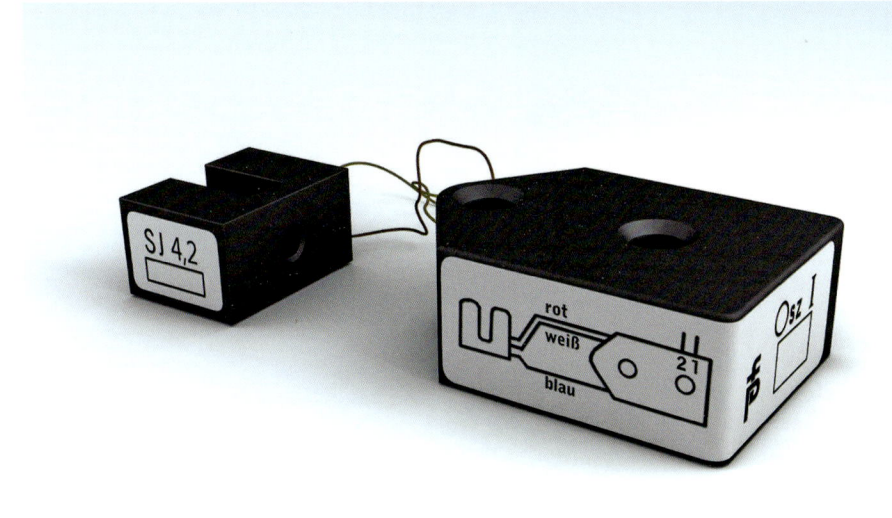

Pepperl+Fuchs

P
EP

Der erste induktive Schalter der Welt – das KONTEX System

»Wir sind ein Familienunternehmen; wir sehen uns als leidenschaftlichen Begleiter unserer Kunden; wir sind innovativ und dabei bodenständig.«

Unternehmensmotto

Die Entwicklung von industriellen Sensoren für die elektrische Automation ist der Schwerpunkt des Geschäftsbereiches Fabrikautomation. Dabei stehen die Branchen im Fokus sämtlicher Aktivitäten: Alle Produkte werden exakt auf individuelle, branchenspezifische Anforderungen zugeschnitten. Das Portfolio erfüllt lückenlos und branchenübergreifend alle Applikationen moderner Automatisierungstechnik.

Von induktiver und kapazitiver Sensorik bis hin zu optoelektronischen Sensoren macht

2D Laserscanner mit Pulse Ranging Technology

Pepperl+Fuchs bietet mit dem R2000 einen weltweit einzigartigen Scanner zur Erkennung kleiner Objekte, präzisen Detektion von Kanten und Positionsbestimmung. Als Messverfahren wird die Pulse Ranging Technology (PRT) verwendet, eine der führenden Technologien im Bereich industrieller Entfernungsmessung. Hierbei wird die Laufzeit eines diskreten Lichtimpulses gemessen. Die hohe Energiedichte dieses Impulses sorgt für eine selten erreichte Fremdlichtunempfindlichkeit und einen nur geringen Einfluss der Reflexionseigenschaften des Materials. Mit Hilfe von PRT lassen sich große Reichweiten mit hoher Genauigkeit schnell ermitteln. Der Messkern des R2000 rotiert um die eigene Achse und bietet damit eine lückenlose 360 ° Rundumsicht. Feinste Winkelauflösung gepaart mit einem sehr kleinen Lichtfleck ermöglichen die Montage knapp oberhalb eines zu inspizierenden Guts und das Erkennen von Strukturen kleiner 1 mm. Die Scanrate von 3000 U/min. und 250.000 Messungen pro Sekunde sorgen für hohe Präzision bei der Positionsbestimmung, wie dies z. B. bei fahrerlosen Transportsystemen gefordert ist. Über das interaktive Display des R2000 erfolgt eine einfache Inbetriebnahme und während des laufenden Betriebs können Diagnoseinformationen direkt ausgeben werden. Diese Eigenschaften machen den R2000 zu einem Multitalent überall dort, wo Weitblick und Präzision gefragt sind.

Wie alles begann … die Radio-Reparaturwerkstatt (oben); Pepperl+Fuchs Stammsitz heute: von Mannheim in die ganze Welt (unten)

P
ER

Neues Logistikzentrum für Europa am Stammsitz Mannheim

Pepperl+Fuchs GmbH im Internet

Pepperl+Fuchs alle gängigen Wirkprinzipien in großer technischer Vielfalt verfügbar. In der Ultraschallsensorik ist jedes Detail auf komplexe Anwendungen unter kritischen Umwelteinflüssen wie Staub, Gas oder Dampf abgestimmt. Identifikationssysteme mit RFID-, Barcode- oder Data-Matrix-Lösungen, Drehgeber, Positioniersysteme und eine breite Auswahl an Zubehör runden das Produktspektrum ab.

Komponenten und Technologien für explosionsgefährdete Bereiche stehen im Mittelpunkt des Geschäftsbereiches Prozessautomation. Auf der Basis langjähriger Erfahrung, überlegenen Engineerings und einer Fertigungstiefe von 90 % liefert Pepperl+Fuchs anwendungsorientierte Lösungen für zuverlässigen Explosionsschutz. Mit Trennbarrieren, Signaltrennern, HART Interfaces, Remote-I/O-Systemen und kompletten Feldbus-Infrastrukturen stehen Prozess-Interfaces für alle Zündschutzarten und verschiedenste Anwendungen bereit. Komplette Lösungspakete bieten dem Anwender bis hin zur Lieferung ein kundenspezifisches Gesamtpaket. Bedien- und Beobachtungssysteme, Füllstandsmesstechnik, Warnanlagen für Ölabscheider und passendes Zubehör ergänzen das Programm. Mit Innovationen und Technologien wie DART hat Pepperl+Fuchs den Fortschritt im Explosionsschutz wesentlich geprägt und ist anerkannter Partner führender Unternehmen auf der ganzen Welt.

Daten und Fakten

Branche: Fabrikautomation, Prozessautomation
Produkte: Komponenten für die Fabrikautomation, Komponenten und Lösungen für die Prozessautomation
Marktposition: eines der weltweit führenden Unternehmen für industrielle Sensorik und Komponenten/Technologien in explosionsgefährdeten Bereichen
Kundenbranchen: Fabrikautomation: Maschinen- und Anlagenbau, Automobilindustrie, Lager- und Fördertechnik, Druck- und Papierindustrie, Verpackungstechnik, Process Equipment, Tür-, Tor-, Aufzugsbau, Textilmaschinen, Mobile Equipment, Erneuerbare Energien Prozessautomation: Chemische- und Pharmazeutische Industrie, Öl- und Gasindustrie inkl. Offshore und Schiffbau, Energieerzeugung, Wasser- und Abwasser
Umsatz: 500 Mio. Euro (2013)
Mitarbeiter: 5.600 (weltweit, 2013)
Standorte: mehr als 30 Gesellschaften weltweit, Fertigungsstätten in Deutschland, USA, Singapur, Ungarn, Indien, Indonesien, Vietnam, Tschechien
Gründer: Walter Pepperl, Ludwig Fuchs, 1945, Mannheim
Unternehmensführung: Dr.-Ing. Gunther Kegel (Vors.), Dr.-Ing. Peter Adolphs, Werner Guthier, Mehmet Hatiboglu

Kontakt

Pepperl+Fuchs GmbH
Lilienthalstr. 200, 68307 Mannheim
Fon: 0621 776-0, Fax: 0621 776-1000
info@de.pepperl-fuchs.com
www.pepperl-fuchs.com

PERI

Weißenhorn, Bayern

Gegründet: 1969
Die PERI GmbH entwickelt, produziert und vertreibt Schalungs- und Gerüstsysteme und ist heute in diesem Bereich einer der Weltmarktführer. Vielseitige Dienstleistungen von der technischen Planung, Software für die Arbeitsvorbereitung bis hin zur Schalungsmontage sowie Vermietung der Systeme ergänzen das Spektrum. PERI beschäftigt weltweit über 6.700 Mitarbeiter, die im Jahr 2013 einen Umsatz von 1.099 Mio. Euro erwirtschafteten. Das Unternehmen mit Sitz

in Weißenhorn bedient mit weiteren 110 Logistikstandorten und über 50 Tochtergesellschaften weltweit Baustellen in über 65 Ländern. Die PERI GmbH befindet sich in Familienbesitz und wird heute von Alexander Schwörer in 2. Generation geführt. In der Geschäftsleitung wird er von Dr. Fabian Kracht und Dr. Ekkehard Gericke unterstützt. Der PERI Hauptsitz in Weißenhorn wurde im Jahr 1969 von Artur Schwörer gegründet.

Kontakt
PERI GmbH – Schalung Gerüst Engineering
Rudolf-Diesel-Str. 19, 89264 Weißenhorn
www.peri.de

Perlon Nextrusion

Bobingen, Bayern

Gegründet: 1956/1949

Die Perlon Nextrusion Monofil GmbH produziert an den Standorten Bobingen und Dormagen qualitativ hochwertige Monofilamente aus schmelzspinnbaren Polymeren wie Polyamid und Polyester. Alle Monofile sind „Made in Germany" und werden weltweit unter den Markennamen Perlon® und QualiFil® vertrieben. Die Monofilamente finden ihren Einsatz in Papiermaschinenbespannungen (PMC) und anderen anspruchsvollen technischen Endanwendungen in den Bereichen Filtration (insbesondere Fest-Flüssig-Trennung), Transportbandgewebe, Abstandsgewirke und Sportartikeln. Sie werden aber auch in Kabel und Seilen (Atlas®), als Verstärkungsfäden in textilen Konstruktionen sowie in der Landwirtschaft (Bayco®) eingesetzt. Mit 290 Mitarbeitern und einer jährlichen Kapazität von 12.000 t wird ein Umsatz von 70 Mio. Euro erreicht.

Kontakt
Perlon Nextrusion Monofil GmbH
Max-Fischer-Str. 11, 86399 Bobingen
www.perlonnextrusion.de

perma-tec

Euerdorf, Bayern

Gegründet: 1934

Seit 50 Jahren steht der Name perma für innovative und kreative Schmierlösungen. Die Einzel- und Mehrpunktschmiersysteme von perma-tec werden weltweit in nahezu allen Anwendungsbereichen und Industriezweigen eingesetzt.

Die Marktführerschaft von perma-tec im Bereich der Einzelpunktschmierung basiert auf den vielfach patentierten und speziell zertifizierten Produkten. Alle perma Produkte werden in der deutschen Zentrale entwickelt, produziert sowie getestet und entsprechen dem Qualitätsstandard „Made in Germany". perma-tec beschäftigt weltweit über 200 Mitarbeiter, davon rd. 150 in Deutschland, und unterhält Niederlassungen in Australien, Chile, Frankreich, Indien, Italien, Spanien, Großbritannien und in den USA. Dank eines kompetenten Händlernetzes ist perma-tec in 60 weiteren Ländern präsent. Durch langjährige Vertriebserfahrung bietet perma-tec zahlreiche Lösungen für höchste technische Kundenanforderungen.

Mit dem Einsatz der perma Produkte, hauptsächlich an Förderbandanlagen, Elektromotoren, Pumpen oder Lüfteranlagen, können Kosten für Wartung und Instandhaltung reduziert werden. Durch die zuverlässige und präzise Schmierung mit perma Schmiersystemen werden Anlagen-Ausfälle vermieden. Zudem wird die Sicherheit am Arbeitsplatz erhöht, da Wartungsintervalle verlängert werden können und sich dadurch die Aufenthaltszeiten in Gefahrenbereichen reduzieren.

Peter Maier Leichtbau

P ET

Kontakt
perma-tec GmbH & Co. KG
Hammelburger Str. 21, 97717 Euerdorf
Fon: 09704 609-0, Fax: 09704 609-50
info@perma-tec.com, www.perma-tec.com

Peter Maier Leichtbau

Singen, Baden-Württemberg

Gegründet: 1984

Die Peter Maier Leichtbau (pml) GmbH hat ihren Hauptsitz in Singen. pml ist der Spezialist in Konzeption und Fertigung von Aluminium-Plattformen für hydraulische Lkw-Ladebordwände. Mitte der 1990er-Jahre entwickelte das Unternehmen eine Weltneuheit: ein Individualsystem für Aluminiumbrücken, -türme, -stege und -treppen. Bei pml kommt alles aus einer Hand: Entwicklung, Konstruktion, Fertigung, Logistik und Montage. Moderne Fertigungstechnologien, hohe Produktqualität und anwendungstechnische Kompetenz zeichnen pml aus und verschaffen dem Unternehmen weltweit eine herausragende Stellung auf dem Markt.

Kontakt
Peter Maier Leichtbau GmbH
Gottlieb-Daimler Str. 7 Singen
www.pml.de

PFERD

Marienheide, Nordrhein-Westfalen

Gegründet: 1897

Die August Rüggeberg GmbH & Co. KG fertigt und vertreibt unter der Marke PFERD mehr als 7.500 Werkzeuge zur Oberflächenbearbeitung und zum Trennen von Werkstoffen. In Verbindung mit den passenden Antrieben sowie technischer Beratung bietet PFERD weltweit Systemlösungen für Industrie und professionelles Handwerk an. Das Familienunternehmen mit 21 internationalen Tochtergesellschaften erzielte im Jahr 2012 mit 1.750 Mitarbeitern einen Umsatz von 250 Mio. Euro. Bereits Ende des 18. Jh. war das durch einen Reifen springende Pferd das unverwechselbare Markenzeichen für Werkzeuge von besonderer Qualität. Die Geschäftsleitung des Traditionsunternehmens besteht aus dem Familienmitglied Jörn Bielenberg, Stefan Braun und Stefan Kroll.

Kontakt
August Rüggeberg GmbH & Co. KG
Hauptstr. 13, 51709 Marienheide
www.pferd.com

PFISTERER

Winterbach, Baden-Württemberg

»Wir haben in Deutschland und in der Schweiz eine europäische Produktion, die für Qualität und Präzision steht.«

Jörg Fries,
Vorstand Vertrieb
PFISTERER

Gegründet: 1921

Die PFISTERER Holding AG ist der weltweit größte unabhängige Produzent von Hochspannungs-Kabelgarnituren. Das 1921 gegründete Unternehmen entwickelt, produziert und vertreibt Kabelgarnituren und Freileitungszubehör für Spannungsebenen von 110 V bis 850 kV. Das Portfolio umfasst Kabel-, Kontakt-, Freileitungs- und Fahrlei-

Vorstandsmitglieder Peter Hommel, Samuel Ansorge, Jörg Fries und Michael Keinert (v.l.); Firmensitz der PFISTERER Holding

Mit CONNEX-Komponenten lassen sich extrem kompakte Umspannwerke realisieren.

PFREUNDT

Schon gewusst?

Das Know-how von PFISTERER ist nicht nur in der Energietechnik gefragt: Die weltberühmte gläserne Dachkonstruktion im Münchner Olympiapark wird durch Verbindungselemente von PFISTERER gehalten. Das Wissen über perfekte Stahlseil-Verbindungen hat PFISTERER in seiner Freileitungs-Sparte gewonnen.

Umsatz: 256 Mio. Euro (2013)
Mitarbeiter: 1.431 (2013)
Standorte: 18 Niederlassungen weltweit
Innovationen: CONNEX steckbare Hochspannungskomponenten

Kontakt
PFISTERER Holding AG
Rosenstr. 44, 73650 Winterbach
Fon: 07181 7005-0, Fax: 07181 7005-565
info@pfisterer.com, www.pfisterer.com

PFREUNDT

Südlohn, Nordrhein-Westfalen

tungssysteme sowie Sicherheitstechnik. Das Komplettangebot aus Produkten für den Einsatz an den Schnittstellen von Energienetzen wird ergänzt durch Beratung, Montage und Schulungen. Damit bietet PFISTERER das umfassendste Angebot der Branche. Kunden finden sich in den Bereichen Energieerzeugung und -versorgung, bei Netzbetreibern und elektrifizierten Eisenbahnen. Industrielle Kunden erhalten bei PFISTERER maßgeschneiderte Anschluss- und Verbindungskomponenten für elektrische Antriebe und Energieversorgungssysteme.

Mit CONNEX, einem steckbaren universellen Anschluss-System für Mittel- und Hochspannungsnetze, hat sich PFISTERER weltweit eine Vorreiterposition erarbeitet. Das modulare System ermöglicht Anlagenbetreibern erstmals kompakte, zuverlässig isolierte Umspannwerke, die wartungsfrei und sicher sogar in Wohn- und Geschäftsgebäuden Platz finden. Das Programm an Kabelgarnituren wird komplettiert durch nicht steckbare Systeme vom Typ IXOSIL.

PFISTERER besitzt 18 eigene Vertriebsniederlassungen in Europa, Asien, Afrika, Südamerika und den USA. Die Gruppe beschäftigt rd. 1.400 Mitarbeiter, die 2013 einen Umsatz von 256 Mio. Euro erwirtschafteten.

Daten und Fakten

Branche: Hochspannungstechnologie
Produkte: Kabelgarnituren, Freileitungszubehör
Marktposition: größter unabhängiger Produzent von Hochspannungs-Kabelgarnituren

Gegründet: 1979
Die PFREUNDT GmbH zählt weltweit zu den führenden Anbietern mobiler Wägesysteme. Im deutschsprachigen Raum und auch in anderen Ländern liegt das Unternehmen in verschiedenen Angebotssegmenten mit Abstand auf dem ersten Platz, in vielen weiteren Ländern gehört PFREUNDT zu den Top 3 der Branche. Die mobile Wägetechnik kommt in Baumaschinen wie z. B. Baggern und Radladern, in Förderbändern und in Entsorgungsfahrzeugen zum Einsatz. Sie bietet den Anwendern im Vergleich zu stationären Waagen vielfältige Einsparpotenziale. Die PFREUNDT GmbH beschäftigt in Deutschland rd. 80 Mitarbeiter. Um das Auslandsgeschäft, das rd. 30 % vom Umsatz ausmacht, kümmern sich Tochtergesellschaften in Italien und Kroatien sowie Vertretungen in allen EU-Staaten, den USA, Kanada, Chile, Indien, China, Russland, der Mongolei und Australien.

Gegründet wurde das Unternehmen 1979 von Hans-Günther Pfreundt, der mit der Entwicklung einer Radladerwaage die

Basis für den Erfolg legte. Als Pionier der mobilen Wägetechnik rüstete die Firma schon 1981 auch im Ausland die ersten Radlader um und erweiterte das Angebot um mobile Wägesysteme für Containerfahrzeuge. Ein Meilenstein war 1984 die Erwirkung der weltweit ersten Eichzulassung für die Radladerwaage. Dadurch können seither die mit der mobilen Wägetechnik ermittelten Gewichte als rechtsgültiger Nachweis für die Rechnungslegung genutzt werden. Mit dem Neubau der Firmenzentrale im Jahr 2010 legte das Unternehmen die Basis für weiteres Wachstum. In 2014 schaffte PFREUNDT mit einer neuen Waagengeneration mit Internetzugang zusammen mit einer neuen Internet-Software die Grundlage für die ortsunabhängige Live-Auswertung aller vernetzter Waagen.

Kontakt
PFREUNDT GmbH
Robert-Bosch-Str. 5, 46354 Südlohn
Fon: 02862 9807-0, Fax: 02862 9807-99
info@pfreundt.de, www.pfreundt.de

Phocos

Ulm, Baden-Württemberg

Gegründet: 2000
Die Phocos AG ist einer der weltweit führenden Anbieter von Solarladereglern und Komponenten zur autonomen Stromversorgung. Energiesparende Geräte wie Lampen, Kühlgeräte und Inverter ergänzen das Produktspektrum. Mit den von Phocos entwickelten Produkten ist es möglich, elektrische Energie umweltfreundlich und effizient zu nutzen. Mit seinem Angebot richtet sich das Unternehmen in erster Linie an Anbieter und Installateure von Photovoltaik-Systemen auf der ganzen Welt. Phocos beschäftigt ca. 200 Mitarbeiter weltweit. Das Unternehmen mit Hauptsitz in Deutschland ist mit weiteren zwölf Beteiligungsgesellschaften und Serviceniederlassungen international aufgestellt. Phocos arbeitet zum Thema autonome Stromversorgung eng mit der Hochschule Ulm zusammen.

Kontakt
Phocos AG
Magirus-Deutz-Str. 12, 89077 Ulm
www.phocos.com

Phoenix Contact

Blomberg, Nordrhein-Westfalen

Gegründet: 1923
In zwölf Geschäftsbereichen bietet das Industrieunternehmen Phoenix Contact über 60.000 Produkte, Komponenten und Systemlösungen der elektrischen Verbindungs-, elektronischen Interface- sowie der industriellen Automatisierungstechnik an und ist damit Weltmarktführer für Verbindungstechnik. Produkte von Phoenix Contact kommen u. a. im Maschinen- und Anlagenbau, in der Energieversorgung und in der industriellen Automation zum Einsatz.

Das Unternehmen wurde 1923 als Phönix Elektrizitätsgesellschaft von Hugo Knümann in Essen gegründet, der früh die Bedeutung der zunehmenden Elektrisierung und später Elektronisierung aller Industriemärkte erkannte. Bereits 1928 entwickelte man für

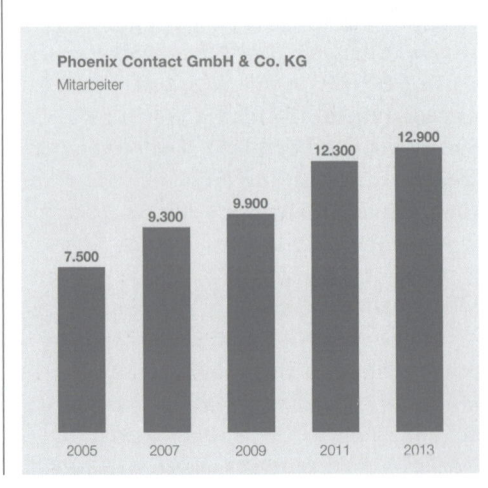

Phoenix Contact GmbH & Co. KG
Mitarbeiter

Jahr	Mitarbeiter
2005	7.500
2007	9.300
2009	9.900
2011	12.300
2013	12.900

Phoenix Contact

Phoenix Contact mit Stammsitz im westfälischen Blomberg beschäftigt weltweit mehr als 13.000 Mitarbeiter.

P
HO

»Wir gestalten Fortschritt mit innovativen Lösungen, die begeistern.«

Mission Statement
Phoenix Contact

RWE die modulare Reihenklemme, die auch heute noch zum Kerngeschäft des Unternehmens zählt. Ein weiterer Meilenstein folgte, als Phoenix Contact 1987 auf der Hannover Messe das serielle Feldbussystem Interbus erstmalig vorstellte. Diese softwareprogrammierte Signalübertragung für das sog. Feld der Produktion revolutionierte die bis dahin praktizierte parallele Signalübertragung. Heute beschäftigt das Unternehmen mehr als 13.000 Mitarbeiter weltweit, davon sind rd. 6.500 in Deutschland tätig.

Neue Produktentwicklungen und -optimierungen sichern dem Unternehmen seine weltmarktführende Position. Mit Axioline hat Phoenix Contact beispielsweise ein Real-time-I/O-System entwickelt, das wie die Reihenklemme eine Datenkommunikation in Echtzeit erlaubt. Axioline entspricht dabei den industriellen Anforderungen an die Robustheit hinsichtlich elektromagnetischer Verträglichkeit und Mechanik. Das System überzeugt außerdem durch einfache Bedienbarkeit, was unter anderem auf die PT-Direktanschlusstechnik zurückzuführen ist. Daten werden mit einer Verzögerungszeit von nur einer Mikrosekunde pro I/O-Modul übertragen. Der eigens hierfür entwickelte interne

Frank Stührenberg ist Vorsitzender der Geschäftsführung von Phoenix Contact. Die modulare Reihenklemme zählt seit 1928 zum Kerngeschäft.

Einfach erklärt: Blitzstrommesssystem LM-S

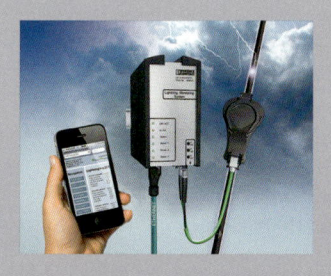

Blitzeinschläge verursachen verheerende Beschädigungen an Gebäuden und Anlagen. Eine kontinuierliche Beobachtung durch Personen ist bei exponiert gelegenen oder großflächigen Anlagen nahezu unmöglich, so dass Zerstörungen zu spät bemerkt werden. Für eine frühzeitige Erfassung und Auswertung von Blitzeinschlägen steht das Blitzstrom-Messsystem LM-S von Phoenix Contact zur Verfügung. Es kommt z. B. in Windkraftanlagen zum Einsatz und misst dort die Anzahl und Intensität der Blitzeinschläge in den Rotorblättern. Die Daten werden online übertragen. Dadurch kann der Anwender feststellen, ob und welche Rotorblätter beschädigt wurden und wann die nächste Wartung sinnvoll ist. Dies ist insbesondere bei der aufwendigen und teuren Wartung von Offshore-Plattformen ein großer Vorteil und sichert die Verfügbarkeit der Anlagen. Im Jahr 2012 wurde das Blitzstrom-Messsystem LM-S auf der Hannover Messe mit dem begehrten internationalen Technologiepreis Hermes Award ausgezeichnet.

Phoenix Contact

PHO

Systembus ermöglicht so eine schnellere und effizientere Kommunikation, als dies mit Ethernet machbar ist.

Zur Phoenix Contact Gruppe gehören die Gesellschaften Phoenix Contact Deutschland, Phoenix Contact Electronics, Bad Pyrmont, zur Fertigung von elektronischen Baugruppen in SMD-Technologie, Phoenix Feinbau, Lüdenscheid, zur Fertigung von metallischen Stanz- und Biegteilen, Steckverbinder-Spezialist Coninvers, Herrenberg, KW-Software, Lemgo, Innominate Security Technologies, Berlin, und Sütron electronic, Filderstadt. Produziert wird mit einer hohen Fertigungstiefe; nicht nur Schrauben, Kunststoff- und Metallteile, sondern auch Werkzeuge und Produktionsmaschinen werden in Eigenfertigung hergestellt. Rund 360 Auszubildende und Studierende werden in elf verschiedenen Fachrichtungen an den Standorten in Blomberg und Bad Pyrmont ausgebildet.

Phoenix Contact bietet ein innovatives Portfolio industrieller Elektrotechnik: von Wireless-Modulen über Stecker für die Elektromobilität bis hin zur Cloud-Technologie.

Phoenix Contact im Internet

Meilensteine

1923 Hugo Knümann gründet die Phönix Elektrizitätsgesellschaft in Essen.

1928 Die erste Reihenklemme wird patentiert.

1966 Der Firmensitz wird nach Blomberg verlegt.

1982 Die Phönix Elektrizitätsgesellschaft wird in Phoenix Contact umbenannt.

1985 Erste Auslandsniederlassungen in den USA, der Schweiz und Schweden

1996 Die Tochtergesellschaft Phoenix Contact Electronics nimmt in Bad Pyrmont die Fertigung von Hightech-Elektronik auf.

2007 Phoenix Contact erwirtschaftet erstmals über 1 Mrd. Euro Gesamtumsatz.

2009 Im Krisenjahr wird in Blomberg die größte Fertigungshalle mit 20.000 qm errichtet.

2012 Auf der Hannover Messe wird das Blitzstrom-Messgerät LM-S mit dem Hermes Award ausgezeichnet.

2014 Phoenix Contact wird zum vierten Mal „Ausgezeichneter Ort im Land der Ideen".

Daten und Fakten

Branche: industrielle Elektrotechnik
Produkte: industrielle Verbindungstechnik, Industriesteckverbinder, Geräteanschlusstechnik, Netz- und Signaltechnologie, Signalkonverter, Komponenten und Systeme der Automatisierungstechnik
Umsatz: 1,64 Mrd. Euro (2013)
Mitarbeiter: mehr als 13.000
Vertrieb: mehr als 50 eigene Vertriebsgesellschaften, zusätzlich 30 Vertretungen in aller Welt
Innovationen: Printklemmen und Steckverbinder (1982), Feldbussystem (1987), Wireless-Produkte (2004)
Patente: schienenmontable Reihenklemme, Reichspatentamt Berlin 1928 u. a.
Gründer: Hugo Knümann, 1923, Essen
Auszeichnungen: Top-Job: Arbeitgeber des Jahres (2008, 2011); Top-Arbeitgeber für Ingenieure (2009–2013)

Kontakt

Phoenix Contact GmbH & Co. KG
Flachsmarktstr. 8, 32823 Blomberg
Fon: 05235 3-00, Fax: 05235 3-41200
info@phoenixcontact.com
www.phoenixcontact.com

Ansprechpartner Presse

Angela Josephs
Fon: 05235 3-41512
ajosephs@phoenixcontact.com

PHW-Gruppe LOHMANN

Visbek, Niedersachsen

Gegründet: 1932

Die PHW-Gruppe zählt zu den größten deutschen Anbietern innerhalb der Lebensmittelindustrie und ist hierzulande der größte Geflügelverarbeitungsbetrieb Deutschlands. Die PHW-Gruppe ist ein Zusammenschluss von mehr als 35 mittelständischen Betrieben, die sich in den Geschäftsfeldern Geflügelspezialitäten, Tierernährung und -gesundheit sowie Humanernährung und -gesundheit positioniert haben. Die PHW-Marke Wiesenhof ist mit 4,5 Mio. verarbeiteten Hähnchen wöchentlich Marktführer bei deutschem Geflügelfleisch. Insgesamt erwirtschaftete die PHW-Gruppe mit über 5.700 Mitarbeitern im Geschäftsjahr 2012/2013 einen Umsatz von 2,45 Mrd. Euro. Allein auf die Sparte Geflügelspezialitäten entfielen davon 1,379 Mrd. Euro. Das 1932 gegründete Familienunternehmen wird in 3. Generation von Peter und Doris Wesjohann als Vorstandsmitglieder der Lohmann & Co. AG geleitet.

Kontakt
PHW-Gruppe LOHMANN & CO. AG
Paul-Wesjohann-Str. 45, 49429 Visbek
www.phw-gruppe.de

Picanova

Köln, Nordrhein-Westfalen

Gegründet: 2004

Die Picanova GmbH mit Hauptsitz in Köln ist ein spezialisierter Dienstleister für individualisierte Fotoprodukte. Dazu zählen insbesondere Fotoleinwände, Alu- und Acryldrucke sowie Fotobücher, Fotokalender und Fotogeschenke. Das Unternehmen zählt zu den Weltmarktführern im Bereich der individuellen Wanddekoration mit dem Schwerpunkt Fotoleinwände; kein anderer Hersteller produziert mehr Quadratmeter davon. Produktionsstätten befinden sich neben Köln auch im Baltikum, in den USA sowie im chinesischen Shenzhen. Insgesamt beschäftigt Picanova 310 Mitarbeiter, davon rd. 160 am deutschen Hauptsitz. Vertrieben werden die Produkte in 170 Ländern auf der ganzen Welt. An Spitzentagen verlassen bis zu 50.000 Artikel die Produktionsstätten.

Gegründet wurde das Unternehmen im Jahr 2004 von den Brüdern Daniel und Philipp Mühlbauer. Sie hatten die Idee zur „Kunst für alle", individuelle Bilder für jeden erschwinglich zu machen. Erste Umsätze erzielten sie hiermit online auf eBay und in einer eigens eröffneten Galerie. Schon bald wurde ein neuer Schwerpunkt gesetzt: Individuell bedruckte Fotoleinwände zum garantiert besten Preis sorgten weltweit für Furore und ließen das Wachstum rasant steigen. Egal ob Frankreich, England oder die USA, die Brüder veränderten die Märkte nachhaltig, denn die sinkenden Preise sorgten für eine steigende Nachfrage. Bis zum Jahr 2009 wuchs die Produktionsfläche auf 2.000 m² an, heute betreibt Picanova Manufakturen mit mehr als 20.000 m² Fläche auf drei Kontinenten. Auch das Produktportfolio wuchs kontinuierlich und wurde um Plattendrucke, Fotobücher und eine Vielzahl an Fotogeschenken erweitert. Das Unternehmen ist inhabergeführt, Eigentümer sind mehrheitlich die Gebrüder Mühlbauer. Im globalen

Picanova ist auf den Druck individualisierter Fotoprodukte spezialisiert.

»Unsere Kunden legen ihre größten Emotionen in unsere Hände, damit wir daraus reale Erinnerungen machen. Eine schönere Aufgabe kann ich mir kaum vorstellen!«

Daniel Mühlbauer,
Geschäftsführer

Gründer Daniel Mühlbauer steht der Picanova GmbH, die auch diverse Fotobearbeitungslösungen anbietet, als geschäftsführender Gesellschafter vor.

PI Gruppe

Meilensteine

2004 Daniel und Philipp Mühlbauer gründen Picanova in einer Doppelgarage im Kölner Süden.

2006 Das erste Ladengeschäft wird eröffnet und die ersten internationalen Umsätze werden generiert. In Shenzhen (China) wird die erste ausländische Produktionsstätte eröffnet.

2007 Zum ersten Mal erreicht Picanova einen sechsstelligen B2B-Umsatz.

2008 Die Büro- und Produktionsfläche wächst auf 700 m². Eine erste Finanzierungsrunde mit Venture-Capital-Beteiligung findet statt.

2009 Weiteres Wachstum: Die Produktionsfläche wird auf 2000 m² ausgedehnt. Man expandiert nach UK, Holland und Frankreich. Die „Best-Price-Strategie" wird eingeführt.

2010 In den USA wird eine Tochtergesellschaft mit eigener Produktionsstätte gegründet. Fotobücher- und Fotokalenderproduktion startet. Im Baltikum entsteht die eigene Holzfabrik.

2011 Das Produktportfolio wächst um Alu- und Acryldrucke.

2012 Picanova betreibt eigene Online-Shops in über 20 Ländern.

2013 Ein französischer Fonds investiert in Picanova.

2014 Eröffnung der neuen Produktionsfläche mit mehr als 10.000 m² in Köln.

Picanova GmbH im Internet

Milliardenmarkt um Fotomerchandisingprodukte wird Picanova weiterhin eine dominante Rolle spielen und seine Marktposition weiter ausbauen und festigen.

Daten und Fakten

Branche: Fotomerchandise
Produkte: individualisierte Fotoprodukte, vor allem Fotoleinwände, Alu-, Acryl- und Forexdrucke sowie Fotobücher und -kalender
Marktposition: weltweit größter Anbieter von individueller Wanddekoration mit Schwerpunkt Fotoleinwände
Mitarbeiter: 310, davon 160 in Köln
Standorte: Köln, Miami (USA), Shenzhen (China) und im Baltikum
Vertrieb: in 170 Ländern weltweit
Exportquote: ca. 70 %
Gründer: Daniel und Philipp Mühlbauer, 2004, Köln
Eigentümer: mehrheitlich Gebrüder Mühlbauer, zwei institutionelle Investoren und Altinvestoren

Kontakt

Picanova GmbH
Hohenzollernring 25, 50672 Köln
Fon: 0221 669979-700, Fax: 0221 669979-739
company@picanova.org, www.picanova.org

PI Gruppe

Karlsruhe, Baden-Württemberg

PI

Gegründet: 1970
Die Physik Instrumente GmbH & Co. KG (PI) mit Stammsitz in Karlsruhe ist führender Hersteller von Positioniersystemen mit Genauigkeiten im Bereich einzelner Nano-

meter. Positioniersysteme von PI werden z. B. in der Halbleiterfertigung, in der Medizintechnik, in der Biotechnologie, im Anlagenbau, in der Oberflächenmesstechnik oder in der Astronomie eingesetzt.

Das privat geführte Unternehmen ist mit vier Standorten in Deutschland sowie zehn Vertriebs- und Serviceniederlassungen in Großbritannien, Frankreich, Italien, Spanien, den USA, Japan, China, Singapur und Korea international vertreten. Im Geschäftsjahr 2013 erzielte die PI Gruppe einen Jahresumsatz von 100 Mio. Euro. Über 750 Mitarbeiter weltweit versetzen die PI Gruppe in die Lage, fast jede Anforderung aus dem Bereich innovativer Präzisions-Positioniertechnik zu erfüllen.

Alle Schlüsseltechnologien werden im eigenen Haus entwickelt. Dadurch kann jede Phase vom Design bis hin zur Auslieferung kontrolliert werden: die Präzisionsmechanik und Elektronik ebenso wie die Positionssensorik. Die dafür benötigten piezokeramischen Elemente werden bei der Tochterfirma PI Ceramic am Standort Lederhose gefertigt, einem der weltweit führenden Unternehmen auf dem Gebiet aktorischer und sensorischer Piezoprodukte. Die PI miCos GmbH in Eschbach bei Freiburg ist spezialisiert auf flexible Positioniersysteme für Ultrahochvakuum-Anwendungen sowie parallelkinematische Positioniersysteme mit sechs Freiheitsgraden und Sonderanfertigungen.

Kontakt
Physik Instrumente GmbH & Co. KG
Auf der Römerstr. 1, 76228 Karlsruhe
Fon: 0721 4846-0, Fax: 0721 4846-1019
info@pi.de, www.pi.de

Piller Group

Osterode am Harz

Gegründet: 1909

Mit einer Produktpalette, die von USV-Anlagen über Spezialgeneratoren bis hin zu rotierenden und statischen Frequenzumformern reicht, ist die Piller Group einer der führenden Anbieter im Segment der hochwertigen Energiekonditionierung, der unterbrechungsfreien Stromversorgung (USV) sowie der Frequenzumformung. Piller ist weltweit einer der größten Hersteller von 3-phasigen USV-Anlagen und die Nr. 1 im Bereich Hochleistungs-USV-Systeme für Rechenzentren (Quelle: IHS Research). Anwendung finden die Produkte z. B. in Rechenzentren, Banken, Versicherungen, Flughäfen, Luftfahrt, Telekommunikation und Rundfunkübertragung sowie in industriellen Prozessen; hier u. a. in Chipfabriken und in der Faserproduktion. Weitere Einsatzfelder sind Flugfeldbeleuchtungen oder Krankenhäuser.

Weltweit beschäftigt die Gruppe mehr als 800 Mitarbeiter, 616 davon am Standort Deutschland. Hier findet in zwei Werken die komplette Produktion statt. Tochtergesellschaften befinden sich im europäischen Raum, in den USA, Australien und Asien. Diese übernehmen dort Vertrieb, Service und Abwicklung. Hinzu kommt ein internationales Netzwerk von Distributionspartnern in mehr als 30 Ländern. Der Exportanteil der Piller Group liegt bei rd. 80 %, der Gesamtumsatz erreichte 2013 weltweit 217 Mio. Euro. Gegründet 1909 von Anton Piller, gehört das Unternehmen heute dem Vorsitzenden der Geschäftsführung Anthony J. Langley. Unter ihm brachte die Gruppe bereits zahlreiche Innovationen auf den Markt, wie z. B. die erste wassergekühlte USV-Anlage. In Kooperation mit Kunden, Universitäten und

Pilz

Forschungsinstituten wird auch zukünftig das Produktentwicklungsprogramm weiter ausgebaut.

Kontakt
Piller Group GmbH
Abgunst 24, 37520 Osterode
Fon: 05522 311-0, Fax: 05522 311-414
info@piller.com, www.piller.com

Pilz

Ostfildern, Baden-Württemberg

pilz — the spirit of safety

Schon gewusst?

Mit einer Gesamthöhe von 117 m steht das weltweit höchste Kettenkarussell im Wiener Prater. Der „Praterturm" befördert bis zu 24 Fahrgäste in eine Höhe von 70 m. Von dort bietet sich ein herrlicher Ausblick über Wien, wobei sich das Karussell mit einer Höchstgeschwindigkeit von 60 km/h dreht. Überwacht und gesteuert wird das Karussell von drei konfigurierbaren Steuerungssystemen PNOZmulti von Pilz, die sämtliche sicherheitsgerichteten Funktionen zuverlässig überwachen.

Gegründet: 1948

Die Pilz GmbH & Co. KG gilt als weltweiter Technologieführer in der sicheren Automation. Die Produkte und Systeme von Pilz ermöglichen es, durch die Überwachung von Sicherheitsfunktionen die Anforderungen an die Maschinensicherheit zu erfüllen. Sie kommen in allen Bereichen des Maschinen- und Anlagenbaus zum Einsatz, etwa in der Automobil-, Verpackungs- oder Holzindustrie. Sie sorgen auch dafür, dass Gepäckförderanlagen in Flughäfen gefahrlos laufen, Theaterkulissen sich reibungslos bewegen und Seil- oder Achterbahnen sicher unterwegs sind.

Seine Technologieführerschaft sichert sich Pilz durch kontinuierliche Innovationen. Das Unternehmen hält 100 Patente, 2013 wurden 19,5 % des Umsatzes in Forschung und Entwicklung investiert. Im Fokus der Aktivitäten stehen dabei die intelligente Verzahnung von Sicherheits- und Automatisierungstechnik sowie die einfache Handhabung der Produkte und Systeme. Zu den bedeutendsten Innovationen der letzten Jahre zählen das weltweit erste frei konfigurierbare Sicherheitsschaltgerät (2002) und das erste sichere Kamerasystem zur dreidimensionalen Raumüberwachung (2006).

Das Familienunternehmen wird von Renate Pilz (Vorsitzende der Geschäftsführung) sowie den geschäftsführenden Gesellschaftern Susanne Kunschert und Thomas Pilz geleitet. 2013 erzielte Pilz einen Umsatz von 233 Mio. Euro, die Exportquote lag bei 68,2 %. Neben dem Stammsitz in Ostfildern bestehen weitere Produktionsstätten im Elsass, in der Schweiz sowie in Irland, wo Software entwickelt wird. Insgesamt sind über 1.900 Mitarbeiter in 31 Tochtergesellschaften auf allen Kontinenten beschäftigt. Um den bestmöglichen Service zu gewährleisten, ist Pilz bestrebt, überall mit eigenen Mitarbeitern vor Ort präsent zu sein.

Die Unternehmenszentrale in Ostfildern (oben); Thomas Pilz und Susanne Kunschert sind geschäftsführende Gesellschafter, Renate Pilz (Mitte) ist Vorsitzende der Geschäftsführung.

Pilz im Internet

Lösungen von Pilz sorgen weltweit in den unterschiedlichsten Branchen für Sicherheit.

Gegründet wurde das Unternehmen 1948 in Esslingen von Hermann Pilz als Glasbläserei. Der Durchbruch gelang 1987 mit dem Not-Aus-Schaltgerät PNOZ, mit dem Maschinen bei Gefahr sofort und sicher gestoppt werden können. Das PNOZ, das über die Jahrzehnte kontinuierlich weiterentwickelt wurde, ist bis heute das weltweit am häufigsten eingesetzte Sicherheitsrelais.

Daten und Fakten

Branche: Automation
Produkte: Sensorik, elektronische Überwachungsgeräte, Automatisierungslösungen mit Motion Control, Sicherheitsrelais, programmierbare Steuerungssysteme, Befehlsgeber und -melder, Bedienterminals, sichere Bus- und Ethernetsysteme sowie Funksysteme für die industrielle Vernetzung
Marktposition: weltweiter Technologieführer in der sicheren Automation, Weltmarktführer im Bereich der Sicherheitsschaltgeräte
Umsatz: 233 Mio. Euro (2013)
Mitarbeiter: über 1.900 (weltweit, 2014)
Standorte: Hauptsitz Ostfildern, weitere Produktionsstätten im Elsass, in der Schweiz und in Irland, insgesamt 31 Tochtergesellschaften auf allen Kontinenten
Exportquote: 68,2 % (2013)
Innovationen: erstes Not-Aus-Schaltgerät PNOZ (1987), erste programmierbare Sicherheitssteuerung PSS (1995), erstes sicheres und offenes Feldbussystem SafetyBUS p (1999), erstes frei konfigurierbares Sicherheitsschaltgerät PNOZmulti (2002), erstes sicheres Kamerasystem SafetyEYE zur dreidimensionalen Raumüberwachung (2006)
Patente: 100
Gründer: Hermann Pilz, 1948, Esslingen

Kontakt

Pilz GmbH & Co. KG
Felix-Wankel-Str. 2, 73760 Ostfildern
Fon: 0711 3409-0, Fax: 0711 3409-133
info@pilz.de, www.pilz.de

Plan Optik

Elsoff, Rheinland-Pfalz

Gegründet: 1971

Die Plan Optik AG ist Weltmarktführer bei der Produktion hochgradig veredelter Wafer für die Mikrosystemtechnik. Die Kunden kommen aus der Luft- und Raumfahrt, der Chemie- und Pharmaindustrie, der Automobilindustrie sowie aus dem Bereich Consumer Electronics. Des Weiteren erschließt Plan Optik mit seinen Tochtergesellschaften Little Things Factory und MMT den Bereich der Mikrofluidik und zählt hier zu einem der wenigen Anbieter von kompletten Systemen. Die Plan Optik Gruppe beschäftigt rd. 70 Mitarbeiter und erzielte im Jahr 2013 einen Umsatz von über 9 Mio. Euro. Knapp 50 % des Konzernumsatzes entfielen auf den außereuropäischen Raum, insbesondere Asien und USA. Das 1971 gegründete Unternehmen ist seit 2005 im Entry Standard der Frankfurter Börse gelistet.

Kontakt

Plan Optik AG
Über der Bitz 3, 56479 Elsoff
www.planoptik.de

Plasmatreat

Steinhagen, Nordrhein-Westfalen

Gegründet: 1995

Plasmatreat ist Weltmarktführer für atmosphärische Plasmadüsentechnologie, ein Hightech-Verfahren zur umweltfreundlichen und hocheffektiven Vorbehandlung und Nanobeschichtung von Materialoberflächen. Der

Plasmatreat

Christian Buske ist Gründer und geschäftsführender Gesellschafter der Plasmatreat GmbH.

»Unser Ziel war von Beginn an, neue Wege zu gehen und nachhaltige Prozessinnovationen international zu etablieren.«

Christian Buske

Plasmatreat ist Weltmarktführer für atmosphärische Plasmadüsentechnologie.

Plasmatreat im Internet

Meilensteine

1995 Unternehmensgründung und Erfindung des Openair®-Plasma-Verfahrens; erstmaliger Einsatz in der Serienfertigung von PP-Scheinwerfergehäusen

2000 Start der internationalen Expansion, Gründung der Nihon Plasmatreat Inc. in Osaka, Japan

2005 Weltpremiere: Openair®-Plasma zum Verschließen und Desinfizieren von Glasampullen in der Medizintechnik

2006 Weltpremiere: Openair®-Plasma zur Sicherung der Isolierung bei LNG-Tankern

2007 Erstmaliger Einsatz der PlasmaPlus®-Technologie zur Korrosionsbeschichtung von Aluminiumgehäusen im Automobilbau; Weltpremiere: Openair®-Plasma zur Feinstreinigung im Coil-Coating-Prozess vor dem Lackieren

2011 Plasmatreat kauft Plasma Technology Systems LLC, USA; Weltpremiere: Openair®-Plasma zur Direktverglasung im Automobilbau

2013 Plasmatreat kauft den Niederdruck-Plasmaspezialisten 4th State Inc., USA.

geschätzte Marktanteil liegt nach Firmenangaben bei ca. 90 %. Die Openair®-Plasmatechnologie ist heute in nahezu allen Industriebereichen rund um die Welt im Einsatz. Dazu zählt die gesamte Automobilbranche, der Schiff- und Flugzeugbau, aber auch die Medizin- und Verpackungstechnik sowie die Elektronik-, Konsumgüter- und Textilindustrie. Die Openair®-Plasma-Technologie bildet auch die Basis für PlasmaPlus®, das gemeinsam mit dem Fraunhofer IFAM entwickelte, weltweit erste atmosphärische Plasmabeschichtungsverfahren, welches mit dem Industriepreis 2012 und dem Josef-von-Fraunhofer-Preis ausgezeichnet wurde.

Plasmatreat wurde 1995 von Christian Buske, der bis heute geschäftsführender Gesellschafter ist, und Peter Förnsel als Start-up gegründet. Die beiden Ingenieure hatten die Plasmatechnologie Openair® entwickelt. In nur wenigen Jahren wurde Plasmatreat zu einem international operierenden mittelständischen Unternehmen. Mit Technologiezentren in Deutschland, den USA, Kanada, Japan und China sowie mit Tochtergesellschaften und Vertriebspartnern in 34 Ländern ist Plasmatreat heute rund um den Globus vertreten. Mit insgesamt 175 Mitarbeitern erwirtschaftete Plasmatreat 2014 einen Umsatz von ca. 30 Mio. Euro, mehr als die Hälfte davon entfielen auf das Auslandsgeschäft.

12 % des Umsatzes investiert das Unternehmen in die Forschung und Entwicklung. Plasmatreat ist in zahlreiche Forschungsprojekte des BMBF eingebunden, hinzu kommen intensive Kooperationen mit den Fraunhofer-Instituten sowie mit führenden Forschungsinstituten und Universitäten im In- und Ausland.

Daten und Fakten

Branche: Elektrotechnik
Produkte: Atmosphärendruck-Plasmadüsensysteme zur Vorbehandlung und Beschichtung von Materialoberflächen

Marktposition: weltweiter Markt- und Technologieführer; ca. 90 % geschätzter Marktanteil im Vergleich zu allen Atmosphärendruck-Plasmadüsenanbietern weltweit
Umsatz: ca. 30 Mio. Euro (2014)
Mitarbeiter: 175 weltweit (2014)
Standorte: Technologiezentren in Deutschland, den USA, Kanada, China und Japan; zahlreiche Tochtergesellschaften
Vertrieb: über Tochtergesellschaften und Vertriebspartner in 34 Ländern
Exportquote: 55 %
Innovationen: Openair®-Plasmatechnologie; atmosphärische Plasma-Rotationsdüsen; PlasmaPlus®-Technologie
Gründer: Christian Buske und Peter Förnsel, 1995
Auszeichnungen: „FTM Innovation Award 2007"; Nominierung „European Aluminium Award 2008"; „Industriepreis 2012"; „Green Good Design Award 2014"

Kontakt
Plasmatreat GmbH
Bisamweg 10, 33803 Steinhagen
Fon: 05204 9960-0, Fax: 05204 9960-33
mail@plasmatreat.de, www.plasmatreat.de

POLAR-Mohr

Hofheim, Hessen

Gegründet: 1906
Die Adolf Mohr Maschinenfabrik ist unter dem Markennamen POLAR weltweit zum Synonym für Schnellschneider geworden und hält einen Weltmarktanteil von 45 %. Das Produktportfolio umfasst komplexe Schneidsysteme, automatisierte Schneidetiketten- und Stanzetiketten-Systeme, die primär in der papierverarbeitenden Industrie und in der Druckindustrie zur Automatisierung aller Prozesse in der Weiterverarbeitung von Druckerzeugnissen eingesetzt werden. Produziert wird am Stammsitz Hofheim im Taunus sowie in Shanghai/China. Das Familienunternehmen beschäftigt weltweit 550 Mitarbeiter. Die internationalen Kunden werden mit Vertretungen in rd. 170 Ländern mit über 200 Niederlassungen und 600 Servicemonteuren betreut.

Kontakt
POLAR-Mohr Maschinenvertriebsgesellschaft GmbH & Co. KG
Hattersheimer Str. 25, 65719 Hofheim
www.polar-mohr.com

Poly-clip System

Hattersheim am Main, Hessen

Gegründet: 1922
Poly-clip System ist der weltweit führende Hersteller von Clipverschluss-Lösungen und steht für Innovation, Zuverlässigkeit und Sicherheit. Das Produkt- und Service-System beinhaltet eine Vielzahl von innovativen Lösungen, bestehend aus Clip-Maschinen, Verpackungsmaschinen und deren Automation sowie Verbrauchsmaterialien wie Clips und Schlaufen. Das Unternehmen beliefert die weltweite Lebensmittelindustrie. Mit einem Marktanteil von über 50 % ist Poly-clip System Marktführer. Wurst, Geflügel, Molkereiprodukte, Suppen, Marzipan, Tiernahrung sowie Dicht- und zivile Sprengstoffe

Schon gewusst?

Der Rollenclip von Poly-clip System ist eine Pionierleistung für die industrielle Lebensmittelherstellung: Ohne den Clip und das Doppel-Clip-Verfahren hätte die industrielle Wurstherstellung, wie es sie heute gibt, nie stattgefunden.

Poly-clip System

Poly-clip WELT

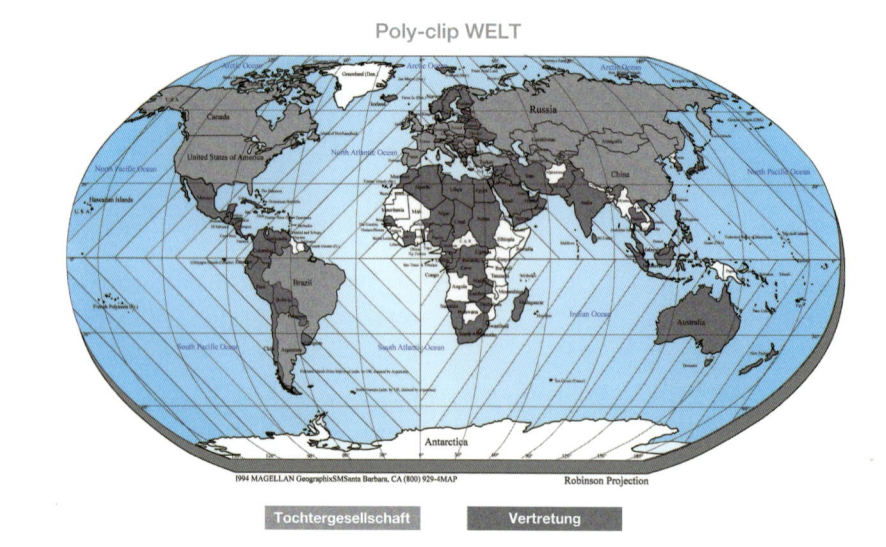

Poly-clip System besitzt 21 Tochtergesellschaften und hat mehr als 40 Exklusivvertretungen weltweit.

> »Innovation, Kundennähe und Zuverlässigkeit sind die Säulen des Unternehmens.«
>
> Firmenphilosophie

Die Gründerfamilie: Gründer Oswald Niedecker (oben) sowie seine Frau Elisabeth und sein Sohn Herbert

sind die wichtigsten Märkte, wobei der überwiegende Anteil in industrielle oder handwerkliche Fleischwarenbetriebe geliefert wird. Grundsätzlich eignet sich das kostengünstige und ressourcenschonende System für alle Branchen, die pastöse Produkte verarbeiten, da das Verpackungssystem mit dem Clipverschluss effizient, kostengünstig und ökologisch ist. Die Palette der Innovationen aus dem Hause Poly-clip System ist breit gefächert: Die Automationslinien reichen von Foliensiegel- und Clip-Maschinen bis hin zu robotergesteuerten Rauchwagenbeladesystemen. Hunderte nat. und internat. Patente dokumentieren den Innovationsgeist des Unternehmens.

Poly-clip System produziert an 4 Standorten in Deutschland, Brasilien, den USA

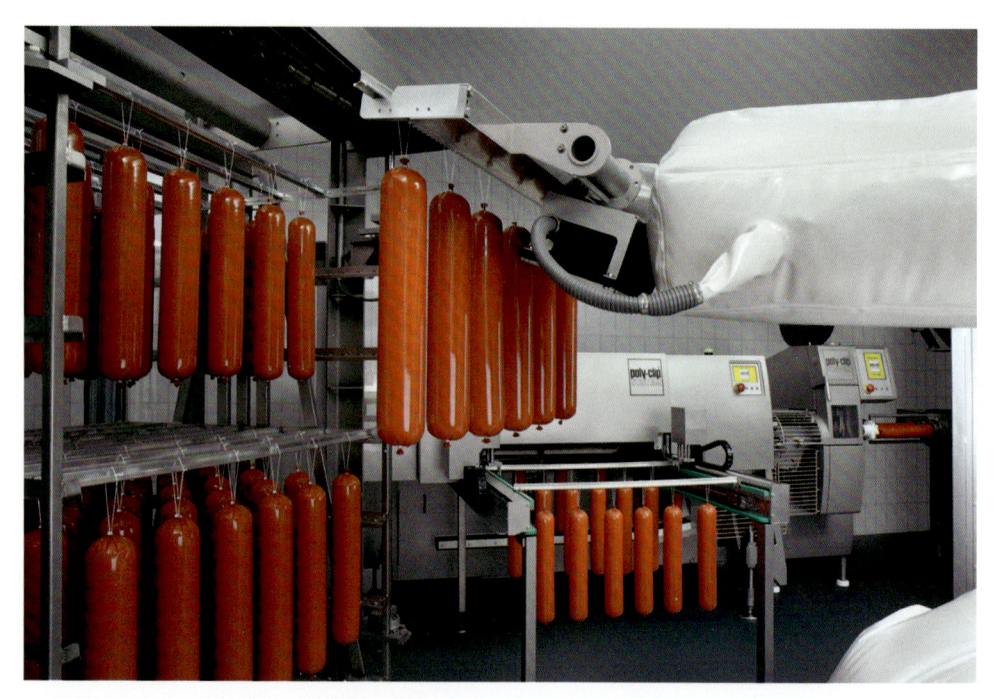

Der ASL-R Automatic Sausage Loader erfreute sich auf der Weltleitmesse IFFA in Frankfurt/Main großer Nachfrage. Die vollautomatische, mannlose Rauchwagenbeladung positioniert bis zu 9.000 kg Wurstprodukte pro Stunde.

Poly-clip System

sowie in Österreich und beschäftigt weltweit über 800 Mitarbeiter. Fast 90 % seines Umsatzes erzielt das Unternehmen außerhalb Deutschlands, die größten Märkte bearbeitet Poly-clip System über Tochtergesellschaften und weitere ca. 114 Länder über Exklusivvertretungen. Mehr als 50 Messen jährlich sorgen zusätzlich für direkten Kundenkontakt. Das Unternehmen befindet sich zu 100 % in Familienbesitz, alleiniger Eigentümer in der 3. Generation ist lic. oec. HSG Frank Niedecker. Dr.-Ing. Joachim Meyrahn hat als Geschäftsführer die Verantwortung für die Leitung der Firma, beide arbeiten bei der Ausrichtung des Unternehmens eng zusammen.

Seit 1991 zeichnet lic. oec. HSG Frank Niedecker für das Unternehmen verantwortlich. Mit ihm rückt die Innovationsführerschaft als Kernkompetenz zurück in den Fokus des Handelns. Aus dem ursprünglich einfachen Clip wurde ein hochpräziser Verschluss, der milliardenfach eine 100%ige Sicherheit und Rückverfolgbarkeit garantiert. Denn die Technologie des Clippens ist weit anspruchsvoller, als es auf den ersten Blick erscheinen mag. Es ist zwar immer ein Verschluss, der das Produkt zusammenhält,

Der Doppel-Clip-Automat FCA 160 von Poly-clip System erhielt den iF product design award 2009.

Der heutige Gesellschafter Frank Niedecker, Enkel des Unternehmensgründers, führt Poly-clip System, den weltweit führenden Hersteller von Clipverschluss-Lösungen.

Berühmte Erfinder: Erfinderfamilie Niedecker

Oswald Niedecker, der Firmengründer von Poly-clip System, machte den Anfang. Im März 1933 erhielt er das Patent 573 896 für seine Sicherheitsplombe, eine aus zwei ineinander zu bördelnden Hälften bestehende Blechkapselplombe. In der verschlossenen Plombe wird der Wulstrand der äußeren Kapsel mit dem Wandungsteil der inneren Kapselhälfte festgepresst. Dieser sichere Plombenverschluss kann ohne den Einsatz von Werkzeugen eingesetzt werden und ist fälschungssicher, da die Plombe beim Öffnen zerstört wird. Herbert Niedecker, der Sohn des Gründers, entwickelte den Rollenclip zum sicheren und schnellen Verschließen von Wurst und ähnlichen Produkten. Der Original R-Clip Verschluss vom Endlosstrang wurde zum Pionier für den kontinuierlichen und damit industriellen Verschluss von Würsten. Das hygienisch saubere Ausstreifen der Wurst-enden mittels Spreizverdränger und das gleichzeitige Verschließen von Wurstanfang und -ende, beide Vorgänge vereinigt in einem Clip-Automaten (1967), legten den Grundstein für die heutige Weltmarktführerschaft des Unternehmens. Auch Frank Niedecker setzt die Erfindertradition fort. So stellte er bereits im Jahr 1999 sicher, dass den Anforderungen an Hygiene und Lebensmittelsicherheit umfangreich Rechnung getragen wurde, und erhielt das Patent für eine Sicherheitsbeschichtung für Clips. Die Sicherheitsbeschichtung SAFE-COAT ist Garant dafür, dass der Verbrauchsartikel Clip aus dem Haus Poly-clip System lebensmittelrechtlich unbedenklich am Produkt des Kunden ist. Diese Eigenschaften lässt man regelmäßig von externer Seite prüfen und auch zertifizieren. Poly-clip System ist weltweit als einziges Unternehmen der Clipverschlusstechnik vom SGS INSTITUT FRESENIUS zertifiziert.

Poly-clip System

Innovationsgeist, Qualität und Sicherheit

Innovationskraft

Rund 800 Patente weltweit zeugen von Leidenschaft für Innovation – im Durchschnitt der letzten Jahre wurde dem Unternehmen alle 6 Wochen ein neues Patent erteilt. Die wichtigsten Erfindungen aus dem Hause Poly-clip System sind z. B. der Rollenclip, das Füll-Clip-Prinzip, der Füll-Clip-Automat FCA, das Doppel-Clip-Verfahren, der Transfer-Siegel-Automat TSA, der IRIS-Verdränger, die pneumatische Darmbremse, der Kunststoff-Clip, der bakteriendichte Clip, die automatische Wurstaufhängung, der Ringloader und der Automatic Sausage Loader, eine robotergesteuerte Rauchwagenbeladung. Um den Vorsprung vor den Mitbewerbern zu halten, fließen jährlich 8 % des Budgets in Grundlagen- und Weiterentwicklung. Highlights im Produktprogramm sind die schnellste Clip-Maschine (300 Würste pro Minute), die einzige mannlose Rauchwagenbeladung (mit einem Positionierungsdurchsatz von 9 t pro Stunde), die einzige selbstregulierende Clip-Maschine (mit RFID-Technologie), der einzige IRIS-Clipper, die einzige Siegel-Clip-Maschine, der einzige Ringloader und weitere Produkte, deren Marktdominanz auf technischer Überlegenheit beruht.

Sicherheit für den Verbraucher

Neben der Qualität und damit Wertbeständigkeit der Investition für den Kunden steht für Poly-clip System insbesondere die Sicherheit der Verbraucher im Zentrum. Es ist weltweit das einzige Unternehmen der Clipverschlusstechnik, das eine Zertifizierung durch das SGS INSTITUT FRESENIUS durchführen lässt und deren Qualitätssiegel führt. Kern dieser Zertifizierung ist die Prüfung der Produkte auf lebensmittelrechtliche und hygienische Unbedenklichkeit. Die Prüfkriterien reichen dabei weit über die gesetzlich vorgeschriebenen Maßnahmen hinaus. Neben der firmeninternen Qualitätssicherung werden die zertifizierten Eigenschaften regelmäßig von unabhängiger Seite kontrolliert und bestätigt. Dazu gehört auch die jährliche Auditierung des Werks, das seit 2013 zusätzlich ISO-22000-zertifiziert ist.

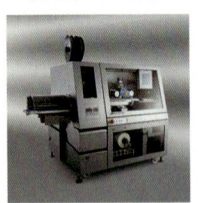

Die Mehrheit aller Wurstwaren weltweit wird mit Poly-clip-Technologie verschlossen (v.o.): der IRIS-Verdränger, der vollautomatische TSCA 160, der ICA-Automat, Verschlusssysteme von Wurstwaren.

allerdings sind die Anforderungen an diesen extrem unterschiedlich. Das Material der Hülle, die Beschaffenheit, die Temperatur des Inhalts und die Art der weiteren Verarbeitung sind die wichtigsten Faktoren, auf welche der Clipverschluss und die Maschine abgestimmt sein müssen.

Es gilt, die Vielzahl an unterschiedlichen Kunststoffhüllen schnell und ohne Beschädigung zu verschließen. Da immer dünnere Hüllen oder aber gesiegelte Folienschläuche eingesetzt werden, muss auch der Clip ein anderer sein. Bei einem hängend weiterverarbeiteten Produkt wird während des Verschließens zusätzlich eine Aufhängeschlaufe mit eingeclippt und gegebenenfalls ein Etikett, damit die Rückverfolgbarkeit gewährleistet ist. Je nach Taktzahl bleiben heute für diese simultan ablaufenden Vorgänge nur wenige Millisekunden. Die vielfältigen Anwendungen erfordern flexibel einsetzbare Clip-Automaten und eine Vielzahl maßgeschneiderter Cliptypen und -größen. Damit werden die Anforderungen an die Maschinen immer komplexer. Mit der neuen Generation von Clip-Automaten mit RFID-Technologie ist es zum ersten Mal in der Geschichte des Clippens möglich, zu verhindern, dass die Maschine durch falsche Einstellungen oder den Einbau falscher Werkzeuge beschädigt wird. Die Komponenten des Poly-clip Systems haben eine integrierte Intelligenz bekommen.

Überdurchschnittliches Wachstumspotenzial sieht das Unternehmen für Automationslösungen in der fleischverarbeitenden Industrie. Auch dafür investiert die Firma in erheblichem Maße in Forschung und Entwicklung.

Polytan

Meilensteine

1922 Oswald Niedecker gründet ein Unternehmen zur Herstellung von Werkzeugen und zur Blechbearbeitung in Frankfurt/Main.

1933 Die „Rekord"-Plombe (Sicherheitsplombe) wird patentiert.

1957 Entwicklung des patentierten Rollenclip, der die industrielle Wurstherstellung revolutionierte

1967 Der Füll-Clip-Automat FCA 3401 ermöglicht erstmals die automatische Herstellung von Portionswürsten.

2001 Der IRIS-Verdränger wird im Clip-Automaten ICA speziell für Schinkenprodukte eingesetzt.

2004 „Zwei in eins" Siegeln und Clippen in einem Automaten – der TSCA setzt den neuen Standard für eine rationale Produktion.

2005 Der FCA 3430–18 wird als schnellste Universal-Clip-Maschine der Welt im Markt eingeführt.

2007 Eine neue Generation von Clip-Automaten mit RFID-Technologie geht an den Start.

2010 Das Thema Automation wird mit der robotergestützten, vollautomatischen Rauchwagenbeladung intensiv vorangetrieben.

2011 Die Firmenzentrale wird in das neue Werk nach Hattersheim verlegt, um dem Wachstum gerecht zu werden.

2014 Mit dem Konzept „einfach vor komplex" stehen beim FCA 80 basisorientierte Bedienung und maximale Produktivität im Fokus.

Daten und Fakten

Branche: Maschinenbau
Produkte: Clipverschluss-Systeme und Automationsanlagen: Füll-Clip-Automaten, Clips, Schlaufen, Wurst-Aufhänge-Linien, Rauchwagenbeladung
Marktposition: Marktanteil über 50 %
Umsatz: über 200 Mio. Euro (weltweit, 2013)
Mitarbeiter: über 800 (weltweit)
Standorte: 21 Tochtergesellschaften weltweit
Vertrieb: dezentral über eigene Mitarbeiter in kleinen, überschaubaren Einheiten und über 40 exklusive Vertretungen bearbeiten Kunden vor Ort in 114 Ländern
Exportquote: rd. 90 %
Gründer: Oswald Niedecker, 1922, Frankfurt/Main
Auszeichnungen: „iF product design award", Design-Forum Hannover, 2009; „Ausgezeichnete Architektur in Hessen – Johann-Wilhelm-Lehr-Plakette" für neugebautes Werk in Hattersheim, BDA-Architekturpreis, 2011; „Deutscher Verpackungspreis" für die beste Verpackung, DVI 2012

Kontakt

Poly-clip System GmbH & Co. KG
Niedeckerstr. 1, 65795 Hattersheim/Main
Fon: 06190 8886-0, Fax: 06190 8886-15360
contact@polyclip.de, www.polyclip.com

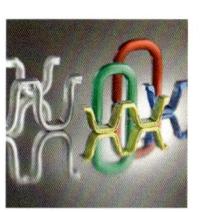

Der Clip von Poly-clip System wird auch bei Dichtstoffen verwendet (oben), Rollen-Clip für FCA-Automaten (Mitte), FCA 80 Doppel-Clip-Automat (unten).

Poly-clip System GmbH & Co. KG im Internet

Polytan

Burgheim, Bayern

Gegründet: 1969

Die Polytan GmbH ist seit über 40 Jahren der führende Entwickler, Hersteller und Spezialist für Sportbeläge im Außenbereich. Das Portfolio beinhaltet die Lieferung von Polyurethan-Rohstoffen, den Einbau von Kunststoffbelägen für Leichtathletikbahnen und Allwetterplätze, Elastikschichten für Kunstrasen, Lieferung und Einbau von klassischem und gefülltem Kunstrasen, Linierung und Reparatur sowie Reinigung von Sportbelägen. Das Unternehmen entwickelt seine Polyurethan-Rohstoffe und Kunstrasenfasern

P

OP

im eigenen Labor und stellt die Kunstrasen verlegefertig her. Die Kunstrasenfelder von Polytan sind FIFA-zertifiziert und werden weltweit in Sportstadien und auf Trainingsgeländen verlegt. Geschäftsführer sind Markus Deimling und Mathias Schwägerl.

Kontakt
Polytan GmbH
Gewerbering 3, 86666 Burgheim
www.polytan.de

Poppe

Gießen, Hessen

Gegründet: 1911

Mit über 550 Mitarbeitern und einem Umsatz von 85 Mio. Euro im Jahr 2013 zählt die Poppe GmbH zu den führenden Herstellern von Dichtungen und Profilen aus Elastomeren. Gefertigt wird an zwei deutschen Standorten: In Gießen werden Abstandshalter sowie OEM/Automotive-Profile produziert und in Ahrensbök liegt der Fokus auf der Produktlinie Schlauchringe-Industrie und Schlauchringe-Aerosol. Zu den Abnehmerbranchen zählen u. a. die Automobil-Zulieferindustrie, die Elektro- und Sanitärtechnik sowie der Maschinenbau und die Erneuerbaren Energien. Mit weiteren Repräsentanzen in Deutschland sowie einer Handelsvertretung in Großbritannien steuert Poppe den internationalen Vertrieb. Das im Jahr 1911 von Conrad Wilhelm Poppe gegründete Unternehmen befindet sich nach wie vor im Besitz der Familie.

Kontakt
Poppe GmbH
Ohlebergsweg 5, 35392 Gießen
www.poppe.de

Porextherm

Kempten, Bayern

Gegründet: 1989

Die Porextherm Dämmstoffe GmbH mit Sitz in Kempten entwickelt, produziert und vertreibt Hochleistungsdämmstoffe auf Basis mikroporöser Pulver. Diese Werkstoffe gelten als beste thermische Isolatoren der Welt. Sie haben im Vergleich zu konventionellen thermischen Dämmstoffen ein besseres Wärmerückhaltevermögen und ermöglichen somit sehr gute Isolationswerte auf engstem Raum. Weltweit die Nummer eins ist Porextherm mit der Marke Vacupor bei Produkten für niedere Anwendungstemperaturen, der sogenannten Vakuumdämmung im Bereich von -70 °C bis +80 °C. Vakuumpaneele finden etwa in Kühlgeräten der Energieeffizienzklasse A++, der temperaturgeregelten Transportverpackung sowie in Passiv- oder Niedrigenergiehäusern Anwendung. Im Markt für besonders hohe Anwendungstemperaturen von 800 bis 1.100 °C ist Porextherm mit

»Unsere Hochleistungsdämmstoffe verbessern die Energieeffizienz und sind somit ein wichtiger Aspekt bei der notwendigen Umstellung auf erneuerbare Energien.«

Peter Stubner, Geschäftsführer Porextherm Dämmstoffe GmbH

Peter Stubner leitet das Unternehmen, das seinen Sitz in Kempten hat.

Mit der Marke Vacupor ist Porextherm Weltmarktführer bei der Wärmedämmung im Niedertemperaturbereich.

Meilensteine

1989 Ein Mitarbeiter der Wacker Chemie GmbH gründet gemeinsam mit Richard Panescu das Unternehmen in Waltenhofen bei Kempten.

1999 Umzug in einen Neubau in Kempten

2001 Durch die Fortführung gemeinsamer Aktivitäten mit dem US-amerikanischen Anbieter Cabot legt Porextherm den Grundstein für die erfolgreiche Geschäftsentwicklung im Bereich der Vakuum-Isolations-Paneele.

2004 Porextherm erwirbt den Geschäftsbereich mikroporöse Dämmstoffe von der Wacker Chemie AG.

2008 Abschluss der Zusammenführung der ehemals zwei Betriebsteile in Kempten

---

Wacker Chemie gemeinsam mit Richard Panescu, dem Schwiegervater des heutigen Geschäftsführers Peter Stubner, das Unternehmen. 2004 erwarb Porextherm das Wärmedämmstoff-Geschäft von der Wacker Chemie AG und festigte damit seine Marktposition. Für 2014 erwartet das Unternehmen, das in Kempten 130 Mitarbeiter beschäftigt, einen Umsatz von rd. 25 Mio. Euro.

Daten und Fakten

Branche: Thermische Hochleistungsdämmung
Produkte: Hochleistungsdämmstoffe auf Basis mikroporöser Pulver
Marktposition: Weltmarktführer im Bereich der Vakuumdämmung, zweitgrößter Anbieter im Bereich hoher Anwendungstemperaturen
Umsatz: 25 Mio. Euro (Prognose 2014)
Mitarbeiter: 130 (2014)
Vertrieb: durch eigene Vertriebsmitarbeiter und 45 Distributionspartner
Exportquote: 65 %
Patente: 30 Patente und Schutzrechte
Eigentümer: Familien Panescu und Stubner

Kontakt

Porextherm Dämmstoffe GmbH
Heisinger Str. 8/10, 87437 Kempten
Fon: 0831 57536-0, Fax: 0831 57536-163
info@porextherm.com, www.porextherm.com

Porextherm Dämmstoffe GmbH im Internet

---

der Marke WDS weltweit der zweitgrößte Anbieter. Diese Produktvarianten werden u. a. in der Luft- und Raumfahrt sowie in der Stahl- und Aluminiumindustrie eingesetzt.

Porextherm vertreibt seine Produkte weltweit über eigene Mitarbeiter und ist mit 45 Distributionspartnern in 36 Ländern auf allen Kontinenten vertreten. Zu den Kunden zählen etwa Liebherr, ThyssenKrupp, Nippon Steel und Saint Gobain. Auch in Boeing-Flugzeugen sind die mikroporösen Systeme als Teil der Triebwerkisolation im Einsatz. Porextherm hält 30 Patente und Schutzrechte und investierte im Jahr 2009 bis 2013 rd. 6 Mio. Euro in Produktentwicklungen und Prozessautomatisation. Derzeit arbeitet man an der Entwicklung von Werkstoffsystemen, die bei gleicher Leistungsfähigkeit wirtschaftlicher herstellbar sind. Die Firmengeschichte begann im Jahr 1989. Damals gründete ein Mitarbeiter des Geschäftsbereiches mikroporöse Dämmstoffe der

Precitec Group

Gaggenau, Baden-Württemberg

Gegründet: 1971

Die Precitec Group ist auf die Bereiche Lasermaterialbearbeitung und optische Messtechnik spezialisiert und Weltmarktführer bei der Produktion von Bearbeitungsköpfen für das Laserschneiden. Zur Unternehmensgruppe gehören u. a. die Precitec GmbH & Co. KG und die Precitec Optronik GmbH, die das Feld der optischen Messtechnik und das der refraktiven Laser-Medizintechnik abdecken. Die Precitec Group beschäftigt rd. 350 Mitarbeiter und exportiert ca. 75 % ihrer Erzeugnisse ins Ausland. Sie verfügt über ein weltweites Vertriebsnetz und ist mit eigenen Niederlassungen in den USA, Japan, Frankreich, der Schweiz, China und Korea vertreten. Das Familienunternehmen wurde 1971 in Baden-Baden gegründet und wird heute in 2. Generation von der Familie Wersborg geführt.

Kontakt
Precitec GmbH & Co. KG
Draisstr. 1, 76571 Gaggenau
www.precitec.com

Preh

Bad Neustadt a. d. Saale, Bayern

Gegründet: 1919

Kernprodukte des Automobilzulieferers Preh GmbH sind Bediensysteme im Fahrzeuginterieur, ergänzt durch Steuergeräte für das Batteriemanagement von E-Fahrzeugen sowie Montageanlagen. Preh verfügt über Standorte in Deutschland, Mexiko, Portugal, Rumänien, den USA sowie China und beschäftigt ca. 3.500 Mitarbeiter. Das Unternehmen leiten Dr. Michael Roesnick, Dr. Ernst-Rudolf Bauer, Christoph Hummel, Zhengxin Cai und Jochen Ehrenberg. 2013 erzielte Preh 520 Mio. Euro Umsatz. Jakob Preh gründete das Unternehmen 1919 in Bad Neustadt a. d. Saale und entwickelte zunächst Bauelemente für Radio- und TV-Geräte. Mit dem Einstieg in die Automobil-Elektronik begründete Preh 1988 das heutige Kerngeschäft. Hier zählt das Unternehmen zu den Innovationsführern in der Entwicklung von Human-Machine-Interfaces (HMI).

Kontakt
Preh GmbH
Schweinfurter Str. 5-9,
97616 Bad Neustadt a. d. Saale
www.preh.de

Prettl

Pfullingen, Baden-Württemberg

Gegründet: 1953

Die Prettl Produktions Holding GmbH ist der weltweit führende Anbieter von Kabelsätzen und Sensorleitungen. Das breit diversifizierte Unternehmen ist außerdem Technologieführer im Bereich Energiespeichersysteme zur Realisierung von Off-Grid-Lösungen sowie bei Thermoplastic Injection für präzise Kunststoff-Spritzgusstechnik. Das managementgeführte Familienunternehmen ist als Holding organisiert. Die dazugehörigen Tochterunternehmen agieren eigenständig in den Bereichen Automotive – der für die Hälfte des Umsatzes steht –, Display, Energy, Electronics und Strategic Build-up. Der Umsatz liegt bei über 700 Mio. Euro und wird zu 75 % im Ausland erzielt. Prettl beschäftigt weltweit mehr als 6.500 Mitarbeiter an 33 Standorten in über 25 Ländern.

Im Stammmarkt Automotive gilt Prettl als der global am größten aufgestellte Partner von Systemintegratoren und der internationalen Automobil-Zulieferindustrie. Das Portfolio reicht von einfachen Spulen über Kabelsätze bis hin zu technologisch anspruchsvollen Produkten wie Einspritzsysteme für AdBlue. Daneben steht Prettl auch für Kunststofftechnik, etwa für Beleuchtungs- und Bedienmodule, die im Geschäftsbereich Display organisiert sind. Das im Kerngeschäft generierte Know-how in der Elektronik hilft auch in zukunftsfähigen Märkten wie der E-Mobilität. Hier fertigt Prettl z. B. Steckerverbindungen für E-Bikes und hält ein Patent für Kabel.

Es besteht eine enge Zusammenarbeit u. a. mit Fraunhofer-Instituten und der Universität Tübingen. Aktuelle Vorhaben betreffen einen energyPark, Solarcarports und ein Umwelthaus für Afrika.

PROBAT-Werke

Kontakt
Prettl Produktions Holding GmbH
Industriepark Sandwiesen, 72793 Pfullingen
Fon: 07121 707-0, Fax: 07121 707-105
info@prettl.com, www.prettl.com

PROBAT-Werke

Emmerich, Nordrhein-Westfalen

Schon gewusst?

Bis 1959 lautete der Firmenname noch „Emmericher Maschinenfabrik und Eisengießerei van Gülpen, Lensing und von Gimborn". Erst dann erfolgte die Umbenennung in den international verständlicheren Namen „Probat". „Diese Namensgebung hat mein Schwiegervater, Enkel von Unternehmensmitbegründer Theodor von Gimborn, einmal als einen seiner größten Erfolge für das Unternehmen bezeichnet", so Wim Abbing, heutiger geschäftsführender Gesellschafter.

Gegründet: 1868

Die PROBAT-Werke bauen seit mehr als 145 Jahren Röstmaschinen und -anlagen. Zu den Kernkompetenzen des Unternehmens zählen Konstruktion und Bau von Röstmaschinen und Walzenmühlen sowie Planung und Ausführung kompletter Produktionsanlagen einschließlich der zugehörigen Maschinen- und Anlagensteuerungen. Neben der Maschinentechnik bietet PROBAT auch vielfältigste Dienstleistungen wie Wartungen, Montagen, Revisionen und Trainings an. Das umfangreiche Know-how und die Leidenschaft bei der Herstellung erstklassiger Maschinen bilden die Grundlage für das, wofür PROBAT Röster heute weltweit bekannt sind: ihre Wirtschaftlichkeit, Flexibilität, hohe Qualität, lange Lebensdauer und hohe Verfügbarkeit. PROBAT Produkte sind über Dekaden verlässlich einsetzbar – Maschinen mit weit mehr als 30 Betriebsjahren sind dabei keine Seltenheit.

Im Jahr 1868 gründeten die beiden Kaufleute Alex van Gülpen und Johann Heinrich Lensing zusammen mit dem Ingenieur Theodor von Gimborn die Emmericher Maschinenfabrik und Eisengießerei. Die ersten Kugel-Kaffeebrenner, man kann sie als die Stammväter aller PROBAT Röstmaschinen bezeichnen, verließen wenig später die Werkshallen. 1877 erhielt PROBAT das Deutsche Reichspatent Nr. 100, dem 1884 das Patent auf den ersten Kaffee-Schnellröster folgte, übrigens ein Jahr vor der Erfindung des Automobils.

Die PROBAT-Werke beschäftigen heute weltweit etwa 700 Mitarbeiter, über 450 davon in Deutschland. Tochterunternehmen unterhält PROBAT in den USA, Brasilien, Indien, Italien und auf den Philippinen. Mehr als 40 Vertretungen sorgen weltweit dafür, dass den Kunden stets kompetente Ansprechpartner vor Ort zur Verfügung stehen. Über 90 % seiner Produkte exportiert PROBAT ins europäische Ausland, nach Nordamerika und in den Asien-Pazifik-Raum. PROBAT befindet sich nach wie vor in Familienbesitz und wird vom geschäftsführenden Gesellschafter Wim Abbing geleitet.

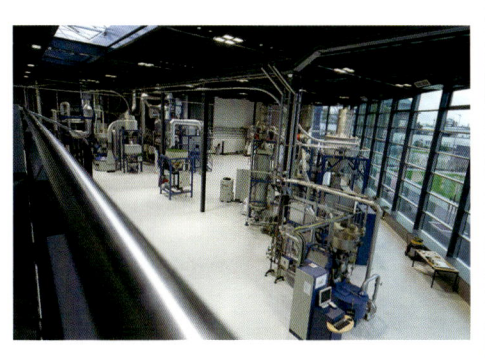

Das Technikum am Standort Emmerich ist das Forschungs- und Entwicklungszentrum der PROBAT-Werke.

Wim Abbing steht den PROBAT-Werken in 4. Generation als geschäftsführender Gesellschafter vor.

PROBAT-Werke von Gimborn GmbH im Internet

ProMinent

Daten und Fakten

Branche: Maschinenbau
Produkte: Röstmaschinen und Mühlen für die Nahrungsmittelindustrie, komplette Produktionsanlagen inkl. Steuerungssysteme
Marktposition: einer der weltweit führenden Hersteller für Röst- und Anlagentechnik
Mitarbeiter: rd. 700 (weltweit, 2014)
Standorte: 9 Tochterunternehmen an internationalen Standorten, 40 Vertretungen weltweit

Kontakt

PROBAT-Werke von Gimborn GmbH
Reeser Str. 94, 46446 Emmerich am Rhein
Fon: 02822 912-0, Fax: 02822 912-444
info@probat.com, www.probat.com

ProMinent

Heidelberg, Baden-Württemberg.

Gegründet: 1960

Die ProMinent Unternehmensgruppe ist Hersteller von Komponenten und Systemen für das Dosieren von flüssigen Stoffen sowie als zuverlässiger Lösungspartner für die Wasseraufbereitung bekannt. ProMinent konzentriert sich auf die Entwicklung, Fertigung und den Vertrieb von Komponenten und Komplettlösungen für flüssige Chemikalien. Außerdem liefert das Unternehmen als unabhängiger Technologieanbieter für Wasseraufbereitungs- und Desinfektions-Verfahren u. a. Chlordioxid-, Ozon-, Elektrolyse, UV- und Membran-Anlagen. Rund 2.300 Mitarbeiter sind in 55 eigenen Vertriebs-, Produktions- und Servicegesellschaften beschäftigt. Ergänzt durch Vertretungen weltweit ist ProMinent in mehr als 100 Ländern aktiv. Prof. Dr. Andreas Dulger und Dr.-Ing. Rainer Dulger leiten das Familienunternehmen.

Kontakt

ProMinent GmbH
Im Schuhmachergewann 5-11, 69123 Heidelberg
www.prominent.com

PROTEGO

Braunschweig, Niedersachsen

Gegründet: 1954

Die Braunschweiger Flammenfilter GmbH ist ein mittelständisches Unternehmen des Armaturenbaus mit über 400 Mitarbeitern weltweit. Unter dem Markennamen PROTEGO® fertigt und vertreibt die Gesellschaft Sicherheitsarmaturen und Tankzubehör und ist auf ihrem Spezialgebiet Technologieführer. Die Flammendurchschlagsicherungen, Ventile und Tankzubehör für die industrielle Verfahrenstechnik werden u.a. in der Mineralöl-, Chemie- und pharmazeutischen Industrie, aber auch im Schiffbau sowie auf dem Bio-Energie-Sektor eingesetzt. Neben dem Stammsitz in Braunschweig ist die Braunschweiger Flammenfilter GmbH mit 12 Tochtergesellschaften sowie mit 120 Vertretungen weltweit präsent.

Kontakt

Braunschweiger Flammenfilter GmbH
Industriestr. 11, 38110 Braunschweig
www.protego.com

PTV

Karlsruhe, Baden-Württemberg

Gegründet: 1979

Die PTV Group bietet Software und Consulting für die Bereiche Verkehr, Mobilität und Logistik. Ob Transportrouten, Vertriebsstrukturen, Individualverkehr oder öffentlicher Verkehr – das Unternehmen plant und optimiert weltweit alles, was Menschen und Güter bewegt. Das Portfolio umfasst Software & Services, Components, Data & Content sowie Consulting & Research. Produktanwender wie z. B. Bund, Länder und Gemeinden sowie die Industrie können durch die Produkte von PTV effizient ihre täglichen Aufgaben erfüllen. Marktführende Produktlinien sind PTV Map&Guide zur Transportroutenplanung, PTV Smartour zur Tourenplanung, die Softwarekomponenten PTV xServer sowie PTV Visum zur Verkehrsplanung und PTV Vissim zur Verkehrssimulation.

Wissenschaftliches Know-how gehört zu den Stärken der Unternehmensgruppe, die 1979 von Hans Hubschneider und Michael Sahling in Karlsruhe als PTV Planungsbüro Transport und Verkehr GmbH gegründet wurde. Heute sind international rd. 600 Mitarbeiter bei der PTV Group beschäftigt. Der Umsatz der Gruppe lag im Geschäftsjahr 2012/13 bei rd. 80 Mio. Euro. Das Entwicklungs- und Innovationszentrum der PTV Group befindet sich in der Technologieregion Karlsruhe. Das Unternehmen ist als Aktiengesellschaft organisiert und wird von Vincent Kobesen als CEO geleitet.

Kontakt
PTV Group
Haid-und-Neu-Str. 15, 76131 Karlsruhe
Fon: 0721 9651-0, Fax: 0721 9651-699
info@ptvgroup.com, www.ptvgroup.com

PUSTEFIX

→Dr. Rolf Hein

QASS

Wetter, Nordrhein-Westfalen

Gegründet: 2001
Die QASS GmbH ist Weltmarktführer für Messgeräte zur Risserkennung beim Biegerichten von Stahlwellen. Die Messcomputer von QASS wie der Optimizer4D ermöglichen es, eine Vielzahl von Produktionsprozessen zu qualifizieren, um Risse in Werkstücken zu detektieren, Werkzeuge zu überwachen und Prozesse zu optimieren. So werden Ausschuss und ungeplante Maschinenstillstände vermieden. Entwicklungs- und Produktionsstandort ist Wetter (Ruhr) in NRW. Vertriebspartner arbeiten in den USA, China, Korea und Brasilien. Zu den Referenzkunden gehören BMW, Bosch, Daimler, Ford, John Deere, Kokusai, MAE, Skoda, Volkswagen, Volvo und ZF. Das Unternehmen hat rd. 50 Mitarbeiter, die Geschäftsführung liegt bei Ulrich Seuthe.

Kontakt
QASS GmbH
Schöllinger Feld 28, 58300 Wetter (Ruhr)
www.qass.net

QIAGEN

Hilden, Nordrhein-Westfalen

Gegründet: 1984
Die QIAGEN N.V. ist Anbieter von Probenvorbereitungs- und Testtechnologien für die molekulare Diagnostik, akademische Forschung, pharmazeutische Industrie und angewandte Testverfahren. Unter der niederländischen Dachgesellschaft unterhält das börsennotierte Unternehmen QIAGEN über 30 Tochterunternehmen in mehr als 20 Ländern. Operativer Hauptsitz ist Hilden bei Düsseldorf. QIAGEN bedient mit seinen Produkten die Märkte für molekulare Diagnostik, akademische Forschung, pharmazeutische Industrie sowie angewandte Testverfahren. Insgesamt umfasst das Portfolio mehr als 500 Produkte. Über 1.000 Patente sind auf den Namen QIAGEN eingetragen. Das Unternehmen beschäftigt rd. 4.000 Mitarbeiter, die Geschäftsleitung von QIAGEN obliegt Peer M. Schatz als CEO.

Kontakt
QIAGEN GmbH
QIAGEN Str. 1, 40724 Hilden
www.qiagen.com

R

RAIL.ONE

Neumarkt, Bayern

Gegründet: 1894

Die RAIL.ONE Gruppe ist ein international führender Hersteller von Betonschwellen und Systemanbieter für schienengebundene Fahrwege. Die Produktpalette umfasst Spannbetonschwellen für den Schotteroberbau, feste Fahrbahn-Systeme für Strecken mit extremen Geschwindigkeiten sowie Speziallösungen für hohe Achslasten. Im Hochgeschwindigkeitsbereich nimmt das Unternehmen mit seiner patentierten Festen Fahrbahn-Technologie vom Typ RHEDA 2000® eine weltweit führende Position ein. Das im Jahr 1894 aus einer von Gustav Adolf Pfleiderer gegründeten Holzhandlung hervorgegangene Unternehmen beschäftigt heute an Standorten in Deutschland, Rumänien, Saudi-Arabien, Spanien, Südkorea, der Türkei, Ungarn und den USA mehr als 700 Mitarbeiter, die einen Jahresumsatz von rd. 130 Mio. Euro erwirtschaften.

Kontakt
RAIL.ONE GmbH
Ingolstädter Str. 51, 92318 Neumarkt
www.railone.de

RAKO ETIKETTEN

Witzhave, Schleswig-Holstein

Gegründet: 1969

Die RAKO ETIKETTEN GmbH & Co. KG ist einer der führenden Anbieter für Haftetiketten und Verpackungsfolien. Auf über 80 Druckmaschinen werden Haftetiketten, flexible Verpackungsfolien, Sleeves, Hologramme, Warensicherungs- und RFID-Systeme in den Druckverfahren Flexo-, digitaler Offset-, UV-Inkjet-, Offset-, Sieb-, Tief- und Buchdruck sowie im Kombinationsdruckverfahren produziert. Mit über 1.500 Mitarbeitern in Europa, Asien und Südafrika erwirtschaftet die RAKO-GRUPPE unter der Leitung von Matthias Kurtzund Adrian Tippenhauer einen Jahresumsatz von über 205 Mio. Euro. Die RAKO-GRUPPE zählte 2013 zu den führenden Verpackungsmittelherstellern der Welt.

Kontakt
RAKO ETIKETTEN GmbH & Co. KG
Möllner Landstr. 15, 22969 Witzhave
www.rako-etiketten.com

RAMPF

Grafenberg, Baden-Württemberg

Gegründet: 1980

Die RAMPF-Gruppe versammelt unter dem Dach der RAMPF Holding GmbH & Co. KG fünf Kernunternehmen. Deren Kompetenz-Spektrum umfasst die Entwicklung und Herstellung von Reaktionsharzsystemen, Applikationstechnologien, Förder-, Automatisierungs- und Dosiertechnik, Gestell-Lösungen für den Maschinenbau sowie das Recycling von Produktionsreststoffen. Hergestellt werden die Produkte, die weltweit in den verschiedensten Industrien zum Einsatz kommen, in Deutschland, China und den USA. Eine japanische Niederlassung vertreibt Materialien und Halbzeuge für den dortigen Markt. Mehr als 570 Mitarbeiter erwirtschaften einen jährlichen Umsatz von rd 122 Mio. Euro. Die Holding wird von den geschäftsführenden Gesellschaftern Michael und Matthias Rampf sowie von Horst Bader geleitet.

Kontakt
Rampf Holding GmbH & Co. KG
Albstr. 37, 72661 Grafenberg
www.rampf-gruppe.de

Rasch Maschinen

Köln, Nordrhein-Westfalen

Gegründet: 1950

Die Wilhelm Rasch GmbH & Co. KG ist ein weltweit führender Spezialist für Maschinen, die bei der Verpackung von Schokoladenprodukten zum Einsatz kommen. Neben Spezialmaschinen umfasst das Angebot auch Schokoladenhähne, Massepumpen und Temperiermaschinen, Zuführ- und Abtransportsysteme sowie umfangreiche Serviceleistungen. Im Jahr 2013 erzielte Rasch einen Umsatz von ca. 6 Mio. Euro, von dem etwa die Hälfte auf den Export entfiel. 61 Mitarbeiter und 5 Auszubildende sind am Stammsitz in Köln tätig. Der Vertrieb erfolgt über eigene Mitarbeiter und ein Vertreternetz im Ausland. Gegründet wurde das Unternehmen 1950 von Wilhelm Rasch und Otto Römmling und ist auch heute noch zu 50 % in Familienbesitz. Die Geschäftsführung haben die Rasch-Enkelin Bettina Gerfer und Robert Buchalik inne.

Kontakt

Wilhelm Rasch GmbH & Co. KG
Mathias-Brüggen-Str. 9, 50827 Köln
www.rasch-maschinen.com

RATIONAL

Landsberg am Lech, Bayern

Gegründet: 1973

Die RATIONAL AG ist mit einem Weltmarktanteil von 54 % Markt- und Technologieführer im Bereich der thermischen Speisenzubereitung. Die Geräte werden für Großküchen entwickelt und produziert und eignen sich zum Garen und Backen der unterschiedlichsten Speisen. Zum Kundenkreis von RATIONAL zählen Schulen und Universitäten, Hotels und Restaurants, die Systemgastronomie, Caterer sowie Lebensmittelhändler mit Snack- und Backstationen. Das 1973 gegründete Unternehmen verzeichnete im Jahr 2013 einen Umsatz von 461,1 Mio. Euro. Von den weltweit 1.200 Mitarbeitern sind rd. 700 am Standort Deutschland beschäftigt. Dr. Peter Stadelmann steht dem im SDAX der Deutschen Börse gelisteten Unternehmen als Vorstandsvorsitzender vor.

Kontakt

RATIONAL Aktiengesellschaft
Iglinger Str. 62, 86899 Landsberg am Lech
www.rational-online.com

rbr Messtechnik

Iserlohn, Nordrhein-Westfalen

Gegründet: 1985

Die rbr Messtechnik GmbH stellt unter der Marke ecom innovative Messgeräte zur Abgasanalyse, Druckmessung sowie Diagnose her. Die Entwicklung und Produktion erfolgt ausschließlich in Deutschland. Das Iserlohner Familienunternehmen wird von den Geschäftsftührern Jennifer und Frank Binz in 2. Generation geleitet und ist weltweit in 40 Ländern aktiv – u. a. mit eigenen Niederlassungen. Getreu dem Slogan „Wir produzieren Lebensqualität!" verbindet rbr hochwertige Messtechnik mit intelligenten Funktionen und Dienstleistungen: Die Produktqualität (u. a. exakte Messungen bei robustem Aufbau), viele Innovationen, wie z. B. WLAN-Anbindung an das Smartphon sowie ein umfangreiches Servicepaket sorgen seit rd. 30 Jahren für zufriedene Kunden.

Kontakt

rbr Messtechnik GmbH
Am Großen Teich 2, 58640 Iserlohn
www.rbr.de

RECARO

RECARO
Stuttgart, Baden Württemberg

RECARO

Gegründet: 1906

Die RECARO Group umfasst die zwei Sparten →RECARO Aircraft Seating und RECARO Child Safety sowie die RECARO Holding. Zudem nutzt RECARO Automotive Seating die Marke als Lizenzpartner. Damit ist RECARO eine der renommiertesten Sitzmarken der Welt. Im Jahr 2013 erzielte die RECARO Group, die weltweit mehr als 2.000 Mitarbeiter beschäftigt, einen Umsatz von über 382 Mio. Euro.

RECARO Aircraft Seating gehört zu den drei größten Flugzeugsitzherstellern und ist Weltmarktführer im Bereich der Economy-Class-Sitze. RECARO Child Safety stellt Kindersitze und Kinderwagen her und vertreibt diese weltweit. Die Sparte entstand 2006 durch die Fusion mit der Firma Storchenmühle, welche den weltweit ersten Kindersicherheitssitz entwickelt hat. Der Lizenznehmer RECARO Automotive Seating, der seit 2011 zum US-amerikanischen Automobilzulieferer Johnson Controls gehört, ist einer der weltweit führenden Hersteller von Autositzen.

Die Rechte an der Marke RECARO hält die in Stuttgart ansässige RECARO Holding GmbH. Sie versteht sich als integrierende Markenholding, deren vorrangiges Ziel ist, die Marke langfristig zu stärken und auszubauen. Darüber hinaus sieht sich die Holding als Impulsgeber und interner Dienstleister, der die RECARO Group in den

»Eine Marke braucht Substanz. Deshalb haben wir in der RECARO Holding gezielt Kapazitäten z. B. im Bereich Design aufgebaut, um die Kernkompetenzen der Marke gemeinsam mit unseren Sparten und dem Lizenznehmer weiterzuentwickeln.«

Martin Putsch, geschäftsführender Gesellschafter

Die RECARO Holding hat ihren Sitz in Stuttgart; die Geschäftsführung bilden Dr. Bernd Gaiser, Martin Putsch und Hartmut Schürg (v.l.).

RECARO im Internet

Aktuelle RECARO Produkte aus drei Anwendungsfeldern

Meilensteine

1906 Der Sattlermeister Wilhelm Reutter gründet die „Stuttgarter Carosserie- u. Radfabrik".

1963 Porsche übernimmt das Karosseriewerk. Von nun an liegt der Fokus auf dem Sitz: Aus REutter CAROsserie entsteht der Sitzspezialist RECARO.

1971 RECARO fertigt erstmals Flugzeugsitze.

1983 Aus den Firmen Keiper und RECARO entsteht durch Fusion die Keiper Recaro GmbH.

1997 Aus der Keiper Recaro GmbH entsteht die Keiper Recaro Group mit vier unabhängigen Unternehmen.

1998 Der erste Kindersitz von RECARO wird vorgestellt.

2006 Durch die Fusion mit der Firma Storchenmühle entsteht die Sparte RECARO Child Safety.

2011 Johnson Controls übernimmt die Automobilsparte von RECARO.

2013 Neuaufstellung der RECARO Holding als integrierende Markenholding in der RECARO Group und Umzug nach Stuttgart

RECARO Aircraft Seating

Bereichen Strategie, Finanzen und Recht sowie Design, Marke und Kommunikation betreut und unterstützt. So werden z. B. in dem neuen Design Center zentrale Leistungen für die Sparten erbracht: Die Mitarbeiter betreiben Forschung, erstellen übergreifende Studien zu aktuellen Trends in den Bereichen Design, Ergonomie und Materialkunde und stoßen Innovationsprojekte an.

Die RECARO Group geht auf die frühere Keiper Recaro Group zurück. Die Unternehmensgruppe gehört in der 4. Generation der Familie Putsch. Die Anfänge des Unternehmens liegen im Stuttgarter Karrosseriewerk Reutter, das 1906 gegründet wurde.

Daten und Fakten

Produkte: Flugzeugsitze, Kindersitze und Kinderwagen; Sitze für Pkw und Lkw über Lizenznehmer
Marktposition: RECARO ist eine der renommiertesten Sitzmarken der Welt.
Umsatz: 382 Mio. Euro (RECARO Group, 2013)
Mitarbeiter: über 2.000 weltweit (RECARO Group)
Standorte: Stuttgart (RECARO Holding), Schwäbisch Hall (RECARO Aircraft Seating), Marktleugast (RECARO Child Safety); Kaiserslautern und Kirchheim unter Teck (Lizenznehmer RECARO Automotive Seating)
Gründer: Wilhelm Reutter, 1906, Stuttgart
Eigentümer: Familie Putsch (RECARO Group)
Auszeichnungen: u. a. „Best Brand 2014" für Recaro Automotive Seating (Zeitschrift auto motor und sport); „red dot award: product design 2012" für den Economy-Class-Sitz BL3520 von Recaro Aircraft Seating; „Testsieger" mit mehreren Kindersitzmodellen (Stiftung Warentest)

Kontakt

RECARO Holding GmbH
Jahnstr. 1, 70597 Stuttgart
Fon: 0711 25277-0, Fax: 0711 25277-231
info@recaro.com, www.recaro.com

RECARO Aircraft Seating

Schwäbisch Hall, Baden-Württemberg

Gegründet: 1906

Die RECARO Aircraft Seating GmbH & Co. KG ist international führend in der Entwicklung, Produktion und dem Vertrieb von Leichtbau-Sitzen für Passagierflugzeuge. Mit einem Marktanteil von 15 % rangiert das Unternehmen unter den drei größten Flugzeugsitzlieferanten weltweit. Das Produktprogramm des Luftfahrtzulieferers umfasst Flugzeugsitze für die Economy Class, Premium Economy Class und Business Class. Darüber hinaus ergänzen Dienstleistungen für Technischen Service, Training, Ersatzteile, Modifikationen und Reparaturen das Portfolio. Die enge Zusammenarbeit der insgesamt fünf Produktionsstätten mit dem Service-Center-Netz gewährleistet die optimale Unterstützung der weltweiten Kunden. Zu den Abnehmern gehören mehr als 100 global operierende Fluggesellschaften.

Die Flugzeugsitze von RECARO Aircraft Seating zeichnen sich durch hohe Qualität,

Im Jahr 2013 beschäftigte RECARO Aircraft Seating rd. 1.900 Mitarbeiter an 7 Standorten auf 4 Kontinenten.

»Unsere Mission ist es, der beste Flugzeugsitzlieferant aus Sicht unserer Kunden zu sein.«

Dr. Mark Hiller, Vorsitzender der Geschäftsführung und Gesellschafter von RECARO Aircraft Seating

RECARO Aircraft Seating mit Sitz in Schwäbisch Hall rangiert unter den drei größten Flugzeugsitzlieferanten.

RECARO Aircraft Seating

Das Produktprogramm von RECARO Aircraft Seating umfasst Flugzeugsitze für die Economy Class, Premium Economy Class und Business Class.

Der BL3520 für den Kurz- und Mittelstreckeneinsatz (oben) hat sich zum Bestseller entwickelt. Der CL3710 für die Langstrecke (Mitte) ist dank seiner innovativen Eigenschaften ebenfalls erfolgreich. Der CL6710 für die Business Class (unten) setzt Maßstäbe in Bezug auf Komfort, Effizienz, Design und geringes Gewicht.

ergonomischen Komfort, geringes Gewicht und innovatives Design aus. Das Unternehmen bietet Fluggesellschaften für jeden Anwendungszweck das geeignete Produkt – von der Kurz- bis hin zur Langstrecke. Im Bereich der Economy-Class-Sitze ist RECARO Weltmarktführer: 2013 kam jeder dritte neue Economy-Class-Sitz weltweit von RECARO. Zum Bestseller hat sich der BL3520 entwickelt: Der Gewinner renommierter Auszeichnungen wurde seit seiner Markteinführung Ende 2010 von internationalen Kunden mehr als 200.000 Mal geordert. Mit dem Sitz CL3710 hat RECARO Aircraft Seating zudem Maßstäbe auf Langstreckenflügen in der Economy Class gesetzt: Der leichteste Sitz seiner Klasse vereint maximalen Platzgewinn und Komfort. Im Bereich der Business Class präsentierte das Unternehmen 2014 mit dem CL6710 ein neues Produkt für die Langstrecke, das Maßstäbe in Bezug auf Komfort, Effizienz, Design und geringes Gewicht setzt.

Die RECARO Aircraft Seating GmbH & Co. KG ist eine eigenständige Spartengesellschaft innerhalb der familiengeführten Unternehmensgruppe →RECARO Group, zu der außerdem die Firma RECARO Child Safety gehört. 1971 wurden unter dem Namen RECARO aircomfort die ersten Flugzeugsitze des Typs 9777 in Lizenz gebaut. Noch im gleichen Jahr brachte das Unternehmen die erste Eigenentwicklung auf den Markt.

Heute beschäftigt RECARO Aircraft Seating rd. 1.900 Mitarbeiter an 7 Standorten auf 4 Kontinenten. Produktionsstätten betreibt die Firma am Stammsitz in Schwäbisch Hall (Deutschland), in Swiebodzin (Polen), Fort

Einfach erklärt: Shopfloor-Management

Die Mission von RECARO Aircraft Seating ist es, bester Sitzhersteller aus Sicht der Kunden zu sein. Dazu gehört u. a. auch die Null-Fehler-Strategie in der Produktion. Aus diesem Grund hat das Unternehmen eine Operations-Excellence-Initiative gestartet. Mit dem Shopfloor-Management-System hat RECARO Aircraft Seating eine besondere Führungsphilosophie etabliert, die dem Unternehmen dabei hilft, Probleme frühzeitig zu erkennen und dauerhaft abzustellen. Dank der Kultur zur konsequenten Verbesserung der Führungsleistung und Kommunikation und des damit verbundenen regelmäßigen Austauschs werden Probleme frühzeitig erkannt, wird auf Abweichungen sofort reagiert, und Lösungen werden schnell umgesetzt.

RECARO Aircraft Seating

Meilensteine

1971 RECARO legt mit der Produktion des ersten eigenen Flugzeugsitzes 2020 den Grundstein für die heutige RECARO Aircraft Seating GmbH & Co. KG.

1992 Mit der Entwicklung des Economy-Sitzes 3410 für United Airlines gelingt RECARO aircomfort der Einstieg in den US-Markt. Ein Großauftrag für mehr als 400 Boeing- und Airbus-Flugzeuge folgt.

1997 Die RECARO Aircraft Seating GmbH & Co. KG wird eigenständige Spartengesellschaft innerhalb der familiengeführten Unternehmensgruppe.

2000 Eröffnung des neuen Firmensitzes in Schwäbisch Hall

2006 RECARO stellt in Hamburg den ersten 16g-zertifizierten Flugzeugsitz mit Single-Beam-Konstruktion vor.

2010 Das Unternehmen bringt mit dem SL3510 den leichtesten Sitz für das Segment der Kurzstrecke auf den Markt.

2012 Der RECARO Economy-Class-Sitz BL3520 wird mit dem renommierten Designpreis „red dot: best of the best" ausgezeichnet.

2013 RECARO Aircraft Seating verdoppelt seine internationalen Kapazitäten.

2014 Rekord: Seit Ende 2010 wurden 200.000 Einheiten des preisgekrönten Sitzes BL3520 geordert.

Worth/Texas (USA), Kapstadt (Südafrika) und Qingdao (China). Der Umsatz im Jahr 2013 lag bei 337 Mio. Euro. Der Exportanteil liegt bei mehr als 85 %. Mit seinen Produktneuheiten und dem Ausbau der Kapazitäten an den internationalen Standorten sieht sich das Unternehmen für die Zukunft gut aufgestellt, um stärker als der Markt zu wachsen.

Daten und Fakten

Produkte: Sitze für Passagierflugzeuge
Marktposition: Weltmarktführer im Bereich der Economy-Class-Sitze; mit einem Marktanteil von 15 % weltweit einer der drei größten Flugzeugsitzlieferanten
Umsatz: 337 Mio. Euro (2013)
Mitarbeiter: 1.900 weltweit, davon mehr als 900 in Deutschland (2013)
Standorte: Produktionsstätten in Schwäbisch Hall (Deutschland), Swiebodzin (Polen), Fort Worth/Texas (USA), Kapstadt (Südafrika), Qingdao (China); weitere Niederlassungen in Dubai (VAE), Hongkong (China)
Patente: 168 Schutzrechtsfamilien mit 315 aktiven Schutzrechten im Bereich Flugzeugsitze
Eigentümer: RECARO Group
Auszeichnungen: „Axia-Award" für effiziente und flexible Unternehmenssteuerung (2012); „Manufacturing Excellence (MX) Award" in der Kategorie Kundenorientierung (2012); „red dot: best of the best" für den Sitz BL3520 (2012); „German Design Award" für den Sitz BL3520 (2012); „Lilienthal-Preis" für den Sitz BL3520 (2012); n-tv Mittelstandspreis „Hidden Champion" (2013)

Kontakt

RECARO Aircraft Seating GmbH & Co. KG
Daimlerstr. 21, 74523 Schwäbisch Hall
Fon: 0791 503-7000, Fax: 0791 503-7163
info@recaro-as.com, www.recaro-as.com

Ansprechpartner Presse

Anja Kohr
Fon: 0791 503-7568
anja.kohr@recaro-as.com

RECARO Aircraft Seating im Internet

Refratechnik

Ismaning, Bayern

Gegründet: 1950

Die Refratechnik Holding GmbH fungiert als Dachgesellschaft für insgesamt fünf Unternehmen, die Produkte und Lösungen für den Bereich der Feuerfesttechnologie entwickeln, die für den Einsatz in Hochtemperaturprozessen wie der Stahlschmelze, Eisengießerei oder Zementdrehöfen gebraucht werden. Eine weltweit führende Position nimmt die Gruppe im Bereich Herstellung und Vertrieb feuerfester Auskleidungen von Ofenanlagen ein, hier zählt die Zementindustrie zu den Hauptabnehmern. An den Standorten Göttingen und Bendorf unterhält Refratechnik eigene Forschungs- und Entwicklungsabteilungen, die u. a. mit den Universitäten Clausthal, Freiberg und Göttingen kooperieren. Die im Jahr 1950 gegründete Refratechnik beschäftigt heute rd. 1.200 Mitarbeiter und produziert hauptsächlich für Kunden aus Übersee, insgesamt beträgt der Exportanteil 90 %.

Kontakt
Refratechnik Holding GmbH
Adalperostr. 82, 85737 Ismaning
www.refra.com

Reifenhäuser

Troisdorf, Nordrhein-Westfalen

Gegründet: 1911

Die Reifenhäuser Gruppe gehört zu den weltweit führenden Anbietern von Kunststoffextrusionsanlagen und -maschinen. Die Gruppe bildet das größte unternehmensinterne Extrusionsnetzwerk weltweit: Sechs Business Units, denen neun Tochterunternehmen angehören, sind auf die Entwicklung und Herstellung verschiedener Anlagentypen und -komponenten spezialisiert. Gemeinsam bieten sie das größte Anlagenportfolio zur Herstellung von Folien, Vliesstoffen, Monofilamenten und Wood-Polymer-Composites. Entwickelt und produziert wird an den drei deutschen Standorten Troisdorf, Worms und Lampertheim sowie in Wichita/USA und Sumirago/Italien. Vertrieb und Kundenservice erfolgen international über Niederlassungen und Vertretungen rund um den Globus. Das Familienunternehmen mit rd. 1.300 Mitarbeitern wird von den Brüdern Bernd, Klaus und Ulrich Reifenhäuser als geschäftsführende Gesellschafter geleitet.

Kontakt
Reifenhäuser GmbH & Co. KG
Spicher Str. 46-48, 53844 Troisdorf
www.reifenhauser-group.com

REINTJES

Hameln, Niedersachsen

Gegründet: 1879

Die REINTJES GmbH ist ein weltweit agierendes, unabhängiges Unternehmen im Bereich der Antriebstechnik und produziert mit 406 Mitarbeitern im Stammhaus Hameln rd. 1.300 Einheiten im Jahr (2013). Mehr als 90.000 Einheiten sind bisher weltweit ausgeliefert worden. Das klassische Produktportfolio, Schiffsgetriebe für Hauptantriebe im Leistungsbereich von 250 bis 30.000 kW, hat das Unternehmen in den vergangenen Jahren stetig erweitert. Im maritimen Bereich zählen neben Nassbaggergetrieben auch komplexe Systemlösungen wie Pod- und Hybridantriebe zum Portfolio. Für den industriellen Bereich bietet die REINTJES GmbH Turbogetriebe an. REINTJES ist durch ein globales Vertriebs- und Servicenetz mit eigenen Tochtergesellschaften und Vertretungen auf allen bedeutenden Märkten positioniert. Der Umsatz des Stammwerks in Hameln lag 2013 bei 87 Mio. Euro, die Exportquote beträgt rd. 90 %.

Kontakt
REINTJES GmbH
Eugen-Reintjes-Str. 7, 31785 Hameln
www.reintjes-gears.de

REMBE

Brilon, Nordrhein-Westfalen

Gegründet: 1973
REMBE® GmbH Safety + Control ist ein Sicherheitsspezialist für Anlagen und Apparate der Nahrungsmittel-, Holz-, Chemie- und Pharmaindustrie. Das Unternehmen bietet Produkte und Systemlösungen in den Bereichen Prozesssicherheit, Explosionsschutz und Industrielle Messtechnik. Das inhabergeführte Familienunternehmen wurde 1973 von Bernhard Penno gegründet. Heute beschäftigt es unter der Leitung von Stefan Penno mehr als 120 Mitarbeiter in Forschung & Entwicklung, Produktion, Vertrieb, Administration und Service am Standort Brilon. Die Standard- und Hightech-Sicherheitssysteme kommen weltweit in mehr als 70 Ländern zum Einsatz. Der Gesamtumsatz des Unternehmens liegt bei ca. 20 Mio. Euro.

Kontakt
REMBE® Safety + Control
Gallbergweg 21, 59929 Brilon
www.rembe.de

RENK

Augsburg, Bayern

Gegründet: 1873
Die RENK AG ist ein weltweit agierendes Unternehmen, das sich auf Lösungen für die Antriebstechnologie spezialisiert hat und in diesem Segment als einer der Weltmarktführer gilt. Mit seinen Tochterunternehmen produziert RENK u. a. Fahrzeug-, Schiffs- und Industriegetriebe sowie Getriebe zur Windkrafterzeugung. Weiter gehören maßgeschneiderte Gleitlager zur Produktpalette wie auch Kupplungen und Prüfsysteme. In einer neueren Sparte hat sich RENK als Produzent von Getrieben für Windenergieanlagen der Multimegawatt-Klasse profiliert. RENK ist über eigene Standorte, Vertriebs- und Servicepartner auf dem Weltmarkt präsent. Die Gruppe gehört zur MAN SE und erwirtschaftete mit rd. 2.200 Mitarbeitern 2013 einen Umsatz von 417 Mio. Euro.

Kontakt
RENK AG
Gögginger Str. 73, 86159 Augsburg
www.renk.de

RENOLIT

Worms, Rheinland-Pfalz

Gegründet: 1946
Die RENOLIT Gruppe zählt zu den international führenden Herstellern hochwertiger Kunststoff-Folien und verwandter Produkte für technische Anwendungen. Bei zahlreichen Folien-Produkten wie z. B. Fensterprofilfolien nimmt RENOLIT eine weltmarktführende Position ein. Mit den Kunststoff-Folien von RENOLIT lassen sich z. B. Oberflächen von Möbeln, Bauelementen und Hi-Fi-Produkten überziehen, Dachkonstruktionen abdichten oder Schwimmbecken auslegen. Die RENOLIT SE mit Sitz in Worms beschäftigt rd. 4.500 Mitarbeiter an mehr als 30 Produktions- und Vertriebsstandorten weltweit. Die RENOLIT Gruppe setzte im Jahr 2013 884 Mio. Euro um. Geleitet wird das Unternehmen von Michael Kundel (Vorsitzender), Dr. Axel Bruder und Pierre Winant.

Kontakt
RENOLIT SE
Horchheimer Str. 50, 67547 Worms
www.renolit.de

RESOL

Hattingen, Nordrhein-Westfalen

Gegründet: 1977

Die RESOL-Elektronische Regelungen GmbH beschäftigt sich seit der Firmengründung im Jahr 1977 mit solarthermischer Energienutzung und Regelungstechnik. Das einstige Pionierunternehmen der Solarbranche hat sich mit 150 Mitarbeitern und einem weltweiten Vertriebsnetz zum Marktführer entwickelt. Die Produktpalette umfasst ein Sortiment von hochwertigen Reglern für Solarthermie und Heizung sowie eine breite Palette an Zubehör für eine effiziente Energienutzung. Die Produkte von RESOL regeln heute über 3 Mio. Anlagen in über 60 Ländern. Forschung, Entwicklung, Produktion und Verwaltung finden am Hauptstandort in Hattingen statt. Weitere Niederlassungen sind in Spanien und Frankreich. Das Familienunternehmen wird von Geschäftsführer Rudolf Pfeil geleitet.

Kontakt
RESOL-Elektronische Regelungen GmbH
Heiskampstr. 10, 45527 Hattingen
www.resol.de

Rhein-Nadel Automation

Aachen, Nordrhein-Westfalen

Gegründet: 1898

Die Rhein-Nadel Automation GmbH entwickelt, produziert und vertreibt sowohl kundenspezifische Anlagen als auch Komponenten der Zuführtechnik, die standardisierte Elemente eines kompletten Zuführsystems sind. Zum Produktportfolio gehören Maschinen, die eine effiziente Zuführung von Massenteilen für den Montageprozess ermöglichen: Schwing-, Zentrifugal-, Stufen-, Linear-, Flächen- und Steilförderer. Als international agierende Unternehmensgruppe ist die RNA mit fünf Gesellschaften an sieben Fertigungsstandorten vertreten und verfügt über ein weltweites Vertriebs- und Servicenetz. Etwa 40 % des von 290 Mitarbeitern erwirtschafteten Umsatzes von 40 Mio. Euro (2012) werden im Ausland generiert. RNA kooperiert bei seinen Entwicklungen mit der RWTH Aachen und FH Aachen.

Kontakt
Rhein-Nadel Automation GmbH
Reichsweg 19-42, 52068 Aachen
www.rna.de

Richard Anton

Gräfelfing, Bayern

Gegründet: 1904

Die Richard Anton KG ist der weltweit größte Lieferant von synthetischem Grafit und Spezialkoks für Bremsbeläge. Mit einer breiten Palette an Kohlenstoffprodukten gehört das über 100 Jahre alte Familienunternehmen außerdem zu einem der größten strategischen Partner der Gießereien und Stahlwerke im In- und Ausland. Hinzu kommt der Handel mit Roheisen. Das Tochter-

Unter dem Produktnamen Ranco mit dem Elefant als Markenzeichen führt Richard Anton ein umfassendes Sortiment an synthetischen Grafiten, Spezialkoksen und Aufkohlungsmaterialien.

Richard Anton

Die Richard Anton KG ist einer der größten strategischen Partner der Gießereien und Stahlwerke im In- und Ausland.

unternehmen Aluwerk Hettstedt stellt Aluminiumstangen her und verkauft diese über das Tochterunternehmen RMG Metallfachhandel, welche zudem mit einem großen Spektrum an NE-Metall-Halbzeugen handelt.

Die von Richard Anton gelieferten Produkte werden im Grau-, Sphäro- sowie Vermiculargrafitguss, für Schmierstoffe, Bremsbeläge, Dämm- und Isoliermaterialien und in der chemischen Industrie (Katalysatoren) eingesetzt. Damit setzt sich der Kundenstamm aus Gießereien und Stahlwerken auf der ganzen Welt sowie Bremsbelagherstellern, Schmierstoffherstellern und der chemischen Industrie zusammen. Mit der vollautomatisierten Produktion 24/7, hochmodernen Mahl- und Siebanlagen sowie einer eigens entwickelten Pelletieranlage, die die 100%ige Verarbeitung von Grafitstaub ermöglicht, setzt die Richard Anton KG technologische Akzente. Das Unternehmen unterhält für seine Entwicklungen ein Labor mit hochmodernen Prüfgeräten.

In der Zentrale in Gräfelfing bei München sowie in den beiden Werken in Obernzell und Mannheim beschäftigt Richard Anton 58 Mitarbeiter, in der gesamten Firmengruppe sind es 172. Die Tochterfirmen Aluwerk Hettstedt GmbH und RMG Metallfachhandel GmbH erwirtschaften gemeinsam mit der Richard Anton KG einen Jahresumsatz von rd. 130 Mio. Euro. Den Vertrieb koordiniert die Zentrale in München, unterstützt von einem weltweiten Vertreternetz.

Das Unternehmen befindet sich seit seinen Anfängen im Besitz der Familie Anton bzw. Mader. In 3. und 4. Generation leiten Richard Mader und Florian Mader heute die operativen Geschäfte. Im Zeichen des Elefanten gründete Richard Anton 1904 eine Handelsfirma zum Import von Naturgrafiten aus Ceylon und Madagaskar.

»Tradition und Innovation seit Generationen.«

Unternehmensmotto Richard Anton

Florian und Richard Mader (v.l.) bilden in 3. und 4. Generation die Geschäftsführung der Richard Anton KG; unten im Bild das Werk Obernzell bei Passau.

Einfach erklärt: Grafit

Chemisch betrachtet sind sich Grafit und Diamant sehr ähnlich: Beide Stoffe bestehen aus Kohlenstoff. Der Unterschied liegt in der jeweiligen Kristallstruktur, die Grafit zu einem der weichsten Stoffe, Diamant dagegen zu einem der härtesten macht. Die Richard Anton KG hat sich auf die Aufbereitung von synthetischem Grafit und kalziniertem Petrolkoks spezialisiert. Das Unternehmen bezieht seine Rohstoffe weltweit in verschiedenen Qualitäten und Körnungen – welche in den Werken der Firma nach Kundenwunsch aufbereitet und gemischt werden. In entsprechenden Mischungen werden die Grafite dann u. a. als Ausgangsstoff für die Herstellung von Kupplungs- und Bremsbelägen sowie als Aufkohlungsmittel für Gießereien und Stahlwerke verwendet. Kohlenstoffprodukte der Richard Anton KG finden sich in nahezu jedem Auto auf den Straßen dieser Welt.

Richard Anton

R
IC

Firmengründer Richard Anton (oben); der Firmensitz in Gräfelfing bei München (Mitte); der Handel mit Roheisen (unten) bildet das zweite Standbein der Richard Anton KG.

Die Richard Anton KG im Internet

Meilensteine

1904 Gründung der Firma am 13. Dezember um 13 Uhr

1905 Richard Anton erhält den Alleinimport von Ceylon-Grafit für Europa.

1966 Richard Mader, Ehemann von Dorothea Anton – der Enkelin von Richard Anton – tritt in die Firma ein.

1972 Die Firma beginnt mit dem Import von Roheisen aus Ungarn.

1980 Bau eines neuen Werks in Mannheim; Entwicklung neuer Grafitsorten für die Bremsbelagindustrie

2003 Eintritt von Sohn Florian (4. Generation) in das Unternehmen

2004 Gründung der Aluwerk Hettstedt GmbH; Übernahme der NE-Metallhandelsgesellschaft RMG in Ladenburg bei Mannheim

2005–2007 Erweiterung des Standortes Obernzell (neue Lagerhallen, Modernisierung und Ausbau der Produktion, neues Büro- und Laborgebäude)

2010/2011 Erweiterung der Standorte Obernzell und Mannheim

2012 Bau einer neuen Produktionsanlage im Werk Obernzell; Ausbau der Kapazitäten auf monatlich 5.000 t

Es folgten eine stetige Expansion und die Weiterentwicklung im Produkt- und Qualitätsbereich. 1927 wurde das erste Werk in Obernzell bei Passau gekauft, das kontinuierlich ausgebaut wurde und heute zu den modernsten seiner Art gehört. 1980 wurde das zweite Werk in Mannheim mit direktem Schiffsanschluss gebaut. Da Grafit ein unersetzlicher Werkstoff ist und die Bedarfe von Gießereien, Stahlwerken, der Schmierstoff- sowie Bremsbelagindustrie stetig wachsen, wird ständig in den Ausbau der Produktion investiert. Zuletzt wurde 2012 in Obernzell eine zweite Produktionsanlage errichtet und so die Kapazität am Standort verdoppelt. Über 50 verschiedene Kornfraktionen können in beiden Werken hergestellt werden, immer auf den Bedarf der Kunden abgestimmt.

Daten und Fakten

Produkte: Synthetische Grafite, Spezialkokse und Aufkohlungsmaterialien; Handel mit Roheisen (Richard Anton); Aluminiumstangen (Aluwerk Hettstedt); Handel und Bearbeitung von NE-Metall-Halbzeugen (RMG Metallfachhandel)
Marktposition: weltweit größter Lieferant von synthetischem Grafit und Spezialkoks für Bremsbeläge; einer der führenden Lieferanten von Kohlenstoffen im Bereich Aufkohlung
Umsatz: Firmengruppe (Richard Anton KG, Aluwerk Hettstedt GmbH und RMG Metallfachhandel GmbH): ca. 130 Mio. Euro
Mitarbeiter: 58 (Richard Anton KG), 172 in der gesamten Firmengruppe
Ausbildungsquote: 8 %
Standorte: Gräfelfing bei München (Hauptverwaltung), Obernzell bei Passau (Produktion), Mannheim (Produktion), Hettstedt (Tochterfirma Aluwerk), Ladenburg (Tochterfirma RMG)
Vertrieb: Steuerung über die Zentrale in München (Gräfelfing); Vertreter im Ausland
Exportquote: ca. 35 %
Patente: Weltweit geschütztes Firmenlogo und markenrechtlich geschützter Produktname „Ranco"
Gründer: Richard Anton, 1904, Antwerpen

Kontakt
Richard Anton KG
Würmstr. 55, 82166 Gräfelfing
Fon: 089 898144-0, Fax: 089 8544321
info@richard-anton.de, www.richard-anton.de

Rickmers

Hamburg

Die Rickmers Gruppe mit ihren Hauptbüros in Hamburg und Singapur ist ein internationaler Anbieter von Dienstleistungen für die Schifffahrtsindustrie, Schiffseigentümer und Seefrachtführer. Sie ist mit mehr als 20 eigenen Büros und mehr als 50 Vertriebsagenturen weltweit vertreten. Die Geschäftstätigkeit ist in drei Geschäftsbereiche unterteilt: Maritime Assets, Maritime Services und Rickmers-Linie. Der Konzern beschäftigt rd. 2.800 Mitarbeiter auf See und an Land und steuert eine Flotte von mehr als 100 Schiffen. Bertram R.C. Rickmers ist Vertreter der 5. Familiengeneration und alleiniger Gesellschafter des Unternehmens. Zum weiteren Management gehören Ignace Van Meenen (CEO) und Mark-Ken Erdmann (CFO).

Kontakt

Rickmers Holding GmbH & Cie. KG
Neumühlen 19, 22763 Hamburg
www.rickmers.com

Rittal

Herborn, Hessen

Gegründet: 1961

Rittal ist das größte Tochterunternehmen der Friedhelm Loh Group. Das Familienunternehmen hat Schaltschränke, Stromverteilungen, Klimatisierung, IT-Infrastruktur und Software im Portfolio und ist ein weltweit führender Systemanbieter. Zum Einsatz kommen die Systemlösungen von Rittal in allen Bereichen der Industrie, vor allem im Maschinen- und Anlagenbau sowie in der IT- und Telekommunikationsbranche. Zum breiten Leistungsspektrum des Unternehmens gehören auch Komplettlösungen für modulare und energieeffiziente Rechenzentren. Der führende Softwareanbieter Eplan ergänzt die Wertschöpfungskette durch disziplinübergreifende Engineering-Lösungen, Kiesling Maschinentechnik durch Automatisierungslösungen für den Schaltanlagenbau. So erhalten die Kunden des Schaltanlagenbaus alles aus einer Hand.

2013 erwirtschaftete die Friedhelm Loh Group einen Umsatz von rd. 2,2 Mrd. Euro. Rittal ist mit 11 Produktionsstätten, 64 Tochtergesellschaften und 40 Vertretungen weltweit präsent und beschäftigt rd. 10.000 Mitarbeiter, in der gesamten Unternehmensgruppe sind es über 11.500.

Rittal ist Mitglied im Zentralverband Elektrotechnik- und Elektronikindustrie e.V. (ZVEI), dessen Ehrenpräsident seit 2014 Friedhelm Loh ist. Friedhelm Loh ist darüber hinaus Vizepräsident des Bundesverbands der Deutschen Industrie e.V. (BDI). Weiterhin ist Rittal im Verband Deutscher Maschinen- und Anlagenbau (VDMA), BITKOM und Verband der Elektrotechnik Elektronik Informationstechnik e.V. (VDE) als Mitglied vertreten.

Kontakt

Rittal GmbH & Co. KG
Auf dem Stützelberg, 35745 Herborn
Fon: 02772 505-0, Fax: 02772 505-2319
info@rittal.de, www.rittal.com

RITZENHOFF

Marsberg, Nordrhein-Westfalen

Gegründet: 1904

Die RITZENHOFF AG ist einer der bedeutendsten Anbieter von Trinkgläsern in Europa. Von der Entwicklung über die Fertigung bis hin zum Dekor bietet das Unternehmen das komplette Know-how der Glasherstellung aus einer Hand. Zwei Unternehmensbereiche, die vollautomatische Glasproduktion und der

Fachhandels- und Designbereich, stellen den Kunden und Partnern der RITZENHOFF AG ein Know-how und eine Fertigungstiefe zur Verfügung, die in dieser Kombination – Entwicklung, Dekoration und Glasherstellung – selten zu finden ist. Neben der Herstellung und dem Handel mit Gläsern für die Brauerei- und Mineralbrunnenindustrie, werden die Produkte der Marke RITZENHOFF über den Facheinzelhandel vertrieben. Das Unternehmen fertigt am Standort Essentho mit 4 Produktionslinien jährlich bis zu 50 Mio. Gläser, die in über 60 Länder der Erde vertrieben werden.

Kontakt
RITZENHOFF AG
Sametwiesen 2, 34431 Marsberg
www.ritzenhoff.de

Rixen Cableways

Bergkirchen, Bayern

Gegründet: 1961
Wasserski-Seilbahnen sind das Spezialgebiet der Rixen Cableways GmbH. Mit diesen schnellen Seilbahnen können Wasserski und Wakeboarden in allen Varianten ausgeübt werden. Das Unternehmen hält als Weltmarktführer einen Marktanteil von 80 %. Zu den Auftraggebern zählen private Investoren, Kiesunternehmen, Hotels, Städte und auch der Scheich von Abu Dhabi. Das Unternehmen leistet Beratung vor Ort, Konzeption und Montage der Seilbahnen bis hin zu Management- und Markteinführungskonzepten. Neben Wasserski-Seilbahnen mit 4 bis 6 Masten, mobilen 2-Mast-Seilbahnen und Zubehör entwickelt und vertreibt das Unternehmen auch Sonderkonstruktionen wie Seilbahnen für Transport, Fallsicherung (Ölwaggons) und Höhenrettung sowie Hängebrücken. Im Jahr 2014 wird mit 21 Mitarbeitern ein Umsatz von ca. 7 Mio. Euro erwirtschaftet.

Kontakt
Rixen Cableways GmbH
Neufeldstr. 9, 85232 Bergkirchen
www.rixen-cableways.com

Robbe & Berking

Flensburg, Schleswig-Holstein

Gegründet: 1874
Die Robbe & Berking GmbH & Co. KG ist der weltweit führende Hersteller von Bestecken aus Sterling-Silber und in versilberter Ausführung sowie von Tafelgeräten. In Mitteleuropa hält das Unternehmen einen Marktanteil von fast 80 % bei Silberbestecken und 90 % bei versilberten Bestecken. Produziert wird ausschließlich am Stammsitz Flensburg. Damit soll der handwerklich und industriell hochwertige Fertigungsstandard gewährleistet werden, den Privatkunden ebenso wie Großabnehmer aus der gehobenen Gastronomie nachfragen. Der Vertrieb erfolgt durch spezialisierte Einzelhändler sowie eigene Niederlassungen in den wichtigsten Märkten. Oliver Berking führt heute in 5. Generation das 1874 gegründete Familienunternehmen, das rd. 170 Mitarbeiter beschäftigt.

Kontakt
Robbe & Berking GmbH & Co. KG
Zur Bleiche 47, 24941 Flensburg
www.robbeberking.de

Rodenstock

Röchling-Gruppe

Mannheim, Baden-Württemberg

Kontakt
Röchling-Gruppe
Richard-Wagner-Str. 9, 68165 Mannheim
Fon: 0621 4402-0, Fax: 0621 4402-113
info@roechling.com, www.roechling.com

Rodenstock

München, Bayern

Gegründet: 1822

Die Röchling-Gruppe ist ein global agierender Verbund mittelständischer Unternehmen. Als Verarbeiter von technischen Kunststoffen hat Röchling eine weltweit führende Position inne. Mit den beiden Geschäftsbereichen Hochleistungs-Kunststoffe und Automobil-Kunststoffe erwirtschaftete die Röchling-Gruppe im Jahr 2013 einen Umsatz von 1,3 Mrd. Euro, wobei der Auslandsanteil 57 % betrug. Der Bereich Hochleistungs-Kunststoffe verfügt über ein Produktspektrum von Halbzeugen wie Platten, Rund-, Hohl- und Flachstäben über Profile und Formgussteile bis hin zu mechanisch bearbeiteten Fertigteilen. Im Geschäftsbereich Automobil-Kunststoffe werden Systeme, Module und Komponenten aus Polymerwerkstoffen für die Automobilindustrie hergestellt. Das Kerngeschäft bilden intelligente Anwendungen im Bereich Luftmanagement und Akustik. Zu den Kunden zählen Automobilhersteller und Systemlieferanten auf der ganzen Welt. Rund um den Erdball beschäftigt die Gruppe an 60 Produktionsstandorten in 20 Ländern rd. 7.500 Mitarbeiter.

Das Familienunternehmen wurde 1822 in Saarbrücken von Friedrich Ludwig Röchling als Kohlehandlung gegründet. 1881 verlagerte sich der Schwerpunkt der Firma auf die Verarbeitung von Stahl. Als Antwort auf die Krise in der Montanindustrie entwickelte sich Röchling zwischen 1978 und 2005 zum Mischkonzern. Dabei wurde ab 2001 unter der Ägide der nunmehr 5. und 6. Familiengeneration ein Strategiewechsel eingeleitet und der Fokus auf die Kunststoffverarbeitung gelegt.

Gegründet: 1877

Mehr als 135 Jahre Erfahrung und das damit verbundene Know-how haben Rodenstock zu einem der bedeutendsten Hersteller im Bereich Augenoptik gemacht. Dabei ist Rodenstock die einzige Marke, die Brillengläser und -fassungen „aus einer Hand" liefert. Rodenstock bietet Augenoptikern und Brillenträgern in über 85 Ländern weltweit ein umfassendes Angebot – von der typgerechten Fassung über verschiedene Brillengläser, Unterstützung bei Beratung, Refraktion, Bestellung und Verkauf bis hin zum After-Sales-Service.

Rodenstock Brillen zeichnen sich durch höchste Qualität, Funktionalität, Premium-Materialien und Design-Expertise aus. Das Zusammenspiel von handwerklicher Perfektion und ausgewogenem Design macht jede Rodenstock Brille zu einem Meisterstück.

Im Bereich Brillengläser ist das Produktsortiment mit Korrektions-, Sonnen-, Sport- und anderen Spezialgläsern auf verschiedenste Verwendungsbereiche und Sehanforderungen ausgelegt. Einen besonderen Schwerpunkt bildet der Bereich der individuellen Gleitsichtgläser, die stufenloses Sehen sowohl im Nahbereich als auch in der Ferne ermöglichen. In diesem Bereich hat sich Rodenstock als Technologie- und Marktführer etabliert. Das Unternehmen brachte 2000 als erster Hersteller die Impression®-Gläser auf den

Das Unternehmen wurde 1877 von Josef Rodenstock gegründet.

Rodenstock

Rodenstock Brillen zeichnen sich durch hochwertige Brillengläser, Funktionalität, Premium-Materialien und Design-Expertise aus.

Gina Lollobrigida (oben), Toni Sailer (Mitte) und Curd Jürgens (unten) waren Testimonials für Sonnenbrillen von Rodenstock.

Rodenstock in Zahlen

Mitarbeiter gesamt: ca. 4.300
Mitarbeiter Deutschland: ca. 1.200
Vertriebsniederlassungen: in über 85 Ländern
Produktionsstätten: 14 in 12 Ländern

Markt. Mit Einführung der Eye Lens Technology im Jahr 2011 gelang Rodenstock eine Revolution im Gleitsichtglas-Bereich. Damit ist es erstmals möglich, das persönliche Sehpotenzial jedes Menschen zu 100 % auszuschöpfen.

Zu den Kunden des Unternehmens zählen Augenoptiker rund um den Globus. Ihnen werden mit dem Partnerprogramm „Platinum World" neben individuellen Marketing-Strategien und Weiterbildungsangeboten auch Mess- und Beratungstools wie das Beratungsterminal „ImpressionIST®" oder das Hightech-Vermessungsgerät DNEye® Scanner zur Verfügung gestellt.

Im niederbayerischen Regen wird mit der Rodenstock Manufaktur in einem weiteren Geschäftsfeld die Nachfrage nach Spezialanfertigungen für außergewöhnliche Sehbedingungen bedient, z. B. die nach speziellen, ultradünnen Gläsern für extrem Fehlsichtige mit bis zu 40 Dioptrien. Rodenstock fertigt Brillen ausschließlich nach den hohen Standards deutscher Ingenieurkunst. Dieser Anspruch ist auch bei der Brillenentwicklung die Basis für Innovationen. Nicht nur die Nutzung hochwertiger Materialien bei jedem Bauteil, jeder Fassung und jedem Brillenglas, sondern auch die Kreation formvollendeten Designs garantieren immer die beste Qualität.

Im Geschäftsbereich Brillenfassungen erweitern Kollektionen von namhaften Kooperationspartnern wie Porsche Design, Mercedes-Benz Style, dunhill und Baldessarini die genuinen Produktlinien. Mit der neuen Kollektion „Claudia Schiffer by Rodenstock" und der Vintage-Linie „rocco by Rodenstock" wurde das Eyewear-Sortiment 2014 optimiert.

Josef Rodenstock gründete die Firma im Jahr 1877 in Würzburg. Zahlreiche Innovationen wie die sog. Diaphragma-Gläser markierten den Werdegang des Unternehmens, das schnell begann, ins umliegende Ausland zu exportieren. Im Jahr 1899 wurden die ersten getönten Korrektionsgläser entwickelt. Heute beschäftigt das Unternehmen mit Firmensitz in München 4.300 Mitarbeiter an weltweit 14 Standorten in 12 Ländern. In Deutschland sind davon ca. 1.200 beschäftigt.

Rodenstock

Meilensteine

1877 Gründung des Optischen Institutes G. Rodenstock in Würzburg durch Josef Rodenstock. Gefertigt werden neben Brillengläsern und -fassungen auch Barometer, Präzisionswaagen und Messinstrumente.

1882 Das Unternehmen exportiert bereits nach Österreich, in die Schweiz, die Niederlande, nach Dänemark, Italien und Russland.

1886 Beginn der Verlagerung der Fertigung nach München

1898 Im niederbayerischen Regen wird ein ehemaliger Gutshof zur Herstellung von Brillengläsern und optischen Linsen umgebaut.

ab 1930 Aufbau von Vertretungen und Büros in allen wichtigen Märkten

1968 Rodenstock fertigt als erster Hersteller selbsttönende Brillengläser.

2000 Rodenstock bringt mit Impression® das weltweit erste individuelle Gleitsichtglas auf den Markt.

2011 Rodenstock führt im Bereich Gleitsichtgläser die Eye Lens Technology ein.

2014 Mit der rocco by Rodenstock Kollektion für junge Menschen und der Claudia Schiffer by Rodenstock Kollektion unterstreicht das Unternehmen erneut seine Kompetenz im Design-Bereich.

Neben Wachstum durch das bestehende Geschäft hat sich die Gruppe zum Ziel gesetzt, verstärkt international zu expandieren. Um den weltweiten Absatz zu gewährleisten, arbeiten deutsche und internationale Vertriebsniederlassungen sowie Distributeure in mehr als 80 Ländern eng zusammen.

Daten und Fakten

Branche: Augenoptik
Produkte: Brillengläser und -fassungen
Umsatz: 400,5 Mio. Euro (2013)
Mitarbeiter: 4.300 (2013)
Vertrieb: über Vertriebsniederlassungen und Distributionspartner in mehr als 80 Ländern
Innovationen: u. a. erstes individuelles Gleitsichtglas (2000), erstes Nahkomfortglas (2009), Eye Lens Technology (2011)
Auszeichnungen: seit 1994 mehr als 50 Designpreise, darunter mehrere iF Award for Product Design und red dot design award für Brillenfassungen; außerdem Innovationspreise wie Silmo d'Or oder opta award für verschiedene Brillengläser
Gründer: Josef Rodenstock, 1877, Würzburg
Eigentümer: Beteiligungsgesellschaft Bridgepoint

Kontakt
Rodenstock GmbH
Elsenheimerstr. 33, 80687 München
Fon: 089 7202-0, Fax: 089 7202-629
info@rodenstock.com, www.rodenstock.de

Ansprechpartner Presse
Kilian Manninger
kilian.manninger@rodenstock.com

Im Jahr 2013 erzielte die Firma, die mehrheitlich im Besitz der europäischen Beteiligungsgesellschaft Bridgepoint ist, einen Umsatz von ca. 400 Mio. Euro.

Rodenstock im Internet

ROEMHELD

Laubach, Hessen

Gegründet: 1948

ROEMHELD ist eigenen Angaben zufolge weltweiter Marktführer mit der größten Auswahl an Produkten für die hydraulische Spanntechnik. Die Schwerpunkte liegen bei Vorrichtungselementen, hydraulischen Druckerzeugern, Linearaktuatoren und kundenspezifischen Lösungen für die rationelle Fertigungstechnik. Wesentliche Einsatzgebiete sind die Fertigungstechnik und die Steuer-Montagetechnik, typische Anwenderbranchen die Automobil- und die Luftfahrtindustrie, Medizintechnik, Maschinenbau sowie Anlagenbauer für regenerative Energien. ROEMHELD organisiert den weltweiten Vertrieb mit eigenen Tochtergesellschaften in Großbritannien, Frankreich, den USA, Japan und Südkorea, unterstützt von insgesamt 42 Vertriebspartnern. Der Exportanteil liegt bei über 50 %. Der Umsatz erreichte im Jahr 2011 86 Mio. Euro. Das Unternehmen beschäftigt insgesamt über 420 Mitarbeiter.

Ein wesentlicher Teil der Aufwendungen für Forschung und Entwicklung, die 3,5 % des Jahresumsatzes erreichen, geht in die permanente Optimierung und Weiterentwicklung von Systemen und Elementen, um die Effizienz der Fertigungsprozesse zu steigern. So konnten die Kunden aus dem Bereich Druckerzeugung dank des Einsatzes innovativer spanntechnischer Produkte von ROEMHELD bis zu 70 % Energieeinsparung erzielen. 90 % beträgt die Steigerung auf Kundenseite bei der Rüstzeitoptimierung. Durch die gezielte Wärmedämmung an allen drei Standorten wurde auch im eigenen Haus der Primärenergieverbrauch deutlich gesenkt. In der Forschung kooperiert ROEMHELD mit zahlreichen Hochschulen und Forschungseinrichtungen.

Das Traditionsunternehmen hat seine Wurzeln in der im Jahr 1707 gegründeten Friedrichshütte, seit 1948 ist das Unternehmen als Maschinenbauer aktiv. Geschäftsführende Gesellschafter der ROEMHELD Gruppe sind Matthias und Dr. Winfried Ehrhardt.

Kontakt

Römheld GmbH Friedrichshütte
Römheldstr. 1-5, 35321 Laubach
Fon: 06405 89-0, Fax: 06405 89-211
info@roemheld.de, www.roemheld.de

rommelag

Waiblingen, Baden-Württemberg

Gegründet: 1952

Die rommelag Kunststoff-Maschinen Vertriebsgesellschaft mbH ist Erfinder und weltweit führender Hersteller von Maschinen, die in einem Arbeitsschritt aus steril extrudiertem Kunststoff einen Behälter blasen, befüllen und verschießen. Mit bottelpack®-Anlagen werden Gebinde für Infusionslösungen oder Augentropfen, für Lebensmittel und technische Produkte hergestellt. Die Anlagen, die auf der BFS-Technologie basieren, werden an Standorten in Deutschland und der Schweiz hergestellt. Rund 1.800 Mitarbeiter entwickeln bei rommelag und den Schwesterunternehmen kocher-plastik, maroplastic, HOLOPACK, maropack und thermo-pack Verpackungslösungen für die chemische, pharmazeutische und Lebensmittelindustrie. Vertriebs- und Servicegesellschaften bestehen in den USA und in China.

Kontakt

rommelag Kunststoff-Maschinen
Vertriebsgesellschaft mbH
Mayenner Str. 18-20, 71332 Waiblingen
www.rommelag.com

Rosenberger Hochfrequenztechnik

Fridolfing, Bayern

Gegründet: 1958

Die Rosenberger-Gruppe, mit Stammwerk in Bayern und Vertriebs- und Fertigungsstandorten rund um den Globus, bietet ein breites Spektrum an standardisierten und kundenspezifischen Verbindungslösungen in der Hochfrequenz- und Fiberoptik-Technologie und ist einer der drei weltweit größten Hersteller von Hochfrequenz-Koaxial-Steckverbindern. Zu den Abnehmerbranchen gehören Mobil- und Telekommunikation, industrielle Messtechnik, Automobil-Elektronik, Datentechnik, Medizintechnik sowie Luft- und Raumfahrt. Das Unternehmen beschäftigt weltweit mehr als 5.100 Mitarbeiter. Der Umsatz wird zu 80 % im Ausland erzielt. Das international tätige Familienunternehmen führen die drei Söhne des Gründers, Hans, Bernhard und Peter Rosenberger, sowie Dr. Tosja Zywietz.

Kontakt
Rosenberger Hochfrequenztechnik GmbH & Co. KG
Hauptstr. 1, 83413 Fridolfing
www.rosenberger.com

ROTHENBERGER

Kelkheim, Hessen

Gegründet: 1949

Die ROTHENBERGER Deutschland GmbH produziert mit weltweit 1.600 Mitarbeitern Rohrwerkzeuge und -maschinen, die in verschiedenen technischen Industriezweigen wie Sanitär, Heizung, Klima, Gas und Umwelt Anwendung finden. Ebenfalls zum Portfolio gehören die Entwicklung von kompletten Systemen und Maschinen im Bereich Rohrinstallation sowie begleitende Service- und Wartungsarbeiten. Das 1949 von Edwin Rothenberger gegründete Familienunternehmen zählt heute mit rd. 250 Patenten und Warenzeichen sowie 5.000 Produkten zu den führenden Herstellern seiner Branche. 14 internationale Produktionsstätten, 30 Ländeniederlassungen sowie 150 weltweite Servicestationen und über 500 Verkaufsberater sorgen für die globale Präsenz von ROTHENBERGER.

Kontakt
ROTHENBERGER Deutschland GmbH
Industriestr. 7, 65779 Kelkheim
www.rothenberger.de

Roth Industries

Dautphetal-Buchenau, Hessen

Gegründet: 1947

Die Roth Industries GmbH & Co. KG mit Sitz in Dautphetal ist in den Bereichen Gebäude- und Industrietechnik tätig. In den Produktprogrammen der Flächen-Heiz- und -Kühlsysteme sowie bei Kunststoffspeichersystemen für Wasser und Brennstoffe ist Roth weltweit führend. Mit der EHA Composite Machinery GmbH behauptet der Firmenverbund die Weltmarktführerschaft bei Filament-Winding-Anlagen; mit der Bolenz & Schäfer GmbH führt Roth auch im Segment der Hydraulik-Kolbenspeichersysteme. Die Flächen-Heiz- und -Kühlsysteme kommen bei der Temperierung von Gebäuden zum Einsatz und entfalten ideal ihre Wirkung in Kombination mit regenerativen Energieerzeugern wie Solar- und Wärmepumpensystemen. Hydraulikaggregate werden z. B. in der Energietechnik (Windkraft) oder Freizeitindustrie (Achterbahn) eingesetzt,

> »Einigkeit macht stark.«
>
> Manfred Roth, geschäftsführender Gesellschafter

Roth Industries

R
OT

Oben: Roth Industries liegt zu 100 % im Besitz der Familie Roth: Claus-Hinrich Roth, Christin Roth-Jäger, Dr. Anne-Kathrin Roth sowie Manfred Roth (v.l.), der Firmensitz des Familienunternehmens befindet sich in Dautphetal.

Roth Industries im Internet

Meilensteine

ab 1947 Waschkesselofen

ab 1963 Stahl-Heizöltanks und Duschkabinen

ab 1970 Kunststofftechnik: Großbehälter-Blasformen, Spritzguss, Tiefziehen, Extrusion, Schäumen, Maschinen für Thermo- und Duroplaste

ab 1980 Energie- und Wassertechnik: Flächenheizungen, Trinkwasser-Rohrsysteme, Wasser- und Klärtechniksysteme, Maschinen und Aggregate für die Elektrizitätswirtschaft, Luft- und Raumfahrt, Mobil-Hydraulik

ab 1990 Verstärkte Internationalisierung

ab 2000 Erneuerbare Energien: Solar, Wärmepumpen, Wärmespeichersysteme, Wasserrecycling, Maschinen und Aggregate für Wind- und Wasserkraft

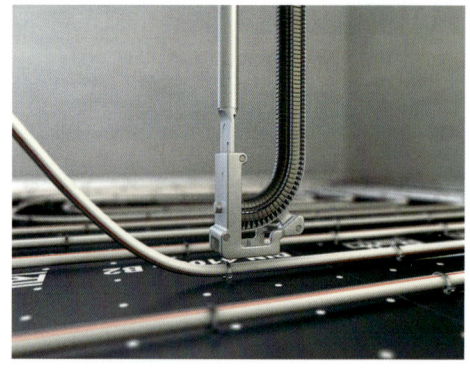

Die Roth Industries GmbH & Co. KG ist u. a. weltweit führend im Bereich von Flächen-Heiz- und -Kühlsystemen.

die Filament-Winding-Anlagen in der Automobilindustrie und Raumfahrttechnik. Roth investiert pro Jahr 3 % des Umsatzes in Forschung und Entwicklung.

Zu den jüngsten Innovationen im Bereich der Gebäudetechnik zählen der Flachkollektor Heliostar, ein Solarkollektor mit Kunststoffwanne, das Energiesystem Solargeo mit Nutzung solarer und geothermischer Energie, der Flachspeicher Twinbloc zur Speicherung von Regen- und Recyclingwasser sowie der Kunststoff-Composite-Wärmespeicher Thermotank Quadroline. Der technologische Schwerpunkt liegt auf der Entwicklung innovativer Lösungen für die Gebäudetechnik auf Basis regenerativer Energien. So verknüpft der Roth ÖkoEnergie-Kreislauf Produkte aus Energieerzeugung, -speicherung und -nutzung zu einem energieeffizienten Komplettsystem für die Gebäudetechnik. Aber auch im Bereich Industrietechnik mit Maschinen- und Aggregatebau gibt es international anerkannte Innovationen.

Roth beschäftigt ca. 1.100 Mitarbeiter und erzielte 2013 ca. 220 Mio. Euro Umsatz, etwa 55 % davon im Ausland. Gemeinsam mit seinen drei Kindern Claus-Hinrich Roth, Christin Roth-Jäger und Dr. Anne-Kathrin Roth sowie mit Matthias Donges leitet Manfred Roth als geschäftsführender Gesellschafter die Geschicke des Unternehmens. 1947 gründete sein Vater Heinrich Roth die Firma in Dautphetal-Mornshausen und stellte zunächst Waschkesselöfen und Beetplatten her. 1961 wurde Manfred Roth Gesellschafter und es erfolgte der Branchenwechsel zur Heiz- und Sanitärtechnik und der Einstieg in die Kunststoff- und Energietechnik. Die ökologischen Produktprogramme führt Roth seit dem Jahr 2000 im Portfolio.

Daten und Fakten

Branchen: Gebäudetechnik, Industrietechnik
Produkte: Solarsysteme, Wärmepumpensysteme, Wärmespeichersysteme, Speichersysteme für Brennstoffe und Biofuels, Regen- und Abwasseranlagen, Flächen-Heiz- und -Kühlsysteme, Rohr-Installationssysteme, Duschsysteme, Maschinen zur Bürstenherstellung, Filament-Winding-Anlagen sowie Hydraulik- und Druckspeicher-Aggregate
Marktposition: international führend in Flächen-Heiz- und -Kühlsystemen, Kunststoff-Speichersystemen für Wasser und Brennstoffe, Filament-Winding-Anlagen, Hydraulik- und Druckspeicher-Aggregaten

Roto Frank

Umsatz: ca. 220 Mio. Euro (2013)
Mitarbeiter: ca. 1.100 (2013)
Innovationen: Roth Doppelwandtank (1970er), Original-Tacker-System (1981), S5 CoEx Technology (2000), vollautomatische Produktion von Faserverbund-Behältern (2000), Thermotank Quadroline (2011)
F&E-Quote: 3 %
Gründung: Heinrich Roth, 1947, Dautphetal-Mornshausen
Auszeichnungen: „TOP 100 – Ausgezeichnete Innovatoren im deutschen Mittelstand" (compamedia GmbH, 2004); „Weltmarktführer-Schwinge" (Deutsche Standards GmbH, 2011); „Best of SHK-Management" (Sanitär- und Heizungswirtschaft, 2013)
Eigentümer: zu 100 % im Besitz der Familien Roth

Kontakt
Roth Industries GmbH & Co. KG
Am Seerain 2, 35232 Dautphetal
Fon: 06466 922-0, Fax: 06466 922-100
service@roth-werke.de
www.roth-industries.com

Roto Frank

Leinfelden-Echterdingen, Baden-Württemberg

Gegründet: 1935

Die Roto Gruppe mit der in Leinfelden-Echterdingen bei Stuttgart ansässigen Roto Frank AG als Muttergesellschaft ist eine global agierende Unternehmensgruppe der Bauzulieferbranche. Mit einem weltweiten Netz von insgesamt 13 Produktionsstätten, knapp 30 Logistik-Verteilzentren und über 40 Vertriebsgesellschaften bzw. exklusiven Handelspartnern praktiziert das 1935 von Wilhelm Frank gegründete, nach wie vor zu 100 % in Familienbesitz befindliche Unternehmen eine internationale Strategie.

Produkte und Systeme der Marke Roto sind mittlerweile in fast 50 Ländern fest etabliert. Dabei bestätigt schon die große Zahl anspruchsvoller und zum Teil spektakulärer Referenzobjekte ihre hochwertige Qualität

Eine konsequente Kundennutzenorientierung hat für Roto Priorität.

Schon gewusst?

Auf den internationalen Fenstermärkten gibt es zahlreiche regionale Besonderheiten und unterschiedliche Nutzungsgewohnheiten. In Großbritannien und Skandinavien sowie generell in Küstenregionen etwa werden Fenster meist nach außen geöffnet, um u. a. stärkerer Windlast besser zu trotzen. Speziell in den USA sind dagegen nach oben oder unten öffnende Schiebefenster an der Tagesordnung. Doch damit nicht genug der Vielfalt: Fensterelemente sollen heute auch falt-, heb- oder klappbar sein. Andere Länder – andere Öffnungssitten. Das macht individuelle und damit bedarfsgerechte Beschlagsysteme unverzichtbar.

»Bei Roto dreht sich alles um Technologien, die Gebäude komfortabler und schöner machen. Und um die Menschen, die das ermöglichen und erleben.«

Dr. Eckhard Keill, Vorstandsvorsitzender der Roto Frank AG

Dr. Eckhard Keill ist Vorstandsvorsitzender der Roto Frank AG, die ihren Sitz in Leinfelden-Echterdingen bei Stuttgart hat.

Roto Frank

ROT

Die Roto Frank AG gehört zu den Global Playern der Bauzulieferbranche.

Roto ist nicht nur Weltmarktführer bei Drehkipp-Beschlägen für Fenster und Fenstertüren, sondern auch ein wichtiger Anbieter in den übrigen Produktbereichen.

und ihre anforderungsspezifische Individualität. Sie unterstreichen außerdem die generelle Unternehmensmaxime, stets nah am Kunden zu sein.

Die Roto Gruppe gliedert sich in die beiden eigenständigen Divisionen Fenster- und Türtechnologie (FTT) und Dach- und Solartechnologie (DST). Während sich das breite FTT-Portfolio auf Beschlagsysteme und Equipments für Fenster, Fenstertüren, Schiebefenster und -türen sowie Eingangstüren erstreckt, umfasst das ebenfalls permanent weiterentwickelte und ausgebaute DST-Sortiment Wohndachfenster, Eindeckrahmen für Photovoltaik und Solarthermie sowie Spezialtreppen. Die Vertriebspolitik richtet sich an professionelle Verwender. Sie konzentriert sich bei FTT auf Fachhandel sowie Fenster- und Türenbauer. Exklusive Marktpartner bei DST sind der Bedachungs-Fachhandel sowie das Dachdeckerhandwerk.

Roto agiert als Global Player, tritt aber bewusst als deutsches Unternehmen auf. Der dafür geprägte Begriff „german made"

Innovationen auf allen Ebenen

Firmengründer Wilhelm Frank entwickelte 1935 den ersten industriell zu fertigenden Beschlag, mit dem es möglich war, einen Fensterflügel nicht nur zu drehen, sondern auch zu kippen. Der Siegeszug der unter dem Namen „Roto N" patentierten Weltneuheit führte die komfortable Öffnungsart letztlich rund um den Globus. Seither hat Roto immer wieder wegweisende Produktneuheiten auf den Weg gebracht. Die Innovationskraft dokumentiert sich in mehreren Tausend Patenten. Heute sind bei Roto rd. 160 Entwickler tätig. Roto will jedoch nicht nur mit Produktinnovationen, sondern auch im Dienstleistungssektor Maßstäbe setzen. Diesen Anspruch untermauert der Bauzulieferer mit seinem umfassenden Beratungsangebot für Fenster- und Türenhersteller, das aufgrund seiner Intensität und Praxisnähe als Benchmark in der Branche gilt. Das Konzept basiert einerseits auf dem weltweiten Know-how aus langjährigen Kundenbeziehungen und andererseits auf der besonderen Kompetenz der Roto Gruppe, die als einziger Anbieter sowohl die Beschlag- als auch die Fensterproduktion beherrscht. Kernziel des modularen Unterstützungssystems „Roto Lean" ist es, durch die Optimierung der Fertigung die Wirtschaftlichkeit, die Wertschöpfung und damit am Ende die Wettbewerbsfähigkeit der Betriebe dauerhaft zu steigern. Dabei steht die partnerschaftliche direkte Kooperation mit dem jeweiligen Kunden stets im Mittelpunkt.

beschreibt die Garantie, dass weltweit alle Prozesse, Produkte, Systeme und Services auf deutschen Qualitäts- und Wertestandards basieren. Diese verkörpern der Firmendefinition zufolge in erster Linie Kontinuität, Konsequenz, Zuverlässigkeit, Realitätssinn, Erfahrung, Weitsicht, Können und deutsche Ingenieurkunst. Auch daraus leitet Roto den Anspruch auf kundenorientierte Technologie- und Leistungsführerschaft ab.

Roto wurde vielfach mit Auszeichnungen prämiert, z. B. als Top-Arbeitgeber und – für das DST-Stammwerk in Bad Mergentheim – als „Die beste Fabrik Deutschlands". Für die Zukunft will die Roto Gruppe weitere vorhandene Wachstumspotenziale erschließen, u. a. durch strategische Akquisitionen und die Fähigkeit zur konkreten Differenzierung im Wettbewerbsvergleich.

Daten und Fakten

Branche: Bauzuliefersektor mit Spezialisierung auf Fenster- und Türtechnologie sowie Dach- und Solartechnologie
Produkte: Fenster- und Türtechnologie: Fenster- und Türbeschläge, Schlösser und Verriegelungssysteme, Ergänzungsprodukte; Dach- und Solartechnologie: Wohndachfenster, Solarthermie/Photovoltaik und Spezialtreppen
Marktposition: weltweiter Marktführer bei Drehkipp-Beschlägen für Fenster und Fenstertüren sowie bedeutender Anbieter in den übrigen Produktsegmenten
Umsatz: 658 Mio. Euro (Gruppe, 2013)
Mitarbeiter: ca. 4.400 (2013)
Standorte: 13 Werke auf 4 Kontinenten: Leinfelden-Echterdingen, Velbert, Bad Mergentheim, Neusäß (Deutschland); Lubartów (Polen); Lövö, Sopron (Ungarn); Kalsdorf (Österreich); Noginsk (Russland); Peking (China); Chester (USA); Curitiba (Brasilien); Toronto (Kanada)
Vertrieb: Weltweite Marktabdeckung u. a. durch ein internationales Vertriebsnetz mit über 40 Niederlassungen, Vertretungen bzw. exklusiven Handelspartnern
Innovationen: u. a. Drehkipp-Beschlag Roto N (1935), Roto Bodentreppe (1937), klappbares Roto Wohndachfenster (1968), Maß-Renovierungsfenster (1996), Drehkipp-Beschlagsystem Roto NT (2000), elektronisch gesteuerte Beschlaggeneration E-Tec (2001), Schiebebeschlag Patio Life (2006), verdeckter Beschlag NT Designo (2007), Türschwellenprogramm Roto Eifel (2009), Roto Safe Schlossgeneration 600 (2011), elektromechanische Tür-Mehrfachverriegelung Eneo CC (2013), elektronisch öffnendes Klapp-Schwingfenster mit unsichtbarer Antriebstechnologie Designo Comfort i8 (2014)
Gründer: Wilhelm Frank, 1935, Stuttgart
Eigentümer: Familien-AG, zu 100 % im Besitz der Nachfolgerfamilien des Gründers

Kontakt
Roto Frank AG
Wilhelm-Frank-Platz 1,
70771 Leinfelden-Echterdingen
Fon: 0711 7598-0, Fax: 0711 7598-253
info@roto-frank.com, www.roto-frank.com

R. STAHL

Waldenburg, Baden-Württemberg

Gegründet: 1876

Die R. STAHL Aktiengesellschaft ist richtungsweisend im Explosionsschutz. Das Unternehmen zählt zu den international führenden Anbietern explosionsgeschützter Komponenten und Systeme zum Automatisieren, Steuern, Verteilen, Installieren, Bedienen und Beobachten, Beleuchten sowie Signalisieren und Alarmieren. Die Hauptabnehmer der Produkte finden sich in der Öl- und Gasindustrie, in der Chemie und Pharmazie sowie im Schiffbau. Mit einem Marktanteil von 14 % in Bezug auf den Umsatz ist das Unternehmen die weltweite Nummer zwei im elektrischen Explosionsschutz und Technologieführer bei komplexen Systemlösungen. Vorstandsvorsitzender der R. Stahl Aktiengesellschaft ist Martin Schomaker, als Finanzvorstand ist Bernd Marx aktiv.

Die Roto Gruppe im Internet

R
UB

Kontakt
R. STAHL Aktiengesellschaft
Am Bahnhof 30, 74638 Waldenburg
www.stahl.de

Rübezahl Schokoladen

Dettingen/Teck, Baden-Württemberg

Gegründet: 1949

Die Rübezahl Schokoladen GmbH ist einer der größten Hersteller von Schokoladenhohlkörperfiguren und gilt in diesem Segment als Pionier in Deutschland. Jährlich produziert das schwäbische Unternehmen ca. 50 Mio. Schokoladen-Osterhasen und ebenso viele -Weihnachtsmänner, außerdem ca. 30 Mio. Adventskalender aus Schokolade. Zu den Marken der Unternehmensgruppe, die rd. 800 Mitarbeiter beschäftigt, zählen Sun Rice, Gubor, Friedel und Weseke Dragees. Der gesamte europäische Lebensmittelhandel gehört zum Kundenkreis von Rübezahl. Insgesamt werden die Produkte des Süßwarenherstellers in weltweit über 50 Länder exportiert. Das Familienunternehmen wurde 1949 von Josef Cersovsky gegründet und wird heute in 3. Generation von Claus und Oliver Cersovsky geleitet.

Kontakt
Rübezahl Schokoladen GmbH
Dieselstr. 9, 73265 Dettingen/Teck
www.rk-schoko.de

Rudolf Flender

Siegen, Nordrhein-Westfalen

Gegründet: 1910

Die Rudolf Flender GmbH u. Co. KG hat sich über drei Generationen mit weltweit beachteten Innovationen bei der Herstellung von Stahlrohren einen Namen gemacht. Produziert werden Rund- und Präzisionsrohre sowie Profilrohre, Sonder-Profilrohre und Edelstahl-Profilrohre. Endlos flexibel aufgewickeltes Stahlrohr wird seit 2009 in Längen bis zu 4.500 m als Flender-Flex-Tubing® angeboten. Zu den Abnehmern gehören unterschiedlichste Branchen aus den Bereichen Energie und Industrie. Unternehmensgründer Rudolf Flender stellte ab 1910 zunächst Blechwaren für Industrie und Landwirtschaft her. 1927 wurde die erste Rohrwalz- und Schweißmaschine für Rundrohre in Betrieb genommen. Seit 1978 werden Stahlrohre mit PE-Kunststoff-Umhüllung produziert.

Kontakt
Rudolf Flender GmbH u. Co. KG
Eiserfelder Str. 100, 57072 Siegen
www.flender-rohr.de

RÜTGERS

Duisburg, Nordrhein-Westfalen

Gegründet: 1849

Die RÜTGERS-Gruppe ist ein Spezialchemieunternehmen, das Steinkohleteerpeche und Chemikalien herstellt. In der Produktion von Chemierohstoffen aus Steinkohlenteer gilt die Gruppe als einer der Technologieführer. Das in die sechs Business Lines Basic Aromatics, Superplasticizers & Industrial Dispersants, Resins & Modifiers, Aromatic Chemicals, Trading und InfraTec gegliederte Unternehmen verfügt über 8 internationale Produktionsstandorte und beschäftigt rd. 1.000 Mitarbeiter. Im Jahr 1999 wurde die RÜTGERS Stiftung zur Förderung des wissenschaftlichen Nachwuchses an Schulen ins Leben gerufen. Die 1849 als Teer-Raffinerie gegründete Duisburger RÜTGERS-Gruppe gehört seit Januar 2013 zu der indischen Industriegruppe Rain Commodities Limited.

Kontakt
RÜTGERS Holding Germany GmbH
Varziner Str. 49, 47138 Duisburg
www.ruetgers-group.com

S

SAF-HOLLAND

Bessenbach, Bayern

Gegründet: 1881 und 1910

SAF-HOLLAND zählt zu den weltweit führenden Herstellern und Anbietern von hochwertigen Produktsystemen und Bauteilen vorrangig für Anhänger und Auflieger (Trailer) sowie für Lkw, Busse und Wohnmobile. Die Produktpalette umfasst u. a. Trailer-Achssysteme und Federungssysteme, Kupplungen, Königszapfen und Stützwinden. SAF-HOLLAND verkauft Produkte auf sechs Kontinenten an Originalhersteller (OEM) im Erstausstattungsmarkt und im Aftermarket an die Originalhersteller-Servicenetzwerke der OEM sowie über ein globales Vertriebs- und Servicenetz. Damit ist SAF-HOLLAND einer der wenigen Hersteller in seiner Branche, der mit einer umfangreichen Produktpalette und einem weiten Servicenetz international aufgestellt ist.

SAF-HOLLAND verfügt weltweit über 34 Tochtergesellschaften (darunter 19 Produktionsstandorte) sowie über 9.000 Servicestationen. Auf den Kernmärkten in Europa und Nordamerika ist das Unternehmen mit allen Produkten Marktführer oder mindestens unter den Top 3 der Anbieter. Mit 3.100 Mitarbeitern erzielte der Konzern im Jahr 2013 einen Umsatz von 857 Mio. Euro.

Die Geschichte des Unternehmens reicht bis in das Jahr 1881 zurück, als in Deutschland die Otto Sauer Achsenfabrik (SAF) gegründet wurde, die zunächst landwirtschaftliches Gerät herstellte und später zu einem der führenden Hersteller von Trailer-Achsen und -Fahrwerksystemen in Europa wurde. 2006 erfolgte der Zusammenschluss mit dem im Jahr 1910 gegründeten US-amerikanischen Erstausrüster für Nutzfahrzeuge Holland Group Inc. zu SAF-HOLLAND.

Seit 2011 wird der Konzern von Detlef Borghardt geleitet, der bereits seit 2000 für das Unternehmen tätig ist.

Kontakt

SAF-HOLLAND GmbH
Hauptstr. 26, 63856 Bessenbach
Fon: 06095 301-0, Fax: 06095 301-260
info@safholland.de, www.safholland.com

SALZBRENNER STAGETEC MEDIAGROUP

Buttenheim, Bayern

Gegründet: 1963

Die Salzbrenner Stagetec Mediagroup ist eine deutsche Unternehmensgruppe, die europaweit zu den Marktführern für professionelle Audiotechnik zählt. Der Hauptsitz des Unternehmensverbunds ist in Buttenheim in Oberfranken. Die Gruppe beschäftigt derzeit rd. 280 Mitarbeiter an 5 deutschen Standorten sowie an weiteren 9 Vertriebsbüros und Niederlassungen weltweit. Mit den Bereichen Entwicklung, Systemintegration und Vertrieb von Audio- und Videotechnik, Kommunikationstechnik und Gefahrenmeldeanlagen deckt die Mediagroup eine große Bandbreite möglicher Anwendungen und Einsatzgebiete ab. Den Service und den Vertrieb für die Produkte und Leistungen übernehmen eigene Niederlassungen in Berlin, Löffingen, Chemnitz, Rom, Wien, Brüssel, Kuala Lumpur, Peking, Sydney, Sao Paulo, Moskau, Hongkong und Atlanta.

Kontakt

SALZBRENNER STAGETEC MEDIAGROUP
Industriegebiet See, 96155 Buttenheim
www.stagetec.com

Salzgitter

Salzgitter, Niedersachsen

Gegründet: 1858

Der Stahl- und Technologiekonzern Salzgitter AG zählt zu den größten europäischen Stahlproduzenten und besetzt eine weltmarktführende Position im Bereich Großrohre. Die Salzgitter AG fungiert als Holding für die über 200 Tochter- und Beteiligungsgesellschaften, die in den Geschäftsfeldern Flachstahl, Grobblech und Profilstahl, Technologie, Energie und Handel aktiv sind und insgesamt über eine Kapazität von etwa 9 Mio. t Rohstahl verfügen. Im Jahr 2013 waren rd. 25.000 Mitarbeiter für das Unternehmen tätig, das im selben Jahr einen Außenumsatz von 9 Mrd. Euro verzeichnete. Die heute im MDAX börsennotierte Salzgitter AG hat ihren Ursprung in der im Jahr 1858 gegründeten Ilseder Hütte, mit der in Niedersachsen die Stahltradition ihren Anfang nahm.

Kontakt
Salzgitter AG
Eisenhüttenstr. 99, 38239 Salzgitter
www.salzgitter-ag.de

SAMSON

Frankfurt, Hessen

Gegründet: 1907

Die SAMSON AG Mess- und Regeltechnik ist der Kern einer international tätigen Unternehmensgruppe und Weltmarktführer für automatisierte Regelventile in der chemischen Industrie. Das Produktangebot umfasst das gesamte Spektrum in den Bereichen Messen und Regeln einschließlich integrierter Automationssysteme. Die Produkte und Systeme werden überall dort angewendet, wo Gase, chemische Substanzen oder Dämpfe im Fluss sind. Die Einsatzfelder von SAMSON liegen in der Heiz- und Klimatechnik ebenso wie in der Großchemie. Das Unternehmen, das einschließlich seiner Tochterfirmen über 4.000 Mitarbeiter beschäftigt und im Geschäftsjahr 2013/2014 einen Umsatz von 621 Mio. Euro erzielte, wurde 1907 von Hermann Sandvoss gegründet. Heute befindet sich die Aktiengesellschaft in 4. Generation im Besitz der Familie Sandvoss.

Kontakt
SAMSON AG Mess- und Regeltechnik
Weismüllerstr. 3, 60314 Frankfurt/Main
www.samson.de

Sanders

Bramsche, Niedersachsen

Gegründet: 1885

Die Unternehmen der Sanders-Gruppe entwickeln, produzieren und vertreiben Bettwaren aller Art sowie Baumwollstoffe und technische Textilien. Die Fertig- und Halbfertigprodukte, die unter der Dachmarke Sanders.eu zusammengefasst sind, richten sich an Endverbraucher, den Handel und die Industrie ebenso wie an Ausstatter von Objekten. Sanders ist europäischer Marktführer bei federn- und daunendichten Geweben. Standorte des Unternehmens sind Bramsche, Güstrow und Bad Bentheim sowie zwei Fertigungsstätten in der Ukraine. Von den über 700 Mitarbeitern sind 160 in Deutschland beschäftigt. Zum Umsatz von 50 Mio. Euro trägt der Export ca. 35 % bei. Das in 4. Generation inhabergeführte Unternehmen befindet sich im Besitz der Familien Kurt Sanders und Hans-Christian Sanders.

Kontakt
Gebr. Sanders GmbH & Co. KG
Maschstr. 2, 49565 Bramsche
info@sanders.eu

Sanner

Bensheim, Hessen

Gegründet: 1894

Die Sanner GmbH entwickelt und produziert hochwertige Kunststoffverpackungen und Komponenten für die Pharma-, Medizin- und HealthCare-Industrie. Kerngeschäft sind Verpackungslösungen, die Brausetabletten, Gelkapseln, Tabletten und Teststreifen zuverlässig vor Feuchtigkeit schützen. Ergänzt wird das Portfolio von Trockenmittelkapseln und -sachets sowie weiteren Verschlusslösungen, wie z. B. kindergesicherten Verschlüssen. Das international vertretene Familienunternehmen mit Hauptsitz im hessischen Bensheim, der zugleich größten Produktionsstätte, hat Niederlassungen in China, Indonesien, Indien, Ungarn und in den USA. Das 1894 gegründete Unternehmen befindet sich auch heute noch vollständig im Beitz der Familie Sanner. Im Jahr 2012 erwirtschafteten 500 Mitarbeiter weltweit einen Umsatz von 55 Mio. Euro.

Kontakt
Sanner GmbH
Schillerstr. 76, 64625 Bensheim
www.sanner-group.com

SAP

Walldorf, Baden-Württemberg

Gegründet: 1972

Als Marktführer für Unternehmenssoftware unterstützt die SAP SE Firmen jeder Größe und Branche, ihr Geschäft profitabel zu betreiben, sich kontinuierlich anzupassen und nachhaltig zu wachsen. Vom Back Office bis zur Vorstandsetage, vom Warenlager bis ins Regal, vom Desktop bis hin zum mobilen Endgerät – SAP versetzt Menschen und Organisationen in die Lage, effizienter zusammenzuarbeiten und Geschäftsinformationen effektiver zu nutzen als die Konkurrenz. Mehr als 261.000 Kunden setzen auf SAP-Anwendungen und -Dienstleistungen, um ihre Ziele besser zu erreichen.

Kontakt
SAP SE
Dietmar-Hopp-Allee 16, 69190 Walldorf
www.sap.de

Sartorius

Göttingen, Niedersachsen

Gegründet: 1870

Die Sartorius AG ist in den Branchen Labor- und Prozesstechnologie aktiv. Das in die beiden Geschäftsbereiche Lab Products & Services (Laborinstrumente, Verbrauchsmaterialien, Services) und Bioprocess Solutions (Entwicklungen und Produkte für die biopharmazeutische Industrie) strukturierte Unternehmen ist in der Laborwägetechnik der weltweit zweitgrößte Anbieter. Eine weltmarktführende Position besetzt Sartorius mit seinem Portfolio der Sparte Bioprocess Solutions. Neben Abnehmern aus der Pharma-, Biotech-, Chemie- und Nahrungsmittelindustrie zählen auch internationale Forschungseinrichtungen und Labore zum Kundenkreis. Das 1870 in Göttingen als feinmechanische Werkstatt gegründete Unternehmen beschäftigte im Jahr 2013 5.863 Mitarbeiter, die in mehr als 110 Ländern 887,3 Mio. Euro umsetzten.

Kontakt
Sartorius AG
Weender Landstr. 94-108, 37075 Göttingen
www.sartorius.com

SATA

SATA

Kornwestheim, Baden-Württemberg

Gegründet: 1907

Die SATA GmbH & Co. KG nimmt weltweit eine führende Position im Gesamtbereich der Nasslackiertechnologien und -applikationen ein. In Deutschland und vielen anderen Exportländern hält das Unternehmen zudem die Marktführerschaft in der Fahrzeugreparaturlackierung. SATA fertigt und vertreibt über 3.000 verschiedene Produkte im Bereich Lackierpistolen und -systeme, Filtertechnik, Atemschutzsysteme und Zubehör. Neben dem Handwerk, insbesondere der Fahrzeugreparaturlackierung, stellt die Industrie einen wichtigen Absatzmarkt dar. Darüber hinaus kommen die Produkte auch in Maler- und Schreinerbetrieben zum Einsatz. Mit über 60 % Umsatzanteil sind Lackierpistolen das wichtigste Standbein im Portfolio der SATA. Das Pistolensortiment deckt mit unterschiedlichen Auftragstechnologien alle Anwendungsfälle für die unterschiedlichsten Materialien ab: Füller, Basis- und Klarlack, aber auch z. B. Trennmittel, Klebstoffe oder Schokoladenguss bei der Pralinenfertigung in Belgien. Neben den eingetragenen Marken SATA und SATAjet besitzt das Unternehmen ca.

Meilensteine

1907 Arthur Haeberle und August Drehmann gründen die Sanitaria GmbH in Stuttgart-Feuerbach und beginnen mit der Fertigung medizintechnischer Geräte.

1910 Bezug eines neuen Fertigungsgebäudes in Ludwigsburg

1914 Eintragung der Marke SATA

1925 Das Unternehmen führt unter dem Namen „Lechler" die erste Spritzpistole ein.

1981 Umfirmierung in SATA Farbspritztechnik GmbH; Markteinführung der Lackierpistole SATAjet B

1986 Umzug nach Kornwestheim

2006 Umfirmierung in SATA GmbH & Co. KG

2014 Die SATAjet 5000 B kommt auf den Markt.

»Wenn du etwas machst, und du könntest es besser machen, und du machst es aber nicht, dann bist du ein Schlamper.«

Friedrich Bäuchle, Technischer Betriebsleiter SATA AG, 1932–1956

Als Sanitaria GmbH wurde das Unternehmen 1907 in Stuttgart-Feuerbach gegründet, seit 1986 befindet sich der Sitz von SATA in Kornwestheim.

Neben der Fahrzeugreparaturlackierung stellt die Industrie für SATA einen wichtigen Absatzmarkt dar.

SATA

SATA — Umsatzverteilung nach Ländergruppen

- Deutschland + Österreich: 35 %
- restl. Europa: 29 %
- USA: 16 %
- Asien: 13 %
- Rest der Welt: 6 %

(2013)

80 weitere globale Schutzrechte. Im Jahr 2013 erzielte SATA mit rd. 250 Mitarbeitern einen Umsatz von 71 Mio. Euro. Über ein Drittel ihres Umsatzes erwirtschaftet die SATA in Deutschland und Österreich, zweitwichtigster Markt sind die USA mit 16 % Umsatzanteil, gefolgt von China, das ebenso wie Indien weiteres Umsatzpotenzial verspricht. Über Vertriebspartner ist SATA insgesamt in weltweit mehr als 100 Ländern vertreten.

Den Grundstein für das heutige Unternehmen legten Arthur Haeberle und August Drehmann im Jahr 1907, als sie in Stuttgart-Feuerbach die Sanitaria GmbH gründeten und mit der Fertigung medizintechnischer Geräte begannen. Der Einstieg in den Spritzpistolen-Markt gelang der Firma 1925 mit der „Lechler"-Spritzpistole. Auslöser für die Erfindung waren die neu entwickelten, schnell trocknenden Nitro-Lacke der Automobilindustrie, die anstelle des Pinsels eine neue Applikationstechnologie verlangten. 1981 wurde die Lackierpistole SATAjet B vorgestellt, mit der SATA der Durchbruch im Bereich der Kfz-Reparaturlackierung gelang. Bei der Entwicklung neuer Produkte, die regelmäßig im Premiumbereich angesiedelt sind, legt SATA stets Wert auf Qualität, Zuverlässigkeit, Robustheit und Ergonomie. Durch enge Zusammenarbeit mit Lackierern aus Handwerk und Industrie sowie mit den entwicklungs- und anwendungstechnischen Abteilungen der führenden Lackhersteller ist gewährleistet, dass SATA Produkte genau auf Kundenbedürfnisse zugeschnitten sind.

Daten und Fakten

Branche: Maschinenbau
Produkte: Lackierpistolen und -systeme, Produkte der Filtertechnik, Atemschutzsysteme, Zubehör
Marktposition: weltweiter Technologieführer; weltweit führende Position im Gesamtbereich der Nasslackierapplikation; Marktführer in der Fahrzeugreparaturlackierung in Deutschland und vielen Exportländern
Gesamtumsatz: 71 Mio. Euro (2013)
Mitarbeiter: 250 (2014)
Vertrieb: über Vertriebspartner in 100 Ländern weltweit

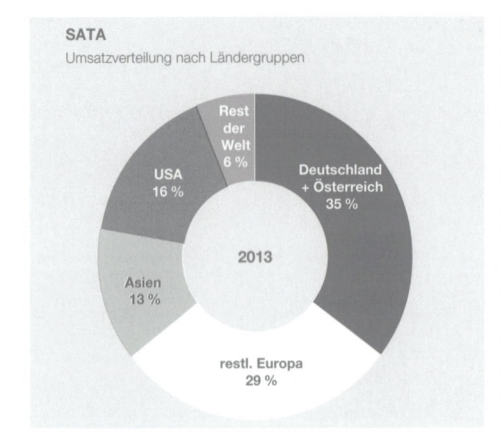

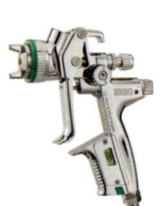

Produktgeschichte von SATA: Record-Spritzen von 1920 (oben), die erste Lechler-Spritzpistole aus dem Jahr 1925 (Mitte), moderne digitale Niederdruck-Lackierpistole (unten)

SATA GmbH & Co. KG im Internet

Einfach erklärt: Lackierpistolen

Vor der Erfindung der Lackierpistolen geschah das Auftragen von Lacken zur Oberflächenbehandlung von Gegenständen in erster Linie mithilfe von Pinseln und Rollen. Erst die Entwicklung der Lackierpistole erlaubte die Einbettung des Lackierprozesses in die industrielle Produktion. Die Funktionsweise einer pneumatischen Lackierpistole beruht auf der Zerstäubung eines flüssigen Stoffes mittels einer Kombination von Luft- und Materialdüsen durch schnell strömende Druckluft zu kleinen Tröpfchen. Diese werden dann auf dem zu lackierenden Objekt abgeschieden. Abhängig von der Höhe des Düseninnendrucks wird die Spritzapplikation in das Hochdruck-, das Niederdruck- (HVLP) und das optimierte Hochdruckverfahren (RP) eingeteilt. SATA Lackierpistolen bieten eine digitale Druckmessung und -einstellung, durch die die geforderte Farbtongenauigkeit sichergestellt werden kann. Weitere Merkmale einer SATA Lackierpistole sind das patentierte Luftleitprinzip und der tulpenförmige Spritzstrahl. Dadurch wird eine gleichmäßige Verteilung des Lacks und der darin enthaltenen Pigmente und Effektteilchen auf der zu lackierenden Oberfläche erzielt.

Exportquote: über 70 %
Patente: Spritzpistole mit zweiteiliger Luftdüse und ellipsenförmigen Luftkanälen (1926); ca. 80 globale Schutzrechte
Gründer: Arthur Haeberle und August Drehmann, 1907, Stuttgart-Feuerbach

Kontakt
SATA GmbH & Co. KG
Domertalstr. 20, 70806 Kornwestheim
Fon: 07154 811-0, Fax: 07154 811-196
info@sata.com, www.sata.com

Ansprechpartner Presse
Jari Pfander
Fon: 07154 811-150
jari.pfander@sata.com

Sauer Kompressoren

Kiel, Schleswig-Holstein

Gegründet: 1884
Sauer Kompressoren ist eine mittelständische Unternehmensgruppe mit Hauptsitz in Kiel, die in der 3. Generation durch die Familie Murmann geführt wird. Mit der Entwicklung, Fertigung und dem Vertrieb von Mittel- und Hochdruckkompressoren gehört die Firmengruppe zu den Weltmarkführern in den Bereichen Marine, Schifffahrt, Offshore und Industrie. Die modernen Hubkolbenkompressoren zur Verdichtung von Luft sowie neutralen und inerten Gasen erreichen dabei Drücke von 20 bis 500 bar. Für jeden Anwendungsbereich werden individuell angepasste Lösungen für Einzelkunden, OEMs und weltweit agierende Unternehmen angeboten. Dabei verfügt Sauer über ein weltweites Netz aus Vertretungen und Händlern. Durch die Ergänzung des Kompressorenprogramms mit hochwertigem Zubehör, Ingenieursdienstleistungen, Montagen und Servicekonzepten ermöglicht Sauer komplette Systemlösungen und Druckluftmodule bis hin zur schlüsselfertigen Komplettanlage.

Kontakt
J. P. SAUER & SOHN MASCHINENBAU GMBH
Brauner Berg 15, 24159 Kiel
www.sauercompressors.com

SBS-Feintechnik

Schonach, Baden-Württemberg

Gegründet: 1856
Die SBS-Feintechnik GmbH & Co. KG ist ein mittelständisches eigentümergeführtes Familienunternehmen und gehört zur BURGERGRUPPE. SBS-Feintechnik ist Hersteller und Lieferant für kundenspezifische Antriebslösungen in Metall und Kunststoff. Zum Portfolio gehören Komponenten, Getriebe, Getriebemotoren und mechatronische Lösungen für Kunden aus der Automobil- und Automobilzuliefererindustrie, Gebäude-, Haushalts-, und Anlagentechnik sowie der Medizintechnik. Zusätzlich ist das Schwarzwald-Unternehmen Weltmarktführer bei der Fertigung von mechanischen Uhrwerken für Kuckucksuhren.

Am Standort Schonach, im Werk Triberg und im Schwesterunternehmen SBS-Mechatronics im schweizerischen St. Antoni sind rd. 400 Mitarbeiter beschäftigt. Thomas Burger leitet in 5. Generation das Unternehmen.

Kontakt
SBS-Feintechnik GmbH & Co. KG
Hermann-Burger-Straße 31, 78136 Schonach
www.sbs-feintechnik.com

Schaefer

Unterföhring, Bayern

Gegründet: 1938
Die Schaefer Förderanlagen- und Maschinenbau GmbH stellt Dienstleistungen und Lösungen zur Automatisierung in der Nahrungsmittel- und Getränkeindustrie zur Verfügung. Das Angebot umfasst u. a. die Bereiche Paletten- und Gebindetransport, Palettenprüfung,

Schaeffler

Beladung/Entladung, Kommissionieren, Sortieren, Umverpacken, Mischen und Produktrückverfolgung. Zu den Produkten gehören z. B. das Palettiersystem MultiROB highS, das Dosen, PET und Glas in Tray-, Karton- oder Schrumpfverpackungen in allen üblichen Größen auf Industrie- und Europaletten palettiert, und das Palettenprüfsystem QualiPAL zur Bereitstellung einwandfreier Paletten, speziell auch für automatisierte Transport- und Lagersysteme. Heiner Schaefer und Ingo von Maltitz teilen sich die Geschäftsführung.

Kontakt
Schaefer Förderanlagen- und Maschinenbau GmbH
Dieselstr. 3, 85774 Unterföhring
www.schaeferpal.de

Schaeffler

Herzogenaurach, Bayern

Gegründet: 1946
Mit jährlich rund 2.100 Patentanmeldungen gehört Schaeffler zu den Innovationsführern in Deutschland. Mit den Produktmarken INA, LuK und FAG ist das Unternehmen ein weltweit führender Wälzlagerhersteller sowie renommierter Zulieferer der Automobilindustrie. An rd. 170 Standorten in 49 Ländern wurde im Jahr 2013 ein Umsatz von rd. 11,2 Mrd. Euro erwirtschaftet. Mit mehr als 80.000 Mitarbeitern weltweit ist Schaeffler ein führender globaler Technologiekonzern in Familienbesitz. Das Unternehmen liefert Hochpräzisionselemente für über 60 Industriebranchen – vom Maschinenbau über Windkraft und Konsumgüterproduzenten bis zur Medizin und der Aerospace-Branche. Hauptkundengruppe ist die Automobilindustrie. Die Präzisionsprodukte für Motor, Getriebe und Fahrwerk sorgen für geringeren Energieverbrauch und weniger Schadstoffe, aber auch für mehr Fahrkomfort und Sicherheit. So tragen Innovationen aus dem Hause Schaeffler dazu bei, das Automobil von heute und morgen fit für die Herausforderungen der Zukunft zu machen.

Die Megatrends Globalisierung, Urbanisierung, Digitalisierung, Ressourcenknappheit, erneuerbare Energien und der wachsende Bedarf nach erschwinglicher Mobilität führen zu veränderten, viel dynamischeren Marktanforderungen und Geschäftsmodellen. Schaeffler hat seine Wachstumsstrategie geschärft, um diesen veränderten Markt- und Kundenanforderungen Rechnung zu tragen und die enormen Wachstumspotenziale zu nutzen. In Zusammenarbeit mit Kunden und Geschäftspartnern gestaltet Schaeffler dabei Fokusfelder wie regenerative Energien, umweltfreundliche Antriebe oder urbane und interurbane Mobilität mit eigener Forschung und Entwicklung aktiv mit und bietet Lösungen für die Mobilität für morgen.

Kontakt
Schaeffler Gruppe
Industriestr. 1-3, 91074 Herzogenaurach
Fon: 09132 82-0, Fax: 09132 82-4950
info.de@schaeffler.com, www.schaeffler.de

SchäferRolls

Renningen, Baden-Württemberg

Gegründet: 1946
Die SchäferRolls GmbH & Co. KG ist einer der weltweit führenden Anbieter von Präzisionswalzenbeschichtungen aus Polymerwerkstoffen und hält für eine Vielzahl von Branchen die jeweils passenden Walzentypen und Beschichtungswerkstoffe bereit. Kunden stammen etwa aus der Papier- und Folienherstellung und -verarbeitung, der Druck-, Textil-, Holz- und Möbelindustrie. Am Stammsitz in Renningen verfügt das Unternehmen über eine Produktionsfläche von über

Schattdecor

16.000 m² für elastische Walzenbeschichtungen und Walzenservice. Zwei weitere Standorte sind in Kranj/Slowenien und Farmington/USA. Insgesamt arbeiten rd. 250 Mitarbeiter für das Familienunternehmen. Gegründet wurde SchäferRolls im Jahr 1946 in Stuttgart von Karl Schäfer, Herman Hefner und Erich Schäfer.

Kontakt
SchäferRolls GmbH & Co. KG
Benzstr. 40, 71272 Renningen
www.schaeferrolls.com

Schalker Eisenhütte

Bochum, Nordrhein-Westfalen

Gegründet: 1872
Die Schalker Eisenhütte entwickelt, baut und liefert Lokomotiven in die ganze Welt. Sie sind maßgeschneidert für spezielle Anforderungen und mit Innovationen wie den austauschbaren Powerpacks ausgestattet. In weniger als einer Stunde lassen sich die ModuTrac-Lokomotiven bei Bedarf von Diesel auf Batterie umrüsten. Die Anfänge des Unternehmens gehen bis in das Jahr 1872 zurück, als Friedrich Grillo die Firma gründete. Heute gehört Schalke zur Gebr. Eickhoff Maschinenfabrik u. Eisengießerei GmbH, ebenfalls Spezialist für belastbare Maschinen mit Wurzeln im Bergbau. Unter den Kunden finden sich die Betreiber der größten Minen wie CODELCO in Chile oder LKAB in Schweden sowie des Schienenpersonennahverkehrs wie die Berliner Verkehrsbetriebe oder die Rhätische Bahn.

Kontakt
Schalker Eisenhütte Maschinenfabrik GmbH
Am Eickhoffpark 1, 44789 Bochum
www.schalke.eu

Schattdecor

Thansau, Bayern

schattdecor

Gegründet: 1985
Seit fast 30 Jahren beliefert die Schattdecor AG die führende Holzwerkstoff- und Möbelindustrie mit bedrucktem Dekorpapier, Finishfolien und Melaminfilmen und verarbeitet auf diese Weise weltweit jährlich mehr als 2 Mrd. m² Papier. Damit steht das Unternehmen an der Spitze des internationalen Marktes. Die Papiere werden mit Holz-, Stein- und Fantasiedekoren größtenteils im Rotationstiefdruckverfahren bedruckt und dienen ausschließlich der Beschichtung von Holzwerkstoffen, Schichtstoffen und Laminatfußböden. Abnehmer sind nahezu alle Unternehmen aus der Holzwerkstoff-, Schichtstoff- und Laminatbodenindustrie.

Mehr als 2.000 Mitarbeiter weltweit sind an den Produktionsstätten in Deutschland, Polen, Italien, Russland, China, Brasilien, der Türkei und den USA beschäftigt. Verkaufsniederlassungen und Repräsentanzen befinden sich in Südafrika, Israel, Griechenland, Indien, Singapur, Südkorea, Argentinien sowie in den Vereinigten Arabischen Emiraten. 2013 erwirtschaftete Schattdecor einen Umsatz von rd. 575 Mio. Euro, 2014 erwartet das Unternehmen einen Umsatz von mehr als 600 Mio. Euro.

Das Stammwerk der Schattdecor AG in Thansau

S
CH

»In unserer Position als Weltmarktführer noch eine Steigerung zu schaffen ist nur durch den überdurchschnittlichen Einsatz unserer Mitarbeiter zu erreichen.«

Reiner Schulz,
Vorstandsvorsitzender der Schattdecor AG

Harry Purainer, Reiner Schulz (Vorsitzender), Roland Auer, Kurt Mack und Roland Heeger bilden den Vorstand der Schattdecor AG (oben, v.l.); unten im Bild die Firmenzentrale in Thansau/Rohrdorf.

Schattdecor

S
CH

Schattdecor AG
Standorte und Repräsentanzen

Standorte
1 Deutschland (1985)
2 Polen, TO (1993)
3 Italien (1995)
4 Schweiz (1998)
5 Polen, GL (1999)
6 Russland (2000)
7 China, Sh (2002)
8 China, Qu (2004)
9 Brasilien (2003)
10 Russland, Ch (2008)
11 Türkei (2010)
12 USA (2011)
13 Russland, Tj (2011)

Repräsentanzen
A Indien
B Singapur
C Südkorea
D Argentinien
E VAE
F Griechenland

Das erste von Schattdecor entwickelte Holzdekor „Bavaria Buche" (unten) war lange Zeit das meistverkaufte Holzdekor der Welt und wurde erst 2013 von „Sonoma Eiche" (oben) abgelöst.

Walter Schatt gründete Schattdecor 1985 im bayerischen Stephanskirchen. Als Pionier der massentauglichen Produktion setzte er von Anfang an auf den umweltfreundlichen Einsatz von wässrigen Farben und organischen, schwermetallfreien Pigmenten. Mit der Gründung des Gemeinschaftsunternehmens Maltaprint im polnischen Poznan startete er 1993 die internationale Expansion. Es folgte die Errichtung von Produktionsstandorten in allen wichtigen Märkten der Welt. 2001 war Schattdecor das erste europäische Dekordruckunternehmen auf dem chinesischen Markt.

Mit hohem Qualitätsanspruch und einem Gespür für Trends verhalf Schattdecor dem bedruckten Dekorpapier zu internationalem Renommee. Das erste selbst entwickelte Holzdekor „Bavaria Buche" war lange Zeit das meistverkaufte Holzdekor der Welt und wurde erst 2013 von „Sonoma Eiche" abgelöst. Eine bedeutende Innovation ist die Entwicklung und Produktion von haptisch fühlbaren und dreidimensional wirkenden Oberflächen.

Das internationale Designteam von Schattdecor kreiert Möbel- und Fußbodendekore, zu denen neben Holz- und Stein-

Einfach erklärt: Dekordruck

Bedruckte Dekorpapiere werden zur Oberflächengestaltung von Möbeln und in der Raumgestaltung verwendet. Als Trägermaterial dient weißes oder eingefärbtes Spezialpapier, das mit seiner eigenen Farbe als zusätzliche Farbkomponente wirkt. Die Druckfarben werden mithilfe von Druckzylindern auf das Papier aufgetragen. Sie werden speziell für die jeweilige Anwendung ausgewählt und sind extrem lichtecht. Dies ist wegen der unterschiedlichen Lichtbelastung von Möbeln und Fußböden wichtig, aber auch, damit kein Farbunterschied zu später nachgekauften Produkten besteht. Die Druckzylinder bestehen aus einem vernickelten Stahlkern, auf den eine 0,7 mm dicke Kupferschicht aufgebracht und anschließend graviert wird. Eine Chromschicht schützt die Kupferschicht vor der mechanischen Beanspruchung während des Druckvorgangs. Das bedruckte Dekorpapier wird in der Holzwerkstoffindustrie mit Harzen imprägniert und auf Spanplatten, mitteldichte Faserplatten und ähnliche Untergründe verpresst, die in der Möbelindustrie Verwendung finden.

Schauenburg Gruppe

reproduktionen, Stilisierungen von Textilien, keramischen und metallischen Oberflächen auch Fantasiedekore in zahlreichen Farb- und Formvariationen zählen. Exklusivdekore nach Kundenwunsch und Trendberatungen ergänzen das Portfolio. Gestalterisch werden die Dekore inzwischen mehr und mehr als eigenständige Originale betrachtet. Schattdecor setzt auf umweltschonende Produktionsweisen und eine umfassende Aus- und Weiterbildung der Mitarbeiter.

Meilensteine

1985 Das Unternehmen wird von Walter Schatt gegründet.

1993 Walter Schatt gründet das Gemeinschaftsunternehmen Maltaprint in Poznań/Polen.

1998 Schattdecor beteiligt sich am Druckfarbenhersteller Arcolor in Waldstatt/Schweiz.

1999 Schattdecor beteiligt sich mehrheitlich an einem Finishfolienhersteller in Polen.

2001 Das Unternehmen baut ein neues Werk in Shanghai und betritt als erstes europäisches Dekordruckunternehmen den chinesischen Markt.

2006 Eröffnung einer Dekordruckerei in Brasilien; Neubau einer Dekordruckerei in Tschechov/Moskau

2007 Reiner Schulz wird Vorstandsvorsitzender, Walter Schatt ist Vorsitzender des Aufsichtsrats.

2011 Eröffnung der neuen Werke in Gebze/Türkei und Maryland Heights/USA

2012 Beginn des Um- und Ausbaus eines neuen Imprägnierwerks in Tjumen/Russland

2013 Erweiterung in Brasilien durch den Kauf eines Imprägnierwerks in Sao José dos Pinhais; Ausbau des polnischen Werks in Glucholazy als weltweit größten Standort zur Produktion von Finishfolien mit eigener Lackherstellung

Daten und Fakten

Branche: Möbelzulieferer
Produkte: bedruckte Dekorpapiere, Melaminfilme und Finishfolien
Umsatz: 575 Mio. Euro (2013)
Mitarbeiter: über 2.000
Vertrieb: Verkaufsniederlassungen und Repräsentanzen in Südafrika, Israel, Griechenland, Indien, Singapur, Südkorea, Argentinien, Vereinigte Arabische Emirate
Innovationen: Druck von haptisch fühlbaren und dreidimensional wirkenden Oberflächen, Industrialisierung des Digitaldrucks
Gründer: Walter Schatt, 1985, Stephanskirchen
Eigentümer: Familienaktiengesellschaft, Aktien zu 100 % im Besitz der Familie Schatt
Auszeichnungen: „Milestone" Preis des Landes Nordrhein-Westfalen in der Kategorie Human Resources Management (1999); „Bayerns Best 50" (Bayerische Staatsregierung, 2002); „MOE Award" für das Engagement Mittel- und Osteuropa (Hypovereinsbank/impulse, 2004); „Axia-Award" (Deloitte, 2008)

Kontakt
Schattdecor AG
Walter-Schatt-Allee 1-3, 83101 Thansau
Fon: 08031 275-0, Fax: 08031 275-125
info@schattdecor.de, www.schattdecor.de

Schauenburg Gruppe

Mülheim a. d. Ruhr,
Nordrhein-Westfalen

Gegründet: 1950
Die Schauenburg Gruppe ist ein weltweit agierendes Familienunternehmen, zu dem über 40 technisch-industriell ausgerichtete

S
CH

Schattdecor im Internet

Schenck Process

S
CH

Firmen und Beteiligungen an mehr als 25 internationalen Standorten gehören. Unter dem Dach der Holding bündelt die Gruppe die Geschäftsbereiche Electronic Technologies, Kunststoffverarbeitung, Maschinen- und Anlagen, Industrie- und Schlauchtechnik. Im Jahr 2013 waren ca. 500 der weltweit rd. 1.700 Mitarbeiter in Deutschland beschäftigt. Die Familie Schauenburg war bereits in der Mitte des 19. Jh. mit einer Schiffzimmerei und einem Schiffbetrieb in der Rhein-Ruhr-Region unternehmerisch tätig. In den 1960er-Jahren begann die Diversifizierung und Internationalisierung der Unternehmensbereiche, die mit dem Wachstum der folgenden Jahrzehnte zur heutigen Struktur der Schauenburg Gruppe führte.

Kontakt
Schauenburg Gruppe
Weseler Str. 35, 45478 Mülheim a. d. Ruhr
www.schauenburg.com

Schenck Process
Darmstadt, Hessen

schenck process

»Perfekte Symbiose von Produkten und Prozessen mit integrierten Systemen von Schenck Process.«

Andreas Evertz, vorsitzender Geschäftsführer Schenck Process Holding GmbH

Gegründet: 1881
Mehr als 130 Jahre Erfahrung und eine starke Marke stehen hinter dem Namen Schenck Process. Das als Eisengießerei und Waagenfabrik gegründete Unternehmen ist heute einer der Weltmarktführer im Bereich der angewandten Mess- und Verfahrenstechnik. Mehr als 1.000 Ingenieure sind rund um den Globus für Schenck Process im Einsatz und sorgen mit ihrem speziellen Know-how für technologische Spitzenleistungen. Mit Innovations- und Kompetenzzentren in Nordamerika, Asien, Europa und Australien entwickelt und optimiert Schenck Process Produkte für eine breite Palette prozesstechnischer Lösungen in den Bereichen Wägen, Dosieren, Sieben und Automatisieren. Ob es darum geht, die passende Menge Gurken ins 370-ml-Glas zu bringen, das passgenaue Aluminium für einen Formel-1-Motor zu produzieren, den richtigen Baustoff für eine Brückenkonstruktion anzu-

Meilensteine

1881 Carl Schenck eröffnet eine Eisengießerei und Waagenfabrik in Darmstadt.

1950 Das Unternehmen expandiert durch eine Reihe von Übernahmen.

1960 Die Unternehmenstätigkeit orientiert sich in Richtung elektronische Wägesysteme.

1970 Beginn der internationalen Expansion

1993 Übernahme von AccuRate Inc. in den USA

1995 Einführung einer an Business-Segmenten orientierten Struktur

2006 Schenck Process erwirbt die Stock Equipment Company Inc. in den USA.

2007 Akquisition der Fairfield Engineering Parts Company LLC

2008 Übernahme von Screenex Pty Ltd, Melbourne

2009 Übernahme von TEDO s.r.o., Tschechische Republik

2011 Übernahme von Clyde Process Solutions, England, Mac Process, USA und Pentec, Brasilien

2014 Übernahme von Applied Plasma Physics AS und APP ModuPower AS, Norwegen

Schenck Process

S
CH

Egal ob 20 g pro Stunde hochgenau in der Nahrungsmittel- oder Pharmaindustrie dosiert werden müssen oder 20.000 t Eisenerz in der Stunde unter härtesten Bedingungen im Bergbau verladen werden sollen, Schenck Process Technik kommt überall zum Einsatz.

mischen oder Energie hocheffizient und umweltfreundlich zu erzeugen – Schenck Process entwickelt hochmoderne Technologien für jeden Industriezweig. Dabei reicht die Produktbandbreite von Kleinstmengendosierer für die Nahrungsmittel- oder Pharmaindustrie mit 20 g/h bis zum Waggonbeladesystem, bei dem 20.000 t Eisenerz in der Stunde

Einfach erklärt: Industrielle Wägetechnik

Was unterscheidet eine industrielle Waage von einer Haushaltswaage? Ganz entscheidend ist die Genauigkeit: Messfehler von einigen Prozent sind bei einer Küchenwaage kein Problem, beim industriellen Verwiegen mit knappen Margen dagegen können sie über Gewinn und Verlust entscheiden. Zudem macht die Eichpflicht klare rechtliche Vorgaben. Waagen im Haushalt messen bis zu 200 kg, in der Industrie dagegen sind Gewichte von über 200 t zu erfassen – das sind fünf voll beladene Lkw. Insbesondere Massenströme müssen genau erfasst werden, zum Beispiel in Bergwerken oder bei der Zementherstellung. So werden z. B. mit einer Bandwaage – eingebaut in ein Förderband – Schüttgutströme von mehr als 1000 t/h mit Eichgenauigkeit gemessen. Doch oft sollen die Schüttgüter nicht nur gemessen, sondern auch in das Verfahren eingeschleust, also dosiert werden. Die Materialien haben dabei ganz unterschiedliche Eigenschaften, angefangen von einem wie Wasser fließenden Mehl bis hin zu klebendem Ton. Die langjährige Erfahrung mit solchen Schüttguteigenschaften ist essenziell. Hersteller wägetechnischer Einrichtungen liefern daher auch Transporteinrichtungen im Umfeld der Waagen. Während man sich bei der Haushaltswaage meist mit einem Zeiger oder kleinen Display zufriedengibt, wird eine industrielle Waage in Prozesssteuerungen oder Planungssysteme integriert. So wird der Wägetechnik-Spezialist auch zum Datenverarbeiter. Da der Ausfall einer Waage oft den Stillstand einer ganzen Anlage zur Folge hat, werden hohe Anforderungen an die Zuverlässigkeit im Dauerbetrieb gestellt. Man sieht: Trotz ähnlicher Aufgaben befriedigen industrielle Waagen deutlich andere Anforderungen.

Andreas Evertz (oben) und Wolfgang Kleinschmidt leiten die Geschäfte der Schenck Process Group.

SCHENCK RoTec

S
CH

Die Firmenzentrale von Schenck Process in Darmstadt

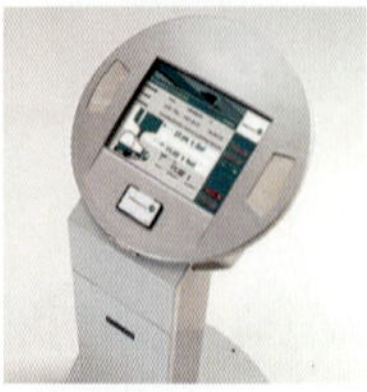

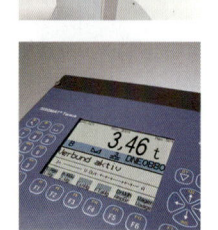

Produkte von Schenck Process: LinaClass Bananensieb (oben), LOGiQ Versandautomation (Mitte), DISOMAT Tersus Wägeelektronik (unten)

Schenck Process GmbH im Internet

verladen werden, von hochsensiblen Wäge- und Dosierelektroniken bis zur übergroßen Siebmaschine.

Die Lösungen zielen auf eine höhere Wertschöpfung in den Produktionsprozessen der Kunden ab – die Verknüpfung von Prozessen und Daten steht dabei im Fokus. Ein Beispiel ist die vorausschauende Instandhaltung der Maschinen. Um teure Stillstände zu vermeiden, werden Daten und Prozesse so integriert, dass Maschinenfehler schon vor ihrem Auftreten prognostiziert werden können. Wartungs- und Reparaturkosten werden damit planbarer und geringer. Die Softwarelösungen von Schenck Process tragen maßgeblich dazu bei, Produktions- und Logistikprozesse nachhaltig zu optimieren, um flexibler und agiler auf sich ändernde Anforderungen reagieren zu können.

Das 1881 als Eisengießerei von Carl Schenck in Darmstadt gegründete Unternehmen beschäftigt heute über 3.000 Mitarbeiter weltweit, die 2013 einen Umsatz von mehr als 620 Mio. Euro erzielten. Für die globale Präsenz sorgen Produktionsstandorte und Niederlassungen auf allen Kontinenten.

Daten und Fakten

Branche: Verfahrens- und Prozesstechnik
Produkte: Lösungen und Systeme rund um das Wägen, Dosieren, Fördern, Sieben und Automatisieren sowie Luft-Filtrationstechnik
Marktposition: einer der Weltmarktführer in der Mess- und Verfahrenstechnik
Umsatz: über 620 Mio. Euro (2013)
Mitarbeiter: 3.000 (2013)
Standorte: 34 Standorte mit mehreren Niederlassungen, 22 Fertigungsstätten weltweit
Vertrieb: über 130 Vertretungen und über Servicestützpunkte weltweit
Innovationen: u. a. DISOCONT Tersus: High Performance Dosiersteuerung erweitert durch asiatische Benutzerführung (2010), IDMS Durchblasschleuse zur Dosierung von alternativen Brennstoffen in pneumatischen Förderleitungen (2011), CSER Filter mit großen Vorteilen bei Reinigung, Austausch und Hygienestandards (2012)
Gründer: Carl Schenck, 1881, Darmstadt
Auszeichnungen: u. a. „Hessen-Champions", Wirtschaftsministerium Hessen (2008); „VDI Nachrichten Award" (2012); „Human Resources Excellence Award", Helios Media GmbH (2012); „Mein Engagement macht Schule", Schule Wirtschaft (2012); „Top-Arbeitgeber" für Ingenieure, trendence Institut GmbH (2008, 2009, 2011–2014)

Kontakt

Schenck Process GmbH
Pallaswiesenstr. 100, 64293 Darmstadt
Fon: 06151 1531-0, Fax: 06151 1531-66
info@schenckprocess.com
www.schenckprocess.com

Ansprechpartner Presse

Martina Seefeld
Fon: 06151 1531-3128
m.seefeld@schenckprocess.com

SCHENCK RoTec

Darmstadt, Hessen

Gegründet: 1881
Die SCHENCK RoTec GmbH ist ein Tochterunternehmen des DÜRR Konzerns und zählt zu den weltweit führenden Unternehmen im Bereich Auswuchttechnik. Die Produktpalette umfasst Geräte und Maschinen für so unterschiedliche Branchen wie die Automobil- und -zulieferindustrie, die Elektroindustrie, die Luft- und Raumfahrt, die Turbomaschinenindustrie und den allgemeinen Maschinenbau. Produziert wird an insgesamt sechs Standorten in Deutschland, Frankreich, den USA, China, Japan und Indien. Mit über 50

Scherdel

Vertretungen und Servicestützpunkten in aller Welt ist die globale Präsenz gesichert. Die weltweit 1.170 Mitarbeiter erwirtschafteten im Jahr 2013 einen Umsatz von 225 Mio. Euro.

Kontakt
SCHENCK RoTec GmbH
Landwehrstr. 55, 64293 Darmstadt
www.schenck-rotec.de

Scherdel

Marktredwitz, Bayern

Gegründet: 1890
Als größter Vollsortimentanbieter zählt Scherdel mit umfangreichem Wissen über Federberechnung, Vormaterialien, Fertigungsprozesse und Prüfmethoden zu den führenden Herstellern von technischen Federn und ist zudem Weltmarktführer für Kolbenringfedern. Das Portfolio umfasst neben verschiedensten Federn auch Schweißbaugruppen, Montageteile, Werkzeuge, Maschinen und Anlagen.

Die Produkte kommen im Automobil, z. B. in Ventiltrieb, Antriebsstrang sowie Bremsen- und Sicherheitssystemen, zum Einsatz. Außerdem finden sie Verwendung in Haushaltsgeräten, der Medizintechnik und in der Möbel-, Sport- und Freizeitindustrie. Namhafte Kunden sind u. a. BMW, Daimler, Ford, GM, PSA, die VW-Gruppe, Federal Mogul, TRW, Mahle, JCI, Faurecia, Bosch, Borg Warner und die Schaeffler Gruppe. Zudem fertigt Scherdel Ventilfedern für den internationalen Rennsport, und die Sparte Maschinenbau liefert u. a. Anlagen an EADS für die Produktion des A380.

Die Forschung und Entwicklung hat mit einem Budget von 6 % bei SCHERDEL einen

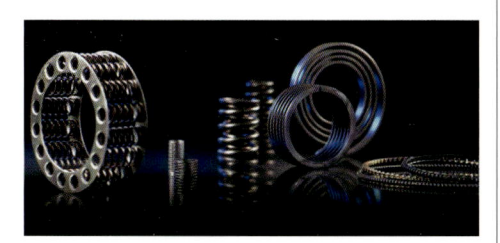

Die Firma Scherdel ist Vollsortimentanbieter im Bereich technische Federn.

Meilensteine

1890 Gründung der Firma durch Kommerzienrat Sigmund Scherdel

1940 Der technologische Vorsprung bei Federn für die Flugzeug- und Fahrzeugindustrie sichert einen Marktanteil von bis zu 80 %.

1951 Ventilfedern von Scherdel erzielen die ersten Erfolge im Motorsport.

1961 Eintritt von Walter Bach als Geschäftsführer des Familienunternehmens in 3. Generation

1986 Beginn der Internationalisierung und Diversifikation durch Beteiligung an und Übernahme von Werken in Frankreich, Spanien und Portugal

2007 Neubau eines Werkes in Anqing, China

2008 Einweihung des Walter Bach Forschungs- und Entwicklungszentrums

2010 Durch Investitionen in Russland schreitet die Internationalisierung voran.

2014 Neubau eines Werks in Mexiko und Eröffnung eines Service Centers in Indien; außerdem Ausbau der Aktivitäten in China

Firmengründer Sigmund Scherdel und die Firmenzentrale in Marktredwitz.

Scherdel im Internet

… hohen Stellenwert. Im Fokus stehen hier die Produktentwicklung, Material-, Prozess- und numerische Simulation, Prototypenbau und Anwendungstechnik, denen sich weltweit 275 Mitarbeiter widmen. Das Unternehmen begleitete bereits über 170 Diplomarbeiten und hält ca. 65 Patentfamilien.

Seine Ursprünge datieren auf das Jahr 1890: In diesem Jahr gründete Sigmund Scherdel in Marktredwitz eine Drahtzieherei und produzierte zunächst Draht für die Klaviersaitenherstellung. Sehr schnell entschloss man sich danach für die Weiterverarbeitung zu technischen Federn. Bis heute befindet sich Scherdel vollständig im Besitz der Gründerfamilie; das Unternehmen wird von den Geschäftsführern Marcus Bach, Maximilian von Waldenfels und Christian Schiener geleitet.

Mit inzwischen 29 Standorten in Europa sowie den USA, Mexiko, Brasilien, China und Japan ist Scherdel global präsent. Das Unternehmen engagiert sich besonders in der Aus- und Weiterbildung seiner Mitarbeiter über die firmeninterne SCHERDEL Akademie. In Zukunft will das Unternehmen die Elektromobilität als weiteres Standbein in der Produktion Automotive erschließen und die Aktivitäten im Bereich der Medizin- und Energietechnik intensivieren.

Daten und Fakten

Branchen: Umformtechnik Metall, Füge- und Montagetechnik, Werkzeug-Maschinen- und -Anlagenbau
Produkte: Ventil-, Druck- und Zugfedern, Dreh-, Kolbenring- und Wellenfedern, Roll- und Triebfedern, Spiral-, Wellendichtring- und Tellerfedern, Stanzteile, Biegeteile, Feinschneidteile, Schweißbaugruppen, Montageteile, Kunststoff- und Metallverbindungen, Werkzeuge, Maschinen und Anlagen
Umsatz: 550 Mio. Euro (2013)
Mitarbeiter: 4.500 Mitarbeiter (2014)
Ausbildungsquote: über 10 %
Vertrieb: Direktvertrieb ohne Distributionspartner
Exportquote: 50 % ohne Maschinen- und Werkzeugbau
Patente: ca. 65 Patentfamilien
F&E-Quote: 6 %
Gründer: Sigmund Scherdel, 1890, Marktredwitz

»Als Weltmarktführer in der Entwicklung und Herstellung von Schwerlastfahrzeugen bieten wir Fachkompetenz der Extraklasse, langjährige Erfahrung und hohe Produkt- und Servicequalität in einem globalen Netzwerk.«

Bernd Schwengsbier, Vorsitzender der Geschäftsführung der TII Sales GmbH & Co. KG (Vertriebsorganisation der TII Group)

Kontakt
Scherdel GmbH
Scherdelstr. 2, 95615 Marktredwitz
Fon: 09231 603-0, Fax: 09231 603-462
info@scherdel.de, www.scherdel.de

SCHEUERLE

Pfedelbach, Baden-Württemberg

Gegründet: 1869

Schwerlasttransporter sind das Spezialgebiet der SCHEUERLE Fahrzeugfabrik GmbH. Gemeinsam mit den Firmen →KAMAG und NICOLAS bildet das Unternehmen die TII Group (Transporter Industry International), die weltweit führende Gruppe in der Entwicklung und Herstellung von Schwerlastfahrzeugen. Von den jährlich etwa 800 produzierten Fahrzeugen und 150 PPUs der Gruppe stammen jeweils ca. 480 Fahrzeuge aus der SCHEUERLE Fahrzeugfabrik in Pfedelbach, gelegen im baden-württembergischen Hohenlohe.

Die Transporter kommen überall dort zum Einsatz, wo schwere Lasten bewegt werden müssen, seien es U-Boote, historische Tempel und Kirchen, flüssiges Erz und heiße Schlacke oder Bauteile für Windkraftanlagen. Unter den Abnehmern befinden sich in erster Linie

Für die europäische Organisation für astronomische Forschungen auf der südlichen Hemisphäre (European Southern Observatory – ESO) konstruierte SCHEUERLE zwei Antennentransporter, die in der chilenischen Atacama-Wüste im Einsatz sind.

SCHEUERLE

S
CH

Schwerlastspeditionen, die Offshore-Industrie, Hütten- und Stahlwerke, die Werftindustrie und Anlagenbauer sowie die Luft- und Raumfahrtindustrie. Neben branchenspezifischen Lösungen und einer Reihe modular aufgebauter Transportkomponenten umfasst das Portfolio auch die Entwicklung von individuell zugeschnittenen Spezialkonstruktionen. Die von SCHEUERLE entwickelten Spezialfahrzeuge sind am Markt führend und auf Kundenwünsche angepasst. Dienstleistungen wie die Wartung, Reparatur, Ersatzteillieferung oder die Einweisung des Betriebspersonals ergänzen das Angebot.

Forschungsaktivitäten orientieren sich an den sich jeweils verändernden Anforderungen des weltweiten Transportbedarfs schwerer Güter. So entwickelte SCHEUERLE mit einem patentierten Windflügeladapter z. B. eine wichtige Komponente für den Transport von Windkraftanlagen. SCHEUERLE führte einen 20 m langen, 10 m breiten, 6 m hohen und 130 t schweren Antennentransport in 5.000 m Höhe in der Atacamawüste durch. Für den Transport von Offshore-Kabeln mit dem „Reel Carrier" wurde ein rd. 17 m hoher und 11 m breiter Kabelrollentransporter mit einer Nutzlast von 500 t konstruiert. Die größte Zugmaschine der Welt „Tractomas" ist mit bis zu 1.000 PS im weltweit größten Verbund z. B. für Transformatorentransporte im Einsatz.

Schon gewusst?

Im Laufe der Unternehmensgeschichte erreichte SCHEUERLE tausende Weltrekorde: Unter anderem fand 1980 der Transport von über 2.000 t schweren Petrochemie-Anlagen mit der Modultransporterkombination „Goliath" statt. 1985 dann der größte Straßentransport mit 840 t, viele weitere Rekorde in diesem Bereich folgten. 2004 gelang erneut ein Weltrekord mit dem Transport einer Öl- und Gasplattform mit einem Gewicht von 14.350 t. Im Jahr 2009 wurde mit 15.000 t auf SPMT Modultransportern mit mehr als 540 Achslinien ein neuer Rekord aufgestellt. Im Jahr 2010 baute SCHEUERLE die weltgrößte Seitenträgerbrücke der Welt (STB 1000) mit einer Nutzlast von 620 t. 2012 bedeutete der Transport einer 5.000 t schweren Verdampfungsanlage auf SCHEUERLE SPMTs einen Rekord. 2013 erreichte ein Straßentransport mit einer Last von 1.048 t einen Rekord und im Jahr 2014 ein Transport auf SCHEUERLE SPMTs in Saudi-Arabien.

Als Teil der TII Group, der weltweit führenden Gruppe in der Entwicklung von Schwerlastfahrzeugen, befindet sich SCHEUERLE im Besitz des Multiunternehmers Senator E.h. Otto Rettenmaier.

Die SCHEUERLE Fahrzeugfabrik GmbH entwickelt und produziert Schwerlasttransporter, die überall dort zum Einsatz kommen, wo schwere Lasten wie z. B. U-Boote bewegt werden müssen.

SCHEUERLE

S
CH

Meilensteine

1937 Willy Scheuerle gründet die Willy SCHEUERLE Fahrzeugfabrik.

1949 SCHEUERLE baut die ersten Tieflader mit abfahrbaren Fahrwerken und Allradlenkung.

1956 SCHEUERLE entwirft das Konstruktionsprinzip einer hydraulisch abgestützten Pendelachse.

1983 SCHEUERLE entwickelt den „SPMT".

1988 Senator E.h. Otto Rettenmaier erwirbt die SCHEUERLE Fahrzeugfabrik.

1995 Gründung der TII Group, bestehend aus den Schwerlastunternehmen SCHEUERLE, NICOLAS und KAMAG.

2007 Gründung der TII Sales, der gemeinsamen Vertriebsorganisation von SCHEUERLE, NICOLAS und KAMAG.

2009 SCHEUERLE entwickelt den weltweit ersten „Power Booster".

2011 Die TII Group wird als Weltmarktführer ausgezeichnet.

2013 Markteinführung der Innovationen „PowerBooster K25", Baureihen „SPMT Light" und „SPMT Split", PowerPackUnit mit Hybridantrieb, neuer Windturmschemel, neuer Rotorblattadapter, Highway-Trailer, neue Generation „EuroCompact G3"

Die Transporter von SCHEUERLE bewegen Schwerlasten aller Art, z. B. ganze Brückenteile oder Bagger.

SCHEUERLE im Internet

Die Wurzeln des Unternehmens reichen zurück in das Jahr 1869, als Christian Scheuerle in Pfedelbach eine Schmiede gründete. Sein Enkel Willy Scheuerle begann nach seinem Ingenieurstudium im Jahr 1937 mit dem Bau von Schwerlastfahrzeugen. Der Durchbruch gelang ihm 1949 mit der Entwicklung des ersten modernen Tiefladers. Als Pionier in diesem Segment konzipierte er im Lauf der Jahre zahlreiche Weiterentwicklungen, deren Prinzipien noch heute weltweit die Grundlage für die Konstruktion moderner Schwerlasttransporter bilden. Darunter befindet sich u. a. die hydraulisch abgestützte und gelenkte Pendelachse aus dem Jahr 1956. Mit der Entwicklung des hydrostatischen Zusatzantriebs legte SCHEUERLE im gleichen Jahr den Grundstein für selbstfahrende Transporter. Seit 1988 befindet sich das Unternehmen im Besitz des Multiunternehmers Senator E.h. Otto Rettenmaier, der die Firma aufgrund technischer Faszination erwarb. Mit dem Kauf der Unternehmen NICOLAS 1995 und KAMAG 2004 formierte er schließlich die TII Group.

Daten und Fakten

Branche: Fahrzeugbau
Produkte: Schwerlasttransporter
Mitarbeiter: 450
Innovationen: Erster Tieflader (1949), hydraulisch abgestützte und gelenkte Pendelachse (1956), weltweit erste elektronische Vielweglenkung (1972), „SPMT" mit elektronischer Vielweglenkung (1983), erstes vollautomatisches fahrerloses Transportsystem (AVG) (1988), InterCombi (1996), weltweit erster „Power Booster" (2009), Einführung des Plattformwagens „K25" (2010), neues Semi-Trailer-Konzept „Superflex" (2011), „UltralightCombi (2012), HighwayTrailer für den nordamerikanischen Markt und Einführung neue Generation „EuroCompact G3" (2013), SPMT Innovationen wie z. B. SPMT SL (2013/2014)
Gründer: Christian Scheuerle, 1869, Pfedelbach
Eigentümer: Senator E.h. Otto Rettenmaier
Geschäftsführer: Dr. Axel Müller und Andreas Kohler

Kontakt
SCHEUERLE Fahrzeugfabrik GmbH
Otto-Rettenmaier-Str. 15, 74629 Pfedelbach
Fon: 07941 691-0, Fax: 07941 691-400
info@scheuerle.com, www.scheuerle.com

Schiedmayer

Wendlingen, Baden-Württemberg

Gegründet: 1735

Die Schiedmayer Celesta GmbH ist der älteste noch bestehende Tasteninstrumentenhersteller der Welt und heute als Manufakturbetrieb weltweit der einzige Hersteller der Celesta. Das Unternehmen beschäftigt sieben Mitarbeiter und wird von der Inhaberin Elianne Schiedmayer geleitet. Von der Werkstatt in Wendlingen bei Stuttgart aus werden rd. 85 % der Instrumente in alle Welt exportiert. Zu den Kunden zählen Symphonieorchester, Opernhäuser, Musikhochschulen, Rundfunkorchester, Musikbands und Musiker. Das Unternehmen Schiedmayer blickt auf eine lange Historie zurück. Bereits im Jahre 1735 baute der Schreiner und Instrumentenmacher Balthasar Schiedmayer in Erlangen sein erstes Clavichord.

Kontakt
Schiedmayer Celesta GmbH
Schäferhauser Str. 10/2, 73240 Wendlingen
www.celesta-schiedmayer.de

SCHLADERER

Staufen, Baden-Württemberg

Gegründet: 1844

Die Alfred Schladerer – Alte Schwarzwälder Hausbrennerei GmbH behauptet eine führende Position im Segment international renommierter Obstbrände und Liköre. Mit einem Marktvolumen von ca. 1 Mio. verkauften Flaschen Obstbrand erreicht das Unternehmen, für das 50 Mitarbeiter tätig sind, in Deutschland einen Marktanteil von über 30 % in dieser Nische. Zum Spirituosenportfolio zählen u. a. Kirsch- und Zwetschgenwasser, Himbeergeist und Williams-Birne. Etwa 90 % des Umsatzes erwirtschaftet das Familienunternehmen im deutschen Lebensmitteleinzelhandel, im Fachhandel sowie in der Gastronomie. Die restlichen 10 % stammen aus dem Exportgeschäft. Die gesamte Produktion findet ausschließlich am Familienstammsitz in Staufen im Breisgau statt. Sixtus Balthasar Schladerer begründete 1813 die Familientradition des Obstbrennens. Seit 2010 ist Philipp Schladerer in 6. Generation Geschäftsführer des Hauses.

Kontakt
Alfred Schladerer
Alte Schwarzwälder Hausbrennerei GmbH
Alfred-Schladerer-Platz 1,
79219 Staufen im Breisgau
info@schladerer.de, www.schladerer.de

Schmalz

Glatten, Baden-Württemberg

Gegründet: 1910

Die J. Schmalz GmbH ist der weltweit führende Anbieter in der Automatisierungs-, Handhabungs- und Aufspanntechnik und bietet Kunden aus zahlreichen Branchen effiziente Lösungen aus dem Bereich der Vakuum-Technik. Die Produkte von Schmalz werden in unterschiedlichen Produktionsprozessen eingesetzt, z. B. als Greifer an Roboterarmen in der Karosseriefertigung, als Aufspannlösung für Möbelteile in CNC-Bearbeitungszentren oder in Verbindung mit einem Bediener bei manuellen Hebeaufgaben. Das Unternehmen beschäftigt an seinem Hauptsitz im Schwarzwald und in 15 Niederlassungen im Ausland über 800 Mitarbeiter. Im November 1910 gründete Johannes Schmalz das Unternehmen. Heute leiten Dr. Kurt Schmalz und Wolfgang Schmalz das Familienunternehmen in der 3. Generation.

Kontakt
J. Schmalz GmbH
Aacher Str. 29, 72293 Glatten
www.schmalz.com

Schmersal

Wuppertal, Nordrhein-Westfalen

Kontakt

K.A. Schmersal GmbH & Co. KG
Möddinghofe 30, 42279 Wuppertal
Fon: 0202 6474-0, Fax: 0202 6474-100
info@schmersal.com, www.schmersal.com

Gegründet: 1945

Die K.A. Schmersal GmbH & Co. KG bietet ein umfassendes Programm an Sicherheits-Schaltgeräten und -systemen für den Personen- und Maschinenschutz. Bei Sicherheits-Schaltgeräten zählt das Unternehmen zu den Top 3 auf dem Weltmarkt. Mit sieben Produktionsstandorten auf drei Kontinenten und Niederlassungen in 30 Ländern ist die Schmersal-Gruppe weltweit präsent. Das 1945 von den Brüdern Kurt Andreas und Ernst Schmersal gegründete Unternehmen beschäftigt heute mehr als 1.600 Mitarbeiter. Das Portfolio umfasst rund 25.000 Produkte, darunter Sicherheitsschalter, Not-Aus-Schalter, Sicherheits-Sensoren, -Lichtvorhänge und Sicherheitssteuerungen. Einen immer höheren Stellenwert bekommen komplette Systemlösungen der Maschinensicherheit sowie das Geschäftsfeld der Safety Services einschließlich der sicherheitsgerichteten Steuerungstechnik, zu denen kundenspezifische Entwicklungen und individuelles Consulting gehören.

Neben der Zentrale in Wuppertal, die 2013 ein neues Logistikzentrum in Betrieb nahm, sind auch drei deutsche Tochtergesellschaften sowie zwei Produktionsstandorte in Brasilien und China in der Forschung und Entwicklung aktiv. Schmersal hält zahlreiche Patente. Zum Beispiel wurde in Wuppertal das erste berührungslos wirkende Positionssystem für Aufzüge entwickelt (2001) sowie die CSS-Technologie, ein neuartiges Wirkprinzip für Sicherheitssensorik (2007). Aktuell gehört Schmersal zu den Pionieren bei der Einführung der RFID-Technik in der Maschinensicherheit.

SCHMID

Freudenstadt, Baden-Württemberg

Gegründet: 1864

Die Gebr. SCHMID GmbH ist Technologieführer in den Bereichen Photovoltaik, Leiterplatten und Flat Panel Displays. Neue Geschäftsbereiche sind u. a. Energiespeichersysteme und Automatisierungslösungen für die Industrie. Neben innovativen Einzellösungen bietet SCHMID auch schlüsselfertige Anlagen über die komplette Wertschöpfungskette der Photovoltaik. Das Unternehmen wird von Christian Schmid geleitet und beschäftigt weltweit über 1.500 Mitarbeiter, davon die Hälfte in Deutschland. Den Vertrieb organisieren internationale Handelsvertreter und eigene Vertriebstöchter in China, Taiwan, Korea, Singapur, Argentinien und den USA. Die SCHMID Group verfügt über ein breites Technologieportfolio: Dazu gehören Nassprozesse, thermische Prozesse, Vakuumprozesse, Druck und Metallisierung, optische Messtechnik und Inspektion, Lasertechnologie sowie Automation und Intralogistik.

Kontakt

Gebr. SCHMID GmbH
Robert-Bosch-Str. 32-34, 72250 Freudenstadt
www.schmid-group.com

Schmidt & Bender

Biebertal, Hessen

Gegründet: 1957

Die Schmidt & Bender GmbH & Co. KG gehört zu den weltweit führenden Zielfernrohrherstellern in den Bereichen Jagd, Sport, Polizei und Militär. Das Produktprogramm

SCHNELL

umfasst über 1.000 standardmäßig verfügbare Konfigurationen von Präzisionszielfernrohren, die sich auf verschiedene Produktlinien für die einzelnen Abnehmerbranchen aufteilen und in den unterschiedlichsten Preisklassen erhältlich sind. Das im Jahr 1957 von Helmut Schmidt und Helmut Bender gegründete Unternehmen ist nach wie vor inhabergeführt. Am Standort Biebertal beschäftigt Schmidt & Bender rd. 80 Mitarbeiter. Die Produkte werden auf allen Kontinenten vertrieben.

Kontakt
Schmidt & Bender GmbH & Co. KG
Am Grossacker 42, 35444 Biebertal
ww.schmidtundbender.de

Schmidt + Clemens

Lindlar, Nordrhein-Westfalen

Gegründet: 1879

Das Familienunternehmen Schmidt + Clemens GmbH + Co. KG stellt Produkte und Anlagen aus Edelstahl herund zählt zu den weltweit führenden Unternehmen in diesem Bereich. Die Schmidt + Clemens Gruppe gliedert sich in die Produktbereiche Petrochemie, Spezialprodukte, On- und Offshore sowie Walzenfertigung. Das Unternehmen produziert bspw. Rohre für die petrochemische Industrie oder die Stahlerzeugende Industrie im Horizontal- oder Vertikal-Schleudergussverfahren. Im Bereich Spezialprodukte liefert Schmidt + Clemens z. B. Formguss, Feinguss und Schleuderguss für die Energietechnik, den Industrieofenbau oder die Pumpenindustrie.

Die Schmidt + Clemens GmbH + Co. KG mit Sitz in Lindlar beschäftigt weltweit ca. 1.000 Mitarbeiter, davon 600 am Stammsitz in Lindlar-Kaiserau (2014). Der jährliche Umsatz lag 2013 bei rd. 310 Mio. Euro. Produziert wird an 6 Standorten, die Exportquote liegt bei 85 %. Neben dem Sitz in Deutschland produziert die Unternehmensgruppe noch in Spanien, Großbritannien, der Tschechischen Republik, Saudi-Arabien und Malaysia. Eigene Vertriebsbüros unterhält das Unternehmen in den USA, Brasilien, Indien und den Vereinigten Arabischen Emiraten. Geschäftsführender Gesellschafter des Familienunternehmens ist Jan Schmidt-Krayer. Dem Beirat steht Lutz Werner vor.

Ludwig Schmidt und Wilhelm Clemens gründeten das Unternehmen 1879 als Stahlhandel in Frankfurt am Main. 1932 begann die Formgussproduktion, 1959 der Horizontal-Schleuderguss, 1955 die Feingussproduktion und 1963 der Vertikal-Schleuderguss. 2013 wurde die S+C Akademie gegründet. 2014 erfolgte die Grundsteinlegung für eine neue Fertigungsstätte in Malaysia.

Kontakt
Schmidt + Clemens GmbH + Co. KG
Kaiserau 2, 51789 Lindlar
Fon: 02266 92-0, Fax: 02266 92-370
info@schmidt-clemens.de
www.schmidt-clemens.de

SCHNELL

Amtzell, Baden-Württemberg

Gegründet: 1992

Die SCHNELL Motoren AG ist ein international tätiges Unternehmen im Bereich der dezentralen Energietechnik und der weltweit führende Hersteller von Zündstrahlmotoren für Blockheizkraftwerke (BHKW), die vor allem in Biogasanlagen eingesetzt werden.

S
CH

SCHNELL

S
CH

Die SCHNELL Motoren AG ist marktführend bei der Herstellung von Zündstrahl-Blockheizkraftwerken für Biogasanlagen.

SCHNELL BHKW im Maschinenhaus (oben), DUO SCHNELL Pack Containerlösung mit zwei Aggregaten (Mitte), Servicefahrzeug von SCHNELL (unten)

Das Produktportfolio deckt darüber hinaus die Verstromung von Erdgas und Klärgas ab. SCHNELL BHKW zeichnen sich durch hohe Wirkungsgrade, Zuverlässigkeit sowie geringe Abgasemissionen aus. Ausschlaggebend für den hohen Wirkungsgrad der Aggregate ist eine von SCHNELL entwickelte elektronische Einspritztechnik. Im Jahr 2012 führte SCHNELL seine erste Gas-Otto-BHKW-Produktreihe ein. Auch diese gehört, dank BlueRail-Zündverfahren, zu den BHKW mit den höchsten Wirkungsgraden. Mit dem Ergebnis des Wirkungsgradtests der Deutschen Landwirtschafts-Gesellschaft (DLG) setzt SCHNELL 2013 branchenweit neue Maßstäbe im Bereich der effizienten Energieerzeugung aus Biogas mit Gas-Otto-Technologie.

Rund die Hälfte der Aggregate liefert das Unternehmen an Anlagenbauer, die komplette Anlagen planen und bauen, die andere Hälfte geht direkt an Betreiber, z. B. beim Repowering und bei der Anlagenflexibilisierung. Seinen Kunden bietet SCHNELL Projektplanung, Montage und Inbetriebnahme sowie Service und Schulungen aus einer Hand. Die SCHNELL Aggregate werden entweder beim Kunden vor Ort in ein bestehendes Maschinenhaus integriert oder als Komplettlösung im vorgefertigten Container ausgeliefert.

Gegründet wurde das Unternehmen 1992 von Hans-Jürgen Schnell während seines Studiums. Er baute zunächst auf dem elterlichen Hof mit einigen Mitarbeitern komplette Biogasanlagen. Wegweisend für die weitere Entwicklung und die heutige Position als Weltmarktführer war 2001 die Entscheidung, sich auf die Kernkompetenz – den Bau von Blockheizkraftwerken – zu konzentrieren.

Einfach erklärt: Höchst effiziente Technologien für BHKW

Der Erfolg der SCHNELL Motoren AG begründet sich in den höchst effizienten Motoren im jeweiligen Marktsegment. In einer eigens entwickelten Vorkammer des Brennraums wird ein kleiner Teil des zugeführten Biogases gezündet. Der dabei entstehende Flammstrahl entzündet das im Brennraum befindliche Gas-Luft-Gemisch. Das Ergebnis ist eine höchst effiziente und schadstoffarme Verbrennung. Bei Zündstrahlmotoren und auch Gas-Otto-Motoren mit BlueRail-Verfahren ist SCHNELL hierdurch der Vorreiter im BHKW-Sektor bei der dezentralen Energieversorgung.

SCHNELL

Meilensteine

1992 Hans-Jürgen Schnell gründet das Unternehmen auf dem elterlichen Hof.

2001 SCHNELL konzentriert sich auf seine Kernkompetenz – den Bau von Blockheizkraftwerken mit Zündstrahltechnik.

2006 Bau neuer Betriebsgebäude mit über 16.000 m² Fläche; Aufbau einer Niederlassung in Niedersachsen

2010 Auslieferung des 2.500sten SCHNELL Aggregats; die gesamte installierte Leistung beläuft sich auf 500 MW.

2013 SCHNELL Gas-Otto BHKW mit 46,1 % elektrischem Wirkungsgrad; Auslieferung des 3.500sten SCHNELL Aggregats; die gesamte installierte Leistung beläuft sich auf 700 MW.

Seit der Unternehmensgründung hat SCHNELL inzwischen mehr als 3.500 Aggregate in über 20 Länder auf 4 Kontinenten ausgeliefert. Im Geschäftsjahr 2014 erzielte SCHNELL einen Umsatz von rd. 112,43 Mio. Euro. Insgesamt beschäftigt das Unternehmen 484 Mitarbeiter.

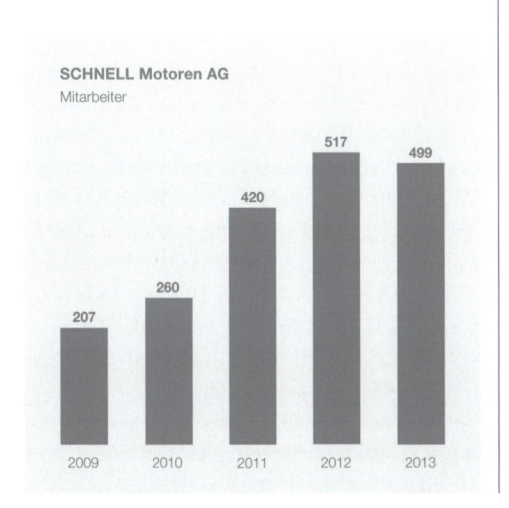

SCHNELL Motoren AG
Mitarbeiter

Jahr	2009	2010	2011	2012	2013
Mitarbeiter	207	260	420	517	499

Daten und Fakten

Branche: erneuerbare Energien, KWK-Erdgas, dezentrale Energieversorgung
Produkte: Blockheizkraftwerke nach dem Gas-Otto- und Zündstrahl-Prinzip
Umsatz: 112,43 Mio. Euro (2014)
Mitarbeiter: 484 (August 2014)
Vertrieb: eigene Service-Flotte, flächendeckende Servicepartnerschaften, Vertriebs- und Serviceniederlassungen
Innovationen: elektronische Einspritztechnik (2004), Gasturbine im Abgasstrang (2009), BlueRail-Zündverfahren für Gas-Otto-Motoren (2012)
Gründer: Hans-Jürgen Schnell, 1992, Amtzell
Auszeichnungen: Dr. Rudolf Eberle Preis (Innnovationspreis des Landes Baden-Württemberg, 2006); Innovativer Arbeitgeber (WiR, 2012); Forschungs- und Entwicklungspreis des Bayerischen Staatsministeriums für Ernährung, Landwirtschaft und Forsten für ein herausragendes Produkt auf der Basis nachwachsender Rohstoffe (initiiert durch C.A.R.M.E.N. e.V., 2012)

Kontakt
SCHNELL Motoren AG
Hugo-Schrott-Str. 6, 88279 Amtzell
Fon: 07520 9661-0, Fax: 07520 5388
info@schnellmotor.de, www.schnellmotor.de

Ansprechpartner Presse
Stephan Waerdt
Fon: 07520 9661-0
s.waerdt@schnellmotor.de

Ansprechpartner Investor Relations
Peter Martetschläger
Fon: 07520 9661-0
p.martetschlaeger@schnellmotor.de

Verwaltungs- und Produktionsgebäude der SCHNELL Motoren AG am Firmensitz in Amtzell

SCHNELL im Internet

Schniewindt

Neuenrade, Nordrhein-Westfalen

Kontakt
Schniewindt GmbH & Co. KG
Schöntaler Weg 46, 58809 Neuenrade
Fon: 02392 692-0, Fax: 02392 692-11
sarah.schniewindt@schniewindt.de
www.schniewindt.de

Gegründet: 1829

Die Schniewindt GmbH & Co. KG entwickelt und produziert elektrische Hochleistungswiderstände sowie Geräte und Systeme der elektrischen Beheizungstechnik für industrielle und gewerbliche Zwecke. Weltweit führend ist sie bei Bremswiderständen für Mittelspannung, die im maritimen Bereich eingesetzt werden. Eine quantitative Marktführerschaft besteht bei RC-Spannungsteilern, Filterwiderständen und Bremswiderständen für Schiffe mit elektrischem Antrieb. Qualitativ ist Schniewindt in mehreren weiteren Sektoren führend, u. a. bei Ex-Gasvorwärmern und Durchlauferhitzern mit Ex-Ausführung. Die erste Ex-Bescheinigung erhielt das Unternehmen bereits 1952. In der Elektrotechnik wurde man erstmals 1902 mit dem weltweit patentierten Schniewindt-Heizgitter aktiv.

Die Wurzeln der Firma gehen bis auf das Jahr 1829 zurück, als Carl Schniewindt in Altena Schusterahlen herstellte. Geschäftsführende Gesellschafterin ist heute Dr. Sarah Schniewindt. 2013 lag der Umsatz bei 25 Mio. Euro. Das Unternehmen beschäftigt 175 Mitarbeiter in Neuenrade. Am 2009 eröffneten Produktions- und Vertriebsstandort in China arbeiten 25 Mitarbeiter. Schniewindt investiert 5 % des Umsatzes in Forschung und Entwicklung. Es bestehen zahlreiche Kooperationen mit Hochschulen und Forschungseinrichtungen in NRW. Meilensteine der jüngsten Zeit sind die Entwicklung des ersten Kombiteilersystems zur Messung von Gleichspannung und Strom 2008 oder 2013 der Bau des ersten 1100-kV-Spannungsteilers.

SCHÖMA

Diepholz, Niedersachsen

Gegründet: 1930

Die SCHÖMA Christoph Schöttler Maschinenfabrik GmbH ist der weltweit größte Hersteller von Lokomotiven für den Tunnelbau. Das Portfolio umfasst auch Arbeits- und Rangierlokomotiven sowie Feldbahn-/Schmalspurlokomotiven. Kunden sind Baukonsortien, Bauunternehmen, Bahnbetreiber und Industriebetriebe, die einerseits kundenspezifische Neuentwicklungen erhalten aber auch aus dem weltgrößten Angebot an gebrauchten Maschinen wählen können.

Seit 1980 baut SCHÖMA Lokomotiven für den Tunnelbau. Sie kamen bei den größten Tunnelbauprojekten Europas zum Einsatz: beim Eurotunnel unter dem Ärmelkanal, im Gotthard-Basis-Tunnel, aber auch bei mehreren Infrastrukturprojekten im Mittleren Osten, wie z. B. Metro-Projekten in Doha und Abu Dhabi. Weitere Einsatzorte sind Wasserkraftwerke mit langen Zulauftunneln in aller Welt. Den Weg zur Marktführerschaft bereiteten eigene Entwicklungen wie die Mikroprozessorsteuerung 1996, ein hydraulisches Antriebssystem für Tunnelprojekte mit großen Steigungen 1998 und die erste AC-Batterielok 2012. Aktuell wird an einer diesel-elektrischen Hybridlok gearbeitet.

Für den notwendigen und geeigneten Ingenieurnachwuchs engagiert sich SCHÖMA als Mitglied im Trägerverein der privaten

SCHOTT

Fachhochschule für Wirtschaft und Technik in Vechta und vergibt dorthin auch Diplomarbeiten. SCHÖMA produziert ausschließlich in Diepholz, wo das Unternehmen 1930 gegründet wurde. Es beschäftigte 2013 rd. 160 Mitarbeiter. Der Umsatz wird zu 90 % im Ausland erzielt. Die Leitung des Familienunternehmens liegt in 3. Generation in den Händen von Christoph Schöttler.

Kontakt
SCHÖMA Christoph Schöttler Maschinenfabrik GmbH
Hindenburgstr. 50, 49356 Diepholz
Fon: 05441 997-0, Fax: 05441 997-44
sales@schoema.de, www.schoema.de

SCHOTT

Mainz, Rheinland-Pfalz

SCHOTT – glass made of ideas

Gegründet: 1884

SCHOTT steht für herausragende Material- und Technologiekompetenz bei Spezialgläsern und Glaskeramiken. Mit zukunftsweisenden Innovationen, technologischer Spitzenstellung und höchster Produktqualität hat sich das Unternehmen seit der Gründung 1884 zu einem internationalen Technologiekonzern entwickelt.

Als klassisches Business-to-Business-Unternehmen ist SCHOTT ein wichtiger Partner insbesondere in den Branchen Hausgeräteindustrie, Pharmazie und Medizintechnik, Elektronik, Optik und Transportation.

Endverbraucher kennen vor allem SCHOTT CERAN® Glaskeramik-Kochflächen. SCHOTT gilt als Erfinder der schwarzen Glaskeramik-Kochfläche. Mit ihr wurde das Kochen revolutioniert. Seit der Markteinführung 1971 haben mehr als 120 Mio. Stück den Weg in Küchen weltweit gefunden. SCHOTT CERAN® eignet sich für die verschiedenen Heiztechnologien Elektro-Strahlung, Induktion und Gas. Als erstes Unternehmen weltweit führte SCHOTT eine umweltfreundliche Glaskeramik-Kochfläche ohne den Zusatz giftiger Schwermetalle ein. Dafür hat das Unternehmen 2010 den Deutschen Innovationspreis erhalten.

Meilensteine

1884 Otto Schott entwickelt neue optische Gläser und stellt die Glasproduktion auf wissenschaftliche Grundlagen.

1908 Erstmals Herstellung von Rohrgläsern für pharmazeutische Ampullen

1911 Als erster Spezialglashersteller weltweit führt SCHOTT die kontinuierliche Wannenschmelze ein.

1939 Produktion von Glas-Metall-Durchführungen für die Elektrotechnik

1954 Erste Produktionsgesellschaft im Ausland (Brasilien)

1964 Faseroptische Komponenten für Licht- und Bildleiter

1968 Zerodur® Glaskeramik leitet eine neue Ära von Teleskopspiegelträgern für die Astronomie ein.

1973 Glaskeramik-Kochflächen der Marke SCHOTT CERAN® erobern die Küchen der Welt.

2002 Erste Produktionsgesellschaft in China

2010 Deutscher Innovationspreis für das umweltfreundliche CERAN®

2011 Einführung der XENSATION® Cover Gläser für Touch-Anwendungen

» Ein Name wird immer herausleuchten aus der Geschichte der Glasmacherei: Otto Schott.«

William Turner, Präsident der International Commission on Glass, 1935

Otto Schott gründete 1884 das Unternehmen; unten im Bild die Fertigung von Laborglaskolben in den 1950er-Jahren.

SCHOTT

S
CH

Die Zentrale des SCHOTT Konzerns in Mainz

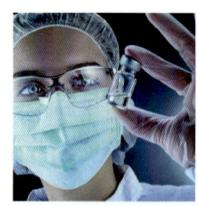

Mit vielen Produkten nimmt SCHOTT in seinen Märkten führende Positionen ein.

SCHOTT im Internet

SCHOTT ist auch einer der weltweit führenden Hersteller von Glas-Metall-Verbindungen für die Elektronik in Automobilen. Überall auf der Welt sind Autos mit hermetisch dichten SCHOTT Zündergehäusen für Airbags oder Gurtstraffer ausgestattet. Gesundheit und Leben der Fahrzeuginsassen hängen in hohem Maße von der Zuverlässigkeit dieser Komponenten ab.

Einen wichtigen Beitrag zur Gesundheit leisten auch die hochwertigen Pharmaverpackungen von SCHOTT. Mit jährlich mehr als 9 Mrd. Ampullen, Fläschchen, Spritzen und Karpulen gehört SCHOTT zu den international führenden Anbietern.

Mit XENSATION® Cover entwickelte SCHOTT ein extrem hartes Deckglas, das Touchdisplays von Smartphones und Tablet PCs vor Kratzern und Bruch schützt.

Eine traditionelle Domäne sind optische Gläser und Glaskeramiken. Die von SCHOTT entwickelte ZERODUR® Glaskeramik ist – mit ihrer praktischen Nullausdehnung selbst bei großen Temperaturschwankungen – das Standardmaterial für Teleskopspiegelträger. So hat SCHOTT die mit 8,2 m Durchmesser

Innovation: PURAVIS® Glasfasern

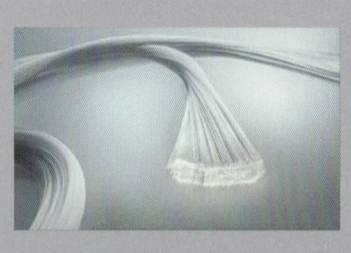

Der SCHOTT Geschäftsbereich Lighting and Imaging bietet anspruchsvolle Beleuchtungs- und Bildübertragungslösungen. Mit der Entwicklung der neuartigen Hochleistungsglasfasern der Marke PURAVIS® brachte das Unternehmen zuletzt ein Produkt auf den Markt, das sowohl ein umweltfreundliches Herstellungsverfahren als auch hervorragende Eigenschaften aufweist. In einem neuentwickelten Prozess werden die Fasern ohne Einsatz von Blei, Arsen und Antimon hergestellt. Gleichzeitig überträgt die neuartige Hightech-Faser Licht noch weißer als herkömmliche optische Glasfasern. Neben der Verbesserung der optischen Eigenschaften ist die chemische Beständigkeit der Fasern stark verbessert. Damit eignet sich PURAVIS® insbesondere für den Einsatz in der Medizintechnik. So werden die hochreinen Glasfasern, die in drei Varianten verfügbar sind, z. B. in der Endoskopie eingesetzt. Da die Farbwiedergabe neutral ist, kann der Arzt verschiedene Gewebearten sehr gut unterscheiden. 2014 wurde PURAVIS® mit dem SCHOTT Innovation Award als herausragende Produktinnovation ausgezeichnet.

SCHOTTEL

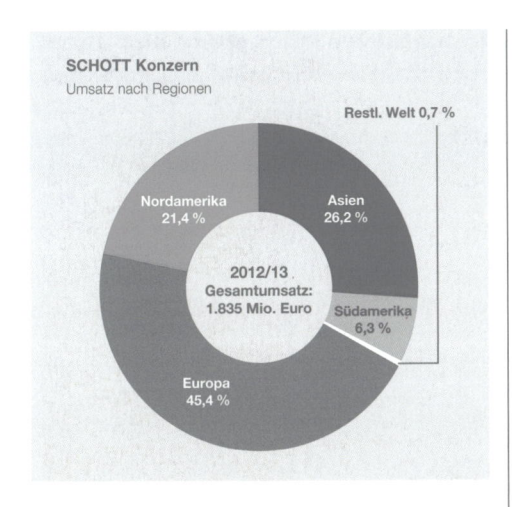

weltgrößten monolithischen Spiegelträger für das Very Large Telescope in Chile aus diesem Material hergestellt. Auch das größte Sonnenteleskop der Welt, das 2019 auf Hawaii in Betrieb gehen wird, ist mit einem Spiegelträger aus ZERODUR® ausgestattet.

Auch für die Flugzeugindustrie hält SCHOTT innovative Lösungen bereit: spezielle Leselampen sowie die in Kooperation mit Lufthansa Technik entwickelte LED-Kabinenbeleuchtung HelioJet.

Für den Technologiekonzern SCHOTT ist Forschung und Entwicklung von zentraler Bedeutung. In diesen Bereich investierte das Unternehmen 2013 rd. 79 Mio. Euro. Die Innovationskraft zeigt sich nicht nur an der Vielzahl erfolgreicher Produktneueinführungen, sondern auch am umfangreichen Patentportfolio, das zurzeit rd. 2.800 erteilte Patente umfasste.

Daten und Fakten

Branchen: Hausgeräteindustrie, Pharmazie und Medizintechnik, Elektronik, Optik und Transportation
Produkte: Spezialglas, Spezialwerkstoffe, -komponenten und -systeme
Umsatz: 1,835 Mrd. Euro (2012/2013)
Mitarbeiter: 15.444 weltweit (2012/2013)
Auslandsanteil: 85 % (2012/2013)
Gründer: Otto Schott
Gründung: 1884 in Jena, 1952 Neuaufbau in Mainz

Eigentümer: Carl-Zeiss-Stiftung als alleinige Aktionärin der SCHOTT AG (Muttergesellschaft SCHOTT Konzern)

Kontakt
SCHOTT AG
Hattenbergstr. 10, 55122 Mainz
Fon: 06131 66-0, Fax: 06131 66-2000
info@schott.com, www.schott.com

Ansprechpartner Presse
Salvatore Ruggiero
Fon: 06131 66-4140
salvatore.ruggiero@schott.com

SCHOTTEL

Spay, Rheinland-Pfalz

Gegründet: 1921

Die SCHOTTEL Gruppe zählt zu den weltweit führenden Herstellern hochwertiger Schiffspropulsionssysteme. SCHOTTEL entwickelt und fertigt rundum steuerbare Antriebs- und Manövriersysteme sowie komplette Antriebsanlagen bis 30 MW Leistung und ist in diesem Segment Weltmarktführer. Die Unternehmensgruppe erwirtschaftete 2013 einen Gesamtumsatz von 313 Mio. Euro und beschäftigt weltweit über 1.102 Mitarbeiter, davon rd. 800 in Deutschland. Seit 2011 ist das Unternehmen auch in der Gezeitenenergie tätig. Durch die Übernahme des Getriebeherstellers Wolfgang Preinfalk GmbH (PW) erfolgte der Einstieg in die Entwicklung und Fertigung von Getrieben für nahezu alle industriellen Bereiche. Die 1921 von Josef Becker gegründete SCHOTTEL GmbH befindet sich seitdem in Familienbesitz und wird von einer familienfremden Geschäftsführung geleitet.

Kontakt
SCHOTTEL GmbH
Mainzer Str. 99, 56322 Spay
www.schottel.de

Schott Music

Mainz, Rheinland-Pfalz

Gegründet: 1770

Die Schott Music GmbH & Co. KG ist einer der ältesten und weltweit führenden Musik- und Medienverlage. Ausgehend vom 1770 durch Bernhard Schott gegründeten Notenverlag, dessen Expansion im 19. Jh. eng mit der Herausgabe von Werken bedeutender Komponisten wie Ludwig van Beethoven und Richard Wagner verbunden war, hat sich ein weltweiter Verlagskonzern rund um das Thema Musik entwickelt. Das Portfolio umfasst 30.000 Kauf- und 6.500 Leihtitel, sieben Fachzeitschriften, Bücher, CDs, E-Books und Apps. Die Logistiktochter mds (music distribution services) lagert und versendet rd. 130.000 verschiedene Titel von über 100 Verlagen. Das Unternehmen beschäftigt weltweit 250 Mitarbeiter. Geschäftsführender Gesellschafter ist Dr. Peter Hanser-Strecker.

Kontakt
Schott Music GmbH & Co. KG
Weihergarten 5, 55116 Mainz
www.schott-music.com

Schubert

Crailsheim, Baden-Württemberg

Gegründet: 1966

Mit einem Marktanteil von 30 % ist die Gerhard Schubert GmbH der weltweit führende Hersteller von Toploading-Verpackungsmaschinen. Mit den TLM-Verpackungsmaschinen von Schubert können stückige Verbrauchsgüter aller Art verpackt werden, wie etwa Ampullen, Schminksets, Bierflaschen, Pralinen, Schokoriegel oder Tiernahrung.

Meilensteine

1966 Gerhard Schubert gründet das Unternehmen und baut zunächst kleine Aggregate, Transportbänder und Maschinen.

1967 Gerhard Schubert entwickelt eine später patentierte Schachtel-Aufrichte- und -Klebemaschine, die sogenannte SKA.

1972 Die erste Schubert-Baukastenmaschine zum Befüllen und Verschließen von Schachteln kommt auf den Markt.

1985 Mit dem SNC-F2 erscheint der erste Verpackungsroboter der Welt.

1994 Die Verpackungsmaschinensteuerung VMS wird eingeführt.

1995 Vorstellung der ersten F44-Pickerlinie mit patentiertem Gegenlaufprinzip, die inzwischen Weltmarktführer ist

1997 Mit dem Schubert Maschinen Baukasten (SMB) folgt die nächste Generation der modularen Verpackungsmaschinen.

2002 TLM, die erste am Fließband gebaute Toploading-Verpackungsmaschine der Welt, kommt auf den Markt.

2005 Die neu entwickelte Thermoform-, Füll- und Verschließmaschine TLM-T800 wird vorgestellt.

2008 Erweiterung des Werks II auf 12.000 m² Fläche

2014 Neubau einer weiteren 12.000 m² großen Montagehalle

Schubert

S
CH

Die Toploading-Maschinen von Schubert beruhen auf einem Baukastensystem, dessen Grundkomponenten in Serie gebaut werden.

Abnehmer sind produzierende Betriebe verschiedenster Branchen. In den Bereichen Nahrungsmittel, Pharma, Kosmetik, Getränke und Süßwaren gehören nahezu alle großen Unternehmen zu den Kunden von Schubert, u. a. Nestlé, Ferrero, Procter & Gamble, Unilever, Danone und viele mehr.

Allen angebotenen Systemkomponenten liegt die Idee eines modularen Baukastensystems zugrunde, das die Konstruktion möglichst flexibler Lösungen fördert. Der Kern des Portfolios besteht aus sieben Grundkomponenten, aus denen die TLM-Verpackungsmaschinen zusammengesetzt werden. Gegenüber den

1970 wurde das SSB-Baukastensystem entwickelt (oben); die erste Pralinenpackstraße stammt aus dem Jahr 1984 (Mitte); 1985 brachte Schubert den ersten Verpackungsroboter auf den Markt (unten).

Einfach erklärt: Toploading-Verpackungsmaschinen

Mit Toploading wird ein Verfahren bezeichnet, bei dem stückige Produkte – wie Flaschen, Schokoriegel oder Schminksets – von oben in einen Verpackungsbehälter eingebracht werden. Diese Behälter – meist Kartonschachteln – werden vor dem Befüllen automatisch zusammengebaut, also vom flachen Zuschnitt aufgerichtet und an den Klebelaschen verklebt. Nach dem Befüllen werden die Kartons ebenso automatisch verschlossen, entweder mittels eines anhängenden Deckels oder mit einem separaten Deckelteil. Die Toploading-Maschinen von Schubert beruhen auf einem Baukastensystem, dessen Grundkomponenten in Serie gebaut werden können, und die in Kombination miteinander größere Maschinenkomplexe bilden. Dadurch ergibt sich eine sehr hohe Flexibilität. Die TLM-Reihe ist dabei die neueste Generation dieses Maschinenbaukastens, den das Unternehmen seit den 1970er-Jahren stetig weiterentwickelt. Er besteht aus sieben Systemkomponenten, die jeweils bestimmte Teilgebiete des Verpackungsprozesses abdecken. So ist das TLM-F2-Roboteraggregat in der Lage, Schachteln aufzurichten, zu befüllen und zu verschließen. Der TLM-F3-Roboter besitzt einen Greifarm, der sich an jeden Neigungswinkel eines Magazins anpassen kann, um Packmaterial zu entnehmen. Das TLM-F44-Roboteraggregat, auch Picker genannt, arbeitet gemeinsam mit einem Visionssystem, das mithilfe verschiedener Scan- und Mustererkennungsverfahren ca. 4.000 Produkte pro Minute bearbeiten kann. Neben der Gruppierkette und dem Transmodul umfasst das System weiterhin eine Komponente für die Bedienerführung, die aus einem 15-Zoll-Touchscreen besteht. Als siebte Komponente fungieren die Maschinengestelle, in denen die Roboteraggregate untergebracht werden.

Schubert

S
CH

Unternehmen aus den Bereichen Nahrungsmittel, Pharma, Kosmetik, Getränke und Süßwaren gehören zu den Kunden von Schubert.

Mit den TLM-Verpackungsmaschinen können stückige Verbrauchsgüter aller Art verpackt werden, etwa Spritzen (oben), Kaffeekapseln (Mitte) oder Brotscheiben (unten).

Wettbewerbern sieht sich Schubert aufgrund seines technologischen Vorsprungs gut positioniert. So arbeitet das Unternehmen an der Entwicklung der schaltschranklosen Verpackungsmaschine. Diese Innovation wird die Effizienz, Verfügbarkeit und die Redundanz der TLM-Verpackungsmaschinen weiter erhöhen.

Die Maschinen des inhabergeführten Familienunternehmens sind in 54 Ländern der Welt im Einsatz. Die Exportquote beträgt 70 bis 75 %, der Vertrieb erfolgt über Niederlassungen und Vertretungen sowie vom Stammsitz in Crailsheim aus. Dort bauen 700 Mitarbeiter auf dem 70.000 m² großen Firmengelände pro Jahr rd. 120 Verpackungsanlagen in einem Gesamtwert von 120 Mio. Euro. Weltweit hat die Schubert-Gruppe 1.000 Beschäftigte. Zu der Firmengruppe gehören neben der Gerhard Schubert GmbH acht weitere Unternehmen, darunter die als Generalunternehmer für schlüsselfertige Verpackungsanlagen agierende IPS International Packaging Systems GmbH. Für den Vertrieb und Service unterhält die Gruppe Niederlassungen in Birmingham/Großbritannien, Dallas/USA und Toronto/Kanada.

Gerhard Schubert gründete das Unternehmen 1966 in Crailsheim und begann mit der auftragsgebundenen Konstruktion kleiner Aggregate, Transportbänder und Maschinen. Ein Jahr nach der Gründung entwickelte Gerhard Schubert eine vollautomatische

In Crailsheim bauen 700 Mitarbeiter auf dem 70.000 m² großen Firmengelände pro Jahr rd. 120 Verpackungsanlagen.

Schon gewusst?

Als Gerhard Schubert im Jahr 1970 erstmals die in Hamburg angesiedelte Herstellerfirma von After Eight besuchte, wurden die Schokoladetäfelchen noch aufwendig von Hand verpackt. Das Unternehmen hatte über viele Jahre versucht, den Verpackungsprozess zu automatisieren, viel Geld investiert – und schließlich aufgegeben. Gerhard Schubert ließ sich davon jedoch nicht beirren und lieferte 1972 eine Maschine, die von Anfang an ihren Dienst zur vollen Zufriedenheit tat. Der Unglaube des Herstellers über die Lösung des Problems dauerte dennoch zwei Jahre an, ehe er den Bau weiterer vier Maschinen in Auftrag gab. Die Maschinen sind heute noch im Einsatz und haben Ersparnisse in Höhe von mehreren 100 Mio. Euro eingebracht.

Schubert

Schubert Gruppe

Gerhard Schubert GmbH	
Crailsheim	Gegründet: 1966	700 Mitarbeiter	

IPS – International Packaging Systems GmbH	Schubert System Elektronik GmbH
Crailsheim	Gegründet: 1972	50 Mitarbeiter	Tuttlingen	Gegründet: 2001	106 Mitarbeiter
Schubert u. Edelmann GmbH	Schubert UK Ltd.
Bartholomä	Gegründet: 1976	60 Mitarbeiter	Birmingham, GB	Gegründet: 2002	12 Mitarbeiter
Hägele Catering GmbH	Schubert Verpackungsservice GmbH
Crailsheim	Gegründet: 1993	17 Mitarbeiter	Crailsheim	Gegründet: 2008
Schubert Packaging Systems LLC	Schubert Packaging Automation
Dallas, USA	Gegründet: 1998	13 Mitarbeiter	Toronto, CA	Gegründet: 2008	5 Mitarbeiter

Maschine zum Aufrichten und Verkleben von Kartonzuschnitten unter Verwendung von Schmelzklebern. Die Erfindung dieser später patentierten Hochleistungsmaschine, genannt SKA, legte den Grundstein für den Erfolg der Firma. Nach der Fertigstellung des ersten Firmenneubaus 1968 ergänzten Befüll- und Verschließmaschinen das Portfolio.

Aus der Idee, individuelle Verpackungsanlagen in Serie zu bauen, wurde ab 1970 das SSB-Baukastensystem entwickelt. Dieses gut funktionierende System gab für das Unternehmen den Ausschlag, sich als reiner Sondermaschinenhersteller zu positionieren. Im Jahr 1982 unternahm Schubert unter Verwendung der CNC-Steuerungstechnik einen ersten Schritt in Richtung Verpackungsroboter. Nur drei Jahre später brachte das Unternehmen den ersten Verpackungsroboter der Welt auf den Markt. Die Fokussierung auf computergesteuerte Anlagen resultierte 1997 im Schubert Maschinen Baukasten (SMB), der nächsten

Stammsitz und Produktionsstandort von Schubert in Crailsheim

Schubert im Internet

Berühmte Erfinder: Gerhard Schubert

Als Gerhard Schubert sein Unternehmen 1966 gründete, baute er in Crailsheim mit drei Beschäftigten zunächst im Kundenauftrag kleine Aggregate, Transportbänder und Maschinen. Jedoch schon im Jahr nach der Gründung entwickelte der junge Konstrukteur eine Maschine zum Aufrichten und Verkleben von Kartons, die sog. SKA. Mit dieser Maschine, die später ein Patent erhielt, wurde der Grundstein für den Erfolg der Firma gelegt. Die Mitarbeiterzahl stieg und der 1968 fertiggestellte Neubau musste schon bald erweitert werden. In den 1970er-Jahren erkannte Gerhard Schubert das Potenzial von Toploading-Maschinen, obwohl Experten an deren Zukunftsfähigkeit zweifelten. Für Gerhard Schubert lag der Schlüssel zum Erfolg in standardisierten Maschinen, in deren Entwicklung er Jahrzehnte an Entwicklungsarbeit investierte. Den Erfindergeist hat Gerhard Schubert auch auf die nachfolgende Generation übertragen. So entwickelte Gerhard Schubert gemeinsam mit seinem Sohn Ralf den ersten Transportroboter der Welt, für den ein Patent mit einer Laufzeit von 2008 bis 2028 besteht. Ralf Schubert war es auch, der für die Erfindung des Gegenlaufs bei Pickerlinien ein Patent erhielt. Für die Zukunft erwartet Gerhard Schubert eine Zunahme der Automatisierung. So sollen die Maschinen den Werkzeugwechsel automatisch vornehmen können und sich eines Tages sogar selbst reparieren. Dadurch können für die Kunden teure Standzeiten vermieden werden. Entwicklungen, auf die der geschäftsführende Gesellschafter weiterhin Einfluss nehmen wird. Denn auch wenn die Söhne Ralf und Gerald schon lange Teil der Führungsmannschaft sind: Ganz möchte sich der inzwischen über 70-Jährige, dessen große Leidenschaft die Fliegerei ist, nicht aus der Firma zurückziehen.

Schüco

S
CH

Die F44-Pickerlinie mit patentiertem Gegenlaufprinzip ist in ihrem Bereich Weltmarktführer.

Generation von Verpackungsmaschinen. Aus dieser Serie heraus entstand das heutige System der flexibel zusammenstellbaren Toploading-Maschinen TLM.

»Wir entwickeln und vertreiben Produkte und Systeme, um die Energiekosten von Gebäuden weltweit zu senken. Der Auftrag der Nachhaltigkeit, also ein Gebäude effizient zu machen, ist unser Hauptauftrag.«

Andreas Engelhardt, geschäftsführender und persönlich haftender Gesellschafter der Schüco International KG

Daten und Fakten

Branche: Verpackungsmaschinenbau
Produkte: Toploading-Verpackungsmaschinen
Marktposition: Mit einem Marktanteil von 30 % Weltmarktführer im Segment Toploading-Verpackungsmaschinen
Mitarbeiter: ca. 1.000 weltweit
Standorte: Hauptsitz Crailsheim, Tochtergesellschaften in Bartholomä und Tuttlingen, Vertriebsniederlassungen in Großbritannien, den USA und Kanada
Vertrieb: weltweit über Niederlassungen, Vertretungen sowie zentral von Crailsheim aus
Exportquote: 70–75 %
Innovationen: Schachtel-Aufrichte- und -Klebemaschine SKA (1967); erste Baukastenmaschine (1972); erster Verpackungsroboter der Welt (1985); TLM, die erste am Fließband gebaute Toploading-Verpackungsmaschine der Welt (2002); Transmodul, erster Transportroboter der Welt in Verpackungsmaschinen (2009); erste schaltschranklose Verpackungsmaschine (2014)
Gründer: Gerhard Schubert, 1966, Crailsheim

Kontakt

Gerhard Schubert GmbH
Hofäckerstr. 7, 74564 Crailsheim
Fon: 07951 400-0, Fax: 07951 8588
info@gerhard-schubert.de
www.gerhard-schubert.de

Ansprechpartner Presse
Bärbel Beyhl
Fon: 07951 400-0
b.beyhl@gerhard-schubert.de

Schüco

Bielefeld, Nordrhein-Westfalen

SCHÜCO

Gegründet: 1951

Die Schüco International KG entwickelt und vertreibt seit über 60 Jahren Systemlösungen aus Aluminium, Stahl und Kunststoff für Gebäudehüllen und ist in diesem Bereich Technologieführer. Neben Fenster-, Türen- und Fassadensystemen sind auch Sonnenschutz-, Sicherheits-, Wintergarten- und Balkonsysteme Bestandteile des Produktportfolios.

Die Fertigung der Bauteile und die Montage auf der Baustelle erfolgt durch ein dichtes Netz von 12.000 Partnerunternehmen in 78 Ländern. An diese liefert Schüco neben Profilsystemen auch Konstruktionszeichnungen, Beschläge, Montageelemente, Steuerungselektronik, Maschinen, Werkzeuge, Software und Services. Hinzu kommt die intensive Beratung der Baupartner (Architekten, Planer, Investoren, Handwerksbetriebe) in allen Projektphasen einer Fassade.

Im Schüco Showroom in Bielefeld werden neueste Fenster-, Türen- und Fassadentechnologien aus Aluminium visuell und haptisch erlebbar.

Schüco

Das Schüco Technologiezentrum in Bielefeld ist als unabhängiges und zertifiziertes Herstellerlabor akkreditiert.

Fenster-, Türen- und Fassadensysteme von Schüco erfüllen bei Neubau und Modernisierung höchste Anforderungen an Design, Komfort und Sicherheit und legen zugleich den Fokus auf Energieeffizienz und damit die Reduzierung der CO_2-Emissionen und die Schonung der natürlichen Ressourcen. Einen wichtigen Beitrag dazu leistet Schüco durch funktional optimierte und langlebige Bauteile, ressourcenschonende Fertigung, Montage und Wartung sowie wirtschaftliche Konzepte für die Demontage und das Recycling von Fensterelementen auch nach Jahrzehnten des Einsatzes.

Schüco Systemlösungen stehen für einfache Fertigung und Montage sowie für hohe Freiheitsgrade in der Planung. So realisiert Schüco Technologien, die den Menschen in den Mittelpunkt stellen und mit der Natur im Einklang stehen.

Schüco wurde 1951 von Heinz Schürmann als Metallbaubetrieb für Schaufenster aus Aluminium gegründet. Seit 2012 ist Andreas Engelhardt Vorsitzender der Schüco Geschäftsleitung, seit September 2014 geschäftsführender und persönlich haftender Gesellschafter. Schüco beschäftigt weltweit 4.800 Mitarbeiter – darunter mehr als 2.000 Techniker und Ingenieure – und erzielte 2013 einen Gruppenumsatz von rd. 1,5 Mrd. Euro.

Daten und Fakten

Branche: Bauzulieferbranche
Produkte: Profilsysteme für Fenster, Türen, Fassaden, Wintergärten und Balkone; Sonnenschutz-, Lüftungs- und Sicherheitslösungen; bauwerkintegrierte Photovoltaik; Maschinen, Hard- und Software für Architekten und Verarbeiter
Marktposition: Technologieführer im Bereich Systemtechnik für Fenster, Türen und Fassaden aus Aluminium, Stahl und Kunststoff
Umsatz: 1,5 Mrd. Euro (weltweit, 2013)

Andreas Engelhardt leitet die Schüco International KG, die ihren Sitz in Bielefeld hat.

Das Schüco Technologiezentrum

Schüco entwickelt alle Produkte in einem akkreditierten eigenen Technologiezentrum. Mit einer Fläche von 7.800 m² und dem größten Indoor-Fassadenprüfstand in Europa ist es weltweit eines der leistungsfähigsten Prüfzentren für Fenster, Türen und Fassaden. Damit kann Schüco bereits zu Beginn jeder Produktentwicklung neue Systeme, einzelne Bauteile oder Sonderlösungen fertigungs- und prüftechnisch begleiten, auch energetisch stetig optimieren und die Ergebnisse kontinuierlich validieren. Zentral sind Bauteil-, Werkstoff- und Umweltsimulationsprüfungen. Außerdem wird die elektromagnetische Verträglichkeit von Bauteilen geprüft, die Beschusshemmung hochsicherer Baugruppen ermittelt oder mit Hilfe vielfältiger Akustik-, Dichtheits-, Sicherheits- und Lebensdauerprüfungen die normgerechte Qualität der Schüco Produkte sichergestellt.

Schuler

Meilensteine

1951 Gründung als Metallbaubetrieb für Schaufenster aus Aluminium durch Heinz Schürmann in Porta Westfalica

1955–1961 Entwicklung des Geschäftsmodells als Systemlieferant für Fenster und Türen in Deutschland

1971 Vorstellung der ersten wärmegedämmten Fassade und Expansion zum nationalen Anbieter und Spezialisten für Fenster- und Türsysteme aus Aluminium

1975–1985 Internationalisierung durch Lizenznehmer in Europa und Aufnahme von Kunststoff-Profilen in das Sortiment

1985–1990 Weitere Internationalisierung über eigene Gesellschaften; Einstieg in das Großbauprojektgeschäft

1999 Einstieg in das Solargeschäft

2005 Zertifizierung und Akkreditierung des Schüco Technologiezentrums in Bielefeld als unabhängiges Test- und Prüflabor

2012 Andreas Engelhardt übernimmt den Vorsitz der Schüco Geschäftsleitung.

2014 Ausstieg aus dem Solargeschäft und Konzentration auf das Kerngeschäft mit Fenster-, Tür- und Fassadensystemen. Andreas Engelhardt wird geschäftsführender und persönlich haftender Gesellschafter.

Mitarbeiter: 4.800 weltweit
Vertrieb: über 12.000 Partnerbetriebe weltweit (Metallhandwerk, kunststoffverarbeitendes Handwerk, Bauelementefachbetriebe)

Innovationen: Schüco DCS (profilintegriertes Türmanagementsystem mit den Bereichen Zutrittskontrolle, Türkommunikation und Fluchttürsicherung), Schüco AWS 90.SI+ Green (Hochwärmegedämmtes Aluminiumfenstersystem auf Passivhausniveau mit nachwachsenden Rohstoffen), Schüco Parametric Concept (auf dreidimensionalen Entwürfen und Planungen basierendes Fassadenkonzept), Schüco Alu Inside (Kunststofffenstersysteme zum Bau von Energiesparfenstern in patentierter Verbundkonstruktion mit Aluminiumbändern)

Kontakt
Schüco International KG
Karolinenstr. 1-15, 33609 Bielefeld
Fon: 0521 783-0, Fax: 0521 783-451
info@schueco.com, www.schueco.de

Schuler
Göppingen, Baden-Württemberg

Gegründet: 1839
Die Schuler AG bietet Pressen, Automationslösungen, Service, Werkzeuge und Know-how für die metallverarbeitende Industrie. Zu den Produktfeldern gehören u. a. Blechumformung, Massivumformung, Münz- und Verpackungstechnik, Hydroforming, Laser- und Kunststofftechnik sowie Gebrauchtpressen. Schuler ist Technologie- und Weltmarktführer in der Umformtechnik. Das im Jahr 1839 von Louis Schuler gegründete Unternehmen beschäftigte im Geschäftsjahr 2012/13 rd. 5.580 Mitarbeiter und erzielte einen Umsatz von 1,185 Mrd. Euro. Stefan Klebert steht der AG als Vorstandsvorsitzender vor. Der Konzern gehört mehrheitlich zur österreichischen ANDRITZ-Gruppe.

Kontakt
Schuler AG
Bahnhofstr. 41, 73033 Göppingen
www.schulergroup.com

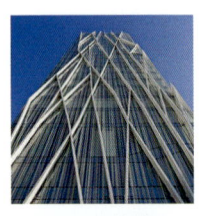

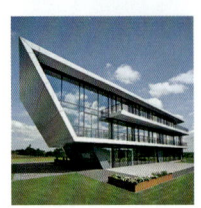

Schüco Referenzobjekte

Schüco im Internet

SCHUNK

SCHUNK
Lauffen, Baden-Württemberg

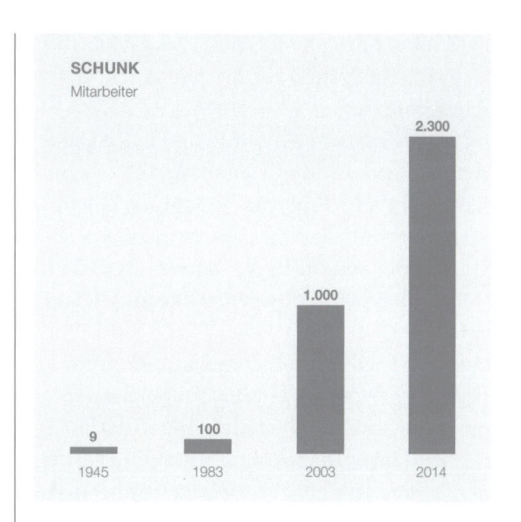

SCHUNK Mitarbeiter

- 1945: 9
- 1983: 100
- 2003: 1.000
- 2014: 2.300

Gegründet: 1945

Die SCHUNK GmbH & Co. KG ist Kompetenzführer für Spanntechnik und Greifsysteme. Sie ist der weltgrößte Anbieter in den Bereichen Spannbacken, Dehnspanntechnik und Greiftechnik. In der Spanntechnik umfasst das Portfolio u. a. Werkzeughaltersysteme, Stationäre Spanntechnik, Magnetspanntechnik, Drehfutter, Spannbacken und Hydro-Dehntechnische Lösungen. Der Bereich Greifsysteme gliedert sich in Greif-, Dreh- und Linearmodule, Roboterzubehör, Modulare Montageautomation, Greifsystemlösungen und Mobile Greifsysteme.

Abnehmer sind der Maschinen- und Anlagenbau, die Automobil- und Elektronikindustrie, aber auch zahlreiche Unternehmen aus der Konsumgüterindustrie, dem Healthcare-Sektor, der Luft- und Raumfahrtindustrie, der Energiewirtschaft sowie der Uhren- und Schmuckindustrie. Darunter finden sich viele namhafte Hersteller wie Airbus, Bosch, DMG, Heidelberger Druck, Rolex, Schaeffler sowie alle europäischen Automobilmarken.

SCHUNK investiert 8 % des Umsatzes in Forschung und Entwicklung. Das Unternehmen hält etwa 160 Patentfamilien, mit denen alle Kernprodukte geschützt werden. So etwa der vielzahngeführte Universalgreifer

»Superior Clamping and Gripping – mit Pioniergeist und Perfektion setzt SCHUNK in der Spanntechnik und bei Greifsystemen weltweit Maßstäbe.«

Henrik A. Schunk, geschäftsführender Gesellschafter

SCHUNK Spannmittel für die Werkzeug- und Werkstückspannung (oben) und der SCHUNK Powerball Lightweight Arm, der für die Servicerobotik konzipiert wurde

---

Einfach erklärt: Mobile Greifsysteme für die Servicerobotik

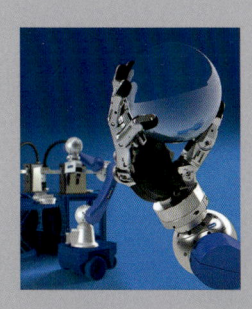

Servicerobotern gehört die Zukunft – in der Industrie wie im häuslichen Umfeld. Als Pionier für mobile Greifsysteme bietet SCHUNK einen mechatronischen Baukasten, aus dem sich unterschiedlichste mobile Anwendungen für die Servicerobotik konstruieren lassen. Der SCHUNK Powerball Lightweight Arm LWA 4P beispielsweise ist ein besonders kompakter und wendiger Helfer für Anwendungen in der Servicerobotik und in der industriellen Handhabung. Das kraftvolle Leichtgewicht zählt zu den leistungsdichtesten Leichtbauarmen der Welt. Zentrale Elemente sind drei kompakte SCHUNK Powerball-Module, die die Bewegungen zweier Achsen miteinander vereinen und ähnlich arbeiten wie ein menschliches Kugelgelenk. Position, Geschwindigkeit und Drehmoment sind flexibel einstellbar. Die nötige Steuer- und Regelungselektronik ist bereits integriert. Einzigartig für Leichtbauarme ist die 24 V DC Versorgung, mit der es möglich ist, den SCHUNK Powerball Lightweight Arm auch unabhängig vom Stromnetz ortsveränderlich oder sogar komplett mobil per Akku zu betreiben. Der Leichtbauarm lässt sich mit unterschiedlichen Greifmodulen kombinieren, u. a. mit der SCHUNK 5-Fingerhand, die ihrem menschlichen Vorbild in Größe, Form und Beweglichkeit ausgesprochen ähnlich ist.

SCHUNK

S CH

PGN-plus oder die TRIBOS Polygonspanntechnik, ein System zur hochgenauen Werkzeugspannung.

Das Unternehmen wird von Heinz-Dieter Schunk, seinem Sohn Henrik A. Schunk und seiner Tochter Kristina I. Schunk geleitet. Weltweit sind über 2.300 Mitarbeiter bei SCHUNK beschäftigt, davon 1.650 in Deutschland. Mit ihnen erzielte das Unternehmen 2013 einen Umsatz von 300 Mio. Euro. 30 Tochtergesellschaften und zahlreiche Vertriebspartner sorgen für den Vertrieb rund um den Globus. Niederlassungen befinden sich u. a. im europäischen Ausland, in China, den USA, Kanada, Russland und Japan. Über Deutschland erstreckt sich ein dichtes Netz eigener Fachberater sowie zahlreicher Vertriebspartner.

„Mehr bieten, als der Kunde erwartet", das war schon die Devise von Friedrich Schunk, der 1945 in Lauffen am Neckar seine mechanische Werkstatt in einer Garage eröffnete. Zu den ersten Produkten zählte eine Lampenschirm-Lochmaschine. Schon bald fertigte der Betrieb Präzisionsteile für Audi NSU und Porsche. Von den 1960er- bis in die 1980er-Jahre wurden die Bereiche Spannbacken, Hydro-Dehnspanntechnik, Automation und Stationäre Spannsysteme aufgebaut. Heute gilt SCHUNK als Pionier für mobile Greifsysteme und als Vorreiter bei der Entwicklung neuer, hocheffizienter Technologien für Spanntechnik und Automation. Anwender

Friedrich Schunk (oben) gründete das Unternehmen 1945; heute obliegt die Geschäftsführung Heinz-Dieter Schunk, seiner Tochter Kristina I. Schunk und seinem Sohn Henrik A. Schunk; unten im Bild der Firmensitz in Lauffen am Neckar.

Meilensteine

1945 Friedrich Schunk gründet das Unternehmen in Lauffen am Neckar.

1966 Aufbau des Produktbereichs Spannbacken für Drehfutter

1978 Aufbau des Produktbereichs Hydro-Dehnspanntechnik

1982 Aufbau des Produktbereichs Greifsysteme

1988 Aufbau des Produktbereichs Stationäre Spannsysteme

1992 Gründung der SCHUNK Intec USA

1994 Start des Produktbereichs Drehfutter

2001 Start des Automationsstandorts Brackenheim-Hausen

2008 Preis Deutscher Maschinenbau für Heinz-Dieter Schunk

2010 Engelberger Robotics Award für Heinz-Dieter Schunk

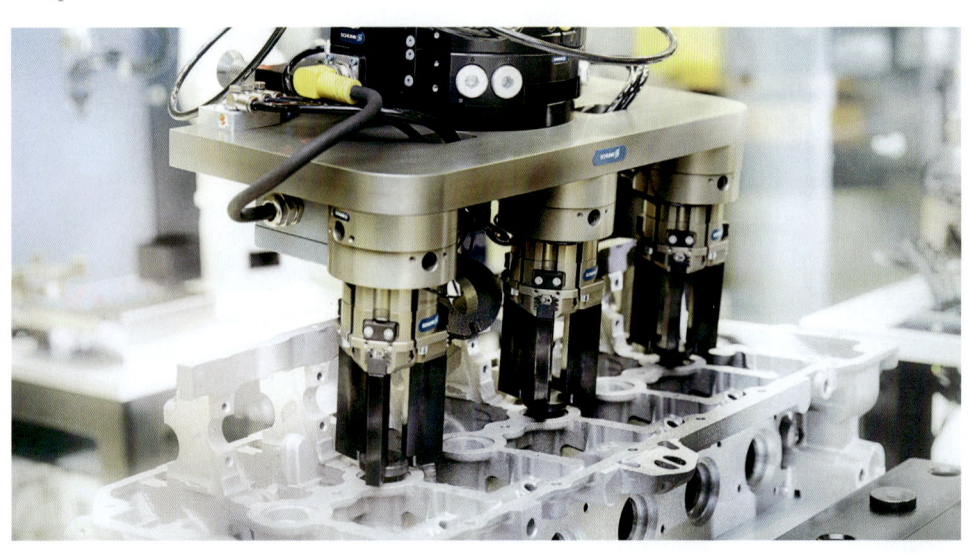

Die SCHUNK GmbH & Co. KG ist Weltmarktführer bei Spanntechnik und Greifsystemen und entwickelt u. a. Greif-, Dreh- und Linearmodule sowie Roboterzubehör und Greifsystemlösungen für die Produktionsautomatisierung.

Schwartz

profitieren vom weltweit größten Standardspannbackenprogramm, dem breitesten Sortiment in der Spanntechnik und dem umfangreichsten Produktprogramm für Standardgreifer. Seit 2012 ist der ehemalige Nationaltorhüter Jens Lehmann als Markenbotschafter im Team von SCHUNK aktiv.

Daten und Fakten

Branche: Maschinenbau
Produkte: Spanntechnik: Werkzeughaltersysteme, Stationäre Spannsysteme, Magnetspanntechnik, Drehfutter, Spannbacken, Hydro-Dehntechnische Lösungen
Greifsysteme: Greif-, Dreh- und Linearmodule, Roboterzubehör, Modulare Montageautomation, Greifsystemlösungen, Mobile Greifsysteme
Marktposition: Weltmarktführer in den Bereichen Spanntechnik und Greifsysteme
Umsatz: 300 Mio. Euro (2013)
Mitarbeiter: über 2.300 weltweit
Ausbildungsquote: 12 %
Exportquote: ca. 60 %
Patente: 160 Patentfamilien
F&E-Quote: 8 %
Literatur:
F. Keuper, H. A. Schunk (Hrsg.): Internationalisierung deutscher Unternehmen (2011)
A. Wolf, R. Steinmann: Greifer in Bewegung (2004)
S. Hesse, G. J. Monkmann, R. Steinmann, H. A. Schunk: Robotergreifer (2004)

Kontakt

SCHUNK GmbH & Co. KG
Bahnhofstr. 106-134, 74348 Lauffen/Neckar
Fon: 07133 103-0, Fax: 07133 103-2399
info@de.schunk.com, www.schunk.com

Schwank

Köln, Nordrhein Westfalen

Gegründet: 1933
Die Schwank GmbH ist ein weltweit marktführender Anbieter von energiesparenden Infrarot-Heiz- und Kühlsystemen für Industrie-, Gewerbe-, Sport- und Logistikhallen. Für diese Anwendung werden Hellstrahler, Dunkelstrahler, Warmlufterzeuger, Wärmerückgewinnungssysteme und Gaswärmepumpen entwickelt und vertrieben. In der Industrie gilt Schwank als Vorreiter für neue Innovationen. Es gelten 40 Patente weltweit, die maßgeblich für die Wirtschaftlichkeit und niedrigen CO_2-Ausstoß sind. Günther Schwank gründete das Unternehmen im Jahr 1933. An vier Produktionsstätten und zwölf ausländischen Niederlassungen werden insgesamt rd. 400 Mitarbeiter beschäftigt. Die Geschäftsführung am Stammsitz in Köln obliegt Prof. Bernd H. Schwank, Oliver Schwank und Dieter Müller. Zum Kundenstamm gehören weltweit bekannte Unternehmen wie z. B. BMW, Siemens, UPS, Bosch, DHL, GM und Walmart.

Kontakt

Schwank GmbH
Bremerhavener Str. 43, 50735 Köln
www.schwank.de

Schwartz

Xanten, Nordrhein-Westfalen

Gegründet: 1924
Die Schwartz-Gruppe ist einer der marktführenden Hersteller von Sonderteilen für den Maschinenbau aus „Engineering Plastics". Die Spezialität des Unternehmens sind hochbelastbare, große und komplexe Teile aus den anwendungsspezifisch eingestellten Werkstoffen PA6G, PA12G und POM. Darüber hinaus bietet Schwartz eine breite Palette an kunststoffbasierten Maschinenbauteilen mit dem Schwerpunkt kundenindividueller Produktentwicklungen. 1924 gründete Gustav Schwartz das Familienunternehmen in Xanten. Dort ist nach wie vor Produktionsstandort und Stammsitz; etwa die Hälfte der rd. 200 Mitarbeiter sind dort beschäftigt. Die Firmenverwaltung ist in Düsseldorf ansässig. Weitere Niederlassungen sind in der Tschechischen Republik, den USA und China.

S
CH

SCHUNK im Internet

S
CH

Kontakt
Schwartz GmbH Technische Kunststoffe
Hagdornstr. 3, 46509 Xanten
www.schwartz-plastic.com

SCHWING-Stetter

Herne, Nordrhein-Westfalen

Gegründet: 1934

SCHWING-Stetter ist eine international agierende Unternehmensgruppe, die Maschinen und Fahrzeuge für den Betonbau entwickelt und produziert. In dieser Sparte gilt die Gruppe als Weltmarktführer, der von der Beton-Herstellung bis zum Transport und zum Recycling von Beton alle Bereiche abdeckt. Zudem konzipiert SCHWING-Stetter Systemlösungen, mit denen Schlämme von Klärwerken, aus der Bauindustrie oder dem Bergbau abgefördert werden können. Das Unternehmen entwickelte die erste mobile Betonpumpe und das patentierte regenerierbare Betonventil. SCHWING wurde 1934 gegründet, 1982 kam das Unternehmen Stetter hinzu. Produziert wird u. a. in Deutschland, Brasilien, den USA und China, dazu kommen Niederlassungen oder Vertretungen in über 100 Ländern.

Kontakt
SCHWING GmbH
Heerstr. 9-27, 44653 Herne
www.schwing.de

seca

Hamburg

Gegründet: 1840

seca ist ein weltweit führender Hersteller von medizinischen Messsystemen und Waagen und setzt seit 175 Jahren Maßstäbe in Funktion, Technologie und Design. In enger Zusammenarbeit mit Praktikern und Wissenschaftlern werden Waagen, Längenmesssysteme und medical Body Composition Analyzer entwickelt, die den höchsten Anforderungen an Präzision und Zuverlässigkeit gewachsen sind. Niederlassungen in Frankreich, Großbritannien, den USA, der Schweiz, China, Japan, Mexiko, Österreich, Polen, den Vereinigten Arabischen Emiraten, Brasilien und Finnland sowie ein Distributionsnetz in über 110 Ländern sorgen dafür, dass seca die weltweit unterschiedlichen Anforderungen der nationalen Märkte kennt. Die Geschäftsführung des Familienunternehmens liegt bei Frederik Vogel, Robert Vogel und Thomas Wessels.

Kontakt
seca gmbh & co. kg.
Hammer Steindamm 9-25, 22089 Hamburg
www.seca.com

Seccua

Steingaden, Bayern

Gegründet: 2005

Die Seccua GmbH mit Hauptsitz in Steingaden entwickelt, produziert und vertreibt modernste standardisierte Geräte und Anlagen zur Entfernung von Krankheitserregern, Arzneimittelrückständen und Kalk aus Trinkwasser ohne Einsatz von Chemikalien. In diesem Bereich ist das 2005 gegründete Unternehmen Technologieführer. Kern aller Produkte sind dabei innovative Ultrafiltrationsanlagen. Die Geräte und Anlagen von Seccua erlauben eine vollständige Entfernung von Bakterien, Viren, Parasiten, Trübungen sowie Rotfärbungen des Wassers durch Eisen aus dem Trinkwasser – und dies ohne Bestrahlung oder den Zusatz von Chemikalien. Hauptzielmärkte sind Deutschland und die USA, hier hat Seccua bereits über 800 Systeme installiert. Die rd. 20 Mitarbeiter sind für einen Jahresumsatz von 1,2 Mio. Euro verantwortlich (2012).

Kontakt
Seccua GmbH
Krummbachstr. 8, 86989 Steingaden
www.seccua.de

SELVE

seele Gruppe

Gersthofen, Bayern

Gegründet: 1984

Die seele Unternehmensgruppe ist ein weltweit führendes Fassadenbauunternehmen, das komplexe Gebäudehüllen aus Glas, Stahl, Aluminium, Membranen und anderen Hightech-Materialien realisiert. Das Leistungsspektrum reicht von Entwicklung und Konstruktion über Projektmanagement, Fertigung und die komplette Auftragsabwicklung vom Einkauf bis hin zur Montage vor Ort. Das Tochterunternehmen sedak GmbH & Co KG ist der führende Glasveredler und liefert Sicherheitsgläser und Isoliergläser in Formaten bis zu 3,2 m x 15 m. Bedeutende Meilensteine sind u. a. der Apple Cube in New York, der Straßburger Bahnhof, das Nationalstadion in Peking, Kings Cross in London oder die Central Library in Seattle. Das inhabergeführte Unternehmen ist mit über 1.000 Mitarbeitern an 14 Standorten weltweit tätig.

Kontakt
seele holding GmbH & Co. KG
Einsteinring 1, 86368 Gersthofen
www.seele.com

Seidel

Marburg, Hessen

Gegründet: 1830

Die Seidel GmbH & Co. KG entwickelt und produziert Designprodukte aus Aluminium für die Kosmetikbranche, die Schreibgeräteindustrie, den Pharmabereich sowie den Automobilsektor, wobei die Kosmetikindustrie zu den Hauptabnehmern zählt. Zu den technischen Kompetenzen gehören Dekorationstechnologien wie die Metallumformung und die Oberflächenveredelung. Im Bereich Entwicklung und Fertigung von Aluminiumdesignprodukten ist Seidel Weltmarktführer. Produziert wird ausschließlich an den drei deutschen Standorten in Hessen. Das im Jahr 1830 durch Louis Seidel in Marburg gegründete Unternehmen beschäftigt heute rd. 640 Mitarbeiter und vertreibt seine Produkte über eigene Vertriebsbüros weltweit.

Kontakt
Seidel GmbH & Co. KG
Rosenstr. 8, 35037 Marburg
www.seidel.de

SELVE

Lüdenscheid, Nordrhein-Westfalen

Gegründet: 1866

Das mittelständische, in Familienbesitz befindliche Unternehmen SELVE GmbH & Co. KG entwickelt und produziert Antriebe und Steuerungen für Rollläden und textilen Sonnenschutz. Im Bereich Rolladen-Bauteile ist SELVE Marktführer. Am Stammsitz in Lüdenscheid befinden sich neben der Verwaltung die wichtigsten Produktionslinien, in Bad Arolsen werden die Gurtwickler gefertigt. Heute hat das im Jahr 1866 als Hersteller von Drahtwaren gegründete Unternehmen mehr als 3.000 verschiedene Produkte im Angebot und rd. 2.500 Kunden rund um den Globus, der Exportanteil beträgt rd. 30 %. 225 Mitarbeiter sind für das Unternehmen tätig, das seine führende Marktposition im Bereich Rolladen-Gurtwickler durch die Übernahme der Firma HANSES im Jahr 2001 nachhaltig festigen konnte.

Kontakt
SELVE GmbH & Co. KG
Werdohler Landstr. 286, 58513 Lüdenscheid
www.selve.de

SEMIKRON

SEMIKRON
Nürnberg, Bayern

SEMIKRON innovation + service

Der Firmensitz von SEMIKRON in Nürnberg

»Innovation + Service, Spitzentechnologie und Kundennähe«

Unternehmensmotto SEMIKRON

Dr. Friedrich (Fritz) Josef Martin gründete SEMIKRON.

Gegründet: 1951

Das Familienunternehmen SEMIKRON International GmbH ist ein weltweit führender Hersteller für Leistungshalbleiter mit Hauptsitz in Nürnberg. Es wurde 1951 gegründet und beschäftigt weltweit über 2.800 Mitarbeiter. Ein internationales Netzwerk aus 30 Gesellschaften mit Produktionsstandorten in Brasilien, China, Deutschland, Frankreich, Indien, Italien, Korea, der Slowakischen Republik, Südafrika und den USA garantiert eine schnelle und umfassende Betreuung des Kunden vor Ort. Mit der Gründung eines Online-Shops im Jahr 2009 hat SEMIKRON seine Präsenz für Kunden erweitert. Der SEMIKRON ONLINE SHOP bietet 24-Stunden-Erreichbarkeit, weltweite Lieferung und kompetente technische Beratung in mehreren Sprachen.

SEMIKRON stellt Leistungselektronik-Komponenten und -Systeme vorwiegend im mittleren Leistungssegment (ca. 2 kW bis 10 MW) her. Zu den Anwendungen gehören drehzahlgeregelte Industrieantriebe, Automatisierungstechnik, Schweißanlagen und Aufzüge. Weitere Anwendungsbereiche sind unterbrechungsfreie Stromversorgungen (USV), erneuerbare Energien (Wind, Solar) sowie Elektro- und Hybridfahrzeuge (Nutzfahrzeuge, Flurförderfahrzeuge). Die Produktpalette reicht von Chips, diskreten Halbleitern, IGBT-, Dioden- und Thyristor-Modulen über kundenspezifische Lösungen bis hin zu integrierten Leistungselektronik-Systemen. SEMIKRON ist mit einem Anteil von 30 % Marktführer bei Dioden- und Thyristor-Halbleitermodulen (Quelle: IMS Research, The World Market for Power Semiconductor Discretes & Modules – 2011 Edition). Unlängst brachte das Unternehmen die MiniSKiiP Dual Module in der Leistungsklasse bis 90 kW auf den Markt – eine Erweiterung der MiniSKiiP Baureihe um IGBT-Halbbrücken mit Schaltströmen bis 180A_{RMS}.

Bedienerfreundliche Federkontakte für die Leistungs- und Steueranschlüsse und eine

Innovation + Service

SEMIKRON legt großen Wert darauf, die Firmenleitidee „Innovation + Service" auch auf der innerbetrieblichen Ebene umzusetzen. Gegenseitige Wertschätzung im Haus vermag es, die Firmenphilosophie auch über den Betrieb hinaus zu transportieren. Die Mitarbeiter haben in allen Bereichen eine hohe Eigenverantwortung und Entscheidungsfreiheit. Sie profitieren von umfangreichen Weiterbildungsangeboten, insbesondere im Bereich Arbeitssicherheit und Umweltschutz. SEMIKRON zeichnet sich auch als familienfreundliches Unternehmen aus. Die firmeneigene Kindertagesstätte „Mikro" ermöglicht den Mitarbeitern, Familie und berufliche Karriere zu vereinbaren. Das Paradigma kontinuierlicher Verbesserung schlägt sich vor allem im Ideenmanagement nieder. Über 300 Verbesserungsvorschläge von Mitarbeitern werden jedes Jahr umgesetzt und mit einer Prämie vergütet.

SEMIKRON

einfache, kostensparende und lötfreie Montage von Platine, Kühlkörper und Modul durch nur eine einzige Schraube – das sind die entscheidenden Vorteile der MiniSKiiP Produktreihe, die insbesondere bei Industrieantrieben, Solarumrichtern und Stromversorgungen Verwendung findet. Nach den Leistungsklassen bis 40 kW ist der MiniSKiiP nun für Anwendungen bis 90 kW verfügbar. Das Leistungsspektrum des neuen MiniSKiiP Dual deckt 150A-300A/650V150A-300A/1200V und 100A-200A/1700V ab.

Die MiniSKiiP Federkontakt Verbindungstechnologie wird damit zum ersten Mal für Leistungen über 40 kW verfügbar. Die Materialkosten gegenüber bisher üblichen Umrichterkonstruktionen sinken, weil die bisherige, kostspielige Verschienung der Lastanschlüsse durch eine kosteneffiziente Leiterplattenkontaktierung (PCB) ersetzt werden kann. Die einfache lötfreie Montage sorgt für eine zusätzliche Zeitersparnis bei der Modulkontaktierung. So lassen sich die Systemkosten um bis zu 15 % reduzieren. Das Layout der PCB ist durch die Federkontakte einfacher und flexibler, da das PCB nicht über Löcher für Lötstifte verfügen muss. Die Federn ermöglichen zudem im Vergleich zu einer Lötverbindung eine flexiblere Verbindung zwischen dem PCB und dem Modul, was insbesondere unter thermischer und mechanischer Belastung Vorteile einbringt. Die Ausgangsleistung des MiniSKiiP Dual von bis zu 90 kW erfordert eine höhere Stromtragfähigkeit der

Meilensteine

1949/50 Fritz Martin gründet die Exporthandelsfirma Export-Contor, 1951 entsteht Omikron (später SEMIKRON) in einem zerbombten Fachwerkhaus.

1959 Entwicklung der ersten Silizium-Diode aus Silizium-Wafern

1974 Entwicklung des ersten isoliert aufgebauten Thyristor-Dioden-Moduls der Welt SEMIPACK, das heute in der 5. Generation erhältlich ist

1992 SKiiP, das erste intelligente Power-Modul mit eingebautem Treiber und lötfreier SKiiP-Druckkontakt-Technik für Hochleistungsanwendungen kommt auf den Markt.

2007 Entwicklung von SKiM, dem ersten lötfreien IGBT-Modul für Hybridfahrzeuge

2011 Entwicklung der SKIN Technologie. Alle Löt- und Bondverbindungen sind durch gesinterte Verbindungen ersetzt.

MiniSKiiP® 2kW up to 90kW

Der neue MiniSKiiP Dual mit einer Ausgangsleistung von bis zu 90 kW

SENNEBOGEN

S
EN

PCB, die z. B. durch eine stärkere Metallisierung realisiert werden kann. Damit lassen sich Lastströme bis 180A$_{RMS}$ erreichen, was bisher aufwendig nur verschiedenen Modulen vorbehalten war.

Daten und Fakten

Branche: Elektronik
Produkte: Leistungselektronik-Komponenten und Systeme
Marktposition: Weltmarktführer bei Dioden- und Thyristor-Halbleitermodulen
Umsatz: 489 Mio. Euro (2013)
Mitarbeiter: 2.800 weltweit, davon 1.300 in Deutschland
Standorte: Hauptsitz in Nürnberg, Tochtergesellschaften in Frankreich, Italien, Brasilien, Österreich, Mexiko, Schweden, Großbritannien, Schweiz, den USA, Südafrika, Spanien, Australien, Japan, Finnland, Korea, China, Hongkong, Polen, der Slowakischen Republik, Indien, der Tschechischen Republik, Russland
Ausbildungsplätze p. a.: ca. 30
Gründer: Dr. Friedrich Fritz Josef Martin, 1951, Nürnberg
Auszeichnungen: „audit berufundfamilie"-Zertifizierung, Gemeinnützige Hertiestiftung; „Bayerischer Frauenförderpreis", Bayerisches Staatsministerium für Arbeit und Sozialordnung (2004); „Erfolgsfaktor Familie", Bundesministerium für Familie (2005)
Literatur:
P. R. W. Martin et al.: 50 Jahre Semikron. Die Chronik von 1951 bis 2001 (2002)

Kontakt
SEMIKRON International GmbH
Sigmundstr. 200, 90431 Nürnberg
Fon: 0911 6559-0, Fax: 0911 6559-262
sales.skd@semikron.com, www.semikron.com

Ansprechpartner Presse
Werner Dorbath
Fon: 0911 6559-217

SEMIKRON International GmbH im Internet

SENNEBOGEN
Straubing, Bayern

Gegründet: 1952

Die SENNEBOGEN Maschinenfabrik GmbH zählt als Komplettanbieter und Qualitätsführer zu den führenden Unternehmen im Bereich Krantechnik und Materialumschlag. Das Produktsortiment umfasst u. a. komplette Modellreihen für Seilbagger, Raupen-, Teleskop- und Hafenkrane, Materialumschlagmaschinen und Multiloader sowie Trägergeräte. Mit einem Exportanteil von 80 % hält SENNEBOGEN weltweit eine führende Position. Das Unternehmen beschäftigt insgesamt ca. 1.100 Mitarbeiter in seinen drei Produktionsstätten in Bayern und Ungarn und ist mit eigenen Gesellschaften in den USA und Singapur aktiv. Das Familienunternehmen erwirtschaftet einen Jahresumsatz von rd. 350 Mio. Euro. Geschäftsführer sind Erich Sennebogen und Walter Sennebogen.

Kontakt
SENNEBOGEN Maschinenfabrik GmbH
Hebbelstr. 30, 94315 Straubing
www.sennebogen.de

Sensitec
Lahnau, Hessen

Gegründet: 1999

Die Sensitec GmbH ist weltweit führend in der Herstellung von Sensoren auf der Basis des magnetoresistiven (MR) Effektes. Zum Produktportfolio gehören Sensoren und Messsysteme für das Erfassen von Weg, Winkel, Position, Strom oder Magnetfel-

Sensitec

dern, die in Dünnschichttechnik hergestellt werden. Bei der Entwicklung spezifischer Sensorlösungen arbeitet das Unternehmen eng mit seinen Kunden zusammen und hält die Position des Weltmarktführers in der Herstellung von kundenspezifischen MR-Sensoren. Größte Abnehmer sind die Automatisierungs- und Automobilindustrie. Weitere Einsatzgebiete sind die Medizintechnik, Erneuerbare Energien oder die Luft- und Raumfahrt. Sensoren von Sensitec waren schon mehrfach im Weltraum in Einsatz, so auch im Marsfahrzeug „Curiosity".

Sensitec agiert an zwei Standorten in Lahnau-Waldgirmes und Mainz, wo jeweils 80 Mitarbeiter tätig sind. 2014 erwirtschafteten sie einen Umsatz von 17,5 Mio. Euro, ca. 60 % davon über den Export. In Mainz verfügt das Unternehmen über Europas modernste Waferfabrik für die Produktion von MR-Chips. In Lahnau werden diese zu kompletten Systemen verbaut. Der Vertrieb erfolgt über einen eigenen Außendienst in Deutschland und in Europa sowie über Vertriebspartner in den USA und weltweit agierende Distributoren. Anteilseigner der Sensitec GmbH sind die Körber AG sowie der geschäftsführende Gesellschafter Dr. Rolf Slatter.

Die winzigen, widerstandsfähigen Sensoren von Sensitec arbeiten auch im Marsfahrzeug „Curiosity", das seit August 2012 auf dem roten Planeten nach Wasser sucht.

Karl-Heinz Lust gründete 1999 das Unternehmen, um Stromsensoren für seine Firma Lust Antriebstechnik GmbH herzustellen. Im Jahr 2000 übernahm er das Institut für Mikrostrukturtechnologie und Optoelektronik e.V. (IMO) in Wetzlar und erwarb 2003 Europas modernste und leistungsfähigste Fabrik für AMR- und GMR-Sensorik in Mainz. Sensitec hält 65 Patente, darunter einige zu verschiedenen magnetischen Sensoren und elektronischer Signalverarbeitung. Das Unternehmen engagiert sich in einer Vielzahl von BMBF- und EU-geförderten Forschungsprojekten und kooperiert mit der Johannes-Gutenberg-Universität Mainz und mit der TU Kaiserslautern. Derzeit erweitert es zudem deutlich das internationale Vertriebsnetzwerk und investiert in neueste Technik zur Waferproduktion.

Schon gewusst?

Materialien ändern ihren elektrischen Widerstand, wenn sie in ein Magnetfeld gebracht werden. Dieser magnetoresistive (MR) Effekt ist seit 150 Jahren bekannt. Seit Entwicklung der Dünnschichttechnik vor ca. 30 Jahren kann er auch technisch genutzt werden und revolutioniert seither die Informationstechnologie und auch den Bau von Sensoren: 2007 erhielten der deutsche Physiker Peter Grünberg und sein Kollege Albert Fert von der Universität Paris den Nobelpreis für die Entdeckung des Giant-Magnetoresistance Effekts (GMR). Mit ihm konnten sensible Leseköpfe für PC-Festplatten entwickelt und deren Speicherkapazität in den Gigabyte-Bereich gesteigert werden.

Daten und Fakten

Branche: Hersteller von Sensoren
Produkte: magnetische Sensoren und Mikrosysteme basierend auf dem magnetoresistiven (MR) Effekt
Marktposition: weltweiter Technologieführer für magnetische Sensoren basierend auf dem magnetoresistiven (MR) Effekt
Umsatz: 17,5 Mio. Euro (2014)
Mitarbeiter: 160 Mitarbeiter insgesamt, jeweils 80 an den beiden Firmenstandorten in Lahnau-Waldgirmes und Mainz
Exportquote: ca. 60 %
Patente: 65 Patente; es gibt eine Reihe von grundlegenden Patenten zu verschiedenen magnetischen Sensoren und elektronischer Signalverarbeitung.

»Wir begeistern mit unseren Produkten, indem wir auch unkonventionelle Wege gehen, um unseren Kunden und Partnern die besten Lösungen zu bieten.«

Unternehmensmotto Sensitec

Die unter Sensitec-Geschäftsführer Dr. Rolf Slatter hergestellten Produkte stehen für präzises Messen mittels robuster Sensortechnik.

Seydelmann

S
EY

F&E-Quote: ca. 12 %
Gründer: Karl-Heinz Lust, 1999, Lahnau
Auszeichnungen: Nominierung zum Hermes Award der Hannover Messe; Heinz Dürr Supplier Award, Kategorie „Technology and Innovation" (2014); „Sonderpreis Industrie" für die Optimierung einer anisotropen magnetoresistiven (AMR) Sensorfamilie in der Automatisierungsindustrie, im Rahmen des Innovationspreises Rheinland-Pfalz; Technologieprämie „SUCCESS" für Entwicklungen im Bereich Tunnelmagnetoresistiver (TMR) Sensoren durch das rheinland-pfälzische Wirtschaftsministerium und die ISB Bank Mainz (2013); „Global Product Innovation Award" von Frost & Sullivan (2010)

Kontakt
Sensitec GmbH
Georg-Ohm-Str. 11, 35633 Lahnau
Fon: 06441 9788-0, Fax: 06441 9788-17
sensitec@sensitec.com, www.sensitec.com

Zum Internet-Auftritt von Sensitec

Seydelmann
Stuttgart, Baden-Württemberg

Gegründet: 1843
Die Maschinenfabrik Seydelmann KG ist einer der weltweit führenden Hersteller von Maschinen für die Nahrungsmittelverarbeitung. Vorwiegend der Herstellung von Wurst- und Fleischwaren dienen die Kutter, Mischer, Wölfe und Feinstzerkleinerer von Seydelmann. Mehr als 260 Mitarbeiter sind an den Standorten Stuttgart (Sitz) und Aalen (Werk) für das Unternehmen tätig. Entwickelt und produziert wird ausschließlich in Deutschland. Die Maschinenfabrik setzt mit ihren hohen Qualitätsstandards aber auch international Maßstäbe. So stehen Seydelmann Maschinen in mehr als 125 Ländern, verteilt auf alle 5 Kontinente. Zudem ist das Unternehmen weltweit jährlich auf über 50 Messen präsent. Das Familienunternehmen wird in 5. und 6. Generation von Peter Seydelmann und Matthias Seydelmann als Komplimentäre geführt.

Kontakt
Maschinenfabrik Seydelmann KG
Hölderlinstr. 9, 70174 Stuttgart
www.seydelmann.com

SFC Energy
Brunnthal-Nord, Bayern

Gegründet: 2000
Die SFC Energy AG ist eine weltweit führende Unternehmensgruppe für mobile Energielösungen und Power Management für Industrie-, Verteidigungs- und Freizeitmärkte mit Fokus auf die Öl- und Gas-Industrie. Mit tausendfach verkauften Brennstoffzellen hat das Unternehmen seine voll kommerzialisierten und mehrfach ausgezeichneten Produkte seit Jahren weltweit erfolgreich etabliert. Des Weiteren entwickelt und produziert SFC insbesondere für den Bereich Industrie Hochleistungselektronikkomponenten wie Spannungswandler und Schaltnetzteile, die international vertrieben werden. Die im Jahr 2000 gegründete SFC Gruppe unterhält neben ihrem Stammsitz im bayerischen Brunnthal Standorte in den Niederlanden, Rumänien, den USA sowie Kanada. Die weltweit beschäftigten 250 Mitarbeiter sorgten im Jahr 2013 für einen Umsatz von über 32 Mio. Euro.

Kontakt
SFC Energy AG
Eugen-Sänger-Ring 7, 85649 Brunnthal-Nord
www.sfc.com

Shure Europe

Eppingen, Baden-Württemberg

Gegründet: 1925

Shure ist eine führende Marke auf dem Gebiet der Mikrofontechnik und professionellen Audiotechnik. Die Produktpalette umfasst Mikrofone, Funksysteme, In-Ear-Monitoring-Systeme sowie Kopf- und Ohrhörer. Shure Produkte kommen vor allem auf großen Konzertbühnen, im Studio und Proberaum sowie bei Großereignissen, Installationen und Konferenzen zum Einsatz. Zu den Abnehmern zählen Musikfachhändler, Verleihfirmen im Show-, Konzert- und Eventbereich, technisch Verantwortliche von Theaterbühnen, Radio- und Fernsehanstalten sowie professionelle DJs und Hi-Fi-Kunden.

Die Firmengeschichte von Shure ist von einer Vielzahl an Innovationen und Produktentwicklungen geprägt. Dazu zählt besonders das Mikrofon SM58. Seine Kombination aus Robustheit, Zuverlässigkeit und herausragender Klangqualität machte das SM58 zum Standard-Gesangsmikrofon aller Musikgenres. Es gilt als das bekannteste und meistverkaufte Mikrofon der Welt. Heute stehen vor allem hochwertige Funksysteme für die innovative Ausrichtung der Firma. Die preisgekrönten Shure Sound Isolating Ohrhörer sorgen dafür, dass auch unterwegs nicht auf brillante Hörerlebnisse verzichtet werden muss. Seit dem Jahr 2009 führt Shure USB-Mikrofone im Programm, die direkt an den Computer angeschlossen werden können und damit digitale Audioaufnahmen ermöglichen. Und bereits ein Jahr später brachte die Firma mit dem PSM 900 ein In-Ear-Monitoring mit bisher nicht gekannten Features auf den Markt.

Gegründet wurde das Unternehmen 1925 von Sidney N. Shure. Nach seinem Tod im Jahr 1993 übernahm seine Frau Rose L. Shure die Leitung des Unternehmens, das 2003 den jetzigen Hauptsitz in Niles, Illinois bezog. Der Stammsitz der Shure Europe GmbH befindet sich in Eppingen.

Kontakt
Shure Europe GmbH
Jakob-Dieffenbacher-Str. 12, 75031 Eppingen
Fon: 07262 9249-100, Fax: 07262 9249-114
info@shure.de, www.shure.eu

SHW

Aalen, Baden-Württemberg

Gegründet: 1365

Die SHW AG ist ein bedeutender Automobilzulieferer mit einem breiten Produktportfolio an verbrauchsoptimierenden Komponenten für Motor- und Getriebeanwendungen, welche die Effizienz von Verbrennungsmotoren und deren Nebenaggregaten steigern sowie Bremsscheiben, die bei gleichzeitiger Verbesserung des Bremsverhaltens wesentlich zur Reduzierung des Fahrzeuggewichts beitragen. Die Ursprünge des heutigen SHW-Konzerns reichen bis in das 14. Jh. zurück. Im Jahr 1921 erfolgte die Teilprivatisierung und Gründung der Schwäbischen Hüttenwerke GmbH durch das Land Württemberg und die Gutehoffnungshütte (heute MAN). Die SHW AG, deren Aktien sich zu 100 % im Streubesitz befinden, erwirtschaftete mit etwas mehr als 1.000 Mitarbeitern im Geschäftsfahr 2013 einen Konzernumsatz von 366 Mio. Euro. Die Firma verfügt derzeit über vier Standorte in Deutschland, ein Werk in Brasilien sowie ein Entwicklungszentrum für die NAFTA-Region in der Nähe von Toronto/Kanada.

Kontakt
SHW AG
Wilhelmstr. 67, 73433 Aalen
www.shw.de

SICK

Waldkirch, Baden-Württemberg

SICK
Sensor Intelligence.

Gegründet: 1946

SICK ist einer der weltweit führenden Hersteller von Sensoren und Sensorlösungen für industrielle Anwendungen in den Bereichen Fabrik-, Logistik- und Prozessautomation. Das Portfolio reicht von der Lichtschranke bis hin zum hoch entwickelten 3D-Vision-System. Das Unternehmen mit Stammsitz in Waldkirch im Breisgau nahe Freiburg zählt zu den Technologie- und Marktführern und ist mit mehr als 50 Tochtergesellschaften und Beteiligungen sowie zahlreichen Vertretungen rund um den Globus präsent. Im Geschäftsjahr 2013 beschäftigte SICK mehr als 6.500 Mitarbeiter weltweit und erzielte einen Konzernumsatz von 1.009,5 Mio. Euro.

Die SICK AG ist eine nicht börsennotierte Aktiengesellschaft und befindet sich mehrheitlich im Besitz der Familie Sick, die über 90 % der Aktien hält. Erwin Sick gründete das Unternehmen 1946 als Ingenieurbüro. 1952 präsentierte er den ersten serienreifen Unfallschutz-Lichtvorhang auf einer Messe. In den 1970er-Jahren gründete SICK die ersten ausländischen Tochtergesellschaften in Frankreich und den USA.

Bis heute konzentriert sich die SICK AG auf ihre ursprünglichen Kernkompetenzen und schöpft dabei aus jahrzehntelanger praxisnaher Erfahrung und Expertise in nahezu allen Branchen. Das Unternehmen investiert rd. 9 % seines Jahresumsatzes in die Forschung und Entwicklung und beschäftigt mehr als 700 Mitarbeiter in diesem Bereich. Weltweit sind über 2.000 Patente im Namen der SICK AG registriert. Neben mehreren Forschungsstandorten in Deutschland und weiteren europäischen Ländern unterhält SICK auch F&E-Standorte in den USA und Asien. Zudem pflegt das Unternehmen enge Forschungskooperationen mit Hochschulen und Instituten.

Kontakt

SICK AG
Erwin-Sick-Str. 1, 79183 Waldkirch
Fon: 07681 202-0, Fax: 07681 202-3863
info@sick.de, www.sick.com

Siegwerk

Siegburg, Nordrhein-Westfalen

SIEGWERK

Gegründet: 1830

Siegwerk ist der größte europäische Druckfarbenhersteller und die Nr. 3 weltweit. Produziert werden Farben, Lacke und chemische Hilfsmittel für die Herstellung von Verpackungen aller Art und Publikationen (Zeitungen, Werbebeilagen, Zeitschriften und Kataloge). Das Familienunternehmen ist in mehr als 30 Ländern mit eigenen Tochtergesellschaften vertreten. Siegwerk agiert weltweit in zehn verschiedenen Marktsegmenten und nimmt dabei überall vordere Wettbewerbspositionen ein. So ist das Unternehmen beispielsweise Marktführer bei Druckfarben für Tabakverpackungen. Bei Farben für Etiketten, Getränkeverpackungen und flexible Verpackungen steht Siegwerk an zweiter Stelle weltweit. Siegwerk beschäftigt insgesamt 4.600 Mitarbeiter bei einem Jahresumsatz von rund 1 Mrd. Euro (2013). Das Absatzvolumen beträgt rd. 250.000 t Druckfarbe (2013), etwa 80 % davon entfallen auf das Auslandsgeschäft.

Die Zentrale in Siegburg gilt mit einer Produktionsmenge von mehr als 150.000 t als weltweit größter Produktionsstandort der Branche. Die Anteile an der Aktiengesellschaft

---

»Überall, wo wir arbeiten, vereint uns in diesem Unternehmen die Leidenschaft für Druckfarben.«

Aus dem Siegwerk Corporate Mission Statement

Seit 1844 residiert das Unternehmen am Siegburger Stammsitz, Herbert Forker ist Vorstandsvorsitzender der Siegwerk Druckfarben AG & Co. KGaA.

Siegwerk

Meilensteine

1830 Gründung des Textildruckunternehmens Rolffs & Cie. in Köln

1906 Gründung der Deutschen Photogravur AG zur Vermarktung von Erfindungen und Patenten, die die Druckgeschichte maßgeblich beeinflussten

1911 Fokussierung auf das Druckfarbengeschäft unter der Marke Siegwerk

1939 Erfindung des später Flexodruck genannten Rakel-Anilin-Druck-Verfahrens

1953 Siegwerk liefert die Farbe für die ersten bunten Illustrierten in Deutschland.

2003 Übernahme des US-Druckfarbenherstellers Color Converting Industries

2005 Übernahme des Verpackungsdruckfarbengeschäfts von SICPA (Schweiz)

2010 Übernahme von Environmental Inks (USA)

2012 Gründung von Standorten auf den Philippinen und in Vietnam

2014 Eröffnung einer neuen Landesgesellschaft in Peru

Als global operierender Hersteller für Druckfarben setzt Siegwerk auf Qualität, Zuverlässigkeit und schnellen Service bei den Kunden vor Ort.

gehören zu 100 % Angehörigen der Familie Keller, in deren Besitz sich die Firma bereits in der 6. Generation befindet. Christian Gottlieb Rolffs gründete das Unternehmen 1830 in Köln, 1844 erfolgte der Umzug nach Siegburg. Zu den bedeutenden Innovationen der Firmengeschichte gehören unter anderem UV-Farben, mit denen der letzte Harry-Potter-Band gedruckt wurde. Weitere Spezialitäten sind individuell entwickelte Verpackungsdruckfarben, die beispielsweise beim Druck der Haribo-Goldbären-Verpackung oder bei aufwendig verpackten Pharma- und Hygieneartikeln eingesetzt werden. Ein Großteil der Siegwerk-Farben besteht aus nachwachsenden Rohstoffen oder Lösemitteln auf natürlicher Basis. In seinem Leitbild verpflichtet sich Siegwerk Werten wie Qualität, Verantwortung und Umweltbewusstsein mit dem Ziel, der weltweit erfolgreichste Druckfarbenhersteller zu werden. Siegwerk wurde mehrfach von der Bundesagentur für Arbeit für herausragende Nachwuchsförderung ausgezeichnet. Außerdem engagiert sich das Unternehmen weltweit sozial mit vielen Projekten zum Wohle von Kindern und Jugendlichen.

Daten und Fakten

Branche: Zulieferindustrie für den Druck
Produkte: Farben, Lacke und chemische Hilfsmittel
Marktposition: Marktführer bei Druckfarben für Verpackungen und Publikationen
Umsatz: rd. 1 Mrd. Euro (2013)
Mitarbeiter: 4.600 weltweit (2013)
Standorte: Tochtergesellschaften in über 30 Ländern weltweit
Gründer: Christian Gottlieb Rolffs, 1830, Köln
Eigentümer: Familie Keller in 6. Generation

Siegwerk Druckfarben AG & Co. KGaA im Internet

Siemens

Kontakt

Siegwerk Druckfarben AG & Co. KGaA
Alfred-Keller-Str. 55, 53721 Siegburg
Fon: 02241 304-0, Fax: 02241 304-777
www.siegwerk.com

Siemens

München, Bayern

SIEMENS

»Handle stets so, als wäre es Dein eigenes Unternehmen.«

Joe Kaeser, Vorsitzender des Vorstands der Siemens AG

Seit 2013 ist Joe Kaeser Vorstandsvorsitzender der Siemens AG.

Gegründet: 1847

Siemens ist einer der größten Technologiekonzerne der Welt. Sein Name steht für Ingenieurskunst und Innovation, für Qualität und Zuverlässigkeit, für Ideenreichtum und Tatkraft der Menschen, für Stabilität und solide Finanzen und nicht zuletzt für gesellschaftliche Verantwortung. Mit seiner Positionierung entlang der Wertschöpfungskette der Elektrifizierung verfügt Siemens über ein Wissen, das von der Umwandlung über die intelligente Übertragung bis hin zur effizienten Anwendung von Energie reicht. Und mit seinen Stärken in der Automatisierung und Digitalisierung ist der Konzern für die Zukunft gut aufgestellt. Mit der Vision 2020 hat

Tradition trifft Zukunft: Am Wittelsbacherplatz in München baut Siemens derzeit seine neue Konzernzentrale. Bis 2016 entsteht vor Ort einer der modernsten und energieeffizientesten Gebäudekomplexe weltweit, zu dem auch das historische Palais Ludwig Ferdinand (im Bild rechts) gehören wird.

Siemens im Internet

Meilensteine

1847 Werner von Siemens gründet in Berlin die „Telegraphen-Bauanstalt von Siemens & Halske".

1866 Werner von Siemens entdeckt das dynamoelektrische Prinzip.

1881 Werner von Siemens realisiert in Berlin die erste elektrische Straßenbahn der Welt.

1897 Siemens & Halske wird eine Aktiengesellschaft.

1925 Der irische Freistaat beauftragt Siemens mit der Elektrifizierung des gesamten Landes.

1954 Siemens steigt in die Datenverarbeitung ein und präsentiert bereits fünf Jahre später den ersten in Serie gefertigten volltransistorierten Computer.

1958 Die erste Version der Simatic wird vorgestellt, ein System, das die Automatisierung in der Industrie revolutioniert hat. Der erste Herzschrittmacher der Welt wird implantiert. Das Gerät wurde von Siemens entwickelt.

1978 Siemens liefert Generatoren für das größte Wasserkraftwerk der Welt an der Grenze zwischen Paraguay und Brasilien.

1983 Der erste klinische Magnetresonanztomograph (MRT) von Siemens wird installiert.

2005 Siemens präsentiert mit dem SOMATOM das erste Dual-Source-Computertomographiesystem der Welt.

2014 In Berlin stellt Joe Kaeser mit der »Vision 2020« die neue Ausrichtung des Konzerns vor.

Siemens im Jahr 2014 eine Strategie vorgelegt, die das Unternehmen darauf ausrichtet, konsequent attraktive Wachstumsfelder zu besetzen, sein Kerngeschäft nachhaltig zu stärken und bei Effizienz und Leistungsfähigkeit führend im Wettbewerb zu sein.

Dabei vertraut das Unternehmen auf die Stärke seiner rd. 362.000 Mitarbeiter weltweit, die im Geschäftsjahr 2013 auf fortgeführter Basis Umsatzerlöse von rd. 75,9 Mrd. Euro und einen Gewinn aus fortgeführten Aktivitäten von rd. 4,2 Mrd. Euro erwirtschaftet haben. Gemeinsam mit seinen Kunden und Partnern will das Unternehmen die Zukunft gestalten, indem es verwirklicht, was zählt, und indem es globale Themen und Trends besetzt, auf die es wirklich ankommt. Dabei fühlt sich der Konzern seinem Firmengründer Werner von Siemens verpflichtet. Seine Maxime »Für den kurzfristigen Erfolg verkaufe ich die Zukunft nicht« leitet Siemens seit über 165 Jahren.

Daten und Fakten

Branche: Elektrotechnik und Elektronik
Marktposition: eines der größten Industrieunternehmen der Welt
Gesamtumsatz: 75,9 Mrd. Euro (2013)
Mitarbeiter: ca. 362.000 (weltweit, 2013)
Standorte: global agierender Konzern mit rd. 290 wesentlichen Produktions- und Fertigungsstätten
Patente: 4.000 Patent-Erstanmeldungen im Geschäftsjahr 2013; insgesamt rd. 60.000 erteilte Patente weltweit
F&E-Quote: 5,7 % (Geschäftsjahr 2013)
Gründer: Werner von Siemens und Johann Georg Halske, 1847, Berlin
Eigentümer: börsennotierte Aktiengesellschaft

Kontakt

Siemens AG
Wittelsbacherplatz 2, 80333 München
press@siemens.com, www.siemens.com

Siempelkamp

Krefeld, Nordrhein-Westfalen

Gegründet: 1883

Die Siempelkamp-Gruppe ist ein mittelständischer Technologiekonzern mit weltweit über 3.000 Mitarbeitern. Die Produkte und Dienstleistungen in den drei Kerngeschäften Maschinen- und Anlagenbau sowie Gusstechnik und Nukleartechnik richten sich an Industriebranchen weltweit. Siempelkamp ist Weltmarktführer für Pressenstraßen zur Herstellung von Holzwerkstoffen. Darüber hinaus ist das Unternehmen einer der Top-Anbieter von Großpressen für die Metallumformung und besitzt die weltgrößte Handformgießerei mit Stückgewichten bis 320 t. Die Nukleartechnik ist u. a. der Hersteller des CASTOR-Behälterkörpers. Gerhard Siempelkamp legte den Grundstein für das Familienunternehmen im Jahr 1883, als er mit der Herstellung von gebohrten Heizplatten begann.

Kontakt

G. Siempelkamp GmbH & Co. KG
Siempelkampstr. 75, 47803 Krefeld
www.siempelkamp.com

SIGMA-ELEKTRO

Neustadt, Rheinland-Pfalz

Gegründet: 1981

Mit der Marke SIGMA SPORT® hat sich die 1981 gegründete SIGMA-ELEKTRO GmbH zu einem der weltweit führenden Anbieter von technologischem Fahrradzubehör entwickelt. Ausgehend von einem ersten elektronischen Tachometer, der als Fahrrad-Computer bekannt wurde, entstand ein darauf aufbauendes Portfolio. Heute bietet SIGMA zudem weltweit Licht-Systeme, Sportuhren und Motorrad-Computer an. Die Gruppe beschäftigt rd. 120 Mitarbeiter in der deutschen Zentrale, wo auch Produktentwicklung, Qualitätssicherung und Endmontage konzentriert sind. Es bestehen daneben noch

SIKORA

S
IK

SIGMA Vertriebsgesellschaften in den USA und Asien sowie eine Ingenieursgesellschaft in Hongkong. Die Geschäftsführer sind Klaus-Peter Schendel, Frank Sirringhaus, Eric Schendel und Robin Schendel.

Kontakt
SIGMA-ELEKTRO GmbH
Dr.-Julius-Leber-Str. 15,
67433 Neustadt an der Weinstraße
www.sigmasport.de

SIKORA
Bremen

»Wir werden stets die beste Messtechnologie entwickeln; mit Gewinn, wenn es geht, mit Verlust, wenn es sein muss, aber stets zur Begeisterung unserer Kunden.«

Unternehmensleitsatz

SIKORA
Technology To Perfection

Meilensteine

1973 Gründung des Einzelunternehmens HARALD SIKORA

1975 Verwendung von ersten Zeilensensoren für die berührungslose Durchmessermessung von Drähten und Kabeln während der Produktion

1979 Umwandlung in die SIKORA INDUSTRIEELEKTRONIK GMBH

1990er-Jahre Lieferung des ersten Röntgenmessgeräts X-RAY 8000

1996 Harry Prunk wird Teilhaber.

2002 Umwandlung in die SIKORA AG, Eintritt in den Rohr- und Schlauchmarkt

2013 Dr. Christian Frank wird neues Vorstandsmitglied.

2014 Der PREHEATER 6000 TC, das WIRE-TEMP 6000 sowie die erweiterte FIBER Series 6000 werden vorgestellt.

Harry Prunk, Dr. Christian Frank, Bernadette und Harald Sikora (v.l.) bilden die Geschäftsleitung von SIKORA, das seinen Sitz in Bremen hat.

Gegründet: 1973

Die SIKORA AG produziert und distribuiert berührungslose Online-Mess-, Regel-, Prüf- und Sortiertechnologie und ist Technologieführer im Bereich Röntgenmesssysteme zur Dimensionsmessung von Kabeln. Der weltweite Marktanteil beläuft sich auf 85 %.

Die Geräte basieren auf moderner Laser-, Röntgen-, LED- und Ultraschalltechnologie und werden in Kabelproduktionslinien, Glasfaserziehtürmen sowie in Rohr- und Schlauchextrusionslinien eingesetzt, um die Qualität der Produkte während der laufenden Herstellung zu sichern. Messgeräte wie das weltweit als Industriestandard angesehene X-RAY 8000 NXT messen und regeln dabei Parameter wie Durchmesser, Exzentrizität, Wanddicke und Ovalität mit äußerster Präzision. Mit einer neuen Produktlinie expandiert SIKORA in neue Märkte wie die Kunststoffindustrie.

Einfach erklärt: Das Röntgenmesssystem X-RAY 8000 NXT

Das X-RAY 8000 NXT wird zur Messung bei der Produktion von Mittel-, Hoch- und Höchstspannungskabeln eingesetzt. Die Adern solcher Kabel sind mehrschichtig aufgebaut. Mithilfe der Röntgenmesstechnik gelingt es dem X-RAY 8000 NXT, die Schichten während des Extrusionsprozesses kontinuierlich zu durchleuchten und aus den Röntgenbildern automatisch die Wanddicken der einzelnen Schichten an mehreren Stellen des Umfangs zu berechnen, grafisch darzustellen und auf Nennmaß zu regeln.

SIKORA

1.000 Geräte der Baureihe X-RAY 8000 NXT sorgen weltweit für Qualität bei der Fertigung von Mittel-, Hoch- und Höchstspannungskabeln in CV-, VCV- und MDCV-Linien.

SIKORA beschäftigt weltweit mehr als 200 Mitarbeiter, über 150 davon in Deutschland, und erzielte 2013 einen Umsatz von 36 Mio. Euro. Der Exportanteil liegt bei über 90 %. Das Auslandsgeschäft wird über 12 Vertriebs- bzw. Serviceniederlassungen sowie über mehr als 30 regionale Repräsentanzen weltweit abgewickelt. 10 % des Umsatzes werden in die Forschung und Entwicklung investiert. In der F&E-Abteilung am Hauptsitz in Bremen sind 33 Mitarbeiter tätig.

Zu den jüngsten Innovationen zählen der mit einzigartigen Funktionen wie Selbsttest und App-Anbindung ausgestattete SPARK 6030 HF zur Messung der Durchschlagfestigkeit von Stromkabeln, das WIRE-TEMP 6000 zur berührungslosen Messung der Temperatur vorgeheizter Drähte und die umfangreiche Erweiterung der FIBER Series 6000 zur Qualitätskontrolle während der Glasfaserproduktion. 2013 lancierte SIKORA den PURITY SCANNER, ein innovatives Inspektions- und Sortiersystem zur 100%igen Reinheitskontrolle von Kunststoffpellets während der laufenden Produktion.

Die nicht börsennotierte SIKORA AG wird von Harry Prunk und Dr. Christian Frank geleitet. 90 % der Firmenanteile liegen bei der SIKORA Holding GmbH & Co. KG unter der Leitung von Harald und Bernadette Sikora. Nachdem Harald Sikora 1972 ein berührungsloses Messgerät für die kontinuierliche Erfassung der Isolationswanddicke und Exzentrizität bei der Herstellung von Kabeln entwickelt hatte, gründete er 1973 in Bremen das Einzelunternehmen HARALD SIKORA. Harry Prunk trat 1996 als Teilhaber in die Firma ein. Dr. Christian Frank ergänzt seit 2013 den Vorstand der AG.

Zu den jüngsten Innovationen von SIKORA zählen u. a. die High-End-Durchmessermessgeräte der LASER Series 6000 (oben), die FIBER Series 6000 (Mitte) sowie der PURITY SCANNER (unten).

Daten und Fakten

Branche: Industrieelektronik
Produkte: berührungslose Online-Mess- und -Regelgeräte, Sortier- und Inspektionssysteme, die auf modernen Laser-, Röntgen-, LED- und Ultraschalltechnologien basieren

S

IM

Marktposition: Weltmarktführer in Herstellung und Vertrieb von innovativer Mess- und Regeltechnologie, Inspektions- und Sortiersystemen für die Draht-, Kabel-, Rohr- und Schlauch- sowie Kunststoffgranulat verarbeitende Industrie
Umsatz: 36 Mio. Euro (2013)
Mitarbeiter: weltweit mehr als 200
Standorte: 12 Vertriebs- und Serviceniederlassungen weltweit
Auslandsanteil: 90 %
Innovationen: LASER Series 6000 (2010), SPARK 6030 HF (2012), PURITY SCANNER (2013), PREHEATER 6000 TC (2014), WIRE-TEMP 6000 (2014), FIBER Series 6000 (2014)
Gründer: Harald Sikora, 1973, Bremen
Auszeichnungen: Platz 2 der TOP 100 deutschen Mittelständler „Hidden Champion" (Die Welt/Munich Strategy Group, 2011; bis heute im Ranking vertreten); Schütting Preis der Handelskammer Bremen für „Innovatives Messsystem" (2012); Platz 32 von 3.000 der innovativsten deutschen Mittelständler (Wirtschaftswoche/Munich Strategy Group, 2014)

SIKORA im Internet

Kontakt
SIKORA AG
Bruchweide 2, 28307 Bremen
Fon: 0421 48900-0, Fax: 0421 48900-90
sales@sikora.net, www.sikora.net

Ansprechpartner Presse
Katja Giersch
Fon: 0421 48900-60
giersch@sikora.net

SIMONA

Kirn, Rheinland-Pfalz

Gegründet: 1857

Die börsennotierte SIMONA AG ist Spezialist für thermoplastische Halbzeuge aus Kunststoff und belegt mit ihrer aus über 35.000 Artikeln bestehenden Produktpalette einen der weltweit führenden Plätze in diesem Segment. Zum Portfolio zählen Kunststoffhalbzeuge, Rohr- und Formteile sowie Fertigteile, die vor allem in der chemischen Industrie zur Anwendung kommen, aber auch von Branchen wie dem Anlagen- und Maschinenbau, den Life Sciences oder der Automobilindustrie nachgefragt werden. Im Geschäftsjahr 2013 erwirtschafteten die 1.192 Mitarbeiter einen Umsatz von rd. 286 Mio. Euro. SIMONA wurde 1857 in Kirn als Lederwarenfabrik gegründet und verfügt heute über Produktions- und Vertriebsstandorte auf der ganzen Welt.

Kontakt
SIMONA AG
Teichweg 16, 55606 Kirn
www.simona.de

SimonsVoss

Unterföhring, Bayern

Gegründet: 1995

Die SimonsVoss Technologies GmbH mit Sitz in Unterföhring bei München ist der weltweit führende Anbieter im Markt der elektronischen Schließ- und Zutrittskontrollsysteme. Mit dem digitalen Schließ- und Zutrittskontrollsystem 3060 bietet SimonsVoss ein funkgesteuertes, kabelloses Sicherheitssystem, das sich durch kombinierbare und vernetzte Komponenten flexibel einsetzen lässt. Unter den Kunden befinden sich sowohl mittelständische Unternehmen und Konzerne wie Adidas, Airbus, Daimler oder die Deutsche Bank als auch Laboratorien, Institute und Ministerien. Das im Jahr 1995 gegründete Unternehmen unterhält neben seinem Stammsitz weitere Standorte in Dubai, Frankreich, Großbritannien, Niederlande, Österreich, Schweden sowie Singapur und beschäftigt rd. 330 Mitarbeiter weltweit.

Kontakt
SimonsVoss Technologies GmbH
Feringastr. 4, 85774 Unterföhring
www.simons-voss.de

SMS group

SKW Stahl-Metallurgie

Unterneukirchen, Bayern

Gegründet: 2004

Der SKW Metallurgie Konzern, an dessen Spitze die SKW Stahl-Metallurgie Holding AG steht, ist ein weltweit führender Spezialchemie-Anbieter. SKW ist Weltmarktführer bei der Entwicklung und Herstellung industrieller Fülldrähte mit Spezialchemikalien, bei technologisch anspruchsvollen Lösungen für die Roheisenentschwefelung und Sekundärmetallurgie sowie bei Quab-Spezialchemikalien, die vor allem in der Produktion von Stärke zur Papierherstellung eingesetzt werden. Zu den Kunden zählen die weltweit führenden Unternehmen der Stahlbranche. Der SKW Metallurgie-Konzern, seit 2014 unter der Führung des Vorstandsvorsitzenden Dr. Kay Michel, erzielte im Jahr 2013 mit rd. 1.000 Mitarbeitern einen Umsatz von 347 Mio. Euro. SKW ist heute in mehr als 40 Ländern aktiv.

Kontakt
SKW Stahl-Metallurgie Holding AG
Rathausplatz 11, 84579 Unterneukirchen
www.skw-steel.com

SMS group

Düsseldorf, Nordrhein-Westfalen

Gegründet: 1871

Die SMS group hat sich seit 1871 über Fusionen, Zukäufe und eigenes Wachstum zu einem der heute international führenden Unternehmen auf dem Gebiet des metallurgischen Anlagen- und Maschinenbaus entwickelt. Über 13.500 Mitarbeiter erwirtschaften weltweit einen Umsatz von rd. 3,5 Mrd. Euro.

Carl Eberhard Weiss legte 1871 mit dem Aufbau eines Schmiedebetriebs in Siegen den Grundstein des Familienunternehmens.

Meilensteine

1856 Das Vorgängerunternehmen der Gebrüder Klein baut im Siegerland das erste Walzwerk und die dazugehörigen Walzungsmaschinen.

1871 Gründung des Schmiedebetriebs von Carl Eberhard Weiss

1918 Fusion der Maschinenbaufabriken Oechelhäuser, Hoffmann und Weiss zur „Siegener Maschinenbau AG"

1973 Die Hälfte der Anteile fällt bei der Fusion zur Schloemann-Siemag AG an den MAN-Konzern.

1990 Gründung der SMS AG als geschäftsführende Holding

1999 Fusion der SMS Schloemann-Siemag AG mit der Mannesmann Demag Metallurgie zur SMS Demag AG

2000 Ausgliederung des Geschäftsbereichs Rohr- und Kupferanlagen als SMS Meer GmbH

2007 Übernahme der restlichen Anteile außenstehender Aktionäre. Familie Weiss wird Alleineigentümer der SMS group

2009 Umbenennung der SMS Demag AG in SMS Siemag AG

2011 Übernahme der Mehrheitsanteile der Elexis AG

2012 Übernahme der Mehrheitsanteile Paul Wurth S.A./Luxemburg

»Für ein Unternehmen Verantwortung zu tragen, ist ein Lebensstil.«

Dr. Heinrich Weiss

Dr. Heinrich Weiss ist Vorsitzender des Aufsichtsrats der SMS group.

SMS group

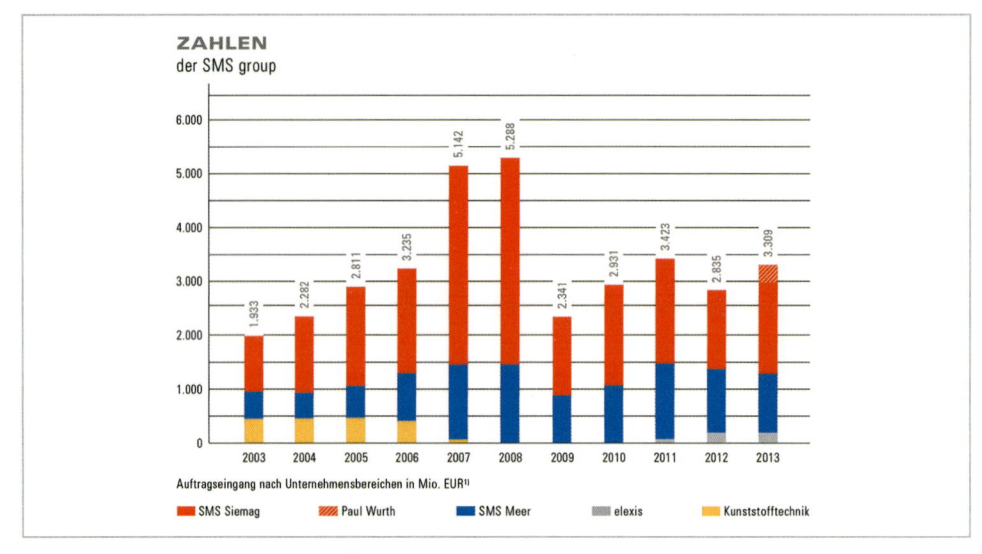

S
MS

ZAHLEN der SMS group

Der Auftragseingang der SMS group im Überblick von 2003–2013

Blick vom Steuerstand auf eine Warmbandstraße (Standort Russland, oben), Detailaufnahme einer Warmbandstraße (Standort China, Mitte), Radialschmiedemaschine mit Bedienungspult (unten)

Heute ist die Unternehmensgruppe in 4. Generation im Besitz der Unternehmerfamilie Weiss. Sie vereint unter dem Dach der SMS Holding GmbH, die als Finanzholding für die strategische Planung und Kontrolle verantwortlich ist, verschiedene international tätige Anbieter von Anlagen und Maschinen für die Verarbeitung von Stahl und NE-Metallen. Vorsitzender des Aufsichtsrats der SMS group ist Dr. Heinrich Weiss. Alleineigentümer der Unternehmensgruppe ist die Siemag Weiss GmbH & Co. KG, die Holding der Unternehmerfamilie Weiss.

Der Unternehmensverbund deckt die gesamte metallurgische Prozesskette mit Anlagen für die Stahl-, Aluminium- und NE-Metallindustrie, einschließlich Elektrik & Automation sowie Service ab. Im Einzelnen sind das: Roheisenerzeugung, Stahlwerkstechnik, Stranggießtechnik für Flachprodukte, Walzwerkstechnik, Veredelungslinien für Warm- und Kaltband, Stahlwerke und Stranggießanlagen für Langprodukte, Rohranlagen, Profilwalzwerke, schmiedetechnische Anlagen, Kupfer- und Aluminiumanlagen sowie Gesenkschmiedeanlagen, Ringwalzwerke und die Wärmetechnik. Daneben bietet der Unternehmensverbund umwelttechnische Einrichtungen unter der Marke Ecoplants an.

Gesellschaftliche Verantwortung

Die SMS group ist ein mittelständisch geprägtes Familienunternehmen mit einer langen Tradition, in dem Mitarbeiter aus über 40 Nationen in einer Kultur der Eigenverantwortung, der Offenheit, des Teamgeists und flacher Hierarchien arbeiten. Als Hochtechnologie-Unternehmen, das in vielen der Märkte die Führungspositionen hält, ist es darauf angewiesen, überall die „besten Köpfe" für sich zu gewinnen. Das Unternehmen arbeitet mit Universitäten und Fachhochschulen zusammen und interessiert vielversprechende Fachleute schon früh über Stipendien, Praktika und Hilfe bei Studienarbeiten für das Unternehmen. Mit rd. 7 % liegt die Ausbildungsquote, die aus der gesellschaftlichen Verantwortung für die Ausbildung junger Menschen heraus auch in wirtschaftlich schwächeren Zeiten immer aufrechterhalten wurde, kontinuierlich über dem Durchschnitt. Im Rahmen der SMS-Akademie bietet das Unternehmen seinen Mitarbeitern über klassische Schulungsangebote hinaus ein breites Angebot zur persönlichen Weiterbildung. Alle Mitarbeiter sind am Unternehmensgewinn beteiligt.

SMT Scharf

Hochofen, der von dem mehrheitlich zur SMS group gehörenden Unternehmen Paul Wurth errichtet worden ist.

Im Rahmen der Industriebeteiligungen hält die SMS group darüber hinaus eine Mehrheitsbeteiligung von 60 % an der Paul Wurth S.A., Luxemburg, und über 90 % der Anteile an der Elexis AG, Deutschland. Paul Wurth ist als weltweit tätiges Unternehmen führend beim Bau von Hochöfen, Kokereien und umwelttechnischen Einrichtungen für Hüttenwerke. Die Elexis-Gruppe ist mit ihren Tochtergesellschaften Technologieführer für Fertigungsautomatisierung, Antriebstechnik sowie Qualitätskontrolle. Langfristige Planung, solides Finanzmanagement, wertorientiertes Handeln und das Wissen um die Zyklen des Maschinen- und Anlagenbaus bestimmen seit Jahrzehnten die Geschäftspolitik des Verbunds.

Daten und Fakten

Branche: Anlagen- und Maschinenbau
Produkte: Anlagen und Maschinen für die Herstellung und Verarbeitung von Stahl und NE-Metallen, einschließlich Elektrik und Automation sowie Service
Marktposition: eines der international führenden Unternehmen auf dem Gebiet des metallurgischen Anlagen- und Maschinenbaus
Umsatz: 3,49 Mrd. Euro (2013)
Mitarbeiter: 13.871 (2013)
Ausbildungsquote: 7 %
Standorte: Produktionsstätten, Vertretungen und Servicezentren weltweit
Gründer: Carl Eberhard Weiss, 1871, Siegen
Eigentümer: Familie Weiss

Kontakt
SMS Holding GmbH
Eduard-Schloemann-Str. 4, 40237 Düsseldorf
Fon: 0211 881-0, Fax: 0211 881-4902
communications@sms-group.com
www.sms-group.com

Ansprechpartner Presse
Dr. Thomas Isajiw
Fon: 0211 881-4127
thomas.isajiw@sms-group.com

SMT Scharf

Hamm, Nordrhein-Westfalen

Gegründet: 1941

Die SMT Scharf AG ist ein führender Anbieter schienengebundener Transportsysteme. Seit 1958 entwickelt und produziert das Unternehmen Einschienen-Hängebahnen. Das Portfolio umfasst auch Schienenflurbahnen, Sessellifte für den Personentransport im Bergbau, Kabelhandlingsysteme und Bandanlagen. Wichtigste Kundenbranchen sind Bergbau und Tunnelbau. Dort ermöglichen Systeme von SMT Scharf den sicheren Transport von Material und Personen auch in explosionsgefährdeter Umgebung. Die Internationalisierung begann 1992 mit der Gründung einer Tochtergesellschaft in Polen, seit 2012 wird auch in China produziert. SMT Scharf ist seit 2007 börsennotiert. 2013 wurden 63,25 Mio. Euro umgesetzt. Die Gruppe beschäftigt rd. 300 Mitarbeiter. Vorstandsvorsitzender ist Christian Dreyer.

Kontakt
SMT Scharf AG
Römerstr. 104, 59075 Hamm
www.smtscharf.com

SMS group im Internet

Sonotronic

Sonotronic

Karlsbad, Baden-Württemberg

Gegründet: 1974

Die Sonotronic Nagel GmbH fertigt Anlagen und Komponenten im Segment der Kunststoffverbindungstechnologie. Weltweit zählt das Unternehmen zu den drei größten Anbietern von Ultraschallschweißanlagen. Die Standard- und Sondermaschinen zum Ultraschallschweißen und -stanzen kommen insbesondere in der Automobilindustrie zum Einsatz. Zur Produktpalette gehören weiterhin Ultraschallsysteme für die Verpackungs- und Textilindustrie sowie für die Umwelttechnik. Das Unternehmen beschäftigt über 260 Mitarbeiter. Produktionsstandorte des international vertretenen Unternehmens sind Deutschland, Spanien und die USA. Die Sonotronic Nagel GmbH wird in 2. Generation von dem geschäftsführenden Gesellschafter Ingo Nagel geleitet.

Kontakt
Sonotronic Nagel GmbH
Becker-Göring-Str. 17-25, 76307 Karlsbad
www.sonotronic.de

SPAX International

Ennepetal, Nordrhein-Westfalen

Am Produktionsstandort von SPAX in Ennepetal arbeiten rd. 500 Mitarbeiter.

Gegründet: 1967 (Markteinführung SPAX)

Die SPAX hat seit ihrer Markteinführung 1967 als „Spanplattenschraube mit Kreuzschlitz" Maßstäbe in der Verbindungstechnik gesetzt. Heute produziert die SPAX International GmbH & Co. KG am Firmen- und Produktionsstandort Ennepetal mit ca. 500 Mitarbeitern bis zu 50 Mio. Schrauben pro Tag. Aufgrund der hohen Qualiät und zahlreicher Innovationen ist die SPAX für viele Heim- und Handwerker in aller Welt der Inbegriff der modernen Schraube. Zu den Kunden zählen darüber hinaus auch die Industrie, Planer und Architekten.

Die SPAX wird in unzähligen Produktvarianten in verschiedensten Abmessungen, Ausführungen und Verpackungseinheiten produziert: Speziell abgestimmt auf die Kundenwünsche in Industrie, Handwerk und DIY-Bereich. Erhältlich ist das Markenprodukt für den Profi-Verarbeiter im Fachhandel und für den Heimwerker in Baumärkten. Tochterunternehmen und Länderpartner in Europa

Täglich werden bis zu 50 Mio. SPAX Schrauben produziert und in der charakteristischen grünen Packung vertrieben.

Gesellschaftliche Verantwortung

Gesellschaftliches Engagement und soziale Verantwortung gehören zum Selbstverständnis des mittelständischen Unternehmens SPAX International. Seit vielen Jahren engagiert sich das Unternehmen deshalb in Sachen Ausbildung und Nachwuchsförderung – z. B. mit einer eigenen Lehrwerkstatt. Auch die aktive Handwerksförderung steht auf der Agenda: Zimmerer und Tischler werden von SPAX bei Berufs-Wettbewerben und durch den Existenzgründerpreis unterstützt. SPAX International gehört deshalb auch zu den aktiven Leistungspartnern von „Holzbau Deutschland".

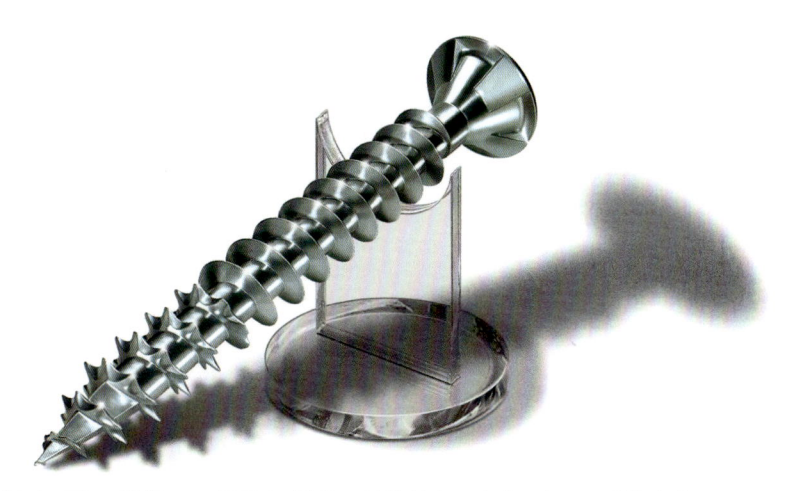

SPAX International

Die SPAX hat seit ihrer Einführung 1967 den Weltmarkt für Universalschrauben revolutioniert.

und Übersee sorgen für einen reibungslosen Vertrieb.

SPAX wurde von Anfang an konsequent als Qualitätsmarke aufgebaut und ausschließlich unter dem Markennamen SPAX in der charakteristischen grünen Verpackung verkauft. Ein entscheidendes Qualitätsmerkmal in dem Zusammenhang war und ist für das Unternehmen das „Made in Germany": Die hohen Qualitätsstandards der SPAX lassen sich am heimischen Standort mit qualifizierten, erfahrenen Fachkräften optimal umsetzen und kontrollieren.

SPAX International ist Teil der ALTENLOH, BRINCK & CO-Gruppe (ABC-Gruppe), zu der außerdem die eigenständigen Unternehmensbereiche ABC Umformtechnik, AZ Ausrüstung und Zubehör sowie die SABEU GmbH & Co. KG gehören. Die Firma Altenloh, Brinck & Co. begann 1823 als erstes deutsches Unternehmen mit der industriellen Herstellung von Schrauben. Die gesamte ABC-Gruppe erreicht mit der Baustoff, Möbel und Kunststoff verarbeitenden Industrie, dem holzverarbeitenden Handwerk und dem stark wachsenden Do-it-yourself-Bereich jährlich einen Umsatz von rd. 250 Mio. Euro.

Daten und Fakten

Branche: Verbindungstechnik
Produkte: Schrauben und weitere Verbindungselemente/Spezialkomponenten
Umsatz: ca. 160 Mio. Euro (ca. 250 Mio. Euro in der Unternehmensgruppe)
Mitarbeiter: ca. 500 (ca. 1.500 in der gesamten Unternehmensgruppe)
Standorte: Produktion in Ennepetal; Vertriebsgesellschaften in Spanien, Großbritannien, Frankreich, Polen, der Türkei, Hongkong, Australien und den USA
Vertrieb: weltweit über den Fachhandel und Baumärkte

Kontakt

SPAX International GmbH & Co. KG
Kölner Str. 71-77, 58256 Ennepetal
Fon: 02333 799-0, Fax: 02333 799-199
info@spax.com, www.spax.com

Schon gewusst?

Mit dem zertifizierten Herkunftsnachweis „Made in Germany" zeichnet der TÜV NORD Unternehmen aus, die sich dem deutschen Standort besonders verpflichtet fühlen. In einem aufwendigen Prüfverfahren am Produktionsstandort wurden die SPAX Verbindungselemente mit dem Siegel „Made in Germany" zertifiziert. Damit wird den Kunden der Marke SPAX ein hohes Maß an Sicherheit, Qualität und Kontinuität garantiert.

Vom TÜV NORD wurde SPAX mit dem zertifizierten Herkunftsnachweis „Made in Germany" ausgezeichnet.

SPAX International im Internet

Spelsberg

Spelsberg
Schalksmühle, Nordrhein-Westfalen

els spelsberg

Geschäftsführer Holger Spelsberg und Till Fastabend (v.l.); Hauptsitz von Spelsberg in Schalksmühle.

Gegründet: 1904

Die Günther Spelsberg GmbH & Co. KG ist ein marktführendes Unternehmen der Elektroindustrie und auf Elektroinstallations- und Gehäusetechnik spezialisiert. Die Produktpalette umfasst heute über 5.000 Serien- und Sonderprodukte, von Abzweigdosen, Kleinverteilern, Reihenklemmen-, Zähler- und Industriegehäusen bis hin zu komplexeren elektrotechnischen Lösungen für die Industrie. Weltmarktführer ist Spelsberg im Bereich wassergeschützter Kleinverteiler und brandgeschützter Abzweigdosen. Spelsbergs Kunden sind das Elektrofachhandwerk, der Elektrofachgroßhandel und die Industrie aus verschiedenen Branchen, z. B. aus der Automatisierungstechnik oder dem Maschinenbau. Für den Vertrieb sorgen ein eigener Außendienst in Deutschland, 5 Tochtergesellschaften in Europa sowie Partner in über 50 Ländern weltweit. Das in der 4. Generation geführte mittelständische Unternehmen produziert im sauerländischen Schalksmühle und im thüringischen Buttstädt und beschäftigt international rd. 450 Mitarbeiter. Der jährliche Umsatz liegt bei ca. 70 Mio. Euro.

Brandgeschützte Installationstechnik vom Weltmarktführer Spelsberg

Meilensteine

1904 Ernst Spelsberg und Walther Kaiser gründen das Unternehmen unter dem Namen Kaiser & Co.

1926 Die ersten Feuchtraumdosen entstehen – damals noch aus Gusseisen.

1941 Das Unternehmen konzentriert sich auf Produkte der feuchtraumgeschützten Elektroinstallation.

1948 Zum ersten Mal nimmt die Firma an der Industriemesse Hannover teil.

1956 Die Wege von Kaiser und Spelsberg trennen sich. Das Unternehmen firmiert nun unter dem heutigen Namen: Günther Spelsberg.

1990er-Jahre Am Hauptsitz zieht Spelsberg ins Gewerbegebiet Ramsloh, außerdem wird ein zweites Werk in Buttstädt, Thüringen, eröffnet.

2001 Die Produktion von Systemen der brandgeschützten Elektroinstallation beginnt.

2011 Das neue Verwaltungsgebäude in Schalksmühle wird gebaut, auch das Werksgelände Buttstädt wächst.

Gegründet wurde das Unternehmen im Jahr 1904 von Ernst Spelsberg und Walther Kaiser, die anfangs unter dem Namen Kaiser & Co. firmierten und Isolierrohr fertigten. Im Jahr 1926 wurden die ersten Feuchtraumdosen hergestellt, damals noch aus Gusseisen. Zwei Jahre später übernahm Günther Spelsberg die Geschäftsführung, der Betrieb firmierte nun unter Kaiser & Spelsberg.

Im Laufe der 1930er-Jahre erschloss sich das Unternehmen mit Bakelit die ersten Kunststoffe, etwa für Abzweigdosen. Nach dem Zweiten Weltkrieg trennten sich die

Wege von Kaiser und Spelsberg. Seit 1956 als Günther Spelsberg GmbH + Co. KG aktiv, erweiterte das Unternehmen stetig sein Produktportfolio.

Daten und Fakten

Branche: Elektroinstallations- und Gehäusetechnik
Produkte: Über 5.000 elektrotechnische Serien- und Sonderprodukte
Marktposition: Marktführer für wassergeschützte Kleinverteiler und brandgeschützte Abzweigdosen
Umsatz: 70 Mio. Euro (2014)
Mitarbeiter: 450
Ausbildungsquote: 4,5 %
Standorte: Schalksmühle und Buttstädt
Exportquote: 30 %
Gründer: Ernst Spelsberg und Walther Kaiser
Eigentümer: Familienbesitz in 4. Generation

Kontakt

Günther Spelsberg GmbH + Co. KG
Im Gewerbepark 1, 58579 Schalksmühle
Fon: 02355 892-0, Fax: 02355 892-299
info@spelsberg.de, www.spelsberg.de

SPIR STAR

Rimbach-Mitlechtern, Hessen

Gegründet: 1989

Die SPIR STAR Druckschläuche AG entwickelt und produziert im Odenwald spiralisierte thermoplastische Höchstdruckschläuche, die bis 3.200 bar Arbeitsdruck einsetzbar sind und Innendurchmesser von 3 bis 25 mm haben. Das Unternehmen hält weltweit einen Marktanteil von 30 % in diesem Segment. Das technische Know-how für das Nischenprodukt wurde seit 1981 entwickelt, die Ausgliederung als Unternehmen erfolgte 1989. Die Internationalisierung begann in Frankreich, es folgten die USA und Singapur. Seit 2014 ist SPIR STAR mit einer eigenen Gesellschaft in China vertreten.

Das mittelständische Unternehmen beliefert Kunden aus den Bereichen Höchstdruck-Wasserstrahl-Industrie, Höchstdruck-Hydraulik, Automobilbau sowie Öl- und Gas-Produktion. Im Wasserstrahlbereich, der für mehr als 50 % des Umsatzes steht, werden SPIR-STAR-Schlauchleitungen für unterschiedliche Reinigungsanforderungen, bei der Betonsanierung und in der Wasserstrahlschneidtechnik eingesetzt. Ein spezielles Fertigungsverfahren vermindert den Abrieb, was die Lebensdauer der Schläuche beim Einsatz in der Rohrreinigung erhöht. Zwei Armaturenserien eignen sich für den Einsatz in engen Rohren wie z. B. in Wärmetauschern. Sie sind kürzer als üblich, sodass Rohre mit Biegungen leichter zu reinigen sind.

Die rd. 90 Mitarbeiter erwirtschafteten 2013 einen Umsatz von 16 Mio. Euro. Der Auslandsanteil von 80 % wird mit den eigenen Landesgesellschaften sowie 33 Vertriebspartnern realisiert. Geschäftsführer von SPIR SPAR ist Jochen Helfrich.

Kontakt

SPIR STAR Druckschläuche AG
Auf der Rut 3, 64668 Rimbach-Mitlechtern
Fon: 06253 9889-50, Fax: 06253 9889-33
info@spirstar.de, www.spirstar.de

Sprimag

Kirchheim/Teck, Baden-Württemberg

Gegründet: 1925

Die Sprimag Spritzmaschinenbau GmbH & Co. KG stellt automatische Lackieranlagen zur Innen- und Oberflächenbeschichtung her und gehört zu den weltweit führenden Anbietern. Das Unternehmen hat sich auf die Projektierung, Konstruktion und Fertigung

Spelsberg im Internet

S

PR

schlüsselfertiger Anlagen spezialisiert. Zu den Kundenbranchen zählen die Automobilbranche und Automobilzulieferer, die Kosmetikindustrie, Elektronikindustrie sowie die Metallverpackungsindustrie. Das Unternehmen gehört zur Sprimag-Gruppe, die mit rd. 550 Mitarbeitern ca. 65 Mio. Umsatz im Jahr erwirtschaftet und über je eine Niederlassung in den USA und Brasilien verfügt. Die Kirchheimer Firma wird von Joachim Baumann und Philippe Nollet geleitet.

Kontakt

Sprimag Spritzmaschinenbau GmbH & Co. KG
Henriettenstr. 90, 73230 Kirchheim/Teck
www.sprimag.de

Springer

Berlin

Gegründet: 1842

Die Springer Fachverlagsgruppe zählt zu den international führenden Wissenschaftsverlagen und ist in den fünf Themenbereichen Medizin, Technik, Wissenschaft, Wirtschaft und Verkehr mit einem umfangreichen Titelprogramm vertreten. Zum Portfolio zählen rd. 2.200 englischsprachige Zeitschriften, über 8.400 Buchtitel im Jahr 2013 sowie mehr als 160.000 Titel in der eBook Collection. Mit mehr als 450 Open-Access-Zeitschriften (frei zugänglichen Zeitschriften) unterhält Springer das umfangreichste Open-Access-Portal weltweit. Im Jahr 2013 sorgten die international aktiven Mitarbeiter für einen Umsatz von rd. 943 Mio. Euro. Zu den Kunden des im Jahr 1842 von Julius Springer gegründeten Fachverlags zählen Wissenschaftler unterschiedlichster Disziplinen, Studenten und Mediziner rund um den Globus.

Kontakt

Springer Science + Business Media
Deutschland GmbH
Heidelberger Platz 3, 14197 Berlin
www.springer.com

S+S

Schönberg, Bayern

Gegründet: 1976

Die S+S Separation and Sorting Technology GmbH ist ein international agierender Entwickler und Hersteller von Detektions-, Separations- und Sortiersystemen. Die Kunden von S+S kommen u. a. aus der produzierenden Industrie und der Recycling-Industrie. Bei Fertigungsprozessen werden mit Geräten von S+S Fremdkörper (z. B. Metalle), fehlerhafte Produkte oder Produkte mit Defekten erkannt und aus dem Produktionsprozess entfernt. In der Recycling-Industrie werden S+S Sortiersysteme eingesetzt, um aus gemischten Förderströmen einheitliche Fraktionen zu gewinnen, und tragen damit entscheidend dazu bei, dass Recycling-Materialien wieder profitabel in den Produktionskreislauf zurückgeführt werden können.

Kontakt

S+S Separation and Sorting Technology GmbH
Regener Str. 130, 94513 Schönberg
www.sesotec.com

SSB Wind Systems

Salzbergen, Niedersachsen

Gegründet: 1970

SSB Wind Systems GmbH & Co. KG ist einer der Pioniere in der Windindustrie. Seit über 20 Jahren entwickelt das Unternehmen ausgereifte Produkte für Antriebs- und Steuerungssysteme – und das sowohl on- als auch offshore. Bislang hat SSB Wind Systems weltweit mehrere Tausend elektrische Pitchsysteme erfolgreich installiert. Auf der Basis selbst entwickelter Technologien und Komponenten werden maßgeschneiderte Systeme für Windenergieanlagen konstruiert und gemeinsam mit den Kunden in die Anlagen integriert. Im Markt ist SSB Wind Systems bekannt für die Erfahrung in der Windbranche und die Zuverlässigkeit der Systeme, auch unter extremen Umgebungsbedingungen. Abgerundet wird das Leistungsportfolio des Unternehmens durch ein umfangreiches Serviceangebot. In Salzbergen sind rd. 290 Mitarbeiter beschäftigt. Weitere Standorte sind in China, Indien und Korea.

Kontakt

SSB Wind Systems GmbH & Co. KG
Neuenkirchener Str. 13, 48499 Salzbergen
www.ssbwindsystems.de

Stabilus

Koblenz, Nordrhein-Westfalen

Gegründet: 1934

Die Stabilus GmbH ist Weltmarktführer für Gasfedern, Dämpfer und elektromechanische Antriebe. In der Automobilbranche liegt der Marktanteil bei 70 %, im Industriebereich bei rd. 35 %. Mit einem dichten Service- und Vertriebsnetz und elf Produktionsstätten ist Stabilus international aktiv. Der weltweit tätige Innovationsführer entwickelt seine Produkte nach den Bedürfnissen der Kunden und ist als Systemlieferant auch verantwortlich für die reibungslose Integration der Produkte in das Gesamtsystem, z. B. im Auto. Durch Stabilus-Produkte wird z. B. die Bedienung von Klappen (Motorhaube oder Heckklappe beim Auto) oder Geräten der Medizin- und Reha-Technik leichter. Das Traditionsunternehmen feierte 2014 seinen erfolgreichen Börsengang und sein 80. Firmenjubiläum.

Kontakt

Stabilus GmbH
Wallersheimer Weg 100, 56070 Koblenz
www.stabilus.de

STAEDTLER

STAEDTLER

Nürnberg, Bayern

Gegründet: 1835

Die STAEDTLER Mars GmbH & Co. KG mit Sitz in Nürnberg ist eines der ältesten Industrieunternehmen und einer der ältesten Hersteller von Schreibgeräten in Deutschland. STAEDTLER ist der größte Hersteller von holzgefassten Stiften, Folienstiften, Radierern, Feinminen und Modelliermassen in Europa. Mit seinen Produkten beliefert STAEDTLER Händler in 150 Ländern und erzielt eine Exportquote von fast 80 %. 2013 belief sich der Jahresumsatz auf 276 Mio. Euro.

Das Unternehmen hat 6 Produktionsstandorte, davon 3 in Deutschland und weltweit über 20 Vertriebsniederlassungen. STAEDTLER legt Wert auf das Qualitätsmerkmal „Made in Germany" und beschäftigt von den insgesamt mehr als 2.000 Mitarbeitern rd. 1.300 in Deutschland. Größter Standort ist der Hauptsitz des Unternehmens in Nürnberg, wo das komplette Lumocolor- und triplus-Sortiment, nahezu alle Farb- und Bleistiftminen, die STAEDTLER Tinten sowie ein Großteil der Tintenschreibgeräte gefertigt werden.

1835 wurde das Unternehmen vom Bleistiftmacher Johann Sebastian Staedtler gegründet. Seit dem Jahr 1997 werden sämtliche Anteile der STAEDTLER Gruppe von der STAEDTLER Stiftung gehalten. Zweck der Stiftung ist die wissenschaftliche Forschung an inländischen Universitäten und die Unterstützung kultureller Projekte. Mit der Einführung des Weltkindermaltags engagiert sich STAEDTLER für Kinder in Not und übernimmt so Verantwortung für die Zukunft. An diesem Tag malen seit 2008 jedes Jahr Kinder am 6. Mai für Kinder in Not und

S
TA

sammeln so Spenden. Die Geschäftsleitung des Unternehmens obliegt Axel Marx.

Kontakt
STAEDTLER Mars GmbH & Co. KG
Moosäckerstr. 3, 90427 Nürnberg
Fon: 0911 9365-0, Fax: 0911 9365-400
info@staedtler.de, www.staedtler.de

Statex

Bremen

Gegründet: 1978

Die Statex Produktions & Vertriebs GmbH ist Weltmarktführer bei versilberten Flächenwaren. Statex metallisiert Garne, Gewebe, Gewirke und Vliese aus Polyamid mit 99 % reinem Silber. Zusätzlich werden auch Zelte, Taschen und Bekleidung zu Abschirmzwecken angeboten. Wichtige Anwendungsmöglichkeiten ergeben sich aus einigen wesentlichen Eigenschaften: Mit Silber beschichtete Materialien sind antibakteriell und fungizid sowie elektrisch leitend, antistatisch und elektromagnetisch abschirmend. Produkte von Statex schirmen u. a. Kabelschläuche ab, sichern Flugzeugkabinen vor statischer Aufladung oder beschleunigen die Heilung offener Wunden. Auf Grundlage dieses Verfahren machte sich Kurt Bertuleit 1978 selbstständig. Heute wird das Unternehmen von seiner Tochter Claudia Erichsen geleitet. Statex beschäftigt 40 Mitarbeiter und produziert in Deutschland.

Kontakt
Statex Produktions & Vertriebs GmbH
Kleiner Ort 11, 28357 Bremen
www.statex.de

Steca Elektronik

Memmingen, Bayern

Gegründet: 1976

Die Steca Elektronik GmbH ist Marktführer in Bezug auf Produktportfolio und Technologie beiLadereglern für autarke Photovoltaiksysteme. Das Unternehmen ist in den drei Geschäftsfeldern Elektronikdienstleistung, Solarelektronik für Photovoltaik & Solarthermie und Batterie-Ladesysteme aktiv. Kunden sind Großhändler oder Systemintegratoren. Die Produkte werden in allen Formen autarker Energieerzeugung auf Basis von Photovoltaik eingesetzt: von der ländlichen Elektrifizierung über industrielle Anwendungen bis hin zu komplexen Telekommunikationslösungen. Über Vertriebspartner werden Kunden in über 80 Ländern bedient. Der Exportanteil am jährlichen Umsatz von 60 Mio. Euro liegt bei 70 %. Das Familienunternehmen hat seinen Sitz in Memmingen, wo 450 Mitarbeiter in Forschung, Produktion, Vertrieb und Verwaltung tätig sind. Seit 2006 betreibt Steca einen zweiten Produktionsstandort in Bulgarien, an dem 220 Mitarbeiter beschäftigt sind.

1976 war Steca als Fachbetrieb für Batterieladeanlagen gegründet und 1980 von der heutigen Eigentümerfamilie Voigtsberger übernommen worden. Bereits 1990 begann Steca mit der Entwicklung und Produktion von eigenen Solarelektronikprodukten: vom Algorythmus zur exakten Bestimmung des Batterieladezustandes (SOC) bis hin zum ersten Laderegler für Li-Ion- und alkalische Batterien. Steca investiert zwischen 10 und 15 % des Umsatzes in Forschung & Entwicklung, kooperiert u. a. mit dem Fraunhofer-Institut und dem Zentrum für Sonnenenergie- und Wasserstoff-Forschung Baden-Württemberg und hält mehrere Patente.

Stechert

Wilhermsdorf, Bayern

Gegründet: 1954

Die Stechert Gruppe ist Weltmarktführer im Bereich der Sportstättenbestuhlung. So stattete das Unternehmen z. B. vier Stadien der Fußball-Weltmeisterschaft 2014 in Brasilien mit Sitzen aus. Stechert bietet aber auch Tische und Stühle für den Objektbereich, die z. B. in Konzerthallen, Hotels, Hochschulen und Firmenzentralen zum Einsatz kommen. Die Produkte des Unternehmens, das über 200 Mitarbeiter beschäftigt, wurden vielfach mit renommierten Designpreisen ausgezeichnet. Entwicklung, Konstruktion, Produktion, Montage und Versand erfolgen an den drei Standorten Wilhermsdorf, Trautskirchen und Gössnitz auf einem Gesamtareal von über 73.000 m². Das 1954 von Erwin Stechert gegründete Familienunternehmen wird heute von Franz Stegner, Eva-Maria Stechert-Stegner, Erwin Stechert und Matthias Schuh geleitet.

Kontakt
STECHERT Stahlrohrmöbel GmbH
Hubstr. 7, 91452 Wilhermsdorf
www.stechert.de

Steiff

Giengen/Brenz, Baden-Württemberg

Gegründet: 1880

Steiff ist der bekannteste Hersteller hochwertiger Teddybären und Plüschtiere. Margarete Steiff hatte bereits 1877 in Giengen an der Brenz ein Filzkonfektionsgeschäft eröffnet, drei Jahre später erfolgte die Gründung der Margarete Steiff GmbH. Das erste erfolgreiche Produkt war das „Elefäntle", 1902 entwarf Richard Steiff, der Neffe der Gründerin, den ersten Teddybär. Um die eigenen hochwertigen Produkte unverwechselbar zu machen und billige Nachahmer abzuwehren, wurde bereits 1904 das Markenzeichen „Steiff – Knopf im Ohr" entwickelt. Heute bietet Steiff neben Teddybären und anderen Kuscheltieren auch Baby- und Kindermode. Der Vertrieb erfolgt neben dem Einzelhandel auch über eigene Concept Stores und den Online-Shop. Geschäftsführer der Margarete Steiff GmbH ist Daniel Barth.

Kontakt
Margarete Steiff GmbH
Richard-Steiff-Str. 4, 89537 Giengen/Brenz
www.steiff.com

Steinbichler

Neubeuern, Bayern

Gegründet: 1987

Die Steinbichler Optotechnik GmbH ist ein weltweit führender Anbieter von optischer Mess- und Sensortechnik. Die Systeme einschließlich der zugehörigen Softwarelösungen tragen in vielen Anwendungsbereichen dazu bei, die Produktqualität vor allem in sicherheitsrelevanten Branchen wie der Automobil-, Reifen- und Luftfahrtindustrie zu verbessern. Produkte von Steinbichler werden bei zahlreichen namhaften Industrieunternehmen und Forschungseinrichtungen eingesetzt, zu den Kunden zählen z. B. Audi, Bridgestone und Boeing. Der Vertrieb erfolgt weltweit über eigene Niederlassungen und Distributoren. Über 170 Patente belegen die Innovationskraft des Unternehmens, das 1987 von Dr. Hans Steinbichler gegründet wurde.

Kontakt
Steinbichler Optotechnik GmbH
Georg-Wiesböck-Ring 12, 83115 Neubeuern
www.steinbichler.de

Kontakt
Steca Elektronik GmbH
Mammostr. 1, 87700 Memmingen
Fon: 08331 8558-0, Fax: 08331 8558-131
info@steca.de, www.steca.de

Stengel

Stengel

→Ingenieurbüro Stengel

Steuler

Höhr-Grenzhausen, Rheinland-Pfalz

Gegründet: 1908

Die Steuler-Gruppe ist in den Bereichen Industrieller Korrosionsschutz, Anlagenbau/Umwelttechnik und Fliesen aktiv. Beim Industriellen Korrosionsschutz ist das Unternehmen einer der Weltmarktführer. Der Verbund der Bereiche Oberflächenschutz-Systeme, Feuerfest-Systeme und Kunststoff-Technik führt zu einem einzigartigen Komplettangebot an innovativen Auskleidungstechnologien. Im Geschäftsjahr 2012 erwirtschaftete Steuler mit ca. 2.500 Mitarbeitern einen Umsatz von 370 Mio. Euro. Zur Unternehmensgruppe gehören ca. 25 nationale und internationale Niederlassungen und Vertretungen. Das Familienunternehmen wurde 1908 von Georg Steuler gegründet. 2009 übernahm Steuler die Geschäftsaktivitäten der in Siershahn ansässigen Keramchemie. Der gesamte Korrosionsschutzbereich wird seitdem in der STEULER-KCH GmbH gebündelt.

Kontakt

Steuler Holding GmbH
Georg-Steuler-Straße, 56203 Höhr-Grenzhausen
www.steuler.de

STIHL

Waiblingen, Baden-Württemberg

»Unser Ziel ist es, dass STIHL ein Unternehmen der Nachkommen des Firmengründers Andreas Stihl, meines Vaters, bleibt.«

Hans Peter Stihl, Gesellschafter und Ehrenvorsitzender des Beirats

Gegründet: 1926

Die ANDREAS STIHL AG & Co. KG gehört zu den weltweit führenden Herstellern handgetragener Motorgeräte. Seit 1971 vertreibt das Familienunternehmen unter dem Namen STIHL die meistverkaufte Motorsägenmarke überhaupt. Auch im Segment der Trennschleifer belegt die Gruppe auf dem Weltmarkt die Spitzenposition. Weitere Arbeitsgeräte wie Motorsensen, Blasgeräte und Heckenscheren, die per Hand zu tragen und zu bedienen sind, ergänzen das Portfolio. Zur Produktpalette zählen zudem Betriebsstoffe, Artikel der persönlichen Schutzausrüstung sowie Zubehörteile aller Art. Die Produkte dienen der Garten- und Landschaftspflege sowie der Forst-, Bau- und Landwirtschaft und dem anspruchsvollen Privatanwender. Der Vertrieb an die zahlreichen über den ganzen Globus verteilten Endkunden erfolgt über 34 eigene Marketing- und Vertriebsgesellschaften sowie rd. 120 Importeure, die in über 160 Ländern der Welt aktiv sind. Produziert wird in Deutschland, den USA, Brasilien, China, Österreich und der Schweiz.

In einem eigenen Entwicklungszentrum mit über 500 Mitarbeitern sowie durch

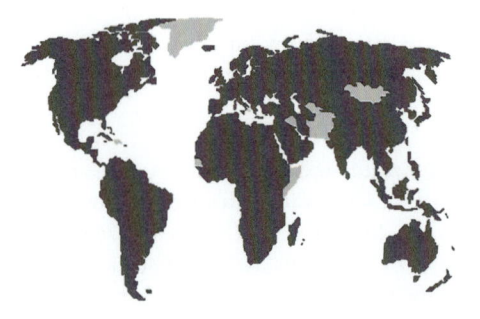

Das Familienunternehmen STIHL ist weltweit präsent.

STIHL

STIHL hat das Produktprogramm um ein umfangreiches Akku-Sortiment erweitert.

zahlreiche weitere Forschungs- und Entwicklungsaktivitäten arbeitet STIHL beständig an neuen Lösungen rund um die motorbetriebenen Werkzeuge. Als einziger Hersteller in diesem Produktbereich greift STIHL auf Schneidwerkzeuge wie Führungsschienen und Ketten zurück, die der eigenen Entwicklung und Herstellung entstammen. Seit 2009 ist die Akku-Produktpalette des Unternehmens stark angewachsen. Mit der elektonisch gesteuerten Einspritzung, der STIHL Injection, trägt STIHL einen wesentlichen Teil zur zukunftsweisenden Motorentechnik bei. Für die Zukunft sieht sich die Gruppe durch die Präsenz in wichtigen asiatischen Zukunftsmärkten wie Indien oder China mit eigenen Tochtergesellschaften gut gerüstet.

Gegründet wurde das Unternehmen im Jahr 1926 durch Andreas Stihl als Maschinenfabrik A. Stihl in Bad Cannstatt. 1929 brachte STIHL die erste Baumfällmaschine auf den Markt. Ein weiterer Meilenstein in der Entwicklung war 1950 die Einführung der ersten Einmann-Benzin-Motorsäge der Welt. Bereits 1931 legte Andreas Stihl den Grundstein für die internationale Expansion, indem er namhafte Stückzahlen der Baumfällmaschine nach Russland und in die USA exportierte. Nach dem Tod des Unternehmensgründers übernahmen 1973 dessen Kinder Eva Mayr-Stihl

In der eigenen Produktion (oben) bildet STIHL auch aus (Mitte), zudem unterhält STIHL eine Forschungs- und Entwicklungsabteilung (unten).

Berühmte Erfinder: Andreas Stihl

In der Jugendzeit des 1896 in Zürich geborenen Firmengründers Andreas Stihl vollzog sich ein technischer Umbruch, der auch vor rudimentären Handwerksmitteln wie der Säge nicht haltmachte. Der Einzug elektrischer Motoren bedeutete für das Trennwerkzeug sicher den größten Einschnitt seit der Einführung des Stahls im 15. Jh. Als Andreas Stihl 1926 seine Maschinenfabrik gründete, ahnte er noch nicht, dass seine Entwicklungen für die Zukunft der Säge wegbereitend sein sollten. Zu den ersten Produkten des Werks gehörten Vorfeuerungsanlagen und Waschmaschinen. Doch bereits im Gründungsjahr entwickelte Andreas Stihl eine Ablängkettensäge mit Elektromotor. Sie war für den Einsatz auf Rundholzplätzen vorgesehen und musste von zwei Personen bedient werden. Im Gegensatz zu den handlichen Motorgeräten wie der Kettensäge und dem Trennschleifer, wie wir sie heute kennen, brachte die Säge stolze 48 kg, also fast einen Zentner, auf die Waage. Trotzdem war damit der erste Schritt in einer Entwicklung von Motorgeräten getan, an der Ingenieure und Konstrukteure bis heute arbeiten, um die Waldarbeit zu erleichtern.

STIHL

Meilensteine

1926 Unternehmensgründung durch Andreas Stihl

1944 Verlagerung der Produktion nach Waiblingen/Neustadt

1950 STIHL bringt die erste Einmann-Benzinmotorsäge BL auf den Markt.

1973 Mit Hans Peter Stihl und Eva Mayr-Stihl übernimmt die 2. Generation die Firmenleitung.

1974 In der Schweiz und den USA gründet STIHL Produktionsniederlassungen.

1992 Übernahme der Firma VIKING durch die STIHL-Gruppe

2002 Rückzug der Familie aus dem operativen Management

2006 In China wird das erste Produktionswerk eröffnet.

2008 Erwerb des Vergaserherstellers ZAMA

2012 Dr. Nikolas Stihl übernimmt zum 1. Juli den Vorsitz von Beirat und Aufsichtsrat der STIHL Unternehmensgruppe.

STIHL ist die meistverkaufte Motorsägenmarke, Gesellschafter des Unternehmens ist die Familie Stihl.

ANDREAS STIHL AG & Co. KG im Internet

Im Jahr 2013 erwirtschaftete die Gruppe mit weltweit 13.844 Mitarbeitern einen Umsatz von 2,81 Mrd. Euro. Der Auslandsanteil des Umsatzes lag im gleichen Jahr bei 89,9 %.

Daten und Fakten

Branche: Metall- und Elektroindustrie
Produkte: tragbare Motorgeräte und Zubehör
Umsatz: 2,81 Mrd. Euro, davon 89,9 % im Ausland (2013)
Mitarbeiter: 13.844 weltweit, davon 4.118 in Deutschland (2013)
Ausbildungsquote: 4,8 % (2013)
Innovationen: Fliehkraftkupplung (1936), Benzinmotorsäge Contra (1959), Antivibrationssystem (1964), QuickStop-Kettenbremse für Motorsägen (1972), Katalysator für Motorsägen (1988), 4-MIX-Motor (2002), MS 280-I – weltweit erste Motorsäge mit intelligentem Motormanagement (2006), Akku-Produkte (Heckenschere 2009, Motorsäge 2010), MS 661 C-M mit M-Tronic – die leichteste Motorsäge ihrer Hubraumklasse (2013), Gesteinschneider (2013)
Patente: über 2.000
Gründer: Andreas Stihl, 1926, Stuttgart-Bad Cannstatt
Auszeichnungen: „Preis Soziale Marktwirtschaft" für Geschwister Stihl (Konrad-Adenauer-Stiftung, 2009); „AGP Sterne 2013" für die partnerschaftliche Unternehmenskultur und die beispielhafte Mitarbeiterkapitalbeteiligung (AGP – Bundesverband Mitarbeiterbeteiligung, 2013); „Deutschlands attraktivster Arbeitgeber 2014" im Bereich Fertig- und Gebrauchsgüter (Focus-Studie, 2014)

und Hans Peter Stihl die Firmenleitung, einige Zeit später stieg auch Dr. Rüdiger Stihl mit in die Geschäftsführung ein. Seit 2002 leitet ein familienfremder Vorstand das operative Geschäft. Am 30. Juni 2012 erfolgte ein weiterer Generationswechsel: Hans Peter Stihl legte seinen Vorsitz im Beirat und Aufsichtsrat nieder. Neuer Vorsitzender der beiden Gremien wurde sein Sohn, Dr. Nikolas Stihl. Stellvertretende Vorsitzende des Beirats bleibt weiterhin Eva Mayr-Stihl. Hans Peter Stihl ist Ehrenvorsitzender beider Gremien und bleibt persönlich haftender Gesellschafter der STIHL HOLDING AG & Co. KG.

Kontakt

ANDREAS STIHL AG & Co. KG
Postfach 1771, 71307 Waiblingen
Fon: 07151 26-0, Fax: 07151 26-1140
info@stihl.de, www.stihl.de

Ansprechpartner Presse

Katharina Edlinger
Fon: 07151 26-1603
katharina.edlinger@stihl.de

Stöbich Brandschutz

Stöbich Brandschutz

Goslar, Niedersachsen

Innovationen für Ihre Sicherheit!

Gegründet: 1980

Die Stöbich Brandschutz GmbH entwickelt, fertigt und installiert weltweit Sonder- sowie Serienlösungen im Bereich des baulichen Brandschutzes und zählt zu den innovativsten und international führenden Vertretern der Branche. Seit 1980 setzt das Goslarer Familienunternehmen Akzente im Bereich der Abschottungssysteme gegen Feuer und Rauch. Die Entwicklung begann vor über 30 Jahren mit der Erfindung der ersten Feuerschutzabschlüsse für ungetrennt durchlaufende Transportsysteme. Heute bietet Stöbich vielfältige Abschottungsmöglichkeiten für nahezu jede Art von bahngebundenen Förderanlagen im Bereich der Intralogistik. Neben der Sparte der Förderanlagenabschlüsse ist Stöbich seit mittlerweile 20 Jahren ebenfalls Spezialist und Marktführer in Sachen textiler Brandschutz. Unter Einsatz modernster Hochleistungsgewebe entstehen am niedersächsischen Produktionsstandort unterschiedlichste textile Brandschutzlösungen für zahlreiche Anwendungsbereiche. Vorhangsysteme von Stöbich bedeuten unsichtbaren Brandschutz für offene Raumkonzepte und maximale Gestaltungsfreiheit für Architekten. Vor allem hinsichtlich der Größe möglicher Abschottungsflächen und der variablen Einbaumöglichkeiten bieten die Vorhänge viele Vorteile. Zudem erfüllen sie höchste ästhetische und architektonische Ansprüche an Gebäudekonzepte, was zahlreiche Preise und Auszeichnungen belegen.

Stöbich Brandschutz ist weltweiter Pionier und Innovationsführer. Mit insgesamt 126 angemeldeten Patenten und Marken wurden bislang 11 Weltneuheiten international erfolgreich in die Märkte eingeführt. Von Goslar

Brandschutz made in Germany: Stöbich produziert ausschließlich in Deutschland am Standort Goslar.

Meilensteine

1980 Feuerschutzabschluss für durchlaufende Fördersysteme, Rohrabschottung ohne Behinderung des Förderstroms

1992 Brandschutzisoliertür für Kühl- und Gefrierräume

1993 Automatische Rauchschürze bis 50 m Breite aus einem Stück

1995 Feuerschutzstapeltor „Omnicompact"

1996 Textiler Feuerschutzvorhang bis 30 m Breite

2000 Textiler Rauchschutzvorhang für große Öffnungen

2008 Textiler Feuerschutzvorhang über Eck (raumbildend)

2010 Isolierender Feuerschutzvorhang ohne Kompensationsmaßnahmen

2011 Versteckter Feuerschutzvorhang „Hidden Shield" ohne Führungsschienen

2013 Mechanisch robuster textiler Feuerschutzvorhang (Hose-Stream-fähig nach UL-Standard)

S
TO

»Innovationen für Ihre Sicherheit«

Firmenclaim

Stöbich Brandschutz, mit Zentrale im niedersächsischen Goslar, wird von Unternehmensgründer Dr.-Ing. Jochen Stöbich (r.) und Geschäftsführer Dr.-Ing. Hendrik Rust geleitet.

Stöbich Brandschutz

STO

Verarbeitung modernster Hochleistungstextilien auf der größten Portal-Nähmaschine der Welt

Baulicher Brandschutz von Stöbich bietet vielfältigste Lösungen für nahezu alle Anforderungen.

aus ist Stöbich heute mit 11 eigenen Vertriebsgesellschaften und ausgewählten Partnern in über 50 Ländern global tätig. Der Exportanteil liegt bei ca. 45 %. Von der Standardkonstruktion bis zur Sonderlösung bietet Stöbich Kompetenz in Planung und Beratung sowie professionelle Betreuung in allen Projektphasen, von der Maßaufnahme bis zur objektbezogenen Konstruktion mit allen Details sowie der Koordination mit Planern, Bauunternehmen oder Fördertechnikherstellern.

Die Stöbich-Unternehmensgruppe umfasst sowohl vor- als auch nachgelagerte Bereiche der eigentlichen Wertschöpfung. Zum Firmenverbund gehören deutschlandweit 10 Unternehmen aus den Bereichen Steuerungselektronik, Gewebeentwicklung und -konfektionierung, optische Messtechnik, Brandschadensanierung sowie Service und Wartung – mit der Stöbich Brandschutz GmbH als zentralem Kern der Gruppe. Geleitet wird das Unternehmen von Dr.-Ing. Jochen Stöbich, der die Firma 1980 gründete, und Dr.-Ing. Hendrik Rust, der als erfahrener externer Manager zur Nachfolge in die Geschäftsführung bestellt wurde.

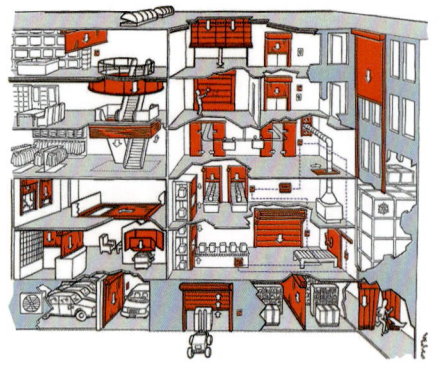

Versteckter und weltweit erster Feuerschutzvorhang ohne Führungsschienen (oben), horizontal schließender Feuerschutzvorhang für große Deckenöffnungen (Mitte), Feuerschutzabschluss für obenliegende Fördertechnik (unten)

Daten und Fakten

Branche: Vorbeugender baulicher Brandschutz
Produkte: Feuerschutzabschlüsse im Zuge bahngebundener Förderanlagen (Förderanlagenabschlüsse), Textile Feuer- und Rauchschutzvorhänge, Textile Rauchschutzabschlüsse, Feuerschutztüren/-tore, Rohrabschottungen, Brandschutzhauben für Elektronikgeräte, Steuerungen, Feststellanlagen, Rauchschutzzentralen, Ersatzstromversorgung
Marktposition: führende Position im Bereich des baulichen Brandschutzes
Umsatz: ca. 46 Mio. Euro (2013)
Mitarbeiter: ca. 360 (2013)
Standorte: 4 Produktionsstandorte in Deutschland, 11 eigene Vertriebsgesellschaften und Partner in über 50 Ländern
Exportquote: ca. 45 %
Gründer: Dr.-Ing. Jochen Stöbich, 1980, Goslar

Forschung und Innovation

Firmengründer Dr.-Ing. Jochen Stöbich ist Stifter des Kaiser-Friedrich-Forschungspreises und möchte damit vor allem die angewandte Forschung als Gemeinschaftsaufgabe mittelständischer Unternehmen im Bereich der optischen Technologien vorantreiben. Er ist davon überzeugt, dass dem Werkzeug Licht als Querschnittstechnologie und wichtiger Schlüssel für Innovationen in zahlreichen Wirtschaftszweigen eine besondere Bedeutung zukommt. Gefördert werden Ergebnisse aus der Forschung, die ein hohes Innovationspotenzial für technische und naturwissenschaftliche Entwicklungen und eine deutliche Perspektive für die Umsetzung in neue Produkte oder Verfahren erkennen lassen. Der Preis ist mit 15.000 Euro dotiert.

Stöbich Brandschutz GmbH im Internet

Storopack

Kontakt
Stöbich Brandschutz GmbH
Pracherstieg 6, 38644 Goslar
Fon: 05321 5708-0, Fax: 05321 5708-50
info@stoebich.de, www.stoebich.de

Ansprechpartner Presse
Olaf Grunenberg
Fon: 05321 5708-585
o.grunenberg@stoebich.de

Storopack

Metzingen, Baden-Württemberg

Meilensteine

1874 Johannes Reichenecker gründet in Backnang eine Gerberei.

1959 Erste Produktion von Formteilen aus Styropor®

1978 Beginn der Aktivitäten in den USA

1982 Mit der Beendigung des Ledergeschäfts laufen alle Aktivitäten unter dem Dach der Storopack Hans Reichenecker GmbH & Co.

2000 Storopack produziert Verpackungsformteile jetzt auch in China.

2010 Einführung von „Perfect Protective Packaging"

2012 Einführung einer Produktplattform „Packness" für Endverbraucher mit den Produkten AIRmove® und FOAMmove®

Gegründet: 1874

Die Storopack Hans Reichenecker GmbH ist ein weltweit führender Spezialist für Schutzverpackungen und technische Formteile. Bei Schutzverpackungen ist das Unternehmen Weltmarktführer. Es beliefert Industrie- und Handelsunternehmen aller Branchen nach dem „Perfect Protective Packaging"-Ansatz, um Güter sicher zu verpacken. Das Portfolio beinhaltet Folien, Papier, schüttfähige Polstermaterialien und Formteile aus geschäumtem Kunststoff, teils aus nachwachsenden Rohstoffen.

Storopack verfügt über zahlreiche Produktionsstätten im In- und Ausland und betreibt weltweit über 50 Niederlassungen: 25 in Europa, 16 in den USA und Kanada, 1 in Brasilien und 14 in Asien. Das Unternehmen ist in 14 Ländern und mit Handelspartnern in über 40 Ländern vertreten und rangiert dort jeweils auf Platz 1 bis 4 unter den marktführenden Unternehmen. Im Jahr 2013 erzielte Storopack mit ca. 2.500 Mitarbeitern einen Gesamtumsatz von rd. 320 Mio. Euro. 59 % davon entfielen auf das Auslandsgeschäft.

Johannes Reichenecker gründete das Unternehmen 1874 in Backnang als Gerberei. In 3. Generation erweiterte Hans Reichenecker die Aktivitäten 1959 mit der Gründung von Storopack, indem er den neuen Kunststoff Styropor zur Herstellung von Verpackungen aufnahm. 1973 begann die Produktion von schüttfähigem Polstermaterial aus Styropor. 1975 startete die internationale Expansion mit Tochtergesellschaften, zunächst in der Schweiz. 1978 wurde in den USA die heute größte Auslandstochter gegründet. Die Lederaktivitäten wurden 1982 aufgegeben. 2002 übertrug Hans Reichenecker seinem Sohn Hermann die operative Führung des Unternehmens und übernahm den Vorsitz im Aufsichtsrat. In Zukunft will Storopack mit der

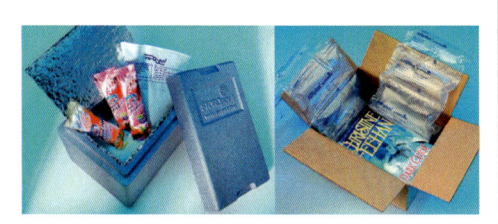

Storopack ist Spezialist für Schutzverpackungen.

»Wir wissen um unsere wirtschaftliche und gesellschaftliche Verantwortung und gestalten diese proaktiv mit.«

Firmengrundsatz Storopack

Storopack hat seinen Sitz im schwäbischen Metzingen.

STÜKEN

Erschließung neuer Märkte in Südamerika, Asien und Osteuropa seine weltweiten Aktivitäten weiter ausbauen.

Daten und Fakten

Branche: Verpackung und Kunststoffe
Produkte: Schutzverpackungen und technische Formteile
Marktposition: Weltmarktführer für Schutzverpackungen
Umsatz: 316 Mio. Euro (2013)
Mitarbeiter: über 2.500 (2013)
Standorte: Belgien, Brasilien, China, Deutschland, England, Frankreich, Hongkong, Indien, Kanada, Schweiz, Spanien, Thailand, Tschechische Republik, Türkei, USA
Vertrieb: weltweit direkt und über Handelspartner
Exportquote: 59 %
Gründer: Johannes Reichenecker, 1874, Backnang
Eigentümer: Familie Reichenecker in 4. Generation

Storopack im Internet

Kontakt

Storopack Hans Reichenecker GmbH
Untere Rietstr. 30, 72555 Metzingen
Fon: 07123 164-0, Fax: 07123 164-119
info@storopack.com, www.storopack.com

STÜKEN

Rinteln, Niedersachsen

Gegründet: 1931

Die Hubert Stüken GmbH & Co. KG produziert Tiefziehteile, Stanzteile und Stanzbiegeteile sowie eigene Stanzwerkzeuge in den unterschiedlichsten Varianten aus Metall. Baugruppen und Hybridteile gehören ebenfalls zum Produktspektrum. In der Tiefziehtechnik ist STÜKEN Weltmarktführer. Die Produkte sind in Haushaltsgeräten, Armaturen, Computern, Mobilfunkgeräten sowie in Automobilen zu finden. Das Familienunternehmen beschäftigt mehr als 1.000 Mitarbeiter an 4 Produktionsstandorten in Europa, Asien und Nordamerika. STÜKEN berät Kunden weltweit an 15 Vertriebsstandorten. 1931 wurde das Unternehmen von Hubert Stüken in Wuppertal gegründet. Heute teilen sich Dr. Uwe Krismann und Dr. Hubert Schmidt die Geschäftsführung. Der Jahresumsatz lag im Jahr 2013 bei ca. 140 Mio. Euro.

Kontakt

Hubert Stüken GmbH & Co. KG
Alte Todenmanner Str. 42, 31737 Rinteln
www.stueken.de

Südzucker

Mannheim, Baden-Württemberg

Gegründet: 1926

Die Südzucker AG ist mit den Segmenten Zucker, Spezialitäten, CropEnergies und Frucht eines der führenden Unternehmen der Ernährungsindustrie. Im traditionellen Zuckerbereich ist das Unternehmen weltweit die Nummer eins. Europaweit 29 Zuckerfabriken und 3 Raffinerien produzieren jährlich 4,7 Mio. t Zucker. Mit 18.500 Mitarbeitern erzielte die im MDAX notierte AG im Geschäftsjahr 2013/2014 einen Umsatz von 7,7 Mrd. Euro. Südzucker entstand im Jahr 1926 durch Zusammenschluss von fünf verbundenen Unternehmen in Mannheim. Heute halten Rübenbauern über die Süddeutsche Zuckerrübenverwertungs-Genossenschaft eG (SZVG) einen Anteil von 52 % am Kapital der Südzucker AG.

Kontakt

Südzucker AG
Maximilianstr. 10, 68165 Mannheim
www.suedzucker.de

Sunrise Medical

Malsch, Baden-Württemberg

Gegründet: 1983

Die Sunrise Medical GmbH & Co. KG zählt zu den weltweit führenden Unternehmen rund um Produkte für die Mobilität von körperlich eingeschränkten Menschen. Das Portfolio umfasst manuelle Rollstühle, Elektrorollstühle, Elektromobile, Sitzkissen und Rückensysteme für Kinder und Erwachsene. Sechs Eigenmarken werden über Sanitäts- und Rehafachhändler sowie den Großhandel in über 130 Ländern vertrieben. Das Unternehmen beschäftigt weltweit rd. 1.800 Mitarbeiter und produziert in Deutschland, Großbritannien, Spanien, den USA, Mexiko und China. Am Firmensitz in Malsch arbeiten 250 Mitarbeiter. Dort werden manuelle und elektrische Rollstühle und Sonderanfertigungen nach Kundenwunsch hergestellt. Sunrise Medical-Produkte wurden 2010 mit dem reddot design award, 2013 mit dem Innovationspreis Plus X Award und 2014 mit dem iF design Award ausgezeichnet.

Kontakt

Sunrise Medical GmbH & Co. KG
Kahlbachring 2-4, 69254 Malsch
www.sunrisemedical.de

SUSPA

Altdorf, Bayern

Gegründet: 1951

Die SUSPA GmbH mit Hauptsitz in Altdorf bei Nürnberg ist einer der weltweit führenden Hersteller von Gasfedern, Dämpfern sowie Sicherheits- und Verstellsystemen. Insbesondere bei Waschmaschinendämpfern und verstellbaren Dämpfern für Nutzfahrzeugsitze ist SUSPA weltweiter Markt- und Innovationsführer. Das Unternehmen entwickelt, produziert und verkauft Produkte in vier Geschäftsbereichen. Gasfedern und Hydraulikdämpfer werden an europäische, amerikanische und asiatische Automobilhersteller, Zulieferbetriebe von Nutzfahrzeugsitzen sowie viele industrielle Branchen geliefert. Im Geschäftsbereich Waschmaschinendämpfer hält SUSPA einen Weltmarktanteil von knapp über 50 %

Meilensteine

1951 Das Unternehmen wird als Hersteller von Federbeinen für Zweiräder gegründet.

1959 SUSPA erfindet das Dämpfungssystem SUSPAMAT, das einen Großteil der Vibrationen aus dem Waschvorgang in Waschmaschinen aufnimmt.

1964 Mit ausschubgedämpften Gasfedern für die Heckklappe startet SUSPA in die Automobilindustrie.

1969 Das Unternehmen expandiert in die Büromöbelindustrie mit Produkten zur Höhen- und Neigungsverstellung.

1974 In den USA wird die erste Auslandsniederlassung mit Produktionswerk gegründet.

1994 SUSPA eröffnet ein Werk in Indien, im Jahr 2000 folgen China und die Tschechische Republik.

1999 SUSPA wird Systemlieferant für die Automobilindustrie mit verstellbaren Spoilern.

2011 Das Unternehmen übernimmt einen Wettbewerber im Bereich Waschmaschinendämpfer.

»SUSPA steht für Fortschritt, Kompetenz, Nachhaltigkeit und Wertschätzung.«

Unternehmensphilosophie

Die Produktionsstandorte von SUSPA in Sulzbach-Rosenberg (oben), im chinesischen Nanjing (Mitte) sowie in Chennai, Indien (unten)

SUSPA

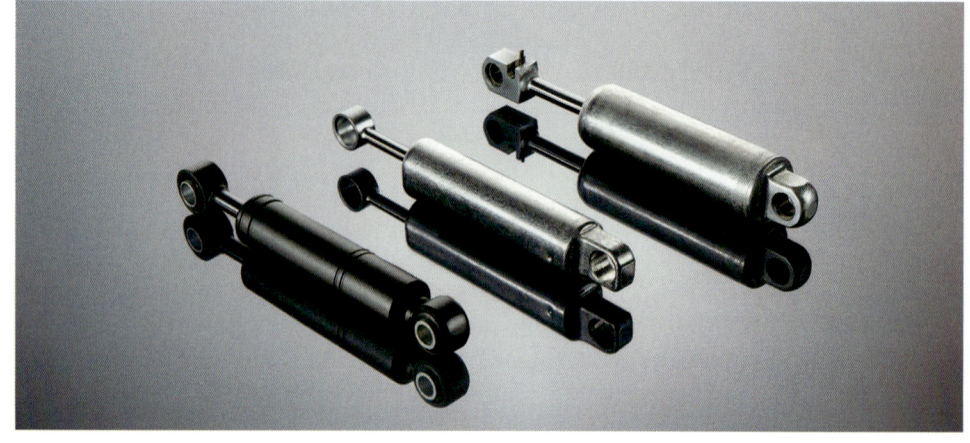

S
US

Dämpfer für Nutzfahrzeugsitze

Dämpfer für Fahrzeugsitze (oben); in der Produktion von Gasfedern (Mitte) nimmt SUSPA eine bedeutende Position ein; Büromöbel mit höhenverstellbaren Systemen von SUSPA (unten)

SUSPA GmbH im Internet

für Frontlader-Waschmaschinen für Haushalt und industrielle Großmaschinen und beliefert namhafte Hersteller von Waschmaschinen aus Europa, Asien und USA. Die weiteren Geschäftsbereiche sind verstellbare Systeme, etwa Spoiler für den Sportwagenbau, aber auch Höhenverstellsysteme für Schreibtische und Spindelaktuatoren für verschiedenste Anwendungen, bspw. die elektrische Öffnung/Schließung von Dachfenstern sowie als viertes der Bereich Crash Management für die Herstellung von Crash-Systemen im Automotive-Bereich.

Seine Wurzeln hat das Unternehmen im Jahr 1951. Gegründet wurde es als Hersteller von Federbeinen für Motorräder und entwickelte nur wenige Jahre später das erste Dämpfungssystem für Waschmaschinen. Mit der Entwicklung von Gasfedern und Dämpfern für die Bereiche Automotive und Industrie sowie der Bürostuhlgasfeder, die Höhenverstellung und Dämpfung kombiniert, wuchs SUSPA kontinuierlich. Heute verfügt das Unternehmen über zwei Werke in Altdorf bei Nürnberg und ein weiteres in Sulzbach-Rosenberg. In diesen deutschen Standorten ist auch die

Einfach erklärt: Waschmaschinendämpfer

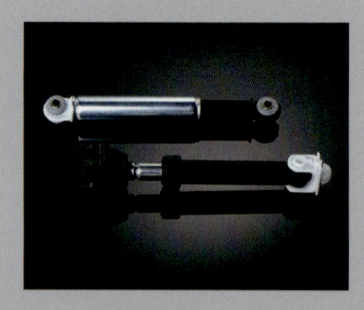

Als wichtiges Funktionselement der Waschmaschine sorgt ein Waschmaschinendämpfer dafür, dass das Gerät ruhig steht und möglichst leise ist. Der Bottich, der die Wäsche und das Wasser beinhaltet, hängt an Federn und ist unten durch Dämpfer mit dem Gehäuse verbunden. Wenn die Waschmaschine anfängt zu schleudern, kommt es anfangs zu großen Bewegungen des Bottichs. Damit dieser nicht am Gehäuse anschlägt und die Maschine nicht hüpft, sondern stehenbleibt, wird die Bewegungsenergie weggedämpft. Auch während des Schleuderns wirkt der Dämpfer. Der Reibdämpfer wandelt die überschüssige Bewegungsenergie des Bottichs in Wärmeenergie um. Er besteht aus verschiedenen Kunststoffen, Stahl, Schaum und Fett. Dabei reibt im Wesentlichen der Schaum auf einer Metalloberfläche. Die Anforderungen an die Dämpfer sind sehr hoch: Sie müssen mehrere Mio. Zyklen und hohe Temperaturen aushalten, dabei sollen sie über die Lebensdauer der Waschmaschine einwandfrei funktionieren – und kostengünstig herzustellen sein. Für verschiedene Anwendungsfälle gibt es unterschiedliche Dämpfertypen. SUSPA produziert jedes Jahr rund 60 Mio. Dämpfer.

Swoboda

Kontakt
SUSPA GmbH
Mühlweg 33, 90518 Altdorf b. Nürnberg
Fon: 09187 930-0, Fax: 09187 930-229
info@de.suspa.com, www.suspa.com

Swoboda

Wiggensbach, Bayern

Anwendungsbeispiel Waschmaschine: Dämpfer von SUSPA für die Hausgeräteindustrie

Gegründet: 1947

Die Swoboda KG mit Hauptsitz in Wiggensbach im Allgäu beliefert die Automobilindustrie und deren Zulieferer. Das Unternehmen ist Weltmarktführer im Bereich hochpräziser Metall-Kunststoff-Verbundteile für die Automobilelektronik – jeden Tag verlassen knapp 1 Mio. Fertigteile die Swoboda-Werke. Zum Produktspektrum gehören u. a. Lenkungssteuerungen, Getriebesteuerungen, Sensoren, Magnetbaugruppen, Steckverbinder, Hochstrombaugruppen und Wickeltechnik. In der Produktion werden Technologien wie Insertmolding, Aufbereitung und Montage von Elektronikbauteilen, Trenn-Biegeprozess im Folgeverbund, integrierte Stanztechnik, Laserschweißen, Widerstandsschweißen, Wickeltechnik auf Mehrspindelautomaten u. v. m.

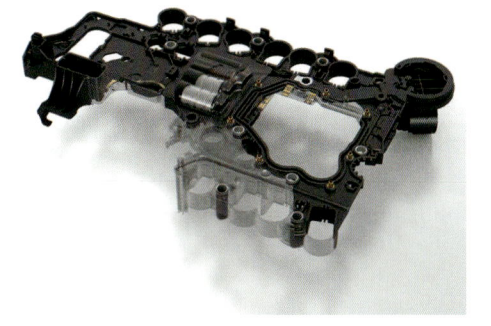

zentrale Forschung & Entwicklung angesiedelt. Jährlich investiert SUSPA rd. 5 Mio. Euro in Forschung & Entwicklung. Für die Produktion gibt es außerdem Werke im tschechischen Bor sowie in Nanjing/China, Chennai/Indien und im US-amerikanischen Grand Rapids. Die Standorte in Asien und den USA fertigen für die lokalen Märkte vor Ort. Rund 70 % des Gesamtumsatzes werden mit Kunden außerhalb Deutschlands erzielt. Insgesamt beschäftigt SUSPA rd. 1.670 Mitarbeiter, davon 850 in Europa, 120 in den USA und 700 in Asien. Gemeinsam erwirtschafteten sie im Geschäftsjahr 2014 einen Umsatz von 190 Mio. Euro.

Daten und Fakten

Branche: metallverarbeitende Industrie
Produkte: Gasfedern, Dämpfer, Sicherheits- und Verstellsysteme
Marktposition: Weltmarktführer bei Waschmaschinendämpfern sowie verstellbaren Hydraulikdämpfern für Nutzfahrzeugsitze
Umsatz: ca. 190 Mio. Euro (2014)
Mitarbeiter: ca. 1.670 weltweit, davon 850 in Europa (2014)
Ausbildungsquote: ca. 5 %
Standorte: Altdorf b. Nürnberg und Sulzbach-Rosenberg; Bor/Tschechische Republik, Chennai/Indien, Nanjing/China, Grand Rapids/USA
Auslandsanteil: ca. 70 %
F&E-Aufwendungen: ca. 5 Mio. Euro jährlich
Eigentümer: Andlinger & Company GmbH (Hauptgesellschafter)

Getriebebaugruppe für die Automobilindustrie

»Wenn es einen Weg gibt, etwas besser zu machen: Finde ihn!«

Thomas Alva Edison
(1847–1931)

Die Straße am Stammsitz in Wiggensbach ist nach Max Swoboda benannt, dem Gründer der Swoboda KG.

Swoboda

S
wo

Meilensteine

1947 Gründung des Unternehmens durch Max Swoboda in Wiggensbach

1994 Gründung der Swoboda CZ, s.r.o., Jihlava/Tschechische Republik

1997 Gründung der Swoboda Inc., Grand Rapids/USA

2004 Gründung der Swoboda-Stamping, s.r.o., Jihlava/Tschechische Republik

2011 Gründung der Swoboda (Kunshan) Co. Ltd., Kunshan/China

2012 Erwerb der Swoboda SRL, Timisoara/Rumänien

2013 Hartmann-exact Gruppe wird zu 100 % Schwesterunternehmen der Swoboda Gruppe, Übertragung des Hartmann Werks Sibiu in Rumänien zur Swoboda Gruppe

2014 Gründung Swoboda Mechatronics SA de CV, San Juan del Rio, Querétaro/Mexiko

Schon bald ergänzte der Betrieb sein Spektrum mit der Einführung der Spritzgusstechnik im Jahr 1968. Sukzessive wuchs sowohl das Technologie- und Leistungsspektrum als auch die Swoboda Gruppe. Auslandsniederlassungen in Tschechien und den USA wurden in den 1990er-Jahren gegründet. Zwischen 2011 und 2014 ergänzten Firmenübernahmen und Neugründungen in China, Rumänien und Mexiko den international aufgestellten Unternehmensverbund. Die Swoboda Gruppe ist nach wie vor ein Familienunternehmen, die Geschäfte führen Clemens Bauernfeind, Michael Follmann (Sprecher) und Christian Göser.

eingesetzt. Neben der Produktionsstätte Wiggensbach verfügt das Unternehmen über sieben weitere Standorte in der Tschechischen Republik, Rumänien, China, Mexiko und in den USA. Insgesamt beschäftigte die Swoboda-Gruppe im Jahr 2014 rd. 2.300 Mitarbeiter weltweit, die Ausbildungsquote beträgt 8 %. Gemeinsam erwirtschaftete die gesamte Belegschaft einen Jahresumsatz von ca. 230 Mio. Euro.

Seine Wurzeln hat das Unternehmen im Jahr 1947, als Max Swoboda die Textil GmbH in Wiggensbach gründete. Erst 1961 begann für Swoboda der Einstieg in die Automobilbranche mit der Konfektion von Kabeln.

Daten und Fakten

Branche: Automobilindustrie und Zulieferer
Produkte: Lenkungssteuerungen, Getriebesteuerungen, Sensoren, Magnetbaugruppen, Steckverbinder und Hochstrombaugruppen
Marktposition: Weltmarktführer bei hochpräzisen Metall-Kunststoff-Verbundteilen für die Automobilelektronik
Umsatz: rd. 230 Mio. Euro (2013)
Mitarbeiter: 2.300 (weltweit, 2014)
Ausbildungsquote: 8 %
Standorte: Wiggensbach; Jihlava (Tschechische Republik), Timisoara, Sibiu (Rumänien), Grand Rapids (USA), Kunshan (China), San Juan del Rio (Mexiko)
Gründer: Max Swoboda, 1947, Wiggensbach
Eigentümer: Familienbesitz
Auszeichnungen: „Bayerischer Qualitätspreis", Bayerisches Wirtschaftsministerium (2014); außerdem Auszeichnungen als Lieferant des Jahres u. a. von Robert Bosch GmbH (8-mal), Continental Automotive (1-mal), Thomas Magnete (3-mal), General Motors (2-mal)

Kontakt

Swoboda KG
Max-Swoboda-Str. 1, 87487 Wiggensbach
Fon: 08370 910-0, Fax: 08370 910-109
info@swoboda.de, www.swoboda.de

Swoboda KG im Internet

T

TEEPACK

Meerbusch, Nordrhein-Westfalen

Kontakt
TEEPACK Spezialmaschinen GmbH & Co. KG
Düsseldorfer Str. 73, 40667 Meerbusch
Fon: 02132 976-0, Fax: 02132 976-100
info@teepack.com, www.teepack.com

Gegründet: 1948

Die TEEPACK Spezialmaschinen GmbH & Co. KG hat die erste Doppelkammerteebeutelverpackungsmaschine entwickelt und gebaut und sich weltweit als einer der zwei größten Hersteller von Teebeutelverpackungsmaschinen etabliert. Ein weiteres Geschäftsfeld sind vertikale Schlauchbeutelmaschinen, so dass neben Teeherstellern auch weitere Branchen der Lebensmittelindustrie zur Kundschaft gehören, die mit Maschinen aus Meerbusch z. B. Pasta, Reis, Kaffee oder Cerealien verpacken. Zum Dienstleistungsangebot zählen eine Service-Hotline, eine Aftersales-Abteilung sowie die Planung und Ausrüstung kompletter Fabriken. Wichtige Kunden sind Branchengrößen wie Unilever, Teekanne und Twinings. TEEPACK liefert in über 50 Länder, der Exportanteil liegt bei über 90 %.

Das innovative Unternehmen investiert mehr als 10 % des Umsatzes in Forschung & Entwicklung und kooperiert mit der TU Dresden. 1991 wurde die Hochgeschwindigkeits-Doppelkammerteebeutelverpackungsmaschine eingeführt. 2005 folgte die Diversifizierung in den Bereich vertikale Schlauchbeutelmaschinen. 2012 erhielt TEEPACK den Deutschen Verpackungspreis für eine technologische Neuerung. Dabei wird ein strömungsmechanisches Prinzip in der Vakuumtechnik genutzt. Das Familienunternehmen wurde 1948 in Meerbusch gegründet und hat seitdem über 3.000 Maschinen verkauft. Es beschäftigt 240 Mitarbeiter und wird von CEO Reinhold Schlensok geleitet.

teNeues

Kempen, Nordrhein-Westfalen

Gegründet: 1931

Die teNeues Verlagsgruppe ist Weltmarktführer bei Bildkalendern, bei Bildbänden zu den Themen Fotografie, Design, Lifestyle und Reisen sowie bei Lifestyle-Papeterie und Diaries. Zudem ist teNeues marktführend im Bereich Marken-Coffee-Table-Books. Mit über 130 Mitarbeitern, Auslandsniederlassungen in London, Paris und New York und teNeues Stores in Düsseldorf, Hamburg, Köln und München sowie einem Vertriebsnetz in mehr als 70 Ländern ist teNeues in allen bedeutenden Märkten weltweit vertreten. Die Verlagsgruppe hat ihre Wurzeln in der Offsetdruckerei Dr. teNeues & Co., die Dr. Heinz teNeues 1931 in Krefeld gründete. Heute wird das mittelständische Familienunternehmen in 3. Generation von Hendrik und Sebastian teNeues geführt.

Kontakt
teNeues Verlag GmbH & Co. KG
Am Selder 37, 47906 Kempen
www.teneues.de

TENTE

Köln, Nordrhein-Westfalen

Gegründet: 1923

Die TENTE International GmbH entwickelt, produziert und vertreibt Räder, Rollen und Mobilitätssysteme. Mit 28 Tochtergesellschaften in 25 Ländern und einem Umsatz von 169 Mio. Euro im Jahr ist das Unternehmen der größte Rollenhersteller Europas. Bei der Herstellung von Krankenbettenrollen ist TENTE nach Unternehmensangaben weltweit die Nummer eins. Daneben umfasst das Sortiment u. a. Stuhlrollen, Möbelrollen, Rollen für Flugzeugtrolleys, Einkaufswagenrollen und Schwerlastrollen. Im Jahr 2013 beschäftigte TENTE weltweit rd. 1.200 Mitarbeiter, davon ca. 500 in Deutschland. Das Unternehmen bietet in Kooperation mit der Bergischen Universität Wuppertal duale Studiengänge an. Die TENTE International GmbH befindet sich fast vollständig im Besitz der Familie Fricke.

Kontakt
TENTE International GmbH
Konrad-Adenauer-Ufer 7, 50668 Köln
www.tente.com

Terex MHPS

Düsseldorf, Nordrhein-Westfalen

Gegründet: 1926
Die in den US-amerikanischen Terex-Konzern als fünfter Geschäftsbereich integrierte Terex MHPS GmbH (ehemals Demag Cranes AG) entwickelt und produziert mit ihren beiden Geschäftsfeldern Material Handling & Port Solutions Industriekrane und Hafenlogistik unter der Marke Demag. Im Bereich Leichtkransysteme versteht sich Demag als Markt- und Technologieführer und besetzt im Segment Hafen- und Mobilkrane mit rd. 1.500 verkauften Anlagen eine weltmarktführende Position. In den beiden deutschen Werken in Witten und Uslar werden vor allem Komponenten für den Bereich Material Handling hergestellt, am Düsseldorfer Standort sind die technischen Bereiche des Geschäftsfelds Port Solutions angesiedelt. Die Terex-Gruppe verfügt zudem über Produktionsstandorte in 16 Ländern weltweit und sorgt mit ihrem in mehr als 60 Ländern der Welt aktiven Vertriebs- und Servicenetz für internationale Präsenz.

Kontakt
Terex Material Handling & Port Solutions AG
Forststr. 16, 40597 Düsseldorf
www.demagcranes-ag.de

tesa

Hamburg

Gegründet: 1906 (Marke tesa)
Die tesa SE ist als einer der führenden Hersteller selbstklebender Produkt- und Systemlösungen auf dem Weltmarkt positioniert. In mehreren Bereichen gehört das Unternehmen mit spezialisierten Klebeprodukten zur Weltspitze. Dazu zählen unter anderem EasySplice® Streifen für die Druck- und Papierindustrie sowie die im Automobilbau eingesetzte patentierte Kabelbandumwicklung tesa Sleeve®. Insgesamt umfasst das Portfolio mehr als 7.000 prozessoptimierende Klebeanwendungen für die Industrie sowie ein Verbrauchersortiment von mehr als 300 Produkten für Büro und Haushalt. Das Industriegeschäft erwirtschaftet 76 % des Umsatzes von 1.038,5 Mio. Euro (2013), während das Endverbrauchergeschäft 24 % beiträgt. Neben den Kerngeschäftsfeldern Consumer Electronics (Mobiltelefone, Tablet-PCs etc.), Automobil sowie Druck und Papier betätigt

Unter Reinraum-Bedingungen fertigt tesa Produkte für die Pharma- und Elektronikindustrie.

»Mit dem Neubau der Zentrale werden wir unsere Kräfte noch stärker bündeln und die internationale Wettbewerbsfähigkeit des Konzerns nachhaltig stärken.«

Thomas Schlegel,
Vorstand tesa SE

Die tesa SE, geleitet vom Vorstandsvorsitzenden Thomas Schlegel, ist einer der weltweit führenden Hersteller selbstklebender Produkt- und Systemlösungen für Industrie- und Gewerbekunden sowie Endverbraucher.

tesa

T
ES

Bei sogenannten Tech-Days können sich Ingenieure der Automobilhersteller und deren Zulieferer von der Leistungsfähigkeit unterschiedlicher tesa Klebebänder überzeugen.

sich das Unternehmen in den Bereichen Pharma, Solar und Windenergie, Sicherheitsanwendungen zum Produktschutz, Gewerbe und technischer Handel. Das Angebot für den Endverbraucher umfasst neben dem bekannten transparenten Klebefilm zahlreiche Lösungen rund um das Befestigen, Montieren, Renovieren, Reparieren und Isolieren. Hinzu kommen Energiesparsysteme wie Dachisolierungen und Abdichtmaterialien für Fenster.

Mit rd. 3.900 Mitarbeitern, sieben Werken und mehr als 50 Tochtergesellschaften ist die tesa SE weltweit präsent und beliefert Kunden in über 100 Ländern. Etwa 300 wissenschaftliche Mitarbeiter sind in Deutschland, den USA und China mit der Erforschung neuer Klebetechnologien betraut. Jedes Jahr werden ca. 70 Patente angemeldet. Zu den herausragenden Innovationen in der jüngsten Vergangenheit gehört u. a. ein doppelseitiges Klebeband für Mobiltelefone, das

Die tesa Logos im Laufe der Zeit (oben); der Tischabroller (Mitte) stammt aus dem Jahr 1949 und Elsa Tesmer (unten) gab dem Unternehmen seinen Namen.

Einfach erklärt: Verkapselung von OLEDs

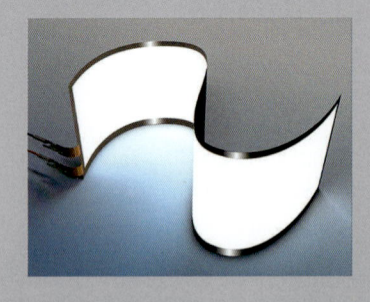

Vier Buchstaben elektrisieren zurzeit die internationale Elektronikindustrie: OLED. Dahinter verbergen sich organische Licht-emitierende Dioden (engl. Organic Light Emitting Diodes). Die OLED-Technologie ist für Bildschirme, u. a. in Smartphones, Tablet-PCs und TV-Geräten, sowie für Displays bestens geeignet. Ein Schlüsselproblem der neuartigen Technologie: Da OLEDs überaus anfällig gegenüber Sauerstoff und Luftfeuchtigkeit sind, müssen die sensiblen Substrate mit höchster Präzision verkapselt werden. Ansonsten drohen später kleine „schwarze Löcher". Als eine Methode, OLEDs wirksam zu schützen, haben sich Spezial-Klebebänder von tesa erwiesen. Die in der Reinraum-Einheit gefertigten transparenten Tapes, basierend auf einer neuen Massen-Mixtur, decken vollflächig das im Vakuum aufgedampfte OLED-Material ab. Zwecks Weiterentwicklung der modernen Verkapselungstechnik von „Glühwürmchen" kooperiert tesa sowohl mit führenden Consumer-Electronics- als auch mit Display-Produzenten in Asien und Nordamerika.

tesa

zehnmal dünner als ein Haar ist. Außerdem offeriert das Unternehmen Tapes, die in der Lage sind, hochempfindliche OLED-Module zu verkapseln. Um seine Position auf dem Markt für wirkstoffhaltige Pflaster nachhaltig zu verbessern und weiteres Wachstum zu generieren, hat tesa 2009 eine Reinraum-Einheit im Werk Hamburg-Hausbruch errichtet. Diese gehört zu den modernsten in Europa. 2011 wurde die Herstellungserlaubnis für Arzneimittel erteilt.

Die Ursprünge von tesa reichen zurück ins Jahr 1890, als Dr. Oscar Troplowitz das Labor des Apothekers Paul C. Beiersdorf übernahm und dessen missglückten Entwurf eines Wundpflasters zu einem technischen Klebeband umfunktionierte. Mitte der 1930er-Jahre begann der Industriekaufmann Hugo Kirchberg schließlich mit der systematischen Vermarktung des transparenten Klebefilms unter der Marke tesa®-Klebefilm, später tesafilm®. Seit 1941 dient der Name tesa® als Dachmarke für alle selbstklebenden Produkte der Unternehmensgruppe. Nachdem im Jahr 2001 die Gründung der tesa AG – eine 100%ige Tochtergesellschaft innerhalb des Beiersdorf Konzerns – erfolgte, firmiert sie seit 2009 als SE. 2015 wird das Unternehmen seine Zentrale sowie das Technologie- und Forschungszentrum nach Norderstedt (Schleswig-Holstein) verlagern. Für 160 Mio. Euro entsteht dort ein integrierter Neubau-Komplex.

Meilensteine

1890 Dr. Oscar Troplowitz übernimmt das Labor des Apothekers Paul C. Beiersdorf.

1896 Troplowitz bringt das erste technische Klebeband zum Flicken von Fahrradschläuchen (Cito-Sportheftpflaster) auf den Markt.

1936 Hugo Kirchberg beginnt mit der systematischen Vermarktung des tesa®-Klebefilms.

1941 tesa® dient fortan als Dachmarke für alle selbstklebenden Produkte der Unternehmensgruppe.

2001 Aus der tesa Sparte des Beiersdorf Konzerns entsteht die selbstständig agierende tesa AG.

2009 Umfirmierung in die europäische Rechtsform Societas Europaea (SE)

2011 Die Marke tesa® feiert 75-jähriges Jubiläum.

2015 Zentrale sowie Forschungs- und Technologiezentrum ziehen mit rd. 850 Mitarbeitern nach Norderstedt um.

Daten und Fakten

Produkte: Klebebänder und selbstklebende Systemlösungen
Umsatz: 1.038,5 Mio. Euro (2013)
Mitarbeiter: rd. 3.900 Mitarbeiter weltweit, davon etwa 1.800 in Deutschland (2013)
Standorte: Hauptsitz in Hamburg, ab 2015 in Norderstedt, mehr als 50 Tochtergesellschaften weltweit
Patente: ca. 70 Patentanmeldungen pro Jahr
Eigentümer: Beiersdorf AG
Auszeichnung: „Great Place to Work" und Sonderpreis „Betriebliche Gesundheitsförderung" für tesa Werk Offenburg, 2012

Kontakt
tesa SE
Quickbornstr. 24, 20253 Hamburg
Fon: 040 4909-0
info@tesa.com, www.tesa.com

Ansprechpartner Presse
Reinhart Martin
Fon: 040 4909-4448
reinhart.martin@tesa.com

tesa SE im Internet

Testo

Lenzkirch, Baden-Württemberg

Gegründet: 1957

Die Testo AG ist Weltmarktführer im Bereich portabler und stationärer Messtechnik. Die Produkte kommen z. B. in den Bereichen Klima, Gesundheit, Lebensmittelqualität, Gebäudetechnik und Emissionskontrolle zum Einsatz. Mit 31 Tochterunternehmen und über 80 Handelspartnern ist die Testo AG auf allen Kontinenten vertreten. Weltweit arbeiten rd. 2.500 Mitarbeiter für den Konzern, der 2013 einen Umsatz von 235 Mio. Euro erzielte. Rund 10 % des Umsatzes werden in Forschung & Entwicklung investiert. Testo wurde 1957 gegründet. Erstes Produkt war ein elektrisches Fieberthermometer. Zuletzt wurde das Unternehmen 2014 von der Munich Strategy Group als einer der 50 „Innovations-Champions" des deutschen Mittelstands ausgezeichnet.

Kontakt
Testo AG
Testostr. 1, 79853 Lenzkirch
www.testo.de

Tetra

Melle, Niedersachsen

Meilensteine

1954 Gründung des BioMin Laboratoriums als Grundstein für die Forschungsarbeit auf wissenschaftlicher Basis

1955 TetraMin, das weltweit erste industriell gefertigte Flockenfutter für Zierfische, kommt auf den Markt.

1972 Einführung von Tetra AquaSafe als erstem Wasseraufbereiter, der Leitungswasser sicher und fischgerecht macht

1983 Einführung der Tetra Pond Sticks als erstes schwimmfähiges Extrudatfutter für Teichfische

2000 Einführung des patentierten Gelfutters Tetra FreshDelica

2006 Einführung der Tetra AquaArt Aquarien, die mit dem IF Design Award ausgezeichnet sind

2014 Optimierte Rezeptur für TetraMin, mit Präbiotika für eine noch bessere Futter- und Nährstoffverwertung und damit eine Verbesserung der Körperfunktionen

Gegründet: 1951

Die Tetra GmbH ist Weltmarktführer in der Aquaristikbranche und einer der führenden Anbieter von Gartenteichprodukten. Das Sortiment umfasst Futter-, Pflege- und Technikprodukte für Zierfische, Reptilien und Krebstiere.

Die Tetra GmbH mit 450 Beschäftigten in Deutschland erzielte im Geschäftsjahr 2013 Umsatzerlöse in Höhe von rd. 117,2 Mio. Euro. Firmensitz und Produktionsstandort ist Melle. Inzwischen werden die Produkte in über 120 Ländern weltweit durch ein globales Netz aus regionalen Konzerngesellschaften vertrieben, mit Standorten u. a. in Frankreich, Großbritannien, Italien, Polen, den USA, Japan, Singapur und China. Seit 2005 gehört die Tetra GmbH zum US-amerikanischen Konzern Spectrum Brands, zu dessen Heimtiersparte auch die Marken 8in1 und FURminator gehören. Geschäftsführer der Tetra GmbH sind Jochem van Rietschoten, Dr. Andreas Rouvé und Anja Krüger.

Zur Tetra Internetseite

TEXPA

TetraMin kam 1955 als weltweit erstes industriell gefertigtes Flockenfutter für Zierfische auf den Markt.

Bei den Tetra Produkten steht seit der Firmengründung die intensive Forschungs- und Entwicklungsarbeit im Vordergrund, damit das Hobby Aquaristik einfacher, sicherer und anwenderfreundlicher wird. Tetra verfügt über eine in der Branche einmalige Forschungs- und Entwicklungsabteilung, die für die Produktneu- und -weiterentwicklung und das Qualitätsmanagement verantwortlich ist. Inzwischen verfügt Tetra über mehr als 300 aktive bzw. angemeldete Patente.

Den Grundstein für das Unternehmen legte Dr. Ulrich Baensch 1951. Zu jener Zeit war die Aquaristik ein sehr exotisches Hobby, da die Beschaffung von Lebendfutter für die Fische häufig sehr schwierig war. Dr. Baensch entwickelte zunächst mit BioMin das erste Hauptfischfutter in Pastenform. 1955 folgte dann mit TetraMin das erste Fischfutter in Flockenform für Zierfische. Dies ermöglichte die Ausbreitung der Aquaristik als Hobby für jedermann. Gleichzeitig begann der Erfolg des Unternehmens, das sich in der Folge zu einem internationalen Marktführer entwickelte.

Daten und Fakten

Branche: Aquaristik
Produkte: Futter für Süß- und Meerwasserfische, Reptilien und Krebstiere; Wasser- und Pflanzenpflegemittel; Technikprodukte wie Aquarien, Heizer und Filter; Arzneimittel für Zierfische
Marktposition: Weltmarktführer in der Aquaristikbranche und einer der führenden Anbieter von Gartenteichprodukten
Umsatz: rd. 117,2 Mio. Euro (2013)
Mitarbeiter: 450
Vertrieb: in über 120 Ländern weltweit durch ein globales Netz aus regionalen Konzerngesellschaften
Innovationen: TetraMin (1955); Tetra AquaSafe (1972); Tetra Pond Sticks (1983); Tetra FreshDelica (2000); Tetra AquaArt Aquarien (2006)
Patente: über 300 aktive bzw. angemeldete Patente
Eigentümer: Spectrum Brands Inc.
Auszeichnungen: IF Design Award für das Tetra AquaArt Aquarium (2006); Gütesiegel „Innovativ durch Forschung" (2014)

Kontakt

Tetra GmbH
Herrenteich 78, 49324 Melle
Fon: 05422 105-0, Fax: 05422 42985
www.tetra.de

TEXPA

Saal a. d. Saale, Bayern

Die TEXPA Maschinenbau GmbH & Co. ist der weltweit führende Hersteller von vollautomatischen Anlagen zum Schneiden, Nähen, Falten und Verpacken von Heimtextilien. Das Portfolio beinhaltet u. a. Maschinen zur Frottier-, Tischwäsche- und Bettwäschekonfektion. Den internationalen Kunden bietet das Unternehmen nicht nur effiziente und innovative Anlagen, sondern auch einen umfassenden Service einschließlich Montage und Einarbeitung des Kundenpersonals. Mit seiner hohen Fertigungstiefe und einer über 50-jährigen Erfahrung im Anlagenbau bietet TEXPA darüber hinaus auch Lohnfertigung an. Das familiengeführte Unternehmen mit Sitz in Saal an der Saale wird heute von Johannes Graf von Westphalen geleitet.

»Wir begeistern die Menschen für die Faszination der Aquaristik.«

Jochem van Rietschoten

Jochem van Rietschoten, einer der Geschäftsführer der Tetra GmbH (oben).
Die Tetra AquaArt Explorer Line Aquarien (unten) ermöglichen einzigartige Einblicke in die Unterwasserwelt.

the nature network®

Kontakt
TEXPA Maschinenbau GmbH & Co.
Mittelweg 9, 97633 Saal a. d. Saale
www.texpa.de

the nature network®

→Martin Bauer

Thermik

Sondershausen, Thüringen

Thermik verfügt über vier Produktionsstätten auf drei Kontinenten.

Gegründet: 1968

Die Thermik Gerätebau GmbH gehört zu den weltweit führenden Herstellern von Schutztemperaturbegrenzern auf Bimetall-Basis und PTC-Motorschutzfühlern zum Schutz vor Überhitzung elektrischer Geräte und Wicklungen. In Europa, Asien und Amerika verzeichnet Thermik jeweils einen Marktanteil von rd. 50 %, in Deutschland sogar von 70 %. Thermik verfügt unter allen Anbietern über die weitaus größte und modernste Produktpalette.

Das Portfolio umfasst ein breites Sortiment an Temperaturbegrenzern, PTC-Motorschutzfühlern/Kaltleitern und PTC-Heizelementen. Die Produkte kommen hauptsächlich in elektrischen Antrieben, Elektromotoren und Transformatoren für die Hausgeräteindustrie sowie in Spezialanwendungen für den Kfz-Sektor zur Anwendung. Ihre Aufgabe besteht darin, Komponenten und Endgeräte vor Überhitzung durch Überbeanspruchung zu schützen. Der Kundenstamm besteht größtenteils aus international agierenden Zulieferern der Hausgeräte-, Automobil- und Luftfahrtindustrie. Mit den meisten Abnehmern bestehen langfristige Kooperationen. So generiert Thermik allein 25 % des Umsatzes durch kundenspezifische Lösungen.

Insgesamt investiert das Unternehmen jährlich ca. 7 % des Umsatzes in die Forschung & Entwicklung. Ein Hauptaugenmerk liegt dabei auf der Vergrößerung der Angebotsvielfalt. So erfährt die Produktpalette

»Keine Innovation setzt sich ohne Qualität durch. Die Mutter der Qualität aber heißt Disziplin.«

Marcel P. Hofsaess

Marcel P. Hofsaess ist Inhaber und alleiniger Geschäftsführer der Thermik-Gruppe.

Die Zentrale der Thermik Gerätebau GmbH befindet sich seit 2011 in Sondershausen.

Thermik

Thermik generiert allein 25 % des Umsatzes durch kundenspezifische Lösungen.

THE

jährlich eine Erweiterung um 4 bis 5 neue Anwendungen. Das sind weit mehr Neuheiten als bei allen Wettbewerbern zusammengenommen. Generell ist die Entwicklungsstrategie auf Vertiefung ausgerichtet. Technologische Schwerpunkte liegen in der Miniaturisierung unter Beibehaltung der Leistungsfähigkeit und auf Anforderungssteigerungen bei gleicher Baugröße. Die Position als weltweiter Nischen- und Technologieführer sichert sich Thermik durch seinen Know-how-Vorsprung und eine Vielzahl

Berühmte Erfinder: Peter Hofsaess

Als Peter Hofsaess 1968 in Pforzheim das Unternehmen Thermik gründete, war er gerade einmal 26 Jahre alt. Im Verlauf seiner Militärdienstzeit tätigte der Techniker mehrere Erfindungen, für die er im Anschluss keine Investoren fand. Da er jedoch von seinen Ideen überzeugt war, machte er sich trotz bescheidener Mittel selbstständig und gründete die Firma mit zunächst zwei Mitarbeitern. Die ersten Produkte waren Schmelzsicherungen für die Elektroindustrie. Mit dem heutigen Produktsegment hatten diese Einstiegsartikel nichts gemeinsam. Der Umschwung erfolgte ab 1971, als Peter Hofsaess mit der Entwicklung und Herstellung von Temperaturbegrenzern begann. Erste Erfolge stellten sich ein, als 1973 die ersten Patente erteilt wurden. Weiteren Aufschwung gab die 1974 verabschiedete VDE-Norm 60730, wonach alle elektrischen Antriebe mit Temperaturbegrenzern gegen Übertemperatur geschützt werden müssen. Ab diesem Zeitpunkt mehrten sich die Aufträge. So konnte 1976 einer der größten Elektromotorenhersteller Deutschlands als Kunde gewonnen werden. Im Zuge der Internationalisierung entstand bereits 1984 ein Werk in den USA. Bis zu seinem Tod im Jahr 1992 machte Peter Hofsaess aus dem einstigen Garagenbetrieb ein international agierendes Unternehmen. Insgesamt wurden von 1968 bis 1992 unter seiner Ägide 192 Patente angemeldet. Sohn Marcel Peter Hofsaess trat in seine Fußstapfen und leitete das Unternehmen zunächst von 1992 bis 2001. Nachdem er die Mehrheitsanteile erwarb, steht er seit 2006 als geschäftsführender Gesellschafter wieder an der Unternehmensspitze. Allein in dieser Zeit kamen durch ihn über 550 weitere Patente hinzu – eine in der Branche einmalig hohe Zahl.

Im hohen Maße automatisierte Produktionsprozesse gewährleisten gleichbleibende Qualität bei über 100 Mio. produzierten Einheiten pro Jahr.

Thermik

THE

von Patenten. So sind derzeit über 900 nationale und internationale Patente eingetragen. Im internationalen Branchenvergleich hält Thermik über 80 % aller Patente.

Peter Hofsaess gründete das Unternehmen 1968 in Pforzheim und begann mit der Herstellung von Schmelzsicherungen für die Elektroindustrie. Der Umstieg auf die Entwicklung und Produktion von Temperaturbegrenzern begann im dritten Jahr nach der Unternehmensgründung. Im Laufe der 1970er-Jahre meldete der Betrieb erste Patente an und brachte mit dem W1000 einen Temperaturbegrenzer auf den Markt, der durch eine 2-Scheiben-Konstruktion das bis dahin vorhandene Problem der Eigenerwärmung löste. Von da an waren vor allem kundenspezifische Lösungen für zahlreiche Marktführer der Wachstumsmotor von Thermik. Mit dem Erwerb der Firma Keramische Bauelemente in Hermsdorf in Thüringen im Jahr 1991 gewann das Unternehmen wichtiges Know-how im Halbleiter- und Sensorbereich. In der Folge baute Thermik seine Position durch die Entwicklung neuer Produkte

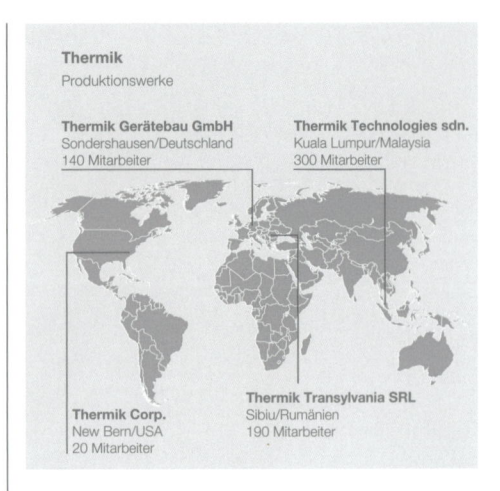

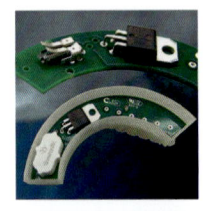

Thermik Produktionswerke

- Thermik Gerätebau GmbH — Sondershausen/Deutschland — 140 Mitarbeiter
- Thermik Technologies sdn. — Kuala Lumpur/Malaysia — 300 Mitarbeiter
- Thermik Corp. — New Bern/USA — 20 Mitarbeiter
- Thermik Transylvania SRL — Sibiu/Rumänien — 190 Mitarbeiter

Kundenspezifische Lösungen von Thermik

Einfach erklärt: Temperaturbegrenzer

Temperaturbegrenzer sind Bauelemente, die in elektrischen Komponenten und Endgeräten zum Schutz vor Überhitzung durch Überbeanspruchung zum Einsatz kommen. Ein Temperaturbegrenzer ist zumeist in Reihe zu einem elektrischen Verbraucher geschaltet und trägt in sich zwei Kontakte: einen stationären und einen beweglichen. Letzterer ist an einer beweglichen Bimetall- oder sonstigen Federscheibe angebracht. Bei Erreichen einer maximal zulässigen Temperatur im Verbraucher löst das kontakttragende Bimetall durch Formänderung schlagartig den beweglichen Kontakt vom stationären Kontakt. Durch diese Kontaktunterbrechung wird das zu schützende Gerät zum Stillstand gebracht. Nach einer Abkühlungsphase wird der Kontakt von alleine wieder zurückgeschaltet und das Gerät arbeitet weiter. Bis Anfang der 1970er-Jahre gab es nur Temperaturbegrenzer, die sich selbst erwärmten. Thermik brachte mit dem W1000 im Jahr 1973 den ersten Schalter auf den Markt, der dieses Grundproblem löste. Es folgten weitere Innovationen in der von Thermik entwickelten Rundbauform. Unter anderem auch die Reihe 01, der erste knopfzellenartig aufgebaute Temperaturbegrenzer, welcher bis heute in den weltweit meisten Varianten angeboten wird. Mit dem P1 wurde 1995 der erste Temperaturbegrenzer vorgestellt, mit dem es gelang, einen PTC-Halbleiter direkt im Schaltwerk zu integrieren. PTC ist eine stromleitende Komponente, die bei tieferen Temperaturen eine bessere Leitfähigkeit besitzt. Da er heizt und regelt und somit den Schaltmechanismus des Bimetalls kontrolliert, kann der P1 als erster „intelligenter" Temperaturbegrenzer bezeichnet werden. Mit dem M1 folgte drei Jahre später der bis heute einzige Temperaturbegrenzer, bei dem alle Arbeitsschritte vollautomatisch erfolgen. Ein weiteres Beispiel für die Innovationskraft von Thermik ist die Ausweitung der Temperaturbegrenzungen bei Standardprodukten auf bis zu 250 °C, während die Obergrenze herkömmlicher Produkte bereits bei 180 °C erreicht ist.

Thermik

wie dem ersten selbsthaltenden Wicklungsschutzschalter P1 auf PTC-Basis im Jahr 1995 oder dem vollautomatisch hergestellten Temperaturbegrenzer M1 im Jahr 1998 aus.

In jedem Jahr kamen weitere Neuentwicklungen hinzu, von denen viele Meilensteine in der Technologieentwicklung von Temperaturbegrenzern darstellen. 2010 entwickelte Thermik eine neue Hochtemperatur-Serie mit einer Leistungsfähigkeit von bis zu 250 °C. Der 2012 entwickelte XO ist der stärkste Schalter im In-Winding-Bereich. Die neueste Entwicklung, der XH-Schalter aus dem Jahr 2013, ist der weltweit leistungsstärkste Temperaturbegrenzer, da durch die elektronische Lichtbogenlöschung die Leistungsfähigkeit enorm gesteigert werden konnte.

Thermik beschäftigt an den Produktionsstandorten in Sondershausen (Thüringen), Sibiu (Rumänien), Kuala Lumpur (Malaysia) und New Bern (USA) insgesamt 650 Mitarbeiter. Für 2015 wird ein Umsatz von rd. 40 Mio. Euro erwartet, davon entfallen ca. 60 % auf den Export. Seit 1992 liegt die Firmenleitung und seit 2006 die alleinige Geschäftsleitung des Familienunternehmens bei Marcel P. Hofsaess, dem Sohn des Gründers. Mit der Werkzusammenlegung sowie der Verlagerung der Konzernzentrale von Baden-Württemberg nach Thüringen im Jahr 2011 wurde das Unternehmen erfolgreich für die Zukunft ausgerichtet. Der beste Beweis dafür ist, dass seit der Verlagerung dreimal so viele Patente angemeldet wurden wie im Vergleichszeitraum davor.

Schon gewusst?

Gelegentlich kommt es vor, dass inländische Kunden aus China stammende Plagiate ihrer Produkte zur Analyse und Untersuchung an Thermik senden. Am Ende stellt sich dann immer wieder heraus, dass die Kopisten alles kopieren konnten – außer Thermik-Schalter. Diese sind bislang unnachahmlich geblieben.

Meilensteine

1968 Peter Hofsaess gründet das Unternehmen in Pforzheim.

1973 Thermik beginnt mit der Entwicklung von Temperaturbegrenzern.

1988 Bezug des ersten eigenen Gebäudes am Stammsitz in Pforzheim

1990 Gründung der Thermik Thüringen GmbH

1991 Mit dem Erwerb der „Keramischen Bauelemente" in Hermsdorf in Thüringen gewinnt Thermik Know-how im Halbleiter- und Sensorbereich.

1998 Mit dem M1 wird der bis heute einzige Temperaturbegrenzer auf den Markt gebracht, bei dem alle Arbeitsschritte vollautomatisch erfolgen.

2003 Gründung des Produktionswerks Thermik Transylvania in Sibiu/Rumänien

2006 Marcel P. Hofsaess übernimmt die alleinige Geschäftsführung; Gründung der Hofsaess Holding als Dachgesellschaft.

2010 Thermik wird unter die 100 innovativsten deutschen Mittelstandsunternehmen gewählt.

2011 Der Stammsitz wird nach Sondershausen verlegt. Die Thermik Thüringen GmbH verschmilzt in der Thermik Gerätebau GmbH.

2013 Thermik erhält die CrefoZert-Auszeichnung für hervorragende Bonität.

Typische Standardanwendungen im Wicklungsschutzbereich

Daten und Fakten

Branche: Elektroindustrie
Produkte: Temperaturbegrenzer, PTC-Motorschutzfühler/Kaltleiter, PTC-Heizelemente
Marktposition: Unter den Top 3 in Europa, Asien und Amerika; ca. 50 % Marktanteil in Europa; Nischen- und Technologieführer mit über 80 % aller Patente im Branchenvergleich
Umsatz: ca. 40 Mio. Euro (Prognose 2015)
Mitarbeiter: 650 weltweit (2014)
Standorte: Sondershausen, Sibiu/Hermannstadt in Rumänien, Kuala Lumpur in Malaysia und New Bern in den USA
Exportquote: ca. 70 % (2014)
F&E-Quote: ca. 7 % (2014)
Gründer: Peter Hofsaess, 1968, Pforzheim
Eigentümer: Hofsaess Holding
Auszeichnungen: TOP 100 (compamedia, 2010–2014), Entrepreneur des Jahres (Ernst & Young, 2011 & 2012), CrefoZert (Creditreform, 2012/2013, 2013/2014)

Kontakt

Thermik Gerätebau GmbH
Salzstr. 11, 99706 Sondershausen
Fon: 03632 5412-0, Fax: 03632 5412-49100
info@thermik.de, www.thermik.de

Thermik Gerätebau GmbH im Internet

THIELE

Iserlohn, Nordrhein-Westfalen

Gegründet: 1935

Als innovativer Hersteller von Ketten und Schmiedeteilen ist die THIELE GmbH & Co. KG ein Weltmarktführer im Segment der Kettensysteme in Förderanlagen zur Gewinnung von Steinkohle. THIELE-Produkte finden bei der Gewinnung und Förderung mineralischer Rohstoffe, beim Heben, Bewegen und Sichern von Lasten sowie beim Fördern von Schüttgütern weltweit Anwendung. Für die Kunden steht ein globales Netzwerk in insgesamt 72 Ländern bereit, ca. 75 % des Umsatzes werden über den Export erwirtschaftet. Die THIELE GmbH & Co. KG wurde 1935 von August Thiele gegründet und beschäftigt heute am Produktionssitz in Iserlohn-Kalthof rd. 500 Mitarbeiter unter der Geschäftsführung von Dr. Günther Philipp.

Kontakt

THIELE GmbH & Co. KG
Werkstr. 3, 58640 Iserlohn-Kalthof
www.thiele.de

Thielenhaus Technologies

Wuppertal, Nordrhein-Westfalen

Gegründet: 1909

Die Thielenhaus Technologies GmbH ist in unterschiedlichen Geschäftsbereichen aktiv, darunter der Getriebe- und Kompressorenbau sowie die Herstellung von Werkzeugmaschinen. Die Division Thielenhaus Microfinish produziert Präzisionswerkzeugmaschinen zur Oberflächenfeinstbearbeitung und rangiert in dieser Sparte global unter den Top 3 der führenden Hersteller. Eingesetzt werden die Maschinen bei der Automobilproduktion, in der Medizintechnik und bei der Herstellung von Wälzlagern. Thielenhaus Technologies ist weltweit über Vertretungen präsent und unterhält Tochtergesellschaften in den USA, Indien, der Schweiz und Shanghai. Von den insgesamt knapp 250 Mitarbeitern sind rd. 160 am Standort in Wuppertal beschäftigt. Gegründet wurde das Familienunternehmen von Ernst Thielenhaus im Jahr 1909 in Barmen. 1940 wurde die erste Microfinish-Maschine gebaut.

Kontakt

Thielenhaus Technologies GmbH
Schwesterstr. 50, 42285 Wuppertal
www.thielenhaus.com

Thomas Magnete

Thomas Magnete
Herdorf, Nordrhein-Westfalen

Gegründet: 1962

Die Thomas Gruppe entwickelt und fertigt seit mehr als 50 Jahren elektromechanische und fluidische Aktoriksysteme für die Automobilindustrie und die Mobilhydraulik. Als Zulieferer bedient das Unternehmen alle großen deutschen Premiumfahrzeughersteller und hat sich als feste Marktgröße etabliert. Insbesondere bei Dosierpumpen, die neben Standheizungen auch bei der Abgasnachbehandlung eingesetzt werden, ist Thomas nach eigenen Angaben führend. Darüber hinaus umfasst das Produktportfolio auch Förderpumpen, Schaltmagnete, Schalt- und Proportionalventile sowie elektrohydraulische Ansteuersysteme für die Mobilhydraulik.

Das Unternehmen beschäftigt insgesamt 500 Mitarbeiter, 460 davon am Stammsitz in Herdorf, und erwirtschaftete 2014 einen Gesamtumsatz von 105 Mio. Euro. Rund 75 % davon stammen aus dem Exportgeschäft.

1962 als Tochterunternehmen der Robert Thomas Metall- und Elektrowerke gegründet, wurde die Firma zehn Jahre später als „Thomas Magnete" selbstständige GmbH und von der Familie Hermann Thomas zu 100 % übernommen. 1998 begann mit der ersten Auslandsgesellschaft in den USA der systematische Ausbau der Internationalisierung. Es folgten Niederlassungen in Russland, Italien, China und Korea. Heute ist Thomas in 2. Generation in Familienbesitz und wird von den Geschäftsführern Dietrich Thomas und Markus Krauss geleitet. Neben zahlreichen sozialen Leistungen und Optionen, wie etwa der Möglichkeit zum Home Office, Gleitzeit oder gesundheitsfördernde Maßnahmen wie kostenloses Obst für die Mitarbeiter, Massagen und Fitnesstraining, bilden vor allem die Werte Ehrlichkeit, Mut und Helfen die Basis der Unternehmenskultur.

Meilensteine

1962 Das Unternehmen wird als Tochter der Robert Thomas GmbH gegründet, erste Produkte waren Elektromagnete für Erntemaschinen, Wäscheschleudern, Kirchenorgeln oder Schreibmaschinen.

1972 Durch ein Management-Buy-out entsteht eine eigenständige GmbH.

1980er-Jahre Dosierpumpen für Standheizungen werden entwickelt.

2004 Inbetriebnahme der ersten vollautomatischen Montagelinie eines Proportionalmagneten für Nockenwellenversteller

2009 Dosierpumpen für Dieselpartikelfilterregenerierung erweitern das Portfolio.

2013 Erste Pumpen und Ventile für die Abgasnachbehandlung entstehen.

2014 Auszeichnung als „Top Arbeitgeber Automotive" – zum zweiten Mal nach 2012/13

»Unsere Kunden sehen wir immer häufiger wieder – unsere Produkte sehr, sehr selten.«

Dietrich Thomas, Vorsitzender der Geschäftsführung

Die Zentrale des Familienunternehmens befindet sich in Herdorf.

Die Geschäftsführer Dietrich Thomas und Markus Krauss (v.l.n.r.); Dosierpumpe zur Abgasnachbehandlung (unten)

Maßgebend für die Geschäftsleitung und viele Mitarbeiter sind dabei christliche Werte im Geschäfts- und Arbeitsalltag. Eine große Bedeutung hat auch die Aus- und Weiterbildung im Unternehmen. Thomas beschäftigt aktuell 40 Auszubildende, duale Studenten und Trainees. Für die kontinuierliche Optimierung des Arbeitsumfelds und die stetige Investition in die Mitarbeiterentwicklung wurde das Unternehmen seit 2012 bereits zweimal als „Top Arbeitgeber Automotive" ausgezeichnet.

Daten und Fakten

Inhaberfamilien: Familien Thomas und Baumgarten
Gründer: Hermann Thomas, 1962, Herdorf
Branche: elektromagnetische Aktuatoren für die Automobilindustrie und die Mobilhydraulik
Produkte: Ventilbaukasten für die elektrohydraulische Vorsteuerung, Entwicklung und Fertigung kundenspezifischer Elektromagnete, Cartridgeventile und Subsysteme, elektrohydraulische Aktuatoren, Dosier- und Förderpumpen
Marktposition: Marktführer in den Bereichen Vorsteuerventile und Dosierpumpen
F&E-Quote: 10–15 %
Standorte: Herdorf (Stammsitz); USA, Russland, Italien, China und Korea
Exportquote: 75 %
Umsatz: 105 Mio. Euro (2014)
Mitarbeiter: 500 (2014)

Kontakt

Thomas Magnete GmbH
San Fernando 35, 57562 Herdorf
Fon: 02744 929-0, Fax: 02744 929-290
info@thomas-magnete.com
www.thomas-magnete.com

Zum Internetauftritt von Thomas Magnete

ThyssenKrupp Bilstein

ThyssenKrupp Bilstein
Ennepetal, Nordrhein-Westfalen

Gegründet: 1873

Die ThyssenKrupp Bilstein GmbH mit Sitz im nordrhein-westfälischen Ennepetal ist auf Fahrwerktechnik spezialisiert. Im Bereich Sport- und Gewindefahrwerke ist das Unternehmen weltweiter Marktführer. Zum Produktspektrum gehören außerdem die Bereiche Erstausrüstung, Serienersatz mit Stützlagern, diverse Anbauteile, Anschlagpuffer und Schutzrohre, Ölstoßdämpfer für die zeitwertgerechte Reparatur sowie Gasdruck-Serienersatzstoßdämpfer in OE-Qualität, Federn in OE-Qualität und Lenkungen in OE-Qualität. BILSTEIN stellt ein komplettes Stoßdämpferspektrum vom Einrohr- oder Zweirohr-Dämpfer bis hin zu Luftfedersystemen und verstellbaren elektronischen Dämpfern her. Neben dem Hauptsitz in Ennepetal produziert das Unternehmen auch im rheinland-pfälzischen Mandern und betreibt außerdem ausländische Standorte im rumänischen Sibiu, in den US-amerikanischen Städten Hamilton und Poway sowie in Shanghai, China. Insgesamt beschäftigte BILSTEIN Ende des Jahres 2013 mehr als 2.500 Mitarbeiter, davon ca. 1.560 in Deutsch-

Ein entscheidender Schritt im Produktionsprozess: die Lackierung im legendären BILSTEIN-Gelb

ThyssenKrupp Bilstein

Einfach erklärt: Einrohr-Gasdruck-Stoßdämpfer (deCarbon-Prinzip)

Ein Arbeitskolben unterteilt den Arbeitszylinder in zwei Kammern, bei Bewegung des Kolbens strömt das Öl durch die in den Kolben integrierten Dämpfungsventile von einer Kammer in die andere. Das durch die einfahrende Kolbenstange verdrängte Ölvolumen wird durch den Gasraum aufgenommen. Entscheidender Vorteil für den Fahrer gegenüber einem Zweirohr-Stoßdämpfer sind verbessertes Ansprechverhalten durch exakte Dämpfung auch bei kleinen Anregungen und damit ein erhöhter Fahrkomfort. Durch einen festen Bodenkontakt der Räder, erhöhte Fahrstabilität und präzises Kurvenverhalten wird außerdem eine sichere Fahrt gewährleistet.

»Erfahrbare Leistung, die begeistert.«

Unternehmensgrundsatz ThyssenKrupp Bielstein

land. Gemeinsam erwirtschaftete die Belegschaft im Geschäftsjahr 2013/2014 einen Umsatz von ca. 470 Mio. Euro. Die Produkte werden in über 110 Ländern vertrieben, dafür sorgt ein internationaler Vertrieb sowie lokale Niederlassungen in den USA und China.

Seine Wurzeln hat das Unternehmen im Jahr 1873, als August Bilstein einen Betrieb zur Herstellung von Fensterbeschlägen gründete. Erst rund ein halbes Jahrhundert später, 1928, begann mit der Serienfertigung von verchromten Stoßstangen der Einstieg in die Automobilbranche, 1929 stellte die August Bilstein GmbH auch Wagenheber in Serie her. Eine entscheidende Innovation war die Entwicklung der ersten Einrohr-Gasdruck-Stoßdämpfer nach dem deCarbon-Prinzip im Jahr 1954, die ab 1956 im neuen Werk Mandern in Serie gefertigt wurden. Seit 1961 sind BILSTEIN-Produkte erfolgreich im Motorsport im Einsatz, 1989 fuhren alle Fahrzeuge der Deutschen Tourenwagen-Meisterschaft (DTM) mit BILSTEIN-Stoßdämpfern. Organisatorisch gehörte BILSTEIN seit 1988 zur Friedrich Krupp AG Hoesch-Krupp, die wiederum in 1999 mit der Thyssen AG fusionierte. Seit 2005 ist BILSTEIN ein 100%iges Tochterunternehmen von ThyssenKrupp. Zu den Kunden zählt eine große Zahl von Global Playern der Automobilbranche, die Zukunftschancen werden sowohl im Geschäftsbereich Erstausrüstung wie auch im Bereich After Market

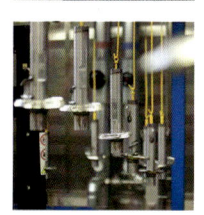

August Bilstein gründete das Unternehmen (oben); Blick in die Produktion im Jahr 1963 (Mitte) und heute (unten).

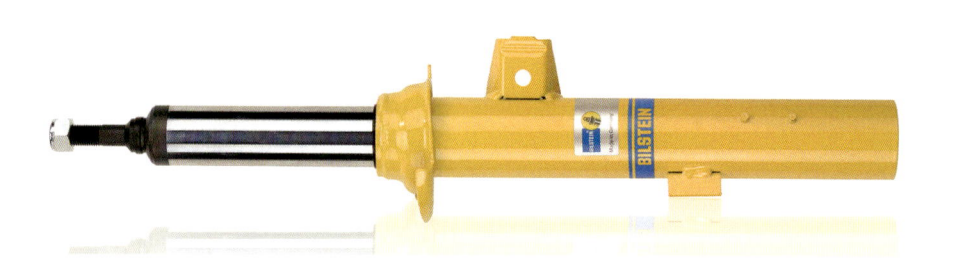

Ein Beispiel aus dem breiten Produktspektrum: der BILSTEIN-B6-Hochleistungsdämpfer in bewährter Einrohr-Gasdruck-Technologie für ein spürbar verbessertes Fahrverhalten

TIGRA

Meilensteine

1873 August Bilstein gründet in Ennepetal ein Unternehmen zur Produktion von Fensterbeschlägen.

1928 Als erste Automobilanwendungen werden verchromte Stoßstangen hergestellt.

1954 Die ersten Einrohr-Gasdruckstoßdämpfer werden entwickelt und gefertigt.

1961 Zum ersten Mal kommen BILSTEIN-Produkte im Motorsport zum Einsatz.

1988 Das Unternehmen wird in den Hoesch-Konzern eingebunden.

1995–1996 Neue Werke entstehen in Hamilton (USA) und Sibiu (Rumänien).

1999 Die Friedrich Krupp AG Hoesch-Krupp und die Thyssen AG fusionieren zur ThyssenKrupp AG.

2014 Eine neue Produktionsstätte wird in Shanghai eröffnet.

Umsatz: ca. 470 Mio. Euro (2013/14)
Mitarbeiter: rd. 2.500 weltweit, davon ca. 1.560 in Deutschland (2013/14)
Standorte: Ennepetal, Mandern; Sibiu (Rumänien), Hamilton (USA), Poway (USA), Shanghai (CN)
Vertrieb: in 110 Ländern weltweit mit internationalem Vertrieb und lokalen Niederlassungen in den USA, Osteuropa und China
Exportquote: 70 % (2013/14)
Gründer: August Bilstein, 1873, Ennepetal
Eigentümer: ThyssenKrupp AG

Kontakt

ThyssenKrupp Bilstein GmbH
Milsper Str. 214, 58256 Ennepetal
Fon: 02333 791-4444, Fax: 02333 7910-4400
info@bilstein.de, www.bilstein.de

Ansprechpartner Presse

Thomas Heinen
theinen@automotivepr.com

Fertigungsprozesse nach OE-Standards sind der Grundstein der kompromisslosen BILSTEIN-Qualität (oben, Mitte). Die enge Zusammenarbeit mit Partnern aus dem Motorsport führt zur kontinuierlichen Weiterentwicklung und Verbesserung der BILSTEIN-Produkte (unten).

Zum Internetauftritt von ThyssenKrupp Bilstein

als gut eingeschätzt. Zu den aktuellen Innovationen von BILSTEIN zählt etwa die Dämpferregelung via Smartphone-App.

Daten und Fakten

Branche: Fahrwerktechnik, Motorsport, Tuning
Produkte: Serienersatz mit Stützlagern, diversen Anbauteilen, Anschlagpuffern und Schutzrohren, Ölstoßdämpfer sowie Gasdruck-Serienersatzstoßdämpfer, Federn und Lenkungen. Außerdem Stoßdämpfer vom Einrohr-/Zweirohr-Dämpfer bis hin zu Luftfedersystemen und elektronischen Dämpfern sowie Sport- und Gewindefahrwerke sowie Motorsportfahrwerke
Marktposition: Weltmarktführer im Bereich Sport- und Gewindefahrwerke

TIGRA

Oberndorf am Lech, Bayern

Gegründet: 1983

Die TIGRA GmbH zählt sich zu den weltweit führenden Herstellern von Standard- und individuellen Schneideinsätzen zur Holz- und Metallbearbeitung sowie von Verbundwerkstoffen. Das ausschließlich in Deutschland produzierende Unternehmen bietet den holzverarbeiten Branchen Wendeschneidplatten, Blanketts zum Profilieren, Sägezähne, Hobelmesser, Fräserplatten, Rundstäbe und weitere individuelle Hartmetallteile. Für die Metallbearbeitung werden u. a. Ronden aus polykristallinem Diamant und dem synthetisch hergestellten Verbundwerkstoff PcBN gefertigt ebenso wie Segmente und Halbzeuge. Das 1983 gegründete Familienunternehmen erzielt 85 % des Umsatzes in 80 Ländern der Welt und betreibt eigene Vertriebsbüros in den USA, China und Brasilien. TIGRA ist Preisträger des Anton-Jaumann-Preises für innovative Unternehmen.

Kontakt

TIGRA GmbH
Gewerbering 2, 86698 Oberndorf am Lech
www.tigra.de

Tilke

Aachen, Nordrhein-Westfalen

Gegründet: 1983

Die Tilke GmbH & Co. KG mit Hauptsitz in Aachen ist als Architektur- und Ingenieurbüro auf die Planung und den Bau von Renn- und Teststrecken sowie die Konstruktion der dazugehörenden Gebäude und Einrichtungen wie etwa Tribünen und Boxengebäude spezialisiert. In diesem Bereich ist Tilke Weltmarktführer und hat seit dem Jahr 1999 insgesamt elf der weltweit existierenden Rennstrecken der Formel 1 gebaut und fünf weitere umgebaut. Zehn dieser Strecken befinden sich im aktuellen Formel-1-Rennkalender, etwa der Sepang International Circuit in Malaysia, der Shanghai International Circuit, der Circuit of the Americas in Austin, der Yas Marina Circuit oder das Autodrom im russischen Olympiaort Sotschi. Neben einem weiteren deutschen Standort in Olpe verfügt Tilke über Auslandsniederlassungen in Bahrain, den Vereinten Arabischen Emiraten, Mexiko und Aserbaidschan.

Gegründet wurde das Unternehmen im Jahr 1983, erste Projekte stammten aus dem Bereich Deponiebau. Heute ist Tilke nicht nur in Entwicklungen rund um den Rennsport involviert, sondern plant und baut Hotels, Verwaltungs- und Wohngebäude, Einkaufszentren, Infrastrukturprojekte, Krankenhäuser sowie jedwede Art von Sport- und Freizeitanlagen. Rund 80 % der Projekte werden im Ausland realisiert. Derzeit beschäftigt Tilke rd. 170 Architekten und Ingenieure weltweit und erwirtschaftete im Jahr 2012 einen Umsatz von rd. 17,5 Mio. Euro. Die Geschäfte führen Hermann Tilke und Peter Wahl als Inhaber.

Kontakt

Tilke GmbH & Co. KG
Krefelder Str. 147, 52070 Aachen
Fon: 0241 9134-0, Fax: 0241 9134-400
mailbox@tilke.de, www.tilke.de

TKM

Remscheid, Nordrhein-Westfalen

Gegründet: 1863

Die TKM GmbH ist Spezialist für die Herstellung von Industriemessern und Sägen. In ihrer Branche zählt die Gruppe zu den Weltmarktführern. Der Schwerpunkt des Unternehmens liegt auf der Fertigung von Schneidwerkzeugen für die Holz-, Metall- und Papierbranche, so etwa für die Druck- und Verpackungsindustrie, die Hygienepapierindustrie sowie Zellstoff-, Sperrholz- oder Holzplattenhersteller. Außerdem betätigt sich das Unternehmen mit Stammsitz in Remscheid auch in den Branchen Recycling, etwa beim Zuschnitt, aber auch der Wiederverwertung von Autoreifen. Der Start der Maschinenmesserproduktion begann schon im Jahr 1908, rechtlich eigenständig ist das Unternehmen seit 1991. Heute ist TKM in 70 Ländern vertreten und beschäftigt rd. 1.000 Mitarbeiter.

Kontakt

TKM GmbH
In der Fleute 18, 42897 Remscheid
www.interknife.com

TOPTICA

Gräfelfing, Bayern

Gegründet: 1998

Die TOPTICA Photonics AG ist seit ihrer Gründung 1998 weltweit Innovationsführer im Bereich der Dioden- und Ultrafast Fiber Laser. Das Portfolio für Industrie und Forschung umfasst außerdem UV-, IRS- und IR-Laser sowie optoelektronische Terahertz-Erzeugung, Wellenlängenmesser und photonische Werkzeuge und Zubehör. Schlüsselmärkte sind Quantenoptik und Spektroskopie, Biophotonik und Life Sciences sowie der Bereich Testen und Messen. TOPTICA ist in zahlreiche Kooperationen mit Universitäten, Unternehmen und in wissenschaftlichen Projekte, die von der EU und der Bundesregierung gefördert werden, eingebunden. Das Unternehmen beschäftigt in Gräfelfing und Berlin sowie an 2 Standorten in den USA rd. 200 Mitarbeiter. Der Umsatz liegt bei ca. 36 Mio. Euro.

Kontakt
TOPTICA Photonics AG
Lochhamer Schlag 19, 82166 Gräfelfing
www.toptica.com

transfluid

Schmallenberg, Nordrhein-Westfalen

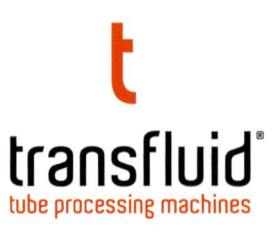

Gegründet: 1988

Die transfluid Maschinenbau GmbH ist Weltmarktführer für Maschinen und Anlagen der gesteuerten Roll-Umformtechnik. Zu den zahlreichen Innovationen gehörte 1995 die Entwicklung der inzwischen patentierten Rolliertechnik für die Rohrumformung, womit sich transfluid als Technologieführer behauptet. Diese Technik erlaubt es, hochkomplexe Umformgeometrien herzustellen. Es können Umformungen mit sehr engen Toleranzen, scharfkantiger Rillenstruktur und polierten Oberflächen erzeugt werden. Mit der 2013 eingeführten CNC-Steuerung ist eine nahezu werkzeugfreie Umformung effizient möglich, was zur Durchsetzung des Leichtbaus in der Automobilindustrie beiträgt.

Das Portfolio umfasst weitere Maschinen zum Biegen, Trennen und Reinigen, zur Automation sowie Steuerungssoftware. Die Kunden finden sich u. a. im Maschinen- und Anlagenbau, Automobil- oder Schiffbau, in der Möbelindustrie bis hin zu Herstellern medizinischer Geräte. 2013 setzte das Unternehmen mit 127 Mitarbeitern, davon 4 in Bangkok, rd. 20 Mio. Euro um. Die F&E-Aufwendungen erreichen 250.000 Euro. Die Ausbildungsquote liegt bei 15 %. Der Exportanteil von 50 % wird in Europa, im asiatisch-pazifischen Raum sowie in Nord- und Südamerika realisiert.

Ludger Bludau und Gerd Nöker gründeten transfluid 1988. Der geschützte Firmenname nimmt auf den Transport von Flüssigkeiten in Rohren Bezug. Seit 2008 gehören der Geschäftsführung drei weitere Gesellschafter an: Stefanie Flaeper, Benedikt Hümmler und Burkhard Tigges, womit auch eine Nachfolgeregelung für die Gründer verbunden ist.

Kontakt
transfluid Maschinenbau GmbH
Hünegräben 20-22, 57392 Schmallenberg
Fon: 02972 9715-0, Fax: 02972 9715-11
info@transfluid.de, www.transfluid.de

TREIF

Oberlahr, Rheinland-Pfalz

Gegründet: 1948

Die TREIF Maschinenbau GmbH ist spezialisiert auf Schneidetechnik für Lebensmittel. Das Portfolio umfasst Maschinen zum Würfeln, Raspeln, Portionieren und Slicen. Dazu gibt es spezielle Lösungen, die sowohl für maschinelle industrielle Anwendungen in der Lebensmittelverarbeitung als auch für manuelle Bedienung im Lebensmitteleinzelhandel konzipiert werden. Für Industriekunden werden maßgeschneiderte Anlagen entwickelt. Das Herzstück der Schneidemaschinen, die Messer, fertigt TREIF ebenfalls selbst. Im Bereich Dienstleistungen werden Ersatzteilservice, Wartungsverträge und Online-Wartung angeboten. Das Unternehmen ist weltweit präsent durch Vertriebspartner sowie mit eigenen Niederlassungen. Geschäftsführender Gesellschafter ist Uwe Reifenhäuser.

Kontakt
TREIF Maschinenbau GmbH
Südstr. 4, 57641 Oberlahr
www.treif.de

Treofan

Raunheim, Hessen

Gegründet: 2002

Die Treofan Gruppe ist ein global führender Hersteller von biaxal orientierten Polypropylen-Folien (BOPP). Das Unternehmen bietet ein umfangreiches Produktportfolio aus Folien für Etiketten, Verpackungen und die Tabakindustrie sowie technischen Folien für elektronische Anwendungen (z. B. in Hochleistungsbatterien). Mit rd. 1.100 Mitarbeitern, 4 Produktionsstandorten in Deutschland, Italien und Mexiko und einer jährlichen Produktionsmenge von über 7 Mrd. m² Folie gehört Treofan zu den größten BOPP-Folienherstellern weltweit. Das Unternehmen vertreibt seine Produkte unter den Markennamen Treofan und TreoPore in mehr als 90 Ländern. Die Geschäftsführung haben Peter Vanacker, Dr. Walter Bickel und Dr. Hady Seyeda inne.

Kontakt
Treofan Germany GmbH & Co. KG
Am Prime Parc 17, 65479 Raunheim
www.treofan.com

TROX

Neukirchen-Vluyn, Nordrhein-Westfalen

Gegründet: 1951

TROX zählt zu den weltweit führenden Anbietern von Komponenten, Geräten und Systemen zur Belüftung und Klimatisierung von Räumen. Zum Portfolio zählen Klimazentralgeräte, Gebäudeventilatoren, Luftdurchlässe, Luft-Wasser-Systeme, dezentrale

»Der Mensch ist der Maßstab und sein Wohlbefinden das Ziel.«

Leitsatz des Hauptgesellschafters Heinz Trox

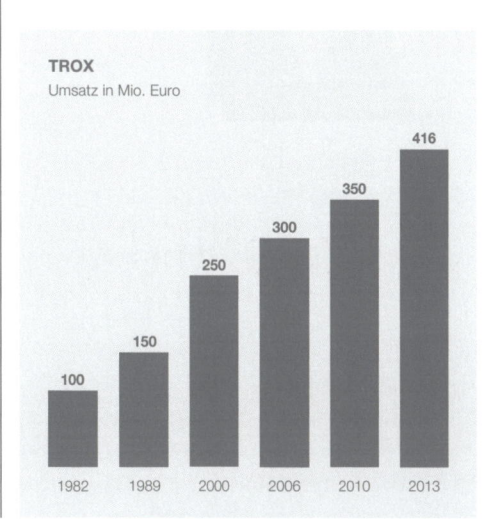

TROX hat seinen Sitz in Neukirchen-Vluyn.

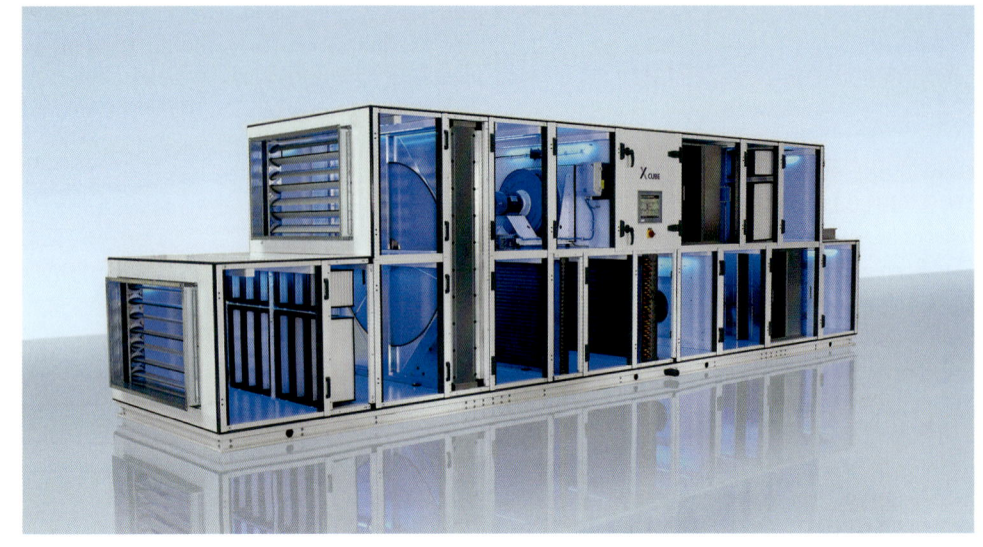

TROX

T RO

Mit dem X-CUBE, einem frei konfigurierbaren Klimazentralgerät, setzt TROX neue Maßstäbe für RLT-Geräte.

Dieses erste Lüftungsgitter produzierte Heinrich Trox in dem von ihm gegründeten Betrieb 1951.

Lüftungsgeräte, Brand- und Rauchschutzsysteme, Regelgeräte und Regelsysteme sowie Filtergeräte und -elemente. Sie kommen überall im Nichtwohnhochbau zum Einsatz, u. a. in Bürogebäuden, Hotels, Krankenhäusern und Museen, aber auch auf Flughäfen und in Industriegebäuden. Prominente Referenzobjekte sind z. B. die Elbphilharmonie in Hamburg, das Hotel Burj al Arab in den Vereinigten Arabischen Emiraten oder das Massachusetts Institute of Technology in den USA. TROX unterstützt seine Kunden bedarfsgerecht bei der Integration in die architektonische Planung, bei Konzeptentwicklung und -optimierung, in Bezug auf energetische Bewertung und Wirtschaftlichkeitsbetrachtungen sowie beim Einbau der Komponenten.

Unternehmer: Heinz Trox

Neben Heinrich Trox, der die Firma 1951 gründete und bis 1970 als Geschäftsführer leitete, steht vor allem Heinz Trox für die weltweite Expansion der TROX GmbH. Nach seinem Maschinenbau- und Betriebswirtschaftsstudium in München (1954–1958) absolvierte er ein Betriebswirtschaftsstudium am Antioch College in Ohio/USA. Seine ersten ausländischen Berufserfahrungen als Ingenieur sammelte er bei American Standard (Ideal Standard) in Ohio/USA. 1959 trat Heinz Trox als junger Ingenieur und Betriebswirt ins väterliche Unternehmen ein und war zunächst für das Auslandsgeschäft verantwortlich. 1962 gründete er während eines Aufenthalts in Großbritannien die erste Tochtergesellschaft. Danach zog es ihn nach Frankreich, wo 1963 die zweite TROX-Tochter entstand. Als Geschäftsführer war er ab 1969 für die Ressorts Ausland, Produktmanagement sowie Forschung und Entwicklung verantwortlich. 1988 übernahm Heinz Trox den Vorsitz der Geschäftsführung. 2001 wechselte er in den Aufsichtsrat der TROX GmbH, dessen Vorsitzender er seit 2012 ist. Mit der Gründung der Heinz Trox-Stiftung stellte er die Weichen für das Fortbestehen seiner Firma als selbstständiges Unternehmen. Die Stiftung unterstützt wissenschaftliche Tätigkeit im Bereich der Klima- und Lüftungstechnik und fördert soziale wie kulturelle Aktivitäten.

TROX

Meilensteine

1951 Die Brüder Heinrich und Friedrich Trox gründen in Neukirchen-Vluyn eine Produktion für Luftdurchlässe.

1959 Heinz und Klaus Trox treten in das Unternehmen ein.

1962/63 Mit der Gründung von Tochtergesellschaften in Großbritannien, Österreich, Italien und Frankreich beginnt die internationale Expansion.

ab 1960er-Jahre Die TROX GmbH entwickelt sich durch zahlreiche Produktinnovationen und geografische Expansionen zum Weltmarktführer in der Klima- und Lüftungsbranche.

2014 TROX ist mit 30 Tochtergesellschaften und 14 Produktionsstätten auf 5 Kontinenten sowie mit weiteren Importeuren und Vertretungen in über 70 Ländern vor Ort.

Die Unternehmensgruppe beschäftigt 3.700 Mitarbeiter und verfügt über 14 Produktionsstätten weltweit. Mit 30 Tochtergesellschaften und weiteren Vertriebsbüros sowie mit mehr als 45 Importeuren und Vertretungen ist TROX in über 70 Ländern auf fünf Kontinenten präsent. Der Gesamtumsatz belief sich 2013 auf 416 Mio. Euro, 70 % davon entfielen auf das Auslandsgeschäft.

Hauptgesellschafter und Vorsitzender des Aufsichtsrats ist in 2. Generation Heinz Trox. 1951 gründete Heinrich Trox zusammen mit seinem Bruder Friedrich die Gebrüder Trox GmbH und spezialisierte sich damit auf die Konstruktion und Fertigung von Komponenten für Klimaanlagen. Als erstes Produkt brachten sie das TROX-Lüftungsgitter der Serie TS auf den Markt. Es folgten weitere Produktgruppen wie Wetterschutzgitter, Jalousieklappen und Deckenluftdurchlässe. 1959 traten die Söhne von Heinrich Trox, Heinz und Klaus Trox, in das Unternehmen ein; sie führten TROX in die internationale Expansion.

Heute hält TROX Schutzrechte an mehr als 450 Eigenentwicklungen. Dem internationalen Wettbewerbsdruck und den steigenden Anforderungen in der Klima- und Lüftungsbranche begegnet das Unternehmen mit einer One-Stop-Shop-Strategie: Vom Klimazentralgerät bis zum Luftdurchlass produziert und liefert TROX alle Komponenten, Geräte und Systeme aus einer Hand, spezifisch abgestimmt auf die individuellen Anforderungen des jeweiligen Projekts.

Daten und Fakten

Branche: Klima- und Lüftungstechnik
Produkte: Komponenten, Geräte und Systeme zur Belüftung und Klimatisierung von Räumen
Marktposition: einer der drei führenden Anbieter weltweit
Umsatz: 416 Mio. Euro (2013)
Mitarbeiter: ca. 3.700 weltweit (2013)
Standorte: 30 Tochtergesellschaften und 14 Produktionsstandorte weltweit
Auslandsanteil: ca. 70 %
Patente: mehr als 450 Schutzrechte
Auszeichnungen: u. a. „Design Plus" für RLT-Gerät X-CUBE (Messe ISH, 2013); „Brandschutzprodukt des Jahres 2013" für TROX-TLT (Feuertrutz-Verlag, 2013); „Interior Innovation Award – Winner 2014" für das Lüftungsgitter TROX X-GRILLE (imm cologne, 2014); „Iconic Award – Winner" für das Lüftungsgitter TROX X-GRILLE (Rat für Formgebung)

Kontakt

TROX GmbH
Heinrich-Trox-Platz, 47504 Neukirchen-Vluyn
Fon: 02845 202-0, Fax: 02845 202-265
trox@trox.de, www.trox.de

Ansprechpartner Presse
Christine Roßkothen
Fon: 02845 202-464
c.rosskothen@trox.de

TROX im Internet

Truma

Putzbrunn, Bayern

Gegründet: 1949

Die Truma Gerätetechnik GmbH & Co. KG ist ein international führender Ausrüster von Caravanen und Reisemobilen mit Systemen für Heizen, Warmwasser, Klima, Rangieren sowie die Energie- und Gasversorgung. Der Ausrüster Truma ist Partner zahlreicher Hersteller der Caravaningbranche und hat Niederlassungen in Großbritannien, Italien, Schweden, China und den USA. Das Familienunternehmen beschäftigt rd. 600 Mitarbeiter. Truma brachte 1961 die erste offiziell anerkannte Wohnwagenheizung auf den Markt, die erstmals Camping im Winter ermöglichte. 2013 wurde Truma mit dem Innovationspreis „Top 100" für deutsche Mittelstandsunternehmen ausgezeichnet. Das Rangiersystem Truma Mover® XT erhielt 2014 beim reddot Design Award den renommierten Preis für Produktdesign.

Kontakt
Truma Gerätetechnik GmbH & Co. KG
Wernher-von-Braun-Str. 12, 85640 Putzbrunn
www.truma.com

TRUMPF

Ditzingen, Baden-Württemberg

Gegründet: 1923

Die TRUMPF GmbH & Co. KG wurde 1923 als mechanische Werkstätte gegründet und hat sich zu einem der weltweit führenden Unternehmen der Fertigungstechnik entwickelt. Eine Holding fasst die zwei Geschäftsbereiche Werkzeugmaschinen und Lasertechnik/Elektronik zusammen. Im Geschäftsjahr 2013/14 erzielte das Unternehmen mit über 11.000 Mitarbeitern weltweit einen Umsatz von 2,59 Mrd. Euro. Mit über 60 Tochtergesellschaften und Niederlassungen ist die Gruppe international mit Produktions- und Vertriebsstandorten vertreten. Gesellschafter des Familienunternehmens sind die Familie Leibinger und die Berthold-Leibinger-Stiftung. Vorsitzende der Geschäftsführung ist Dr. Nicola Leibinger-Kammüller. Zur Leitung gehören auch ihr Ehemann Matthias Kammüller sowie ihr Bruder Peter Leibinger.

Kontakt
TRUMPF GmbH + Co. KG
Johann-Maus-Str. 2, 71252 Ditzingen
www.trumpf.com

TURCK

Mülheim an der Ruhr, Nordrhein-Westfalen

Gegründet: 1965

Die TURCK-Gruppe mit Hauptsitzen in Mülheim an der Ruhr und Halver zählt zu den global führenden Unternehmensgruppen auf dem Sektor der Industrieautomation. Zum Portfolio gehören rd. 15.000 Produkte aus den Bereichen Sensor-, Feldbus-, Anschluss- und Interfacetechnik sowie RFID, die vornehmlich in der Fertigungs- und Prozessautomation eingesetzt werden. Damit

An seinem Entwicklungs- und Produktionsstandort Halver nahm TURCK 2013 ein hochmodernes neues Gebäude in Betrieb.

TURCK

Die TURCK-Gruppe zählt zu den global führenden Unternehmensgruppen auf dem Sektor der Industrieautomation.

kann das Unternehmen die gesamte Automatisierungskette aus einer Hand anbieten. Im Laufe seiner Geschichte hat sich TURCK immer mehr vom Komponentenlieferanten zum Anbieter kompletter Automatisierungslösungen – z. B. für die Identifkation von Werkstücken oder Bauteilen – entwickelt. In zahlreichen Kundenbranchen ist das Familienunternehmen mit ganzheitlichen Branchenlösungen fest verankert, etwa im Maschinen- und Anlagenbau, in der Automobilproduktion, im Bereich Mobile Equipment oder in der Chemie- und Pharmaproduktion.

TURCK ist nach eigenen Angaben weltweiter Technologieführer in den Bereichen induktive Linearwegsensoren und induktive Drehgeber. In vielen Ländern, darunter auch in den USA und China, gehört das Unternehmen zu den Marktführern.

Gegründet wurde das Unternehmen 1965 von den Brüdern Werner und Hans Turck, die im heimischen Wohnzimmer damit begannen, eigensichere Verstärkerrelais herzustellen. Zehn Jahre später begann die internationale Ausrichtung der Firma mit der Gründung der ersten Auslandsgesellschaft in Minneapolis/USA. Seitdem hat das Familienunternehmen weltweit zahlreiche neue Vertriebs- und Produktionsgesellschaften gegründet, um sich auf die Anforderungen der sich wandelnden Weltmärkte einzustellen. So übernahm man 1989 das Messgerätewerk in Beierfeld/Sachsen und vollzog damit

»Ob Sensor-, Feldbus- oder Interfacetechnik, Anschlusstechnik, RFID oder HMI/PLC – TURCK versteht sich als Lösungspartner seiner Kunden.«

Ulrich Turck, geschäftsführender Gesellschafter

Einfach erklärt: Induktive Weg- und Winkelmessung

Neben zahlreichen weiteren Innovationen hat TURCK auch Weg- und Winkelsensoren entwickelt, die die Nachteile der bislang eingesetzten Verfahren ausschalten und deren Vorzüge kombinieren. Die Sensoren basieren auf dem sogenannten Resonator-Prinzip. Dabei erfolgt die Positionserfassung nicht über einen magnetischen Positionsgeber, sondern über einen induktiven Resonator, also ein schwingfähiges System aus Kondensator und Spule. Im Gegensatz zu magnetischen Positionsgebern ist das induktive Resonator-Funktionsprinzip nicht nur unempfindlich gegenüber elektromagnetischen Störeinflüssen, wie sie von großen Motoren oder von Schweißanlagen erzeugt werden. Da der Sensorkörper vollständig geschlossen ist und der Schutzart IP67 entspricht, beeinflussen selbst Schmutz oder Feuchtigkeit die Sensorfunktion nicht – ein Vorteil gegenüber mechanisch gekoppelten Potenziometerlösungen.

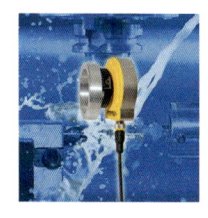

TURCK hat rd. 15.000 Produkte im Portfolio, die überwiegend in der Fertigungs- und Prozessautomation eingesetzt werden.

Turk

den Einstieg in den osteuropäischen Markt. Seit 1994 ist TURCK darüber hinaus im asiatischen Raum mit einer Produktions- und Vertriebsgesellschaft in Tianjin/China vertreten, die von Anfang an zu 100 % im Firmenbesitz war.

Heute verfügt TURCK weltweit über 27 Niederlassungen und ist in weiteren 60 Staaten mit Vertriebspartnern vertreten. Insgesamt beschäftigt das Unternehmen mehr als 3.350 Mitarbeiter, davon ist etwa die Hälfte an den deutschen Standorten Mülheim a. d. Ruhr, Halver, Detmold und Beierfeld aktiv.

Nach wie vor im Familienbesitz, bilden die Hans Turck GmbH & Co. KG (Vertrieb und Marketing) sowie die für Entwicklung und Fertigung zuständige Werner Turck GmbH & Co. KG die Kernunternehmen der TURCK-Gruppe. Geleitet wird die Hans Turck GmbH von Christian Wolf und Ulrich Turck, dem Sohn des Firmenmitbegründers Hans Turck. Die Werner Turck GmbH & Co. KG wird von Guido Frohnhaus geführt. Als weiteres Unternehmen der TURCK-Gruppe ist TURCK duotec an den Standorten Halver und Beierfeld vertreten. Der Schwerpunkt dieses Unternehmens liegt in Entwicklung, Fertigung und Vertrieb kundenspezifischer Elektronik außerhalb der industriellen Automation.

Ulrich Turck (oben) und Christian Wolf (Mitte) sind Geschäftsführer der Hans Turck GmbH & Co. KG; Guido Frohnhaus (unten) führt die Werner Turck GmbH & Co. KG.

TURCK im Internet

Meilensteine

1965 Firmengründung

1975 Gründung der ersten Landesgesellschaft TURCK Inc. in den USA

1987 Gründung der TURCK duotec als Elektronik-Engineering- und Fertigungsdienstleister

1990 Übernahme des Messgerätewerks Beierfeld und Gründung der TURCK Beierfeld GmbH in Sachsen

1993 Mit dem uprox entwickelt TURCK den ersten induktiven Näherungsschalter, der alle Metalle mit demselben Schaltabstand erkennt.

1994 Gründung einer 100%-Tochter in Tianjin/China

2000 TURCK intensiviert seine dynamische Internationalisierungsstrategie durch Gründung von bis heute 17 weiteren Landesgesellschaften.

2006 Mit BL ident präsentiert TURCK ein modulares RFID-System für den industriellen Einsatz.

Daten und Fakten

Branche: Automatisierungstechnik
Produkte: Sensor-, Feldbus-, Anschluss- und Interfacetechnik sowie RFID
Marktposition: global führend auf dem Sektor der Industrieautomation; weltweiter Technologieführer in den Bereichen induktive Linearwegsensoren und induktive Drehgeber
Umsatz: 450 Mio. Euro (2013)
Mitarbeiter: weltweit mehr als 3.350, davon rd. 50 % in Deutschland
Standorte: Hauptsitze in Mülheim a. d. Ruhr und Halver, 27 Niederlassungen weltweit
F&E-Quote: ca. 8 %
Gründer: Hans und Werner Turck, 1965, Mülheim a. d. Ruhr
Eigentümer: Familien Turck und Hermes in 2. Generation

Kontakt

Hans Turck GmbH & Co. KG
Witzlebenstr. 7, 45472 Mülheim/Ruhr
Fon: 0208 4952-0, Fax: 0208 4952-264
more@turck.com, www.turck.com

Turk

→Albert Turk

TÜV SÜD

TÜV SÜD

München, Bayern

Gegründet: 1866

TÜV SÜD ist ein internationaler Prüf- und Zertifizierungsdienstleister und in vielen Bereichen seiner Branchen führend. Weltweit entscheidende Akzente setzt TÜV SÜD in wichtigen Zukunftsbereichen wie Elektromobilität und Erneuerbare Energien.

Alle Aktivitäten von TÜV SÜD sind in den Segmenten INDUSTRY, MOBILITY und CERTIFICATION organisiert. Das Segment INDUSTRY setzt sich aus den Divisionen TÜV SÜD Industry Service und TÜV SÜD Real Estate & Infrastructure zusammen. Zum Leistungsspektrum gehören die umfassende Unterstützung beim Betrieb und bei der Optimierung von Industrieanlagen, Gebäuden und Infrastruktureinrichtungen sowie die Prüfung von Schienenfahrzeugen, Signalanlagen und der gesamten Bahninfrastruktur. Im Segment MOBILITY mit der Division TÜV SÜD Auto Service sind alle Dienstleistungen zur Fahrzeugprüfung sowie zur Entwicklung und Zulassung von neuen Fahrzeugmodellen zusammengefasst. Im Mittelpunkt des Segments CERTIFICATION mit den Divisionen TÜV SÜD Product Service und TÜV SÜD Management Service stehen die Prüfung und Zertifizierung von Produkten und Prozessen. Darüber hinaus bietet die TÜV SÜD Akademie als einer der führenden Aus- und Weiterbildungsanbieter im deutschsprachigen

Weltweit entscheidende Akzente setzt TÜV SÜD auch im Bereich der erneuerbaren Energien.

Der Dampfkessel-Revisions-Verein – Vorläufer des Dienstleistungskonzerns TÜV SÜD – übernahm ab 1866 die Überprüfung von technischen Anlagen und Einrichtungen.

Zum Geschäftsfeld CERTIFICATION von TÜV SÜD zählt auch die Prüfung und Zertifizierung von Produkten und Prozessen.

TÜV SÜD

TÜV SÜD mit Hauptsitz in München beschäftigt insgesamt über 20.000 Mitarbeiter an 800 Standorten in 50 Ländern.

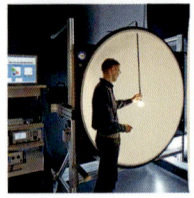

Zu den Dienstleistungen von TÜV SÜD zählt beispielsweise die Prüfung von Aufzügen, Zügen, Achterbahnen und Leuchtmitteln.

Raum verschiedene Schulungen, Trainings sowie Aus- und Weiterbildungen für Industrie, Handel, Gewerbe und Privatpersonen.

Als Prozesspartner mit umfassenden Branchenkenntnissen unterstützen die Sachverständigen von TÜV SÜD ihre Kunden aus allen Branchen. Mit ihrer Kompetenz und ihren Erfahrungen leisten die Experten einen wichtigen Beitrag dazu, Anlagen, Produkte und Prozesse sicher, zuverlässig und wirtschaftlich zu machen. Das gilt gerade auch für innovative Technologien wie Elektromobilität oder erneuerbare Energien. Mit der Forderung nach internationalen Sicherheitsstandards in der Elektromobilität, der aktiven Mitarbeit in der „Nationalen Plattform Elektromobilität (NPE)" und den Dienstleistungen der TÜV SÜD Battery Testing GmbH hat sich der Dienstleister auch in diesem zukunftsweisenden Bereich als Partner

Industrielle IT-Sicherheit & funktionale Sicherheit

Anlagen für die industrielle Automation und Leittechnik können heute aus standardisierten Hardware- und Software-Komponenten zusammengesetzt werden. Diese offenen Systeme erleichtern die Integration und vermindern die Abhängigkeit von Zulieferern. Standardbasierte Komponenten ermöglichen die Vernetzung von Leittechnik, Anlagen und Büro-IT auch über Entfernungen hinweg. Die durchgängige Kommunikation beschleunigt die Produktion, ermöglicht eine bessere Übersicht und senkt die Entwicklungs- und Betriebskosten. Offene Systeme sind jedoch leichter angreifbar und stellen damit die IT-Sicherheit vor große Herausforderungen. TÜV SÜD hält in diesem Bereich ein umfassendes Portfolio an Lösungen bereit. Spezialisten helfen beim Aufdecken potenzieller Sicherheitslücken, indem sie technisches Equipment, Prozesse sowie Systeme analysieren und testen. Darüber hinaus unterstützt TÜV SÜD Unternehmen dabei, wirksame Abwehrmechanismen gegen Bedrohungen aus dem Internet, Sabotage und Spionage zu implementieren. Die Services und Zertifizierungen von TÜV SÜD sorgen so dafür, Produktionsausfälle und mögliche Imageschäden zu vermeiden, und belegen überdies die Sicherheit betrieblicher IT-Systeme.

TÜV SÜD

Meilensteine

1866 Gründung des Dampfkessel-Revisions-Vereins, Vorgänger der heutigen TÜV SÜD AG

1875 Erster Katalog mit Anforderungen, um die Sicherheit und Wirtschaftlichkeit der Anlagen auf einen optimalen Stand zu bringen.

1899 Der elektrische Strom wird zum neuen Geschäftsfeld.

1908 Prüfung von Personenaufzügen wird neues Aufgabenfeld.

1926 Die Beratungsstelle für Kraftfahrzeuge wird eingerichtet und damit die „TÜV-Plakette" eingeführt.

1953 Aufnahme der Werkstoffprüfung

1996 TÜV Bayern Sachsen und TÜV Südwest fusionieren zu TÜV Süddeutschland.

2006 Ausbau der Dienstleistungen in Asien und Nordamerika

2009 Das Joint Venture TÜVTÜRK beginnt mit der Fahrzeugüberwachung in der Türkei.

2010 Erwerb des Weiterbildungsinstituts Service Quality Center in Asien, der britischen Laidler Group im Bereich der Maschinensicherheit und der Global Risks Consultants in den USA

2012 TÜV SÜD erhöht seine weltweite Präsenz durch die Akquisition von 12 Gesellschaften in China, Japan, Brasilien, Südafrika, Italien, Großbritannien, Belgien und Deutschland

Die TÜV SÜD Akademie bietet die Möglichkeit zur beruflichen Aus- und Weiterbildung.

der internationalen Automobilindustrie etabliert. Im Bereich der erneuerbaren Energien bietet TÜV SÜD ein umfassendes Leistungsspektrum an, das die gesamte Bandbreite umfasst – von Biogas- und Biomasseanlagen über Photovoltaik und Solarthermie bis zur Wasserkraft und zur Windenergie. Als Partner bei technologischen Neuentwicklungen und Innovationen wird TÜV SÜD auch in Zukunft weltweit eine führende Rolle spielen.

Seine Ingenieur- und Prüfdienstleistungen bietet TÜV SÜD auch im Bereich der Wasserversorgung und im Immobiliensektor an.

Schon gewusst?

• Mehr als 20.000 Produkte durchlaufen jedes Jahr die Labore von TÜV SÜD Product Service – von Spielwaren und Haushaltsgeräten über Werkzeuge und Maschinen bis zu komplexen Medizinprodukten. Bei bestandener Prüfung erhalten die Produkte das blaue Oktagon.

• Seit Gründung des Dampfkessel-Revisions-Vereins und der Technischen Überwachungs-Vereine (TÜV) leisten die Sachverständigen einen zentralen Beitrag dazu, neue Technologien sicher zu machen. Standen 1866 noch die Dampfkessel im Mittelpunkt, wurde das Aufgabenspektrum in der Folgezeit kontinuierlich erweitert – beispielsweise auf Prüfverfahren für stationäre Dieselmotoren, Personenaufzüge, Lichtspieltheater oder Kraftfahrzeuge.

• Bis heute hat TÜV SÜD weltweit mehr als 320.000 Prüfzeichen vergeben.

TÜV SÜD

Lebensmittelsicherheit weltweit mit TÜV SÜD

Angesichts der weiter wachsenden Weltbevölkerung spielt die Versorgung mit Lebensmitteln eine immer wichtigere Rolle. Dabei wird im Zusammenhang mit wiederkehrenden Lebensmittelskandalen und Produktrückrufen die Notwendigkeit von strengeren Anforderungen an die Lebensmittelsicherheit deutlich. Daher erweitert TÜV SÜD seine Dienstleistungen in diesem Bereich kontinuierlich und investiert in den Ausbau des weltweiten Netzwerks an Lebensmittellaboren. 2012 übernahm TÜV SÜD ein Speziallabor für die Analyse von Lebensmitteln in Brasilien. SFDK Laboratório de Análise de Produtos Ltda. wurde 1998 in Sao Paulo gegründet und gehört mit über 100 Mitarbeitern zu den führenden Anbietern von Lebensmittelprüfungen in Brasilien. 2013 kam das italienische Lebensmittellabor pH s.r.l. hinzu, das 1982 gegründet wurde und rd. 100 Mitarbeiter beschäftigt. Mit dem Erwerb von SFDK und pH s.r.l. verfügt TÜV SÜD über 15 moderne Labore und bietet Dienstleistungen rund um Lebensmittelsicherheit in 25 Ländern an.

Kfz-Prüfung früher und heute

Die Wurzeln des Unternehmens reichen bis in die Mitte des 19. Jh. zurück. Schwere Dampfkesselexplosionen forderten zu dieser Zeit viele Todesopfer und hohe Schäden an Gebäuden. Um „Menschen, Umwelt und Sachgüter vor nachteiligen Auswirkungen technischer Anlagen oder Einrichtungen zu schützen", gründeten Dampfkesselbetreiber am 6. Januar 1866 in Mannheim den Dampfkessel-Revisions-Verein – den Vorläufer des modernen, international aufgestellten Dienstleistungskonzerns TÜV SÜD.

Insgesamt beschäftigt der Konzern heute über 20.000 Mitarbeiter an 800 Standorten in 50 Ländern weltweit. Im Jahr 2013 erwirtschaftete das Unternehmen einen Umsatz von 1,94 Mrd. Euro, knapp die Hälfte davon stammt aus dem Auslandsgeschäft.

TÜV SÜD im Internet

Daten und Fakten

Branche: Consulting, Testing, Certification, Training
Produkte: Prüf- und Zertifizierungsdienstleistungen
Umsatz: 1,94 Mrd. Euro (2013)
Mitarbeiter: 20.000
Standorte: ca. 800 Standorte weltweit; Tochtergesellschaften in Europa, Asien, Amerika, dem Mittleren Osten und Afrika
Exportquote: 50 %
Gründung: 1866, Mannheim

Kontakt

TÜV SÜD AG
Westendstr. 199, 80686 München
Fon: 089 5791-0, Fax: 089 5791-1551
info@tuev-sued.de, www.tuev-sued.de

U

Uhlmann

Laupheim, Baden-Württemberg

Gegründet: 1948

Die Uhlmann Pac-Systeme GmbH & Co. KG produziert am Stammsitz Laupheim Verpackungsmaschinen für die Pharmaindustrie. Aus dem 1948 gegründeten Handwerksbetrieb seines Vaters Josef formte Friedrich Uhlmann ein international führendes Maschinenbauunternehmen. Das Portfolio umfasst u. a. Blistermaschinen und -linien, Kartonierer, Endverpacker und Flaschenlinien sowie Zuführungen. Die Uhlmann-Gruppe setzte im Geschäftsjahr 2013/2014 rd. 260 Mio. Euro um und beschäftigt weltweit ca. 1.600 Mitarbeiter.

Neben mehr als 40 Vertretungen weltweit sind Unternehmen der Uhlmann-Gruppe in Europa, Asien, Nord- und Südamerika aktiv. Die Exportquote liegt bei über 80 %. In 3. Generation steht Tobias Uhlmann an der Spitze des Aufsichtsrats. Vorsitzender der Geschäftsführung ist Norbert Gruber.

Kontakt

Uhlmann Pac-Systeme GmbH & Co. KG
Uhlmannstr. 14-18, 88471 Laupheim
www.uhlmann.de

Umarex

Arnsberg, Nordrhein-Westfalen

Gegründet: 1972

Die Umarex-Gruppe ist Weltmarktführer bei frei verkäuflichen Waffenreplika und größter Druckluftwaffen-Importeur Europas. Mit seinem Produktangebot deckt Umarex das komplette Waffensortiment für alle Anforderungen und Altersklassen ab. Die Umarex-Gruppe beschäftigt rd. 850 Mitarbeiter. An den Standorten in Arnsberg und Ulm werden die Produkte entwickelt und gefertigt. Die Gruppe hat eigene Niederlassungen in Europa und den USA und unterhält weltweite Vertriebspartnerschaften.

Umarex wurde 1972 von Wulf-Heinz Pflaumer und Franz Wonisch gegründet. Grundlage für den Unternehmenserfolg war die Idee zum Erwerb von Lizenzen für den Bau von frei verkäuflichen Replikaten. 1993 akquirierte Umarex den renommierten Waffenhersteller Carl Walther. 2012 übertrugen die Gründer die Geschäftsführung ihren Söhnen Eyck Pflaumer und Martin Wonisch, Geschäftsführer für die Technik ist Olaf Beisheim.

Kontakt

UMAREX Sportwaffen GmbH & Co. KG
Donnerfeld 2, 59757 Arnsberg
www.umarex.de

Underberg

Rheinberg, Nordrhein-Westfalen

Gegründet: 1846

Die Semper Idem Underberg GmbH vertreibt unter der Marke Underberg einen der bekanntesten Digestife Deutschlands. Weitere Unternehmens-Marken sind Asbach, Pitú, Xuxu und Grasovka. Die Produkte werden über die Schweizer Muttergesellschaft in über 100 Ländern weltweit vertrieben. Der Auslandsanteil der Underberg-Gruppe liegt bei mehr als 50 %. Weltweit beschäftigt Underberg über 500 Mitarbeiter.

Der Unternehmensname entstand aus dem Namen des Gründers Hubert Underberg und dem Unternehmensleitsatz „semper idem" (lat.: immer gleich). Hubert Underberg verwies so auf die stets gleichbleibende Qualität und Wirkung seines Kräuterdigestifs. Er komponierte mit wohltuenden und erlesenen Kräutern aus 43 Ländern sein Rezept und entwickelte eine neuartige Herstellungs-

Underberg

methode, aufbauend auf der warmen Mazeration – das „Semper idem Geheimverfahren". Um sich gegen Nachahmer zu wappnen, hinterlegte Hubert Underberg 1851 in weiser Voraussicht beim Handelsgericht in Krefeld eine Flasche des von ihm erfundenen Underbergs. „Gesetzlich deponiert" stand fortan auf dem Etikett zu lesen. Als alleinige Verpackungseinheit führte der Gründerenkel Emil Underberg nach dem Zweiten Weltkrieg die Portionsflasche als verbrauchergerechte Verpackung ein. Dessen Sohn Emil Underberg II. erweiterte das Portfolio und entwickelte das Unternehmen zu einem international ausgerichteten Spirituosenhaus.

Die Anteile des 1846 gegründeten Unternehmens liegen heute in den Händen der 4. und 5. Generation der Inhaberfamilie. Underberg ist heute die weltweite Nr. 1 in der Portionsflasche. In Deutschland hat Underberg eine Markenbekanntheit von 89 % (F&I Frühjahrsumfrage 2014) und ist Marktführer im Bereich der Kräuterbitter (ACNielsen 2013, Basis: Umsatz). Seit dem Jahr 1933 ist Underberg mit einer Produktion in Brasilien vertreten. Hier wird der als „Brasilberg da Casa Underberg do Brasil" bekannte Kräuterbitter – mit Kräutern aus dem Amazonas – hergestellt, der dort heute Marktführer in diesem Segment ist. Im Jahre 2013 führt das Unternehmen unter der Marke „Kräuterberg" die alkoholfreie Portion Underberg als Digestif-Bonbon in Apotheken ein. Ausgehend von der Vision 2021 steht seit vielen Jahren der Begriff der Nachhaltigkeit im Zentrum der Firmenkultur. Dies bedeutet z. B. eine konsequente Förderung der Vereinbarkeit von Beruf und Familie (zertifiziert seit 1999) sowie eine Vielzahl von Aus- und Weiterbildungsaktivitäten.

Das Stammhaus in Rheinberg wurde Mitte des 19. Jh. von Firmengründer Hubert Underberg errichtet und beherbergt heute u. a. das Firmenarchiv.

Meilensteine

1846 Hubert Underberg gründet die Firma Underberg-Albrecht zusammen mit seiner Frau Catharina.

1851 Hubert Underberg deponiert eine Flasche seines Digestifs „gesetzlich", um sich vor Nachahmern zu schützen.

1894 Markenregistrierung, Kaiserliches Patentamt Berlin

1949 Wiederaufnahme der Produktion nach zwei Weltkriegen; Emil Underberg entwickelt die bis heute populäre Portionsflasche.

1970 Gründung des „Fonds für Umweltstudien" durch Emil und Christiane Underberg

2002 Übernahme der Traditionsmarke Asbach

2011 Underberg feiert sein 165-jähriges Firmenjubiläum und zugleich 150 Jahre Markeneinführung in Dänemark.

Daten und Fakten

Branche: Nahrungs- und Genussmittel
Produkte: Kräuter-Digestive
Marktposition: Deutscher Marktführer im Bereich der Kräuterbitter
Umsatz: 500 Mio. Euro (2012)
Mitarbeiter: ca. 500 (weltweit, 2014)
Vertrieb: weltweit

U
ND

»Alles kann man besser machen!«

Emil Underberg II., Urenkel des Unternehmensgründers

Die Familie Underberg (v.l.n.r.): Emil Underberg, Christiane Underberg, Dr. Hubertine Underberg-Ruder, Dr. Franz Ruder; den Kräuterdigestif gibt es seit 2013 auch als alkohol-und zuckerfreies Bonbon in der Apotheke.

Semper idem Underberg GmbH im Internet

U
NG

Standort: Rheinberg
Gründer: Hubert Underberg, 1846, Rheinberg
Eigentümer: Familie Underberg in 4. und 5. Generation
Auszeichnungen: „Superbrand Germany" (2007/08)

Kontakt
Semper idem Underberg GmbH
Hubert-Underberg-Allee 1, 47493 Rheinberg
Fon: 02843 920-0, Fax: 02843 920-313
service@underberg.com, www.underberg.de

Unger

Solingen, Nordrhein-Westfalen

Gegründet: 1964
Unger ist der Markt- und Kompetenzführer für professionelle und hochwertige Glasreinigungsprodukte. Das Unternehmen bietet über 250 professionelle Reinigungsprodukte, die in mehr als 80 Ländern vertrieben werden. Unger verfügt über 50 Jahre Erfahrung: Im Jahr 1964 begann der junge Glasreiniger Henry Unger damit, Innovationen auf dem Gebiet der Fensterreinigung aus den USA in Deutschland zu etablieren. Das Unternehmen setzte immer wieder Meilensteine in der Reinigungsbranche. Der erste Durchbruch gelang mit dem S-Wischer im Jahr 1966, zuletzt kamen etwa das innovative HiFlo™ Reinwasser-Reinigungssystem sowie die nLite® Teleskopstangen hinzu. Die Unger Germany GmbH wird heute von Torsten Deutzmann geleitet.

Kontakt
Unger Germany GmbH
Piepersberg 44, 42653 Solingen
www.ungerglobal.com

Unger

Ungerer

Pforzheim, Baden-Württemberg

Gegründet: 1895
Die Ungerer Unternehmensgruppe entwickelt, produziert und vertreibt weltweit Maschinen, Anlagen und Systemtechnik, die in der Weiterverarbeitung und Veredelung von Metall, Aluminium, Stahl und anderen Materialien zur Anwendung kommen. Ungerer fertigt u. a. Richtmaschinen, Streck-(Biege-)Richtanlagen, Querteilanlagen, Umwickel- und Inspektionsanlagen sowie Besäum- und Querteilscheren. Darüber hinaus realisiert die Firma Umbau und Modernisierung bestehender Maschinen und Anlagen und plant Hard- und Softwarelösungen für Antriebs- und Steuerungstechnik sowie Unplanheits- und Dimensionsmess-Systeme. Karl Friedrich Ungerer gründete 1895 das Unternehmen. Heute leitet Hans-Roland Wagner die Geschäfte. Niederlassungen finden sich in Leipzig, Shanghai und den USA.

Kontakt
Ungerer Unternehmensgruppe
Kandelstr. 20, 75179 Pforzheim
www.ungerer.com

UNICOR

Hassfurt, Bayern

Gegründet: 1984
Die UNICOR GmbH entwickelt und fertigt seit 30 Jahren Extrusionsmaschinen für die Produktion von ein- und mehrwandigen Kunststoff-Wellrohren. Die Spanne reicht dabei von 3 mm beim Innen- bis 2.400 mm beim Außendurchmesser. Damit decken UNICORs Corrugatoren das gesamte Spektrum an Rohranwendungen ab, die auf den internationalen Märkten gefordert werden. Als einer der weltweiten Marktführer besticht UNICOR durch regelmäßige Innovationen, die oft eine Vorreiterrolle in der Branche übernehmen. Corrugatoren von

UNICOR produzieren bei Rohrherstellern auf allen Kontinenten. Wichtige Applikationen befinden sich im medizinischen Sektor, im Fahrzeug- und Maschinenbau sowie in der Elektronik- und IT-Industrie. Geschäftsführer des 1984 gegründeten Unternehmens ist Klaus Kaufmann.

Kontakt
UNICOR GmbH
Industriestr. 56, 97437 Hassfurt
www.unicor.com

United Initiators

Pullach, Bayern

Gegründet: 1911
Die United Initiators GmbH & Co. KG ist ein weltweit führender Anbieter von peroxidbasierten Initiatoren und Spezialchemikalien. Organische Peroxide werden z. B. in der Kunststoffproduktion eingesetzt ebenso wie Persulfate, die auch in Industrien wie Kosmetik, Elektronik, Metallbehandlung oder Papier genutzt werden. Zu den Spezialchemikalien von United Intiators zählen z.B. Flammschutzmittel und -synergisten. United Initiators ist ein aus Evonik hervorgegangenes Unternehmen und hat Produktsstandorte in Deutschland, Schweden, den USA, China und Australien. Es werden weltweit 700 Mitarbeiter beschäftigt und ein jährlicher Umsatz von rd. 200 Mio. Euro erwirtschaftet. Geschäftsführer des Unternehmens sind Ed Hoozemans, Dr. Ernst Schuck und Andreas Rutsch.

Kontakt
United Initiators GmbH & Co. KG
Dr.-Gustav-Adolph-Str. 3, 82049 Pullach
www.united-initiators.com

URACA

Bad Urach, Baden-Württemberg

Gegründet: 1893
Die URACA GmbH & Co. KG ist mit Hochdruck-Plungerpumpen und Hochdruck-Wasserstrahltechnologie ein weltweit führender Anbieter von Lösungen, die in der Industrie- und Prozesstechnik sowie bei Reinigung und Sanierung benötigt werden. Seit 1893 entwickelt und produziert das Familienunternehmen ausschließlich am Stammsitz Bad Urach. Die Maschinen erreichen einen Betriebsdruck bis 3.000 bar und Antriebsleistungen von 5 bis 2.600 kW. URACA beschäftigt rd. 330 Mitarbeiter, davon 30 Auszubildende. Der Exportanteil am Umsatz von 58 Mio. Euro liegt bei ca. 60 %. Der Vertrieb ist über firmeneigene Verkaufsbüros in Deutschland, eine Pariser Tochtergesellschaft sowie weltweit rd. 50 freie Vertretungen organisiert. Die Geschäfte führen Johann Amon, Gunter Stöhr und Richard Schmidhofer.

Kontakt
URACA GmbH & Co. KG
Sirchinger Str. 15, 72574 Bad Urach
www.uraca.de

UTSCH

Siegen, Nordrhein-Westfalen

Gegründet: 1961
Die Erich Utsch AG ist Weltmarktführer im Bereich Kfz-Kennzeichen und Registrierungssysteme. Das Unternehmens bietet Rohlinge und Maschinen zur Kennzeichenherstellung, individuell zugeschnittene, computergesteuerte und sensorüberwachte Anlagen für die automatische Zuschnittherstellung in großen Stückzahlen sowie vollautomatische Produktionslinien für Kennzeichen. Ein eigenes Konstruktions- und Maschinenbauteam entwickelt und produziert Werkzeuge, Maschinen und Anlagen, die durch eine leichte

uvex group

Bedienbarkeit, geringen Wartungsaufwand und Verarbeitungsqualität „made in Germany" gekennzeichnet sind. UTSCH unterhält Geschäftsbeziehungen in über 130 Ländern und engagiert sich in mehr als 50 Ländern mit Beteiligungen und Joint Ventures. Rund 1.500 Menschen arbeiten weltweit für die UTSCH-Gruppe.

Kontakt
Erich Utsch AG
Marienhütte 49, 57080 Siegen
www.utsch.com

uvex group

Fürth, Bayern

»protecting people verkörpert den Auftrag der uvex group und verbindet gleichzeitig unsere zwei Markenbereiche sports und safety.«

Zum uvex Leitbild protecting people

Die uvex group entwickelt Produkte für die Sicherheit und den Schutz des Menschen im Berufs-, Sport- und Freizeitbereich.

Gegründet: 1926

Die uvex group vereinigt drei international agierende Teilkonzerne: die uvex safety group, uvex sports group mit den Marken uvex und Alpina sowie Filtral. Das 1926 gegründete Familienunternehmen entwickelt, produziert und vertreibt Produkte und Serviceleistungen für die Sicherheit und den Schutz des Menschen im Berufs-, Sport- und Freizeitbereich. Der Markenname uvex steht für die Kurzform des Qualitätsmerkmals „UltraViolet EXcluded".

Als einziges Unternehmen in der Arbeitsschutzbranche bietet die uvex safety group unter einer Marke ein komplettes eigenhergestelltes Produktprogramm von Kopf bis Fuß. Typische Abnehmerbranchen sind die Automobil-/Zuliefererindustrie, Chemie- und Pharma-Industrie, Lebensmittelhersteller, Wissenschaft, Bau und Handwerk, Minen, Öl/Gas, Technischer Handel und der Onlinehandel. uvex ist einer der führenden Hersteller im industriellen Augenschutz und bei Laserschutzbrillen. Im Sport ist man einer der führenden Anbieter in den Bereichen Skihelm und Skibrille. Über 1.000 Spitzensportler werden von uvex ausgerüstet. Der Teilkonzern Filtral konzentriert sich als Vertriebspartner

Meilensteine

1926 Gründung der „Optische-Industrie-Anstalt Philipp M. Winter" in Fürth

1956 Erstmalige Nutzung des Markennamens uvex (UltraViolet EXcluded)

1962 Umwandlung zu „Winter Gesellschaft für Optik und Augenschutz" mit gesellschaftsrechtlicher Beteiligung der Familie; Rainer Winter wird neben Philipp M. Winter zum Geschäftsführer bestellt.

1980 Ein ausgedehnter Internationalisierungsprozess beginnt.

1994 Die UVEX WINTER HOLDING GmbH & Co. KG entsteht.

2005 Gründung der uvex academy als privatwirtschaftliche Ausbildungsinstitution

2006/07 Ausbau der Produktion in Europa und Asien; Akquisition von Trinity Technologies (Laservision USA)

2009 Auszeichnung zur Marke des Jahrhunderts in der Kategorie Skibrille

2011 uvex erhält den Plus X Award „Most Innovative Brand 2011".

2013 Die uvex safety group wird u. a. mit dem Red Dot Award und dem Ecolabel im Fußschutz ausgezeichnet.

uvex group

Die Gesellschafter der uvex group: Georg Höfler, Rainer Winter und Michael Winter (v.l.)

des europäischen Selbstbedienungs-Einzelhandels auf die Produktgruppen Sonnenbrillen und Lesehilfen. Der Konzern setzte zuletzt 365 Mio. Euro um und beschäftigt weltweit rd. 2.200 Mitarbeiter. Die Gruppe ist mit 42 Tochterfirmen in 19 Ländern aktiv.

Unternehmensgründer Philipp M. Winter begann 1926 mit der handwerklichen Produktion von Brillen. Inspiriert durch einen Aufenthalt in den USA trieb sein Sohn Rainer Winter den Markenaufbau und die Internationalisierung Ende der 1950er-Jahre voran. Die Geschäftsführung der uvex group setzt sich heute aus Rainer Winter (Vorsitzender), Michael Winter (stellvertretender Vorsitzender, geschäftsführender Gesellschafter) und Georg Höfler (CFO) zusammen.

Daten und Fakten

Produkte: Produkte zum Schutz des Menschen in Sport, Freizeit und Beruf
Marktposition: einer der führenden Hersteller im industriellen Augenschutz und bei Laserschutzbrillen; im Sport einer der führenden Anbieter in den Bereichen Skihelm und Skibrille
Umsatz: 365 Mio. Euro (2013/14)
Mitarbeiter: 2.200 weltweit, in Deutschland 1.577 (Stand: Juni 2014)
Standorte: 5 in Deutschland, weitere Produktionsstandorte in der Tschechischen und der Slowakischen Republik, Italien, Schweden, den USA und China
Exportquote: 50 %
Innovationen: u. a. leichteste Schutzbrille der Welt („uvex super g" 18 Gramm), Beschichtungstechnologie (Flutbeschichtung), Kunststoffkappe bei Sicherheitsschuhen, Schnittschutzhandschuhe mit Bamboo Twinflex Technology, variotronic Technologie, take-off Technologie und + Technologie
Patente: 64 weltweit
Gründer: Philipp M. Winter, 1926, Fürth
Eigentümer: Familien Winter und Grau

Kontakt

UVEX WINTER HOLDING GmbH & Co. KG
Würzburger Str. 181, 90766 Fürth
Fon: 0911 9736-0, Fax: 0911 9736-1506
presse@uvex.de, www.uvex.de

Die uvex group im Internet

V

VACUUBRAND

VACUUBRAND

Wertheim, Baden-Württemberg

Gegründet: 1961

Mit 200 Mitarbeitern fertigt VACUUBRAND die weltweit umfassendste Produktfamilie zur Vakuumerzeugung, -messung und -regelung für den Grob- und Feinvakuumbereich im Labor. Die Produktpalette umfasst Drehschieberpumpen, ölfreie Membranpumpen, komplette Vakuumpumpstände, flexible Vakuumsysteme und lokale Netzwerklösungen. Eingesetzt werden die Geräte vor allem im chemischen und pharmazeutischen Labor, aber auch in physikalischen Forschungs- und Lehreinrichtungen. Die äußerst robusten und langlebigen Produkte kommen sowohl bei Rotationsverdampfern, Vakuumkonzentratoren und der Gefriertrocknung zum Einsatz als auch bei der Filtration in Mikrobiologie und Zellkulturchemie. Die von VACUUBRAND entwickelte Netzwerklösung VACUU·LAN® versorgt mehrere unterschiedliche Anwendungen über eine einzige Vakuumpumpe. Spezial- und Sonderanforderungen für den OEM-Bereich werden ebenso in Wertheim entwickelt und gefertigt. Geschäftsführer sind Dr. Frank Gitmans und Dr. Christoph Schöler.

Die Anfänge des Unternehmens gehen bis ins Jahr 1961 zurück, als die Firma Rudolf Brand die neue Abteilung Vakuumtechnik gründete. 1985 wurde die VACUUBRAND GMBH + CO KG als eigenständige Firma aus der →BRAND GMBH + CO KG ausgegliedert.

Kontakt

VACUUBRAND GMBH + CO KG
Alfred-Zippe-Str. 4, 97877 Wertheim
Fon: 09342 808-0, Fax: 09342 808-5555
info@vacuubrand.com, www.vacuubrand.com

Vacuumschmelze

Hanau, Hessen

Gegründet: 1914

Die VACUUMSCHMELZE GmbH & Co. KG (VAC) entwickelt, produziert und vermarktet Spezialwerkstoffe, insbesondere mit magnetischen, aber auch anderen physikalischen Eigenschaften, sowie daraus veredelte Produkte. VACUUMSCHMELZE zählt mit rd. 800 Patenten zu den weltweit innovativsten Unternehmen bei der Entwicklung von hochwertigen industriellen Werkstoffen. Das Produktangebot der VAC umfasst ein breites Spektrum magnetisch und physikalisch hochwertiger Halbzeuge und Teile, induktive Bauelemente für die Elektronik, Magnete und Magnetsysteme, die in den unterschiedlichsten Bereichen und Industriezweigen zum Einsatz kommen – von der Uhrenindustrie über Medizintechnik, regenerative Energien, Schiffbau und Installationstechnik bis hin zur Automobil- und Luftfahrtindustrie. Die maßgeschneiderten Lösungen der VAC werden in enger Zusammenarbeit mit den Kunden entwickelt und spiegeln die hohe Werkstoff- und Anwendungskompetenz verbunden mit neuester Fertigungstechnologie wider. Mit rd. 4.100 Mitarbeitern weltweit, davon 1.450 in Hanau, erwirtschaftet die VAC-Gruppe in über 50 Ländern einen Jahresumsatz von über 400 Mio. Euro.

Kontakt

VACUUMSCHMELZE GmbH & Co. KG
Grüner Weg 37, 63450 Hanau
Fon: 06181 38-0, Fax: 06181 38-2645
info@vacuumschmelze.com
www.vacuumschmelze.de

VARTA Microbattery

VARTA Microbattery

Ellwangen, Baden-Württemberg

Mikro-Batterien in verschiedensten Ausführungen bilden das Kerngeschäft der VARTA Microbattery GmbH.

„Wir stehen für ein neues Zeitalter der Energie."

Herbert Schein, CEO VARTA Microbattery GmbH

Die VARTA Microbattery GmbH mit Sitz in Ellwangen (Jagst) im baden-württembergischen Ostalbkreis ist Weltmarktführer bei Hörgerätebatterien, Batterien für Hörimplantate sowie Technologieführer für kleinformatige Lithium-Ionen-Batterien. An seinem Hauptsitz betreibt das Unternehmen seit dem Jahr 2011 die weltgrößte und modernste Fabrik für Hörgerätebatterien. Neben Ellwangen (Jagst) verfügt die VARTA Micro Gruppe über einen weiteren deutschen Standort in Nördlingen sowie Produktionsstätten in Rumänien, Indonesien und China. Der Vertrieb erfolgt über weltweite Tochtergesellschaften in allen wichtigen Industrieländern. Der Exportanteil liegt bei rd. 80 %. Zu den Kunden zählen die bedeutendsten Hersteller von Hörgeräten, Automobilen, Medizingeräten, Industrieanwendungen, schnurlosen Kopfhörern, Smart-Home-Systemen, Energiespeichersystemen sowie der Groß- und Fachhandel für Hörgerätebatterien. Insgesamt beschäftigt das Unternehmen rd. 2.000 Mitarbeiter weltweit, davon über 750 am Hauptsitz

Am Standort Ellwangen befindet sich die Forschungs- und Entwicklungsabteilung von VARTA Microbattery; geleitet wird das Unternehmen von CEO Herbert Schein.

Die Belegschaft der VARTA Microbattery GmbH am Standort Ellwangen

VARTA Microbattery

V
AR

Unternehmerpersönlichkeiten: DDr. Michael Tojner

Ab 2008 wurde die VARTA Microbattery GmbH unter der Führung von CEO Herbert Schein in ihrem Kerngeschäft zum Technologie- und Marktführer in den wichtigen Segmenten der Mikrobatterien ausgebaut. Heute produziert das Unternehmen erfolgreich Energiezwischenspeicher und bereitet sich auf die Batterielösungen der zukünftigen Trends der Energieeffizienz sowie auch auf andere Zukunftstrends vor. Möglich wurde diese Entwicklung durch die Übernahme der VARTA Microbattery GmbH durch die österreichische Montana Tech Components AG mit ihrem Mehrheitseigentümer DDr. Michael Tojner, der mit einer langfristigen Strategie und großen Visionen den Ausbau zum globalen Batteriehersteller ermöglicht.

VARTA Microbattery hat verschiedenste Energieträger im Programm: Lithium-Ionen-Zelle (oben), Batterien für Hörgeräte (Mitte), Energiespeicher Engion Famliy und Engion Home für regenerative Energien (unten).

VARTA Microbattery im Internet

Ellwangen (Jagst) und 50 in Nördlingen. Derzeit werden in Ellwangen mehr als 40 Auszubildende beschäftigt. Gemeinsam erwirtschaftete die Belegschaft einen Jahresumsatz von mehr als 200 Mio. Euro.

Seine Wurzeln hat das Unternehmen im Jahr 1887, als Adolf Müller das Unternehmen Busche & Müller gründete, aus dem später die VARTA hervorging. Das erste Produkt waren Akkumulatoren. Der Firmenname ist ein Akronym, gebildet aus den Begriffen „Vertrieb, Aufladung, Reparatur Transportabler Akkumulatoren". Erste Knopfzellen wurden am Standort Ellwangen (Jagst) in einem Pilotprojekt schon 1971 gefertigt. Genau 30 Jahre später, 2001, wurde u. a. der Geschäftsbereich Mikrobatterien aus der VARTA AG ausgegliedert. Die neu entstandene VARTA Microbattery GmbH wurde im Jahr 2007 von der österreichischen Montana Tech Components AG aufgekauft. Heute setzt das Unternehmen verstärkt auf Forschung und Entwicklung, in die derzeit rd. 7 % des Umsatzes investiert werden. Im Jahr 2009 wurde ein Gemeinschaftsunternehmen mit der Volkswagen AG zur Forschung und Entwicklung der nächsten Generation von Lithium-Ionen-Batterien gegründet. Wichtige Zukunftsthemen sind neben der weiteren Miniaturisierung von aufladbaren Lithium-Ionen-Systemen, die z. B. für den Trend der „Wearable Technologies" genutzt werden, auch die Entwicklung von Speichern für die dezentrale Speicherung von Energie, die Entwicklung von gedruckten Batterien sowie das Thema Rekuperation, also die Rückgewinnung von Energie. Aktuell hält die VARTA Microbattery weltweit rd. 350 wichtige Patente und Patentanmeldungen.

Meilensteine

2002 Das Mikrobatteriegeschäft und die zukunftsweisenden neuen Technologien werden in der neuen VARTA Microbattery GmbH zusammengefasst.

2002 Das Unternehmen entwickelt eine wiederaufladbare Hörgerätebatterie.

2009 In einem Gemeinschaftsunternehmen mit Volkswagen wird die nächste Generation von Lithium-Ionen-Zellen erforscht.

2011 Die weltweit größte und modernste Hörgerätebatteriefabrik wird gebaut.

2011 Die VARTA Storage GmbH für Energiezwischenspeicherung und Entwicklung eines wettbewerbsüberlegenen Energiespeichers wird gegründet.

2014 Die Fertigung von kleinformatigen Lithium-Ionen-Zellen mit höchster Energiedichte beginnt.

Vector Foiltec

Daten und Fakten

Branche: Batterien, Energiespeicher
Produkte: wiederaufladbare Batterien und Primärbatterien, vor allem Lithiumtechnologien, Lithium-Ionen, Ni-MH, Hörgerätebatterien
Marktposition: Weltmarkt- und Technologieführer bei Hörgerätebatterien, kleinformatigen wiederaufladbaren Batterien, insbesondere Lithium-Ionen-Batterien, Batterien für Hörimplantate
Umsatz: 200 Mio. Euro
Mitarbeiter: rd. 2.000 weltweit, davon über 750 am Hauptsitz Ellwangen und 50 in Nördlingen (2013)
Ausbildungsplätze: ca. 40
Standorte: Ellwangen und Nördlingen; Brasov (Rumänien), Batam (Indonesien), Shanghai (China)
Exportquote: 80 %
Eigentümer: Montana Tech Components, Mehrheitseigentümer DDr. Michael Tojner
Auszeichnungen: „Top 100 Award" für Innovationsförderndes Topmanagement, FOCUS (2011); „Bestes Produkt", Leserpreis der Fachzeitschrift Elektronik (2012); Gewinner „Querdenker Award", Querdenker International GmbH (2012); „Innovationspreis Ostwürttemberg" WIRO (2014); „Großer Preis des Mittelstandes" Oskar Patzelt Stiftung (2014)

Kontakt

VARTA Microbattery GmbH
Daimlerstr. 1, 73479 Ellwangen (Jagst)
Fon: 07961 921-0, Fax: 07961 921-553
info@varta-microbattery.com
www.varta-microbattery.com

Ansprechpartner Presse

Janine Schneider
Fon: 07961 921-221
janine.schneider@varta-microbattery.com

VAUDE

Tettnang, Baden-Württemberg

Gegründet: 1974

Die VAUDE Sport GmbH & Co. KG ist ein deutscher Produzent von Bergsportausrüstung und zählt zu den führenden Outdoor-Marken Europas. Das Unternehmen bietet funktionelle Bekleidung und Ausrüstung für Bergsportler und Radfahrer, außerdem Taschen und Reisegepäck. VAUDE hat etwa 1.500 Mitarbeiter weltweit, davon 500 am Firmenstandort im süddeutschen Tettnang. VAUDE produziert in Deutschland, Europa und Asien. Der Vertrieb läuft über den Fachhandel, parallel dazu betreibt VAUDE ein Franchise-System mit eigenen Stores. VAUDE erfüllt höchste Umweltstandards und veröffentlicht jährlich einen umfassenden Sozial- und Nachhaltigkeitsbericht. VAUDE befindet sich zu 100 % im Besitz der Familie von Dewitz. Die Geschäftsführung obliegt Dr. Antje von Dewitz.

Kontakt

VAUDE Sport GmbH & Co. KG
Vaude-Str. 2, 88069 Tettnang
www.vaude.com

Vector Foiltec

Bremen

Gegründet: 1981

Die Vector Foiltec GmbH ist Weltmarktführer für den Bau von Dach- und Fassadensystemen aus ETFE- (Ethylen-Tetrafluorethylen) Folien. Das Produkt wird heute unter dem Markenzeichen Texlon® geführt und ermöglicht transparente Gebäudestrukturen. Das Unternehmen deckt alle Bereiche von der Konzeption, Planung und Realisierung bis hin zu Facility-Management-Strategien, Konzeption und Konstruktion von Tragwerken ab. Die von Vector Foiltec stammende Folienkissenkonstruktion des Watercube für die Olympiade in Peking ist

Veigel

die größte ihrer Art weltweit. Ingenieursbüros werden in Bremen und London betrieben, weltweit bestehen 14 Niederlassungen. Produktionsbetriebe befinden sich in Deutschland und China. Es werden rd. 180 Mitarbeiter beschäftigt.

Kontakt
Vector Foiltec GmbH
Steinacker 3, 28717 Bremen
www.vector-foiltec.com

Veigel

Künzelsau, Baden-Württemberg

Gegründet: 1920

Die Veigel GmbH + Co. KG ist Weltmarktführer bei Doppelbedienungen für Fahrschulautos sowie bei Handbedienungen für körperlich eingeschränkte Autofahrer. Rund 700 verschiedene Fahrzeugtypen in- und ausländischer Fabrikate werden mit den Systemen ausgerüstet. Wilhelm Veigel gründete das Unternehmen 1920 als Kfz-Reparaturwerkstatt. 1995 übernahm Hinrich H. Swyter das Unternehmen, unter dessen Leitung im Jahr 2000 die Firma Bruhn-Behindertentechnik übernommen und somit der Geschäftsbereich Rehamotive® ausgebaut wurde. 2010 übernahm Veigel in diesem Bereich die US-amerikanische Firma MPD und wurde damit auch zum Marktführer in Amerika. Veigel beschäftigt 55 Mitarbeiter am Stammsitz in Künzelsau. Der jährliche Umsatz beläuft sich auf rd. 9 Mio. Euro, davon entfallen knapp 50 % auf das Auslandsgeschäft.

Kontakt
Veigel GmbH + Co. KG
Lindenstr. 9-11, 74653 Künzelsau
www.veigel-automotive.de

VEKA

Sendenhorst, Nordrhein-Westfalen

Gegründet: 1969

Die VEKA AG mit Sitz im westfälischen Sendenhorst ist spezialisiert auf die Entwicklung und Herstellung von Kunststoff-Profilsystemen für Fenster, Türen und Rollläden sowie Platten aus Kunststoff. Das Unternehmen ist in seiner Branche mit 793 Mio. Euro jährlich das weltweit umsatzstärkste. Vom Hauptsitz in Sendenhorst werden 50 Länder direkt mit Profilsystemen beliefert, 14 weitere Produktionsstätten in Europa sowie Nord- und Südamerika produzieren ebenfalls Profilsysteme für die individuellen Anforderungen der jeweiligen Märkte. Die Kunden sind rd. 2.200 Fensterbaufachbetriebe. Insgesamt gehören zur VEKA-Gruppe über 3.900 Mitarbeiter in 26 Tochtergesellschaften. Rund 1.400 Mitarbeiter sind am Hauptsitz in Sendenhorst beschäftigt, dazu zählen auch 80 Auszubildende in 11 verschiedenen Berufen.

Gegründet wurde das Unternehmen im Jahr 1969 von Heinrich Laumann und ist nach wie vor familiengeführt, sämtliche Aktien sind im Besitz der Familie Laumann. Die Tochter des Firmengründers, Elke Hartleif, gehört dem Vorstand an, ihr Mann Andreas Hartleif ist Vorstandsvorsitzender. Ein wichtiger Meilenstein für VEKA war im Jahr 1993 die Gründung der Tochtergesellschaft VEKA Umwelttechnik, die in einer modernen Recyclinganlage alte Kunststofffenster, Rollädenpanzer und Produktionsabschnitte automatisch komplett recycelt und das zurückgewonnene PVC nahezu ohne Qualitätseinbußen wieder der Produktion zuführt.

VETTER Holding

Kontakt

VEKA AG
Dieselstr. 8, 48324 Sendenhorst
Fon: 02526 29-0, Fax: 02526 29-3710
info@veka.com, www.veka.com

VEMAG ANLAGENBAU

Verden, Niedersachsen

Gegründet: 1944

Die VEMAG ANLAGENBAU GmbH stellt hochwertige und nachhaltige Anlagensysteme zur thermischen Behandlung von Nahrungsmitteln her. Das Unternehmen entwickelt und produziert innovative Produkte, angefangen von Räucheranlagen über Koch- und Kühlanlagen bis hin zu Auftau- und Klimareifeanlagen. Hinsichtlich Qualität, Sicherheit und Wirtschaftlichkeit ist das Unternehmen weltweit eines der führenden seiner Branche. Zum Kundenkreis zählen viele namhafte Hersteller von Fleisch- und Wurstwaren im In- und Ausland sowie andere international tätige Nahrungsmittelproduzenten. VEMAG ANLAGENBAU verfügt über ein weltweites Netz an eigenen Vertriebs- und Servicemitarbeitern sowie rd. 50 langjährige Vertriebs- und Servicepartner in über 70 Ländern. So können Wünsche der Kunden schnell und kompetent aufgenommen werden, eine bestmögliche Beratung ist gewährleistet und individuelle Lösungen können realisiert werden.

Gegründet wurde das Unternehmen 1944 im niedersächsischen Verden als Holz- und Gerätebaugesellschaft mbH. Zu den ersten Produkten gehörten Kirchturmuhren, Backöfen und Honigschleudern. Später folgte unter der Firmierung VEMAG ANLAGENBAU GmbH eine Fokussierung auf Anlagen zur Herstellung von Lebensmitteln. Heute beschäftigt das Unternehmen unter der Leitung des geschäftsführenden Gesellschafters Timo Krüger am Produktionsstandort Verden rd. 140 Mitarbeiter.

Kontakt

VEMAG ANLAGENBAU GmbH
Weserstr. 32, 27283 Verden
Fon: 04231 777-7, Fax: 04231 777-868
info@vemag-anlagenbau.de,
www.vemag-anlagenbau.com

VETTER Holding

Siegen, Nordrhein-Westfalen

Gegründet: 1889

Die Siegerländer Unternehmen VETTER Holding GmbH und VETTER Industrie GmbH fungieren als Dachgesellschaften über mehrere Tochterunternehmen, die in verschiedenen Geschäftsbereichen tätig sind. Die VETTER Holding GmbH ist im Marktsegment der Krantechnik tätig und gehört zu den führenden Anbietern in Europa. Die VETTER Industrie GmbH ist Zulieferant für die Gabelstapler- und Baumaschinenindustrie und nimmt weltweit eine führende Stellung ein. Insgesamt werden über 550 Mitarbeiter beschäftigt. Den Grundstein für die Unternehmensgruppe legte der Grubenschmied Arnold Vetter im Jahr 1889. Heute werden die Familienunternehmen in 3. und 4. Generation von Klaus und Arnold Vetter geführt.

Kontakt

VETTER Holding GmbH
Siegtalstr. 24, 57080 Siegen
www.vetter-krane.de

Vetter Pharma

Vetter Pharma
Ravensburg, Baden-Württemberg

VETTER

„Answers that work."

Vetter Firmenmotto

Oben: die Geschäftsführung von Vetter: Peter Sölkner und Thomas Otto (v.l.); darunter das Executive Committee: Gunther Strothe, Wolfgang Kerkhoff und Udo J. Vetter, Firmeninhaber und Vorsitzender des Unternehmensbeirats (v.l.).

Gegründet: 1950

Vetter füllt als Auftragshersteller für weltweit führende Unternehmen der Pharma- und Biotechnologiebranche Medikamente keimfrei in Injektionssysteme ab. Der Pharmadienstleister verfügt dabei über Erfahrung mit einer großen Bandbreite an Wirkstoffen, die monoklonale Antikörper, Peptide, Interferone und Impfstoffe einschließt. Das Unternehmen unterstützt seine Kunden von der Entwicklung neuer Medikamente bis hin zur langfristigen Marktversorgung. Der Vetter Development Service bereitet u. a. die Prozesse für die spätere Produktion vor, Vetter Commercial Manufacturing übernimmt die Abfüllung von Medikamenten und Vetter Packaging Solutions bietet innovative Eigenentwicklungen bei Injektions- und Verschlusssystemen.

Eine der wichtigsten Innovationen ist die Doppelkammer-Spritze Vetter Lyo-Ject®. Sie wurde im Jahr 1990 eingeführt und speziell für Arzneimittel entwickelt, die durch Gefriertrocknung konserviert werden. Eine Kammer enthält den lyophilisierten Wirkstoff, die andere das Lösungsmittel. Eine Vermischung von Wirkstoff und Lösungsmittel erfolgt erst unmittelbar vor der Anwendung. Vetters V-LK® Doppelkammer-Karpule ermöglicht die Mehrfachdosierung von lyophilisierten Wirkstoffen. Sie wird in Pen- und Autoinjektor-Systemen eingesetzt. Von Vetter abgefüllte Arzneimittel helfen

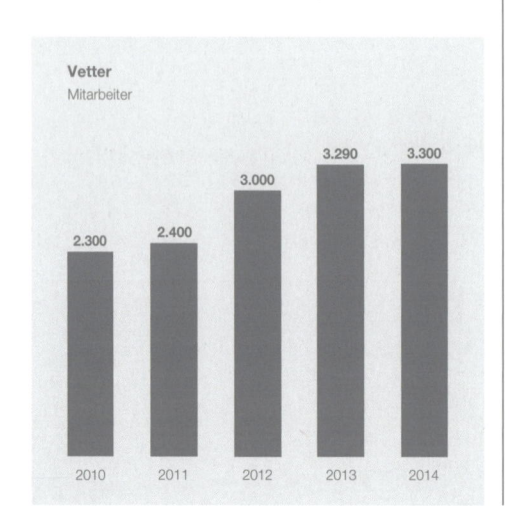

Vetter Mitarbeiter

Jahr	Mitarbeiter
2010	2.300
2011	2.400
2012	3.000
2013	3.290
2014	3.300

Meilensteine

1950 Helmut Vetter gründet das Unternehmen „Apotheker Vetter & Co. Arzneimittel GmbH Ravensburg".

1965 Beginn der Auftragsherstellung von Arzneimitteln

1979 Vorgefüllte Fertigspritzen werden zum Schwerpunkt des Fertigungsprogramms.

1983 Gründung der nordamerikanischen Tochterfirma

1984 Änderung der Unternehmensorganisation in Vetter Pharma-Fertigung GmbH & Co. KG

1990 Die Doppelkammer-Spritze Vetter Lyo-Ject® kommt auf den Markt.

1994 Spatenstich für die neue Fertigungsstätte in Langenargen

2006 Vetter eröffnet den Neubau der Produktionsstätte Ravensburg Vetter Süd.

2009 Gründung der ersten US-Fertigungsstätte in Skokie (Großraum Chicago)

2012 Vetter eröffnet das Zentrum für Optische Kontrolle und Logisitk in Ravensburg.

Vetter Pharma

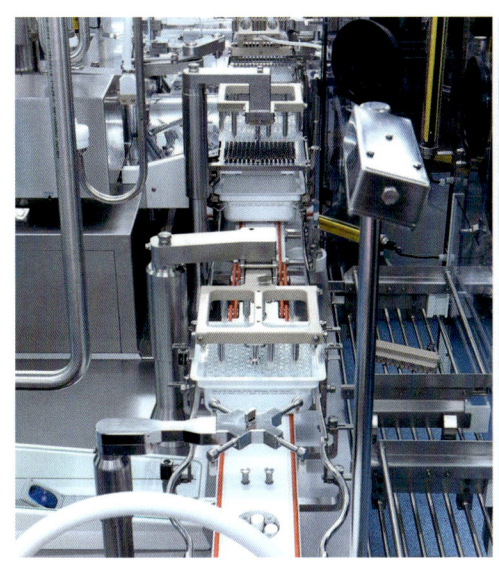

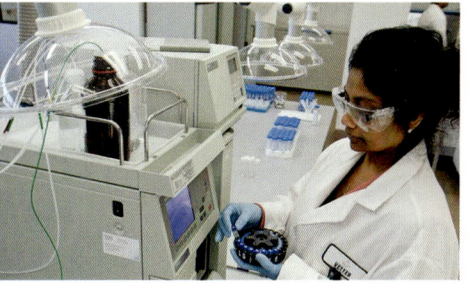

V
ET

Vetter gehört zu den weltweit führenden Unternehmen in der aseptischen Abfüllung von Medikamenten in Injektionssysteme.

Patienten bei Krankheiten wie multipler Sklerose, rheumatoider Arthritis, Blutarmut, Thrombose oder Krebs.

Insgesamt beschäftigt Vetter ca. 3.300 Mitarbeiter, von denen der größte Teil an den deutschen Standorten Ravensburg und Langenargen tätig ist. In den USA unterhält das Unternehmen ebenfalls eine Fertigungsstätte: Hier erfolgt die Abfüllung von Wirkstoffen, die sich in den frühen klinischen Entwicklungsphasen befinden. Mit einem Exportanteil von 90 % erwirtschaftete Vetter 2013 einen Jahresumsatz von 406 Mio. Euro. Der weltweite Vertrieb ist über ein globales Key Account Management organisiert, wobei die wichtigsten Absatzmärkte in den USA, Europa und Japan liegen.

Die Firma befindet sich zu 100 % im Besitz der Familie Vetter, von der drei Mitglieder als Gesellschafter auftreten. Im Jahr 1950 von dem Apotheker Helmut Vetter gegründet, entwickelte sich das Unternehmen

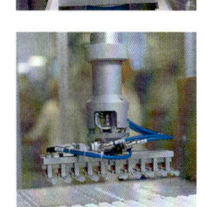

Die drei Bereiche von Vetter: Development Service (oben), Commercial Manufacturing (Mitte) und Packaging Solutions (unten)

Einfach erklärt: Lyophilisierung

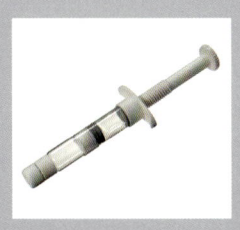

„Lyophilisierung" bedeutet Gefriertrocknung und ist ein Verfahren zur schonenden Trocknung und Konservierung empfindlicher Wirkstoffe. Um sensible Arzneimittel-Bestandteile länger haltbar, transportier- und anwendbar zu machen, werden drei Verfahrensschritte durchgeführt: Zunächst wird die Wirkstofflösung auf sehr tiefe Temperaturen eingefroren. Unter Energiezufuhr und Hochvakuum wird dann dem Wirkstoff Wasser oder Lösungsmittel entzogen. Schließlich erfolgt die Nachtrocknung. Der unter aseptischen Bedingungen durchgeführte Prozess dauert ca. zwei Tage. Lyophilisierte Stoffe werden erst unmittelbar vor der Injektion mit einem separaten Lösungsmittel zur gebrauchsfertigen Injektionslösung rekonstituiert. Die Innovation Vetter Lyo-Ject® ist eine Doppelkammerspritze und enthält sowohl die lyophilisierte Substanz als auch das ergänzende Lösungsmittel in ein und derselben Spritze. Der Wirkstoff befindet sich im vorderen Bereich, das Lösungsmittel wird im hinteren Teil eingefüllt. Die Vermischung erfolgt mit geringem Aufwand erst kurz vor der Verabreichung. Das anwenderfreundliche System ermöglicht Patienten zudem die Selbstanwendung.

V
IE

schnell zum innovativen Partner für die Pharmaindustrie. Auch heute zeichnet sich Vetter durch markt- und trendorientierte Entwicklungen aus. Für die Zukunft sind zusätzliche Investitionen in die deutschen Standorte und die weitere Internationalisierung geplant.

Daten und Fakten

Branche: Pharma, Biotechnologie
Marktposition: Einer der Weltmarktführer in der aseptischen Abfüllung von Medikamenten in Injektionssysteme
Umsatz: 406 Mio. Euro (Stand: 31.12.2013)
Mitarbeiter: ca. 3.300 in Europa und den USA (Stand: 01.01.2014)
Ausbildungsplätze: mehr als 80 Auszubildende p. a. (einer der größten Ausbildungsbetriebe der Region)
Standorte: Ravensburg und Langenargen in Deutschland, Skokie (Großraum Chicago) in den USA
Exportquote: 90 %
Gründer: Helmut Vetter, 1950, Ravensburg
Auszeichnungen: „Facility of the Year Award" (2007); „Frost & Sullivan Customer Leadership Award" (2011); „European Outsourcing Award" (2007 und 2012) u. a.

Kontakt

Vetter Pharma International GmbH
Eywiesenstr. 5, 88212 Ravensburg
Fon: 0751 3700-0, Fax: 0751 3700-4000
info@vetter-pharma.com
www.vetter-pharma.com

Vetter im Internet

Viega

Viega

Attendorn, Nordrhein-Westfalen

Gegründet: 1899

Die Viega Gruppe gehört zu den führenden Herstellern von Installationstechnik und ist nach eigenen Angaben Weltmarktführer bei Pressverbindern für metallene Rohrleitungen. Zu den weiteren Geschäftsfeldern gehören Vorwand- und Spülsysteme sowie die Entwässerungstechnik. Das Portfolio umfasst mehr als 17.000 Artikel. Sie finden u. a. in der Gebäudetechnik, in der Versorgungswirtschaft oder im industriellen Anlagen- und Schiffbau ihre Anwendung. Das Familienunternehmen exportiert in mehr als 75 Länder und ist dort überwiegend mit einer eigenen Vertriebsorganisation präsent. Viega produziert in vier deutschen Werken und fertigt spezielle Lösungen für den nordamerikanischen Markt in McPherson/Kansas. Am chinesischen Standort in Wuxi liegt der Schwerpunkt auf der Produktion für den asiatischen Markt. Insgesamt beschäftigt die Viega Gruppe weltweit 3.500 Mitarbeiter und bildet in Deutschland regelmäßig 150 Auszubildende in 17 Berufen aus.

Franz-Anselm Viegener gründete das Unternehmen 1899 im westfälischen Attendorn und verkaufte Bierarmaturen aus Messing an die umliegenden Brauereien und Gaststätten. Doch stellte er schon 1910 auf die Herstellung von Produkten für die Sanitär- und Heizungsinstallation um. Zu Viegas Innovationen zählt die Erfindung der Pressverbindungstechnik für Kupfer-Rohrleitungen für Sanitär und Heizung.

Viessmann

Kontakt

Viega GmbH & Co. KG
Viega Platz 1, 57439 Attendorn
Fon: 02722 61-0, Fax: 02722 61-1415
info@viega.de, www.viega.de

Viessmann

Allendorf, Hessen

VIESSMANN
climate of innovation

Gegründet: 1917

Die Viessmann Group ist einer der international führenden Hersteller von Systemen der Heiz-, Kälte- und Klimatechnik. Das 1917 gegründete Familienunternehmen beschäftigt 11.400 Mitarbeiter, der Gruppenumsatz beträgt 2,1 Mrd. Euro. Mit 27 Produktionsgesellschaften in 11 Ländern, mit Vertriebsgesellschaften und Vertretungen in 74 Ländern sowie weltweit 120 Verkaufsniederlassungen ist Viessmann international ausgerichtet. 55 % des Umsatzes entfallen auf das Ausland. Am Stammsitz in Allendorf/Eder beschäftigt Viessmann den Großteil seiner über 500 Auszubildenden und Bachelor-Studenten. Die Viessmann Werke GmbH & Co. KG befindet sich zu 100 % in Familienbesitz; geschäftsführender Gesellschafter ist Prof. Dr. Martin Viessmann.

Das Viessmann Komplettangebot bietet individuelle Lösungen mit effizienten Systemen für alle Leistungen und Energieträger. Dazu gehören wandhängende und bodenstehende Brennwertgeräte sowie Blockheizkraftwerke (BHKW). Das Angebot

Meilensteine

1917 Johann Viessmann gründet eine Schlosserei in Hof.

1937 Umzug nach Allendorf

1957 Vorstellung eines umfangreichen Programms fortschrittlicher Heiztechnik auf der Hannover Messe

1970er-Jahre Expansion in Deutschland und Westeuropa

1980er-Jahre Die Ära der Niedertemperatur-Warmwasserheizung beginnt.

1991/92 Dr. Martin Viessmann übernimmt in 3. Generation die Leitung; verstärkte Internationalisierung.

1994 Vorstellung des MatriX-Strahlungsbrenners mit extrem schadstoffarmer Verbrennung

1999 Einführung des Vitotec-Programms mit durchgehender Systemtechnik und neuem Design

2007 Viessmann bietet nun Lösungen für alle Energieträger und alle Anwendungsbereiche.

2012 Einstieg in die Kältetechnik mit der Aufnahme der Viessmann Kältetechnik GmbH in Hof in die Unternehmensgruppe

Für ihr klares, reduziertes und funktionsorientiertes Design wurden Viessmann Produkte vielfach ausgezeichnet.

VIE

„Als Familienunternehmen bekennen wir uns zu unserer ökonomischen, ökologischen und sozialen Verantwortung. Wir achten auf die Umweltverträglichkeit aller Prozesse und fördern den Einsatz erneuerbarer Energien."

Prof. Dr. Martin Viessmann

Den Grundstein für das Unternehmen legte Johann Viessmann 1917 mit der Eröffnung einer Schlosserei in Hof. 1992 übergab Dr. Hans Viessmann die Unternehmensführung an Dr. Martin Viessmann.

Viessmann

Die Heiztechnik-Systeme von Viessmann werden in Produktionsstätten in 11 Ländern hergestellt.

Die Viessmann Akademie bildet Marktpartner und Mitarbeiter weiter; als Sponsor engagiert sich Viessmann vor allem im Wintersport.

Viessmann im Internet

an regenerativen Energiesystemen umfasst thermische Solaranlagen mit Flach- und Vakuum-Röhrenkollektoren zur Trinkwassererwärmung, Heizungsunterstützung und solaren Gebäudekühlung, Spezialheizkessel und Feuerungsanlagen für Scheitholz, Hackschnitzel und Holzpellets, Wärmepumpen zur Nutzung von Wärme aus dem Erdreich, dem Grundwasser oder der Umgebungsluft sowie Fotovoltaiksysteme. Auch für Nahwärmenetze und Bioenergiedörfer bietet Viessmann ein umfassendes Angebot: Biogasanlagen, Wärmeerzeuger, Blockheizkraftwerke, Erdwärmeleitungen und Wohnungsübergabestationen. Mit einem umfassenden Produktsortiment an temperaturkontrollierten Räumen, leistungsstarken Kühlzellen und -aggregaten, Kältelösungen für den Lebensmitteleinzelhandel sowie Zubehör und Dienstleistungen deckt die Viessmann Group den Bereich Kältetechnik ab.

Als Familienunternehmen legt Viessmann besonderen Wert auf verantwortungsvolles und langfristig angelegtes Handeln. Deshalb ist die Nachhaltigkeit in den Unternehmensgrundsätzen fest verankert. In allen Prozessen wird darauf geachtet, Ökonomie, Ökologie und soziale bzw. gesellschaftliche Verantwortung in Einklang zu bringen.

Oberstes Zukunftsziel ist es, Viessmann auf Dauer als unabhängiges und eigenständiges Familienunternehmen zu erhalten. Auf der

Das neue Viessmann Technikum

Mit einem Investitionsvolumen von 50 Mio. Euro entsteht bis 2017 am Viessmann Stammsitz in Allendorf (Eder) ein innovatives Technikum. Es ist als Forschungs- und Entwicklungszentrum geplant und soll im Geiste des Unternehmensclaims „climate of innovation" interdisziplinäres und kreatives Arbeiten fördern. Viessmann hat immer wieder Meilensteine der Heiztechnik gesetzt und verfolgt durch die strategische Entscheidung für das neue Technikum das Ziel, seine Führungsposition zu festigen und weiter auszubauen. Das neue Gebäude ist als Technologiezentrum für alle am Entstehungsprozess neuer Produkte beteiligten Bereiche konzipiert. Im Technikum werden sämtliche Entwicklungs- und Innovationsaktivitäten gebündelt, transparent gemacht und optimiert. Die funktionale Beziehung der einzelnen F&E-Fachabteilungen untereinander wird durch die Integration von Unternehmensbereichen wie Prototypenbau und Labore intensiviert. Das Technikum dient als zentrales Bindeglied zwischen Forschung und Entwicklung, dem Produkt- sowie dem Qualitätsmanagement und der Serienfertigung.

Basis des bisher Erreichten hat das Unternehmen sich ambitionierte Ziele gesetzt. Viessmann versteht sich als Impulsgeber der Branche und strebt die weltweite Technologieführerschaft im Bereich intelligenter, komfortabler und effizienter Systeme für Wärme, Klima/Lüftung, Kälte, Dampf und dezentrale Stromerzeugung an.

Um trotz des großen Wachstums des Unternehmens in den vergangenen Jahren flexibel und beweglich zu bleiben, wurden die bestehenden Geschäftsbereiche in die drei Divisionen Heizsysteme, Industriesysteme und Kühlsysteme überführt.

Daten und Fakten

Branche: Heiz-, Kälte- und Klimatechnik
Produkte: Komplettangebot für alle Energieträger und Anwendungsbereiche
Marktposition: Viessmann gehört zu den drei größten Unternehmen der Branche weltweit
Umsatz: 2,1 Mrd. Euro (2013)
Mitarbeiter: 11.400
Ausbildungsplätze: über 500
Standorte: 27 Produktionsgesellschaften in 11 Ländern, Vertriebsgesellschaften und Vertretungen in 74 Ländern sowie weltweit 120 Verkaufsniederlassungen
Auslandsanteil: 55 %
Gründer: Johann Viessmann, 1917, Hof
Eigentümer: Familie Viessmann

Kontakt

Viessmann Werke GmbH & Co. KG
Viessmannstr. 1, 35107 Allendorf (Eder)
Fon: 06452 70-0, Fax: 06452 70-2780
info@viessmann.com, www.viessmann.com

Ansprechpartner Presse
Jörg Schmidt
smdj@viessmann.de

Vinnolit

Ismaning, Bayern

Vinnolit — Leadership in PVC

Gegründet: 1993

Die Vinnolit GmbH & Co. KG, ein Unternehmen der Westlake Gruppe, ist einer der führenden PVC-Rohstoffhersteller in Europa und mit einer Produktionskapazität von 500.000 t bei PVC-Spezialitäten der weltweite Markt- und Technologieführer in dieser Produktgruppe. PVC-Spezialitäten werden in Bodenbelägen, Tapeten, technischen Beschichtungen, Kfz-Kunstleder und -Unterbodenschutz, im Membranbau, in Hartfolien, Fensterdichtungen und zahlreichen anderen Anwendungen eingesetzt.

Das breit gefächerte Produktsortiment Vinnolits umfasst außerdem Suspensions-PVC z. B. für die Herstellung von Fensterprofilen, Rohren und Kabelummantelungen. Zugleich ist Vinnolit ein führender Hersteller und Lieferant für Zwischenprodukte wie Natronlauge, Vinylchlorid und Zinntetrachlorid, die für die Weiterverarbeitung in der chemischen Industrie und in vielen anderen Branchen benötigt werden.

Während PVC-Spezialitäten mit 3 Mio. t weltweit nur einen Anteil von unter 10 % der PVC-Produktion ausmachen, erwirtschaftet Vinnolit über 70 % ihres PVC-Umsatzes damit. Vinnolit ist eines der innovativsten Unternehmen der Branche und investiert kontinuierlich in Forschung, Entwicklung und in die Anwendungstechnik.

Die nationalen und internationalen Aktivitäten werden von der Zentrale in Ismaning bei München gesteuert. Produktionsstandorte sind in Burghausen, Burgkirchen (Gendorf), Hürth-Knapsack, Köln und Schkopau sowie in Hillhouse/Großbritannien angesiedelt. Von den insgesamt 1.400 Mitarbeitern sind fast 1.350 in Deutschland beschäftigt.

„Als Teil von Westlake, eines weltweiten Marktführers im PVC-Geschäft, eröffnen sich für Vinnolit zahlreiche Möglichkeiten, unsere führende Position als Hersteller von PVC-Spezialitäten weiter zu stärken."

Dr. Josef Ertl, Geschäftsführer Vinnolit

Wacker-Technikumsautoklav zur Herstellung von Suspensions-PVC von 1936 (oben); Membranelektrolyse am Standort Gendorf heute (Mitte); seit 2014 ist Vinnolit Teil der Weslake Gruppe (unten).

Vinnolit

V IN

PVC-Membrandächer gestalten Erlebnisräume.

PVC von Vinnolit kommt u. a. im Automobilinnenraum, bei Fensterprofilen und Fußböden zum Einsatz.

Im Geschäftsjahr 2013 erzielte das Unternehmen einen Umsatz von 917 Mio. Euro, davon ca. 60 % im Auslandsgeschäft. Ein eigener Außendienst vertreibt die Produkte in Deutschland; hinzu kommen fünf Vertriebsgesellschaften bzw. Repräsentanzen in Europa und weltweite Vertriebspartner.

Das Unternehmen Vinnolit entstand 1993 als Joint Venture der PVC-Aktivitäten der Hoechst AG und Wacker-Chemie GmbH und blickt damit auf viele Jahrzehnte Erfahrung zurück. Bereits 1935 wurde bei der Wacker-Chemie in Burghausen das Suspensionsverfahren zur Herstellung von PVC erfunden, nach dem heute mehr als 90 % der weltweiten PVC-Produktion hergestellt wird. Das Verfahren zur Herstellung von Emulsions-PVC wurde sogar schon 1913 bei einer Vorgängergesellschaft von Hoechst entwickelt. 1951 stieg Hoechst dann in die industrielle PVC-Produktion ein. Heute ist PVC einer der wichtigsten und vielseitigsten Kunststoffe weltweit.

Der Name Vinnolit entstand als Kunstwort aus den PVC-Markennamen von Wacker (Vinnol) und Hoechst (Hostalit).

PVC und Nachhaltigkeit

PVC besteht zu ca. 57 % aus Chlor, das durch Elektrolyse aus dem praktisch unbegrenzt vorhandenen Steinsalz gewonnen wird. Durch die Rohstoffkomponente Steinsalz verbraucht PVC vergleichsweise wenig nicht erneuerbare, fossile Rohstoffe bei der Herstellung. PVC-Produkte sind darüber hinaus hervorragend recycelbar. Im Rahmen des europäischen Nachhaltigkeitsprogramms VinylPlus arbeitet Vinnolit gemeinsam mit vielen anderen Unternehmen der Branche daran, das Recycling von PVC zu fördern, Emissionen weiter zu reduzieren, die Verwendung von nachhaltigen Additiven voranzutreiben, das Klima durch Energieeffizienz und den verantwortungsvollen Einsatz von Rohstoffen zu schützen und das Bewusstsein für nachhaltiges Wirtschaften zu fördern. Vinnolit ist zudem Mitglied der Arbeitsgemeinschaft PVC und Umwelt (AGPU), die sich für die nachhaltige Entwicklung von PVC einsetzt. Darüber hinaus beteiligt sich das Unternehmen am Responsible-Care-Programm der chemischen Industrie.

Vinnolit

Seit der Gründung wurde bei Vinnolit die Großproduktion vorangetrieben und es wurden Produktionsverfahren weiterentwickelt und diversifiziert. Zudem wurde der Fokus auf PVC-Spezialitäten und neue Märkte gelegt. Seit Mitte 2014 ist das Unternehmen Teil der US-amerikanischen Westlake Chemical Corporation, eines führenden internationalen Herstellers von Petrochemikalien, Polymeren und PVC-Bauprodukten.

Meilensteine

1993 Gründung der Vinnolit Kunststoff GmbH als Joint Venture der PVC-Aktivitäten der Hoechst AG und Wacker-Chemie GmbH

1998 Gründung der Vinnolit Monomer GmbH & Co. KG als 100%iges Tochterunternehmen; Gründung der Vinnolit Technologie GmbH & Co. KG

1998 Gründung von Vertriebsgesellschaften in Europa

2000 Verschmelzung der Kunststoff- und Monomeraktivitäten zur Vinnolit GmbH & Co. KG; Kauf des Unternehmens durch Private Equity Fonds unter dem Management von Advent International; die Vintron GmbH in Knapsack wird 100%ige Tochtergesellschaft.

2003 Integration von Vintron und VinTec in das Unternehmen

2007 Erwerb des Pasten-PVC-Geschäfts von Ineos ChlorVinyls

2009 Umrüstung der Elektrolysen in Gendorf und Knapsack auf das umweltfreundliche Membranverfahren

2012 Weiterer Ausbau der Pasten-PVC-Kapazität in Burghausen

2014 Die Westlake Chemical Corporation wird neue Eigentümerin von Vinnolit.

Daten und Fakten

Branche: Chemische Industrie
Produkte: PVC und Vorprodukte
Marktposition: mit 500.000 t Kapazität weltweit größter Anbieter von PVC-Spezialitäten (Pasten-PVC und Thermoplastische PVC-Spezialitäten); weltweiter Technologieführer
Umsatz: 917 Mio. Euro (2013)
Mitarbeiter: 1.400 (2013)
Standorte: Produktionsstätten in Burghausen, Burgkirchen (Gendorf), Hürth-Knapsack, Köln, Ismaning (alle Deutschland); Hillhouse (Großbritannien)
Vertrieb: eigener Außendienst in Deutschland, 5 Vertriebstochtergesellschaften/Repräsentanzen in Europa, Vertriebspartner weltweit
Auslandsanteil: ca. 60 %
Gründung: 1993 als Joint Venture der PVC-Aktivitäten der Hoechst AG und Wacker-Chemie GmbH
Eigentümer: Westlake Chemical Corporation

Kontakt

Vinnolit GmbH & Co. KG
Carl-Zeiss-Ring 25, 85737 Ismaning
Fon: 089 96103-0, Fax: 089 96103-103
info@vinnolit.com, www.vinnolit.com

Ansprechpartner Presse

Dr. Oliver Mieden
Fon: 089 96103-282
oliver.mieden@vinnolit.com

Vinnolit im Internet

Vits Technology

Langenfeld, Nordrhein-Westfalen

Gegründet: 1928

Die Vits Technology GmbH ist mit einem Marktanteil von 75 % der größte Hersteller von Imprägnieranlagen weltweit. Insbesondere in der Möbel- und Fußbodenindustrie wird mit Anlagen von Vits imprägniert, beschichtet, quergeschnitten und berührungslos getrocknet. So lassen sich z. B. Papier und Karton, bedruckte Vorimprägnate, Finishfolie, Vlies ebenso wie Gewebe, Kohlefaser, Polyesterfilme oder technische Spezialpapiere verarbeiten. Emil Vits gründete 1928 die Vits Elektro GmbH, die 1957 am neuen Standort Langenfeld die erste Imprägnieranlage baute. In Zusammenarbeit mit den beiden Partnerunternehmen IFA Technology und Deurowood hat sich Vits zu einem Systemanbieter entwickelt. Die Geschäfte führen Werner Deuring als Vorsitzender und Volker Reidegeld.

Kontakt
Vits Technology GmbH
Winkelsweg 172, 40764 Langenfeld
www.vits.com

Vladi Private Islands

Hamburg

Gegründet: 1979

Die Vladi Private Islands GmbH hält im Bereich des Privatinsel-Verkaufs die Marktführerschaft. Neben dem Verkauf von Inseln steht Vladi Private Islands auch für Immobilienverwaltung und -bewertung, Gutachten und Einschätzung des Markts sowie für die Vermietung von Inseln. Inzwischen hat das Unternehmen neben der Zentrale in Hamburg zwei weitere Büros in Halifax/Kanada und in Wellington/Neuseeland sowie ein weiteres Partnerbüro in Shanghai/China. Seit der Gründung wurden der Verkauf von mehr als 2.500 Inseln abgewickelt und fast 30.000 Inselbetten vermietet. Um die weltweiten Kunden zu beraten, arbeiten insgesamt 50 Mitarbeiter an den internationalen Bürostandorten. Seit 1979 existiert die Firma Vladi Private Islands, mit Farhad Vladi als alleinigem Eigentümer.

Kontakt
Vladi Private Islands GmbH
Ballindamm 7, 20095 Hamburg
www.vladi-private-islands.de

Vöhringer

Trochtelfingen, Baden-Württemberg

Gegründet: 1921

Die Vöhringer GmbH hat ihre Wurzeln in der Holzverarbeitung und ist heute ein führender Zulieferer der Caravan-Industrie. Neben den Herstellern von Freizeitfahrzeugen gehören die Branchen Automotive und Möbelbau zu den Hauptabnehmern von folienbeschichteten Holzwerkstoffen, ummantelten Profilen, Möbelteilen sowie Produkten aus der PU-Fertigung und dem Leichtbau. Vöhringer hat 2 deutsche Standorte mit rd. 200 Mitarbeitern und eine Tochterfirma in Shanghai. 2013 wurde in Shanghai noch eine weitere Produktionsstätte eröffnet. Vöhringer setzte 2012 rd. 78 Mio. Euro um, die Exportquote lag bei mehr als 53 %. Das Unternehmen gehört in 3. Generation der Familie Vöhringer. Gesellschafter sind Hermann, Jürgen und Thomas Vöhringer. Letztere sind als Geschäftsführer aktiv.

Kontakt
Vöhringer GmbH
In Aufzügen 11, 72818 Trochtelfingen
www.v-group.com

Voith

Heidenheim, Baden-Württemberg

Gegründet: 1867

Die Voith GmbH ist ein global agierender Technologiekonzern, der mit seinem breiten Portfolio aus Anlagen, Produkten und Industriedienstleistungen die essenziellen Märkte Energie, Öl & Gas, Papier, Rohstoffe und Transport & Automotive bedient. Ein Viertel des weltweit aus Wasserkraft gewonnenen Stroms wird mit Turbinen und Generatoren von Voith erzeugt. Ein Großteil der gesamten Papierproduktion wird auf Voith-Papiermaschinen hergestellt. Antriebselemente von Voith werden rund um den Globus sowohl in industriellen Anlagen als auch auf der Schiene, der Straße und dem Wasser eingesetzt. Große Unternehmen aus Schlüsselindustrien vertrauen weltweit auf technische Dienstleistungen von Voith.

Gegründet wurde das Unternehmen 1867 in Heidenheim an der Brenz von Friedrich Voith. Bis heute liegt das Unternehmen zu 100 % im Besitz der Familie Voith. Aus der damaligen kleinen Schlosserwerkstatt hat sich ein Konzern mit einem Jahresumsatz von 5,7 Mrd. Euro entwickelt. Insgesamt sind in über 50 Ländern weltweit mehr als 43.000 Menschen für Voith tätig.

Kontakt
Voith GmbH
St. Pöltener Str. 43, 89522 Heidenheim
Fon: 07321 37-0, Fax: 07321 37-7000
info@voith.com, www.voith.com

VOK DAMS

Wuppertal, Nordrhein-Westfalen

Gegründet: 1975

Die VOK DAMS Gruppe ist eine der führenden Event- und Live-Marketingagenturen der Welt mit einer starken Position in der Automobilindustrie. Das Branchenmagazin Eventmagazine sah das Unternehmen 2013 als Nr. 3 weltweit. Im Umsatzranking des deutschen Fachblatts W&V und auch im Kreativ-Ranking des BlachReports kommt das mehrfach preisgekrönte Unternehmen auf den ersten Rang. VOK DAMS hat einen jährlichen Umsatz von über 55 Mio. Euro. An 6 Standorten in Deutschland sowie an 8 internationalen Standorten in Europa, den USA, China, Dubai und Brasilien werden mehr als 200 Mitarbeiter beschäftigt. Vok Dams gründete 1971 zunächst eine Fotoagentur. Sein Sohn Colja M. Dams leitet das Unternehmen seit 1998.

Kontakt
VOK DAMS EVENTS GMBH
Katernberger Str. 54, 42115 Wuppertal
www.vokdams.de

Vollert

Weinsberg, Baden-Württemberg

Gegründet: 1925

Die Vollert-Gruppe steht seit 1925 für Maschinen- und Anlagenlösungen „100 % made in Germany". Als global agierendes Familienunternehmen mit Tochtergesellschaften in Asien, Südamerika und Russland realisiert Vollert Projekte auf allen Kontinenten. Mit

Vollert

V OL

„Das Anlagengeschäft ist voller Herausforderungen, jedes Projekt ist anders. Wir meistern diese Herausforderungen seit 90 Jahren. Dafür steht Vollert weltweit."

Hans-Jörg Vollert

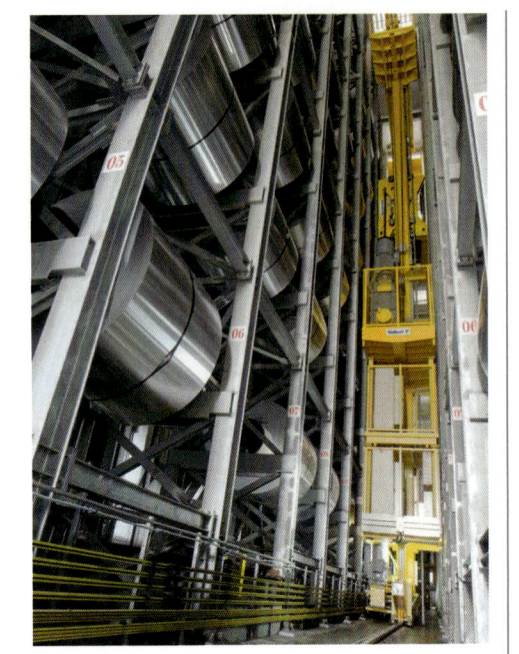

Neben Maschinen und Anlagen für die Baustoffindustrie fertigt Vollert u. a. auch Intralogistiksysteme für Metalle und schwere Lasten.

Vollert Anlagenbau hat seinen Sitz in Weinsberg und wird in 3. Generation von Hans-Jörg Vollert geleitet.

Vollert im Internet

schlüsselfertigen Anlagen für die Baustoffindustrie gehört Vollert nach eigenen Angaben weltweit zu den Top-3-Anbietern und sieht sich als Technologieführer in der Herstellung von flächigen Betonfertigteilen wie Wänden und Decken für den Wohn- und Industriebau sowie Spannbetonschwellen für Gleisanlagen. Über 300 Betonfertigteilwerke hat Vollert bis heute weltweit geplant und installiert.

Als Spezialist für schwere Lasten und Großteile entwickelt das Traditionsunternehmen auch schlüsselfertige Materialfluss-, Lager- und Verpackungskonzepte und gilt als einer der führenden Technologiepartner der Aluminium-, Stahl- und metallerzeugenden Industrie. Für reibungslose innerbetriebliche Abläufe sorgt Vollert ebenfalls in Raffinerien, Bergwerken, Häfen, Stahl- und Zementwerken oder in der chemischen Industrie. Hierfür entwickelt man innovative Rangier- und Verladekonzepte für die Güterverladung.

Seine führende Marktposition verdankt Vollert seiner Innovationskraft: Ingenieure und eigene Automatisierungsspezialisten arbeiten hierzu an wirtschaftlichen Anlagenkonzepten und nachhaltiger Maschinentechnologie. Mehrfach wurde Vollert mit Innovationspreisen ausgezeichnet. Zudem beteiligt sich das Unternehmen aktiv an Forschungs- und Normierungsprojekten, u. a. in der Betonfertigteilindustrie sowie in der Kran- und Seiltechnik. Seit 2011 besitzt Vollert das „Blue Competence"-Siegel, die Zertifizierung der Nachhaltigkeitsinitiative des VDMA. So gewährleisten material- und energiesparende Konzepte von Vollert weltweit ressourcenschonende Abläufe, u. a. im Hamburger Hafen, wo Vollert im Container-Terminal Altenwerder mit einer automatischen Batteriewechselstation den weltweit ersten wirtschaftlichen Einsatz abgasfreier fahrerloser Containertransporter ermöglicht.

Vollert ist heute mit Partnern in mehr als 30 Ländern vertreten, verfügt über weltweite Fertigungskooperationen und beschäftigt 270 Mitarbeiter, 250 davon am Stammsitz in Weinsberg. Hans-Jörg Vollert führt seit 1999 das Traditionsunternehmen in der 3. Generation.

Schon gewusst?

- Vollert hat 2014 ein modernes Betonfertigteilwerk auf der französischen Inselgruppe Neukaledonien im südlichen Pazifik gebaut, 2.000 km östlich von Australien gelegen eine der weltweit begehrtesten Urlaubsdestinationen.
- Die leistungsstärksten Regalbediengeräte der Welt mit je 550 kW Hubleistung kommen von Vollert: Bei einem schwedischen Spezialstahlhersteller versorgen die Geräte mit 32 t Nutzlast ein Hochregallager mit 500 Stellplätzen und einer Kapazität von 6.000 t Stahl.

Daten und Fakten

Branche: Maschinen- und Anlagenbau
Produkte: Maschinen und Anlagen für die Baustoffindustrie, Intralogistiksysteme für Metalle und schwere Lasten, Rangiersysteme

Marktposition: Maschinen und Anlagen für die Baustoffindustrie: unter den Top-3-Anbietern weltweit auf dem Gebiet für Umlaufanlagen zur Herstellung von Betonfertigteilen; Intralogistiksysteme für Metalle und schwere Lasten: Nischenführer bei Sonderlösungen für den innerbetrieblichen Materialfluss bis 50 t; Rangiersysteme: mit fast 40 % Marktanteil einer der beiden großen Anbieter weltweit
Umsatz: 60 Mio. Euro (2014)
Mitarbeiter: ca. 270 (2014)
Vertrieb: vom Sitz in Weinsberg aus, über Tochtergesellschaften in Indien, China, Brasilien und Russland sowie weltweit über Handelsvertreter und Partner
Auslandsanteil: ca. 85 %
Gründer: Hermann Vollert, 1925, Weinsberg
Eigentümer: Hans-Jörg Vollert und Birgit Hampo

Kontakt
Vollert Anlagenbau GmbH
Stadtseestr. 12, 74189 Weinsberg
Fon: 07134 52-0, Fax: 07134 52-203
info@vollert.de, www.vollert.de

Vollmer

Biberach, Baden-Württemberg

Gegründet: 1909
Die Vollmer Gruppe ist ein weltweit führender Hersteller von Schärf- und Erodiermaschinen für Werkzeuge in der holz- und metallverarbeitenden Industrie. Die Gruppe beschäftigt weltweit knapp 700 Mitarbeiter, davon mehr als 500 am Hauptsitz in Biberach. Weitere Produktionsstätten liegen in Mörlenbach und in Taicang/China. 1909 hatte Heinrich Vollmer den Grundstein für das Unternehmen gelegt, als er die erste Konstruktion für Sägenschränk- und -feilmaschinen entwickelte. Nach Gründung der Sieglinde-Vollmer-Stiftung im Jahr 2013 hält diese 80 % der Gesellschafteranteile der Vollmer Werke Maschinenfabrik GmbH. Die restlichen 20 % verbleiben in Familienbesitz. Die Namenspatronin der Stiftung, Sieglinde Vollmer, ist die Tocher des Firmengründers und bis heute Mitglied des Aufsichtsrats der Vollmer Werke.

Kontakt
Vollmer Werke Maschinenfabrik GmbH
Ehinger Str. 34, 88400 Biberach/Riß
www.vollmer-group.com

Vorwerk

Wuppertal, Nordrhein-Westfalen

Gegründet: 1883
Die Vorwerk & Co. KG ist eine weltweit operierende Unternehmensgruppe. Ihr Kerngeschäft ist der Direktvertrieb von Haushaltsgeräten sowie Kosmetikartikeln unter den Markennamen Kobold, Thermomix, JAFRA Cosmetics und Lux Asia Pacific. Ebenfalls zum Portfolio gehören die akf Bankengruppe und die Vorwerk Teppichwerke sowie als Schwesterunternehmen die HECTAS Gruppe. Vorwerk ist nach eigenen Angaben in seinen Kernsegmenten weltweit führend im Direktvertrieb. Für das Unternehmen waren im Jahr 2013 mehr als 622.000 Mitarbeiter und Fachberater tätig, die einen Gesamtumsatz von 2,639 Mrd. Euro erwirtschafteten. Der Auslandsanteil beträgt 65,9 %. Die angebotenen Produkte und Dienstleistungen sind über eigene Gesellschaften und Exportpartner in mehr als 70 Ländern weltweit verfügbar.

Kontakt
Vorwerk & Co. KG
Mühlenweg 17-37, 42270 Wuppertal
www.vorwerk.com

OR

VSE

VSE
Neuenrade, Nordrhein-Westfalen

Gegründet: 1989

Die VSE Volumentechnik GmbH ist spezialisiert auf die Entwicklung und Produktion von hochpräzisen Durchfluss-Sensoren sowie anwendungsorientierte Auswerteelektronik. Diese werden weltweit in verfahrenstechnischen Anlagen der Kunststoff-, Polyurethan-, Chemie-, Pharma-, Farb- und Lack-, Hydraulik- und Automobilindustrie eingesetzt und liefern hochgenaue Messergebnisse für fast alle pumpfähigen Medien. Neben den Standard-Baureihen bietet VSE auch kundenspezifische Sonderlösungen an. VSE agiert global und ist mit eigenen Niederlassungen in den USA, China, Indien, Italien, Frankreich und Großbritannien sowie mit weiteren Vertriebs- und Servicepartnern in allen wichtigen Industrieländern weltweit nah am Kunden. Das zur Echterhage Holding GmbH & Co. KG gehörende Unternehmen wird durch die Geschäftsführer Axel Vedder und Jürgen Echterhage geleitet.

Kontakt
VSE Volumentechnik GmbH
Hönnestr. 49, 58809 Neuenrade
www.vse-flow.com

Vulkan Gruppe
Herne, Nordrhein-Westfalen

Gegründet: 1889

Die Hackforth Holding GmbH & Co. KG ist die Verwaltungsgesellschaft der VULKAN Gruppe, bestehend aus den VULKAN Tochterunternehmungen, aus VULKAN Kupplungs- und Getriebebau und VULKAN Lokring Rohrverbindungen. Zum Sortiment der VULKAN Kupplungs- und Getriebebau gehören u. a. hoch- und biegeelastische Kupplungen, Schalt-, Gelenkwellen- und Propellerschubkupplungen, Antriebskomponenten, Schwingungsdämpfer und elastische Lagerungen. Die Kupplungen werden in der maritimen und industriellen Antriebstechnik eingesetzt. Das Unternehmen VULKAN Lokring stellt seit mehr als 30 Jahren lötfreie Rohrverbindungstechnik für kältemittelführende Leitungen her. Die VULKAN Gruppe ist mit 20 Töchtern und 51 Vertretungen weltweit präsent und befindet sich im alleinigen Besitz der Familie Hackforth.

Kontakt
Vulkan Kupplungs- und Getriebebau Bernhard Hackforth GmbH & Co. KG
Heerstraße 66, 44653 Herne
www.vulkan.com

W

Wacker Neuson

Wacker Neuson

München, Bayern

Gegründet: 1848

Die Wacker Neuson Group entwickelt, produziert und vertreibt Baugeräte und kompakte Baumaschinen und zählt international zu den Marktführern. Seinen Kunden bietet das Unternehmen hochwertige Produkte der Marken Wacker Neuson, Kramer und Weidemann aus über 300 Produktgruppen einschließlich umfangreicher Serviceleistungen. Damit bedient das Unternehmen u. a. die Branchen Bauwirtschaft, Garten- und Landschaftsbau, Kommunen, Industrie, Gleisbau und Landwirtschaft. Das über 165 Jahre alte Unternehmen mit Hauptsitz in München ist weltweit mit mehr als 40 Tochtergesellschaften und über 140 Vertriebs- und Servicestationen vertreten. Wacker Neuson beschäftigt mehr als 4.200 Mitarbeiter und erwirtschaftet einen jährlichen Umsatz von über 1 Mrd. Euro. Die Ursprünge des Unternehmens liegen im Jahr 1848, als Johann Christian Wacker eine Schmiede in Dresden gründete.

Kontakt
Wacker Neuson SE
Preußenstr. 41, 80809 München
www.wackerneuson.com

WAGNER

Markdorf, Baden-Württemberg

»Die Oberfläche ist ausschlaggebend für Attraktivität, Funktion und Haltbarkeit eines Objekts. Unsere Mission: herausragende Oberflächenqualität durch innovative Beschichtungstechnologien.«

Thorsten Koch, CEO WAGNER-Gruppe

Gegründet: 1947

Die J. Wagner GmbH mit Sitz im baden-württembergischen Markdorf ist ein Maschinenbauunternehmen mit dem Schwerpunkt

Das Pulvertechnikum von WAGNER in Markdorf. Weltweit stehen neun Technika bereit, um für Kunden wirtschaftliche Anlagenkonzepte zu ermitteln.

Beschichtungstechnologie. Zum Produktspektrum gehören Geräte und Anlagen zur Beschichtung von Oberflächen mit Pulver- und Nasslacken, Farben, Putzen und anderen flüssigen Medien wie Ölen, Wachsen, Klebe- und Dichtmitteln. In der Größe reichen die Produkte vom handlichen Farbsprühsystem für Heimwerker über Profi-Geräte für das Lackieren, Farb- und Putzspritzen sowie Markieren bis zu komplexen industriellen Beschichtungssystemen. Die Technologiekompetenz umfasst das Fördern des Materials

Schon gewusst?

Firmengründer Josef Wagner, studierter Elektroingenieur, Automobil- und Flugzeugbauer, begann 1961 neben dem Betrieb seines Werks für Hochdrucktechnik mit der Entwicklung eines „Volkshubschraubers". Die eigens gegründete Wagner Helicopter Technik (WHT) nutzte ein koaxiales Rotorsystem, um den Arbeitshubschrauber „Sky-Trac" zu konstruieren, der ohne Heckrotor auskommt. 1969 erhielt Wagner als erster deutscher Hersteller nach dem Krieg die Zulassung vom Luftfahrtbundesamt, noch vor den renommierten großen Unternehmen der deutschen Luftfahrtindustrie. Da sich Wagner aber wieder verstärkt um die Kernkompetenz Oberflächenbeschichtung kümmern wollte, gab er das Projekt 1972 ab.

WAGNER AG

Industrielle Nasslackbeschichtung mit Oberflächentechnik von WAGNER

über Misch-, Bewegungs- und Steuerungstechnik inklusive Materiallogistik bis hin zum Applizieren auf Oberflächen. Hinzu kommen Kabinen- und Rückgewinnungstechnologien für die Pulverbeschichtung. Dieses Produktportfolio wird ergänzt durch Klebe-, Dicht- und Signiertechnik. Mit seinem Angebot ist das Unternehmen in verschiedenen Bereichen Weltmarktführer: So deckt WAGNER rd. 80 % des Markts für die Beschichtung von Leichtmetallrädern in der Automobilerstausstattung ab, über 50 % des Weltmarkts bei Heimwerker-Farbsprühpistolen und mehr als 30 % des Weltmarkts bei kosmetischem Spray-Tanning. Darüber hinaus ist WAGNER Pionier in der prozesssicheren Pulverbeschichtung von MDF-Standardplatten in Serienfertigung; seit dem technologischen Durchbruch 2013 ist es das einzige Unternehmen, das diese Technik im Großeinsatz beherrscht.

Gegründet wurde das Unternehmen von Josef Wagner im Jahr 1947. In den ersten Jahren reparierte der Gründer Maschinen und handelte mit Elektromotoren und Holzbearbeitungswerkzeugen. 1953 erfand Wagner dann die erste luftlos arbeitende Spritzpistole für Heimwerker und Handwerker und brachte sie erfolgreich auf den Markt. Etwa zehn Jahre später entwickelte der Ingenieur erste Hochdruckfarbspritzanlagen für das Handwerk, die in der Branche als WAGNER-Airless bekannt wurden. Viele weitere Erfindungen folgten, heute hält WAGNER rd. 1.000

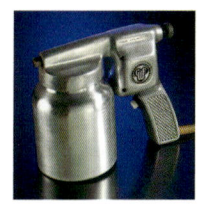

Gegründet wurde das Unternehmen von Josef Wagner (1907–1987); unten im Bild WHISKER, die erste WAGNER-Farbspritzpistole von 1953.

Einfach erklärt: Elektrostatische Pulverbeschichtung

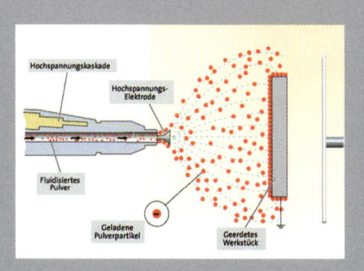

Die Pulverbeschichtung ist ein umweltschonendes Verfahren, das Oberflächen sehr widerstandsfähig gegenüber mechanischer Beanspruchung, Witterung und Chemikalien macht und zudem einen sparsamen, lösemittelfreien Materialeinsatz garantiert. Bei der elektrostatischen Pulverbeschichtung wird zunächst eine elektrisch geladene Pulverwolke erzeugt. Dafür werden die Pulverpartikel in der Lackierpistole an einer Elektrode (Düsennadel) vorbeigeführt und mit 100 kV aufgeladen (Hochspannung, sog. Corona-Aufladung). Die gleichnamig geladenen Partikel werden zerstäubt und zur leitfähigen Werkstückoberfläche transportiert, die geerdet ist. Aufgrund der elektrostatischen Anziehung bleiben sie dort haften und bilden die Pulverlackschicht. Diese wird anschließend im Ofen verflüssigt und eingebrannt.

WAGNER

W AG

Patente. Aus diesen Anfängen entwickelte sich die heutige WAGNER-Gruppe, deren Holding die WAGNER International AG mit Sitz in Altstätten in der Schweiz ist. Insgesamt beschäftigt sie 1.450 Mitarbeiter, davon 600 an den drei deutschen Standorten Markdorf, Wuppertal und Kierspe. Die Unternehmensgruppe ist im Besitz von zwei Stiftungen, der in Friedrichshafen ansässigen Josef-Wagner-Stiftung und der schweizerischen JOSEF-WAGNER Stiftung. Neben der Förderung der Unternehmensgruppe verfolgen beide ausschließlich gemeinnützige und karitative Ziele.

Daten und Fakten

Branche: Maschinenbau und Großhandel
Produkte: Geräte und Anlagen zur Beschichtung von Oberflächen
Marktposition: Weltmarktführer für Beschichtungsanlagen von Leichtmetallrädern, bei der elektrostatischen Pulverbeschichtung von MDF-Standardplatten in Großserien, bei Farbsprühpistolen für Heimwerker, bei Dampftapetenablösern und bei kosmetischem Spray-Tanning
Mitarbeiter: 1.450 weltweit
Produktionsstätten: Markdorf, Wuppertal, Kierspe; Alstätten (Schweiz); Burago Molgora, Valmadrera (Italien); Guildford (UK); Minneapolis, Chicago (USA); Shanghai (China)
Vertrieb: weltweit 10 Vertriebs- und Servicegesellschaften und rd. 300 Handelsvertretungen
Exportquote: 69 % (J. Wagner GmbH)
Patente: rd. 1.000
F&E-Quote: 3,4 % (WAGNER-Gruppe)
Gründer: Josef Wagner, 1947, Markdorf

Kontakt

J. Wagner GmbH
Otto-Lilienthal-Str. 18, 88677 Markdorf
Fon: 07544 505-0, Fax: 07544 505-200
wagner@wagner-group.com
www.wagner-group.com

Ansprechpartner Presse

Tanja-Christina Musik
Fon: 07544 505-1326
tanja-christina.musik@wagner-group.com

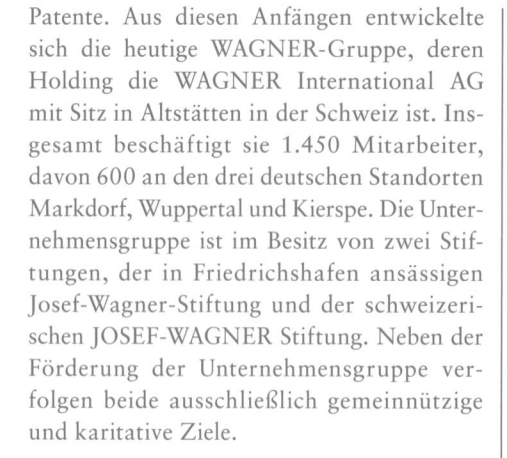

WAGNER-Beschichtungstechnologien werden vielfältig eingesetzt: im DIY-Bereich (oben), im Handwerk z. B. zum Auftragen von Dispersionen (Mitte) und in der Industrie z. B. zur Pulverbeschichtung von Heizkörpern (unten).

WAGNER im Internet

WAGNER

Langenhagen, Niedersachsen

Gegründet: 1976

Die WAGNER Group GmbH zählt zu den weltweit führenden Spezialisten für ganzheitliche Brandschutzlösungen. Die Leistungen des Komplettanbieters reichen von der individuellen Beratung über die Konzeption bis hin zur Errichtung und Betreuung der Anlagen. Der Stammsitz der WAGNER Group liegt in Langenhagen bei Hannover, deutschlandweit unterhält WAGNER weitere neun Niederlassungen, hinzu kommen internationale Vertriebsstandorte. Im Geschäftsjahr 2013/2014 waren weltweit 453 Mitarbeiter bei WAGNER beschäftigt, die einen Umsatz von 70 Mio. Euro erwirtschafteten. Dipl.-Ing. Werner Wagner gründete das Unternehmen 1976 in Winsen an der Aller als Ingenieurbüro für Einbruchmeldetechnik. Heute teilt sich der Firmengründer die Geschäftsführung mit seinem Sohn Torsten Wagner.

Kontakt

WAGNER Group GmbH
Schleswigstr. 1-5, 30853 Langenhagen
www.wagner.eu

WALDRICH COBURG

Coburg, Bayern

Gegründet: 1920

Die Werkzeugmaschinenfabrik WALDRICH COBURG GmbH gehört zu den Weltmarktführern im Großwerkzeugmaschinenbau. Am Standort im fränkischen Coburg fertigt das mittelständische Unternehmen Vertikal-Fräsbearbeitungszentren in Gantry- und Tischbauweise, Horizontal-Fräsbearbeitungszentren, Vertikaldrehmaschinen sowie verschiedene Typen von Großschleifmaschinen. Die Produkte werden u. a. im Bau von Dieselmotoren und Kraftwerkskomponenten, im Druck- und Papiermaschinenbau sowie in der Windkraftindustrie und dem Baumaschinen-,

Walter

Schienen- und Weichenbau verwendet. Das Unternehmen wurde im Jahr 1920 von Adolf Waldrich gegründet und beschäftigt heute rd. 800 Mitarbeiter. Die Geschäftsführung unterliegt Hubert Becker (Vorsitz), Uwe Herold (Finanzen) und Qunwei Wu (Unternehmenskoordination).

Kontakt
Werkzeugmaschinenfabrik
WALDRICH COBURG GmbH
Hahnweg 116, 96450 Coburg
www.waldrich-coburg.de

Walter

Tübingen, Baden-Württemberg

Gegründet: 1919

Die Walter AG ist eine global agierende Unternehmensgruppe, die sich mit ihren Firmen auf die Konzeption und Herstellung von Lösungen und Werkzeugen in der Zerspanungstechnik spezialisiert hat. Auf diesem Markt gilt die Walter AG als einer der Marktführer. Mit seinem umfassenden Produkt- und Serviceprogramm unterstützt das Unternehmen seine Kunden in allen Fragen der Zerspanung – mit Werkzeuglösungen aus Hartmetall und HSS-E für das Drehen, Bohren, Fräsen und Gewinden sowie innovativen Serviceleistungen entlang der gesamten Zerspanungsprozesskette.

Darüber hinaus entwickelt die Walter AG Sonderwerkzeuge für komplexe Produktionsprozesse. Die Kunden stammen u. a. aus der Automobilindustrie, der Luft- und Raumfahrt, der Energiebranche sowie den Bereichen Allgemeiner Maschinenbau, Schienenverkehr oder Werkzeug- & Formenbau. Neben dem Hauptsitz in Tübingen verfügt die Walter AG über Produktionsstätten in Münsingen, Niefern, Zell am Harmersbach und Frankfurt, darüber hinaus in Frankreich, den USA, Brasilien oder China. Für den weltweiten Vertrieb sorgen die einzelnen Tochtergesellschaften sowie zertifizierte Händler. Weltweit arbeiten rd. 4.000 Beschäftigte für die

Meilensteine

1919 Richard Walter gründet das Unternehmen in Düsseldorf unter dem Namen WALTER HARTMETALL GmbH.

1924 Aufkauf eines Kleinunternehmens in Tübingen

1940 In Italien wird die erste Tochtergesellschaft gegründet.

1989 Eine Software für die Werkzeugdatenverwaltung (Tool Data Management-Software) wird eingeführt.

2001 Tiger·tec®, die weltweit erste in Serie hergestellte zweifarbige Hartmetallwendeschneidplatte, kommt auf den Markt.

2007 Ein neues Werk für Wendeschneidplatten mit einer Produktionsfläche von 15.000 m² wird in Münsingen eröffnet. Zusammenschluss mit den Unternehmen Titex in Frankfurt (Gründungsjahr 1890) und Prototyp in Zell am Harmersbach (Gründungsjahr 1919)

2010 Walter übernimmt das US-amerikanische Unternehmen Valenite (Gründungsjahr 1943).

2011 Eröffnung des Headquarters Asien/Pazifik in Shanghai

2014 DC170 – Eine neue Leistungsklasse von Hartmetall-Bohrwerkzeugen wird präsentiert.

»In der modernen Zerspanung geht es nicht mehr um Drehen, Fräsen, Bohren und Gewinden. Es geht um Lösungen und Ziele, die heute noch als unerreichbar, aber morgen schon als neuer Maßstab gelten.«

Mirko Merlo, Präsident der Walter Gruppe

Der Unternehmenssitz der Walter AG befindet sich im schwäbischen Tübingen; Mirko Merlo steht der Walter Gruppe als Präsident vor.

Walter

W AL

Innovation: DC170 – Die Ikone des Bohrens

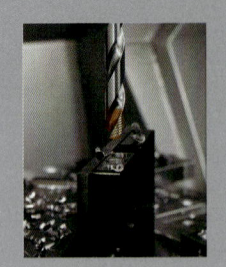

Mit dem DC170 entwickelt Walter den ersten Vertreter einer neuen Leistungsklasse von Hartmetall-Bohrwerkzeugen. Der technologische Fortschritt wurde sichtbar gemacht – mit einem neuen Design der Führungsfasen und mit einem kupferfarbenen Finish. Hinter dem Finish mit der unverwechselbaren Rillenstruktur verbergen sich vier handfeste Merkmale für das Bohren von Stahl und Gussmaterialien: Mehr Prozesssicherheit, höhere Standzeiten, höhere Bohrungsqualität und eine Reduzierung von Fertigungskosten. Das neue Produkt ist eine von vielen Innovationen von Walter, die oft auch in Zusammenarbeit mit den Industriepartnern entwickelt werden.

Walter AG, die über 75 % ihres Jahresumsatzes im Export erzielt.

Seit der Gründung durch Richard Walter im Jahr 1919 in Düsseldorf wurde stets großer Wert auf Forschung und Entwicklung gelegt. So war Walter Miterfinder des Hartmetalls, der ersten vollautomatischen Schleifmaschine sowie der ersten CNC-gesteuerten Schleifmaschine. Die Erfindung der ersten zweifarbigen Hartmetallwendeschneidplatte ist eine Pionierleistung, die in erster Linie Walter zuzuschreiben ist. Insgesamt verzeichnet Walter mit seinen Kompetenzmarken Walter, Walter Titex, Walter Prototyp, Walter Multiply und Walter Valenite rd. 200 angemeldete Patentfamilien.

Zukünftige Entwicklungsaufgaben werden sich mit immer produktiveren Werkzeugsystemen und noch ressourcenschonenderen Lösungen befassen. Ein weiterer Trend ist die Forschung im Bereich der Kühlung, u. a. mit flüssigem Stickstoff. Es bestehen Kooperationen mit dem Fraunhofer-Institut und mit den Entwicklungsabteilungen in der Automobil-, Luftfahrt- und Kraftwerkindustrie. Im Ausbildungszentrum der Walter Akademie werden innovative Ausbildungskonzepte umgesetzt, so werden die Azubis z. B. früh zur Arbeit an eigenständigen Projekten ermuntert. Gesellschaftliche Verantwortung für die Region übernimmt das Unternehmen als Hauptsponsor der Tübinger Bundesliga-Basketballmannschaft Walter TIGERS.

Präsenz für die Kunden zeigt die Walter Gruppe auch durch die Teilnahme an den wichtigsten nationalen und internationalen Branchenmessen. Die Walter AG ist eine nicht börsennotierte Aktiengesellschaft, zur Walter Gruppe gehören über 30 Tochtergesellschaften weltweit. Präsident der Walter Gruppe ist Mirko Merlo.

Blick in die Produktion der 1940er-Jahre (oben); heute zeichnet sich die Produktion bei Walter durch modernste Fertigungstechnik aus (Mitte), die für die Herstellung hochwertiger Werkzeuge (unten) entwickelt wurde.

Die Walter AG ist Lösungsanbieter in allen Fragen der Zerspanung und konzentriert sich auf die Entwicklung produktiver Präzisionswerkzeuge für die Metallbearbeitung.

WALTERWERK KIEL

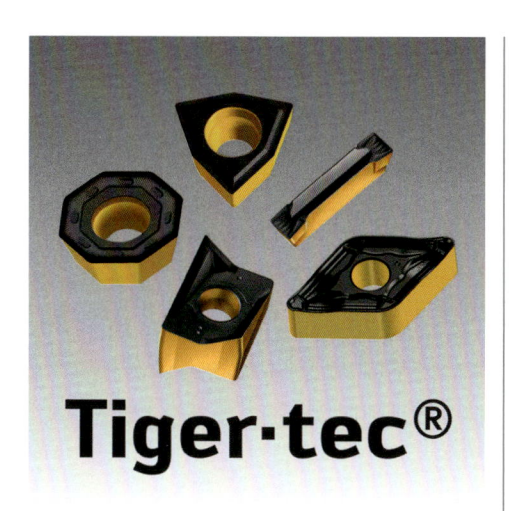

Verschiedene Fräs-, Bohr- und Drehgeometrien der weltweit ersten in Serie hergestellten zweifarbigen Hartmetallwendeschneidplatte

Daten und Fakten

Branche: Metallzerspanung
Produkte: Hartmetall-Wendeplatten- und PKD-Werkzeugsysteme zum Drehen, Bohren und Fräsen (Walter); Vollhartmetall- und HSS-E-Bohrwerkzeuge (Walter Titex); Vollhartmetall- und HSS-E-Gewinde- und -Fräswerkzeuge (Walter Prototyp); komplexe Aussteuerwerkzeuge (Walter Valenite); ganzheitliches Service-Konzept für die Bereiche Werkzeuglogistik, Produktion, Instandhaltung und Software (Walter Multiply)
Marktposition: einer der Marktführer in der Konzeption und Herstellung von Lösungen und Werkzeugen in der Metallzerspanungstechnik
Mitarbeiter: ca. 4.000 weltweit
Standorte: Produktionsstätten in Deutschland (Tübingen, Münsingen, Niefern, Zell am Harmersbach, Frankfurt/Main), Frankreich, USA, Brasilien, China
Vertrieb: Direktvertrieb durch über 30 Tochtergesellschaften sowie indirekt über zertifizierte Händler
Exportquote: über 75 %
Patente: u.a.: Patent zur Austragung von flüssigem Hartmetall auf Werkzeuge, Wendel Novex Planfräser, Wendeschneidplattenbohrer Novex Drill (1970er-Jahre), Tiger·tec® Indikatorbeschichtung (2000), Xtra·tec® Fräswerkzeuge (2003), PVD-Aluminiumoxid Wendeschneidplatten (2005), XD-Vollhartmetallbohrer (2005)
Eigentümer: nicht börsennotierte Aktiengesellschaft, zur Walter Gruppe gehören über 30 Tochtergesellschaften weltweit

Kontakt
Walter AG
Derendinger Str. 53, 72072 Tübingen
Fon: 07071 701-0, Fax: 07071 701-212
www.walter-tools.com

Ansprechpartner Presse
Isabel Hornemann
Fon: 07071 701-366
isabel.hornemann@walter-tools.com

WALTERWERK KIEL

Kiel, Schleswig-Holstein

Gegründet: 1935

Die WALTERWERK KIEL GmbH & Co. KG stellt Backanlagen für Waffeln und Snacks her und hat darin weltweit eine führende Position. Das Unternehmen bietet seine Anlagen in mehr als 70 Ländern weltweit an. Zu dem Kunden von WALTERWERK KIEL gehören mittelständische Waffelhersteller, aber auch Konzerne wie Unilever, Nestlé, Kellogs, Baskin Robbins und Fresh Start Bakeries. Von der Konstruktion über die Herstellung und das Marketing bis zum Vertrieb und Versand werden alle Abteilungen bei WALTERWERK KIEL am Firmensitz gebündelt. 1935 wurde das Unternehmen von Prof. Hellmuth Walter als Ingenieurbüro gegründet. Aber erst 1958 begann man bei WALTERWERK KIEL Maschinen für Süßwaffeln zu bauen. Heute leiten die Geschäftsführer Andreas A. Eule und Uwe S. Schröder das Unternehmen.

Kontakt
WALTERWERK KIEL GmbH & Co. KG
Projensdorfer Str. 324, 24106 Kiel
www.walterwerk.com

W
AL

Walter AG im Internet

Wanzl

Wanzl

Leipheim, Bayern

Gegründet: 1947

Die Wanzl Metallwarenfabrik GmbH ist weltweit führend in der Produktion und dem Vertrieb von Einkaufswagen. Rund 100.000 Produkte zum Transportieren und Präsentieren von Waren werden von den fünf Geschäftsbereichen Shop Solutions, Retail Systems, Logistics + Industry, Airport + Security Solutions sowie Hotel Service angeboten. Ergänzend gibt es passende Serviceleistungen rund um den Ladenbau, Einkauswagen, Flughäfen sowie Leitsysteme und Warenpräsentation. Von den international rd. 4.200 Mitarbeitern (2013) sind 2.400 in Deutschland beschäftigt. 2013 erreichte der Umsatz 550 Mio. Euro. Wanzl verfügt heute über elf Werke in Europa, den USA und China. Im Vertrieb sorgen 21 Niederlassungen sowie über 50 Vertretungen weltweit für Präsenz vor Ort.

Kontakt
Wanzl Metallwarenfabrik GmbH
Rudolf-Wanzl-Str. 4, 89340 Leipheim
www.wanzl.com

WashTec

Augsburg, Bayern

Gegründet: 1885

Die WashTec-Gruppe mit Sitz in Augsburg ist der weltweit führende Anbieter von innovativen Lösungen rund um die Fahrzeugwäsche. Die Wurzeln von WashTec reichen zurück bis in das Jahr 1885 und der Gründung der Maschinenfabrik Kleindienst GmbH & Co. KG. Neben kontinuierlichen Innovationen waren verschiedene Firmenverschmelzungen ausschlaggebend für die stetige Weiterentwicklung der Geschäftsfelder und Kernkompetenzen. Mit CaliforniaKleindienst und WESUMAT wurde das Know-how in der Fahrzeugwäsche der marktbestimmenden Unternehmen vereint. 1962 setzte die Firma mit der Erfindung der ersten automatischen Autowaschanlage Standards. Heute ist die WashTec AG mit Tochtergesellschaften und selbstständigen Vertriebspartnern in rd. 60 Ländern präsent.

Kontakt
WashTec AG
Argonstr. 7, 86153 Augsburg
www.washtec.de

Wasserkraft Volk

Gutach, Baden-Württemberg

Gegründet: 1979

Die Wasserkraft Volk AG (WKV) zählt zu den weltweit führenden Herstellern von kleinen und mittleren Wasserkraftanlagen und leistet hiermit einen relevanten Beitrag zur nachhaltigen Energiewirtschaft der Zukunft. Die Firmengeschichte begann 1979 in einer Scheune im Südschwarzwald mit der Entwicklung und dem Bau von Wasserkraftanlagen. Die Firma expandierte in den Folgejahren kontinuierlich, so dass sie 1986 in eine GmbH und 1997 schließlich in eine Aktiengesellschaft umgewandelt wurde. In der über

Kompletter Service von der Planung der elektrohydraulischen Anlage bis zur Inbetriebsetzung beim Kunden

»Die Welt und ihre Ressourcen haben wir von unseren Kindern nur geliehen.«

Firmenleitspruch Wasserkraft Volk

Wasserkraft Volk

W
AS

Weltweit existieren mehr als 500 komplette WKV „Water-to-Wire"-Anlagen.

30-jährigen Unternehmenstätigkeit wurden mehrere 100 kleine und mittelgroße Wasserkraftwerke gebaut, die in über 40 Ländern der Erde, u. a. in Europa, Süd- und Mittelamerika, Afrika und Asien, umweltschonende Energie erzeugen.

Im Mai 2000 wurde die Zukunftsfabrik der Wasserkraft Volk AG in Gutach bezogen. Sie ist die erste Schwermaschinenfabrik Europas, die vollständig energieautark und CO_2-emissionsfrei arbeitet. Im Zuge der positiven Geschäftsentwicklung entstand in 2008/2009 auf über 4.000 m² Fläche eine neue hochmoderne und effiziente Fertigungsstätte für Synchron-Generatoren. Die Generatoren werden nicht nur für die eigenen Stromerzeugungsanlagen eingesetzt, sondern auch an Mitbewerber am Wasserkraft-Markt sowie an Hersteller anderer Antriebe wie Diesel- und Gasmotoren, Dampfturbinen etc. verkauft.

Bei WKV bekommt der Anwender seine komplette Stromerzeugungsanlage mit Turbinen, Reglern, Generatoren und Schaltanlagen,

Verwaltung und Fertigungswerke der Wasserkraft Volk AG im Schwarzwald (oben); Geschäftsführer Josef Haas (links) und Firmengründer und heutiger Aufsichtsratsvorsitzender Manfred Volk (rechts)

Das Prinzip der Nähe

Manfred Volks Überzeugung von der Nachhaltigkeit und der positiven Energiebilanz kleiner und mittlerer Wasserkraftanlagen war Grundlage der Firmengründung. Ein weiteres erklärtes Ziel war von Beginn an, diese Überzeugung auf eine ressourcenschonende Art und Weise umzusetzen. Der Neubau der WKV „Zukunftsfabrik" im Jahr 2000 erfolgte dann auch soweit irgend möglich unter Verwendung lokaler Baumaterialien. Grundvoraussetzung für die Erstellung waren die Wasserrechte für das betriebseigene Wasserkraftwerk. Somit entstand eine komplett CO_2-neutrale Fabrik, was letztlich zum Erhalt des Solarpreises 2003 führte. Das Prinzip, eine möglichst große Fertigungstiefe zu fahren und hierzu möglichst viele Materialien und Produkte aus lokaler bzw. deutscher Fertigung zu verwenden und damit der Verantwortung für den Standort Deutschland gerecht zu werden, zieht sich als roter Faden sowohl durch den Aufbau und die laufende Erweiterung der Fertigungsstätten als auch durch die gesamte Produktgestaltung der WKV. Und letztlich wird WKV durch die bewusste Entscheidung, ausschließlich in einer ländlichen Region Deutschlands zu produzieren, auch der sozialen Verantwortung für aktuelle und künftige Generationen gerecht.

Wasserkraft Volk

WAS optimal aufeinander abgestimmt, aus einer Hand. Das Prinzip ermöglicht es, sensibel auf die Bedürfnisse der Kunden – öffentliche und private Kraftwerksbetreiber in aller Welt – zu reagieren. Die Planung der Stromerzeugungsanlagen nehmen erfahrene Ingenieure aus den Bereichen Wasserbau, Maschinenbau, Elektrotechnik und Steuerungstechnik (über 20 % der rd. 150 Mitarbeiter sind Ingenieure) in die Hand. Forschung und Entwicklung werden durch ein eigenes Turbinen-Testlabor unterstützt. Die Fertigung gliedert sich in die Bereiche Turbinenbau, Elektromaschinenbau, Schaltanlagenbau und Elektronik, die in den Werken in Gutach und Simonswald räumlich und personell eng beieinander angeordnet sind, was buchstäblich kurze Wege und dem Kunden ein hohes Maß an Flexibilität, schnellen Service und letztlich höchste Qualität garantiert. Der Vertrieb erfolgt unter Leitung des Firmengründers direkt vom Stammhaus in über 40 Länder, unterstützt durch lokale Vertreter. Hauptabsatzgebiete sind Mittel- und Südamerika, Kleinasien und Fernost.

Steuerungs- und Regelgeräte (oben), Wasserturbinen in vier verschiedenen Grundbauarten (Mitte), Synchrongeneratoren für Wasserkraftanlagen (unten)

Wasserkraft Volk AG im Internet

Meilensteine

1979 Gründung der Einzelfirma Wasserkraft Volk

1982 Der erste Auslandsauftrag: eine Standortuntersuchung in Sri Lanka

1984 In Kooperation mit der GTZ Planung von Anlagen für Peru und die Komoren

1988 Konzipiert und gefertigt von WKV, geht Hessens größte Durchströmturbinenanlage – das Kraftwerk „Kinzigtalsperre" – in Betrieb.

1989 WKV baut Europas größte Wasserradanlage am Brauhaus Wiesenmühle in Fulda.

1997 Umwandlung der GmbH in eine AG; Zusammenarbeit mit Weltbank und UNO

2000 Die WKV Zukunftsfabrik mit firmeneigenem Wasserkraftwerk wird am 1. Mai in Betrieb genommen.

2003 Die WKV AG erhält den Deutschen Solarpreis für vorbildliches, umweltfreundliches Bauen ihrer Zukunftsfabrik; Manfred Volk wechselt in den Aufsichtsrat.

2010 Einweihung der Energiefabrik zur Generatorenfertigung am 1. Mai

2011 Eine weitere neue Halle zur effizienten Fertigung von Spulen für die Generatoren wird eingeweiht.

Daten und Fakten

Branche: Wasserturbinenbau, Elektromaschinenbau
Produkte: Francis-Turbinen, Pelton-Turbinen, Turgo-Turbinen, Durchström-Turbinen, Steuerungs- und Regelanlagen, Synchrongeneratoren
Marktposition: einziger Hersteller weltweit von Wasserturbinen, Generatoren und Steuer-/Regelanlagen im eigenen Werk, einziger Hersteller weltweit von 4 verschiedenen Wasserturbinentypen
Kundenbranchen: private und öffentliche Betreiber von Stromerzeugungsanlagen
Umsatz: ca. 25 Mio. Euro (2012)
Mitarbeiter: ca. 150 (2012)
Standorte: Gutach und Simonswald
Exportquote: 95 %
Eigentümer: nicht börsennotierte AG, Anteile mehrheitlich im Streubesitz, Firmengründer arbeitet als Aufsichtsratsvorsitzender sowie als Vertriebsleiter im Unternehmen

Kontakt
Wasserkraft Volk AG
Am Stollen 13, 79261 Gutach
Fon: 07685 9106-0, Fax: 07685 9106-10
sales@wkv-ag.com, www.wkv-ag.com

Webasto

Stockdorf, Bayern

Gegründet: 1901

Die Webasto Gruppe mit Sitz in Stockdorf bei München ist Weltmarktführer für Dach-, Cabriodach- und Thermosysteme und einer der weltweit führenden Automobilzulieferer. Das Unternehmen ist international an mehr als 50 Standorten (davon mehr als 30 Produktionsstandorte) vertreten. Die Kernkompetenzen umfassen die Entwicklung, die Produktion und den Vertrieb von Schiebe-, Panorama- und Cabriodächern für Pkw. Heiz-, Kühl- und Lüftungs-Systeme werden für Pkw, Nutz- und Spezialfahrzeuge, Reisemobile sowie Boote angeboten. Das Unternehmen befindet sich seit Gründung im Jahr 1901 in Familienbesitz – heute in der Rechtsform einer SE. Den Aufsichtsratsvorsitz der Webasto SE (Holding) hat mit Werner Baier ein Nachkomme des Unternehmensgründers Wilhelm Baier inne. Wilhelm Baier hatte unter dem Namen „Esslinger Draht- und Eisenwarenfabrik Wilhelm Baier, Esslingen/Neckar" seine eigene Firma gegründet und produzierte zunächst verschiedene Produkte aus Metall. 1908 zog das Unternehmen nach Stockdorf bei München um. Hier entstand später auch der heutige Firmenname Webasto: ein Akronym aus Vor- und Zuname des Firmengründers sowie dem Firmensitz in Stockdorf.

Mitte der 1930er-Jahre konstruierte Wilhelm Baier (jun.) das erste Faltdach, das in einen Panorama-Bus eingebaut wurde. Ab 1937 lief dann die Serienproduktion von Schiebedächern in Pkw an. Seit Anfang der 1950er-Jahre entwickelt und produziert Webasto auch Heizungen für Busse sowie motorunabhängige Heizungen für Pkw. Bis heute setzt das Unternehmen immer wieder technologische Maßstäbe – ob mit der Entwicklung neuer Produkte oder dem Einsatz neuer Werkstoffe. So unterhält Webasto ein eigenes Kunststoff-Kompetenzzentrum für Polycarbonat-Dachelemente und ist Pionier für Solardächer im Fahrzeug. Im Bereich Thermosysteme bietet das Unternehmen inzwischen Heizlösungen für alle Antriebsarten. Zu den Kunden von Webasto zählen alle führenden Automobilhersteller.

Kontakt
Webasto SE
Kraillinger Str. 5, 82131 Stockdorf
Fon: 089 85794-670
news@webasto.com, www.webasto-group.com

Weber Automotive

Markdorf, Baden-Württemberg

Gegründet: 1969

Die Weber Automotive GmbH gehört zur Spitzengruppe der Automobilzulieferer. Das Produktportfolio umfasst Zylinderköpfe, Motorblöcke, Pleuel und Gehäuse als Komponenten und Systeme. Der Produktionsschwerpunkt von Weber Automotive ist die Bearbeitung von Zylinderkurbelgehäusen (Motorenblöcken) und Zylinderköpfen. Durch langjährige Spezialisierung und eine sehr flexible Produktionsweise ist es dem Unternehmen möglich, nahezu alle Varianten von Motorenblöcken und Zylinderköpfen zu fertigen. Zu den Kunden zählen Automobilhersteller in Europa und den USA. Neben der Zentrale in Markdorf verfügt das Unternehmen über Standorte in Bernau bei Berlin, Neuenbürg, Esztergom/Ungarn und Detroit Auburn Hills/USA. Das 1969 von Albert Weber gegründete Familienunternehmen wird heute von Christian und Daniel Weber geleitet und beschäftigt über 1.000 Mitarbeiter.

Kontakt
Weber Automotive GmbH
Otto-Lilienthal-Str. 5, 88677 Markdorf
www.weber-automotive.com

Weber Maschinenbau

Weber Maschinenbau

Breidenbach, Hessen

Gegründet: 1981

Die Weber Maschinenbau GmbH ist spezialisiert auf den Maschinenbau für die lebensmittelverarbeitende Industrie. Das Unternehmen entwickelt und produziert Systeme für die Verarbeitung, Veredelung und das Schneiden von Wurst, Fleisch, Käse und anderen Lebensmitteln, darunter u. a. Slicer, Skinner sowie Food Robotics. Im Bereich der Slicer-Technologie ist Weber Weltmarktführer. Der Unternehmensverbund mit Hauptsitz im mittelhessischen Breidenbach zählt mit seinem Know-how, Service und seiner Produktqualität zu den wichtigsten Adressen für Großfleischereien und -molkereien sowie Betriebe der Systemgastronomie.

Weber Maschinenbau beschäftigt heute rd. 1.000 Mitarbeiter. Gegründet wurde das Unternehmen 1981 von Günther Weber mit zunächst sechs Mitarbeitern. Die ersten Produkte waren Entschwartungs- und Entvliesmaschinen, die heute im Produktbereich Weber Skinner entwickelt und vermarktet werden.

Besondere Innovationen im Portfolio sind Weber Slicer mit Kreis- oder Sichelmessern bei Schnittleistungen zwischen 400 und 2.000 Umdrehungen/min sowie der Weber Pick Robot zur Konfektionierung von Wurst- oder Käseverpackungen. Für die Entwicklung der innovativen Bedien-Schnittstelle Weber Power Control ist das Unternehmen 2013 mit dem Red Dot Design Award in der Kategorie Communication Design ausgezeichnet worden.

Neben den drei deutschen Produktionsstandorten Breidenbach, Neubrandenburg und Groß Nemerow unterhält das Unternehmen sieben Vertriebsniederlassungen in Nordamerika, Frankreich, den Niederlanden, Polen, der Tschechischen Republik, Rumänien und Russland. Weber erwirtschaftete 2013 einen Umsatz von rd. 130 Mio. Euro.

Kontakt

Weber Maschinenbau GmbH
Günther-Weber-Str. 3, 35236 Breidenbach
Fon: 06465 918-0, Fax: 06465 918-1
info@weberweb.com, www.weberweb.com

WEIMA

Ilsfeld, Baden-Württemberg

Gegründet: 1986

Die WEIMA Maschinenbau GmbH hat sich als Weltmarktführer im Bereich der Zerkleinerungsmaschinen bzw. Shredder und hydraulischen Brikettierpressen etabliert. Das Maschinenbauunternehmen ist mit inzwischen knapp 30.000 ausgelieferten Systemen der größte Anbieter von Zerkleinerungslösungen im Einwellen-Bereich sowie von hydraulischen Brikettierpressen. Dank der Systeme von WEIMA werden aus Abfällen Güter, die erfolgreich einen Recyclingprozess durchlaufen.

Seit den Anfängen hat WEIMA immer wieder wegweisende Innovationen hervorgebracht. Dazu zählen u. a. die erste kompakte hydraulische Brikettierpresse und der erste langsam laufende Einwellen-Zerkleinerer. Gegenwärtig liegt der Schwerpunkt der F&E-Aktivitäten auf der Entwicklung neuer Zerkleinerungsansätze sowie der Energieeffizienz sämtlicher Lösungen. Bedingt durch den wachsenden globalen Wohlstand, z. B. in den BRIC-Staaten, und das damit steigende Volumen recyclingfähigen Materials, sieht WEIMA für sich gute Perspektiven in einem

Weinig

expliziten Wachstumsmarkt. Gegründet wurde das Unternehmen 1986 von Peter Rössler in Weinsberg. Heute führt Martin Friz die Geschäfte der inhabergeführten WEIMA Group mit 170 Mitarbeitern. Der Hauptsitz liegt in Ilsfeld, Baden-Württemberg, produziert wird vornehmlich in Annaburg, Sachsen-Anhalt. Eine Auslandsniederlassung befindet sich in Fort Mill, SC, USA. Servicecenter in Europa, Nord- und Südamerika und Asien sorgen für die Betreuung der Kunden vor Ort.

Kontakt
WEIMA Maschinenbau GmbH
Bustadt 6-10, 74360 Ilsfeld
Fon: 07062 9570-0, Fax: 07062 9570-92
info@weima.com, www.weima.com

Weinig

Tauberbischofsheim, Bayern

Gegründet: 1905

Die Michael Weinig AG entwickelt und produziert Maschinen und Anlagen für die Massivholzbearbeitung. In diesem Segment sind die Tauberbischofsheimer sowohl Weltmarkt- als auch Technologieführer. Die Produktpalette deckt dabei ein breites Spektrum ab, das von Hobel- und Kehlmaschinen, Fensterbearbeitungscentern, Sägen, Keilzinkanlagen, Verleimpressen und Bearbeitungswerkzeugen bis hin zu kompletten Systemlösungen reicht. Produkte und Lösungen des Unternehmens kommen insbesondere beim Auftrennen, Kappen, Optimieren, Hobeln und Profilieren sowie Automatisieren zum Einsatz und erreichen weltweit Kunden der Massivholz verarbeitenden Industrie sowie des Handwerks. Die technologischen Schwerpunkte im Rahmen von Forschung und Entwicklung liegen auf Zerspanung, Holzoptimierung und intelligenten Systemlösungen. Zahlreiche Innovationen wie das Hochgeschwindigkeits-Hobeln, das Powerlock-Werkzeugsystem oder das vollautomatische Profiler-Center Conturex prägen den Weg des Unternehmens.

Die Weinig-Gruppe beschäftigt konzernweit rd. 2.000 Mitarbeiter, der konsolidierte Jahresumsatz lag im Jahr 2013 bei 301 Mio. Euro. Davon wurden 83 % außerhalb Deutschlands erwirtschaftet. Das Unternehmen mit Sitz in Tauberbischofsheim verfügt

Meilensteine

1905 Gründung der Firma Weinig mit Michael Weinig als Geschäftsführer

1948 Einführung der Serienfertigung als erstes Unternehmen der Branche

1970 Einführung der getakteten Fließbandmontage, weltweit eine der modernsten Fabriken für Holzbearbeitungsmaschinen

1976 Gründung von Weinig USA

1985 Gründung von Weinig Asia

1988 Umwandlung in eine Aktiengesellschaft

1995 Gründung von Weinig Australien und Weinig Yantai, China

2001 Gründung von Weinig Concept für komplette Anlagenprojekte

2002 Rückzug der Weinig AG von der Börse

2009 Gründung der Weinig (Yantai) Woodworking Technology Co. Ltd., China

2010 Weinig übernimmt Holz-Her, Nürtingen

»WEINIG WORKS Wood – Maschinen und Anlagen für die Massivholzbearbeitung in WEINIG Qualität«

Unternehmensclaim

Das Unternehmen mit Stammsitz in Tauberbischofsheim entwickelt und produziert Maschinen und Anlagen für die Massivholzbearbeitung.

Michael Weinig AG im Internet

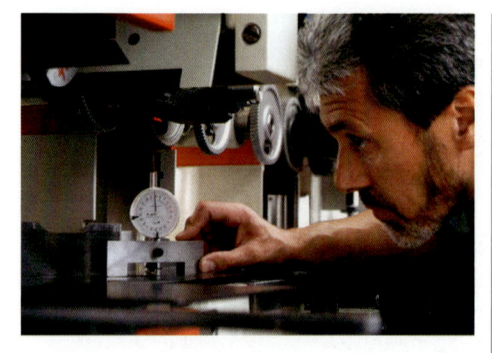

Weiss Umwelttechnik

Weinig bietet ein dichtes, weltweites Servicenetz.

weltweit über 17 Produktions- und Vertriebsstandorte und unterhält ein Netz von Servicegesellschaften. Die Anteile der seit 2002 nicht mehr börsennotierten Weinig International AG gehören Anlegern aus Kuwait. Vorstandsvorsitzender ist seit 2010 Wolfgang Pöschl, dem Aufsichtsrat steht Dr. Thomas Bach vor. Die Anfänge des Unternehmens gehen bis in das Jahr 1905 zurück: Gründer Michael Weinig produzierte und handelte zunächst mit landwirtschaftlichen Maschinen, 1947 stieg das Unternehmen dann auf die Produktion von Holzbearbeitungsmaschinen um. Neben der Gründung internationaler Tochtergesellschaften, vor allem in Asien, aber auch in Australien, den USA und Europa, bestimmen Übernahmen wie 1993 die der Dimter GmbH, 2007 von LuxScan Technologies Sarl, Luxembourg, das Wachstum der Gruppe. Mit der Übernahme von Holz-Her im Jahr 2010 erweiterte Weinig sein Leistungsangebot auf das Segment Holzwerkstoff-Bearbeitung.

»Wir arbeiten partnerschaftlich mit unseren Kunden zusammen. Ihre Wünsche sind unser Antriebsmotor. Wir sehen uns als Innovationspartner, der gemeinsam mit unseren Kunden die Zukunft gestaltet.«

Peter Kuisle, Geschäftsführer Vertrieb und Service, Weiss Umwelttechnik

Die Weiss Umwelttechnik GmbH hat ihren Sitz in Reiskirchen.

Daten und Fakten

Branche: Maschinenbau
Produkte: Hobel- und Kehlmaschinen, Profilier- und Fensterbearbeitungscenter, Auftrenn-, Trennband- und Kappsägen, Keilzinkanlagen, Verleimpressen, Automatisierung, Scannertechnologie, Steuerungssysteme, Bearbeitungswerkzeuge u. v. m.
Marktposition: Weltmarktführer bei Maschinen und Anlagen zur Massivholzbearbeitung
Innovationen: Profilfräsautomat (1954), Hochgeschwindigkeits-Hobeln (1978), PowerLock-Werkzeugtechnologie (2000), Zangentisch (2005), Längs- und Querbearbeitung auf einer Maschine (2008)
Vertrieb: Tochterunternehmen, Vertretungen, Niederlassungen, freie Händler
Gesamtumsatz: 301 Mio. Euro (Gruppe, weltweit, 2013)
Mitarbeiter: 2.000 (Gruppe, weltweit, 2013)
Gründer: Michael Weinig, 1905, Tauberbischofsheim

Kontakt

Michael Weinig AG
Weinigstr. 2-4, 97941 Tauberbischofsheim
Fon: 09341 860, Fax: 09341 7080
info@weinig.com, www.weinig.com

Weiss Umwelttechnik

Reiskirchen, Hessen

Gegründet: 1956

Die Weiss Umwelttechnik GmbH entwickelt und fertigt Anlagen zur Simulation von Umweltbedingungen. Hinzu kommen Anlagen zur Stabilitätsprüfung von Medikamenten, zur Simulation von Stresssituationen wie z. B. Temperaturschock oder Schadgas, zur Emissionsprüfung und zur Simulation unterschiedlicher klimatischer Bedingungen zur Aufzucht von Pflanzen.

Die Prüfanlagen der Weiss Umwelttechnik simulieren Umweltfaktoren wie Temperatur, Feuchte, Luftdruck, Licht, Staub, Vibration oder Salznebel einzeln bzw. in Kombination. So kann das zu prüfende Produkt unter realer Belastung auf seine Funktionalität, Qualität, Zuverlässigkeit, Materialbeständigkeit und Lebensdauer untersucht werden. Die Abmessungen der Prüfeinrichtungen reichen von Laborprüfschränken bis hin zu Testkammern für Flugzeugkomponenten mit einem Volu-

Weiss Umwelttechnik

Die Prüfkammern von Weiss kommen z. B. bei hochtechnischen Komponenten aus den Bereichen Automotive, Luft- und Raumfahrt und in der Pharmaindustrie zum Einsatz.

men von mehreren hundert Kubikmetern. Die Anlagen werden rund um den Globus in der Forschung, Entwicklung, Produktion und Qualitätssicherung zahlreicher Produkte eingesetzt: bei hochtechnischen Komponenten aus Automobil, Luft- und Raumfahrt, aber auch in der Pharmaindustrie, in der die Stabilität von Arzneimitteln getestet wird. In enger Kooperation mit seinen Kunden entwickelt Weiss Umwelttechnik dabei kontinuierlich neuartige Prüfsysteme.

Das Unternehmen verfügt über ein dicht ausgebautes Servicenetzwerk, das im Bereich der Umweltsimulation international angeboten wird. Als Division der Schunk Group beschäftigt die Weiss Group mit 22 Gesellschaften in 14 Ländern ca. 2.055 Mitarbeiter. Etwa 8.150 Mitarbeiter sind für die gesamte Schunk Group tätig, die einen Jahresumsatz von ca. 940 Mio. Euro erzielt. Die Produktionsstandorte der Weiss Group befinden sich in Deutschland, Frankreich, England, Belgien, den Niederlanden, den USA und China. Der weltweite Vertrieb und Service wird in den Schlüsselmärkten über eigene Organisationen abgebildet. Ein ergänzendes Netzwerk von Vertriebs- und Servicepartnern sichert den globalen Kundenservice.

Einfach erklärt: Umweltsimulationsanlagen

Auf schlechtes Wetter sollte man vorbereitet sein – eine Alltagserfahrung und gleichzeitig eine wichtige Erkenntnis für industrielle Prozesse. Umweltsimulationsanlagen machen Klima kalkulierbar. Die Weiss Umwelttechnik GmbH ist ein Spezialist für diese Technologie. Ein Beispiel ist der Prüfschrank TS 60, der über ein Prüfraumvolumen von 60 l verfügt: Zwischen zwei voneinander getrennten Temperaturkammern herrschen Temperaturdifferenzen von bis zu 300 °C, sodass die zum Test herangezogenen Produkte extremen Belastungen unterzogen werden können. Der Prüfschrank kann über mehr als 1.000 Messzyklen hinweg ohne Wartungsunterbrechungen oder Abtauvorgänge betrieben werden. In einem Temperaturschock-Prüfschrank wird festgestellt, ob ein Prüfling nach Einwirkung einer plötzlichen Temperaturänderung die an ihn gestellten Anforderungen dauerhaft erfüllt. Auch lässt sich eine Prognose für die Lebensdauer der Prüflinge durch einen Test mit einigen hundert bis tausend Temperaturzyklen erstellen. Die perfekte Vorbereitung auf schlechtes Wetter also.

Zu den Technologien von Weiss zählt z. B. der Klimaprüfschrank WT3 (oben), der Photostabilitätstestschrank Pharma 500-L (Mitte) und die Temperatur- und Klimaprüfkammer WK 3100-60, in der u. a. Photovoltaikmodule getestet werden können (unten).

Weiss Umwelttechnik

Zu Beginn spezialisierte sich die 1956 gegründete Karl Weiss–Giessen KG, die Vorläuferorganisation der heutigen Weiss Group, auf die Herstellung physikalischer Messgeräte. Im Jahr 1978 wurde das Unternehmen dann Teil der Schunk Group. Acht Jahre später gliederte sich das mittlerweile in Weiss Technik GmbH umbenannte Unternehmen in die Schwestergesellschaften Weiss Umwelttechnik GmbH und Weiss Klimatechnik GmbH. In den letzten Jahren wurden zahlreiche internationale Akquisitionen getätigt, um die Wettbewerbsfähigkeit der Gruppe auszubauen.

Auch künftig wird es Ziel sein, Produkte unter Einwirkung von Umweltbedingungen auf ihre Beständigkeit zu prüfen und dafür neue Verfahren zu entwickeln. Zukunftsmärkte wie erneuerbare Energien oder Elektromobilität stehen dabei im Fokus der Aktivitäten.

Klimaprüfschrank mit integrierter Messrobotic (WK BM 1000)

Meilensteine

1956 Gründung der Firma „Karl Weiss KG" in Gießen (Hessen) zur Herstellung physikalischer Messgeräte

1978 Die Karl Weiss KG wird Teil der Schunk Group.

1986 Gliederung der Weiss Technik GmbH in die Schwestergesellschaften Weiss Umwelttechnik GmbH und Weiss Klimatechnik GmbH unter dem Markennamen „Weiss Technik"

1995 Kauf der Vötsch Industrietechnik GmbH mit Sitz in Balingen

1997 Erwerb Secasi Technologies S.A.S. und Servathin S.A.S. in Frankreich

1998 Kauf der Design Environmental Ltd. in Großbritannien

2004 Gründung der Weiss-Vötsch Environmental Testing Instruments Co. Ltd. in China

2005 Kauf der Climats S.A. und Sapratin Technologies S.A. in Frankreich

2008 Kauf von Envirotronics Inc., USA, inklusive der Tochtergesellschaften in Malaysia, Singapur und China

2011 Gründung der Weiss Technik India Private Limited, Hyderabad

Weiss Umwelttechnik im Internet

Daten und Fakten

Branchen: Anlagen- und Gerätebau; Umweltsimulation für Kunden aus den Bereichen Aerospace, Automotive, Elektronik, IT, Lithium-Ionen-Batterien, Pharma, Erneuerbare Energien, Testinstitute, Chemie, Maschinenbau, Kunststoff
Produkte: Anlagen zur Simulation von Umweltbedingungen aller Art (u. a. Temperatur, Feuchte, Druck); Anlagen zur Simulation von Stresssituationen wie z. B. Temperaturschock oder Schadgas, zur Emissionsprüfung, zur Simulation unterschiedlicher klimatischer Bedingungen zur Aufzucht von Pflanzen und zur Stabilitätsprüfung von Medikamenten
Mitarbeiter: 2.055 weltweit
Produktionsstandorte: Deutschland, Frankreich, England, Niederlande, Belgien, USA, China
Vertrieb: weltweiter Vertrieb und Service in den Schlüsselmärkten über eigene Organisationen; ergänzendes Netzwerk von Vertriebs- und Servicepartnern für weltweiten Kundenservice
Eigentümer: Die Weiss Group ist eine Division der Schunk Group
Auszeichnungen: Volkswagen Group Award 2006; zertifiziert nach DIN EN ISO 9001

Kontakt

Weiss Umwelttechnik GmbH
Greizer Str. 41-49, 35447 Reiskirchen
Fon: 06408 84-0, Fax: 06408 84-8710
info@wut.com, www.weiss.info

Ansprechpartner Presse

Gerlinde Schowalter
Fon: 06408 84-6231
g.schowalter@wut.com

Wempe

Hamburg

Gegründet: 1878

Die Gerhard D. Wempe KG zählt mit 32 eigenen Niederlassungen u. a. in New York, Paris, London und Peking zu den 10 größten Juwelieren weltweit. Das Unternehmen fertigt die eigene Schmuckmarke „BY KIM" und produziert zwei eigene Uhrenlinien. In Hamburg und Glashütte betreibt man die größte Uhrenwerkstatt eines Einzelhändlers in Europa. In Deutschland ist Wempe als Händler von Uhren und Juwelen Marktführer im gehobenen Preissegment. Zudem ist das Unternehmen einer der führenden Anbieter von Haupt- und Nebenuhrenanlagen. Mit 717 Mitarbeitern erzielte Wempe im Jahr 2013 einen Umsatz von 452,7 Mio. Euro. Die inhabergeführte Kommanditgesellschaft wird von den beiden persönlich haftenden Gesellschaftern Hellmut Wempe und seiner Tochter Kim-Eva Wempe in 3. und 4. Generation geleitet.

Kontakt

Gerhard D. Wempe KG
Steinstr. 23, 20095 Hamburg
www.wempe.de

WENZEL

Wiesthal, Bayern

Gegründet: 1968

Die WENZEL Group GmbH & Co. KG ist ein international operierendes Unternehmen, das sich mit seinen Maschinen und Anlagen rund um die industrielle Messtechnik den Status eines Marktführers erworben hat. Die Unternehmensgruppe bietet z. B. für nahezu alle Messnotwendigkeiten in der Automobilindustrie oder im Maschinenbau die Technik: z. B. Portalmessgeräte in unterschiedlichen Größen, Horizontalarm-Messgeräte, industrielle Computertomographen, optische High-Speed-Messsysteme oder 3D-Verzahnungsmessanlagen. Dazu entwickelt das Unternehmen Messsoftware, die weltweit bei über 12.000 Anwendern eingesetzt wird. Die WENZEL Group ist mit eigenen Standorten, Vertrieben und Partnern weltweit präsent und beschäftigt rd. 650 Mitarbeiter. Die Geschäfte führen Frank Wenzel und Dr. Heike Wenzel.

Kontakt

WENZEL Group GmbH & Co. KG
Werner-Wenzel-Straße, 97859 Wiesthal
www.wenzel-group.com

Werner & Pfleiderer

→WP Bakerygroup

Wessel-Werk

Wessel-Werk

Reichshof-Wildbergerhütte, Nordrhein-Westfalen

Kontakt
Wessel-Werk GmbH
Im Bruch 2, 51580 Reichshof-Wildbergerhütte
Fon: 02297 81-0, Fax: 02297 81-150
info@wessel-werk.com, www.wessel-werk.de

WESTFALIA Metallschlauchtechnik

Hilchenbach, Nordrhein-Westfalen

»Think Global – Act Local«

Firmenmotto Westfalia Metal Hose Group

Flexible Metallschläuche und gasdichte Entkopplungselemente für Abgassysteme von Westfalia

Gegründet: 1931
Die Wessel-Werk GmbH ist der weltweit führende Hersteller von Staubsaugerdüsen und -zubehör. Das Produktportfolio beinhaltet Lösungen sowohl für den Haushalt als auch für Gewerbe und Industrie. Das Sortiment reicht von Standard-, Turbo- und Elektrodüsen über Trocken- und Nass-Lösungen bis hin zu optimierten Düsen für EU-Energielabel-optimierte Staubsauger. Zusätzlich bietet Wessel-Werk umfangreiche Spezialdüsen und Universal-Staubsaugerbeutel an. Namhafte Firmen aus der ganzen Welt wie z. B. Miele und Bosch/Siemens gehören zum Kundenstamm von Wessel-Werk.

Das Unternehmen hält über 100 Patente. Die Innovationen stammen aus der unternehmenseigenen Forschungs- und Entwicklungsabteilung am Hauptsitz in Reichshof. Ein eigener Sondermaschinenbau, Teststände für Dauerprüfungen sowie das Geräusch- und Sauglabor sichern die Qualität der Produkte. Wessel-Werk beschäftigt rd. 350 Mitarbeiter und erwirtschaftete 2013 einen Umsatz von 55 Mio. Euro. Neben dem Hauptsitz mit eigener Produktionsstätte in Deutschland gibt es weitere Niederlassungen in China und in den USA.

Die Geschichte reicht zurück bis ins Jahr 1931, als Hans Wessel die Firma gründete. Heute wird die Wessel-Werk GmbH von Geschäftsführer Norbert Hinz geleitet und befindet sich im Besitz der Lafayette Industriebeteiligungen GmbH.

Gegründet: 1908
Die Westfalia Metallschlauchtechnik GmbH & Co. KG ist weltweit einer der führenden Entwickler und Hersteller flexibler Metallschläuche, gasdichter Entkopplungselemente und der dazu passenden Anschlusstechniken. Produkte, Maschinen und Prozesse werden inhouse permanent in enger Zusammenarbeit mit den Kunden weiterentwickelt. Das Siegerländer Unternehmen ermöglicht es so internationalen Nutzfahrzeugherstellern, die anspruchsvollen gesetzlichen Emissionsvorgaben zu erfüllen.

Flexible Metallschläuche und gasdichte Entkopplungselemente von Westfalia finden in Lkw, Bussen, Baumaschinen und landwirtschaftlichen Maschinen Anwendung.

Westland

Meilensteine

1908 Unternehmensgründung als Hersteller für dekorative Wandbekleidungen

1950 Der erste Abgasschlauch für Nutzfahrzeuge wird geliefert.

1992 Die Heitkamp & Thumann Group übernimmt Westfalia. Diese firmiert ab 2002 als Westfalia Metallschlauchtechnik GmbH & Co. KG.

1995 Die von Westfalia entwickelte Schuppenschlauch-Technologie wird weltweit zum Standard.

1997 Die Internationalisierung beginnt mit Werken in der Tschechischen Republik und in den USA.

2006 Ein Vertriebsbüro in Shanghai öffnet.

2009 Westfalia produziert in Indien.

2010 Werksgründung in Brasilien

2011 In China wird der Vertrieb durch eine Produktion ergänzt.

Westfalia begann 1908 mit der Metallverarbeitung und war zunächst für dekorative Wandbekleidungen bekannt. Der erste Abgasschlauch für Nutzfahrzeuge wurde 1950 produziert. Der Umsatz lag 2013 bei rd. 50 Mio. Euro. Westfalia beschäftigt im Stammwerk Hilchenbach sowie im tschechischen Hustopece je rd. 150 Mitarbeiter bei insgesamt fast 400 Beschäftigten weltweit. Seit 1992 gehört Westfalia zur familiengeführten Heitkamp & Thumann Group aus Düsseldorf.

Daten und Fakten

Branche: metallverarbeitende Industrie
Produkte: flexible Metallschläuche und gasdichte Entkopplungselemente
Marktposition: Weltmarktführer mit 35 % Marktanteil
Umsatz: 50 Mio. Euro (2013)
Mitarbeiter: 389, davon 150 in Deutschland
Standorte: Deutschland, Tschechische Republik, USA, China, Indien, Brasilien
Patente: 5
F&E-Quote: 4 %

Kontakt

Westfalia Metallschlauchtechnik GmbH & Co. KG
Am Schwanenweiher 1, 57271 Hilchenbach
Fon: 02733 283-100, Fax: 02733 283-110
info-wsh@ht-ac.com, www.ht-ac.com

Internetauftritt der Westfalia Metallschlauchtechnik

Weltweit fährt jeder dritte Lkw mit flexiblen Metallschläuchen und gasdichten Entkopplungselementen von Westfalia, zunehmend mehr Busse sowie Baumaschinen und landwirtschaftliche Fahrzeuge.

Westfalia hat sich zum Ziel gesetzt, jedem Kunden die komplette Lösung für Abgassysteme anzubieten. Die Forschung & Entwicklung des Unternehmens kooperiert im Bereich Prozesstechnologie mit den Universitäten Siegen und Darmstadt und will ihre Position als Entwicklungspartner der Erstausrüster ausbauen. 2008 und 2010 hat Westfalia neue Maschinentechnologie zur Herstellung von bandgewickelten und gasdichten Entkopplungselementen entwickelt. Langlebigkeitstests werden inhouse als auch auf Teststrecken der Kunden durchgeführt.

Westland

Melle, Niedersachsen

Gegründet: 1920

Die Westland Gummiwerke GmbH & Co. KG gehört zu den weltweit führenden Unternehmen im Bereich elastomerer Walzenbeschichtungen sowie bei Komplettwalzen für die grafische Industrie. Die Westland-Gruppe mit Firmensitz in Melle beschäftigt inklusive ihrer 11 Tochtergesellschaften rd. 650 Mitarbeiter, davon etwa 350 in Deutschland, die weiteren 300 in anderen europäischen Ländern, Amerika und Asien. Ernst zur Nedden gründete das Unternehmen 1920

Weyermann

W
EY

und produzierte zunächst Gummi-Formartikel wie Schuhabsätze. 1941 begann die Gummiproduktion für die Zweiradindustrie. 1968 startete das Unternehmen die Herstellung von Walzengummierungen. Ab 1983 begann die internationale Ausrichtung durch Lizenzverträge mit Firmen in Singapur und Australien. Heute ist Georg zur Nedden geschäftsführender Gesellschafter des Unternehmens.

Kontakt
Westland Gummiwerke GmbH & Co. KG
Westlandstr. 6, 49324 Melle
www.westland.eu

Weyermann

Bamberg, Bayern

»Sich regen bringt Segen.«

Leitspruch von Weyermann® Malz

Sabine Weyermann, Thomas Kraus-Weyermann und Dr. Michael Flämig (v.l.) leiten das Familienunternehmen; unten im Bild eine historische Ansicht der Malzfabrik am Stammsitz Bamberg.

Gegründet: 1879

Die Weyermann® Spezialmalzmanufaktur ist der weltweit führende Hersteller von Spezialmalzen. Kein anderes Unternehmen bietet ein vergleichbar breites Portfolio: über 80 Sorten Brau-, Röst- und Caramelmalze, Malzextrakte sowie das Röstmalzbier Sinamar® hat Weyermann® im Angebot. Die Produkte werden durch 50 Distributionspartner an rd. 5.000 Brauereikunden und Großhändler auf allen Kontinenten vertrieben. Insgesamt steuert der Export in 135 Länder ca. 70 % zum Unternehmensumsatz bei. Am Stammsitz in Bamberg sowie an den Standorten Haßfurt und Leesau beschäftigt Weyermann® 145 Mitarbeiter.

Jedes Jahr bringt Weyermann® neue Malze auf den Markt, über 20 Produkte sind eingetragene Warenzeichen. In der Forschung & Entwicklung arbeitet man mit allen auf diesem Gebiet bedeutenden Universitäten zusammen, allen voran mit der Technischen Universität München/Weihenstephan und der Versuchs- und Lehranstalt für Brauwesen in Berlin.

Gegründet wurde das Unternehmen 1879 von Johann Baptist Weyermann als Mich. Weyermann's Malzkaffee Fabrik. Er übernahm für seine kleine Fabrik den renommierten Firmennamen der Getreidehandlung seines Vaters. Seit dem Jahr 1977 firmiert das Unternehmen als Malzfabrik Mich. Weyermann® GmbH & Co. KG, die bis heute vollständig in Familienbesitz ist.

Die Geschäftsführung hat in 4. Generation Sabine Weyermann gemeinsam mit ihrem Mann Thomas Kraus-Weyermann inne. Sie reagierten in den 1990er-Jahren auf den Trend zu Gasthausbrauereien, führten entsprechende Spezialmalze ein und machten das Unternehmen in diesem Bereich zum Weltmarktführer. Damit einher ging die Erschließung des wichtigen US-Markts, wo Weyermann® heute einen hohen Bekanntheitsgrad genießt. Nicht zuletzt durch zahlreiche Messebesuche in aller Welt erschlossen die neuen Geschäftsführer weitere neue Exportmärkte. Zudem konnte 2001 mit der Übernahme des Unternehmens Main Malz in Haßfurt das Produktionsvolumen erheblich erhöht und damit die führende Stellung auf dem Weltmarkt gefestigt werden.

Schon gewusst?

- 2014 eröffnet Weyermann® Malz ein eigenes Gästezentrum. Der Weyermann® Fanshop, wo es z. B. Taschen aus gebrauchten Malzsäcken mit Weyermann® Logo zu kaufen gibt, wird nun von einem Craft Beer Shop ergänzt. Hier finden Bierliebhaber und -kenner die ganze Bandbreite von internationalen Bieren, die mit Weyermann® Malz gebraut werden.
- Zum Weyermann® Team gehören auch 14 Biersommeliers.
- Auf dem Kreuzfahrtschiff Aida Blu stellt eine schiffseigene Brauerei Bier her – mit Malzen von Weyermann®.

Das Portfolio von Weyermann® umfasst über 80 verschiedene Malze.

Daten und Fakten

Branche: Braubranche
Produkte: Malze, Malzextrakte, Röstmalzbier Sinamar®
Marktposition: Weltmarktführer bei Spezialmalzen
Mitarbeiter: 145 (2014)
Standorte: Stammsitz Bamberg, Haßfurt, Leesau
Vertrieb: weltweit in 135 Länder; 50 Distributionspartner
Exportquote: 70 %
Innovationen: jährlich neue Spezialmalze
Gründer: Johann Baptist Weyermann, 1879, Bamberg
Eigentümer: Familie Weyermann

Kontakt

Weyermann Malzfabrik
Brennerstr. 17-19, 96052 Bamberg
Fon: 0951 93220-0, Fax: 0951 93220-970
info@weyermann.de, www.weyermann.de

WIBU-SYSTEMS

Karlsruhe, Baden-Württemberg

Gegründet: 1989

Die WIBU-SYSTEMS AG mit Stammsitz in Karlsruhe entwickelt Lösungen zum Schutz von digitalen Produkten vor Raubkopien, Lizenzmissbrauch, Produktpiraterie oder Manipulation. Die Produkte der CodeMeter-Reihe sind vielfältig einsetzbar: Sie schützen Anwender-Software auf dem Büro-PC, wachen über die Einhaltung von Zeit-, Volumen- oder Pay-per-Use-Lizenzen im Firmennetzwerk oder sichern in rauer Umgebung die Embedded-Software und Maschinentagebücher einer Industrieanlage. WIBU-SYSTEMS ist weltweit vertreten – durch Niederlassungen in den USA und in China, Vertriebsbüros in Belgien, Großbritannien, den Niederlanden, Portugal und Spanien und viele Distributoren. Vorstandsvorsitzender der WIBU-SYSTEMS AG ist Oliver Winzenried, Aufsichtsratsvorsitzender ist Marcellus Buchheit.

Kontakt

WIBU-SYSTEMS AG
Rüppurrer Str. 52-54, 76137 Karlsruhe
www.wibu.com

WICKERT

Landau, Rheinland-Pfalz

Gegründet: 1901

Die WICKERT Maschinenbau GmbH mit Sitz im pfälzischen Landau ist Weltmarktführer bei der Herstellung von Elastormerpressen für die Produktion von individuellen Formteilen aus Elastomeren. Ein weiterer Geschäftsbereich sind Pressensysteme für individuelle Aufgabenstellungen im Bereich Verbundwerkstoffe/Composite. Das Prinzip des flexiblen Baukastensystems erfüllt unterschiedlichste Kundenwünsche. Zum Portfolio von WICKERT zählt die Planung und Produktion von vollautomatischen Pressensystemen bis zur einfachen Presse mit manueller Bedienung. Jakob Wickert, gelernter Kunstschlossermeister, gründete im Jahr 1901 die Maschinen-Fabrik J. WICKERT in Landau. Zunächst wurden Pressen für den Wein- und Obstbau entwickelt, die Ausweitung des Produktprogramms auf dennoch heute aktuellen, branchenübergreifenden Umfang erfolgte 1948.

Weyermann® im Internet

WIEGAND Freizeiteinrichtungen

W IE

Kontakt
WICKERT Maschinenbau GmbH
Wollmesheimer Höhe 2, 76829 Landau
www.wickert-presstech.de

WIEGAND Freizeiteinrichtungen

Rasdorf, Hessen

Gegründet: 1977

Die Josef Wiegand GmbH & Co. KG ist der führende Anbieter von Sommerrodelbahnen. Die Bahnen werden aus Edelstahl gefertigt und am Stammsitz Rasdorf produziert. Abnehmer finden sich auf allen Kontinenten, zu den Kunden zählen u. a. Betreiber von Freizeiteinrichtungen wie Skilifte und Familienparks. Neben Sommerrodelbahnen entwickelte das hessische Unternehmen weitere Freizeit-Bahnsysteme, z. B. den Wie-Hex, den Wie-Flyer und Bobkart-Anlagen. Daneben gibt es den patentgeschützten Wie-Li, eine Transport- und Vergnügungsbahn, sowie Wasser- und Trockenrutschen. Beratung und Planung bei der Einrichtung von Freizeitanlagen zählen ebenso zum Portfolio wie die Montage der Anlagen vor Ort. Heute ist aus dem einstigen, 1977 gegründeten, Josef Wiegand Skiliftbetrieb eine Unternehmensgruppe von 10 Firmen mit über 450 Mitarbeitern weltweit geworden.

Kontakt
Josef Wiegand GmbH & Co. KG
Landstr. 12, 36169 Rasdorf
www.wiegandslide.com

Wieland-Werke

Ulm, Baden-Württemberg

Gegründet: 1820

Die Wieland-Werke AG hat sich auf die Verarbeitung von Kupfer und Kupferlegierungen spezialisiert und zählt mit einem Absatz von 449.000 t zu den branchenführenden Unternehmen. Weltmarktführer ist die Gruppe bei Press- und Ziehprodukten, wie z. B. Stangen oder Drähten, sowie bei Buchsen für Verbrennungsmotoren. Insgesamt gehören die Wieland-Werke zu den Top-3-Unternehmen im Weltmarkt für Halbfabrikate aus Kupfer und Kupferlegierungen. Im Geschäftsjahr 2012/13 erwirtschafteten die 6.680 weltweit beschäftigten Mitarbeiter einen Konzernumsatz von 2,837 Mrd. Euro. Die sich mehrheitlich in Familienbesitz befindende Aktiengesellschaft wird von Harald Kroener als Vorstandsvorsitzendem geleitet und verweist auf eine Tradition, deren Wurzeln bis in das Jahr 1820 zurückreichen, als Philipp Jakob Wieland die Kunst- und Glockengießerei seines Onkels in Ulm übernahm.

Kontakt
Wieland-Werke AG
Graf-Arco-Str. 36, 89079 Ulm
www.wieland.de

WIKA

Klingenberg, Bayern

Gegründet: 1946

WIKA ist weltweit führend in der Druck-, Temperatur- und Füllstandsmesstechnik. Es werden elektronische, mechatronische und mechanische Lösungen angeboten, dazu Schutzrohre, Kalibriertechnik und Zubehör. WIKA erzielt einen Jahresumsatz von rd. 750 Mio. Euro und beschäftigt weltweit 7.900 Mitarbeiter. Es bestehen außer in Deutschland Produktionsstandorte in Brasilien, China, Indien, Kanada, Polen, der Schweiz, Südafrika und den USA. Der Name WIKA geht auf die beiden Unternehmensgründer Alexander Wiegand und Philipp Kachel zurück. Alexanders Sohn Konrad übernahm bereits 1951 die Leitung von seinem Vater, die nach seinem Tod 1967 an seine Frau Ursula überging. 1984 wurde sie als erste Frau zur Unternehmerin des Jahres gewählt. Seit 1996 hat Alexander Wiegand die Geschäftsführung in 4. Generation inne.

WIKUS

Spangenberg, Hessen

Gegründet: 1958

Die WIKUS-Sägenfabrik Wilhelm H. Kullmann GmbH & Co. KG stellt Präzisions-Sägebänder für die Metallbearbeitung her und gehört zu den weltweit führenden Unternehmen in diesem Bereich. Das Sortiment umfasst Werkzeugstahl-, Bimetall-, Hartmetall- und diamantbestreute Sägebänder. Diese kommen z. B. in der Stahlerzeugung, im Baugewerbe oder in der Automobilbranche zum Einsatz. Weitere Leistungen wie Beratung, Schnittversuche und Schulungen im hauseigenen Sägezentrum oder eigens entwickelte Softwarelösungen runden das Angebotsportfolio des Unternehmens ab. WIKUS mit Sitz in Spangenberg ist an über 70 Standorten weltweit präsent. Die Geschäfte des Familienunternehmens führt Dr. Jörg H. Kullmann, den Aufsichtsratsvorsitz hat Firmengründer Wilhelm H. Kullmann inne.

Kontakt
WIKUS-Sägenfabrik
Wilhelm H. Kullmann GmbH & Co. KG
Melsunger Str. 30, 34286 Spangenberg
www.wikus.com

Kontakt
WIKA Alexander Wiegand SE & Co. KG
Alexander-Wiegand-Str. 30, 63911 Klingenberg
www.wika.de

Wilesco

Lüdenscheid,
Nordrhein-Westfalen

Gegründet: 1912

Die Wilhelm Schröder GmbH & Co. KG produziert unter ihrer international bekannten Marke Wilesco stationäre Dampfmaschinen, Dampfturbinen und anderes Dampf- und Blechspielzeug. Der Familienbetrieb, der als Weltmarktführer bereits über 3,2 Mio. Dampfmaschinen hergestellt hat, beschäftigt rd. 50 Mitarbeiter am Stammsitz in Lüdenscheid. Das Produktportfolio des Unternehmens umfasst, neben den qualitativ hochwertigen Spielwaren, auch Metallschaufeln und Möbelbeschläge sowie Zink- und Aluminiumdruckgussteile nach Zeichnung. Die Produkte werden weltweit von Deutschland aus in Zusammenarbeit mit ausländischen Importeuren und Industriekunden vertrieben, rd. 40 % der Produktion werden im Export gehandelt.

Das Unternehmen befindet sich zu 100 % in Familienbesitz, der Geschäftsführer Dipl.-Ing. Thomas Schröder leitet die Firma in der 3. Generation. Sein Großonkel Wilhelm Schröder gründete die Firma als Kokillengießerei 1912 in Lüdenscheid. Der Name Wilesco ist eine Zusammensetzung ausgewählter Buchstaben aus der Firmenbezeichnung Wilhelm Schröder & Co. Mit der Fertigung der Dampfmaschinen begann man erst nach dem Zweiten Weltkrieg und Wilesco kann heute noch Ersatzteile für die ersten Maschinen liefern. Bekanntestes Modell ist die Dampfwalze Old Smoky. Wilesco-Dampfmaschinen sind voll funktionsfähige Spielzeuge und Sammlerobjekte. Sie demonstrieren anschaulich physikalische Gesetzmäßigkeiten und verbinden so funktionell Geschichte mit Neuzeit.

Wilo

W
IL

Kontakt
Wilhelm Schröder GmbH & Co. KG
Metallwarenfabrik
Schützenstr. 12, 58511 Lüdenscheid
Fon: 02351 9847-0, Fax: 02351 9847-47
info@wilesco.de, www.wilesco.de

Wilo

Dortmund, Nordrhein-Westfalen

wilo

Die Wilo Gruppe entwickelt und produziert hoch effiziente Pumpen und Pumpensysteme.

> »Pumpen sind aus der heutigen Welt nicht mehr wegzudenken. Sie sichern weltweit die Lebensqualität, ermöglichen Produktionsprozesse und sind ein wesentlicher Faktor zur Energieeinsparung in Gebäuden.«
>
> Oliver Hermes,
> CEO Wilo

Gegründet: 1872

Die Wilo Gruppe entwickelt und produziert hoch effiziente Pumpen und Pumpensysteme für die Gebäudetechnik, die Wasserwirtschaft und die Industrie. Wilo ist weltweit einer der Marktführer in seiner Sparte und setzt mit Neuentwicklungen immer wieder Standards. Als Innovationsführer engagiert sich das Unternehmen stark in der Forschung & Entwicklung und wandelt sich zunehmend vom Produkt- zum Systemlieferanten. Im Jahr 2013 investierte Wilo 44 Mio. Euro in Forschung und Technik. Die Anzahl der Mitarbeiter in diesem Bereich wurde im gleichen Jahr um rd. 25 % erhöht. Wilo ist zudem Gründungsmitglied in mehreren Initiativen, die sich mit Energie- und Gebäudeeffizienz befassen, und setzt sich dafür ein, den Effizienzgedanken schon in der Ausbildung zu verankern.

Caspar Ludwig – genannt Louis – Opländer gründete 1872 eine Kupfer- und Messingwarenfabrik, aus der im Laufe der Jahrzehnte die Wilo Gruppe hervorging. Nachdem die Firma 1928 den weltweit ersten Umlaufbeschleuniger auf den Markt brachte, begann sie 1933 mit der Serienfertigung ihrer Pumpen. 1963 entstanden deutschlandweit die ersten Niederlassungen und ab 1972 die ersten ausländischen Tochtergesellschaften.

Heute verfügt die Wilo Gruppe über ein kundennahes Netzwerk mit mehr als 60 Produktions- und Vertriebsgesellschaften in 50 Ländern sowie zahlreichen Repräsentanzen und unabhängigen Vertriebs- und Servicepartnern. 2013 erzielte die Wilo Gruppe, deren Vorstandsvorsitzender Oliver Hermes ist, mit rd. 7.200 Mitarbeitern einen Umsatz von über 1,23 Mrd. Euro. Bis zum Jahr 2020 plant das Unternehmen, die Zentrale in Dortmund mit einem Investitionsvolumen von 30–40 Mio. Euro auszubauen.

Schon gewusst?

Bei einem aktuellen Sanierungsprojekt in Jordanien soll die Wasserversorgung der Stadt Madaba mit deutscher Beteiligung kostenneutral modernisiert und somit gesichert werden. Die Maßnahme wird zu einem Drittel von der Gesellschaft für internationale Zusammenarbeit (GIZ) getragen; zwei Drittel finanzieren sich aus den Kosteneinsparungen der kommenden Jahre. Möglich wird dies durch den Einsatz effizienter Pumpen der Wilo Gruppe in den Pumpenstationen Wala und Libb.

Oliver Hermes ist Vorstandsvorsitzender von Wilo, das seinen Sitz in Dortmund hat.

Daten und Fakten

Branche: Maschinenbau
Branche: Pumpen und Pumpensysteme für Heizung, Kälte- und Klimatechnik, die Wasserversorgung sowie die Abwasserbehandlung und -entsorgung in der Gebäudetechnik, der Wasserwirtschaft und der Industrie

Wippermann

Marktposition: einer der Weltmarktführer, Innovationsführer
Umsatz: 1.230,8 Mio. Euro (2013)
Mitarbeiter: 7.194, davon 2.454 in Deutschland (2013)
Standorte: mehr als 60 Produktions- und Vertriebsgesellschaften in 50 Ländern
Innovationen: erster Umlaufbeschleuniger der Welt (1928), erste vollelektronische Umwälzpumpe (1988), Hocheffizienzpumpe Wilo-Stratos (2001), erstes dezentrales Pumpensystem „Wilo-Geniax" (2009)
F&E-Quote: 3,6 % (2013)
Gründer: Caspar Ludwig Opländer, 1872, Dortmund
Eigentümer: Die Caspar Ludwig Opländer Stiftung hält rd. 90 % der Anteile

Kontakt
WILO SE
Nortkirchenstr. 100, 44263 Dortmund
Fon: 0231 4102-0, Fax: 0231 4102-7363
wilo@wilo.com, www.wilo.de

WIMA

Mannheim, Baden-Württemberg

Gegründet: 1948

Die WIMA Spezialvertrieb elektronischer Bauelemente GmbH & CO. KG gilt als weltweit führend bei hoch qualitativen Kondensatoren. Neben dem Gründungsstandort Unna bestehen zwei weitere Produktionsbetriebe in Aurich und Berlin. Unternehmensführung und Vertrieb sind in Mannheim ansässig. WIMA hat sich auf drei Bereiche passiver elektronischer Bauelemente spezialisiert: Kunststoff-Folienkondensatoren, Funk-Entstör-Papierkondensatoren und DC-Link Leistungskondensatoren. Es werden nur noch bleifreie Produkte angeboten. Zu den Innovationen gehören die erste Großfertigung metallisierter Polyester-Kondensatoren und der weltweit erste Polyester-SMD, der bis heute Defacto-Standard in Elektronikschaltungen ist. Das Familienunternehmen wird von Wolfgang Westermann geleitet.

Kontakt
WIMA Spezialvertrieb elektronischer Bauelemente GmbH & CO. KG
Besselstr. 2-4, 68219 Mannheim
www.wima.de

Windmöller & Hölscher

Lengerich, Nordrhein-Westfalen

Gegründet: 1869

Die Windmöller & Hölscher KG entwickelt und baut Maschinen für die Herstellung flexibler Verpackungen und zählt auf diesem Gebiet zu den Technologieführern. Die Produkte werden über Tochterunternehmen an 16 Standorten und Vertretungen in über 80 Ländern weltweit vertrieben. Die W&H-Gruppe beschäftigt 2.200 Mitarbeiter, darunter 90 Auszubildende, und erzielte 2013 einen Umsatz von 600 Mio. Euro. Das Unternehmen wurde 1869 von Gottfried Windmöller und Hermann Hölscher gegründet und befindet sich heute in 3. und 4. Generation in Familienbesitz. Der geschäftsführende Gesellschafter Dr. Jürgen Vutz leitet die Gruppe zusammen mit den Geschäftsführern Peter Steinbeck und Theodor Determann.

Kontakt
Windmöller & Hölscher KG
Münsterstr. 50, 49525 Lengerich
www.wuh-group.com

Wippermann

Hagen, Nordrhein-Westfalen

Gegründet: 1893

Die Wippermann jr. GmbH in Hagen stellt als Mitglied und Hauptsitz der Wippermann Gruppe Kettenräder und Industrieketten für sämtliche Antriebslösungen her. Zum Produktportfolio gehören u. a. Kettenräder für Stauförder- und Rollenketten, Triebstockkettenräder, Kettenkupplungen, Kettenradscheiben sowie – im Bereich Industrieketten

WIP

Wilo im Internet

Wirtgen Group

W

IR

»Qualität ist, wenn der Kunde wiederkommt und nicht das Produkt.«

Udo Wirthwein

Walter Wirthwein (oben) legte 1949 den Grundstein für das Familienunternehmen; heute bilden Udo Wirthwein (Aufsichtsratsvorsitzender), Frank Wirthwein (Vertriebsvorstand, Sprecher des Vorstands), Rainer Zepke (Finanzvorstand) und Marcus Wirthwein (Techn. Vorstand) (unten, v.l.) das Führungsteam der Wirthwein AG.

– Biathlon- und Marathonketten. Die Produkte kommen im Anlage- und Maschinenbau zum Einsatz. Ein breites Netz aus Tochterfirmen, Vertretungen und Vertragshändlern gewährleisten den weltweiten Vertrieb. Wippermann beschäftigt 300 Mitarbeiter und produziert ausschließlich in Deutschland für Kunden auf allen Kontinenten. Das 1893 von Wilhelm Wippermann gegründete Familienunternehmen wird von Christian Hamann und Dr. Stephan Gerber in 5. Generation geleitet.

Kontakt
Wippermann jr. GmbH
Delsterner Str. 133, 58091 Hagen
www.wippermann.com

Wirtgen Group

Windhagen, Rheinland-Pflaz

Gegründet: 1961
Die Wirtgen Group ist ein international tätiger Unternehmensverbund der Baumaschinenindustrie mit den traditionsreichen Marken Wirtgen, Vögele, Hamm und Kleemann. Als Technologieführer bietet die Wirtgen Group ihren Kunden Lösungen in den Geschäftsfeldern Road und Mineral Technologies – mobile Maschinen für den Straßenbau, die Straßeninstandsetzung sowie die Gewinnung und Aufbereitung von Nutzmineralien. Die hoch entwickelten Stammwerke der vier Maschinenbau-Spezialisten stehen in Deutschland. Weitere Produktionsstätten für lokale Absatzmärkte befinden sich in Brasilien, China und Indien. Das Familienunternehmen wurde im Jahr 1961 von Reinhard Wirtgen gegründet und wird heute von seinen Söhnen geleitet. Die Wirtgen Group beschäftigt rd. 5.500 Mitarbeiter und erwirtschaftete 2013 einen konsolidierten Umsatz von 1,74 Mrd. Euro.

Kontakt
Wirtgen Group
Reinhard-Wirtgen-Str. 2, 53578 Windhagen
www.wirtgen-group.com

Wirthwein

Creglingen, Baden-Württemberg

WIRTHWEIN AG

Gegründet: 1949
Die Wirthwein AG ist weltweit führender Hersteller von Kunststoffkomponenten im Spritzgussverfahren für den Eisenbahnoberbau. Das Portfolio umfasst 10.000 verschiedene Produkte – praktisch alle Kunststoffprodukte, die für den Bahnoberbau benötigt werden, darunter Gleisbefestigungskomponenten, Kabelkanalsysteme und Isolierteile. Sie kommen beim Bau neuer Eisenbahnstrecken zum Einsatz oder werden bei der Sanierung bestehender Strecken genutzt. So liefert Wirthwein Kunststoffkomponenten beispielsweise für die 1.300 km lange Hochgeschwindigkeitsstrecke zwischen Peking und Shanghai, auf der Züge eine Geschwindigkeit von bis zu 350 km/h erreichen. Kabelkanäle dienen der Verkabelung der Trassen, sie werden aber auch in der Branche der Erneuerbaren Energien eingesetzt, z. B. bei der Verkabelung von Solarfeldern oder Windparks.

Hinzu kommen Produkte für die Geschäftsfelder Automotive, Energie, Hausgeräte und Medizintechnik; sie finden Anwendung in technischen Geräten wie Waschmaschinen, Trocknern und Geschirrspülern, aber auch in Autos, Ventilatoren oder bei der

Im Geschäftsfeld Automotive ist Wirthwein einer der führenden Hersteller von Lüfterrädern und Zargen im Bereich Motorkühlung.

Wirthwein

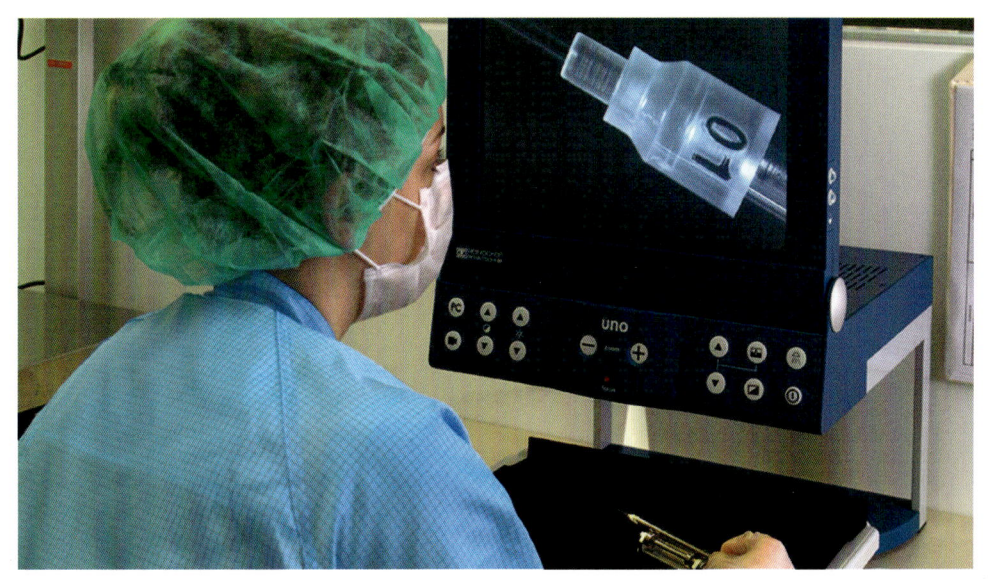

W IR

Die Wirthwein AG steht bei der Herstellung von Kunststoffkomponenten im Spritzgussverfahren für den Eisenbahnoberbau weltweit an erster Stelle und produziert auch in den Geschäftsfeldern Automotive, Energie, Hausgeräte und Medizintechnik erfolgreich technische Kunststoffteile und -baugruppen. Im Bild ist die Qualitätsprüfung im Reinraum zu sehen.

Dialyse. Mit den Firmen Winkler Design, Bembé Parkett und Keller Fußbodentechnik ist die Wirthwein Gruppe zudem im Bereich Innenausbau tätig. Hier reicht das Portfolio vom Bau von Theken, Speisenausgaben und Großküchen für Unternehmen, Universitäten und die Gastronomie bis hin zum Verlegen von Parkett in Privathaushalten. Hinzu kommen Dienstleistungen wie Beratung und Planung von Projekt- und Fertigungsabläufen.

Wirthwein verfügt über Standorte in Deutschland, den USA, China, Polen und

Einfach erklärt: Schienenbefestigung

Rund 35.000 km Schienennetz gibt es in Deutschland, das bedeutet rund 70.000 km Eisenbahnschienen, verlegt auf ca. 54 Mio. Bahnschwellen. Die Schienen werden auf jeder Schwelle einzeln und individuell befestigt. Die Befestigungen hierfür müssen präzise und einfach in der Handhabung sein und Unebenheiten des Trassenverlaufs ausgleichen. Ein System für die Verlegung von Schienen auf fester Fahrbahn ist das Schienenbefestigungssystem 300 der Vossloh Fastening Systems GmbH, an dessen Entwicklung die Wirthwein AG beteiligt ist. Das System wird werkseitig auf den Schwellen vormontiert. Zwei Metallplatten zur Dämpfung und Lastverteilung werden über zwei Winkelführungsplatten aus Kunststoff mittels Spannklemmen an der Schwelle befestigt. Zwischen den beiden Winkelführungen wird auf einer hochelastischen Dämpfungsplatte aus Kunststoff die Schiene gelagert. Höhendifferenzen gleicht eine justierbare Keilplatte aus. Zur Befestigung der Schiene genügt es, die Bolzen, die die Spannklemme halten, so weit zu lösen, dass die Klemme über den Fuß der Schiene geschoben werden kann. Wirthwein liefert sämtliche Kunststoffkomponenten für das System und ist Mitinhaber des Patents.

Werkstattbild aus den Anfängen des Unternehmens (oben); der heutige Firmensitz in Creglingen (Mitte); unten im Bild ein Laugenbehälter aus Kunststoff für eine neue Waschmaschinengeneration

Wirthwein

Meilensteine

1949 Die Firma Walter Wirthwein wird in Creglingen gegründet.

1967 Beginn der Kunststoffverarbeitung

1991 Gründung der Wirthwein Brandenburg GmbH & Co. KG in Brandenburg-Kirchmöser; 16 Neugründungen und Übernahmen folgen.

1998 Gründung der Wirthwein Polska Sp. z.o.o. in Lodz; Umwandlung der Wirthwein Verwaltungs-GmbH in eine AG

2003 In New Bern/USA entsteht der erste Standort außerhalb Europas.

2005 Mit der Übernahme der Riegler GmbH & Co. KG wird der Einstieg in das Geschäftsfeld Medizintechnik realisiert.

2007 Gründung eines Standortes in Kunshan/China

2009 Gründung je eines Standortes im spanischen Saragossa und in Friedberg bei Augsburg

2010 Marcus und Frank Wirthwein sowie Rainer Zepke werden in den Vorstand berufen.

2012 Erweiterung der spanischen Tochtergesellschaft in Saragossa; Gründung der South Carolina Plastics, LCC in Fountain Inn/USA

Das Unternehmen wurde von Walter Wirthwein gegründet. Er begann 1949 mit der Produktion von achteckigen Holzpflöcken für den Bahnoberbau. 1967 stieg Wirthwein in die Kunststofffertigung ein, bald darauf kam ein eigener Werkzeugbau hinzu. Der erste Standort außerhalb Creglingens entstand 1991 in Brandenburg-Kirchmöser. Dort produzierte Wirthwein zunächst Kunststoffkomponenten für die Sanierung des maroden DDR-Schienennetzes, ab 1992 auch Kunststoffteile für eine Waschmaschinenfabrik der BSH Bosch und Siemens Hausgeräte GmbH. Dies war der Beginn einer gemeinsamen internationalen Kooperation, die mittlerweile die Gründung mehrerer in- und ausländischer Niederlassungen nach sich zog, die ersten davon 1995 in Nauen bei Berlin bzw. 1998 im polnischen Lodz.

Udo Wirthwein, Sohn des Gründers, wechselte zum 1. April 2014 vom Amt des Vorstandsvorsitzenden der Wirthwein AG in den Aufsichtsratsvorsitz.

Sein ältester Sohn Marcus Wirthwein verantwortet als Vorstand das Ressort Technik, der jüngere Bruder Frank Wirthwein übernimmt im dreiköpfigen Vorstandsteam die Rolle des Sprechers des Vorstandes der Wirthwein AG und ist weiterhin Vertriebsvorstand. Der Bereich Finanzen unterliegt seit 2010 Vorstand Rainer Zepke.

Daten und Fakten

Branche: Kunststoffspritzguss, Formenbau und Inneneinrichtung
Produkte: Kunststoffkomponenten für die Geschäftsfelder Automotive, Bahn, Energie, Hausgeräte und Medizintechnik
Umsatz: 400 Mio. Euro (2014)
Mitarbeiter: 3.000 (weltweit)
Standorte: Deutschland, Polen, USA, China, Spanien
Vertrieb: Die Wirthwein AG ist Vertriebsgesellschaft für alle Wirthwein-Tochterunternehmen.
Auslandsanteil: 40 % (2014)

Spanien und beschäftigt weltweit 3.000 Mitarbeiter, 2.100 davon in Deutschland. 2014 plant die Gruppe einen Umsatz von 400 Mio. Euro, etwa 40 % davon im Ausland. An den Standorten Kunshan in China und New Bern in den USA produziert Wirthwein Komponenten für den Eisenbahnoberbau im jeweiligen Land.

Die Wirthwein AG im Internet

WISKA

Kontakt

Wirthwein AG
Walter-Wirthwein-Str. 2-10, 97993 Creglingen
Fon: 07933 702-0, Fax: 07933 702-910
www.wirthwein.de

Ansprechpartner Presse

Daniela Pfeuffer
Fon: 07933 702-390
daniela.pfeuffer@wirthwein.de

Ansprechpartner Investor Relations

Rainer Zepke
Fon: 07933 702-400
rainer.zepke@wirthwein.de

WISKA

Kaltenkirchen, Schleswig-Holstein

WISKA make power smile

Gegründet: 1919

Die WISKA Hoppmann & Mulsow GmbH ist Hersteller von Elektroinstallationsmaterial, Lichtprodukten und Kamerasystemen für Schiffbau und Industrie. Ihr Produktsortiment reicht von Scheinwerfern, Strahlern, Kühlcontainersteckdosen, Kabelverschraubungen, Abzweigkästen und Schaltern bis zu digitaler CCTV-Kameratechnologie.

Dank hohem technischen Know-how und der Nähe zum Kunden ist WISKA in der Lage, immer wieder Innovationen zu entwickeln. Im Bereich Kühlcontainersteckdosen, die dem Anschluss der Kühlcontainerkapazitäten auf Containerschiffen dienen, zählt das Unternehmen zu den weltweiten Technologieführern. Als Single-Source-Supplier in der Kombination der Produktbereiche Kühlcontainersteckdosen, Licht und Kameraüberwachung an Bord von Handelsschiffen nimmt WISKA eine herausragende Stellung unter den Schiffbauzulieferern ein.

Auch im Industrieumfeld beliefert WISKA mit seinen innovativen Kabelverschraubungen verschiedenste Branchen rund um den Globus. Im Installationssegment gehört WISKA mit seinen COMBI Abzweigkästen aus Kunststoff in einzelnen Märkten ebenfalls zu den führenden Anbietern. Die Kästen mit dem von WISKA entwickelten gewölbten Deckel bieten neben vergrößertem Installationsraum eine für die Kabeleinführung innovative Kombination aus integriertem Gewinde und Membran, die den Installationsaufwand erheblich verkürzt. Die moderne 2-Komponenten-Spritzgussfertigung findet auch hierfür in der Zentrale in Kaltenkirchen statt.

Der Vertrieb in Deutschland erfolgt durch einen flächendeckenden Außendienst, im Export über Tochtergesellschaften in Großbritannien, Indien, Spanien, Paraguay und China sowie über ein weltweites Vertreternetzwerk. Das Familienunternehmen beschäftigt weltweit 220 Mitarbeiter, 190 davon in Deutschland. Die Ausbildungsquote beträgt 8 %. Die Zahl der gesamten Mitarbeiter stieg in den letzten vier Jahren um 48 %. Mehr als 10 % der Angestellten haben schon ihre Ausbildung bei WISKA absolviert. Bei einem Jahresumsatz von 33 Mio. Euro (2013) exportiert das Unternehmen rd. 73 % seiner Produkte weltweit. WISKA investiert regelmäßig durch Erweiterungen des Maschinenparks und der Logistikzentren in das stabile Unternehmenswachstum.

WISKA, mit einer Eigenkapitalquote von über 50 %, befindet sich zu jeweils 50 % im Besitz von Ronald und Tanja Hoppmann. Beide Gesellschafter sind auch seit dem Jahr 2000 in 3. Familiengeneration Geschäftsführer. Gegründet wurde die Firma 1919 in Hamburg von Wilhelm Hoppmann und Hermann Mulsow.

Die jüngste Generation der WISKA Kühlcontainer-Steckdosen: VARITAIN PushIn

»Qualität, Zuverlässigkeit und Spaß an gemeinsamer Arbeit – die Gedanken der WISKA-Gründer bleiben unsere Maßgabe für unsere Arbeit. Unser Erfolg gibt uns darin recht.«

Ronald Hoppmann, WISKA-Geschäftsführer

Die Geschäftsführer Ronald und Tanja Hoppmann in der WISKA Montage von Scheinwerfern; WISKA Kunststoff-Fertigung am Standort Kaltenkirchen

Witte

W
IT

Meilensteine

1925 Die erste von WISKA produzierte Kunststoff-Kabelverschraubung aus Duroplast (ISOSTABIL) kommt auf den Markt.

1994 Markteinführung der ersten Mehrfach-Kühlcontainersteckdose

2000 Gründung WISKA UK Ltd.

2007 Einführung der Weltneuheit VentGLAND®, der ersten atmenden Kabelverschraubung

2009 Gründung WISKA India Pvt. Ltd.

2010 Ausbau des maritimen Lichtprogramms zum Komplettanbieter

2011 Gründung WISKA Systems Ibérica, S. L.

2013 Gründung WISKA America SRL in Asunción (Paraguay) und WISKA Electric Systems (Shanghai) Co., Ltd. (China)

Daten und Fakten

Branche: Elektrotechnik und Schiffbau
Produkte: Elektroinstallationsmaterial, Lichtprodukte und Kamerasysteme
Marktposition: einer der führenden Schiffbauzulieferer für Kühlcontainersteckdosen, Single-Source-Supplier für Licht, Kühlcontainersteckdosen und Kameraüberwachungen
Mitarbeiter: 220 (weltweit, 2014)
Ausbildungsquote: 8 %
Exportquote: 73 %
Umsatz: 33 Mio. Euro (2013)
Standorte: Zentrale in Kaltenkirchen, 5 Tochtergesellschaften weltweit
Eigentümer: Familie Hoppmann in 3. Generation
Gründer: Wilhelm Hoppmann und Hermann Mulsow, 1919, Hamburg

WISKA im Internet

Kontakt
WISKA Hoppmann & Mulsow GmbH
Kisdorfer Weg 28, 24568 Kaltenkirchen
Fon: 04191 508-0, Fax: 04191 508-129
contact@wiska.de, www.wiska.com

Witte

Bleckede, Niedersachsen

Gegründet: 1969

Die Horst Witte Gerätebau Barskamp KG ist eines der führenden Industrieunternehmen im Bereich der modularen Vorrichtungssysteme aus Aluminium. Bei der Entwicklung und Fertigung von Werkstückspannsystemen gehört Horst Witte Gerätebau zu den Weltmarktführern. Zum Produktspektrum zählen das Baukastenspannsystem Alufix zur Erstellung hochpräziser Messaufnahmen sowie Vakuumspannsysteme zur Werkstückfixierung bei Bearbeitungsvorgängen. Mehr als 200 Patente und Gebrauchsmuster hält die Horst Witte Gerätebau KG auf ihre Entwicklungen. Zu den Kunden gehören namhafte Unternehmen aus der Luft- und Raumfahrtbranche, Medizin- und Messtechnik sowie Automobilhersteller. Das Unternehmen mit Sitz in Bleckede beschäftigt etwa 220 Mitarbeiter. Mit Niederlassungen und Repräsentanzen in Deutschland, den USA, Argentinien, Brasilien, Mexiko und Singapur sowie einem weltweit verzweigten Händlernetz sorgt es für eine globale Verfügbarkeit der Produkte und Servicenähe. Das Unternehmen erwirtschaftet jährlich einen Umsatz in der Größenordnung von rd. 28 Mio. Euro.

Geschäftsführer Horst Witte führt die Geschäfte des Unternehmens. Die von ihm 1969 gegründete Firma legt in ihrer Produktion großen Wert auf Nachhaltigkeit. Dies zeigt sich u. a. in den umfassenden Retooling-

Möglichkeiten der Produkte sowie im Einsatz energieeffizienter Geräte und der Verwendung recyclebarer Materialien. Das Engagement des Unternehmens in dieser Hinsicht wurde mit der Auszeichnung „Ökoprofit-Betrieb 2011/2012" belohnt.

Kontakt
Horst Witte Gerätebau Barskamp KG
Horndorfer Weg 26-28, 21354 Bleckede
Fon: 05854 89-0, Fax: 05854 89-40
info@horst-witte.de, www.horst-witte.de

WITTE Automotive

Velbert, Nordrhein-Westfalen

Gegründet: 1899

Der Automobilzulieferer WITTE Automotive ist eine weltweit agierende Firmengruppe. Heute fahren alle bekannten Automarken mit WITTE-Produkten wie Schlössern, Scharnieren, Schließgarnituren und Griffsystemen. Das Familienunternehmen erzielte 2013 einen Umsatz von 465 Mio. Euro und beschäftigt rd. 3.500 Mitarbeiter. WITTE hat neben dem Stammsitz in Velbert drei weitere Werke in Deutschland sowie Standorte in der Tschechischen Republik, Bulgarien und Frankreich. Global ist WITTE im Rahmen einer Allianz mit zwei US-amerikanischen Partnern unter dem Namen VAST in Amerika und Asien präsent. Unternehmensgründer Ewald Witte stellte ab 1899 zunächst Kofferschlösser her. Rainer Gölz ist in 4. Generation Geschäftsführer für die Eignerfamilie.

Kontakt
WITTE Automotive
Höferstr. 3-15, 42551 Velbert
www.witte-automotive.de

Witt & Sohn

Pinneberg, Schleswig-Holstein

Gegründet: 1945

Die Witt & Sohn AG ist weltweit einer der führenden Hersteller im Ventilatorenbau. Zum Einsatz kommen die speziell nach Kundenwunsch konstruierten Ventilatoren in Tunnelanlagen, Kernkraftanlagen, im industriellen Anlagenbau, im Handels- und Marineschiffbau sowie in der Umwelttechnologie. Die Witt & Sohn AG ist entweder direkt oder durch Lizenznehmer in mehr als 60 Ländern der Welt aktiv. Den Vorstand der Aktiengesellschaft bilden Karsten C. Witt und Dr. Henrik Witt. Rolf Rosenkranz ist Vorsitzender des Aufsichtsrats. Das Unternehmen wurde 1945 gegründet und wird inzwischen in 3. Generation von der Familie Witt geleitet.

Kontakt
Witt & Sohn AG
Ziegeleiweg 38, 25421 Pinneberg
www.wittfan.de

Witzenmann

Pforzheim, Baden-Württemberg

Gegründet: 1854

Die Witzenmann-Gruppe ist weltweit führender Hersteller von flexiblen, metallischen Elementen wie Metallschläuchen, Kompensatoren, Metallbälgen und Fahrzeugteilen. Über 3.600 Mitarbeiter erwirtschafteten 2013 einen Umsatz von rd. 500 Mio. Euro. Mit dem weltweit breitesten Produktprogramm der Branche bietet Witzenmann Problemlösungen für die Schwingungsentkopplung, Dehnungsaufnahme in Rohrleitungen, flexible Montage und das Leiten von Medien. Firmengründer Heinrich Witzenmann, der zunächst 1854 in Pforzheim eine Schmuckwarenfabrik gegründet hatte, legte 1885 mit der Erfindung des Metallschlauchs die Basis für die Metallschlauch- und Kompensatorenindustrie.

WIV Wein International

Heute ist Witzenmann eine internationale Firmengruppe mit 23 Unternehmen in Europa, Amerika und Asien.

Kontakt
Witzenmann GmbH
Östliche Karl-Friedrich-Str. 134, 75175 Pforzheim
www.witzenmann.de

WIV Wein International

Burg Layen, Rheinland-Pfalz

Gegründet: 1675

Die WIV Wein International AG mit Sitz in Burg Layen bei Bingen am Rhein ist weltweit führend im Vertrieb von Wein, Sekt und Spirituosen an den Endverbraucher. Das Familienunternehmen entstand aus dem Weingut Pieroth. 1953 entwickelten die Brüder Elmar und Kuno Pieroth die Idee der Hausweinprobe und legten damit den Grundstein für den internationalen Erfolg. Weltweit beschäftigt WIV mehr als 5.000 Mitarbeiter, die im Jahr 2013 einen Umsatz von rd. 526 Mio. Euro erwirtschafteten. Davon wurden 64 % im Ausland erzielt. Die wichtigsten Märkte neben Deutschland sind Japan, Frankreich, Großbritannien und die Schweiz. Neben dem Direktvertrieb, der etwa die Hälfte des Geschäfts ausmacht, ist die WIV auch im Online-, Groß- und Einzelhandel aktiv. Messebau und Logistik rund um das Thema Wein runden das Portfolio ab.

Kontakt
WIV Wein International AG
Burg Layen 1, 55452 Burg Layen b. Bingen/Rhein
www.wiv-ag.com

WKV

→Wasserkraft Volk

WMF

Geislingen a. d. Steige, Baden-Württemberg

Gegründet: 1853

Die WMF Württembergische Metallwarenfabrik AG produziert und vertreibt Bestecke, Kochgeschirre, Kaffeemaschinen, Wohnaccessoires, Küchenhelfer, Schneidwaren und Elektrokleingeräte für den Einsatz in Privathaushalten und der Gastronomie. Die Marktführerschaft in diesem Bereich errang das

Schon gewusst?

1910 sollte die damalige Galvanoplastische Kunstanstalt der WMF für das Städtische Museum in Stettin ein Replikat der „Paradiestür" am Baptisterium in Florenz anfertigen. 1913 wurde die sechs Meter hohe und vier Meter breite Tür mit ihren zehn Feldern, in denen Szenen aus dem Alten Testament dargestellt sind, fertiggestellt und ausgeliefert. Doch das Museum konnte nicht bezahlen. 1928 nahm WMF die Tür zurück und versuchte, andere Käufer zu finden. Der Erzbischof von Bogotá in Kolumbien wollte die Tür für seine Kathedrale erwerben. WMF war bereit, dafür 1.400 Säcke Kaffeebohnen in Zahlung zu nehmen. Als der Erzbischof jedoch merkte, dass die Tür aus einem Stück bestand und nur als Dekoration hätte Verwendung finden können, sah er vom Kauf ab. So blieb die Tür in Geislingen und wird heute direkt neben dem Haupteingang zum Werk ausgestellt.

WMF

Mit ihrer einzigartig breit gefächerten Produktpalette hält die WMF AG die Marktführerschaft im Bereich Bestecke, Kochgeschirre, Kaffeemaschinen, Wohnaccessoires, Küchenhelfer, Schneidwaren und Elektrokleingeräte für den Einsatz in Privathaushalten und der Gastronomie.

Unternehmen durch seine breit gefächerte Produktpalette und die umfassende Kompetenz rund um die Themen Kochen, Essen und Trinken. Neben mehreren Produktionsstandorten in Deutschland und darüber hinaus in der Schweiz, Tschechien sowie China verfügt die WMF über Vertriebstochtergesellschaften in Europa, USA, Japan, China und Singapur. Mit weltweit 6.114 Mitarbeitern, davon 4.307 in Deutschland, erwirtschaftete der Konzern 2013 einen Gesamtumsatz von rd. 1 Mrd. Euro, der Auslandsanteil belief sich auf 46,3%. Der Vertrieb erfolgt über eigene Verkaufsfilialen, den Facheinzelhandel, Waren- und Einrichtungshäuser und ausgewählte Versender.

1853 gründete der Müller Daniel Straub gemeinsam mit den Brüdern Schweizer in Geislingen an der Steige die Metallwarenfabrik „Straub & Schweizer". Mit 16 Mitarbeitern fertigten sie silberplattierte Tafel- und Serviergeräte, die 1862 auf der Weltausstellung in London eine Auszeichnung erhielten. 1880 fusionierte Straub & Schweizer mit der Metallwarenfabrik Ritter & Co. zur Württembergischen Metallwarenfabrik AG. Auf

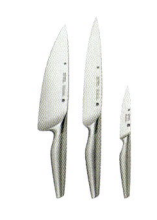

Die Messerserie Chef's Edition (oben), Besteck aus kratzbeständigem Cromargan protect® (Mitte) sowie Topfgriffe, die beim Kochen nicht heiß werden (unten), zählen zu den jüngsten Innovationen von WMF.

Berühmte Erfinder: Carl Haegele und Hugo Debach

Die beiden ersten Direktoren der Württembergischen Metallwarenfabrik AG brachten das Unternehmen auf seinen innovativen und weltweit erfolgreichen Weg: Carl Haegele, erster Direktor der WMF AG, modernisierte das Sortiment und führte eine Vertriebsorganisation ein. Er machte WMF zum größten Industrieunternehmen Baden-Württembergs: Während um 1900 in Geislingen 3.000 Mitarbeiter beschäftigt waren, waren es 1910 bereits 4.000. Musterbücher wurden in 12 verschiedene Sprachen übersetzt. Tochterbetriebe in London, Warschau und Wien förderten den Absatz. Hugo Debach, der 1927 die Führung übernahm, stand Pate bei wichtigen Innovationen wie der Registrierung der Marke Cromargan® und rief die kunstgewerbliche Abteilung ins Leben. Sie sollte für WMF den Kreis kunstinteressierter Käufer erschließen. Das auf sein Betreiben hin entwickelte „Ikorametall" erlangte kunsthistorische Bedeutung. Ikora war der Markenname für eine Oberflächenbehandlung von Metall, bei der Patinierungen teils chemisch und teils mit Feuer erzeugt wurden. Trotz Serienproduktion verlieh sie jedem Artikel einen individuellen und kunsthandwerklichen Charakter.

WOLFFKRAN

W
OL

Betreiben des ersten Direktors der WMF, Carl Haegele, begann man mit der serienmäßigen Produktion galvanisch versilberter Bestecke. Ihre Innovationskraft brachte WMF einen wesentlichen Marktvorsprung: Das Unternehmen entwickelte die erste gewerbliche Großkaffeemaschine und präsentierte 1927 auf der Leipziger Messe ein Kochgeschirr aus nichtrostendem V2A-Stahl. Drei Jahre später ließ WMF diese Entwicklung unter dem Markenzeichen Cromargan® registrieren.

Hugo Debach, der 1927 die Leitung der WMF übernahm, rief eine kunstgewerbliche Abteilung ins Leben und entwickelte das bis heute kunsthistorisch bedeutende „Ikorametall". Eine Weiterentwicklung des V2A-Stahls brachte WMF 2009 auf den Markt: Cromargan protect® ist kratzbeständig und wird bei der Produktion von Bestecken eingesetzt. Weitere Innovationen sind der Schnelltopf WMF Perfect, bei dem die gesamte Technik im abnehmbaren Griff enthalten ist, sowie das zertifizierte und patentierte automatische Reinigungssystem Plug & Clean für Kaffeevollautomaten. Die Innovationen von WMF werden regelmäßig mit den renommiertesten internationalen Designpreisen ausgezeichnet.

Die silberplattierten Kaffeekannen von WMF (oben) waren ebenso innovativ wie heute das automatische Reinigungssystem Plug & Clean für Kaffeevollautomaten (Mitte) und die Kaffeemaschine WMF 1500 S für die Gastronomie (unten).

WMF AG im Internet

Daten und Fakten

Branche: Konsumgüter
Produkte: Bestecke, Kochgeschirre, Kaffeemaschinen, Wohnaccessoires, Küchenhelfer, Schneidwaren, Elektrokleingeräte
Umsatz: 1.015 Mrd. Euro (2013)
Mitarbeiter: weltweit 6.114 (2013)
Standorte: Vertriebstochtergesellschaften in Österreich, Schweiz, Italien, Frankreich, Spanien, Belgien, Holland, England, USA, Japan, China, Singapur
Innovationen: Schnelltopf WMF Perfect: gesamte Technik verkapselt in abnehmbarem Griff (1984), Plug & Clean: zertifiziertes und patentiertes automatisches Reinigungssystem bei Kaffeevollautomaten (2008), Cromargan protect®: kratzbeständige Oberfläche bei Bestecken (2009), Cool+Technology: Topfgriffe werden nicht mehr heiß (2010), Performance Cut: Für überragende und lang anhaltende Schärfe bei geschmiedeten Messern (2014)
Gründer: Daniel Straub, 1853, Geislingen

Kontakt

WMF AG
Eberhardstraße, 73312 Geislingen/Steige
Fon: 07331 25-1, Fax: 07331 45387
info@wmf.de, www.wmf.de

WOLFFKRAN

Heilbronn, Baden-Württemberg

Gegründet: 1854

Die WOLFFKRAN GmbH produziert, vertreibt und vermietet obendrehende Turmdrehkräne und Systemkomponenten. Mit einer eigenen Mietflotte von ca. 600 Kränen zählt das Unternehmen nach einer Erhebung der Fachzeitschrift „International Cranes and Specialized Transport" 2013 zu den Top 10 weltweit. Die Kräne drehen sich beim Bau eines Hochgebirgsstaudamms in der Schweiz ebenso wie bei der Erweiterung der Heiligen Moschee in Mekka, wo über 60 Kräne des Unternehmens im Einsatz sind. Der Hochhausbau in Metropolen gilt als wichtiger Zukunftsmarkt und stellt immer neue Ansprüche an die Konstruktion von Kränen, etwa beim Bau des höchsten Hauses von San Francisco mit Kränen, die bis 150 m hoch

Über 60 WOLFF-Kräne sind bei der Erweiterung der Heiligen Moschee in Mekka beteiligt.

WOLFFKRAN

sind. Eine besonders feinfühlige Steuerungstechnik sowie elektronische Sicherheitseinrichtungen sind weitere Innovationsschwerpunkte von WOLFFKRAN.

Den Kunden aus der Baubranche bietet WOLFFKRAN Serviceleistungen wie technische Beratung, Online-Konfiguration, Diagnose-Fernwartung mit eigener Software und spezielle Montagen, z. B. mit Helikoptern. WOLFFKRAN beschäftigt ca. 500 Mitarbeiter an 2 Produktionsstandorten in Deutschland, in der Firmenzentrale in Zug/Schweiz sowie in weiteren Niederlassungen in Europa und den Arabischen Emiraten. 2014 wurde außerdem eine Niederlassung in New York City gegründet. Neben dem Werk am Stammsitz Heilbronn verfügt das Unternehmen seit 2008 in Luckau/Brandenburg über eine zweite Fertigungsstätte.

WOLFFKRAN blickt auf eine über 150-jährige Geschichte zurück: Friedrich August Wolff gründete 1854 in Heilbronn eine Eisengießerei. Seine Nachkommen spezialisierten sich zunehmend auf die Fördertechnik und 1898 verließ der erste Drehkran die Werkstätten in Heilbronn. 1938 entstand der Unternehmensname aus der Verschmelzung von Firmen- und Produktname zu einem festen Begriff. 2005 wurde WOLFFKRAN vom heutigen Eigentümer Dr. Peter Schiefer übernommen, der das Unternehmen auch selbst leitet.

»Es ist unser Ziel, den Kranaufbau kontinuierlich einfacher und so selbsterklärend wie möglich zu machen.«

Dr. Peter Schiefer
WOLFFKRAN

Meilensteine

1854 Friedrich August Wolff gründet eine Eisengießerei in Heilbronn. 1898 wird der erste Kran gebaut.

1913 Innovation: erster schnell montierbarer und fahrbarer Drehkran

1951 MAN übernimmt 51 % der Unternehmensanteile und ist ab 1977 einziger Gesellschafter.

1960 Einführung der bis heute bewährten Schlagbolzenverbindung und des modularen Turmsystems

1989 WOLFFKRAN führt als erster Hersteller die SPS-Steuerung und FU-Antriebe ein.

2005 Dr. Peter Schiefer wird Eigentümer und CEO.

2007 Wipper mit neuer patentierter aufgelöster Bauform des Gegenauslegers

2008 Zweiter Produktionsstandort in Luckau (Brandenburg)

2012 Erster Wipper mit hydraulischem Wippsystem WOLFF 166 B

Daten und Fakten

Branche: Baumaschinen
Produkte: obendrehende Turmkräne
Marktposition: weltweit führender Hersteller von Turmdrehkränen
Mitarbeiter: 500
Standorte: Heilbronn und Luckau (Brandenburg)
Vertrieb: Niederlassungen in Deutschland, Österreich, der Schweiz, Belgien, den USA, Abu Dhabi und Dubai; Partner in Saudi-Arabien, Nordamerika, Südostasien und Australien
Exportquote: 65 %
Eigentümer: Dr. Peter Schiefer

Kontakt

WOLFFKRAN GmbH
Austr. 72, 74076 Heilbronn
Fon: 07131 9815-0, Fax: 07131 9815-355
info@wolffkran.de, www.wolffkran.com

Dr. Peter Schiefer ist Eigentümer und Geschäftsführer. Auf schwer zugänglichen Baustellen montiert WOLFFKRAN seine Kräne auch mit einem Helikopter.

WOLFFKRAN im Internet

WP Bakerygroup

WP Bakerygroup

Dinkelsbühl, Bayern

Kontakt

WP BAKERYGROUP
Von-Raumer-Str. 8-18, 91550 Dinkelsbühl
Fon: 09851 905-0, Fax: 09851 905-342
info@wp-l.de, www.wpbakerygroup.de

Wrede

Arnsberg, Nordrhein-Westfalen

Gegründet: 1879

Die WP BAKERYGROUP ist der weltweit führende Hersteller von Bäckereitechnik, der entlang der kompletten Prozesskette Maschinen und Anlagen für handwerkliche wie industrielle Bäckereien anbietet. Das Produktportfolio umfasst alle Arbeitsschritte vom Dosieren und Kneten über das Teilen, Wirken, Laminieren, Kühlen und Gären bis zum Backen. Das Unternehmen entwickelt, projektiert, fertigt und installiert weltweit schlüsselfertige Anlagen zur Produktion von Dauer- und Frischbackwaren. Mehr als 60 % des Umsatzes von 130 Mio. Euro werden im Ausland erzielt.

Die Unternehmensgruppe beschäftigt in 5 Produktionswerken und 10 Geschäftsbereichen ca. 600 Mitarbeiter. Produziert wird in Deutschland und den Niederlanden, die als Kompetenzcenter für verschiedene Glieder der Back-Prozesskette fungieren. Der Vertrieb ist weltweit über eigene Niederlassungen sowie Kooperationspartner organisiert.

1879 waren die Unternehmensgründer Hermann Werner und Paul Pfleiderer mit einer Knetmaschine gestartet, der schon bald erste Komplettlösungen folgten. Mittlerweile hält die WP BAKERYGROUP mehr als 100 Patente. Zu den Innovationen gehört der legendäre Ofen Matador, der erste Etagenbackofen in Stahlskelett-Bauweise von 1953. Die Geschäfte leitet Jürgen Horstmann, der seit 1997 Eigentümer der WP BAKERYGROUP ist. Mit gezielter Akquise erweitert er die Kompetenz des Unternehmens; zuletzt 2013 mit Riehle, einem Spezialisten für Fettbacken, Blechreinigen und Belaugen.

Gegründet: 1880

Die international tätige Dachgesellschaft Wrede Industrieholding GmbH & Co. KG umfasst die zwei Tochterunternehmen Interprint und OKT. Interprint hat im Bedrucken von Spezialpapieren mit Holz-, Kreativ- und Steindekoren die Marktführerschaft in den USA sowie eine führende Position auf dem Weltmarkt inne. Mit 29 Produktionsmaschinen werden jährlich über 800 Mio. m² Dekorpapier bedruckt bzw. veredelt. Dieses wird von der Holzwerkstoff- und Fußbodenindustrie zu Oberflächen für Möbel, Küchen und Laminatböden weiterverarbeitet. Das Geschäftsfeld der OKT-Gruppe umfasst Haushaltsartikel aus Kunststoff. Aus jährlich über 17.000 t Granulat werden u. a. Eimer, Schüsseln, Boxen, Vorratsdosen und Babyartikel hergestellt. In den Programmbereichen Storage und Home ist OKT inzwischen zum Marktführer in Europa avanciert. Insgesamt beschäftigt die Wrede Industrieholding über 1.500 Mitarbeiter an weltweit 10 Produktionsstandorten. Im Jahr 2013 wurde ein Gesamtumsatz von 350 Mio. Euro erwirtschaftet, etwa 75 % davon auf ausländischen Märkten. Gegründet wurde das Unternehmen im Jahr 1880 von Eberhard Wrede, der im westfälischen Niederbergheim ein Sägewerk eröffnete. Auch heute, in der 4. und 5. Generation, befindet sich die Firma vollständig im Besitz der Familie Wrede. Geleitet wird

Würth

das in Arnsberg ansässige Unternehmen von Thomas Wrede und Helmut Schmidt, die von einem Beirat unterstützt werden. Für die Zukunft ist u. a. der Aufbau eines weiteren Geschäftsbereichs geplant.

Kontakt
Wrede Industrieholding GmbH & Co. KG
Goethestr. 40, 59755 Arnsberg
Fon: 02932 6304-00, Fax: 02932 6304-04
info@wrede.de, www.wrede.de

Würth
Künzelsau, Baden-Württemberg

Gegründet: 1945

Der Aufbau der Würth-Gruppe ist untrennbar mit dem Unternehmer Prof. Dr. h. c. mult. Reinhold Würth verbunden. Der Vorsitzende des Stiftungsaufsichtsrats der Würth-Gruppe baute aus der 1945 gegründeten Schraubengroßhandlung seines Vaters die Würth-Gruppe auf. Heute ist der Weltmarktführer für Montage- und Befestigungsmaterial mit über 400 Gesellschaften in mehr als 80 Ländern aktiv und erwirtschaftete 2013 einen Umsatz von 9,75 Mrd. Euro.

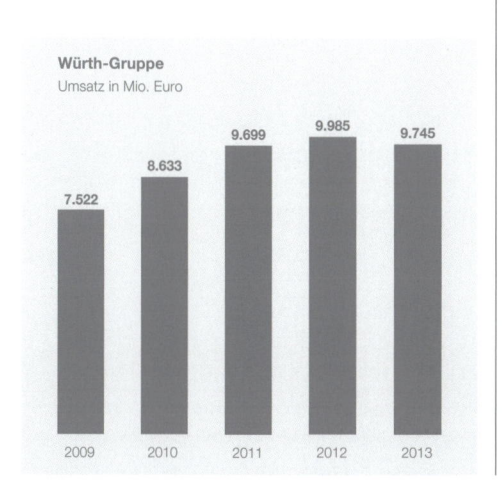

Der globale Handel mit Befestigungs- und Montagematerial bildet das Kerngeschäft der Würth-Gruppe. Das klassische Verkaufsprogramm umfasst über 100.000 Produkte für

Würth-Gruppe
Umsatz in Mio. Euro

Jahr	Umsatz
2009	7.522
2010	8.633
2011	9.699
2012	9.985
2013	9.745

Meilensteine

1945 Adolf Würth gründet im hohenlohischen Künzelsau eine Großhandelsfirma für Schrauben und Muttern.

1954 Nach dem Tod des Firmengründers übernimmt sein 19-jähriger Sohn Reinhold Würth die Geschäftsleitung.

1962 Gründung der ersten Auslandsgesellschaft in den Niederlanden. Die Internationalisierung der Würth-Gruppe geht voran: Ab 1969 ist die Würth-Gruppe auch in den USA, ab 1970 in Südafrika tätig.

1985 Der Umsatz der Würth-Gruppe durchstößt die Millarden-DM-Grenze und mit der Gründung von Gesellschaften in Australien, Malaysia und Japan ist Würth nun auf allen Kontinenten präsent.

1994 Prof. Dr. h. c. mult. Reinhold Würth scheidet aus der operativen Geschäftsleitung aus und übernimmt den Beiratsvorsitz der Würth-Gruppe.

2006 Bettina Würth übernimmt als Beiratsvorsitzende die Position ihres Vaters Reinhold Würth, der als Ehrenvorsitzender des Beirats und Vorsitzender des Stiftungsaufsichtsrats fungiert.

2013 Das Vertriebszentrum West wird nach nur 17 Monaten Bauzeit eingeweiht. Mit dem Neubau am Stammsitz des Unternehmens schafft Würth die Voraussetzungen für weiteres Wachstum.

»Durch Ehrlichkeit entsteht Vertrauen, und auf der Basis von Vertrauen kann man die Welt einreißen.«

Prof. Dr. h. c. mult. Reinhold Würth, Vorsitzender des Stiftungsaufsichtsrats der Würth-Gruppe

Der Gründungssitz in Künzelsau (oben), Gründer Adolf Würth mit seinem Sohn Reinhold (unten).

Würth

W
UR

weltweit über 3 Mio. Kunden aus Handwerk und Industrie und wird von den Gesellschaften der Würth-Linie weltweit vertrieben: von Schrauben, Schraubenzubehör und Dübeln über Werkzeuge bis hin zu chemisch-technischen Produkten und Arbeitsschutz. Die Allied Companies der Würth-Gruppe sind mit Handels- oder Produktionsunternehmen überwiegend in ähnlichen oder diversifizierten Geschäftsfeldern tätig. Sie vertreiben Produkte, die an das klassische Kerngeschäft angrenzen wie beispielsweise Produkte für Bau- und Heimwerkermärkte, Elektroinstallationsmaterial, elektronische Bauteile (z. B. Leiterplatten) sowie auch Finanzdienstleistungen. Gemäß dem Motto „Nah. Näher. Würth." sieht die Gruppe einen zentralen Erfolgsfaktor im kundennahen Vertrieb. Historischer Motor des Erfolgs ist nach wie vor der Direktvertrieb mit rund 30.000 Außendienstmitarbeitern weltweit. Um dem sich wandelnden Bestellverhalten der Kunden zu begegnen, erhält der Bereich E-Commerce eine tragende Rolle: Onlineshop, scannergestützte Bestellsysteme oder die Würth App erlauben dem Kunden jede mögliche Kontaktaufnahme mit Würth. Eine modulare Systemlogistik, die speziell auf einzelne Kundengruppen zugeschnitten werden kann, unterstreicht diese Service-Strategie. Dafür wurde Würth 2009 mit dem Deutschen Logistik-Preis ausgezeichnet.

Ein weiterer Schwerpunkt liegt auf der kontinuierlichen Produktentwicklung, deren Basis die Zusammenarbeit mit unabhängigen Instituten, Hochschulen und einem Beirat aus dem Kreis der Kunden bildet. Im Geschäftsjahr 2013 konnte beispielsweise die AWKG ein Fünftel ihres Umsatzes mit Produkten erwirtschaften, die nicht älter als drei Jahre sind. Auch die Anzahl der Schutzrechte, die Würth als Eigentümer hält, dokumentiert die intensive Arbeit im Entwicklungsbereich: Derzeit besitzt die Unternehmensgruppe 694 aktive Patente, 24 Gebrauchsmuster, 343 Designs sowie 5.424 aktive Marken.

Adolf Würth gründete das Unternehmen 1945 in Künzelsau als Schraubengroßhandlung. Nach dem Tod seines Vaters übernahm Reinhold Würth 1954 den Familienbetrieb und prägte maßgeblich die Entwicklung der damaligen Schraubenhandlung zum heutigen Spezialisten für Montagetechnik. Schon frühzeitig begann Würth damit, als Handelsunternehmen nicht nur Produkte zu vertreiben, sondern diese auch selbst zu entwickeln und zu produzieren. 1962 wurde in den Niederlanden die erste Auslandsgesellschaft gegründet,

Seine Produkte wie Schrauben (oben) und Maschinen (Mitte) vertreibt Würth auch über eigene Verkaufsniederlassungen direkt an die Kunden (unten).

Einfach erklärt: Multikanalvertrieb

Fax. Telefon. Internet. Persönlich. In der Niederlassung. Im digitalen Zeitalter hat der Kunde die Qual der Wahl, wie er mit Würth in Kontakt tritt, und nicht alle Möglichkeiten sind für jeden passend. Der Kunde wählt den Kontaktpunkt, mit dem er gute Erfahrungen gemacht hat und sich am wohlsten fühlt. Mit den speziell zugeschnittenen Lösungen und Angeboten von Würth kann sich der 1-Mann-Handwerksbetrieb genauso auf seine eigentliche Arbeit konzentrieren wie das global agierende Industrieunternehmen. Innovative Lösungen entstehen im direkten Zusammenspiel mit den Kunden. Durch die multikanale Ausrichtung ist Würth dort, wo die Kunden den Service brauchen: Rund 30.000 festangestellte Außendienstmitarbeiter betreuen die Würth Kunden weltweit persönlich vor Ort. In etwa 1.500 Verkaufsniederlassungen rund um den Globus kann der Kunde seinen Sofortbedarf decken. E-Business wird auch bei Würth immer wichtiger, heißt aber auch mehr als nur einen Onlineshop anzubieten. Dazu zählen auch E-Procurement oder scannergestützte Bestellsysteme wie ORSY®scan, das mit einem Barcodeleser die Erfassung von Artikeldaten vereinfacht. Besonders die Würth App erleichtert dem Kunden das Bestellen von unterwegs.

Würth

2013 eröffnete das Würth Haus Rorschach am Schweizer Ufer des Bodensees. Auf einer integrierten Ausstellungsfläche von 600 m² bietet es wechselnden Präsentationen der 16.000 Werke umfassenden Sammlung Würth Raum.

Gründungen in der Schweiz, Österreich, Italien und weiteren Ländern folgten. 1969 gründete Würth die erste Gesellschaft in Nordamerika. Ein Jahr später wurde Würth auch in Südafrika aktiv. Die Gründung von Gesellschaften in Australien (1982) sowie in Japan und Malaysia (beide 1987) komplettierte schließlich die Präsenz der Unternehmensgruppe auf allen Kontinenten. 1994 zog sich Reinhold Würth aus der operativen Geschäftsführung zurück und übernahm den Beiratsvorsitz der Würth-Gruppe. 2006 folgte ihm seine Tochter Bettina Würth in dieses Amt. Reinhold Würth fungiert weiterhin als Vorsitzender des Stiftungsaufsichtsrats der Würth-Gruppe.

Schon gewusst?

Mit dem Erwerb des Gemäldes „Wolkenspiegelung in der Marsch" wurde Ende der 1960er-Jahre der Grundstein zur Sammlung Würth gelegt. Heute umfasst sie rund 16.000 Kunstwerke. Ihre Akzente liegen auf Skulpturen, Malerei und Grafiken vom ausgehenden 19. Jh. bis zur Gegenwart, in jüngster Zeit auch auf der Kunst der frühen Neuzeit. Ausgestellt werden die Werke u. a. im 1991 eröffneten Museum Würth am Stammsitz Künzelsau. Im Mai 2001 erweiterte sich die museale Plattform des Hauses durch die Eröffnung der Kunsthalle Würth in Schwäbisch Hall. Ausstellungen in einem familiäreren Rahmen bietet daneben die Hirschwirtscheuer in Künzelsau. Im Jahr 2008 wurde mit der Johanniterhalle in Schwäbisch Hall ein weiterer Ausstellungsort eröffnet. Diese Häuser werden durch die Adolf Würth GmbH & Co. KG getragen. Sukzessive wurden seit 1999 zudem 11 Kunstdependancen in europäischen Auslandsgesellschaften der Würth-Gruppe eröffnet.

Reinhold Würth mit seinem von Alfred Hrdlicka geschaffenen Ebenbild (oben). Ausstellung in der Kunsthalle Würth (unten).

Das Sortiment der Würth-Linie umfasst mehr als 100.000 Produkte.

Würth

Der Stammsitz der Würth-Gruppe in Künzelsau

Große Unternehmer: Reinhold Würth

Die Geschichte der Würth-Gruppe ist untrennbar mit dem Unternehmer Prof. Dr. h. c. mult. Reinhold Würth verbunden, unter dessen Führung sie zum Weltmarktführer im Vertrieb von Montage- und Befestigungsmaterial wurde. Als Adolf Würth im Sommer 1945 im baden-württembergischen Künzelsau eine Schraubengroßhandlung eröffnete, war sein Sohn Reinhold von Anfang an dabei und ging dem Vater zur Hand. Am 1. Oktober 1949 trat er offiziell als zweiter Mitarbeiter und erster Lehrling in das Unternehmen ein. Schon im Januar 1951 war er zum ersten Mal alleine auf Verkaufsreise – in Düsseldorf sollte sich der damals 15-Jährige um neue Kunden bemühen. 1952 schloss er die kaufmännische Ausbildung mit der Kaufmannsgehilfenprüfung ab. Als Adolf Würth 1954 im Alter von 45 Jahren starb, übernahm der damals 19-jährige Reinhold Würth die Geschäftsleitung. Das Unternehmen war zu dieser Zeit ein Zweimannbetrieb mit einem Jahresumsatz von 80.000 Euro. Noch in den 1950er-Jahren führte Reinhold Würth dann strategische Planungen für einen Zeitraum von fünf Jahren ein, verbunden mit einer Prognose für weitere fünf Jahre. Beispielhaft für das visionäre und strategische Denken von Reinhold Würth ist insbesondere die „Vision 2000", die er 1987 entwickelte: Im Jahr 1987 betrug der Umsatz der Würth-Gruppe 1,3 Mrd. DM. Bis zur Jahrtausendwende sollte das Unternehmen 10 Mrd. DM Umsatz erzielen. Tatsächlich wurde dieses Ziel im Geschäftsjahr 2000 punktgenau erreicht. Reinhold Würth war auch die treibende Kraft hinter dem für ein Handelsunternehmen ungewöhnlichen Schritt, nicht nur Produkte zu vertreiben, sondern diese auch selbst zu entwickeln und zu produzieren. Zum Selbstverständnis bei Würth gehört seit jeher auch, gesellschaftliche Verantwortung zu übernehmen. Um dieses Engagement zusammenzufassen und eine kontinuierliche Fortsetzung zu gewährleisten, gründeten Reinhold und Carmen Würth beispielsweise 1987 die Stiftung Würth. Auch über die Stiftungsarbeit hinaus engagiert sich Würth umfangreich in den Bereichen Kunst und Kultur, Forschung und Wissenschaft sowie Bildung und Erziehung.

Würth

Würth-Gruppe
Umsatzanteil nach Regionen

- Deutschland 45,2 %
- Westeuropa 16,9 %
- Amerika 11,6 %
- Südeuropa 9,4 %
- Skandinavien 7,7 %
- Osteuropa 4,7 %
- Asien, Afrika, Ozeanien 4,5 %

(2013)

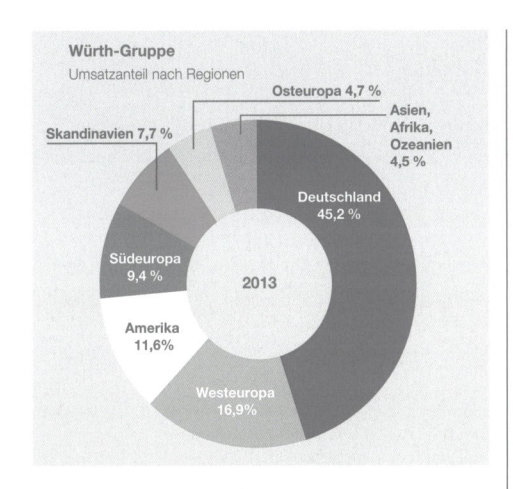

Daten und Fakten

Branche: Globaler Handel mit Befestigungs- und Montagematerial
Produkte: Das klassische Verkaufsprogramm umfasst über 100.000 Produkte für Handwerk und Industrie und wird von den Gesellschaften der Würth-Linie weltweit vertrieben: von Schrauben, Schraubenzubehör und Dübeln über Werkzeuge bis hin zu chemisch-technischen Produkten und Arbeitsschutz. Die Allied Companies sind mit Handels- oder Produktionsunternehmen überwiegend in ähnlichen oder diversifizierten Geschäftsfeldern tätig. Sie vertreiben Produkte, die an das klassische Kerngeschäft angrenzen, wie bspw. Produkte für Bau- und Heimwerkermärkte, Elektroinstallationsmaterial, elektronische Bauteile (z. B. Leiterplatten) sowie auch Finanzdienstleistungen.
Marktposition: Weltmarktführer im Segment Montage- und Befestigungsmaterial
Umsatz: 9,75 Mrd. Euro (2013)
Mitarbeiter: 63.571 (weltweit, 2013)
Standorte: weltweit über 400 Gesellschaften in mehr als 80 Ländern
Vertrieb: Direktvertrieb über rd. 30.000 Außendienstmitarbeiter und 1.500 Verkaufsniederlassungen weltweit, Onlineshop, E-Procurement, scannergestützte Bestellsysteme, Würth App
Auslandsanteil: 54,8 % (2013)
Gründer: Adolf Würth, 1945, Künzelsau

Kontakt

Adolf Würth GmbH & Co. KG
Reinhold-Würth-Str. 12-17, 74653 Künzelsau
Fon: 07940 15-0, Fax: 07940 15-1000
info@wuerth.de, www.wuerth.com

Ansprechpartner Presse:

Dr. Janina Knab
Fon: 07940 15-1186

Die Würth-Gruppe im Internet

XYZ

Xella

Xella

Duisburg, Nordrhein-Westfalen

X

EL

»Unsere Produkte sind gesundheitlich unbedenklich sowie umweltschonend hergestellt und energieeffizient in der Nutzungsphase.«

Jan Buck-Emden, CEO Xella Gruppe

Gegründet: 2002

Die Duisburger Xella Gruppe produziert und vertreibt weltweit Bau- und Rohstoffe und ist einer der größten Hersteller von Porenbeton und Kalksandstein. Das Produktspektrum der Xella Baustoffe umfasst Porenbeton (Ytong), Kalksandstein (Silka), Montagebauteile aus Porenbeton (Hebel) und Mineraldämmplatten (Multipor). Im Trockenbau firmieren die Gipsfaser- und zementgebundenen Platten unter der Marke Fermacell, die Brandschutzplatten als Fermacell Aestuver und die Geschäftseinheit Kalk/Kalkstein tritt unter dem Markennamen Fels auf.

Die Entwicklung des Porenbetons geht auf Laborversuche des schwedischen Architekten Axel Erikson zurück. Nach dem Ersten Weltkrieg litt Schweden unter einer dramatischen Energiekrise, die Regierung stellte hohe gesetzliche Anforderungen an die Wärmedämmung von Baustoffen. Erikson wollte einen Baustoff entwickeln, der mit dem traditionellen schwedischen Baustoff Holz konkurrieren konnte, also natürlich, überall verfügbar und leicht zu verarbeiten war. Er kombinierte das Auftreiben von Kalkmörteln mit der Dampfhärtung, das Verfahren wurde 1924 patentiert. Benannt wurde das Produkt nach der schwedischen Ortschaft: Yxhults Anghärdade Gasbeton – abgekürzt Ytong. 1929 begann die industrielle Fertigung. Im Inneren des dampfgehärteten Bausteins befinden sich Millionen von Luftporen, die für hervorragende Wärmedämmeigenschaften und gleichzeitig geringes Gewicht bei hoher Druckfestigkeit sorgen.

Die Xella Gruppe beliefert viele renommierte Massivhausbauträger in ganz Deutschland. Nahezu jeder Bauunternehmer hat Ytong schon einmal verwendet. Viele große Unternehmen im Wohnungsbau nut-

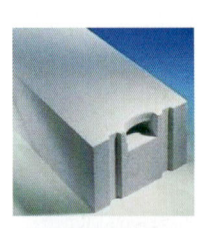

Die Marke Ytong der Xella Gruppe ist das Synonym für Porenbeton. Der mineralische Baustoff besteht im Wesentlichen aus Kalk, Sand, Zement und Wasser.

Premium-Marke: Ytong

Ytong Porenbeton gilt als Garant für massive Qualität und beste Wärmedämmung. Was 1929 in Schweden begann und 1940 als erste Baustoffmarke der Welt eingetragen wurde, prägt das Bauen bis heute. In Deutschland startete der Aufstieg von Ytong in den Zeiten des Wiederaufbaus und Wirtschaftswunders. Der damalige Wirtschaftsminister Ludwig Erhard bezeichnete Ytong in diesem Zusammenhang als „anerkannt guten und modernen Baustoff". Die schnell wachsende Akzeptanz ist eng mit der Einführung des Ytong-Planblocks im Jahr 1960 verbunden. Der neu entwickelte, großformatige Stein von bis dahin unbekannter Maßgenauigkeit, der mit Dünnbettmörtel zu einer fast fugenlosen Wand zusammengefügt werden konnte, veränderte die traditionelle Mauerwerkstechnik nachhaltig und grundlegend. Die Ytong-Steine werden seit 1967 in der bekannten gelben Folie verkauft. Die Gelbfolierung ist Bestandteil der Markenstrategie, die auf einen hohen Wiedererkennungswert der Marke ausgerichtet ist. Zur Qualitätssicherung werden Seminare und Schulungsangebote in der Ytong Silka Akademie gebündelt. Die Schulungsangebote sind jeweils zielgenau auf die unterschiedlichen beruflichen Anforderungen abgestimmt. Sie reichen von praktischen Übungen und umfassendem Grundlagenwissen für Neubau und Modernisierung bis hin zur Ausbildung zum Dekra-zertifizierten Energiefachberater.

Xella

Ytong eignet sich perfekt für moderne Architektur und anspruchsvolle Konstruktionen mit natürlichen Materialien.

X
EL

zen Silka Kalksandstein für höchsten Schallschutz am Bau. Selberbauen ist mit Ytong Bausatzhaus kein Problem, hier stehen etwa 50 Franchisepartner in ganz Deutschland bereit. Für Endkunden ist Xella in den großen Baumarktketten zu Hause und bietet ein abgestimmtes Produktsortiment für den DIY(Do-it-yourself)-Markt. Da es sich bei Ytong und Silka um mineralische Baustoffe handelt, sind alle Produkte miteinander kombinierbar. Dem Kunden werden auf das einzelne Objekt zugeschnittene Komplettlösungen und ergänzende Services angeboten. Zudem verfügt Xella als eines der wenigen Baustoffunternehmen in Europa über ein eigenes Forschungs- und Entwicklungszentrum, denn innovative Konzepte und neue Systemansätze forcieren die Entwicklung energieeffizienter und nachhaltiger Baustoffe.

Xella verfolgt die Strategie, über eigene Produktionen und Vertriebe die unterschiedlichen Kundenanforderungen in den regionalen Märkten individuell und zeitnah zu bedienen. Das Unternehmen hat 98 Werke in 20 Ländern und ist in über 30 Ländern

Schon gewusst?

Nachhaltig zu sein bedeutet langfristiges und verantwortungsbewusstes Denken und Handeln. Dieser Grundsatz bildet die Grundlage der Unternehmenspolitik von Xella – schließlich überdauern die Gebäude aus Xella-Baustoffen mehrere Generationen und haben großen Einfluss auf die Gesundheit und das Wohlbefinden der in ihnen lebenden Menschen. Die Tradition und die Unternehmenskultur von Xella stehen für das Bewahren von Werten und gleichzeitig für das Streben nach ökologischem und sozialem Fortschritt. Doch Nachhaltigkeit ist für Xella mehr, als energieeffiziente und umweltverträgliche Produkte auf den Markt zu bringen. Sie betrifft auch Produktion und Management, Personal, Compliance und Forschung sowie Innovation und Umwelt. Dabei geht es nicht einzig um Einsparung von Energie, sondern genauso um langlebige Produkte, um Recycling oder Aspekte der Zertifizierung.

Der Produktlebenszyklus (Cradle to Cradle)

Das Anwendungsspektrum von Porenbeton und Kalksandstein umfasst den Wohnungs- und Wirtschaftsbau sowie die Renovierung und Sanierung. Die halbfesten Porenbeton-Rohblöcke werden bei etwa 200° in sogenannten Autoklaven gehärtet (Mitte).

Y
XL

mit Vertriebsorganisationen vertreten. 2013 betrug der Gesamtumsatz der Xella Gruppe 1,25 Mrd. Euro, die von 7.227 Mitarbeitern weltweit erwirtschaftet wurden.

Daten und Fakten

Branche: Baustoffe und Rohstoffe
Produkte: Porenbeton, Kalksandstein, Montagebauteile aus Porenbeton, Mineraldämmplatten, Gipsfaserplatten, Brandschutzplatten, zementgebundene Trockenbauplatten, Kalk, Kalkstein
Marktposition: einer der weltweit größten Hersteller von Porenbeton und Kalksandstein; tonangebend bei Trockenbau-Lösungen; europaweit führend in der Herstellung von Kalk
Marken: Ytong, Silka, Multipor, Hebel, Fermacell und Fels
Vertrieb: 98 Werke in 20 Ländern, in über 30 Ländern mit Vertriebsorganisationen vertreten
Gesamtumsatz: 1,25 Mrd. Euro (weltweit, 2013)
Mitarbeiter: 7.227 (weltweit, 2013)

Kontakt

Xella International GmbH
Düsseldorfer Landstr. 395, 47259 Duisburg
Fon: 0203 60880-0, Fax: 0203 28097-9195
kommunikation@xella.com, www.xella.com

Die Xella Gruppe im Internet

YXLON

Hamburg

Gegründet: 1998
YXLON International ist der weltweit führende Anbieter von Röntgen- und CT-Systemen für industrielle Anwendungen. Mit der Röntgentechnik lassen sich Bauteile, bei denen es vor allem auf Sicherheit und Langlebigkeit ankommt, schnell, zuverlässig und zerstörungsfrei untersuchen, analysieren und vermessen. Zum Portfolio gehören umfassende Servicepakete, Schulungen, Trainings, Kundenapplikationen und Prüfdienstleistungen. Röntgenbasierte Prüfsysteme werden u. a. in der Automobilindustrie, der Luft- und Raumfahrt sowie der Elektronikindustrie angewendet. YXLON beschäftigt an 8 Standorten mehr als 300 Mitarbeiter, davon rund 240 in Deutschland. Der Rest verteilt sich auf die USA, China und Japan. Entwicklung, Forschung und Produktion finden am Hauptsitz in Hamburg statt. Durch sein dichtes Repräsentantennetz ist YXLON weltweit in mehr als 50 Staaten mit Vertrieb und Service vor Ort.

Im Jahr 1998 wurde das Unternehmen durch Management-Buy-out und Zusammenschluss von Andrex/Dänemark, Philips Industrial X-Ray/Deutschland und LumenX/USA gegründet. Später kamen die Niederlassungen in Tokio, Peking und Shanghai dazu. 2003 erweiterte das Unternehmen mit der Übernahme der Firma HAPEG (Hattinger Prüf- und Entwicklungs-GmbH) seine Produktpalette um Computertomografielösungen. Seit der Übernahme 2007 durch die Schweizer COMET AG wurde die Feinfocus-Produktlinie der Unternehmensgruppe angegliedert, sodass YXLON seitdem auch im Mikrofokusbereich präsent und erfolgreich ist. YXLON hat seit seiner Gründung zahlreiche Patente angemeldet und zählt die größten Produzenten in der Automobil- und Luftfahrtindustrie zu seinen Kunden.

Kontakt

YXLON International GmbH
Essener Bogen 15, 22419 Hamburg
Fon: 040 52729-0, Fax: 040 52729-170
yxlon@hbg.yxlon.com, www.yxlon.com

ZIEHL-ABEGG

Zeppelin Systems

Friedrichshafen, Baden-Württemberg

Gegründet: 1908

Die Zeppelin Systems GmbH, hervorgegangen aus der durch Graf von Zeppelin im Jahr 1908 ins Leben gerufenen Stiftung, ist eines der weltweit führenden Anlagenbau-Unternehmen für das Handling von Schüttgütern. Zu den Kundenbranchen zählen unterschiedlichste Industriezweige, für die Zeppelin von der Entwicklung spezifischer Komponenten bis zur Implementierung kompletter Anlagen und Aftersales-Service alle Leistungen aus einer Hand liefert. In der Zeppelin Systems GmbH sind die Aktivitäten des Zeppelin Konzerns im Bereich Anlagenbau gebündelt. Der Konzern beschäftigt weltweit an 190 Standorten über 7.700 Mitarbeiter. Im Jahr 2013 erzielte die Gruppe einen Gesamtumsatz von 2,4 Mrd. Euro. Geleitet wird Zeppelin von einer vierköpfigen Geschäftsführung, deren Vorsitz Dieter Brücher innehat.

Kontakt
Zeppelin Systems GmbH
Graf-Zeppelin-Platz 1, 88045 Friedrichshafen
www.zeppelin-systems.com

ZIEHL-ABEGG

Künzelsau, Baden-Württemberg

Gegründet: 1910

Die ZIEHL-ABEGG SE gehört im Bereich der Luft- und Antriebstechnik zu den international erfolgreichsten Unternehmen. Der Konzern konnte sich, u. a. als Hersteller von Antriebsmotoren für Aufzüge, weltweit unter den Top drei der Branche etablieren. In der Lufttechnik, dem zweiten Hauptgeschäftsfeld, ist die Firma internationaler Marktführer. Ausgestattet mit einer umfangreichen Produktpalette für unterschiedlichste Anwendungen bietet ZIEHL-ABEGG dem Kunden z. B. energieeffiziente Systemlösungen zur Klimatisierung großer Gebäude- und Industriekomplexe. Die verwendete ECblue-Technologie, die Motorwirkungsgrade von über 90 % möglich macht, entspricht schon seit Jahren den EU-Grenzwertvorschriften der Energieklasse IE3 für das Jahr 2015. Weltweit werden mehr als 3.300 Mitarbeiter beschäftigt, davon rd. 1.900 in den süddeutschen Produktionswerken. Insgesamt 16 Produktionsstätten sowie ein dicht gewobenes Vertriebsnetz mit 85 Standorten sorgen für die internationale Präsenz von ZIEHL-ABEGG. Im Jahr 2013 erzielte das Unternehmen einen Umsatz von 388 Mio. Euro, zwei Drittel davon werden im Export generiert.

ZIEHL-ABEGG SE ist nicht börsennotiert, alle Unternehmensanteile befinden sich zu 100 % im Besitz der Familie Ziehl. Dem Vorstandsvorsitzenden Peter Fenkl steht mit Uwe Ziehl als Vorsitzendem des Aufsichtsrates ein Enkel des Erfinders Emil Ziehl zur Seite. Dieser hatte 1910 die Firma gegründet. Modernste Technik und Innovation sind seither ein zentrales Merkmal des Familienunternehmens. Die Voraussetzungen dazu werden im firmeneigenen Technologiezentrum „InVent" geschaffen, in dem auf einer Fläche von 5.000 m² über 100 Ingenieure und Techniker Lösungen für den Markt von morgen entwickeln. Zudem

Die Zentrale der ZIEHL-ABEGG SE in Künzelsau

»Unsere Produkte setzen seit Jahrzehnten weltweit Standards bei Technologie, Qualität, Langlebigkeit und Effizienz.«

Peter Fenkl, Vorstandsvorsitzender ZIEHL-ABEGG SE

Peter Fenkl leitet die ZIEHL-ABEGG SE, zu deren Produktportfolio u. a. bionische Bioventilatoren zur Steigerung der Energieeffizienz und CO_2-Einsparung zählen.

Z IM

...unterhält ZIEHL-ABEGG am Stammsitz in Künzelsau den weltgrößten Mess- und Prüfstand für Ventilatoren für die zeitgleiche Geräusch- und Effizienzmessung: Unternehmen rund um den Globus senden Klima- und Lüftungsgeräte nach Künzelsau, um dort Effizienz und Geräusch messen zu lassen.

Meilensteine

1897 Emil Ziehl bringt die erste Konstruktionszeichnung eines Außenläufermotors zu Papier.

1910 Gründung der ZIEHL-ABEGG Elektrizitätsgesellschaft in Berlin durch Emil Ziehl.

1949 Wiederaufbau des Unternehmens ZIEHL-ABEGG im süddeutschen Künzelsau durch Günther und Heinz Ziehl.

1957 ZIEHL-ABEGG gelingt der Durchbruch mit einem Außenläufermotor als Ventilatorantrieb - das ist heute noch immer weltweiter Stand der Technik.

2012 Start von ZIEHL-ABEGG Automotive

ZIEHL-ABEGG SE im Internet

Daten und Fakten

Branche: Maschinenbau
Produkte: Ventilatoren, Elektromotoren und die dazugehörige Regeltechnik
Marktposition: Weltmarkt- und Technologieführer in verschiedenen Bereichen der Luft- und Antriebstechnik
Umsatz: 388 Mio. Euro (2013)
Mitarbeiter: 3.250 (weltweit, 2013)
Standorte: 16 Produktionsstätten, 85 Standorte
Vertrieb: weltweit
Gründer: Emil Ziehl, 1910, Berlin

Zimmermann

Kontakt
ZIEHL-ABEGG SE
Heinz-Ziehl-Straße, 74653 Künzelsau
Fon: 07940 16-0, Fax: 07940 16-677
info@ziehl-abegg.de, www.ziehl-abegg.de

Zimmermann

Neuhausen/Fildern, Baden-Württemberg

Gegründet: 1933

Die F. Zimmermann GmbH rangiert in Deutschland und den USA unter den drei führenden Herstellern von Portalfräsmaschinen mit 2-Achs-Gabelköpfen. Die Fräsköpfe, Portal- und Bettfräsmaschinen von Zimmermann kommen beim Modell- und Formenbau sowie bei der Fertigung von Komponenten für die Luft- und Raumfahrt und den Automobilbau zum Einsatz. So betätigt Zimmermann sich u. a. als Systemlieferant der neuen Flugzeugtypen Airbus A350 und Boeing 787 sowie der Williams-Formel-1-Wagen. Das Unternehmen beschäftigt weltweit ca. 150 Mitarbeiter. Zimmermann verfügt über Produktionsstandorte in Denkendorf und Neuhausen/Fildern, eine Tochterfirma in den USA sowie über Vertretungen und Büros in China, Indien, Brasilien, Russland und vielen EU-Mitgliedsstaaten. Ingesamt erwirtschaftet Zimmermann einen jährlichen Umsatz von etwa 33 Mio. Euro.

Kontakt
F. Zimmermann GmbH
Bernhäuser Str. 35, 73765 Neuhausen a.d.F.
www.f-zimmermann.com

ZIPPE

Wertheim, Baden-Württemberg

Gegründet: 1920

Die ZIPPE Industrieanlagen GmbH ist eine mittelständische Maschinenbaufirma, die Gemengeanlagen und Anlagen zur Aufbereitung und Wiederverwertung von Glas und Scherben für die nationale und internationale Glasindustrie baut und modernisiert. Schwerpunkt der Aktivitäten ist die Aufbereitung von Schmelzgut mit all ihren Peripherietechniken. Ein eigenes Technik-Center, Elektronik-Center und eine mechanische Fertigung ermöglichen der Firma, vom Layout und Design der Anlagen bis hin zur Montage mit eigenen Monteuren Inbetriebnahme, Training und Aftersales-Service aus einer Hand anzubieten. ZIPPE ist ein inhabergeführtes Familienunternehmen und wird in der 3. und 4. Generation von Dr. Bernd-Holger Zippe und dessen Sohn Dr. Philipp Zippe geleitet

Kontakt
ZIPPE Industrieanlagen GmbH
Alfred-Zippe-Str. 1, 97877 Wertheim
www.zippe.de

ZÖLLNER

Kiel, Schleswig-Holstein

Gegründet: 1946
Die 1946 gegründete Unternehmensgruppe ZÖLLNER ist traditioneller Hersteller von akustischen Signalanlagen für die Schifffahrt. In diesem Segment ist das Unternehmen Weltmarktführer. Die Produktreihe der hochwertigen Signalhörner für Schiffe aller Längen reicht bis zu luxuriösen Modellen für Mega-Yachten. Neben der Herstellung von akustischen Signalgebern – meist druckluftbetriebene Makrofone® – kam in den 1990er-Jahren mit automatischen Warnsystemen für Gleisbaustellen ein neues Geschäftsfeld hinzu. Das Unternehmen mit Tochtergesellschaften in Großbritannien, Frankreich, Australien und Spanien befindet sich in 3. Generation im Besitz der Familie Murmann und wird heute von Dr. Philipp Murmann als geschäftsführendem Gesellschafter geführt. Am Standort Kiel werden rd. 100 Mitarbeiter beschäftigt.

Kontakt
ZÖLLNER Signal GmbH
Radewisch 40, 24145 Kiel
www.zoellner.de

ZWEIBRÜDER

→LED LENSER

ZWEIWEG

Leichlingen, Nordrhein-Westfalen

Gegründet: 1940
Die ZWEIWEG international GmbH & Co. KG fertigt Straßenfahrzeuge und Baumaschinen, die auf Straße und Eisenbahnschienen abwechselnd fahren können. Das Unternehmen baut diese Zweiwegefahrzeuge z. B. aus Pickups, Transportern, Unimogs, Baumaschinen oder Lkw für Kunden in aller Welt. Dabei kombiniert ZWEIWEG das Basisfahrzeug, den Aufbau und die Schienenfahreinrichtung zu einer maßgeschneiderten Einheit mit allen erforderlichen Zulassungen. Die Firmengeschichte reicht bis ins Jahr 1940 zurück, als Walter Schneider das Unternehmen gründete. 2006 wurde ZWEIWEG Schneider in ZWEIWEG International umfirmiert und schloss sich der ZAGRO Group an. Die Geschäftsleitung hat Joachim Feuchter inne.

Kontakt
ZWEIWEG International GmbH & Co. KG
Oberbüscherhof 50, 42799 Leichlingen
www.zweiweg.de

Zwick Roell

Ulm, Baden-Württemberg

Gegründet: 1854
Die Zwick Roell AG ist weltweit führend mit Maschinen für statische Material- und Bauprüfungen und verzeichnet ein signifikantes Wachstum bei Systemen für die Prüfung der

Zwiesel Kristallglas

Zwiesel Kristallglas

Zwiesel, Bayern

Gegründet: 1872

Die Zwiesel Kristallglas AG produziert und vertreibt hochwertige Gläser und Glasaccessoires unter den Marken Zwiesel 1872, Schott Zwiesel und Jenaer Glas. In der Spitzengastronomie und -hotellerie ist das Unternehmen mit Kristallgläsern der Marke Schott Zwiesel weltweiter Marktführer. Die inhabergeführte Aktiengesellschaft besitzt Vertriebsgesellschaften in Spanien, Singapur, Japan, China und Indien sowie eine Beteiligung in den USA. Aus den eigenen Gesellschaften sowie lokalen Partnern formiert sich das weltweite Distributionsnetz des Unternehmens, das rd. 60 % seines Umsatzes im Exportgeschäft generiert. Von den insgesamt 900 Mitarbeitern sind 700 am Hauptsitz Zwiesel beschäftigt, eine weitere Produktionsstätte befindet sich in Ungarn.

Die Geschichte der Zwiesel Kristallglas AG reicht bis in das Jahr 1872 zurück, als der Fuhr- und Handelsunternehmer Anton Müller in Zwiesel die Tafelglashütte

Dr. Robert Hartel und Dr. Andreas Buske (v.l.) sind Eigentümer der Zwiesel Kristallglas AG. Die Manufakturmarke Zwiesel 1872 wurde 2005 vorgestellt.

Meilensteine

1872 Anton Müller gründet in Zwiesel die Tafelglashütte „Annathal".

1884 Verkauf an die Gebrüder Tasche aus Köln

1927 Das Jenaer Glaswerk „Schott & Gen." übernimmt die Aktienmehrheit.

1961 In Zwiesel beginnt die vollautomatische Herstellung von Kelchglas.

2001 Die Table Top Alliance AG übernimmt die Mehrheitsbeteiligung der Schott Zwiesel AG.

2002 Beginn der Produktion von Gläsern mit der international patentierten Tritan®-Technologie

2005 Umfirmierung in Zwiesel Kristallglas AG, Launch der Manufakturmarke Zwiesel 1872

2007 Relaunch der traditionsreichen Marke Jenaer Glas

2010 Inbetriebnahme einer dritten Schmelzwanne auf Oxyfuel-Technologie

2012 Finale Umstellung der gesamten Produktion auf die ressourcenschonende Oxyfuel-Schmelzwannen-Technologie

Zwiesel Kristallglas

Kristallgläser der Marke Schott Zwiesel sind in der Spitzengastronomie und -hotellerie weltweit die Nummer eins.

„Annathal" gründete, die später von dem Glaspionier Otto Schott aufgekauft wurde. Anfang der 1960er-Jahre stellte das Unternehmen als erstes der Branche maschinell gefertigte Kristallgläser her. Die weltweit erste maschinell hergestellte Kelchglasserie „Neckar" steht heute mit über 450 Mio. verkauften Gläsern im Guinness-Buch der Rekorde.

Durch die international patentierte Tritan®-Technologie gelang es Zwiesel im Jahr 2002 erstmals, Gläser zu produzieren, die in hohem Maße brillant, bruch- und kratzfest sowie spülmaschinenfest sind. Bereits im Jahr zuvor konnte durch ein Management-Buy-out der traditionsreiche Standort Zwiesel nachhaltig gesichert werden. Die neuen Eigentümer und Vorstände Dr. Robert Hartel und Dr. Andreas Buske gründeten Vertriebsgesellschaften im Ausland und legten so den Grundstein für eine rasche internationale Expansion.

Daten und Fakten

Branche: Herstellung und Vertrieb von Glas
Produkte: Kristallgläser für Gastronomie, Hotellerie, Haushalte sowie Wohnaccessoires
Marktposition: Weltmarktführer für Kristallglas in der Spitzengastronomie und -hotellerie
Mitarbeiter: 900 weltweit, 700 davon in Zwiesel
Standorte: Produktion in Deutschland und Ungarn; Auslandsniederlassungen in Spanien, Singapur, Japan, China und Indien sowie eine Beteiligung in den USA
Exportquote: 60 %
Innovationen: das erste maschinell gefertigte Kristallkelchglas (1961), patentierte Tritan®-Technologie (2002), Sensa Airome (2010), Drop Protect (2011), Tritan® Protect (2012)
Gründer: Anton Müller, 1872, Zwiesel
Eigentümer: Dr. Andreas Buske, Dr. Robert Hartel
Auszeichnungen: „Entrepreneur des Jahres" (Ernst & Young, 2005); „Großer Preis des Mittelstandes" (Oskar-Patzelt-Stiftung, 2007); „Bayerischer Gründerpreis" (2008); „Best of Award" (2010); „Design Plus Award" für Serie GOURMET FOOD & DRINKS von JENAER GLAS (2011); „Interior Innovation Award" für Teeservice von JENAER GLAS (2012)

Kontakt

Zwiesel Kristallglas AG
Dr.-Schott-Str. 35, 94227 Zwiesel
Fon: 09922 98-0, Fax: 09922 98-300
info@zwiesel-kristallglas.com
www.zwiesel-kristallglas.com

Zwiesel Kristallglas im Internet

ANHANG

Register nach Postleitzahlen

Postleitzahlen

0

01307	Novaled
01662	MEISSEN COUTURE
04109	Goldschmidt Thermit Group
04179	Kranunion
07745	GÖPEL electronic
07747	Asclepion
09116	KIESELSTEIN
09117	ILES-SIMMONS-HEGENSCHEIDT
09599	ACTech

1

10117	Delivery Hero
10119	Ableton
10785	Deutsche Bahn
12057	JORDAHL
12107	BEKUM
13125	Eckert & Ziegler
13407	Berliner Seilfabrik
13507	BORSIG
14197	Springer
15528	BE Maschinenmesser
16303	LEIPA
16515	ORAFOL
19306	Dockweiler

2

20095	Vladi Private Islands
20095	Wempe
20097	HELM
20097	Körber
20099	Berg + Schmidt
20148	DERMALOG
20253	tesa
20457	Neumann Kaffee Gruppe
20459	Marquard & Bahls
20537	HOYER
20539	Aurubis
21031	3B Scientific
21079	HF GROUP
21354	Witte
21493	Fette Compacting
21502	LEUCHTTURM
22047	Jungheinrich
22089	seca
22307	Asklepios Kliniken
22419	YXLON
22453	KRÜSS
22525	Montblanc
22761	KROENERT
22763	Rickmers
22926	Basler
22926	Mühlenchemie
22941	flexi – Bogdahn
22969	RAKO ETIKETTEN
23560	BAADER
23560	Niederegger
24106	WALTERWERK KIEL
24145	ZÖLLNER
24159	Sauer Kompressoren
24568	WISKA
24768	Lapmaster Wolters
24939	FSG
24941	Robbe & Berking
25421	Witt & Sohn
26215	Broetje-Automation
26683	Optimas Maschinenfabrik
27283	VEMAG ANLAGENBAU
27777	Neuhaus Neotec
27804	Fassmer
28195	KAEFER Isoliertechnik
28199	IGEL Technology
28307	SIKORA
28357	Statex
28717	Vector Foiltec
28759	Lürssen

3

30165	Continental
30827	LPKF
30853	WAGNER
31061	Fagus-GreCon
31691	HAUTAU
31737	STÜKEN
31785	REINTJES
31855	AERZEN
31855	Lenze
32312	DANNEMANN
32312	IMA Klessmann
32339	Gauselmann
32339	HARTING
32369	KOLBUS
32549	DENIOS
32549	Gneuß Kunststofftechnik
32602	Kannegiesser
32657	Gebr. Brasseler
32823	Phoenix Contact

Register nach Postleitzahlen

33332	Mestemacher		**4**	
33332	Miele		40212	Heitkamp & Thumann Group
33428	CLAAS		40221	capricorn
33609	Schüco		40237	SMS group
33613	Hymmen		40468	GEA Group
33649	Böllhoff Gruppe		40468	Gerresheimer
33649	Liebisch		40472	ARAG
33689	DMG MORI SEIKI		40479	E.ON
33803	Plasmatreat		40549	HA-Gruppe
34121	Breithaupt & Sohn		40549	LOESCHE
34212	B. Braun		40589	Henkel
34212	Faubel & Co.		40597	Terex MHPS
34246	KEMPER SYSTEM		40667	TEEPACK
34286	WIKUS		40724	QIAGEN
34346	Benary		40764	Vits Technology
34431	RITZENHOFF		40878	CETTO
34613	KONVEKTA		41068	AUNDE
35037	Seidel		42115	VOK DAMS
35107	Viessmann		42270	Vorwerk
35216	BANSS		42279	Becker
35232	Roth Industries		42279	Schmersal
35236	Weber Maschinenbau		42285	Thielenhaus Technologies
35321	ROEMHELD		42349	Berger Gruppe
35392	Poppe		42349	KNIPEX
35444	Schmidt & Bender		42389	FAHNEN HEROLD
35447	Weiss Umwelttechnik		42499	Klingelnberg
35452	Berkenhoff		42551	EMKA Beschlagteile
35633	LTi		42551	WITTE Automotive
35633	Sensitec		42579	Kiekert
35708	CLOOS		42653	Unger
35745	Rittal		42699	LED LENSER
35781	GREBE		42781	EDUARD KRONENBERG
36039	JUMO		42799	ZWEIWEG
36132	b+m surface systems		42859	A.MANNESMANN
36169	WIEGAND Freizeiteinrichtungen		42897	TKM
36381	Eckart		42899	GEDORE
37073	Mahr		42929	Ortlinghaus
37075	Sartorius		44143	GfG
37115	Ottobock		44147	Dolezych
37120	DBW Advanced Fiber Technologies		44263	Wilo
37520	Piller Group		44653	SCHWING-Stetter
37555	KWS SAAT		44653	Vulkan Gruppe
37586	Hahnemühle		44789	Eickhoff
38110	PROTEGO		44789	Schalker Eisenhütte
38239	Salzgitter		45128	Evonik Industries
38296	Mast-Jägermeister		45128	HOCHTIEF
38644	Stöbich Brandschutz		45128	ifm-Unternehmensgruppe
39179	Laempe & Mössner		45131	ista
			45143	Oschatz
			45356	cph Deutschland
			45472	Brenntag
			45472	TURCK

Register nach Postleitzahlen

PLZ	Firma		PLZ	Firma
45478	Schauenburg Gruppe		50827	Rasch Maschinen
45527	RESOL		50829	Courage + Khazaka
45549	Hauhinco		50933	Böttcher
45884	August Friedberg		51063	FOGTEC
46147	OXEA		51147	igus
46238	MC-Bauchemie		51149	DEUTZ
46354	PFREUNDT		51368	Bayer
46397	Borgers		51469	KRÜGER
46446	PROBAT-Werke		51580	Wessel-Werk
46483	ALTANA		51674	BPW
46509	Schwartz		51674	KAMPF
46519	LEMKEN		51709	PFERD
47055	Brabender		51789	ONI
47057	Klöckner & Co		51789	Schmidt + Clemens
47058	KROHNE Messtechnik		52068	Rhein-Nadel Automation
47138	RÜTGERS		52070	Fecken-Kirfel
47259	Xella		52070	Tilke
47493	Underberg		52072	Henry Lambertz
47495	AUMUND		52078	FEV
47504	TROX		52134	AIXTRON
47803	Siempelkamp		52152	OTTO JUNKER
47809	Dextro Energy		52353	GKD – Gebr. Kufferath
47906	teNeues		53111	Johannes Klais Orgelbau
47918	ARCA-Regler		53113	Deutsche Post DHL
48147	Hengst		53121	Krantz
48249	JÖST		53129	HARIBO
48308	metrica INTERIOR		53229	Kautex Maschinenbau
48324	VEKA		53578	JK-International
48499	H&R		53578	Wirtgen Group
48499	SSB Wind Systems		53721	Siegwerk
48691	KEMPER		53842	Formel D
49324	Melos		53844	Reifenhäuser
49324	Tetra		53940	HOLTEC
49324	Westland		54296	alwitra
49356	SCHÖMA		54595	Grohmann Engineering
49377	Big Dutchman		55116	Schott Music
49393	EnviTec Biogas		55122	SCHOTT
49401	Grimme		55126	Boehringer Ingelheim Pharma
49429	PHW-Gruppe LOHMANN		55129	JF Hillebrand
49504	FRIMO		55452	WIV Wein International
49525	Windmöller & Hölscher		55606	SIMONA
49565	Sanders		56070	Stabilus
49584	meurer		56203	Steuler
			56322	SCHOTTEL
			56479	Plan Optik
5			56626	LTS
50569	LANXESS		57072	DANGO & DIENENTHAL
50668	TENTE		57072	Rudolf Flender
50672	Picanova		57074	Dometic Group
50676	HRS		57074	Herkules
50679	Deutsche Lufthansa		57080	UTSCH
50735	Schwank		57080	VETTER Holding

Register nach Postleitzahlen

57223	Achenbach Buschhütten		59348	Kleffmann Group
57234	Guntermann & Drunck		59494	Kuchenmeister
57250	Gräbener		59514	Neubauer
57271	WESTFALIA Metallschlauchtechnik		59552	HBPO
57334	EJOT		59552	HELLA
57368	Gustav Hensel		59557	IDEAL-Werk
57392	burgbad		59602	KONTRA
57392	transfluid		59602	MeisterWerke Schulte
57439	Mubea		59755	BJB
57439	Viega		59755	Wrede
57489	BERGHOFF Gruppe		59757	Umarex
57489	KRAH		59759	DESCH
57562	Thomas Magnete		59823	A. + E. Keller
57641	TREIF		59872	ITH Schraubtechnik
58089	MK Metallfolien		59889	KettenWulf
58091	Wippermann		59929	REMBE
58093	C.D. Wälzholz		59939	Olsberg Gruppe
58093	Grueber			
58256	BIW Isolierstoffe			
58256	DORMA		**6**	
58256	Pennekamp		60314	SAMSON
58256	SPAX International		60485	Deutsche Börse
58256	ThyssenKrupp Bilstein		60487	Chemetall
58300	ABUS		61348	Argand'Or
58300	QASS		61352	Fresenius
58453	ARDEX		63073	Dematic
58454	KAMAT		63263	LSG Sky Chefs
58455	J.D. Neuhaus		63450	Heraeus
58511	Wilesco		63450	Vacuumschmelze
58513	Küberit		63674	OHL Gutermuth
58513	Leopold Kostal		63755	Bühler Alzenau
58513	SELVE		63856	SAF-HOLLAND
58540	Albert Turk		63911	WIKA
58540	Busch & Müller		64293	GOEBEL Schneid- und
58540	Danieli Fröhling			Wickelsysteme
58540	IQfy		64293	Merck
58566	Lahme		64293	Schenck Process
58579	Spelsberg		64293	SCHENCK RoTec
58636	JOST		64295	Döhler
58638	KIRCHHOFF Gruppe		64625	Sanner
58640	Dornbracht		64668	SPIR STAR
58640	rbr Messtechnik		64673	BRAIN
58640	THIELE		64711	Koziol
58710	OBO BETTERMANN		65189	KION Group
58739	Humpert		65189	MEWA
58809	DST		65203	Kalle
58809	Schniewindt		65232	BRITA
58809	VSE		65232	Expotechnik
59075	SMT Scharf		65479	Treofan
59229	Leifeld		65719	GeGa
59269	BEUMER		65719	KOBOLD
59269	Maschinenfabrik Möllers		65719	POLAR-Mohr

Register nach Postleitzahlen

65779	ROTHENBERGER		71732	Marabu
65795	Poly-clip System		72072	Dr. Rolf Hein
65812	MEC Holding		72072	ERBE
66280	HYDAC		72072	Walter
66287	Nanogate		72076	HB Technologies
66440	Hager Group		72160	LEUCO
67065	Dokumental		72178	fischerwerke
67304	Gienanth		72202	Häfele
67433	SIGMA-ELEKTRO		72250	BÜRKLE
67483	Gutting PFALZNUDEL		72250	SCHMID
67547	RENOLIT		72293	Schmalz
67722	MOBOTIX		72336	AKE Knebel
68165	Röchling-Gruppe		72336	Bizerba
68165	Südzucker		72348	Blickle
68169	FUCHS PETROLUB		72458	Groz-Beckert
68219	WIMA		72458	Gühring
68307	Pepperl+Fuchs		72461	Alber
69115	Heidelberger Druckmaschinen		72461	Mayer & Cie.
69123	ProMinent		72505	COLUMBUS
69126	Geuder		72505	Optigrün
69190	SAP		72555	Storopack
69254	Sunrise Medical		72574	Eissmann
69412	DiloGroup		72574	URACA
69429	MOSCA		72622	HELLER
69469	Freudenberg Gruppe		72622	IST METZ
69469	nora systems		72639	bielomatik
			72661	RAMPF
			72793	Prettl
7			72818	Vöhringer
70174	Mackevision		73033	Schuler
70174	Seydelmann		73035	Mink Bürsten
70327	Daimler		73066	EWS
70376	JW Holding		73072	HÖRAUF
70499	M+W Group		73072	Nuclear Blast
70565	Lapp		73079	Carl Stahl
70597	RECARO		73207	CeramTec
70771	Roto Frank		73230	Sprimag
70806	SATA		73235	Eurotramp
71032	Eisenmann		73240	Festool
71101	FAULHABER		73240	Schiedmayer
71229	GEZE		73257	Nederman
71229	LEWA		73265	Rübezahl Schokoladen
71252	TRUMPF		73312	WMF
71254	Gretsch-Unitas		73413	Maschinenfabrik ALFING Kessler
71272	Kromberg & Schubert		73433	SHW
71272	SchäferRolls		73447	Leitz
71307	STIHL		73453	Kessler + Co
71332	Aeroxon		73479	VARTA Microbattery
71332	rommelag		73650	PFISTERER
71364	Kärcher		73730	Eberspächer
71573	Harro Höfliger		73730	INDEX-Werke
71638	MANN+HUMMEL		73760	Gehring

Register nach Postleitzahlen

PLZ	Firma
73760	Pilz
73765	Balluff
73765	Zimmermann
74076	LÄPPLE
74076	WOLFFKRAN
74078	INTERSPORT
74080	Amphenol-Tuchel
74080	Marbach-Gruppe
74081	ILLIG
74172	KSPG
74177	Hänel
74189	FIBRO
74189	Vollert
74321	ATLANTA
74321	BESSEY
74321	DÜRR DENTAL
74348	SCHUNK
74357	AMANN
74360	WEIMA
74405	bott
74423	FIMA
74427	KW automotive
74523	FONG´S EUROPE
74523	KLAFS
74523	Optima
74523	RECARO Aircraft Seating
74532	Bausch+Ströbel
74564	ELABO
74564	groninger
74564	Schubert
74629	SCHEUERLE
74638	R. STAHL
74653	Berner Group
74653	Bürkert
74653	GEMÜ
74653	Veigel
74653	Würth
74653	ZIEHL-ABEGG
74670	KRIWAN
74679	Hornschuch Group
74706	AZO
74847	hawo
74889	Maxxtec
74906	Losberger
74912	BEHRINGER
75031	Dieffenbacher
75031	Shure Europe
75038	BLANCO
75175	Witzenmann
75179	Ungerer
75228	DENTAURUM
75438	NEUMO
76131	PTV
76137	WIBU-SYSTEMS
76189	CRONIMET
76228	PI Gruppe
76307	Sonotronic
76437	Maquet
76532	ARKU
76571	Precitec Group
76599	KATZ
76829	WICKERT
77656	Huber Kältemaschinenbau
77694	KRONEN
77704	Koehler Paper Group
77761	Hansgrohe
77781	HYDRO
77963	Herrenknecht
78112	ALPRO MEDICAL
78132	Duravit
78136	SBS-Feintechnik
78166	IMS Gear
78532	BERCHTOLD
78532	BINDER
78532	CHIRON
78604	Marquardt
79112	KNF Neuberger
79183	SICK
79219	SCHLADERER
79261	Gütermann
79261	Wasserkraft Volk
79650	DREISTERN
79650	EKATO
79822	Hönes
79853	Testo

8

PLZ	Firma
80333	Siemens
80686	TÜV SÜD
80687	Rodenstock
80802	Allianz
80802	Munich Re
80805	MAN
80807	Maurer Söhne
80809	Wacker Neuson
80997	KraussMaffei Group
81379	Gigaset
81476	Ingenieurbüro Stengel
81479	BAUER Kompressoren
81673	Instrument Systems
81675	MVTec
81677	Giesecke & Devrient
81739	BSH Bosch und Siemens Hausgeräte

Register nach Postleitzahlen

81829	Nemetschek		87437	Porextherm
82024	Ortovox		87439	DACHSER
82049	United Initiators		87487	Swoboda
82131	Webasto		87527	BHS-Sonthofen
82140	LASER COMPONENTS		87665	mayr
82152	AMSilk		87700	Goldhofer
82152	EOS		87700	Steca Elektronik
82152	MESSRING		87719	GROB-WERKE
82166	Dr. Hönle – UV-Technology		87727	DILO
82166	Richard Anton		87749	Hans Hundegger
82166	TOPTICA		87787	MULTIVAC
82431	DORST Technologies		88045	Zeppelin Systems
83022	Kathrein		88069	VAUDE
83026	KLEPPER		88212	Vetter Pharma
83052	adphos		88279	SCHNELL
83059	Komar Products		88319	Klaus Multiparking
83064	Amoena		88368	Knecht
83101	Schattdecor		88400	Handtmann
83115	Steinbichler		88400	Liebherr
83313	Brückner Group		88400	Vollmer
83413	Rosenberger Hochfrequenztechnik		88471	Uhlmann
83703	Büttenpapierfabrik Gmund		88480	ACD Gruppe
84079	EFAFLEX		88480	Erwin Halder
84137	Flottweg		88677	WAGNER
84184	Minitüb		88677	Weber Automotive
84579	SKW Stahl-Metallurgie		89077	Beurer
85051	alki TECHNIK		89077	Phocos
85221	marco		89079	KAMAG
85232	Rixen Cableways		89079	Wieland-Werke
85435	ERDINGER Weißbräu		89079	Zwick Roell
85579	Infineon		89143	centrotherm photovoltaics
85614	Hörmann		89250	LENSER Filtration
85640	Truma		89264	PERI
85649	SFC Energy		89340	Wanzl
85737	Refratechnik		89522	HARTMANN GRUPPE
85737	Vinnolit		89522	Voith
85774	Schaefer		89537	Steiff
85774	SimonsVoss		89604	Burgmaier
86153	manroland web systems			
86153	WashTec			
86159	BÖWE SYSTEC		**9**	
86159	RENK		90427	STAEDTLER
86368	seele Gruppe		90431	SEMIKRON
86391	Erhardt+Leimer		90449	GMC-I Messtechnik
86399	Perlon Nextrusion		90482	Baumüller
86420	KEIMFARBEN		90513	geobra Brandstätter
86666	Polytan		90518	E-T-A
86698	TIGRA		90518	SUSPA
86899	RATIONAL		90546	Faber-Castell
86920	Hirschvogel		90599	Herpa Miniaturmodelle
86949	DELO		90763	LEONHARD KURZ
86989	Seccua		90766	uvex group

Register nach Postleitzahlen

PLZ	Firma
91074	Schaeffler
91126	Memmert
91350	IMO
91352	KREUL
91452	Stechert
91487	Martin Bauer
91550	WP Bakerygroup
91572	GEKA
91781	OSSBERGER
92318	DEHN
92318	RAIL.ONE
92334	HUBER Technology
93051	Dallmeier
93073	Krones
94099	Hatz
94227	Zwiesel Kristallglas
94234	LINHARDT
94315	SENNEBOGEN
94513	S+S
95100	BHS tabletop
95100	NETZSCH
95199	BDǀSENSORS
95213	KUENZEL
95326	IREKS
95482	helsa Fashion Shaping
95519	Novem Car Interior Design
95615	Müssel
95615	Scherdel
96052	Weyermann
96132	Dennert Poraver
96155	SALZBRENNER STAGETEC MEDIAGROUP
96231	IBC SOLAR
96450	Brose
96450	KAPP NILES
96450	WALDRICH COBURG
97080	Koenig & Bauer
97318	GEA Brewery Systems
97437	UNICOR
97486	FRÄNKISCHE
97616	Preh
97633	TEXPA
97717	perma-tec
97816	Bosch Rexroth
97859	WENZEL
97877	alfi
97877	BRAND
97877	DURAN
97877	Ersa
97877	INDUSTRONIC
97877	VACUUBRAND
97877	ZIPPE
97892	Kurtz
97892	Kurtz Ersa-Konzern
97941	Weinig
97959	ANSMANN
97959	ecom instruments
97980	BARTEC
97993	Wirthwein
99706	Thermik

Personenregister

Personenregister

A

Abbing, Wim 487
Adolphs, Dr.-Ing. Peter 466
Albrecht, Andreas 459
Amann, Alois 64
Amon, Johann 621
Andes, Karl-Heinz 53
Ansmann, Edgar 69
Anton, Richard 501
Archner, Thomas 219, 220
Ardelt, Robert 367
August der Starke 410
Augustin, Peter 139
Aumund, Franz-Walter 80
Austel, Barbara 212
Autenrieth, Hans 139

B

Baader, Petra 84
Bach, Dr. Thomas 658
Bach, Marcus 530
Bader, Horst 492
Baensch, Dr. Ulrich 595
Baier, Werner 655
Baier, Wilhelm 655
Baier, Wilhelm jun. 655
Balluff, Gebhardt 84
Banss, Louis 85
Bär, Dr. Kai K. O. 57
Barlian, Reinhold A. 87
Barten, André E. 53
Barten, Axel E. 53
Barten, Dr. Gabriele 53
Barth, Daniel 577
Bartsch, Olaf 427
Bäuchle, Friedrich 519
Bauer, Christian 156
Bauer, Martin 404
Bauernfeind, Clemens 588
Bauer, Richard 365
Baumann, Joachim 574
Baumüller, Heinrich 91
Bayer, Hans-Günter 224
Beck, Dr. h.c. Peter 274
Becker, Erich 359
Becker, Hubert 649
Becker, Josef 541
Becker, Martin 360
Becker, Paul 360

Beckmann, Kai 416
Behrens, Christian 171
Beisheim, Olaf 618
Beisse, Rolf 419, 422
Benary, Ernst 95
Berchtold, Theodor 96
Berghoff, Ulrich 97
Berkenhagen, Ulf 399
Berkenhoff, Carl 98
Berking, Oliver 504
Bernard, Christophe 332
Berner, Albert 99
Berner, Christian A. W. 98
Berner-Göbel, Kerstin 100
Bertuleit, Kurt 576
Bessey, Max 100
Bettermann, Franz 450
Beumer, Bernhard 101
Beumer, Dr. Christoph 101
Beutelspacher, Jens 291
Beutler, Johannes 408
Biber, Arnold 161
Bickel, Dr. Walter 607
Bielenberg, Jörn 468
Biel, Hans 102
Bilstein, August 603
Binhold, Hedwig 50
Binhold, Paul 50
Bisterfeld, Ernst 251
Bitton, Daniel 348
Blanc, Heinrich 108
Blase, Frank 318
Blase, Günter 315
Blase, Margret 315
Blickle, Elisabeth 110
Blickle, Heinrich 110
Blickle, Reinhold 110
Bludau, Ludger 606
Bludau, Oliver 97
Bock, Otto 461
Boekstegers, Hans-Joachim 433
Bogdahn, Manfred 218
Böhl, Adolf 191
Böhler, Max 118
Bolkart, Dietmar 442
Bolkart, Johann 53
Böllhoff, Christian G. 113
Böllhoff, Dr. Wolfgang W. 113
Böllhoff, Josef 113
Böllhoff, Mechthild 113
Böllhoff, Michael 113
Böllhoff, Michael W. 113

Personenregister

Böllhoff, Regina 113
Böllhoff, Wilhelm 113
Böllhoff, Wilhelm A. 113
Bombard, Dr. jur. Nikolaus von 434
Borgers, Johann 114
Borgers, Werner 114
Borghardt, Detlef 516
Bosch, Robert 115
Böttcher, Felix 117
Bott, Wilhelm 116
Brand-Friedberg, Ingrid 80
Brandstätter, Andreas 233
Brandstätter, Horst 233
Brasseler, Peter 229
Braun, Stefan 468
Breithaupt, Dr. Hans-Friedrich 122
Breithaupt, Johann Christian 122
Bremicker, August 52
Brenner, Günter 448
Bresink, Rudolf 74
Broermann, Dr. Bernard große 78
Brombach, Werner 196
Brücher, Dieter 691
Bruckmayer, Dr. Georg 218
Bruckmayer, Peter 219
Brückner, Gernot 126
Bruder, Dr. Axel 499
Brunner, Dr. Wilhelm 66
Brzoska, Hartmut 458
Buchalik, Robert 493
Büchele, Wolfgang 416
Buchheit, Marcellus 665
Buchholz, Dr. Rainer 333
Büchting, Dr. Dr. h.c. Andreas J. 382
Buck-Emden, Jan 688
Buck, Martin 313
Buck, Robert 314
Buddenberg, Dr.-Ing. Heino 139
Bühlbecker, Prof. Hermann 283
Bühler, Hans 456
Bühler, Otto 456
Bullinger, Siegfried 91
Büntemeyer, Kai 363
Burger, Thomas 521
Burgmaier, Hugo 130
Bürkert, Christian 132
Burtscher, Dr. Johannes 448
Busch, August 133
Busch, Dipl.-Kfm. Lutz 341
Buske, Christian 478
Buske, Dr. Andreas 695
Buz, Carl 400

C

Carlstedt, Ragnar 73
Cersovsky, Claus 514
Cersovsky, Josef 514
Cersovsky, Oliver 514
Chiesura, Marco 96
Claas, August 142
Claas, Helmut 142
Claas-Mühlhäuser, Cathrina 142
Clemens, Wilhelm 535
Cloos, Carl 143
Clorius, Aksel 326
Clorius, Odin 326
Colesan, Fritz 219
Cozzini, Ivo 95

D

Dachser, Thomas 148
Dahlhoff, Dr. Ulrich 74
Dallmeier, Christina 151
Dallmeier, Dieter 151
Dams, Colja M. 641
Dams, Vok 641
Dango, August 152
Dango, Rainger 152
Dannemann, Geraldo 155
Debach, Hugo 678
Decker, Heinrich 193
Degenhart, Dr. Elmar 144
Dehn, Dr. Philipp 157
Dehnhardt, Dr. Stefan 140
Deimling, Markus 484
Dekkers, Marijn 92
Dell'Antonio Paolo 406
Demarczyk, Dipl.-Ing. Norbert 55
Denndörfer, Stefan 94
Dennig, Helmut 159
Desch, Hendrik P. 164
Detmers, Albert 417
Detmers, Fritz 417
Detmers, Helma 417
Detmers, Prof. Dr. Ulrike 417
Deuring, Werner 640
Deutzmann, Torsten 620
DeWitt, Jack 104
DeWitt, Richard 104
Dewitz, Dr. Antje von 629
Dieffenbacher, Jakob 167
Dieffenbacher, Wilhelm 167
Diemer, Christian 276
Dienenthal, Arno 152
Dienenthal, Louis 152

Personenregister

Diez, Frank 391
Dilo, Johann Philipp 169
Dilo, Oskar 168
Distl, Richard 323
Dolezych, Franz 172
Dolezych, Tim 173
Dolezych, Udo 172
Donges, Matthias 510
Dönni, Markus 73
Dornbracht, Aloys F. 176
Dowidat, Karen 230
Dowidat, Karl 230
Dowidat, Otto 230
Dowidat, Willi 230
Drehmann, August 520
Dreyer, Christian 569
Drunck, Martin 251
Duhnke, Askan 98
Dulger, Dr.-Ing. Rainer 488
Dulger, Prof. Dr. Andreas 488
Du, Qianyi 220
Dürr, Karl 180
Dürr, Wilhelm 180
Dürrstein, Martin 180

E

Eberspächer, Jakob 184
Eberstein, August 429
Echterhage, Jürgen 179, 644
Eckart, Rudolf 184
Eck, Dr. Jürgen 119
Eckert, Andreas 185
Eckstein, Dr. Wolfgang 435
Ehrenberg, Harry 444
Ehrenberg, Henry J. 444
Ehrenberg, Wolf 444
Ehrhardt, Dr. Winfried 508
Ehrhardt, Matthias 508
Eisenmann, Eugen 189
Eisenmann, Peter 189
Eißman, Jürgen 190
Eißmann, Helmut 190
Eißmann, Volkhard 190
El Karz, Mohamed 74
Ellenberger, Jakob 199
Ellwein, Dr. Christian 370
Engel, Dr. Klaus 200
Engelhardt, Andreas 547
Engels, Johannes 333
Erbe, Christian O. 196
Erdmann, Mark-Ken 503
Erikson, Axel 688

Ertl, Dr. Josef 637
Eule, Andreas A. 651
Evertz, Andreas 526

F

Faber-Castell, Anton-Wolfgang Graf von 209
Faber, Kaspar 209
Faßbender, Dr. Paul-Otto 71
Faßbender, Heinrich 71
Faßmer, Harald 210
Faßmer, Holger 210
Faßmer, Johannes 210
Faulhaber, Dr. Fritz 211
Fenkl, Peter 691
Fette, Wilhelm 214
Feuchter, Joachim 693
Fiala, Rainer 366
Fischer, Prof. Klaus 218
Fischer, Thomas 400
Flaeper, Stefanie 606
Flender, Rudolf 514
Fliegen, Johannes 73
Follmann, Michael 588
Förnsel, Peter 478
Francioni, Dr. Reto 165
Francke, Carl 367
Frank, Dr. Christian 565
Frank, Wilhelm 511
Frauenhoff, Ina 210
Frauenhoff, Kai 210
Fresenius, Dr. Eduard 223
Freudenberg, Carl Johann 223
Frey, Hans-Georg 335
Friedberg, August 80
Frielingsdorf, Uwe 119
Friz, Martin 657
Fröhling, Josef 152
Frohnhaus, Guido 612
Fuchs, Dr. Christian 334
Fuchs, Klaus 100
Fuchs, Ludwig 464
Funk, Wolfgang 138
Furler, Kai 348, 362

G

Gabel, Dr. Oliver 429
Gabory, Edmund 373
Gauselmann, Paul 228
Gebauer, Gabriele 419
Gebauer, Hermann 419
Gehring, C.-W. 231

Personenregister

Geilen, Norbert 527
Geitner, Andreas 57
Gerber, Dr. Stephan 670
Gerfer, Bettina 493
Gesmann, Klaus 429
Geuder, Hans 234
Geuder, Hans jun. 234
Geuder, Volker 234
Gierse, Dr. Matthias 139
Gildemeister, Friedrich 170
Gimborn, Theodor von 487
Ginthum, Matthias 129
Gitmans, Dr. Frank 626
Glanz, Gerhard 388
Gloge, Heiko 314
Gneuß, Christel 242
Gneuß, Daniel 243
Gneuß, Detlef 242
Gneuß, Dr. Monika 243
Gneuß, Dr. Stephan 243
Goldhofer, Alois 245
Goldschmidt, Prof. Hans 245
Göser, Christian 588
Gräbener, Dr. Theodor 246
Greiner, Stefanie 402
Grillo, Friedrich 523
Grob, Christian 248
Grob, Dr. Burkhart 248
Grob, Ernst 248
Grob, Markus 143
Grohmann, Klaus 248
Groninger, Eva 249
Groninger, Horst 249
Groninger, Jens 249
Groninger, Volker 249
Gropper, Florian von 139
Groß, Dr. Andreas 96
Große, Porf. Dr. Heinz-Walter 92
Gruber, Norbert 618
Grueber, Curt von 394
Grueber, Johann Peter 250
Grünig, Carl 432
Gühring, Dr. Jörg 251
Gülpen, Alex van 487
Guntermann, Udo 251
Gussner, Joachim 64
Gütermann, Max 253
Guther, Fritz 53
Guthier, Werner 466

H

Haas, Johann Nepomuk 133
Haas, Josef 653
Hack, Dennis 200
Hack, Kurt 200
Haeberle, Arthur 520
Haegele, Carl 678
Häfele, Adolf 258
Hagenmüller, Sepp 433
Hager, Daniel 260
Hager, Dr. Oswald 260
Hager, Peter 260
Hahne, Dr. Henric 166
Hahn, Hermann 321
Halder, Erwin 199
Halder, Stefan 199
Halske, Johann Georg 563
Hamann, Christian 670
Handtmann, Christoph Albert 261
Hänel, Gerhard 262
Hänel, Joachim 265
Hänel, Michael 265
Hankammer, Heinz 124
Hankammer, Markus 124
Hanser-Strecker, Dr. Peter 542
Harms, Stefan 166
Hartel, Dr. Robert 695
Harting, Dietmar 269
Harting, Margit 269
Harting, Marie 269
Harting, Wilhelm 269
Hartleif, Andreas 630
Hartleif, Elke 630
Hartmann, Dr. Thorsten 213
Harzmann, Uwe 455
Hatiboglu, Mehmet 466
Hatz, Christian 270
Hatz, Matthias 270
Hatz, Wolfram 270
Hausherr, Gustav 271
Hausherr, Rudolf 271
Hautau, Petra 271
Hawranek, Dr. Florian 369
Hawranek, Gertraud 369
Hefner, Herman 523
Heggemann, Franz-Georg 117
Hein, Dr. Rolf 178
Hein, Frank Wolfgang 178
Hein, Gerold Peter 178
Heitkamp, Prof. Dr. Dr. Engelbert 276
Helfmann, Balthasar 292
Helfmann, Philipp 292

Personenregister

Helfrich, Jochen 573
Heller, Ernst 277
Heller, Hermann 277
Hengst, Walter 280
Henkel, Fritz 281
Henrici, Dieter 105
Henrici, Philipp 105
Hensel, Gustav 251
Heraeus, Dr. Jürgen 229, 287
Heraeus, Wilhelm Carl 285
Hergenröther, Wilhelm 290
Hermann, Theodor 366
Hermes, Oliver 668
Herold, Dr. Wolf-Dietrich 158
Herold, Sabine 158
Herold, Uwe 649
Herrenknecht, Martin 291
Hertweck, Manuel W. 447
Heye, Ferdinand 234
Hillebrand, Johann Friedrich 332
Hiller, Dr. Mark 495
Hinkel, Dr. Ralf 429
Hinz, Norbert 662
Hirschvogel, Anton 292
Hirschvogel, Hans 292
Hirschvogel, Willy 292
Hoedemaker, Peter 338
Hoffmann, Christa 447
Hoffmann, Holger 271
Höfler, Georg 623
Höfliger, Harro 267
Höfliger, Markus 267
Hofsaess, Marcel P. 599
Hofsaess, Peter 598
Hohmann, Frank 327
Hohmann, Hans 327
Hohmann, Jörg 327
Hölscher, Hermann 669
Hölscher, Reinhard 229
Hönes, Daniel 293
Hoozemans, Ed 621
Hoppmann Ronald 673
Hoppmann, Tanja 673
Hoppmann, Wilhelm 673
Hörauf, Michael 295
Hörmann, Dipl.-Ing. Hans 295
Hornschuch, Konrad 296
Horstmann, Jürgen 680
Hoyer, Thomas 297
Hoyer, Walter 298
Hoyer, Walter Bruno 298
Huber, Daniel 302

Huber, Joachim 302
Huber, Johann 305
Huber, Peter 303
Hübner, Eva 237
Hübner, Hans-Jörg 237
Hübner, Rolf H. 237
Hummel, Dr. Erich 399
Hummel, Siegbert 385
Hümmler, Benedikt 606
Humpert, Ralf 307
Humpert, Wilhelm 305
Hundegger, Hans 266
Hüttner, Dr. Steffen 274
Hymmen, Theodor 310

I

Illig, Adolf 319
Isbruch, Dr. Henning 357
Isbruch, Ursula 357

J

Jehle, Frank B. 400
Jené, Dr. Holger 222
Jenner, Hartmut 344
Ji, Xin 220
Joehle, Andreas 270
Jordahl, Anders 333
Jöst, August 334
Juchheim, Bernhard 334
Juchheim, Michael 334
Juchheim, Moritz 334
Jungeblodt, Max Clemens 312
Jungheinrich, Dr. Friedrich 335
Jung, Michael 439
Junius, Dr.-Ing. Hans-Toni 139
Junker, Dr.-Ing. E.h. Otto 461
Junker, Dr. Otto 461

K

Kachel, Philipp 666
Kaeser, Joe 562
Kaiser, Friedrich 58
Kaiser, Theodor 58
Kaiser, Walther 572
Kalle, Dr. Wilhelm 338
Kammüller, Matthias 610
Kampel, Gerald 459
Kampf, Erwin 342
Kannegiesser, Herbert 343
Kannegiesser, Martin 343
Kapitza, Dr. Rüdiger 169
Kapp, Bernhard 343

Personenregister

Kapp, Dieter 246
Kapp, Martin 343
Karamercan, Dr. Erdal 129
Kärcher, Alfred 344
Kärcher, Irene 344
Karl sen., Georg 231
Kaspers, Dr.-Ing. Ludwig 73
Kaspers, Dr.-Ing. Rüdiger 73
Kathrein, Anton 347
Katz, Johann Georg 348
Kaufmann, Klaus 621
Kegel, Dr.-Ing. Gunther 466
Kegelmann, Frank 406
Keill, Dr. Eckhard 511
Keim, Adolf Wilhelm 350
Keller, Anton 57
Keller, Ernst 57
Kemmann, Dennis 101
Kemmann, Dr. Christof 101
Kemper, Dr. Heinz 351
Kemper, Gerd 350
Khazaka, Gabriel 144
Kieselstein, Jens 353
Kipfelsberger, Albert 62
Kipfelsberger, Alexander 62
Kirchberg, Hugo 593
Kirchhoff, Arndt G. 355
Kirchhoff, Dr. Jochen F. 355
Kirchhoff, Dr. Johannes F. 355
Kirchmann, Dr. Joachim 394
Kirchner, Otto 223
Kirchoff, J. Wolfgang 355
Kirschenfauth, Tomas 358
Klafs, Erich 356
Klais, Philipp C. A. 333
Klebert, Stefan 548
Kleffmann, Burkhard 357
Klei, Dr. Karl-Ludwig 416
Kleine, Dipl.-Ing. Klaus 325
Kleinemas, Friedrich 457
Klein, Jens 68
Klement, Peter 293
Klenk, Bernd 402
Klepper, Johann 357
Klingelnberg, Jan 358
Klöckner, Peter 358
Klöpfer, Dr. Ralf 440
Knebel, Albert 60
Knebel, Alexander 60
Knecht, Fritz 359
Knecht, Manfred 359
Knecht, Markus 359

Kniehl, Dr. Axel 427
Knittel, Helmut 356
Knümann, Hugo 470
Kobesen, Vincent 489
Kocherscheidt, Christian F. 191
Koch, Paul 390
Koch, Thorsten 646
Koeber, German Julius 291
Koehler, August 362
Koehler, Otto 362
Kögel, Franz Xaver 339
Kohler, Andreas 340, 532
Kohler, Florian 133
Köhler, Prof. Dr. Jürgen 364
Kolbus, Christian Henrich 363
Kolb, Uwe 102
Komar-Häusler, Sabine 364
Kopra-Schäfer, Dr. Monika 394
Körner, Ingo 125
Kostal, Leopold 390
Köster, Dr. Ralf 88
Kotz, Achim 119
Koziol, Bernhard 365
Koziol, Daniel 365
Koziol, Stephan 365
Krachten, Emil 194
Krantz, Adam August 367
Kraus-Weyermann, Thomas 664
Kreul, Carl Johann Dietrich 369
Krissmann, Dr. Uwe 584
Kriwan, Friedrich 370
Kroener, Harald 666
Krohne, Ludwig 371
Kroll, Stefan 468
Kromberg, Paul 372
Kronenberg, Frank 186
Kronenberg, Karl Eduard 186
Kronenberg, Ralf M. 186
Krückels, Thomas 177
Krüger, Timo 631
Krüger, Willibert 373
Kruse, Dr. Hans-Hinrich 295
Küch, Dr. Richard 285
Kuenzel, Ludwig 378
Kuenzel, Marc-Alexander 378
Kufferath, Dr. Stephan 241
Kufferath, Ingo 241
Kufferath, Josef 240, 241
Kufferath-Kassner, Dr. Stephan 239
Kufferath-Kassner, Ingo 239
Kufferath-Kassner, Karl 241
Kugel, Volker 406

Personenregister

Kuhlgatz, Dr.-Ing. Carsten 260
Kuhnett, Markus 416
Kuhn, Werner 290
Kuisle, Peter 658
Kullmann, Dr. Jörg H. 667
Kullmann, Wilhelm H. 667
Kundel, Michael 499
Kunschert, Susanne 476
Kurland, Marion 50
Kurtz, Dipl.-Ing. Rainer 198
Kurtzke, Dr. Christian 410
Kurtz, Matthias 492
Kurtz, Rainer 381
Kurz, Peter 390
Kurz, Walter 390

L

Laakmann, Dr. Jürgen 222
Laempe, Hans-Joachim 384
Lahme, Karl-Heinz 384
Lahme, Karsten 384
Lambertz, Henry 282
Langer, Dr. Hans J. 195
Langley, Anthony J. 475
Laumann, Heinrich 630
Lauton, Egon 193
Ledda, Ralf 60
Ledermann, Willi 391
Leggieri, Dr. Danilo 76
Leibinger-Kammüller, Dr. Nicola 610
Leibinger, Peter 610
Leimer, Axel 68
Leimer, Hannelore 197
Leinfelder, Michael 388
Leitz, Albert 388
Lemken, Nicola 389
Lemken, Viktor 389
Lensing, Johann Heinrich 487
Leu, Christian 326
Ley, Anthony van der 389
Ley, Dr. Dietmar 90
Lichtenauer, Andreas 349
Liebherr, Hans 391
Liebisch, Hans-Dieter 392
Liebisch, Kornelia 393
Liebisch, Siegfried 392
Limper, Prof. Dr. Andreas 291
Lincke, Joachim 398
Lindenberg, Jochen 73
Lindner, Dr. Thomas 250
Loesche, Dr. Thomas 394
Loesche, Ernst Curt 394
Loew, Jörg 129
Loh, Friedhelm 503
Loosen, Jacobus 117
Losberger, Friedrich 395
Lürßen, Friedrich 396
Lust, Karl-Heinz 557

M

Mader, Florian 501
Mader, Richard 501
Mahr, Carl 398
Mankel, Karl-Rudolf 176
Mann, Adolf 399
Mannesmann, Arnold 66
Marbach, Karl G. 402
Marbach, Karl H. 402
Marbach, Peter 401, 402
Marhofer, Gerd 314
Marhofer, Michael 313
Martin, Dr. Friedrich (Fritz) Josef 554
Martz, Albert 401
Marx, Axel 576
Marx, Bernd 513
Masche, Hans 402
Mast, Wilhelm 406
Matijevic, Zeljko 372
Maurer, Friedrich 407
Mayer, Benjamin 409
Mayer, Marcus 409
Mayer, Rainer 409
Mayr, Christian 409
Mayr, Dipl.-Ing. Fritz 409
Mayr-Stihl, Eva 579
Meenen, Ignace van 503
Meerpohl, Bernd 104
Meerpohl, Josef 104
Mehnert, Gottfried 95
Meier, Gustav 187
Memmert, Willi 416
Merck, Friedrich Jacob 416
Merck, Heinrich Emanuel 416
Merlo, Mirko 649
Merz, Michael 179
Merz, Sebastian 110
Mestemacher, Heinrich 417
Mestemacher, Wilhelm 417
Metz, Gerhard 327
Metz, Renate 327
Meulbroek, Mark 291
Meurer, Christel 419
Meyer, Adolph 59
Meyrahn, Dr.-Ing. Joachim 481

Personenregister

Michel, Dr. Kay 567
Miele, Carl 427
Miele, Dr. Markus 427
Mies, Gerald 143
Mink, August 428
Mittelmann, Bernhard 61
Moormann, Dr. Hans 334
Mosca, Simone 430
Mosca, Timo 430
Mühlbauer, Daniel 473
Mühlbauer, Philipp 473
Mühleck, Thomas 381
Mühlen, Dr. Ekkehard zur 409
Muhr, Thomas 430
Mühsam, Philipp 123
Müller, Adolf 628
Müller, Andreas 447
Müller, Anton 694
Müller, Claus-M. 409
Müller, Dr. Axel 340, 532
Müller, Dr. Hartmuth 358
Müller, Dr. Rainer 133
Müller, Dr. Werner 200
Müller, Fritz 233
Müller, Gert 232
Müller, Gudio 133
Müller, Hilde 409
Müller, Olaf J. 214
Müller, Stephan 233
Müller, Willy 133
Mull, Günther 163
Mulsow, Hermann 673
Munkelt, Dr. Olaf 435
Muntermann, Thorsten 365
Murmann, Dr. Philipp 693
Müssel, Christian 434

N

Nagel, Ingo 570
Näder, Prof. Hans Georg 461
Närger, Johannes 129
Nast, Ortwin 298
Naumann, John O. 446
Naumann, Prof. Dr.-Ing. Hans J. 446
Nebel, Friedrich 261
Nederman, Philip 441
Nettmann, Matthias 250
Neubauer, Christoph 443
Neubauer, Hermann 442
Neuberger, Kurt 359
Neuhaus-Galladé, Wilfried 330
Neuhaus, Johann Diederich Conrad 330

Neumann, David M. 444
Neumann, Michael R. 444
Niedecker, Elisabeth 480
Niedecker, Frank 481
Niedecker, Herbert 480
Niedecker, Oswald 480
Niedererer, Johann Georg 445
Nied, Rolf 185
Niedworok, Claus 222
Niehus, Claire 229
Nöker, Gerd 606
Nollet, Philippe 574
Nothelfer, Otto 266
Nürnberger, Dr. Walter 447
Nüssle, Helmut 343

O

Oehm, Wolfgang 453
Oestergaard, Paul 143
Oestergaard, Torsten 143
Ohl, Dr. Hanns-Peter 442
Oleas, Jürg 229
Oltzscher, Christian 213
Opländer, Caspar Ludwig 668
Opolka, Harald 386
Opolka, Rainer 386
Ortlinghaus, Otto 458
Ortlinghaus, Peter 458
Oschmann, Stefan 416
Ossberger, Dr. Karl-Friedrich 460
Ossberger, Michael 460
Östberg, Niklas 158
Ottenberg, Dr. Karsten 127
Ott, Herbert 391

P

Pace, Mark Stephen 160
Pace, Petra 160
Pachta-Reyhofen, Dr. Georg 399
Pampel, Klaus 260
Panescu, Richard 485
Pankoke, Dr. René 310
Paulsen, Adolf 73
Penno, Bernhard 499
Penno, Stefan 499
Pepperl, Walter 464
Peter, Joachim 214
Peters, Gerd 298
Pfeiffer, Michael 119
Pfeil, Rudolf 500
Pflaumer, Eyck 618
Pflaumer, Wulf-Heinz 618

Personenregister

Pfleiderer, Gustav Adolf 492
Pfleiderer, Paul 680
Pfreundt, Hans-Günther 469
Phiesel, Michael 266
Philipp, Dr. Günther 600
Pilarsky, Günter 145
Piller, Anton 475
Pilz, Hermann 477
Pilz, Renate 476
Pilz, Thomas 476
Pischinger, Prof. Dr.-Ing. Stefan 215
Ploss, Dr. Reinhard 322
Poensgen, Harald A. 199
Pohl, Armin 398
Poppe, Conrad Wilhelm 484
Pöschl, Wolfgang 658
Preh, Jakob 486
Proeller, Dr. Michael 197
Prunk, Harry 565
Pusch, Helmut 157
Putsch, Carl Gustav 360
Putsch, Ralf 360

R

Ragge, Robert 299
Rampf, Matthias 492
Rampf, Michael 492
Rasch, Wilhelm 493
Reckmann, Dr. Bernd 416
Reiche, Armin 179
Reichenbach, Carl August 400
Reichenecker, Hans 583
Reichenecker, Johannes 583
Reidegeld, Volker 640
Reifenhäuser, Bernd 498
Reifenhäuser, Klaus 498
Reifenhäuser, Ulrich 498
Reifenhäuser, Uwe 607
Reiker, Karl 248
Reimers, Jens-Uwe 332
Reiss, Albert 76
Rejc, Gabriel 187
Resch, Julius von 247
Resch, Michael von 247
Rettenmaier, Senator E.h. Otto 339, 531
Reutter, Wilhelm 494
Rickmers, Bertram R. C. 503
Riefler-Karpa, Christiane 416
Riegel, Hans 266
Riegel, Hans Guido 266
Rietschoten, Jochem van 594
Rincklage, Johann Dietrich 419

Rinke, Andreas 320
Rinnert, Jan 288
Riske, Gordon 354
Röchling, Friedrich Ludwig 505
Rodenstock, Josef 506
Roell, Dr. Jan Stefan 694
Rohrbeck, Heribert 132
Rolf, Dr. Christian 213
Rolffs, Christian Gottlieb 561
Romankiewicz, Andreas 166
Römer, Dr. Lin 68
Römmling, Otto 493
Rorsted, Kasper 281
Rosenberger, Bernhard 509
Rosenberger, Hans 509
Rosenberger, Peter 509
Rosenkranz, Rolf 675
Rössler, Peter 657
Rothaug, Uwe 381
Roth, Claus-Hinrich 510
Roth, Dr. Anne-Kathrin 510
Rothenberger, Edwin 509
Roth, Heinrich 510
Roth-Jäger, Christin 510
Roth, Manfred 509
Röttgering, Jens 280
Rübbelke-Dehnhardt, Barbara 140
Rübesamen, Klaus 229
Ruckdeschel, Johann Peter 325
Ruddies, Dieter 129
Ruder, Dr. Franz 619
Rust, Dr.-Ing. Hendrik 581
Rutsch, Andreas 621

S

Sailer, Dr. Eduard 427
Sanders, Hans-Christian 517
Sanders, Kurt 517
Sandler, Helmut 279
Sandler, Monika 279
Sandvoss, Hermann 517
Saßman, Rainer 246
Sauter, Hubert 61
Schabel, Siegfried 410
Schäfer, Erich 523
Schäfer, Karl 523
Schaffert, Jürgen 371
Schatt, Walter 524
Schatz, Peer M. 489
Scheibel, Prof. Dr. Thomas 68
Schein, Herbert 627
Schein, Jochen 326

Personenregister

Scheller, Christian 168
Schell, Markus 119
Schenck, Carl 528
Schenck, Max W. 66
Schenck, Wilhelm 66
Schendel, Eric 564
Schendel. Klaus-Peter 564
Schendel, Robin 564
Scherdel, Sigmund 530
Schestag, Rudolf 391
Scheuerle, Christian 532
Scheuerle, Willy 532
Schick, Karl-Hugo 130
Schiefer, Dr. Peter 679
Schiener, Christian 530
Schladerer, Philipp 533
Schladerer, Sixtus Balthasar 533
Schlebusch, Dr. Walter 239
Schlegel, Thomas 591
Schlensok, Reinhold 590
Schliekmann, Rüdiger 320
Schmalz, Dr. Kurt 533
Schmalz, Johannes 533
Schmalz, Wolfgang 533
Schmersal, Ernst 534
Schmersal, Kurt Andreas 534
Schmid, Christian 534
Schmidhofer, Richard 621
Schmidt, Dr. Hubert 584
Schmidt, Dr. Julius 369
Schmidt, Helmut 681
Schmidt-Krayer, Jan 535
Schmidt, Ludwig 535
Schmidt, Walter 326
Schmitt, Carl H. 364
Schmitz, Dr. Werner 410
Schnabel, Dieter 278
Schnabel, Stephan 278
Schneider, Walter 693
Schnell, Hans-Jürgen 536
Schniewindt, Carl 538
Schniewindt, Dr. Sarah 538
Schöler, Dr. Christoph 122, 626
Schöler, Helmut 122
Schöllhammer, Stefan 356
Schomaker, Martin 513
Schott, Bernhard 542
Schöttler, Christoph 539
Schott, Otto 539, 695
Schrag, Dr. Hans-Jürgen 459
Schrag, Dr. Jan-Christopher 459
Schreieck, Corinna 254

Schrenk, Daniel 391
Schrey, Denis 406
Schröder, Bernd 125
Schröder, Dipl. Ing. Thomas 667
Schröder, Uwe S. 651
Schröder, Wilhelm 667
Schubert, Ernst 372
Schubert, Gerhard 544
Schuck, Dr. Ernst 621
Schuckel, Wolfgang 356
Schuler, Louis 548
Schulte, Guido 415
Schulte, Johannes 415
Schulte, Josef 415
Schultz, Johannes 326
Schulz, Reiner 523
Schumm, Jochen 399
Schunk, Friedrich 550
Schunk, Heinz-Dieter 550
Schunk, Henrik A. 550
Schunk, Kristina I. 550
Schürmann, Heinz 547
Schwägerl, Mathias 484
Schwank, Günther 551
Schwank, Oliver 551
Schwank, Prof. Bernd H. 551
Schwartz, Gustav 551
Schwarzmeier, Rainer 102
Schwenger, Willy 138
Schwenger, Wolfgang 138
Schwörer, Alexander 467
Schwörer, Artur 467
Seibert, Daniel 439
Seidel, Louis 553
Seiderer, Günther 356
Sennebogen, Erich 556
Sennebogen, Walter 556
Seuthe, Ulrich 489
Seydelmann, Matthias 558
Seydelmann, Peter 558
Seyeda, Dr. Hady 607
Seysen, Manfred 187
Shi, Tinghong 220
Shure, Rose L. 559
Shure, Sidney N. 559
Sick, Erwin 560
Sieber, Peter 168
Siebert, Jan 368
Siemens, Werner von 563
Siempelkamp, Gerhard 563
Sienz, Michael 85
Sievers, Hans-Christian 278

Personenregister

Sikora, Bernadette 565
Sikora, Harald 565
Simmet, Christa 428
Simmet, Dr. Christian 428
Simmet, Florian 428
Simmet, Rudolf 428
Simon, Bernhard 148
Simon, Günter 291
Sirringhaus, Frank 564
Slatter, Dr. Rudolf 557
Soschinski, Alexander D. 204
Soschinski, Heinz H. 203
Soschinski, Patrick O. 204
Spahn, Dr. Peter 385
Spelsberg, Ernst 572
Spelsberg, Günther 572
Spix, Guido 433
Sprakel, Jan G. 340
Springer, Julius 574
Stadelmann, Dr. Peter 493
Staedtler, Johann Sebastian 575
Staiger, Markus 448
Stallmeyer, Wolfgang 322
Stechert, Erwin 577
Steiff, Margarete 577
Steiff, Richard 577
Steinbichler, Dr. Hans 577
Stengel, Werner 323
Steuler, Georg 578
Stihl, Andreas 579, 580
Stihl, Dr. Nikolas 580
Stihl, Dr. Rüdiger 580
Stihl, Hans Peter 578
Stöbich, Dr.-Ing. Jochen 582
Stoffels, Ralf 104
Stöhr, Gunter 621
Stoll, Gottlieb 212, 213
Störzer, Josef 391
Strait-Binder, Angelika 445
Strait, Holger 445
Straub, Daniel 677
Ströbel, Markus 91
Strootmann, Christian 102
Struth, Dr. Werner 115
Stubner, Peter 484, 485
Stührenberg, Frank 471
Stüken, Hubert 584
Suttheimer, Karin 398
Swoboda, Max 587
Swyter, Hinrich H. 630

T

teNeues, Dr. Heinz 590
teNeues, Hendrik 590
teNeues, Sebastian 590
Tesmer, Elsa 592
Teyssen, Dr. Johannes 194
Thede, Reiner 196
Thelen, Gerlinde 254
Thelen, Heinz 255
Then, Rudolf 220
Thiele, August 600
Thielenhaus, Ernst 600
Thierer, Sibylle 258
Thierer, Walter 258
Thoma, Christoph 289
Thoma, Franz 289
Thomas, Dietrich 601
Thomas, Hermann 601
Thometzek, Andreas 325
Thomsen, Kerstin 95
Thumann, Jürgen R. 276
Tigges, Burkhard 606
Tilke, Hermann 605
Tippenhauer, Adrian 492
Todtenhaupt, Dr. Erich Kurt 191
Todtenhaupt, Erich Karl 191
Tojner, DDr. Michael 628
Tragl, Dr. Karl 115
Traumann, Christian 433
Trenkle, Wolfgang 293
Trockels, Hans-Günter 376
Trockels, Julius 376
Trockels, Thomas 376
Trockels, Uwe 376
Troplowitz, Dr. Oscar 593
Trox, Heinrich 609
Trox, Heinz 609
Tuchel, Ulrich 67
Turck, Hans 611
Turck, Ulrich 612
Turck, Werner 611
Turk, Hans Peter 60
Turner, Dr. Gerhard 400

U

Uhlmann, Friedrich 618
Uhlmann, Josef 618
Uhlmann, Tobias 618
Underberg, Christiane 619
Underberg, Emil 619
Underberg, Emil II 619
Underberg, Hubert 619

Personenregister

Underberg-Ruder, Dr. Hubertine 619
Ungerer, Karl Friedrich 620
Unger, Henry 620
Updike, John G. 58
Updike, Thomas 58
Urbez, Andreas 138

V

Vanacker, Peter 607
Vardag, Dr. Tarik 371
Vedder, Axel 644
Vehling, Klaus-D. 271
Veigel, Wilhelm 630
Verdes, Marcelino Fernández 292
Vetter, Arnold 631
Vetter, Helmut 633
Viegener, Franz-Anselm 634
Viessmann, Johann 635
Viessmann, Prof. Dr. Martin 635
Vits, Emil 640
Vladi, Farhad 640
Vogel, Frederik 552
Vogel, Robert 552
Vöhringer, Hermann 640
Vöhringer, Jürgen 640
Vöhringer, Thomas 640
Voith, Friedrich 641
Volke, Michael 406
Völker, Karl 326
Volk, Manfred 653
Vollert, Hans-Jörg 642
Vollert, Hermann 643
Vollmer, Heinrich 643
Vollmer, Sieglinde 643
Vöster-Alber, Brigitte 235
Vöster, Georg-Friedrich 237
Vutz, Dr. Jürgen 669

W

Wacker, Johann Christian 646
Wagner, Josef 647
Wagner, Karl-Theodor 378
Wahl, Dr.-Ing. Andreas 340
Wahl, Peter 605
Waldenfels, Maximilian von 530
Waldrich, Adolf 649
Walter, Prof. Hellmuth 651
Walter, Richard 649
Wälzholz, Caspar D. 139
Wanner, Harald 323
Waterstradt, Titus 250
Weber, Albert 655

Weber, Alfred 400
Weber, Ferdinand 118
Wedel, Adolf 404
Wedel, Martin 404
Wegner, Jürgen 459
Wehr, Walter 290
Weigele, Ernst 201
Weigele, Frank 201
Weigele, Matthias 201
Weiland, Dr. Olaf 349
Weindl, Manfred 179
Weinig, Michael 658
Weinmann, Karl 339, 340
Weiss, Carl Eberhard 567
Weiss, Dr. Heinrich 567
Wempe, Hellmut 661
Wempe, Kim-Eva 661
Wendt, Dr. Florian 55
Wenzel, Dr. Heike 661
Wenzel, Frank 661
Werner, Hermann 680
Werner, Lutz 535
Weser, Cornelius 373
Weser, Florian 373
Wesjohann, Doris 473
Wesjohann, Peter 473
Wessels, Thomas 552
Westermann, Wolfgang 669
Westphalen, Johannes Graf von 595
Weyermann, Johann Baptist 664
Weyermann, Sabine 664
Weyrauch, Dr. Jochen 527
Wickert, Jakob 665
Wiegand, Alexander 666
Wiegand, Josef 666
Wieland, Philipp Jakob 666
Wiethoff, Dr. Markus 104
Wiggenhagen, Andreas H. 350
Wild, Andreas 323
Wild, Robertino 137
Winant, Pierre 499
Windmöller, Gottfried 669
Winkelstroeter, Axel 160
Winkelstroeter, Dr. Fritz 161
Winter, Michael 623
Winter, Philipp M. 623
Winter, Rainer 623
Winzenried, Oliver 665
Wippermann, Wilhelm 670
Wirtgen, Reinhard 670
Wirthwein, Frank 672
Wirthwein, Marcus 672

Personenregister

Wirthwein, Udo 672
Wirthwein, Walter 672
Witt, Carsten C. 675
Witt, Dr. Henrik 675
Witte, Horst 674
Witte, Stephan 355
Wittkorn, Rainer 224
Wittschier, Heinrich 179
Witzenmann, Heinrich 675
Wohlfarth, Jürgen 382
Wohlfarth, Klaus 382
Wolf, Christian 271, 612
Wolff, Friedrich August 679
Wolff, Jörg 335
Wolf, Hans 272
Wolf, Helga 272
Wolf, Manfred 400
Wolf, Sandra 272
Wonisch, Franz 618
Wrede, Thomas 681
Wressnig, Klemens 335
Wulf, Ansgar 353
Wulf, Günter 353
Wulf, Johannes 352
Wulf, Josef 352
Wulf, Julia 353
Wulf, Tobias 353
Wünsche, Dipl.-Ing. Ray 55
Wünsche, Thomas 171
Wu, Qunwei 649
Würth, Adolf 682
Würth, Bettina 683
Würth, Carmen 684
Würth, Reinhold 682
Wywiol, Volkmar 432

Z

Zahlmann, Dr. Peter 157
Zastrau, Ralf 439
Ziegler, Jürgen 185
Ziehl, Emil 691
Ziehl, Günther 692
Ziehl, Heinz 692
Ziehl, Uwe 691
Zillgith, Rudolf Hans 372
Zillgith, Stephan 372
Zimmermann, Peter 428
Zimmermann, Rainer 81
Zimmermann, Robert 81
Zinkann, Dr. Reinhard 427
Zinkann, Reinhard 424
Zinke, Dr. Holger 119
Zippe, Dr. Bernd-Holger 693
Zippe, Dr. Philipp 693
Zitzmann, Carl 61
Zitzmann, Sophie 61
zur Nedden, Ernst 663
Zwicky, Peter 252
Zywietz, Dr. Tosja 509

Die 500 umsatzstärksten deutschen Weltmarktführer

Sortierung nach Umsatz

Unternehmen	Homepage	Umsatz (in Mio. Euro)	Jahr
Volkswagen AG	www.volkswagen.de	197.007	2013
EON AG	www.eon.com	122.450	2013
Daimler AG	www.daimler.de	117.982	2013
Allianz SE	www.allianz.com	110.773	2013
Bayerische Motoren Werke AG	www.bmwgroup.com	76.058	2013
Siemens AG	www.siemens.com	75.882	2013
BASF AG	www.basf.de	73.973	2013
METRO AG	www.metrogroup.de	65.042	2013
Aldi Nord (und Süd)	www.aldi.com	60.297	2013
Deutsche Post AG (DHL)	www.dp-dhl.com	60.132	2013
Münchener Rückversicherungs-Gesellschaft AG	www.munichre.com	51.060	2013
Robert Bosch GmbH	www.bosch.de	46.068	2013
Bayer AG	www.bayer.de	40.157	2013
Deutsche Bahn AG	www.db.de	39.107	2013
ThyssenKrupp AG	www.thyssenkrupp.com	38.559	2013
Continental AG	www.conti-online.com	33.331	2013
Deutsche Lufthansa AG	www.lufthansa.com	30.028	2013
Fresenius SE & Co. KGaA	www.fresenius.de	20.331	2013
TUI AG	www.tui-group.com	18.478	2013
Heraeus Holding GmbH	www.heraeus.de	17.040	2013
Marquard & Bahls AG	www.mbholding.de	16.977	2013
SAP SE	www.sap.com	16.897	2013
ZF Friedrichshafen AG	www.zf.com	16.837	2013
Linde AG	www.linde.de	16.655	2013
Henkel AG & Co. KGaA	www.henkel.de	16.355	2013
MAN SE	www.man.de	15.664	2013
Bertelsmann SE & Co. KGaA	www.bertelsmann.de	15.356	2013
adidas AG	www.adidas-group.com	14.492	2013
Porsche Automobil Holding SE	www.porsche-se.com	14.326	2013
Boehringer Ingelheim GmbH	www.boehringer-ingelheim.com	14.065	2013
HeidelbergCement AG	www.heidelbergcement.de	13.936	2013
Evonik Industries AG	www.evonik.de	12.874	2013
Aurubis AG	www.na-ag.com	12.346	2013
Otto GmbH & Co KG	www.ottogroup.com	11.784	2013
Schaeffler Technologies AG & Co. KG	www.schaeffler-gruppe.de	11.205	2013
MERCK KGaA	www.merck.de	11.095	2013
BSH Bosch und Siemens Hausgeräte GmbH	www.bsh-group.de	10.500	2013
Brenntag AG	www.brenntag.com	9.770	2013
Würth-Gruppe	www.wuerth.com	9.750	2013
Helm AG	www.helmag.com	9.503	2013
Salzgitter AG	www.salzgitter-ag.de	9.244	2013
Liebherr-International Deutschland GmbH	www.liebherr.com	8.964	2013
LANXESS AG	www.lanxess.de	8.300	2013
Südzucker AG	www.suedzucker.de	7.879	2013

Die 500 umsatzstärksten deutschen Weltmarktführer

Unternehmen	Homepage	Umsatz (in Mio. Euro)	Jahr
Benteler Deutschland GmbH	www.benteler.de	7.425	2013
MAHLE GmbH	www.mahle.com	6.941	2013
Freudenberg & Co. KG (Freudenberg-Gruppe)	www.freudenberg.de	6.623	2013
Klöckner & Co SE	www.kloeckner.de	6.378	2013
Knauf Gips KG	www.knauf.de	6.273	2013
Beiersdorf AG	www.beiersdorf.de	6.141	2013
GEA Group AG	www.geagroup.com	5.772	2013
Voith GmbH	www.voith.com	5.728	2013
Bosch Rexroth AG	www.boschrexroth.com	5.700	2013
Osram Licht AG	www.osram.de	5.289	2013
B. Braun Melsungen AG	www.bbraun.de	5.170	2013
Hella KGaA Hueck & Co.	www.hella.de	4.999	2013
Brose Fahrzeugteile GmbH & Co. KG	www.brose.de	4.779	2013
Rheinmetall AG	www.rheinmetall.com	4.613	2013
KION GROUP AG	www.kiongroup.com	4.489	2013
Wacker-Chemie AG	www.wacker.com	4.480	2013
Knorr-Bremse AG	www.knorr-bremse.de	4.300	2013
Carl Zeiss AG	www.zeiss.de	4.190	2013
ZF Lenksysteme GmbH	www.zf-lenksysteme.com	4.114	2013
K+S AG	www.k-plus-s.com	3.950	2013
LEONI AG	www.leoni.com	3.918	2013
Infineon Technologies AG	www.infineon.com	3.843	2013
CLAAS KGaA mbH	www.claas.com	3.825	2013
SMS Holding GmbH	www.sms-group.com	3.495	2013
Rolls-Royce Power Systems AG	www.tognum.de	3.340	2013
GETRAG Getriebe- und Zahnradfabrik Hermann Hagenmeyer GmbH & Co KG	www.getrag.de	3.200	2013
Miele & Cie. KG	www.miele.de	3.150	2013
Eberspächer Climate Control Systems GmbH & Co. KG	www.eberspaecher.com	2.916	2013
Diehl Stiftung & Co. KG	www.diehl.com	2.905	2013
Wieland-Werke AG	www.wieland.de	2.837	2013
L. Possehl & Co. mbH	www.possehl.de	2.821	2013
Krones AG	www.krones.de	2.816	2013
ANDREAS STIHL AG & Co. KG	www.stihl.de	2.800	2013
REHAU AG + Co	www.rehau.de	2.800	2012
Vorwerk & Co. KG	www.vorwerk.de	2.693	2013
MANN+HUMMEL GMBH	www.mann-hummel.com	2.675	2013
United Internet AG	www.united-internet.de	2.656	2013
M+W Group GmbH	www.mwgroup.net	2.560	2013
Webasto SE	www.webasto.de	2.500	2013
SEW-EURODRIVE GmbH & Co KG	www.sew-eurodrive.de	2.475	2013
Wincor Nixdorf AG	www.wincor-nixdorf.com	2.465	2013
PHW-Gruppe LOHMANN & CO. AG	www.phw-gruppe.de	2.450	2013
Heidelberger Druckmaschinen AG	www.heidelberg.com	2.434	2013
HUGO BOSS AG	www.hugoboss.com	2.432	2013
Gebr. Heinemann SE & Co. KG	www.gebr-heinemann.de	2.417	2013
Dürr AG	www.durr.com	2.407	2013

Die 500 umsatzstärksten deutschen Weltmarktführer

Unternehmen	Homepage	Umsatz (in Mio. Euro)	Jahr
Otto Fuchs KG	www.otto-fuchs.com	2.400	2013
Vaillant GmbH	www.vaillant-group.com	2.380	2013
Drägerwerk AG & Co. KGaA	www.draeger.com	2.374	2013
TRUMPF GmbH + Co. KG	www.trumpf.com	2.343	2013
DEKRA AG	www.dekra.de	2.319	2013
Neumann Gruppe GmbH	www.nkg.de	2.297	2012
Jungheinrich AG	www.jungheinrich.de	2.290	2013
FESTO AG & Co. KG	www.festo.com	2.280	2013
KSB Aktiengesellschaft	www.ksb.com	2.247	2013
Körber Aktiengesellschaft	www.koerber.de	2.194	2013
Deutsche Börse AG	www.deutsche-boerse.com	2.160	2013
CRONIMET Holding GmbH	www.cronimet.de	2.150	2013
DMG Mori Seiki Aktiengesellschaft	www.gildemeister.com	2.054	2013
Alfred Kärcher GmbH & Co. KG	www.kaercher.com	2.049	2013
Haribo GmbH & Co. KG	www.haribo.com	2.000	2013
Aktiengesellschaft der Dillinger Hüttenwerke (Europipe)	www.dillinger.de	1.979	2013
Leopold Kostal GmbH & Co. KG	www.kostal.com	1.973	2013
TÜV SÜD AG	www.tuev-sued.de	1.939	2013
ELG Haniel GmbH	www.elg.de	1.880	2013
Schott AG	www.schott.com	1.840	2013
MEYER WERFT GmbH (MEYER-NEPTUN Gruppe)	www.meyerwerft.com	1.835	2012
Fuchs Petrolub AG	www.fuchs-oil.de	1.832	2013
Symrise GmbH & Co. KG	www.symrise.com	1.830	2013
Krüger GmbH & Co. KG	www.krueger.de	1.800	2013
PAUL HARTMANN AG	www.hartmann.info	1.794	2013
EPCOS AG	www.epcos.com	1.789	2013
KUKA AG	www.kuka-ag.de	1.775	2013
ALTANA AG	www.altana.de	1.765	2013
Giesecke & Devrient GmbH	www.gi-de.com	1.754	2013
Wirtgen Group	www.wirtgen-group.com	1.740	2013
STAHLGRUBER Otto Gruber AG	www.stahlgruber.de	1.658	2012
Phoenix Contact GmbH & Co. KG	www.phoenixcontact.com	1.640	2013
KIRCHHOFF Gruppe	www.kirchhoff-gruppe.de	1.615	2013
AUNDE Achter & Ebels GmbH	www.aunde.de	1.600	2012
Hager SE	www.hagergroup.net	1.600	2013
TÜV Rheinland Holding AG	www.tuv.com	1.600	2013
MAQUET Holding B.V. & Co. KG	www.maquet.com	1.540	2013
ARAG Allgemeine Rechtsschutz-Versicherungs-AG	www.arag.de	1.530	2013
Rohde & Schwarz GmbH & Co. KG	www.rohde-schwarz.de	1.528	2013
ebm-papst Mulfingen GmbH & Co. KG	www.ebmpapst.de	1.501	2013
OXEA GmbH	www.oxea-chemicals.com	1.500	2013
SCHÜCO International KG	www.schueco.de	1.500	2013
Bernard Krone Holding GmbH & Co. KG	www.krone.de	1.489	2013
SGL Carbon AG	www.sglcarbon.com	1.477	2013
Muhr und Bender KG (Mubea)	www.mubea.de	1.470	2013

Die 500 umsatzstärksten deutschen Weltmarktführer

Unternehmen	Homepage	Umsatz (in Mio. Euro)	Jahr
DEUTZ AG	www.deutz.de	1.453	2013
EW GROUP GmbH	www.erich-wesjohann.de	1.443	2013
HBPO GmbH	www.hbpogroup.com	1.415	2013
BAUER Aktiengesellschaft	www.bauer.de	1.402	2013
KAUTEX TEXTRON GmbH & Co. KG	www.kautex.de	1.390	2013
Kathrein-Werke KG	www.kathrein.de	1.360	2013
KAEFER Isoliertechnik GmbH & Co. KG	www.kaefer.com	1.320	2012
Vossloh AG	www.vossloh.com	1.320	2013
Röchling-Gruppe	www.roechling.de	1.283	2013
Dr. Johannes Heidenhain GmbH	www.heidenhain.de	1.281	2012
Karl Storz GmbH & Co. KG	www.karlstorz.de	1.278	2012
Gerresheimer AG	www.gerresheimer.com	1.266	2013
Grammer AG	www.grammer.com	1.266	2013
Xella International GmbH	www.xella.com	1.254	2013
WILO SE	www.wilo-ag.com	1.230	2013
H&R WASAG Aktiengesellschaft	www.hur-wasag.de	1.214	2013
MAUSER AG	www.mausergroup.com	1.200	2013
Gauselmann AG	www.gauselmann.de	1.196	2013
Klöckner Pentaplast GmbH & Co. KG	www.kpfilms.com	1.191	2013
Schuler AG	www.schulergroup.com	1.190	2013
ElringKlinger AG	www.elringklinger.de	1.175	2013
Minimax Viking Holding GmbH & Co. KG	www.minimax.de	1.170	2013
HUBER SE	www.huber.de	1.160	2013
Sto SE & Co. KGaA	www.sto.de	1.160	2013
Wacker Neuson SE	www.wackergroup.com	1.160	2013
SCHÜTZ GmbH & Co. KGaA	www.schuetz.de	1.150	2012
KWS SAAT AG	www.kws.de	1.147	2013
Bergische Achsen KG	www.bpw.de	1.100	2013
Huf Hülsbeck & Fürst GmbH & Co. KG	www.huf-group.com	1.100	2013
Koenig & Bauer AG (KBA)	www.kba-print.de	1.100	2013
Kromberg & Schubert GmbH + Co KG	www.kromberg-schubert.com	1.100	2013
PERI GmbH Schalung Gerüst Engineering	www.peri.de	1.090	2013
HOYER GmbH	www.hoyer-group.com	1.087	2013
Häfele GmbH & Co KG	www.haefele.de	1.072	2013
Terex MHPS GmbH	www.demagcranes-ag.de	1.062	2011
Herrenknecht AG	www.herrenknecht.de	1.051	2013
Fritz Schäfer GmbH (SSI Schäfer)	www.ssi-schaefer.de	1.040	2011
DORMA Holding GmbH + Co. KGaA	www.dorma.de	1.032	2013
Friedrich Boysen GmbH & Co. KG	www.boysen-online.de	1.020	2013
KHS GmbH	www.khs.com	1.018	2013
WMF AG	www.wmf.de	1.015	2013
Döhler GmbH	www.doehler.com	1.010	2011
SICK AG	www.sick.de	1.010	2013
Dematic GmbH	www.dematic.de	1.000	2013
Hörmann KG Verkaufsgesellschaft	www.hoermann.de	1.000	2013
HYDAC INTERNATIONAL GmbH	www.hydac.com	1.000	2011
KraussMaffei Technologies GmbH (KraussMaffei AG)	www.kraussmaffei.de	1.000	2012

Die 500 umsatzstärksten deutschen Weltmarktführer

Unternehmen	Homepage	Umsatz (in Mio. Euro)	Jahr
Siegwerk Druckfarben AG & Co. KGaA	www.siegwerk.com	997	2013
Meggle AG (Meggle Pharma)	www.meggle-group.de	992	2012
Lürssen Gruppe	www.luerssen.de	985	2012
Merz GmbH & Co. KGaA	www.merz.de	980	2013
Qiagen GmbH	www.qiagen.com	980	2013
Software AG	www.softwareag.com	973	2013
TAKKT AG	www.takkt.de	953	2013
GROB-WERKE GmbH & Co. KG	www.grobgroup.com	950	2013
Springer Science+Business Media Deutschland GmbH	www.springer-sbm.com	943	2013
Schunk GmbH	www.schunk-group.com	940	2013
J.F. Hillebrand Group AG	www.jfhillebrand.com	935	2012
SMA Solar Technology AG	www.sma.de	933	2013
Vinnolit GmbH & Co. KG	www.vinnolit.de	917	2013
VIEGA GmbH & Co. KG	www.viega.de	915	2012
Carl Zeiss Meditec AG	www.meditec.zeiss.de	906	2013
Eisenmann SE	www.eisenmann.de	903	2013
RÜTGERS Holding Germany GmbH	www.ruetgers-chemicals.de	898	2012
Sartorius AG	www.sartorius.com	887	2013
Renolit SE	www.renolit.de	884	2013
Leica Microsystems GmbH	www.leica-microsystems.com	860	2011
SAF-HOLLAND GmbH	www.safholland.com	857	2013
Hettich Holding GmbH & Co. oHG	www.hettich.com	855	2013
Hansgrohe SE	www.hansgrohe.com	841	2013
Lapp Holding AG	www.lappgroup.com	830	2013
SIRONA Dental Systems GmbH	www.sirona.de	829	2013
BORBET GmbH	www.borbet.de	815	2012
MHM Holding GmbH (hubergroup)	www.hubergroup.com	814	2012
Germanischer Lloyd AG	www.gl-group.com	813	2012
DEILMANN-HANIEL INTERNATIONAL MINING and TUNNELING GmbH	www.dhimt.com	811	2013
Hirschvogel Holding GmbH	www.hirschvogel.com	811	2013
G. Siempelkamp GmbH & Co.KG	www.siempelkamp.com	799	2013
STULZ GmbH	www.stulz.de	799	2012
VEKA AG	www.veka.de	793	2013
Otto Bock Holding GmbH & Co. KG	www.ottobock.com	792	2012
Homag Group AG	www.homag.de	789	2013
PRETTL Produktions Holding GmbH	www.prettl.com	780	2013
Krauss-Maffei Wegmann GmbH & Co. KG	www.kmweg.de	762	2013
Leipa Georg Leinfelder GmbH	www.leipa.de	760	2013
WIKA Alexander Wiegand SE & Co. KG	www.wika.de	750	2013
Zentis GmbH & Co. KG	www.zentis.de	749	2013
ista International GmbH	www.ista.com	744	2013
Big Dutchman AG	www.bigdutchman.de	730	2013
Montblanc Deutschland GmbH	www.montblanc.de	730	2013
Gühring KG	www.guehring.de	720	2012
Marquardt GmbH	www.marquardt.de	720	2013
BSN medical GmbH	www.bsnmedical.de	714	2012

Die 500 umsatzstärksten deutschen Weltmarktführer

Unternehmen	Homepage	Umsatz (in Mio. Euro)	Jahr
H.C. Starck GmbH	www.hcstarck.com	704	2013
AL-KO Kober SE	www.al-ko.de	702	2013
GELITA AG	www.gelita.com	700	2013
MULTIVAC Sepp Haggenmüller GmbH & Co. KG	www.multivac.de	700	2013
profine GmbH	www.profine-group.de	700	2013
Felix Schoeller Holding GmbH & Co. KG	www.felix-schoeller.com	695	2013
Papierfabrik August Koehler SE	www.koehlerpaper.com	692	2013
Edscha Holding GmbH	www.edscha.com	683	2012
Brückner Group GmbH	www.brueckner.com	682	2012
BERICAP GmbH & Co. KG	www.bericap.com	680	2013
Dialog Semiconductor plc (GmbH)	www.dialog-semiconductor.de	680	2013
Putzmeister Holding GmbH	www.putzmeister.de	675	2012
Bitzer SE	www.bitzer.de	660	2013
Dr. Willmar Schwabe GmbH & Co. KG	www.schwabe.de	660	2013
DSI Holding GmbH (Dywidag-Systems International)	www.dywidag-systems.com	660	2012
Roto Frank AG	www.roto.de	658	2013
TMD Friction Holding GmbH	www.tmdfriction.com	657	2013
Maschinenfabrik Reinhausen GmbH	www.reinhausen.com	650	2013
Weidmüller Interface GmbH & Co. KG	www.weidmueller.de	640	2013
NORMA Group SE	www.normagroup.de	636	2013
fischerwerke GmbH & Co. KG	www.fischer.de	633	2013
ifm electronic gmbh	www.ifm.de	630	2013
BEUMER Group GmbH & Co. KG	www.beumer.com	627	2013
ACO Severin Ahlmann GmbH & Co. KG	www.aco-online.de	624	2013
Schenck Process GmbH	www.schenckprocess.com	620	2013
Borgers AG	www.borgers-group.com	619	2013
Rickmers Holding GmbH & Cie. KG (Rickmers Gruppe)	www.rickmers.com	618	2012
Kiekert AG	www.kiekert.de	618	2013
Geobra Brandstätter GmbH & Co. KG	www.playmobil.de	612	2013
LEONHARD KURZ Stiftung & Co. KG	www.kurz.de	610	2013
KAMAX Holding GmbH & Co. KG	www.kamax.com	602	2013
JENOPTIK AG	www.jenoptik.de	600	2013
KAESER KOMPRESSOREN SE	www.kaeser.com	600	2013
WAGO Kontakttechnik GmbH & Co. KG	www.wago.com	600	2013
WALTER AG	www.walter-ag.com	600	2011
Windmöller & Hölscher KG	www.wuh-group.com	600	2013
CHEMETALL GmbH	www.chemetall.com	592	2013
Sennheiser electronic GmbH & Co. KG	www.sennheiser.com	591	2013
Faber-Castell Aktiengesellschaft (Faber-Castell Gruppe)	www.faber-castell.de	590	2013
Hörmann Holding GmbH & Co. KG	www.hoermann-gruppe.de	590	2013
Lenze SE	www.lenze.com	588	2013
Albert Handtmann Holding GmbH & Co. KG	www.handtmann.de	580	2013
schattdecor AG	www.schattdecor.de	575	2013
Chiron-Werke GmbH & Co. KG	www.chiron.de	571	2013
Samson Aktiengesellschaft Mess- und Regeltechnik	www.samson.de	571	2013

Die 500 umsatzstärksten deutschen Weltmarktführer

Unternehmen	Homepage	Umsatz (in Mio. Euro)	Jahr
Aachener Printen- und Schokoladenfabrik Henry Lambertz GmbH & Co. KG	www.lambertz.de	562	2013
ZOLLERN GmbH & Co. KG	www.zollern.de	561	2013
C. D. Wälzholz KG	www.cdw.de	559	2013
MEWA Textil-Service AG & Co. Management OHG	www.mewa.de	555	2013
Hugo Kern und Liebers GmbH & Co. KG Platinen- und Federnfabrik	www.kern-liebers.de	551	2013
BOMAG GmbH	www.bomag.de	550	2013
BOS GmbH & Co. KG	www.bos.de	550	2013
Groz-Beckert KG	www.groz-beckert.de	550	2013
SCHERDEL GmbH	www.scherdel.de	550	2013
Wanzl Metallwarenfabrik GmbH	www.wanzl.com	550	2013
Grillo-Werke AG	www.grillo.de	546	2013
Ardex GmbH	www.ardex.de	540	2013
E.G.O. Blanc und Fischer & Co. GmbH	www.egoproducts.com	537	2013
ZWILLING J.A. Henckels AG	www.zwilling.com	537	2013
Belectric Trading GmbH	www.belectric.com	535	2012
Schwanhäußer Industrie Holding GmbH & Co.KG (Schwan-STABILO-Gruppe)	www.schwan-stabilo.com	534	2013
FUCHS Gewürze GmbH	www.fuchs-gewuerze.de	533	2013
Gebr. Heller Maschinenfabrik GmbH	www.heller-machinetools.com	533	2013
WIV Wein International AG	www.wiv-ag.com	527	2013
Ireks GmbH	www.ireks.com	525	2012
BIOTRONIK SE & Co. KG	www.biotronik.de	523	2012
Eppendorf AG	www.eppendorf.com	522	2013
Max Weishaupt GmbH	www.weishaupt.de	522	2012
Preh GmbH	www.preh.de	520	2013
Coperion GmbH	www.coperion.com	518	2012
AMAZONEN-Werke H. Dreyer GmbH & Co. KG	www.amazone.de	515	2013
KARL MAYER Textilmaschinenfabrik GmbH	www.karlmayer.de	510	2012
MEC Holding GmbH	www.mec-holding.de	509	2013
Braun GmbH	www.braun.com	506	2013
Kampffmeyer Mühlen GmbH (VK Mühlen AG)	www.kampffmeyer.de	506	2013
Hama GmbH & Co KG	www.hama.de	503	2012
Biotest AG	www.biotest.de	501	2013
Gretsch-Unitas GmbH	www.g-u.de	500	2013
NEUMO Armaturenfabrik-Apparatebau-Metallgießerei GmbH + Co KG (NEUMO-Ehrenberg-Gruppe)	www.neumo.de	500	2012
Pepperl + Fuchs GmbH	www.pepperl-fuchs.com	500	2013
Schwing GmbH	www.schwing.de	500	2012
Treofan Germany GmbH & Co. KG	www.treofan.com	500	2013
VACUUMSCHMELZE GmbH & Co. KG	www.vacuumschmelze.com	500	2013
Witzenmann GmbH	www.witzenmann.de	497	2013
Gedore Tool Center GmbH & Co. KG	www.gedore.de	495	2010
Emsland-Stärke GmbH	www.emsland-staerke.de	489	2013
SEMIKRON INTERNATIONAL GmbH	www.semikron.com	489	2013
ERWO Holding Aktiengesellschaft (Südwolle)	www.erwoholding.de	487	2012

Die 500 umsatzstärksten deutschen Weltmarktführer

Unternehmen	Homepage	Umsatz (in Mio. Euro)	Jahr
RENK Aktiengesellschaft	www.renk.de	485	2013
Harting KGaA	www.harting.de	484	2013
Lohmann GmbH & Co. KG (Lohmann-Klebebandgruppe)	www.lohmann-tapes.de	483	2012
Rosenberger Hochfrequenztechnik GmbH & Co. KG	www.rosenberger.de	483	2012
Arburg GmbH + Co KG	www.arburg.com	480	2013
ThyssenKrupp Bilstein GmbH	www.bilstein.de	480	2013
JOST-Werke GmbH	www.jost-world.com	476	2013
HAVER & BOECKER OHG	www.haverboecker.com	470	2013
MAPAL Dr. Kress KG	www.mapal.de	470	2013
MB-Holding GmbH & Co. KG (Martin Bauer Konzern)	www.mb-holding.de	470	2013
Nukem GmbH	www.nukem.de	470	2012
Bizerba GmbH & Co. KG	www.bizerba.com	466	2013
Kraiburg Holding GmbH & Co. KG	www.kraiburg.com	466	2013
Wilhelm Böllhoff GmbH & Co. KG	www.boellhoff.com	466	2013
Wittur Holding GmbH	www.wittur.com	466	2012
WITTE Automotive GmbH	www.witte-automotive.com	465	2013
KROHNE Messtechnik GmbH	www.krohne-mar.com	462	2013
Pöschl Tabak GmbH & Co. KG	www.poeschl-tobacco.com	462	2013
Mast - Jägermeister SE	www.mast-jaegermeister.ag	461	2013
Rational AG	www.rational-ag.com	461	2013
Getriebebau NORD GmbH & Co. KG	www.nord.com	460	2013
Leitz GmbH & Co. KG	www.leitz.org	460	2013
Stabilus GmbH	www.stabilus.de	460	2013
Focke & Co. (GmbH & Co. KG)	www.focke.com	456	2012
Erich NETZSCH GmbH & Co. Holding KG	www.netzsch.com	453	2013
FTE automotive GmbH	www.fte.de	450	2013
Hans Turck GmbH & Co. KG	www.turck.de	450	2013
OBO Bettermann GmbH & Co. KG	www.obo.de	450	2013
Kontron AG	www.kontron.de	445	2013
Orafol Europe GmbH	www.orafol.de	444	2012
Hüttenes-Albertus Chemische Werke GmbH (HA-Gruppe)	www.huettenes-albertus.de	442	2012
CABB GmbH	www.cabb-chemicals.com	440	2013
CeramTec GmbH Innovative Ceramic Engineering	www.ceramtec.de	438	2013
Beckhoff Automation GmbH	www.beckhoff.de	435	2013
INDEX-Werke GmbH & Co. KG, Hahn & Tessky	www.index-werke.de	432	2012
ProCredit Holding AG & Co. KGaA	www.procredit-holding.com	431	2013
Dieffenbacher GmbH Maschinen- und Anlagenbau	www.dieffenbacher.de	430	2013
AUMA Riester GmbH & Co. KG	www.auma.com	430	2012
igus GmbH	www.igus.de	427	2013
FRITZMEIER GmbH	www.fritzmeier.de	425	2013
ROFIN-SINAR Laser GmbH	www.rofin.com	420	2013
TROX GmbH	www.troxtechnik.de	416	2013
Armacell GmbH	www.armacell.com	416	2013
TTS Tooltechnic Systems AG & Co. KG	www.tooltechnicsystems.com	415	2012
Almatis GmbH	www.almatis.com	414	2013

Die 500 umsatzstärksten deutschen Weltmarktführer

Unternehmen	Homepage	Umsatz (in Mio. Euro)	Jahr
Christian Bürkert GmbH und Co. KG (Fluid Control)	www.buerkert.com	411	2013
Loesche GmbH	www.loesche.com	411	2012
Pfeiffer Vacuum Technology AG	www.pfeiffer-vacuum.de	409	2013
IFA ROTORION Holding GmbH	www.ifa-rotorion.com	407	2013
Vetter Pharma International GmbH	www.vetter-pharma.com	406	2013
Novem Car Interior Design GmbH	www.novem.de	404	2013
Refratechnik Holding GmbH	www.refratechnik.de	404	2013
SURTECO SE	www.surteco.com	404	2013
Hako GmbH	www.hako.com	400	2013
Stern-Wywiol Gruppe GmbH & Co. KG	www.stern-wywiol-gruppe.de	400	2013
Reifenhäuser GmbH & Co. KG	www.reifenhauser-group.com	398	2013
Duravit AG	www.duravit.de	395	2013
Hengst SE & Co. KG	www.hengst.de	393	2013
Dr.-Ing. K. Busch GmbH	www.busch.de	392	2012
Schaltbau Holding AG	www.schaltbau.de	392	2013
Dr. Schneider Holding GmbH	www.dr-schneider.com	390	2013
Gebr. Eickhoff Maschinenfabrik u. Eisengießerei GmbH	www.eickhoff-bochum.de	390	2013
ZIEHL-ABEGG SE	www.ziehl-abegg.de	388	2013
EMAG Holding GmbH	www.emag.com	385	2013
EDAG Engineering AG	www.edag.de	383	2013
ProMinent GmbH	www.prominent.com	382	2011
Wirthwein AG	www.wirthwein.de	380	2013
Progress-Werk Oberkirch AG	www.progress-werk.de	377	2013
WAREMA Renkhoff SE	www.warema.de	377	2013
Grimme Landmaschinenfabrik GmbH & Co. KG (Grimme Gruppe)	www.grimme.de	371	2012
Steuler Holding GmbH	www.steuler.de	370	2012
SHW AG (Schwäbische Hüttenwerke)	www.shw.de	366	2013
LEMKEN GmbH & Co. KG	www.lemken.com	363	2013
Heitkamp & Thumann KG	www.ht-group.com	360	2013
Fränkische Rohrwerke Gebr. Kirchner GmbH & Co. KG	www.fraenkische.de	360	2013
Trützschler GmbH & Co. KG	www.truetzschler.de	360	2013
William Prym GmbH & Co. KG	www.prym.com	360	2013
GEZE GmbH	www.geze.com	351	2013
BRABUS GmbH	www.brabus.com	350	2013
ENSINGER GmbH	www.ensinger-online.com	350	2013
Grenzebach Maschinenbau GmbH	www.grenzebach.com	350	2013
MC-Bauchemie Müller GmbH & Co. KG	www.mc-bauchemie.de	350	2013
SENNEBOGEN Maschinenfabrik GmbH	www.sennebogen.de	350	2013
Wrede Industrieholding GmbH & CO. KG	www.wrede.de	350	2013
SKW Stahl-Metallurgie Holding AG	www.skw-steel.com	347	2013
Konrad Hornschuch AG	www.hornschuch.de	345	2013
UVEX WINTER HOLDING GmbH & Co. KG	www.uvex.de	343	2013
SARSTEDT AG & Co. KG	www.sarstedt.com	342	2010
ALLGAIER WERKE GmbH	www.allgaier.de	340	2012

Die 500 umsatzstärksten deutschen Weltmarktführer

Unternehmen	Homepage	Umsatz (in Mio. Euro)	Jahr
J. Wagner GmbH	www.wagner-group.com	340	2013
EJOT HOLDING GmbH & Co. KG	www.ejot.de	339	2013
RECARO Aircraft Seating GmbH & Co. KG	www.recaro-as.com	337	2013
BALLUFF GmbH	www.balluff.de	335	2013
Brita GmbH	www.brita.de	333	2013
Wickeder Westfalenstahl GmbH	www.wickeder-westfalenstahl.de	331	2012
BHTC GmbH (Behr-Hella Thermocontrol GmbH)	www.bhtc.com	326	2013
LMT GmbH & Co. KG	www.lmt-tools.com	326	2012
WEBER-HYDRAULIK GMBH	www.weber.de	322	2013
Aerzener Maschinenfabrik GmbH	www.aerzener.com	320	2013
BARTEC Top Holding GmbH	www.bartec.de	320	2013
ixetic GmbH	www.ixetic.com	317	2012
Storopack Hans Reichenecker GmbH	www.storopack.com	316	2013
SCHOTTEL GmbH	www.schottel.de	313	2013
VOSS Holding GmbH + Co. KG	www.voss.de	312	2012
ADVA Optical Networking SE (vormals ADVA AG Optical Networking)	www.advaoptical.com	311	2013
Ferdinand Bilstein GmbH + Co. KG (febi)	www.febi.com	310	2012
Niles-Simmons-Hegenscheidt GmbH	www.niles-simmons.de	310	2013
Schmidt + Clemens GmbH + Co. KG	www.schmidt-clemens.de	310	2013
Arnold & Richter Cine Technik GmbH & Co Betriebs KG (ARRI)	www.arri.de	308	2012
Sektkellerei Schloss Wachenheim AG	www.schloss-wachenheim.com	307	2013
Maschinenfabrik Berthold Hermle AG	www.hermle.de	306	2013
BHS Corrugated Maschinen- und Anlagenbau GmbH	www.bhs-corrugated.de	306	2012
Zapp AG	www.zapp.com	305	2013
R. STAHL Aktiengesellschaft	www.stahl.de	304	2013
bielomatik Leuze GmbH + Co. KG (Leuze Gruppe)	www.bielomatik.de	302	2012
LTS LOHMANN Therapie-Systeme AG	www.ltslohmann.de	301	2013
Michael Weinig AG	www.weinig.com	301	2013
IMS Gear GmbH	www.imsgear.com	300	2013
Kessler & Co. GmbH & Co. KG	www.kessler-axles.com	300	2013
OPTIMA packaging group GmbH	www.optima-packaging-group.de	300	2013
ROTHENBERGER AG	www.rothenberger.com	300	2013
Schunk GmbH & Co. KG	www.schunk.de	300	2013
WashTec AG	www.washtec.de	300	2013
Zeppelin Systems GmbH	www.zeppelin-industry.de	299	2013
Leica Camera AG	www.leica-camera.com	297	2012
BLANCO GmbH + Co KG	www.blanco.de	293	2013
Eissmann Automotive Deutschland GmbH	www.eissmann.com	284	2013
HAWE Hydraulik SE	www.hawe.de	280	2013
Magnet Schultz GmbH & Co. Fabrikations- und Vertriebs-KG	www.magnet-schultz.de	280	2013
Schlüter-Systems KG	www.schlueter.de	280	2012
Lindauer DORNIER GmbH	www.lindauer-dornier.com	277	2012
KaVo Dental GmbH	www.kavo.com	276	2012
STAEDTLER Mars GmbH & Co. KG	www.staedtler.de	276	2013

Die 500 umsatzstärksten deutschen Weltmarktführer

Unternehmen	Homepage	Umsatz (in Mio. Euro)	Jahr
Gustav Wahler GmbH u. Co. KG	www.wahler.de	275	2012
Saarschmiede GmbH Freiformschmiede	www.saarschmiede.de	275	2012
Carl Stahl GmbH	www.carlstahl.com	274	2013
FEV GmbH	www.fev.com	274	2012
HÜBNER GmbH & Co. KG	www.hubner-germany.com	273	2012
Gerhard Schubert GmbH	www.gerhard-schubert.de	272	2013
Scheidt & Bachmann GmbH	www.scheidt-bachmann.de	270	2013
Tesat-Spacecom GmbH & Co. KG	www.tesat.de	267	2013
Hamberger Industriewerke GmbH (Haro)	www.hamberger.de	266	2012
Manz AG	www.manz-automation.com	266	2013
Forbo Siegling GmbH	www.forbo-siegling.com	265	2013
JAB Josef Anstoetz KG	www.jab.de	265	2011
WITRON Logistik + Informatik GmbH	www.witron.com	265	2013
Altenloh, Brinck & Co. GmbH & Co. KG	www.altenloh.com	264	2012
Becker Mining Systems AG	www.becker-mining.com	261	2012
Kalle GmbH	www.kalle.de	261	2013
ABUS August Bremicker Söhne KG	www.abus.de	260	2012
Herbert Kannegiesser GmbH	www.kannegiesser.de	260	2013
MEIKO Maschinenbau GmbH & Co. KG	www.meiko.de	260	2013
Uhlmann Pac-Systeme GmbH & Co. KG	www.uhlmann.de	260	2014
POLYTAN GmbH (Sport Group)	www.polytan.com	259	2012
AKG Verwaltungsgesellschaft mbH (AKG-Gruppe)	www.akg-gruppe.de	257	2013
Pfisterer Holding AG	www.pfisterer.de	256	2013
Maschinenfabrik ALFING KESSLER GmbH	www.alfing.de	255	2012
H. Stoll GmbH & Co. KG	www.stoll.com	253	2012
Weidenhammer Packungen GmbH & Co KG	www.weidenhammer.de	251	2013
Technoform Caprano + Brunnhofer GmbH	www.technoform.com	251	2013
BAUER COMP Holding GmbH	www.uniccomp.de	250	2012
Bauerfeind Aktiengesellschaft	www.bauerfeind.com	250	2013
Felix Böttcher GmbH & Co. KG	www.boettcher.de	250	2013
HEINZ-GLAS Group Holding HGGH GmbH & Co.KGaA	www.heinz-holding.eu	250	2013
KHD Humboldt Wedag International (Deutschland) AG	www.humboldt-wedag.de	250	2013
Kuchenmeister GmbH	www.kuchenmeister.de	250	2013
LEISTRITZ AG	www.leistritz.com	250	2012
Trolli GmbH	www.trolli.de	250	2013
Gebr. Kemper GmbH & Co. KG	www.kemper-olpe.de	248	2012
August Rüggeberg GmbH & Co. KG	www.pferd.com	242	2012
Wittenstein AG	www.wittenstein.de	241	2013
Schlemmer GmbH	www.schlemmer.com	240	2013
Testo AG	www.testo.de	235	2013
BORSIG GmbH	www.borsig.de	234	2012
Jowat AG	www.jowat.de	234	2012
NEUMAN & ESSER Verwaltungs- und Beteiligungsgesellschaft mbH	www.neuman-esser.de	234	2012
Flensburger Schiffbau-Gesellschaft mbH & Co. KG	www.fsg-ship.de	233	2011
Wieland Holding GmbH	www.wieland-electric.com	233	2012

Die 500 umsatzstärksten deutschen Weltmarktführer

Unternehmen	Homepage	Umsatz (in Mio. Euro)	Jahr
Pfeifer Holding GmbH & Co. KG (Pfeifer Drako)	www.pfeifer.de	233	2012
Pilz GmbH & Co. KG	www.pilz.com	233	2013
EMKA Beschlagteile GmbH & Co. KG	www.emka.com	230	2012
Swoboda KG	www.swoboda.de	230	2013
Montanhydraulik GmbH (Montanhydraulik Gruppe)	www.montanhydraulik.com	226	2012
SQS Software Quality Systems AG	www.sqs.de	226	2013

Erläuterung:

Die an die Unternehmen der Liste gestellten Kriterien entsprechen denen des Lexikons, sie zählen in einem bestimmten Bereich zu den Top 3 weltweit. Maßgebend für die Einordnung sind Konzernumsatzzahlen für das Geschäftsjahr 2013 aus veröffentlichten Geschäftsberichten und gemäß Eigenaussagen der Unternehmen sowie eigenen Recherchen. Waren Umsatzzahlen für 2013 zum Zeitpunkt der Erfassung nicht veröffentlicht, wurden ersatzweise ältere Angaben herangezogen. Die Liste erhebt keinen Anspruch auf Vollständigkeit, insbesondere da einzelne weltmarktführende Unternehmen bewusst keine aktuellen Konzernumsätze veröffentlichen.

Quelle:

Datenbank Deutsche Weltmarktführer, Projektleitung Andreas Herzig, wissenschaftliche Leitung Prof. Dr. Bernd Venohr

Die 500 umsatzstärksten deutschen Weltmarktführer

Sortierung alphabetisch nach Unternehmensnamen

Unternehmen	Homepage	Umsatz (in Mio. Euro)	Jahr
Aachener Printen- und Schokoladenfabrik Henry Lambertz GmbH & Co. KG	www.lambertz.de	562	2013
ABUS August Bremicker Söhne KG	www.abus.de	260	2013
ACO Severin Ahlmann GmbH & Co. KG	www.aco-online.de	624	2013
adidas AG	www.adidas-group.com	14.492	2013
ADVA Optical Networking SE (vormals ADVA AG Optical Networking)	www.advaoptical.com	311	2013
Aerzener Maschinenfabrik GmbH	www.aerzener.com	320	2013
AKG Verwaltungsgesellschaft mbH (AKG-Gruppe)	www.akg-gruppe.de	257	2013
Aktiengesellschaft der Dillinger Hüttenwerke (Europipe)	www.dillinger.de	1.979	2013
AL-KO Kober SE	www.al-ko.de	702	2013
Albert Handtmann Holding GmbH & Co. KG	www.handtmann.de	580	2013
Aldi Nord (und Süd)	www.aldi.com	60.297	2013
Alfred Kärcher GmbH & Co. KG	www.kaercher.com	2.049	2013
ALLGAIER WERKE GmbH	www.allgaier.de	340	2013
Allianz SE	www.allianz.com	110.773	2013
Almatis GmbH	www.almatis.com	414	2013
ALTANA AG	www.altana.de	1.765	2013
Altenloh, Brinck & Co. GmbH & Co. KG	www.altenloh.com	264	2013
AMAZONEN-Werke H. Dreyer GmbH & Co. KG	www.amazone.de	515	2013
ANDREAS STIHL AG & Co. KG	www.stihl.de	2.800	2013
ARAG Allgemeine Rechtsschutz-Versicherungs-AG	www.arag.de	1.530	2013
Arburg GmbH + Co KG	www.arburg.com	480	2013
Ardex GmbH	www.ardex.de	540	2013
Armacell GmbH	www.armacell.com	416	2013
Arnold & Richter Cine Technik GmbH & Co Betriebs KG (ARRI)	www.arri.de	308	2013
August Rüggeberg GmbH & Co. KG	www.pferd.com	242	2013
AUMA Riester GmbH & Co. KG	www.auma.com	430	2013
AUNDE Achter & Ebels GmbH	www.aunde.de	1.600	2013
Aurubis AG	www.na-ag.com	12.346	2013
B. Braun Melsungen AG	www.bbraun.de	5.170	2013
BALLUFF GmbH	www.balluff.de	335	2013
BARTEC Top Holding GmbH	www.bartec.de	320	2013
BASF AG	www.basf.de	73.973	2013
BAUER Aktiengesellschaft	www.bauer.de	1.402	2013
BAUER COMP Holding GmbH	www.uniccomp.de	250	2013
Bauerfeind Aktiengesellschaft	www.bauerfeind.com	250	2013
Bayer AG	www.bayer.de	40.157	2013
Bayerische Motoren Werke AG	www.bmwgroup.com	76.058	2013
Becker Mining Systems AG	www.becker-mining.com	261	2013
Beckhoff Automation GmbH	www.beckhoff.de	435	2013
Beiersdorf AG	www.beiersdorf.de	6.141	2013
Belectric Trading GmbH	www.belectric.com	535	2013

Die 500 umsatzstärksten deutschen Weltmarktführer

Unternehmen	Homepage	Umsatz (in Mio. Euro)	Jahr
Benteler Deutschland GmbH	www.benteler.de	7.425	2013
Bergische Achsen KG	www.bpw.de	1.100	2013
BERICAP GmbH & Co. KG	www.bericap.com	680	2013
Bernard Krone Holding GmbH & Co. KG	www.krone.de	1.489	2013
Bertelsmann SE & Co. KGaA	www.bertelsmann.de	15.356	2013
BEUMER Group GmbH & Co. KG	www.beumer.com	627	2013
BHS Corrugated Maschinen- und Anlagenbau GmbH	www.bhs-corrugated.de	306	2013
BHTC GmbH (Behr-Hella Thermocontrol GmbH)	www.bhtc.com	326	2013
bielomatik Leuze GmbH + Co. KG (Leuze Gruppe)	www.bielomatik.de	302	2013
Big Dutchman AG	www.bigdutchman.de	730	2013
Biotest AG	www.biotest.de	501	2013
BIOTRONIK SE & Co. KG	www.biotronik.de	523	2013
Bitzer SE	www.bitzer.de	660	2013
Bizerba GmbH & Co. KG	www.bizerba.com	466	2013
BLANCO GmbH + Co KG	www.blanco.de	293	2013
Boehringer Ingelheim GmbH	www.boehringer-ingelheim.com	14.065	2013
BOMAG GmbH	www.bomag.de	550	2013
BORBET GmbH	www.borbet.de	815	2013
Borgers AG	www.borgers-group.com	619	2013
BORSIG GmbH	www.borsig.de	234	2013
BOS GmbH & Co. KG	www.bos.de	550	2013
Bosch Rexroth AG	www.boschrexroth.com	5.700	2013
BRABUS GmbH	www.brabus.com	350	2013
Braun GmbH	www.braun.com	506	2013
Brenntag AG	www.brenntag.com	9.770	2013
Brita GmbH	www.brita.de	333	2013
Brose Fahrzeugteile GmbH & Co. KG	www.brose.de	4.779	2013
Brückner Group GmbH	www.brueckner.com	682	2013
BSH Bosch und Siemens Hausgeräte GmbH	www.bsh-group.de	10.500	2013
BSN medical GmbH	www.bsnmedical.de	714	2013
C. D. Wälzholz KG	www.cdw.de	559	2013
CABB GmbH	www.cabb-chemicals.com	440	2013
Carl Stahl GmbH	www.carlstahl.com	274	2013
Carl Zeiss AG	www.zeiss.de	4.190	2013
Carl Zeiss Meditec AG	www.meditec.zeiss.de	906	2013
CeramTec GmbH Innovative Ceramic Engineering	www.ceramtec.de	438	2013
CHEMETALL GmbH	www.chemetall.com	592	2012
Chiron-Werke GmbH & Co. KG	www.chiron.de	571	2013
Christian Bürkert GmbH und Co. KG (Fluid Control)	www.buerkert.com	411	2013
CLAAS KGaA mbH	www.claas.com	3.825	2013
Continental AG	www.conti-online.com	33.331	2013
Coperion GmbH	www.coperion.com	518	2013
CRONIMET Holding GmbH	www.cronimet.de	2.150	2013
Daimler AG	www.daimler.de	117.982	2013

Die 500 umsatzstärksten deutschen Weltmarktführer

Unternehmen	Homepage	Umsatz (in Mio. Euro)	Jahr
DEILMANN-HANIEL INTERNATIONAL MINING and TUNNELING GmbH	www.dhimt.com	811	2013
DEKRA AG	www.dekra.de	2.319	2013
Dematic GmbH	www.dematic.de	1.000	2013
Deutsche Bahn AG	www.db.de	39.107	2013
Deutsche Börse AG	www.deutsche-boerse.com	2.160	2013
Deutsche Lufthansa AG	www.lufthansa.com	30.028	2013
Deutsche Post AG (DHL)	www.dp-dhl.com	60.132	2013
DEUTZ AG	www.deutz.de	1.453	2013
Dialog Semiconductor plc (GmbH)	www.dialog-semiconductor.de	680	2013
Dieffenbacher GmbH Maschinen- und Anlagenbau	www.dieffenbacher.de	430	2013
Diehl Stiftung & Co. KG	www.diehl.com	2.905	2012
DMG Mori Seiki Aktiengesellschaft	www.gildemeister.com	2.054	2013
Döhler GmbH	www.doehler.com	1.010	2013
DORMA Holding GmbH + Co. KGaA	www.dorma.de	1.032	2013
Dr. Johannes Heidenhain GmbH	www.heidenhain.de	1.281	2013
Dr. Schneider Holding GmbH	www.dr-schneider.com	390	2013
Dr. Willmar Schwabe GmbH & Co. KG	www.schwabe.de	660	2013
Dr.-Ing. K. Busch GmbH	www.busch.de	392	2013
Drägerwerk AG & Co. KGaA	www.draeger.com	2.374	2013
DSI Holding GmbH (Dywidag-Systems International)	www.dywidag-systems.com	660	2013
Duravit AG	www.duravit.de	395	2013
Dürr AG	www.durr.com	2.407	2013
E.G.O. Blanc und Fischer & Co. GmbH	www.egoproducts.com	537	2013
Eberspächer Climate Control Systems GmbH & Co. KG	www.eberspaecher.com	2.916	2013
ebm-papst Mulfingen GmbH & Co. KG	www.ebmpapst.de	1.501	2013
EDAG Engineering AG	www.edag.de	383	2012
Edscha Holding GmbH	www.edscha.com	683	2013
Eisenmann SE	www.eisenmann.de	903	2013
Eissmann Automotive Deutschland GmbH	www.eissmann.com	284	2013
EJOT HOLDING GmbH & Co. KG	www.ejot.de	339	2013
ELG Haniel GmbH	www.elg.de	1.880	2013
ElringKlinger AG	www.elringklinger.de	1.175	2013
EMAG Holding GmbH	www.emag.com	385	2013
EMKA Beschlagteile GmbH & Co. KG	www.emka.com	230	2013
Emsland-Stärke GmbH	www.emsland-staerke.de	489	2013
ENSINGER GmbH	www.ensinger-online.com	350	2012
EON AG	www.eon.com	122.450	2013
EPCOS AG	www.epcos.com	1.789	2013
Eppendorf AG	www.eppendorf.com	522	2012
Erich NETZSCH GmbH & Co. Holding KG	www.netzsch.com	453	2013
ERWO Holding Aktiengesellschaft (Südwolle)	www.erwoholding.de	487	2013
Evonik Industries AG	www.evonik.de	12.874	2013
EW GROUP GmbH	www.erich-wesjohann.de	1.443	2013
Faber-Castell Aktiengesellschaft (Faber-Castell Gruppe)	www.faber-castell.de	590	2013
Felix Böttcher GmbH & Co. KG	www.boettcher.de	250	2013

Die 500 umsatzstärksten deutschen Weltmarktführer

Unternehmen	Homepage	Umsatz (in Mio. Euro)	Jahr
Felix Schoeller Holding GmbH & Co. KG	www.felix-schoeller.com	695	2013
Ferdinand Bilstein GmbH + Co. KG (febi)	www.febi.com	310	2013
FESTO AG & Co. KG	www.festo.com	2.280	2013
FEV GmbH	www.fev.com	274	2013
fischerwerke GmbH & Co. KG	www.fischer.de	633	2013
Flensburger Schiffbau-Gesellschaft mbH & Co. KG	www.fsg-ship.de	233	2013
Focke & Co. (GmbH & Co. KG)	www.focke.com	456	2013
Forbo Siegling GmbH	www.forbo-siegling.com	265	2013
Fränkische Rohrwerke Gebr. Kirchner GmbH & Co. KG	www.fraenkische.de	360	2013
Fresenius SE & Co. KGaA	www.fresenius.de	20.331	2013
Freudenberg & Co. KG (Freudenberg-Gruppe)	www.freudenberg.de	6.623	2013
Friedrich Boysen GmbH & Co. KG	www.boysen-online.de	1.020	2012
Fritz Schäfer GmbH (SSI Schäfer)	www.ssi-schaefer.de	1.040	2013
FRITZMEIER GmbH	www.fritzmeier.de	425	2013
FTE automotive GmbH	www.fte.de	450	2012
FUCHS Gewürze GmbH	www.fuchs-gewuerze.de	533	2012
Fuchs Petrolub AG	www.fuchs-oil.de	1.832	2013
G. Siempelkamp GmbH & Co.KG	www.siempelkamp.com	799	2013
Gauselmann AG	www.gauselmann.de	1.196	2013
GEA Group AG	www.geagroup.com	5.772	2013
Gebr. Eickhoff Maschinenfabrik u. Eisengießerei GmbH	www.eickhoff-bochum.de	390	2013
Gebr. Heinemann SE & Co. KG	www.gebr-heinemann.de	2.417	2013
Gebr. Heller Maschinenfabrik GmbH	www.heller-machinetools.com	533	2013
Gebr. Kemper GmbH & Co. KG	www.kemper-olpe.de	248	2013
Gedore Tool Center GmbH & Co. KG	www.gedore.de	495	2013
GELITA AG	www.gelita.com	700	2013
Geobra Brandstätter GmbH & Co. KG	www.playmobil.de	612	2013
Gerhard Schubert GmbH	www.gerhard-schubert.de	272	2013
Germanischer Lloyd AG	www.gl-group.com	813	2013
Gerresheimer AG	www.gerresheimer.com	1.266	2013
GETRAG Getriebe- und Zahnradfabrik Hermann Hagenmeyer GmbH & Co KG	www.getrag.de	3.200	2012
Getriebebau NORD GmbH & Co. KG	www.nord.com	460	2013
GEZE GmbH	www.geze.com	351	2013
Giesecke & Devrient GmbH	www.gi-de.com	1.754	2013
Grammer AG	www.grammer.com	1.266	2013
Grenzebach Maschinenbau GmbH	www.grenzebach.com	350	2013
Gretsch-Unitas GmbH	www.g-u.de	500	2013
Grillo-Werke AG	www.grillo.de	546	2013
Grimme Landmaschinenfabrik GmbH & Co. KG (Grimme Gruppe)	www.grimme.de	371	2013
GROB-WERKE GmbH & Co. KG	www.grobgroup.com	950	2011
Groz-Beckert KG	www.groz-beckert.de	550	2013
Gühring KG	www.guehring.de	720	2011
Gustav Wahler GmbH u. Co. KG	www.wahler.de	275	2013
H&R WASAG Aktiengesellschaft	www.hur-wasag.de	1.214	2013

Die 500 umsatzstärksten deutschen Weltmarktführer

Unternehmen	Homepage	Umsatz (in Mio. Euro)	Jahr
H. Stoll GmbH & Co. KG	www.stoll.com	253	2013
H.C. Starck GmbH	www.hcstarck.com	704	2013
Häfele GmbH & Co KG	www.haefele.de	1.072	2011
Hager SE	www.hagergroup.net	1.600	2013
Hako GmbH	www.hako.com	400	2013
Hama GmbH & Co KG	www.hama.de	503	2013
Hamberger Industriewerke GmbH (Haro)	www.hamberger.de	266	2011
Hans Turck GmbH & Co. KG	www.turck.de	450	2012
Hansgrohe SE	www.hansgrohe.com	841	2013
Haribo GmbH & Co. KG	www.haribo.com	2.000	2012
Harting KGaA	www.harting.de	484	2012
HAVER & BOECKER OHG	www.haverboecker.com	470	2013
HAWE Hydraulik SE	www.hawe.de	280	2013
HBPO GmbH	www.hbpogroup.com	1.415	2013
HeidelbergCement AG	www.heidelbergcement.de	13.936	2013
Heidelberger Druckmaschinen AG	www.heidelberg.com	2.434	2013
HEINZ-GLAS Group Holding HGGH GmbH & Co.KGaA	www.heinz-holding.eu	250	2013
Heitkamp & Thumann KG	www.ht-group.com	360	2013
Hella KGaA Hueck & Co.	www.hella.de	4.999	2012
Helm AG	www.helmag.com	9.503	2013
Hengst SE & Co. KG	www.hengst.de	393	2013
Henkel AG & Co. KGaA	www.henkel.de	16.355	2012
Heraeus Holding GmbH	www.heraeus.de	17.040	2013
Herbert Kannegiesser GmbH	www.kannegiesser.de	260	2013
Herrenknecht AG	www.herrenknecht.de	1.051	2012
Hettich Holding GmbH & Co. oHG	www.hettich.com	855	2013
Hirschvogel Holding GmbH	www.hirschvogel.com	811	2013
Homag Group AG	www.homag.de	789	2011
Hörmann Holding GmbH & Co. KG	www.hoermann-gruppe.de	590	2013
Hörmann KG Verkaufsgesellschaft	www.hoermann.de	1.000	2013
HOYER GmbH	www.hoyer-group.com	1.087	2013
HUBER SE	www.huber.de	1.160	2013
HÜBNER GmbH & Co. KG	www.hubner-germany.com	273	2013
Huf Hülsbeck & Fürst GmbH & Co. KG	www.huf-group.com	1.100	2012
HUGO BOSS AG	www.hugoboss.com	2.432	2012
Hugo Kern und Liebers GmbH & Co. KG Platinen- und Federnfabrik	www.kern-liebers.de	551	2012
Hüttenes-Albertus Chemische Werke GmbH (HA-Gruppe)	www.huettenes-albertus.de	442	2013
HYDAC INTERNATIONAL GmbH	www.hydac.com	1.000	2013
IFA ROTORION Holding GmbH	www.ifa-rotorion.com	407	2013
ifm electronic gmbh	www.ifm.de	630	2012
igus GmbH	www.igus.de	427	2013
IMS Gear GmbH	www.imsgear.com	300	2012
INDEX-Werke GmbH & Co. KG, Hahn & Tessky	www.index-werke.de	432	2013
Infineon Technologies AG	www.infineon.com	3.843	2013
Ireks GmbH	www.ireks.com	525	2013

Die 500 umsatzstärksten deutschen Weltmarktführer

Unternehmen	Homepage	Umsatz (in Mio. Euro)	Jahr
ista International GmbH	www.ista.com	744	2013
ixetic GmbH	www.ixetic.com	317	2013
J. Wagner GmbH	www.wagner-group.com	340	2013
J.F. Hillebrand Group AG	www.jfhillebrand.com	935	2013
JAB Josef Anstoetz KG	www.jab.de	265	2013
JENOPTIK AG	www.jenoptik.de	600	2013
JOST-Werke GmbH	www.jost-world.com	476	2012
Jowat AG	www.jowat.de	234	2013
Jungheinrich AG	www.jungheinrich.de	2.290	2012
K+S AG	www.k-plus-s.com	3.950	2013
KAEFER Isoliertechnik GmbH & Co. KG	www.kaefer.com	1.320	2013
KAESER KOMPRESSOREN SE	www.kaeser.com	600	2013
Kalle GmbH	www.kalle.de	261	2013
KAMAX Holding GmbH & Co. KG	www.kamax.com	602	2013
Kampffmeyer Mühlen GmbH (VK Mühlen AG)	www.kampffmeyer.de	506	2013
KARL MAYER Textilmaschinenfabrik GmbH	www.karlmayer.de	510	2013
Karl Storz GmbH & Co. KG	www.karlstorz.de	1.278	2012
Kathrein-Werke KG	www.kathrein.de	1.360	2012
KAUTEX TEXTRON GmbH & Co. KG	www.kautex.de	1.390	2013
KaVo Dental GmbH	www.kavo.com	276	2013
Kessler & Co. GmbH & Co. KG	www.kessler-axles.com	300	2012
KHD Humboldt Wedag International (Deutschland) AG	www.humboldt-wedag.de	250	2013
KHS GmbH	www.khs.com	1.018	2013
Kiekert AG	www.kiekert.de	618	2012
KION GROUP AG	www.kiongroup.com	4.489	2013
KIRCHHOFF Gruppe	www.kirchhoff-gruppe.de	1.615	2013
Klöckner & Co SE	www.kloeckner.de	6.378	2013
Klöckner Pentaplast GmbH & Co. KG	www.kpfilms.com	1.191	2013
Knauf Gips KG	www.knauf.de	6.273	2013
Knorr-Bremse AG	www.knorr-bremse.de	4.300	2013
Koenig & Bauer AG (KBA)	www.kba-print.de	1.100	2013
Konrad Hornschuch AG	www.hornschuch.de	345	2013
Kontron AG	www.kontron.de	445	2013
Körber Aktiengesellschaft	www.koerber.de	2.194	2013
Kraiburg Holding GmbH & Co. KG	www.kraiburg.com	466	2013
Krauss-Maffei Wegmann GmbH & Co. KG	www.kmweg.de	762	2012
KraussMaffei Technologies GmbH (KraussMaffei AG)	www.kraussmaffei.de	1.000	2013
KROHNE Messtechnik GmbH	www.krohne-mar.com	462	2013
Kromberg & Schubert GmbH + Co KG	www.kromberg-schubert.com	1.100	2013
Krones AG	www.krones.de	2.816	2013
Krüger GmbH & Co. KG	www.krueger.de	1.800	2013
KSB Aktiengesellschaft	www.ksb.com	2.247	2013
Kuchenmeister GmbH	www.kuchenmeister.de	250	2013
KUKA AG	www.kuka-ag.de	1.775	2011
KWS SAAT AG	www.kws.de	1.147	2013

Die 500 umsatzstärksten deutschen Weltmarktführer

Unternehmen	Homepage	Umsatz (in Mio. Euro)	Jahr
L. Possehl & Co. mbH	www.possehl.de	2.821	2013
LANXESS AG	www.lanxess.de	8.300	2013
Lapp Holding AG	www.lappgroup.com	830	2013
Leica Camera AG	www.leica-camera.com	297	2013
Leica Microsystems GmbH	www.leica-microsystems.com	860	2013
Leipa Georg Leinfelder GmbH	www.leipa.de	760	2013
LEISTRITZ AG	www.leistritz.com	250	2013
Leitz GmbH & Co. KG	www.leitz.org	460	2013
LEMKEN GmbH & Co. KG	www.lemken.com	363	2013
Lenze SE	www.lenze.com	588	2013
LEONHARD KURZ Stiftung & Co. KG	www.kurz.de	610	2013
LEONI AG	www.leoni.com	3.918	2013
Leopold Kostal GmbH & Co. KG	www.kostal.com	1.973	2013
Liebherr-International Deutschland GmbH	www.liebherr.com	8.964	2013
Lindauer DORNIER GmbH	www.lindauer-dornier.com	277	2013
Linde AG	www.linde.de	16.655	2013
LMT GmbH & Co. KG	www.lmt-tools.com	326	2013
Loesche GmbH	www.loesche.com	411	2013
Lohmann GmbH & Co. KG (Lohmann-Klebebandgruppe)	www.lohmann-tapes.de	483	2013
LTS LOHMANN Therapie-Systeme AG	www.ltslohmann.de	301	2013
Lürssen Gruppe	www.luerssen.de	985	2013
M+W Group GmbH	www.mwgroup.net	2.560	2013
Magnet Schultz GmbH & Co. Fabrikations- und Vertriebs-KG	www.magnet-schultz.de	280	2013
MAHLE GmbH	www.mahle.com	6.941	2012
MAN SE	www.man.de	15.664	2013
MANN+HUMMEL GMBH	www.mann-hummel.com	2.675	2013
Manz AG	www.manz-automation.com	266	2013
MAPAL Dr. Kress KG	www.mapal.de	470	2013
MAQUET Holding B.V. & Co. KG	www.maquet.com	1.540	2012
Marquard & Bahls AG	www.mbholding.de	16.977	2012
Marquardt GmbH	www.marquardt.de	720	2013
Maschinenfabrik ALFING KESSLER GmbH	www.alfing.de	255	2012
Maschinenfabrik Berthold Hermle AG	www.hermle.de	306	2013
Maschinenfabrik Reinhausen GmbH	www.reinhausen.com	650	2012
Mast - Jägermeister SE	www.mast-jaegermeister.ag	461	2013
MAUSER AG	www.mausergroup.com	1.200	2012
Max Weishaupt GmbH	www.weishaupt.de	522	2013
MB-Holding GmbH & Co. KG (Martin Bauer Konzern)	www.mb-holding.de	470	2013
MC-Bauchemie Müller GmbH & Co. KG	www.mc-bauchemie.de	350	2013
MEC Holding GmbH	www.mec-holding.de	509	2012
Meggle AG (Meggle Pharma)	www.meggle-group.de	992	2013
MEIKO Maschinenbau GmbH & Co. KG	www.meiko.de	260	2013
MERCK KGaA	www.merck.de	11.095	2012
Merz GmbH & Co. KGaA	www.merz.de	980	2013
METRO AG	www.metrogroup.de	65.042	2012

Die 500 umsatzstärksten deutschen Weltmarktführer

Unternehmen	Homepage	Umsatz (in Mio. Euro)	Jahr
MEWA Textil-Service AG & Co. Management OHG	www.mewa.de	555	2013
MEYER WERFT GmbH (MEYER-NEPTUN Gruppe)	www.meyerwerft.com	1.835	2013
MHM Holding GmbH (hubergroup)	www.hubergroup.com	814	2013
Michael Weinig AG	www.weinig.com	301	2010
Miele & Cie. KG	www.miele.de	3.150	2013
Minimax Viking Holding GmbH & Co. KG	www.minimax.de	1.170	2013
Montanhydraulik GmbH (Montanhydraulik Gruppe)	www.montanhydraulik.com	226	2012
Montblanc Deutschland GmbH	www.montblanc.de	730	2013
Muhr und Bender KG (Mubea)	www.mubea.de	1.470	2013
MULTIVAC Sepp Haggenmüller GmbH & Co. KG	www.multivac.de	700	2012
Münchener Rückversicherungs-Gesellschaft AG	www.munichre.com	51.060	2012
NEUMAN & ESSER Verwaltungs- und Beteiligungsgesellschaft mbH	www.neuman-esser.de	234	2013
Neumann Gruppe GmbH	www.nkg.de	2.297	2013
NEUMO Armaturenfabrik-Apparatebau-Metallgießerei GmbH + Co KG (NEUMO-Ehrenberg-Gruppe)	www.neumo.de	500	2013
Niles-Simmons-Hegenscheidt GmbH	www.niles-simmons.de	310	2013
NORMA Group SE	www.normagroup.de	636	2013
Novem Car Interior Design GmbH	www.novem.de	404	2013
Nukem GmbH	www.nukem.de	470	2012
OBO Bettermann GmbH & Co. KG	www.obo.de	450	2013
OPTIMA packaging group GmbH	www.optima-packaging-group.de	300	2013
Orafol Europe GmbH	www.orafol.de	444	2013
Osram Licht AG	www.osram.de	5.289	2012
Otto Bock Holding GmbH & Co. KG	www.ottobock.com	792	2013
Otto Fuchs KG	www.otto-fuchs.com	2.400	2013
Otto GmbH & Co KG	www.ottogroup.com	11.784	2013
OXEA GmbH	www.oxea-chemicals.com	1.500	2013
Papierfabrik August Koehler SE	www.koehlerpaper.com	692	2013
PAUL HARTMANN AG	www.hartmann.info	1.794	2013
Pepperl + Fuchs GmbH	www.pepperl-fuchs.com	500	2013
PERI GmbH Schalung Gerüst Engineering	www.peri.de	1.090	2013
Pfeifer Holding GmbH & Co. KG (Pfeifer Drako)	www.pfeifer.de	233	2012
Pfeiffer Vacuum Technology AG	www.pfeiffer-vacuum.de	409	2013
Pfisterer Holding AG	www.pfisterer.de	256	2013
Phoenix Contact GmbH & Co. KG	www.phoenixcontact.com	1.640	2013
PHW-Gruppe LOHMANN & CO. AG	www.phw-gruppe.de	2.450	2013
Pilz GmbH & Co. KG	www.pilz.com	233	2013
POLYTAN GmbH (Sport Group)	www.polytan.com	259	2012
Porsche Automobil Holding SE	www.porsche-se.com	14.326	2012
Pöschl Tabak GmbH & Co. KG	www.poeschl-tobacco.com	462	2013
Preh GmbH	www.preh.de	520	2013
PRETTL Produktions Holding GmbH	www.prettl.com	780	2013
ProCredit Holding AG & Co. KGaA	www.procredit-holding.com	431	2012
profine GmbH	www.profine-group.de	700	2013
Progress-Werk Oberkirch AG	www.progress-werk.de	377	2013

Die 500 umsatzstärksten deutschen Weltmarktführer

Unternehmen	Homepage	Umsatz (in Mio. Euro)	Jahr
ProMinent GmbH	www.prominent.com	382	2012
Putzmeister Holding GmbH	www.putzmeister.de	675	2013
Qiagen GmbH	www.qiagen.com	980	2013
R. STAHL Aktiengesellschaft	www.stahl.de	304	2013
Rational AG	www.rational-ag.com	461	2013
RECARO Aircraft Seating GmbH & Co. KG	www.recaro-as.com	337	2013
Refratechnik Holding GmbH	www.refratechnik.de	404	2012
REHAU AG + Co	www.rehau.de	2.800	2013
Reifenhäuser GmbH & Co. KG	www.reifenhauser-group.com	398	2013
RENK Aktiengesellschaft	www.renk.de	485	2012
Renolit SE	www.renolit.de	884	2013
Rheinmetall AG	www.rheinmetall.com	4.613	2013
Rickmers Holding GmbH & Cie. KG (Rickmers Gruppe)	www.rickmers.com	618	2013
Robert Bosch GmbH	www.bosch.de	46.068	2013
Röchling-Gruppe	www.roechling.de	1.283	2013
ROFIN-SINAR Laser GmbH	www.rofin.com	420	2013
Rohde & Schwarz GmbH & Co. KG	www.rohde-schwarz.de	1.528	2013
Rolls-Royce Power Systems AG	www.tognum.de	3.340	2013
Rosenberger Hochfrequenztechnik GmbH & Co. KG	www.rosenberger.de	483	2013
ROTHENBERGER AG	www.rothenberger.com	300	2013
Roto Frank AG	www.roto.de	658	2013
RÜTGERS Holding Germany GmbH	www.ruetgers-chemicals.de	898	2012
Saarschmiede GmbH Freiformschmiede	www.saarschmiede.de	275	2013
SAF-HOLLAND GmbH	www.safholland.com	857	2013
Salzgitter AG	www.salzgitter-ag.de	9.244	2013
Samson Aktiengesellschaft Mess- und Regeltechnik	www.samson.de	571	2013
SAP SE	www.sap.com	16.897	2013
SARSTEDT AG & Co. KG	www.sarstedt.com	342	2013
Sartorius AG	www.sartorius.com	887	2011
Schaeffler Technologies AG & Co. KG	www.schaeffler-gruppe.de	11.205	2013
Schaltbau Holding AG	www.schaltbau.de	392	2013
schattdecor AG	www.schattdecor.de	575	2013
Scheidt & Bachmann GmbH	www.scheidt-bachmann.de	270	2012
Schenck Process GmbH	www.schenckprocess.com	620	2012
SCHERDEL GmbH	www.scherdel.de	550	2013
Schlemmer GmbH	www.schlemmer.com	240	2013
Schlüter-Systems KG	www.schlueter.de	280	2013
Schmidt + Clemens GmbH + Co. KG	www.schmidt-clemens.de	310	2013
Schott AG	www.schott.com	1.840	2013
SCHOTTEL GmbH	www.schottel.de	313	2013
SCHÜCO International KG	www.schueco.de	1.500	2013
Schuler AG	www.schulergroup.com	1.190	2013
Schunk GmbH & Co. KG	www.schunk.de	300	2013
Schunk GmbH	www.schunk-group.com	940	2013
SCHÜTZ GmbH & Co. KGaA	www.schuetz.de	1.150	2013
Schwanhäußer Industrie Holding GmbH & Co.KG (Schwan-STABILO-Gruppe)	www.schwan-stabilo.com	534	2013

Die 500 umsatzstärksten deutschen Weltmarktführer

Unternehmen	Homepage	Umsatz (in Mio. Euro)	Jahr
Schwing GmbH	www.schwing.de	500	2013
Sektkellerei Schloss Wachenheim AG	www.schloss-wachenheim.com	307	2013
SEMIKRON INTERNATIONAL GmbH	www.semikron.com	489	2013
SENNEBOGEN Maschinenfabrik GmbH	www.sennebogen.de	350	2013
Sennheiser electronic GmbH & Co. KG	www.sennheiser.com	591	2010
SEW-EURODRIVE GmbH & Co KG	www.sew-eurodrive.de	2.475	2012
SGL Carbon AG	www.sglcarbon.com	1.477	2013
SHW AG (Schwäbische Hüttenwerke)	www.shw.de	366	2013
SICK AG	www.sick.de	1.010	2013
Siegwerk Druckfarben AG & Co. KGaA	www.siegwerk.com	997	2013
Siemens AG	www.siemens.com	75.882	2013
SIRONA Dental Systems GmbH	www.sirona.de	829	2012
SKW Stahl-Metallurgie Holding AG	www.skw-steel.com	347	2013
SMA Solar Technology AG	www.sma.de	933	2012
SMS Holding GmbH	www.sms-group.com	3.495	2013
Software AG	www.softwareag.com	973	2013
Springer Science+Business Media Deutschland GmbH	www.springer-sbm.com	943	2013
SQS Software Quality Systems AG	www.sqs.de	226	2012
Stabilus GmbH	www.stabilus.de	460	2013
STAEDTLER Mars GmbH & Co. KG	www.staedtler.de	276	2013
STAHLGRUBER Otto Gruber AG	www.stahlgruber.de	1.658	2012
Stern-Wywiol Gruppe GmbH & Co. KG	www.stern-wywiol-gruppe.de	400	2013
Steuler Holding GmbH	www.steuler.de	370	2012
Sto SE & Co. KGaA	www.sto.de	1.160	2013
Storopack Hans Reichenecker GmbH	www.storopack.com	316	2013
STULZ GmbH	www.stulz.de	799	2012
Südzucker AG	www.suedzucker.de	7.879	2013
SURTECO SE	www.surteco.com	404	2013
Swoboda KG	www.swoboda.de	230	2012
Symrise GmbH & Co. KG	www.symrise.com	1.830	2013
TAKKT AG	www.takkt.de	953	2013
Technoform Caprano + Brunnhofer GmbH	www.technoform.com	251	2012
Terex MHPS GmbH	www.demagcranes-ag.de	1.062	2013
Tesat-Spacecom GmbH & Co. KG	www.tesat.de	267	2013
Testo AG	www.testo.de	235	2013
ThyssenKrupp AG	www.thyssenkrupp.com	38.559	2013
ThyssenKrupp Bilstein GmbH	www.bilstein.de	480	2013
TMD Friction Holding GmbH	www.tmdfriction.com	657	2013
Treofan Germany GmbH & Co. KG	www.treofan.com	500	2013
Trolli GmbH	www.trolli.de	250	2013
TROX GmbH	www.troxtechnik.de	416	2013
TRUMPF GmbH + Co. KG	www.trumpf.com	2.343	2012
Trützschler GmbH & Co. KG	www.truetzschler.de	360	2013
TTS Tooltechnic Systems AG & Co. KG	www.tooltechnicsystems.com	415	2013
TUI AG	www.tui-group.com	18.478	2013
TÜV Rheinland Holding AG	www.tuv.com	1.600	2013
TÜV SÜD AG	www.tuev-sued.de	1.939	2012

Die 500 umsatzstärksten deutschen Weltmarktführer

Unternehmen	Homepage	Umsatz (in Mio. Euro)	Jahr
Uhlmann Pac-Systeme GmbH & Co. KG	www.uhlmann.de	260	2012
United Internet AG	www.united-internet.de	2.656	2012
UVEX WINTER HOLDING GmbH & Co. KG	www.uvex.de	343	2013
VACUUMSCHMELZE GmbH & Co. KG	www.vacuumschmelze.com	500	2012
Vaillant GmbH	www.vaillant-group.com	2.380	2012
VEKA AG	www.veka.de	793	2013
Vetter Pharma International GmbH	www.vetter-pharma.com	406	2012
VIEGA GmbH & Co. KG	www.viega.de	915	2012
Vinnolit GmbH & Co. KG	www.vinnolit.de	917	2013
Voith GmbH	www.voith.com	5.728	2013
Volkswagen AG	www.volkswagen.de	197.007	2013
Vorwerk & Co. KG	www.vorwerk.de	2.693	2012
VOSS Holding GmbH + Co. KG	www.voss.de	312	2013
Vossloh AG	www.vossloh.com	1.320	2013
Wacker Neuson SE	www.wackergroup.com	1.160	2011
Wacker-Chemie AG	www.wacker.com	4.480	2013
WAGO Kontakttechnik GmbH & Co. KG	www.wago.com	600	2012
WALTER AG	www.walter-ag.com	600	2012
Wanzl Metallwarenfabrik GmbH	www.wanzl.com	550	2013
WAREMA Renkhoff SE	www.warema.de	377	2012
WashTec AG	www.washtec.de	300	2013
Webasto SE	www.webasto.de	2.500	2013
WEBER-HYDRAULIK GMBH	www.weber.de	322	2014
Weidenhammer Packungen GmbH & Co KG	www.weidenhammer.de	251	2012
Weidmüller Interface GmbH & Co. KG	www.weidmueller.de	640	2013
Wickeder Westfalenstahl GmbH	www.wickeder-westfalenstahl.de	331	2013
Wieland Holding GmbH	www.wieland-electric.com	233	2012
Wieland-Werke AG	www.wieland.de	2.837	2012
WIKA Alexander Wiegand SE & Co. KG	www.wika.de	750	2013
Wilhelm Böllhoff GmbH & Co. KG	www.boellhoff.com	466	2013
William Prym GmbH & Co. KG	www.prym.com	360	2012
WILO SE	www.wilo-ag.com	1.230	2013
Wincor Nixdorf AG	www.wincor-nixdorf.com	2.465	2013
Windmöller & Hölscher KG	www.wuh-group.com	600	2013
Wirtgen Group	www.wirtgen-group.com	1.740	2013
Wirthwein AG	www.wirthwein.de	380	2013
WITRON Logistik + Informatik GmbH	www.witron.com	265	2012
WITTE Automotive GmbH	www.witte-automotive.com	465	2013
Wittenstein AG	www.wittenstein.de	241	2012
Wittur Holding GmbH	www.wittur.com	466	2012
Witzenmann GmbH	www.witzenmann.de	497	2013
WIV Wein International AG	www.wiv-ag.com	527	2013
WMF AG	www.wmf.de	1.015	2013
Wrede Industrieholding GmbH & CO. KG	www.wrede.de	350	2012
Würth-Gruppe	www.wuerth.com	9.750	2012
Xella International GmbH	www.xella.com	1.254	2012
Zapp AG	www.zapp.com	305	2011

Die 500 umsatzstärksten deutschen Weltmarktführer

Unternehmen	Homepage	Umsatz (in Mio. Euro)	Jahr
Zentis GmbH & Co. KG	www.zentis.de	749	2012
Zeppelin Systems GmbH	www.zeppelin-industry.de	299	2012
ZF Friedrichshafen AG	www.zf.com	16.837	2013
ZF Lenksysteme GmbH	www.zf-lenksysteme.com	4.114	2012
ZIEHL-ABEGG SE	www.ziehl-abegg.de	388	2013
ZOLLERN GmbH & Co. KG	www.zollern.de	561	2012
ZWILLING J.A. Henckels AG	www.zwilling.com	537	2013

Erläuterung:

Die an die Unternehmen der Liste gestellten Kriterien entsprechen denen des Lexikons, sie zählen in einem bestimmten Bereich zu den Top 3 weltweit. Maßgebend für die Einordnung sind Konzernumsatzzahlen für das Geschäftsjahr 2013 aus veröffentlichten Geschäftsberichten und gemäß Eigenaussagen der Unternehmen sowie eigenen Recherchen. Waren Umsatzzahlen für 2013 zum Zeitpunkt der Erfassung nicht veröffentlicht, wurden ersatzweise ältere Angaben herangezogen. Die Liste erhebt keinen Anspruch auf Vollständigkeit, insbesondere da einzelne weltmarktführende Unternehmen bewusst keine aktuellen Konzernumsätze veröffentlichen.

Quelle:

Datenbank Deutsche Weltmarktführer, Projektleitung Andreas Herzig, wissenschaftliche Leitung Prof. Dr. Bernd Venohr

Abkürzungsverzeichnis

Um Platz im Lexikon zu sparen, werden folgende Abkürzungen benutzt:

Abkürzung	Bedeutung
AG	Aktiengesellschaft
BRD	Bundesrepublik Deutschland
bzw.	beziehungsweise
ca.	circa
CAD	Computer-aided design
CEO	Chief Executive Officer
CHF	Schweizer Franken
cm	Zentimeter
CO_2	Kohlendioxid
CRM	Customer Relationship Management
d. h.	das heißt
DFG	Deutsche Forschungsgemeinschaft
DM	Deutsche Mark
DPMA	Deutsches Patent- und Markenamt
e. K.	eingetragener Kaufmann
EDV	Elektronische Datenverarbeitung
EEV	Energieeinsparverordnung
ERP	Enterprise Resource Planning
EU	Europäische Union
F&E	Forschung und Entwicklung
GbR	Gesellschaft bürgerlichen Rechts
ggf.	gegebenenfalls
GmbH	Gesellschaft mit beschränkter Haftung
h	Stunde
ha	Hektar
hl	Hektoliter
Jh.	Jahrhundert
jun.	junior
kcal	Kilokalorien
Kfz	Kraftfahrzeug
KG	Kommanditgesellschaft
km	Kilometer
kN	Kilonewton
kW	Kilowatt
l	Liter
lat.	lateinisch
Lkw	Lastkraftwagen
lt.	laut
m	Meter
Mio.	Millionen
mm	Millimeter
Mrd.	Milliarden
MRP	Manufacturing Resource Planning
MW	Megawatt
Nm	Newtonmeter
OEM	Original Equipment Manufacturer
OHG	Offene Handelsgesellschaft
OTC	Over-the-counter
Pkw	Personenkraftwagen
POS	Point of Sale
rd.	rund
RFID	Radio-frequency identification
sen.	senior
sog.	sogenannt
stellv.	stellvertretend
t	Tonnen
Tsd.	Tausend
u. Ä.	und Ähnliches
u. a.	unter anderem
USA	United States of Amerika
USD	US-Dollar
W	Watt
z. B.	zum Beispiel
z. T.	zum Teil
z. Z.	zur Zeit (z. B. Karls des Großen)
zzt.	zurzeit (im Moment)

Bildnachweis

Die Copyrights für die in diesem Buch abgebildeten Logos und für die zur Verfügung gestellten Fotografien und Grafiken liegen – sofern in diesen Bildnachweisen nicht anders angegeben – ausschließlich bei den beteiligten Unternehmen und dürfen ohne deren ausdrückliche Genehmigung nicht abgedruckt bzw. verwendet werden.

Besondere Bildnachweise:

EOS, S. 195, alle Bilder des Eintrags: ©EOS GmbH

GEZE, S. 235, Intelligente Systemlösungen: ©Lothar Wels für GEZE GmbH

Maurer Söhne, S. 407, Moschee Djamaâ El Djazir: ©KSP Jürgen Engel Architekten, Krebs & Kiefer International

Sensitec, S. 557, Marsfahrzeug: ©NASA-JPL/Caltech

Vinnolit, S. 638, PVC-Membrandächer: ©Verseidag-Indutex

Vinnolit, S. 638, Randspalte, oberes Bild: ©Benecke

Vinnolit, S. 638, Randspalte, mittleres Bild: ©Schüco

Vinnolit, S. 638, Randspalte, unteres Bild: ©Tarkett

Lexikon der deutschen Weltmarktführer /
Florian Langenscheidt, Bernd Venohr (Hrsg.)

Köln: Deutsche Standards EDITIONEN, 2014

ISBN: 978-3-86936-656-2

2. Auflage
©2014 Deutsche Standards EDITIONEN GmbH, Köln

Nachdruck, auch nur in Auszügen, nur mit der schriftlichen Genehmigung des Verlags. Kein Teil des Buchs darf ohne schriftliche Einwilligung des Verlags in irgendeiner Form reproduziert werden oder unter Verwendung elektronischer Systeme verarbeitet, vervielfältigt oder veröffentlicht werden.

Alle Rechte vorbehalten. Printed in Germany.

Chefredaktion
OLAF SALIÉ

Redaktionsleitung
STEFFEN HEEMANN

Gestaltung
MEIRÉ UND MEIRÉ, KÖLN

Satz und Redaktionssystem
GENEON MEDIA SOLUTIONS GMBH /
IRS GMBH, NÜRNBERG

Endlektorat/Schlussredaktion
DANIEL DAHL (WWW.LEKTOREX.DE),
JULIAN VON HEYL (WWW.KORREKTUREN.DE)

Druck
FIRMENGRUPPE APPL, APRINTA DRUCK GMBH,
WEMDING

Produktionsbetreuung
JUNG PRODUKTION GMBH, KÖLN

Vertrieb
GABAL VERLAG GMBH, OFFENBACH

Gedruckt auf
MAGNO SATIN 115 g/m^2